DIREITO TRIBUTÁRIO AMBIENTAL

DIREITO TRIBUTÁRIO AMBIENTAL

HELENO TAVEIRA TÔRRES

(organizador)

Colaboradores

Alejandro C. Altamirano • Anderson Orestes Cavalcante Lobato • Andrea Amatucci • Carlos Palao Taboada • Celso Antonio Pacheco Fiorillo • Consuelo Yatsuda Moromizato Yoshida • Cristiane Derani • Domingo Carbajo Vasco • Fernando Facury Scaff • Fernando Serrano Antón • Gilson César Borges de Almeida • Heleno Taveira Tôrres • Ives Gandra da Silva Martins • José Casalta Nabais • Jose Luis Bolzan de Morais • Jussara S. Assis Borges Nasser Ferreira • Lídia Maria Lopes Rodrigues Ribas • Lise Vieira da Costa Tupiassu • Luís Eduardo Schoueri • Luis Manuel Alonso González • Marcelo Figueiredo • Maria de Fátima Ribeiro • Maria Lúcia Luz Leiria • Paulo Caliendo • Pablo Chico de la Cámara • Pedro Manuel Herrera Molina • Pietro Selicato • Regina Helena Costa • Ricardo Lobo Torres • Roberto Ferraz • Victor Uckmar • Willis Santiago Guerra Filho

MALHEIROS EDITORES

DIREITO TRIBUTÁRIO AMBIENTAL

ISBN: 85-7420-661-X

MALHEIROS EDITORES LTDA.
Rua Paes de Araújo, 29, conjunto 171
CEP 04531-940 — São Paulo — SP
Tel.: (0xx11) 3078-7205
Fax: (0xx11) 3168-5495
URL: www.malheiroseditores.com.br
e-mail: malheiroseditores@terra.com.br

Composição
Acqua Estúdio Gráfico Ltda.

Capa
Criação: Vânia Lúcia Amato
Arte: PC Editorial Ltda.

Impresso no Brasil
Printed in Brazil
04.2005

Ao Professor José Souto Maior Borges,
superno teórico do Direito,
que na grandiosidade do seu pensar, além de outros tantos valores,
foi pioneiro em dedicar-se aos estudos do Direito Tributário Ambiental,
na crisálida da Constituição de 1988,

nossa homenagem e gratidão.

SUMÁRIO

Primeira Parte

PRINCÍPIOS E TEORIA GERAL DO DIREITO TRIBUTÁRIO AMBIENTAL

Segunda Parte

EXPERIÊNCIA ESTRANGEIRA DO DIREITO TRIBUTÁRIO AMBIENTAL

Terceira Parte

VALORES E ASPECTOS CONSTITUCIONAIS FUNDAMENTAIS DO DIREITO TRIBUTÁRIO AMBIENTAL

Quarta Parte

QUESTÕES DE DIREITO TRIBUTÁRIO AMBIENTAL EM DEBATE

– EMAGIS. Mestre em Direito pela Universidade do Vale do Rio dos Sinos – UNISINOS. Doutoranda em Direito pela UNISINOS.

Paulo Caliendo

Mestre em Direito dos Negócios e da Integração pela Faculdade de Direito da UFRGS. Doutor em Direito Tributário pela Pontifícia Universidade Católica de São Paulo (PUC-SP). Professor do Mestrado da PUC-RS e da Unisinos, na Disciplina de Direito Tributário, e de diversos cursos de pós-graduação no país. Realizou Estágio de Doutoramento junto ao Prof. Moris Lehner da Universidade de Munique (*Ludwig-Maximilians Univesität*) no Instituto de Pesquisas em Direito Europeu e Internacional Tributário (*Forschunsstelle für europäisches und internationales Steuerrecht*). Indicado como árbitro brasileiro *ad hoc* no sistema de solução de controvérsias do Mercosul, Tribunal Arbitral.

Pablo Chico de la Cámara

Professor Titular de Direito Financeiro e Tributário, Universidad Rey Juan Carlos.

Pedro Manuel Herrera Molina

Professor Titular de Direito Financeiro e Tributário, Universidad Complutense de Madrid.

Pietro Selicato

Professor da Universidade de Roma "La Sapienza".

Regina Helena Costa

Mestre e Doutora em Direito do Estado pela Pontifícia Universidade Católica de São Paulo (PUC-SP). Professora Assistente-Doutor em Direito Tributário da Faculdade de Direito pela Pontifícia Universidade Católica de São Paulo (PUC-SP). Juíza Federal do Tribunal Regional Federal da 3ª Região.

Ricardo Lobo Torres

Professor Titular de Direito Financeiro na UERJ.

Roberto Ferraz

Mestre em Direito pela UFPR. Doutor em Direito pela Universidade de São Paulo (USP). Professor Titular de Direito Tributário pela Pontifícia Universidade Católica de São Paulo (PUC-SP). Advogado e Consultor em Curitiba, Paraná.

Victor Uckmar

Professor Emérito da Universidade de Gênova.

Willis Santiago Guerra Filho

Professor Titular do Departamento de Filosofia da Universidade Estadual do Ceará. Professor Titular da Escola de Ciências Jurídicas da Universidade Federal do Estado do Rio de Janeiro (UNIRIO). Professor de Filosofia do Direito no Programa de Estudos Pós-Graduados (Mestrado e Doutorado) em Direito da Pontifícia Universidade Católica de São Paulo (PUC-SP). Especialista em Filosofia Dialética (UFCE). Mestre em Direito pela Pontifícia Universidade Católica de São Paulo (PUC-SP). Doutor em Ciência do Direito (Universidade de Bielefeld, Alemanha). Livre-Docente em Filosofia do Direito (UFCE). Pós-Doutorado em Filosofia (IFCS-UFRJ).

PREFÁCIO

A presente obra coletiva propõe-se como meio e estímulo para ampliar as relevantes discussões das questões principiológicas e de teoria geral pertinentes ao Direito Tributário Ambiental, além de alguns temas típicos da matéria que envolve essa interação de competências, nas suas distintas dimensões, como medida para seu aprimoramento no direito brasileiro.

Como é sabido, os estudos sobre as questões jurídico-ambientais já atingiram um nível de elevação teórica sobremodo importante, com farta bibliografia e visível influência das idéias produzidas sobre as políticas públicas, com inconteste aperfeiçoamento do nosso direito positivo e instituições, além de ser responsável pela formação de uma consciência crítica assaz apurada sobre o papel das pessoas e das empresas em relação ao meio ambiente, nas suas distintas dimensões (natural, cultural, do trabalho ou artificial).

Vista essa inconteste evolução da parte geral ou dos setores específicos do Direito Ambiental, não se pode dizer o mesmo sobre as complexas relações existentes entre tais competências e aquelas do Direito Tributário, no que concerne especialmente ao papel instrumental do tributo em favor da proteção do meio ambiente natural, da cidade, da cultura, do trabalho ou do patrimônio genético, nos seus vários aspectos, mediante mecanismos de indução positiva ou negativa, sobre as atividades que estão a merecer incentivo ou desestímulo, respectivamente, haja vista o papel constitucionalmente reclamado em relação aos bens ambientais.

Diversas propostas foram feitas, a título de política fiscal, como o princípio do "poluidor-pagador" e similares, mas a compatibilidade de tais medidas com o regime constitucional vigente é sempre questionável, não se alcançando, até o presente, nenhuma unanimidade teórica e legislativa. Esquecem, muitos, de compulsar a Constituição, para conhecer as inúmeras possibilidades postas em favor de tal desiderato, criando, assim, categorias jurídicas pouco coerentes com o sistema jurídico nacional e reduzindo o plano constitucional de garantias e de estímulo à proteção ambiental.

Estas preocupações nos impulsionaram a pensar em uma consistente obra coletiva, reunindo estudiosos do nosso País e do exterior, das distintas especialidades envolvidas e que já dedicaram meditações profundas sobre as questões ambientais, ou mesmo sobre aquelas relações entre direito tributário e direito ambiental, para oferecer aos leitores interessados na temática um estudo denso de teoria geral e questões tópicas, num esforço conjunto para obter como resultado um livro de consulta obrigatória para os operadores e pesquisadores dos ramos jurídicos mencionados.

Plenamente conscientes das contribuições que nos pode oferecer o direito estrangeiro, aprendendo com as diversas experiências positivas, naquilo que se possam adequar à nossa Constituição Federal, bem como do quanto a evolução teórica do Direito Ambiental possa contribuir para a conformação dos conceitos e princípios do Direito Tributário Ambiental, buscamos colecionar estudos de eminentes estudiosos de outras nações, como Itália, Espanha, Portugal e Argentina. O resultado não poderia ter sido melhor. Os textos apresentados, profundos e da maior solidez teórica, indicam a preocupação latente de todos sobre o desafio de se construir mecanismos que permitam acomodar as categorias e instituições do direito tributário a serviço da proteção e preservação das condições ambientais.

Os textos apresentados encontram-se divididos em quatro partes bem demarcadas. A primeira contempla os estudos que trazem um enfoque marcadamente teórico, sobre seus conceitos fundamentais, princípios e definições gerais. Na segunda, os importantes estudos de direito estrangeiro sobre a matéria, com discussão sobre as regras já existentes, suas categorias mais relevantes e problemas enfrentados nos países assinalados (Argentina, Espanha, Itália, e Portugal). A terceira parte está dedicada aos textos reflexivos sobre os desafios a serem enfrentados pelo direito brasileiro, quanto à acomodação dos valores e projetos de desenvolvimento sustentado, à luz da Constituição e dos novos rumos da sociedade. Em seguida, abre-se uma parte destinada à discussão de questões específicas, postas ao debate jurídico sob a forma de lei ou de jurisprudência. Essa distribuição, contudo, não é hermética, havendo profunda harmonia entre teoria e prática em todos os estudos colecionados, em mútua complementação, além do salutar debate de idéias, nem sempre concordantes nos seus distintos aspectos, mas sempre convergentes no objeto, o que propiciou ao livro um notável equilíbrio e forte coesão textual.

Gostaríamos de agradecer imensamente a todos os ilustres autores pela dedicação e entusiasmo com que contribuíram para a elaboração desta obra, impulsionada unicamente pela pretensão acadêmica de evolução de uma área jurídica ainda pouco explorada e da maior importância para o nosso País, que se deve preparar para o enfrentamento dos diversos problemas ambientais inerentes ao crescimento econômico, urbanístico, laboral, cultural e científico.

Por fim, temos grande satisfação em dirigir nossas homenagens à Malheiros Editores, na pessoa do seu Editor, o Dr. Álvaro Malheiros, cuja competência e entusiasmo da sua Equipe permitiram que esta Obra alcançasse o acabamento e a qualidade de excelência com que ora se apresenta.

HELENO TAVEIRA TÔRRES

PRIMEIRA PARTE

PRINCÍPIOS E TEORIA GERAL DO DIREITO TRIBUTÁRIO AMBIENTAL

VALORES E PRINCÍPIOS NO DIREITO TRIBUTÁRIO AMBIENTAL

RICARDO LOBO TORRES

1. Introdução

1.1 As relações entre valores e princípios

O objeto deste artigo é o estudo dos valores e princípios do Direito Tributário Ambiental. Interessam-nos, designadamente, os princípios vinculados aos valores da liberdade, justiça, segurança e solidariedade.

Os princípios compartilham com os valores das características da generalidade e da abstração, mas com menor intensidade. Enquanto os valores são idéias absolutamente abstratas, supraconstitucionais e insuscetíveis de se traduzirem em linguagem constitucional, os princípios se situam no espaço compreendido entre os valores e as regras, exibindo em parte a generalidade daqueles e a concretude das regras. Os princípios podem ingressar no discurso constitucional, representando um primeiro estágio de concretização dos valores; mas, se estiverem ausentes da escritura constitucional, nem por isso perderão os atributos característicos.[1]

Os valores são destituídos de eficácia imediata. Não pode o juiz sacar diretamente da idéia da justiça ou da segurança jurídica o fundamento de sua decisão. Só com a intermediação dos princípios se concretizam na ordem jurídica. Diz-se, por isso, que os princípios têm caráter deontológico, enquanto os valores são axiológicos.[2] Coube a Alexy chamar a atenção para a distinção entre o caráter deontológico dos princípios e o axiológico dos valores, donde resulta que o modelo de princípio tem a vantagem de nele se expressar claramente o caráter de dever ser, conduzindo, em menor medida que o modelo de valor, a falsas interpretações.[3]

Os valores se aproximam dos princípios na temática da positivação jurídica. A atual filosofia do direito vem chamando a atenção para o fato de que houve a incorporação dos valores e do próprio direito natural ao ordenamento jurídico democrático pela intermediação dos princípios constitucionais. Os valores se concretizam, se atualizam e se expressam pelos princípios.[4]

1.2 Os princípios vinculados a valores

Os princípios constitucionais, conseguintemente, embora não se confundam com os valores, vinculam-se ou decorrem dos valores da liberdade, da justiça, da segurança jurídica ou da solidariedade.[5] Nessa perspectiva é que examinaremos a seguir os princípios do Direito Tributário Ambiental.

Alguns princípios, contudo, pela sua grandeza, vinculam-se a diversos valores sob diferentes perspectivas, como acontece, por exemplo, com os chamados *princípios estruturais* (Federação, Estado de Direito, etc.),

1. Cf. Ricardo Lobo Torres, *Tratado de Direito Constitucional Financeiro e Tributário*, vol. 5: *O Orçamento na Constituição*, pp. 116 e ss.

2. Cf. Humberto Ávila, *Teoria dos princípios. Da Definição à Aplicação dos Princípios Jurídicos*, p. 72.

3. *Theorie der Grundrechte*, p. 133.

4. Cf. Günter Dürig, in Maunz; Herzog; Scholz, *Grundgesetz. Kommentar*, art. 1º, Rdnr. 15; Klaus Tipke, "Rechtfertigung des Themas", in *Grenzen der Rechtsfortbildung durch Rechtsprechung und Verwaltungsvorschriften in Steuerrecht*, p. 5.

5. Cf. Karl Larenz, *Richtiges Recht*, p. 29.

que simultaneamente servem de garantia à liberdade e propiciam a concretização da justiça e da segurança jurídica. A mesma coisa acontece com os *princípios fundamentais* enunciados no art. 1º da CF (soberania, dignidade humana, cidadania, trabalho e livre iniciativa, pluralismo democrático), que constituem irradiações dos valores abstratos e se projetam concomitantemente para todos os princípios vinculados a valores. Deles não cuidaremos neste trabalho, pela sua extensão, embora alguns deles tenham influência capital sobre a temática do Direito Tributário Ecológico, como ocorre com os princípios do Estado Fiscal,[6] especial projeção do princípio do Estado de Direito, da dignidade humana[7] e da cidadania.[8] Também não cuidaremos aqui dos princípios de legitimação (razoabilidade, ponderação, igualdade, transparência), pelo seu caráter instrumental, embora tenham eles subida importância para a temática em exame.

De modo que podemos oferecer o seguinte quadro geral dos princípios do Direito Tributário Ambiental vinculados a valores:

Valores	**Princípios**
Liberdade	Imunidade do mínimo ecológico
Justiça	Poluidor-pagador Usuário-pagador Capacidade contributiva Custo/benefício
Segurança	Prevenção Precaução Legalidade tributária Tipicidade tributária
Solidariedade	Capacidade contributiva solidária Solidariedade do grupo

6. Cf. Ute Sacksofsky, *Umweltschutz durch nicht-steuerliche Abgaben. Zugleich ein Beitrag zur Geltung des Steuerstaatsprinzips*, p. 188; Erik Gawel, "Das Rechtskleid für Umweltabgaben – Abgabenstützte Umweltlenkung zwischen Steuer- und Gebührenlösung", in Ute Sacksofsky; Joachim Wieland (Ed.), *Vom Stuerestaat zum Gebührenstaat*, p. 121.

7. Cf. Princípio 1º da Declaração de Estocolmo: "O homem tem o direito fundamental à liberdade, à igualdade, em um meio ambiente de qualidade tal que lhe permita levar uma vida digna, gozar de bem-estar, e é portador solene da obrigação de melhorar o meio ambiente para as gerações presentes e futuras". Cf. tb. Susanne Meyer, "Ressourcennutzungsgebühren als Entgelterhebung für Freiheitsgebrauch", in Sacksofsky; Wieland, ob. cit., p. 150.

8. Cf. Andrew Dobson, *Citizenschip and the Environment*, p. 39, que propõe o reconhecimento da cidadania pós-cosmopolita (*post-cosmopolitan citizenschip*), a

2. *Princípios vinculados à liberdade*

2.1 *A liberdade e o meio ambiente*

Alguns direitos humanos se afirmam de modo coletivo ou difuso. É o caso, por exemplo, dos direitos ecológicos: o meio ambiente também participa do rol dos direitos fundamentais.[9] O direito da natureza é expressão moderna do direito natural, que pertence indistintamente a todos os homens, pois que os rios e as florestas não possuem direitos em nome próprio. A pessoa humana é que tem o direito inalienável de viver em meio ambiente sadio e de ver por todos respeitada a natureza que a cerca.[10] A Constituição Federal declara que "todos têm direito ao meio ambiente ecologicamente equilibrado, bem de uso comum do povo e essencial à qualidade de vida, impondo-se ao Poder Público e à coletividade o dever de defendê-lo e preservá-lo para as presentes e futuras gerações" (art. 225) e autoriza também a ação popular para anular ato que lhe seja lesivo (art. 5º, LXIII). Mas, mesmo nos países em que a Constituição omite as referências aos direitos ecológicos, têm eles implicitamente natureza constitucional,[11] sendo para alguns autores direitos humanos de terceira geração.[12]

Os direitos difusos ou republicanos, integrando embora a categoria dos direitos fundamentais, deixam-se vincular também ao valor solida-

qual, contrastando com as anteriores cidadania liberal (*liberal citizenship*) e cívica republicana (*civic republican citizenship*), exibe as seguintes notas distintivas: é não-contratual, reconhece deveres e responsabilidades, corresponde às esferas pública e privada, cultiva as virtudes femininas e atua no espaço não-territorial (não-discriminatório).

9. Cf. Cristiane Derani, *Direito Ambiental Econômico*, p. 219; Susanne Meyer, ob. cit., p. 149: "A utilização dos bens ambientais (*Umweltgütern*) é afinal de contas liberdade fundamental (*Grundrechtliche Freiheit*)".

10. Cf. H. Ryffel, "Philosophische Wurzeln des Menschenrechts", *Archiv für Rechts- und Sozialphilosophie* 70 (3)/413; J. P. Müller, "Zur sog. subjektiv- und objektivrechtlichen Bedeutung der Grundrechte", *Der Staat* 29 (1)/43; Jürgen Habermas, *Faktizität und Geltung, Beiträge zur Diskurstheorie des Rechts und des demokratischen Rechtsstaat*, p. 156.

11. Ekkehard Wienholtz, "Arbeit, Kultur und Umwelt als Gegenstände verfassungsrechtlicher Staatszielbestimnungen", *Archiv des öffentlichen Rechts* 109 (4)/553.

12. Cf. Germán J. Bidart Campos, *Teoría General de los Derechos Humanos*, p. 190.

riedade, pois o seu cumprimento depende da consciência dos deveres e do culto à fraternidade.[13]

2.2 *O princípio da imunidade do mínimo existencial ecológico*

No direito tributário, a proteção dos direitos fundamentais se faz por intermédio das imunidades, implícitas ou expressamente declaradas na Constituição. A imunidade é intributabilidade, impossibilidade de o Estado criar tributos sobre o exercício dos direitos da liberdade, incompetência absoluta para decretar impostos sobre bens ou coisas indispensáveis à manifestação da liberdade, não-incidência ditada pelos direitos humanos e absolutos anteriores ao pacto constitucional.[14]

A imunidade, que tem a normatividade própria dos princípios, só implicitamente protege o direito ao meio ambiente, pois a Constituição brasileira não chega a explicitá-la, como, de resto, acontece em outros ordenamentos constitucionais. A imunidade do direito ao meio ambiente reveste sobretudo a forma de mínimo existencial. K. Heinz[15] faz derivar um "mínimo existencial ecológico" (*ökologisches Existenzmimimum*) dos arts. 2º, 1 e 2 e 14 da Constituição da Alemanha, que garantem os direitos ao livre desenvolvimento da personalidade, à vida, à segurança corporal e à propriedade.

A imunidade tributária às vezes decorre também do conceito de "bens públicos de uso comum do povo" (art. 99 do Código Civil), "como rios, mares, estradas, ruas e praças", que se distinguem perfeitamente de bens públicos de uso especial ou dominicais. Por isso mesmo tais bens não podem ser alienados, a sua fruição é gratuita, sobre o seu consumo inexiste a incidência de impostos[16] e o Estado ou as concessionárias só estão autorizados a cobrar remuneração (preço público) pelo direito de uso, observado o princípio do usuário-pagador.

13. Gregório Peces-Barba Martinez, *Curso de Derechos Fundamentales. Teoría General*, p. 281.

14. Cf. Ricardo Lobo Torres, *Tratado de Direito Constitucional Financeiro e Tributário*, vol. 3: *Direitos Humanos e Tributação: Imunidades e Proibições de Discriminação*, p. 51.

15. "Eigenrecht der Natur", *Der Staat* 29 (3)/432.

16. Cf. ADI, 567, Ac. de 4.10.1991, rel. Min. Ilmar Galvão, *RTJ* 138/60: "Não é a água canalizada mercadoria sujeita a tributação pelo ICMS, por tratar-se de serviço público".

3. Princípios vinculados à justiça

3.1 A justiça no Direito Tributário Ambiental

O tema da justiça no Direito Tributário Ambiental traz alguns dilemas decorrentes das próprias aporias da justiça ambiental e da justiça tributária.[17]

Seja o primeiro a necessidade de se resolverem os problemas da justiça ambiental à luz da justiça social, especialmente pela relação íntima existente entre a pobreza e as ofensas ao meio ambiente.[18] Sucede que a justiça tributária não possui a instrumentalidade necessária para enfrentar as questões da justiça social, que só pode ser problematizada pela justiça orçamentária.

O outro consiste na dificuldade de a teoria da justiça ambiental optar entre a solução de garantir o desenvolvimento sustentado ou de distribuir os bens e os malefícios ambientais entre os cidadãos; Andrew Dobson faz o amplo recenseamento dos argumentos favoráveis às posições básicas do "*sustainable development movement*" e do "*environmental justice movement*" e demonstra as perplexidades para a conciliação.[19] O problema se agrava quando se traz ao debate a natureza da justiça tributária, que, sendo distributiva, e não redistributiva, pode tornar o rico menos rico mas não pode melhorar a situação do pobre,[20] assunto objeto da justiça orçamentária; daí a insuficiência, por exemplo, do princípio do poluidor-pagador, que necessita ser complementado pela discussão sobre os incentivos fiscais, item da despesa pública.

Em terceiro lugar a teoria da justiça ambiental deve estudar as questões ligadas à justiça intergeracional, para a solução das quais se exige a visão procedimentalista ou procedual, mais adequada ao direito orçamentário do que ao direito tributário.[21]

17. Cf. Rainer Wolf, "Gerechtigkeit und Umweltschutz. Von subjektiv-rechtlichen Begründungsparadoxien zu kolletiv-rechtlichen Lösungsansätzen", in H. J. Koch; M. Köhler; K. Seelmann, *Theorien der Gerechtigkeit*, p. 166.

18. Cf. Andrew Dobson, *Justice and the Environment. Conceptions of Environmental Sustainability and Dimensions of Social Justice*, p. 14; Daniel Faber, "The Struggle for Ecological Democracy and Environmental Justice", in *The Struggle for Ecological Democracy. Environmental Justice Movements in the United States*, p. 3.

19. Idem, ibidem, pp. 23 e 262.

20. Cf. Richard M. Bird, *Tax Policy and Economic Development*, p. 6.

21. Cf. Ricardo Lobo Torres, *Tratado de Direito Constitucional Financeiro e Tributário*, vol. 5: *O Orçamento...*, cit., p. 215.

Assim sendo, os princípios de justiça tributária, como sejam os do poluidor-pagador, do consumidor-pagador ou da capacidade contributiva podem contribuir para minimizar os ricos ambientais e promover a justiça contributiva,[22] mas não a redistributiva.

3.2 Princípios de justiça tributária ambiental

3.2.1 Princípio do poluidor-pagador

O princípio do poluidor-pagador sinaliza no sentido de que os potenciais poluidores devem arcar com a responsabilidade pelo pagamento das despesas estatais relacionadas com a precaução e a prevenção dos riscos ambientais. É princípio de justiça porque busca evitar que repercuta sobre a sociedade a obrigação de suportar os custos da sustentação do meio ambiente sadio.

O princípio do poluidor-pagador está ligado à idéia de internalização de eventuais prejuízos ambientais, sem a qual seria repassada para terceiros a responsabilidade pela carga tributária necessária a garantir os riscos ambientais. O poluidor, que se apropria do lucro obtido em suas atividades poluentes, não pode externalizar negativamente a poluição que produz.[23]

A Lei n. 6.938, de 31.8.1981, estatui que a Política Nacional do Meio Ambiente visará "à imposição, ao poluidor e ao predador, da obrigação de recuperar e/ou indenizar os danos causados" (art. 4º, VII).

Resta saber quem deve ser considerado poluidor-pagador. Diz Maria Alexandra de Souza Aragão que: "*o poluidor – que deve pagar* – é aquele que tem poder de controle sobre as condições que levam à ocorrência da poluição, podendo portanto preveni-las ou tomar precauções para evitar que ocorram".[24] A eventual indenização pelos prejuízos causados não afeta o princípio do poluidor-pagador.[25] Havendo vários polui-

22. Na fina observação de K. Tipke (*Die Steuerrechtsordnung*, p. 480): "a justiça distributiva se concretiza como justiça contributiva" ("*Die iustitia distributiva wird danach konkretiert als iustitia contributiva*")

23. Cf. Cristiane Derani, ob. cit., p. 158: "Durante o processo produtivo, além do produto a ser comercializado, são produzidas 'externalidades negativas'. São chamadas externalidades porque, embora resultantes da produção, são recebidas pela coletividade, ao contrário do lucro, que é percebido pelo produtor privado".

24. *O Princípio do Poluidor Pagador. Pedra Angular da Política Comunitária do Ambiente*, p. 136.

25. Idem, ibidem, p. 136.

dores, a obrigação deve competir ao "melhor pagador", ou seja, à categoria mais fácil de controlar.[26]

O princípio do poluidor-pagador se concretiza no direito tributário por intermédio das regras atinentes à instituição de multas, de taxas ou de contribuições.[27] Para tanto, todavia, torna-se necessária a tipificação do *poluidor*, que, do ponto de vista da metodologia jurídica, não é um conceito jurídico, nem mesmo indeterminado, mas um *tipo*, que, existindo na realidade da sociedade de riscos, vem sendo tipificado por leis recentes, suscetíveis de ulteriores regulamentações tipificadoras e até de atos administrativos tipificadores, como aconteceu com a legislação da taxa ambiental do IBAMA e da contribuição para o SAT.[28]

3.2.2 Princípio do consumidor-pagador

Corolário do princípio do poluidor-pagador é o do consumidor-pagador. A Lei n. 6.938/1981 diz que a Política Nacional do Meio Ambiente visará "à imposição, ao usuário, da contribuição pela utilização de recursos ambientais com fins econômicos" (art. 4º, VII). A Constituição do Estado do Rio de Janeiro proclama: "A utilização dos recursos naturais com fins econômicos será objeto de taxas correspondentes aos custos necessários à fiscalização, à recuperação e à manutenção dos padrões de qualidade ambiental" (art. 262, antigo 259).

O princípio do consumidor-pagador aponta no sentido de que aquele que usufrui os bens de uso comum do povo deve pagar por eles. O princípio emana também da passagem do Estado de Impostos ao Estado de Taxas,[29] que atua de preferência através de tributos contraprestacionais, deixando os impostos para a remuneração das despesas gerais do Estado. Cresceu nos últimos anos com as privatizações e a Política Nacional de Recursos Hídricos, que trouxeram a necessidade de realismo financeiro, transformando-se as prestações gratuitas de serviço público em prestações pagas.

26. Idem, ibidem, p. 135.

27. Cf. José Marcos Domingues de Oliveira, *Direito Tributário e Meio Ambiente. Proporcionalidade, Tipicidade Aberta, Afetação da Receita*, p. 16.

28. Vide itens 4.2.3 e 4.2.4.

29. Cf. E. Gawel, ob. cit., p. 108, chega a identificar, além do Estado de Impostos (*Steuerstaat*) e do estado de Taxas (*Gebührenstaat*), o Estado de Tributos Ambientais (*Umweltabgabenstaat*).

O princípio do consumidor-pagador se concretiza no Direito Tributário Ambiental principalmente pela cobrança de preços públicos consubstanciados, entre outros:

a) na compensação financeira pela exploração de petróleo e gás natural, de recursos hídricos para fins de geração de energia elétrica e de outros recursos minerais no respectivo território, plataforma continental, mar territorial ou zona econômica exclusiva (art. 20, § 1º, CF);

b) nas tarifas pelo uso de recursos hídricos pagos não só pelo consumidor final, mas também pelas empresas autorizadas a captar e extrair água dos mananciais mediante outorga dos poderes públicos (Lei n. 9.433, de 8.1.1997 e legislação posterior).

O princípio do consumidor-pagador passou a ter enorme importância não só no Brasil como também na nova fiscalidade das águas surgida em outros países com as privatizações, sendo de se registrarem os cânones cobrados na Espanha[30] e os tributos especiais (*Abwassergaben*) exigidos na Alemanha,[31] que até hoje não tiveram a sua natureza jurídica fixada pela doutrina ou pela jurisprudência.

3.2.3 Princípio da capacidade contributiva

O princípio da capacidade contributiva, típico dos impostos (art. 145, § 1º, CF), tem escassa importância na tributação ambiental, que não se exerce entre nós pela instituição daquele tipo de tributo, em vista inclusive da ausência de discriminação constitucional de competência quanto aos impostos ecológicos. Demais disso, entraria em conflito com o princípio do poluidor-pagador, que independe da situação econômica do contribuinte.

Na Alemanha, a doutrina majoritariamente conclui também pela impossibilidade de cobrança de impostos ecológicos (*Ökosteuern*), sob o argumento de que a Constituição não os inclui na partilha da competência levada a efeito pelos arts. 105 e 106.[32]

30. Cf. Gaspar Ariño Ortiz, *Princípios de Derecho Público Económico*, pp. 728 e ss.; Pedro M. Herrera Molina, *Derecho Tributario Ambiental. La Introducción del Interés Ambiental en el Ordenamiento Tributario*, p. 198.

31. Cf. Wolfgang Richter, *Zur Verfassungsmässigkeit von Sonderabgaben*, pp. 55 e ss.; Paul Henseler, *Begriffsmerkmale und Legitimation von Sonderabgaben*, p. 70.

32. Cf. W. Höfling, "Verfassungsfragen einer ökologischen Steuerreform", *Steuer und Wirtschaft* 1992 (3)/244; Dietmar Gosch, "Juristische Beurteilung von Ökosteuern", *StuW* 1190 (3)/207; C. Trzaslik, "Der instrumentalle Einsatz von Abga-

A doutrina italiana, pela voz de Amatucci,[33] é que começou a defender a possibilidade de tributação ambiental fundada na capacidade contributiva. Na Espanha Rosembuj, apoiando-se naquele tributarista peninsular, defende a importância da capacidade contributiva, sob a forma de diminuição da capacidade de contaminação.[34]

3.2.4 Princípio do custo/benefício

O princípio do custo benefício se aplica aos tributos contraprestacionais, sendo que, no Direito Tributário Ambiental, se adapta perfeitamente às taxas cobradas em razão do exercício do poder de polícia (art. 145, CF c.c. art. 77 do CTN).

O princípio do custo/benefício, que mede os aspectos quantitativos das taxa, se compagina inteiramente com o princípio do poluidor-pagador, que define quem deve pagar o tributo ambiental.[35]

4. Princípios vinculados à segurança

4.1 A segurança no Estado da Sociedade de Risco

O Estado de Direito, em sua configuração mais recente de Estado Democrático e Social, que se afirmou a partir da queda do Muro de Berlim (1989), traz nova inflexão na problemática da segurança jurídica, tendo em vista que se caracteriza como Estado da Sociedade de Risco.

Redesenha-se a segurança dos direitos fundamentais na fase atual do relacionamento entre Estado e Sociedade, em que esta assume o papel preponderante, restando ao Estado agir subsidiariamente na sua função regulatória e na impossibilidade de o indivíduo ou a sociedade resolverem os seus próprios problemas.

ben", *StuW* 1992 (2)/139; M. Rodi, "Bundesstaatliche Kompetenzaussübungsschranker für Lenkungsteuern", *StuW* 1999 (2)/106.

33. *L'Ordinamento Giuridico Finanziario*, p. 519.

34. *Los Tributos y la Protección del Medio Ambiente*, p. 66: "el tributo ambiental no es una figura sesgada de la Administración para sus propios fines, sino un instrumento de la sociedad civil para salvaguardar los intereses colectivos al bien ambiental, un instrumento de desestímulo y de carácter fiscal, anclado en la capacidad económica y cuyo impulso es el de disminuir la capacidad de contaminación". Cf. tb. P. Herrera Molina, ob. cit., p. 165.

35. Cf. Sacksofsky, ob. cit., p. 105.

De feito, o relacionamento entre Estado e Sociedade na fase do liberalismo social permite que se fale em uma *sociedade de riscos*, característica do Estado Subsidiário ou do Estado Democrático de Direito, que contrasta com a *sociedade industrial*, que dava sustentação ao Estado de Bem-estar Social ou Estado Providência.

Na sociedade de riscos há uma *cadeia de subsidiariedades*,[36] que se caracteriza pela responsabilidade primeira do indivíduo pela sua própria sobrevivência, secundada pela da comunidade se houver impossibilidade de cumprimento pelo cidadão, e complementada, em última instância, pelo Estado. Observou K. Tipke que o Estado não possui dinheiro originariamente (*Der Staat selbst hat kein Geld*) e que a sua missão se reduz a tirar parcimoniosamente recursos da camada mais rica da população para repassá-la à mais pobre, observados os postulados de justiça.[37]

A sociedade de riscos se caracteriza por algumas notas relevantes: a ambivalência, a insegurança, a procura de novos princípios e o redesenho do relacionamento entre as atribuições das instituições do Estado e da própria sociedade.

A *ambivalência* aparece diante da impossibilidade que da execução de políticas públicas surja sempre o consenso por parte dos cidadãos. Há uma distribuição não só de benefícios, como se pretendia ao tempo do Estado de Bem-estar Social, mas também de malefícios, como se dá, por exemplo, na construção de vias expressas ou de instalações nucleares. O sociólogo Ulrich Beck disserta: "Administrações de todos os níveis vêemse em confronto com o fato de que o que planejam ser um benefício para todos é percebido como uma praga por alguns e sofre a sua oposição. Por isso tanto eles quanto os especialistas em instalações industriais e os insti-

36. Cf. Diogo de Figueiredo Moreira Neto, "Cidadania e Advocacia no Estado Democrático de Direito", *Revista de Direito da Procuradoria-Geral do Estado do Rio de Janeiro* 50/118: "Articula-se, assim, uma cadeia de subsidiariedades, na qual o ente maior é sempre subsidiário do menor e, por isso, o maior só tem razão e dever de intervir quanto os menores não tenham condições de atuar de modo eficiente. Em resumo, a sociedade é sempre subsidiária do indivíduo e o Estado, subsidiário da sociedade". Cf. tb. Silvia Faber Torres, *O Princípio da Subsidiariedade no Direito Público Contemporâneo*, p. 124.

37. "Über richtiges Steuerrechts", *Steuer und Wirtschaft* 65 (3)/281: "O Estado é o intermediário entre o cidadão contribuinte (*gebenden Bürger*) e o cidadão beneficiário (*nehmenden Bürger*). Se o cidadão pudesse exigir diretamente do seu concidadão as prestações sociais e as subvenções, talvez se lhe tornasse evidente que não se deve exigir mais de estranhos (contribuintes) do que de seus parentes próximos – antes pelo contrário".

tutos de pesquisa perderam sua orientação. Estão convencidos de que elaboraram esses planos 'racionalmente', com o máximo do seu conhecimento e de suas habilidades, considerando o 'bem público'. Nisso, no entanto, eles descuram a ambivalência envolvida. Lutam contra a ambivalência com os velhos meios da não-ambiguidade".[38] Isensee anota que a ambivalência dos atos administrativos é comparável à ambivalência dos direitos fundamentais,[39] que passam a requerer simultaneamente a proteção estatal correspondente ao *status-positivus* do direito fundamental à segurança (*status-positivus – Grundrecht auf Sicherheit*) e ao *status-negativus* do direito fundamental à segurança jurídica (*status-negativus – Grundrecht auf Sicherheit*), muitas vezes contraditórios.[40]

Da *ambivalência* e do caráter paradoxal da sociedade de risco decorre a modificação do próprio conceito de *segurança*, em crescente contraste com o de *insegurança*. A idéia de *segurança jurídica*, prevalecente no Estado Liberal Clássico, que tinha por objetivo a proteção dos direitos individuais do cidadão, começa a ser contrabalançada no Estado de Bem-estar Social com a de *segurança social* (*rectius*: seguridade social) e culmina, no Estado Subsidiário, com a de seguro social e de prevenção. Os riscos e a insegurança da sociedade hodierna não podem ser eliminados, mas devem ser aliviados por mecanismos de segurança social, econômica e ambiental. Da mesma forma que a sociedade tem a prevalência sobre o Estado, na cadeia de subsidiariedade referente aos direitos, também passa a tê-la no que concerne aos deveres; sucede que o cumprimento dos deveres é também moral, e não só jurídico, do que resulta que o Estado não pode impô-los. Todos os grandes riscos da atualidade (*v.g.*, AIDS, destruição do meio-ambiente, drogas, terrorismo etc.) seriam facilmente controlados se a própria sociedade resolvesse evitá-

38. "A Reinvenção da Política: Rumo a uma Teoria da Modernização Reflexiva", in A. Giddens, Ulrich Beck e S. Lash, *Modernização Reflexiva: Política, Tradição e Estética na Ordem Social Moderna*, p. 42. Cf. tb. Raffaele de Giorgi, *Direito, Democracia e Risco. Vínculos com o futuro*, p. 192: "(...) a estrutura da sociedade moderna é paradoxal e esta paradoxalidade pode ser assim indicada: na sociedade contemporânea reforçam-se simultaneamente segurança e insegurança, determinação e indeterminação, estabilidade e instabilidade. Ou pode-se mesmo dizer: nesta sociedade há, simultaneamente, mais igualdade e mais desigualdade, mais participação e menos participação; mais riqueza e, ao mesmo tempo, mais pobreza".

39. *Das Grundrecht auf Sicherheit*, p. 34: "Der Ambivalenz der Grundrechte vergleichbar (*mutatis mutandis*) ist die Doppelwirkung des Verwaltungsaktes".

40. Idem, ibidem, p. 33.

los; como esse dever moral não é assumido, o Estado não o pode criar por lei sob pena de ofender a liberdade do cidadão. Aí está o grande *paradoxo do direito fundamental à segurança jurídica* no Estado da Sociedade de Risco. Isensee chama a atenção para o que ele chama de "dilema constitucional" (*verfassungsrechtliche Dilemma*): "a responsabilidade dos órgãos estatais ou se mantém sob a reserva da lei (*Vorbehalt des Gesetzes*) e o cidadão fica desprotegido ou aceita a necessidade supralegal jusfundamental (*einen übergesetzlichen Grundrechtsnotstand annehmen*) e intervém sem o título legítimo da legalidade (*ohne den Eingriffstitel der Legalität*)".[41]

Esse clima de insegurança postula a adoção de novos princípios éticos e jurídicos.[42] A transparência, a responsabilidade, a precaução, a prevenção, a solidariedade social e a solidariedade do grupo passam a fundamentar as exações necessárias ao financiamento das garantias da segurança. Habermas chega a falar em uma nova dimensão estatal: a do Estado de Segurança (*Sicherheitsstaat*), ou de prevenção (*Präventionstaat*), fundado no princípio da solidariedade e na prevenção coletiva, e que, sucedendo o Estado de Direito (*Rechtsstaat*) e o Estado Social (*Sozialstaat*), tem ampliadas a base financeira (*Geldbasis*) e a do conhecimento (*Wissensbasis*).[43]

Uma outra característica marcante da sociedade de risco é que nela as *instituições políticas* e as *instituições sociais* entram em novo relacionamento. O Ministério Público e o Judiciário passam a exercer papel mais ativo na defesa dos direitos difusos, em cooperação com as institui-

41. Idem, ibidem, p. 44. Observa o sociólogo Zygmunt Bauman (*En Busca de la Política*, p. 32): "No coração da vida política aninha-se um profundo e insaciável desejo de segurança; e atuar a partir desse desejo produz maior insegurança, mais profunda ainda".

42. A professora Misabel Derzi ("Pós-modernismo e Tributos: Complexidade, Descrença e Corporativismo", *Revista Dialética de Direito Tributário* 100/65-80), talvez até por aceitar o conceito de pós-modernidade, exibe um certo pessimismo com as transformações no campo da segurança jurídica: "Instalam-se, ao lado do pluralismo e da complexidade, a ausência de regras, a permissividade, a descrença generalizada, a incerteza e a indecisão, de tal modo que princípios jurídicos até então sólidos e bem fundamentados como segurança jurídica, capacidade contributiva, progressividade do imposto, igualdade e até mesmo legalidade são postos em dúvida" (p. 68); "(...) o corporativismo, a descrença em valores e princípios, próprios do pós-modernismo, têm desencadeado a perda de fé na força normativa do Direito" (p. 78).

43. *Faktizität und Geltung*, p. 525.

ções sociais, afastando-se da missão neutra que desempenhavam na sociedade industrial.[44] A sociedade de riscos, com a pluralidade de interesses em jogo, é necessariamente uma sociedade litigiosa.[45] Surge um novo esquema de separação de poderes,[46] no qual se destacam a flexibilização da legalidade tributária, a tipificação administrativa e a judicialização da política.[47]

4.2 Princípios de segurança

4.2.1 Princípio da precaução

O princípio da precaução (*Vorsorgeprinzip* para os alemães) sinaliza no sentido de que se devem adotar medidas para evitar ofensas futuras ao meio ambiente. Não se trata de prevenir prejuízos iminentes, mas de acautelar interesses ecológicos contra riscos futuros. Explica Cristiane Derani: "é uma *precaução contra o risco*, que objetiva prevenir já uma suspeição de perigo ou garantir uma suficiente margem de segurança da linha de perigo. Seu trabalho está anterior à manifestação de perigo".[48]

A Declaração do Rio de Janeiro, resultante da Conferência das Nações Unidas para o Meio Ambiente e o Desenvolvimento, realizada em 1992, estampa o princípio 15: "De modo a proteger o meio ambiente, o princípio da precaução deve ser amplamente observado pelo Estados, de acordo com suas capacidades. Quando houver ameaça de danos sérios ou irreversíveis, a ausência de absoluta certeza científica não deve ser utili-

44. Cf. U. Beck, ob. cit., p. 29: "A ordem judicial não estimula mais a paz social, pois sanciona e legitima as desvantagens juntamente com as ameaças e assim por diante".

45. Cf. Diogo de Figueiredo Moreira Neto, *O Sistema Judiciário Brasileiro...*, cit., p. 45: "(...) o ressurgimento do Estado Liberal se caracteriza pelo primado das manifestações de liberdade da sociedade e pela acolhida das fontes alternativas de direito por ela geradas para a proteção das novas configurações de interesses, o que justifica a ênfase na construção do Estado Democrático. São eles, certamente, tanto a consciência das novas manifestações de liberdade quanto essas novas considerações de interesses, fatores ponderáveis que vêm atuando para inundar de demandas os sistemas judiciários onde tais mudanças vieram ou estão a ocorrer".

46. Cf. J. Habermas, *Faktizität und Geltung*, cit., p. 525. Cf. tb. Cass Sunstein, *Risk and Reason. Safety, Law and the Environment*, p. 8.

47. Vide item 4.2.3.1.

48. Ob. cit., p. 165.

zada como razão para postergar medidas eficazes e economicamente viáveis para prevenir a degradação ambiental".

4.2.2 Princípio da prevenção

O princípio da prevenção está muito próximo ao da precaução. Alguns autores o registram,[49] embora não haja unanimidade entre os ambientalistas.

Caracteriza-se pelo dever de prevenir o risco quando, pela experiência, seja possível estabelecer uma relação de causalidade.

Maria Alexandre de Souza Aragão indica alguns instrumentos de ação preventiva: "avaliação do impacto de certos projetos sobre o ambiente; a definição de condições de exploração para instalações industriais; testes e procedimentos de notificação prévia à colocação no mercado de novos produtos, maxime, produtos químicos; estabelecimento de valores limite para as emissões poluentes. etc.".[50]

O princípio da prevenção, no Direito Tributário Ambiental, pode conduzir à instituição de taxas com base do exercício do poder de polícia, como adiante veremos.

4.2.3 Princípio da legalidade tributária e taxas ambientais

4.2.3.1 A flexibilização da legalidade das taxas – Há uma relação íntima e direta entre o princípio da legalidade tributária e a sociedade de riscos.

A legalidade tributária, surgida com o Estado de Direito e hipostasiada nos primórdios do Estado Fiscal, abre-se hoje, após o intervencionismo do Estado de Bem-estar Social, para a regulação da nova responsabilidade surgida com o Estado Subsidiário, no qual a própria sociedade se responsabiliza pelos riscos de sua existência, só recorrendo ao Poder Público subsidiariamente, na impossibilidade de auto-satisfação de suas necessidades.

Hoje, com o refluxo dos positivismos de diferentes matizes, a questão da legalidade tributária passa a se colocar de outra forma. O novo

49. Cf., por todos, Paulo Affonso Leme Machado, *Direito Ambiental Brasileiro*, p. 73.
50. Ob. cit., p. 69.

relacionamento entre Estado e Sociedade e a reaproximação entre direito e ética conduzem a que a legalidade seja vista no contexto mais amplo do equilíbrio entre segurança e justiça, da sua ponderação com os demais princípios constitucionais, da emergência dos conceitos indeterminados e da interação entre os Poderes do Estado, já pela concretização normativa por parte do poder regulamentar do Executivo, já pela judicialização das políticas públicas, inclusive fiscais e parafiscais.

Nessa perspectiva as taxas passam a apresentar larga faixa de indeterminação. Principalmente as vinculadas ao exercício do poder de polícia, de difícil definição na sociedade contemporânea, carecem de complementação pelas regulações administrativas dos serviços em que se apóiam. O tributarista espanhol R. Falcón y Tella disse, com muita precisão: "En materia de tasas, por ejemplo, raramente el legislador procede a una minuciosa regulación de los elementos configuradores de las mismas, dada la necesidad de tener en cuenta las características, a menudo cambiantes, del servicio o actividad administrativa que constituye en cada caso el hecho imponible; y si bien no cabe una deslegalización absoluta, parece evidente que la reserva de ley ha de ser más flexible en este ámbito que en el de los impuestos".[51]

4.2.3.2 As taxas ambientais – As chamadas taxas de fiscalização ambiental se caracterizam como tributos devidos em decorrência do *exercício do poder de polícia ambiental*, e não em virtude da prestação de serviços.

O poder de polícia se exerce, no caso, preventivamente, para evitar danos ambientais. É a contraprestação estatal de *prevenção* que constitui o aspecto material do fato gerador, justificando a prestação tributária.

Só agora estão ingressando no quadro do poder de polícia a proteção ao meio ambiente, o combate à poluição e a defesa do patrimônio florestal e paisagístico. O problema consiste, antes de tudo, em definir os próprios limites da intervenção estatal sobre a sociedade civil; de um lado estão aqueles que entendem ser tarefa do Estado Democrático de Direito disciplinar o uso das riquezas coletivas e coibir os abusos e as ofensas praticadas contra o meio ambiente;[52] outros, todavia, optam pelo

51. "Un Principio Fundamental del Derecho Tributario: la Reserva de Ley", *CIVITAS – Revista Española de Derecho Financiero* 104/719.

52. Cf. Otfried Höffe, *Sittlich-politische Diskurse*, p. 152.

controle através dos próprios órgãos da comunidade, com receio de que a intervenção estatal prejudique a livre iniciativa das indústrias. O direito tributário teria, forçosamente, que refletir a mesma perplexidade: o que se discute hoje, em todo o mundo, é se o sistema ecológico deve ser protegido pelo poder de polícia e, conseqüentemente, pelo poder tributário, ou se, ao contrário, o Estado deve adotar a política premial das subvenções e dos incentivos a quem se abstenha de poluir o meio ambiente.[53] A verdade é que a proteção ecológica tem na cobrança das taxas um de seus melhores instrumentos,[54] complementada pela política financeira apoiada também nos preços públicos, nas contribuições econômicas e na extrafiscalidade dos impostos. O Supremo Tribunal Federal, depois de muita controvérsia, deu pela legitimidade constitucional da taxa florestal de Minas Gerais.[55]

4.2.3.3 As taxas do IBAMA – A Taxa de Fiscalização Ambiental (TFA) do IBAMA foi criada pelo art. 8º da Lei n. 9.960, de 28.1.2000, que deu nova redação à Lei n. 6.938, de 31.8.1981.[56]

53. Cf. James Buchanan, *The Limits of Liberty*, p. 120.

54. Cf. Dieter Wilke, *Gebührenrecht und Grundgesetz*, p. 89; Amatucci, *L'Ordinamento Giuridico Finanziario*, cit., p. 407. Para a discussão sobre a eficácia das taxas para o controle do meio ambiente, v. "Technology-Based Emission and Effluent Standards and the Achievement of Ambient Environmental Objectives", *Yale Law Journal* 92/809.

55. O STF declarou inicialmente a inconstitucionalidade da lei mineira, que tomava como base de cálculo da taxa a que servia para a incidência de imposto (RE 78.600-MG, Ac. do Pleno, de 11.5.78, rel. Min. Leitão de Abreu, *RTJ* 88/548). Posteriormente decidiu pela constitucionalidade: "Taxa. Seu conceito (art. 18, inc. I, da CF). Taxa florestal instituída pelo Estado de Minas Gerais (Lei n. 7.163/77). A competência da União para legislar sobre florestas não exclui a competência tributária do Estado-membro, como se dá nas circunstâncias do caso, em razão do exercício do poder de polícia administrativa. Interesse comum na preservação das florestas. Na espécie o tributo em questão, exigido das pessoas ligadas a atividades fiscalizadas pelo Estado e destinado ao seu custeio, situa-se como taxa de polícia. Representação improcedente" (Repr. 1.008-MG, Ac. do Pleno, de 27.8.81, rel. Min. Djaci Falcão, *RTJ* 101/5).

56. "Art. 17-B. É criada a Taxa de Fiscalização Ambiental – TFA.

"§ 1º. Constitui fato gerador da TFA o exercício das atividades mencionadas no inciso II do art. 17 desta Lei, com a redação dada pela Lei n. 7.804, de 18 de julho de 1989.

"§ 2º. São sujeitos passivos da TFA as pessoas físicas ou jurídicas obrigadas ao registro no Cadastro Técnico Federal de Atividades Potencialmente Poluidoras ou Utilizadoras de Recursos Ambientais."

A TFA do IBAMA despertou discussões no plano da legalidade (materialidade do fato gerador e alíquotas) e no da tipicidade (identificação do poluidor-pagador).

Pareceu-nos sempre que a TFA respeitava os requisitos constitucionais para a instituição de taxas de polícia: *a especificidade e a divisibilidade.*[57] Sendo cobrada no cadastramento das empresas potencialmente poluidoras, guardava relação com a atividade específica de cada qual, colocada sob a fiscalização preventiva do Estado, sem o risco de atingir as pessoas incapazes de produzir dano ambiental, o que as transformaria em exação inconstitucional pela generalidade.[58] Embora no poder de polícia a atividade pública se exerça em benefício da coletividade,[59] nem por isso está ausente a vantagem ou desvantagem individual justificadora do tributo contraprestacional.[60] O núcleo do fato gerador não era o ato de inscrição no cadastro, mas a deflagração do processo de fiscalização relativamente a cada contribuinte.

Cumpre verificar se havia problema de constitucionalidade na edificação do sujeito passivo.Parece-nos que não. Dizia o art. 8º da Lei n. 9.960, de 28.1.2000, ao modificar o art. 17 da 6.938, de 31.8.1981: "São sujeitos passivos da TFA as pessoas físicas ou jurídicas obrigadas ao registro no Cadastro Técnico Federal de Atividades Potencialmente Poluidoras ou Utilizadoras de Recursos Ambientais". O sujeito passivo, portanto, era o poluidor potencial que estava inscrito no Cadastro Técnico Federal de Atividades Potencialmente Poluidoras. A Lei n. 9.960/2000, ao criar a TFA, não definiu diretamente o contribuinte, senão que se utilizou do Cadastro existente há mais de 10 anos. Se o Cadastro era válido para deflagrar a fiscalização preventiva do IBAMA, porque nele estavam inscritos os potenciais poluidores, não vemos por

57. Cf. Geraldo Ataliba, "Taxas de Serviços e de Polícia", *RDA* 131/272: "O conceito de divisibilidade decorre *in casu*, do de especificidade, ontologicamente presentes no caso das taxas de polícia".

58. O STF já deixou claramente delimitada a distinção entre atividade policial genérica e específica: "As taxas instituídas no art. 18, I, da Constituição, devem custear o poder especial de polícia, visto que o poder geral de polícia, por ser inerente à função normal do Estado, tem o seu custeio satisfeito pelos impostos gerais. O policiamento de segurança das pessoas e das casas é atribuição normal do Estado, é serviço que os impostos gerais custeiam. Sendo assim, ele não pode constituir fato gerador de taxa de segurança de pessoas e casas, como dispõe o art. 77 do CTN" – RE 73.584, Ac. do Pleno, de 12.3.81, rel. Min. Antonio Neder, *RTJ* 97/1.085.

59. Cf. Wilke, ob. cit., p. 82.

60. Cf. Aliomar Baleeiro, *Direito Tributário Brasileiro.*

que não possa servir de base à nova tributação. Demais disso, o Cadastro das Atividades Potencialmente Poluidoras foi organizado de acordo com os parâmetros traçados pelo art. 3º da Lei n. 6.938, de 31.8.1981, que ofereceu o conceito de poluição como degradação da qualidade ambiental resultante de atividades que direta ou indiretamente: prejudiquem a saúde, a segurança e o bem-estar da população; criem condições adversas às atividades sociais e econômicas, afetem as condições estéticas ou sanitárias do meio ambiente; lancem matérias ou energia em desacordo com os padrões ambientais estabelecidos. O poluidor foi definido pelo art. 3º, inciso IV, da Lei n. 6.938/1981, como "a pessoa física ou jurídica, de direito público ou privado, responsável, direta ou indiretamente, por atividade causadora de degradação ambiental".

Cremos, assim, que a edificação do sujeito passivo da TFA oferece a moldura normativa necessária para coarctar a suspeita de violação dos princípios da legalidade e da tipicidade. Com efeito, sabe-se que é imprescindível a tipificação do contribuinte para efeito de cobrança de taxas ecológicas.[61]

Deve-se observar ainda que era perfeitamente razoável a indicação do contribuinte da TFA. O princípio que governa a tributação ambiental é o do *poluidor-pagador*. Paga pelo risco ambiental aquele que exerce atividade potencialmente poluidora. Mas é difícil escolher o poluidor, eis que várias pessoas podem praticar atividades poluentes, como sejam o produtor ou o consumidor de energia ou matéria em desacordo com os padrões ambientais. De modo que a doutrina vem chegando à convicção de que o poluidor-pagador deve ser o "melhor pagador", ou seja, aquele que exerce atividade suscetível de fiscalização pelos órgãos públicos.[62] Se a lei escolheu a pessoa que lança a matéria ou energia poluidora, e não o seu consumidor, adotou, sem dúvida, critério razoável.

61. Cf. José Marcos Domingues de Oliveira, *Direito Tributário e Meio Ambiente*, cit., p. 74: "Mais, antes até de se cogitar da 'medida' do tributo há que se identificar o 'contribuinte', que no caso da tributação ambiental, é também tipificado através de conceitos indeterminados, como os utilizados na Constituição.

"Conceba-se lei instituidora de um imposto sobre 'emissões poluentes', ou lei que adote o conceito indeterminado 'atividade potencialmente poluidora' para fins de sujeição de certas indústrias a uma taxa de polícia ambiental. Ambas as tipificações decorreriam da impossibilidade de o Legislador conhecer todas as emissões fabris poluentes e que permitem ganhos marginais em contraponto ao custo de medidas antipoluição, ou de conhecer todas as atividades que põem em risco o meio ambiente e que por isso precisam ser monitoradas".

62. Vide nota 24.

Acrescente-se, ainda, que a categorização dos contribuintes em empresas de pequeno porte e microempresa oferecia a necessária segurança, eis que a Lei n. 9.841, de 5.10.1999, já as definira, ao instituir o Estatuto da Microempresa e da Empresa de Pequeno Porte, dispondo sobre o tratamento jurídico diferenciado, simplificado e favorecido previsto nos arts. 170 e 179 da Constituição Federal.

O Supremo Tribunal Federal, entretanto, julgou inconstitucional a cobrança da Taxa Ambiental do IBAMA, por entender que as atividades potencialmente poluidoras não estavam definidas na lei e que o fato gerador era a atividade explorada pelo contribuinte e não o serviço prestado pelo ente público,[63] muito embora o tributo tivesse o apelido de "taxa de fiscalização ambiental", obviamente atividade a ser exercida pelo poder público. O Supremo Tribunal Federal censurou a legislação preso ainda ao dogma da legalidade estrita e da tipicidade fechada. No voto do relator, Min. Ilmar Galvão, lê-se: "Vêm, em seguida, os sujeitos passivos (art. 17-B, § 2º), conceituados como 'as pessoas físicas ou jurídicas obrigadas ao registro no Cadastro Técnico Federal de Atividades potencialmente Poluidoras ou Utilizadoras de Recursos Ambientais', o que, na verdade, vale por conceituação nenhuma, visto não trazer a lei a necessária enumeração das referidas atividades".[64]

63. ADI 2178, Ac. do Pleno, de 29.3.2000, rel. Min. Ilmar Galvão, *RTJ* 173/494, 2000: "Ementa: *Ação Direta de Inconstitucionalidade*. Artigo 8º da Lei 9.960, de 28.1.2000, que introduziu novos artigos da Lei n. 6.938/81, criando a Taxa de Fiscalização Ambiental (TFA). Alegada incompatibilidade com os artigos 145, II; 167, IV; 154, I, e 150, III, "b", da Constituição Federal.

"Dispositivos insuscetíveis de instituir, validamente, o novel tributo, por haverem definido, como fato gerador, não o serviço prestado ou posto à disposição do contribuinte, pelo ente público, no exercício do poder de polícia, como previsto no art. 145, II, da Carta Magna, mas a atividade por esses exercida; e como contribuintes pessoas físicas ou jurídicas que exercem atividades potencialmente poluidoras ou utilizadoras de recursos ambientais, não especificadas em lei. E, ainda, por não haver indicado as respectivas alíquotas ou o critério a ser utilizado para o cálculo do valor devido, tendo-se limitado a estipular, a *forfait*, valores uniformes por classe de contribuintes, com flagrante desobediência ao princípio da isonomia, consistente, no caso, na dispensa do mesmo tratamento tributário a contribuintes de expressão econômica extremamente variada.

"Plausibilidade da tese da inconstitucionalidade, aliada à conveniência de pronta suspensão da eficácia dos dispositivos instituidores da TFA.

"Medida cautelar deferida."

64. *RTJ* 173/497, 2000.

Declarada liminarmente a inconstitucionalidade da Lei n. 9.960/2000, resolveu o legislador federal, pela Lei n. 10.165, de 27.12.2000, instituir a Taxa de Controle e Fiscalização Ambiental – TCFA, com as seguintes características principais: a) o fato gerador é o exercício regular do poder de polícia conferido ao IBAMA; b) o sujeito passivo da TFA é "todo aquele que exerça as atividades constantes do Anexo VIII"; c) o Anexo VIII traz extensa listagem das atividades potencialmente poluidoras, classificando-as em categorias, descrevendo-as e definindo-lhes o grau de risco. Já é objeto de impugnação perante o Supremo Tribunal Federal.[65]

Vê-se, pois, que também a mais alta Corte de Justiça do País continua presa a conceitos como os de *legalidade estrita* e *tipicidade fechada*, que não se adaptam à proteção dos interesses difusos. Perdeu-se a oportunidade de se iniciar trabalho duradouro de fiscalização do meio ambiente, extremamente degradado no Brasil nos últimos anos por culpa das empresas poluidoras, e ainda se corre o risco de ver transferida para *toda a sociedade*, inclusive os pobres e os não-poluidores, a responsabilidade pelo financiamento da atividade fiscalizadora estatal. É mais um exemplo da abdicação, pelo Judiciário, da função de controle do exercício do Poder Regulamentar do Executivo, à espera da utópica definição fechada, completa e sem lacunas do Legislativo em tema de riscos ecológicos e existenciais.

Em suma, as taxas ambientais passam a se incluir no ordenamento tributário informadas pelos princípios da legalidade, do poluidor-pagador, da precaução, da prevenção e da tipicidade.

4.2.4 Princípio da tipicidade tributária e contribuições sociais ambientais

Assiste-se, na sociedade de risco, ao surgimento de nova equação, na qual o Executivo, por normas regulamentares, procede à tipificação (*Typisierung*) e até à quantificação (*Pauschalierung* em alemão).

Na Alemanha o Tribunal Constitucional vem admitindo o "regulamento concretizador de normas" (*normkonkretisierenden Verwaltungsvorschrift*), principalmente nas questões ligadas à energia atômica, com eficácia vinculante com relação às próprias decisões judiciais.[66] Klaus

65. Cf. ADI 2422, também proposta pela Confederação Nacional da Indústria.

66. *BVerfGE* 61, 115: "O Judiciário só pode controlar a verificação e a valoração (*Bewertungen*) (do Executivo) com relação a sua adequação jurídica (*Rechtsmä-*

Vogel chama a atenção para o fato de que os regulamentos administrativos (*Verwaltungsvorschriften*) vinculam o Judiciário não por causa da discricionariedade (*Ermessen*) ou dos espaços para as valorações (*Beurteilungsspielräume*), mas para o preenchimento do fato gerador normativo (*Normtatbestand*);[67] prossegue o antigo Catedrático da Faculdade de Direito de Munique que o juiz tributário, em conseqüência da decisão tipificadora da Administração tributária, fica vinculado àquela linha diretriz tipificadora (*Typisierungsrichtlinien*), que se apóia no princípio da igualdade, sendo certo que o espaço para a interpretação na via do regulamento será tanto maior quanto mais complexa for a valoração. Restaria, evidentemente, a possibilidade de se discutir a respeito da atipicidade das hipóteses consideradas pela norma regulamentar.[68]

No Brasil já temos inúmeros exemplos de *regulamentos tipificadores*, quase todos submetidos ainda à discussão judicial. Surgem eles no bojo do processo de flexibilização da legalidade, que já examinamos anteriormente.

A tipificação tem extraordinária importância para a tributação ambiental, especialmente no que concerne à edificação do *tipo poluidor-pagador*, que, existindo na realidade, se conceptualiza nos regulamentos referentes às taxas (como a do IBAMA, que examinamos acima) e às contribuições ambientais (como a do SAT, que passamos a analisar).

A Contribuição ao Seguro de Acidentes do Trabalho – SAT está prevista no art. 22, inciso II, da Lei n. 8.212, de 1991, com a nova redação da Lei n. 9.528, de 1997.[69]

ssigkeit), mas não pode colocar a sua própria valoração em lugar da outra"; *BVerfGE* 72, 317: "O Executivo ordena não só frente ao Legislativo, mas também com relação aos tribunais administrativos sobre as formas de atuação jurídica, pois ele está melhor preparado para concretizar a Constituição na defesa contra os perigos e na prevenção dos riscos".

67. "Zur Bindung der Steuergericht an Bewertungs- und Pauschalierungsrichtlinien", *StuW* 1991 (3)/254.

68. Idem, ibidem, p. 262.

69. "Art. 22. A contribuição a cargo da empresa, destinada a Seguridade Social, além do disposto no art. 23, é de:

"I – (...);

"II – para o financiamento dos benefícios concedidos em razão do grau de incidência de incapacidade laborativa decorrente dos riscos ambientais do trabalho, conforme dispuser o regulamento, nos seguintes percentuais, sobre o total das remunerações pagas ou creditadas, no decorrer do mês, aos segurados empregados e trabalhadores avulsos: a) 1% (um por cento) para as empresas em cuja atividade pre-

A matéria foi regulamentada pelos Decretos n. 356, de 1991, n. 612, de 1992, e n. 2.173, de 1997, sendo que este último considerou a atividade preponderante na empresa tendo em conta o maior número de segurados empregados, trabalhadores avulsos ou médicos-residentes (art. 26, § 1º) e estabeleceu o grau de risco, em anexo, conforme a Classificação Nacional de Atividades Econômicas – CNAE.

Indaga-se: a definição de atividades preponderantes para efeito de determinação de grau de risco por ato do Poder Executivo contraria o princípio da legalidade?

Parece-nos que não. Os *riscos de acidente do trabalho* devem ser cobertos pelas empresas que expõem os seus empregados a atividades que os provoquem. Não há por que repassar o financiamento à sociedade como um todo. Assim sendo, é legítima a lei que transfere ao regulamento a competência para preencher o conceito indeterminado nela previsto. Ninguém conhece previamente e a lei formal não poderia determinar o conceito de *risco leve*, *médio* ou *grave*, tanto mais que tal conceito é cambiante, estando ao sabor do crescimento das atividades econômicas e do desenvolvimento tecnológico.

Cremos que as normas complementares administrativas não desbordaram os limites traçados pelo Legislador. Simplesmente enquadraram centenas de atividades econômicas no quadro legal das alíquotas (de 1 a 3%), distribuindo-as segundo o grau de risco individualmente considerado. Nesse me parece, de modo geral, que o regulamento tenha ofendido o princípio da *razoabilidade*. Classificou, por exemplo, no grau 1 (riscos leves), o comércio varejista e os escritórios de advocacia; no grau 2 (riscos médios), a indústria têxtil e a tecelagem; no grau 3 (riscos graves), a agricultura, a criação de gado, a extração de mármore e a indústria petrolífera. Extravasaria a sua competência a Administração se, por suposição, optasse pelo enquadramento dos escritórios de advocacia entre as empresas de risco grave e inclusive a notória e potencialmente poluidora indústria do petróleo no risco leve.

ponderante o risco de acidente de trabalho seja considerado leve; b) 2% (dois por cento) para as empresas em cuja atividade preponderante esse risco de acidente seja considerado médio; c) 3% (três por cento) para as empresas em cuja atividade preponderante esse risco seja considerado grave. (...)

"§ 3º. O Ministério do Trabalho e da Previdência Social poderá alterar, com base nas estatísticas de acidente do trabalho, apuradas em inspeção, o enquadramento de empresas para efeito da contribuição a que se refere o inciso II, deste artigo, a fim de estimular investimentos de prevenção de acidentes."

Após intensa e demorada discussão perante os Tribunais Regionais Federais, o Supremo Tribunal Federal deu pela constitucionalidade do exercício do poder regulamentar, fundando a sua argumentação, entretanto, na figura da *delegação*, consubstanciada, na palavra do Ministro Relator Carlos Velloso, no "regulamento delegado, *intra legem*, condizente com a ordem jurídico-constitucional" que teria autorizado o Executivo a aferir dados para a concreta aplicação da lei.[70] Não se preocupou o STF especificamente com a problemática da tipificação, por certo diante da ausência de contribuições doutrinárias que lhe pudessem embasar a decisão e da circunstância de que o Judiciário vem se utilizando das delegações atípicas para contornar o princípio da legalidade.[71]

70. RE 343.446-SC, Ac. do Pleno, de 20.3.2003, rel. Min. Carlos Velloso, *Informativo* n. 302/2003 (transcrições); *www.stf.gov.br* (acesso em 27.4.2003) e *RDDT* 93/167, 2003. "Ementa: Constitucional Tributário. Contribuição: Seguro de Acidente do Trabalho: SAT. III – As Leis 7.787/89, art. 3º, II, e 8.212/91, art. 22, II, definem, satisfatoriamente, todos os elementos capazes de fazer nascer a obrigação tributária válida. O fato de a lei deixar para o regulamento a complementação dos conceitos de 'atividade preponderante' e 'grau de risco leve, médio e grave', não implica ofensa ao princípio da legalidade genérica, CF, art. 5º, II e da legalidade tributária, CF, art. 150, I. IV – Se o regulamento vai além do conteúdo da lei, a questão não é de inconstitucionalidade, mas de ilegalidade, matéria que não integra o contencioso constitucional". O Ministro relator Carlos Velloso transcreveu no seu voto a decisão da então Juíza Ellen Gracie, hoje Ministra do STF, do seguinte teor: "Ressalte-se que a Lei 8.212/91 define satisfatoriamente todos os elementos capazes de fazer nascer uma obrigação tributária válida. Basta ver que o sujeito passivo é a empresa e a base de cálculo, o montante pago ou creditado mensalmente a título de remuneração dos segurados empregados e trabalhadores avulsos. A alíquota, por sua vez definida em razão do grau de risco a que se sujeita a atividade preponderante da empresa. A partir desses critérios, pode a norma infralegal, dentro de seu campo de conformação, definir o que se haveria de entender por atividade preponderante das empresas. Assim agindo, desde que não se chegue a violentar o sentido emanado do texto legal, exsurge legítimo o exercício do respectivo poder regulamentar. Em se tratando da hierarquia das fontes formais de Direito, uma norma inferior tem seu pressuposto de validade preenchido quando criada na forma prevista pela norma superior: O regulamento possui uma finalidade normativa complementar, à medida que explicita uma lei, desenvolvendo e especificando o pensamento legislativo. Isso não significa ampliar ou restringir o texto da norma. Os conceitos de 'atividade preponderante' e 'grau de risco leve, médio ou grave' são passíveis de serem complementados por decreto, ao regulamentar a previsão legislativa. Não se está modificando os elementos essenciais da contribuição, mas delimitando conceitos necessários à aplicação concreta da norma. Restaram observados, portanto, os princípios da legalidade genérica (CF, art. 5º, inciso II) e específica ou estrita (CF, art. 150, inciso I e CTN, art. 97)".

71. Cf. Almiro Couto e Silva, "Os Princípios da Legalidade da Administração Pública e da Segurança Jurídica no Estado de Direito Contemporâneo", *Revista da*

Seja como for, nota-se admirável avanço na jurisprudência do Supremo do caso da taxa ambiental do IBAMA para o da contribuição ao SAT.

5. *Princípios vinculados à solidariedade*

5.1 A solidariedade no Estado da Sociedade de Risco

A reaproximação entre ética e direito nas últimas décadas trouxe, entre as suas inúmeras conseqüências, a recuperação da idéia de solidariedade, que o liberalismo do século XIX e de boa parte do século XX abandonara.

De feito, a solidariedade era valor fundante do Estado de Direito e já aparecia na trilogia da Revolução Francesa: liberdade, igualdade e fraternidade. *Solidariedade é fraternidade.* Sucede que o pensamento jurídico posterior a Kant exacerbou a idéia de liberdade, diluindo-a na de legalidade, com o que ficaram esquecidas as de justiça e solidariedade.

A solidariedade não traz conteúdos materiais específicos, podendo ser visualizada ao mesmo tempo como valor ético e jurídico, absolutamente abstrato, e como princípio positivado ou não nas Constituições. É sobretudo uma obrigação moral ou um dever jurídico. Mas, em virtude da correspectividade entre deveres e direitos, informa e vincula a liberdade, a justiça e a igualdade.[72]

A solidariedade fiscal está imbricada na *liberdade*, pois o dever fundamental de pagar tributos é correspectivo à liberdade e aos direitos fundamentais. A solidariedade influencia a *liberdade* na medida em que estabelece o vínculo de fraternidade entre os que participam do grupo beneficiário de prestações positivas, máxime as relacionadas com os mínimos sociais e com os direitos difusos.[73]

Procuradoria-Geral do Estado do Rio Grande do Sul 46/17, 1988: "Entre nós, embora a Constituição vigente consagre a delegação legislativa (nos seus arts. 46, IV e 52 a 54), tem ela ficado em desuso, preferindo-se o recurso à delegação atípica ou disfarçada que consiste na atribuição de competência amplíssima a entidades e órgãos da Administração Pública".

72. Cf. Gregorio Peces-Barba Martinez, *Curso de Derechos Fundamentales. Teoría General*, p. 280: "A diferencia de los demás valores que fundamentan directamente derechos, la solidariedad fundamenta indirectamente derechos es decir, lo hace por intermedio de los deberes".

73. Idem, ibidem, p. 279: "La solidaridad se integra con los demás valores, libertad, seguridad jurídica e igualdad, por el común objetivo de contribuir, por

A solidariedade se aproxima da *justiça* por criar o vínculo de apoio mútuo entre os que participam dos grupos beneficiários da redistribuição de bens sociais.[74] A justiça social e a justiça distributiva passam pelo fortalecimento da solidariedade.[75] Os direitos sociais, ou direitos de segunda geração como preferem outros, dependem dos vínculos da fraternidade. Solidários são os contribuintes e os beneficiários das prestações estatais, em conjunto. Diz Isensee que "às pretensões solidárias às prestações correspondem deveres solidários".[76]

O impasse a que foi levado o Estado de Bem-Estar Social fez com que se procurasse um novo equilíbrio político, econômico e financeiro centrado no princípio da solidariedade. Alguns autores, como Habermas,[77] chegam a falar em uma nova dimensão estatal, a do Estado de Segurança (*Sicherheitsstaat*), fundado na solidariedade (*Solidarität*): o filósofo alemão expõe a convicção de que o mundo vital (*Lebenswelt*) – das instituições jurídicas e da comunicação intersubjetiva – pode se compatibilizar com a esfera da ação administrativa e com a do dinheiro por intermédio da afirmação do princípio da solidariedade, com o que ficará superada a "colonização" do *Lebenswelt* operada pelo paternalismo financeiro e burocrático observado no Estado Social de Direito.[78]

5.2 Princípio da capacidade contributiva solidária

A solidariedade aparece com muito vigor na temática dos impostos.

Na França, o imposto sobre grandes fortunas foi rebatizado como "*l'impôt de solidarité sur la fortune*" (ISF).

medio de los derechos que fundamenta, al dinamismo de la libertad, que facilita el ejercicio de la libertad de elección hacia la conservación de la libertad o autonomía moral"; Manoel Gonçalves Ferreira Filho, *Direitos Humanos Fundamentais*, p. 57 adota a expressão "direitos de solidariedade ou fraternidade" para caracterizar os direitos de terceira geração (direito ao meio ambiente, à paz, ao patrimônio comum da humanidade).

74. Cf. Eusebio Fernández, *Estudios de Ética Jurídica*, p. 105, "la justicia es un valor que precisa de otros como la bondad o la solidariedad para conseguir así la felicidad personal y social".

75. Cf. Ubiratan Borges de Macedo, *Liberalismo e Justiça Social*, p. 88; Helmut Coing, *Grundzüge der Rechtsphilosophie*, p. 222.

76. "Der Sozialstaat in der Wirtschaftskrise", *Festschrift für Johannes Broermann*, p. 384: "Den solidarischen Leistungsansprüchen korrespondieren solidarische Pflichten".

77. *Faktizität und Geltung...*, cit., p. 525.

78. *Theorie des kommunkativen Handelns*, vol. 2, p. 534.

Em diversos cantões da Suíça, o princípio da solidariedade (*Grundsätze der Solidarität*) ganhou expressão constitucional com referência aos impostos.[79]

Mas é no campo da capacidade contributiva que se torna mais importante a solidariedade. O grande problema ético da capacidade contributiva é o do seu fundamento. As explicações positivistas fundavam-se em idéias economicistas como a da igualdade de sacrifício.[80] O causalismo sociológico das décadas de 30 e 40 também abandonou a fundamentação ética, pois, ao indicar a capacidade contributiva como causa última ou imediata dos impostos, recusava a possibilidade de se "pretender descobrir as razões político-filosóficas dessa eleição por parte do legislador".[81] Com a reaproximação entre ética e direito procura-se ancorar a capacidade contributiva nas idéias de solidariedade ou fraternidade. A solidariedade entre os cidadãos deve fazer com que a carga tributária recaia sobre os mais ricos, aliviando-se a incidência sobre os mais pobres e dela dispensando os que estão abaixo do nível mínimo de sobrevivência; é um valor moral juridicizável que fundamenta a capacidade contributiva e que sinaliza para a necessidade da correlação entre direitos e deveres fiscais.[82]

A solidariedade amalgamada à capacidade contributiva não projeta conseqüências para o Direito Tributário Ambiental, pois se circunscreve à temática dos impostos, que, como já vimos, tem escassa importância para as questões ecológicas.

79. Cf. Ernst Höhn, "Verfassungsgrundsätze über die Besteuerung", *Festschrift für Otto Kaufmann*, p. 136.

80. John Stuart Mill, *Princípios de Economia Política*, p. 290: "A igualdade de tributação, portanto, como máxima de política, significa igualdade de sacrifício".

81. Dino Jarach, *El Hecho Imponible*, p. 108: "Esta investigación es de carácter jurídico, porque se basa exclusivamente sobre el análisis de las normas positivas de las leyes tributarias, aun cuando identifica los resultados así obtenidos con un principio o concepto, como el de capacidad contributiva, tomado *a priori*".

82. Cf. Joachim Lang, "Reform der Unternehmensbesteuerung auf dem Weg zum europäischen Binnenmarkt und zur deutschen Einheit", *Steuer und Wirtschaft* 67 (2)/111, 1990; F. Moschetti, "La Capacitá Contributiva", in A. Amatucci, *Trattado di Diritto Tributario*, cit., p. 227: "Solidarietà e capacitá contributiva sono due aspetti della stessa realtà"; K. Tipke, *Die Steuerrechtsordnung*, p. 481 diz que "a capacidade contributiva é uma regra ética, uma regra de solidariedade, uma regra do Estado Social (*Die Leistungsfahigkeit ist eine etische Regel, eine Regel der Solidarität, eine sozialstaatliche Regel*)".

5.2.1 Princípio da solidariedade do grupo

Outra coisa é a "solidariedade do grupo", que justifica a cobrança das contribuições sociais e econômicas e que não se confunde com a capacidade contributiva.[83] Quem pioneiramente desenvolveu a teoria da parafiscalidade com fundamento no princípio da solidariedade foi o italiano Morselli.[84]

Muito para notar que a solidariedade, como assinala a doutrina germânica, cria o sinalagma não apenas entre o Estado e o indivíduo que paga a contribuição, mas entre o Estado e o grupo social a que o contribuinte pertence, considerado este às vezes em função do trabalho e da profissão e outras vezes em razão de situações existenciais (velhice, doença, gravidez, morte etc.).[85] Porém a solidariedade não se esgota em ser uma atitude frente ao Estado, senão que também opera dentro do próprio grupo: o princípio da igualdade e da proporcionalidade deve ser respeitado;[86] os subgrupos, como os dos patrões e dos empregados, seguem diferentes subprincípios derivados do princípio maior da solidariedade, como sejam os do equilíbrio de riscos e do dever de assistência;[87] a solidariedade é uma decorrência da responsabilidade social do empregador (*sozialen Verantwortung von Arbeitgebern*).[88]

No regime da Constituição Federal de 1988, a solidariedade do grupo é o princípio da justiça que fundamenta as contribuições sociais

83. Cf. entre outros, Enrico Potito, *L'Ordinamento Tributario Italiano*, p. 29; A. Kaufmann, *Tendenzen im Rechtsdenken der Gegenwart*, p. 37; R. Lüdeke, "Kosten und Ausgabendämpfung in Gesundheitswesen als Problem einer zielgerichteten Krankenversicherung", *Finanzarchiv* 37 (1)/77; Augusto Fantozzi, *Diritto Tributario*, p. 67, que fala em "contributo de solidarietà".

84. "Il Punto de Vista Teorico della Parafiscalità", *Archivio Finanziario* 9/215-228.

85. Cf. Detlef Merten, "Sozialrecht. Soazialpolitik", in E. Benda, W. Maihofer, und H. J. Vogel, *Handbuch des Verfassungsrechts*, p. 784; Rupert Scholz, *Sozialstaat zwischen Waschstums- und Rezessionsgesellschaft*, p. 46; Eike von Hippel, *Der Schutz des Schwächeren*, p. 176.

86. Cf. Rupert Scholz, in Dürig, Maunz, Herzog e Scholz, *Grundgesetz. Kommentar*, p. 69.

87. Cf. H. W. Kruse, *Steuerrecht*, p. 19: "O seguro social é uma exceção entre as contribuições. Aqui não prevalece o princípio tributário (*das abgabenrechtliche Prinzip*) da fruição de uma vantagem pessoal, mas a idéia de equilíbrio social. O fundamento consiste no equilíbrio de risco (*Risikoausgleich*) por parte dos trabalhadores assegurados e o dever de assistência geral (*allgemeine Fürsorge*) dos patrões para com os empregados".

88. P. Henseler, ob. cit., p. 170.

de natureza previdenciária incidentes sobre a folha de salários, embora não o seja relativamente às que recaem sobre o faturamento e o lucro. A solidariedade fundamenta ainda as contribuições profissionais e as econômicas.

O princípio da solidariedade, de dimensão constitucional, vincula a cobrança das contribuições sociais, que passam a exibir a natureza causal.[89] Se não houver os laços de solidariedade entre os que pagam o ingresso e os que recebem o benefício estatal, e conseguintemente, se inexistir a contraprestação estatal em favor do grupo será inconstitucional a cobrança da contribuição social, exceto naqueles casos previstos na própria Constituição, em que incidem sobre o faturamento, o lucro e a movimentação financeira, adquirindo a natureza de "imposto com destinação especial".

O princípio da solidariedade do grupo é extremamente significativo para o Direito Tributário Ambiental, eis que pode motivar a cobrança de contribuições sociais e econômicas. A contribuição para o SAT, que antes examinamos, é um bom exemplo de contribuição ambiental fundada na solidariedade do grupo.

6. Conclusão

Vê-se, pois, que o Direito Tributário Ambiental deixa-se imantar pelos valores e princípios jurídicos, que cresceram de importância com a reaproximação entre ética e direito e a superação das posições positivistas, assim formalistas que historicistas.

As questões ambientais são tocadas pelos princípios jurídicos vinculados aos valores da liberdade, justiça, segurança e solidariedade. Mas são também sensibilizadas pelos princípios estruturais e fundamentais proclamados no art. 1º da Constituição, perpassados todos pelos princípios da legitimação (ponderação, razoabilidade, igualdade e transparência), matéria que não foi objeto deste artigo.

89. Contra: Brandão Machado, "São Tributos as Contribuições Sociais", in Tavolaro; Brandão Machado; Ives Gandra Martins (Coord.), *Princípios Tributários no Direito Brasileiro e Comparado. Estudos em Homenagem a Gilberto de Ulhoa Canto*, p. 84: "(...) as contribuições sociais têm seus pressupostos desvinculados da atuação do Estado. A sua receita, sim, está vinculada aos fins que justificam a sua criação, não aos fatos geradores das respectivas obrigações".

Bibliografia

ALEXY, Robert. *Theorie der Grundrechte*. Frankfurt, Suhrkamp, 1989.

AMATUCCI, Andrea. "Technology-Based Emission and Effluent Standards and the Achievement of Ambient Environmental Objectives", *Yale Law Journal* 1982, 92/809.

__________. *L'Ordinamento Giuridico Finanziario*. Nápoles, Jovene Editore, 1995.

ARAGÃO, Maria Alexandra de Souza. *O Princípio do Poluidor Pagador. Pedra Angular da Política Comunitária do Ambiente*. Coimbra, Coimbra Ed., 1997.

ARIÑO ORTIZ, Gaspar. *Princípios de Derecho Publico Económico*. Granada, Comares, 1999.

ATALIBA, Geraldo. "Taxas de Serviços e de Polícia", *RDA* 131, 269-279, 1978.

ÁVILA, Humberto. *Teoria dos Princípios. Da Definição à Aplicação dos Princípios Jurídicos*. São Paulo, Malheiros Editores, 2004.

BALEEIRO, Aliomar. *Direito Tributário Brasileiro*. Rio de Janeiro, Forense, 1981.

BAUMAN, Zygmunt. *En Busca de la Política*. México, Fondo de Cultura Económica, 2001.

BECK, Ulrich. "A Reinvenção da Política: Rumo a uma Teoria da Modernização Reflexiva", in Anthony Giddens, Ulrich Beck, Scott Lash, *Modernização Reflexiva: Política, Tradição e Estética na Ordem Social Moderna*. São Paulo, UNESP, 1997, pp. 11-71.

BIDART CAMPOS, Germán J. *Teoría General de los Derechos Humanos*. Buenos Aires, Astrea, 1991.

BIRD, Richard M. *Tax Policy and Economic Development*. Baltimore, The John Hophins University Press, 1992.

BRANDÃO MACHADO. "São Tributos as Contribuições Sociais", in Agostinho Tavolaro; Brandão Machado; Ives Gandra Martins (Coord.), *Princípios Tributários no Direito Brasileiro e Comparado. Estudos em Homenagem a Gilberto de Ulhoa Canto*. Rio de Janeiro, Forense, 1988, pp. 62-95.

BUCHANAN, James. *The Limits of Liberty. Between Anarchy and Leviathan*. Chicago, The University of Chicago Press, 1975.

COING, Helmut. *Grundzüge der Rechtsphilosophie*. Berlim, Walter de Gruyter, 1969.

COUTO E SILVA, Almiro. "Os Princípios da Legalidade da Administração Pública e da Segurança Jurídica no Estado de Direito Contemporâneo", *Revista da Procuradoria-Geral do Estado do Rio Grande do Sul* 46/11-29, 1988.

DERANI, Cristiane. *Direito Ambiental Econômico*. São Paulo, Max Limonad, 1997.

DERZI, Misabel. "Pós-modernismo e Tributos: Complexidade, Descrença e Corporativismo". *Revista Dialética de Direito Tributário* 100/65-80, 2004.

DOBSON, Andrew. *Justice and the Environment. Conceptions of Environmental Sustainability and Dimensions of Social Justice*. Nova York, Oxford University Press, 1998.

__________. *Citizenschip and the Environment*. Nova York, Oxford University Press, 2003.

DÜRIG, Günter. In Maunz; Dürig; Herzog; Scholz; *Grundgesetz. Kommentar*. Munique, C. H. Beck, 1980, art. 1º, Rdnr. 15.

FABER, Daniel. "The Struggle for Ecological Democracy and Environmental Justice", in Daniel Faber (Ed.), *The Struggle for Ecological Democracy. Environmental Justice Movements in the United States*. Nova York, The Giulford Press, 1998, pp. 1-11.

FALCÓN Y TELLA, R. "Un Principio Fundamental del Derecho Tributario: la Reserva de Ley", *CIVITAS – Revista Española de Derecho Financiero* 104/707-721, 1999.

FERNÁNDEZ, Eusebio. *Estudios de Ética Jurídica*. Madri, Ed. Debate, 1990.

FERREIRA FILHO, Manoel Gonçalves. *Direitos Humanos Fundamentais*. São Paulo, Saraiva, 1996.

FANTOZZI, Augusto. *Diritto Tributario*. Turim, UTET, 1991.

GAWEL, Erik. "Das Rechtskleid für Umweltabgaben – Abgabenstützte Umweltlenkung zwischen Steuer- und Gebührenlösung", in Ute Sacksofsky; Joachim Wieland (Ed.), *Vom Steuerstaat zum Gebührenstaat*. Baden-Baden, Nomos, 2000, pp. 108-143.

GIORGI, Raffaele de. *Direito, Democracia e Risco. Vínculos com o futuro*. Porto Alegre, Sergio Antonio Fabris, 1998.

GOSCH, Dietmar. "Juristische Beurteilung von Ökosteuern", *Steuer und Wirtschaft* 1990 (3)/201-216.

HABERMAS, Jürgen. *Theorie des kommunkativen Handelns*. vol. 2. Frankfurt, Suhrkamp, 1988.

__________. *Faktizität und Geltung. Beiträge zur Diskurstheorie des Rechts und des demokratischen Rechtsstaat*. Frankfurt, Suhrkamp, 1992.

HEINZ, Kersten. "Eigenrecht der Natur", *Der Staat* 29 (3)/415-439, 1990.

HENSELER, Paul. *Begriffsmerkmale und Legitimation von Sonderabgagen*. Baden-Baden, Nomos, 1984.

HERRERA MOLINA, Pedro M. *Derecho Tributario Ambiental. La Introduc-*

ción del Interés Ambiental en el Ordenamiento Tributario. Madri, Marcial Pons, 2000.

HIPPEL, Eike von. *Der Schutz des Schwächeren*. Tübingen, J. C. B. Mohr, 1979.

HÖFFE, Otfried. *Sittlich-politische Diskurse*. Frankfurt, Suhrkamp, 1981.

HÖFLING, W. "Verfassungsfragen einer ökologischen Steuerreform", *Steuer und Wirtschaft* 1992 (3)/242-251.

HÖHN, Ernst. "Verfassungsgrundsätze über die Besteuerung", *Festschrift für Otto Kaufmann*, pp. 125-138.

ISENSEE, Josef. "Der Sozialstaat in der Wirtschaftskrise", *Festschrift für Johannes Broermann*, 1982, pp. 365-390.

__________. *Das Grundrecht auf Sicherheit*. Berlim, Walter de Gruyter, 1983.

JARACH, Dino. *El Hecho Imponible*. Buenos Aires, Abeledo-Perrot, 1971.

KAUFMANN, Arthur. *Tendenzen im Rechtsdenken der Gegenwart*. Tübingen, J. C. Mohr, 1976.

KRUSE, Heinrich Wilhelm. *Steuerrecht*. Munique, C. H. Beck, 1969.

LANG, Joachim. "Reform der Unternehmensbesteuerung auf dem Weg zum europäischen Binnenmarkt und zur deutschen Einheit", *Steuer und Wirtschaft* 67 (2)/107-129, 1990.

LARENZ, Karl. *Richtiges Recht*. Munique, C. H. Beck, 1979.

LÜDEKE, R. "Kosten und Ausgabendämpfung in Gesundheitswesen als Problem einer zielgerichteten Krankenversicherung", *Finanzarchiv* 37 (1)/73-93, 1979.

MACEDO, Ubiratan Borges de. *Liberalismo e Justiça Social*. São Paulo, IBRASA, 1995.

MACHADO, Paulo Affonso Leme. *Direito Ambiental Brasileiro*. São Paulo, Malheiros Editores, 2004.

MERTEN, Detlef. "Sozialrecht. Sozialpolitik", in E. Benda, W. Maihofer, H. J. Vogel, *Handbuch des Verfassungsrechts*. Berlim, Walter de Gruyter, 1983, pp. 765-804.

MEYER, Susanne. "Ressourcennutzungsgebühren als Entgelterhebung für Freiheitsgebrauch", in Ute Sacksofsky; Joaquim Wieland (Ed.), *Vom Steuerstaat zum Gebührenstaat*. Baden-Baden, Nomos, 2000, pp. 144-152.

MOREIRA NETO, Diogo de Figueiredo. "Cidadania e Advocacia no Estado Democrático de Direito", *Revista de Direito da Procuradoria-Geral do Estado do Rio de Janeiro* 50/111-126, 1997.

__________. *O Sistema Judiciário Brasileiro e a Reforma do Estado*. São Paulo, Celso Bastos Editor, 1999.

MORSELLI, Emanuele. "Il Punto de Vista Teorico della Parafiscalità", *Archivio Finanziario* 9/215-228, 1960.

MOSCHETTI, F. "La Capacitá Contributiva", in Andrea Amatucci (Dir.), *Trattato di Diritto Tributario*. vol. 1, t. 1. Pádua, CEDAM, 1994, pp. 223-271.

MÜLLER, Jörg Paul. "Zur sog. subjektiv- und objektivrechtlichen Bedeutung der Grundrechte", *Der Staat* 29 (1)/33-48, 1990.

OLIVEIRA, José Marcos Domingues de. *Direito Tributário e Meio Ambiente. Proporcionalidade, Tipicidade Aberta, Afetação da Receita*. Rio de Janeiro, Renovar, 1995.

PECES-BARBA MARTINEZ, Gregorio. *Curso de Derechos Fundamentales. Teoría General*. Madri, Universidad Carlos III, 1995.

POTITO, Enrico. *L'Ordinamento Tributario Italiano*. Milão, Giuffrè, 1978.

RICHTER, Wolfgang. *Zur Verfassungsmässigkeit von Sonderabgaben*. Baden-Baden, Nomos, 1977.

RODI, M. "Bundesstaatliche Kompetenzaussübungsschranker für Lenkungsteuern", *Steuer und Wirtschaft* 1999 (2)/106-119.

ROSEMBUJ, Tulio. *Los Tributos y la Protección del Medio Ambiente*. Madri, Marcial Pons, 1995.

RYFFEL, H. "Philosophische Wurzeln des Menschenrechts", *Archiv für Rechts- und Sozialphilosophie* 70 (3)/400-415, 1984.

SACKSOFSKY, Ute. *Umweltschutz durch nicht-steuerliche Abgaben. Zugleich ein Beitrag zur Geltung des Steuerstaatsprinzips*. Tübingen, Mohr Siebeck, 2000.

SCHOLZ, Rupert. *Sozialstaat zwischen Wachstums- und Rezessionsgesellschaft*. Heidelberg, Müller Juristischer Verlag, 1981.

__________. In Maunz; Dürig; Herzog; Scholz, *Grundgesetz. Kommentar*. Munique, C. H. Beck, 1995.

STUART MILL, John. *Princípios de Economia Política*. São Paulo, Abril Cultural, 1983.

SUNSTEIN, Cass R. *Risk and Reason. Safety, Law and the Environment*. Cambridge, Cambridge University Press, 2002.

TIPKE, Klaus. "Rechtfertigung des Themas", in Klaus Tipke (Ed.), *Grenzen der Rechtsfortbildung durch Rechtsprechung und Verwaltungsvorschriften in Steuerrecht*. Colônia, O. Schmidt, 1982, pp. 1-21.

__________. "Über richtiges Steuerrechts", *Steuer und Wirtschaft* 65 (3)/262-282, 1988.

__________. *Die Steuerrechtsordnung*. Colônia, O. Schmidt, 1993 (1ª ed., vol. 3), 2000 (2ª ed., vol. 1).

TORRES, Ricardo Lobo. *Tratado de Direito Constitucional Financeiro e Tributário*. vol. 3: *Direitos Humanos e Tributação: Imunidades e Proibições de Discriminação*. Rio de Janeiro, Renovar, 1999.

__________. *Tratado de Direito Constitucional Financeiro e Tributário.* vol. 5: *O Orçamento na Constituição.* Rio de Janeiro, Renovar, 2000.

TORRES, Silvia Faber. *O Princípio da Subsidiariedade no Direito Público Contemporâneo.* Rio de Janeiro, Renovar, 2001.

TRZASLIK, C. "Der instrumentalle Einsatz von Abgaben", *Steuer und Wirtschaft* 1992 (2)/135-150.

VOGEL, Klaus. "Zur Bindung der Steuergericht an Bewertungs- und Pauschalierungsrichtlinien", *Steuer und Wirtschaft* 1991 (3)/254-262.

WIENHOLTZ, Ekkehard. "Arbeit, Kultur und Umwelt als Gegenstände verfassungsrechtlicher Staatszielbestimmungen", *Archiv des öffentlichen Rechts* 109 (4)553-554, 1984.

WILKE, Dieter. *Gebührenrecht und Grundgesetz.* Munique, C. H. Beck, 1973.

WOLF, Rainer. "Gerechtigkeit und Umweltschutz. Von subjektiv-rechtlichen Begründungsparadoxien zu kolletiv-rechtlichen Lösungsansätzen", in H. J. Koch, M. Köhler, K Seelmann, "Theorien der Gerechtigkeit", *Archiv für Rechts- und Sozailphilophie – Beiheft 56.* Stuttgart, Franz Steiner Verlag, 1994, pp. 164-189.

L'INERENZA DELL'INTERESSE PUBBLICO ALLA PRODUZIONE: STRUMENTI FINANZIARI E TUTELA AMBIENTALE

ANDREA AMATUCCI

1. Il danno ambientale. 2. La tutela dell'ambiente nella Costituzione. 3. La natura diffusa degli interessi in materia ambientale come ragione dell'idoneità degli strumenti finanziari a svolgere un'efficace funzione di tutela. 4. L'ordinamento comunitario e l'ambiente. 5. L'imposta sull'emissione di anidride carbonica (carbontax).

1. Il danno ambientale

L'uomo distrugge l'ambiente da cui dipende la propria vita, la terra. Tra i tanti "strumenti" i più temibili sono tre: l'effetto serra, le piogge acide ed i buchi nello strato dell'ozono. Ma il meccanismo che alimenta è unico e dipende dalla rottura dell'equilibrio tra la quantità di scorie che l'uomo produce e quella che l'ambiente riesce ad assorbire e riciclare.

Il buco nell'ozono[1] consiste nell'erosione di quel sottile strato di gas naturale situato nella stratosfera a quindici chilometri d'altezza che filtra la parte più nociva della radiazione ultravioletta. L'eccessiva produzione di ossido e di azoto contribuisce all'ampliamento del suddetto buco.

In occasione della Conferenza mondiale sul cambiamento climatico, aperta a Mosca il 29 settembre 2003, il Segretario dell'Organizzazione meteorologica mondiale Goldwin Obasi ha rilevato che "per 160 mila anni, fino al 1800, la concentrazione di anidride carbonica ha conosciuto oscillazioni comprese tra l'1 ed il 3 per cento. Da allora è aumentata

1. Cfr. Salvia, "Ambiente, democrazia, scienza e tecnica", in *Dir. soc.*, 2001, 459 e AA. VV., *Economia dell'ambiente e bioeconomia* (a cura di Molesti).

del 33 per cento, raggiungendo una concentrazione di 373 parti per milione alla fine del 2002, un livello mai sperimentato da 420 mila anni. Più della metà di questo aumento è avvenuto dopo il 1950".

L'accordo raggiunto nel dicembre 1997 a Kyoto ha mirato a diminuire le emissioni di gas serra che rischiano di far salire il livello degli oceani,[2] avanzare i deserti, intensificare gli uragani. In Giappone, dopo una trattativa tormentata, l'Europa si era impegnata a ridurre le proprie emissioni al 2010 dell'8% rispetto ai livelli del 1990, gli Stati Uniti del 7%, il Giappone del 6%. Calcolando che le misure riguardano solo i Paesi industrializzati, si perviene ad una diminuzione globale del 5,2% che corrisponde a una riduzione effettiva del 30% perché in assenza di interventi le emissioni crescerebbero sensibilmente.

Successivamente l'instabilità economica ha però messo in discussione questo accordo, che pure è considerato non sufficiente ad impedire un processo di variazione climatica globale. I Paesi asiatici sono stati impegnati nelle questioni connesse alla crisi finanziaria. Gli Stati Uniti, che con l'intervento del vicepresidente avevano giocato un ruolo decisivo a Kyoto, appaiono troppo assorbiti dai problemi interni per impegnarsi a fondo nella battaglia sul clima e pertanto non hanno ancora ratificato l'accordo, nonostante che emettano il 36,1% della quantità globale del CO_2.

D'altra parte le preoccupazioni, degli scienziati sono cresciute ed alcuni settori industriali, quali le assicurazioni preoccupate per il moltiplicarsi degli uragani, stanno cominciando a pensare che cambiare il modello energetico costi meno che riparare i danni prodotti dal disastro climatico.

Il Consiglio ha esaminato i temi che rientrano nel campo di interazione tra politica energetica e protezione dell'ambiente, in particolare il contributo alla realizzazione dell'impegno assunto a Kyoto e per la riduzione delle emissioni di CO_2 e di altri gas nocivi. E' emerso che esiste un ampio consenso sulla necessità di potenziare le azioni statali, specialmente per quanto riguarda lo sviluppo delle energie rinnovabili e della cogenerazione (produzione combinata di energia termica ed elettrica) e di corredare tali azioni di un più efficace coordinamento a livello comunitario.

Il Commissario europeo per l'energia ha riconfermato l'impegno della promozione delle energie rinnovabili attraverso il programma Alte-

2. Cfr. AA.VV., *Economia dell'ambiente e bioeconomica*, cit.

ner II (promozione delle risorse energetiche rinnovabili) adottato nel periodo 1998-1999; ciò consiste nell'adozione delle conclusioni del protocollo di Kyoto. Iniltre ha ribadito l'esigenza di una comunicazione della Commissione sull'efficienza energetica e di verifica dell'attuazione della risoluzione del Consiglio, risalenti al dicembre 1997, sulla promozione della produzione combinata di energia termica ed energia elettrica.

L'obiettivo perseguito dalla Commissione, ossia quello di aumentare la quota di mercato delle energie rinnovabili della Comunità dal 6% attualmente al 12% entro il 2010, fornisce un orientamento utile. Una delle priorità deve consistere nel ridurre i costi delle energie rinnovabili, affinché possano entrare in concorrenza con altre fonti energetiche. La risoluzione precisa che il modo migliore per raggiungere questo obiettivo consiste in genere nel ricorso a strumenti di mercato.

Ma se i Paesi industrializzati sono responsabili di oltre il 70 per cento delle emissioni inquinanti, nel 2035 le emissioni di gas serra dei Paesi in via di sviluppo equivarranno al totale delle emissioni attuali. Di qui l'esigenza di un accordo globale.

La temperatura media della superficie del nostro pianeta è aumentata da 13,4 gradi centigradi del 1860 a 14,8 del 2000 secondo il Goddard Institute. Nei mesi di giugno, luglio e agosto 2003, la temperatura ha ininterrottamente raggiunto livelli tanto elevati da provocare una preoccupante ed ulteriore crescita della media annuale.[3] La *National Academy of Science* dagli USA ha affermato che non è sostenibile la teoria secondo le quali l'aumento di temperatura negli ultimi venti anni sia stato prodotto da cause naturali e specificamente da un crescente irradiamento del sole. Il pericolo che l'effetto serra provochi, per l'aumento del livello delle acque dovuto allo scioglimento dei ghiacciai, la scomparsa di intere Regioni abitate e di isole è già una realtà nel Pacifico meridionale. Un documento governativo reso di pubblico dominio in USA nel febbraio 2004, considera gli effetti disastrosi dell'incidenza sull'ecosistema da parte delle attuali variazioni climatiche. In particolare cicloni, siccità ed avanzamento del mare sulle coste provocherà flussi migratori massicci e rotture disastrose degli equilibri socio-economici; tali effetti devono ritenersi più gravi del terrorismo mondiale.

In occasione della citata Conferenza mondiale a Mosca del 2003 sul cambiamento climatico, il Segretario dell'Organizzazione meteorologica mondiale ha anche affermato che il 2003 si colloca nella lista degli

3. Cfr. AA.VV., *Economia...*, cit.

anni più caldi dal 1860, i quali appartengono tutti all'ultimo ventennio. L'Organizzazione mondiale di sanità ha osservato che dal 1976 la temperatura massima giornaliera è aumentata nei mesi estivi di 0,3 gradi ogni decennio. Nel rapporto dell'ottobre 2003 dell'Istituto statunitense di ricerca sullo sviluppo sostenibile (*Earth Policy*), diretto da Lester Brown, è precisato che soltanto nell'agosto 2003 per l'eccessiva alta temperatura sono decedute in Europa ben trentacinquemila persone.

2. *La tutela dell'ambiente nella Costituzione*

Considerato tale quadro drammatico, è opportuno preliminarmente costruire il concetto di tutela dell'ambiente contenuto nelle fonti primarie.

La finanza pubblica è strumento per l'attuazione di garanzie costituzionali in rapporto agli effetti molteplici che essa è in grado di spiegare sulla realtà economica e sociale. In tale prospettiva si inserisce un tipo di inerenza del pubblico interesse al prodotto, che realizza il secondo obiettivo dell'intervento dello Stato nell'economia cioè l'aumento del "benessere", inteso in senso anche qualitativo, oltre che l'eliminazione degli squilibri economici.[4]

L'iniziativa rappresenta il momento dell'organizzazione dell'operatore economico-privato, il quale è assunto a soggetto costituzionalmente rilevante e garantito ed istituzionalmente attivo ed operante nell'esercizio di situazioni e poteri con effetti predeterminati.[5]

Interessa rilevare la componente comune alla normativa esaminata.

L'iniziativa economica non può svolgersi in modo da recare danno alla libertà,[6] alla dignità umana ed alla sicurezza, la quale rappresenta il complesso delle situazioni costituzionalmente garantite che presiedono a situazioni individuali relative a tutti i beni protetti.

L'utilità sociale completa il quadro dei valori-limite posti alla libertà dell'iniziativa economica privata e richiama i fini sociali, cui è indirizzata e coordinata l'attività economica pubblica e privata.

4. Cfr. Chieppa, "L'ambiente del nuovo ordinamento costituzionale", in *Urbanistica e appalti*, 2002, 1.245; e Fonderico, "Riforma costituzionale e tutela dell'ambiente", in *Amb.*, 2002, 337.

5. Pertanto, va disattesa l'estensione della riserva di legge prevista dal terzo comma dell'art. 41 Cost. anche alla libera iniziativa.

6. Cfr. Lugaresi, *Diritto dell'ambiente*, e *Principi di diritto ambientale* (a cura di Plinio Fimiani).

Indubbiamente si tratta di valori che evidenziano caratteri diversi. L'utilità sociale inerisce ad un sistema, allo scopo di garantirne e conservarne l'equilibrio, per evitare che l'iniziativa turbi l'ordine sociale.

Queste differenziazioni non alterano l'identica natura dei due valori riconducibili alla comune matrice che si identifica nel concetto di "solidarietà sociale", la quale vincola e condiziona l'economia pubblica e privata in tutte le possibili sue articolazioni.[7]

Rientra nei compiti del legislatore utilizzare i mezzi indicati dalla Costituzione per attuare il principio sempre più ampio della "solidarietà sociale", insieme all'altro dell'accessibilità a tutti della proprietà privata e del razionale sfruttamento del suolo.[8]

L'imprenditore che utilizzi le risorse, sottraendole alle riserve naturali, non solo nell'esercizio del diritto di proprietà deve informare il suo comportamento ai canoni dell' "utilità generale" e del "razionale sfruttamento", oltre che della "solidarietà sociale". Cioè, indipendentemente dalla diversificazione della rilevanza sociale del comportamento, che è imposta per la semplice natura economica di esso, si verifica un'estensione del vincolo del "razionale sfruttamento" e dell' "utilità generale" ad ogni manifestazione di utilizzazione di risorse naturali.

Le norme esaminate muovono dal presupposto, in base al quale le risorse naturali, quali l'acqua, l'aria, le foreste, il suolo, i minerali, gli animali ed i vegetali sono limitati, nel senso che la terra costituisce un sistema chiuso, poiché la produzione di tutte le parti di esso è legata a fattori produttivi di altre parti, i quali non esistono al di fuori.[9]

7. Cfr. Pepe, *Lo sviluppo sostenibile*. L'equilibrio nei rapporti uomo-natura è rimasto inalterato sino all'anno mille circa; da quell'epoca, sino al secolo diciottesimo, hanno avuto inizio in Europa le attività minerarie e metallurgiche, le quali ultime hanno chiesto sempre più carbone e legna. Il disboscamento ha lasciato vaste superfici di terreno nudo ed esposto all'azione erosiva delle piogge; i detriti dell'erosione, trascinati dai fiumi nelle pianure, hanno fatto variare i profili degli alvei, le piene hanno provocato alluvioni, le attività minerarie hanno inquinato i fiumi e provocato l'accumulo di colline di scorie e l'uso di carbon fossile, che dal secolo quattordicesimo ha inquinato l'aria in Inghilterra. Da più di due secoli, il fenomeno si è aggravato per lo sviluppo dell'altoforno, basato sul carbone *coke*, per la produzione del ferro e dell'acciaio e per l'industria chimica, sviluppatasi nel secolo diciannovesimo.

8. Cfr. D'Amico Cervetti, *Elementi di diritto ambientale*, e Pepe, *Lo sviluppo sostenibile*.

9. La produzione agricola costituisce la logica espressione del razionale sfruttamento del suolo; legittimo è, pertanto, l'intervento, al fine di garantire la realizza-

Si intuisce agevolmente che l'attuale sfruttamento delle risorse rischia con facilità di assumere la natura irrazionale ed asociale vietata dalla Costituzione. Il problema che si pone a tal punto consiste nell'identificazione dei criteri che consentono di individuare tale natura.

Gli evidenziati effetti dell'attuale sfruttamento delle risorse naturali sono risultati idonei a compromettere la salute ed addirittura la vita. Queste considerazioni consentono di realizzare il collegamento con il concetto di sfruttamento irrazionale ed asociale, di cui interessava individuare i criteri di identificazione.

La legge costituzionale 18 ottobre 2001, n. 3, ha rinvigorito tale interpretazione imponendo nel nuovo testo dell'art. 117 Cost., alla lettera s), "la tutela dell'ambiente, dell'ecosistema" come materia di esclusiva legislazione dello Stato.

Dal coordinamento delle norme costituzionali che riconoscono le garanzie costituzionali esaminate e la situazione sociale attuale discendono le seguenti considerazioni.

Lo Stato deve modificare l'attuale modello della società, che si informa a criteri di ordine economico-sociale, i quali compromettono la salute e talvolta la vita e violano l'eguaglianza dei cittadini, poiché provocano le diseconomie tecnologiche. Il significato formale del principio di eguaglianza viene così in rilievo in sede di costruzione del valore sostanziale di esso.

A questo punto è consentito anche elaborare il concetto di "benessere sociale" contenuto nella Costituzione. Questa ricerca deve essere condotta alla luce delle dimensioni del concetto di "paesaggio" che esprimono una componente umana e che lo identificano nella *Kulturlandschaft*, sulla quale si fonda il "bene ambientale".[10]

zione di tale razionale sfruttamento, a condizione però che esso miri a realizzare gli equi rapporti sociali.

10. Cfr. Migiarra, "Lo sviluppo e la tutela dei beni ambientali, tra proprietà ed uso, per la salvaguardia dei diritti delle presenti e future generazioni", in *Riv. ambient.*, 2002, 390.

La legge n. 349 dell'8 luglio 1986, che istituisce il Ministero dell'ambiente, è stata dichiarata legittima dalla Corte costituzionale con le sentenze nn. 210 e 641 del 1987; la prima ha dichiarato rispettate le competenze regionali e la seconda ha considerato la giurisdizione del Giudice ordinario non idonea a violare il ruolo istituzionale della Corte dei conti in materia di danno ambientale. In particolare la Corte, con la sentenza n. 210 del 1987, ha definito la salvaguardia ambientale un diritto fondamentale della persona ed un interesse fondamentale della collettività; inoltre ha offer-

Il "benessere sociale", imposto dalla nostra Costituzione, si attua dal momento in cui la produzione nazionale raggiunge il più elevato dei livelli tra quelli che, uniformandosi anche a criteri qualitativi, realizzano uno sfruttamento razionale e di rilevanza sociale nel senso descritto. Questo benessere presuppone la carenza di ogni forma di contraddizione tra dati quantitativi crescenti e rilevazioni qualitative di una progressività negativa. La Costituzione, respingendo la falsa equazione benessere-consumi privati, che genera un'opzione per una "società di consumi", la quale si è rivelata una "società di rifiuti", detta un criterio di "economia umana", che riposi su presupposti di qualità di vita. L'economia deve basarsi sul principio di accumulo, il quale consente di considerarla fiorente in rapporto ai beni durevoli e non invece alla velocità con la quale essi sono consumati.[11]

L'intervento Statale deve inerire ai singoli settori economici, allo scopo do ridurre quel tipo e quella quantità di concentrazione di agenti inquinanti, idoneo a porre in crisi lo Stato di "benessere sociale" garantito dalla Costituzione.

La strategia ambientale pone un problema di valutazione dei benefici e dei costi degli effetti inquinanti.

L'analisi costi-benefici degli effetti sullo sviluppo dell'economia, della degradazione ambientale e dell'intervento contro l'inquinamento permette di disporre di elementi molto utili per realizzare la strategia ambientale, specie nella prospettiva dell'alternatività delle scelte.

Le considerazioni che precedono inducono a rilevare che la questione dei limiti dello sviluppo produttivo[12] indubbiamente esiste ed assume una notevole importanza, perché la sua soluzione è in grado di condizionare l'operatività di fondamentali garanzie costituzionali; però consentono anche di rilevare che la questione deve essere affrontata con la serena convinzione che il "benessere sociale", da attuare e che manifesti

to una concezione unitaria del bene ambientale comprensivo di tutte le risorse naturali e culturali, dichiarando il danno ambientale un'offesa al cittadino singolo ed alla collettività.

11. Cfr. Cassano e Cosentino, *Il danno ambientale. Lineamenti, giurisprudenza, normativa*.

12. Cfr. Pepe, *Lo sviluppo sostenibile*. Il d.p.r. 27.3.1992 n. 309 contiene il regolamento per l'organizzazione del servizio per la tutela delle acque, la disciplina dei rifiuti, il risanamento del suolo e la prevenzione dell'inquinamento di natura fisica e del servizio per l'inquinamento atmosferico, acustico e per le industrie a rischio del Ministero dell'ambiente.

dimensioni umane, non implica necessariamente un rallentamento dello sviluppo economico e che certamente, nel complesso, i benefici sono di gran lunga superiori ai costi.

La risposta alla domanda di beni ambientali, intesa come somma di sfruttamento delle risorse, non si traduce però in una determinazione dei limiti dello sviluppo della sola grandezza vagliata.[13]

La realizzazione dei fini perseguiti dalle norme costituzionali esaminate denunzia rilevanti collegamenti con la questione dell'incremento demografico. Difatti, l'aumento della popolazione mondiale è notevole. Si ritiene che quattro secoli or sono la terra era abitata da mezzo miliardo di persone. Nei due secoli successivi l'incremento è stato solo di mezzo miliardo, mentre negli altri due secoli è risultato già di quasi quattro miliardi, e così è stata raggiunta la cifra di ben oltre cinque miliardi. E' prevista una popolazione mondiale tra gli otto e tredici miliardi nel periodo 2050-2100; dipenderà da quanto si riuscirà a ridurre la velocità di nascita della popolazione. Questo sensibile incremento sarà quasi tutto a carico dei Paesi in via di sviluppo, in quanto gli altri economicamente progrediti sono oramai a crescita zero o quasi.

D'altro canto, l'aumento del numero degli abitanti del nostro pianeta provoca l'accentuazione della richiesta di risorse naturali e quindi un maggior sfruttamento ed una peggiore qualità di esse per effetto del contatto tra le merci ambientali negative, in cui di volta in volta sono trasformate, ed i serbatoi naturali che le custodiscono.

Dalla Costituzione si desume perciò un dovere di vivere nel rispetto di regole che derivano dall'origine della vita.[14]

3. La natura diffusa degli interessi in materia ambientale come ragione dell'idoneità degli strumenti finanziari a svolgere un'efficace funzione di tutela

La tutela dell'interesse all'equilibrio dell'ecosistema[15] richiede, perciò, di volta in volta strumenti corrispondenti al tipo di comunità al quale si riferisce. La Costituzione tutela pertanto più interessi "diffu-

13. Cfr. Pepe, *Lo sviluppo sostenibile.*
14. Cfr. Pepe, *Lo sviluppo sostenibile.*
15. Cfr. Giampietro, "Evoluzione della disciplina sul danno ambientale", in *Amb.*, 2002, 883.

si"[16] per singole collettività, però, riconducibili tutti ad una comune configurazione, sul piano statico, che assume la fisionomia dell'interesse pubblico, dal momento che il problema della qualità della vita impegna tutta la comunità statale.

Le stesse considerazioni valgono a livello di diritto internazionale.

L'interesse tutelato è egualmente diffuso, perché inerisce spesso solo a gruppi di Stati.

La tutela di tali interessi diffusi è risultata però di natura indiretta, perché si desume attraverso l'interpretazione sistematica delle norme costituzionali che hanno ad oggetto altri interessi, i quali coincidono con il diritto di proprietà ed investono il momento economico; inoltre è strumentale perché condiziona la tutela diretta di un altro interesse fondamentale della collettività, non solo la vita, ma la vita sana, distinto dal diritto fondamentale dell'individuo.

Gli interessi diffusi in materia ambientale consistono spesso in un'area di conflittualità con altri, tra i quali rientrano la crescita quantitativa, il contenimento di costi e produzione, il livello dei prezzi e l'espansione dell'occupazione.[17]

Ne consegue che gli interessi tutelati in materia ambientale non attengo all'esplicazione della personalità individuale, poiché non si attuano attraverso strumenti posti dall'ordinamento giuridico a disposizione del singolo e questi non decide in vista dei suoi fini, contemperando le esigenze che sono alla base delle sue aspirazioni. Non sono, perciò, individuabili interessi tutelati che si manifestano come pretese od esigenze o desideri concernenti immediatamente la vita individuale. E carente, pertanto, il riconoscimento giuridico della piena potestà di volere (*Wollenkönnen*) sul quale riposa la facoltà di volere (*Wollendürfen*) e che funge da criterio formale della pretesa giuridica (*Anspruch*) del singolo.

L'individuo non è quindi titolare di un diritto soggettivo alla tutela dell'ambiente; però le esaminate posizioni giuridiche soggettive risultano in stretta relazione con gli interessi diffusi tutelati.

L'individuazione del tipo di interessi implica l'esame degli strumenti di tutela.

16. Cfr. De Pauli, "L'interesse ambientale nel procedimento", in *Juristische Schulung*, 2001, 335.

17. Cfr. De Pauli, "L'interesse ambientale nel procedimento", cit., 335.

La ricerca di interventi volti a risolvere i problemi derivanti dalla presenza di esternalità la quale, in quanto negativa produttore-produttore o produttore-consumatore, è alla base di una vasta area di studi che determinano importanti implicazioni concrete specie in materia di economia ambientale. L'economista offre la soluzione del problema dell'inquinamento però non quella ambiziosa della sua completa eliminazione, bensì l'altra più realistica dell'individuazione del grado ottimo di inquinamento, in cui i costi marginali sono bilanciati dai vantaggi e dai costi marginali delle produzioni che lo determinano.

L'indagine deve perciò rivolgersi alle implicazioni di tipo garantista determinante dalla natura diffusa degli interessi tutelati.

La dottrina e la giurisprudenza germanica più recenti seguono il declino della concezione individualista del processo e della giustizia, allo scopo di tutelare gli interessi diffusi, ritenuti vitali per la società. La titolarità del potere di azione è stata attribuita attraverso la sostituzione processuale volontaria (*freiwillige Prozesstandschaft*) a terzi non direttamente danneggiati o addirittura ad associazioni relative alle comunità intermedie (*gewerblicher Verbraucher*). L'art. 18 della legge 8 luglio 1986 n. 349, istitutiva del ministero dell'ambiente, al terzo e quarto comma, riconosce oltre che allo Stato ed enti territoriali, alle associazioni, di cui all'art. 13, il diritto all'azione. Ma questo tipo di evoluzione dell'istituto della legittimazione attiva nel processo presuppone che la tutela degli interessi diffusi sia affidata al potere giudiziario in sede di condanna al risarcimento del danno.

Questo rimedio non è agevolmente attuabile, in quanto non è semplice l'accertamento dell'entità del danno prodotto se riferito solo ai beni collettivi, come l'aria, l'acqua, il suolo e la salute di una collettività.[18]

Inoltre, questa sanzione è ben lungi dal risultare idonea a garantire la tutela dell'ambiente, la quale presuppone un'azione preventiva ed un contemperamento delle tutele degli interessi diffusi che vengano in conflitto.

A tanto deve aggiungersi che la carenza della violazione di un diritto soggettivo induce a dubitare che sia ravvisabile un illecito e pertanto che sia legittima la sanzione. A questa considerazione induce la constatazione della fragilità dei tentativi diretti a disconoscere la funzione del

18. Cfr. Cassano e Cosentino, *Il danno ambientale. Lineamenti, giurisprudenza, normativa.*

diritto soggettivo come condizione di esistenza dell'illecito, elaborata da autorevole dottrina.

La natura diffusa degli interessi tutelati in relazione alla qualità della vita consente un discorso diverso in sede di esame della funzione strumentale della sanzione penale. Quest'ultima inerisce ad un atto inteso dall'ordinamento come offesa grave ed irresponsabile a beni e valori fondamentali della convivenza sociale. La sanzione penale risulta indiretta in materia ambientale, se non riesce ad impedire il danno; nel qual caso agisce nel campo del *licere* e non del *posse*.

Anche in riferimento a tale tipo di sanzione viene in considerazione l'assenza di un diritto soggettivo dell'individuo.

Difatti, se si ritiene che solo la contravvenzione non implica la violazione di un diritto soggettivo, deve desumersi che in materia ambientale non è ipotizzabile il delitto. Gli argomenti svolti per dimostrare l'infondatezza della premessa non convincono. Difatti, ritenere che il diritto obiettivo esiste solo se costituisce o riconosce interessi soggettivi e che ogni azione od omissione contraria al diritto obiettivo deve necessariamente violare un interesse soggettivo, perché esisterebbe sempre un diritto soggettivo dello Stato alla conservazione dell'ordine pubblico, significa confondere tale diritto dello Stato con l'interesse diffuso tutelato, al quale non corrisponde alcuna pretesa giuridica individuale.

Sulla base di queste considerazioni è consentito osservare che la sanzione penale, la quale costituisce un elemento del diritto, in quanto riferito non alle singole norme, bensì all'ordinamento nel suo complesso, rappresenta un rimedio particolarmente adatto a reprimere comportamenti inquinanti, se è collegato a quel particolare reato che è la contravvenzione.[19]

Tuttavia non lievi perplessità lascia sorgere l'idoneità della sanzione penale in genere a garantire la tutela dell'ambiente, per la difficoltà di coordinamento, che avviene a livello legislativo, di tale strumento con gli altri di tutela degli interessi diffusi individuali in seno alla vasta area conflittuale, ove giocano principalmente un notevole ruolo gli interessi diffusi inerenti alla vita economica.

Le economie esterne di produzione, come si è osservato, impegnaono la politica regionale di sviluppo attraverso contributi (sussidi) e rego-

19. Cfr. Cassano e Cosentino, *Il danno ambientale. Lineamenti, giurisprudenza, normativa.*

lamentazioni, cioè strumenti non pigouviani, per disincentivare la localizzazione nelle aree più deboli.

Il benessere dei cittadini costituisce il valore degno di massima tutela, la quale impone una disciplina specifica dell'attività del produttore cui ineriscono le diseconomie esterne, quale l'inquinamento. Nella logica degli strumenti pigouviani rientrano i tributi sulla quantità di merce prodotta dall'impresa inquinante o sull'impulso al quale si riferisce l'azione inquinante, invece, i contributi per l'installazione dei depuratori rappresentano gli strumenti non pigouviani.

L'imposizione sulla collettività che fruisce di un'economia esterna è diretta a fornire all'ente pubblico le risorse necessarie per finanziare il contributo, incentivo e perciò strumento non pigouviano, a favore del soggetto che ha effettuato la scelta la quale ha prodotto tali vantaggi.[20]

20. Casoni e Nuti, "Approccio pigouviano e approccio volontaristico nelle politiche ambientali: valutazione critica attraverso i risultati di una ricerca diretta", in *Ind.*, 1994, 473, osservano che tassazione ambientale e creazione di nuovi mercati "privati" per beni pubblici rilevanti ai fini della tutela dell'ambiente sono strumenti capaci di un largo impiego in linea di massima.

Sul ruolo dei sistema fiscale nell'ambito delle politiche dell'ambiente cfr. in particolare Perrone Capano, "L'imposizione e l'ambiente", in *Trattato di Diritto Tributario*, diretto da Amatucci, *Annuario*, 121.

Sull'unità fisica che determina il danno ambientale e sulla sua valutazione in termini di attitudine economica cfr. Gallo-Marchetti, "Il presupposto della tassazione ambientale", in *Rass. trib.*, 1999, 115.

Sui tributi propri regionali ed ambientali cfr. Ficari, "Prime note sull'autonomia tributaria delle Regioni a Statuto speciale", in *Rass. trib.*, 2001, 1.284.

Sugli effetti della dichiarazione di emersione in materia ambientale, cfr. D'Amati, "Ambiente e Fisco nella dichiarazione di emersione", in *Fis.*, 2002, 5.029.

Per la dottrina tedesca cfr. Hey, "Rechtliche Zulässigkeit von Umweltabgaben unter dem Vorbehalt ihrer ökologischen und ökonomischen Wirksamkeit", in *Steuer und Wirtschaft*, 1998, 32; Kruse, "Öko-Steuern und Öko-Abgaben", in *Betriebs-Berater*, 1998, 2.285; Vallender e Jacobs, *Ökologische Steuerreform, Rechtiliche Grundlagen*; Gawel, "Steuerinterventionismus", in *Steuer und Wirtschaft*, 2001, 26; Dudde, "Ökologische Steuerreform", in *SteuerStud*, 2002, 19.

Per la dottrina spagnola cfr. Herrera Molina, *Derecho tributario ambiental*; Borrero Moro, *La tributación ambiental en España*; Castillo López, *La reforma fiscal ecológica (Marco económico e institucional para el establecimiento de tributos ecológicos en el Estado central y en las comunidades autónomas. Algunas propuestas)*; Vaquera García, *Fiscalidad y medio ambiente*; AA.VV., *Informe de la Comisión sobre "Tributación y medio ambiente"* (inedito); Jiménez Hernández, *El tributo como instrumento de protección ambiental*; Magadán Díaz e Rivas Gracía, *Fiscalidad ambiental autonómica*; Yábar Sterling (a cura di), *Fiscalidad ambiental*; Dopa-

Al contrario, l'imposizione, quale disincentivo, strumento pigouviano, grava sul soggetto che con il proprio comportamento provoca una diseconomia esterna, cioè un'esternalità, quale l'inquinamento, affinché egli risarcisca la collettività per il danno prodotto da un'azione che non esprime l'esercizio di un diritto. Se invece il soggetto produce una diseconomia in quanto titolare di un diritto, il contributo a suo favore finanziato dall'imposizione sulla collettività costituisce un disincentivo a svolgere quell'attività dannosa. La natura degli interessi tutelati in materia ambientale induce a ricercare il rapporto intercorrente tra essi ed un fondamentale strumento di politica economica.

Le componenti di tale motivazione corrispondono a singoli beni: di conseguenza, la norma finanziaria costituisce la risultante di un compromesso tra una pluralità di interessi in conflitto, tutti egualmente esaminati, valutati ed ovviamente di natura pubblica.

Tali considerazioni lasciano intuire che la finanza pubblica risulti strumento idoneo a tutelare gli esaminati interessi diffusi, che si inseriscono nell'ambito dell'area di conflittualità con altri. Questo assunto è conseguenza anche della seguente considerazione: il comportamento che contrasti con un tale tipo di interesse, per sua natura, non è risultato idoneo a costituire un tipico illecito. Queste difficoltà non sorgono allorché si intenda attribuire al suddetto comportamento i caratteri del presupposto di imposta.

È opportuno, pertanto, verificare se e fino a che punto la finanza pubblica sia idonea a svolgere tale fondamentale compito dello Stato ed, in caso positivo, ricercare la rilevanza costituzionale di tale idoneità.

Nell'ambito della ricerca diretta ad individuare le inerenze del pubblico interesse al prodotto merita di essere analizzato il presupposto di imposta. Esso può innanzitutto essere costituito dallo sfruttamento delle risorse.[21] Tale tributo, pur non risultando tipicamente incidente sulla pro-

zo Fraguío, *La fiscalidad ecológica*; Rósembuj, *Los tributos y la protección del medio ambiente*; med. A., *El tributo ambiental.*

Sul diritto tributario ambientale cfr. Wasmeier, *Umweltabgaben und Europarecht: Schranken des staatlichen Handlungsspielraumes bei der Erhebung offentlicher Abgaben im Interesse des Umweltschutzes.*

21. Il Moschetti, "La capacita contributiva", in *Trattato di Diritto à Tributario* (diretto da Amatucci), v. I, t. I, 223, precisa che la prestazione tributaria è considerata nell'art. 53 sotto l'aspetto di cooperazione generale per conseguire un fine che interessa non il singolo, ma la intera comunità in cui egli è inserito. Questi rilievi evidenziano in chiari termini il nesso sostanziate che vincola l'attività finanziaria agli interessi pubblici fondamentali tutelati dalla Costituzione.

duzione, consentirebbe un efficace intervento pubblico, attraverso la disincentivazione riferita a certe risorse od al di sopra di certi livelli di utilizzazione di esse, in considerazione dei bisogni della collettività e delle disponibilità.

Questo tipo di imposta favorirebbe il "riciclaggio", cioè il recupero energetico, specie nel settore idrico, nei limiti in cui esso non ponesse ulteriori problemi ambientali, come il consumo di energia e la produzione di danni ambientali.

Presupposto tipico potrebbe essere costituito dal ciclo produttivo, se il problema dell'identificazione offrisse soluzioni alternative.[22] Questo tipo di intervento vanterebbe il merito di incoraggiare la tecnologia meno inquinante.

Ancora a livello di presupposti di imposta è da considerare la trasformazione delle risorse in merci, in funzione della loro idoneità ad inquinare le riserve dalle quali le prime provengono.

In tale quadro, particolare importanza assume il prodotto di breve durata, cioè di unica ed immediata utilizzazione. L'incidenza dovrebbe risultare proporzionale alla prevedibilità della vita del prodotto; così, si potrebbe sfruttare una progressività la quale consenta di gravare con la massima incidenza i prodotti che durino mediamente un periodo minimo prestabilito e gli altri con una distribuzione di aliquote che favorisca quelli di maggiore durata, sino a non colpire i prodotti la cui vita sia superiore ad un certo lungo periodo. Tuttavia, questo tributo potrebbe incidere anche sui beni durevoli, in rapporto alla frequenza con la quale sono sostituiti.

Ancora presupposti dell'obbligazione tributaria potrebbero essere la produzione e lo scambio di beni, il cui uso è idoneo a provocare i danni ambientali, in modo da indurre a costruirli, ove la tecnica lo consentisse, alla luce di criteri capaci di evitare tali danni, anche sacrificando un margine di utilità. Si pensi agli autoveicoli ideati in funzione delle elevate prestazioni ed alla benzina con forte contenuto di piombo tetraetile; a tal punto si innesta il discorso della disincentivazione del traffico privato nei grandi agglomerati saturi.

L'indagine relativa al regime fiscale dell'attività produttiva e dello scambio deve tener conto anche dei problemi che pone la loro distruzione.

22. Rósembuj, *Los tributos y la protección del medio ambiente*, osserva (263) che il tributo ambientale identifica alla perfezione la globalità che richiede un intervento collettivo e si collega alla finalità ambientale in ragione di una "indispensabile solidarietà collettiva".

Dovrebbero essere ricondotti nell'ambito del presupposto prodotti quali i contenitori di plastica non "biodegradabili", non "fotodegradabili" e non "idrodistruttibili", oppure di "polivinile", eliminabili solo per mezzo del fuoco che origina gas tossici.

Dal coordinamento dei richiamati strumenti pigouviani derivano interessanti conseguenze. Così, anche la produzione e lo scambio di prodotti gli lunga durata dovrebbero essere gravati, se la loro distruzione o la loro utilizzazione producesse danni ambientali o se fossero sostituiti con frequenza; nell'ultima ipotesi ovviamente viene in rilievo solo lo scambio e non anche la produzione di essi.

Il prelievo fiscale non esaurisce il momento della funzione strumentale della finanza pubblica in rapporto alla tutela degli interessi diffusi in materia ambientale. Difatti, componente rilevante della potestà tributaria è costituita, anche in questa prospettiva, dalla potestà agevolativa. L'attenuazione o l'eliminazione del carico fiscale potrebbe egualmente inerire all'attività di sfruttamento delle risorse, ai cicli produttivi ed alla produzione e scambio di beni, al fine di agevolare i comportamenti ecologicamente non dannosi. Cioè, muovendo dalla stessa logica posta alla base dei tributi esaminati, si attribuirebbe rilevanza alle situazioni opposte a quelle considerabili a livello di presupposto di imposta.

Lo strumento agevolativo potrebbe agire anche in altra direzione, che è quella dell'installazione di impianti di depurazione. L'ammortamento accelerato del costo, l'esenzione dalle imposte sui trasferimenti e la detrazione dall'imposta sui redditi, sino ad un certo limite incentiverebbero l'utilizzazione di essi nel senso voluto e coordinato con gli altri tipi di interventi finanziari.

Ancora è configurabile un intervento da collegarsi all'imposizione sull'emissione di agenti inquinanti e sui cicli produttivi; è l'ipotesi di un'agevolazione in materia d'imposizione sul reddito prodotto dai fabbricati ubicati nelle "zone nere", cioè nelle vicinanze di insediamenti industriali, al fine di compensare la riduzione del valore degli immobili. Il costo delle diseconomie tecnologiche esterne graverebbe così sulla collettività.

Il prelievo coattivo può trasformarsi in corrispettivo nell'ambito di un rapporto contrattuale. Si offre a tutela dell'ambiente un particolare strumento economico: la vendita dei diritti di inquinamento, ossia di certificati che corrispondono al massimo inquinamento accettabile in una data area nel tempo, scelto per la loro validità. La proposta è stata resa esecutiva in alcune aree statunitensi.

Attraverso tale mercato gli inquinatori vendono o acquistano diritti di emissione, a seconda che il prezzo di essi sia superiore o inferiore ai loro costi marginali di depurazione.

Alla potestà agevolativa corrisponde, in presenza di quel tipo di diseconomia esterna che è l'inquinamento, un altro strumento fondamentale e cioè il non pigouviano. Le spese per la protezione dell'ambiente hanno prodotto effetto positivo a breve termine sul tasso di crescita dell'economia. A più lungo andare gli effetti tendono a divenire negativi.

Gli stessi obiettivi potrebbero essere conseguiti attraverso la concessione di contributi, anche sotto forma di buoni di imposta, commisurati a parametri da determinare senza riferimento all'imponibile.

Il contributo non presuppone il diritto all'inquinamento e pertanto non premia chi non le esercita. Indubbiamente non è rilevabile, accanto al diritto del soggetto a percepire il contributo, un dovere che limiti altri suoi diritti soggettivi, come invece avviene per effetto dell'imposizione del tributo. La tutela degli interessi diffusi opera, anche per mezzo del contributo, in un certo senso da limite di tali situazioni giuridiche soggettive; difatti, la previsione legislativa del riconoscimento del contributo incide sugli altri interessi direttamente tutelati dall'ordinamento, nel senso che crea l'interesse del soggetto ad esercitare gli altri diritti soggettivi nella direzione prescritta come condizione per ottenere il contributo.[23]

Siamo nel campo delle matrici intersettoriali dell'economia, trasformando le tabelle, di tale natura ed espresse in unità fisiche, in matrici ed in unità monetarie. È dato cogliere una nuova forma di matrice, qualificata "dei rifiuti", che risulta particolarmente interessante, perché presenta gli scambi economico-ecologici in unità fisiche o naturali, cioè come pesi di sostanze, unità di energie per il calore, il rumore, la radioattività e le ore di lavoro. Questa nuova forma di matrice è destinata a subire un'ulteriore qualificazione, che è connessa alla sua funzione di motivazione dell'intervento finanziario pubblico nel settore ambientale.

Il principio della capacità contributiva è imposto al legislatore in relazione ad ogni norma di prelievo, anche se non è diretta al fine del finanziamento delle spese pubbliche.

23. Bach, "Wirtschaftliche Auswirkungen und rechtlich-institutionelle Aspekte einer ökologischen Steuerreform", in *Steuer und Wirtschaft*, 1995, 264 e Montini, *La necessità ambientale nel diritto internazionale e comunitario.*

La capacità contributiva consiste, perciò, nell'idoneità del soggetto ad essere sottoposto ad imposizione al fine di contribuire alle spese pubbliche o di tutelare altri interessi diffusi o meramente pubblici, assunti anche indirettamente a fondamento delle norme costituzionali. L'idoneità deve risultare da dati obiettivamente valutabili, quali i vantaggi ricevuti dalla partecipazione al consorzio civile, la forza economica e le situazioni attinenti agli interessi garantiti. In tale prospettiva, il principio di capacità contributiva costituisce un limite al potere discrezionale che il legislatore detiene.

L'utilizzazione del tributo come strumento di politica ambientale presupporrebbe, quale condizione di legittimità, la *capacità inquinatrice*, che ovviamente sarebbe solo potenziale, se la legge istitutiva perseguisse il fine di disincentivare il comportamento coincidente con il presupposto. La capacità contributiva si ricongiunge, a livello di natura, alla finalità dell'imposizione. Si tratta, però, di una coesistenza logicamente necessaria; difatti, se il tributo fosse diretto a tutelare l'ambiente, non potrebbe che gravare su comportamenti che lo deteriorano, scoraggiandoli. Tuttavia la qualificazione ecologica del presupposto di imposta, espressione di solidarietà nel cui ambito rientra il dovere di contribuzione, denunzia la legittimità in connessione con le altre condizioni che costituiscono l'essenza del principio di capacità contributiva e che sono desumibili principalmente dalle altre garanzie costituzionali e dalla coscienza giuridica politico-sociale.

4. L'ordinamento comunitario e l'ambiente

La strategia ambientale impegna lo Stato, non solo sulla base della produzione di fonti primarie del diritto interno, bensì anche alla luce di accordi con altri Stati.

La tutela dell'ambiente assume rilievo innanzitutto a livello comunitario. Difatti, l'art. 2 del Trattato istitutivo attribuisce agli Organi comunitari il compito di promuovere "una crescita sostenibile, non inflazionistica e che rispetti l'ambiente".

Il titolo XIX del Trattato è dedicato all'ambiente. L'art. 174, il quale dischiude questo titolo, stabilisce che la politica della Comunità in materia ambientale contribuisce a perseguire i seguenti fini:

a) salvaguardia, tutela e miglioramento della qualità dell'ambiente;

b) protezione della salute umana;

c) utilizzazione accorta e razionale delle risorse nazionali;

d) promozione sul piano internazionale di misure destinate a risolvere i problemi dell'ambiente.

Lo stesso articolo precisa che la politica comunitaria in materia ambientale mira ad un elevato livello di tutela e che le misure di armonizzazione comportano una clausola di salvaguardia che autorizza gli Stati a prendere misure provvisorie. Infine stabilisce che nel predisporre la sua politica in materia ambientale bisogna tener conto dei dati tecnici e scientifici disponibili, delle condizioni dell'ambiente nelle varie Regioni della Comunità, dei vantaggi e degli oneri che possono derivare dall'azione o dall'omissione e dello sviluppo socio-economico della Comunità nel suo insieme e dello sviluppo equilibrato delle singole Regioni.

L'art. 3 della Costituzione europea[24] prevede uno sviluppo sostenibile basato su una crescita economica ed equilibrata ed un elevato livello di tutela e di miglioramento della qualità dell'ambiente.

L'art. 175 del Trattato stabilisce che, ai fini della tutela dell'ambiente la Commissione adotta innanzitutto disposizioni aventi principalmente natura fiscale, oltre che misure concernenti l'assetto territoriale, la destinazione dei suoli e la gestione delle risorse idriche, nonché misure aventi una sensibile incidenza sulla scelta di uno Stato membro tra diverse fonti di energia e sulla struttura generale dell'approvvigionamento energetico. L'art. 176 precisa che i provvedimenti di protezione di cui all'art. 175 non impediscono ai singoli Stati di mantenere o prendere provvedimenti per una protezione più intensa.[25]

Sulla base di queste norme ed in considerazione dello stato attuale di preoccupante degrado ambientale, la Commissione europea il 24.1.2001 ha proposto un nuovo programma di azione per l'ambiente. Il Parlamento europeo ed il Consiglio, con Decisione n. 1600/2002/CE del 22 luglio 2002, hanno istituito il sesto programma comunitario di azione in materia di ambiente (2001-2010), perseguendo i seguenti obiettivi (art. 1): a) cambiamenti climatici; b) natura e biodiversità; c) ambiente, salute e qualità della vita; d) risorse naturali e rifiuti.

Oltre alle considerazioni di carattere ambientale, è necessario, specie nelle aree in cui tale problema è più avanzato, integrare nelle varie politiche comunitarie anche gli aspetti relativi all'occupazione. L'obiettivo di

24. Progetto di Trattato trasmesso al Consiglio europeo il 20 giugno 2003.

25. Franke, "Möglichkeiten des Steuerrechts zur Entwicklung umweltverträglicher Energie- und Verkehrstechnologien", in *Steuer und Wirtschaft*, 1998, 25.

un'Europa sostenibile consiste pertanto nella costruzione di un'economia competitiva caratterizzata da una riduzione dell'inquinamento, da un uso più efficiente dell'energia e delle materie prime e da tassi di occupazione più elevati.[26]

5. L'imposta sull'emissione di anidride carbonica (carbontax)

L'art. 7, comma 4, della legge 27 dicembre 1997, n. 449, stabilisce che, ai fini della concessione delle agevolazioni fiscali di natura territoriale sono considerati prioritariamente i progetti di investimento che, per garantire la qualità ambientale e lo sviluppo sostenibile, contengano un rapporto di impatto ambientale.

Il presupposto, preso in considerazione dal gennaio 1998, dall'art. 17 n. 29 della legge citata, è l'emissione a parte dei grandi impianti di combustione di anidride solforosa e di ossido di azoto. La tassa è dovuta in misura fissa di euro 53,20 per tonnellata/anno di anidride solforosa e di euro 104,84 per tonnellata/anno di ossido di azoto.

Con l'art. 8 della legge 23 dicembre 1998, n. 448, collegata alla legge di bilancio 1999, n. 454 di pari data, si individua un vettore di aliquote di accisa sui prodotti energetici compatibile con le necessità di tassazione energetica ed ambientale. La norma realizza uno dei principali obiettivi fissati dagli accordi sottoscritti a livello internazionale: il controllo del fenomeno del riscaldamento globale e dei conseguenti mutamenti climatici dovuti alle emissioni di gas serra.

La norma si ispira al protocollo di Kyoto del dicembre 1997, alla comunicazione della Commissione europea "*Climate change – Towards a UE post Kyoto strategy*" ed alle indicazioni della conferenza di Buenos Aires delle Nazioni Unite del novembre 1998, anticipando gli auspici della nona Conferenza (Cop9), svoltasi a Milano dall'1 al 12 dicembre 2003, dei Paesi che hanno sottoscritto la Convenzione sui mutamenti climatici.

Con essa, da una parte si soddisfa l'esigenza di armonizzare a livello comunitario il sistema delle accise gravanti sui combustibili fossili, applicando i criteri stabiliti dalla proposta di direttiva presentata dal Commissario Monti, dall'altra si sottopongono ad imposizione le

26. Lanza e Scabellone, "Domanda di energia ed inquinamento atmosferico: gli effetti delle proposte di armonizzazione della fiscalità indiretta", in *Ric. Econ.*, 1991, 529, esaminano la conseguenza della riduzione del costo dell'energia in Italia.

emissioni di anidride carbonica dei diversi combustibili in relazione al loro contenuto di carbonio con lo scopo di orientare i consumi in senso favorevole all'ambiente, contenendo progressivamente la produzione di gas serra.

Scopo della norma è disincentivare l'uso dei combustibili ad alto contenuto di carbonio e favorire quelli a basso contenuto, di favorire le iniziative tendenti ad elevare l'efficienza energetica e di assecondare l'utilizzo delle fonti di energia rinnovabile.

Nel settore della produzione di energia elettrica la tassa (*carbontax*) colpisce solo il consumo di carbone e di olio combustibile; per contro non grava sul gas naturale. Si è inteso in tal modo internalizzare i costi ambientali associati ai combustibili ad elevato contenuto di carbonio.

L'aliquota di tale tassa si ispira alla seguente formula: A=KA?+B?, dove A? è la quota parte d'imposta commisurata alla tassazione dei prodotti energetici così come attualmente proposta in sede europea; B? è la quota parte commisurata all'impatto ambientale specifico per effetto serra; ? è un coefficiente correttivo che tiene conto del raffronto tra i livelli di tassazione europei e quelli italiani.

Con riferimento all'attuale situazione europea, per le quote A? si possono assumere come base i valori indicati come aliquote minime della Direttiva sui prodotti energetici.

In particolare si tratta di livelli minimi stabiliti per le tre seguenti categorie: prodotti utilizzati come carburante; prodotti energetici utilizzati come carburante per determinati fini industriali e commerciali (per i quali sono fissati livelli minimi d'imposizione molto ridotti); prodotti energetici utilizzati come combustibili.

Secondo la relazione Monti, la Direttiva, instaurando un quadro normativo comune per l'imposizione dei prodotti energetici, darà agli Stati membri nuovi margini d'azione per continuare ad attuare le loro politiche nazionali. La diminuzione dei fenomeni di concorrenza fiscale (a seguito del riavvicinamento delle aliquote nazionali d'imposizione sui prodotti energetici) consentirà agli Stati membri di riacquistare la loro completa sovranità in capo fiscale, libertà di manovra che potrebbe essere sfruttata, in particolare, nel settore della politica ambientale.

Con l'art. 8 cit., è stata disciplinata l'imposizione sulle emissioni di anidride carbonica. Al fine di perseguire l'obiettivo di riduzione delle emissioni di anidride carbonica derivanti dall'impiego di oli minerali, le aliquote delle accise sugli oli minerali sono state rideterminate.

Le variazioni delle accise sugli oli minerali per tali finalità non ha dato luogo ad aumenti della pressione fiscale complessiva. A tal fine sono state adottate misure fiscali compensative e in particolare sono stati ridotti i prelievi obbligatori sulle prestazioni di lavoro.

L'applicazione delle aliquote delle accise come rideterminate e la modulazione degli aumenti delle stesse aliquote successivamente all'anno 2000 sono state effettuate in relazione ai progressi nell'armonizzazione de la tassazione per le finalità delineate negli Stati membri.

La misura delle aliquote delle accise relativa agli "oli minerali" e rideterminata a decorrere dal 1º gennaio 2005.

Fino al 31 dicembre 2004 e con cadenza annuale, per il conseguimento degli obiettivi descritti, tenuto conto del valore delle emissioni di anidride carbonica conseguenti all'impiego degli oli minerali nonché dei prodotti nell'anno precedente, sono state stabilite le misure intermedie delle aliquote in modo da assicurare in ogni caso un aumento delle singole aliquote proporzionale alla differenza, per ciascuna tipologia di prodotto, tra la misura di tali aliquote alla data di entrata in vigore della legge n. 448/1998 e la misura delle stesse stabilite, nonché il contenimento dell'aumento annuale delle misure intermedie in non meno del 10 % e in non più del 30% della predetta differenza.

A decorrere dal 1º gennaio 1999 è stata istituita un'imposta sui consumi per tonnellata di carbone, coke di petrolio, bitume di origine naturale emulsionato con il 30% di acqua, denominato *Orimulsion* (NC 2714) impiegati negli impianti di combustione, come definiti dalla Direttiva 88/609/Ce del Consiglio, del 24 novembre 1988. Per il carbone e gli oli minerali destinati alla produzione di energia elettrica le percentuali sono rispettivamente del 5% e del 20%.

L'art. 7, al secondo comma della legge delega sulla riforma del sistema fiscale tributario statale n. 80 del 7 aprile 2003, definisce "accisa", come si è osservato, tale imposta ed anche la tassa sulle emissioni di anidride solforosa (SO_2) e di ossidi di azoto (NOx) applicata ai grandi impianti di combustione.

L'art. 7 cit. stabilisce, al primo comma. lett. a), che il sistema dell'accisa deve essere ispirato alla salvaguardia della salute e dell'ambiente, privilegiando l'utilizzo dei prodotti ecocompatibili.

Bisogna ridurre l'inquinamento con strumenti soprattutto finanziari, in modo che esso non provochi il "buco" nell'ozono e l'effetto serra, prodotto principalmente dal biossido di carbonio (CO_2) e causa del surriscaldamento del pianeta, come stabilito a Milano dalla Cop9 del dicembre 2003, e sia ristabilito l'equilibrio naturale.

L'art. 90 della legge 21 novembre 2000, n. 342, ha istituito l'imposta regionale sulle emissioni sonore degli aeromobili.

Si delinea con queste prime esperienze normative un nuovo campo della finanza pubblica certamente affascinante, anche perché connaturato a problemi della tutela della vita e del miglioramento della sua qualità.

Non resta che coltivarlo in dimensioni interdisciplinari per indicare allo Stato economico le linee di intervento, allo scopo di realizzare, attraverso la potestà finanziaria, in una prospettiva di armonizzazione comunitaria e di accordi internazionali, il benessere sociale, che si concretizza principalmente nella tutela della sicurezza, dignità e salute umana.

L'indagine svolta permette di rilevare che lo studioso del diritto finanziario pubblico risulta impegnato in rapporto anche a forme recenti di intervento normativo, quali quello che disciplina gli istituti nuovi del contributo e del credito agevolato a favore delle aree meno sviluppate nonché gli strumenti tradizionali per finalità connesse al tipo di società attuale, come le agevolazioni ed i tributi per la tutela dell'ambiente.

Di conseguenza egli partecipa al dibattito culturale relativo alle norme che disciplinano l'inerenza del pubblico interesse al risultato economico ed alla produzione.

A tale dibattito è interessato anche lo studioso del diritto pubblico dell'economia, specie per i rapporti con le altre forme di incentivazione ed, in termini più ampi, di inerenza del pubblico interesse al fenomeno economico.

All'espansione ed al rigore di queste ricerche interdisciplinari è condizionato il progresso scientifico di tali delicati settori del diritto pubblico.

Lo strumento finanziario risulta, quindi, particolarmente idoneo ad essere utilizzato dal Legislatore nazionale e comunitario per promuovere lo sviluppo delle aree meno sviluppate, in quanto è immediato e premia chi già produce, e per tutelare l'ambiente, perché *incide direttamente sugli interessi economici dell'imprenditore*. E' pertanto fondatamente presumibile l'intensificazione di tale ruolo delle leggi tributarie e di spesa, anche in funzione degli obiettivi costituzionali e comunitari di sviluppo equilibrato e sostenibile.

E' certo che soltanto la conoscenza di questi fini, come di ogni altro scopo extrafiscale, perseguiti dalla singola legge tributaria o di spesa permette di comprendere il reale significato di essa e di applicarla fedelmente, recuperando il senso complessivo dell'armonia dell'ordinamento giuridico della finanza pubblica.

Bibliografia

AA. VV. *Economia dell'ambiente e bioeconomia* (a cura di Molesti). Milano, 2003.

AA.VV. *Informe de la Comisión sobre "Tributación y medio ambiente"* (inedito), a cura dell'Instituto de Estudios Fiscales. Madrid, 1998.

BACH. "Wirtschaftliche Auswirkungen und rechtlich-institutionelle Aspekte einer ökologischen Steuerreform", in *Steuer und Wirtschaft*, 1995.

BORRERO MORO. *La tributación ambiental en España*. Madrid, 1999.

CASONI; NUTI. "Approccio pigouviano e approccio volontaristico nelle politiche ambientali: valutazione critica attraverso i risultati di una ricerca diretta", in *Ind.*, 1994.

CASSANO, G.; COSENTINO, C. *Il danno ambientale. Lineamenti, giurisprudenza, normativa*. Milano, 2002.

CASTILLO LÓPEZ. *La reforma fiscal ecológica (Marco económico e institucional para el establecimiento de tributos ecológicos en el Estado central y en las comunidades autónomas. Algunas propuestas)*. Granada, 1999.

CHIEPPA. "L'ambiente del nuovo ordinamento costituzionale", in *Urbanistica e appalti*. 2002.

D'AMATI. "Ambiente e Fisco nella dichiarazione di emersione", in *Fis.*, 2002.

D'AMICO CERVETTI. *Elementi di diritto ambientale*. Milano, 2002.

DE PAULI. "L'interesse ambientale nel procedimento", in *Juristische Schulung*, 2001.

DOPAZO FRAGUÍO. *La fiscalidad ecológica*. Barcelona, 1995.

DUDDE. "Ökologische Steuerreform", in *SteuerStud*, 2002.

FICARI. "Prime note sull'autonomia tributaria delle Regioni a Statuto speciale", in *Rass. trib.*, 2001.

FONDERICO. "Riforma costituzionale e tutela dell'ambiente", in *Amb.* 2002.

FRANKE. "Möglichkeiten des Steuerrechts zur Entwicklung umweltverträglicher Energie- und Verkehrstechnologien", in *Steuer und Wirtschaft*, 1998.

GALLO; MARCHETTI. "Il presupposto della tassazione ambientale", in *Rass. trib.*, 1999.

GAWEL. "Steuerinterventionismus", in *Steuer und Wirtschaft*, 2001.

GIAMPIETRO. "Evoluzione della disciplina sul danno ambientale", in *Amb.*, 2002.

HERRERA MOLINA, Pedro M. *Derecho tributario ambiental*. Madrid/Barcelona, 2000.

HEY. "Rechtliche Zulässigkeit von Umweltabgaben unter dem Vorbehalt ihrer ökologischen und ökonomischen Wirksamkeit", in *Steuer und Wirtschaft*, 1998.

JIMÉNEZ HERNÁNDEZ. *El tributo como instrumento de protección ambiental*. Granada, 1998.

KRUSE, Heinrich. "Öko-Steuern und Öko-Abgaben", in *Betriebs-Berater*, 1998.

LANZA, A.; SCABELLONE, P. "Domanda di energia ed inquinamento atmosferico: gli effetti delle proposte di armonizzazione della fiscalità indiretta", in *Ric. Econ.*, 1991.

LUGARESI. *Diritto dell'ambiente*. Padova, 2002.

__________. *Principi di diritto ambientale* (a cura di Plinio Fimiani). Milano, 2002.

MAGADÁN DÍAZ, M.; RIVAS GRACÍA, J. *Fiscalidad ambiental autonomica*. Barcelona, 1998.

MIGIARRA. "Lo sviluppo e la tutela dei beni ambientali, tra proprietà ed uso, per la salvaguardia dei diritti delle presenti e future generazioni", in *Riv. ambient.*, 2002.

MONTINI. *La necessità ambientale nel diritto internazionale e comunitario*. Padova, 2001.

MOSCHETTI, F. "La capacità contributiva", in Andrea Amatucci (Dir.). *Trattato di Diritto Tributario*, v. 1, t. 1. Padova, CEDAM, 1994.

PEPE. *Lo sviluppo sostenibile*. Piacenza, 2002.

PERRONE MAGADÁN, R. "L'imposizione e l'ambiente", in *Trattato di Diritto Tributario*, diretto da Amatucci, *Annuario*. Padova, 2001.

Progetto di Trattato trasmesso al Consiglio europeo il 20 giugno 2003.

RÓSEMBUJ, Tulio. *Los tributos y la protección del medio ambiente*. Madrid, Marcial Pons, 1995.

SALVIA. "Ambiente, democrazia, scienza e técnica", *Dir. soc.*, 2001.

VALLENDER, K. A.; JACOBS, R. *Ökologische Steuerreform, Rechtiliche Grundlagen*. Bern, 2000.

VAQUERA GARCÍA, A. *Fiscalidad y medio ambiente*. Valladolid, Lex Nova, 1999.

WASMEIER. *Umweltabgaben und Europarecht: Schranken des staatlichen Handlungsspielraumes bei der Erhebung offentlicher Abgaben im Interesse des Umweltschutzes*. München, 1995.

YÁBAR STERLING, A. (a cura di). *Fiscalidad ambiental*. Barcelona, 1998.

EL PRINCIPIO "QUIEN CONTAMINA PAGA" Y EL PRINCIPIO DE CAPACIDAD ECONÓMICA

CARLOS PALAO TABOADA

1. El principio "quien contamina paga". 2. Los impuestos ambientales y el principio de capacidad económica. 3. La capacidad para afectar al medio ambiente como posible manifestación de capacidad económica. 4. Tesis según la cual la capacidad económica radica en el sustrato económico de la actividad contaminante. 5. Conclusiones.

1. El principio "quien contamina paga"

El más conocido de los principios generales del Derecho ambiental es seguramente el que se enuncia con la frase "quien contamina paga", quizá precisamente por la rotundidad de esta denominación, que recuerda el refrán castellano "el que la hace la paga", con el que la sabiduría popular expresa una primitiva idea de justicia no muy lejana de la que inspira la ley del Talión ("ojo por ojo, diente por diente"). Sin embargo, el fundamento de aquel principio es un pensamiento económico más refinado: la contaminación se debe a un uso abusivo de los bienes que constituyen el medio ambiente natural (el aire y el agua principalmente), que es posible porque la utilización de esos bienes es libre y no acarrea ningún coste para el agente económico (productor o consumidor). Lo ocasiona para la colectividad, sea en la forma de deterioro del medio ambiente, con la consiguiente pérdida de bienestar, sea por el coste económico que aquélla ha de soportar para reducir o corregir tal deterioro (por ejemplo, mediante la construcción de instalaciones depuradoras del agua). Es necesario, por tanto, que el causante de la contaminación soporte al menos una parte del coste de la utilización del medio ambiente, no sólo porque ello es una exigencia de la justicia, sino también porque el cómputo de ese coste inducirá a reducir la actividad contaminante.

Esta "internalización de los costes ambientales" en la que se basa el principio "quien contamina paga" obedece, por tanto, a una lógica económica, pero es también un principio de justicia: el individuo no se debe lucrar a costa de la sociedad. Seguramente por este componente de justicia que encierra el principio no ha sido difícil convertirlo en un principio jurídico e incluso incorporarlo a los textos legales. El artículo 174.2 del Tratado constitutivo de la Comunidad Europea dispone que "la política de la Comunidad en el ámbito del medio ambiente tendrá como objetivo alcanzar un nivel de protección elevado, teniendo presente la diversidad de situaciones existentes en las distintas regiones de la Comunidad. Se basará en los principios de cautela y de acción preventiva, en el principio de corrección de los atentados al medio ambiente, preferente en la fuente misma, y en el principio de quien contamina paga".[1]

Siendo evidente al carácter de principio de justicia del "quien contamina paga", es posible preguntarse de qué clase de justicia se trata. El profesor Pérez de Ayala[2] niega que sea un principio de justicia social, entendiendo por tal la que se refiere al bien común, teniendo en cuenta que "el cumplimiento de esta obligación [la de pagar los impuestos ambientales] por el sujeto contaminante no le libera de sus deberes de no contaminar. En rigor, con el pago del Impuesto ambiental, se adquiere, por así decir, *licencia* para contaminar. De forma tal que no es ninguna ironía que a la aplicación, por el tributo, del principio 'quien contamina, paga', le siga la consecuencia de que 'quien paga, contamina'". Por tanto, "el pago del impuesto ambiental, *por sí solo, no repara* jurídicamente la perturbación del equilibrio ecológico, sino que, jurídicamente también, y por así decirlo, lo consolida. Para que esto no ocurra, (...) sería preciso que el impuesto ambiental, fundado en el principio 'quien contamina, paga', sea un impuesto afectado a financiar, con él, el coste de una actividad pública purificadora o correctiva del efecto contaminador". De estas consideraciones extrae el citado autor la consecuencia de que "nos movemos más en el campo de lo que hemos llamado Justicia conmutativa que en el de la Justicia social". En el caso de que esta afec-

1. Para un comentario de este precepto y de los principios que en él se enuncian, véase P. M. Herrera Molina, *Derecho tributario ambiental*, pp. 36 y ss. Véase también A. Vaquera García, *Fiscalidad y medio ambiente*, pp. 204 y ss., y S. Bokobo Moiche, *Gravámenes e incentivos fiscales ambientales*, pp. 107 y ss.

2. J. L. Pérez de Ayala y López de Ayala, "El principio 'quien contamina paga' como principio de justicia del tributo", in A. Yábar Sterling (dir.), P. M. Herrera Molina (coord.). *La protección fiscal del medio ambiente. Aspectos económicos y jurídicos*, pp. 143 y ss.

tación realmente exista, el principio en cuestión sería un principio de justicia conmutativa, con lo cual se pone de manifiesto su afinidad con el principio de equivalencia, que rige los tributos que la doctrina alemana llama "causales"; es decir, aquellos en los que el sujeto pasivo recibe una contraprestación del ente público.

La proximidad del principio "quien contamina paga" con el de equivalencia ya había sido observada por Herrera Molina,[3] quien, sin embargo, a diferencia de Pérez de Ayala, no considera que ello sea incompatible con su naturaleza de principio de justicia social. Afirma, en efecto, que "las tasas *tradicionales* responden a una mera justicia conmutativa y en muchos casos no tienen otra finalidad que la de la compensación de un gasto administrativo. En cambio, el *principio del causante* – al igual que el de capacidad económica – se basa en la justicia social". El principio "quien contamina paga" aparece, pues, en el pensamiento de Herrera Molina, como distinto del de capacidad económica, pero no demasiado alejado de éste, en la medida en que dichos principios "constituyen sendas proyecciones del principio de solidaridad sobre dos materias diversas: el primero atiende al reparto de las cargas públicas para satisfacer el interés general, el segundo al uso de bienes ambientales vulnerables y escasos, que las generaciones futuras tienen derecho a disfrutar". No es posible, sin embargo, en nuestra opinión, llevar demasiado lejos esta afinidad entre los dos principios, en el sentido de que el interés ambiental solidario cuando se procura por medio de tributos – que serán generalmente tasas – no es muy diferente del interés colectivo en el mantenimiento de los servicios públicos que se financian con esta clase de ingresos.

El carácter conmutativo del principio "quien contamina paga" se manifiesta desde otro ángulo en su relación, señalada por un sector doctrinal, con la responsabilidad civil por los daños causados al medio ambiente.[4]

La relación entre el principio "quien contamina paga" y el de equivalencia ya sugiere que el tipo de tributo más adecuado para la realización del primero es la tasa más que el impuesto. Como la doctrina ha puesto de manifiesto, el diseño de impuestos ambientales o ecológicos – entendiendo por tales aquellos en los que la finalidad ambiental se refle-

3. *Derecho tributario ambiental*, cit., p. 43. Cursiva del original.

4. Sobre esta relación véase Herrera Molina, *Derecho tributario ambiental*, cit., p. 41, nota 84.

ja en elementos de su estructura – presenta notables problemas técnicos. En primer lugar, está la dificultad de distinguir las actividades contaminantes lícitas e ilícitas, si se parte de la base de que las primeras no pueden ser objeto de gravamen tributario, sino radicalmente prohibidas.[5] Por otra parte, no es sencillo definir la base imponible de manera que la cuantía del impuesto se gradúe en función de la intensidad del daño ambiental, lo cual exige la determinación directa de este daño y, por tanto, renunciar a métodos objetivos o indiciarios. Estas dificultades son las que, en definitiva, han motivado la declaración de inconstitucionalidad, por la sentencia 289/2000, de 30 de noviembre, del Tribunal Constitucional, de un "Impuesto sobre instalaciones que incidan en el medio ambiente", establecido en 1991 por una ley del Parlamento de las Islas Baleares. Volveremos sobre ella más adelante.

Por otra parte, tampoco es fácil la distinción entre un impuesto que grava emisiones o vertidos contaminantes y una tasa "por el uso de bienes ambientales", que sería el tributo más típicamente destinado a "internalizar" los costes ambientales que postula el principio "quien contamina paga". En este sentido afirma Herrera Molina[6] que "en la medida en que se introduce la finalidad ambiental en la estructura de un impuesto, éste va deslizándose hacia el campo de las tasas".[7]

Cuando el tributo ambiental tiene naturaleza de tasa, existe muy poco espacio para la aplicación del principio de capacidad económica y el principio "quien contamina paga" se equipara plenamente al de equivalencia, que preside los tributos causales. No hay lugar, en tal caso, para un conflicto entre los dos primeros principios. Por el contrario, cuando se trata de impuestos se suscita la cuestión de las relaciones, y posible colisión, entre ellos.

5. Esta es la postura defendida por Herrera Molina, *Derecho tributario ambiental*, cit., pp. 63 y ss.

6. Herrera Molina, "La protección fiscal del medio ambiente en los Tratados comunitarios", in *La protección fiscal del medio ambiente*, cit., pp. 112 y ss. (p. 115).

7. En la conclusión núm. 18 del capítulo 3º, *Derecho tributario ambiental*, cit., p. 133 afirma Herrera Molina que "en la medida en que los impuestos sobre emisiones sólo recaigan sobre conductas lícitas (lo que no suele ser el caso) se van aproximando estructuralmente a las tasas por tolerancia [administrativa de los vertidos]. Aún estamos claramente ante un impuesto si no existe un régimen de prohibiciones en relación con ciertas emisiones contaminantes contempladas en el hecho imponible. A nuestro juicio, el campo de la tasa comienza cuando la norma ambiental establece un régimen de prohibiciones y unas excepciones condicionadas a ciertos requisitos y sometidas al pago de un tributo".

2. *Los impuestos ambientales y el principio de capacidad económica*

La finalidad de protección del medio ambiente es obviamente una finalidad extrafiscal; por consiguiente, en la medida en que un tributo la persiga de manera principal podrá aplicársele este mismo calificativo. Ciertamente, los tributos – fundamentalmente los impuestos – no son puramente fiscales o extrafiscales: las dos clases de finalidades se combinan de hecho en grado variable en todos ellos, no solamente en los impuestos ambientales o ecológicos.[8]

Los fines extrafiscales de los tributos están perfectamente admitidos en el Derecho español.[9] Por otra parte, la conciliación de estos fines con el principio de capacidad contributiva, y por tanto su constitucionalidad desde este punto de vista, no plantea en la actualidad ningún problema dogmático: las restricciones del principio de capacidad económica que pueda exigir la introducción de fines extrafiscales en los impuestos son admisibles en cuanto dichos fines estén constitucionalmente reconocidos y tutelados. Así sucede con la protección del medio ambiente, que la Constitución Española consagra en su artículo 45 como uno de los "principios rectores de la política social y económica".

El sacrificio del principio de capacidad contributiva debe, sin embargo, ser proporcionado, para lo cual tiene que superar, como expone Herrera Molina,[10] un triple control: 1) de idoneidad de los tributos o elementos tributarios ambientales para alcanzar su objetivo; "es decir, han

8. Por ello, el calificativo "extrafiscal" no es más impreciso aplicado a ellos que a otras clases de impuestos, contra lo que parece sugerir Herrera Molina, *Derecho tributario ambiental*, cit., p. 56.

9. El art. 4 de la Ley General Tributaria de 1963 disponía que "los tributos, además de ser medios para recaudar ingresos públicos, han de servir como instrumento de la política económica general, atender a las exigencias de estabilidad y progreso sociales y procurar una mejor distribución de la renta nacional". La nueva Ley General Tributaria, 58/2003, de 17 de diciembre, en su artículo 2.1, párrafo 1º, atribuye a los tributos "el fin primordial de obtener los ingresos necesarios para el sostenimiento de los gastos públicos", o sea, el fin fiscal, lo cual complica las cosas. El párrafo 2º reproduce en sustancia el art. 4 de la LGT de 1963. En contraste, recuérdese que el parágrafo 3.1 la Ordenanza Tributaria alemana establece que "la obtención de ingresos puede ser un fin secundario" (o "accesorio", como prefiere traducir Herrera Molina, ídem, nota 27, p. 61).

10. *Derecho tributario ambiental*, cit., pp. 162 y ss. Véase también J. M. Rodríguez de Santiago, *La ponderación de bienes e intereses en el Derecho administrativo*, pp. 105 y ss.

de constituir un verdadero incentivo para la protección del medio ambiente, puesto que de otro modo no podría justificarse la desviación del principio de capacidad económica"; 2) de necesidad o lesión mínima, que "implica que no existan otras medidas igualmente eficaces y económicas que permitan alcanzar los mismos objetivos de protección ambiental con una menor incidencia sobre los derechos de los interesados y una menor desviación de otros principios constitucionales"; y 3) control de proporcionalidad en sentido estricto, que "exige ponderar los beneficios ambientales y la lesión sufrida por el principio de capacidad económica".

Con vistas a la ponderación del interés ambiental con el principio de capacidad contributiva, Herrera Molina[11] ordena los elementos que a su juicio integran el derecho a contribuir con arreglo a la capacidad económica en círculos concéntricos, en los que el sentido del exterior hacia el interior indica disminución de la discrecionalidad del legislador para restringir el principio de capacidad económica. Estos círculos serían el principio de progresividad, el de tributación de la capacidad económica efectiva, el del rendimiento neto objetivo (deducibilidad de los gastos), la prohibición de confiscatoriedad y, finalmente, el principio del neto subjetivo (consideración de los gastos imprescindibles personales y familiares). En opinión del citado autor, "el principio 'quien contamina paga' sólo justifica la restricción de las tres primeras esferas, o excepcionalmente de la cuarta. En cambio, la garantía del mínimo existencial y de las circunstancias familiares en la determinación de la carga tributaria no puede ceder frente a otras exigencias de la solidaridad, ni siquiera ante la defensa del medio ambiente". Claro está que esta construcción tiene carácter simplemente orientador y no pretende establecer criterios taxativos.

No siempre, sin embargo, los principios "quien contamina paga" y de capacidad económica se contraponen entre sí, sino que, como señala Herrera Molina,[12] algunas medidas tendentes a la realización del segundo de dichos principios son coherentes con el primero. El citado autor pone el ejemplo de la supresión de beneficios fiscales establecidos en favor de empresas altamente contaminantes. Debe tratarse lógicamente de beneficios que constituyen excepciones al principio de capacidad contributiva, como los que persiguen fines extrafiscales.

11. *Derecho tributario ambiental*, cit., pp. 163 y s.; más ampliamente en su obra *Capacidad económica y sistema fiscal*, pp. 148 y ss.
12. Ídem, p. 165.

3. *La capacidad para afectar al medio ambiente como posible manifestación de capacidad económica*

El fundamento constitucional que tiene la utilización del instrumento fiscal para perseguir fines de otra naturaleza hace innecesario forzar el significado del principio de capacidad económica, como hacen las doctrinas que consideran que este es el único principio que preside el establecimiento de los tributos. Por el contrario, si se parte de este presupuesto, es necesario integrar en el concepto de capacidad económica los diversos criterios que el legislador tiene presentes para regular los tributos y repartir la carga fiscal, uno de los cuales es el principio "quien contamina paga", cuando se trata de tributos ambientales.

El Tribunal Constitucional español siguió esta vía doctrinal en su capital sentencia 37/1987, de 26 de marzo, que resolvió un recurso de inconstitucionalidad contra una Ley de Reforma Agraria del Parlamento de Andalucía, que, entre otras varias medidas, estableció un Impuesto sobre Tierras Infrautilizadas, cuyo hecho imponible es "la infrautilización de las fincas rústicas, por no alcanzar en el periodo impositivo el rendimiento óptimo por hectárea" fijado por la Administración (art. 31.1). El Tribunal resolvió que dicho impuesto no era contrario al principio de capacidad económica basándose en la consideración de que "basta que dicha capacidad económica exista, como riqueza o renta real o potencial en la generalidad de los supuestos contemplados por el legislador al crear el impuesto, para que aquél principio constitucional quede a salvo" (Fundamento Jurídico 13). Añade la sentencia que el hecho "de significado social y económicamente negativo" de la obtención de rendimientos inferiores al óptimo "es por sí mismo revelador de la titularidad de una riqueza real o potencial o (...) de una renta virtual cuya dimensión mayor o menor determina la mayor o menor cuantía del impuesto. Este hecho excluye también por sí solo el pretendido carácter confiscatorio del tributo".[13] Contra lo que afirma el Tribunal Constitucional, parece más defendible sostener que solamente la renta real o efectiva es reveladora de capacidad contributiva, no la meramente potencial o virtual. La construcción dogmática del Tribunal se explica como un intento de mantener la necesidad de que todo tributo sin excep-

13. Los razonamientos de la STC 37/1987 fueron literalmente reproducidos por la 186/1993, de 7 de junio, relativa a una Ley de la Comunidad Autónoma de Extremadura de regulación de las dehesas, en la que se establecía un "Impuesto de dehesas calificadas de deficiente aprovechamiento" análogo al andaluz.

ción se ajuste al principio de capacidad económica, lo cual sólo se puede lograr, en el caso de los tributos con fines no fiscales, a costa de abandonar toda noción plausible de capacidad económica. Por otra parte, esta construcción es innecesaria para justificar constitucionalmente tales tributos, que tienen su fundamento en la finalidad extrafiscal constitucionalmente protegida.

El Tribunal Constitucional ha extendido la anterior construcción dogmática al campo de los impuestos ambientales en la sentencia 289/2000, ya citada. El recurso del Presidente del Gobierno que dio lugar a esta sentencia se fundaba esencialmente en la infracción por la Ley de Baleares del artículo 6.3 de la Ley Orgánica de Financiación de las Comunidades Autónomas, de conformidad con el cual "las Comunidades Autónomas podrán establecer y gestionar tributos sobre las *materias* que la legislación sobre Régimen Local reserve a las Corporaciones Locales, en los supuestos en que dicha legislación lo prevea y en los términos que la misma contemple". El recurso alegaba que el Impuesto balear sobre instalaciones que incidan en el medio ambiente (IBIAMA) recaía sobre la misma materia que el Impuesto sobre Bienes Inmuebles (IBI) de los municipios, que grava la propiedad y los derechos reales de usufructo y superficie sobre esta clase de bienes. La cuestión giraba en torno al concepto de "materia" imponible, que la sentencia 37/1987 había distinguido del hecho imponible[14] diciendo que "por materia imponible u objeto del tributo debe entenderse toda fuente de riqueza, renta o cualquier otro elemento de la actividad económica que el legislador decida someter a imposición, realidad que pertenece al plano de lo fáctico. Por el contrario, el hecho imponible es un concepto estrictamente jurídico (...). De ahí que, en relación con una misma materia impositiva, el legislador pueda seleccionar distintas circunstancias que den lugar a otros tantos hechos imponibles, determinantes a su vez de figuras tributarias diferentes".

La sentencia 289/2000 acepta este criterio de distinción, que formula de la siguiente manera: "En suma, al 'hecho imponible' – creación normativa – le preexiste como realidad fáctica la materia imponible u objeto del tributo, que es la manifestación de riqueza efectivamente gravada, esto es, el elemento de la realidad que soportará la carga tributaria configurada a través del hecho imponible exponente de la verdadera

14. En el caso resuelto por la sentencia 37/1987 el precepto aplicable era el art. 6.2 LOFCA, que dispone que "los tributos que establezcan las Comunidades Autónomas no podrán recaer sobre *hechos imponibles* gravados por el Estado".

riqueza sometida a tributación como expresión de la capacidad económica de un sujeto" (F.J. 4º). Aunque la frase transcrita es algo oscura parece que la materia imponible se identifica con la manifestación concreta de capacidad económica gravada. Esta interpretación resulta confirmada por la identificación, que lleva a cabo más adelante, de la actividad contaminante con la capacidad económica gravada por los tributos ambientales.

El Tribunal llega, en efecto, a la conclusión de que la materia imponible del IBIAMA es la misma que la del IBI, para lo cual se ve obligado, partiendo de la premisa anterior, a negar al IBIAMA el carácter de impuesto ambiental (F.J. 5º):

"Ciertamente, si el IBIAMA gravase la actividad contaminante internalizando los costes derivados de actuaciones 'distorsionadoras del medio ambiente' (...) ninguna tacha cabría hacerle desde la perspectiva del art. 6.3 LOFCA en relación con el IBI: ambos impuestos gravarían fuentes de riqueza distintas y, en consecuencia, afectarían a materias imponibles dispares. Sin embargo, el análisis de la estructura del nuevo impuesto autonómico no permite llegar a esta conclusión (...) Estamos, pues, en presencia de un tributo que no grava directamente la actividad contaminante, sino la titularidad de unas determinadas instalaciones (...) el IBIAMA, bajo la aparente finalidad protectora del medio ambiente, no arbitra instrumento alguno que se dirija a la consecución de ese fin, con lo que, a la postre, no grava la capacidad económica pretendidamente sometida a imposición, como una forma de contribuir al sostenimiento del gasto público que genera la indebida, o incluso debida, utilización del medio ambiente (manifestación concreta del principio 'quien contamina paga')".

Afirma a continuación lo siguiente:

"En efecto, el tributo cuestionado no se dirige, en sentido negativo, a disuadir del incumplimiento de ninguna obligación, pero tampoco busca, en sentido positivo, estimular actuaciones protectoras del medio ambiente, en cumplimiento del artículo 45.1 de la Constitución Española, desvinculándose así de la verdadera aptitud de cada sujeto para incidir en el medio en que se desenvuelve (*es decir, de la capacidad para afectar como modalidad del principio de capacidad económica previsto en el art. 31.1 de la Constitución*).[15] En consecuencia, no cabe considerar que el referido impuesto grave efectivamente la actividad contaminante cuando desconoce el impacto ambiental en que incurren los suje-

15. La cursiva es nuestra.

tos llamados a soportarlo, o lo que es lo mismo, la medida concreta en la que cada uno afecta al medio ambiente (...)".

Esta posición del Tribunal Constitucional español cuenta con algunos precedentes doctrinales,[16] según los cuales la contaminación, que se construye como consumo de bienes ambientales, es un índice adecuado de capacidad económica, que se admite que es imperfecto, pero no más que el consumo en general.[17] Borrero Moro[18] pone de relieve la relación de esta corriente doctrinal con la posición del Tribunal Constitucional en el siguiente párrafo:

"A nuestro entender, la doctrina constitucional en este tema parece enmarcarse dentro de aquellos esfuerzos doctrinales encaminados a superar las dificultades de encaje que presenta el principio de capacidad económica en el marco de los tributos ambientales y, en general, en el sistema tributario. Estos esfuerzos se han materializado en el intento de individualizar nuevas manifestaciones de capacidad económica en el marco de la utilización del ambiente, que sean idóneos para articular tributos ambientales; dentro de una concepción que apuesta, explícita o implícitamente, por la profundización en las conexiones del principio de capacidad económica y del principio 'quien contamina paga'".

Ya hemos adelantado nuestra opinión en el sentido de que la tesis expuesta deforma el concepto de capacidad económica, al extenderlo de tal manera que se le priva de todo contenido real, convirtiéndolo en una noción formal, en la que tienen cabida cualesquiera objetos que el legislador quiera gravar, con lo cual pierde toda su aptitud para constituir un límite al legislador. También hemos señalado lo inútil de este esfuerzo doctrinal, puesto que los tributos con fines extrafiscales, el ambiental entre ellos, no necesitan apoyarse en la capacidad económica supuestamente gravada, sino precisamente en la legitimidad constitucional de dichos fines.

Nuestra opinión es compartida por un autorizado sector de la doctrina española. Así, Herrera Molina, comentando la citada sentencia del Tribunal Constitucional, escribe[19] que "si cualquier finalidad extrafiscal legítima fuese una modalidad del principio de capacidad económica, tal

16. Véanse las opiniones citadas por C. J. Borrero Moro, "La materia imponible en los tributos extrafiscales. ¿Presupuesto de realización de la autonomía financiera?", *Cuadernos de Aranzadi, Jurisprudencia Tributaria*, n. 33, pp. 120 y ss.

17. En este sentido Baena Aguilar, citado por Borrero Moro, ídem, p. 121.

18. Ob. cit., p. 120.

19. Herrera Molina, "Inconstitucionalidad del impuesto balear sobre instalaciones que inciden sobre el medio ambiente", *El Fisco*, n. 50, p. 29.

principio adoptaría unos contornos tan difusos y tan alejados de su sentido original – riqueza disponible – que se tornaría inoperante". También rechaza este autor la tesis de que la renta potencial es índice adecuado de capacidad económica, que, como más atrás hemos indicado, sostuvo la sentencia 37/1987 del Tribunal Constitucional español. Dice de ella[20] que "una concepción tan laxa del principio de capacidad económica lo vacía casi por completo de contenido, por lo que debe rechazarse radicalmente. Para que el sistema tributario sea justo, la riqueza disponible de cada sujeto ha de constituir *la medida* de su contribución al sostenimiento de los gastos públicos. Desde esta perspectiva crítica, el gravamen de la riqueza 'potencial' (de la posibilidad de obtener un rendimiento) no responde al principio de capacidad económica ni constituye ninguna garantía de justicia para el contribuyente".

4. *Tesis según la cual la capacidad económica radica en el sustrato económico de la actividad contaminante*

Borrero Moro[21] ha intentado justificar la consideración de la renta potencial como manifestación de capacidad económica afirmando que el Tribunal constitucional "se refiere (...) al hecho de que es suficiente para entender salvado el principio de capacidad económica que el presupuesto de hecho del tributo sea revelador de una aptitud por parte del sujeto pasivo para contribuir a los gastos públicos, aunque el diseño jurídico del hecho imponible no exprese directamente manifestaciones de capacidad económica, sino que contemple su mal uso o su uso contaminante. Esta aptitud debe desprenderse del hecho imponible, y en su configuración pueden participar, además de la renta o riqueza real, que es indefectible, comportamientos, circunstancias o hechos subjetivos, o de otra naturaleza, relevantes constitucionalmente, que cualifiquen aquélla ya que la capacidad económica, como principio de justicia, se refiere al conjunto del sistema tributario en referencia al obligado tributario".

Entendemos que la idea que el autor quiere expresar en el párrafo transcrito es que el hecho imponible tiene que tener alguna relación con la riqueza real, exigencia que sería indispensable para dar satisfacción al principio de capacidad económica, aunque luego dicha riqueza no se grave en cuanto confiere al sujeto capacidad de pago de tributos, sino por

20. *Derecho tributario ambiental*, cit., p. 162.
21. Borrero Moro, *La tributación ambiental en España*, p. 95.

razones que se relacionan con el fin extrafiscal perseguido.[22] La idea es cierta en la medida en que todos los tributos, cualesquiera que sean los fines que persigan, tienen necesariamente que situarse en la esfera económica. Está en otra esfera distinta, por ejemplo, el impuesto del zar Pedro I el Grande sobre las barbas de los boyardos; pero tanto este ejemplo histórico como otros análogos de escuela que quepa imaginar resultan inconcebibles para nuestra conciencia jurídica. Sin embargo, no es necesario concebir dicha conexión más o menos directa con un hecho económico como una manifestación de capacidad económica; antes bien, tal construcción es perturbadora para el concepto de capacidad económica, como núcleo central de un principio constitucional con eficacia normativa. Es más adecuado, a nuestro juicio, considerar la exigencia de esa conexión simplemente como un requisito de racionalidad de todo tributo, cuya ausencia convertiría en arbitraria la ley que lo estableciese.

En vista de la tesis de la sentencia 289/2000 y, como hemos visto, de una parte de la doctrina, se pregunta Borrero Moro[23] cuál es la fuerza económica – que para este autor constituye la esencia de la capacidad contributiva – presente en la "capacidad para afectar" al medio ambiente, y propone las siguientes respuestas alternativas: "cabe referir la fuerza económica pretendidamente insita en dicha 'capacidad para afectar', bien a la actividad contaminante en sí misma considerada, bien (...) a la actividad económica, consumo o actividad productiva, que sirve de substrato de dicha actividad contaminante". Ya en este planteamiento y, como veremos, en la respuesta que el autor da a la cuestión propuesta, está presente la idea antes referida acerca de la indispensable presencia de la riqueza o fuerza económica como exigencia mínima del principio de capacidad económica.

La primera alternativa es rechazada por el autor con la consideración de que "la utilización del medio, la contaminación o cualquier otra

22. La nota 258 de la página 95 de la ob. cit., insertada al final del párrafo transcrito, aclara algo más el sentido de éste. Dice así: "Ciertamente, cuando el Tribunal habla de 'riqueza o renta (...) potencial" alude, tácitamente, a realidades que son manifestaciones de riqueza, ya que éstas son las únicas que encierran en sí virtualidad para generar riqueza o renta reales. Esta situación nos delimita, aún más, el significado y alcance del principio de capacidad económica, como sustrato de toda imposición. Así, en el caso de los tributos extrafiscales, como es el caso, básicamente, de los tributos ambientales, el principio de capacidad económica se entiende salvado siempre que el presupuesto de hecho revele la posesión de una fuerza económica en el sujeto pasivo apta para afrontar el pago del tributo".

23. "La materia imponible en los tributos extrafiscales", cit., pp. 130 y ss.

manifestación de degradación ambiental, en sí misma considerada, no constituye una manifestación de fuerza económica. La utilización del medio, debida o indebidamente, no es, en sí misma considerada, un índice de riqueza, ni, por extensión, una manifestación de capacidad económica. Dicha utilización no manifiesta la existencia de una riqueza o renta real. Por tanto, el gravamen de dicha utilización, en sí misma considerada, puede determinar la sujeción de actividades sociales sin anclaje económico, con la consiguiente vulneración del principio de capacidad económica". La tesis contraria supone "prescindir del contenido mínimo del principio de capacidad económica". En opinión del autor, identificar "capacidad para afectar" con capacidad económica "supone distorsionar el contenido básico del principio de capacidad económica".

En consecuencia, Borrero acepta la segunda de las respuestas alternativas: "la fuerza económica legitimadora de la aptitud del sujeto para contribuir no provendría de la 'capacidad' o 'aptitud' del sujeto para incidir en el medio, en sí misma considerada, esto es, de la utilización del medio, sino del substrato económico, manifestación de fuerza económica, desde los que se incidiese en el medio".[24] es decir, las actividades económicas causantes de la contaminación – que deben distinguirse, añadimos nosotros, de la actuación contaminante misma; es decir, la emisión o el vertido –, o incluso los bienes o instalaciones mediante los cuales se realiza dicha actividad.[25] Añade el autor que "desde este planteamiento se niega que la utilización del medio constituya, en sí misma considerada, un índice de capacidad económica, aunque las exigencias del principio de capacidad económica se salvan por la conexión, en el marco de la estructura jurídica del tributo, de dicha utilización del medio con manifestaciones objetivas de capacidad económica".[26]

Identificada la capacidad económica con el consumo o la actividad productiva causante del daño ambiental, el "sustrato económico de la actividad contaminante", pasa éste al primer plano en la dogmática de los tributos ambientales, desplazando a la "capacidad para afectar", o sea, al carácter (al menos potencialmente) perjudicial para el medio ambiente

24. Ob. cit., p. 133.

25. Este "sustrato económico" se describe como el "bien inmueble, actividad económica, consumo, etc." (p. 132); también como los "elementos patrimoniales, actividades económicas, consumo o cualquier otra manifestación de fuerza económica" (p. 133).

26. Ob. cit., p. 135.

de tal consumo o actividad. En palabras de Borrero Moro,[27] "la 'capacidad para afectar' como modalidad del principio de capacidad económica, se edifica sobre manifestaciones objetivas de fuerza económica: el patrimonio concreto, la actividad económica, el consumo, etc. La 'capacidad para afectar', desde esta perspectiva, no aporta, a nuestro juicio, ningún elemento sustancialmente nuevo al contenido del principio de capacidad económica". Es más, "la 'capacidad para afectar' supone, a nuestro entender, un elemento de distorsión y confusión de la doctrina constitucional acerca de la pieza clave del deber de contribuir: el principio de capacidad económica".[28]

Tiene razón, a nuestro juicio, Borrero Moro al negar que la "capacidad para afectar" al medio ambiente sea una manifestación del principio de capacidad económica. Sin embargo, en lugar prescindir de este principio como fundamento constitucional de los impuestos ambientales y buscarlo en la finalidad de luchar contra el deterioro del medio ambiente, se aferra a él, construyéndolo sobre la base de un elemento formal, como es ese "sustrato económico" de la actividad contaminante y haciendo abstracción de el elemento definidor de los tributos ambientales, que es la indicada finalidad.[29] Es el hecho de no tomar en consideración el efecto contaminante de la actividad económica, que el tributo ambiental pretende restringir (es decir, la finalidad ambiental de éste) lo que da al mencionado sustrato carácter formal desde la perspectiva ambiental, que es la que aquí interesa.

El autor citado se pregunta seguidamente cuál es la "materia imponible" u "objeto" de los tributos ambientales, y partiendo del planteamiento expuesto llega a la conclusión de que "la realidad económica llamada por el tributo ambiental para soportar su aplicación no vendría constituida por la utilización del medio, en sí misma considerada, sino por aquellas realidades económicas que son las manifestaciones clásicas de capacidad económica: renta, patrimonio concreto, actividad económica, consumo, etc., que al implicar o conectarse con situaciones de utilización del medio, son elegidas por el legislador para soportar el tributo

27. Ob. cit., p. 137.

28. Ídem. La afirmación de que la "capacidad para afectar" es un elemento de distorsión del principio de capacidad económica se repite en la p. 143.

29. Afirma a este respecto el autor citado (p. 137) que "[la] conexión del substrato económico con la utilización del medio no aporta, a nuestro juicio, ningún elemento relevante respecto del sustrato de fuerza económica que debe estar presente en el presupuesto de hecho tipificado en toda norma jurídica tributaria. El gravamen de

ambiental (...). Es decir, el objeto del tributo sería la 'capacidad contaminante', no como tal capacidad en sí misma considerada, sino como expresión de la existencia de una renta, patrimonio o consumo desde los que se contaminaría; asumiendo estos elementos de la realidad económica la función de objeto del tributo".[30]

Esta materia imponible seguiría siendo la misma incluso cuando el impuesto incorporase a su estructura jurídica la finalidad ambiental, cosa que, según la sentencia 289/2000 no sucedía con el IBIAMA. La conclusión, en relación con este impuesto, es que aunque dicha finalidad estuviese efectivamente reflejada en su estructura,[31] su materia imponible coincidiría con la del IBI, por lo que infringiría en todo caso el artículo 6.3 LOFCA. De este modo, el autor citado va más allá de la posición del Tribunal Constitucional.

5. Conclusiones

En cuanto principio jurídico, el postulado "quien contamina paga" tiene una relación bastante remota con el principio de capacidad económica. Por de pronto, a diferencia de este último, no se refiere primordialmente a los tributos sino que tiene un alcance más general, aunque una de las formas más obvias de hacer efectivo el "pago" que reclama del

un bien inmueble en tanto que manifestación de riqueza, que lo es, tendrá la misma trascendencia económica para el titular del mismo; esto es, incidirá de igual modo sobre su capacidad económica exteriorizada a través de la titularidad patrimonial, que el gravamen de dicho bien como consecuencia de ser el soporte económico desde el que se producen actuaciones contaminantes: vertidos contaminantes, generación de residuos sólidos o empobrecimiento del paisaje, etc. En ambos casos, la fuerza económica que exterioriza la existencia de capacidad económica es una, y la misma: el bien inmueble, aunque el fundamento de su gravamen sea distinto. En ambos casos, la riqueza llamada a soportar ambos tributos es una y la misma: el bien inmueble. Por ello, a nuestro juicio, no se puede sostener que un tributo que someta a imposición la 'capacidad para afectar' el medio a través de la generación por el sujeto de residuos sólidos; esto es, la titularidad de un bien inmueble desde el que se incide sobre el medio produciendo dichos residuos, esté gravando una fuerza económica, substrato de la capacidad económica, distinta de la manifestación de fuerza económica: bien inmueble, que se erige en presupuesto, físico y económico, desde el que se incide sobre el medio". Pensamos que lo muy expresivo de la cita excusa su longitud.

30. Ob. cit., p. 140.

31. Borrero Moro, ob. cit., p. 112, llama "hipotético IBIAMA ambiental" a un impuesto que incorporase la finalidad ambiental a su estructura jurídica, y refiere el razonamiento acerca de la materia imponible (pp. 138 y ss.) a esta hipotética figura.

contaminador sea precisamente mediante tributos. Ambos principios se sitúan en planos distintos: el de capacidad económica da por supuesta la necesidad de los tributos, especialmente de los impuestos – cuyo presupuesto no determina – y establece un criterio para determinar la carga derivada de ellos; el principio "quien contamina paga" postula que el causante de la contaminación debe sufrir consecuencias económicamente desfavorables por ella, sea por medio de tributos – cuyo hecho imponible deberá lógicamente estar relacionado con el hecho de la contaminación – sea a través de otros cauces jurídicos.

El punto de contacto entre ambos principios es que los dos sirven de justificación a tributos: el de capacidad económica a los tributos fiscales; el de "quien contamina paga" a los tributos ambientales. Aquellos tienen su fundamento jurídico en la necesidad de cubrir los gastos públicos, éstos en la finalidad de proteger el medio ambiente. Cada una de estas finalidades es suficiente para legitimar constitucionalmente la respectiva clase de tributos; por ello no es necesario integrar el principio "quien contamina paga" en el de capacidad económica considerando la actividad contaminante como una manifestación o índice de esta capacidad. Tal integración, además de dogmáticamente innecesaria, sólo puede hacerse a costa de deformar el significado de la capacidad económica, que no es otro que el de capacidad de pagar tributos.

La relación entre ambos principios es más bien por lo común conflictiva, como suele ocurrir con los tributos con fines extrafiscales, cualesquiera que sean estos fines. La solución de este conflicto requiere ponderar el sacrificio del principio de capacidad económica con el bien jurídico de protección del medio ambiente, lo cual exige determinar la necesidad y proporcionalidad de la medida fiscal protectora.

Los esfuerzos doctrinales por llevar el principio "quien contamina paga" al ámbito del principio de capacidad económica, que han influido en la jurisprudencia constitucional española, son un residuo de viejas concepciones del segundo de dichos principios para las que la presencia de capacidad económica es imprescindible para la legitimidad constitucional de los tributos.

No logra desprenderse del todo de este axioma la tesis según la cual también en los tributos ambientales debe existir una capacidad económica, que consistiría en el elemento patrimonial o actividad que constituye el "sustrato" de la actividad contaminante, con los que identifica la "materia imponible" de dichos tributos. Se suprime así la característica esencial de los tributos ambientales, que no es otra que su finalidad de protección del medio ambiente, equiparándolos formalmente con los tributos fiscales que recaen sobre dicho "sustrato".

Bibliografía

BOKOBO MOICHE, S. *Gravámenes e incentivos fiscales ambientales*. Madrid, Civitas, 2000.

BORRERO MORO, C. J. *La tributación ambiental en España*. Madrid, Tecnos, 1999.

__________. "La materia imponible en los tributos extrafiscales. ¿Presupuesto de realización de la autonomía financiera?", *Cuadernos de Aranzadi, Jurisprudencia Tributaria*, n. 33, 2004.

HERRERA MOLINA, P. M. *Capacidad económica y sistema fiscal*. Madrid, Marcial Pons, 1998.

__________. *Derecho tributario ambiental*. Madrid, Marcial Pons, 2000.

__________. "Inconstitucionalidad del impuesto balear sobre instalaciones que inciden sobre el medio ambiente", *El Fisco*, n. 50, 2001.

__________. "La protección fiscal del medio ambiente en los Tratados comunitarios", in A. Yábar Sterling (dir.), P. M. Herrera Molina (coord.), *La protección fiscal del medio ambiente. Aspectos económicos y jurídicos*. Madrid, Marcial Pons, 2002.

PÉREZ DE AYALA, J. L.; LÓPEZ DE AYALA. "El principio 'quien contamina paga' como principio de justicia del tributo", in A. Yábar Sterling (dir.), P. M. Herrera Molina (coord.), *La protección fiscal del medio ambiente. Aspectos económicos y jurídicos*. Madrid, Marcial Pons, 2002.

RODRÍGUEZ DE SANTIAGO, J. M. *La ponderación de bienes e intereses en el Derecho administrativo*. Madrid, Marcial Pons.

VAQUERA GARCÍA, A. *Fiscalidad y medio ambiente*. Valladolid, Lex Nova, 1999.

DA RELAÇÃO ENTRE COMPETÊNCIAS CONSTITUCIONAIS TRIBUTÁRIA E AMBIENTAL – OS LIMITES DOS CHAMADOS "TRIBUTOS AMBIENTAIS"

HELENO TAVEIRA TÔRRES

1. Considerações iniciais

Sempre que estamos diante de um problema comum, no plano dos diversos ordenamentos jurídicos, sentimos o interesse de conhecer o regime de solução adotado pelos demais, para confrontar com nossas instituições e conhecer as possibilidades da experiência estrangeira, à luz do direito vigente ou das perspectivas de mudanças.

Em se tratando de questões sujeitas a tratamento constitucional, todavia, urge laborar-se com as devidas cautelas, fazendo-se imperioso perscrutar toda a Constituição, mediante ponderado teste de compatibilidade, para saber até onde é possível transpor entendimentos doutrinários concertados à luz dos textos jurídicos estrangeiros, nos exatos limites do tecido semântico da Constituição. E isso é exatamente o que se verifica no estudo da interação entre as competências tributária e ambiental.

Em matéria de direito tributário ambiental,[1] há trabalhos estrangeiros sobremodo relevantes, escritos pelos mais eminentes autores, mas nenhum destes pensados sob a égide de uma constituição que, em matéria tributária, tenha sido tão analítica quanto a nossa, com prévia identificação das espécies de tributos e respectivas materialidades determinantes do exercício de competência e que se vê, ainda, sujeita à observância de normas gerais sobre legislação tributária e uma série de princípios, imunidades e regras objetivas, tudo no plano constitucional. Esse é um paradigma difícil de alcançar e certamente um óbice ao aproveitamento da experiência externa, o que nos impõe a uma construção sobremodo original no trato dessas questões.

A finalidade da discussão é superna. Não se pode negar a importância fundamental da preservação ambiental nos dias atuais e tampouco a imperiosa necessidade de coordenar meios e envidar esforços para dar efetividade às determinações constitucionais sobre o dever dos poderes públicos e da sociedade de preservar o ambiente e garantir sua manutenção para as gerações futuras, como reclama o nosso art. 225. Para tanto,

1. Cf. Pedro Manuel Herrera Molina, *Derecho tributario ambiental (environmental tax law) – La introducción del interés ambiental en el ordenamiento tributario*; Franco Picciaredda e Pietro Selicato, *I tributi e l'ambiente – profili ricostruttivi*, p. 190; Claudia Alexandra Dias Soares, *O imposto ecológico – contributo para o estudo dos instrumentos económicos de defesa do ambiente*, p. 290; Ana Yábar Sterling e Pedro Manuel Herrera Molina (Coord.), *La protección del medio ambiente – Aspectos económicos y jurídicos*; Tulio Rosembuj, *Los tributos y la protección del medio ambiente*; Antonio Vaquera García, *Fiscalidad y medio ambiente*; Antonio López Diaz, "Las modalidades de la fiscalidad ambiental", in Celso Antônio Bandeira de Mello (Org.), *Direito Tributário – estudos em homenagem a Geraldo Ataliba*, pp. 15-43; Alejandro Altamirano, "El derecho constitucional a un ambiente sano, derechos humanos y su vinculación con el derecho tributario", *Revista de Direito Tributário* 82/115-158.

Estado e sociedade devem encontrar instrumentos eficazes que permitam essa medida de conservação. E a tributação pode ser uma alternativa para alcançar fim tão nobre, superadas as dificuldades que envolvem tal entrelaçamento de princípios e valores.

A busca de conciliação entre ambas as modalidades de competências, ambiental e tributária, solucionando o aparente conflito principiológico, entre aqueles que visam à proteção dos interesses difusos ou coletivos homogêneos inerentes ao meio ambiente, nas suas diversas manifestações (natural, cultural, artificial e do trabalho), com os direitos de propriedade e liberdade, além daqueles de garantia dos limites da tributação, como legalidade, isonomia e capacidade contributiva, ao determinar o exato espaço para a ação fiscal, eis o grande desafio imposto à doutrina.

2. *A proteção constitucional do ambiente como dever estatal – função instrumental do agir administrativo e das competências legislativas*

A relação entre Estado e ambiente, nos termos da nossa Constituição, é definida a partir de normas de competência atributivas do dever de preservação e controle sobre ações públicas e particulares que tenham algum potencial de dano ou prejuízo.

Tendo em vista o plexo de competências atribuídas pelo Constituinte, o legislador brasileiro poderá adotar as mais distintas políticas públicas e instrumentos técnicos para executar tais determinações de competência, urdidas em campo de matéria "comum"[2] ou "concorrente",[3] cabendo à União, nesse caso, editar "normas gerais" a tal respeito, de cunho nacional, vinculante para Estados e Municípios.

2. "Art. 23. É competência *comum* da União, dos Estados, do Distrito Federal e dos Municípios: (...) III – proteger os documentos, as obras e outros bens de valor histórico, artístico e cultural, os monumentos, as paisagens naturais notáveis e os sítios arqueológicos; IV – impedir a evasão, a destruição e a descaracterização de obras de arte e de outros bens de valor histórico, artístico ou cultural; V – proporcionar os meios de acesso à cultura, à educação e à ciência; VI – proteger o meio ambiente e combater a poluição em qualquer de suas formas; VII – preservar as florestas, a fauna e a flora; (...) XI – registrar, acompanhar e fiscalizar as concessões de direitos de pesquisa e exploração de recursos hídricos e minerais em seus territórios; (...)".

3. "Art. 24. Compete à União, aos Estados e ao Distrito Federal legislar *concorrentemente* sobre: I – direito tributário, financeiro, penitenciário, econômico e urbanístico; (...) VI – florestas, caça, pesca, fauna, conservação da natureza, defesa

Como sabido, dos instrumentos que podem ser adotados, os tributos surgem com grande força, o que não deve causar nenhum espanto, pois não se trata de qualquer novidade o recurso a tributos com "fins extrafiscais", como ainda se usa dizer. Desde priscas épocas o tributo vem sendo utilizado para práticas de tal natureza.

Em matéria tributária, surge, de pronto, a preocupação de saber quais seriam os limites do Estado na formulação de leis que pudessem ter como fundamento a proteção do ambiente, nas suas diversas formulações (natural, artificial, cultural ou do trabalho). E isso para evitar que, a título de preservação ambiental, mais não se tenha do que criação de novo tributo, com finalidade meramente arrecadatória, como assim há muitos na Europa.

Competência tributária, como o poder de legislar em matéria tributária, somente pode ser exercida com observância de todos os seus contornos constitucionais, a partir das limitações e princípios ali constantes. São limites intransponíveis e não admitem exceção, salvo aquelas previamente determinadas. Desse modo, as competências a serem exercidas devem vir acompanhando os próprios contornos da autorização para legislar em matéria ambiental. Por conseguinte, guardando vistas à repartição de competências tributárias materiais, tributárias e ambientais, instrumentos fiscais podem ser usados para surtir efeitos sobre interesses públicos relativos ao controle das garantias de meio ambiente natural saudável, garantia de ambiente do trabalho, preservação dos espaços urbanos ou dos bens culturais.

Operando em acepção muito estreita, quanto ao campo de possibilidade da chamada "fiscalidade ambiental", interessa-nos demonstrar que tal relação entre competências constitucionais, aquelas sobre o exercício da atividade legislativa em matéria tributária e as de regramento ambiental, podem perfeitamente justificar a criação de um *tributo ambiental*, mas desde que presente, a partir do *motivo constitucional* (preservação do meio ambiente), o reflexo deste nos critérios da regra-matriz de incidência elaborada pelo legislador. Medidas de isenção podem ter finalidade ambiental, mas não se prestam a configurar um tributo como tipicamente "ambiental".

do solo e dos recursos naturais, proteção do meio ambiente e controle da poluição; VII – proteção ao patrimônio histórico, cultural, artístico, turístico e paisagístico; VIII – responsabilidade por dano ao meio ambiente, ao consumidor, a bens e direitos de valor artístico, estético, histórico, turístico e paisagístico; IX – educação, cultura, ensino e desporto; (...)".

Por tudo isso, somente admitiríamos como objeto da chamada "fiscalidade ambiental" ou do "Direito Tributário Ambiental", o estudo das normas produzidas a partir da interação de ambas modalidades de competências, exclusive meros efeitos indiretos da legislação ou emprego de fundos, a partir de determinada arrecadação, e bem assim o emprego de sanções ou indenizações às hipóteses correspondentes. Isenções aplicadas também fazem parte do referido domínio, como categoria própria, mesmo que isso não nos permita determinar como "ambiental" o tributo vinculado à espécie, na medida em que a competência de isentar acompanha a de tributar, mas com esta não se confunde.

O tributo ambiental, segundo alguns, seria aquele afetado pela *finalidade*, na sua latente extrafiscalidade,[4] portanto. Essa é uma afirmação sobremodo duvidosa, porquanto saibamos, hoje, da falência dessas teorias finalistas e do próprio conceito de extrafiscalidade. Nas palavras de Pedro Herrera: "El adjetivo 'ambiental' aplicado a los tributos no es menos ambiguo que el concepto de 'extrafiscalidad'. Dónde radica el núcleo *ambiental?* En la *estructura* del impuesto, o en el destino de los fondos recaudados?"[5] Essa é a duvida que campeia nessa seara, pois precisamos de segurança jurídica que permita identificar onde termina o extrafiscal e onde comece o simplesmente fiscal, sob a forma de abuso, na excessiva ampliação do quantitativo.

Se o núcleo do "ambiental", posto para qualificar a espécie, concentra-se no encontro das competências, com imprescindível presença do

4. "Atente-se, agora, no aspecto teleológico do imposto. Porquanto, é a finalidade que preside à sua criação, e não o seu facto gerador, que permite qualificá-lo como ambiental. Pois, de outro modo, ou a sua classificação como instrumento de defesa do ambiente estaria comprometida, devido à semente de potencial ineficácia que uma definição fundada nesse outro critério depositaria no seu seio, por ser perturbada a ideia de prevenção que deve presidir à abordagem ambiental, ou, *in extremis*, todos os impostos seriam ambientais, já que viver é poluir. Pode, assim, classificar-se como tributo ecológico um imposto cujo facto gerador não expresse directamente um acto de degradação ambiental" (Claudia Alexandra Dias Soares, *O imposto ecológico...*, cit., p. 290). Para um amplo estudo sobre a extrafiscalidade, veja-se: José Casalta Nabais, *O dever fundamental de pagar impostos*, pp. 435-670; Ricardo Lobo Torres, *Tratado de Direito Constitucional Financeiro e Tributário*, vol. 3: *Direitos Humanos e Tributação: Imunidades e Proibições de Discriminação*; Regina Helena Costa, "Tributação Ambiental", in *Direito Ambiental em Evolução*, pp. 297-309; Antonio Herman de V. Benjamin *et alli.*, "O Princípio poluidor-pagador e a reparação do dano ambiental", in *Dano Ambiental, prevenção, reparação e repressão*; Cristiane Derani, *Direito ambiental econômico*.

5. Pedro Manuel Herrera Molina, *Derecho tributario ambiental...*, cit., p. 57.

reflexo do "motivo constitucional" na estrutura da regra-matriz do tributo, o cerne dos problemas aqui enlaçados não depende apenas de uma definição ampla ou restrita de "tributo ambiental", mas especialmente de precisa determinação material dos limites para o exercício de competência tributária.

Faz-se necessário, pois, resguardar a sociedade de investidas legislativas do poder de tributar, a pretexto de medidas preservacionistas, para criar tributo que, ao fim e ao cabo, mais não permitam do que ampliar a carga tributária geral, desprovido de qualquer vínculo com a atividade estatal de proteção ao meio ambiente.

O domínio ambiental parece ser, assim, campo muito propício para o emprego da Contribuição de Intervenção no Domínio Econômico-CIDE, como instrumento de garantia da ordem econômica, ao exigir a: "VI – defesa do meio ambiente, inclusive mediante tratamento diferenciado conforme o impacto ambiental dos produtos e serviços e de seus processos de elaboração e prestação" (redação dada pela Emenda Constitucional n. 42, de 19.12.2003). A partir dessa mudança constitucional, firma-se pressuposto material sobremodo relevante para sua adoção, mas sempre dentro de limites materiais rigorosos, como demonstraremos a seguir, garantindo que o motivo constitucional que justifique sua edição seja mantido como medida informativa dos critérios da regra-matriz de incidência, e com aplicação limitada ao grupo de sujeitos relacionados com os atos de preservação ambiental ou de danos causados, mesmo que potenciais.

Nesse diapasão, é evidente que a competência tributária não poderá tomar atividades do homem em relação ao seu meio ambiente como hipótese de incidência de norma tributária, porque isso não presenta alguma forma de manifestação de capacidade contributiva,[6] para os fins de instituição ou majoração de "impostos". Todavia, o motivo constitucional que não permita instituir impostos pode justificar outros tributos ou mesmo sanções ou deveres instrumentais ou formais, para atingir a mesma finalidade.

Postas essas considerações, temos a demarcação do objeto de estudo possível para o *Direito Tributário Ambiental*, que pode ser definido como o ramo da ciência do direito tributário que tem por objeto o estu-

6. Como bem demonstra Pietro Selicato: "la tutela dell'ambiente può costituire semplicemente lo scopo del tributo, ma non il suo presupposto" (Franco Picciaredda e Pietro Selicato, *I tributi e l'ambiente...*, cit., p. 101).

do das normas jurídicas tributárias elaboradas em concurso com o exercício de competências ambientais, para determinar o uso de tributo na função instrumental de garantia, promoção ou preservação de bens ambientais.

3. Modalidades de tributos ambientais possíveis – competências ambientais como limite para o exercício da competência tributária

Temos, na atualidade, uma grande preocupação sobre a preservação do meio ambiente, com uma busca constante de instrumentos governamentais, legislativos ou mesmo do orbe privado, para alcançar o propósito da sua manutenção, nas manifestações de meio ambiente natural, artificial, cultural ou do trabalho.

Como vimos, quanto aos recursos aos meios fiscais da proteção ambiental, em todo o mundo, firmou-se o entendimento sobre a importância e cabimento do princípio de política fiscal do "poluidor pagador", como medida para onerar as atividades daqueles que promovem atividades com potencial evidência de dano ao meio ambiente.[7] Questiona-se se, no Brasil, haveria espaço para tal cobrança.

Apesar da grande importância do direito comparado, vimos de ver que essas teorias encontraram um espaço muito reduzido no direito brasileiro, porquanto nossa Constituição, do tipo das rígidas e sobremodo analítica em matéria tributária, fez identificar não apenas as espécies de tributos possíveis como também qualificou todas as materialidades passíveis de incidência tributária, restando para a União competência residual apenas em matéria de impostos e contribuições, mas desde que se-

7. "A defesa do ambiente visa a promover a justiça social e assegurar a igualdade de oportunidades, quer na sua máxima generalizante ou igualitária (todos os indivíduos devem ter acesso às utilidades ambientais) quer na sua máxima individualizante ou diferenciante (quem não polui não pode ser objecto do mesmo tratamento que quem polui)" Claudia Alexandra Dias Soares, *O imposto ecológico...*, cit., p. 288. Contudo, como salienta Pietro Selicato, "Da questo punto di vista, l'ambiente può concorrere a determinare la misura del tributo quale fattispecie di esonero o di incentivo (esclusione, esenzione o riduzione) e la norma fiscale per alcune forme di imposizione può prevedere riduzioni della base imponibile commisurate ai cali, alie dispersioni ovvero alie diminuzioni delle emissioni per effetto dell'impiego di filtri, depuratori o altri congegni aventi analogo effetto" (Franco Picciaredda e Pietro Selicato, *I tributi e l'ambiente...*, cit., p. 102).

jam não-cumulativos e não tenham fato jurídico tributário ou base de cálculo idênticos aos dos já existentes (art. 154, I).

Poderíamos pensar que qualquer das materialidades existentes fosse suficiente para justificar algum emprego extrafiscal de contenção aos danos ambientais, mas nesse caso teríamos típicos casos de cobrança de tributo como sanção a ato ilícito, o que é vedado pelo art. 3º, do CTN.

Ficamos, assim, perplexos diante de tal quadro, a saber se haveria algum instrumento fiscal que se mostrasse suficientemente apto à realização do objetivo de proteção ao meio ambiente.[8] Nessa operosa busca, o que encontramos foram as seguintes alternativas, apenas: i) em virtude da limitação do art. 3º, do CTN, quanto ao uso de tributo como sanção a ato ilícito, somente o IPTU progressivo no tempo (art. 182, § 4º, da CF) pode ser usado com efeitos sancionatórios, em favor da proteção do ambiente artificial (cidade); ii) cobrança de taxas (art. 145, II), tanto as de poder de polícia quanto aquelas devidas em virtude da prestação de serviços públicos específicos e divisíveis; iii) contribuições de intervenção no domínio econômico, nos casos excepcionais onde se demonstre o cabimento de tal intervenção estatal (art. 149), com efetivo cabimento do *princípio poluidor pagador*, limitadamente ao grupo que dá ensejo ao uso de práticas potencialmente danosas ao meio ambiente; iv) "compensações financeiras", nas hipóteses cabíveis, com a finalidade de criação de fundo próprio para reparo do meio ambiente, em virtude do grande impacto ambiental promovido pelas atividades de produção de energia ou de minerais no País; v) medidas administrativas de condicionamento de benefícios fiscais, isenções e outros ao atendimento de regras de natureza ambiental.

Em todos estes, contudo, precisa vir demonstrado o nexo causal entre a materialidade tributável e demais elementos da regra-matriz tributária e a potencialidade de afetação ambiental, a motivar qualquer tratamento diverso, sob pena de derivar para o discriminatório, ao não se identificar o critério de tratamento similar entre sujeitos que se encontrem em situação equivalente, com absoluta transparência e objetividade

8. Cf. François Ost, *A Natureza à margem da lei. Ecologia à prova do Direito*; José Eduardo de Oliveira Figueiredo Dias, *Tutela ambiental e contencioso administrativo*; Celso Antonio Pacheco Fiorillo, *Curso de Direito Ambiental*; José Afonso da Silva, *Direito ambiental constitucional*; Vladimir Passos de Freitas, *A Constituição federal e a efetividade das normas ambientais*; Paulo Affonso Leme Machado, *Direito ambiental brasileiro*; Marcelo Abelha Rodrigues, *Instituições de Direito Ambiental*; José Rubens Morato Leite e Ney de Barros Bello Filho (Org.), *Direito ambiental contemporâneo*.

nos procedimentos. Quer dizer, precisa vir demonstrado o vínculo entre o "motivo constitucional" (preservação e conservação do meio ambiente) com o exercício da competência tributária.

A *finalidade*, vista como "motivo constitucional" para o exercício da "competência" legislativa em matéria tributária, é algo sobremodo diverso da finalidade como emprego de receita pública. Naquela, a correlação lógica entre o fundamento constitucionalmente prescrito e o exercício da atividade legiferante presta-se como *condição* para a validade do ato normativo de criação de tributos ou modificação do regime impositivo de tributo já instituído, com exigência de adequado equilíbrio entre o "motivo constitucional" e os elementos da norma tributária (materialidade, base de cálculo e contribuinte). E sendo a competência um dos elementos de validade da norma, o "motivo constitucional" confirma-se como condição de vínculo material entre a ação legislativa e o programa material da norma tributária.

Cabe ao legislador apreciar se o tributo que deseja criar enquadra-se nos *motivos* que a Constituição Federal determina como critérios prévios de instituição, em termos materiais, da espécie. E somente à luz desse critério poderemos verificar como admissível a combinação das competências tributária com ambiental, para os fins de criação e aplicação dos tributos que tenham imediata interferência nesse segmento de controle jurídico das condutas humanas. Esse é o método inafastável para conhecer o típico "tributo ambiental", a partir de análise de sua regra-matriz de incidência.

Guardando vistas a essa particularidade, passemos a discutir, segundo as diversas modalidades de meio ambiente protegidas constitucionalmente, quais suas implicações com o exercício da competência tributária.

3.1 Ambiente natural e tributação

No plano constitucional, a competência geral em matéria de meio ambiente "natural", encontra-se no art. 225, com importantes inovações em relação aos dispositivos similares de outros países. Diferentemente da Constituição alemã, que exige apenas dos poderes públicos o dever de preservação do ambiente, ou mesmo da espanhola, que atribui tal obrigação apenas aos cidadãos, nossa Constituição proclama um dever comum a ambos, Estado e sociedade civil, "(...) impondo-se ao *Poder Público* e à *coletividade* o dever de defendê-lo e preservá-lo para as presentes e futuras gerações".

Para alguns, isso seria suficiente para a criação de impostos ecológicos, na medida do quanto possa justificar uma medida do tipo "princípio do poluidor pagador", posto ser esse um "dever" da coletividade, i.e., de colaborar com a preservação do meio ambiente, inclusive pagando tributos; mas como seria injusto cobrar de toda a coletividade tributos para custear despesas geradas por alguns, os causadores de danos ambientais, mesmo que potencial, deveriam suportar essa obrigação, que deveria ser atribuída apenas a estes sujeitos, de tal modo que quem polui, paga.

Desse modo, o entendimento consagrado no exterior, segundo o qual entre ambas as competências haveria uma relação de despesas (ambiente) e receitas (tributos), sob a égide da natureza pública do bem ambiental com típico interesse difuso, que determinaria, pelo princípio de capacidade contributiva, o dever de todos a contribuir para a despesa pública, motivação suficiente para permitir o dever de contribuir do particular, no Brasil, carece do encontro com outros valores.[9]

A simplicidade dessa formulação só engana aos menos avisados. De fato, não é algo que se possa dizer tão simples assim. Basta pensar que isso poderia legitimar práticas poluidoras ou danosas ao meio ambiente de grandes proporções, na medida em que poderia servir como estímulo à degradação ambiental, pela simples assunção das obrigações patrimoniais pertinentes. Essa é apenas uma das tantas críticas que se pode aduzir à espécie.

Apesar do grande entusiasmo com a causa ambiental, não podemos deixar de sublinhar nosso absoluto descrédito nas possibilidades do "princípio do poluidor pagador", salvo na espécie das chamadas "contribuições de intervenção no domínio econômico", dês que dentro de limites bem marcados.

Creio que mais relevante seja procurar verificar, a partir das distintas competências ambientais, o que pode ser utilizado, dentre os vários instrumentos tributários disponíveis. Destarte, precisamos ver, outrossim, à luz das demarcações de competências, aqueles tributos cuja forma de determinação material poderia vir a ser usada para tal fim, sem afronta aos valores dos princípios constitucionais. Cumpre verificar, pois,

9. "Na medida em que, ao se obrigar o poluidor/agente económico a suportar os custos (ecológicos) a que dá causa, se impede que tenha que ser toda a comunidade a fazê-lo em seu benefício, já que o dano ambiental é a contrapartida da obtenção de lucro/utilidade por parte daquele sujeito" (Claudia Alexandra Dias Soares, *O imposto ecológico...*, cit., p. 65).

quais são as exigências das competências ambientais, para determinar o tipo de instrumento que se possa utilizar.

Numa análise das competências constitucionais ambientais,[10] especialmente aquelas do art. 225, reclamam diversas atitudes do Estado, sob a forma de *prevenção*, *controle*, *preservação*, estímulo ou *reparo de danos causados*. Assim, o regime tributário pode ser empregado para os seguintes propósitos abaixo relacionados.

10. "Art. 225. Todos têm direito ao meio ambiente ecologicamente equilibrado, bem de uso comum do povo e essencial à sadia qualidade de vida, impondo-se ao Poder Público e à coletividade o dever de defendê-lo e preservá-lo para as presentes e futuras gerações.

"§ 1º. Para assegurar a efetividade desse direito, incumbe ao Poder Público:

"I – preservar e restaurar os processos ecológicos essenciais e prover o manejo ecológico das espécies e ecossistemas;

"II – preservar a diversidade e a integridade do patrimônio genético do País e fiscalizar as entidades dedicadas à pesquisa e manipulação de material genético;

"III – definir, em todas as unidades da Federação, espaços territoriais e seus componentes a serem especialmente protegidos, sendo a alteração e a supressão permitidas somente através de lei, vedada qualquer utilização que comprometa a integridade dos atributos que justifiquem sua proteção;

"IV – exigir, na forma da lei, para instalação de obra ou atividade potencialmente causadora de significativa degradação do meio ambiente, estudo prévio de impacto ambiental, a que se dará publicidade;

"V – controlar a produção, a comercialização e o emprego de técnicas, métodos e substâncias que comportem risco para a vida, a qualidade de vida e o meio ambiente;

"VI – promover a educação ambiental em todos os níveis de ensino e a conscientização pública para a preservação do meio ambiente;

"VII – proteger a fauna e a flora, vedadas, na forma da lei, as práticas que coloquem em risco sua função ecológica, provoquem a extinção de espécies ou submetam os animais a crueldade.

"§ 2º. Aquele que explorar recursos minerais fica obrigado a recuperar o meio ambiente degradado, de acordo com solução técnica exigida pelo órgão público competente, na forma da lei.

"§ 3º. As condutas e atividades consideradas lesivas ao meio ambiente sujeitarão os infratores, pessoas físicas ou jurídicas, a sanções penais e administrativas, independentemente da obrigação de reparar os danos causados.

"§ 4º. A Floresta Amazônica brasileira, a Mata Atlântica, a Serra do Mar, o Pantanal Mato-Grossense e a Zona Costeira são patrimônio nacional, e sua utilização far-se-á, na forma da lei, dentro de condições que assegurem a preservação do meio ambiente, inclusive quanto ao uso dos recursos naturais.

"§ 5º. São indisponíveis as terras devolutas ou arrecadadas pelos Estados, por ações discriminatórias, necessárias à proteção dos ecossistemas naturais.

"§ 6º. As usinas que operem com reator nuclear deverão ter sua localização definida em lei federal, sem o que não poderão ser instaladas."

I. A título de *prevenção*, o art. 225 faz exigência de estudo prévio de impacto ambiental, para obra ou atividade de potencial degradação do meio ambiente (art. 225, IV, da CF). Nesse caso, as taxas podem ser perfeitamente aplicadas, tanto na espécie de taxas de poder de polícia, a título de fiscalização do Estado e respectivo controle, quanto naquelas de prestação de serviço público. Mais, não é possível.

Também nessa modalidade preventiva, cumpre ao Estado o dever de promover a *educação ambiental* (art. 225, VI, da CF), em todos os níveis. Pelos valores de formação e conscientização, essa é atividade que deve ser sobremodo *estimulada*, com redução ou mesmo eliminação de tributos sobre os meios inerentes ao atingimento de tal objetivo.

II. O *controle* pode operar-se sobre a produção, a comercialização e o emprego de métodos e técnicas que comportem potencialidade de dano a alguns dos tipos de ambientes (art. 225, V, da CF). Nessa espécie, somente recurso às taxas de polícia, por expressa determinação constitucional, quanto à espécie de tributo que se pode aplicar a tal modalidade de ação estatal (art. 144, II, da CF) pode ser usado.

III. Para garantir a *preservação* do ambiente existente e *restaurar* o que tenha sido danificado (I, II, III, VII e § 4º a 6º), o Estado necessitará de recursos públicos, independentemente de causas de prejuízo, porque ou são prévias aos fatos ilícitos – *preservação* (§ 3º); ou o dano já ocorreu e não se pôde identificar o responsável. As medidas de proteção visam a prevenir danos, corrigir os já existentes, limitar a agressão ou recuperar o equilíbrio ecológico eventualmente prejudicado. Os instrumentos para esse fim serão os mais variados, dentre os quais os tributos. Para essa modalidade, poderá o Estado criar tributos cuja função seja formar tal receita pública necessária, atendendo aos critérios de criação de tributos no ordenamento. Nessa espécie de competência ambiental, somente a *contribuição de intervenção no domínio econômico* poderia ser cobrada, com emprego exclusivo aos sujeitos que façam parte do grupo de potenciais causadores dos danos[11] ou que tenham proveito direto com os danos causados. Estes poderiam ser: a) quem realiza a atividade específica, com risco de danos; b) o produtor de bens cujo consumo possa provocar tais hipóteses de dano; c) todos os que participam da cadeia de contaminação; ou d) aquele que, participando da cadeia, tenha condições

11. Nos termos do art. 3º, IV, da Lei 6.938/1998, "poluidor" é toda "a pessoa física ou jurídica, de direito público ou privado, responsável, direta ou indiretamente, por atividade causadora de degradação ambiental".

para evitar a concretização do dano, mas que tenha vinculação direta com o potencial causador.

Exemplo significativo do emprego da CIDE com essa função foi introduzido no art. 177, da Constituição, mediante a Emenda Constitucional n. 33, de 11.12.2001, cujo § 4º assim dispunha: "A lei que instituir contribuição de intervenção no domínio econômico relativa às atividades de importação ou comercialização de petróleo e seus derivados, gás natural e seus derivados e álcool combustível deverá atender aos seguintes requisitos: (...) II – os *recursos arrecadados serão destinados*: (...) b) ao *financiamento de projetos ambientais* relacionados com a indústria do petróleo e do gás".

Outro, encontra-se na Lei n. 9.433, de 8.1.1997, que instituiu a política nacional de recursos hídricos, ao ser criada a "outorga de direitos de uso de recursos hídricos", prevista no art. 19, da referida lei, que entendemos como típica espécie de CIDE, apesar das irregularidades apresentadas, como ausência de definição das alíquotas, o que ficou a cargo de Resoluções da ANA, em afronta direta ao princípio da legalidade.

Nessa modalidade, o *princípio do poluidor pagador* pode ser perfeitamente alegado como móvel constitucional, numa espécie de atribuição ao causador ou potenciais causadores, unicamente, a responsabilidade pelo cumprimento da obrigação tributária decorrente; salvo neste caso, poderíamos ter a ocorrência de grave injustiça, na hipótese de eventual recurso a "imposto" (de competência residual), ao determinar responsabilidade coletiva, somente amparada na simples menção à responsabilidade da "coletividade" de que fala o art. 225, da CF.

IV. O art. 225 prescreve ainda o dever de garantir a manutenção, na proporção do meio ambiente degradado, para todos aqueles que explorarem recursos minerais (§ 2º), ao que se devem somar os recursos hídricos, por força da competência do art. 23, da CF, que determina como competência comum: "XI – registrar, acompanhar e fiscalizar as concessões de direitos de pesquisa e exploração de recursos hídricos e minerais em seus territórios". Nesse intento, a *compensação financeira*, prevista no art. 20, § 1º, da CF, apesar de não se definir como receita "tributária", poderia prestar-se como excelente instrumento de controle ambiental, com majorações de alíquotas, formações de fundos e outras determinações cabíveis. A natureza de receita originária em muito facilitaria esse propósito, como se pode ver abaixo.

V. Quanto aos *danos causados*, o emprego de tributo encontra um obstáculo intransponível que é a determinação do art. 3º, do Código Tributário Nacional, que não admite tributos como sanções a atos ilícitos.

Desse modo, *sanções administrativas* aplicadas aos seus responsáveis (art. 225, § 3º, da CF), ou mesmo exigências de *indenizações pecuniárias*, mas não tributos, são as medidas mais compatíveis com tal hipótese. Nessa mesma linha, a Lei n. 6.938/1981, reclama, no seu art. 4º, VII, "imposição, ao poluidor e ao predador, da obrigação de recuperar e/ou indenizar os danos causados", e no seu art. 9º, ao dispor a respeito dos Instrumentos da Política Nacional do Meio Ambiente, "IX – as penalidades disciplinares ou compensatórias pelo não cumprimento das medidas necessárias à preservação ou correção da degradação ambiental". Nesses casos, tanto os particulares afetados quanto o próprio Estado, na representação de interesses difusos ou coletivos, poderão exigir indenizações daqueles que provocaram danos ambientais, seguindo os meios próprios, pela legitimação conferida pelo *caput* do art. 225, da CF.

Feitas essas considerações sobre os limites constitucionais e reclamos da competência ambiental, não encontramos, à luz da nossa Constituição, espaço para a criação de alguma espécie de "imposto" ecológico, salvo eventual exercício da competência residual da União (art. 154, I), nos limites dessa hipótese, tampouco a criação de fundos a partir dos impostos já existentes, haja vista a limitação do art. 167, IV, da CF. Neste ponto, concordamos integralmente com Pedro Herrera, quando diz: "A nuestro juicio, debería evitarse una proliferación de nuevos impuestos especiales en detrimento del *sistema* fiscal. La verdadera 'reforma fiscal ecológica' debe llevarse a cabo introduciendo el *interés ecológico* en el sistema fiscal y no convirtiendo el ordenamiento tributario en una selva de impuestos indirectos".[12] Há muita razão nas palavras do ilustre professor da Universidade Autônoma de Madri.

A criação de tais impostos, no Brasil, de início, deveria ser não-cumulativo e não ter fato jurídico tributário ou base de cálculo idênticos aos dos já existentes. Atendidos a esses requisitos, dever-se-ia observar restrições à sua translação, para evitar que, ao final, fossem os consumidores dos produtos os efetivos "contribuintes".

Por fim, tampouco se pode admitir como tributo *ambiental* aquele que se preste simplesmente à formação de "fundo" com tal finalidade. Como lembra Pedro Herrera, não se transforma em ambiental um imposto pelo simples fato de ter seu produto de arrecadação destinado à proteção ambiental.[13]

12. Herrera Molina, *Derecho tributario ambiental...*, cit., p. 46.
13. Idem, ibidem, p. 61.

A título de introduzir um producente "interesse ecológico" na legislação tributária, seria sobremodo importante tomar outras medidas, distintas da pretensão de criação de novos impostos, além daquelas hipóteses de cabimento de tributos acima já elencadas. Para os fins preventivos ou mesmo corretivos, vincular direitos a subvenções ou isenções,[14] prescrevendo como condição a observância e cumprimento da legislação ambiental, afastando-os daqueles que causem danos ambientais, já poderia ser um modo de operar a interação de competências pretendida, em favor do reclamo constitucional de preservação ambiental. Desse modo, o dever de proteção e vigilância sobre o meio ambiente poderia servir como determinante negativo do exercício da competência, na função de motivo para justificar política fiscal de desoneração tributária de certas categorias.

A própria Lei n. 6.938/1981, no seu art. 9º, define como Instrumentos da Política Nacional do Meio Ambiente: "V – os incentivos à produção e instalação de equipamentos e a criação ou absorção de tecnologia, voltados para a melhoria da qualidade ambiental". Esses incentivos, que podem ser de natureza tributária, podem também vir sem custos adicionais de despesas estatais, por simples vinculação, a título de condição para obter parcelamentos, reduções de base de cálculo, incentivos ou isenções de qualquer natureza. E essa mesma lei, no seu art. 12, exatamente nessa linha de entendimento, determina que "as entidades e órgãos de financiamento e incentivos governamentais condicionarão a aprovação de projetos habilitados a esses benefícios ao licenciamento, na forma desta Lei, e ao cumprimento das normas, dos critérios e dos padrões expedidos pelo CONAMA". Transferir essa experiência para os domínios tributários pode ser algo muito positivo.

Em sentido oposto, a majoração de taxas de poder de polícia, como as que são cobradas em licenciamentos periódicos, de acordo com o índice de atendimento ou não dos deveres concernentes aos domínios ambientais de atividade, também poderia ser uma solução de natureza tributária sobremodo oportuna e plenamente autorizada pela Constituição, para os casos de descumprimento de normas ambientais. Quer dizer, a majoração de taxas de poder de polícia, nessas hipóteses, estariam vinculadas à espécie não como sanções ao ilícito cometido, mas exclusivamente como condição para a continuidade da exploração, nas condições

14. Para maiores considerações, veja-se: José Souto Maior Borges, *Teoria geral da isenção tributária*; Marcos André Vinhas Catão, *Regime jurídico dos incentivos fiscais*.

presentes, sem prejuízo da aplicação de multas e outros instrumentos pertinentes à apuração dos danos causados.

Como visto, o fundamental é vir bem assinalada a necessária conexão entre a medida ambiental "natural" e o instrumento tributário. O Estado deve administrar todos os meios à sua disposição, para garantir o que reclama o art. 225, *i.e.*, visando à manutenção de um meio ambiente adequado para as pessoas, logo, com o dever de conservação para as gerações futuras. Não há, no art. 225, só um direito subjetivo reconhecido, mas uma determinação objetiva, e não programática, ao "Poder Público", em todas as suas dimensões, sob a forma de autêntico mandamento constitucional,[15] a ser respeitado em todos os seus termos, mormente pelos responsáveis por atividades diretamente vinculadas com afetação a qualquer espécie de bem ambiental.

3.1.1 A compensação financeira devida na exploração de petróleo e recursos minerais e na geração de energia elétrica – medidas ambientais

A Constituição estabeleceu para a União a possibilidade de criação de uma participação (art. 20, § 1º), de cunho patrimonial, destinada aos demais entes políticos, em face da exploração de recursos minerais, utilização de recursos hídricos para fins de geração de energia elétrica, exploração de petróleo, xisto betuminoso e gás natural, devendo o Congresso Nacional, enquanto órgão legislador daquela pessoa política, prever qual das duas modalidades de participação deveria ser adotada em cada caso, alternativamente, se compensação financeira ou participação nos resultados.

A partir dessa determinação, todo aproveitamento de petróleo, gás natural, utilização de recursos hídricos e exploração ou produção de recursos minerais passou a ensejar o pagamento de um montante devido aos *Estados, Municípios, Distrito Federal e aos órgãos da administração direta da União interessados*, em virtude da exploração de bem público de domínio da União, a título de *participação no resultado da exploração* ***ou*** *uma compensação financeira por essa exploração*, paga pelos concessionários, permissionários ou autorizados, no modo previs-

15. Como bem observou Herrera Molina, p. 28, "el medio ambiente constituye el *objeto de un deber fundamental de configuración legal con anclaje constitucional y una tarea constitucional de protección encomendada a los poderes públicos*".

to pela legislação, como parcela da atribuição de obrigações que a respectiva qualificação contratual lhes outorga.

A contratação da concessão, permissão (arts. 175 e 176, da CF) ou autorização, pela vinculação da parte interessada às suas cláusulas constitui para os concessionários,[16] permissionários ou autorizados uma forma de sujeição passiva, pela qual passam a dever, em face dos atos de exploração comercial dos resultados das lavras, potenciais de energia elétrica e jazidas, uma remuneração à União Federal, que a percebe a título de "receita originária patrimonial", mesmo que destinada constitucionalmente para órgãos da administração direta; bem como aos Estados, Distrito Federal e Municípios interessados, na proporção dos percentuais cabíveis a cada um, como estipulado na legislação federal, as respectivas cotas de participações, que as percebem como "receita transferida".[17]

A qualificação desta receita, para a União (órgãos da administração direta), tem natureza de "receita originária patrimonial"; enquanto que

16. Para uma análise do conceito atual de serviço público, veja-se, no direito brasileiro: Eros Roberto Grau, *A ordem econômica na Constituição de 1988*, e, do mesmo autor, "Constituição e serviço público", in Eros Roberto Grau e Willis Santiago Guerra Filho (Orgs.), *Direito Constitucional – estudos em homenagem a Paulo Bonavides*, pp. 249-266; de Odete Medauar, *Direito Administrativo Moderno*, pp. 337-366; *O direito administrativo em evolução*; e "Nova crise do serviço público", in Eros Roberto Grau e Sérgio Sérvulo da Cunha (Orgs.), *Estudos de direito constitucional em homenagem a José Afonso da Silva*, pp. 527-538; de Maria Sylvia Zanella Di Pietro, *Direito Administrativo*, pp. 95-107 e *Parcerias na administração pública*; de Celso Antônio Bandeira de Mello, *Curso de direito administrativo*, pp. 619-713, e *Prestação de serviços públicos e administração indireta*; de Pontes de Miranda, *Comentários à Constituição de 1967 com a emenda n. 1 de 1969*, t. II; de Bilac Pinto, *Regulamentação efetiva dos serviços de utilidade pública*; de Dinorá Adelaide Musetti Grotti, *O serviço público e a Constituição brasileira de 1988*; de Marçal Justen Filho, *Teoria geral das concessões de serviço público*; de Mônica Spezia Justen, *A noção de serviço público no direito europeu*; de Cristiane Derani, *Privatização e serviços públicos – as ações do Estado na produção econômica*; de Caio Tácito, *Temas de Direito Público*; de Cármen Lúcia Antunes Rocha, *Estudos sobre concessão e permissão de serviço público no direito brasileiro*; de Washington Peluso Albino de Souza, *Lições de direito econômico*; e *Teoria da Constituição Econômica*; de Paulo Henrique Rocha Scott, *Direito Constitucional Econômico – Estado e normalização da economia*; de Antonio Carlos Cintra do Amaral, *Concessão de serviço público*; de Fernando Herren Aguillar, *Controle social de serviços públicos*.

17. Para maiores considerações, veja-se o nosso "A compensação financeira (art. 20, § 1º, CF) na discriminação constitucional de rendas – regime jurídico e aspectos tributários", *Revista da Associação Brasileira de Direito Tributário*, a. II, n. 3, pp. 127-185.

para os Estados e Municípios, sua natureza jurídica é de típica "receita transferida", pois o produto da arrecadação não pertence à União, que as deveria instituir, mas sim às pessoas indicadas pelo art. 20, § 1º, CF, por força do critério de discriminação de rendas contido neste dispositivo, segundo os critérios indicados pela legislação federal.

Como se pode observar, no mesmo ato, a receita recebe tripla qualificação: "compensação financeira" ou "participação no resultado", para os pagamentos feitos pelos concessionários, permissionários ou autorizados; "receita originária patrimonial", para a União (órgão da administração direta); e "receita transferida", para a contabilidade da pessoa de direito público beneficiária (Estados, Municípios e Distrito Federal).

Propugnamos que esses pagamentos de compensações financeiras poderiam perfeitamente ensejar a formação de fundos especiais, voltados à proteção do ambiente natural, sua preservação e até mesmo recomposição, sem prejuízo das obrigações contratuais assumidas pelas partes contratantes para esse mesmo fim. A título de exemplo, pode-se colecionar a Lei n. 8.001/1990, apesar de alguma irregularidade, no art. 2º, inciso III, ao destinar "12% (doze por cento) da compensação financeira para o Departamento Nacional de Produção Mineral (DNPM), que designará 2% (dois por cento) à proteção ambiental nas regiões mineradoras, por intermédio do Instituto Brasileiro do Meio Ambiente e dos Recursos Naturais Renováveis (IBAMA) ou de outro órgão federal competente, que o substituir".

3.2 Ambiente cultural e tributação

O mesmo raciocínio empregado pode ser adotado na aferição de possibilidades do recurso aos tributos em outros domínios ambientais, como o cultural, o artificial e do trabalho.

Como forma de políticas de estímulo ao ambiente cultural, encontramos os art. 215 (cultura), art. 217, IV (desportes), art. 217, § 3º (lazer como forma de promoção social) e art. 218 (desenvolvimento científico, pesquisa e capacitação tecnológica), todos vocacionados para a promoção de condições adequadas de sociabilidade e de garantia de preservação das manifestações culturais,[18] artísticas, desportivas e científicas da nação.

18. "Art. 216. Constituem patrimônio cultural brasileiro os bens de natureza material e imaterial, tomados individualmente ou em conjunto, portadores de referência à identidade, à ação, à memória dos diferentes grupos formadores da sociedade brasileira, nos quais se incluem:

Dispõe o art. 215 que "o Estado garantirá a todos o pleno exercício dos direitos culturais e acesso às fontes da cultura nacional, e apoiará e incentivará a valorização e a difusão das manifestações culturais". E no § 1º, do art. 216, idêntico modelo de atribuição de responsabilidade conjunta, repartida entre Poder Público e coletividade, é reclamado para promover e proteger o "patrimônio cultural brasileiro", por meio de "inventários, registros, vigilância, tombamento e desapropriação, e de outras formas de acautelamento e preservação".

Visando a alcançar tais objetivos, taxas podem ser cobradas, a partir dos controles de vigilância e preservação, que recaiam exclusivamente sobre a freqüência e uso econômico, por razões de poder de polícia ou de serviço público, respectivamente. Mas, porque os casos de "danos e ameaças ao patrimônio cultural serão punidos, na forma da lei" (§ 4º, do art. 216, da CF), todo aquele que assim proceder, deverá sofrer a incidência de multas bem como responsabilizar-se mediante pagamento de indenizações.

Para garantir o entusiasmo com as práticas culturais, quase sempre desprovidas de financiamentos, cabe à lei da União, Estados e Municípios estabelecer "incentivos para a produção e o conhecimento de bens e valores culturais" (§ 3º, do art. 216, da CF). E como uma espécie de ampliação deste propósito, recentemente, a Emenda Constitucional n. 42, de 19.12.2003, introduziu o § 6º ao art. 216, prescrevendo o seguinte: "É facultado aos Estados e ao Distrito Federal vincular a fundo estadual de fomento à cultura até cinco décimos por cento de sua *receita tributária líquida*, para o financiamento de programas e projetos culturais".

Como se pode perceber, não há qualquer espaço para a instituição de alguma espécie de "imposto ambiental", para os fins culturais. E mesmo o caso de contribuições de intervenção no domínio econômico, aqui, é incabível, porquanto as manifestações culturais não se coadunam com práticas interventivas. E como os incentivos fiscais ou formação de fundos, como já dissemos, é uma questão de emprego de verbas orçamentárias e não de uma técnica tributária específica, essa matéria queda-

"I – as formas de expressão;

"II – os modos de criar, fazer e viver;

"III – as criações científicas, artísticas e tecnológicas;

"IV – as obras, objetos, documentos, edificações e demais espaços destinados às manifestações artístico-culturais;

"V – os conjuntos urbanos e sítios de valor histórico, paisagístico, artístico, arqueológico, paleontológico, ecológico e científico."

se excluída de qualquer vinculação com o conteúdo do Direito Tributário Ambiental. Todas essas considerações aplicam-se ademais aos domínios das práticas desportivas e do lazer.

Ainda como parte integrante do ambiente cultural, temos o patrimônio científico nacional. Nossa Constituição, no seu art. 3º, II, afirma o propósito, como objetivo fundamental da República Federativa do Brasil, de garantir o desenvolvimento nacional Assim, o art. 216, da CF, prescreve que se constitui como "patrimônio cultural brasileiro" os bens de natureza "material" e "imaterial", tomados individualmente ou em conjunto, portadores de referência à identidade, à ação, à memória dos diferentes grupos formadores da sociedade brasileira, nos quais se incluem: (...) III – as criações científicas, artísticas e tecnológicas".

Ademais, na Constituição de 1988, a Ciência foi elevada ao patamar de elemento integrante da ordem econômica recebendo tratamento próprio, como se pode ver nos artigos 218 e 219. Neste, foi peremptório: "O mercado interno integra o patrimônio nacional e será incentivado de modo a viabilizar o desenvolvimento cultural e sócio-econômico, o bem-estar da população e a *autonomia tecnológica do País*, nos termos de lei federal". E o art. 218, da CF, confere os instrumentos para alcançar essa finalidade, a saber: "O Estado promoverá e incentivará o desenvolvimento científico, a pesquisa e a capacitação tecnológicas. § 1º. A pesquisa científica básica receberá tratamento prioritário do Estado, tendo em vista o bem público e o progresso das ciências. (...) § 3º. O Estado apoiará a formação de recursos humanos nas áreas de ciência, pesquisa e tecnologia, e concederá aos que delas se ocupem meios e condições especiais de trabalho. § 4º. A lei apoiará e estimulará as empresas que invistam em pesquisa, criação de tecnologia adequada ao País, formação e aperfeiçoamento de seus recursos humanos e que pratiquem sistemas de remuneração que assegurem ao empregado, desvinculada do salário, participação nos ganhos econômicos resultantes da produtividade de seu trabalho. § 5º. É facultado aos Estados e ao Distrito Federal vincular parcela de sua receita orçamentária a entidades públicas de fomento ao ensino e à pesquisa científica e tecnológica".

Conseqüência inequívoca desse raciocínio é a determinação constitucional em favor da atribuição de incentivos fiscais, isenções ou mesmo da formação de fundos em favor do desenvolvimento tecnológico nacional, como únicas medidas possíveis de integração dos Poderes Públicos e da comunidade em favor do nosso crescimento cultural e científico. Cobranças de tributos, nesse universo de atividades, parece de todo incabível.

Prova disso, é a Contribuição de Intervenção no Domínio Econômico, destinada a financiar o Programa de Estímulo à Interação Universidade Empresa para o Apoio à Inovação,[19] instituída pela Lei n. 10.168, de 29.12.2000, e hoje atualizada pela Lei n. 10.332, de 19.12.2001, ambas gravadas de inequívoca inconstitucionalidade, por desvirtuar-se da finalidade interventiva especificada, qual seja, de "estimular" o *desenvolvimento tecnológico brasileiro*, transmudando-se em imposto com arrecadação afetada a fundo (digo do fundo "verde-amarelo") e despesas específicas, contra tudo o que dispõe o art. 167, IV, da CF.

3.3 Ambiente artificial e tributação

Segundo a classificação adotada por grande parte da doutrina de direito ambiental, o ambiente artificial corresponde ao ordenamento das cidades, em contraposição ao meio natural.

O art. 182, da CF, expressa que a política de desenvolvimento urbano terá por objetivo ordenar o pleno desenvolvimento das funções sociais da cidade e garantir o bem-estar de seus habitantes, o que será objeto do plano diretor da cidade. Assim, a "propriedade urbana cumpre sua função social quando atende às exigências fundamentais de ordenação da cidade expressas no plano diretor". E para adequar comportamentos de proprietários de imóveis urbanos, o Poder Público poderá fazer uso de sanções administrativas, cobrança do IPTU progressivo no tempo ou mesmo de desapropriações.

No caso das propriedades rurais, o cumprimento da função social, nos termos do art. 186, exige expressamente "utilização adequada dos recursos naturais disponíveis e preservação do *meio ambiente*" (inciso II), como critério da sua determinação. Refere-se, nesse caso, evidentemente ao meio ambiente natural, o que não se pode confundir com o caso em apreço.

Todo o meio ambiente artificial deve receber muita atenção por parte dos poderes públicos, ao que o instrumento tributário poderá ser sobremodo útil à sua ordenação saudável e equilibrada, por meio de taxas e do IPTU progressivo no tempo, por serem geralmente afetados às

19. Com estudo amplo a respeito deste, veja-se: Heleno Tôrres, "Pressupostos constitucionais das contribuições de intervenção no domínio econômico. A CIDE-tecnologia", in *Grandes questões atuais do direito tributário*, vol. 7, pp. 107-172.

competências tributárias dos municípios e estes não disporem de nenhum campo para inovações.

3.4 Ambiente do trabalho e tributação

Considera-se "meio ambiente do trabalho" o espaço no qual sejam desempenhadas atividades típicas de relações do trabalho ou de prestação de serviços, que deve ser acompanhado de higidez, salubridade, reduzida exposição a riscos e de conforto compatível com as ações praticadas. Proteção à saúde e à segurança no trabalho são os seus requisitos fundamentais.

Define a Constituição, como fundamentos da República, no seu art. 1º, inciso IV, "os valores sociais do trabalho". Não é o "trabalho", puro e simples, mas seus valores sociais que se fazem determinantes, ao que se pode adiantar que as condições do exercício das atividades a ele inerentes fazem parte de tal conjunto de "valores sociais". Preservar o ambiente do trabalho, estimulando as garantias de segurança e prevenindo doenças decorrentes do esforço típico é, sem dúvidas, dever do Estado e de todos os envolvidos no processo laboral, como se dessome a partir da leitura dos art. 6º a 8º, da Constituição.

Nesse domínio, a criação de contribuições sociais, como o próprio Seguro de Acidentes do Trabalho – SAT, ora disciplinado pela Lei n. 8.212/1991, majoração ou redução de outras já existentes, seriam as únicas alternativas possíveis, em face das particularidades envolvidas, como é o caso do § 9º, do art. 195, da CF.

A Emenda Constitucional n. 20/1998, que fez inserir, no art. 195, o respectivo § 9º, segundo o qual "as contribuições sociais previstas no inciso I deste artigo poderão ter alíquotas ou bases de cálculo diferenciadas, em razão da atividade econômica ou da utilização intensiva de mão-de-obra", demonstra claramente que tanto a *atividade econômica* quanto a *utilização intensiva de mão-de-obra* podem determinar diferenças de tratamento, no que concerne às contribuições do *empregador*, da empresa e da entidade a ela equiparada na forma da lei, incidentes sobre: "a) a *folha de salários* e demais rendimentos do trabalho pagos ou creditados, a qualquer título, à pessoa física que lhe preste serviço, mesmo sem vínculo empregatício; b) a *receita* ou o faturamento; c) o *lucro*".

Como visto, o meio ambiente do trabalho contempla espaço para a introdução de típicos tributos "ambientais", desde que a estrutura da regra-matriz destes possa permitir identificar correspondência entre o motivo constitucional e todos os seus critérios.

4. *Conceito de tributo e teoria da norma tributária – da inexistência de parafiscalidade e extrafiscalidade ou tributos afetados pela finalidade como critérios de definição e distinção dos tributos*

Feitas essas considerações acima, torna-se imprescindível demonstrar nossas razões sobre três aspectos abordados como fundamento para nossos posicionamentos a respeito do chamado "imposto ambiental", no âmbito do direito brasileiro, bem como a respeito da aplicação do chamado "princípio do poluidor pagador", a saber: i) a definição de tributo, à luz da Constituição e da nossa doutrina; ii) a ausência de qualquer espaço para espécies de tributos fundados na finalidade, salvo se considerada esta como sinônima de "motivo constitucional"; e iii) cabimento apenas da cobrança de taxas ou contribuições de intervenção no domínio econômico, com incidência vinculada a condutas ambientais (além da compensação financeira, não referida apenas por não se tratar de espécie de tributo). Passemos de imediato à primeira razão adotada.

Na origem das discussões a respeito do conceito de tributo está a concepção que o entendia diretamente vinculado à despesa pública, numa busca de definição ontológica, de cunho eminentemente financista, no relacionar despesa e receita que o Estado deveria alcançar para satisfazer necessidades públicas.

Como um modo de superar essa orientação, veio a chamada "Escola da *glorificação do fato Gerador*", separando as espécies de tributos conforme a natureza dos fatos previstos *in abstracto*. É nesse momento que A. D. Giannini formula a distinção entre tributos vinculados e tributos não vinculados a uma atuação do Estado,[20] de acordo com o vínculo existente entre o fato tributário e alguma ação estatal. Insinuava-se como uma proposta de classificação eminentemente jurídica, como um passo adiante na lenta libertação das categorias do direito financeiro. Assim, à luz dessa doutrina, os *impostos* seriam os tributos cujo fato gerador da obrigação fosse desprovido de qualquer relação com alguma atuação estatal específica, relativa ao contribuinte (cf. art. 16, do CTN, escrito sob a égide dessa doutrina); enquanto que as *taxas*, tributos que possuís-

20. *Istituzioni di Diritto Tributario*, pp. 35 e ss.

sem como fato gerador situação vinculada a uma atuação do Estado. Seguiram esse entendimento os melhores doutrinadores da época, como Dino Jarach, Rubens Gomes de Sousa, Aliomar Baleeiro, Amílcar Falcão e Ruy Barbosa Nogueira.

Surge, então, a obra marcante de Alfredo Augusto Becker, em 1963, a demonstrar a falibilidade doutrinária das correntes em evidência. Becker foi o primeiro a surpreender o tributo como típica espécie de norma jurídica, com aplicação das teorias adiantadas por Kelsen e Pontes de Miranda, a respeito da teoria da norma. E assim, buscou, na estrutura da norma, os elementos que efetivamente deveriam servir como critérios para uma adequada classificação dos tributos: o critério material da hipótese de incidência e a base de cálculo, com preponderância desta sobre aquele.[21] Nesse diapasão, os tributos seriam impostos ou taxas, a depender da designação semântica da base de cálculo, que seria o único critério objetivo apto a conferir gênero jurídico ao tributo: *impostos*, quando a base de cálculo fosse um fato lícito qualquer; *taxas*, quando a base de cálculo representasse o custo de um serviço estatal ou coisa estatal.

Geraldo Ataliba, anos mais tarde, faz coincidir a obra de Giannini com esta formidável construção teórica de Alfredo Augusto Becker, culminando na sua concepção sobre os elementos da *Hipótese de Incidência Tributária*.[22] A partir desta, pondo assento nos critérios definidores da materialidade da referida hipótese de incidência, Ataliba insistiu veementemente na distinção classificatória dos tributos entre vinculados ou não vinculados a uma atuação estatal. Na primeira classe, as taxas e as contribuições; e na segunda, dos não-vinculados, os impostos. As *contribuições* seriam tributos vinculados porque afetados em vista da circunstância intermediária: valorização imobiliária, para a contribuição de melhoria etc; haveria, no caso destas, uma atuação estatal indireta, mediatamente referida ao obrigado.

Fechando o ciclo das inovações em matéria de classificação de tributos, temos a original tese de doutoramento de Paulo de Barros Carvalho, que veio a lume em 1973, sob o sugestivo título de *Teoria da Norma Tributária*.[23] Neste estudo, o criativo Autor, laborando com os modelos normativos presentes na Teoria Pura do Direito, de Kelsen, na Teoria Egológica do Direito, de Carlos Cóssio, e com trabalhos de Lourival

21. Alfredo Augusto Becker, *Teoria geral do direito tributário*, pp. 365-380.
22. Geraldo Ataliba, *Hipótese de incidência tributária*.
23. Paulo de Barros Carvalho, *Teoria da norma tributária*.

Vilanova, Becker e Ataliba, chega à composição da versão primeira da sua "regra matriz de incidência". E assim, Paulo de Barros Carvalho passa a classificar os tributos a partir da relação entre a *materialidade da hipótese* e a *base de cálculo*, prevista no conseqüente da norma tributária, repartindo os tributos em impostos, taxas e contribuições de melhoria. As contribuições especiais assumiriam a feição de uma dessas modalidades, a depender da consistência material da hipótese e da sua combinação com a respectiva base de cálculo. Ao que nos parece, essa é a proposta que ganhou foros de prevalência, inclusive em seio constitucional, prestando-se como o critério assumindo para definir as espécies de tributos. Daí a Constituição exigir sempre a presença da base de cálculo[24] dos tributos (art. 145, § 2º; art. 154, I).

4.1 Critérios para uma classificação dos tributos na Constituição brasileira

Tomando como ponto de partida o sistema constitucional brasileiro, é possível encontrar no conceito de "tributo" uma noção unitária, fundada num regime jurídico próprio, que se distribui pelas espécies de tributos que a Constituição admite. Eis uma peculiaridade do nosso sistema que impõe severos limites ao legislador e intérpretes, pela prévia indicação das tipologias de tributos, além das respectivas materialidades, mediante distribuição de competências tributárias.

Se uma espécie de "entrada pública" não se enquadra no respectivo conceito de "tributo", por *comparação*, de imediato, a conseqüência é a não aplicabilidade do regime constitucional tributário, por não se subsumir ao respectivo conceito de tributo. Se a título de criar uma taxa, por exemplo, o legislador atribuir regime jurídico destoante das notas exigidas pela Constituição para compor o regime de tributo, ela será qualquer outra coisa, menos tributo. Por isso não poderia ser outra a conclusão: são as qualificações de cada uma das espécies de tributos, dentro do "re-

24. Esse entendimento leva à conclusão da impossibilidade de existir alguma espécie de tributo com critério quantitativo fixo no direito brasileiro. Mas há quem opine em sentido diverso. Cf. Sacha Calmon Côelho; Misabel Abreu Machado Navarro Derzi, "A Emenda Constitucional n. 33/01 e a alíquota específica no ICMS", *Revista Dialética de Direito Tributário*, n. 90, pp. 114-123; Ives Gandra da Silva Martins, "A função da lei complementar tributária – legalidade do Decreto n. 3.070/99 e da I.N. – SRF 060/99 – possibilidade de adoção de imposto fixo no direito tributário brasileiro", *Revista Dialética de Direito Tributário*, n. 65, pp. 46 e ss.

gime tributário único", que irão fornecer a tipologia de cada uma, com diferenciações entre si, nos termos das notas distintivas exigidas pela própria Constituição.

Naturalmente, a distinção que se faz das espécies tributárias tem função meramente instrumental, em face da própria configuração dada pela Constituição a cada uma, com a conseqüência de que, afirmando-se tal "unitariedade" da noção de tributo, nega-se qualificação tributária a todas as demais entradas públicas não reconduzíveis aos caracteres do conceito de tributo, definidos pelo seu regime jurídico-tributário. Isto, todavia, não implica a inepta pretensão de apresentar um mero elenco dos tipos indicados topologicamente na Constituição Federal, no capítulo ínsito ao sistema tributário, pois o *nomen iuris* ou o eventual emprego *concreto* das verbas arrecadadas são despiciendos para qualificar, com segurança, o tipo de tributo e, por conseguinte, demarcar o seu âmbito de pertinência sistêmica no Direito Tributário.

Considerando como pacífico, até a promulgação da vigente Constituição, por qualquer um dos critérios acima admitidos, o entendimento sobre a diferença entre impostos e taxas, resta saber se houve algum elemento adicionado que permita qualificar mais alguma espécie nova de tributo, como categoria autônoma, submetida à definição maior de "tributo".

Com efeito, considerável parcela da doutrina nacional entende que a Constituição de 1988 trouxe a "finalidade" para servir como diferenciação dos tributos, e, segundo alguns autores, teria sido erigida como critério adicional da classificação dos tributos no direito brasileiro.[25] Mas qual "finalidade"? A decorrente da destinação da arrecadação dos tribu-

25. Isso já foi negado pelo STF, em diversas decisões. Cf.: "Tributário. Constitucional. Lei n. 8.212/91. FINSOCIAL. Recepção pela Constituição (ADCT, art. 56). Inconstitucionalidade da elevação de alíquota. Arrecadação pela União Federal. I – O Supremo Tribunal Federal, ao julgar o Recurso Extraordinário n. 150.764.1/PE, declarou inconstitucionais as alterações introduzidas no FINSOCIAL pelas Leis n. 7.689/88 (art. 9º), n. 7.787/89 (art. 7º), n. 7.894/89 (art. 1º) e n. 8.147/90 (art. 1º) (rel. Min. Marco Aurélio, *DJ*. 2.4.1993, pp. 5.623/24). A mesma decisão pretoriana é de se estender ao preceito inscrito no art. 23, da Lei 8.212/91. Precedente da 3ª Turma (AC 93.01.36250/BA, rel. Juiz Vicente Leal). II – A arrecadação da contribuição social pela União não desnatura a exação; eventual desvio da finalidade da contribuição enseja descumprimento legal, o que não autoriza, *ipso facto*, a declaração de inconstitucionalidade da lei – Precedentes do STF. III – Apelação parcialmente provida" (TRF, 1ª Região, Ap. Cív. n. 01108536, 3ª Turma, rel. Juiz Cândido Ribeiro, *DJU* 12.6.1998, p. 53).

tos, ou do combinar-se desta com a materialidade da hipótese de incidência do tributo? Não fica claro. Seria o caso de perguntarmos: a) Como classificar as contribuições, à luz do direito brasileiro? b) Há diferença substancial entre impostos e contribuições? c) Dentre as contribuições, o que as distingue umas das outras? d) Como se deve efetivar o controle sobre tais contribuições? Somente uma leitura ponderada do texto constitucional poderá responder a tais inquietações.

Apesar de reconhecermos que as contribuições possam ter feição de "imposto" ou de "taxa", como entende Sacha Calmon, aplicando, com rigor, a distinção entre tributos vinculados e não vinculados, não aceitamos que com estes as contribuições se possam confundir, na medida em que o regime jurídico geral dos impostos ou das taxas não se aplica "in totum" às espécies de contribuições, como é o caso das imunidades do art. 150, VI e outros. A atribuição de regimes jurídicos às espécies de tributos depende inexoravelmente do critério que se adote para a qualificação do conceito maior de tributo. A partir deste, segue-se à classificação das espécies.

Passe o truísmo, *classificar* é separar por classes, segundo a homogeneidade das qualidades (caracteres) dos objetos, para, em seguida, efetuar-se a comparação dos conceitos resultantes, cuja variação dependerá diretamente do critério eleito.[26] Se classificar é separar por classes, essa

26. Quanto à aproximação teórica da classificação aplicada às modalidades de receitas públicas, especialmente tributos, ver o importante estudo: Manlio Ingrosso, *Divisione e classificazione nella scienza giuridica financiaria*. Sobre as classificações no Direito, cf. Carlos Alchourron e Eugenio Bulygin, *Normative systems*; *Introducción a la metodología de las ciencias jurídicas y sociales*; *Análisis lógico y derecho*, pp. 485-498; Carlos Alchourron, "Conflicts of norms and the revision of Normative systems", *Law and philosophy*, Netherland: Kluwer, vol. 10, n. 4, pp. 413-425; Ulrich Klug, *Lógica jurídica*; Ulrich Klug e Hans Kelsen, *Normas jurídicas e análise lógica*; Jaime M. Mans Puigarnau, *Lógica para juristas*; Enrique R. Aftalión e José Vilanova, *Introducción al derecho*; Francesco Carnelutti, *Metodología del derecho*; Amedeo G. Conte, *Saggio sulla completezza degli ordinamenti giuridici*; Remo F. Entelman, "El problema de la clasificación en la ciencia del derecho", in Eugenio Bulygin, Martin D. Farrel e Eduardo A. Rabossi (Coord.), *El lenguaje del derecho: homenaje a Genaro Carrió*, pp. 109-129; Josef Esser, *Principio y norma en la elaboración jurisprudencial del derecho privado*; Antonio Hernández Gil, *Problemas epistemológicos de la Ciencia Jurídica*; e *Metodología del derecho*; Riccardo Guastini, *Dalle fonti alle norme*; e *Le fonti del diritto e l'interpretazione*; Ricardo A. Guibourg, Alejandro M. Ghigliani e Ricardo V. Guarinoni, *Introducción al conocimiento científico*; Wesley Newcomb Hohfeld, *Concetti giuridici fondamentali*; Hans Kelsen, *Teoria pura do direito*; Karl Larenz, *Metologia*

separação há de ser feita seguindo um critério[27] específico e não se pode misturar critérios. Aliás, digo ser erro preliminar misturar ou acomodar critérios classificatórios distintos para explicar uma mesma categoria de objetos. Destarte, o máximo que se poderia fazer seria criar classificações de tributos baseada na finalidade dos tributos. Mais, não seria possível.

Algumas proposições teóricas, em confusas linhas, chegaram a combinar os critérios de vinculação com a finalidade, para alcançar uma qualificação das contribuições. Remédio de desespero. Ora, tal modalidade de proposta é, no mínimo, estarrecedora, pelo equívoco metodológico que alberga. Seria possível agregarmos à classificação proposta por Geraldo Ataliba, Paulo de Barros Carvalho ou Sacha Calmon – de tributos vinculados ou não vinculados –, construída tomando como critério a materialidade dos tributos, tal inovador critério: o da *finalidade*? A resposta é plenamente negativa. Nenhuma classificação pode aceitar dois critérios classificatórios, a não ser que se eleja novo modelo classificatório; tampouco se poderiam combinar classificações para, ao final, extrair-se como resultado conceitos de espécies do gênero tributo.

Admitir tal entropia de critérios, classificando tributos pela materialidade da hipótese de incidência (i) e pela finalidade (ii), em análise combinatória, seria admitir que uma classificação pudesse aceitar mais de um critério nela mesma, o que não ocorre. Ou o tributo será classificado pela materialidade e base de cálculo (i) ou será classificado pela finalidade (ii), mas nunca por um arranjo combinatório de ambos. Os impostos têm sua finalidade específica; as taxas, também as têm, e assim a contribuição de melhoria, a contribuição social etc. E este é, sem dúvidas, um critério possível de classificação.

Por trás das referidas opiniões sobre classificação, baseadas na materialidade da hipótese, de tributos em vinculados e não vinculados, está

da ciência do direito; Franco Modugno, *Appunti per una teoria generale del diritto: la teoria del diritto oggettivo*; Ricardo Orestano, "Metodologia e diritto", in "*Diritto" Incontri e scontri*, pp. 145-157; Hans Martin Pawlowski, *Introduzione alla metodologia giuridica*; Alf Ross, *Lógica de las normas*; *sobre el derecho y la justicia*; *El concepto de validez y otros ensayos*; Nelson Saldanha, *Ordem e hermenêutica*; Luis Alberto Warat e Antonio Anselmo Martino, *Lenguaje y definición jurídica*.

27. Toda classificação deve ter nos elementos que a perfazem um critério discriminante próprio e específico, ou como diz Lourival Vilanova, "é necessário a existência de um critério de pertinência. O membro ou os membros tem de satisfazer esse critério explícito ou implícito" (Lourival Vilanova, *As estruturas lógicas e o sistema de direito positivo*, p. 217).

o pressuposto segundo o qual "tributo" é *norma de conduta*, razão pela qual cabe analisar e conhecer sua estrutura para que se possa identificar a espécie apresentada em lei; e a *finalidade* não lhe compõe o conteúdo, porquanto exista *atrelada* à competência, exclusivamente. Pensar diversamente seria voltar ao anátema teórico da *causa impositionis*, de Griziotti e Enno Becker, cuja superação já vai longe, sob a força da pena de Baleeiro e Alfredo Augusto Becker, seus primeiros algozes no Brasil.[28] Depois disso, caiu no esquecimento.

Efetivamente, o destino da receita poderá servir como instrumento de classificação das receitas, mas não como meio para dizer da tipologia dos tributos e dos efeitos e legitimidade destes. Não se podem misturar critérios distintos: endógenos, pertinentes à norma; e exógenos, típicos para qualificar a *destinação* ou *devolução* do tributo. Quem assim opera, erra duplamente. Dentro e fora da própria classificação que pretende impor.

A "destinação" é elemento de *afetação constitucional da receita* obtida a partir do tributo já instituído, o que é feito para *impostos* (arts. 157-159, 167, IV, Constituição Federal) e *contribuições*, em vista dos orçamentos das diversas pessoas políticas ou autarquias e órgãos próprios, como forma de alimentação dos respectivos créditos orçamentários, no regime de parafiscalidade. Com isso, o *Constituinte retirou do legislador orçamentário a disponibilidade sobre tais receitas*, de modo a impedir quaisquer desvios. E assim também a receita de *contribuições de melhoria* e de *taxas*, além dos impostos excluídos pelo art. 167, IV, da CF, posto serem receitas previamente afetadas às respectivas despesas. Resumindo, todo tributo é finalístico, quando visto sob a ótica do destino da receita auferida com sua instituição.

"Tributo", enquanto regra de conduta, vincula, numa dada relação jurídica, Estado e contribuinte. O destino da receita envolve aplicações orçamentárias e, quando muito, relações entre pessoas políticas ou órgãos e pessoas de direito inerentes à administração. A devolução não é algo que se possa definir como relação tributária *stricto sensu*, mas somente de forma *lato sensu*. Jamais poderíamos dizer que a devolução de ICMS qualificaria este imposto como empréstimo compulsório! Como

28. Cf. Aliomar Baleeiro, *Direito Tributário Brasileiro*, pp. 711-741; Alfredo Augusto Becker, *Teoria geral do Direito Tributário*, cit., pp. 104-109. Este último autor chega a dizer que a teoria da causa alcança "a destruição do Direito Tributário (destruição do que há de *jurídico* dentro do Direito Tributário) restando apenas o Tributário" (p. 9). São críticas que distam mais de quarenta anos e já estão profundamente consolidadas na doutrina nacional.

pode ser possível usar critérios tão destoantes para descrever as espécies de tributos, cumulativamente?

Coisa muito diferente, entretanto, é a *finalidade* vista como "motivo constitucional" para o exercício da "competência" legislativa[29] em matéria tributária. Como nenhuma norma pode ser instituída sem que antes tenhamos por atendido tal requisito de validade (exercício de *competência*), podemos identificar em determinadas formulações de categorias de receitas públicas, no caso, nas contribuições, exigência constitucional de influência entre o exercício de tal competência e os critérios acomodados na *materialidade da hipótese* normativa e na *base de cálculo* e definição de *contribuinte*, presentes no conseqüente da norma jurídica tributária. Destarte, em se tratando de matéria tributária, a correlação lógica entre o fundamento constitucionalmente prescrito e o exercício da atividade legiferante presta-se como *conditio sine qua non* para a validade do ato normativo de criação de tributos ou modificação do regime impositivo de tributo já instituído. Harmoniza-se a classificação, fundada no equilíbrio entre função da competência e a designação da espécie de tributo. E só no caso das *contribuições*,[30] que podem ter mate-

29. Nesse sentido, veja-se o voto do Ministro Moreira Alves, da maior precisão: "Assim, é da essência do regime jurídico específico da contribuição para a seguridade social a sua destinação constitucional. Não a destinação legal do produto de sua arrecadação, mas a destinação constitucional, vale dizer, o vínculo estabelecido pela própria Constituição entre a Constituição e o sistema de seguridade social, como instrumento de seu financiamento direto pela sociedade, vale dizer, pelos contribuintes" (RE 146.733, Ac. do Pleno, j. 29.6.1992, publicado na *RTJ* 143/691).

30. A este assunto, a melhor doutrina, nacional e estrangeira, dedicou longas páginas de sopesados e ainda hoje, passados quase dois séculos de acesas discussões, não se tem ainda por assentada as inquietações que animaram os debates de ontem e do agora. Cf. Geraldo Ataliba, *Hipótese de incidência tributária*; Aliomar Baleeiro, *Direito Tributário Brasileiro* e *Limitações constitucionais ao poder de tributar*; Juan Manuel Barquero Estevan, *La función del tributo en el Estado social y democrático de Derecho*; Alfredo Augusto Becker, *Teoria geral do direito tributário*, cit., pp. 362-449; José Souto Maior Borges, "Contribuições – caráter tributário", in *Revista de Direito Tributário* 34; Gilberto de Ulhôa Canto, "Contribuições especiais no direito brasileiro", *Revista de Direito Tributário* 31/127-141; Paulo de Barros Carvalho, *Curso de direito tributário*; Sacha Calmon Navarro Coelho, *Teoria geral do tributo e da exoneração tributária*; Walter Barbosa Correa, *Contribuição ao estudo da extrafiscalidade*; Alcides Jorge Costa, "Conceito de tributo, imposto e taxa", *Revista de Direito Administrativo* 78/26-37; Sylvio Santos Faria, *Aspectos da parafiscalidade*; Andrea Fedele, *La tassa*; Gabriel Gianpietro Borras, *Las tasas en la Hacienda Publica*; Eros Grau, *A Ordem Econômica na Constituição de 1988*, cit., e "IAA – contribuição de intervenção", *Revista de Direito Tributário* 53; Marco Aurélio Greco (Coord.),

rialidade de imposto ou taxa, i. e., de tributo vinculado ou não-vinculado, dá-se essa particularidade, de exigência de adequado equilíbrio entre o "motivo constitucional" e os elementos da norma tributária (materialidade, base de cálculo e contribuinte). Sendo a competência um dos elementos de validade da norma,[31] prévio à sua existência, não saímos do critério eleito, que é tipicamente normativo.

4.2 Importância do "motivo constitucionalmente determinado" na formação da norma tributária

Antes de seguir adiante, uma breve parada para bem assentar o que se quer dizer com "motivo constitucional", como condição de vínculo material entre a ação legislativa e o programa material da norma tributária.

Contribuições (uma figura "sui generis"); Brandão Machado, "São tributos as contribuições sociais?", in *Princípios tributários no direito brasileiro e comparado. Estudos jurídicos em homenagem a Gilberto de Ulhôa Canto*, pp. 62-95; Celso Cordeiro Machado, *Limites e conflitos de competência tributária no Direito Brasileiro*; Emanuele Morselli, *Studi di istituzioni e dottrine finanziarie*; Renzo Pomini, *La "causa impositionis" nello svolgimento storico della dottrina finanziaria*; Mario Pugliese, *Le tasse nella scienza e nel diritto tributario italiano*; Yonne Dolácio de Oliveira, *Contribuições para intervenção no domínio econômico no direito tributário brasileiro* e "Contribuições especiais – noções gerais – contribuição de intervenção no domínio econômico", in *Cadernos de Direito Tributário e Finanças Públicas*, n. 12; A. Theodoro Nascimento, "Preços, taxas e parafiscalidade", in Aliomar Baleeiro, *Tratado de Direito Tributário Brasileiro*; Francis Quérol, *La parafiscalité*; Günther Schmölders, *Teoría general del impuesto*; Rubens Gomes Sousa, *Compêndio de legislação tributária*; Rubens Gomes Sousa; Geraldo Ataliba e Paulo de Barros Carvalho, *Comentários ao Código Tributário Nacional (parte geral)*; Fernando Sainz de Bujanda, *Hacienda y derecho*; Heleno Taveira Tôrres, "Contribuições – constitucionalidade", *Revista de Direito Tributário* 85; Victor Uckmar, *Princípios comuns de direito constitucional tributário*; Ramón Valdés Costa, *Instituciones de derecho tributario*; Ezio Vanoni, *Natura ed interpretazione delle legge tributarie*.

31. Como diz Celso Antonio Bandeira de Mello: "Quando se trata de aplicar uma regra de direito, ela tem de ser compreendida em seu todo, como unidade que é, na qual os vários 'elementos' se apresentam correlacionados, pois cada um deles se articula com os demais. Por isso a *competência* só é validamente exercida quando houver sido manejada para satisfazer a *finalidade* a que a lei visou, obedecidos os *requisitos procedimentais* normativamente estabelecidos, presentes os *motivos* aptos para justificar o ato, adotada a *forma* instrumental prevista e através de conteúdo juridicamente idôneo" (grifou-se). Cf. Celso Antônio Bandeira de Mello, "Legalidade, motivo e motivação do ato administrativo", *RDP* 90/57-69; mesmo que esta afirmação tenha sido feita em atenção à elaboração dos atos administrativos, aplica-se na sua plenitude aos demais atos estatais, como a produção legislativa.

Às escolhas políticas do legislador em matéria tributária antepõem-se limitações constitucionais que se reportam a novas e velhas questões da teoria jurídica. E aqui recolocam-se velhos problemas, mui especialmente o seguinte: quais os limites dos *atos legislativos* no atendimento do princípio da motivação? Melhor, haveria, para as leis tributárias, a necessidade de atendimento de um motivo próprio, na criação de tributos? Entendemos que sim.

Para a prática do exercício legislativo, em algumas searas, a competência do Legislador já se encontra estritamente balizada na Constituição Federal, que determina os motivos, prazo e modos de elaboração do texto legal. Assim no Direito Tributário. Neste campo, cabe ao legislador apreciar se o tributo que deseja criar enquadra-se num ou noutro *motivo* que a Constituição Federal determina como critério prévio de instituição, além do *procedimento* específico e da *autoridade* competente para tal. É preciso avaliar, sempre, caso a caso, se o legislador respeitou, ou não, os limites *atribuídos* pela Constituição.

É de meridiana suposição que o *Estado Democrático de Direito* responde pela necessária proteção aos indivíduos contra o arbítrio, vinculado que é a regras previamente estabelecidas, cuja coerência sistêmica não lhe permite uma ilimitada discricionariedade de ação. Por conseguinte, todo e qualquer ato estatal deve ter um *motivo* previamente delimitado pelo ordenamento, em lei ou na própria Constituição, a depender do tipo de ato jurídico de direito público: legislativo, judicial ou administrativo. É o princípio da submissão do Estado à ordem jurídica.[32]

Desta feita, considerando o princípio da supremacia constitucional, que coloca a Constituição como vértice do sistema jurídico positivo, todo e qualquer ato legislativo só será legítimo e válido se disposto em consonância *formal* (autoridade competente e processo) e *material* (motivo) com o seu texto. Como dito, para todo ato estatal deve haver um correspondente *motivo* que o legitime e lhe proporcione validade, como pressuposto[33] necessário para a conformação do fato que o estabelecerá

32. Ver: Massimo Severo Giannini, *Diritto amministrativo*; Agustín Gordillo, *Tratado de derecho administrativo*, v. I; Eros Roberto Grau, "Crítica da discricionariedade e restauração da legalidade", in Cármen Lúcia Antunes Rocha (Org.), *Perspectivas do direito público*, pp. 307-335; Celso Antônio Bandeira de Mello, "Legalidade, motivo e motivação do ato administrativo", cit.; Michel Stassinopoulos, *Traité des actes administratifs*.

33. Para fins da presente argumentação, não estou considerando o aspecto fático do motivo. Tratamos aqui dos motivos de direito, da previsão abstrata dos pres-

como norma no sistema jurídico; é a situação de direito, enfim, que autoriza ou exige a prática de elaboração do ato. E todo motivo encontra-se adstrito aos fins de interesse público, de forma incindível.

Assim, se a *validade formal* exige um processo específico e uma autoridade competente para inserção da norma como pertinente ao sistema jurídico; a *validade material* exige a plena adequação com o conteúdo da norma hierarquicamente superior, como seu fundamento, sob pena de invalidação. Temos, então, que, em não havendo obediência do legislador aos motivos (materiais) estabelecidos constitucionalmente, irrompe no sistema um problema de contradição sistêmica (incompatibilidade vertical), que implica o vício de excesso de poder, uma inconstitucionalidade. Qualquer desconformidade entre o "fato-norma"-lei,[34] introdutor da norma instituidora de tributos e o texto constitucional (que lhe serve de pressuposto normativo – motivo), impõe-se o controle de constitucionalidade, que se estende ao exame dos motivos (matéria), para declarar a invalidade da lei viciada. Em conseqüência, todo ato que exceda os limites formais ou materiais por ela estabelecidos é inválido e, por conseguinte, inconstitucional.[35]

Diversamente do "vício formal" (relativo ao processo ou à autoridade competente), o "vício material" do ato normativo, que diz respeito à *incompatibilidade entre o conteúdo da lei* e a *correspondente demarcação constitucional da matéria*, envolve um necessário excesso de poder do legislador. E bem se sabe que este vício de inconstitucionalidade constitui-se num dos mais sérios problemas que o direito tem para enfrentar.

Destarte, a discricionariedade do legislador é limitada, pela consagração da vinculação do ato legislativo às normas e fins (materiais) da Constituição, para efeito da compatibilidade e congruência vertical do

supostos materiais e objetivos para elaboração de um ato normativo em matéria tributária.

34. Entenda-se "lei", para efeito deste estudo, como um fato jurídico, resultante da incidência de normas constitucionais. Lei como "fato-norma". Como fato, então, não pode prescindir de seus pressupostos, particularmente os normativos, sem os quais sua legitimidade e validade ficariam comprometidas. Ausentes tais pressupostos, restaria a finalidade desvirtuada e não se teria por preenchida a relação de adequação entre o "fato-norma" (lei) e a regra constitucional, configurando-se uma espécie de "incompetência material" do legislador.

35. "Define-se inconstitucional uma lei cujo conteúdo ou cuja forma contrapõe-se expressa ou implicitamente, ao conteúdo de dispositivos da Constituição" (Marcelo Neves, *Teoria da inconstitucionalidade das leis*, p. 73).

sistema de normas jurídicas em nosso sistema. É a aplicabilidade do princípio da *proporcionalidade*, ou da *vedação do excesso de poder*.

Postas essas premissas, passamos a analisar a aplicabilidade da noção de "*motivos constitucionais*" na instituição legal dos tributos em espécie, único admissível para permitir a combinação das competências tributária com ambiental, para os fins de criação e aplicação dos tributos existentes no sistema jurídico-tributário brasileiro.

Em um sistema constitucionalmente analítico como o brasileiro, quanto à matéria tributária, não há, para o legislador, ampla discricionariedade na formulação de leis instituidoras de tributos ou pertinentes aos procedimentos de arrecadação e fiscalização dos mesmos. A própria Constituição Federal já demarcou, previamente, em angustas fronteiras, os limites da ação legiferante, formal e materialmente, porque os motivos para a instituição de um ou outro tributo já estão objetivamente definidos como sendo os critérios necessários para a qualificação da tipologia do tributo que se queira instituir, dentre os tantos possíveis no elenco constitucional (imposto, taxa, contribuição de melhoria, empréstimo compulsório, contribuição ou imposto extraordinário), conforme os procedimentos adequados.

4.3 Irrelevância do destino da receita e do conceito de parafiscalidade

Atente-se. Quando digo que a finalidade é relevante, não estou me referindo ao "destino" da receita, à finalidade do atendimento efetivo da necessidade pública pelo emprego da arrecadação, mas sim ao "motivo" constitucionalmente admitido para o exercício da competência, que só a um tributo isso foi posto como vinculante para informar, também, os critérios normativos (materialidade, base de cálculo e contribuinte): às *contribuições*.[36] Fala-se, pois, de *tributos dependentes de finalidade específica*, como motivo constitucional para o exercício da competência.

Desse modo, não serão espécies de "tributos ambientais" aqueles que simplesmente tenham sido criados para que sua arrecadação permi-

36. Perceba-se que no caso do Empréstimo Compulsório (art. 148, CF) e dos Impostos Extraordinários (art. 154, II, CF) o *fim* não se presta para qualificar o conteúdo das regras instituidoras. Em verdade, tanto um quanto o outro serão sempre espécies de impostos com arrecadação afetada a uma despesa específica. Contudo, mesmo nestes casos, cessadas as causas, deverão cessar as cobranças, na mesma proporção.

ta a formação de fundos específicos em favor da preservação e controle do meio ambiente ou similar. A finalidade (ambiente) deve vir presente e reconhecível na estrutura da norma tributária, a partir do motivo constitucional, como as hipóteses do art. 225, da CF.

"Contribuições" e "tributos com destinação específica" são coisas distintas, portanto. Impostos, Taxas e Contribuições podem ter destinação "geral" ou "específica", a depender do quanto a Constituição tenha indicado ou a respectiva lei que a houver instituído ou modificado. Não é a *destinação da receita* que irá justificar a natureza jurídica do tributo como sendo imposto, taxa ou contribuição. O art. 4º, do CTN, já o antecipara, além de tantas outras evidências, como já o dissemos acima.

Geraldo Ataliba, tal como Alfredo Augusto Becker e Paulo de Barros Carvalho, sempre, em todas as suas lições, fizeram questão de deixar muito claro que o *destino* do produto arrecadado não poderia servir como critério para diferenciação das espécies tributárias, pois seriam legítimos requisitos que serviriam ao controle da instituição do referido tributo. Com razão. Não se pode admitir que uma teoria finalística, baseada na "causa" do tributo, sirva como critério para demarcar as espécies tributárias. A prudência científica cobra dos seus fautores coerência de premissas e conclusões. Assim, ou se faz uma classificação das *competências* ou se procede a uma classificação dos *tributos* instituídos em lei específica, a partir daquelas competências.

Para a *ciência do direito*, ao descrever nosso sistema constitucional, não lhe resta outra alternativa senão identificar um critério comum às espécies de tributos. Contudo, como a Constituição não cria tributos, mas apenas dispõe competências, o máximo que a doutrina poderá fazer será classificar tais competências, também. E aqui se apresenta o que chamamos de *motivo constitucional para a ação do legislador* na criação das leis tributárias, segundo o elemento erigido pela Constituição como fundamentação do agir legislativo: i) *empréstimo compulsório*; e ii) *contribuições* – para atender finalidades preestabelecidas, como criação de previdências, investimentos relevantes, intervenção no domínio econômico etc.; iii) *taxas*, em vista da utilização de serviços públicos prestados de modo efetivo ou postos à disposição do interessado; iv) *contribuição de melhoria*, a partir de prévia construção de obras públicas (com valorização), para recuperação (total ou parcial) do seu custo; e v) *impostos*, quanto ao exercício de competências, visando à formação do orçamento geral.

Essas são classificações possíveis, mas não suficientes para separar espécies tributárias e a elas atribuir regimes jurídicos próprios. Faz-se mister que se verifique a presença dos elementos típicos da regra-matriz de incidência que lhe ofertam identidade. Sendo o tributo espécie de obrigação, construída como norma de conduta, a qualificação jurídica de suas espécies deve vir a partir de uma análise da regra-matriz de incidência possível, pertinente aos elementos de composição desta (hipótese de incidência e base de cálculo), após sua efetiva instituição. Nunca antes. O "motivo" de vínculo com a preservação ambiental, portanto, deve ser identificado na própria estrutura da regra-matriz de incidência, e não fora ou no simples destino da arrecadação.

Vamos pensar nas possibilidades do relato do fato jurídico qualificado pela norma jurídica. Este pode ser lícito ou ilícito. Sendo ilícito, o correspectivo será de multa ou indenização. Caso lícito, teremos prestações contratuais ou prestações compulsórias. Estas, por sua vez, podem decorrer de alguma forma de agir estatal específico, prestação de serviço público, exercício de poder de polícia ou construção de obra pública; pode advir de algum ato desvinculado de qualquer agir estatal, revelador de capacidade contributiva; como poderá decorrer de situações fáticas vinculadas à própria finalidade demarcada: as *contribuições*, quanto a fatos jurídicos tributários vinculados ao setor submetido à intervenção do Estado na economia, ao setor social no qual a União deva atuar ou mesmo à relação corporativa entre filiado e entidade. E foi assim que a Constituição repartiu-os, pela tomada de tais pressupostos, dividindo-os em impostos, taxas e contribuições. Ocorre que às contribuições, não tendo definido expressamente a maioria das hipóteses de incidência, preferiu que a norma de competência servisse a esta finalidade, exigindo atuação da União nas respectivas áreas, como veremos mais adiante.

E se o destino da arrecadação não as caracteriza, tampouco a *parafiscalidade*. E muitos querem identificar os tributos ambientais como sendo aqueles que permitem destinar recursos para determinadas entidades, como o IBAMA, em favor das funções constitucionais e legais que tais órgãos devem exercer em favor da proteção ambiental.

No passado, nas teorias de Morselli e outros,[37] a parafiscalidade era critério que servia inclusive para promover adequada diferenciação entre

37. Para um estudo das várias orientações sobre parafiscalidade, na evolução do conceito de tributo, cf.: A. Theodoro Nascimento, "Preços, taxas e parafiscalidade", cit., v. VII, pp. 395-474; Sylvio Santos Faria, *Aspectos da parafiscalidade*, cit.; Yonne Dolácio de Oliveira, *Contribuições para intervenção no domínio econômico no direito tributário brasileiro*, cit., pp. 17-110; Aliomar Baleeiro, *Limitações constitucionais ao poder de tributar*, cit., pp. 583-663.

as contribuições e os demais tributos. Isso era explicável, porque nos idos do início do século XX a distinção que se fazia entre os tributos baseava-se exclusivamente na destinação que a legislação dava aos tributos: i) impostos, destinados a cobrir despesas gerais do Estado; ii) taxas, tributos que tinham por finalidade cobrir despesas específicas e divisíveis, prestadas aos contribuintes. Por isso, a justificar um *tertius genus* de tributos, viu-se no destaque orçamentário da parafiscalidade o melhor fundamento, conferindo a estas figuras a legitimidade de que careciam. Inicialmente, vista como *taxa especial*, depois como *imposto especial*, para, em seguida, ser vista como espécie autônoma, na modalidade de "contribuição especial".

Assim a via Morselli, que deu ênfase aos estudos já bem adiantados da Parafiscalidade. Para ele, sua formulação baseava-se na separação das necessidades públicas em *fundamentais* e *complementares*.[38] As primeiras, sustentadas por impostos, corresponderiam às necessidades políticas do Estado, na sua forma típica de atividades primárias do Estado, inerente a todos os cidadãos; enquanto as segundas, às finalidades sociais e econômicas de grupos. A tais necessidades complementares, de grupos, corresponderia a exigência de atendimento por meio de contribuições parafiscais, segundo as atividades de certos órgãos criados especificamente para esse fim: sindicatos, previdências etc.

A definição de parafiscalidade encontra-se em franca superação, concebida, hoje, mais como prática de organização burocrática da organização de gastos públicos, do que propriamente como algo que possa informar o conteúdo de normas jurídicas. No máximo, reduz-se a uma questão de qualificação do sujeito ativo.

No exercício da competência, cumprirá ao Legislativo indicar todos os elementos integrantes da norma tributária, inclusive o *sujeito ativo* da relação jurídica tributária. Para tanto, ele poderá manter a própria pessoa de direito público interno dotada da respectiva competência, quanto atribuir a terceiro o direito de exigir e arrecadar o tributo dos sujeitos passivos correspondentes. Neste ponto, quando autorizado pela Constituição, caso o legislativo resolva ainda atribuir o resultado da arrecadação ao próprio sujeito ativo, ter-se-á então o fenômeno da *parafiscalidade*.[39]

38. Cf. E. Morselli, *Parafiscalidade e seu controle*.

39. Mesmo na França, onde surgiu essa denominação, já se tem claro o entendimento da sua evidente superação. Vejam o que diz Francis Quérol, em festejada monografia a respeito: "La parafiscalité présente la caractéristique de n'avoir été, pendant plus de vingt ans, qu'une fiction, un fantôme juridique: elle était visible sans que

Veja-se que a *pessoa competente*, o *sujeito ativo* e o regime de *parafiscalidade* são conceitos distintos e, mesmo quando relacionados entre si, insuficientes para servir a uma nota distintiva do conceito de tributo ou de suas espécies, porque a parafiscalidade pode ocorrer quanto aos *impostos* (Imposto sobre a Renda retido na fonte de servidores públicos estaduais e municipais, são arrecadados por estas pessoas e mantidas com elas a receita proveniente, como se dessome do art. 157, I, e 158, I, da CF), quanto às *taxas* (pedágios etc.), ou quanto às *contribuições* (entidades de categorias profissionais ou econômicas, previdência social etc).[40] Ocorre inclusive com receitas que não são tributos, como se vê no caso das compensações financeiras[41] e *royalties*, do art. 20, § 1º, da CF. Ademais, nada impede que a pessoa arrecade e transfira o seu resultado diretamente para outro órgão, fundo ou despesa, diferente do sujeito ativo, mas relacionado com este para os fins de atendimento das finalidades às quais se encontra vinculada a instituição da contribuição interventiva,[42] previdenciária ou típica de categorias econômicas ou financeiras. São múltiplas as opções de política financeira do Estado.

Seguindo ainda nas desmistificações necessárias, a *parafiscalidade*, enquanto modo de financiamento de órgãos ou entes públicos, mediante atribuição direta de receitas arrecadadas, não é um regime inerente a todas as contribuições. O fato de se ter atribuição constitucional para contribuições previdenciárias, vinculadas a orçamento próprio, não quer isso dizer que todas devam ser parafiscais. E daí todos os efeitos que disso possam decorrer tampouco se deve aplicar de forma inerente a

l'on pût précisément dire ce dont il s'agissait. (...) À l'origine, la parafiscalité regroupait un ensemble de prélèvements hétérogènes dont les seuls points communs résidaint dans le caractére contraignant de ceux-ci et leur non-iscription dans la loi de finances. D'aucuns insistaient également sur le fait que les taxes parafiscales étaient perçues au profit d'organismes différents de l'État. Mais pour le reste, la parafiscalité ne possédait point de définition" (Francis Quérol, *La parafiscalité*, cit., p. 250).

40. Entre nós, Yonne Dolácio soube destacar muito bem o campo da parafiscalidade: "Na melhor doutrina, o neologismo parafiscal, introduzido na linguagem financeira da França pelo Inventário Schuman e cedo copiada pelo Brasil, designa tributos que, às vezes, são taxas e, outras vezes, impostos. Não raro apresentam formas híbridas de impostos e taxas. Mas de específico tem só a delegação às entidades beneficiadas com a arrecadação" (Yonne Dolácio de Oliveira, *Contribuições para intervenção no domínio econômico no direito tributário brasileiro*, cit., pp. 17-110).

41. Cf. Heleno Taveira Tôrres, "A compensação financeira (art. 20, § 1º) na discriminação constitucional de rendas – regime jurídico e aspectos tributários", cit., pp. 127-185.

42. Cf. art. 4º, da Lei 10.168/2000.

qualquer espécie de contribuição.[43] Diga-se os mesmos quanto aos princípios aplicáveis, como é o caso do *princípio da solidariedade*. Ademais, *parafiscalidade* e *intervencionismo estatal* não se encontram em nenhum ponto. *Parafiscalidade* quer dizer apenas da manutenção de um orçamento próprio e separado, reservado à pessoa legalmente responsável

43. A pensar diversamente, vejam-se as decisões do STF, como exemplo: "Constitucional. Tributário. Adicional ao Frete para Renovação da Marinha Mercante – AFRMM: contribuição parafiscal ou especial de intervenção no domínio econômico. CF art. 149, art. 155, § 2º, IX. ADCT, art. 36. I – Adicional ao frete para renovação da marinha mercante – AFRMM – é uma contribuição parafiscal ou especial, contribuição de intervenção no domínio econômico, terceiro gênero tributário, distinta do imposto e da taxa. (CF, art. 149). II – O AFRMM não é incompatível com a norma do art. 155, § 2º, IX, da Constituição. Irrelevância, sob o aspecto tributário, da alegação no sentido de que o Fundo da Marinha Mercante teria sido extinto, na forma do disposto no art. 36, ADCT. III – Recurso extraordinário não conhecido" (RE 177.137-RS, rel. Min. Carlos Velloso, *DJ* 18.4.1997, p. 13.788). No passado fora qualificada como "taxa" de *renovação da marinha mercante*, porque assim a referia a Lei n. 3.381, de 24.4.1958. O próprio STF seguia tal entendimento: RE 5.239, Ac. da 3ª Turma, de 11.3.1966, rel. Min. Luiz Gallotti, *RTJ* 37/46. Em seguida, passou a referi-la como imposto especial, como se pode ver no seguinte Voto: "Taxa de Renovação da Marinha Mercante. I. Apesar da denominação legal, é imposto com aplicação especial. II. Nesse caso, sua exigência aos mineradores e exportadores de minerais é ilegítima, à luz do § 1º da Lei n. 4.425/64" (RMS 18.742-GB, Ac. da 2ª Turma, de 4.6.1968, rel. Min. Aliomar Baleeiro, *RTJ* 46/641). Cf. RE 85.188-RJ, de 20.9.1977, rel. Min. Cunha Peixoto, *RTJ* 90/179; já sob a égide do Decreto-lei n. 1.142, de 30.12.1970, que a denominava de "adicional ao frete para renovação da marinha mercante". Registre-se, contudo, que muitos ainda não aceitavam tais contribuições como espécies de tributos, como se pode ver do seguinte Voto: "Adicional ao frete para renovação da Marinha Mercante. Dês que não constitui tributo, sob qualquer de suas formas, é exigível sobre a remessa de mercadorias nacionais à Zona Franca de Manaus" (RE 88.943-SP, Ac. da 2ª Turma, de 14.3.1978, rel. Min. Djaci Falcão, *RTJ* 85/349). Na atualidade, após a CF/88, pacificou-se o entendimento em torno da natureza tributária de tais contribuições. Cf.: AgrReg em AgrI 209.437-6, 1ª Turma, rel. Min. Octavio Gallotti, j. 28.4.98, publicado no *DJU*, de 28.8.98. Nova discussão foi aberta recentemente em torno do Adicional de Tarifa Portuária, também considerado como CIDE: "Constitucional. Tributário. Adicional de Tarifa Portuária-ATP. Lei 7.700, de 1988, art. 1º, § 1º. I – Natureza jurídica do ATP: contribuição de intervenção no domínio econômico, segundo o entendimento da maioria, a partir dos votos dos Ministros Ilmar Galvão e Nelson Jobim. II – Voto do Relator, vencido no fundamento: natureza jurídica do ATP.: Taxa: criado por lei, Lei 7.700/88, art. 1º, § 1º, remunera serviço público (CF, art. 21, XII, *d* e *f*; art. 175. Decreto 25.408/34). III – Constitucionalidade do ATP: Lei 7.700/88, art. 1º, § 1º" (RE 218.061-5, Pleno, rel. Min. Carlos Velloso, j. 4.3.1999). Para considerações mais abrangentes, cf.: Sacha Calmon Navarro Coelho; Misabel de Abreu Machado Derzi, *Direito Tributário Atual – Pareceres*, pp. 113-148.

pela exigibilidade e cobrança do tributo, na condição de sujeito ativo da relação tributária. A *intervenção do Estado* pode advir como conseqüência da aplicação do tributo, mas não como resultado da parafiscalidade.[44]

Definida a competência tributária como outorga constitucional de poder legislativo para instituição de tributos, nos limites do quanto assim determine a Constituição, cumprirá ao respectivo órgão legislativo seu efetivo cumprimento, inclusive quanto aos limites materiais vinculados à finalidade (motivo constitucional para o agir do legislativo). Ao ser exercida, esgota-se a eficácia da *competência* tributária, que a partir de então permanecerá no sistema exclusivamente na função de fonte de legitimação e de controle para garantir a manutenção da norma legislada. Basta pensar no caso de cessação dos motivos que justificaram a criação de um empréstimo compulsório (art. 148, CF) ou um imposto extraordinário (art. 154, II, CF). Cessada a causa, cessa a motivação constitucional da lei, pelo exaurimento da competência, condicionada que estava à manutenção da situação de excepcionalidade. Diga-se o mesmo sobre as contribuições interventivas que no nosso entender são, também elas, de ordem temporã, devendo durar o tempo que perdurar a situação justificadora da intervenção no domínio econômico.

Todas as contribuições recebem demarcação prévia do seu campo material e das condições formais a serem adimplidas na oportunidade do exercício de competência tributária, para os fins de criação, por lei própria, do respectivo tributo. E aqui se apresenta a importância do "motivo constitucional" exigido para a respectiva instituição, como finalidade para a edição da norma.

Desta forma, a contribuição de intervenção sobre o domínio econômico poderá ter cunho parafiscal, mas esta peculiaridade jamais poderá ser reclamada como elemento caracterizador da sua natureza de contribuição interventiva, inclusive em matéria de proteção ou preservação do meio ambiente. É uma possibilidade de opção financeira, não a única. Sua característica fundamental será sempre a *função instrumental que pretenda implementar*, visando ao bem-estar da ordem econômica, no

44. Mérigot ofereceu a seguinte definição de parafiscalidade: "uma técnica que, em regime de intervencionismo econômico e social, visa a criar e utilizar receitas de aplicação específica, extra-orçamentária, percebidas sob autoridade, à conta de órgãos de economia dirigida, de organização profissional ou de previdência social, seja pelos órgãos beneficiários diretamente ou seja pelas repartições fiscais do Estado" (Jean Guy-Mérigot, "Elementos de uma teoria da parafiscalidade", *Revista de Direito Administrativo*, vol. 33).

intuito de equilibrá-la, mediante a cobrança de um tributo, posto como meio, instrumento, de duração condicionada, até que se alcance o êxito almejado, por não estar finalisticamente vinculada à manutenção da existência e permanência do Estado.

E como negamos qualquer espaço para recurso à espécie de criação de "impostos" ambientais, admitindo somente cabimento de taxas e especialmente das contribuições de intervenção no domínio econômico, passemos à análise das limitações destas últimas, visto que as taxas estarão sempre vinculadas às atividades de poder de polícia ou de serviços públicos pertinentes, sem qualquer inovação que mereça especial demora meditativa.

4.4 Limites à instituição das contribuições de intervenção no domínio econômico, com aplicação ao bem ambiental

Cabe-nos agora ponderar a aplicabilidade do artigo 149 da Constituição Federal, para sabermos dos limites formais e materiais que a Constituição reserva à instituição das chamadas *contribuições de intervenção no domínio econômico*, com especial emprego às questões ambientais. Em seguida, fundados nestes elementos, passaremos aos demais preceitos que a Constituição reserva para a demarcação material do seu conteúdo.

Prescreve o artigo 149: "Compete exclusivamente à União instituir contribuições sociais, de intervenção no domínio econômico e de interesse das categorias profissionais ou econômicas, como instrumento de sua atuação nas respectivas áreas, observado o disposto nos arts. 146, III, e 150, I e III, e sem prejuízo do previsto no art. 195, § 6º, relativamente às contribuições a que alude o dispositivo".

Guardando vistas a este artigo, é comum ouvir-se dizer que *contribuições são tributos sem hipótese de incidência previamente definida* (Roque Carrazza, Hugo Machado *et alli*), mas essa proposição não é de todo coerente com a Constituição Federal porque o art. 195 traz hipóteses de incidência previamente definidas para as contribuições previdenciárias e o próprio art. 149 define o arquétipo dos fatos jurídicos tributários típicos, para a criação de contribuições: sociais, de intervenção no domínio econômico ou de relações associativas com categorias profissionais ou econômicas, porquanto os fatos que se possam eleger como materialidades não podem se afastar desse quadro-fim.

As materialidades das contribuições já se encontram, em grande medida, pressupostas constitucionalmente, na medida em que o art. 149

exige a atuação da União nas respectivas áreas. Logo, a materialidade da hipótese normativa deverá estar vinculada, não bem ao destino da receita, diretamente, porque isso não interfere na constituição da obrigação tributária, mas sim a uma situação que reflita tal *atuação da União nas respectivas áreas*, com afetação a um grupo específico. Isso é o que impede, por exemplo, a União de pretender criar um adicional de imposto sobre a renda, justificando-se pelo art. 149, no seu inteiro teor.

Para alguns, em desprezo do fenômeno histórico, seriam exceções, as referências que o art. 149 tece aos princípios fundamentais, ao mencionar aplicação restrita aos princípios da isonomia, legalidade e anterioridade, salvo para as contribuições previdenciárias. É a quintessência da superficialidade e literalidade empregadas à hermenêutica jurídico-tributária. Primeiro, tem-se a lembrar que um dos maiores debates teóricos travados em matéria de contribuições no País contava com corrente de pensadores que não apenas negavam a natureza de tributo a estas, mas também, por conseguinte, chancelavam o interesse da União de não se vir limitada pelo CTN, além de reconhecer autorização ao Executivo Federal para editar Decretos, como instrumentos introdutórios de normas para dispor sobre contribuições, porquanto estariam afastadas da exigência de reserva constitucional de lei.[45] Por fim, tais intérpretes admitiam que as contribuições poderiam ter como fundamento a discriminação, razão pela qual não se deveria aplicar o princípio da igualdade às referidas contribuições. Quis o Constituinte de 1988 erradicar esse tipo de preconceito, reafirmando, de modo peremptório, que às Contribuições aplicar-se-iam, sim, os princípios de legalidade, anterioridade e irretroatividade, além de todas as regras típicas das normas gerais em matéria de legislação tributária. Eis porque o art. 149 reporta-se apenas àqueles princípios, que não o faz por exceção, mas por reforço e consolidação do regime jurídico tributário.

Deveras, nenhum *tributo* (seja ele imposto, taxa ou contribuição), como bem indica o *caput* do art. 150, poderá ser instituído contra a liberdade de circulação (art. 150, V), em caráter discriminatório, tratando distintamente sujeitos que se encontrem em situações idênticas (art. 150, II, CF), ou contra a propriedade (art. 150, IV), com efeito de confisco, posto não ser sanção (art. 5º, XLVI, "b"; LIV). Tampouco poderia, a União, instituir contribuição que não fosse uniforme em todo o território nacio-

45. Nesse grupo, ver o interessante estudo: Brandão Machado, "São tributos as contribuições sociais?", cit., pp. 62-95.

nal ou que implicasse distinção ou preferência em relação a Estado, ao Distrito Federal ou a Município, em detrimento de outro (art. 151, I, da CF) ou que pudesse atentar contra qualquer outro valor constitucionalmente positivado. Todas essas limitações materiais aplicam-se às contribuições, de modo indiscutível, salvo quando sejam referidas exclusivamente a determinada espécie de tributo, como taxas ou impostos. Eis porque as imunidades não são abrangidas por essa proteção, como as do art. 150, VI, conseqüência da sua diferenciação de impostos e taxas.[46]

Cumpre salientar, com reforço, a importância do emprego dos valores concernentes aos princípios de não-discriminação e capacidade contributiva, mormente em se tratando de contribuições interventivas, que são rotineiramente afastados por alguns autores.

Por ser o princípio da capacidade contributiva o único critério admitido pela Constituição para distinções de regimes e tratamentos entre contribuintes, quando estes se encontrem em condições análogas, o recurso ao exercício de poder de polícia, salvo para o caso de criação de taxas (art. 145, II, CF), como meio para fundamentar efeitos de extrafiscalidade à atividade tributária, com o objetivo de conferir tratamento mais gravoso a qualquer situação, somente poderá ser aplicado nos exíguos casos para os quais a Constituição autoriza o seu uso, a exemplo das hipóteses do art. 153, § 1º, da CF, das contribuições de intervenção no domínio econômico, da progressividade ou mesmo da seletividade no IPI e no ICMS. Dessome-se do rigor de tais limites que qualquer tentativa de emprego de extrafiscalidade há de ser antecipada de largo exame de compatibilidade com os princípios do sistema constitucional tributário.[47]

A garantia contra o uso da extrafiscalidade agravante, geralmente criadora de efeitos discriminatórios, foi consolidada, na Constituição de 1988, no art. 150, II, ao prescrever o impedimento, para qualquer uma das pessoas políticas, de "instituir tratamento desigual entre contribuintes que se encontrem em situação equivalente (...)". A inserção do princípio de não-discriminação no sistema constitucional brasileiro é decorrência da adoção do princípio da capacidade contributiva como único critério para marcar a diferença de tratamento entre "contribuintes". No plano *legislativo*, presta-se como limite à escolha da matéria factual para com-

46. Assim também já entendeu o próprio STF: "Legal, pois, a exigência desta contribuição, a qual, porque não constitui imposto, pode ser cobrada mesmo daqueles que gozam da imunidade a que se refere o art. 19, III, *d*, da Carta" (RE 77.530-SP, 2ª Turma, rel. Min. Thompson Flores, j. 27.11.1973, publicado na *RTJ* 73/842).

47. Cf. Franco Fichera, *Imposizione ed extrafiscalità nel sistema costituzionale*.

por a hipótese de incidência de normas tributárias, porquanto o fato escolhido deverá ser revelador, com certa precisão, da capacidade econômica do sujeito passivo.[48] Desse modo, escolhido o fato imponível (revelador de capacidade contributiva), e definida a base de cálculo e alíquota aplicáveis (graduação da carga tributária individual), exaure-se o papel do princípio de capacidade contributiva no âmbito legislativo. Na aplicação, contudo, sua importância é ainda maior, por servir como o único critério de atendimento à tipicidade da quantificação legalmente prevista, nos atos de apuração do tributo devido, pela graduabilidade necessária.

Mas, como se disse, sobre a instituição dessas contribuições, cabe separar os pressupostos formais e materiais.

4.4.1 Limitações formais à instituição de contribuições (Lei complementar e temporalidade da CIDE)

Sobre os limites formais à exigência de contribuições, alguns referem-se à presença de lei complementar para quaisquer uma delas como algo inafastável. Nada mais infundado. Ao que nos afigura, a Constituição reserva a exigência de lei complementar, salvo algumas exceções (150, VII), para todos os casos em que não se tenha a definição da materialidade do tributo previamente determinada, como no caso do art. 148 – empréstimo compulsório; ou do art. 154, I, no exercício da competência residual para impostos ou contribuições sociais (art. 195, § 4º). Como reconhecemos que o art. 149 faz referência à materialidade pressuposta, com fatos determináveis a partir da intervenção do Estado na ordem econômica ou de associação em entidades corporativas, não nos parece que seja exigível o procedimento de lei complementar para a respectiva instituição dessas contribuições. Basta-se com lei ordinária.

Algo híbrido, entre requisito formal e material, é saber se a referência que o art. 149 faz ao art. 146, III, diz respeito ao processo legislativo

48. Corroborando essa opinião, afirma Roque Carrazza: "O princípio da igualdade exige que a lei, tanto ao ser editada, quanto ao ser aplicada: *a)* não discrimine os contribuintes que se encontrem em situação jurídica equivalente; *b)* discriminem, *na medida de suas desigualdades*, os contribuintes que não se encontrem em situação jurídica equivalente. No caso dos impostos, estes objetivos são alcançados levando-se em conta a *capacidade contributiva* das pessoas (físicas ou jurídicas). (...)" (Roque Antonio Carrazza, *Curso de Direito Constitucional Tributário*, p. 84). Sobre a relação entre capacidade contributiva e extrafiscalidade, cf.: Sacha Calmon Navarro Coelho, *Curso de direito tributário brasileiro*, pp. 77-84.

ou aos pressupostos materiais das leis institutivas – ao atender à função segundo a qual cabe à lei complementar "estabelecer normas gerais em matéria de legislação tributária, especialmente sobre: a) definição de tributos e de suas espécies (...)" –, e cobraria do legislador prévio pronunciamento legislativo, mediante lei complementar, definindo o tipo genérico, o arquétipo do conceito de "contribuição de intervenção no domínio econômico". Neste ponto vale assinalar que essa regra cumpre uma função muito específica no ordenamento, qual seja: prestar-se como meio de eliminar conflitos de competência (art. 146, I, CF). Como essas contribuições são de competência exclusiva da União, dilui-se a utilidade de uma lei complementar para resolver "conflito de competência" (lembro aqui a função dicotômica das chamadas normas gerais de direito tributário). Eis porque descabe falar em uma pretensa "norma geral" necessária e imprescindível à instituição de tais contribuições. A remessa que faz o art. 149 ao art. 146 está diretamente relacionada com o dispositivo da alínea "b", quanto aos procedimentos de constituição e exigibilidade, fiscalização e prazos de decadência e prescrição do crédito tributário. Ou seja, visa a afirmar a aplicação das normas gerais, presentes no CTN, às contribuições, o que foi alvo de grandes celeumas no passado e agora se dá por superado o discurso.

No que tange especificamente à CIDE, destaque-se, ademais, como critério de limitação formal, haja vista a excepcionalidade da medida interventiva, de função regulatória,[49] a prevalecer sobre função tipicamente arrecadatória, que sua instituição deve vir acompanhada de indicador da sua temporalidade, porquanto cessada a causa que lhe justifique, deve ser a cessação dos seus efeitos. Reafirmamos aqui o entendimento quase já consolidado na doutrina, salvo as hipóteses alocadas diretamente na Constituição, que toda CIDE deve ser temporária. Não se tem na Constituição nenhuma disposição que requeira sua permanência ordinária, como é o caso da manutenção da Previdência Social, para as contribuições sociais, ou entidades de classe e sindicatos, para aquelas

49. Fábio Konder Comparato destaca, com forte tinta, a natureza de "medida exceptiva" do intervencionismo no domínio econômico. Cf. Fabio Konder Comparato, "Intervenção no domínio econômico – sociedade de economia mista – alienação de ações", *Revista de Direito Administrativo* 142/179. Cf. ainda: Celso Antonio Bandeira de Mello, "O Estado e a ordem econômica", *Revista de Direito Administrativo* 143/37-50; Seabra Fagundes, "Da ordem econômica na nossa Constituição", *Revista Forense*, vol. 222, pp. 21 e ss.; Eros Roberto Grau, "Intervenção do Estado no domínio econômico", *Enciclopédia Saraiva*, vol. 46, pp. 65 e ss.

corporativas. Entendemos que a competência para instituir e cobrar tais contribuições interventivas deve cessar tão logo cessem as causas excepcionais que as justificaram, a exemplo do quanto de se deve verificar com o Imposto Extraordinário (art. 154, II, CF) e Empréstimo Compulsório (art. 148, CF).

4.4.2 Limitações materiais, com particular aplicação à CIDE

Sobre os pressupostos materiais, temos que as contribuições do art. 149 exigem a atuação da União nas respectivas áreas (social, econômica ou profissional), logo, a materialidade da hipótese normativa deverá vir vinculada, não bem ao destino da receita, diretamente, porque isso não interfere na constituição da obrigação tributária, mas a uma situação que reflita atuação nas áreas que menciona.

Apesar de termos sua aparição, na prática, há mais tempo, foi somente a partir da Constituição de 1967, no art. 157, § 9º, que nos chegou a primeira regra atributiva de competências em matéria de contribuição de intervenção no domínio econômico, alocada no capítulo "da Ordem Econômica e Social", com a seguinte redação: "Para atender à intervenção no domínio econômico de que trata o parágrafo anterior, poderá a União instituir contribuições destinadas ao custeio dos respectivos serviços e encargos, na forma que a lei estabelecer". Posteriormente, a Emenda Constitucional n. 1, de 1969, trouxe o referido dispositivo para o capítulo do sistema tributário nacional, inserindo-o no art. 21, § 2º, I, autorizando a União a instituir contribuições "tendo em vista a intervenção no domínio econômico". Todavia, conservou no art. 163 limites materiais evidentes à edição da respectiva lei, autorizada apenas no seguinte caso: "a intervenção no domínio econômico e o monopólio de determinada indústria ou atividade, mediante lei federal, quando indispensável por motivo de segurança nacional ou para organizar setor que não possa ser desenvolvido com eficácia no regime de competição e de liberdade de iniciativa, assegurados os direitos e as garantias individuais". Em seguida, no parágrafo único, reafirmava-se que aquela competência somente se poderia exercer nos limites do referido artigo, porquanto: "para atender a intervenção de que trata este artigo, a União poderá instituir contribuições destinadas ao custeio dos respectivos serviços e encargos, na forma que a lei estabelecer".

Tais limites materiais ao exercício da referida competência foram suplantados pela Constituição de 1988 por uma disposição mais ampla, que melhor afirma o compromisso do Estado Democrático e Social de Direito, na medida em que o art. 174 menciona o planejamento como função essencial do Estado, no trato da ordem econômica, *in verbis*: "Como agente normativo e regulador da atividade econômica, o Estado exercerá, na forma da lei, as funções de fiscalização, incentivo e planejamento, sendo este determinante para o setor público e indicativo para o setor privado". Neste plano atual, ficou mais difícil quadrar os limites materiais das CIDEs, mas não impossível.

Essa é uma realidade decorrente das mudanças operadas no Estado moderno, com sua definição voltada à promoção efetiva da *função social* do mercado, na medida em que se define como o encontro entre o exercício da vontade individual (mediante negócios) e os direitos de propriedade e de igualdade. Supera-se o liberalismo clássico, baseado no individualismo. Cumpre, agora, ao Estado, um dever de vigilância, de sorte a acompanhar tudo o que se passa na ordem econômica, analisando cada um dos seus domínios, isoladamente, para que saiba de antemão quais providências deva tomar em cada um deles. O Estado passa a ser, na ordem econômica, da qual ele é parte integrante, também, agente de controle e de vigilância das respectivas atividades, para os fins de planejamento, visando ao estímulo ou mesmo à contenção de certas circunstâncias indesejáveis ao que fora planejado. Para alcançar este fim, vários são os instrumentos, como intervenção do CADE, dos órgãos de defesa do consumidor, daqueles de preservação ambiental ou mesmo das CIDEs, aplicadas a domínio econômico que se encontre sob os efeitos de alguma distorção temporária.

Sabe-se que na Alemanha tais contribuições não se confundem com tributos, porquanto instituídas sob a égide da autorização de intervenção indireta na economia, a exemplo do quanto acima se menciona, servindo de instrumento ao planejamento público, com existência temporária e plena liberdade de alcance. No Brasil nem de perto isso pode ser reclamado. Tampouco se pode definir tais contribuições como tributos contraprestacionais, sob o amparo do tênue argumento de que as contribuições são cobradas para atender aos interesses de um dado grupo, quanto à intervenção do Estado. Radicaliza-se na visão ontológica da diferenciação entre as espécies de tributos fundada unicamente no destino da receita pública. Desde Giannini, como se viu acima, essa noção perdeu fôlego.

O uso de tributos com efeito regulador de mercados não é nenhuma novidade. Sabe-se bem que a simples instituição de qualquer tributo, por si só, já projeta conseqüências na ordem econômica. Todo e qualquer ato de criação ou aumento de tributo é intervenção direta e indireta sobre a macro e a micro economia de uma nação. Reclama-se, então, o traço diferenciador entre tais contribuições, tipicamente de intervenção no domínio econômico, e os demais tributos. E isso será sobremodo importante para responder à seguinte indagação: o que justifica a cobrança de uma tal exação de um sujeito que se vê, atônito, a se questionar por que ele a suportar tal peso de carga tributária?

Outrossim, nada impede que, para o mesmo fim, tenha-se a majoração de tributos, sua redução ou criação de incentivos fiscais, a depender do interesse envolvido, como instrumento de política pública, inclusive autorizados constitucionalmente, como é o caso dos Impostos de Exportação, Importação, Produtos Industrializados, ou Crédito, Câmbio, Seguros, Títulos e Valores Mobiliários (art. 153, § 1º, CF), o Imposto Territorial Rural (art. 156), ou os incentivos fiscais (art. 151, I, CF), que podem servir para reduzir desigualdades regionais, aplicáveis em quaisquer dos tributos.

Alguns insistem em argumentar que as contribuições de intervenção no domínio econômico poderiam servir para a eliminação de desigualdades regionais, quando poderia, a União, criar CIDE para tal finalidade. Nada mais inconsistente. Até a literalidade do art. 151, I, não o corrobora, pois diz claramente aplicar-se a "tributos", e não apenas a impostos. Por isso mesmo, nenhuma CIDE poderá ser criada com tal arranjo jurídico, carente de "uniformidade geográfica". Intervenção na economia e garantia de equilíbrio regional são temas muito distintos; aquela exige meios próprios, dentre os quais a instituição de CIDE; este, aplicação de incentivos fiscais[50] e destinação de verbas, de acordo com o regime de

50. Em matéria de incentivos fiscais, nossa Constituição de 1988 foi pródiga, comparando-se com as anteriores. Basta ver os artigos: art. 145, § 1º, ao tratar da capacidade econômica como limite à tributação; art. 149, quando as contribuições de intervenção no domínio econômico se prestem para as funções de estímulo; art. 150, I, c/c o seu § 6º, e com o art. 156, § 3º, III, no que respeita à exigência de legalidade; art. 150, II, e art. 3º, quando exige redução de desigualdades; art. 151, I, e art. 43, § 2º, ao estabelecer condições para a criação de incentivos fiscais, em detrimento do dever de uniformidade territorial dos tributos; arts. 19, I e 195, § 3º, impedindo a utilização de espécies de incentivos; e como forma de políticas de estímulo: art. 146, III, "c", no que tange aos incentivos que as pessoas políticas devem conceder às cooperativas; arts. 156, 170, IX e 179 (microempresas e empresas de pequeno porte); arts. 180 (turismo); arts. 149, § 2º, I, 153, § 3º, III, e 155, § 2º, X, "a" (comércio exterior, para estimular exportações); arts. 165, § 6º e 174 (planejamento), arts. 195, § 7º e 150, VI, "c" (entidades de assistência social); art. 215 (cultura); art. 217, IV (des-

transferência constitucional do produto da arrecadação e constituição de fundos de participação e similares.

Certa doutrina já quis conferir à CIDE inclusive função de poder de polícia, à qual se poderia aplicar taxa ou CIDE, sendo os fundamentos e pressupostos compatíveis, mas não cabe qualquer paralelo entre tais finalidades.[51] Longe disso. Faz-se mister separar regime de atuação do Estado na ordem econômica (art. 173), intervenção do Estado em domínios econômicos (art. 174) e agir estatal de controle (art. 145, II). Poder de polícia é controle estatal, normalmente efetivado por atos de fiscalização, ao que se exige órgão público criado e em funcionamento, para que seja possível cobrar "taxa", pela efetiva atuação estatal. Contribuição de Intervenção no Domínio Econômico, diversamente, somente poderá ser instituída em casos de interesse de fomentar determinado segmento econômico (estímulo) ou desencorajar a atuação em certo domínio econômico, mediante a própria cobrança (desestímulo). Nada tem de poder de polícia, portanto, porquanto amparado nos fundamentos do Estado intervencionista.

Para resolver essas dificuldades, mister indicar o que se quer dizer com o conceito de domínio econômico, para os fins de aplicação da referida contribuição. Fora de discussão os modos de atuação do Estado na ordem econômica, usando de seus meios, diretamente (art. 173), por *absorção* de atividade econômica, ou mediante regras de controle específicas (tabelamentos etc.), por *direção*. Entendemos, assim, por *domínio*

portes); art. 217, § 3º (lazer como forma de promoção social); art. 218 (desenvolvimento científico, pesquisa e capacitação tecnológica); art. 225, I, II e III (meio ambiente); art. 227, § 3º, IV (proteção e guarda de criança ou adolescente órfão ou abandonado); ADCT, art. 40 (Zona Franca de Manaus) e ADCT, art. 76, § 1º (setor produtivo de certas regiões); ao exigir a reavaliação de incentivos concedidos, ADCT, art. 41; no que tange à aplicação de incentivos à agricultura, mediante irrigação, art. 43, § 3º, e ADCT, art. 42; instituindo o Fundo Social de Emergência, ADCT, arts. 71 e 72; e ainda aqueles relacionados com a determinação orçamentária, como são os arts. 63, 163, 167, II, e 165, § 6º a 9º. Esta lista não é exaustiva, ausente que se encontra de algumas regras específicas sobre isenções que não guardam relação direta com o conceito de incentivo.

51. Cf.: Marco Aurélio Greco, "Contribuição de intervenção no domínio econômico – parâmetros para sua criação", in *Contribuições de intervenção no domínio econômico e figuras afins*, p. 15. Para um estudo do papel interventivo do Estado, cf. o interessante estudo: Luis Fernando Schuartz, "Contribuição de intervenção no domínio econômico e atuação do Estado no domínio econômico", in Marco Aurélio Greco (Coord.), *Contribuições de intervenção no domínio econômico e figuras afins*, cit., p. 15.

econômico qualquer porção da ordem econômica, com atuação preponderante de agentes privados, cuja intervenção (do latim: *intervenire*, meter-se entre, colocar-se entre) deve ter função excepcional de fiscalização, controle, planejamento ou estímulo.[52]

Intervenção em "domínio econômico" não é o mesmo que atuação na "ordem econômica". Naquela, presentes os motivos, o Estado opera sobre segmentos delimitados, agindo quando necessário e conveniente ao bom funcionamento da ordem econômica como um todo; nesta, o Estado permanece, com órgãos próprios, em constante operar, mediante controle e fiscalização, visando a evitar perturbações da macroeconomia, como se vê nos casos dos setores cambial, financeiro, de consumo e concorrência, dentre outros (concentrações de empresas, preços, desaquecimentos, desempregos, desenvolvimento tecnológico etc).

A intervenção deve, assim, cumprir um programa constitucional, que possa habilitar o Estado à ação no segmento da *ordem econômica*, sem reflexo sobre o todo. Isso poderá ser feito: (i) visando a criar condições favoráveis de expansão e crescimento, como é o caso do emprego das várias modalidades de incentivos fiscais (art. 150, § 6º; art. 151, I; art. 165, § 6º, CF etc.); ou ao (ii) desestímulo, mediante aumento de tributos que se possam aplicar na hipótese (por exemplo, art. 150, § 1º, CF) ou cobrança da CIDE, podendo esta ser cobrada cumulativamente com o tributo aumentado. E nada impede que para equilibrar forças no mercado, possa, o Estado, usar (iii) medidas de contenção sobre um grupo, para aplicação dos recursos arrecadados no incentivo e estímulo daquele grupo que eventualmente encontrava-se em dificuldades, como se vê na CIDE-petróleo, em favor dos programas de álcool.

Destarte, quando aplicada com o fim de desestímulo de atuação num dado setor econômico, o grupo de contribuintes deverá manter inequívoca atuação no segmento; quando planejada para os efeitos de estímulo mediante aplicação da receita arrecadada, deve-se verificar a efetiva relação entre o meio (a contribuição) e o fim (intervenção no domínio eco-

52. Como bem menciona Yonne Dolácio: "As atividades de estímulo e apoio às empresas privadas constituem dever do Estado. Estímulo e apoio envolvem medidas de fomento ou técnicas de encorajamento na expressão de Bobbio", para induzir comportamentos em favor das empresas privadas. Obviamente, diante dessa valoração expressa, dentro dessas medidas estimuladoras jamais poderia ser admitida uma medida de intervenção no domínio econômico das empresas privadas. "Se o propósito desejado é o de apoiar, fomentar, estimular, seria incoerência, ao mesmo tempo, autorizar intervenção limitadora da ação dos agentes privados da economia" (p. 310).

nômico), estando o grupo dos contribuintes de algum modo vinculado aos destinatários dos benefícios.

Por não se aplicar a toda a coletividade de contribuintes da materialidade afetada (mercadorias, serviços, propriedades), nada impede que a CIDE possa ser instituída mesmo sobre materialidades submetidas à competência alheia, de estados e municípios. Isso decorre do nosso convicto entendimento de que só poderá ser aplicada a um grupo precisamente demarcado, num segmento específico da ordem econômica, entendido como "domínio econômico". Diga-se o mesmo para os impostos e contribuições da União, dês que presentes os fundamentos da sua instituição e respeitada a sua temporalidade.

A cobrança da CIDE sobre materialidade diferente do motivo que justifica o exercício competência findaria por servir à instituição de típico imposto com destinação especial, o que eivaria de inconstitucionalidade a lei institutiva, pela afronta ao art. 167, IV, CF, que proíbe vincular a receita de imposto a órgão, fundo ou despesa.[53] E mesmo que o tributo tenha receita diretamente transferida para o orçamento, ele poderia findar por ser discriminatório na hipótese. Nenhuma liberdade, portanto, assiste à União para descrever o critério material das CIDEs. O segmento econômico escolhido, carente de intervenção estatal, em vista do desalinho que mantém com algum princípio reitor da ordem econômica, determina-lhes a materialidade possível.

O domínio ambiental parece ser, assim, campo muito propício para o emprego da CIDE, como instrumento de garantia do princípio contido no art. 170, ao reclamar que a ordem econômica, ao ter por fim assegurar a todos existência digna, observe a: "VI – defesa do meio ambiente, inclusive mediante tratamento diferenciado conforme o impacto ambiental dos produtos e serviços e de seus processos de elaboração e prestação" (redação dada pela Emenda Constitucional n. 42, de 19.12.2003), desde que se limitando sempre ao grupo vinculado à materialidade eleita, a partir do motivo constitucional.

Estes são os elementos que poderão servir como critérios de controle sobre o ato legislativo quando da eventual instituição de contribuições

53. "Art. 167. São vedados: IV – a vinculação de receita de impostos a órgão, fundo ou despesa, ressalvadas a repartição do produto da arrecadação dos impostos a que se referem os arts. 158 e 159, a destinação de recursos para manutenção e desenvolvimento do ensino, como determinado pelo art. 212, e a prestação de garantias às operações de crédito por antecipação de receita, previstas no art. 165, § 8º, bem assim o disposto no § 4º deste artigo (...)."

interventivas, ao que, firmes nos ideários republicanos e democráticos, esperamos que sejam sempre atendidos.

4.5 Finalidade interventiva como pressuposto da norma de competência – ausência de vínculo com o destino da receita como critério para classificação das contribuições

A "finalidade", enquanto elemento da norma de competência das *contribuições da intervenção no domínio econômico*, é aspecto que nenhum dos autores que já discorreram sobre a temática de classificação dos tributos nega. Vale salientar, todavia, que coincidir o destino da receita do produto arrecadado com a espécie de tributo, é erro elementar da maior gravidade que não podemos corroborar.

Toda CIDE é típico instrumento que visa a alcançar um êxito específico, qual seja, a intervenção em determinado espaço material da ordem econômica, da qual o domínio *ambiental* é espécie. Desse modo, presente motivo razoável para a intervenção e a instituição do tributo prestando-se como instrumento adequado para colaborar com a erradicação do aspecto distorcivo, tem-se como legítima a criação da CIDE (i). Não sendo adequado como instrumento de colaboração, sua instituição será inconstitucional, por incompatibilidade com a finalidade-motivo (ii). Prestando-se como instrumento significativo, por ser excepcional, sua duração deverá ser temporária, na medida em que deve viger enquanto perdurar o motivo que lhe serviu como "motivo" (iii). Se não mais persistem os motivos, não há justificativa constitucional para sua permanência, porquanto a competência deixa de lhe assegurar legitimidade. A condição para o exercício e manutenção da competência desaparecendo, exaure-se, com ela, a validade da lei institutiva da referida contribuição.

Os limites e a legitimidade da intervenção estatal na economia não dependem da vontade patrocinada pelo Estado ou da vontade ideológica dos governantes que o conduzem num dado episódio da sua evolução histórica; dependem, isso sim, da Constituição vigente e dos valores que esta alberga. Daí não ser possível ao Estado criar limites estranhos ao quanto lhe compete na regulação da economia, os quais somente podem ser praticados sobre aqueles interesses que afetem aspectos coletivos e com a finalidade de garantir os princípios constitucionais maiores, como os dos arts. 1º, 5º e 170, da Constituição.

Em um sistema constitucionalmente analítico, como o brasileiro, quanto à matéria tributária, não há, para o legislador, ampla discricionariedade na formulação de leis instituidoras de tributos ou pertinentes aos procedimentos de arrecadação e fiscalização. É erro crasso dizer de uma pretensa liberdade do legislador para a instituição de contribuições interventivas em domínios econômicos, como o ambiental. Sempre haverá limites, enquanto houver Constituição vigente.

Em vista disso, materialmente, pode-se reclamar os pressupostos do art. 170, de tal ordem que *a União poderá intervir em algum domínio econômico dês que visando a assegurar:* livre concorrência, defesa do consumidor, *defesa do meio ambiente*, redução das desigualdades regionais e sociais, busca do pleno emprego, tratamento favorecido para as empresas de pequeno porte. Mas não só. Poderá vir como forma de atuação nas atividades de transportes, desenvolvimento urbano, produção agrícola, atuação do sistema financeiro nacional, participação do capital estrangeiro, fomento à tecnologia dentre outros. Eis a União intervindo na respectiva área econômica, no espaço autorizado pela Constituição.

O fundamento material (motivo constitucional) da *contribuição de intervenção no domínio econômico* advém do próprio art. 149, CF, que reclama uma atuação da União na respectiva área; que não será por uma presença do Estado, por substituição dos particulares numa dada área, tampouco numa simples regulação de setores econômicos, mas sempre para os fins de garantir correção ou estímulo a certo e bem quadrado domínio econômico, mediante "intervenção".

Assim, é de se indagar: a destinação do produto arrecadado prestase para o controle da espécie tributária em questão? Depende. Caso o interesse de intervenção seja de *indução*[54] *negativa*, para obter desestímulo significativo em determinado segmento da economia, ao que os impostos, pela exigência de caráter geral e de uniformidade geográfica, não poderia alcançar, sem prejuízo de outros contribuintes desprovidos de nexo com o âmbito da distorção setorial, a própria criação da CIDE já será, por si mesma, verdadeira intervenção na ordem econômica; revelando-se, per se, a finalidade-motivo para o exercício legislativo. Contudo, em se tratando de intervenção com *indução positiva*, quando a simples instituição não tem outra finalidade senão estimular determinado segmento, o que se pretende é ver a aplicação dos recursos arrecadados nesse orbe econômico. Nesse caso, a previsão legislativa poderá trazer

54. Sobre a indução da intervenção estatal, cf.: Eros Roberto Grau, *A ordem econômica na Constituição de 1988 (interpretação e crítica)*, 9ª ed., pp. 84 e ss.

tanto a indicação do destino exclusivo para o órgão competente ou fundo, como poderá prever a aplicação de determinado percentual, nunca inferior ao montante arrecadado, por dever de moral administrativa (art. 37), dos recursos do orçamento geral do Estado. O destino da receita arrecadada não qualifica espécies de tributos.[55]

Por tudo isso, tem-se que a Contribuição de Intervenção no Domínio Econômico será sempre um excelente instrumento para a ação legislativa da União no domínio das questões ambientais. E nada impede que a União possa exercer sua competência em favor de Estados e Municípios, criando tais contribuições para que estas sejam cobradas e arrecadadas por estes, nas hipóteses que autorizar, desde que limitadamente aos sujeitos vinculados à ação específica que se pretenda coibir, com existência temporária, até que se possam erradicar as causas de danos ou se garanta a preservação necessária.

5. *Considerações finais*

Decerto que as suas vicissitudes são, em muito, reduzidas por não se lhes aplicar o regime tributário, porquanto não tenham natureza jurídica de tributo. Todavia, as implicações que a respectiva exigibilidade, toda ela definida pela União, podem se verificar para a relação contratual, bem como para os titulares da renda, exigem desta pessoa política respeito aos direitos de ambos: aos *concessionários*, sujeitos passivos da relação jurídica obrigacional, e aos *beneficiários* das transferências, mantendo para aqueles uma segurança jurídica plena e certeza do direito aplicável, além da manutenção da equação econômico-financeira do Contrato de concessão; e para os destinatários das receitas, a garantia de irredutibilidade das rendas, em obediência ao princípio federativo.

55. Para Misabel Derzi, "o contribuinte pode opor-se à cobrança de contribuição que não esteja afetada aos fins, constitucionalmente admitidos; igualmente poderá reclamar a repetição do tributo pago, se, apesar da lei, houver desvio quanto à aplicação dos recursos arrecadados. É que, diferentemente da solidariedade difusa ao pagamento de impostos, a Constituição prevê a solidariedade do contribuinte no pagamento de contribuições e empréstimos compulsórios e a conseqüente faculdade outorgada à União de instituí-los, de forma direcionada e vinculada, a certos gastos. Inexistente o gasto ou desviado o produto arrecadado para outras finalidades não autorizadas na Constituição, cai a competência do ente tributante para legislar e arrecadar" (in Aliomar Baleeiro, *Direito Tributário Brasileiro*, anotado por Misabel de Abreu Machado Derzi, cit., p. 1.034).

Bibliografia

AGUILLAR, Fernando Herren. *Controle social de serviços públicos*. São Paulo, Max Limonad, 1999.

AFTALIÓN, Enrique R.; VILANOVA, José. *Introducción al derecho*. Buenos Aires, Abeledo-Perrot, 1988.

ALCHOURRON, Carlos. "Conflicts of norms and the revision of Normative systems", *Law and philosophy*, vol. 10, n. 4. Holanda, Kluwer, nov. 1991.

ALCHOURRON, Carlos; BULYGIN, Eugenio. *Normative systems*. New York, Springer-Verlag, 1971.

__________. *Análisis lógico y derecho*. Madri, CEC, 1991.

__________. *Introducción a la metodología de las ciencias jurídicas y sociales*. Buenos Aires, Astrea, 1993.

ALTAMIRANO, Alejandro. "El derecho constitucional a un ambiente sano, derechos humanos y su vinculación con el derecho tributario", *Revista de Direito Tributário* 82/115-158.

AMARAL, Antonio Carlos Cintra do. *Concessão de serviço público*. 2ª ed., rev., atual. e ampl., São Paulo, Malheiros Editores, 2002.

ATALIBA, Geraldo. *Hipótese de incidência tributária*. 6ª ed., 5ª tir., São Paulo, Malheiros Editores, 2004.

BARQUERO ESTEVAN, Juan Manuel. *La función del tributo en el Estado social y democrático de Derecho*. Madri, Centro de Estudios Políticos y Constitucionales, 2002.

BALEEIRO, Aliomar. *Limitações constitucionais ao poder de tributar* (anotado por Misabel de Abreu Machado Derzi). Rio de Janeiro, Forense, 1997.

__________. *Direito Tributário Brasileiro* (anotado por Misabel de Abreu Machado Derzi). 11ª ed., Rio de Janeiro, Forense, 1999.

BECKER, Alfredo Augusto. *Teoria geral do direito tributário*. 3ª ed., São Paulo, Lejus, 1999.

BENJAMIN, Antonio Herman de V. *et alli*. "O Princípio poluidor-pagador e a reparação do dano ambiental", in *Dano Ambiental, prevenção, reparação e repressão*. São Paulo, Ed. RT, 1993.

BORGES, José Souto Maior. "Contribuições – caráter tributário", in *Revista de Direito Tributário* n. 34.

__________. *Teoria Geral da Isenção Tributária*. 3ª ed., rev. e atual., São Paulo, Malheiros Editores, 2001.

BRANDÃO MACHADO. "São tributos as contribuições sociais?", in *Princípios tributários no direito brasileiro e comparado. Estudos jurídicos em homenagem a Gilberto de Ulhôa Canto*. Rio de Janeiro, Forense, 1988.

CANTO, Gilberto de Ulhôa. "Contribuições especiais no direito brasileiro", *Revista de Direito Tributário* 31/127-141.

CARNELUTTI, Francesco. *Metodología del derecho*. México, 1950.

CARRAZZA, Roque Antonio. *Curso de Direito Constitucional Tributário*. 20ª ed., rev., ampl. e atual., até a EC n. 44/2004, São Paulo, Malheiros Editores, 2004.

CARVALHO, Paulo de Barros. *Teoria da norma tributária*. 3ª ed., São Paulo, Max Limonad, 1998.

__________. *Curso de direito tributário*. 15ª ed., São Paulo, Saraiva, 2003.

CATÃO, Marcos André Vinhas. *Regime jurídico dos incentivos fiscais*. Rio de Janeiro, Renovar, 2004.

COELHO, Sacha Calmon Navarro. *Curso de direito tributário brasileiro*. 2ª ed., Rio de Janeiro, Forense, 1999.

__________. *Teoria geral do tributo e da exoneração tributária*. 3ª ed., Belo Horizonte, Del Rey, 2000.

COELHO, Sacha Calmon Navarro; DERZI, Misabel Abreu Machado. *Direito Tributário Atual – Pareceres*. Rio de Janeiro, Forense, 1997.

__________. "A Emenda Constitucional n. 33/01 e a alíquota específica no ICMS", *Revista Dialética de Direito Tributário* 90/114-123. São Paulo, Dialética, 2003.

COMPARATO, Fabio Konder. "Intervenção no domínio econômico – sociedade de economia mista – alienação de ações", *Revista de Direito Administrativo*, vol. 142. Rio de Janeiro, FGV, 1980.

CONTE, Amedeo G. *Saggio sulla completezza degli ordinamenti giuridici*. Turim, Giappichelli, s/d.

CORREA, Walter Barbosa. *Contribuição ao estudo da extrafiscalidade*. São Paulo, 1964.

__________. "Conceito de Tributo, imposto e taxa", *Revista de Direito Administrativo*, vol. 78. Rio de Janeiro, FGV, out.-dez. 1964.

COSTA, Alcides Jorge. "Conceito de Tributo, imposto e taxa", *Revista de Direito Administrativo* 78/26-37.

COSTA, Regina Helena. "Tributação Ambiental", in *Direito Ambiental em Evolução*. Curitiba, Juruá, 1998.

DERANI, Cristiane. *Direito ambiental econômico*. São Paulo, Max Limonad, 1997.

__________. *Privatização e serviços públicos – as ações do Estado na produção econômica*. São Paulo, Max Limonad, 2002.

DIAS, José Eduardo de Oliveira Figueiredo. *Tutela ambiental e contencioso administrativo*. Coimbra, Coimbra Editora, 1997.

DI PIETRO, Maria Sylvia Zanella. *Direito Administrativo*. 17ª ed., São Paulo, Atlas, 2004.

__________. *Parcerias na administração pública*. 4ª ed., São Paulo, Atlas.

ENTELMAN, Remo F. "El problema de la clasificación en la ciencia del derecho", in Eugenio Bulygin; Martin D. Farrel; Eduardo A. Rabossi (Coord.), *El lenguaje del derecho: homenaje a Genaro Carrió*. Buenos Aires, Abeledo-Perrot, s/d., pp. 109-129.

ESSER, Josef. *Principio y norma en la elaboración jurisprudencial del derecho privado*. Barcelona, Bosch, 1961.

FAGUNDES, Seabra. "Da ordem econômica na nossa Constituição", *Revista Forense*, vol. 222. Rio de Janeiro, Forense, 1968.

FARIA, Sylvio Santos. *Aspectos da parafiscalidade*. Salvador, Progresso, 1955.

FEDELE, Andrea. *La tassa*. Siena, Ed. Senese, 1974.

FICHERA, Franco. *Imposizione ed extrafiscalità nel sistema costituzionale*. Roma, ESI, 1973.

FIORILLO, Celso Antonio Pacheco. *Curso de Direito Ambiental*. 5ª ed., São Paulo, Saraiva, 2004.

FREITAS, Vladimir Passos de. *A Constituição Federal e a efetividade das normas ambientais*. 2ª ed., São Paulo, Ed. RT, 2002.

GIANPIETRO BORRAS, Gabriel. *Las tasas en la Hacienda Publica*. Montevidéu, 1959.

GIANNINI, A. D. *Istituzioni di Diritto Tributario*. 8ª ed., Milão, Giuffrè, 1960.

GIANNINI, Massimo Severo. *Diritto amministrativo*. 3ª ed., Milão, Giuffrè, 1993, 2 vols.

GIL, Antonio Hernández. *Problemas epistemológicos de la Ciencia Jurídica*. Madri, Civitas, 1981.

__________. *Metodología del derecho*. Madri, Rev. de derecho privado, s/d.

GORDILLO, Agustín. *Tratado de derecho administrativo*, vol. I. Buenos Aires, Macchi, 1982.

GRAU, Eros Roberto. "Intervenção do Estado no domínio econômico", *Enciclopédia Saraiva*, vol. 46. São Paulo, 1977.

__________. "IAA – contribuição de intervenção", in *Revista de Direito Tributário* 53.

__________. "Crítica da discricionariedade e restauração da legalidade", in Cármen Lúcia Antunes Rocha (Org.). *Perspectivas do direito público*. Belo Horizonte, Del Rey, 1995.

__________. "Constituição e serviço público", in Eros Roberto Grau; Willis Santiago Guerra Filho (Orgs.), *Direito Constitucional – estudos em homenagem a Paulo Bonavides*, 1ª ed., 2ª tir., São Paulo, Malheiros Editores, 2003.

__________. *A ordem econômica na Constituição de 1988*. 9ª ed., rev. e atual., São Paulo, Malheiros Editores, 2004.

GRECO, Marco Aurélio. "Contribuição de intervenção no domínio econômico – parâmetros para sua criação", in *Contribuições de intervenção no domínio econômico e figuras afins*. São Paulo, Dialética, 2001.

__________ (Coord.). *Contribuições (uma figura "sui generis")*. São Paulo, Dialética, 2000.

GROTTI, Dinorá Adelaide Musetti. *O serviço público e a Constituição brasileira de 1988*. São Paulo, Malheiros Editores, 2003.

GUASTINI. Riccardo. *Dalle fonti alle norme*. 2ª ed., Turim, Giappichelli, 1992.

__________. *Le fonti del diritto e l'interpretazione*. Milão, Giuffré, 1993.

GUIBOURG, Ricardo A.; GHIGLIANI, Alejandro M.; GUARINONI, Ricardo V. *Introducción al conocimiento científico*. Buenos Aires, EUDEBA, 1994.

HERRERA MOLINA, Pedro Manuel. *Derecho tributario ambiental (environmental tax law) – la introducción del interés ambiental en el ordenamiento tributario*. Madri, Marcial Pons, 2000.

HOHFELD, Wesley Newcomb. *Concetti giuridici fondamentali*. Turim, Einaudi, 1969.

INGROSSO, Manlio. *Divisione e classificazione nella scienza giuridica finanziaria*. Nápoles, Edizioni Scientifiche Italiane, 1977.

JUSTEN FILHO, Marçal. *Teoria geral das concessões de serviço público*. São Paulo, Dialética, 2003.

JUSTEN, Mônica Spezia. *A noção de serviço público no direito europeu*. São Paulo, Dialética, 2003.

KELSEN, Hans. *Teoria pura do directo*. 6ª ed., Coimbra, Armênio Amado, 1984.

KLUG, Ulrich. *Logica jurídica*. Caracas, Universidad Central, 1961, vol. XXV.

__________; KELSEN, Hans. *Normas jurídicas e análise lógica*. Rio de Janeiro, Forense, 1984.

LARENZ, Karl. *Metologia da ciência do direito*. 2ª ed., Lisboa, C. Gulbenkian, 1989.

LÓPEZ DIAZ, Antonio. "Las modalidades de la fiscalidad ambiental", in Celso Antônio Bandeira de Mello (Org.), *Direito Tributário – estudos em homenagem a Geraldo Ataliba*. São Paulo, Malheiros Editores, 1997.

MACHADO, Celso Cordeiro. *Limites e conflitos de competência tributária no Direito Brasileiro*. Belo Horizonte, 1968.

MACHADO, Paulo Affonso Leme. *Direito ambiental brasileiro*. 12ª ed., rev., atual. e ampl., São Paulo, Malheiros Editores, 2004.

MARTINS, Ives Gandra da Silva. "A função da lei complementar tributária – legalidade do Decreto n. 3.070/99 e da I.N. – SRF 060/99 – possibilidade de adoção de imposto fixo no direito tributário brasileiro", *Revista Dialética de Direito Tributário*, n. 65.

MEDAUAR, Odete. *O direito administrativo em evolução.* 2ª ed., São Paulo, Ed. RT, 2003.

__________. *Direito Administrativo moderno.* 7ª ed., São Paulo, Ed. RT, 2003.

__________. "Nova crise do serviço público", in Eros Roberto Grau; Sérgio Sérvulo da Cunha (Orgs.), *Estudos de direito constitucional em homenagem a José Afonso da Silva.* São Paulo, Malheiros Editores, 2003.

MELLO, Celso Antônio Bandeira de. "O Estado e a ordem econômica", *Revista de Direito Administrativo,* vol. 143. Rio de Janeiro, FGV, 1981.

__________. *Prestação de serviços públicos e administração indireta.* 2ª ed., São Paulo, Ed. RT, 1983.

__________. *Curso de direito administrativo.* 17ª ed., rev. e atual. até as Emendas 41 (da Previdência) e 42, de 2003. São Paulo, Malheiros Editores, 2004.

MÉRIGOT, Jean Guy-. "Elementos de uma teoria da parafiscalidade", *Revista de Direito Administrativo,* vol. 33. Rio de Janeiro, FGV, jul.-set. 1953.

__________. "Legalidade, motivo e motivação do ato administrativo", *RDP* 90/57-69.

MODUGNO, Franco. *Appunti per una teoria generale del diritto: la teoria del diritto oggettivo.* Turim, Giappichelli, 1989.

MORATO LEITE, José Rubens; BELLO FILHO, Ney de Barros (Org.). *Direito ambiental contemporâneo.* Barueri, Manole, 2004.

MORSELLI, Emanuele. *Studi di istituzioni e dottrine finanziarie.* Pádua, CEDAM, 1936.

MORSELLI, E. *Parafiscalidade e seu controle.* Rio de Janeiro, Ed. Financeiras, 1954.

NABAIS, José Casalta. *O dever fundamental de pagar impostos.* Coimbra, Almedina, 1998.

NASCIMENTO, A. Theodoro. "Preços, taxas e parafiscalidade", in Aliomar Baleeiro, *Tratado de Direito Tributário Brasileiro,* vol. VII. Rio de Janeiro, Forense, 1977.

NEVES, Marcelo. *Teoria da inconstitucionalidade das leis.* São Paulo, Saraiva, 1988.

OLIVEIRA, Yonne Dolácio de. *Contribuições para intervenção no domínio econômico no direito tributário brasileiro.* São Paulo, 1988, Tese (Livre Docência).

__________. "Contribuições especiais – noções gerais – contribuição de intervenção no domínio econômico", in *Cadernos de Direito Tributário e Finanças Públicas,* n. 12. São Paulo, Ed. RT, jul.-set. 1995.

ORESTANO, Ricardo. "Metodologia e diritto", in *"Diritto" Incontri e scontri.* Bologna, Il Mulino, 1981, pp. 145-157.

OST, François. *A Natureza à margem da lei. Ecologia à prova do Direito*. Lisboa, Instituto Piaget, 1995.

PAWLOWSKI, Hans Martin. *Introduzione alla metodologia giuridica*. Milão, Giuffrè, 1993.

PICCIAREDDA, Franco; SELICATO, Pietro. *I tributi e l'ambiente – profili ricostruttivi*. Milão, Giuffrè, 1996.

PINTO, Bilac. *Regulamentação efetiva dos serviços de utilidade pública*. 2ª ed., Rio de Janeiro, Forense, 2002.

POMINI, Renzo. *La "causa impositionis" nello svolgimento storico della dottrina finanziaria*. Milão, Giuffrè, 1951.

PONTES DE MIRANDA. *Comentários à Constituição de 1967 com a emenda n. 1 de 1969*, t. II. São Paulo, Ed. RT, 1970.

PUGLIESE, Mario. *Le tasse nella scienza e nel diritto tributario italiano*. Pádua, Cedam, 1930.

PUIGARNAU, Jaime M. Mans. *Lógica para juristas*. Barcelona, Bosch, 1969.

QUÉROL, Francis. *La parafiscalité*. Paris, CNRS Droit, 1997.

ROCHA, Cármen Lúcia Antunes. *Estudos sobre concessão e permissão de serviço público no direito brasileiro*. São Paulo, Saraiva, 1996.

RODRIGUES, Marcelo Abelha. *Instituições de Direito Ambiental*. São Paulo, Max Limonad, 2002.

ROSEMBUJ, Tulio. *Los tributos y la protección del medio ambiente*. Madri, Marcial Pons, 1995.

ROSS, Alf. *El concepto de validez y otros ensayos*. Buenos Aires, Centro Editor da America Latina, 1969.

__________. *Lógica de las normas*. Madri, Tecnos, 1971.

__________. *Sobre el derecho y la justicia*. 4ª ed., Buenos Aires, Editorial Universitaria, 1977.

SAINZ DE BUJANDA, Fernando. *Hacienda y derecho*. Madri, IEP, 1975, 6 vols.

SALDANHA, Nelson. *Ordem e hermenêutica*. Rio de Janeiro, Renovar, 1992.

SCHMÖLDERS, Günther. *Teoria general del impuesto*. Madri, 1962.

SCHUARTZ, Luis Fernando. "Contribuição de intervenção no domínio econômico e atuação do Estado no domínio econômico", in Marco Aurélio Greco (Coord.), *Contribuições de intervenção no domínio econômico e figuras afins*. São Paulo, Dialética, 2001.

SCOTT, Paulo Henrique Rocha. *Direito Constitucional Econômico – Estado e normalização da economia*. Porto Alegre, Fabris, 2000.

SILVA, José Afonso da. *Direito ambiental constitucional*. 5ª ed., São Paulo, Malheiros Editores, 2004.

SOARES, Claudia Alexandra Dias. *O imposto ecológico – contributo para o estudo dos instrumentos econômicos de defesa do ambiente*. Coimbra, Coimbra Editora, 2001.

SOUSA, Rubens Gomes. *Compêndio de legislação tributária*. 4ª ed., Rio de Janeiro, Edições Financeiras, 1964.

__________; ATALIBA, Geraldo; CARVALHO, Paulo de Barros. *Comentários ao Código Tributário Nacional (parte geral)*. 2ª ed., São Paulo, Ed. RT, 1984.

SOUZA, Washington Peluso Albino de. *Lições de direito econômico*. Porto Alegre, Fabris, 2002.

__________. *Teoria da Constituição Econômica*. Belo Horizonte, Del Rey, 2002.

STASSINOPOULOS, Michel. *Traité des actes administratifs*. Atenas, LGDJ, 1973.

TÁCITO, Caio. *Temas de Direito Público*. Rio de Janeiro, Renovar, 1997, 2 vols.

TÔRRES, Heleno Taveira. "A compensação financeira (art. 20, § 1º, CF) na discriminação constitucional de rendas – regime jurídico e aspectos tributários", *Revista da Associação Brasileira de Direito Tributário*, a. 2, n. 3. Belo Horizonte, Del Rey/ABDT, mai.-ago. 1999, pp. 127-185.

__________. "Contribuições – constitucionalidade", *Revista de Direito Tributário* 85.

__________. "Pressupostos constitucionais das contribuições de intervenção no domínio econômico. A CIDE-tecnologia", in *Grandes questões atuais do direito tributário*, vol. 7. São Paulo, Dialética, 2003, pp. 107-172.

TORRES, Ricardo Lobo. *Tratado de Direito Constitucional Financeiro e Tributário*, vol. 3: *Direitos Humanos e Tributação: Imunidades e Proibições de Discriminação*. Rio de Janeiro, Renovar, 1999.

UCKMAR, Victor. *Princípios comuns de direito constitucional tributário*. 2ª ed., rev. e atual., São Paulo, Malheiros Editores, 1999.

VALDÉS COSTA, Ramón. *Instituciones de derecho tributario*. Buenos Aires, Depalma, 1996.

VANONI, Ezio. *Natura ed interpretazione delle legge tributarie*. Pádua, CEDAM, 1932.

VAQUERA GARCÍA, Antonio. *Fiscalidad y medio ambiente*. Valladolid, Lex Nova, 1999.

VILANOVA, Lourival. *As estruturas lógicas e o sistema de direito positivo*. São Paulo, Ed. RT/EDUC, 1977.

WARAT, Luis Alberto; MARTINO, Antonio Anselmo. *Lenguaje y definición jurídica*. Buenos Aires, Cooperadora de derecho, 1973.

YÁBAR STERLING, Ana; HERRERA MOLINA, Pedro Manuel (Coord.). *La protección del medio ambiente – aspectos económicos y jurídicos*. Madri, Marcial Pons, 2002.

MARCO CONCEPTUAL, CONSTITUCIONAL Y COMUNITARIO DE LA FISCALIDAD ECOLÓGICA[1]

PEDRO MANUEL HERRERA MOLINA
DOMINGO CARBAJO VASCO

1. La versión original de este trabajo ha sido elaborada para la obra dirigida por Miguel Buñuel González, *Tributación medioambiental: teoría, práctica y propuestas*.

2. Los epígrafes 1 y 6 han sido redactados conjuntamente por ambos autores; los epígrafes 2 a 4 por P. M. Herrera Molina y el epígrafe 5 por D. Carbajo Vasco, excepto el subepígrafe 5.7, redactado por P. M. Herrera. Por otra parte, ambos han

1. Introducción

La protección fiscal del medio ambiente constituye ya una realidad en los ordenamientos jurídicos de la Unión Europea. La fiscalidad ambiental abarca el establecimiento de tributos diseñados para proteger el medio ambiente y de medidas fiscales incorporadas a la regulación de los tributos ordinarios.[3]

En la primera parte de este trabajo (epígrafe 2) nos centraremos en los tributos ambientales, precisando sus características, analizando como afecta el objetivo ambiental a la configuración de las categorías tributarias tradicionales (impuestos, tasas y contribuciones especiales) y delimitando su ámbito de aplicación respecto de las medidas sancionadoras. Para realizar esta labor tenemos en cuenta principalmente el marco jurídico diseñado por la Constitución y por el Tratado Constitutivo de la Comunidad Europea. Además propondremos algunas reformas normativas que podrían orientar el debate político.[4]

En la segunda parte (epígrafe 3) analizaremos la importancia de los gastos fiscales en materia de medio ambiente, con particular referencia al presupuesto español de gastos fiscales y a otros presupuestos no estatales de gastos fiscales en España. Aunque esta nota tiene un carácter introductorio y general, destacaremos algunos problemas peculiares que presenta la fiscalidad de la energía, por constituir el aspecto más relevante de la fiscalidad ambiental.[5]

Los tributos y gastos fiscales forman parte de los instrumentos económicos de política ambiental (*economic instruments in environmental policy*). Se trata de utilizar diversos mecanismos para suplir las deficiencias de mercado, de modo que los agentes económicos y los consumidores perciban el coste real de las actividades contaminantes. En el caso de la energía, esto implica que el importe del tributo deberá reflejar los daños ambientales originados por su producción, distribución y consumo.

aportado mutuas sugerencias incorporadas a la versión final. Los autores agradecen a Almudena Serna Rodríguez, Becaria de Investigación del Instituto de Estudios Fiscales, la cuidadosa revisión del texto original.

3. Para aproximarse al análisis económico de los diversos instrumentos de protección ambiental resulta imprescindible el trabajo de Buñuel (1999).

4. En cuanto a la incidencia recaudatoria de los tributos ambientales (energéticos) en España, cfr. Álvarez Villamarín y Gago Rodríguez (2002:151).

5. Cfr. Gago y Labanderia (2002:15) y Durán Cabré y Gispert Brosa (2002:171).

La OCDE distingue las siguientes modalidades de instrumentos económicos:[6]

– Cánones sobre emisiones (*emission charges*). Se trata de "pagos directos basados en la medición o estimación de la cantidad y la cualidad de una sustancia contaminante".[7] Así pueden medirse las emisiones de ciertos gases originados por la producción de energía (caso del impuesto gallego sobre emisiones atmosféricas).

– Cánones de utilización (*user charges*). Es decir, "pagos por el uso de servicios colectivos" que se utilizan primordialmente por parte de los entes locales para financiar la recogida y tratamiento de residuos sólidos. También puede tratarse de cantidades exigidas por el uso de recursos naturales (*user fees* en la terminología de la OCDE).[8] Teóricamente podrían exigirse cánones de utilización por el uso de la atmósfera como lugar de emisión de residuos en el caso de que ésta se considere integrada en el demanio natural. También pueden configurarse como "cánones de utilización" las cantidades exigidas por el uso de las carreteras u otras vías públicas, favoreciéndose así el uso de medios de transporte de mayor eficiencia energética.

– Cánones sobre productos (*product charges*). Estos gravámenes recaen sobre "los productos que ocasionan la contaminación, bien sea mediante su elaboración, consumo o eliminación". Con esta figura se pretende "modificar los precios relativos de los productos y/o financiar los sistemas de recogida y tratamiento".[9] Este es el caso de la antigua propuesta de directiva CO_2/Energía y de la propuesta de directiva-marco sobre la fiscalidad de los productos energéticos.[10]

– Impuestos sobre recursos naturales (*taxes for natural resource management*), que la OECD define como pagos sin contraprestación que se exigen por la manipulación de recursos naturales.[11] Se trata de una figura semejante a los "cánones" (*charges*) por el uso de recursos naturales, con la diferencia de que el pago no es proporcional a las ventajas

6. La comparación de los efectos de los permisos de emisiones e impuestos pigouvianos sobre la estructura del mercado ha sido analizada por M. Buñuel (2001:3 y ss.).

7. OECD (1999:7).

8. OECD (1999:8).

9. Ibidem.

10. Entre los estudios más recientes, cfr. Serrano (2002:362 y ss.) y Márquez (2002:10 y ss.).

11. Ibidem.

otorgadas por las autoridades públicas.[12] Dado que las fuentes de energía derivan del uso de productos naturales, sería posible establecer este tipo de impuestos, que actuarían de modo semejante a los "cánones sobre productos" ya mencionados.

– Permisos, derechos o cuotas negociables (*marketable permits, rights or quotas*, también conocidos como *emissions trading*). Es decir, títulos para contaminar de carácter transferible, "basados en el principio de que cada aumento de emisiones o incremento en el uso de los recursos debe compensarse mediante una disminución idéntica o superior".[13] No obstante, existen nuevas tendencias que apuestan por utilizar permisos de emisiones como alternativa parcial a los impuestos sobre el dióxido de carbono. El parlamento danés ha aprobado una ley que introduce el sistema de permisos negociables de emisiones de CO_2 en el ámbito de las empresas productoras de energía eléctrica.[14] Debe recordarse que el Protocolo de Kioto de 11 de diciembre de 1997 prevé el establecimiento de un mercado de "reducciones certificadas de emisiones" (artículo 12.9) y la Propuesta de Directiva de 23 de octubre de 2001, del Parlamento Europeo y del Consejo por la que se establece un régimen para el comercio de derechos de emisión de gases de efecto invernadero en la Comunidad y por la que se modifica la Directiva 96/61/CE del Consejo, COM (2001) 581.[15] Un instrumento distinto, aunque relacionado con el anterior es el mercado de "certificados verdes" para el fomento de energías renovables.[16]

– Depósitos reembolsables (*deposit-refund systems*). Mediante este sistema la adquisición de ciertos productos exige desembolsar una suma de dinero que será objeto de reembolso cuando el producto se devuelva al fabricante o a las instalaciones de tratamiento de residuos.[17] Desde el punto de vista jurídico este mecanismo puede estructurarse como un au-

12. OECD (1999:9).
13. OECD (1999:8).
14. Cfr. Speck y Ekins (2000:15-16).
15. Cfr. Franco (2003); Franco y Herrera (2003). Sobre la adhesión de la Comunidad Europea al Protocolo, vid. la Propuesta de Decisión del Consejo relativa a la aprobación, en Durán nombre de la Comunidad Europea, del Protocolo de Kioto de la Convención Marco de las Naciones Unidas sobre el cambio climático y al cumplimiento conjunto de los compromisos contraídos con arreglo al mismo, COM/2001/0579 final – CNS 2001/0248, *Diario Oficial n. C 075 E* de 26.3.2002, pp. 0017-0032.
16. Cfr. Franco (2002).
17. Speck y Ekins (2000:15-16).

téntico depósito o como un impuesto susceptible de reembolso. Encontramos un ejemplo en la devolución de las cuotas del impuesto sobre hidrocarburos correspondiente a los productos que se devuelvan a la fábrica o depósito fiscal cuando de modo accidental se hayan mezclado con otros productos o hayan resultado contaminados. Este tipo de mecanismo puede fomentar la incineración de productos peligrosos como modo de producir energía [art. 52.c) LIIEE]. Aunque no se trate de un depósito reembolsable, cabe recordar aquí la exención del uso como combustible de aceites usados comprendidos en el ámbito de la aplicación de la Ley de Residuos Tóxicos y Peligrosos, siempre que tal utilización se realice con ciertas cautelas (art. 51.4 LIIEE).

– Tarifas por incumplimiento (*non-compliance fees*), que se imponen mediante mecanismos de derecho privado a los agentes contaminantes que hayan cumplido las condiciones exigidas por la normativa ambiental. Como hemos visto, la ley danesa combina este mecanismo con permisos negociables de emisiones de CO_2 en el ámbito de las empresas productoras de energía eléctrica. Las empresas que superen las emisiones permitidas deberán afrontar un gravamen de 5.4 € por tonelada de CO_2. El Reino Unido está aplicando un sistema semejante y también las instituciones comunitarias han estudiado esta posibilidad (*Green Paper* de marzo de 2000).[18]

– Fianzas (*performance bonds*): el agente económico debe desembolsar una suma de dinero que le será reintegrada cuando haya cumplido las exigencias ambientales.[19] Tales fianzas pueden exigirse en el caso de actividades energéticas peligrosas como el transporte de crudo, posibilidad de especial interés para prevenir negligencias que acarreen graves catástrofes naturales, como la que ha producido recientemente el hundimiento del *Prestige*.

– Responsabilidad civil: pagos exigidos por el derecho civil como consecuencia del daño causado por el derecho ambiental. El beneficiario de estos pagos puede ser el Estado o los particulares que han sufrido el daño. En algunos casos pueden preverse aportaciones de los sujetos contaminantes a un fondo de compensación.[20] En el supuesto de ciertas actividades energéticas que implican un riesgo especial, pueden exigirse contribuciones especiales dirigidas a financiar el establecimiento de un

18. Ibidem.
19. Ibidem.
20. OECD (1999:9).

servicio que reduzca el riesgo. Aunque su naturaleza jurídica es dudosa, puede mencionarse el gravamen catalán sobre elementos patrimoniales afectos a actividades peligrosas, que afecta – entre otras – a las instalaciones y estructuras destinadas a la producción, transformación, transporte y suministro de energía eléctrica (arts. 59.5º y 6º de la Ley 4/1997, de 20 de mayo, de Protección Civil de Cataluña).

– Subvenciones en sentido amplio. La OECD las define como "cualquier forma de apoyo financiero explícito otorgado a los agentes contaminantes o a los usuarios de recursos naturales con un fin de protección ambiental". Esta figura abarca no sólo las subvenciones en sentido estricto, sino los préstamos a bajo interés y los *gastos fiscales*. En el ámbito de la energía, el problema radica en la existencia de diversas subvenciones y gastos fiscales contrarios al interés ambiental. Baste citar la exención del carburante utilizado en el transporte aéreo. La protección del medio ambiente también parece exigir que se eliminen las subvenciones a la protección de carbón. En el caso alemán, la Federación y los principales *Länder* productores de carbón (Renania del Norte-Westfalia y Saarland) llegaron a un acuerdo con la industria y los sindicatos para reducir drásticamente estas subvenciones en el período 1997-2005, adoptando otras medidas dirigidas a la reconversión de este sector.[21]

Como puede observarse, los instrumentos económicos desbordan el ámbito del Derecho Tributario. Ahora bien, algunos de ellos *operan claramente mediante normas tributarias*: es el caso de los tributos ambientales (*environmental charges and taxes* en la terminología de la OCDE)[22] y de los *gastos fiscales*. Estas medidas de ordenamiento interfieren con los principios tradicionales del Derecho Tributario y se ven condicionadas por ciertas exigencias constitucionales (principio de legalidad y reserva de ley en materia tributaria). Todo ello justifica un análisis conjunto de los tributos y gastos fiscales ambientes como instrumentos económicos con características propias.

Desde luego, la política ambiental no sólo cuenta con instrumentos económicos, sino con *mecanismos de regulación directa* (*standards* ambientales, prohibiciones y sanciones). Paradójicamente, desde un punto de vista económico, la diferencia no es del todo clara, pues los tributos ambientales de ordenamiento – al igual que las sanciones – imponen una

21. Bundesministerium der Finanzen (2000:23).
22. V. *supra*.

carga económica sobre ciertas conductas indeseables. Así, por ejemplo, la propuesta de Baumol y Oates se basa en el uso de medidas fiscales para alcanzar ciertos *standars* de protección.[23] A juicio de Carbajo Vasco, *el Derecho Penal destinado a la protección del medio ambiente no es fácilmente diferenciable del tributo en el terreno económico, sino en el campo de la Teoría de la regulación.* Esto nos obligará a analizar con detalle la coordinación entre sanciones y tributos desde una perspectiva primordialmente jurídica.

2. *Aproximación al concepto de tributo ambiental*

Desde el punto de vista de la *política ambiental*, puede calificarse como tributo ecológico todo aquel cuya principal finalidad es servir a la protección del medio ambiente.[24] Esta definición tan amplia incluye también aquellos tributos cuyo objeto imponible no esté relacionado con actividades contaminantes, siempre que *la recaudación quede afecta a proteger el medio ambiente*. En efecto, tales tributos constituyen un instrumento más de política ambiental (de financiación de políticas ambientales).

Desde la perspectiva de la Economía Política existen diversos planteamientos,[25] algunos se centran en el *vínculo* existente entre los tributos y la actividad contaminante[26] y otros en la existencia de un *doble beneficio* (recaudatorio e incentivador).[27]

En el ámbito del Derecho Tributario sólo tiene interés calificar como tributo ambiental aquél cuya estructura establece un incentivo a la protección de la naturaleza, o un mecanismo para que recaigan sobre el causante de la contaminación las deseconomías externas derivadas del deterioro ambiental.[28] En cambio, un tributo cuya única nota ambiental

23. Baumol y Oates (1988:155).

24. Määttä (1997:38); Borrero (1999:153).

25. Cfr. un enfoque actualizado en Yábar (2002).

26. Cfr. OECD (1994:56). El Informe del Seminario de Dublín llega a definir los impuestos y tasas ambientales como "una obligación exigida por los poderes públicos a los usuarios del medio ambiente como consecuencia de tal uso", cfr. Ekins (1996:10).

27. Esta es la idea de la reforma fiscal ecológica propuesta por von Weizsäcker y Jesinghaus (1992:18). Sobre la realización práctica de estas propuestas en el Derecho comparado, cfr. Yábar Sterling (2002:*passim*) y Gago, Labandeira, Rodríguez Méndez (2002:103 y ss.).

28. El Informe del Ministerio de Finanzas alemán sobre los tributos ecológicos considera como tales aquellos cuya base imponible se funda en supuestos de

radique en el destino de su recaudación *no presenta especialidad alguna desde la perspectiva del Derecho Tributario*.[29]

Por otra parte, el planteamiento que aquí asumimos es coherente con las definiciones de gravámenes ambientales elaboradas por la OECD (centradas en la vinculación entre tales exacciones y el hecho contaminante).[30] La Comisión Europea ha adoptado un planteamiento similar, señalando que "una característica habitual para que una exacción determinada se considere de carácter ambiental sería *que la sustancia o actividad gravada tenga un efecto negativo claro sobre el medio ambiente*". También "podría considerarse que una exacción es de carácter ambiental cuando tiene un *efecto sobre el medio ambiente que es menos claro pero resulta visiblemente positivo*, como sucede con los diferentes tipos aplicables a las gasolinas con plomo y sin plomo". En cambio, es indiferente el destino que otorgue a la recaudación.[31]

Debe reconocerse que este planteamiento sufre cierta tensión en la STJCE de 9 de marzo de 2000, *Evangelischer Krankenhausverein Wien*, As. C-437/97, relativo a la prohibición de gravámenes sobre productos sujetos a impuestos especiales armonizados, *salvo que persigan finalidades específicas* (art. 3.2 de la Directiva 92/12/CE). El tribunal afirma que la financiación municipal no puede considerarse una "finalidad específica", pero advierte – *obiter dicta* – que *una afectación específica* o *una relación del objeto imponible con la fuente del gasto* constituyen finalidades específicas en el sentido de la Directiva. La cuestión es relevante desde la perspectiva ambiental, pues nuestro "Impuesto sobre

hecho relevantes para el medio ambiente Bundesministerium der Finanzen (2000:5). En la doctrina italiana, cfr. Menti (1999:4). En palabras de Buñuel (2002a:6) "no basta con que el uso que se dé a los ingresos sea medioambiental, sino que el mismo tributo ha de generar un incentivo que redunde en la consecución del fin medioambiental perseguido. De esta forma, quedan excluidos de la etiqueta de 'medioambientales', 'ecológicos', o 'verdes' muchos tributos que reciben indebidamente esta apelación porque sus ingresos se destinan a fines medioambientales. Esta denominación tiene tanto fundamento como lo tendría denominar al IRPF como impuesto medioambiental si se pudiera afectar a fines medioambientales, un porcentaje de su recaudación". Una postura semejante ha sido defendida por Bokobo (2000:96), "las medidas fiscales con fines ambientales dependen de la existencia de la relación estable entre la base imponible del gravamen y la contaminación".

29. Cfr. Jiménez (1998:130).

30. V. *supra*, epígrafe 1.

31. Comisión Europea (1997:7).

las ventas minoristas de determinados hidrocarburos"[32] sólo sería compatible con el Derecho comunitario si se considerase como finalidad específica su afectación a financiar la sanidad y determinadas actuaciones ambientales.[33-34]

Además, existen diferencias significativas entre los conceptos elaborados por la OECD y por la Comunidad Europea. Ambas instituciones utilizan las expresiones *taxes* y *charges* en sentidos distintos. En efecto, para la OECD *charges* son gravámenes exigidos *mediante contraprestación* (*compulsory requited payments*); [35] es decir, *tasas* con arreglo a la terminología de nuestra Ley General Tributaria [art. 26 a)].[36] En cambio, la Comisión Europea define la expresión *taxes and charges* (cuya traducción oficial es "impuestos y *gravámenes*") como "todo pago obligatorio y sin contraprestación".[37]

32. Creado por el art. 9 de la Ley 24/2001 y "cedido" a las Comunidades Autónomas (arts. 36 y 44 de la Ley 21/2001).

33. Art. 9.1.3 de la Ley 21/2001 y art. 69.2 de la Ley 21/2001, que modifica el art. 86.2 del TR de la Ley General de Seguridad Social.

34. La "Contestación de 14 de junio de 2001 del Sr. D. Michel Aujean, Director de Política Fiscal de la Dirección General de Fiscalidad y Unión Aduanera de la Comisión Europea al Sr. D. Javier Lasarte, Presidente de la Comisión para la Reforma del Sistema de Financiación Autonómica" considera que "España podría crear nuevos impuestos *nacionales* sobre el tabaco y los hidrocarburos bajo ciertas condiciones, en particular I) que el objetivo perseguido sea otro que principalmente el presupuestario (...) Si se puede demostrar que la medida fiscal se integra en el ámbito nacional en el marco de las políticas de sanidad o de protección del medio ambiente, conviene acreditar sin equívocos que las diferencias regionales que se efectuarían responderían a imperativos generales de coherencia entre el montante del impuesto y los problemas que aspira a resolver. De esta manera el importe del impuesto debería estar definido en las Comunidades Autónomas en función de criterios objetivos de ámbito nacional. En su defecto, el objetivo esencial de la diferenciación regional aparecería básicamente como objetivo de naturaleza presupuestaria", en Lasarte *et al.* (2002:215). La Ley 24/2001 utilizando la terminología de la contestación advierte que los gastos sanitarios y ambientales a que se afecta el impuesto deberán "orientarse por criterios objetivos fijados en el ámbito nacional", aunque atribuye a las comunidades autónomas competencias para determinar su cuantía. Por tanto, debería demostrarse cómo se coordinan las competencias autonómicas para modular los tipos de gravamen con los *criterios objetivos* que se fijen en el *ámbito nacional*, cfr. Herrera (2002b:77).

35. OECD (1999:9).

36. Entiéndase realizada esta afirmación con los necesarios matices respecto al carácter "impropio" de la contraprestación presente en el hecho imponible de las tasas.

37. Comisión Europea (1997:7).

Esta asimetría pone de manifiesto las diferencias presentes en el Derecho Comparado sobre el concepto de tributo (inexistente en algunos ordenamientos) y la difícil delimitación entre impuestos, tasas y otras posibles categorías tributarias. Desde la perspectiva del Derecho español es difícil precisar el concepto de tributo ambiental si no se realiza un análisis detallado de cada una de las categorías tributarias, pues los "gravámenes ambientales" no responden bien a los esquemas conceptuales de la Ley General Tributaria.[38] Precisamente al hilo de estas categorías estudiaremos la relevancia que presenta el principio de capacidad económica sobre los tributos ambientales y la tendencia del legislador a crear "falsos" tributos ambientales.

La mayoría de los tributos ecológicos presentes en los catálogos internacionales son tributos sobre la energía. Este planteamiento responde a la idea de que la producción y consumo de energía produce un deterioro ambiental. Sin embargo, los impuestos sobre la energía son más antiguos que el interés por la protección ambiental y responden inicialmente a finalidades recaudatorias. Por tanto, *los impuestos energéticos no siempre constituyen impuestos ambientales*. Esta afirmación no queda desvirtuada por el hecho de que el 80 por 100 de la energía mundial se produzca a partir de combustibles de origen fósil,[39] pues la auténtica imposición ambiental debería discriminar según el potencial contaminante de las diversas fuentes de energía.[40]

Desde el punto de vista de la protección ambiental sería necesario suprimir el trato favorable de los productos energéticos más contaminantes y establecer bases imponibles que reflejasen con precisión el impacto ambiental. La propuesta de Directiva de imposición de los productos energéticos no parece idónea para conseguir estos objetivos. Como se ha puesto de relieve, el establecimiento de tipos mínimos en el ámbito comunitario no atiende al diverso impacto desincentivador del gravamen derivado de las diferencias de poder adquisitivo entre los Estados miembros. Por otra parte, la base imponible no atiende al impacto ambiental, y las numerosas exenciones y devoluciones benefician a los sectores industriales intensivos en energía.

38. Tampoco responde bien la categoría "transversal" de las "exacciones parafiscales" (art. 26.2 LGT), aunque *de lege ferenda* podría ofrecer ciertas posibilidades.

39. Según González-Méndez (2000:14).

40. Para valorar el fundamento económico de los tributos ambientales, resulta imprescindible el trabajo de Buñuel (2002b:85 y ss.).

3. *Categorías tributarias ambientales*

3.1 Excursus: crisis y reformulación de las categorías tributarias

3.1.1 Mimetismo, metamorfosis y mixtificación de las categorías tributarias

La clasificación tripartita de los tributos tiene su origen en la Ciencia de la Hacienda y se plasma por Enno Becker en la *Reichsabgabenordnung* de 1919. Sin embargo, no estamos ante un dogma jurídico generalmente aceptado. Así, en los países anglosajones no suele utilizarse el concepto de "contribuciones especiales" y la diferencia entre taxes (impuestos) y charges (tasas) es más flexible que la formulada por la dogmática continental. En el propio ámbito germánico, la jurisprudencia constitucional ha desarrollado el concepto de "tributos especiales" (*Sonderabgaben*) junto a las categorías tradicionales del Impuesto (*Steuer*) la tasa (*Gebühr*) y la contribución especial (*Beitrag*).

Es más, aunque se opte por defender la relativa solidez de la clasificación tripartita, pueden observarse fenómenos de mimetismo y – más notables aún – metamorfosis entre gravámenes pertenecientes a distintas categorías tributarias, así como la existencia de figuras híbridas.[41]

Determinados impuestos adoptan la apariencia o el *nomen iuris* de tasas (mimetismo), mientras que ciertas tasas sufren una evolución histórica que termina por trasformarlas en impuestos. Encontramos incluso algún supuesto en el que – según la doctrina – una figura nacida en un estado larvario de contribución especial termina por convertirse en tasa sin necesidad de que se produzcan cambios normativos (una vez amortizada la obra pública sigue exigiéndose por los costes de funcionamiento del servicio).

En efecto, puede observarse cierta tendencia al deslizamiento de las tasas hacia los impuestos: los derechos medievales por la autorización real de ciertos consumos se convierten en impuestos especiales (su origen se recuerda en la expresión *excise duties*) los derechos de pontazgo y portazgo evolucionan hacia tributos aduaneros y las licencias para ejercer determinadas profesiones hacia impuestos sobre el mero ejercicio de la actividad. Como ejemplos más modernos puede citarse la supresión de las tasas por recogida de basuras en diversos municipios a cambio de un

41. Cfr. en relación a los tributos ambientales, con una terminología distinta, Villar Ezcurra (2002:401).

incremento en el Impuesto sobre Bienes Inmuebles y los efectos de la conflictividad frente a las tasas municipales por autorizaciones de obras que dio origen – como si de una Hidra de Lerna se tratase – al Impuesto sobre Construcciones, Instalaciones y Obras.

Pensemos también en la polémica naturaleza de ciertas figuras, a las que el legislador atribuye la condición de tasa, mientras que la jurisprudencia o un sector doctrinal sostiene su carácter impositivo: es el caso de las tasas sobre el juego, de la tasa por el uso del subsuelo municipal por parte de entidades suministradores o del antiguo canon de vertidos y el nuevo canon de control de vertidos regulado por la Ley de Aguas. En esta línea se mueven también aquellas tasas municipales por concesión de licencias cuya cuantía se establece en torno a baremos objetivos que recuerdan la tarifa del Impuesto sobre Actividades Económicas (es el caso de las tasas exigidas por algunos municipios catalanes en el marco de la normativa autonómica que desarrolla la Directiva sobre control integrado de la contaminación).

Por otra parte, encontramos tributos semejantes a las tasas por el aprovechamiento especial del dominio público, que se configuran como impuestos al referirse a bienes públicos – la atmósfera – que no tienen el carácter de demaniales.

En sentido contrario, están surgiendo diversas figuras de naturaleza predominantemente impositiva – aunque el legislador los denomine "cánones" – cuya estructura presenta, no obstante, *algunos caracteres propios de las tasas* (es el caso de los cánones de saneamiento autonómicos).

Tampoco resultan claras las fronteras entre tasas y contribuciones especiales: así lo pone de relieve el primer *Informe para la Reforma de la Ley General Tributaria*[42] al sugerir que el importe de las contribuciones especiales pueda abarcar los costes del funcionamiento del servicio (y no sólo de su prestación) en la medida en que tal funcionamiento beneficia a ciertos sujetos que, sin embargo, no son destinatarios de actuaciones concretas (sería el caso de las entidades aseguradoras respecto del servicio de extinción de incendios). De hecho, al margen de la legislación general, ya existen figuras semejantes a las contribuciones especiales cuya cuantía abarca los costes de funcionamiento (pensemos en el canon de regulación y el canon de infraestructura hidráulica de la Ley de Aguas).

42. Comisión para el estudio y propuesta de medidas para la reforma de la LGT (2001:34-35).

3.1.2 Relevancia de la taxonomía según categorías tributarias

Es de sobra conocida la querencia de los juristas por las clasificaciones y el tópico de su justificación en razones de "relevancia jurídica". Dadas las dificultades que en ocasiones ofrece la clasificación triparta, es preciso analizar *cuál sea su relevancia* y – más importante aún – el fundamento de dicha relevancia.

Desde una perspectiva constitucional la relevancia es triple: los principios materiales que ordenan una u otra figura, la diversa incidencia de la reserva de ley[43] y el régimen de distribución de competencias. Desde la perspectiva ordinaria hay que atender al régimen jurídico *general* de dichas figuras (la relevancia es menor en cuanto la ley se separe de dicho régimen al diseñar un concreto tributo).

En realidad, la Constitución se limita a enumerar *las categorías tributarias* sin establecer diferencias en su régimen jurídico: "los recursos de las Comunidades Autónomas estarán constituidos por (...) b) Sus propios *impuestos, tasas* y *contribuciones especiales*" (artículo 157.1).[44] El art. 31 tampoco parece establecer diferencias desde la perspectiva de los principios materiales de justicia (párrafo primero) o la reserva de ley (párrafo tercero), pues se refiere respectivamente al "sistema *tributario*" y a las "prestaciones patrimoniales de carácter público" (que parecen incluir, al menos, todos los tributos).

Las diferencias proceden, por tanto, de la jurisprudencia constitucional (respecto del principio de capacidad económica y la reserva de ley) y de la LOFCA y los Estatutos de Autonomía en relación al régimen de competencias.

3.1.3 Crisis de las fronteras entre categorías tributarias

Los rasgos constitucionales y ordinarios que definen cada una de las categorías tributarias se basan en las características de los tributos ordinarios; es decir, aquellos que tienen una finalidad esencialmente recaudatoria.[45] Esto

43. Cfr. Ruiz Garijo (2002:57 y ss., con una crítica de la jurisprudencia constitucional).

44. La letra a) se refiere también a "Impuestos cedidos total o parcialmente por el Estado; recargos sobre impuestos estatales y otras participaciones en los ingresos del Estado".

45. En cuanto a los límites constitucionales a la expansión de las tasas como recurso financiero público, cfr. el excelente trabajo de J. M. Barquero Estevan,

provoca notables distorsiones cuando se intenta proyectar dicho esquema sobre los tributos extrafiscales; particularmente sobre los tributos dirigidos a proteger el medio ambiente.

Pese a la literalidad del art. 31.1 CE, son los impuestos la categoría tributaria cuya cuantía a de graduarse en función de la capacidad económica de los contribuyentes.[46] Las tasas han de respetar el mínimo existencial como límite externo, *pueden* graduarse en ciertos casos según criterios de capacidad económica, y no pueden representar tal porcentaje sobre el conjunto de la recaudación que distorsionen el principio de capacidad económica como criterio inspirador del *sistema tributario*.

Sin embargo, el criterio esencial en que se basa la cuantificación de las tasas no puede ser la capacidad económica, sino el *principio de equivalencia*[47] (o provocación de costes),[48] que constituye en último término una manifestación del principio de igualdad.

Pues bien, aquellos impuestos extrafiscales dirigidos a desincentivar conductas indeseables responden precisamente a la citada idea de equivalencia o causalidad (vgr. el principio quien contamina paga pretende internalizar los costes externos ocasionados por las actividades contaminantes). Por ello – desde el punto de vista jurídico – las tasas constituyen el cauce natural para el desarrollo de ciertos tributos extrafiscales.

Por otra parte, nuestro Tribunal Constitucional ha reconocido que la reserva de ley en materia tributaria admite una especial flexibilidad en relación a los tributos "sinalagmáticos" de carácter local: suficiente que la ley delimite *el supuesto de hecho* por remisión a las competencias legales de la entidad local, excluyendo determinadas actividades esenciales, y que precise la cuantía mediante un límite máximo o mediante criterios técnicos suficientemente precisos que permitan determinarlo,

sobre la función del tributo en el Estado social y democrático de Derecho (2002:79 y ss.).

46. Utilizamos esta palabra en un sentido amplio.

47. Cfr., en este sentido, Simón (1999:30), con la peculiaridad de que el citado autor prefiere hablar del *principio de provocación de costes*. A juicio de Martín Fernández, "el principio del beneficio (...) deja de responder a la equidad cuando determinados servicios públicos conllevan una mayor utilidad y, por tanto, una mayor carga tributaria en personas con una menor capacidad económica" (1995:148).

48. En este trabajo utilizamos ambos términos como sinónimos, si bien el principio de provocación de costes suele hacer referencia a los costes sociales y el de equivalencia a los costes administrativos, cfr. Martín Fernández (1995:149) y la bibliografía allí citada.

fórmula que no excluye un cierto margen de apreciación por parte de las entidades locales (STC 233/1999, FJ 19). Así, el Tribunal considera que la referencia al valor de mercado o a la utilidad reportada por el uso privativo o el aprovechamiento especial de los bienes de dominio público constituyen criterios suficientemente precisos.

Si descendemos del plano constitucional a la concreta configuración de los impuestos extrafiscales, nos encontramos con que el hecho imponible hace referencia a una conducta que produce un coste social – y, en ocasiones, un concreto gasto público. Surge así una notable analogía con el régimen jurídico de las tasas.

Desde el punto de vista técnico la diferencia entre impuestos, tasas y contribuciones especiales se basa esencialmente en el hecho imponible y los elementos cuantitativos. Pues bien, el legislador puede crear figuras mixtas, en el sentido de diseñar un hecho imponible propio de una tasa (uso galerías municipales) y un criterio de cuantificación más semejante al de un impuesto (un porcentaje de la facturación). En sentido inverso puede utilizarse un supuesto de hecho de corte impositivo (consumo de agua) y unos criterios de cuantificación próximos a las de las tasas, aunque la ley no lo ponga de manifiesto (la ley fija los elementos cuantitativos en atención a unos cálculos que permitan afrontar el coste de las instalaciones de saneamiento, a cuyas obras se afecta la recaudación).

La mixtificación también puede realizarse introduciendo elementos que maticen el presupuesto de hecho de un impuesto, aproximándolo al de una tasa (vgr. exención del canon de saneamiento para determinados municipios en los que *no esté previsto* instalar infraestructura de saneamiento, sin que el tributo se subordine a la efectiva realización de dichas obras).

En estos casos es irrelevante calificar el tributo como impuesto, tasa o contribución especial *desde la perspectiva de su régimen jurídico*, pues éste no responde a las reglas generales, sino a las previstas específicamente en la ley. Sí podría crearse cierta inseguridad desde la perspectiva del régimen supletorio, pero el problema es menor, en cuanto las posibles lagunas se referirán fundamentalmente a cuestiones procedimentales comunes a las diversas categorías tributarias. En el caso de que la laguna fuese *específica*, no parece posible resolverla atendiendo a una calificación unitaria del tributo discutido como impuesto, tasa o contribución especial, sino que deberá tenerse en cuenta la peculiaridad del aspecto concreto sobre el que se plantee la necesidad de acudir a las normas supletorias.

Desde el punto de vista inconstitucional *pueden* producirse incoherencias si el fundamento del tributo responde, en parte, al principio de capacidad económica y, en parte, al principio de equivalencia: es el caso del Impuesto Balear sobre Estancias Turísticas, cuyo fundamento responde al principio de equivalencia, mientras que su cuantificación es la propia de un impuesto ordinario.[49]

Ahora bien, en la medida en que estemos ante auténticos tributos extrafiscales, el principio de capacidad económica retrocede frente al principio de equivalencia, por lo que pueden justificarse mixturas entre el impuesto y la tasa para conseguir – por ejemplo – una aplicación más sencilla y practicable del tributo. Este podría ser el caso – aunque habría que demostrarlo concretamente – de los cánones de saneamiento autonómicos o del canon estatal de control de vertidos. Desde luego, los principios constitucionales no se oponen a una figura que integre rasgos propios de las tasas y contribuciones especiales, como sucede con el canon de obras hidráulicas.

Así sucedería también con las denominadas "tasas por tolerancia"[50] o "tasas por riesgos permitidos", a las que nos referiremos enseguida. Su hecho imponible es la autorización de actividades molestas o peligrosas y cuya cuantificación no responde al coste del servicio, sino al ahorro de costes para el contribuyente, o a los costes sociales que origina (incluido en su caso, la cobertura del riesgo generado, calculada con técnicas actuariales).

3.1.4 Crisis del nacimiento *ex lege* como nota esencial de los tributos

M. Villar Ezcurra ha puesto de relieve la necesidad de revisar las categorías tributarias tradicionales frente a las nuevas tendencias del ordenamiento.[51] Así, tal vez pudiera propugnarse un *nuevo concepto legal* de tasa que abarcara también aquellas cantidades exigidas en virtud de un vínculo contractual con el ente público, cuando la recepción del servicio y los términos del contrato vengan impuestos unilateralmente por los poderes públicos. Este planteamiento supondría una revisión del concepto *legal* de tributo, y un mayor distanciamiento entre las categorías de

49. Cfr. una detallada valoración constitucional de este impuesto en Lasarte y otros (2002:25) quienes mantienen una opinión favorable al citado tributo.
50. Cfr. Meyer (1995:121).
51. Cfr. Villar Ezcurra (1997:9 y ss.).

tasa e impuesto (distanciamiento que resulta tradicional en Alemania[52] y que en ocasiones ha sido propugnado en España[53]). Diversos autores han destacado el elemento sinalagmático presente en las tasas,[54] postura que ha asumido expresamente el Tribunal Constitucional.[55] Quizá pudiera darse un paso más admitiendo en el *concepto legal* de tasa el nacimiento contractual de la obligación,[56] siempre que la propia ley regulara de modo suficientemente preciso los criterios para determinar el importe de la contraprestación económica.

Un posible ejemplo está constituido por las cantidades que exigen los municipios a las entidades gestoras de envases y residuos de envases por el coste adicional derivado de la recogida selectiva. Formalmente la obligación de pago deriva de un convenio firmado por el municipio y la entidad gestora del sistema integrado de gestión: es decir se trata de una obligación contractual y no del mecanismo *ex lege* propio de un tributo. La Resolución de la DGT de 30 de septiembre de 1998 se basa en este argumento para descartar que estemos ante una prestación de naturaleza tributaria.[57] Por otra parte, la Ley 11/1997, de Envases y su desarrollo reglamentario establece

52. Cfr. por ejemplo Tipke (1993:189 y ss.); es más, pese a lo que su nombre pudiera indicar, la Ordenanza tributaria alemana resulta sólo de aplicación a los impuestos, cfr. Palao (1980:57, nota 1). Este distanciamiento no impide la existencia doctrinal del concepto de tributo (*Abgabe*), ni de opiniones doctrinales que niegan el carácter de tasa (*Gebühr*) a las prestaciones derivadas de contratos de derecho público, por no concurrir en ellas la nota de imposición unilateral por parte del ente público, cfr. Wilke (1993:6) De todos modos, puede observarse que la existencia formal de un contrato no excluye la coactividad por parte del ente público.

53. Cfr. Vicente-Arche (1975:467).

54. Cfr., con diversos matices, Corral (1993:119); Palao (1996:9); Ferreiro (1998:554); García de la Mora y Martínez Lago (1999:125).

55. La STC 233/1999 afirma de modo expreso el carácter de "contraprestación" de las tasas y añade que en ellas "se evidencia de modo directo e inmediato un carácter sinalagmático que no se aprecia en otras figuras impositivas" (FJ 9º).

56. En la actualidad, el art. 28 LGT prevé el nacimiento *ex lege* de las obligaciones tributarias al señalar que "el hecho imponible es el presupuesto de naturaleza jurídica o económica fijado por la Ley para configurar cada tributo y cuya realización origina el nacimiento de la obligación tributaria". Por ello la doctrina suele señalar el carácter *ex lege* de las obligaciones tributarias como un rasgo esencial del concepto de tributo (cfr. Martín Queralt *et al* (2001:82); Simón (1999:27)).

57. Comentando la citada resolución señala R. Falcón y Tella que la base imponible de los servicios prestados por las entidades gestoras "está constituida por la totalidad de la contraprestación, incluyéndose en este concepto las cantidades que, por cada producto envasado, aportan los envasadores al sistema integrado de gestión a que están adheridos, así como las cuotas iniciales de adhesión o afiliación al siste-

un régimen jurídico especial para esta prestación, basado en los términos pactados en el convenio, con ciertas garantías adicionales.

Desde esta perspectiva parece sostenible *que no nos encontramos ante una figura sometida al régimen jurídico de las tasas previsto en los arts. 20 y ss. LHL.* La exigencia de la prestación trae causa del convenio regulador y no de la realización del hecho imponible previsto por la entidad local en una ordenanza fiscal. Esta especialidad queda consagrada por la Ley 10/1998 (de residuos): la citada norma obliga a los municipios con una población superior a 5.000 habitantes "a implantar sistemas de recogida selectiva de residuos urbanos que posibiliten su reciclado y otras formas de valorización",[58] añadiendo que "no obstante, en materia de residuos de envases se estará a lo dispuesto en la normativa específica correspondiente" (art. 20.3).[59]

ma abonadas por los envasadores. A nuestro juicio debe precisarse que ello es así exclusivamente respecto a las entidades que gestionan el sistema, y aun esto resulta discutible, pero en ningún caso para los entes locales que materialmente prestan el servicio en virtud de un convenio de colaboración" (1999:7). La Dirección General de Tributos estima que los entes locales realizan una actividad empresarial por la que se perciben contraprestaciones no tributarias, lo que impide aplicar el supuesto de no sujeción previsto en el art. 7.8 LIVA, pero no puede olvidarse el mandato incondicional y preciso establecido por el art. 4.5 de la Sexta Directiva: "los Estados, las regiones, las provincias, los municipios y los demás organismos de Derecho público no tendrán la condición de sujetos pasivos en cuanto a las actividades u operaciones que desarrollen en el ejercicio de sus funciones públicas, ni siquiera en el caso de que con motivo de tales actividades u operaciones perciban derechos, rentas, cotizaciones o retribuciones". El TJCE ha interpretado que "las actividades desarrolladas *en el ejercicio de sus funciones públicas* en el sentido de esta disposición son las realizadas por los organismos de Derecho público en el marco de su régimen jurídico propio, con exclusión de las actividades que ejercen en las mismas condiciones jurídicas que los operadores económicos privados" (STJCE de 17 de octubre de 1989, As. C-231/87 y C-129/1988 *Carpaneto Piacentino*, Rec., 1989, p. 3.233; en idénticos términos se pronuncia la STJCE de 15 de mayo de 1990, Rep. 1990, pp. I-1.869; cfr. Herrero de la Escosura (1996:138). Pues bien, el servicio de recogida selectiva debe prestarse de acuerdo con el régimen especial previsto en los arts. 9 y 10 de la Ley 11/1997, que pueden considerarse como normas de derecho público e imponen determinadas limitaciones y garantías. Por tanto, aunque las "retribuciones" percibidas por las entidades locales no constituyan tasas, cabe sostener que la prestación del correspondiente servicio no está sujeta al Impuesto sobre el Valor Añadido.

58. Como advierte M. Villar Ezcurra, se trata de un servicio por cuya prestación podrían exigirse tasas, con arreglo al art. 24.4 s) LHL (2001:99 y ss.).

59. La DT 3ª de la Ley 10/1998 precisa que "la obligación de los municipios de población superior a 5.000 habitantes de implantar sistemas de recogida selectiva, establecida en el artículo 20.3, no será exigible hasta el día 1 de enero del año 2001".

No obstante, debe reconocerse que no existe *auténtica voluntariedad* en la recepción del servicio, puesto que la entidad gestora ha de garantizar la recogida selectiva de los envases y residuos de envases en el domicilio del consumidor o en sus proximidades (art. 7.2 Ley 11/1997), y las corporaciones locales han de garantizar el cumplimiento en su ámbito territorial de los objetivos previstos en la ley bien mediante convenios con las entidades gestora, o en su defecto con la Comunidad Autónoma. Nos encontramos así con un servicio de recepción coactiva que se presta por entes públicos sin que existe una verdadera concurrencia con el sector privado.[60]

En principio, cualquiera de estos dos requisitos – coactividad o no concurrencia – obligaría a que la cantidad exigida por el servicio tuviera el carácter de tasa (obligación *ex lege*) por *la prestación de servicios públicos municipales* con arreglo al art. 20.1 LHL. No obstante, la propia Ley de envases prevé el carácter contractual de la obligación y la somete a un régimen jurídico especial. Desde luego, se trata de una prestación patrimonial de carácter público en el sentido que atribuye a este término la jurisprudencia constitucional (SSTC 185/1995 y 182/1997),[61] y – si se prescinde del nacimiento contractual de la obligación y de las especialidades previstas en la Ley de Envases[62] – se observa una cierta semejanza con el *concepto legal* de tasa, incluso desde el punto de vista de los elementos cuantitativos: el importe de la contraprestación debe corresponder a "la diferencia de coste entre el sistema ordinario de recogida, transporte y tratamiento de los residuos y desechos sólidos urbanos en vertedero controlado, establecido en la Ley 42/1975, de 19 de noviembre, y el sistema integrado de gestión regulado en la presente sección, incluyendo entre los costes originados por este último, el importe de la amortización y de la carga financiera de la inversión que sea necesario realizar en material móvil y en infraestructuras" (art. 10.2 Ley 11/1997).

60. La Ley no establece una reserva expresa en favor de los entes públicos, pero presupone que estos serán los únicos capaces de garantizar la recogida selectiva.

61. En este sentido se pronuncian diversos autores: M. Villar Ezcurra (1998:53 y 1997:22); García Novoa (1997:1.394); Vaquera (1999:336). Tales trabajos se refieren a las cantidades pagadas a la entidad gestora, pero el argumento es plenamente trasladable a las sumas percibidas por las entidades locales y en este sentido se pronuncia expresamente M. Villar Ezcurra (2001:99 y ss.).

62. A juicio de Pagès (1999:370-371), "nada impide que una prestación patrimonial de carácter público que según las citas leyes (LOFCA, LGT, LTPP o LRHL) deba regularse como tasa, se regule como si fuera un precio de Derecho público o de Derecho privado. Es decir, ora como una obligación *ex contractu* en que la Adminis-

3.1.5 Concepto constitucional de tasa y posible reformulación del concepto positivo

Si se aceptara esta perspectiva, el fundamento jurídico de las tasas quedaría delimitado por dos coordenadas: la coactividad y el principio de provocación de costes. En cambio, resultaría accidental que la ausencia de voluntariedad se plasmara en un mecanismo *ex lege* o en un contrato de derecho público cuyo contenido quedase predeterminado por la ley. Este planteamiento puede resultar polémico, pero cabe mencionar en su favor los problemas que plantea la categoría de las prestaciones patrimoniales de carácter público no tributarias,[63] y el giro – al menos apa-

tración goza de prerrogativas exorbitantes para exigir la prestación, ora como una obligación *ex contractu* en que la Administración no goce de tales prerrogativas. Lo único que (según la doctrina del TC) ni el legislador y, ni mucho menos la Administración, pueden hacer, es regular tal prestación coactiva sin observar las exigencias constitucionales, como son las derivadas del principio de legalidad, las cuales se centran en que el establecimiento y regulación de los elementos esenciales de la prestación deben ser acordados por el legislador. Este supuesto presupone que el ente privado percibe las 'tarifas' en nombre del ente público a título de entidad colaboradora en el cobro".

63. Martín Queralt y otros (1999:114) consideran "impropio mantener los precios públicos como instituto jurídico diferenciado de las restantes categorías tributarias. La solución, en nuestra opinión, pasa por su incorporación al concepto de tasa, es decir, a una de las categorías tributarias, o, alternativamente, cuando corresponda, que se considere como precio, como un ingreso patrimonial: sin que sea posible encontrar argumentos que, con visos de solidez, permitan seguir manteniendo un *tertium genus* entre tributos e ingresos patrimoniales". En opinión de Martín Jiménez (2000), desde el punto de vista constitucional "el concepto de tributo se dilata enormemente hasta el punto de que casi podamos identificar los conceptos de prestación patrimonial de carácter público del artículo 31.3, CE. Y verdaderamente, desde un punto de vista material, creemos que la distinción únicamente tiene sentido si con ella se trata de diferenciar prestaciones patrimoniales cuya finalidad es contribuir a la financiación del gasto público de aquellas otras que no tienen esta finalidad (v.gr. multas, expropiaciones forzosas, garantías para recurrir), una distinción de otro tipo, en contra del criterio que parece mantener la STC 182/1997, no tiene un significado sustantivo, pues todas las prestaciones patrimoniales coactivas orientadas a financiar el gasto público, entendido en sentido amplio, se encontrarían sometidas al principio de capacidad económica como fuente y las prestaciones coactivas con finalidad pública de estructura similar al impuesto deberán regirse por el principio de capacidad económica como criterio". En esta dirección había apuntado ya Martín Fernández señalando que la mención del principio de capacidad económica como criterio de justicia tributaria "no excluye, sino todo lo contrario, el que opere como principio informador de otras prestaciones financieras que el Estado recaba de los particulares (...)" (1995:197).

rente[64] – operado por la jurisprudencia constitucional al sostener que "los precios públicos que hemos identificado como prestaciones de carácter público son materialmente tributos" (STC 233/1999). Es más, siguiendo a Martín Jiménez, cabe afirmar que el *concepto constitucional de tributo* depende *del grado de coacción en la realización del supuesto de hecho, mientras que el hecho de que pueda o no existir contrato con el ente público no es relevante desde el punto de vista constitucional para concluir que estamos ante un tributo.*[65]

Además, debe mencionarse la posibilidad de acudir a modalidades indirectas de gestión[66] para prestar servicios públicos ambientales. La doc-

64. A juicio Martín Jiménez (2000), "la STC 233/1999 no ha supuesto ningún giro, simplemente, aplica la doctrina derivada de las SSTC 185/1995 y 182/1997: si los tributos, desde un punto de vista constitucional se caracterizan por ser pagos coactivos al ente público, está claro que la STC 233/1999 no podía más que concluir que los precios públicos son tributos, por lo que la solución que alcanza es perfectamente continuista con la doctrina anterior". No obstante, la STC 185/1995 señala expresamente que *no* son "sinónimas la expresión "tributos" del artículo 133.1 de la Constitución Española y la más genérica de "prestaciones patrimoniales de carácter público" del artículo 31.3 de la Constitución Española" (FJ 3º), y que "en uso de su libertad de configuración el legislador puede crear las categorías jurídicas que considere adecuadas. Podrá discutirse *en otros foros* la corrección científica de las mismas, así como su oportunidad desde la perspectiva de la política legislativa; sin embargo, en un proceso de inconstitucionalidad como el presente sólo puede analizarse si la concreta regulación positiva que se establece de esas categorías respeta los preceptos constitucionales que les sean aplicables" por constituir prestaciones patrimoniales públicas [FJ 6º.a)], mientras que la STC 233/1999 considera que los precios públicos coactivos "son *materialmente* tributos" [FJ 19.c)]. Esta aparente contradicción podría resolverse interpretando que la STC 185/1995 se refiere al concepto legal de tributo (que puede no coincidir con el constitucional siempre que se respeten las exigencias del art. 31 CE), mientras que la STC 233/1999 delimita el ámbito del concepto constitucional. En todo caso se observa un cierto cambio de "actitud" en el tribunal, puesto que la STC 233/1999 realiza una labor de delimitación conceptual que la STC 185/1995 consideraba propia de "otros foros" (*sic*).

65. Cfr. Martín Jiménez (2000). En relación a las tasas por el uso privativo o aprovechamiento especial del dominio público, advierte Martín Fernández (1995:228), que "la inalienabilidad o *incomerciabilidad* – de la que ha hablado algún autor – del dominio público supone tan sólo que, en palabras del TS, 'está sustraído al tráfico jurídico-privado, pero es susceptible de un tráfico jurídico-público'. Se trata más bien de una garantía según la cual la utilidad que satisfacen no será traicionada. Por tanto, no debe ser traducida esta norma de protección en el sentido de imposibilidad de contratar o ceder su uso".

66. Es decir, concesión, gestión interesada, concierto, arrendamiento y sociedad mixta (art. 85.4 Ley 7/1985, Reguladora de las Bases del Régimen Local).

trina ha discutido si en tales casos es posible la exigencia de tasas (en la práctica hay supuestos en que tales tasas se han aprobado mediante ordenanza fiscal).[67] En alguna ocasión la ley ha seguido el camino inverso: atribuir la prestación del servicio a la propia entidad municipal y fomentar la creación de entidades *privadas* sin ánimo de lucro que canalicen la obtención de recursos económicos para financiar el sistema. Nos referimos de nuevo a las entidades gestoras que asumen la responsabilidad de la recogida selectiva de los residuos de envases, percibiendo a cambio una cantidad de los agentes económicos y pagando a los municipios una compensación por el servicio de recogida selectiva que éstos prestan. *De lege ferenda* sería posible adecuar la atípica prestación patrimonial de carácter público que perciben las entidades gestoras al concepto legal de tasa atribuyendo a la entidad gestora la condición de sustituto de los agentes económicos, u otorgándole la condición de entidad colaboradora[68] en la gestión de un tributo devengado en favor de los entes locales.[69]

67. Es el supuesto de el servicio de recogida de vehículos, que habitualmente se presta mediante empresas mixtas, aunque en estos supuestos la jurisprudencia exige que conste la orden del agente municipal, cfr. Simón Acosta (1999:47).

68. Gomar Sánchez (1997:46) tras sostener que la prestación de un servicio público por parte de una empresa mixta no debería dar lugar a la exigencia de tasas, señala que en los supuestos en que exista una situación de monopolio *deben* exigirse tasas, excluyendo lógicamente la prestación del servicio mediante empresas mixtas. Por su parte, Pagès (1999:389) advierte que "se *deberán* regular como tasas todas las tarifas que se exijan por servicios o actividades prestados por entes públicos en las que concurra alguna de las notas determinantes de la coactividad. Esto es, que se trate de servicios o actividades de solicitud o recepción obligatoria, que sean imprescindibles o que se presten por la Administración en régimen de monopolio de hecho o de derecho. Siendo a tales efectos irrelevante el régimen jurídico público o privado con que se preste el servicio y la modalidad gestora elegida". No obstante, el citado autor matiza que *las tarifas percibidas por el gestor privado del servicio* sólo *podrán* tener la consideración de tasas cuando *figuren en el presupuesto del ente público titular del servicio* (1999:394). "En estos supuestos – señala Perdigó (1997:573), cita traducida por Pagès (1999:394) – se mantiene la doble relación – tributaria, entre el ente local y los usuarios – y contractual entre el ente y el gestor privado –, si bien la retribución por 'subvención' ya no se hará libremente, sino por compensación entre derechos y deudas". Esto supone que el ente privado actuará como mera entidad colaboradora en el cobro de las tasas. Esta técnica presenta la ventaja de extender las garantías propias de las tasas a la prestación de servicios públicos por entidades privadas. *De lege ferenda* podría aplicarse a las cantidades percibidas por las entidades gestoras de los sistemas integrados previstos en la Ley de Envases, que según la Ley, no pueden tener ánimo de lucro.

69. Partiendo de la situación actual esto requeriría – en nuestra opinión – sustituir el origen contractual de estas obligaciones por un mecanismo *ex lege*, o bien

Dando un paso más – según ha propuesto A. J. Martín Jiménez[70] – cabe sostener la existencia de un *concepto constitucional* de tributo que abarca todas las prestaciones económicas exigidas por los poderes públicos con la finalidad de atender las necesidades públicas, con independencia de que su origen fuese *ex lege* o contractual, y de que el sujeto activo sea un ente público tradicional o *una corporación de derecho público*, entendida esta expresión en el sentido amplio que también le atribuyen M. Villar Ezcurra y C. García Novoa.[71]

Suscribimos plenamente esta construcción y consideramos conveniente desarrollarla para definir el *concepto constitucional de tasa*.[72] Este concepto desborda el actual marco legal – origen *ex lege*, percepción por un ente público – para centrarse en las notas de coactividad y provocación de costes públicos (o sociales). Además, debe tenerse en cuenta que en el marco de los tributos ambientales se produce una aproximación entre los impuestos y las tasas, pues el principio quien contamina paga – núcleo informador de los impuestos ecológicos – constituye una peculiar modalidad del principio de provocación de costes.[73]

No podemos desarrollar aquí por completo este planteamiento. Baste apuntar que en la actualidad el concepto legal de tasa no coincide con

eliminar este último elemento del concepto *legal* de tasa. También podría defenderse el carácter de tasa de estas prestaciones – si se salvara el escollo de su origen contractual – atribuyendo a la entidad gestora la naturaleza de administración corporativa (cfr. en este sentido la argumentación de M. Villar Ezcurra (1998:53) y García Novoa (1997:1.395)).

70. Martín Jiménez (2000).

71. Respecto al concepto amplio de corporaciones públicas, cfr. Villar Ezcurra (1998:53), y García Novoa (1997:1395), si bien este autor niega expresamente la posibilidad de atribuir a las tasas un origen contractual, pues – a su juicio – tal idea constituye "una vía más de erosión de la indisponibilidad del tributo, y sería el triunfo de toda una tendencia doctrinal dirigida a demoler la figura de la tasa en cuanto categoría y a confundirla con el precio" (nota inédita). La STC 182/1997 define el concepto constitucional de tributo como "prestaciones patrimoniales coactivas que se satisfacen, directa o indirectamente, a los entes públicos con la finalidad de contribuir al sostenimiento de los gastos públicos".

72. En efecto, debe tenerse presente la diversa intensidad con que se proyecta el principio de capacidad económica sobre las diversas categorías tributarias: criterio de determinación de la carga tributaria en los impuestos y mero límite externo en las tasas y contribuciones especiales.

73. En palabras de Palao (2000:27-28) "los límites conceptuales entre las especies de tributo, ya de por sí controvertibles (...) se hacen aún más borrosos cuando estas categorías se aplican a un ámbito extrafiscal como es el de la protección del medio ambiente".

el constitucional. El algunos aspectos el concepto legal es más restringido, pues incluye el nacimiento *ex lege* de la obligación; por otra es más amplio que el constitucional, pues es posible establecer tasas locales por servicios plenamente voluntarios que se prestan en concurrencia con el sector privado (*ex* art. 20.1 LHL). El concepto legal de tasa es relevante, en cuanto determina el régimen jurídico (vía de apremio, infracciones y sanciones, etc.). Por ello hemos señalado en alguna ocasión que la cantidad cobrada por las entidades gestoras de la Ley de envases a los agentes económicos no constituyen tasas (en el sentido *legal*) del término. Ahora bien, desde el punto de vista *constitucional* debe reconocerse que responden al concepto de tasa. Con esta precisión, nos adherimos plenamente a la postura que en su día mantuvieron M. Villar Ezcurra y C. García Novoa. Se trata, en definitiva, de *tasas parafiscales*, en el sentido de que no se someten al régimen legal de las tasas ni se perciben por un ente público en el sentido estricto del término. Tal concepto de *tributo parafiscal* es más restringido que el previsto por el art. 26.2 en relación al art. 28.1 LGT, pues estos preceptos presuponen el nacimiento *ex lege* de la obligación.

3.2 Impuestos ambientales

En ausencia de fines extrafiscales, la medida general del reparto de la carga impositiva debe estar constituida por la capacidad económica de los contribuyentes (*ex* art. 31.1 CE). El mero hecho de que la recaudación de un impuesto concreto quede afecta a determinados fines no justifica desviarse del principio de capacidad económica. Si no desean establecerse impuestos sobre las actividades contaminantes, sino tan sólo obtener mayores recursos para proteger el medio ambiente, tales recursos deberán distribuirse entre los contribuyentes con arreglo a los principios generales de justicia tributaria (entre los que destaca el de capacidad económica). El Tribunal de Justicia de las Comunidades Europeas ha llegado a conclusiones análogas respecto al concepto de *finalidades específicas* que justifican el establecimiento de impuestos sobre consumos específicos distintos de los armonizados.[74]

74. STJCE de 9 de marzo de 2000, Asunto C-437/97, *Evangelischer Krankenhausverein Wien*. El órgano jurisdiccional a quo cuestionaba si el artículo 3, apartados 2 y 3, de la Directiva sobre los impuestos especiales se oponía al mantenimiento de un tributo como el impuesto sobre las bebidas vigente en Viena y en Alta Austria en el momento de los hechos de los procedimientos principales. El TJCE

La distinción entre impuestos y tasas se ha elaborado en el marco de los tributos ordinarios (sin finalidad extrafiscal). Como principales criterios de distinción suelen señalarse los diversos principios rectores (capacidad económica vs. equivalencia), la diferente estructura del hecho imponible (circunstancias que ponen de relieve la riqueza vs. actividad administrativa) y los distintos criterios de cuantificación (destinados a detraer parte de la riqueza gravada o bien a recuperar el coste del servicio).[75]

En el caso de los tributos ecológicos, estos criterios se desdibujan: tanto los impuestos como las tasas ambientales responden al principio *quien contamina, paga* – modalidad específica del principio de equivalencia (la STC 289/2000, de 30 de noviembre apunta *obiter dicta* que constituye una manifestación del principio de *capacidad económica* en su FJ 5º, pero se trata de una afirmación que no puede interpretarse literalmente).[76] Por otra parte, el hecho imponible de las tasas ambientales –

recuerda que, conforme al artículo 3, apartado 2, de la Directiva sobre los impuestos especiales, los productos mencionados en el apartado 1 del mismo artículo (en el que están comprendidas las bebidas alcohólicas) podrán estar sujetos a impuestos indirectos distintos del impuesto especial si, *persiguen una o varias finalidades específicas, en el sentido de dicha disposición*, siempre que respetan las normas impositivas aplicables en relación con los impuestos especiales o con el IVA para la determinación de la base imponible, la liquidación, el devengo y el control del impuesto. Según el Gobierno de Austria, la *finalidad específica* del impuesto sobre las bebidas consistía en reforzar la autonomía financiera de las entidades territoriales. El TJCE advierte que "el aumento de la autonomía municipal mediante el reconocimiento de una potestad tributaria constituye un objetivo puramente presupuestario, que no puede, por sí solo, constituir una finalidad específica en el sentido del artículo 3, apartado 2, de la Directiva sobre los impuestos especiales". El Gobierno también sostuvo que la finalidad específica del impuesto sobre las bebidas consiste en compensar las considerables cargas soportadas por los municipios debido a las obligaciones que causa el turismo. El Tribunal también rechaza esta alegación, no sólo por el hecho de que no se estableciera la afectación del impuesto, sino porque su objeto imponible no estaba relacionado con las infraestructuras turísticas o con el desarrollo del turismo, puesto que dicho impuesto, que grava las bebidas con independencia del lugar en el que se consumen, también se percibe en lugares no turísticos. El Gobierno alegó, por último, que el impuesto tenía la finalidad de proteger la salud pública, porque incita al consumo de bebidas no alcohólicas, menos gravadas que las bebidas alcohólicas. Sin embargo – advierte el Tribunal – esta finalidad es incompatible con la exención de la venta directa de vino en Austria, de forma que es discutible que dicho impuesto tenga por objetivo disuadir del consumo de bebidas alcohólicas y persiga una finalidad de protección de la salud pública.

75. Cfr. Ferreiro (1998:549 y ss.).

76. En efecto, el Tribunal se basa en el art. 6.4 LOFCA para sostener que las Comunidades Autónomas no pueden establecer tributos sobre *objetos imponibles*

además de la prestación de servicios – puede consistir en la actividad que autoriza el *aprovechamiento especial de los recursos naturales* o en dicho aprovechamiento especial. En estos supuestos la actividad administrativa pasa a un segundo plano o desaparece, situándose en primer término la *actividad contaminante del contribuyente*. De este modo, el hecho imponible de una tasa ambiental puede aproximarse mucho al de un impuesto (cabe mencionar la polémica sobre la naturaleza del canon de vertidos previsto en la Ley de Aguas,[77] y las peculiaridades del impuesto extremeño sobre aprovechamientos cinegéticos, figura próxima a una tasa). Los elementos cuantitativos de los impuestos y tasas ambientales se inspiran en el principio "quien contamina, paga", por lo que pueden adoptar una estructura muy semejante.[78] Esto genera importantes problemas, pues la distinción entre impuestos y tasas determina el grado con que opera la reserva de ley e incide sobre el régimen de distribución de competencias entre los diversos entes territoriales.[79]

reservados por ley a las entidades locales. La sentencia ilustra esta doctrina sirviéndose del concepto clásico de "objeto imponible" elaborado a partir de tributos con fines meramente recaudatorios: "la manifestación de riqueza efectivamente gravada, esto es, el elemento de la realidad que soportará la carga tributaria configurada a través del hecho imponible exponente de la verdadera riqueza sometida a tributación como expresión de la capacidad económica de un sujeto" (FJ 4º). El Tribunal culmina el argumento aplicando esta definición al impuesto balear: la verdadera riqueza gravada como expresión de la capacidad económica es la titularidad de las instalaciones, de modo que se produce una superposición con el objeto imponible del IBI; otra cosa sucedería si el *objeto imponible* del Impuesto balear sobre instalaciones contaminantes fuese la capacidad de contaminar, cfr. Herrera (2002a:403). No obstante, debe reconocerse que algún autor considera la producción de deseconomías externas como una manifestación de "capacidad contributiva", cfr. Selicato (1996:116). Cfr. también Albiñana García Quintana (2001).

77. En relación al canon de vertidos (vigente hasta el 31 de diciembre de 2000) señala Carbajo (1993:16) que sólo es posible considerarlo como tasa si se entiende que los vertidos constituyen una utilización especial del demanio, pero – precisa este autor – "pensamos que su naturaleza esencial es la de un impuesto que grava coactivamente una operación (vertido) ligada a un bien público, indivisible (la calidad de las aguas), ya que la primer hipótesis supondría aceptar que un vertido es una ocupación (*sic*) del dominio público o que lo gravado es un servicio público obligatorio: la autorización para verter".

78. Por otra parte, como advierte González-Méndez, el "inconveniente fundamental" de los tributos ambientales, "reside en la dificultad de evaluar el coste del daño ambiental, y, por tanto, de cuantificar adecuadamente una base imponible del tributo que pretenda realizar una correcta medición del hecho imponible" (2000:12).

79. Esta problemática ha sido puesta de relieve por Carbajo (1995:979).

Los impuestos ambientales presentan el inconveniente de su deficiente coordinación con las prohibiciones administrativas. Puesto que el hecho imponible no presenta relación con el otorgamiento de una licencia, el impuesto recae indistintamente sobre actividades lícitas e ilícitas. Esto puede provocar resultados injustos, pero facilita la gestión del tributo. En cierto sentido podría afirmarse que los impuestos ambientales constituyen un mecanismo tributario *simplificado* de protección ambiental.

Por este motivo, el objeto ideal de los impuestos ambientales está constituido por aquellos elementos o actividades que no son objeto de prohibiciones radicales, como sucede habitualmente con los productos energéticos. En estos casos, los elementos cuantitativos no intentan reflejar con una cierta precisión las deseconomías externas, sino establecer un incentivo eficaz para que los citados productos se utilicen del modo más eficiente posible, reduciendo el impacto ambiental del crecimiento económico.

Puesto que la protección impositiva del medio ambiente se realiza mediante mecanismos esquemáticos o simplificados, existe una cierta facilidad para utilizar la "bandera ambiental" como excusa para crear figuras esencialmente recaudatorias. Es el caso de los impuestos extremeño y balear sobre instalaciones contaminantes, este último declarado inconstitucional por invadir la materia imponible reservada a las entidades locales al recaer esencialmente sobre bienes inmuebles sin tener en cuenta la incidencia ambiental de las actividades (STC 289/2000).[80]

Nuestro Tribunal Constitucional parece considerar que los tributos extrafiscales no quebrantan el principio de capacidad económica siempre que el hecho imponible refleje al menos una riqueza potencial (SSTC 27/1987, de 26 de marzo, FJ 13 y 186/1993, FJ 4º) y la mayoría de las actividades contaminantes suponen una producción o un consumo que indican dicha riqueza. Al menos así sucede con las actividades relacionadas con el ámbito energético. Es más, como hemos visto, la STC 289/2000 llega a afirmar que "la verdadera aptitud de cada sujeto para incidir en el medio en que se desenvuelve" es una "modalidad del principio de capacidad económica" (FJ 5º). Pensamos que estas palabras del Tribunal, pese a su literalidad, tan sólo pretenden controlar si la estructura del tributo responde a la finalidad ambiental que en apariencia lo justifica. Así, entre los gravámenes que afectan al sector energético el desaparecido impuesto balear y el impuesto extremeño sobre instalacio-

80. En este sentido se pronuncia Carbajo (1995:980).

nes contaminantes son, en buena medida, ejemplo de gravámenes sobre el beneficio bruto con una finalidad meramente recaudatoria, a diferencia de lo que sucede con el Impuesto sobre actividades que inciden sobre el medio ambiente establecido por la Comunidad Autónoma de Castilla-La Mancha.[81]

El Tribunal Constitucional ha considerado que el impuesto balear "no grava la actividad contaminante, pues desconoce el impacto ambiental en que incurren los sujetos pasivos" (STC 30.11.2000, FJ 5º). Se está quebrantando así una exigencia del principio de capacidad económica respecto de los tributos ordinarios (gravamen de la renta neta o disponible) sin que exista justificación alguna de carácter ambiental. Lo mismo cabía decir del Impuesto balear sobre instalaciones contaminantes, declarado inconstitucional por contrario al art. 6.3 LOFCA (STC de 30.11.2000).

Sin embargo, la "simplificación" propia de los impuestos ambientales puede provocar efectos perversos en el ámbito de la fiscalidad energética. Un buen ejemplo se encuentra en la imposición sobre la electricidad. La STJCE de 2 de abril de 1998[82] afirma que es contrario al Derecho comunitario un impuesto que grava la electricidad de origen nacional con tipos diferenciados según el método de producción empleado, mientras que grava la electricidad importada (cuyo origen es difícil de determinar), con un tipo único que en algunos casos da lugar a una tributación superior a la de la electricidad importada. La Ley alemana de 24 de marzo de 1999 (*Gesetz zum Einstieg in die Ökologische Steuerreform* BGBl. I, p. 378) ha pretendido resolver el problema exonerando la electricidad procedente de energías renovables, cuando el consumidor final esté conectado a una red alimentada *exclusivamente* por tales energías (§ 9.1.1). Esto supone reducir la exención a supuestos simbólicos, como la instalación de placas solares en ciertos edificios.[83] La ley española utiliza una técnica similar al exonerar la energía destinada al consumo de los titulares de instalaciones acogidas al régimen especial (cogeneración y electricidad procedente de fuentes renovables).[84]

81. Ley 11/2000, de 26 de diciembre.

82. As. C-213/96, *Outokumpu Oy*.

83. Cfr. Friedrich (1999:663).

84. Cfr. Fernandez Rozado, Más García, Maganto Fernández, Olaguibel del Olmo, Martínez Martín, Sánchez Tembleque, Silva Amador, Yábar Sterling (2001:289); Angulo, Chico, García Barquero, Herrera, Monreal (2002:243); Fernández Rozado y Sánchez Tembleque (2002:119); Chico, Grau y Herrera (2003:15).

Por otra parte, es posible que el elemento ambiental introducido de manera esquemática en la fiscalidad de los productos energéticos colisione con otras normas o principios ajenos a la protección del entorno. Así, aunque el establecimiento de impuestos ambientales no se encuentra armonizado, la STJCE de 10 de junio de 1999[85] estima que el art. 8.1 de la Directiva 92/81/CEE, relativa al impuesto especial sobre hidrocarburos, se opone a la percepción de un impuesto como el controvertido en el asunto principal, que grava el tráfico aéreo interior de carácter comercial y que se calcula en función de datos relativos al consumo de carburante y a las emisiones de monóxido de nitrógeno en un trayecto aéreo medio del tipo de avión utilizado.

La doctrina deduce de esta sentencia que los Estados Miembros pueden establecer impuestos energéticos con una *finalidad específica* de carácter ambiental, pero "esos impuestos habrán realmente de ser tales porque así se deduzca de su completo régimen jurídico, por lo que no bastará su simple denominación o la configuración de su hecho imponible. Porque, de no ser ello así, es decir, si no inciden de modo efectivo – en cuanto tributos de ordenación – en la conducta de los agentes económicos para que éstos desplieguen actuaciones menos contaminantes, tales impuestos pueden correr la misma suerte que el impuesto sueco, por cuanto en muchas ocasiones se tratará de meros gravámenes sobre el consumo que pueden violentar las Directivas armonizadoras de la imposición indirecta, provocando de paso distorsiones en el funcionamiento del mercado interior que precisamente esas Directivas pretenden evitar".[86]

De todos modos, no cabe negar que se produce una cierta tensión entre la finalidad ambiental – reconocida en el Tratado CE – y las libertades comunitarias. Aunque el Tribunal de Justicia no haya afirmado una primacía abstracta de las libertades económicas, estas han prevalecido en los diversos casos concretos en que se ha planteado el conflicto: el tributo alemán por el uso de carreteras cuyo importe se determinaba en función del peso de mercancías importadas (STJCE 16.2.1977, As. 20/76); la tasa alemana por autorización del transporte pesado por carretera para fomentar el transporte por ferrocarril (STJCE 19.5.1992, As. C-195/90) los beneficios fiscales a las energías renovables en el impuesto sobre la electricidad (STJCE 2.4.1998, As. C-213/1996); y el impuesto municipal belga sobre antenas parabólicas (STJCE 29.11.2001, As. C-17/00).[87]

85. As. C-346/97, *Braathens Sverige AB*.
86. Ortiz Calle (2000:100).
87. Cfr. Galán (2003).

Los principios de protección ambiental consagrados en el Tratado tampoco han servido para inclinar la balanza en favor del medio ambiente cuando se ha puesto en el otro platillo una norma de armonización fiscal. Así ha sucedido con el gravamen de los hidrocarburos utilizados en la navegación aérea por un impuesto sueco de pretendida finalidad ambiental (STJCE 10.6.1999, As. C-346/1997), o con la exención de biocarburantes elaborados mediante proyectos pilotos (ST Primera Instancia de 27.9.2000). Es cierto que el Tribunal admite la compatibilidad de un impuesto austríaco sobre el turismo con el art. 33 de la Sexta Directiva (prohibición de impuestos sobre el volumen de ventas) pero en este caso no son las características ambientales del tributo las que deciden la postura del tribunal (STJCE 8.6.1999, As. C-338/97, C-344/97 y C-390-97). Lo mismo cabe decir de la STJCE 25.1.2001 (Comisión/República Francesa, As. C-429/97), que obliga a Francia a devolver a una empresa alemana el IVA repercutido a una empresa alemana por subcontratistas franceses en una operación compleja de eliminación de residuos.[88] La solución – favorable a la empresa alemana – se basa exclusivamente en los criterios de la Directiva 79/1072/CEE, y no en consideraciones ambientales.

Quizá suponga un cierto cambio de tendencia la STJCE de 13.3.2001 (*PreussenElektra AG/Schleswag AG*, As C-379/98). El Tribunal considera que el sistema de primas vigente a la sazón en Alemania no constituye una ayuda de estado prohibida, puesto que las primas pagadas obligatoriamente por la empresa distribuidora de electricidad al productor de electricidad de origen renovable no constituyen "fondos públicos". Resulta significativo que el Tribunal aluda, entre otros argumentos, a la protección del interés ambiental por el Tratado CE. La STJCE 8.11.2001, *Adria-Wien Pipeline GmbH*, As C-143/99, supone un caso peculiar: en ella se declaran contrarios al Derecho comunitario ciertos beneficios fiscales a empresas intensivas en el uso de energía en un impuesto ecológico sobre la electricidad. Ahora bien, debe tenerse en cuenta que dichos beneficios no buscaban proteger el medio ambiente, sino amortiguar el impacto del impuesto ecológico sobre ciertas industrias más sensibles a sus efectos.

Así pues, cabe sostener la esperanza de que en el futuro la finalidad ambiental se admita por el tribunal como un fin que justifique ciertas restricciones a la libre circulación de mercancías y servicios. Hasta ahora el

88. Cfr. Martín Dégano (2002:221 y ss.).

Tribunal no ha rechazado esta posibilidad, si bien ha considerado que las diversas restricciones resultaban desproporcionadas.

3.3 Tasas ambientales

3.3.1 Aspectos generales

En nuestra opinión, en el ámbito de las tasas el principio de capacidad económica sólo opera como límite externo al *principio de equivalencia*[89] (o provocación de costes),[90] y la finalidad extrafiscal de los verdaderos tributos ambientales responde precisamente a la citada idea de equivalencia o causalidad (como hemos señalado, el principio quien contamina paga pretende internalizar los costes externos ocasionados por las actividades contaminantes).[91] Por ello – desde el punto de vista de la técnica jurídica – las tasas constituyen el instrumento más preciso para el desarrollo de la fiscalidad ambiental.

Por otra parte, nuestro Tribunal Constitucional ha reconocido la "flexibilidad" de la reserva de ley en materia tributaria en el ámbito local. Por lo que se refiere a los tributos de carácter *sinalagmático*, es suficiente que la ley delimite *el supuesto de hecho* por remisión a las competencias legales de la entidad local, excluyendo determinadas actividades esenciales, y que precise la cuantía mediante un límite máximo o mediante criterios técnicos suficientemente precisos que permitan determinarlo, fórmula que no excluye un cierto margen de apreciación por parte de las entidades locales (STC 233/1999, FJ 19). El Tribunal considera que la referencia al valor de mercado o a la utilidad reportada por el uso privativo o el aprovechamiento especial de los bienes de dominio público constituyen criterios suficientemente precisos. Este marco constitucional ofrece notables posibilidades para que los municipios establezcan

89. Cfr. Simón (1999:30), con la peculiaridad de que el citado autor prefiere hablar del *principio de provocación de costes*. A juicio de Martín Fernández, "el principio del beneficio (...) deja de responder a la equidad cuando determinados servicios públicos conllevan una mayor utilidad y, por tanto, una mayor carga tributaria en personas con una menor capacidad económica" (1995:148).

90. En este trabajo utilizamos ambos términos como sinónimos, si bien el principio de provocación de costes suele hacer referencia a los costes sociales y el de equivalencia a los costes administrativos (cfr. J. Martín Fernández (1995:149) y la bibliografía allí citada).

91. Cfr., no obstante, las fundadas consideraciones de Ruiz Garijo (2002:226 y ss.).

tasas de carácter ambiental, o refuercen los elementos incentivadores de las ya existentes.

3.3.2 Tasas por prestación de servicios ambientales

La prestación de servicios ambientales es objeto de tasas en los ámbitos estatal,[92] autonómico[93] y local.[94] La cuantía de cada una de estas tasas "*en general* (...) no podrá exceder, *en su conjunto* del coste real o previsible del servicio o actividad de que se trate o, en su defecto, del valor de la prestación recibida (...) Para la determinación de dicho importe se tomarán en consideración los costes directos e indirectos, inclusive los de carácter financiero, amortización del inmovilizado y, en su caso, los necesarios para garantizar el mantenimiento y *un desarrollo razonable* del servicio o actividad por cuya prestación o realización se exige la tasa" (art. 19.2 y 3 LTPP).[95]

92. Puede citarse la "tasa por inspección y control de funcionamiento de las instalaciones nucleares de almacenamiento", prevista en el art. 10 de La Ley 14/1999 que establece cuantías mucho más elevadas para los residuos de alta actividad, justificándolo por el mayor coste de la prestación del servicio de control y seguimiento. De todos modos, puede señalarse que en el ámbito estatal y autonómico las tasas por servicios ambientales vigentes no han incorporado una auténtica finalidad de ordenamiento.

93. La gestión en materia de protección del medio ambiente ha sido asumida por todos los Estatutos de Autonomía. Encontramos ejemplos de tasas por prestación de servicios ambientales en las leyes de diversas Comunidades Autónomas (Ley andaluza 4/1988, de 5 de julio (Tasa por servicios de la Agencia del Medio Ambiente); Ley aragonesa 8/1984, de 27 de diciembre (Tasa por prestación de servicios y ejecución de trabajos que afectan a la Dirección General de Conservación del Medio Natural); Ley 7/1989 de la Comunidad de Castilla y León (tasa por prestación de servicios y ejecución de trabajos por el personal facultativo de la Dirección General del Medio Natural).

94. La Ley de Haciendas Locales prevé expresamente algunas tasas municipales de carácter ambiental, relacionadas con las inspecciones técnicas y sanitarias, el tratamiento y depuración de aguas residuales y la gestión de residuos sólidos urbanos (art. 20.4). Además, deberán tener la consideración de tasas las prestaciones que exijan los entes locales por prestación de servicios relacionados con el medio ambiente, siempre que tales servicios sean de solicitud o recepción obligatoria, o que no exista concurrencia con el sector privado (art. 20.1 LHL), y debe tenerse en cuenta que *la protección del medio ambiente constituye un servicio obligatorio para aquellos municipios con población superior a 50.000 habitantes* [art. 26.1 d) LRBRL].

95. En idénticos términos se pronuncia el art. 24.2 LHL. El art. 7.3 LOFCA se limita a señalar que "el rendimiento previsto para cada tasa por la prestación de servicios o realización de actividades no podrá sobrepasar el coste de dichos servicios

Se trata de un criterio relativamente flexible, que no impide establecer factores de *progresividad ambiental*: es decir, exigir a quienes más contaminen una cuota que exceda del coste individual del servicio, bonificando a quienes mantengan su actividad contaminante dentro de unos límites muy reducidos.[96] Es más, sin necesidad de aplicar estas técnicas se producirá un efecto desincentivador en la medida en que – por ejemplo – la recogida y tratamiento de residuos más contaminantes requieren un mayor coste y justifican un incremento de las tasas.[97]

Es más, la mera proporcionalidad entre los residuos generados y la tasa de recogida de basuras puede constituir un incentivo de carácter ambiental. Sirva de ejemplo la tasa por recogida selectiva de basuras implantada por Torrelles de Llobregat, a partir del modelo diseñado por Ignasi Puig Ventosa: "las basuras (...) [se depositan] (...) delante de la puerta de la casa o del establecimiento comercial, entre 20 y 22 horas. A partir de esa hora empieza la recogida puerta a puerta. La materia orgánica y el papel/cartón se [recogen] gratuitamente. La fracción inorgánica (...) debe ser entregada obligatoriamente en unas bolsas estandarizadas por el Ayuntamiento. El Ayuntamiento vende estas bolsas a través de comercios colaboradores (...) [por un importe] (...) de 0,60 EUR/unidad que incorpora una parte de la tasa de basuras. De esta forma (...) se crea un incentivo hacia la reducción y el reciclaje (...) Los (...) grandes generadores de materia orgánica deben alquilar anualmente para esta frac-

o actividades". La Ley catalana 15/1997 de Tasas y Precios Públicos establece que "la cuantificación de las cuotas de las tasas debe realizarse de forma que el rendimiento de las mismas no exceda, en su conjunto, su coste total" (art. 13.1).

96. Cfr. en este sentido, García Frías (1991:171). Sirva de ejemplo la Ordenanza fiscal de recogida de basuras de Barcelona, que establece una bonificación de la cuota del 75 por 100 en los casos en que se disponga de sistemas de compactación mecánica o de instalaciones para la recogida selectiva de basuras o compostage *in situ* de la materia orgánica (art. 6). En el ámbito estricto de la tarifa, admitir la progresividad Martín Fernández (1995:116 y 138), si bien el citado autor se funda en consideraciones de capacidad económica. Martín Fernández considera, además, que el establecimiento de exenciones dirigidas a garantizar la progresividad "es un elemento más de la tarifa" y recuerda que el límite máximo de la tasa "opera respecto del conjunto de ingresos de la tasa, no sujeto a sujeto" (1995:141).

97. Cfr. Rozas (1997:526) y Rozas (2002:236), con diversos ejemplos de derecho comparado. A juicio de Gómez Verdesoto (2000:44-45), puesto que "el art. 24.2 LRHL obliga a tener en cuenta, para determinar su importe, los costes directos e *indirectos* necesarios para garantizar el mantenimiento y un desarrollo razonable del servicio o actividad (...) nada impide que el coste *ambiental* se introduzca en el informe técnico-económico que justifique el importe de la tasa".

ción contenedores que pagan en función de su tamaño y periodicidad de recogida".[98]

También es posible prever un *desarrollo razonable* del servicio para conseguir unos niveles elevados de protección ambiental, que disuadan de realizar las actividades contaminantes relacionadas con el servicio.[99]

En el ámbito energético este tipo de tasas resultarán relevantes cuando se trate de controlar actividades de producción, distribución y consumo de energía que impliquen un riesgo especial y requieran, por tanto, de ciertos controles administrativos. Pensemos en las tasas exigidas por el control de instalaciones nucleares u otras instalaciones energéticas clasificadas como peligrosas.

3.3.3 Tasas por utilización privativa o aprovechamiento especial del dominio público

La utilización del dominio público ambiental constituye un campo idóneo para el establecimiento de tasas[100] (a nuestro juicio esta es la naturaleza del nuevo *canon de control de vertidos* previsto en la Ley de Aguas).[101] Algún destacado autor considera que el hecho imponible de tales tasas no puede estar integrado por el uso degradante o destructivo del mismo.[102] Coincidimos plenamente en el supuesto del deterioro prohibido,[103] pero no en los casos tolerados por la ley (y todo uso de un bien

98. Puig (2003). Agradecemos al autor que nos haya facilitado esta documentación.

99. En una nota inédita, el profesor García Novoa ha observado cómo "el razonamiento según el cual no se puede modular la cuantía de la tasa en función de la contaminación producida por el principio del coste del servicio es falso, porque el cálculo general del coste del servicio no significa que no deba tenerse en cuenta que a mayor contaminación, mayor provocación de costes".

100. En este sentido se pronunciaba ya hace años Fernández Junquera (1985:1.263-1.264).

101. Tal opinión no es pacífica: para García Novoa se trata de un impuesto, "porque los hechos imponibles consistentes en realizar vertidos no contemplan, para su perfección ninguna actividad administrativa, imprescindible para que se pueda hablar de tasa, sobre todo cuando no se gravan solamente los vertidos autorizados, y no se puede decir que lo que se grava es la actividad autorizadora" (2000:13). Aunque el tema es polémico, consideramos posible sostener que el canon de control de vertidos sólo grava los vertidos autorizados y los vertidos no autorizados susceptibles de autorización.

102. Cfr. C. García Novoa (2000:13).

103. Así lo ha señalado Simón (1999:44).

supone un cierto desgaste del mismo). Como hemos visto, el art. 20.2 LTPP prevé que el importe de la tasa calculado en la memoria económico-financiera, contemple el deterioro del dominio público derivado de la utilización privativa o el aprovechamiento especial, y sólo cuando no se haya hecho así existirá obligación por parte del sujeto pasivo de reintegrar el coste total de los gastos de reconstrucción o reparación, al margen del importe de la tasa.[104] El hecho imponible de estas tasas se funda "en la provocación de costes, que pueden consistir en gastos soportados por las arcas públicas o *en restricciones del disfrute de bienes o servicios soportadas por el resto de los ciudadanos*", incluyendo en este concepto "el llamado uso común especial, en el que concurren circunstancias singulares de intensidad, peligrosidad u otras semejantes".[105] Entendemos, por tanto, que la contaminación especial del dominio público puede integrar el hecho imponible de estas tasas.

En estos casos el uso privativo o el aprovechamiento especial darán lugar a la exigencia de tasas, y en su cuantificación debería tenerse en cuenta el elemento ambiental. El art. 19.1 LTPP señala que "el importe de las tasas por la utilización privativa o aprovechamiento especial del dominio público se fijará *tomando como referencia* el valor de mercado correspondiente o el de la utilidad derivada de aquella". El art. 24.1 LHL se pronuncia en términos similares: "el importe de las tasas previstas por la utilización privativa o el aprovechamiento especial del dominio público local se fijará tomando como referencia el valor que tendría en el mercado la utilidad derivada de dicha utilización o aprovechamiento, si los bienes afectados no fuesen de dominio público. A tal fin, las ordenanzas fiscales podrán señalar en cada caso, atendiendo a la naturaleza específica de la utilización privativa o del aprovechamiento especial de que se trate, los criterios y parámetros que permitan definir el valor de mercado de la utilidad derivada".

En la determinación del valor de mercado han de influir las consecuencias ambientales del uso o aprovechamiento de los bienes. Tal camino – aun por explorar – debería recorrerse para introducir en estas tasas elementos incentivadores que estructuren las tarifas en función del impacto ambiental del uso privativo o el aprovechamiento especial.

104. Recordemos que el art. 24.5 LHL no contempla la posibilidad de incluir tales costes en el importe de la tasa, pero prevé como un supuesto ordinario que la realización del hecho imponible "lleve aparejado" un deterioro del dominio público municipal.

105. Simón (1999:41-42).

La posibilidad de exigir tasas ambientales por el aprovechamiento especial del dominio público pone de relieve la proximidad entre tasas e impuestos ambientales – recordemos las polémicas sobre la naturaleza del canon de vertidos y el canon de control de vertidos de la Ley de Aguas, y la debilidad *doctrinal* que ofrece el carácter *ex lege* de la obligación como nota esencial del concepto de tasa.[106] Pensemos, por ejemplo, en el supuesto de que "se utilicen procedimientos de licitación pública", en cuyo caso, el importe de la tasa por el uso del dominio público "vendrá determinado por el valor económico de la proposición sobre la que recaiga la concesión, autorización o adjudicación" (art. 24.1 LHL).

En el ámbito energético esta cuestión plantea la posibilidad de exigir *tasas por el aprovechamiento especial del dominio público* cuyo hecho imponible consista en un impacto sobre el paisaje (como consecuencia de las instalaciones de transporte de energía) o por la práctica de emisiones atmosféricas derivadas de la producción energética. *De lege lata* esto no parece posible, pues ni el paisaje ni la atmósfera constituyen bienes de dominio público. No obstante, debe apuntarse la existencia de una corriente doctrinal que tiende a definir el dominio público como un mero régimen protector de ciertos bienes con independencia de su titularidad. En el Derecho Comparado encontramos algún caso en que las emisiones atmosféricas derivadas de la producción de energía reciben la calificación legal de *tasas*. Así sucede con la tasa sueca sobre el óxido de nitrógeno, que recae sobre las emisiones derivadas de hornos, turbinas de gas y generadores diesel utilizados para generar calor o energía eléctrica.

3.3.4 Tasas por actuaciones administrativas de tolerancia ambiental

Otro terreno que debería examinarse es la posibilidad de establecer tasas por la tolerancia administrativa de actividades lícitas, pero indeseables, por un impacto ambiental negativo que no recae sobre bienes de dominio público.

106. Según advierte Martín Fernández (1995:228), "la inalienabilidad o *incomerciabilidad* – de la que ha hablado algún autor – del dominio público supone tan sólo que, en palabras del TS, 'está sustraído al tráfico jurídico-privado, pero es susceptible de un tráfico jurídico-público'. Se trata más bien de una garantía según la cual la utilidad que satisfacen no será traicionada. Por tanto, no debe ser traducida esta norma de protección en el sentido de imposibilidad de contratar o ceder su uso".

En esta figura – denominada por la doctrina alemana *tasas por tolerancia*[107] y por otros autores tasas por molestias y riesgos permitidos[108] – la actividad administrativa queda reducida a la autorización de las correspondientes actividades, lo cual supone un *coste despreciable*. En estos casos debería aplicarse la regla de cuantificación supletoria prevista en el art. 19.2 LTPP: "en general (...) el importe de las tasas por la prestación de un servicio o por la realización de una actividad no podrá exceder, en su conjunto, del coste real o previsible del servicio o actividad de que se trate, o, en su defecto, del valor de la prestación recibida".[109] El *valor de la prestación recibida* es el valor de la autorización, y esta equivale al coste económico que supondría prescindir de la actividad autorizada (si se trata de una actividad contaminante, al coste de evitar la contaminación).[110]

Encontramos un ejemplo que quizá pueda causar sorpresa en la "Ordenanza de la tasa fiscal (*sic*) reguladora de emisiones de CO_2 y SO_2 ('tasa verde'), del ayuntamiento de Cerceda.[111] Constituye el hecho imponible "la actividad Municipal, técnica y administrativa, tendentes a verificar si se dan las condiciones necesarias para autorizar la continuación de las actividades" que generan dichas emisiones (art. 2). "La cuota tributaria correspondiente exigirá de una sola vez la cantidad de 0,06 euros por Tm de CO_2 y SO_2 al año" (art. 5). El devengo se produce el 1 de enero (art. 7). "Los sujetos pasivos o sustitutos del contribuyente formularán las declaraciones de alta y baja en el censo de sujetos pasivos de la tasa en el plazo que media entre la fecha en la que se produzca la varia-

107. Cfr. Meyer (1995:121).

108. Cfr. Ortega (2003).

109. El art. 24.2 LHL se pronuncia en términos similares: "el importe de las tasas por la prestación de un servicio o por la realización de una actividad no podrá exceder, en su conjunto, del coste real o previsible del servicio o actividad de que se trate o, *en su defecto, del valor de la prestación recibida*". En cambio, el art. 7.3 LOFCA dispone que "el rendimiento previsto para cada tasa por la prestación de servicios o realización de actividades no podrá sobrepasar el coste de dichos servicios o actividades", sin establecer un criterio subsidiario fundado en el valor de la prestación.

110. El Proyecto de Código Ambiental alemán de 1998 desarrolla este planteamiento, pues prevé el establecimiento de tasas (*Gebühren* § 190.2) por "las actividades que incidan sobre el medio ambiente (*umwelterhebliche Handlungen*), en particular por la realización de emisiones y el aprovechamiento de recursos naturales" (§ 190.1), cfr. Bundesministerium für Umwelt, Naturschutz und Reaktorsicherheit (1998:182-183).

111. BOP n. 251, de 2 de noviembre de 2001.

ción en la titularidad de la actividad y el último día del mes natural siguiente. Estas últimas declaraciones surtirán efecto a partir de la primera declaración que se practique una vez finalizado el plazo de presentación de dichas declaraciones de alta y baja. La inclusión final en el censo se hará de oficio una vez comprobada la actividad".

Dado que el devengo se produce el uno de enero, es de suponer que la tasa se liquida atendiendo al volumen de toneladas de CO_2 y SO_2 que se autoriza a emitir a lo largo del año, lo cual reduce los efectos incentivadores. En cuanto al importe de la tasa debería justificarse en la memoria económica, lo cual habrá resultado difícil para un pequeño municipio, al margen de diversos problemas de gestión. Lo que debe destacarse es que ya existen *tasas por tolerancia de emisiones atmosféricas*.

Cerceda ha establecido también un "precio público" por emisión de ruidos y malos olores,[112] si bien la ordenanza no lo vincula a una licencia administrativa, sino a "la emisión de ruidos por encima de 30 decibelios emitidos desde los centros de trabajo" (art. 1) y por "el desprendimiento de malos olores y otras incomodidades (*sic*), que por su intensidad altere al vecindario, provenientes de centros de trabajo". Debe señalarse como curiosidad que el *precio público* "no se aplicará a las personas físicas" (art. 3).

Las "cuotas exigibles por la realización del hecho imponible (*sic*) son las siguientes: a) Por la emisión de ruidos en las cantidades relacionadas, 120,20 euros, por cada emisión que sobrepase 10 decibelios de la fracción anterior y dos minutos de duración. El doble de las anteriores cuando se repitan varias veces en la misma semana y el triple cuando sea en el mismo día. b) Por el desprendimiento de malos olores y otras incomodidades 60,10 euros, cuando no sobrepase una hora; más de una hora 602, y 1.202 euros diarios cuando sobrepase (*sic*)" (art. 4). "Los servicios técnicos municipales levantarán acta contra de los hechos imponibles (*sic*) referidos dando parte mensual de los mismos al objeto de la liquidación fiscal correspondiente, la cual será aprobada por la Comisión de Gobierno" (art. 5).

Desde luego esta tasa o "precio público" no constituye un modelo de rigor jurídico (merecería la pena visitar este municipio para apreciar que "incomodidades" desprenden las industrias allí ubicadas). Sin embargo, sería posible construir un tributo similar con una estructura mucho más depurada atendiendo a aquellas emisiones de ruidos que no

112. Ibidem.

constituyeran una infracción. La mayor dificultad radicaría en justificar el importe de la tasa a través de la memoria económico-financiera.[113]

Desde luego, este planteamiento no es pacífico, pues los términos de los arts. 19.2 LTPP y 24.2 LHL ("en su defecto") son lo suficientemente ambiguos como para permitir diversas interpretaciones por parte de la jurisprudencia. Es más, los tribunales rechazan la exigencia de tasas por inspecciones técnicas cuando la inspección no se realiza o se ejecuta sólo de forma aparente,[114] así como las tasas por licencia de apertura de establecimientos, cuando no se justifica una intervención del ayuntamiento para salvaguardar los intereses de los vecinos.[115] A nuestro juicio, las tasas de tolerancia ambiental presentan una problemática distinta: se trata de supuestos en los que la intervención del Ayuntamiento (otorgamiento de la licencia) es necesaria para los intereses públicos, aunque se trate de un mero control formal de la documentación presentada por el solicitante.[116] En estos casos el coste de la actividad administrativa es despre-

113. Sin embargo, esta valoración no es imposible. Cfr. Linares Llamas (2002:63).

114. Simón (1999:50), con cita, entre otras, de la STS de 20 de enero de 1975 (*RJ* 1975, 65) de la STSJ Madrid de 5 de diciembre de 1995 (*JT* 1995, 1.647).

115. Simón (1999:52-53, con cita, entre otras, de las SSTS de 19 de junio de 1995 (*RJ* 1995, 4709), 15 de noviembre de 1996 (*RJ* 1996, 8132) y 12 de marzo de 1998 (*RJ* 1998, 1942).

116. Como figura próxima a las tasas de tolerancia en materias ajenas al medio ambiente podría citarse la denominada "tasa fiscal sobre rifas, tómbolas, apuestas y combinaciones aleatorias", cuyo hecho imponible se define como "la autorización, celebración u organización de juegos de suerte, envite o azar" (art. 3.1º RDL 16/1977), si bien la a base imponible está constituida por "los ingresos brutos que los casinos obtengan procedentes del juego o las cantidades que los jugadores dediquen a su participación en los juegos que tengan lugar en los distintos locales, instalaciones o recintos donde se celebren juegos de suerte, envite o azar" (art. 3.3º RDL 16/1977). La STC 126/1987 (FJ 8º) apuntó la naturaleza impositiva de este tributo, afirmada expresamente por la STC 296/1994 (FJ 4º): "el tributo sobre el juego (...) es una figura fiscal distinta de la categoría de 'tasa', puesto que con ello no se pretende la contraprestación proporcional, más o menos aproximada, del coste de un servicio o realización de actividades en régimen de Derecho público, sino que constituye un auténtico 'impuesto' que grava los rendimientos obtenidos por actividades de empresarios privados de manera virtualmente idéntica a los impuestos que gravan la adquisición de renta por actividades expresiva de capacidad económica". Este planteamiento quizá pudiera matizarse, pues resulta significativo que el tributo grave los *ingresos brutos* derivados del juego, y no el beneficio obtenido, como debería hacer un impuesto basado en la capacidad económica. A nuestro juicio, en las tasas ambientales de tolerancia está presente de manera clara el principio de provocación de costes sociales, lo cual permite diferenciar esta figura de los impuestos. Desde

ciable y el valor de la prestación recibida elevado, lo que justifica aplicar el criterio subsidiario de cuantificación. De forma paralela debería establecerse un servicio general de inspección cuyas concretas actuaciones no darían lugar al devengo de tasas.

Si no se admitiesen estas ideas, siempre sería posible conseguir un resultado similar al de las auténticas tasas de tolerancia, mediante *tasas de vigilancia* en las que se desarrollara efectivamente un servicio de control de gran calidad y elevado coste, utilizando además criterios de progresividad ambiental para la determinación de la cuota individual, sin superar, en conjunto, el coste del servicio. También podría realizarse una actividad pública para alcanzar ciertos *estándares* ambientales obligatorios afectados por la actividad del sujeto contaminante. Así sucedería con una tasa por la autorización para el funcionamiento de las calderas de carbón, cuya recaudación se afectara a incrementar las masas arbóreas del municipio.

Las tasas por tolerancia – subsidiariamente, por vigilancia – presentan una mayor potencialidad ambiental que aquellas basadas en el aprovechamiento especial del dominio público municipal. Así, una prestigiosa doctrina considera que "la intervención por razones medioambientales puede dar lugar a una tasa por el otorgamiento de la correspondiente licencia, pero no a una tasa por utilizar terrenos que no son del Ayuntamiento", postura que parece admitir el Tribunal Supremo.[117] A nuestro juicio, el ámbito idóneo para la exigencia de este tipo de tasas por parte de los municipios se encuentra en la tramitación de licencias de actividades clasificadas. No obstante, en la actualidad – es el caso del Ayuntamiento de Madrid – estas tasas se cuantifican atendiendo a la superficie del local y la potencia nominal a utilizar.

luego, no puede negarse la aproximación que se produce entre los impuestos extrafiscales con finalidad ecológica y las tasas por tolerancia, pues el elemento extrafiscal presente en los primeros responde precisamente a la finalidad de internalizar los costes externos derivados de la contaminación.

117. Simón (1999:46). El citado autor se refiere a la STS de 31 de enero de 1995 (*RJ* 1995, 455) que declara ilegal un precio público municipal (con arreglo a la antigua regulación) por *aprovechamientos* que alteren el estado natural de cualquier terreno por no recaer sobre bienes de dominio público municipal. El tribunal añade que si las competencias ambientales del ayuntamiento implican "la necesidad de someter a previa licencia el ejercicio de determinadas actividades, al tratarse de una licencia de carácter necesario, la actividad administrativa desarrollada para la verificación de si concurrían las circunstancias necesarias para su otorgamiento no daría lugar a un precio público, sino a una tasa" (FJ 2º).

En el ámbito energético, las tasas por tolerancia pueden constituir un importante instrumento destinado a completar el uso de permisos negociables de emisiones. Pensemos en el sistema danés que combina dichos permisos con el pago de una tarifa por un incumplimiento cuando se superen las cantidades previstas en dichos permisos. Dicha "tarifa" constituirá una tasa y no una sanción, en la medida en que tales emisiones suplementarias no estén radicalmente prohibidas (en cuyo caso la Administración debería acudir a su autotutela ejecutiva para asegurar el cese de la actividad).

Es más, probablemente deberían configurarse como tasas por tolerancia las cantidades exigidas por los entes públicos como consecuencia de la adjudicación mediante subasta de permisos de emisiones de CO_2.[118] Es cierto que la Propuesta de Directiva de 23 de octubre de 2001 sobre Comercio de Derechos de Emisión prevé la asignación gratuita de los permisos, pero es previsible que ello sólo tendrá lugar durante un período transitorio. Desde luego, la existencia de una subasta no excluye acudir a la tasa. El art. 24.1 de la Ley 39/1988, de Haciendas Locales señalaba ya que "cuando se utilicen procedimientos de licitación

118. Por otra parte, y aunque se haya elegido un sistema de *grandfathering* (reparto gratuito atendiendo a la situación preexistente) para el primer período, en cualquier caso la autoridad pública reguladora mantiene en su poder una determinada cantidad de permisos no distribuidos, para asignarlos a nuevos agentes económicos que vayan incorporándose al mercado. En relación con estos títulos, podríamos plantearnos si el importe cobrado por ellos a las nuevas empresas tendrá naturaleza jurídica de tasa, o en cambio será un precio, exactamente igual que el que cobrarían los operadores que ya están en el mercado a los que pretenden incorporarse a él. De acuerdo con la normativa vigente en España, sólo estaríamos ante precios públicos (cuya cuantía no podría superar el valor de mercado) si existiera plena concurrencia con el sector privado y sean de solicitud voluntaria por los administrados (en el sentido de que no venga impuesta por disposiciones legales o reglamentarias ni se trate de bienes, servicios o actividades imprescindibles para la vida privada o social del solicitante (arts. 6 y 26 LTPP). En principio, podría pensarse que tales condiciones quedarían cumplidas en el supuesto de que el reparto principal de permisos sea gratuito – de modo que existiría un mercado privado de títulos (concurrencia con el sector privado) – sin que la adquisición de títulos adicionales venga impuesta por la normativa o sea necesaria para la vida privada (las emisiones difusas, generadas por particulares, no se someten al sistema de permisos). No obstante, podrían plantearse serias dudas, pues la normativa *sí exige* la adquisición de permisos a las empresas que deseen incorporarse a las actividades que producen emisiones de gases de efecto invernadero, por lo que no existe auténtica voluntariedad (v. *supra*). Pensamos, por tanto, que en cualquier caso debería acudirse a la figura de la tasa, cfr. Franco y Herrera (2003).

pública [por la utilización privativa o el aprovechamiento especial del dominio público] el importe de la tasa vendrá determinado por el valor económico de la proposición sobre la que recaiga la concesión, autorización o adjudicación".

3.3.5 Contribuciones especiales ecológicas

De lege lata el ámbito de las contribuciones especiales ecológicas está limitado por la exigencia de un beneficio especial[119] en favor del contribuyente [arts. 26.1 b) LGT, 8.1 LOFCA y 28 LHL].[120] *De lege ferenda* podrían establecer contribuciones por gastos especiales del ente público (obras públicas o establecimiento de servicios públicos) dirigidos a proteger el medio ambiente cuando hayan sido ocasionados por la conducta contaminante de ciertos sujetos, *aun en el caso de que la obra o el establecimiento o ampliación del servicio no supongan un beneficio o un aumento de valor de los bienes del contribuyente*. Esta figura – que algunos autores denominan *contribuciones negativas*[121] – respondería plenamente al principio "quien contamina, paga", como modalidad específica del principio de equivalencia que inspira el establecimiento de contribuciones especiales.[122] En cuanto al porcentaje del coste de la obra que se financie mediante esta figura tributaria, constituye una decisión discrecional del legislador.[123]

119. A juicio de Merino Jara ningún precepto de la ley hace suponer o presumir que el Ente Local está exonerado, llegado el caso, de probar como consecuencia directa del gasto público realizado con ocasión de las obras y servicios que dan lugar a la exacción.

120. Como señala Rozas (1997:515), "la rehabilitación de un vertedero ubicado en el extremo de una zona residencial, la adquisición de una flota de vehículos de limpieza de las aceras destinados a operar en unos distritos determinados o la adquisición de mobiliario urbano destinado a la limpieza de excrementos de animales domésticos, justificarían sobradamente, por ejemplo, el cobro de una contribución especial a los vecinos de la zona residencial o de los distritos beneficiados, a los propietarios de animales de compañía. Los dos primeros ejemplos pueden reconducirse sin dificultades a la normativa vigente. El tercero resulta más problemático sin una reforma que admita expresamente las contribuciones por gastos especiales del ente público de los que sean responsables determinados contribuyentes.

121. Cfr. Vadri i Fortuni (1994:354) cit. por Rósembuj (1995:205).

122. El uso de contribuciones especiales ambientales ha sido defendido en la doctrina alemana por Messerschmidt (1986:119 y ss.), y en la doctrina española por Rósembuj (1995:205 y 209) y Chico de la Cámara (1998:72).

123. Según la STC 233/1999, de 16 de diciembre, "la LHL podía haber establecido un porcentaje distinto del 90 por 100, pero (...) esta es una decisión que toca

En algunos casos la obra pública o el establecimiento o mejora del servicio público ambiental supone un beneficio para el contribuyente, en cuanto éste puede prescindir de ciertos gastos obligados por la normativa ambiental, o bien se reduce el riesgo de que incurra en responsabilidad ambiental. En estos supuestos no serían precisas modificaciones legislativas para establecer contribuciones especiales de carácter ambiental.

Además, en el ámbito autonómico existe la posibilidad de eludir las limitaciones impuestas a las contribuciones especiales, creando un impuesto cuyo hecho imponible consista en una situación de responsabilidad ambiental y cuyos fondos queden afectos a la realización de obras públicas o la prestación de servicios ambientales. Un posible ejemplo podría encontrarse en el Gravamen de protección civil de la Comunidad Catalana que afecta especialmente a las instalaciones destinadas a la producción y distribución de energía eléctrica (art. 58, Ley 4/1997 CA Catalana).[124]

Debe señalarse también que no siempre resulta fácil distinguir las tasas y contribuciones especiales de carácter ambiental, pues en algunos casos el objeto imponible consiste en la *mera posibilidad de disfrutar del servicio* (lo que excluye la exigencia de una tasa) y sin embargo el tributo se destina a financiar meros gastos de *funcionamiento* (lo que excluye que estemos ante una contribución especial).

3.3.6 Tributos ambientales como nueva categoría tributaria

Algunos tributos ambientales responden con claridad a las definiciones legales de tasas o impuestos; por consiguiente, los tributos ambientales no constituyen una *cuarta categoría tributaria* que se añada a las demás. Sin embargo, como ya hemos analizado, la clasificación tradicional de los tributos se adapta mal a las peculiaridades de los gravámenes extrafiscales en general y de la fiscalidad ambiental en particular. Esta situación genera distorsiones importantes en el régimen jurídico de

exclusivamente al legislador. Así es, el poder legislativo opta por una configuración legal de una determinada materia o sector del ordenamiento(...) no es suficiente la mera discrepancia política – ínsita en otra opción – para tachar a la primera de arbitraria, confundiendo lo que es arbitrario legítimo con capricho, inconsecuencia o incoherencia creadoras de desigualdad o distorsión a los efectos legales". Cfr. una detallada valoración de las contribuciones especiales desde la doble perspectiva constitucional y comunitaria en Chico (2002:247 y ss.).

124. Cfr. Chico (2002:244).

los tributos ambientales, puesto que su régimen jurídico varía en función de la categoría tributaria en que se encuadren (pensemos en el alcance de la reserva de ley o en el régimen de distribución de competencias). Para superar estas dificultades podría integrarse en la legislación general tributaria (LGT, LOFCA, LHL) el concepto de tributo ambiental, como centro de atribución de un régimen jurídico especial adecuado a las peculiaridades de estas figuras. No se trataría de definir una *cuarta categoría tributaria* situada *junto a* los impuestos, tasas y contribuciones especiales, sino de una modalidad especial de tributo que puede abarcar impuestos, tasas, contribuciones especiales u otras figuras de carácter híbrido que presentan unas características comunes en algunos aspectos de su régimen jurídico, con independencia de la categoría tributaria *tradicional* a la que pertenezcan que resultaría irrelevante.

Si se opta por esta solución, no bastaría con una definición legal de los tributos ambientales. La norma debería precisar también en qué medida tales figuras quedan sometidas a un régimen jurídico especial (por ejemplo, la distribución de competencias o los criterios de cuantificación).

Dicha definición no incluiría una referencia específica a los tributos energéticos, pero proyectaría su eficacia sobre ellos. Por una parte podrían distinguirse con claridad los verdaderos tributos ambientales de aquellos tributos energéticos esencialmente fiscales. Además se pondría de manifiesto que los auténticos tributos energéticos ambientales no pueden cuantificarse atendiendo al precio de la energía o al valor de las instalaciones, sino al impacto ambiental del objeto imponible. Además, podría preverse la elaboración de una memoria económico-ambiental como instrumento técnico para justificar el importe del tributo, de manera que se especificasen los daños ambientales derivados de la producción o consumo de los diversos productos energéticos.

Además, podría discutirse la conveniencia de introducir un precepto paralelo en la LOFCA que estableciera unas exigencias mínimas sobre los tributos ambientales autonómicos de modo coherente con los criterios previstos en el ámbito estatal. Este precepto debería dejar un amplio margen de actuación a las Comunidades Autónomas, si bien tendría la consideración de legislación básica sobre el medio ambiente. La propuesta limitaría la creación de *falsos* tributos ambientales estructurados como gravámenes sobre la energía y potenciaría la creación de tasas y contribuciones especiales ambientales de carácter autonómico (por tolerancia y control de actividades energéticas peligrosas y por el establecimiento de servicios que reducen el riesgo de dichas actividades).

Este modo de proceder evitaría la situación actual en la que las comunidades autónomas tienden a crear figuras ambiguas que generan importantes dudas sobre el régimen de competencias aplicable. En el ámbito de la fiscalidad energética cabe citar el Gravamen catalán sobre instalaciones de riesgo o el gravamen murciano sobre emisiones atmosféricas (este último inaplicable por falta de desarrollo reglamentario).

No obstante, debe reconocerse que la posibilidad de establecer esta regulación en la LOFCA es discutida por la doctrina. Como alternativa podría introducirse en la LOFCA la posibilidad de ceder los "tributos ambientales" del Estado. De este modo, las Cortes Generales podrían tomar la iniciativa en la regulación de tributos energéticos de carácter verdaderamente ambiental y cederlos a las Comunidades Autónomas. Naturalmente esto exigiría una negociación previa con las Comunidades, precisando también las competencias normativas que serían objeto de cesión.

En el ámbito local no parece precisa una definición específica de los tributos ambientales, pero sí de las tasas y contribuciones especiales de carácter ambiental. Desde esta perspectiva, la reciente reforma de la Ley de Haciendas Locales ha supuesto una oportunidad perdida.[125]

4. Coordinación con prohibiciones y sanciones

4.1 Planteamiento

Como hemos visto, los tributos ambientales no constituyen la única ni la principal medida de protección ambiental. Deben coordinarse con otros instrumentos *económicos* y de regulación directa. Entre estos destacan los mandatos y prohibiciones directas acompañados de las correspondientes sanciones.

Ahora bien, si un tributo *ambiental* constituye siempre un incentivo a realizar o evitar determinada conducta, no parece que tenga sentido utilizar esta técnica frente a aquellas actuaciones contaminantes que se encuentren radicalmente prohibidas. Por el contrario, el hecho imponible de los tributos ambientales debería contemplar conductas *toleradas* por el ordenamiento, que se consideran indeseables.

125. Debe reconocerse, sin embargo, el esfuerzo por introducir beneficios ambientales potestativos en los impuestos municipales.

Esta idea parece contrastar con cierta jurisprudencia favorable a la tributación de las actividades ilícitas. En el ámbito del IRPF el Tribunal Supremo entiende que deben tributar las ganancias delictivas.[126] Por lo que se refiere a los derechos de aduanas,[127] el IVA[128] y los impuestos especiales,[129] la jurisprudencia comunitaria exige la tributación de las actividades ilícitas, salvo que se trate de situaciones específicas en que queda excluida toda competencia entre un sector económico lícito y un sector ilícito de modo que no se quebrante el principio de neutralidad fiscal. Esto es lo que sucede con productos tales como los estupefacientes o la moneda falsa que presentan características especiales en la medida en que caen, por su propia naturaleza, bajo una prohibición absoluta de comercialización en todos los Estados miembros. Veamos si los principios en que se inspira tal jurisprudencia son trasladables a los tributos ambientales.

4.2 Tributos de ordenamiento sobre actividades ilícitas

En el Impuesto sobre la Renta, la fiscalidad de las operaciones ilícitas debe ordenarse atendiendo a la generación o no de una renta cuya titularidad corresponda al sujeto pasivo. El gravamen sólo será adecuado si se produce la obtención de renta. La citada STS 21.12.1999 se basa en estas ideas, aunque las desarrolle de modo muy discutible.

En el ámbito comunitario las medidas de armonización fiscal tienen por finalidad la realización del mercado único. Por ello considera el TJCE que deben someterse a los gravámenes armonizados aquellos productos ilícitos que concurren con otros legales (no, en cambio, los que se encuentran radicalmente prohibidos en todos los Estados miembros).

126. STS 21.12.1999.

127. STJCE 5.2.1981, *Joszef Horvath*, As. 50/80, Rec. p. 385; STJCE 26.10.1982, *Wilfried Wolf*, As. 221/81, Rec. p. 3.681; STJCE 26.10.1982, *Senta Einberger I*, As. 240/81, Rec. p. 3.699.

128. STJCE 28.2.1984, *Senta Einberger II*, As. 294/82, Rec. p. 1177; STJCE 5.7.1988, *W.J.R. Mol*, As. 269/86, p. 3.627; STJCE 5.7.1988, *Vereniging Happy Family Rustenburgerstraat*, As. 289/86, Rec. p. 3.655; STJCE 6.12.1990, *Maz Witzemann*, As. C-343/89; STJCE 2.8.1993, *Wilfried Lange*, As. C-111/92, Rec. p. 4.677; STJCE 28.5.1998, *John charlees Goodwin y Edward Thomas Unstead*, As. C-3/97, Rec. p. 3.257; STJCE 11.6.1998, *Karlheinz Fischer*, As. C-283/95, Rec. p. 3.369; STJCE 29.6.1999, *Coffeeshop Siberië*, As. C-158/98; STJCE 29.6.2000, *Kaupo Salumets*, As. C-455/98.

129. STJCE 29.6.2000, *Kaupo Salumets*, As. C-455/98.

A nuestro juicio, este modo de razonar no puede trasladarse mecánicamente a los tributos de ordenamiento, pues tales gravámenes se apartan del principio de capacidad económica y no responden a criterios de neutralidad fiscal, pues pretenden precisamente utilizar la carga tributaria como instrumento regulador de conductas.

Precisamente es el fin desincentivador el elemento que debe tenerse en cuenta para enjuiciar los tributos extrafiscales sobre actividades ilícitas. Si determinada conducta está radicalmente prohibida, no tiene sentido desincentivarla mediante medidas fiscales. Por el contrario, deberá establecerse una pena suficiente para conseguir los deseados efectos de prevención general y especial.

Frente a esta consideración, no puede argumentarse que se da un trato más favorable al sujeto infractor que no queda obligado a pagar el tributo. Si no ha de pagarse el tributo es *porque resultará aplicable la sanción*, y ésta ha de ser más gravosa. En el caso de que las sanciones estuviesen deficientemente graduadas, de modo que resultasen más benévolas que el tributo, la solución no estaría en acumular sanción y tributo, sino en incrementar la sanción. Así, el art. 131.2 LRJ-PAC señala que "el establecimiento de sanciones pecuniarias deberá prever que la comisión de las infracciones tipificadas no resulte más beneficioso para el infractor que el cumplimiento de las normas infringidas". Aplicando esta idea como criterio de gradación, el art. 24.3 de la Ley catalana 6/1999, de 22 de julio, de ordenación, gestión y tributación del agua señala que "en ningún caso la imposición de una sanción puede ser más beneficiosa para el responsable que el cumplimiento de las obligaciones infringidas".

Entre los argumentos tradicionales contrarios a la fiscalidad de los actos ilícitos se encuentra la existencia de un *bis in idem* originado por la concurrencia del tributo y la sanción. Hoy día esta tesis se considera superada, "ya que se basa en una errónea identidad de los presupuestos de hecho (conducta ilícita y *manifestación de capacidad económica*), que ni siquiera tienen que coincidir totalmente (dependerá, en cada caso, del grado de ilicitud que afecte a la manifestación de riqueza); además, la identidad del acreedor no basta para configurar un *bis in idem* si una de las prestaciones (el tributo) no tiene carácter represivo".[130]

Ahora bien, en el caso de los tributos de ordenamiento, ni el objeto imponible ni el presupuesto de hecho recaen sobre una manifestación de

130. Soler Roch (1995:16). En parecidos términos se pronuncian Caamaño y otros (1999:289).

capacidad económica, sino sobre una conducta que – por motivos extrafiscales – se considera indeseable. Parafraseando la jurisprudencia del Tribunal Supremo sobre el concurso de normas penales podríamos afirmar que entre el gravamen de ordenamiento y la sanción existe – o puede existir – unidad de acción en la vertiente natural (hecho tipificado) y en la vertiente jurídica (bien jurídico tutelado).[131]

Podría argüirse, pese a todo, que no existe un *bis in idem*, porque el tributo de ordenamiento no constituye una sanción. Ahora bien, en cuanto recae sobre el acto *radicalmente prohibido*, se convierte *materialmente* en una sanción, con el inconveniente de que opera de plano, sin respetar las garantías del derecho sancionador. Como señaló el Abogado General Jacobs en sus conclusiones al caso *Lange*, "utilizar el Derecho fiscal para imponer sanciones no sólo pervierte la aplicación correcta de ese Derecho fiscal sino que puede llegar incluso a *distorsionar la aplicación del Derecho penal, dado que puede dar lugar a la imposición de sanciones que se sumarían a aquellas impuestas por los órganos jurisdiccionales de competencia penal.* Además, tamaña utilización sería contraria al principio conforme al cual no puede imponerse ninguna sanción en defecto de una base jurídica clara e inequívoca (véase el asunto *Koenecke*, 117/83, Rec. 1984, p. 3.291, apartado 11 de los considerandos de la sentencia)" (núm. 19).

Nuestra jurisprudencia constitucional considera que "el principio general del Derecho" conocido como *non bis in idem* supone, en una de sus más conocidas manifestaciones, que no recaiga duplicidad de sanciones – administrativa y penal – en los casos en que se aprecie la identidad del sujeto, hecho y fundamento, sin existencia de una supremacía especial de la Administración. Tal principio está íntimamente unido a los de legalidad y tipicidad de las infracciones y se encuentra implícitamente recogido en el artículo 25 de la Constitución (STC 2/1981). El principio también es aplicable dentro de un mismo proceso o procedimiento, a una pluralidad de sanciones principales ante una identidad de sujetos, hecho o fundamentos, objeto o causa material y acción punitiva (SSTC 615/1988, 204/1996, 221/1997 y ATC 189/1992). La existencia de una relación de sujeción especial no basta por sí misma para justificar la dualidad de sanciones, sino que es precisa la presencia de un específico interés legítimo por parte de la Administración, que justifique tal concurrencia (por ejemplo, el interés en la irreprochabilidad penal de los funcionarios) (STC 234/1991).

131. Cfr. la STS de 21.12.1999.

El Tribunal Constitucional es restrictivo a la hora de delimitar el ámbito de aplicación del principio: éste se limita a la materia administrativa y penal, sin que puedan considerarse sanciones el pago de los salarios de tramitación (ATC 416/1984) o la condena a una indemnización por lesiones del derecho al honor (ATC 578/1988). No obstante, el ATC 355/1991 parece admitir el carácter sancionador de un recargo en la prestación de la Seguridad Social. También resulta significativo que el Tribunal Constitucional rechace la aplicación por unos mismos hechos de penas y medidas de seguridad, y el argumento según el cual en un caso se tiene en cuenta la *culpabilidad* y en el otro la *peligrosidad* (SSTC 23/1986 y 21/1987). Además, el Tribunal admite expresamente que el *nomen iuris* de una figura no basta para negar su carácter sancionador, debe atenderse a su finalidad "represiva, retibutiva o de castigo" (STC 239/1988, 164/1995 e implícitamente las SSTC 198/1995, 44/1996 y 141/1996). Recordemos que la jurisprudencia constitucional proscribe el uso de "sanciones encubiertas" en el ámbito administrativo (STC 22/1985 y 17/1996). La STC de 276/2000 considera que "la previsión de un recargo del 50 por 100, con exclusión del interés de demora, establecida por el art. 61.2 LGT, en aquellos casos en que los contribuyentes ingresen la deuda tributaria fuera de plazo, tiene consecuencias punitivas que, al aplicarse sin posibilidad de que el afectado alegue lo que a su defensa considere conveniente y al obviar la declaración de culpabilidad en un procedimiento sancionador, que la imposición de toda sanción exige, conduce derechamente a la declaración de inconstitucionalidad del mandato normativo por vulneración del art. 24.2 CE, con los efectos previstos en el inciso final del art. 40.1 LOTC" (FJ 7º *in fine*). Esta doctrina ha sido reiterada por la STC de 30 de noviembre de 2000, relativa a la Imposición del Recargo del 100 por 100 por presentación de la declaración del IVA fuera de plazo y sin ingreso de la deuda tributaria.

La STC 164/1995 (relativa a un recargo por cumplimiento espontáneo fuera de plazo cuya cuantía era inferior a las multas porcentuales mínimas por infracciones tributarias) considera "claro que la función disuasoria de una figura jurídica no determina sin más su naturaleza sancionadora" y menciona a título de ejemplo cómo "la Sentencia del Tribunal Constitucional 37/1987, estudiando el Impuesto sobre Tierras Infrautilizadas regulado en la Ley andaluza 8/1984, declara que 'la *intentio legis* del tributo no es crear una nueva fuente de ingresos públicos con fines estrictamente fiscales o redistributivos sino disuadir a los titulares de propiedades o de empresas agrícolas del incumplimiento de las obligaciones inherentes a la función social de la propiedad de la tierra que la propia Ley define'". Ahora bien, entendemos que este argumento no es trasladable al supuesto en que el tributo extrafiscal recaiga sobre una conducta radicalmente prohibida. Si existe una *prohibición radical acompañada de una sanción expresa*, carece de sentido superponer una norma *meramente desincentivadora*. En los ejemplos citados por el Tribunal – multas compulsivas, recargo tributario por cumplimiento espontáneo fuera de plazo, impuesto sobre tierras infrautilizadas – la conducta indeseable no es objeto de una medida punitiva concurrente.

Es más, o bien se admite que los impuestos de ordenamiento que recaen sobre conductas prohibidas son sanciones, en cuyo caso quebrantan la prohibición del *bis in idem* y otras garantías del derecho sancionador,[132] o bien carecen de todo fundamento, pues el gravamen no responde al principio de capacidad económica *ni tampoco encuentra anclaje en la finalidad desincentivadora*, pues esta se encuentra ya garantizada por la sanción administrativa o penal.[133] Recientemente el Tribunal ha afirmado que no puede utilizarse un tributo para establecer medidas punitivas, pues ello equivaldría a imponer de plano una sanción administrativa, quebrantando las garantías constitucionales del derecho sancionador (STC 194/2000, FJ 10º *in fine*).

De modo implícito, encontramos un planteamiento similar en las primeras sentencias comunitarias sobre el gravamen de las actividades ilícitas. Tal jurisprudencia se refería a los gravámenes aduaneros, *típico ejemplo de impuesto extrafiscal*. Los derechos a la importación no responden al principio de capacidad económica, sino que pretenden regular la entrada de mercancías procedentes de terceros Estados. Ahora bien, si dicha entrada está radicalmente prohibida y castigada penalmente, no tiene sentido aplicar un tributo de ordenamiento. Por

132. Recordemos los votos particulares de los Magistrados Mendizábal Allende y Gimeno Sendra a las SSTC 196/1995, 198/1995, 44/1996 y 141/1996, considerando que el recargo por incumplimiento espontáneo fuera de plazo – en cuanto excede el importe del interés de demora – constituye una sanción encubierta, e inconstitucional.

133. A juicio de A. Sánchez Pedroche (1996:507), "la característica fundamental de las sanciones impropias sería (...) colocarse al lado de las verdaderas sanciones en una diferenciación jurídico-formal y al mismo tiempo remarcar el efecto desventajoso que se ha ocasionado a aquel que ha transgredido la norma tributaria. El debate más importante sobre las mismas se ha centrado en su calificación jurídica. No ya sólo su posible incompatibilidad con la Constitución, sino su posible conceptuación como verdaderas sanciones jurídicas".

eso señala la Sentencia *Horvath*[134] que "no cabe aplicar un impuesto aduanero a aquellas mercancías que, con arreglo a su naturaleza no pueden comercializarse en ningún estado miembro, sino de ser descubiertas han de confiscarse y destruirse por la autoridad competente" (núm. 11). La sentencia añade que "todas las disposiciónes del Reglamento del Consejo núm. 803/68 sobre el valor aduanero de las mercancías parten de la base de que los correspondientes productos pueden ser objeto de comercio e introducirse en el circuito económico" (núm. 12). En efecto – aunque este argumento no se menciona expresamente en la Sentencia – si no pueden introducirse en el tráfico en ningún estado miembro ¿qué sentido tiene someter tales productos a un tributo de ordenamiento?

Las anteriores afirmaciones requieren algunos matices. En el caso de que la actividad gravada no resulte ilícita por sí misma, sino por ejercerse sin la correspondiente autorización, parece claro que la exigencia del tributo de ordenamiento (*por el mero ejercicio de la actividad* que se desea desincentivar) es compatible con la imposición de la sanción *por no haberse obtenido la correspondiente licencia.*[135] En este caso no existe identidad en los hechos tipificados ni en el bien jurídico tutelado. Podemos encontrar un ejemplo en la denominada Tasa sobre los Juegos de Suerte, Envite o Azar, cuyo hecho imponible está constituido por la autorización o, *en su defecto, por la organización o celebración de juegos de suerte, envite o azar*" (art. 3.1º y 5º del RDL 16/1977 y arts. 2 y 3 del RD 2.221/1984).[136]

En la realidad puede presentarse un *hecho complejo* que integre tanto el presupuesto de la norma sancionadora, como el presupuesto de la norma tributaria, sin que se produzca una auténtica superposición normativa. Este es el caso cuando la norma administrativa prohíbe radicalmente el vertido de ciertos productos y la ley tributaria grava el vertido de otros. Si se produce un vertido que integre unas y otras sustancias, no hay inconveniente en admitir el gravamen de tal actividad contaminante, aunque se haya cometido una infracción: desde el punto de vista normativo estamos ante supuestos de hecho distintos, aunque desde el punto de vista fáctico se produzca una concurrencia en la composición de los vertidos.

134. STJCE de 5 de febrero de 1981, *Horvath*, Rec. 1981, p. 385.

135. Cfr. Herrera (2000:68-69).

136. Caamaño y otros (1999:290), se refieren a este tributo como ejemplo de gravamen sobre actos ilícitos.

Encontramos un posible ejemplo en el canon de control de vertidos creado por la Ley 46/1999, de modificación de la Ley de Aguas (LA). La normativa sobre calidad de las aguas prohíbe radicalmente los vertidos de ciertas sustancias tóxicas y peligrosas (art. 93.4 LA, por remisión a la normativa específica). Además, "queda prohibido con carácter general el vertido directo o indirecto de aguas y de productos residuales susceptibles de contaminar las aguas continentales o cualquier otro elemento del dominio público hidráulico, *salvo que se cuente con la previa autorización administrativa*" (art. 92.1 LA). Los vertidos al dominio público hidráulico están gravados por el canon de control de vertidos, tributo con un período impositivo anual (art. 105.4 LA) cuyo importe "será el producto del *volumen de vertido autorizado* por el precio unitario de control de vertido" (art. 105.3 LA). "Cuando se compruebe la existencia de un vertido, cuyo responsable carezca de la autorización administrativa a que se refiere el artículo 92, con independencia de la sanción que corresponda, el Organismo de Cuenca liquidará el canon de control de vertidos por los ejercicios no prescritos, calculando su importe por procedimientos de estimación indirecta, conforme a lo que reglamentariamente se establezca".

Este precepto plantea algunos problemas de interpretación: aparentemente ordena el gravamen de los vertidos con independencia de su licitud. Ahora bien, la única *definición* de la base imponible se basa en "volumen de vertido autorizado". La ley no define una base imponible alternativa para los vertidos ilícitos (vgr. el "volumen de vertido"), sino que se limita a ordenar el uso de la *estimación indirecta*, es decir, el recurso a métodos indiciarios. Cabría pensar, por tanto, que el canon debe liquidarse calculando por métodos indiciarios el "volumen de vertidos legalizables" [ex art. 97.2 b)].

Dado que se trata de un tributo periódico, la concurrencia durante el año natural de vertidos autorizados (o autorizables) y otros radicalmente prohibidos debería llevar a la exigencia del canon en relación a los tributos susceptibles de autorización.

También puede suceder que el tributo grave determinada conducta indeseable en función de su intensidad (vgr. el volumen de emisiones industriales de cierta sustancia, como sucede en el impuesto gallego sobre emisiones atmosféricas) y que las normas administrativas o penales prohíban radicalmente que se supere cierto umbral de emisiones, castigando la infracción. En este caso el *bis in idem* no alcanzaría a la totalidad del tributo, sino al importe devengado por el exceso de emisiones sobre el volumen permitido. Entre otras hipótesis este supuesto podría concurrir en situaciones catastróficas o de emergencia relacionadas con el campo de la energía.

Como hemos señalado, en el ámbito energético el principal problema se plantea con las *tarifas por incumplimiento* de ciertas exigencias ambientales; en particular, del límite de emisiones atmosféricas legitimado por la titularidad de permisos negociables (sistema danés).

4.3 Peculiaridades de los tributos ambientales de carácter compensatorio

Algunos tributos ambientales se dirigen en primera línea a compensar las externalidades negativas provocadas por la agresión ambiental. Estos tributos también presentan una cierta finalidad desincentivadora en la medida en que internalizan los costes externos en el precio de la actividad contaminante. La peculiaridad radica en que el importe del tributo no atiende al incentivo necesario para alcanzar ciertos niveles de contaminación, sino a los costes externos que se generan.

En este caso, la exigencia del tributo debería ser compatible con la sanción, *salvo que esta venga acompañada de otras medidas compensatorias equivalentes.* Dichas medidas pueden imponerse en vía administrativa o penal. Así, el art. 37.3 de la Ley 4/1989, de 27 de marzo, sobre Espacios Naturales Protegidos establece la obligación del infractor de reparar el daño causado, al margen de las sanciones penales o administrativas que en cada caso procedan, teniendo la reparación como objetivo el lograr la restauración del medio natural en la medida de lo posible. Por su parte, el art. 339 CP establece que "los Jueces o Tribunales, motivadamente, podrán ordenar la adopción, a cargo del autor del hecho, de medidas encaminadas a restaurar el equilibrio ecológico perturbado, así como adoptar cualquier otra medida cautelar necesaria para la protección de los bienes tutelados en este Título" (delitos relativos a la ordenación del territorio y la protección del patrimonio histórico y del medio ambiente). Al aplicarse dichas medidas desaparece el fundamento del tributo ambiental. En tales supuestos la exigencia del tributo resultaría arbitraria, puesto que no existe fundamento para exigirlo (ni capacidad económica, ni provocación de costes): en todo caso se trataría de una sanción encubierta, figura que no admite el Tribunal Constitucional.

En la práctica puede resultar difícil determinar si el tributo tiene una finalidad compensadora. Para ello, deberá atenderse fundamentalmente a sus elementos cuantitativos: el art. 20.2 LTPP prevé que el importe de la tasa calculado en la memoria económico-financiera, *contemple el deterioro del dominio público derivado de la utilización privativa o el aprovechamiento especial*, y sólo cuando no se haya hecho así, existirá obligación por parte del sujeto pasivo de reintegrar el coste total de los gastos de reconstrucción o reparación, al margen del importe de la tasa. En este caso la propia exigencia del tributo impide adoptar otras medidas compensatorias.

En cambio, el art. 24.5 LHL señala que "cuando la utilización privativa o el aprovechamiento especial lleve aparejada la destrucción o deterioro del dominio público local, el beneficiario, sin perjuicio del pago de la tasa a que hubiere lugar, estará obligado al reintegro del coste total de los respectivos gastos de reconstrucción o reparación y al depósito previo de su importe". Esto supone *a contrario*, que los costes del deterioro no pueden incluirse en la memoria económico-financiera.

En algunos casos el principio de equivalencia puede operar de otro modo: la cuantificación del tributo no atiende a las deseconomías externas, sino al *ahorro* que supone para el contribuyente el no evitar la contaminación.[137] Así, el Proyecto de Código Ambiental Alemán (1998) consideraba *el importe necesario para evitar la contaminación* (*Vermeidungskosten*) como un criterio de cuantificación adecuado para los tributos ecológicos (§ 192).[138]

Ahora bien, en estos casos el "ahorro de costes" también desaparece al operar las consecuencias accesorias del delito o la responsabilidad civil derivada de la infracción. Así, a juicio de Gracia Martín, "si en una empresa se desarrolla una actividad contaminante constitutiva de delito contra el medio ambiente, cabrá considerar ganancias a las cantidades no invertidas en los mecanismos e instalaciones anticontaminantes reglamentarios, y tales cantidades podrán ser decomisadas". Por lo que se refiere a la finalidad desincentivadora, también resultará innecesaria cuando se trate de conductas radicalmente prohibidas.

137. Algún documento [IEF (2000:4)] denomina "tasas de no conformidad" los "tributos aplicados en caso de emisiones superiores al máximo legalmente establecido, [que] gravan bien el valor económico del coste social originado, o el beneficio extraordinario derivado de la actividad contaminadora". El documento destaca el carácter desincentivador de ambos tipos de "tasas" al señalar que "la cuantía de la tasa determina la eficacia de su aplicación, ya que de ésta dependerá la presencia o no de comportamientos disuasorios".

138. Bundesministerium für Umwelt (1998:182-183).

Debe tenerse en cuenta que las emisiones atmosféricas, la producción de ruido o el deterioro del paisaje suponen un ahorro de coste para las empresas energéticas que no realizan las inversiones necesarias para evitar dichas externalidades negativas.

5. *Gastos fiscales de carácter ambiental*

5.1 Planteamiento

Tradicionalmente, el Presupuesto del Estado constituye el instrumento jurídico y económico más importante de intervención económica pública, a través de sus dos vertientes: el ingreso y el gasto público.

Por esta razón, cualquier estudio de los denominados "instrumentos económicos de la Política Medioambiental" incorpora en el mismo tanto los gastos públicos directos, dirigidos a las actuaciones medioambientales, en sus diversas modalidades: subvenciones de renta, subvenciones de capital, préstamos blandos, gastos corrientes, etc., como las actuaciones por el lado de los ingresos públicos, especialmente, los tributos ya que éstos constituyen la fuente más importante de obtención de recursos de las Haciendas Públicas modernas en los países occidentales, superando en todos los casos el 80% de los ingresos anuales de carácter público.

No es de extrañar, en consecuencia, la abundante literatura existente sobre las relaciones entre Gasto Público y medio ambiente o los documentos, análisis, propuestas, etc., sobre tributación medioambiental (empezando por la propia denominación de esta Comisión, así como su antecedente en el Instituto de Estudios Fiscales, vinculadas siempre a las relaciones entre la vertiente tributaria de la Política Fiscal del sector público y el medio ambiente), así como las políticas que se derivan de estas relaciones y sus efectos en el logro de determinados objetivos de protección y mejora del Medio Ambiente.

Sin embargo, las aportaciones al análisis de las relaciones entre los gastos fiscales y la problemática medioambiental son muy escasas o bien se integran, de forma superficial, en el estudio de la tributación medioambiental y sus problemas.

5.2 El presupuesto de gastos fiscales

La causa fundamental que subyace en ese desinterés o en la atención marginal dedicada a esta problemática es el desconocimiento existente en el Derecho Financiero y en la Hacienda Pública, es decir, tanto en el análisis jurídico como en el análisis económico del Presupuesto del Estado, sobre la existencia de una tercera vertiente del Presupuesto del Estado, de tanta relevancia, aunque sea cuantitativamente (por poner un ejemplo, el Presupuesto de Beneficios Fiscales en España para el año 2001 su cuantía asciende a 6.198.214 millones de pesetas, el 25,23% del total de los Ingresos Tributarios del Estado estimados para ese ejercicio), como son los gastos o beneficios fiscales, conocidos en la terminología anglosajona como *tax expenditures*.

La doctrina del gasto fiscal tiene su origen en la obra del profesor de la Universidad de Harvard, Stanley S. Surrey, que la incorpora con posterioridad, mediante su trabajo en el Tesoro norteamericano, a los debates del Presupuesto USA.

Para Surrey, existían una serie de desviaciones intencionadas en cada uno de los tributos que integran el sistema tributario de una nación que suponían una ruptura de la base estructural, el *benchmark*, que el tributo en particular debería someter a tributación. Estas desviaciones, originadas y justificadas por las causas más diversas, generaban pérdidas recaudatorias al Tesoro nacional, ya que suponían excluir de gravamen determinados conceptos tributarios que integraban esa "base estructural", modélica de imposición, o hacerlos tributar de forma más reducida, respecto a otros elementos integrantes del hecho imponible del tributo.

Tales pérdidas recaudatorias eran, en el fondo, equivalentes a una subvención directa del Estado a esos elementos o actividades excluidas de tributación o sometidas a una carga tributaria inferior y, en consecuencia, equivalían a un gasto público directo; de ahí, que se tratase, en el fondo, de gastos públicos realizados por el Estado a favor de determinadas actividades, sujetos o parámetros tributarios pero realizados por medio del ingreso público.

Evidentemente, era imprescindible conocer la existencia y cuantía de tales gastos fiscales, así como sus efectos sobre la sociedad y la economía nacionales, pues suponen una forma de intervención poco transparente del Estado, desconocida para el gran público, de gran importancia recaudatoria, dados los menores recursos que conllevan, y con sus propios problemas de eficacia, eficiencia, control, etc.

En estas condiciones, todo Presupuesto del Estado que se precie, a la hora de aportar información y permitir un debate democrático sobre la incidencia del Estado en la actividad económica, debería diferenciar esta tercera vertiente de la actividad presupuestaria: la del gasto fiscal, incluyendo un Presupuesto de Gastos Fiscales en los Presupuestos Generales del Estado, con sus conceptos, metodología de cálculo, cuantificaciones propias y un estudio sobre sus resultados, al igual que sucede con el ingreso y con el gasto público.

Ahora bien, los planteamientos de S. Surrey estaban excesivamente condicionados por la realidad fiscal norteamericana, tanto por la importancia de la imposición sobre la renta para el Presupuesto federal, como por la ausencia de un tributo sobre el consumo general, tipo IVA, que pudiera servir como modelo de referencia, de base estructural, para a partir de esta citada "base" analizar las diferencias en la realidad legislativa; de ahí que su identificación del gasto fiscal como toda desviación de la base estructural de un impuesto era más o menos sencilla de determinar en lo que respecta a los gravámenes sobre la renta, a partir de la identificación de esa base estructural como un modelo de renta, derivado de la conocida como concepción Schanz-Haig-Simons del tributo, pero resultaba mucho más ardua de articular en otros tributos.

Junto a esta concepción del "gasto fiscal", la doctrina internacional (empezando por la española, tal y como demuestran, por ejemplo, las redacciones de los artículos 14 y 15 de la "norma básica de nuestro Ordenamiento Tributario", la Ley General Tributaria, las cuales ya exigían una cuantificación individualizada y una justificación de los beneficios fiscales)[139] conoce bajo rúbricas y contenidos muy diversos: exenciones, créditos fiscales, incentivos tributarios, beneficios fiscales, etc., la existencia de una serie de disposiciones que por diversas causas excluyen o reducen la imposición sobre determinados parámetros tributarios. Estos "beneficios fiscales" generan, asimismo, una minoración de la recaudación potencial del Impuesto, atentan contra un principio básico de la imposición como es el de capacidad económica y se justifican en atención a otros fines de interés general o por la necesidad de que los tribu-

139. El art. 14 LGT establece que "1. Todo proyecto de Ley por el que se proponga el establecimiento, modificación o prórroga de una exención o bonificación tributaria requerirá que, previamente, el Ministro de Hacienda haya expuesto al Gobierno de forma razonada: a) La finalidad del beneficio tributario y b) La previsión cifrada de sus consecuencias en los ingresos públicos. 2. La memoria se unirá al proyecto de ley para su presentación a las Cortes". Según el art. 15 LGT: "Las normas por las que se otorguen exenciones o bonificaciones tendrán limitada su vigencia a un período de cinco años, salvo que se establezcan expresamente a perpetuidad o por mayor o menor tiempo, y sin perjuicio de los derechos adquiridos durante dicha vigencia. El Gobierno, por iniciativa del Ministerio de Hacienda, propondrá periódicamente a las Cortes la prórroga de las que deben subsistir".

tos no sólo obtengan recursos del Estado, sino que atiendan al cumplimiento de otros principios rectores de la actividad económica y social, es decir, que cumplan lo que la doctrina española conoce como "finalidad extrafiscal" del sistema tributario, entre cuyos objetivos se encuentra, lógicamente, la obtención de determinados fines medioambientales: protección de la calidad del aire y de las aguas, ausencia o reducción de emisiones contaminantes, lucha contra la "contaminación blanca", etc.

La doctrina internacional, especialmente, la OCDE ha tratado de unificar bajo una terminología unitaria los conceptos de "gasto fiscal" y "beneficio fiscal", pues el segundo no pone el acento en diferenciarse de una hipotética base estructural del impuesto, sino en la existencia de mecanismos incentivadores en el seno del sistema fiscal que disminuyen la recaudación, tienen una justificación de índole social, política, económica o, incluso, de simplificación tributaria y pretenden beneficiar al sector, colectivo o actividad hacia la cual se dirigen. En cualquier caso, producen pérdidas recaudatorias que deben ser cuantificadas y, en el fondo, son equivalentes a la intervención por medio del gasto público directo, aunque su metodología de cálculo (normalmente, centrada en el llamado método *revenue forgone*, es decir, los ingresos perdidos por su inexistencia) y sus efectos son muy distintos, así como su regulación y su propia difusión pública, al ser, precisamente, la carencia de una exposición pública, ordenada y sistemática de estos "beneficios fiscales" uno de los problemas más importantes para conocer y evaluar sus efectos.

En todo caso, no existe todavía un consenso internacional sobre qué debe entenderse por "gasto fiscal", e incluso aparecen en el debate internacional categorías novedosas vinculadas a esta idea, supuesto del llamado "gasto fiscal negativo", es decir, al igual que determinadas actividades, contribuyentes, regiones, inversiones, etc. están beneficiadas, con menor carga tributaria, por la normativa fiscal, otras actividades, sujetos pasivos, inversiones, pueden sufrir una desviación al alza de la carga tributaria, por considerar perjudicial su consumo, su uso, su aplicación de renta, etc. De hecho, esta categoría del "gasto fiscal negativo" identificaría, incluso, impuestos como los Impuestos Especiales como tales, ya que la existencia de una exacción específica sobre un consumo particular como es el tabaco, o lo son las bebidas alcohólicas o los hidrocarburos, separada de su gravamen natural (*sic*) y general sobre el mismo consumo, caso del IVA, se justifica en atención a las deseconomías externas y perjuicios, vgr. de salud pública, que generan.

Precisamente, la categoría del "gasto fiscal negativo", poco desarrollada por la doctrina y la práctica hacendística puede tener una aplicación relevante en el campo de la fiscalidad medioambiental, pues la doctrina conoce que uno de los graves problemas del sistema tributario en su conjunto es que desconoce las externalidades negativas de ciertos comportamientos; es más, muchos parámetros del sistema tributario favorecen comportamientos y actividades contrarias al medio ambiente, por lo que podían perfectamente ser gravados (si, por otras razones, se desea mantenerlos o regularlos) de una forma diferencial, más gravosa que otras actividades entendidas como "normales" o sin efectos negativos apreciables en el Medio Ambiente.

En el campo de la imposición energética la categoría del "gasto fiscal negativo" se hace más relevante aún, si consideramos que solo determinadas fuentes energéticas en España están sometidas a imposición, mientras que otros, vgr. gas natural, no lo están.

Cualquiera que sea la opción que se escoja para estimar/evaluar estos "beneficios" o "gastos" fiscales (y dejando de lado, la compleja problemática del "gasto fiscal negativo", por su incipiente desarrollo doctrinal), lo cierto es que el interés por identificar, cuantificar y evaluar los mismos es creciente y de forma cada vez más habitual, los Estados miembros de la OCDE publican, con mayor o menor rigor, estimaciones sobre la cuantía de los beneficios tributarios que existen en su sistema fiscal.

5.3 Gastos fiscales e intervenciones medioambientales

Con independencia del concepto que tengamos del "gasto fiscal", ya como una excepción o situación singular del Ordenamiento Tributario, lo que vincula más este planteamiento a la vertiente del ingreso público, ya como una forma de fomentar determinadas actividades, rentas o contribuyentes, lo que equivale a una actuación desde la vertiente del gasto público; su existencia e importancia cuantitativa obliga a computarlos y a considerarlos en cualquier análisis de las intervenciones en el medio ambiente realizadas con instrumentos económicos, pues al final se traducen en excluir esas rentas, actividades o contribuyentes de una carga tributaria y, en consecuencia, modulan comportamientos económicos que se entiende deben ser favorecidos.

De hecho, en las clasificaciones más conocidas de los "instrumentos económicos de la Política Medioambiental", como la realizada por la

OCDE, aparecen bajo la rúbrica, ambigua y poco precisa, de "incentivos tributarios" o "subvenciones" en sentido amplio, y cualquier estudio sobre Fiscalidad Medioambiental les dedica alguna atención. El verdadero problema es que o bien no se les estudia de forma autónoma, con independencia de los tributos y, por la misma razón, no se consideran sus diferencias (en todos los órdenes: jurídicos, políticos y económicos); o bien se analizan algunos incentivos tributarios, alejados de un marco general de estudio o comprensión del fenómeno del gasto fiscal.

En estas condiciones, cabe reivindicar, ante cualquier finalidad de Política Económica, incluidas la medioambiental y la energética, un estudio de los gastos fiscales y sus efectos en la protección del medio ambiente, vinculado, pero con cierta independencia del análisis de la Fiscalidad Medioambiental.

Precisamente, la doctrina y los datos cuantitativos reflejan, de forma contundente, que muchos beneficios fiscales potencian actividades industriales o productivas que dañan gravemente el medio ambiente o benefician el uso excesivo e ineficiente de la energía e, incluso, apoyan consumos energéticos con fuertes externalidades negativas.

Por ello, el análisis de los gastos fiscales en el terreno medioambiental se enfrenta a una doble necesidad:

– Identificar y cuantificar, en su caso, los beneficios fiscales que favorecen al medio ambiente.

– Identificar y cuantificar, en su caso, los beneficios fiscales que favorecen actividades, operaciones o productos dañinos para el medioambiente.

5.4 El presupuesto de gastos fiscales en España

España es uno de los Estados de la OCDE donde mayor interés (por razones que no son al caso, pero que tampoco son neutrales o derivadas de un simple interés abstracto) se ha dedicado al Presupuesto de Gastos Fiscales.

La exigencia de un Presupuesto de Gastos Fiscales, integrado anualmente en los Presupuestos Generales del Estado, dotado de independencia y con relevancia política propia, aparece claramente recogida en la Constitución Española, cuyo artículo 134.2 afirma:

"Los Presupuestos Generales del Estado tendrán carácter anual, incluirán la totalidad de los gastos e ingresos del sector público estatal y en ellos se consignará el importe de los beneficios fiscales que afecten a los tributos del Estado."

Tal y como se deduce del rango de la norma, el Presupuesto de Beneficios Fiscales español es entendido de forma relevante para conocer y, en su caso, estimar la actividad presupuestaria del Estado; por la misma razón, cualquier estudio de los impactos económicos de la actividad pública en los temas medioambientales en España tiene que dedicar, siquiera un excurso, a las relaciones entre gasto fiscal y Medio Ambiente.

Pues bien, aunque con una calidad variable y con cambios metodológicos significativos, los Presupuestos de Gastos Fiscales se elaboran en España desde 1979 y desde 1996 se presentan, con una abundante información, como Memoria de Beneficios Fiscales (disposición adicional vigésimo cuarta de la Ley 41/1994), tomo II del Informe Económico y Financiero que se adjunta a los Presupuestos Generales del Estado.

Conceptualmente, los diversos Presupuestos de Beneficios Fiscales en España han ido construyendo un concepto de "gasto fiscal", asimilable a la doctrina internacional al respecto, pero muy vinculado a la tradición española, más interesada (como demuestran los artículos de la Ley General Tributaria mencionados *supra*) en cuantificar "beneficios fiscales", justificar su existencia como ruptura del principio de "capacidad económica" (reconocido como principio de la imposición por el artículo 31.1. de la Constitución Española) y estudiar su impacto en la realidad socioeconómica; de esta forma, nuestro Presupuesto de Gastos Fiscales es más, incluso terminológicamente, un Presupuesto de Beneficios Fiscales que un intento de determinar las desviaciones que el sistema tributario mantiene frente a una "base estructural" en cada impuesto.

Nuestro Presupuesto de Gastos Fiscales, por otra parte, emplea en su cálculo el sistema de "pérdida de ingresos" (*revenue forgone*) y, de forma coherente con nuestra forma de computar el ingreso público, determina los gastos fiscales siguiendo el método de caja. En otro orden de cosas, y a pesar de algunas referencias al respecto, carece de un estudio sistemático de la eficacia y eficiencia de los diversos beneficios tributarios que lo integran. Asimismo, aunque existan algunas excepciones, especialmente, en lo que respecta a los incentivos a la inversión en el Impuesto sobre Sociedades, la doctrina científica española ha prestado poca atención a este último tema.

Por último, nuestro Presupuesto de Gastos Fiscales incorpora una clasificación por objetivos de sus diversos beneficios tributarios que deriva de la clasificación por Políticas de Gastos de los propios Presupuestos, entre las cuales no figura de forma independiente la protección al Medio Ambiente, la energía o finalidad similar.

5.5 El Presupuesto de Gastos Fiscales para 2003

El Presupuesto de Gastos Fiscales (en adelante, PGF) para el ejercicio 2003, incorporado como Anexo a los Presupuestos Generales de Estado para este año, plantea un problema previo: la imposibilidad de comparar sus cifras con las del ejercicio anterior, con el argumento de que "El PGF de 2003 incorpora de forma plena – y no parcial, como el precedente – los efectos del nuevo sistema de financiación de las Comunidades Autónomas, una vez completado el proceso de cesión tributaria a todas las Comunidades. En consecuencia, ni su importe total ni la mayor parte de sus cifras intermedias son homogéneos con los de años anteriores".[140]

Esta falta de homogeneidad no puede excusarse, reflejando, una vez más, la pérdida de calidad de la información sobre las actividades del sector público estatal,[141] pérdida de calidad reiteradamente denunciada por la doctrina hacendística española y que para este autor atenta contra principios básicos de una democracia moderna, como son la información a los ciudadanos sobre la gestión de los bienes y servicios públicos y la transparencia.

Ante esta dificultad procede informar simplemente sobre las cuantías de algunos gastos fiscales vinculados a la protección medioambiental, aunque esta pérdida de información dañe decididamente tal propósito, pues un tributo tan esencial a nuestro tema como es el Impuesto sobre la Electricidad, al estar totalmente cedido a las CCAA, no se presenta ya en el PGF del Estado. De todas formas, la obligación, incorporada por las normas de equilibrio presupuestario, de que los Presupuestos de las CCAA proporcionen, asimismo, datos respecto de los GF en los tributos de su competencia podrá permitir, en un futuro próximo, mejorar nuestros conocimientos en esta materia, siempre, claro está, que tal obliga-

140. Ministerio de Hacienda (2003:163).

141. Ello a pesar de algunas iniciativas loables, como es la publicación por parte del Instituto de Estudios Fiscales, en su página "web" (www.ief.es), de una Base de Datos sobre el Sector Público Español que se va actualizando con cierta regularidad.

ción sea respetada y que la metodología de cálculo de los PGF autonómicos resulte homogénea.

En primer lugar, conviene decir que el importe estimado de los beneficios fiscales que afectan a los impuestos estatales para el ejercicio 2003, asciende, en términos absolutos, a 35.600 millones de euros, siendo los más importantes los correspondientes: al Impuesto sobre la Renta de las Personas Físicas (IRPF), 12.977,28 millones de euros, el 36,45% del total anterior; el Impuesto sobre Sociedades (IS), 3.393,02 millones de euros, el 9,53% y el Impuesto sobre el Valor Añadido, 17.110,85 millones de euros, el 48,067%.

Evidentemente, estas cifras y porcentajes están muy distorsionados por la cesión de la recaudación de muchos gravámenes o de participaciones relevantes de determinados tributos a las CCAA desde el 1 de enero de 2002.

Piénsese, por ejemplo, que las cuantías anteriores en el IVA solamente exponen el 65% de los ingresos del tributo, pues el 35% de la recaudación se encuentra cedida a las CCAA o que los Impuestos Especiales, precisamente, los más significativos desde el punto de vista ambiental, se han cedido, en algunos supuestos, el 100% a las CCAA, por ejemplo, el Impuesto sobre la Electricidad y el 40% para los Impuestos sobre Hidrocarburos.

Asimismo, un tributo de tanta incidencia medioambiental como es el llamado Impuesto sobre las Ventas Minoristas de Determinados Hidrocarburos se cede (aunque no, por ejemplo, en Navarra) al 100% a las CCAA, pudiendo éstas modificar un tramo autonómico del mismo (tal y como ha hecho la Comunidad Autónoma de Madrid, mediante la Ley 7/2002, de 25 de julio, por la que se regula el tipo de gravamen autonómico del Impuesto sobre Ventas Minoristas de Determinados Hidrocarburos en la Comunidad de Madrid, "Boletín Oficial de la Comunidad de Madrid" de 26 de julio de 2002 y "Boletín Oficial del Estado" de 23 de agosto).

En estas condiciones, a las que suma la inexistencia, dentro de la denominada "clasificación funcional del PGF", de una imputación de los gastos de esta naturaleza a la Política Medioambiental, la información que podemos proporcionar seguidamente no resulta muy significativa. Así, dos únicos conceptos del PGF estatal para el año 2003 pueden situarse decididamente en el ámbito de los gastos fiscales con vocación medioambiental:

a) En el IS, las deducciones para inversiones protectoras del medio ambiente (cuya regulación fue modificada en el año 2002, introduciéndose nuevos supuestos incentivados para la renovación del parque de medios de transporte, cuya finalidad medioambiental no nos parece, precisamente, muy clara). El gasto fiscal previsto asciende a 38,60 millones de euros, lo que supone el 0,11% del total de los PGF.

b) En el Impuesto Especial sobre Hidrocarburos, nos encontraríamos con el gasto fiscal ligado al tipo reducido del gasóleo, cuyo gasto fiscal se evalúa en 526,41 millones de euros, el 1,48% del PGF. Si extrapolamos esta cifra, incorporando el porcentaje, el 40%, que se cede de este gravamen a las CCAA, el valor total del beneficio tributario por esta partida sería de unos 877,35 millones de euros.

En suma, la determinación en los momentos actuales de los gastos fiscales vinculados al medio ambiente se ha complicado mucho más, obligando a una labor de vigilancia, homogeneización y estudio de los diversos Presupuestos Generales de las CCAAs.

5.6 Los gastos fiscales en otros presupuestos distintos a los del Estado en España

El artículo 134.2 *in fine* de la Constitución Española sólo afirma la obligación de determinar y cuantificar un Presupuesto de Gastos Fiscales en el "Estado"; ahora bien, por obligación legal o por decisión política, otras Administraciones Territoriales españolas con poder tributario más o menos autónomo: CCAA y Ayuntamientos han ido creando, *ad hoc*, con criterios poco explícitos o no conocidos y, salvo el caso de Navarra, no homogéneos a los del Estado Central, sus propios Presupuestos de Gastos Fiscales.

Sería, en consecuencia, imprescindible delimitar los gastos fiscales que en los tributos autonómicos y locales se vinculan al Medio Ambiente, estimarlos, conocer su impacto y su eficacia/eficiencia en la obtención de sus fines y elaborar al final un Presupuesto de Gastos Fiscales consolidado (si es posible) de todo el Estado Español vinculado al Medio Ambiente.

Entre los gastos fiscales ambientales de carácter autonómico cabe mencionar diversas deducciones de la cuota autonómica del IRPF.

En el ámbito local, la Ley 51/2002 ha introducido algunas modificaciones en los incentivos fiscales ya existentes (IBI e Impuesto sobre Circulación) y ha introducido otros nuevos (IAE e Impuesto sobre Construcciones, Instalaciones y Obras).

– Está exenta del Impuesto sobre Bienes Inmuebles "la superficie de los montes en que se realicen repoblaciones forestales o regeneración de masas arboladas sujetas a proyectos de ordenación o planes técnicos aprobados por la Administración forestal. Esta exención tendrá una duración de quince años, contados a partir del período impositivo siguiente a aquel en que se realice su solicitud" [art. 63.2 c) LHL].

– "Las ordenanzas fiscales podrán regular una bonificación [del Impuesto sobre Bienes Inmuebles] de hasta el 90 por 100 de la cuota íntegra del Impuesto a favor de los bienes inmuebles urbanos ubicados en áreas o zonas del municipio que, conforme a la legislación y planeamiento urbanísticos, correspondan a asentamientos de población singularizados por su vinculación o preeminencia de actividades primarias de carácter agrícola, ganadero, forestal, pesquero o análogas y que dispongan de un nivel de servicios de competencia municipal, infraestructuras o equipamientos colectivos inferior al existente en las áreas o zonas consolidadas del mismo, siempre que sus características económicas aconsejen una especial protección.

"Las características peculiares y ámbito de los núcleos de población, áreas o zonas, así como las tipologías de las construcciones y usos del suelo necesarios para la aplicación de esta bonificación y su duración, cuantía anual y demás aspectos sustantivos y formales se especificarán en la ordenanza fiscal" (art. 75.1 LHL).

– "Cuando las ordenanzas fiscales así lo establezcan, se aplicarán las siguientes bonificaciones [en el Impuesto sobre Actividades Económicas]: (...) c) Una bonificación de hasta el 50 por 100 de la cuota correspondiente para los sujetos pasivos que tributen por cuota municipal y que:

"Utilicen o produzcan energía a partir de instalaciones para el aprovechamiento de energías renovables o sistemas de cogeneración.

"A estos efectos, se considerarán instalaciones para el aprovechamiento de las energías renovables las contempladas y definidas como tales en el Plan de Fomento de las Energías Renovables. Se considerarán sistemas de cogeneración los equipos e instalaciones que permitan la producción conjunta de electricidad y energía térmica útil.

"Realicen sus actividades industriales, desde el inicio de su actividad o por traslado posterior, en locales o instalaciones alejadas de las zonas más pobladas del término municipal.

"Establezcan un plan de transporte para sus trabajadores que tenga por objeto reducir el consumo de energía y las emisiones causadas por el desplazamiento al lugar del puesto de trabajo y fomentar el empleo de los medios de transporte más eficientes, como el transporte colectivo o el compartido" (art. 89.2 LHL).

– "Las ordenanzas fiscales podrán regular, sobre la cuota del impuesto [sobre circulación de vehículos], incrementada o no por la aplicación del coeficiente, las siguientes bonificaciones:

"a) Una bonificación de hasta el 75 por 100 en función de la clase de carburante que consuma el vehículo, en razón a la incidencia de la combustión de dicho carburante en el medio ambiente.

"b) Una bonificación de hasta el 75 por 100 en función de las características de los motores de los vehículos y su incidencia en el medio ambiente" (art. 96.6 LHL).

– "Las ordenanzas fiscales podrán regular las siguientes bonificaciones sobre la cuota del impuesto [sobre construcciones, instalaciones y obras]:

"(...) b) Una bonificación de hasta el 95 por 100 a favor de las construcciones, instalaciones u obras en las que se incorporen sistemas para el aprovechamiento térmico o eléctrico de la energía solar para autoconsumo. La aplicación de esta bonificación estará condicionada a que las instalaciones para producción de calor incluyan colectores que dispongan de la correspondiente homologación de la Administración competente" (art. 104.2 LHL).

Puesto que los municipios han dispuesto de un plazo sumamente breve para adaptar sus ordenanzas fiscales al nuevo marco legal, habrá que esperar al próximo año para analizar con mayor perspectiva en qué medida se adoptan los nuevos beneficios fiscales de carácter potestativo.

5.7 Gastos fiscales y ayudas de Estado

Ante la falta de concreción del principio quien contamina paga,[142] la Comisión parece intentar una interpretación extensiva de los preceptos sobre ayudas de Estado para controlar así los beneficios fiscales contrarios al principio quien contamina paga (aquellos que hacen recaer el coste de las medidas ambientales obligatorias sobre la generalidad de los contribuyentes). A juicio de la Comisión, las ayudas estatales en favor del medio ambiente suelen cumplir los requisitos del art.

142. Cfr. Wasmeier (1995:82); Borrero (1999:30-31).

87.1:[143] "confieren una ventaja a determinadas empresas, a diferencia de las medidas generales que benefician a todas las empresas, y pueden afectar a los intercambios comunitarios".[144]

Esta vía facilita a la Comisión un control directo y un cierto margen de discrecionalidad para autorizar o no diversos beneficios fiscales, ponderando las distorsiones de la competencia y la adecuación a los objetivos del art. 87.3.[145] La Comisión fundamenta la autorización de las ayudas de Estado en materia ambiental en los supuestos previstos para "fomentar la realización de un proyecto importante de interés común europeo" [art. 87.3.b) TCE] y "facilitar el desarrollo de determinadas actividades" [art. 87.3.c)].[146]

La Comisión aprobó unos criterios para la autorización de ayudas de Estado en materia ambiental mediante las *Directrices comunitarias sobre ayudas de Estado a la protección del medio ambiente* de 1994,[147] cuya vigencia se prorrogó hasta el 31 de diciembre de 2000.[148] Posteriormente la Comisión ha aprobado unas nuevas *Directrices*[149] cuya aplica-

143. Según este precepto, "salvo que el presente Tratado disponga otra cosa, serán incompatibles con el mercado común, en la medida en que afecten a los intercambios comerciales entre Estados miembros, las ayudas otorgadas por los Estados o mediante fondos estatales, bajo cualquier forma, que falseen o amenacen falsear la competencia, favoreciendo a determinadas empresas o producciones".

144. *Directrices comunitarias sobre ayudas estatales en favor del medio ambiente* (94/C 72/03), ap. 3.1.

145. Destacan este control de proporcionalidad Tesauro (1995:485); Fichera (1998:123); Evans (1998:432) y Vaquera García (1999:220).

146. *Directrices comunitarias sobre ayudas estatales en favor del medio ambiente* (94/C 72/03), ap. 3.6 y 3.7. Según dichas *Directrices* "la excepción de la letra b) del apartado 3 del art. 92 del Tratado CE [ant.] podrá aplicarse a las ayudas destinadas a fomentar la realización de un proyecto importante de interés común europeo en ámbitos en que la protección del medio ambiente sea prioritaria y que, por lo general, puedan tener efectos benéficos allende las fronteras de los Estados miembros u otros Estados interesados. Es también imprescindible que la ayuda sea necesaria para realizar un proyecto concreto y detallado, importante en términos cualitativos y que constituya una contribución ejemplar y verificable al interés común europeo. En la aplicación de esta excepción, la Comisión podrá autorizar ayudas cuyos niveles rebasen los límites definidos para las ayudas autorizadas en virtud de la letra c) del apartado 3 del art. 92 [ayudas para facilitar el desarrollo de determinadas actividades]" (ap. 3.7).

147. *DO*, n. C 72, de 10.3.1994, p. 3.

148. *DO*, n. C 184, de 1.7.2000, p. 25.

149. *Directrices comunitarias sobre ayudas estatales en favor del medio ambiente*, *DO*, n. C 37, de 3.2.2001, p. 3.

ción finalizará el 31 de diciembre de 2007, si bien, "la Comisión, previa consulta con los Estados miembros, podrá modificar estas Directrices antes del 31 de diciembre de 2007, cuando así lo justifiquen razones importantes relacionadas con la política de competencia o de medio ambiente, o para tener en cuenta otras políticas comunitarias o compromisos internacionales" (*Directrices* 2001, núm. 81).

El Tribunal de Justicia considera que este tipo de "directrices" constituyen una disposición destinada a producir efectos jurídicos con fundamento en el antiguo art. 93.1 TCE (actual art. 87).

Las Directrices de 2001 – como ya hacían las de 1994 – distinguen diversos tipos de ayudas, entre los que cabe destacar los incentivos a la inversión para proteger el medio ambiente (que pueden instrumentarse mediante beneficios fiscales en tributos ordinarios), y las ayudas de funcionamiento (que abarcan las desgravaciones presentes en la estructura de tributos ambientales). Dentro del primer grupo, las nuevas Directrices prestan especial atención a las inversiones en el sector energético.

Con arreglo a las citadas Directrices, los beneficios fiscales en tributos ordinarios con el carácter de ayudas a la inversión serían admisibles cuando se concedieran como medida transitoria para adoptar nuevos *standards* obligatorios, para superar las normas obligatorias o para mejorar los resultados ambientales en ausencia de normativa obligatoria.[150] En cambio, las exenciones en impuestos ecológicos no armonizados – o superiores a los mínimos armonizados – podrían autorizarse durante diez años, con ciertos requisitos, siempre que fuera necesario para compensar una pérdida de competitividad, internacional.[151]

Por otra parte, con arreglo al artículo 89 TCE, el Consejo puede adoptar por mayoría cualificada los reglamentos apropiados para la aplicación de los artículos 87 y 88 y determinar, en particular, las condiciones para la aplicación del apartado 3 del artículo 83 (notificación previa a la Comisión) y las categorías de ayudas que quedan excluidas de tal procedimiento. Esta técnica normativa parece más adecuada y ofrece mayores garantías que las meras "directrices" de la Comisión para regular las ayudas de estado en materia ambiental. El Consejo ha aprobado ya un reglamento por el que se establece el procedimiento para el con-

150. *Directrices* 2001, cit., ap. E.1.

151. *Directrices* 2001, cit., ap. E.3.2. Respecto a las *Directrices* de 1994, cfr. Careaga (1999:1.347 y ss.).

trol y la autorización de las ayudas.[152] También ha aprobado un Reglamento por el que autoriza a la Comisión a exonerar determinadas categorías de ayudas – entre otras las destinadas a proteger el medio ambiente – del requisito de notificación previa. Tal exoneración deberá realizarse mediante reglamentos aprobados por la Comisión en los que se especifique la finalidad de la ayuda, las categorías de beneficiarios, los umbrales aplicables (expresados en términos de intensidad de la ayuda con respecto a un conjunto de costes subvencionables o en términos de cuantías máximas), las condiciones y las condiciones de control.

A nuestro juicio estos Reglamentos constituirían el instrumento idóneo para desarrollar las exigencias del principio quien contamina paga sobre el régimen de las ayudas de Estado.

Debe tenerse en cuenta que también constituyen ayudas de estado los gastos fiscales introducidos con fines de Política Económica (no ambientales) en los impuestos sobre la energía. Con ellos se intenta reducir el impacto de dichos impuestos sobre la competitividad de las empresas, en especial de aquellas que realizan un uso intensivo de la energía. Dichas ayudas de Estado quedan sometidas también al control de la Comisión.[153]

6. Conclusiones

1. Los tributos sólo tienen auténtica naturaleza ambiental cuando el diseño de sus elementos cuantitativos constituye un incentivo para la protección del entorno natural. En la actualidad los impuestos sobre la energía contienen importantes desgravaciones con fines de política eco-

152. Reglamento (CE) n. 659/1999 del Consejo de 22 de marzo de 1999 por el que se establecen disposiciones de aplicación del artículo 93 del Tratado CE (*DO*, L 083 de 27.3.1999, pp. 1-9).

153. En cambio, según el Tribunal de Justicia, "una normativa de un Estado miembro que, por una parte, obliga a las empresas privadas suministradoras de electricidad a adquirir la electricidad generada en su zona de suministro por fuentes de energías renovables a precios mínimos superiores al valor económico real de este tipo de electricidad y, por otra parte, reparte la carga financiera derivada de esta obligación entre dichas empresas suministradoras de electricidad y los gestores privados de redes eléctricas situados en un nivel de distribución anterior no constituye una ayuda de Estado en el sentido del artículo 92, apartado 1, del Tratado CE (actualmente artículo 87 CE, apartado 1, tras su modificación)" (STJCE, de 13.3.2001, As. C-379/98, *PreussenElektra AG*).

nómica contrarios al interés ambiental. Además, existen otros impuestos energéticos de carácter pretendidamente ambiental que encubren finalidades meramente recaudatorias.

2. La mayor parte de los instrumentos económicos de protección ambiental presenta conexiones con la fiscalidad ecológica de la energía: impuestos sobre emisiones contaminantes derivados de la producción energética, cánones de utilización por el uso de la atmósfera o de las infraestructuras del transporte, impuestos sobre productos energéticos, tarifas por emisiones contaminantes de centrales energéticas que excedan el volumen de los permisos negociables, devoluciones tributarias vinculadas a la eliminación de combustibles contaminados, contribuciones especiales por el establecimiento de servicios que disminuyen el riesgo ambiental de las empresas del sector energético, beneficios fiscales a las energías limpias, etc.

3. Los impuestos ambientales deben coordinarse con las sanciones. Las medidas fiscales no deben gravar conductas radicalmente prohibidas, sino conductas toleradas, como sucede con la producción, distribución y consumo de productos energéticos.

4. La simplificación propia de los impuestos ambientales – en especial de los impuestos sobre productos – puede llegar a desvirtuar su fin ambiental hasta el punto de crear conflictos con las normas armonizadoras del impuesto sobre hidrocarburos o con las libertades comunitarias.

5. Pueden instrumentarse tasas ambientales cuando la Administración controle actividades de producción, distribución y consumo de energía que supongan un riesgo especial, como sucede con las tasas exigidas por el control de instalaciones nucleares.

6. La doctrina ha discutido la posibilidad de exigir tasas por el aprovechamiento especial del dominio público cuyo hecho imponible consiste en un impacto sobre el paisaje como consecuencia de instalaciones de transporte de energía o por la práctica de emisiones atmosféricas derivadas de la generación de energía.

7. En el ámbito energético, las llamadas *tasas por tolerancia* pueden constituir un importante instrumento destinado a completar el uso de permisos negociables de emisiones. Pensemos en el sistema danés que combina dichos permisos con el pago de una tarifa por un incumplimiento cuando se superen las cantidades previstas en dichos permisos. Dicha "tarifa" constituirá una tasa y no una sanción en la medida en que tales emisiones suplementarias no estén radicalmente prohibidas (en cuyo

caso la Administración debería acudir a su autotutela ejecutiva para asegurar el cese de la actividad).

8. En algunos casos puede tener sentido la compatibilidad parcial entre las sanciones y los tributos ambientales. Con ciertos requisitos, esto podría suceder en el caso de situaciones catastróficas o de emergencia relacionadas con el campo de la energía. En cambio, no deberían aplicarse sanciones en el caso de que se exija una tasa de tolerancia por superar las emisiones correspondientes a los permisos negociables (aunque el establecimiento de una prohibición radical acompañada de sanciones podría constituir una alternativa al establecimiento de tributos).

9. La distinción entre impuestos, tasas y contribuciones especiales se desdibuja en el ámbito de la fiscalidad ambiental. Esto provoca importantes distorsiones dado el diverso régimen de distribución de competencias sobre cada una de estas figuras. Una posible solución estaría en elaborar un concepto genérico de tributo ambiental con un régimen jurídico de distribución de competencias común a las tres categorías tributarias tradicionales. Así se evitaría la tendencia – especialmente presente en el ámbito energético – a manipular las categorías tributarias para eludir las limitaciones competenciales.

10. A la hora de cuantificar los tributos energéticos de carácter ambiental debe tenerse presente que las emisiones atmosféricas, la producción de ruido o el deterioro del paisaje suponen un ahorro de coste para las empresas energéticas que no realizan las inversiones necesarias para evitar dichas externalidades negativas.

11. Una regulación genérica del concepto de tributo ambiental permitiría distinguir con claridad los verdaderos tributos ecológicos de aquellos tributos energéticos esencialmente fiscales. Además se pondría de manifiesto que los auténticos tributos energéticos ambientales no se cuantifican atendiendo al precio de la energía o al valor de las instalaciones, sino al impacto ambiental del objeto imponible. Además, podría preverse la elaboración de una memoria económico-ambiental como instrumento técnico para fijar los elementos cuantitativos del tributo en función de los daños ambientales derivados de la producción o consumo de los diversos productos energéticos.

12. En el ámbito energético existen numerosos gastos fiscales contrarios al interés ambiental. En ocasiones estos gastos fiscales llegan a plasmarse en la estructura de los impuestos ambientales, desvirtuando su eficacia. Tales disposiciones pueden considerarse ayudas de estado, sometidas al control de la Comisión Europea.

13. También existen beneficios fiscales con un fin de protección ambiental. Sin embargo, nuestro presupuesto de gastos fiscales no identifica qué beneficios tributarios y con qué cuantía se destinan en España a la protección del Medio Ambiente, pues la clasificación funcional de los gastos fiscales se vincula en nuestro Presupuesto a los programas de gasto directo que figuran en el mismo y en estos Programas no aparece de forma independiente el Medio Ambiente.

14. Parece necesaria la elaboración de un presupuesto de gastos fiscales ambientales de carácter consolidado que integrase los presupuestos de las diversas entidades territoriales con competencias sobre el medio ambiente.

Bibliografía

ALBIÑANA GARCÍA-QUINTANA, C. (2001). "Anotaciones a la Sentencia del Tribunal Constitucional de 30 de noviembre de 2000", *Impuestos* 5.

ÁLVAREZ VILLAMARÍN, X. C.; GAGO RODRÍGUEZ, A. (2002). "La imposición energético-ambiental: análisis de datos de recaudación", in A. Gago y J. Labandeira (Org.), *Energía, Fiscalidad y Medio Ambiente en España.* Madrid, IEF.

ANGULO, J.; CHICO DE LA CÁMARA, P.; GARCÍA BARQUERO, C.; HERRERA, P. M.; MONREAL PALOMINO, I. (2002). "El tratamiento fiscal de las nuevas energías", in A. Gago y J. Labandeira (Org.), *Energía, Fiscalidad y Medio Ambiente en España.* Madrid, IEF.

BARQUERO ESTEVAN, J. M. (2002). *La función del tributo en el Estado social y democrático de Derecho.* Madrid, Centro de Estudios Políticos y Constitucionales.

BAUMOL, W. J.; OATES, W. E. (1988). *The Theory of Environmental Policy.* 2ª ed., Cambridge, Cambridge University Press.

BOKOBO MOICHE, S. (2000). *Gravámenes e incentivos fiscales ambientales.* Madrid, Civitas.

BORRERO MORO, C. J. (1999). *La tributación ambiental en España.* Madrid, Tecnos.

BUNDESMINISTERIUM DER FINANZEN (2000). *Ökoabgaben*, in www.bundesfinanzministerium.de.

BUNDESMINISTERIUM FÜR UMWELT, NATURSCHUTZ UND REAKTORSICHERHEIT (Hrsg.) (1998). *Umweltgesetzbuch. Entwurf der Unabhängigen Sachverständigenkommission zum Umweltgesetzbuch beim Bundesministerium für Umwelt, Naturschutz und Reaktorsicherheit.* Berlin, Dunker & Humblot.

BUÑUEL GONZÁLEZ, M. (1999). *El uso de instrumentos económicos en la política del medio ambiente*. Colección Estudios 75, Madrid, Consejo Económico y Social.

__________ (2001). "The Effect of emisión Permits and Pigouvian Taxes on Market Structure", *Papeles de Trabajo sobre Medio Ambiente y Economía* 1.

__________ (2002a). "El uso de instrumentos fiscales en la política del medio ambiente: teoría, práctica y propuesta preliminar para España", *Papeles de Trabajo sobre Medio Ambiente y Economía* 1.

__________ (2002b). "Teoría de la imposición ambiental", in A. Gago y J. Labandeira (Org.), *Energía, Fiscalidad y Medio Ambiente en España*. Madrid, IEF.

CAAMAÑO, M. A.; CALDERÓN, J. M.; MARTÍN JIMÉNEZ, A. (1999). "Comentario a la STJCE de 23 de junio de 1998", *RDFHP* 251.

CARBAJO VASCO, D. (1993). "La imposición ecológica en España. El caso de la fiscalidad de las aguas", *Impuestos* 21.

__________ (1995). "Instrumentos económicos para la protección del medio ambiente: tipología, fiscalidad y parafiscalidad", *RDFHP* 238.

CAREAGA, A. M. (1999). "Compatibilidad de los impuestos ambientales en el mercado único (Comentarios a la Comunicación de la Comisión Impuestos y gravámenes medioambientales en el Mercado único)", *Impuestos* I.

CHICO DE LA CÁMARA, P. (1998). "El uso de contribuciones especiales para financiar la ejecución de obras hidráulicas medioambientales", *Noticias de la Unión Europea* 162.

CHICO DE LA CÁMARA, P.; GRAU RUIZ, A.; HERRERA MOLINA, P. M. (2003). "Incentivos a las energías alternativas como instrumento de desarrollo sostenible", *Quincena Fiscal* 2, p. 9.

COMISIÓN EUROPEA (1997). Comunicación *Impuestos y gravámenes ambientales en el mercado único, DOCE*, n. C 224.

COMISIÓN PARA EL ESTUDIO Y PROPUESTA DE MEDIDAS PARA LA REFORMA DE LA LGT (2001). Presidida por E. Giménez-Reyna, *Informe para la Reforma de la Ley General Tributaria* Madrid, IEF.

CORRAL GUERRERO, L. (1993). *Introducción al Derecho financiero y tributario (para Ciencias empresariales)*. Madrid, Trivium.

DURÁN CABRÉ, J. M.; DE GISPERT BROSA, C. (2002). "Imposición energético-ambiental en España", in A. Gago y J Labandeira (Org.), *Energía, Fiscalidad y Medio Ambiente en España*. Madrid, IEF.

EKINS, P. (1996). *Environmental Taxes and Charges. National Experiences and Plans*. Dublin, European Foundation for the Improvement of Living and Working Conditions,

EVANS A. (1998). *A Textbook on EU Law*. Oxford, Hart Publishing.

FALCÓN Y TELLA, R. (1999). "Aspectos tributarios de los sistemas de depósito, devolución y retorno", *QF* 9.

FERNÁNDEZ JUNQUERA, M. (1985). "¿Un impuesto municipal industrial anticontaminante?", en la obra colectiva, *Organización territorial del Estado*. vol. II, Madrid, IEF.

FERNÁNDEZ ROZADO, C.; SÁNCHEZ TEMPLEQUE, L. (2002). "Otros instrumentos correctores del deterioro ambiental en el sector energético", in A. Gago y J. Labandeira (Org.), *Energía, Fiscalidad y Medio Ambiente en España*. Madrid, IEF.

FERNANDEZ ROZADO, C.; MÁS GARCÍA, L. C.; MAGANTO FERNÁNDEZ, G.; OLAGUIBEL DEL OLMO, J.; MARTÍNEZ MARTÍN, J. L.; SÁNCHEZ TEMBLEQUE, L. J.; SILVA AMADOR, L.; YÁBAR STERLING, A. (2001). "Energía, instrumentos económicos y desarrollo sostenible", en *Seminario Internacional Fiscalidad del Medio Ambiente y Desarrollo sostenible*. IEF y Club Español de la Energía, Madrid, 22 y 23 de mayo de 2001 (texto multicopiado de los trabajos del congreso).

FERREIRO LAPATZA, J. J. (1998). "La clasificación de los tributos en impuestos, tasas y contribuciones especiales", *REDF* 100.

FICHERA, F. (1998). "Gli aiuti fiscali nell'ordinamento comunitario", *Rivista di Diritto finanziario e Scienza delle Finanze* 1.

FRANCO, Y. (2002). "El sistema de certificados verdes en el marco de la Directiva 2001/77/CE sobre promoción de la electricidad de procedente de fuentes de energía renovables", *Unión Europea Aranzadi*, noviembre 2002.

__________ (2003). "El sistema europeo de comercio de derechos de emisión de gases de efecto invernadero. Análisis de la Propuesta de Directiva europea de 23 de octubre de 2001", *Noticias de la Unión Europea* (en prensa).

FRANCO, Y.; HERRERA MOLINA, P. M. (2003). "Los nuevos instrumentos económicos para el fomento de energías renovables desde la perspectiva del derecho financiero comunitario", *Noticias de la Unión Europea* (en prensa).

FRIEDRICH, K. (1999). "Die 'Ökologische Steuerreform'", *DB* 13.

GAGO, A.; LABANDEIRA, J. (2002). "Fiscalidad, energía y medio ambiente", en la obra colectiva dirigida por los mencionados autores, *Energía, Fiscalidad y Medio Ambiente en España*. Madrid, IEF.

GAGO, A.; LABANDEIRA, J.; RODRÍGUEZ MÉNDEZ, M. (2002). "La práctica de la imposición ambiental y las reformas fiscales verdes", in A. Gago y J. Labandeira (Org.), *Energía, Fiscalidad y Medio Ambiente en España*. Madrid, IEF.

GALÁN SÁNCHEZ, R. M. (2003). "¿Es posible un gravamen municipal sobre las antenas parabólicas? A propósito de la STJCE de 29.11.2001. *François de Coster*. As. c-17/00", *Impuestos*, marzo 2003 (en prensa).

GARCÍA DE LA MORA, L.; MARTÍNEZ LAGO, M. A. (1999). *Derecho financiero y tributario*. Barcelona, Bosch.

GARCÍA FRÍAS, A. (1991). "Los fines extrafiscales en las tasas", en *Tasas y precios públicos en el ordenamiento jurídico español*. Madrid, IEF-Marcial Pons.

GARCÍA NOVOA, C. (1997). "Comentarios a los aspectos fiscales de la Ley de Envases", *Impuestos* II.

__________ (2000). "La reforma de la Ley de Aguas en materia de cánones Hidrológicos (y II)", *QF* 7.

GOMAR SÁNCHEZ, J. I. (1997). "¿Se pueden cobrar tasas y precios públicos en la prestación de servicios públicos por empresas mixtas?", *QF* 14.

GÓMEZ VERDESOTO, M. (2000). "Condicionantes constitucionales a las medidas financieras de las Corporaciones locales en materia medioambiental", *NUE* 180.

GONZÁLEZ-MÉNDEZ, A. (2000). "La configuración y determinación de la base imponible de los impuestos sobre las emisiones atmosféricas contaminantes y la medida del daño ambiental", *Impuestos* 21.

HERRERA MOLINA, P. M. (2000). *Derecho Tributario ambiental. La introducción del interés ambiental en el ordenamiento tributario*. Madrid, Marcial Pons.

__________ (2002a). "Anexo de actualización", en la obra colectiva dirigida por A. Yábar Sterling, *La protección fiscal del medio ambiente. Aspectos económicos y jurídicos*. Madrid, Marcial Pons.

__________ (2002b). "Comentario a la STJCE 9.3.2000 *Evangelischer Krankenhausverein Wien*, As. C-437/97. Impuesto Municipal sobre Bebidas. IVA", in P. M. Herrera (Org.) y B. García Carretero (Coord.), *Comentarios de Jurisprudencia Tributaria del Tribunal de Justicia de las Comunidades Europeas. Años 2000-2001*.

HERRERO DE LA ESCOSURA, P. (1996). *El IVA en la jurisprudencia del Tribunal de Justicia de las Comunidades Europeas*. Madrid, Servicio de Publicaciones de la Universidad de Oviedo-Marcial Pons.

INSTITUTO DE ESTUDIOS FISCALES (2000) *La fiscalidad medioambiental en España y en la Europa de los quince* (IEF, versión preliminar, 26 de junio de 2000).

JIMÉNEZ HERNÁNDEZ, J. (1998). *El tributo como instrumento de protección ambiental*. Granada, Comares.

LASARTE ÁLVAREZ, J.; ESEVERRI MARTÍNEZ, E.; ADAME MARTÍNEZ, F.; MARTÍN, J. (1991). *Turismo y financiación autonómica y local. Comentarios sobre la llamada* ecotasa *y otras alternativas de financiación*. Granada, Comares.

LASARTE ALVAREZ, J. *et al.* (2002). *Informe sobre la Reforma del Sistema de Financiación Autonómica.* Madrid, IEF.

LINARES LLAMAS, P. (2002). "Externalidades de la energía y su valoración", in A. Gago y J. Labandeira (Org.), *Energía, Fiscalidad y Medio Ambiente en España.* Madrid, IEF.

MARQUEZ, R. (2002). "La fiscalidad de la energía en la Unión Europea: el estado de la cuestión", *Papeles de Trabajo sobre Medio Ambiente y Economía* 2.

MARTÍN DÉGANO, I. (2002). "Comentario a la STJCE 25.1.2001, *Comisión / República Francesa,* As. C-429/97: Devolución del IVA pagado en otro Estado. Lugar de realización de los servicios de recogida, clasificación, transporte y eliminación de residuos", in P. M. Herrera (Org.) y B. García Carretero (Coord.), *Comentarios de Jurisprudencia Tributaria del Tribunal de Justicia de las Comunidades Europeas. Años 2000-2001.*

MARTÍN FERNÁNDEZ, J. (1995). *Tasas y precios públicos en el Derecho español.* Madrid, IEF-Marcial Pons.

MARTÍN JIMÉNEZ, A. J. (2000). "Notas sobre el concepto constitucional de tributo en la jurisprudencia reciente del TC", *REDF* 106.

MARTÍN QUERALT, J.; LOZANO SERRANO, C.; CASADO OLLERO, G.; TEJERIZO LÓPEZ, J. M. (1999). *Curso de Derecho financiero y tributario.* 10ª ed., Madrid, Tecnos.

__________ (2001). *Curso de Derecho financiero y tributario.* 12ª ed., Madrid, Tecnos.

MÄÄTTÄ, K. (1997). *Environmental Taxes. From an Economic Idea to a Legal Institution.* Kauppakaari OY, Helsinki, Finnisch Lawyers' Publishing.

MENTI, F. (1999). *Ambiente e imposizione tributaria. Il tributo speciale sul deposito dei rifiuti.* Padua, CEDAM.

MESSERSCHMIDT. K. (1986). *Umweltabgaben als Rechtsproblem. Schriften zum Umweltrecht,* vol. 5. Berlin, Duncker & Humblot.

MEYER, S. (1995). *Gebühren für die Nutzung von Umweltressourcen.* Berlin, Duncker & Humblot.

MINISTERIO DE HACIENDA (2003). *Presentación de los Presupuestos Generales del Estado para el 2003.* Madrid.

OECD (1994). *La fiscalidad y el medio ambiente. Políticas complementarias.* Madrid, OECD-Ediciones Mundiprensa.

__________ (1999). "Working Party on Economic and environmental Policy Integration", *Economic Instruments for Pollution Control and Natural Resources Management in OECD Countries: a Survey.* ENV/EPOC/GEEI(98)35/REV1/FINAL. Distribuido el 8 de octubre de 1999.

ORTEGA MALDONADO, J. M. (2003). *Las tasas por molestias y riesgos permitidos*. Tesis doctoral, Universidad Complutense de Madrid (inédita).

ORTIZ CALLE, E. (2000). "Armonización comunitaria de la imposición especial sobre hidrocarburos y fiscalidad medioambiental (Comentario a la sentencia del Tribunal de Justicia de las Comunidades Europeas, de 10 de junio de 1999, dictada en el asunto C-346/97 y relativa a las cuestiones prejudiciales planteadas en el litigio entre *Transwede Airways AB* y la Administración tributaria sueca)", *Noticias de la Unión Europea* 189.

PAGÉS Y GALTÈS, J. (1999). "Las tarifas de los servicios prestados en régimen de Derecho privado: su consideración como tasas, precios públicos o precios privados", *RDFHP* 252.

PALAO TABOADA, C. (1980). Traducción de la *Ordenanza tributaria alemana*. Madrid, IEF.

__________ (1996). "Los precios públicos y el principio de legalidad", *QF* 17.

__________ (2000). "Prólogo" a la obra *Derecho tributario ambiental*. Madrid, Ministerio de Medio Ambiente/Marcial Pons.

PERDIGÓ Y SOLÀ (1997). "Les tarifes dels serveis locales", *Dret Local*. Barcelona-Madrid, UAB-Marcial Pons-UB.

PUIG VENTOSA, I. (2003). *Torrelles de Llobregat da un paso adelante en la gestión de los residuos y su tratamiento fiscal* (nota inédita de 22.1.2003).

RÓSEMBUJ, T. (1995). *Los tributos y la protección del medio ambiente*. Madrid, Marcial Pons.

ROZAS VALDÉS, J. A. (1997). "Haciendas locales y medio ambiente", *Impuestos* II.

__________ (2002). "Tasas y precios públicos", en la obra colectiva dirigida por A. Yábar Sterling, *La protección fiscal del medio ambiente. Aspectos económicos y jurídicos*. Madrid, Marcial Pons.

RUIZ GARIJO, M. (2002). *Problemas actuales de las tasas*. Valladolid, Lex Nova.

SÁNCHEZ PEDROCHE, A. (1996). "Sanciones 'indirectas' o 'impropias' en Derecho Tributario", *REDF* 91.

SELICATO, P. (1996). "Fiscalità ambientale e Costituzione", in P. Selicato y F. Picciaredda, *I Tributi e l'ambiente. Profili ricostruttivi*. Milán, Giuffè.

SERRANO ANTÓN, F. (2002). "La protección fiscal del medio ambiente en la Unión Europea: el Impuesto comunitario sobre Productos Energéticos", in A. Yábar Sterling (Org.), *La protección fiscal del medio ambiente. Aspectos económicos y jurídicos*. Madrid, Marcial Pons.

SIMÓN ACOSTA, E. (1999). *Las tasas de las entidades locales (el hecho imponible)*. Pamplona, Aranzadi.

SOLER ROCH, M. T. (1995). "La tributación de las actividades ilícitas", *REDF* 85.

SPECK, S.; EKINS, P. (2000). *Recent Trends in the Application of Economic Instruments in EU Member States plus Norway and Switzerland and an Overview of Economic Instruments in Central and Eastern Europe. Update of Database of Environmental Taxes and Charges*. Informe a la Dirección General de Medio Ambiente de la Comunidad Europea, julio de 2000.

TESAURO, G. (1995). *Diritto comunitario*. Padua, CEDAM.

TIPKE, K. (1993). *Die Steuerrechtsordnung*. 1ª ed., Colonia.

VADRI I FORTUNI, M. T. (1994). "La naturaleza jurídica dels instruments econòmics en la gestió dels residus", *RJC* 2.

VAQUERA GARCÍA, A. (1999). *Fiscalidad y medio ambiente*. Valladolid, Lex Nova.

VICENTE-ARCHE DOMINGO, F. (1975). "Apuntes sobre el instituto del tributo, con especial referencia al Derecho español", *REDF* 7.

VILLAR EZCURRA, M. (1997). "La necesidad de revisar las categorías tributarias ante el deslizamiento del Derecho comunitario: un ejemplo claro en la Ley de Envases y Residuos de Envases", *QF* 18.

__________ (1998). "Comentarios críticos de urgencia a la Ley de Residuos y a la modificación de la Ley de envases", *QF* 12.

__________ (2001). "La fiscalidad al servicio de la eliminación de los residuos urbanos", *Noticias de la Unión Europea* 193.

__________ (2002). "Los tributos ambientales en el marco de un desarrollo sostenible", en la obra colectiva dirigida por J. L. Piñar Mañas, *Desarrollo sostenible y protección del medio ambiente*. Madrid, Civitas.

VILLAR EZCURRA, M.; ALBIÑANA GARCÍA-QUINTANA, C. (1999). "Los impuestos ecológicos ante el ordenamiento constitucional español", *Revista de Contabilidad y Tributación* 52.

VON WEIZSÄCKER, E. U.; JESINGHAUS, J. (1992). *Ecological Tax Reform. A Policy Proposal for Sustainable Development*. Londres-Nueva Jersey, Zed Books.

WASMEIER, M. (1995). *Umweltabgaben und Europarecht. Schranken des staatlichen Handlungsspielraumes bei der Erhebung öffentlicher Abgaben im Interesse des Umweltschutzes*. Munich, C. H. Beck.

WILKE, D. (1993). voz "Abgaben, öffentliche", en la obra colectiva dirigida por F. Klein, *Lexikon des Rechts. Steuer- und Finanzrecht*. 2ª ed., Neuwied-Kriftel-Berlin, Luchterhand.

YÁBAR STERLING, (2002). *La protección fiscal del medio ambiente: aspectos económicos y jurídicos*, Marcial Pons.

NORMAS TRIBUTÁRIAS INDUTORAS EM MATÉRIA AMBIENTAL

Luís Eduardo Schoueri

1. Introdução. 2. A internalização de custos e ganhos ambientais. 3. O uso das normas tributárias com efeito ambiental. 4. O emprego de normas tributárias indutoras em matéria ambiental: principais limitações constitucionais: 4.1 Legalidade; 4.2 Igualdade; 4.3 Proibição do efeito de confisco; 4.4 Competência tributária e competência regulatória. 5. Exemplos do emprego de normas tributárias indutoras em matéria ambiental.

1. Introdução

Inconformado com a ordem econômica que encontrara, o constituinte brasileiro houve por bem inserir, no art. 170, uma série de princípios a serem observados pela atividade econômica, ali arrolando, no inciso VI, a *defesa do meio ambiente, inclusive mediante tratamento diferenciado conforme o impacto ambiental dos produtos e serviços e de seus processos de elaboração e prestação.* Para atingir tal desiderato, o legislador vale-se das ferramentas que encontra à disposição, não abrindo mão do expediente de inserir, na lei tributária, normas indutoras (incentivos e desestímulos) do comportamento desejado.

O presente estudo pretende, ainda que de modo sumário, analisar os parâmetros constitucionais para as normas tributárias indutoras como instrumento de intervenção sobre o meio ambiente.[1]

1. O tema das normas tributárias indutoras foi estudado com mais vagar na tese apresentada pelo autor em concurso para o cargo de Professor Titular na Faculdade de Direito da Universidade de São Paulo. Cf. Luís Eduardo Schoueri, *Contribuição ao Estudo das Normas Tributárias Indutoras como Instrumento de Intervenção sobre o Domínio Econômico*, 2002.

2. A internalização de custos e ganhos ambientais

Do Direito Econômico, extrai-se a noção de externalidades, enquanto custos e ganhos da atividade privada que, em virtude de uma falha do mecanismo de mercado,[2] são suportados ou fruídos pela coletividade, no lugar daquele que os gerou. A elas se refere Washington Peluso Albino de Souza, ao identificar a "regulação" como uma interferência intencional, para corrigir uma interferência lateral e extinguir a externalidade.[3]

No campo ambiental, é comum a referência à externalidade negativa: a atividade poluidora gera danos ambientais, que não são suportados por seus causadores; externalidade positiva, por outro lado, pode surgir quando uma empresa, para atender a seu mercado, exige de seus fornecedores a observância de práticas favoráveis ao meio ambiente.

As externalidades, tanto a positiva quanto a negativa, escapam do mecanismo de mercado. No caso do poluidor, o fato de ele não suportar os custos indiretos causados permite-lhe praticar preços mais reduzidos, sem afastar sua lucratividade. A externalidade positiva, de igual modo, não reverte em maior renda para quem a gera. Um e outro caso podem contrariar os interesses da coletividade. No caso da externalidade negativa, seu acobertamento por meio do repasse à coletividade implica aumento da atividade indesejada. A externalidade positiva, por outro lado, não recompensando seu gerador, pode não o motivar à prática de interesse coletivo. Surge, assim, a necessidade da intervenção do Estado, para corrigir ambas as distorções.

No caso das externalidades negativas, a atuação estatal deve ser voltada à internalização de custos.[4] Espera-se que computados tais custos, os preços dos produtos cresça proporcionalmente, reduzindo-se, conseqüentemente, sua demanda, em novo ponto de equilíbrio.

Na matéria ambiental, esta idéia está presente no princípio do "poluidor-pagador", que se resume na idéia de que aquele que causa danos ao meio-ambiente deva suportar, economicamente, tanto os custos para a recuperação ambiental, quanto as perdas sofridas pela coleti-

2. Cf. Siegfried F. Franke, "Ökonomische und politische Beurteilung von Öko-Steuern", *Steuer und Wirtschaft*, n. 3/1990, p. 218.

3. Cf. Washington Peluso Albino de Souza, *Primeiras Linhas de Direito Econômico*, p. 342.

4. Cf. Glenn P. Jenkins e Ranjit Lamech, *Green taxes and incentive policies: an international perspective*, p. 2.

vidade.[5] Versa sobre um tratamento econômico do problema ambiental, que passa a ser manipulado como qualquer outro caso de escassez, recebendo, daí, as soluções normais da economia de mercado, desde que os preços falhos ou irrealistas sejam substituídos ou corrigidos por medidas estatais.[6]

O princípio do poluidor-pagador baseia-se na mesma idéia que inspira, na matéria tributária, o princípio da equivalência. Aqui, como lá, o tributo deve compensar vantagens recebidas por conta de prestações estatais. A diferença, como lembra Dieter Cansier, está em que no caso ambiental não se trata de serviços públicos tradicionais a serem remunerados, mas da garantia do direito de poluir. Quem polui está em vantagem em relação àquele que age conforme as exigências ambientais e por isso incorre em maiores custos. A receita tributária deve, de alguma forma, beneficiar o prejudicado. Daí a idéia de ela servir para financiar gastos ambientais em que o Estado incorra.[7]

Outra diferença, levantada por Herrera Molina, estaria em que enquanto nos tributos a equivalência buscaria responder a uma justiça comutativa, não tendo outra finalidade senão a compensação de um gasto administrativo, no caso do princípio do poluidor-pagador o que se procuraria seria atender a critérios de justiça social, refletindo projeção do princípio da solidariedade,[8] o que, no Brasil, está inscrito no artigo 3º, I, da Constituição Federal. Esta idéia se vê reforçada quando se tem em mente que o art. 225 do texto constitucional declara que a proteção do meio ambiente é tarefa que não cabe apenas ao Poder Público, mas a toda coletividade.

Para as externalidades positivas, também, cabe ao Estado, por meio de vantagens econômicas, incrementar os ganhos daqueles que as provocam, de modo a permitir a contabilização das vantagens geradas.

Externalidades negativas e positivas lidam com os mecanismos de mercado. Em ambos os casos, observa-se que a atuação estatal não visa a

5. Cf. José Marcos Domingues de Oliveira, *Direito Tributário e Meio Ambiente: proporcionalidade, tipicidade abeta, afetação da receita*, pp. 17-27; Glenn Jenkins e Ranjit Lamech, ob. cit., p. 3.

6. Cf. Michael Rodi, *Steuerrecht als Mittel der Umweltpolitik*, p. 8.

7. Cf. Dieter Cansier, "Steuer und Umwelt: Zur Effizienz von Emissionsabgaben", in Karl-Heinrich Hansmeyer (Coord.), *Staatsfinanzierung im Wandel*, p. 766.

8. Cf. Pedro M. Herrera Molina, *Derecho Tributario Ambiental (Environmental tax law): La introducción del interés ambiental en el ordenamiento tributario*, p. 43. No mesmo sentido, cf. Tulio Rosembuj, *Los Tributos y la Protección del Medio Ambiente*, p. 78.

substituir aqueles mecanismos; ao contrário, constatando-se sua falha, que poderão não considerar os efeitos positivos e negativos, fazem-se as adaptações nas receitas e despesas, de modo a permitir que, a partir daí, o próprio mercado venha a agir. A correção se faz necessária, principalmente tendo em vista o pressuposto da existência de concorrentes que poderiam ser beneficiados ou prejudicados sem o acerto. Assim, basta imaginar a existência de empresas concorrentes cujos equipamentos, mais modernos, provoquem menor grau de poluição, de um lado, ou de empresas localizadas em regiões mais desenvolvidas, de outro, para compreender a necessidade de se ajustarem os mecanismos de custos e preços, a fim de permitir que o mecanismo de concorrência possa produzir efeitos.

3. O uso das normas tributárias com efeito ambiental

É ampla a discussão sobre o emprego de instrumentos tributários, diretamente vinculados a atuações prejudiciais ao ambiente (emissão de barulho ou de resíduos), como forma de se colocarem os custos ecológicos no mecanismo de preços do mercado.[9] Chegou-se até a cogitar de um tributo calculado sobre o volume de emissão (*Emissionsabgabe*). Para a introdução de tal tributo, deveria o Estado fixar um objetivo de emissão para cada elemento poluente, estimando os custos para evitar que tal limite fosse ultrapassado e fixando o tributo em valor equivalente a tais custos. Acreditava-se que, do ponto de vista macroeconômico, o tributo teria a seu favor a maior eficiência, já que cada emitente buscaria pagar o menor tributo possível, além de promover o desenvolvimento técnico,[10] já que o emitente não se satisfaria em atingir limites predeterminados. O tributo serviria, assim, de mecanismo para internalizar os custos ambientais, gerando o que Gawel denomina uma correção na alocação (*Allokationskorrektur*), que ele apresenta como uma mudança comportamental no emprego de bens ambientais, sendo tal objetivo alcançado mediante uma absorção dirigida de recursos no setor privado.[11]

Efetivamente, como lembra Cansier, adotado o regime de ordens ou proibições, o emitente não teria incentivo a buscar novas reduções de polui-

9. Cf. Erik Gawel, "Steuerinterventionismus und Fiskalzweck der Besteuerung. Lenkung und Finanzierung als Problem Lenkender (umwelt-)Steuern", *Steuer und Wirtschaft*, n. 1/2001, p. 26.

10. Cf. Jenkins e Lamech, ob. cit., p. 5.

11. Cf. Erik Gawel, ob. cit., p. 26.

ção, uma vez atingido o nível previsto pela norma dirigente; com o instrumento tributário, é possível maior escalonamento, bastando que a redução do tributo se faça proporcionalmente à redução do nível de emissões.[12]

O mesmo exemplo apresenta, entretanto, efeito indesejado que não se pode deixar de lado: a monetarização do direito ambiental. Utilizado o instrumento tributário com efeito indutor, o contribuinte já não mais é visto como alguém que gera danos, mas como alguém que "paga a conta" e por isso (especialmente) legitimado a usar ou consumir bens de natureza ambiental. A conseqüência é, a médio prazo, redução de sua propensão a evitar a prática danosa ao ambiente, além da própria perda de consciência ambiental.[13]

Ao lado da correção de externalidades, o emprego das normas tributárias indutoras pode ser um instrumento para se alcançarem objetivos propostos pela Ordem Econômica. O § 1º do artigo 225 do texto constitucional arrola uma série de missões conferidas ao Poder Público para assegurar a efetividade do direito de todos ao meio ambiente ecologicamente equilibrado, como a preservação e restauração de processos ecológicos essenciais, o provimento do manejo ecológico das espécies e ecossistemas, a preservação da diversidade e integridade do patrimônio genético do País etc.

Ao mesmo tempo, não se pode deixar de mencionar problemas específicos a serem enfrentados no caso de emprego de normas tributárias na intervenção na área ambiental, como: (a) a existência de irreversibilidades, ou seja, toda situação gerada por uma atividade humana que não se pode anular, é ilimitada e não se pode voltar atrás (exemplo: o desaparecimento de uma espécie da flora ou da fauna); (b) seu caráter global, mundial e dinâmico; (c) dificuldades para a valoração dos custos e benefícios futuros de uma medida ambiental (problema da distribuição intergeracões dos recursos).[14]

4. O emprego de normas tributárias indutoras em matéria ambiental: principais limitações constitucionais

Quando se ingressa no tema das normas tributárias indutoras, deve-se ter presente que estas se submetem tanto aos princípios próprios da

12. Cf. Dieter Cansier, ob. cit., pp. 765-766.

13. Cf. Wolfram Höfling, "Verfassungsfragen einer ökologischen Steuerreform", *Steuer und Wirtschaft*, n. 3/1992, p. 251.

14. Cf. Domingo Carbajo Vasco, "La Imposición Ecológica en España. El caso de la fiscalidad de las aguas", *Impuestos* II, 1993, pp. 267-268.

Ordem Econômica (enquanto instrumento de intervenção do Estado sobre o Domínio Econômico) como àqueles da esfera tributária (afinal, o caráter indutor da norma não retira a característica tributária do veículo pelo qual ela é introduzida no mundo jurídico).Ao mesmo tempo, deve-se reconhecer que os princípios tributários sofrem influência daqueles próprios da Ordem Econômica. É assim que se constata que uns e outros princípios influem na norma tributária, qual vetores em direções diversas, de cuja somatória (ponderação) se extrai o direcionamento exigido pelo ordenamento constitucional para a definição do regime jurídico das normas tributárias indutoras.

4.1 Legalidade

No estudo da legalidade, constata-se o conflito entre, de um lado, o rígido regime imposto pelo princípio da legalidade em matéria tributária e, de outro, a necessidade de a administração contar com instrumento ágil para a intervenção sobre o domínio econômico. Abre-se espaço, aqui, para a inserção de cláusulas gerais e conceitos indeterminados, com que o legislador pode contar para, dobrando-se ao referido princípio, permitir que o texto legal se curve às peculiaridades do caso concreto. Conceitos indeterminados são, normalmente, "producto de la imposibilidad de precisar con mayor exactitud términos o vocablos empelados por la ley, porque las realidades a los que los mismos se refieren, al comprender una casuística inabarcable, no admiten otro tipo de determinación".[15] Por sua vez, as cláusulas gerais configuram descrições amplas da hipótese de incidência, que acabam por permitir ao aplicador da lei atender às peculiaridades do caso concreto.[16]

Conquanto se espere do legislador a definição do fato gerador da obrigação tributária, não há como afastar o emprego de conceitos indeterminados e cláusulas gerais. Conforme Engisch, no iluminismo prevalecia a idéia de um legislador racional, limitando-se o papel do juiz a "escravo da lei" (sistema das penas fixas); no correr do século XIX, percebeu-se ser inatingível o ideal da estrita vinculação do juiz à lei, dada a impossibilidade de elaborar leis tão exatas que dispensem interpretações;

15. Cf. César García Novoa, *El Principio de Seguridad Jurídica en Materia Tributaria*, p. 120.

16. Cf. Hans Spanner, "Generalklausel" (verbete), in Georg Strickrodt *et al.* (Orgs.), *Handwörterbuch des Steuerrechts*, vol. 1, p. 601.

ademais, percebeu-se que tampouco seria ideal tal sistema, já que seria necessário conferir ao juiz instrumentos para se adaptar à pluralidade e imprevisibilidade da vida.[17]

Pode-se, nesse sentido, defender que seu emprego não constitui "uma impropriedade da linguagem jurídica, mas, sim, um benefício advindo da linguagem natural incorporada pelo Direito",[18] com o que se realçará que "no campo do Direito, a impossibilidade de determinação do sentido da norma poderá constituir uma *virtude* e não um defeito, em razão de ser o sistema jurídico aberto e incompleto, suscetível, pois, de albergar todas as possibilidades que regula", diante da impossibilidade de o legislador "prever todas as circunstâncias fáticas, resultantes da disparidade do objeto de Direito" ou do "fato de que norma jurídica não se destina somente à disciplina dos fatos presentes, mas deve também ter uma função *projetiva*, de modo que abranja os casos futuros que possam ocorrer em determinado espaço e momento".[19]

Nem se diga que as cláusulas gerais e os conceitos indeterminados levam a conferir à Administração a possibilidade de exercício discricionário do poder de tributar. É de Eros Roberto Grau a distinção entre discricionariedade e aplicação de conceitos indeterminados: "No exercício da *discricionariedade* o sujeito cuida da emissão de *juízos de oportunidade*, na eleição entre *indiferentes jurídicos*; na aplicação de *conceitos indeterminados*, o sujeito cuida de emissão de *juízos de legalidade*".[20] Conforme esclarece Satta, no caso de conceitos jurídicos indeterminados, não se dá à Administração uma escolha discricionária; apenas se exige que a administração efetue uma "reconstrução, no seu significado

17. Cf. Karl Engisch, *Einführung in das juristische Denken*, p. 107.

18. Cf. Marcia Dominguez Nigro Conceição, *Conceitos Indeterminados na Constituição: requisitos da relevância e urgência (art. 62 da CF)*, p. 53.

19. Cf. idem, ibidem, p. 71.

20. Cf. Eros Roberto Grau, "Conceitos Indeterminados", in *Justiça Tributária: direitos do fisco e garantias dos contribuintes nos atos da administração e no processo tributário*, p. 123. Em sentido contrário, vide estudo Regina Helena Costa, a qual, depois de distinguir os conceitos indeterminados entre os de experiência e os de valor, sustenta haver regiões em que a dúvida sobre o alcance da vontade legal é indeterminável. Cf. Regina Helena Costa, "Conceitos Jurídicos Indeterminados e Discricionariedade Administrativa", *RDP* 95/136. Também em sentido contrário, cf. Onaldo Franco Jannotti, "Conceitos Indeterminados e Origem Lógico-Normativa da Discricionariedade", *RDP* 64/52; e Dinorá Adelaide Musetti Grotti, "Conceitos Jurídicos Indeterminados e Discricionariedade Administrativa", *RT, Cadernos de Direito Constitucional e Ciência Política*, ano 3, n. 12, pp. 84-115.

jurídico exato, adaptado ao caso", de modo que "a administração deve simplesmente determinar seu significado concreto, com referência à espécie em que se inserem".[21] Ainda, é Hartmann quem afirma que "diversamente da discricionariedade, que permite uma escolha entre diversas possibilidades no lado da sanção legal, os conceitos jurídicos indeterminados não oferecem aos funcionários qualquer espaço para decidir. Apesar de sua 'indeterminação', eles conduzem a um resultado determinado e, portanto, ao contrário da discricionariedade, são totalmente passíveis de exame judicial. Por isso é que o princípio da determinação, do Estado de Direito, não impede a aplicação de conceitos jurídicos indeterminados no direito tributário".[22] Engisch também buscou diferenciar a discricionariedade dos conceitos indeterminados, dizendo que a diferença é, antes de tudo, jurídica, já que na discricionariedade é o legislador que decide confiar ao aplicador da lei a decisão no caso concreto: em vez de se falar em um "resto de insegurança inafastável", tem-se que o legislador julgou melhor deixar a decisão ao aplicador da lei, conforme seu entendimento.[23] García de Enterría e Fernandez também ensinam que os conceitos indeterminados não permitem, num caso concreto, mais que uma solução: "ou se dá ou não se dá o conceito", de modo que "a indeterminação do enunciado não se traduz em uma indeterminação das aplicações do mesmo, as quais só permitem uma 'unidade de solução justa' em cada caso".[24] Ottmar Bühler já enfrentou o tema, em 1914, concluindo que as normas jurídicas contendo conceitos indeterminados não per-

21. "(...) si propone così la ben nota distinzione tra norma (o momento della norma) che impone e consente una effettiva scelta discrezionale e norma (o momento di essa) che semplicemente l'amministrazione deve ricostruire nel suo significato giuridico esatto, adatto alla specie: (...) che l'amministrazione deve semplicemente determinare nel loro significato concreto, in riferimento alla specie in cui si inseriscono", cf. Filippo Satta, *Principio di Legalità e Pubblica Amministrazione nello Stato Democratico*, pp. 153-154.

22. No original: "Im Gegensatz zum Ermessen, das eine Wahl unter verschiedenen Möglichkeiten auf der Rechtsfolgenseite (...) zulässt, räumen unbestimmte Rechtsbegriffe den Behörden keinen Entscheidungspielraum ein. Sie führen trotz ihrer 'Unbestimmtheit' zu einem bestimmten Ergebnis und sind daher im Gegensatz zum Ermessen gerichtlich voll überprüfbar. Deshalb kann auch nicht der Grundsatz rechtsstaatlich gebotener Bestimmtheit eine Verwendung von unbestimmten Rechtsbegriffen im Steuerrecht hindern", cf. Ulrich Hartmann, "Rechtsbegriff, unbestimmter" (verbete), in Georg Strickrodt *et al.* (Orgs.), *Handwörterbuch des Steuerrechts*, cit., vol. 2.2, p. 1.118.

23. Cf. Karl Engisch, ob. cit., p. 116.

24. Cf. Eduardo García de Enterría e Tomás-Ramón Fernández, *Curso de Direito Administrativo*, p. 393.

dem por isso seu caráter coercitivo, revelando-se sua aplicação mero problema de interpretação.[25] Tratando das subvenções, Zuleeg ressalta que a técnica do emprego de conceitos indeterminados é comum nas legislações que tratam dessa matéria, como forma de restrição dos poderes da administração, reduzindo-se, daí, sua discricionariedade.[26]

A tais argumentos, extraídos das lições do direito comparado, importa acrescentar a feliz ponderação de José Marcos Domingues de Oliveira: "Por outro lado, não se compreende bem a verdadeira cruzada empreendida contra o emprego do conceito indeterminado na tipificação tributária porque a teoria da indeterminação conceitual considera que ele é exatamente um instrumento moderno de vinculação do Administrador à lei, separando-a do que antes foi considerado campo de discricionariedade administrativa", afirmando "que o conceito indeterminado não implica em uma indeterminação de suas aplicações; só se permite 'uma única solução' a ensejar controle de legalidade da atuação do Administrador".[27]

Aliás, o mesmo autor confirma a existência de cláusulas gerais e conceitos indeterminados em nossas praias, esclarecendo que no campo ambiental, "a indeterminação é a regra, não a exceção",[28] citando exemplos de incentivos fiscais como "servir de base à *conservação do solo e dos regimes da águas*" ou "contribuírem para a *conservação da natureza*" através do florestamento e do reflorestamento (Lei n. 5.106/1966 e Decreto n. 79.046/1976); "operações com máquinas etc., que *visem à defesa do meio ambiente*" (Lei n. 2.055/1993-RJ); "*tecnologia inovadora* que promova a *defesa do meio ambiente*" (Lei n. 2.273/1994-RJ); e "*preservação paisagística ou ambiental*" (Código Tributário do Município do Rio de Janeiro). Ainda na área ambiental, pode-se citar a Lei n. 6.938/1981, cujo artigo 14 determina a "perda ou restrição de incentivos e benefícios fiscais concedidos pelo Poder Público" no caso de "não cumprimento das medidas necessárias à preservação ou correção dos inconvenientes e danos causados pela degradação da qualidade ambiental".

25. Cf. Ottmar Bühler, *Die subjektiven öffentlichen Rechte und ihr Schutz in der deutschen Verwaltungsrechtsprechung*, pp. 27-39.

26. Cf. Manfred Zuleeg, *Die Rechtsform der Subventionen*, p. 80.

27. Cf. José Marcos Domingues de Oliveira, "Legalidade Tributária, o Princípio da Proporcionalidade e a Tipicidade Aberta", in Maria A. M. Carvalho (Coord.), *Estudos em Homenagem à Memória de Gilberto de Ulhôa Canto*, p. 212.

28. Cf. José Marcos Domingues de Oliveira, *Direito Tributário e Meio Ambiente*..., cit., p. 119.

Admitido o emprego de cláusulas gerais e conceitos indeterminados em matéria tributária ambiental, surge a indagação quanto aos limites de seu emprego, o que somente pode ser respondido, a cada caso, com base no postulado da proporcionalidade. Afinal, a questão não mais é se cabem conceitos indeterminados em matéria tributária; é, sim, até que grau são eles admissíveis.

A resposta não pode ser absoluta. Deve, sim, ser dada a partir da ponderação dos princípios e valores constitucionais, onde pesará, de um lado, a segurança jurídica, a requerer maior grau de determinação e, de outro, os valores concernentes à proteção do meio ambiente, demandando agilidade e versatilidade.

É neste delicado equilíbrio que se encontrará o espaço para as cláusulas gerais e para os conceitos indeterminados, enquanto, insista-se, instrumentos de adaptação da própria lei. Spanner, conquanto admitindo as cláusulas gerais e conceitos indeterminados (já que sem ambos o legislador estaria impedido de atuar no direito tributário e econômico), alerta para a impossibilidade das cláusulas gerais "vagas", que surgiriam quando se deixasse à discricionariedade do Executivo determinar os limites da liberdade e propriedade dos cidadãos.[29] É assim que Klaus Tipke explica essa exigência: "A possibilidade, em princípio, do emprego de conceitos jurídicos indeterminados não desobriga o legislador, entretanto, de elaborar uma norma de modo tal que seja compatível com os princípios da clareza normativa e submissão ao Poder Judiciário; elas devem ser formuladas de modo que seus destinatários compreendam a situação jurídica e em sua conformidade possam conduzir seu comportamento".[30]

4.2 Igualdade

A idéia da razoabilidade e proporcionalidade, por sua vez, leva-nos à aplicação de outro princípio constitucional relevante para o tema tributá-

29. Cf. Hans Spanner, ob. cit., p.601.

30. No original: "Die grundsätzliche Zulässigkeit unbestimmter Rechtsbegriffe entbindet den Gesetzgeber jedoch nicht davon, eine Vorschrift so zu fassen, dass sie den rechtsstaatlichen Grundsätzen der Normenklarheit und Justiziabilität entspricht; sie muss so formuliert sein, dass die von ihr Betroffenen die Rechtslagen erkennen und ihr Verhalten danach einrichten können", cf. Klaus Tipke, *Die Steuerrechtsordnung*, vol. I, p. 171.

rio: a igualdade.[31] Afinal, será este o princípio que exigirá que se dê igual tratamento a situações equivalentes (igualdade horizontal), exigindo, ao mesmo tempo, que se distingam situações diferentes, conferindo-lhes tratamento diverso, na medida da própria diferença (igualdade vertical).[32]

O mesmo princípio exige, ainda, que se definam critérios de distinção (princípios). Alguns desses critérios são eleitos pelo próprio constituinte; outros vão sendo definidos pelo legislador. Uns e outros obrigam o legislador: os primeiros, porque não podem deixar de ser observados; os últimos, porque o legislador somente poderá deixar de os observar se os retirar da legislação como um todo. Fere a igualdade o arbítrio: para algumas situações, observa-se determinado princípio, para outras não, sem que se encontre motivo jurídico para a discriminação. Por motivo jurídico entender-se-á, por sua vez, outro princípio, a motivar nova distinção

O que se impõe notar, mais uma vez, é que, sendo pluralista o sistema jurídico, tampouco única será a direção imposta pelas diretrizes constitucionais e legais. Ao contrário, formam eles um conjunto multidirecional, de cujo encontro se haverão de deparar situações comparáveis. Cada uma dessas diretrizes estará sujeita, ela mesma, ao controle de constitucionalidade.[33]

Para o controle da constitucionalidade, tratou o próprio constituinte de arrolar algumas das hipóteses em que se considerará a ocorrência de um privilégio odioso, i.e., fatores que não se aceitarão como base do *discrimen* por expressa disposição constitucional. Tais fatores se encontram nos artigos 150, II, 151, 152 e 173.[34] O artigo 150, II, veda os privilégios das profissões e, neste sentido, reforça a garantia do parágrafo único do artigo 170, que trata do livre exercício de qualquer atividade econômica. Garantindo a unidade econômico-política do País, o artigo 151 proíbe a concessão de privilégios pela União e o artigo 152, pelos Estados e Municípios, excetuados os concedidos pela União para o

31. O nexo entre a razoabilidade e a igualdade foi apresentado, com maestria, por Celso Antônio Bandeira de Mello, in *O Conteúdo Jurídico do Princípio da Igualdade*, p. 41.

32. Para os conceitos de "eqüidade" horizontal e "eqüidade" vertical, v. José Maurício Conti, *Princípios Tributários da Capacidade Contributiva e da Progressividade*, p. 73.

33. Cf. Elisabeth Willemart, *Les Limites Constitutionnelles du Pouvoir Financier*, p. 172.

34. Cf. Ricardo Lobo Torres, *Tratado de Direito Constitucional Financeiro e Tributário*, vol. 3: *Os Direitos Humanos e a Tributação: Imunidades e Isonomia*, p. 375.

equilíbrio do desenvolvimento econômico entre as diferentes regiões do País (o que implica não ser privilégio odioso, e daí ser parâmetro expressamente aceito pelo Constituinte, a diferenciação entre regiões do País, quando ligado a tema de desenvolvimento). Finalmente, o artigo 173 proíbe, em seu § 2º, privilégios para empresas públicas e sociedades de economia mista.

Tampouco se aceitarão como parâmetros aqueles que, conquanto não expressos na Ordem Tributária, implicarem discriminação que afronte valores assegurados constitucionalmente, como o sexo (artigo 5º, I), a manifestação do pensamento (artigo 5º, IV), consciência e crença (artigo 5º, VIII), raça (artigo 5º, XLII), a família (artigo 226) etc.[35]

Parâmetros expressamente aceitos são, por exemplo, a capacidade contributiva (artigo 145, § 1º); a essencialidade (artigos 153, § 3º, I e 155, § 2º, III); o destino ao exterior (artigo 153, § 3º, III, artigo 155, § 2º, X, "a" e artigo 156, § 3º, II); o uso da propriedade segundo sua função social (artigo 153, § 4º e 182, § 4º, II); localização e uso do imóvel (artigo 156, § 1º, II); o ato cooperativo praticado pelas sociedades cooperativas (artigo 146, III, "c"); tratamento diferenciado às microempresas e às empresas de pequeno porte (artigo 179) etc. Mais recentemente, foi introduzido no texto constitucional o art. 146-A, que consagrou o desequilíbrio da concorrência como parâmetro legítimo para um tratamento tributário diferenciado.

Mas não só na Ordem Tributária é que se encontram parâmetros consagrados constitucionalmente para a comparação. Àqueles se agregam os provenientes da Ordem Econômica e, aqui, se encontrará a proteção ao meio-ambiente como valor suficiente para uma discriminação legal.

A pergunta que surge em seguida é acerca da possibilidade de, em nome de um valor ambiental, discriminarem-se contribuintes com idêntica capacidade contributiva. Não seria ferido, nesse caso, o princípio da capacidade contributiva?

A resposta parece estar na conclusão de que o princípio da capacidade contributiva serve como um dos diversos critérios[36] que, simulta-

35. Cf. Idem, ibidem, pp. 416-434.

36. "Der Grundsatz der Besteuerung nach der Leistungsfähigkeit konkurriert mit den anderen Differenzierungsgründen. Allgemeingültige Prioritäten gibt es nicht" (O princípio da tributação conforme a capacidade contributiva concorre com outras bases de diferenciação. Não há uma prioridade válida em geral.), cf. Heinrich Wilhelm Kruse, *Lehrbuch des Steuerrechts*, vol. I: *Allgemeiner Teil*, p. 51.

neamente, atuarão sobre o mundo fático, a fim de se identificarem situações equivalentes. Em certa medida, capacidade contributiva e os princípios da Ordem Econômica podem compreender-se mesmo numa relação de integração,[37] já que ambos servem para atingir a mesma finalidade preconizada pela Constituição Federal, consubstanciada nos princípios da justiça e solidariedade.

Constata-se, assim, que o princípio da capacidade contributiva passa a ser apenas *um entre vários fatores de discriminação*, todos baseados nos mesmos valores e voltados à mesma finalidade. A igualdade não se mede apenas a partir da capacidade contributiva: é possível haver efeitos indutores diversos, impostos pela mesma lei, a contribuintes com idêntica capacidade contributiva. Nesse caso, importará examinar se há fator (diverso da capacidade contributiva) que justifique a discriminação.[38] Na mesma Ordem Tributária, encontram-se fatores como a essencialidade, base para a aplicação do princípio da seletividade ou o sinalagma (custo/benefício),[39] base para as taxas.

Na Ordem Econômica, outros fatores serão acrescentados, e aqui se encontrará, ao lado da proteção da livre concorrência (que exigirá rígido controle dos benefícios concedidos), função social da propriedade e outros, a proteção do meio ambiente.

Cada fator, isoladamente considerado, efetuará um "corte" no mundo fenomênico, separando aqueles que atendem, ou não, àquele requisito. Os "cortes" se entrecruzarão, identificando-se, como resultante, "fatias" cada vez menores. Mantendo-se a figura, o teste da igualdade passa a ser feito em dois níveis: dentro de cada "fatia" e entre uma e outra "fatia". Dentro de cada "fatia", o princípio da igualdade exigirá idêntico tratamento. Trata-se da igualdade horizontal, não oferecendo qualquer dificuldade para a compatibilização entre capacidade contributiva e normas tributárias indutoras, já que a própria "fatia" se define a partir do cruzamento de ambos os critérios. Maior dificuldade se terá, por outro lado, na comparação entre as "fatias", quando se buscarão critérios para a igualdade vertical.

Na ponderação surgida a partir da igualdade vertical, indagar-se-á a razão porque duas "fatias" têm tratamento diferente. Aqui, a questão

37. Cf. Federico Maffezzoni, *Il Principio di Capacità Contributiva nel Diritto Finanziario*, p. 325.

38. Cf. Karl Heinrich Friauf, *Verfassungsrechtliche Grenzen der Wirtschaftslenkung und Sozialgestaltung durch Steuergesetze*, p. 38.

39. Cf. Ricardo Lobo Torres, ob. cit., p. 336.

é se está justificada a diferenciação. Retoma-se, agora, a premissa de que o próprio "corte" deve ser justificado, a partir dos critérios da razoabilidade, motivação e nexo, acima referidos. Da combinação desses três elementos, poder-se-ão extrair critérios para proporcionalizar a própria distinção.

Vê-se, em síntese, que no lugar de se afastar o emprego de normas tributárias indutoras em matéria tributária, considera-se ser ele legítimo, alertando-se, entretanto, para o fato de que este critério de *discrimen* atuará juntamente com outros tantos, da mesma Ordem Econômica ou provenientes da Ordem Tributária (onde assume realce a capacidade contributiva). Qualquer tratamento discriminatório deverá passar pelo teste de razoabilidade e proporcionalidade, por meio do qual o aplicador da lei indagará se as diferenças entre as situações são suficientes para justificar um tratamento discriminado em tal proporção.

4.3 Proibição do efeito de confisco

Mas aqui surge um problema novo: até que ponto pode uma motivação de ordem ambiental implicar o aumento da tributação? Como convivem as normas tributárias indutoras e a proibição do efeito de confisco em matéria tributária (art. 150, IV da Constituição Federal)? Existem limites à "agressividade" do legislador tributário, movido por fundamentação ambiental?

É respeitável a opinião doutrinária no sentido da flexibilização de tais limites, ao extremo. Assim é que não se pode deixar de lado a autorizada opinião de Aliomar Baleeiro, para quem "o caráter destrutivo e agressivo é inerente a essa tributação"[40] e de Sacha Calmon Navarro Coêlho, que admite "a tributação exacerbada, por razões extrafiscais e em decorrência do exercício do poder de polícia (gravosidade que atinge o próprio direito de propriedade)".[41]

A este respeito, deve-se trazer a distinção proposta por Sampaio Dória, entre o imposto excessivo e o proibitivo: "Aquele dificulta ou desencoraja a atividade tributada. Este a asfixia, impossibilita, destrói. (...) Não basta alegar que o imposto é proibitivo, pois o caráter oneroso

40. Cf. Aliomar Baleeiro, *Limitações Constitucionais ao Poder de Tributar*, p. 567.

41. Sacha Calmon Navarro Coelho, *Comentários à Constituição de 1988: Sistema Tributário*, p. 330.

da exação configura, às vezes, mero tributo excessivo ou exagerado, contra o qual nada se pode validamente alegar sob o prisma jurídico. Há que provar, exaustivamente, em cada caso concreto, que o imposto, e só ele, inibe e impede o exercício da atividade de forma absoluta".[42]

Não obstante o acerto da distinção, no que se refere às normas tributárias indutoras com caráter ambiental, torna-se ela irrelevante no entendimento do referido autor, para quem os tributos proibitivos não seriam ilícitos, na hipótese de o Estado se valer deles para exercer seu poder regulamentar ou de polícia: tratando-se de atividade "realmente prejudicial e nociva à coletividade e que, por conseqüência, a tributação proibitiva não constitua mero disfarce ou subterfúgio para o exercício de um poder vedado ao legislativo, e sim legítimo sucedâneo da regulamentação direta permitida, cuja adoção, por várias razões, se afigure desaconselhável num caso particular", então "o interesse da sociedade se superpõe ao interesse individual de exercer determinada atividade reputada nociva, não se podendo invocar princípios constitucionais, ou a diretriz da capacidade contributiva, pois todos cedem lugar às exigências mais urgentes e prioritárias do poder de polícia".[43]

Ressalte-se, aqui, que o professor da Universidade de São Paulo entendia vedado o imposto confiscatório, por ferir o direito de propriedade, mas em sua opinião, nesta categoria não se incluíam os impostos proibitivos: "razões de política fiscal contra-indicam a classificação de confiscatórios para impostos meramente proibitivos, cuja decretação, se lastreada no legítimo exercício do poder de polícia e em atendimento ao interesse público, é inatacável do ângulo constitucional".[44]

Não assiste razão ao ilustre doutrinador. A Ordem Econômica brasileira baseia-se no princípio da livre-iniciativa, assegurando-se "a todos o livre exercício de qualquer atividade econômica, independentemente de autorização de órgãos públicos, salvo nos casos previstos em lei" (art. 170 e parágrafo único).

Daí, pois, ser mister distinguir os casos de atividades lícitas e ilícitas. Aqui, haverá, de um lado, os crimes ambientais, constituindo atividade ilícita e, de outro, meras atividades poluidoras, que não chegam a ser tipificadas penalmente.

42. Cf. Antônio Roberto Sampaio Dória, *Direito Constitucional Tributário e "Due Process of Law"*, pp. 183-184.

43. Cf. Antônio Roberto Sampaio Dória, ob. cit., pp. 191-192.

44. Idem, ibidem, p. 200.

Tratando-se de um crime ambiental, não há como admitir possa o legislador valer-se de subterfúgios para declarar sua ilicitude. Se lícita a atividade, não há como o legislador tributário impedir seu exercício. Certo é que o legislador, sopesando princípios constitucionais, poderá buscar restringir o exercício de certas atividades, quando interesses de ordem pública indicarem a inconveniência de seu emprego descontrolado.

Assim, por razões ambientais, pode-se pretender diminuir o número de automóveis em circulação, ou o número de indústrias instaladas em determinada região. Ter-se-á, em tal caso, a possibilidade de uso de normas tributárias indutoras, que poderão, inclusive, ser "excessivas". Cabe repisar, neste ponto, a lição de Becker, que soube distinguir "o dever preestabelecido por uma regra jurídica que o Estado utiliza como instrumento jurídico para impedir ou desestimular, *diretamente*, um ato ou fato que a ordem jurídica *proíbe*", do "Tributo extrafiscal 'proibitivo'", quando haveria um "dever preestabelecido por uma regra jurídica que o Estado utiliza como instrumento jurídico para impedir ou desestimular, *indiretamente*, um ato ou fato que a ordem jurídica *permite*".[45]

Sendo a tributação proibitiva, entretanto, ferir-se-á o princípio da livre-iniciativa e, com ele, a garantia da propriedade. Noutras palavras, ter-se-á o efeito de confisco.

Outro não parece ser o entendimento de José Marcos Domingues de Oliveira, que se refere à proibição do confisco como desdobramento do princípio da igualdade, implicando que "a tributação, em cotejo com diversos princípios e garantias constitucionais (direito ao trabalho e à livre iniciativa, proteção à propriedade), não poderá inviabilizar ou até mesmo inibir o exercício de atividade profissional ou empresarial lícita nem retirar do contribuinte parcela substancial de propriedade".[46] Já em 1956, esse era o entendimento de Vicente Ráo: "proibitivo não é, apenas, o tributo que obsta, de todo em todo, o exercício de qualquer atividade lícita, se não, também, aquele que produz embaraços tais, a ponto de retirar, do contribuinte, o estímulo normal, ou o impulso animador do respectivo empreendimento".[47] Esse conceito corresponde ao que a

45. Cf. Alfredo Augusto Becker, *Teoria Geral do Direito Tributário*, pp. 609-610.

46. Cf. José Marcos Domingues de Oliveira, *Capacidade Contributiva: conteúdo e eficácia do Princípio*, p. 13.

47. Cf. Vicente Ráo: "Jóquei Clube de São Paulo. Inteligência do Decreto n. 24.646, de 1934. Os 'Consideranda' na Interpretação da Lei. Conceito de Serviço Público. Delegação de Atribuições da Administração Federal às Entidades de Corri-

jurisprudência suíça definiu como um imposto proibitivo: este surge quando se vê anulada, em geral, a possibilidade de obtenção de um "lucro razoável" num determinado ramo, em virtude da alta carga tributária.[48] Na Alemanha, fala-se em "imposto sufocante" (*Erdrosselungssteuer)* quando a ameaça da tributação torna, de fato, impossível incorrer no fato gerador.[49]

4.4 Competência tributária e competência regulatória

Enquanto do ponto de vista de sua função arrecadadora, a competência tributária é matéria de que versam os arts. 153 a 156 da Constituição, quando se reconhece, na norma tributária, uma função indutora, não se pode deixar de investigar se a intervenção que assim se faz sobre o Domínio Econômico estaria extrapolando a competência material do ente tributante.

Em matéria de meio ambiente, competência legislativa material é concorrente da União, dos Estados e do Distrito Federal, à luz do artigo 24, VI, que ali inclui "florestas, caça, pesca, fauna, conservação da natureza, defesa do solo e dos recursos naturais, proteção do meio ambiente e controle da poluição". Ao mesmo tempo, os incisos IV, XII e XXVI do artigo 22, acima arrolados, incluem temas como águas, "recursos minerais" e "atividades nucleares" entre aqueles de competência privativa da União. "Isto quer dizer, portanto, que determinadas questões que não afetam apenas o meio ambiente mas são de alta relevância para o País fogem ao campo legislativo dos Estados".[50]

Ora, se há casos em que a atuação dos Estados e Municípios está limitada, por se tratar de matéria cuja regulação se encontra na competência exclusiva da União, parece-nos que não poderiam aquelas Pessoas Jurídicas de Direito Público, valendo-se de sua competência tributária, regular, por meio do tributo, o que não poderia ser regulado por norma direta.

das. Subordinação destas à Competência Fiscal somente da União. Interpretação dos Arts. 30 e 31 da Carta Magna. Imposto Municipal sobre Ingressos e de Licença. Inconstitucionalidade da Lei Municipal n. 5.092, de 1956. Intributabilidade, ainda Resultante de Contrato", *RT* 276/74.

48. Cf. Peter Böckli, *Indirekte Steuern und Lenkungssteuern*, p. 108.

49. Cf. Erik Gawel, ob. cit., p. 29.

50. Cf. Manoel Gonçalves Ferreira Filho, *Direito Constitucional Econômico*, pp. 127-128.

Nos demais casos, quando existe a competência concorrente, deve-se ter em mente que a legislação federal e a legislação dos Estados não estão no mesmo plano, assegurando-se a supremacia do Direito federal, à luz do artigo 24, § 4º: "somente inexistindo lei federal sobre normas gerais é que têm os Estados competência legislativa plena (art. 24, § 3º), podendo suplementar a competência da União (art. 24, § 2º). Mas, neste caso (...) a superveniência de lei federal acarreta a perda de eficácia da lei estadual (art. 24, § 4º). Está aqui o velho princípio do Direito alemão: *Bundesrecht bricht Landesrecht*".[51]

Vale, também no campo da competência concorrente, o que acima já se dizia para a competência privativa: apenas não pode uma Pessoa Jurídica de Direito Público regular, com base em sua competência tributária, matéria a que lhe falta competência material.

Daí, pois, o limite do emprego de normas tributárias em matéria ambiental: apenas será possível, em nosso sistema constitucional, uma vez confirmada a confluência da competência tributária (arts. 153 a 156 da Constituição Federal) e da competência material (de regra, concorrente, observadas algumas competências privativas).

5. *Exemplos do emprego de normas tributárias indutoras em matéria ambiental*

Visando a exemplificar a vasta gama de oportunidades de emprego de normas tributárias indutoras em matéria ambiental, valemo-nos da lição de Andrea Amatucci, o qual mostra a inserção de temas ambientais tanto no aspecto material da própria hipótese de incidência do tributo quanto em outros momentos.[52]

Conforme explica Amatucci, o comportamento que se contrapõe aos interesses difusos não é, por sua própria natureza, um típico ilícito, podendo, portanto, constituir hipóteses de incidência de impostos.

A partir daí, o referido autor passa a identificar hipóteses de incidência de tributos ambientais, apontando, em primeiro lugar, a exploração de recursos naturais, o que, conquanto não incidindo diretamente sobre a produção, desincentivaria o emprego de tais recursos, ou sua utilização acima de certos níveis. Tal tributação favoreceria a reciclagem de energia, especialmente no caso de recursos hídricos.

51. Idem, ibidem, p. 128.
52. Cf. Andrea Amatucci, *L'Ordinamento Giuridico Finanziario*, pp. 466 e ss.

Outro exemplo dado por Amatucci é o da tributação do próprio ciclo produtivo, visando a incentivar o emprego de tecnologias menos contaminadoras.

Ainda no campo das hipótese de incidência, é considerada a tributação diferenciada dos processos de transformação de matéria prima em mercadoria, conforme sua idoneidade para contaminar as reservas de onde se obtêm as primeiras. Em tal quadro, assume relevo o produto de breve duração, i.e., de utilização imediata e única, devendo a incidência ser proporcional à previsibilidade de vida do produto, dando-se, pois, uma incidência progressiva, de modo a haver maior tributação para os produtos com menor vida útil.

Há, ainda, a possibilidade de se tributar a produção e comércio de bens cujo uso provoca danos ambientais, de modo a desestimular sua produção.

Finalmente, há a possibilidade de tributar aqueles produtos cuja eliminação pode gerar a degradação do meio ambiente, como os não biodegradáveis, não fotodegradáveis ou não passíveis de se dissolver em água, bem como os polivinílicos, que somente podem ser eliminados por meio de fogo, que gera gás tóxico.

Mas não é apenas na instituição de novos tributos que Amatucci vê a oportunidade da tributação ambiental; a tais casos, o autor acrescenta o emprego de incentivos fiscais, a fim de estimular comportamentos ecologicamente não danosos, como, por exemplo, o favorecimento da produção em determinadas regiões, ou o emprego de filtros antipoluentes. Para o último caso, pode-se considerar uma depreciação acelerada de seu custo ou a isenção dos impostos sobre as operações relativas à produção ou circulação de tais bens.

Compulsando a legislação brasileira, também podemos encontrar alguns exemplos de normas tributárias indutoras em matéria ambiental.

Bibliografia

AMATUCCI, Andrea. *L'Ordinamento Giuridico Finanziario*. 6ª ed., Nápoles, Jovene, 1999.

BALEEIRO, Aliomar. *Limitações Constitucionais ao Poder de Tributar*. 7ª ed., rev. e compl. à luz da Constituição de 1988 até a Emenda Constitucional n. 10/1996. Edição atualizada por Misabel Derzi. Rio de Janeiro, Forense, 2001.

BANDEIRA DE MELLO, Celso Antônio. *O Conteúdo Jurídico do Princípio da Igualdade*. 3ª ed., 12ª tir., São Paulo, Malheiros Editores, 2004.

BECKER, Alfredo Augusto. *Teoria Geral do Direito Tributário*. 3ª ed., São Paulo, Lejus, 1998.

BÖCKLI, Peter. *Indirekte Steuern und Lenkungssteuern*. Basel/Stuttgart, Helbing & Lichtenhahn, 1975.

BÜHLER, Ottmar. *Die subjektiven öffentlichen Rechte und ihr Schutz in der deutschen Verwaltungsrechtsprechung*. Berlim/Stuttgart/Leipzig, W. Kohlhammer, 1914.

CANSIER, Dieter. "Steuer und Umwelt: Zur Effizienz von Emissionsabgaben", in Karl-Heinrich Hansmeyer (Coord.), *Staatsfinanzierung im Wandel*. Berlim, Duncker und Humblot, 1983, pp. 765-783.

CARBAJO VASCO, Domingo. "La Imposición Ecológica en España. El caso de la fiscalidad de las aguas", *Impuestos* II, Madri, La Ley, 1993, pp. 265-275.

COELHO, Sacha Calmon Navarro. *Comentários à Constituição de 1988: Sistema Tributário*. Rio de Janeiro, Forense, 1993.

CONCEIÇÃO, Marcia Dominguez Nigro. *Conceitos indeterminados na Constituição: requisitos da relevância e urgência (art. 62 da CF)*. São Paulo, Celso Bastos Editor/Instituto Brasileiro de Direito Constitucional, 1999.

CONTI, José Maurício. *Princípios Tributários da Capacidade Contributiva e da Progressividade*. São Paulo, Dialética, 1996.

COSTA, Regina Helena. "Conceitos Jurídicos Indeterminados e Discricionariedade Administrativa", *RDP* 95/125-138, jul.-set. 1990.

ENGISCH, Karl. *Einführung in das juristische Denken*. 8ª ed., Stuttgart/Berlim/Colônia, Kohlhammer, 1983.

FERREIRA FILHO, Manoel Gonçalves. *Direito Constitucional Econômico*. São Paulo, Saraiva, 1990.

FRANKE, Siegfried F. "Ökonomische und politische Beurteilung von Öko-Steuern", *Steuer und Wirtschaft*, n. 3/1990, pp. 217-228.

FRIAUF, Karl Heinrich. *Verfassungsrechtliche Grenzen der Wirtschaftslenkung und Sozialgestaltung durch Steuergesetze*. Tübingen, J. C. B. Mohr (Paul Siebeck), 1966.

GARCÍA DE ENTERRÍA, Eduardo; FERNÁNDEZ, Tomás-Ramón. *Curso de Direito Administrativo*. São Paulo, Ed. RT, 1990.

GARCÍA NOVOA, César. *El Principio de Seguridad Jurídica en Materia Tributaria*. Madri, Marcial Pons, 2000.

GAWEL, Erik. "Steuerinterventionismus und Fiskalzweck der Besteuerung. Lenkung und Finanzierung als Problem Lenkender (umwelt-)Steuern", *Steuer und Wirtschaft*, n. 1/2001, fev. 2001, pp. 26-41.

GRAU, Eros Roberto. "Conceitos Indeterminados", in *Justiça Tributária: direitos do fisco e garantias dos contribuintes nos atos da administração e no processo tributário*. I Congresso Internacional de Direito Tributário. Instituto Brasileiro de Direito Tributário – IBET. São Paulo, Max Limonad, 1988, pp. 119-124.

GROTTI, Dinorá Adelaide Musetti. "Conceitos Jurídicos Indeterminados e Discricionariedade Administrativa", *RT, Cadernos de Direito Constitucional e Ciência Política*, n. 12, ano 3, jul.-set. 1995.

HARTMANN, Ulrich. "Rechtsbegriff, unbestimmter" (verbete), in Georg Strickrodt *et al.* (Orgs.), *Handwörterbuch des Steuerrechts unter Einschluss von Betriebswirtschaftlicher Steuerlehre, Finanzrecht, Finanzwissenschaft*, vol. 2. 2ª ed. rev. e ampl., Munique/Beck/Bonn, Verlag des Wissenschaftl. Inst. d. Steuerberater u. Steuerbevollmächtigten, 1981.

HERRERA MOLINA, Pedro M. *Derecho Tributario Ambiental (Environmental tax law): La introducción del interés ambiental en el ordenamiento tributario*. Madri, Marcial Pons, 2000.

HÖFLING, Wolfram. "Verfassungsfragen einer ökologischen Steuerreform", *Steuer und Wirtschaft*, n. 3/1992, pp. 242-251.

JANNOTTI, Onaldo Franco. "Conceitos Indeterminados e Origem Lógico-Normativa da Discricionariedade", *RDP* 64/37-54, out.-dez. 1982.

JENKINS, Glenn P.; LAMECH, Ranjit. *Green taxes and incentive policies: an international perspective*. San Francisco, International Center for Economic Growth Press, 1994.

KRUSE, Heinrich Wilhelm. *Lehrbuch des Steuerrechts*, vol. I: *Allgemeiner Teil*. Munique, Beck, 1991.

MAFFEZZONI, Federico. *Il Principio di Capacità Contributiva nel Diritto Finanziario*. Turim, UTET, 1970.

OLIVEIRA, José Marcos Domingues de. *Capacidade Contributiva: conteúdo e eficácia do Princípio*. Rio de Janeiro, Renovar, 1988.

__________. "Legalidade Tributária, o Princípio da Proporcionalidade e a Tipicidade Aberta", in Maria A. M. Carvalho (Coord.), *Estudos em Homenagem à Memória de Gilberto de Ulhôa Canto*. Rio de Janeiro, Forense, 1988, pp. 205-215.

__________. *Direito Tributário e Meio Ambiente: proporcionalidade, tipicidade aberta, afetação da receita*. 2ª ed. rev. e ampl., Rio de Janeiro, Renovar, 1999.

RÁO, Vicente. *RT* 276/62-76, ano 47, out. 1958.

RODI, Michael. *Steuerrecht als Mittel der Umweltpolitik*. Baden-Baden, 1993.

ROSEMBUJ, Tulio. *Los Tributos y la Protección del Medio Ambiente*. Madri, Marcial Pons, 1995

SAMPAIO DÓRIA, Antônio Roberto. *Direito Constitucional Tributário e "Due Process of Law"*. 2ª ed., Rio de Janeiro, Forense, 1986.

SATTA, Filippo. *Principio di Legalità e Pubblica Amministrazione nello Stato Democratico*. Pádua, CEDAM, 1969.

SCHOUERI, Luís Eduardo. *Contribuição ao Estudo das Normas Tributárias Indutoras como Instrumento de Intervenção sobre o Domínio Econômico*. São Paulo, USP, 2002.

SOUZA, Washington Peluso Albino de. *Primeiras Linhas de Direito Econômico*. 4ª ed., São Paulo, LTr, 1999.

SPANNER, Hans. "Generalklausel" (verbete), in Georg Strickrodt *et al.* (Orgs.), *Handwörterbuch des Steuerrechts unter Einschluss von Betriebswirtschaftlicher Steuerlehre, Finanzrecht, Finanzwissenschaft*, vol. 1. 2ª ed. rev. e ampl., Munique/Beck/Bonn, Verlag des Wissenschaft. Inst. d. Steuerberater u. Steuerbevollmächtigten, 1981.

TIPKE, Klaus. *Die Steuerrechtsordnung*, vol. I. Colônia, Otto Schmidt, 1993.

TORRES, Ricardo Lobo. *Tratado de Direito Constitucional Financeiro e Tributário*, vol. 3: *Os Direitos Humanos e a Tributação: Imunidades e Isonomia*. Rio de Janeiro, Renovar, 1999.

WILLEMART, Elisabeth. *Les Limites Constitutionnelles du Pouvoir Financier*. Bruxelas, Bruylant, 1999.

ZULEEG, Manfred. *Die Rechtsform der Subventionen*. Berlim, Walter de Gruyter & Co., 1965.

CAPACITÀ CONTRIBUTIVA E TASSAZIONE AMBIENTALE

PIETRO SELICATO

1. Il principio della capacità contributiva tra punti fermi e tendenze evolutive. 2. L'uso extrafiscale dell'imposizione ambientale. 3. L'impiego della tassa nelle politiche di tutela ambientale. 4. (segue) e dei contributi. 5. L'elemento ambientale come autonoma espressione di ricchezza imponibile: dai tributi di scopo all'imposta ambientale. 6. L'imposta ambientale quale nuova espressione del dovere di solidarietà economica. 7. Considerazioni conclusive.

1. Il principio della capacità contributiva tra punti fermi e tendenze evolutive

Un tributo avente caratteristiche ambientali deve rispettare, come ogni altro, tutte le regole che di norma presiedono all'imposizione e, segnatamente, il principio della capacità contributiva. È un dato ormai acquisito, infatti, che in ogni pubblica entrata in cui ricorre il momento dell'autorità si debba rispettare il detto principio in modo da assicurare il rispetto delle garanzie di equità e di uguaglianza nella distribuzione del carico tributario riconosciute dalla Costituzione.[1] Accade spesso, inoltre, che in taluni atti e comportamenti ecologicamente rilevanti si possano rinvenire gli autonomi presupposti di una fattispecie dell'imposizione o, comunque, elementi tali da giustificare l'istituzione di un apposito tributo o da incidere sulla quantificazione dell'imponibile o dell'imposta.[2]

1. Sul punto già Micheli, *Corso di diritto tributario*, p. 92 ed ora Fantozzi, *Il diritto tributario*, pp. 33 e ss., in part. 36-37, nonché Viotto, "Tributo", in *Digesto*, IV ed., Disc. priv., Sez. comm., vol. XVI, pp. 221 ed ivi, in part., 235.

2. Sul punto, anche per riferimenti all'estrema varietà delle fattispecie esistenti, sia consentito rinviare a Selicato, *Fiscalità ambientale e costituzione*, cit., pp. 97-

Pertanto, al fine di procedere utilmente nell'indagine sulla legittimità di tributi basati sul fattore ambientale, è indispensabile in primo luogo interrogarsi sul significato del termine "capacità contributiva" e su come tale significato si possa combinare con tale fattore nella definizione della fattispecie imponibile. Secondo la dottrina, sulla base di questo criterio è possibile distinguere i *tributi ambientali* in senso stretto, i quali assumono i comportamenti inquinanti come veri e propri presupposti impositivi, dai *tributi con funzione ambientale*, nei quali la tutela dell'ambiente rileva principalmente come finalità extrafiscale, assumendo la *funzione politico-sociale* di scoraggiare i comportamenti nocivi per l'ambiente o di incoraggiare quelli con esso compatibili.[3] A questo proposito, va anche sottolineato che negli studi economici elaborati nel tempo[4] il rapporto esistente tra la tassazione ambientale e le sue finalità viene esaminato diversamente, a seconda delle diverse teorie che ne sono state poste a fondamento, quali la teoria pigouviana,[5] quella

102. Per un'analisi dei singoli tributi con caratteristiche ambientali esistenti in Europa cfr. Commissione Europea, *Tasse ed imposte ambientali nel mercato unico*, COM(97) 9 def del 26 marzo 1997. Sul punto anche Gallo – Marchetti, "I presupposti della tassazione ambientale", in *Rass. trib.*, 1999, 115, nonché Marchetti, "Tassa, imposta, corrispettivo o tributo ambientale?", in *Fin. loc.*, n. 3, 31. Per un'analisi accurata delle caratteristiche dei tributi ambientali, delle loro finalità, degli effetti che producono e dei possibili impieghi del relativo gettito cfr. OECD, *Implementation strategies for environmental taxes*.

3. Per questa classificazione (e per i corsivi) si veda Gallo – Marchetti, "I presupposti...", cit., spec. pp. 117-118, ove si rileva che nella odierna sistematica della fiscalità ambientale si rinvengono esclusivamente tributi con funzioni ambientali, nei quali "il bene ambiente rimane necessariamente estraneo alla fattispecie tributaria, al presupposto del tributo, potendo solo configurarsi *tributi si scopo*". In senso conforme Laroma Jezzi, "I tributi ambientali", in Russo, *Manuale di diritto tributario – Parte speciale*, pp. 319-320. Nella letteratura straniera, si veda, con conclusioni analoghe, Borgsmidt, "Eco-taxes in the framework of Community law", in *EC Tax Review*, 1999/4, p. 228, ove, con riferimento ai tributi ambientali si precisa che "their function is the financing of certain environmental measures or, designed as regulatory charges, the discouraging of environmentally harmful or encouraging of environmentally friendly behaviour".

4. Per una dettagliata analisi delle diverse teorie economiche poste a fondamento dell'imposizione ambientale si veda Milne, "Environmental taxation: why theory matters", in Milne – Deketelaere – Kreiser – Ashiabor, *Critical issues in environmental taxation*, p. 3.

5. Questa teoria, che prende il nome del suo ideatore, A. C. Pigou, si basa sul valore economico del bene ambiente, che viene considerato come "diseconomia esterna" da includere tra gli elementi di costo del processo produttivo. Per approfondimenti Pigou, *The economics of welfare*, traduzione italiana di Mario Einaudi, *Eco-*

basata sul principio "chi inquina paga",[6] la teoria "del costo minore"[7] e quella del "doppio dividendo".[8] Secondo le impostazioni più recenti,[9] soltanto i tributi ispirati alla seconda ed alla terza delle teorie ora ricordate hanno come obiettivo esplicito il fine ambientale mentre quelli che

nomia del benessere. Per una ricostruzione giuridica dell'imposta ambientale nell'ottica pigouviana cfr. F. Amatucci, *Le fondamenta costituzionali dell'imposta ambientale*, pp. 11 e ss.

6. Il principio "chi inquina paga" è nato nell'ambito delle scienze economiche e solo in un secondo momento è stato recepito in norme giuridiche (comunitarie). In tal senso Herrera Molina, *Derecho tributario ambiental*, pp. 40-43. Per l'individuazione all'interno del principio "chi inquina paga" della base giuridica della tassazione ambientale si veda, inoltre, Selicato, "Le politiche ambientali della Comunità Europea", in Picciaredda – Selicato, *I tributi e l' ambiente. Profili ricostruttivi*, p. 49 ed ivi, sul punto, pp. 72 e ss. Sulla incerta ampiezza dei contenuti economici del principio si veda Milne, "Environmental taxation ...", cit., pp. 5-9.

7. Secondo questa tesi, la tassazione costituirebbe uno strumento più efficiente (per l'appunto il *least cost abatement*) rispetto alla imposizione di prescrizioni e divieti. Per riferimenti bibliografici si veda Milne, "Environmental taxation ...", cit., p. 10, nt. 32.

8. La teoria, elaborata dall'economista Pearce nel 1991 – del quale si veda Pearce, Markandya, Barbier, *Progetto per un'economia verde* – e lanciata dalla Commissione europea nel Rapporto Delors del 1993, si basa sulla capacità della tassazione ambientale di generare efficienza nella struttura del sistema fiscale migliorando nel contempo il livello dell'occupazione. In argomento si veda, altresì OECD, *Environmental taxes and green tax reform*, nonché idem, *Environmental taxes and competitiveness: an overview of issues, policy, options and research needs*, spec. pp. 13-16. Per una recente analisi concettuale si veda Majocchi, "Greening tax mixes", in OECD, "Countries: a preliminary assessment", in *Riv. dir. fin. sc. fin.*, I, 361, nonché idem, "Environmental taxes and border tax adjustment: an economic assessment", ivi, I, 584, ove si commenta proposta della Commissione Europea al Consiglio europeo di Goteborg COM(2001)264final del 15 maggio 2001, che prevede l'impiego del gettito di una nuova imposta sull'energia nella riduzione dei contributi sociali sul lavoro dipendente. Critiche circa l'effettiva possibilità di conseguire il secondo dividendo (quello dell'incremento occupazionale) vengono avanzate da Musu, *Introduzione all'economia dell'ambiente*, pp. 89-99, nonché da Villani, "Il prelievo fiscale ambientale in Italia e nei paesi del Nord Europa: problemi di gettito e di redistribuzione", in Marzovilla – Trupiano – Villani, *Aspetti economici interni ed internazionali della tutela ambientale. Strumenti, commercio internazionale, fiscalità*, p. 151 ed ivi p. 165, ove si sostiene che "i più recenti dibattiti convergono nel ritenere che la riduzione dei contributi sociali e l'aumento delle tasse energetiche non aumentano il benessere sociale".

9. Milne, "Environmental taxation...", cit., p. 4, ove, peraltro, si osserva che la maggior parte dei tributi ambientali esistenti in concreto deve essere considerata *theoretically impure* in quanto non sempre riconducibile in modo certo ad un solo modello.

si riportano alla quarta lo realizzerebbero soltanto in parte.[10] Nessun riflesso ambientale avrebbe invece l'introduzione di un tributo basato sulla prima di tali teorie (quella pigouviana), poiché in questo caso la tassazione sarebbe rivolta unicamente a ripristinare un equilibrio distributivo violato dal comportamento del soggetto inquinatore. Si ritiene, del resto, che la teoria pigouviana pura sarebbe difficilmente attuabile in concreto per la difficoltà di internalizzare completamente i costi sociali dell'inquinamento.[11]

Va osservato, peraltro, che se le teorie sopra richiamate assumono un ruolo fondamentale nella definizione della funzione di un determinato tributo nel quadro della politica fiscale (ed ambientale), esse rimangono totalmente estranee all'indagine sulla valutazione della legittimità del tributo in questione alla stregua dei principi fondamentali dell'ordinamento, salvo a spiegare una qualche utilità in sede esegetica limitatamente alla ricostruzione della *ratio*, sotto il profilo della corretta valutazione del presupposto economico.[12]

Il problema da esaminare in questa sede è, dunque, quello di stabilire se, in quale forma ed in quale misura il fattore ambientale possa essere preso in considerazione all'interno del presupposto di un determinato tributo nel rispetto dei suddetti principi fondamentali. Senza ripercorrere integralmente il vasto ed articolato dibattito che in Italia si è sviluppa-

10. Ancora Milne, "Environmental taxation...", cit., sintesi alla Tav. 2, p. 14.

11. Così OECD, *Implementation strategies...*, cit., p. 23, ove di fronte alla constatazione di tale oggettiva difficoltà si osserva che "a second-best approach, then, is to set a target for environmental improvement based on anticipated responses to changes in relative prices".

12. Secondo l'opinione della scuola di Pavia, facente capo al Griziotti, nell'interpretazione della norma tributaria ci si doveva adeguare alla causa del tributo, desunta dalla simultanea considerazione dei profili politici, economici, giuridici e tecnici del fenomeno finanziario. Tale teoria, detta dell'interpretazione "funzionale", è tramontata ormai da tempo, poiché si è scontrata con il precetto costituzionale della riserva di legge in materia tributaria. Per una più approfondita disamina di tali questioni cfr. A. Amatucci, "L'interpretazione della legge tributaria", in A. Amatucci, *Trattato di diritto tributario*, vol. I-2, p. 547 e, sul punto, pp. 579 e ss., nonché pp. 593-594, rispettivamente per l'affermazione che "l'indagine economica, una volta creata la norma tributaria, non ha più ragione d'essere, perché si giustifica soltanto *de iure condendo* e perciò solo nei limiti della modifica di quella norma con altra da emanare" e che "il modo di considerazione economica, così inteso, non si pone acettanto all'indagine giuridica, bensì, si inserisce in essa, diventandone un completamento indispensabile, in quanto permette di conoscere, nell'ambito della *ratio* della norma, i fini economici da essa perseguiti".

to sull'argomento dopo l'entrata in vigore della Costituzione repubblicana, è opportuno rammentare che la letteratura e la giurisprudenza della Corte Costituzionale[13] hanno da tempo accertato che:

a) l'art. 53 Cost., nell'imporre al prelievo fiscale il parametro ed limite della capacità contributiva, fa riferimento alla capacità economica del soggetto passivo;

b) non vi è identità tra capacità economica e capacità contributiva, poiché quest'ultima esiste soltanto quando e nella misura in cui il contribuente è in grado di attingere alla propria ricchezza per concorrere alle spese pubbliche;

c) nella valutazione del rapporto tra capacità economica e capacità contributiva il legislatore deve tener conto degli altri valori espressi nella Costituzione operando un continuo bilanciamento di interessi basato su criteri di uguaglianza, razionalità e coerenza.

In epoca recente, poi, il dibattito sul (necessario) carattere economico del presupposto si è riacceso in occasione dell'istituzione dell'Irap.[14] Passaggio fondamentale di tale dibattito è costituito dalla sentenza della

13. Per approfondimenti cfr. Moschetti, "La capacità contributiva – 1) Profili generali", in A. Amatucci. *Trattato...*, cit., vol. I-1, p. 223, ed ivi pp. 244 e ss., ove ampi riferimenti alla giurisprudenza della Corte Costituzionale. Per una puntuale analisi degli orientamenti della Corte a partire dalla sua prima sentenza (la n. 1 del 14 giugno 1956, in Foro it., 1956, I, 834), cfr. altresì Batistoni Ferrara, Art. 53, in Branca – Pizzorusso (a cura di), *Commentario della Costituzione*, t. II, p. 1. Per il riconoscimento al principio di capacità contributiva tradotto nell'art. 53 della nostra Costituzione della funzione di sancire il principio di uguaglianza nella materia tributaria cfr. V. Uckmar, *Principi comuni di diritto costituzionale tributario*, pp. 84 e ss. Un'approfondita analisi critica dell'evoluzione della dottrina e della giurisprudenza costituzionale sull'interpretazione del principio della capacità contributiva può essere rinvenuta in L. Antonini, *Dovere tributario, interesse fiscale e diritti costituzionali*, spec. pp. 263 e ss. e pp. 325 e ss. Commenti critici alle principali sentenze della Corte sui principi di capacità contributiva e di uguaglianza sono raccolti in Falsitta, *Per un fisco "civile"*, pp. 69 e ss. Per una visione fortemente riduttiva della funzione del principio di capacità contributiva rispetto al generale principio di eguaglianza sancito dall'art. 3 Cost. basata su un'attenta analisi delle sentenze emesse dalla Corte nella materia tributaria, si veda Paladin, "Il principio di eguaglianza tributaria nella giurisprudenza costituzionale italiana", in *Riv. dir. trib.*, I, 305. Parla di un "sostanziale riassorbimento dell'art. 53 comma 1 nell'art. 3 Cost." anche Gallo, "L'imposta regionale sulle attività produttive e la capacità contributiva", in *Giur. comm.*, I, 131, ed ivi 137.

14. L'Imposta Regionale sulle Attività Produttive introdotta dal d.lgs. 15 dicembre 1997 n. 446 in attuazione della delega conferita al Governo dall'art. 3, commi da 143 a 149 e 151 della L. 23 dicembre 1996 n. 662.

Corte costituzionale che, nel 2001, ha sancito la legittimità di tale tributo, individuandone il presupposto nella capacità organizzativa dell'operatore economico, avente la sua manifestazione nel "potere di comando sui beni e servizi" ovvero nel "dominio dei fattori della produzione" che il titolare dell'organizzazione produttiva è in grado di esercitare.[15] In particolare, nella sentenza citata la Consulta ha collegato l'art. 53 agli artt. 41 e 42 della Costituzione operando un sostanziale ampliamento della nozione di capacità contributiva, fino ad allora limitata, almeno ad avviso di una cospicua ala della dottrina,[16] alla ricchezza posseduta dal contribuente (in qualunque forma – reddito, patrimonio, consumo – essa si manifesti). La Corte ha invece ricondotto l'attitudine alla contribuzione ad una più ampia e generica rilevanza economico-sociale del presupposto ritenendo legittimo il prelievo rapportato ad ogni fatto economicamente rilevante che il legislatore ritiene suscettibile di manifestare la ricchezza del soggetto passivo sulla base della sua discrezionalità, fermo soltanto il rispetto dei parametri di uguaglianza, razionalità e coerenza.[17]

15. Sent. 10-21 maggio 2001 n. 156, in *Rass. trib.*, 833, con nota di Batistoni Ferrara, *Prime riflessioni sul salvataggio dell'Irap*.

16. Gli Autori che, con diverse sfumature, hanno mosso critiche all'Irap sulla base di tali argomentazioni sono numerosi. In questo senso cfr., *ex multis*, Falsitta, "Aspetti e problemi dell'Irap", in *Riv. dir. trib.*, I, 500; Schiavolin, "Sulla dubbia conformità dell'Irap al principio di capacità contributiva", in *Riv. dir. trib.*, I, 737; Moschetti, "Relazione", in *Irap, imprese e lavoro autonomo. Profili costituzionali e applicativi*, Atti del convegno di studi di Pisa, 12 marzo 1999, in *Il fisco*, 10.009; idem, "Profili costituzionali dell'Irap, imposta disattenta alla persona e alla tutela del lavoro", in *Riv. dir. trib.*, I, 735; Gaffuri, "La compatibilità dell'imposta regionale sulle attività produttive con i precetti fondamentali dell'ordinamento giuridico: stato della questione", in *Riv. dir. trib.*, I, 843; Interdonato, "Tributi regionali", in *Digesto*, Disc. priv., Sez. comm., nonché in *Riv. dir. trib.*, I, p. 29, ed ivi per l'elencazione delle incoerenze riscontrate sotto il profilo del "dominio dei fattori della produzione", pp. 55-57; Marongiu, "Irap, Lavoro autonomo e Costituzione", in *Dir. prat. trib.*, 1.629; A. Amatucci, "Autonomia finanziaria e tributaria", in *Enc. giur.*, vol. II, pp. 7-8. Da parte di Castaldi, "Considerazioni a margine della sentenza n. 156 del 2001 della Corte Costituzionale in materia di Irap", in *Rass. trib.*, 856, si rileva l'incoerenza della sentenza sotto il profilo delle giustificazioni che adduce a sostegno del criterio di riferibilità soggettiva del presupposto prescelto dal legislatore.

17. Per queste considerazioni cfr. Gallo, "L'imposta regionale...", cit., pp. 131-132, ove si osserva che da questo diverso punto di vista si può ammettere che "la ripartizione del carico pubblico avvenga, per la soddisfazione dell'interesse generale, in base a scelte di ordine sociale fatte dal legislatore che possono anche escludere il riferimento ad una ricchezza personale del contribuente avente contenuto patrimoniale". La tesi del Gallo è in perfetta sintonia con la posizione di Fedele, "Dovere tributario e garanzie dell'iniziativa economica e della proprietà nella Costituzione

Va anche ricordato che la scelta del legislatore costituente per la codificazione del principio della capacità contributiva ha rappresentato il definitivo abbandono degli altri criteri elaborati dalla dottrina economico-finanziaria nel periodo compreso tra i due conflitti mondiali[18] per fondare la ripartizione dei carichi pubblici, quali le teorie della corrispettività e del beneficio,[19] che pure hanno ispirato, dopo l'entrata in vigore della nostra Costituzione, isolate correnti del pensiero giuridico-tributario per le quali la capacità contributiva doveva essere identificata nel godimento dei servizi pubblici[20] e che tuttora alimentano l'interesse degli studiosi della finanza pubblica, attratti dall'idea di poter utilizzare questi criteri come fondamento di un sistema federale di riparto del prelievo fiscale.[21] Resta fermo, pertanto, che è unicamente al criterio della capacità contributiva, come stabilito dall'art. 53 della Costituzione e definito

italiana", in *Riv. dir. trib.*, I, 971, ove si pone in risalto la funzione solidaristico-redistributiva del prelievo considerandola elemento essenziale per l'identificazione della capacità contributiva (ivi, 974-976). In senso analogo Basilavecchia, "Sulla costituzionalità dell'Irap; un'occasione non del tutto perduta", in *Rass. trib.*, p. 292 ed ivi, per le conclusioni sul punto, p. 306. Conforme Fantozzi, *Il diritto...*, cit., p. 39. Per l'affermazione del divieto di arbitrarietà come caratteristica essenziale del tributo cfr. Amatucci, *Il concetto di tributo (I Parte)*, in A. Amatucci, *Trattato di diritto tributario*, p. 619 e, sul punto, pp. 621-625. Per un'analitica confutazione, prima della sentenza della Corte, delle diverse posizioni dottrinali contrarie alla legittimità dell'imposta cfr. Batistoni Ferrara, "L'Irap è un'imposta incostituzionale?", in *Riv. dir. trib.*, I, 95, ove si esclude che la portata dell'art. 53 Cost. "possa essere spinta oltre alla necessaria connessione del tributo con una manifestazione di forza economica, apprezzabile secondo moduli di coerenza e di razionalità".

18. Come è noto, fu la Scuola di Pavia a elaborare la teoria della "*causa impositionis*", che identificava il fondamento delle prestazioni pubbliche indivisibili nella "partecipazione del soggetto passivo ai vantaggi generali e particolari che a lui derivano dalla sua appartenenza al consorzio sociale". Così Griziotti, *Principi di politica, di diritto e scienza delle finanze*, pp. 155 e ss. Per una valutazione aggiornata del principio del beneficio cfr. Brosio, *Economia e finanza pubblica*, pp. 320-324. Per un'analisi più approfondita dell'evoluzione delle diverse teorie poste nel tempo a sostegno del dovere di contribuzione, oltre a Fantozzi, *Il diritto...*, cit., pp. 30 e ss. (ove ulteriori riferimenti), si veda la puntuale disamina dei caratteri distintivi delle prestazioni a carattere corrispettivo elaborata da Fedele, "Prestazioni imposte", in *Enc. giur.*, vol. XXIV.

19. Per simili valutazioni cfr. Fantozzi, *Il diritto...*, cit., p. 33.

20. La principale elaborazione di tale teoria si deve a Maffezzoni, *Il principio della capacità contributiva nel diritto finanziario*.

21. Si veda, sul punto, il recente lavoro di Vitaletti, "Livelli di governo e principi fiscali", in *Riv. dir. fin. sc. fin.*, I, 241, ove, partendo dalla constatazione che "la globalizzazione tende a minare i tributi ispirati alla capacità contributiva sia nelle loro basi economiche (scissione della controprestazione), sia sotto il profilo tecnico-

nell'evoluzione della giurisprudenza della Corte, che bisogna avere riguardo per valutare la legittimità delle norme che stabiliscono prelievi fiscali di ogni tipo,[22] anche a carattere ambientale.

2. *L'uso extrafiscale dell'imposizione ambientale*

Ciò detto, per analizzare in modo completo l'essenza del rapporto tra presupposto del tributo ed ambiente, è necessario innanzi tutto esaminare, da un punto di vista (che può essere definito "tradizionale"), i risultati già raggiunti dalla dottrina con riferimento al problema della legittimità costituzionale delle agevolazioni tributarie e, più in generale, dell'utilizzo extrafiscale dei tributi.[23] In tale ottica, il prelievo viene

operativo", si argomenta in favore di "un nuovo *mix* fiscale in cui si contemperino principio del beneficio e aspetti essenziali della capacità contributiva (*in primis* la progressività)" sulla base di un'applicazione "trasparente" del principio del beneficio realizzata attraverso la "compartimentazione" delle entrate derivanti dai diversi momenti di esplicazione delle attività economiche (produzione, reddito, consumo) e delle spese corrispondenti e l'assegnazione dei diversi gruppi di entrate e spese al livello di governo più adeguato (sopranazionale, nazionale, locale).

22. Per una ricostruzione delle teorie che ricavano direttamente dall'art. 53 Cost. la nozione di tributo cfr. Viotto, "Tributo", cit., pp. 251 e ss., ove suggestive conclusioni in ordine al trattamento delle eventuali situazioni patologiche e l'affermazione che "la concezione che individua i tributi nei prelievi informati al principio di capacità contributiva potrebbe valere tutt'al più come descrizione di parte di un sistema ideale, dal quale sono espunte tutte le situazioni patologiche e al quale dovrebbe tendere il legislatore, ma non può essere adottata sul piano definitorio" (ivi, p. 254).

23. Sul punto ancora Moschetti, "La capacità contributiva...", cit., pp. 262 e ss. Per un esame critico più approfondito si vedano, inoltre, le opere di La Rosa, "Esenzioni ed agevolazioni tributarie", in *Enc. giur.*, vol. XIII, nonché, dello stesso Autore, "Le agevolazioni tributarie", in A. Amatucci, *Trattato*..., cit., vol. I-1, p. 401; D'Amati, "Agevolazioni ed esenzioni tributarie", in *Nss. D.I. – App.*, vol. I, 153; De Mita, "Il principio di capacità contributiva", in idem, *Interesse fiscale e tutela del contribuente*, pp. 25 e ss. ed ivi, spec., pp. 44-45; Bafile, "Imposta", in *Enc. giur.*, vol. XVI, 3. Per una approfondita ed aggiornata disamina del problema, si veda, altresì, Fichera, *Le agevolazioni fiscali*, nonché Leccisotti (a cura di), *Le agevolazioni fiscali*, ove, per quanto di interesse in questa sede, si segnalano gli scritti di D'Amati e La Rosa, citati con maggiore dettaglio *infra*. Cenni anche in Viotto, "Tributo", cit., 242. Per un'analisi della presente problematica nell'ambito del sistema fiscale spagnolo, si veda Casado Ollero, "Los fines no fiscales de los tributos en el ordinamento espanol", in *Dir. prat. trib.*, I, 179 e ss., nonché Yebra Martul-Ortega, "I fini extrafiscali dell'imposta", in A. Amatucci, *Trattato di diritto tributario*, p. 655, ove raffronti tra l'ordinamento spagnolo e quello tedesco. Riconoscono la ragione extrafiscale del prelievo ambientale, cfr. Tosi, "Principi generali del sistema tribu-

visto non soltanto come strumento per realizzare il concorso alle spese pubbliche richiesto dall'art. 53 della Costituzione ma anche come mezzo per realizzare altre finalità, rispetto alle quali esso assume un carattere strumentale.[24]

Ne deriva che l'art. 53 Cost. non impedisce di operare valutazioni diversificate della capacità contributiva di soggetti aventi eguale capaci-

tario locale", in AA.VV., *L'autonomia finanziaria degli enti locali territoriali*, pp. 75-76, nonchè Galeotti Flori, "La tutela dell'ambiente nella disciplina dei tributi sul reddito dei fabbricati culturali e per agriturismo", in Acquarone – Amatucci – Laschena – Pace – Scudiero, *Convivenza nella libertà. Scritti in onore di Giuseppe Abbamonte*, t. II, p. 695 ed ivi pp. 702-706.

24. Così De Mita, "Il principio...", cit., p. 44. L'Autore distingue tra funzione disincentivante e funzione incentivante dell'imposizione. La prima viene attuata attraverso prelievi che colpiscono certe attività produttive o certi consumi che si intende scoraggiare. La seconda, al contrario, si realizza introducendo forme agevolative (esenzioni o riduzioni) con l'opposta funzione di incoraggiamento. In senso analogo, Perrone Capano, "L'imposizione e l'ambiente", pp. 170-171, il quale, dal punto di vista degli effetti, distingue tra tasse redistributrici e incentivanti, ponendo in evidenza che il gettito delle tasse redistributrici, che per De Mita hanno finalità disincentivanti, ha comunque lo scopo di attribuire a chi inquina il maggior costo sociale della sua attività. Analoghe considerazioni in Herrera Molina, "Legal limits on the competence of governments in Spain", in Milne – Deketelaere – Kreiser – Ashiabor, *Critical issues...*, cit., p. 111 ed ivi, in part., pp. 112-114.

Sullo stesso ordine di argomentazioni si è già da tempo basato A. Amatucci, "Qualità della vita, interessi diffusi e capacità contributiva", in *Riv. dir. fin. sc. fin.*, I, 351, osservando che "l'utilizzazione del tributo quale strumento di politica ambientale presupporrebbe, quale condizione di legittimità, la capacità inquinatrice, che ovviamente sarebbe solo potenziale, se la legge istitutiva perseguisse il fine di disincentivare il comportamento coincidente con il presupposto" e concludendo nel senso che la qualificazione ecologica del presupposto di imposta non esime il legislatore ordinario dal rispetto dell'art. 53 Cost., poiché "il riferimento alla capacità contributiva integra perciò le garanzie delle libertà civili e politiche che concorrono a formare la personalità del cittadino nell'ambito del nuovo modello sociale imposto dalla Costituzione" (ivi, p. 415). Di particolare interesse è, sul punto, l'opinione di Moschetti, "Capacità contributiva", in *Enc. giur.*, vol. V, p. 11, il quale osserva che l'imposta non potrebbe essere comunque utilizzata come sanzione o come strumento atto ad impedire il verificarsi del presupposto stesso del tributo. L'impostazione del Moschetti, tuttavia, sembra essere rimasta isolata e non appare aderente all'orientamento della Corte costituzionale, la quale (vedine le sentenze citate in De Mita, *Interesse fiscale...*, cit., *loco* ult. cit.), ammette la possibilità di conciliare la valutazione della mera capacità economica del soggetto con la soddisfazione di altri valori costituzionali. Nella dottrina più risalente, a favore della legittimità costituzionale dei prelievi extrafiscali, cfr. Micheli, "Profili critici in tema di potestà di imposizione", in *Riv. dir. fin. sc. fin.*, I, 3, nonchè Manzoni, *Il principio della capacità contributiva nell'ordinamento costituzionale italiano*, pp. 99 e ss.

tà economica per soddisfare le esigenze di politica economica e sociale perseguite dal legislatore.[25] In tal senso, pertanto, è possibile individuare una minore attitudine alla contribuzione in un soggetto il quale, pure in presenza di una identica misura della base imponibile, ha realizzato il presupposto del tributo con un'attività meno nociva per l'ambiente di quella svolta da altri. Per altro verso, è anche possibile colpire con un tributo di maggiore entità il contribuente che abbia prodotto una base imponibile di identica misura attraverso un'attività più dannosa per l'ambiente.[26] Resta fermo, peraltro, che tra i fini fiscali ed i fini extrafis-

25. L'espressione è di La Rosa, "Esenzioni ed agevolazioni tributarie", cit., p. 3. Sulla differenza tra capacità economica e capacità contributiva (intesa quest'ultima come attitudine a concorrere alle spese pubbliche), ci riportiamo alle argomentazioni da tempo sviluppate tra i primi da Manzoni, *Il principio...*, cit., pp. 73 e ss., e ripercorse da Moschetti, "La capacità contributiva...", cit., pp. 242 e ss., ad avviso del quale, dal collegamento tra art. 53 e art. 2 Cost. si può desumere che "è capacità contributiva la capacità economica considerata idonea a realizzare nel campo economico e sociale le esigenze collettive accolte nella Costituzione". Lo stesso Manzoni (op. ult. cit., p. 101), pur omettendo un esplicito riferimento al dovere di solidarietà, si pronuncia espressamente a favore della ammissibilità dei prelievi extrafiscali ritenendo che gli stessi perseguono le finalità di pubblico interesse anche in modo più efficace degli interventi di regolamentazione diretta.

26. Per una concreta disamina di un particolare "sottosistema" tributario mirato al disincentivo di consumi inquinanti, cfr. Buglione, "Ecoautomobilismo ed ecotasse: prospettive e concrete realizzazioni", in Desideri (a cura di), *Qualità dell'aria e automobili (problemi e politiche)*, p. 125, ove si osserva che in questo campo le imposte vigenti, anche se istituite con l'obiettivo prevalente di produrre gettito, possono soddisfare la "oggettiva esigenza di contenere comunque l'incremento del parco circolante, nonché di orientare le scelte dei consumatori verso veicoli relativamente poco inquinanti" (ivi, p. 149). Per un'analisi macroeconomica dell'impatto della tassazione ambientale sul livello dell'inquinamento cfr. Musu, *Introduzione...*, cit., pp. 37 e ss. Considerazioni sulla neutralità della tassa ambientale sono svolte da Villani, "Il prelievo...", cit., pp. 159 e ss.

Per l'applicazione di un analogo principio nella giurisprudenza della Corte Costituzionale, si veda la Sent. 26.3.1980 n. 42, in *Giur. it.* 1980, I-1, p. 1.797, con nota di Fedele, "La discriminazione dei redditi di lavoro autonomo ed i principi di eguaglianza e di capacità contributiva". In questa pronuncia, la Corte, dichiarando l'illegittimità costituzionale dell'Ilor sui redditi di lavoro autonomo, pose in evidenza come per redditi di identico ammontare potesse sussistere una diversa capacità contributiva in presenza di una diversità degli elementi costitutivi della base imponibile. Sulla funzione dell'Ilor quale tributo discriminante dei redditi prodotti con il concorso di una componente patrimoniale, cfr. Micheli, *Corso...*, cit., pp. 468 e ss., nonchè Marongiu, "Imposta locale sui redditi (ILOR)", in *Enc. giur.*, vol. XVI e idem, "L'imposta locale sui redditi", in A. Amatucci, *Trattato...*, cit., vol. IV, p. 131. In argomento, si segnalano anche Granelli, "Redditi (imposta locale sui)", in *Nss. D. I., App.*, vol. VI e Miccinesi, "*Redditi (imposta locale sui)*", in *Enc. dir.*, vol. XXXIX.

cali non esiste alcuna contrapposizione ma, anzi, convergenza, nel senso che i secondi non possono mai prescindere dalla capacità contributiva e che, tutto sommato, anche il fine extrafiscale non è altro che una diversa e particolare espressione di solidarietà.[27]

Va anche chiarito se l'individuazione del fine extrafiscale più idoneo ad adeguare il tributo alle diverse condizioni socio-economiche del soggetto agevolato, pur essendo rimessa alla valutazione discrezionale del legislatore,[28] possa essere o meno ritenuta costituzionalmente legittima soltanto quando il fine extrafiscale che si intende perseguire è tutelato da altre disposizioni della nostra Legge fondamentale. A questo riguardo viene osservato che "il principio di capacità contributiva, in quanto disposizione costituzionale da interpretare (anche) alla luce di altre norme contenute nello stesso sistema giuridico, non può non tener conto del particolare favore che deve essere garantito laddove intervenga nei settori giuridici costituzionalmente protetti", con la conseguenza che "la qualificazione in termini di capacità contributiva deve tener conto della norma costituzionale di favore e questa a sua volta concorre a determinare la maggiore o minore capacità contributiva".[29]

Benché non si registri una unanimità di vedute in ordine al rango (costituzionale o meno) dei principi che giustificano la concessione di esenzioni o agevolazioni fiscali,[30] si deve comunque riconoscere (ed è

27. Così Amatucci, "Autonomia...", cit., 4, ove si precisa che in conseguenza di ciò "l'equilibrio tra fini fiscali e fini extrafiscali è di grado quantitativo".

28. Tuttavia, De Mita, "Razionalità e certezza della tassazione", in AA.VV., *La costituzione economica a quarant'anni dalla approvazione della Carta fondamentale*, p. 393, pone in evidenza che, sotto il profilo sostanziale, tale discrezionalità non può mai oltrepassare i limiti della razionalità, creando "mostri fiscali" che diano luogo a prelievi non giustificati da un solido ancoraggio alla capacità economica richiamata dall'art. 53 Cost. In generale, sui limiti costituzionali dei giudizi di valore affidati alla funzione legislativa, cfr. Cerri, "Ragionevolezza delle leggi", in *Enc. giur.*, vol. XXV, spec. pp. 14 e ss., ove un'ampia analisi della casistica giurisprudenziale e della tecnica argomentativa adottata dalla nostra Corte costituzionale. In argomento, cfr., altresì, AA.VV., *Il principio di ragionevolezza nella giurisprudenza della Corte costituzionale*. Da ultimo Scaccia, *Gli "strumenti" della ragionevolezza nel giudizio costituzionale*.

29. Così, testualmente, Moschetti, "Agevolazioni fiscali – II) Problemi di legittimità costituzionale e principi interpretativi", in *Dig. IV, Disc. priv., sez. comm.*, vol. I, p. 785.

30. A questo proposito non si può trovare un riferimento legislativo neanche nell'art. 17, lettera b), della L. 29 dicembre 1990 n. 408 (disposizione in base alla quale il Governo fu autorizzato ad emanare norme ed esenzioni esistenti, rimasta

questo che interessa ai nostri fini) che nella definizione del tributo o della sua misura il legislatore non è tenuto a rispondere al solo principio di capacità contributiva, ben potendo (e dovendo) riferirsi a tutti i principi e valori cui si ispira l'ordinamento giuridico in un determinato contesto socio-economico,[31] tra i quali, peraltro, quelli di carattere ambientale hanno sicuramente un rango costituzionale.

Invero, benché la protezione dell'ambiente non sia stata espressamente codificata nella nostra Costituzione,[32] l'esistenza di un fondamen-

priva di concreta attuazione), poichè tale norma, affiancando agli "indirizzi di natura costituzionale" il riferimento "a specifici obiettivi di politica economica, sociale o culturale compatibili con gli indirizzi della Comunità economica europea", non ha operato alcuna estensione nei parametri di valutazione degli interessi contrapposti all'art. 53 Cost., in quanto la compatibilità con gli indirizzi comunitari è già coperta dalla tutela costituzionale dall'art. 11 Cost., cosicché il legislatore delegante nulla avrebbe aggiunto (nè poteva farlo) in ordine ai riferimenti normativi della politica delle agevolazioni.

31. Ed invero, la dottrina si è divisa sulla necessità o meno che la comparazione tra i valori tutelati dall'art. 53 Cost. e quelli ad essi concorrenti vada effettuata unicamente sulla base di altre norme giuridiche di pari rango. Per l'affermativa, cfr., oltre al Moschetti, D'Amati, "Le agevolazioni in campo tributario e parafiscale", in Leccisotti (a cura di), *Le agevolazioni...*, cit., pp. 35 e ss., il quale, con efficace sintesi, afferma che "le norme extrafiscali, quindi, traendo la propria legittimazione da principi costituzionali diversi da quello della capacità contributiva, si collocano in un contesto economico-sociale più ampio e comprensivo" (ivi, p. 42). Diversa, invece, sembra essere l'opinione del Fichera, *Le agevolazioni...*, cit., p. 148, il quale sostiene che "la norma che delimita l'agevolazione è il frutto di scelte di secondo grado in riferimento ad un complesso di esigenze che spetta al legislatore contemperare". In modo più esplicito, La Rosa, "Le agevolazioni...", cit., pp. 418-419, esprime l'avviso che deve ammettersi "la possibilità di trattamenti fiscali di favore anche in relazione a fini diversi da quelli tutelati a livello costituzionale; ed escludersi che, per questi ultimi, possano considerarsi per ciò solo costituzionalmente dovuti anche dei trattamenti fiscali di favore". Esaminando con il rigore scientifico che gli era consueto l'impatto dei principi costituzionali extrafiscali sulla capacità contributiva di taluni soggetti da questi tutelati, con riferimento ad un caso specifico, il Micheli, "L'art. 20 della Costituzione e il potere di imposizione", in *Riv. dir. fin. sc. fin.*, I, p. 75, osservò, in parziale antitesi con il riportato assunto del La Rosa, che la richiamata norma costituzionale "non vieta l'introduzione di agevolazioni fiscali a favore delle associazioni religiose, mentre vieta carichi discriminatori fiscali ai danni delle associazioni stesse anche se ravvisa l'esistenza di una specifica capacità contributiva di queste ultime".

32. Diversamente da quanto avviene in Leggi fondamentali approvate in epoca più recente da altri Stati. Si veda, ad esempio, la Costituzione spagnola approvata nel 1978, che, all'art. 45 sancisce, da un lato, il diritto di "tutti" di godere di un ambiente salubre e, dall'altro, il correlato dovere di preservarne la qualità in ossequio ad un

to costituzionale della tutela ambientale si impone ugualmente, legittimando l'introduzione di tributi la cui determinazione risponda (anche) a criteri diversi da quelli stabiliti dall'art. 53, sulla base di due distinti ordini di motivi.

In primo luogo, il riferimento al rango costituzionale dei valori ambientali viene fatto risalire all'interpretazione combinata degli artt. 9 e 32 della nostra Costituzione,[33] dai quali la dottrina e la giurisprudenza della Corte costituzionale, anche in assenza di un esplicito riferimento al concetto di "ambiente", hanno tratto la legittimazione di una configurazione unitaria dei valori che allo stesso si riportano deducendone il fondamento di un preciso dovere di protezione.[34] Del resto, anche la recente legge di riforma del Titolo V della Costituzione italiana ha lasciato sostanzialmente impregiudicata la questione circa l'esigenza di tradurre in apposite disposizioni costituzionali i principi di protezione dell'ambiente e dell'equilibrio ecologico, limitandosi a fissare i principi costituzionali relativi all'organizzazione degli interessi ambientali, soprattutto nella

indispensabile dovere di solidarietà collettiva, dal quale la locale Corte costituzionale ha desunto la legittimazione di tributi con caratteristiche ambientali. Per questi richiami Herrera Molina, "Legal limits...", cit., p. 111.

33. Che è stata condotta sulle norme citate con criteri analoghi a quelli dell'interpretazione adeguatrice utilizzata dalla Corte come canone interpretativo idoneo a riportare nell'alveo della legittimità la norma di legge ordinaria sospetta di incostituzionalità. In argomento cfr. Amoroso, "L'interpretazione adeguatrice nella giurisprudenza costituzionale tra canone ermeneutico e tecnica di sindacato di costituzionalità", in *Foro it.*, V, 89.

34. In questo senso si veda F. Amatucci, *Le fondamenta...*, cit., pp. 5-11, nonchè Picciaredda, "Nozione di ambiente e suo rilievo giuridico", in Picciaredda – Selicato, *I tributi e l' ambiente...*, cit., pp. 11 e ss. e Galeotti Flori, "La tutela dell'ambiente...", cit., pp. 697-701; Herrera Molina, *Derecho...*, cit., pp. 23 e ss. Per una completa disamina dei fondamenti costituzionali, Caravita di Toritto, *Diritto dell'ambiente*, spec. pp. 15 e ss., ove si evidenzia pure (pp. 39-40) che, sulla base di un equivoco alimentato da alcune sentenze della Consulta, una certa dottrina era giunta addirittura, sia pure erroneamente, a ritenere che il valore ambiente implicasse l'incondizionata subordinazione ad esso di ogni altro valore costituzionale presente nella Carta del 1948. Ad avviso del C., tuttavia, è proprio dalla giurisprudenza costituzionale (e, segnatamente, dalla sent. n. 39 del 1986) che si deve desumere come la tutela dell'ambiente, al pari di quella riservata ad ogni altro valore costituzionale, non è assoluta ma suscettibile di estimazione comparativa rispetto a tali altri valori, rispetto ai quali può essere giustificato un bilanciamento di tutele sulla base del principio della ragionevolezza. Sulla cosiddetta "discrezionalità del legislatore" nel bilanciamento degli interessi costituzionalmente protetti si rinvia, ancora, alle opere già citate in nt. 28.

prospettiva del riparto di competenze tra lo Stato e le regioni.[35] Si tratta, pertanto, di una norma di distribuzione delle attribuzioni legislative che nulla sembra aggiungere al valore e al significato giuridico della tutela dell'ambiente. Non di meno, essa ha quanto meno confermato l'esistenza di un interesse di rango costituzionale alla tutela del valore ambiente, introducendone per la prima volta il termine nel testo della Costituzione. In questo senso, depongono in modo particolare le norme del nuovo art. 117 Cost., specialmente il comma 2, lettera s), che attribuisce alla competenza esclusiva dello Stato "la tutela dell'ambiente e dell'ecosistema" e il comma 3, che invece include tra le materie di competenza concorrente "la tutela della salute" e "la valorizzazione dei beni culturali ed ambientali".

Inoltre, sull'evoluzione del rilievo giuridico della nozione di ambiente hanno pesato senza dubbio le modifiche apportate dall'Atto Unico Europeo al Trattato istitutivo della Comunità Europea,[36] con il quale è stato modificato il Trattato di Roma per introdurvi, tra l'altro, le disposizioni riguardanti l'ambiente e, in tale ambito, il principio "chi inquina paga".[37] Orbene, per effetto del procedimento di adattamento del diritto interno al diritto comunitario attuato nell'ordinamento italiano in forza dell'art. 11 Cost.,[38] tale principio deve essere ormai considerato

35. Così Caravita di Toritto, *Diritto dell'ambiente*, cit., p. 42. In tema, altresì, Pozzo – Renna, *L'ambiente nel nuovo Titolo V della Costituzione*.

36. L'Atto unico europeo, sottoscritto a Lussemburgo il 17 febbraio 1986 e all'Aia il 28 febbraio dello stesso anno, fu ratificato dall'Italia con L. 23 dicembre 1986 n. 909.

37. Dopo un lungo processo evolutivo, l'atto Unico ha introdotto all'interno del Trattato di Roma un nuovo Titolo denominato "Ambiente", in cui è stata disciplinata in modo specifico la politica comunitaria nel settore. Per approfondimenti, si rinvia, ancora una volta, a Selicato, "Le politiche ambientali...", cit., spec. pp. 58 e ss. Richiami anche in Herrera Molina, *Derecho...*, cit., pp. 20-23. Per un approfondimento recente Cataldi, "Ambiente (tutela dell') – II) Diritto della Comunità Europea", in *Enc. giur.*, vol. II.

38. In generale, sul problema dell'adattamento del diritto interno al diritto internazionale e, più in particolare, ai trattati stipulati tra nazioni diverse, si veda Mortati, *Istituzioni di diritto pubblico*, II, p. 1.481; La Pergola, *Costituzione e adattamento dell'ordinamento internazionale*; D'Atena, "Adattamento del diritto interno al diritto internazionale", in *Enc. giur.*, vol. I. Per l'analisi della dottrina più risalente relativa alla nostra Costituzione repubblicana, cfr. anche Miele, *La Costituzione italiana e il diritto internazionale* e Socini, *L'adeguamento degli ordinamenti statuali all'ordinamento internazionale*. Con particolare riferimento ai rapporti tra le norme comunitarie in materia di ambiente ed il nostro diritto interno, sia consentito rinviare a Selicato, "Le politiche ambientali...", cit., pp. 81-82 ed ivi alle indicazioni bibliografiche in nt. 97.

parte integrante del nostro ordinamento, perché, come suol dirsi, è stato "costituzionalizzato"[39] attraverso il procedimento di adattamento disciplinato dall'art. 11 della Costituzione[40] e, come tale, ritenuto suscettibi-

39. Per riferimenti al c.d. processo di "costituzionalizzazione" del principio comunitario "chi inquina paga" operato in forza dell'art. 11 della nostra Legge Fondamentale si veda Selicato, "Le politiche ambientali...", cit., p. 81. In precedenza ha utilizza lo stesso termine Greco, "Nascita, evoluzione ed attuale valore del principio 'chi inquina paga'", in Atti del Convegno Nazionale di Gubbio del 5-7 ottobre 1990, p. 27, il quale, tuttavia, restringe il fenomeno osservando che la *"costituzionalizzazione*, riguarderebbe anche l'ordinamento italiano in quanto il principio andrebbe a far parte dei limiti posti legislativamente ai diritti di cui agli artt. 41 e 42". È nostra opinione, invece, che la suindicata "costituzionalizzazione" non possa essere limitata a questa o a quella norma del sistema, ma sia da verificare con riferimento a tutte le disposizioni vigenti, ivi inclusa, per ciò che a noi più interessa, quella relativa all'applicazione del principio di capacità contributiva. È bene puntualizzare al riguardo anche quest'ultimo principio è stato ricollegato ai menzionati articoli 41 e 42 Cost., ma qui non si tratta di indagare sui rapporti tra l'art. 53 e le altre norme della Costituzione, ma di individuare il contenuto materiale del principio stesso alla luce delle prospettive aperte dal recepimento dei trattati comunitari.

40. Anche sulla scorta di quanto chiaramente statuito dalla Suprema Corte nella sua recente sent. 10 dicembre 2002 n. 17.564, in *Riv. dir. trib. int.*, 2003, 175, con nota di Ardolino, "La forza e valore delle decisioni della Commissione CE tra efficacia diretta e riserva di legge", ivi, 203, può dunque ritenersi privo di rilievo a questo fine il nuovo art. 117, comma 1, Cost., nel testo sostituito dall'art. 3 della legge costituzionale n. 3 del 2001, ove si stabilisce che "la potestà legislativa è esercitata dallo Stato e dalle Regioni nel rispetto della costituzione, nonché dei vincoli derivanti dall'ordinamento comunitario e dagli obblighi internazionali". Secondo la Corte, infatti "ogni ipotesi di surrettizia innovazione" nella disciplina dei rapporti (tra l'altro) della legge statale con la normativa comunitaria derivata dovrebbe essere esclusa "anche perché la nuova formulazione dell'art. 117 comma 1 (laddove parla di '(...) rispetto (...) dei vincoli derivanti dall'ordinamento comunitario', e non già di 'rispetto del diritto comunitario' *tout court*) confermerebbe che il fondamento costituzionale del significato e del contenuto precettivo di tali 'vincoli' dovrebbe essere ricercato altrove, nella *sedes materiae* sua propria: vale a dire nell'art. 11, secondo periodo". La sentenza è anche pubblicata in *Riv. dir. fin. sc. fin.*, II, 3, con nota di Bizioli, "Prevalenza e diretta efficacia delle decisioni in tema di aiuti di Stato nell'ordinamento tributario interno fra questioni nuove (art. 117, comma 1, Cost.) e questioni teoriche ancora irrisolte (la rilevanza della riserva in materia di prestazioni patrimoniali imposte ex art. 23 Cost.)", ivi, 16 e, spec. 26-30, ove si attribuisce al nuovo art. 117 un valore sostanzialmente descrittivo in ordine alle "conseguenze normative del processo di integrazione europea". Per una recente ed autorevole conferma dell'orientamento in tal senso della Corte si veda G. Tesauro, *Diritto comunitario*, pp. 202-205, ove si evidenzia che a seguito della L. cost. n. 3/2001 "non è mutato nella sostanza i quadro dei rapporti del nostro ordinamento con lo scenario giuridico comunitario in cui il nostro Paese si colloca", costituendo soltanto il nuovo art. 117 una "norma sul riparto di attribuzioni" nella quale viene confermata la potestà regionale di attuazione del diritto

le di formare oggetto di ponderazione da parte del legislatore ordinario insieme a tutti gli altri principi ed interessi costituzionalmente protetti, inclusi quelli di ordine economico-finanziario tutelati dall'art. 53 della Costituzione.

Sulla diversa questione consistente nello stabilire se i fini extrafiscali concorrono a determinare la capacità contributiva o se invece se restano all'esterno di tale concetto, esistono posizioni contrapposte anche se la dottrina maggioritaria si è dichiarata favorevole all'accoglimento della soluzione negativa.[41] La problematica appena ricordata, tuttavia, resta ai margini del tema della fiscalità ambientale, coinvolgendolo limitatamente agli aspetti concernenti i possibili vizi di legittimità costituzionale di

comunitario già disciplinata dalla L. 9 marzo 1989 n. 86 (c.d. legge La Pergola, sui cui effetti in materia fiscale si veda, volendo, Selicato, "Effetti delle direttive comunitarie sulla normativa tributaria italiana", in *Riv. dir. fin. sc. fin.*, II, 66). Anche Fantozzi, "Riserva di legge e nuovo riparto della potestà normativa in materia tributaria", afferma che il nuovo art. 117, comma 1, Cost. rappresenta "il primo luogo di codificazione stabile, compiuta e diretta della subordinazione delle fonti legislative interne a quelle di matrice comunitaria" (ivi, 14), ma non gli attribuisce alcuna portata innovativa in ordine alla disciplina dei rapporti tra tali fonti.

Alla luce di quanto sopra, non possono essere condivise le osservazioni contrarie di Verrigni, "La rilevanza del principio 'chi inquina paga' nei tributi ambientali", in *Rass. trib.*, 1.614, ed ivi, sul punto, 1.631-1.632 e ss., ove si sostiene che la fonte della "costituzionalizzazione" del principio "chi inquina paga" dovrebbe essere rinvenuta nel nuovo art. 117, comma 1, e non nell'art. 11 della Costituzione.

41. Sul punto, si veda in tale direzione D'Amati, "Le agevolazioni in campo...", cit., p. 40, ove si afferma che "la ricerca della legittimazione delle esenzioni all'interno del principio della capacità contributiva appare vana, quando non proprio contraddittoria", precisando subito dopo che "nessuna imposizione può essere applicata, infatti, in assenza o nell'attenuazione della capacità contributiva, si parli o meno di esenzioni". Anche il La Rosa, "Le agevolazioni...", cit., pp. 414-418, osserva in proposito che il problema in esame "risulta in larga misura viziato dalla non sempre chiara percezione della fondamentale differenza tra l'eguaglianza (intesa come inammissibilità delle discriminazioni arbitrarie) e la giustizia sostanziale tributaria (intesa come affermazione di un ben preciso criterio distributivo generale degli oneri tributari") e che nel vigente ordinamento costituzionale deve quindi "escludersi la configurabilità di un contrasto delle agevolazioni tributarie con l'art. 53 Cost."; e ciò sia nel caso di "extrafiscalità interna" alla disciplina del tributo (che l'Autore riconduce alle ipotesi qualificabili finanziariamente in termini di "erosione", in cui la scelta normativa derogatoria resta inclusa nella disciplina della fattispecie tributaria) sia nel caso di "extrafiscalità esterna" a tale disciplina (riconducibile a quelle che l'Autore definisce come "spese fiscali" o "vere agevolazioni tributarie" e per le quali esclude la deroga all'art. 53 Cost., sostenendo che i relativi vantaggi tributari "devono ritenersi figurativamente correlati ad adempimenti tributari corrispondenti all'intervento pubblico che li rende in tutto o in parte non dovuti").

un tributo "environmentally oriented" in misura del tutto analoga a tutte le altre fattispecie di utilizzo extrafiscale del prelievo.

Un ulteriore profilo di attenzione, da osservare nell'introduzione di un tributo che, in quanto basato sulla previsione di effetti incentivanti o disincentivanti, si proponga il fine extrafiscale di contribuire alle politiche di salvaguardia dell'ambiente, è costituito dal rispetto del quadro giuridico europeo. La stessa Commissione Europea, infatti, ha sottolineato che il ricorso a tasse e imposte di carattere ambientale può interferire con vari settori del diritto comunitario e, segnatamente, con quelli della concorrenza, del mercato unico e della politica fiscale,[42] ritenendo, poi, che la valutazione della conformità dei tributi ambientali alle norme comunitarie sia estremamente complessa a causa della relativa novità dello strumento e della assenza nel testo originario del Trattato di Roma di ogni disciplina al riguardo.[43]

In questo contesto, la Commissione, pur appoggiando (nel rispetto del principio di sussidiarietà) l'evoluzione in senso ambientale dei sistemi fiscali nazionali e sottolineando gli ampi margini di manovra di cui dispongono in questa materia gli Stati membri, ha ribadito, però, l'importanza del quadro giuridico in relazione al funzionamento del mercato unico, "quadro giuridico che gli stati membri devono rispettare quando introducono nel diritto nazionale tasse e imposte ambientali".[44]

3. *L'impiego della tassa nelle politiche di tutela ambientale*

Nell'analisi del rapporto tra tributi ambientali e capacità contributiva, un ulteriore profilo meritevole di approfondimento in un approccio

42. Commissione Europea, *Tasse ed imposte ambientali...*, cit., par. 6.

43. Così, ancora Commissione Europea, *Tasse ed imposte ambientali...*, cit., par. 13. Per quanto riguarda la politica fiscale, l'intero Cap. III della Comunicazione (specialmente la sua sezione A) è dedicato alla ricostruzione degli orientamenti che gli Stati membri sono tenuti a rispettare nell'introdurre tributi ambientali, richiamando le norme del Trattato in materia di dazi doganali o tasse di effetto equivalente, di restrizioni quantitative o misure di effetto equivalente, di aiuti di Stato, di discriminazione o protezione fiscale. In tema si veda l'ampia disamina di Borgsmidt, "Eco-taxes in the framework of Community law", cit., al termine della quale, tuttavia, si perviene alla rassegnata conclusione (ivi, 240) che "a greening of the relevant tax rules seems feasible on the greening of the relevant tax rules seems feasible on the basis of a Community wide, or maybe worldwide consensus", osservando, d'altra parte che "although purely national measures risk being considered as incompatible, they are necessary as concrete examples of greening". Sul punto anche Herrera Molina, *Derecho...*, cit., pp. 138 e ss.

44. Commissione Europea, *Tasse ed imposte ambientali...*, cit., par. 52.

giuridico di tipo "tradizionale" è quello che concerne l'inquadramento costituzionale dei tributi latamente riconducibili ad un rapporto commutativo, come quelli della specie "tassa". In effetti, tanto in Italia quanto negli altri Stati europei, i prelievi fiscali rivolti ad assolvere finalità di riequilibrio ambientale sono frequentemente modellati in conformità al predetto schema teorico.[45] Tale situazione si accentua nella fiscalità locale, ambito nel quale si rileva che i tributi ambientali astrattamente riconoscibili agli enti locali sono di norma collegati alla prestazione di un servizio da parte dell'ente impositore.[46] A questo proposito, sotto un profilo di carattere più generale, va subito evidenziato che, anche in presenza di una richiesta del privato o di un obbligo di quest'ultimo di ricevere una determinata prestazione, la tassa consiste pur sempre in un prelievo obbligatorio, tale da concretare il concorso alle spese pubbliche in ragione della capacità contributiva del soggetto obbligato. Giacché di tassa (e, pertanto, di tributo) non si potrebbe trattare laddove la somma

45. Su questo vi è una convergenza di vedute pressoché unanime. Per una disamina si veda Picciaredda, "I singoli tributi con caratteristiche ambientali", in Picciaredda – Selicato, *I tributi e l' ambiente...*, cit., p. 137. Sul punto Herrera Molina, "Legal limits...", cit., pp. 114-116, ove si evidenzia che nel sistema fiscale spagnolo si fa ricorso ad "*environmental charges*" disciplinati dal principio del beneficio. Sul sistema italiano della fiscalità ambientale, Gallo – Marchetti, "I presupposti...", cit., spec. 123-134, si esprimono in senso fortemente critico, evidenziandone la natura incompleta e circoscritta a forme di imposizione decisamente orientate sul modello dei tributi di scopo. In senso analogo Verrigni, "La rilevanza...", cit., 1.635.

Per il riferimento al carattere generico della nozione di "tassa", "imposta", "tributo" o "prelievo fiscale" utilizzato in materia cfr. Commissione Europea, *Tasse ed imposte ambientali...*, cit., par. 10, ove si precisa che, dal punto di vista del diritto comunitario, tali termini possono essere utilizzati come sinonimi "per definire tutti i tributi coattivi, non applicati secondo il criterio della controprestazione".

46. L'osservazione è di Giovanardi, "Tributi comunali", in *Digesto*, vol. XVI, 146 ed ivi 174, ove si rileva anche che "tale fatto, peraltro e di converso, conduce ad una attenuazione della matrice ambientale di queste forme di prelievo dato che le stesse si giustificano non tanto in quanto costo fatto sopportare al contribuente per la sua attività inquinante, ma bensì, è lo schema tipico della tassa, in termini di controprestazione per il servizio ricevuto". Per un autorevole e risalente precedente si veda Sacchetto, "Aspetti e problemi giuridici della imposizione dei canoni di inquinamento", in *C.N.R. – Istituto di ricerca sulle acque*, n. 47, *Problemi e strumenti economico-giuridici per una politica della qualità delle acque*, p. 279, ove si individua la natura di tassa nei "canoni" o "diritti" per i servizi di raccolta, allontanamento, depurazione e scarico delle acque di rifiuto di cui all'art. 18 della L. 10 maggio 1976 n. 319 (c.d. "Legge Merli"). Conforme, dopo l'emanazione della L. 24 dicembre 1979 n. 650 (di integrazione e modifica della L. 319/76), Granelli, "Brevi considerazioni sugli aspetti fiscali delle 'leggi Merli' ", in *Boll. trib. inf.*, 1980, 836.

richiesta costituisse una vera e propria remunerazione del servizio liberamente richiesto e reso la cui commisurazione fosse basata su una relazione causale di tipo sinallagmatico.[47] D'altra parte, anche se i confini tra tasse e tariffe non sono sempre ben delineati,[48] nell'esperienza normativa concreta si ravvisa una certa fungibilità tra i due strumenti, che, a volte, sono sostituiti gli uni agli altri dagli enti pubblici impositori per finanziare i medesimi servizi.[49]

47. La distinzione delle tasse dalle entrate di tipo commutativo è ben evidenziata da Del Federico, "Tassa", in *Digesto*, Disc. priv., Sez. comm., vol. XV, 321 ed ivi, sul punto, spec. 334-335. Critiche alla pretesa natura pienamente commutativa della tassa asserita in alcune sentenze della Corte costituzionale sono state avanzate già da Sacchetto, "Tassa (in generale)", in *Enc. dir.*, vol. XLIV, 3, ed ivi 22-24. Sulla natura polivalente del termine "canone o diritto" utilizzato dalla Legge Merli cfr. Sacchetto, "Aspetti e problemi...", cit., pp. 287 e ss., ove si afferma che l'elemento decisivo ai fini della qualificazione tributaria del detto prelievo è che esso costituisce "una forma vincolata o subordinata ad una specifica attività dell'ente pubblico, a seguito di una domanda del privato, e che di tale attività esso trae in qualche misura vantaggio" (ivi, 296), per poi concludere che, dovendo essere "tutti gli scarichi", a norma dell'art. 9 della L. 319/76, autorizzati "dalle autorità competenti al controllo", nel caso in questione "si tratterebbe di una tipica tassa di domanda". Dubbi di costituzionalità dovuti alla generalizzata applicazione del canone a tutti i possessori di immobili sono affacciati da Righi, "Lineamenti e profili di costituzionalità del canone o diritto comunale di cui all'art. 16 della legge 10 maggio 1976 n. 319", in *Boll. trib. inf.*, 1980, 1.630. Un'ampia disamina sulle origini, il fondamento e la natura giuridica del detto canone è svolta da Miscali, *Imposizione tributaria e territorio*, pp. 189 e ss., ove si ritiene che lo stesso sia "espressione di potestà impositivo contributiva" (ivi, 210).

48. Lo nota, ad esempio, D'Ayala Valva, "'Nuove' tariffe, prestazioni imposte e giurisdizione tributaria", in *Giur. merito*, 2004, 1.266, esaminando la "trasformazione" in tariffa della soppressa tassa per lo smaltimento dei rifiuti solidi urbani, osservando che "se sul piano meramente formale è indubbia la portata innovativa del d.lg. 5 febbraio 1997, n. 22, nella sostanza tale testo di legge sembra aver lasciato immutati i caratteri essenziali della prestazione patrimoniale imposta cui il cittadino è tenuto, necessariamente e nell'impossibilità di determinare non già con esattezza, ma anche con ragionevole approssimazione, i reali benefici ricevuti, gli effettivi costi della singola utenza (indivisibilità del servizio" (ivi, 1269).

49. È questo il caso della tassa per lo smaltimento dei rifiuti solidi urbani, sostituita da una tariffa dall'art. 49 del D. Lgs. 15 febbraio 1997 n. 22. In argomento, oltre al già citato contributo di D'Ayala Valva, cfr. Uricchio, "La trasformazione della tassa rifiuti in tariffa nel decreto 'Ronchi'", in *Boll. trib. inf.*, 1997, 204; idem, "Tassa per la raccolta dei rifiuti solidi e urbani", in *Digesto*, Disc. priv., Sez. comm., vol. XV, 339; Lovecchio, "La singolare metamorfosi della tassa rifiuti", in *Boll. trib. inf.*, 1999, 1.114; Spaziani Testa, "Dalla tassa alla tariffa", in *Il Fisco*, 2000, 6.126; Pennella, "Rifiuti solidi urbani (tassa per lo smaltimento dei e tariffa per la gestione dei)", in corso di pubbl. in *Enc. giur.*

Nella dottrina italiana si è sviluppato un lungo e contrastato dibattito in ordine all'inclusione delle forme di prelievo del tipo della tassa nella sfera di applicazione del principio della capacità contributiva,[50] dibattito che, non ostante il lungo tempo trascorso, sembra essere tutt'altro che sopito ancora oggi.[51] Senza voler entrare nel vivo di questa polemi-

50. La Corte costituzionale, con numerose sentenze risalenti tutte agli anni sessanta – citate in Fedele, "Tassa", in *Enc. giur.*, vol. XXX, p. 3 –, ha ripetutamente affermato l'inapplicabilità dell'art. 53, comma 1, Cost. a tributi correlati con la prestazione di servizi pubblici divisibili. Le predette decisioni erano fondate sul richiamo alla teoria della tassa come onere, elaborata nel decennio precedente da Berliri (si vedano, di questo autore: "Per una precisazione del concetto giuridico di tassa: rapporto di tassa e rapporto contrattuale", in *Riv. dir. fin. sc. fin.*, 1951, I, pp. 130 e ss.; *Principi di diritto tributario*, I). Detta teoria, a sua volta basata sulla accettazione di una definizione del tributo come obbligazione *ex lege*, riecheggia nell'opera di De Mita, *Appunti di diritto tributario*, I, pp. 6 e ss., secondo il quale "tecnicamente, tassa è corrispettivo di talune attività dello Stato che riguardano il singolo contribuente, sicché la giustificazione di essa viene ravvisata nella utilità che il singolo ricava da un'attività dell'ente pubblico che lo riguardi" con la conseguenza che le tasse "non si giustificano in base alla capacità contributiva". Per una critica a questa impostazione, cfr., *in primis*, Micheli, *Corso...*, cit., p. 11, il quale, con riferimento all'art. 53 Cost., esprime l'avviso che "il principio espresso nell'articolo citato sia applicabile a tutte le figure di tributi". Analogamente, dello stesso Autore, cfr. "Profili critici...", cit., pp. 4-9, ove si afferma che "non si può neppure differenziare ontologicamente la tassa dall'imposta" (ivi, p. 8). Apertamente contrario alla generalizzata esclusione delle tasse dal novero dei tributi si è dichiarato Fedele, "Tassa", cit., p. 4, secondo il quale "il criterio per l'identificazione dell'ambito di operatività dell'art. 53 Cost. (sia pure, nell'ambito della dottrina dominante, all'interno delle 'prestazioni imposte') non può che essere desunto dalla nozione di 'concorso alle spese pubbliche'; non può pertanto escludersi, almeno per una parte dei tributi tradizionalmente classificati tra le tasse, la possibilità di un contrasto con il principio di capacità contributiva". Analoghe osservazioni sono state formulate da Manzoni, "Imposizione fiscale, diritti di libertà e garanzie costituzionali", in *Giur. cost.*, 1987, 2.310, il quale, pur premettendo che "per la verità, la Corte si è pronunciata con riferimento a fattispecie tutt'affatto particolari e di dubbia natura tributaria", ritiene comunque che "se non può condividersi l'opinione che vorrebbe estendere l'applicabilità del principio della capacità contributiva a tutte le pubbliche entrate (...) parimenti è da respingere la tesi che considera l'ambito di operatività del principio stesso limitato alle sole imposte", osservando che "la soluzione interpretativa accolta dalla Corte, lungi dall'essere di 'intuitiva' evidenza, appare quanto meno apodittica ed affrettata, risultando in sostanza frutto di una mera trasposizione, in chiave del tutto acritica e ripetitiva, di schemi e nozioni di palese derivazione economico-finanziaria" (ivi, 2326). Anche Sacchetto, "Aspetti e problemi...", cit., pp. 300 e ss., sostiene la natura di concorso alle spese pubbliche del canone di cui alla legge Merli, sulla base della sua collocazione nella categoria dei tributi del tipo "tassa".

51. Aspre critiche alla giurisprudenza costituzionale ed alla dottrina che ad essa ha aderito sono mosse anche da Sacchetto, "Tassa...", cit., secondo il quale "il dibat-

ca, ci si limita qui a porre in evidenza, per dovere di completezza nella fissazione dei necessari punti fermi del tema in esame, che, al pari dell'imposta, anche la tassa, in quanto strumento per realizzare il concorso alle spese pubbliche, deve essere disciplinata nell'osservanza del principio di capacità contributiva, mentre tale vincolo legale non si pone con riferimento alla categoria residuale delle altre prestazioni imposte, aventi il carattere di mera entrata patrimoniale correlata ad una specifica erogazione di utilità. Pertanto, nemmeno nella definizione dei caratteri di un tributo ambientale del tipo "tassa", al pari di quanto accade per l'imposta, si può fare riferimento al c.d. "principio del beneficio", criterio di distribuzione dei carichi tributari che in Italia, come si è già detto, è rimasto totalmente privo di ogni base giuridica,[52] ma a quello della capacità contributiva, ormai definitivamente codificato nella nostra Costituzione ed adottato da numerosi altri ordinamenti tributari.[53]

tito sulla tassa è ancora aperto" e deve svilupparsi escludendo ogni "fondamento giuridico ad una distinzione, che nei termini in cui è tuttora accolta e interpretata, rischia di porsi in contrasto con le esigenze di solidarietà economica e sociale postulate dalla Costituzione" (ivi, 24-25). Tuttora in senso favorevole all'esclusione dall'ambito tributario della tassa si pongono Liccardo, "Introduzione allo studio del diritto tributario", in Amatucci, *Trattato ...*, cit., vol. I-1, p. 3, ed ivi spec. pp. 38-40, nonchè, più recentemente, Falsitta, "La latitudine del divieto di abrogazione delle leggi tributarie mediante referendum e la nozione tricotomica di tributo", nota a Corte cost., sentt. 11-12 gennaio 1995 nn. 2 e 11, in *Riv. dir. trib.* 1995, II, 261, nonché in idem, *Per un fisco "civile"*, cit., p. 78. Per una disamina in concreto di un caso di collegamento con il principio di capacità contributiva di un tributo del tipo "tassa", cfr., infine, Selicato, "Tasse marittime e portuali", in *Enc. giur.*, vol. XXX, ove ulteriori indicazioni sui termini del dibattito.

52. Su posizioni analoghe a quelle espresse nel testo e già manifestate da chi scrive in Selicato, "Fiscalità ambientale e costituzione", cit., p. 112, sembra collocarsi, con riferimento ai tributi suindicati, anche Del Federico, *Tassa*, in *Digesto*, Disc. priv., Sez. Comm., vol. XV, 321, quando afferma (ivi, nt. 41) che "il principio del beneficio non ha rango costituzionale ed è quindi ammesso a condizione che non pregiudichi i fondamentali principi dell'uguaglianza sostanziale dei cittadini, della solidarietà sociale e della capacità contributiva".

53. In particolare, la Spagna e molti Stati dell'America Latina. L'art. 31, comma 1, della Costituzione spagnola del 1978 stabilisce, tra l'altro, che "tutti contribuiranno al sostenimento delle spese pubbliche secondo le loro possibilità economiche". Per un accostamento dell'ordinamento tributario italiano a quello spagnolo cfr. Paladin, "Il principio di eguaglianza...", cit., 305. Per una disamina più approfondita cfr. V. Uckmar, *Principi comuni...*, cit., nonché Meussen (a cura di), *The principle of equality in European Taxation*. In argomento cfr. Herrera Molina, "Legal limits...", cit., pp. 114-116, ove, esaminando le diverse tipologie di entrate pubbliche con caratteristiche ambientali, si distinguono le *taxes*, soggette al principio di

Pertanto, ove il legislatore intendesse intervenire nella politica ambientale con lo scopo di imporre una qualsiasi prestazione coattiva pecuniaria non avente i caratteri del corrispettivo, della sanzione o del risarcimento di un danno,[54] esso dovrebbe subordinare il tributo (sia esso un'imposta o una tassa) ad un fatto rivelatore di una effettiva capacità contributiva del soggetto passivo.

4. *(segue) e dei contributi*

Non è da escludere che le politiche ambientali vengano perseguite con il ricorso a strumenti economici di tipo diverso da quelli del prezzo pubblico e della tassa, quali l'applicazione di contributi a carico di speciali categorie di soggetti. Trattasi di prelievi applicati a fronte del beneficio individuale che un dato soggetto abbia a trarre da una certa attività amministrativa espletata per soddisfare un interesse di carattere generale.[55] Simili forme di finanziamento si addicono in modo precipuo all'esigenza di ripartire sugli effettivi beneficiari l'onere per la realizzazione ed il funzionamento di una particolare opera pubblica o di un particolare servizio.

La letteratura più recente ha poi distinto i contributi in senso tipico da quelli in senso atipico, includendo tra questi ultimi le prestazioni pecu-

capacità contributiva dai *charges* (definiti dalla legge spagnola "payments required for the special exploitation of the public domain"), che, ad avviso dell'Autore, sono regolati dal principio del beneficio e possono essere subordinati "to other constitutional goals such as environmental protection". Si veda, tuttavia, Herrera Molina – Chico – Grau Ruiz, "Towards a general code of environmental tax provisions: a review of the sub– and inter–national experiences in Spain", relazione alla *5th Annual global conference on environmental taxation: issues, experiences and potential*, p. 2 della bozza, ove si afferma che "environmental taxes are based on the polluter pays principle, which is a particular form of the equivalence or benefit principle" aggiungendo che "in other words, environmental taxes and charges are very close to each other and the legislator is relatively free to shape as a tax or a charge the same basic environmental levy". Questa valutazione di identità tra principio "chi inquina paga" e principio del beneficio non può essere condivisa alla luce delle considerazioni svolte in precedenza nel testo a favore di una generale soggezione dei tributi (comprese le tasse) al principio della capacità contributiva.

54. Per la distinzione dei prelievi fiscali da altri strumenti di carattere corrispettivo, sanzionatorio o risarcitorio si veda Picciaredda, "Nozione di ambiente…", cit., spec. pp. 20 e ss.

55. La definizione è di G. Ingrosso, *I contributi nel sistema tributario italiano*, p. 349.

niarie che rappresentano un concorso soltanto parziale dei componenti del gruppo alla spesa sostenuta dall'ente pubblico.[56] Anche questa seconda categoria di prelievi si presta ad essere utilizzata come strumento per la realizzazione di politiche fiscali ambientali. Ed anzi nella loro forma atipica consentono di modulare il prelievo in funzione del peso più o meno accentuato dell'interesse individuale rispetto all'interesse pubblico.[57]

Nel finanziamento delle funzioni di presidio dell'ambiente è stato fatto uso frequente dei contributi, sulla base dello stretto collegamento esistente tra le attività svolte dagli enti pubblici a tutela dell'ambiente e la programmazione dell'insediamento umano sul territorio.[58] In particolare, il collegamento con procedimenti amministrativi di trasformazione territoriale è stato ritenuto un tratto qualificante di diverse figure impositive e, tra queste, del contributo di urbanizzazione di cui alla L. 22 gennaio 1977 n. 10. Con esso, infatti, viene data concreta attuazione al principio dell'accollo al privato del costo collettivo delle opere pubbliche: nella specie, quelle necessarie a finanziare gli interventi pubblici necessari ad assicurare lo sviluppo equilibrato degli insediamenti umani sul territorio.[59] Il prelievo, essendo commisurato ai volumi edificabili auto-

56. Per tale distinzione cfr. M. Ingrosso, "Contributi", in *Digesto*, Disc. priv., Sez. comm., vol. IV, 112.

57. È questo, secondo M. Ingrosso, "Contributi", cit., 115, il caso di alcuni tipi di contributi consortili, nei quali la realizzazione dell'opera o la prestazione del servizio pubblico non viene posta a totale carico dell'ente impositore. I confini di questa categoria sono invero molto labili. Forti dubbi in ordine all'inclusione nella medesima del contributo per il servizio sanitario nazionale sono sollevati da Braccini, "Finanza contributiva e fiscale nel passaggio dall'assistenza sanitaria di categoria a quella egualitaria", in *Giur. cost.*, 1982, I, 2.486, ove, considerandosi tale prelievo come un'imposta "di secondo grado" se ne deduce l'illegittimità costituzionale per avere assunto a presupposto solo surrettiziamente un fatto economico denotante capacità contributiva (nella specie il possesso del reddito) mentre in realtà esso è costituito dalla fruizione del servizio sanitario, il cui costo dovrebbe essere invece coperto da una somma *pro capite* calcolata con criteri assicurativi. Sul punto cfr. altresì Braccini, "Parafiscalità", in *Digesto*, Disc. priv., Sez. comm., vol. X, 447.

58. Così Miscali, *Imposizione tributaria e territorio*, cit., pp. 111-113.

59. Così Miscali, *Imposizione...*, cit., pp. 97-98. In altra parte del suo lavoro (ivi, pp. 111-113), il M. auspica "l'elaborazione di nuovi strumenti tecnico giuridici (o l'affinamento di quelli esistenti) in grado di frenare il degrado urbanistico-ambientale). Per una diffusa trattazione della funzione e della struttura del contributo di urbanizzazione cfr. ancora Miscali, op. cit., pp. 147 e ss., ove, dopo attenta analisi dell'evoluzione normativa e della giurisprudenza amministrativa, si giunge alla conclusione che "il contributo urbanizzativo sia espressione della particolare attitudine alla contribuzione tributaria nell'ambito della imposizione immobiliare locale" (ivi,

rizzati dagli enti locali, rapporta il concorso dei privati al vantaggio che gli stessi ottengono individualmente dalla realizzazione delle opere, tanto maggiore quanto più ampi sono i volumi realizzati.[60]

Sotto il profilo del diritto comunitario, l'applicazione di contributi speciali (segnatamente quelli configurati nella forma tipica) si riflette in modo evidente nel principio "chi inquina paga", ponendo il costo per la realizzazione ed il funzionamento degli impianti di depurazione o di altre opere destinate ad eliminare o attenuare gli effetti dei fenomeni inquinanti a carico dei soggetti che ne sono i responsabili.[61] A ben vedere, poi, anche le forme di contributi definite atipiche rispondono pienamente a tale principio, poiché la previsione di contributi che coprono soltanto parzialmente i costi di realizzazione e funzionamento delle opere in questione può essere giustificata dalla esistenza di un utilizzo delle stesse opere da parte dello stesso ente pubblico impositore, che legittima l'addebito al medesimo di una quota dei detti costi. Non è raro, infatti, che la pubblica amministrazione concorra al pari dei privati a minare l'ambiente e, dunque, debba concorrere con essi nell'adempimento dei medesimi obblighi.[62]

5. *L'ambiente come autonoma espressione di ricchezza imponibile: dai tributi di scopo all'imposta ambientale*

Oltre al profilo sopra definito "tradizionale", lo studio dei tributi ambientali è stato affrontato nel contesto di una vera e propria in senso

178) e che esso "è un tributo in quanto la normativa tende a conseguire l'effetto giuridico di decurtare matrimonialmente il concessionario allo scopo di consentire la partecipazione di quest'ultimo, in forma contributiva, alle spese pubbliche di assetto del territorio". M. Ingrosso, "Contributi", cit., 117 annovera il contributo di cui alla L. n. 10/77 tra quelli "in senso tipico". Sull'impiego a fini ambientali di simili prelievi cfr. anche Picciaredda, "I singoli tributi con caratteristiche ambientali", in Picciaredda – Selicato, *I tributi e l'ambiente...*, cit., p. 179 a proposito del contributo di riciclaggio sul politiene vergine.

60. Ad avviso di M. Ingrosso, *Contributi*, cit., 119, il vantaggio è elemento ineliminabile di queste forme di prelievo, anche se "di regola non informa la struttura giuridica del contributo" né vale "come fondamento dell'obbligo giuridico", pur collegandosi alla situazione di fatto in cui ricade il contribuente rispetto all'attività svolta dall'ente impositore.

61. Rileva la necessità di riscontrare questo nesso soggettivo all'interno del principio comunitario in esame anche Herrera Molina, *Derecho...*, cit., p. 47.

62. Sottolinea con convinzione questo aspetto Caputi Jambrenghi, "Tutela dell'ambiente e beni pubblici. (Provocazioni per uno studio sul dominio ambientale eminente)", in AA.VV., *Scritti in onore di Alberto Predieri*, I, pp. 320-322.

riforma ambientale dell'intero sistema fiscale,[63] ipotizzando un aumento selettivo delle imposte sull'energia, tale da incentivare l'impiego di fonti energetiche "pulite", ed un collegamento di tali imposte con il sistema delle imposte sul reddito, ad evitare ricadute sul rispetto del principio di capacità contributiva.[64] Secondo questa impostazione, il consumo di energia costituirebbe il fatto-indice di una autonoma capacità contributiva, non più nell'ottica ristretta di un prelievo indiretto su tali consumi[65] o, tutt'al più, di uno strumento di discriminazione qualitativa della soggettività tributaria passiva con riferimento all'imposizione diretta,[66] ma nella più vasta prospettiva di determinare (attraverso la misurazione del livello dei consumi individuali di beni ambientali) la ricchezza complessiva del contribuente.[67]

63. Secondo la definizione di Musu, *Introduzione...*, cit., p. 89, sarebbero tali quelle che inseriscono la tassazione ambientale all'interno di un progetto di revisione globale del sistema fiscale.

64. Si veda, in tal senso, la lucida analisi di Perrone Capano, "L'imposizione e l'ambiente", cit., pp. 217 e ss.; per una prima e compiuta teorizzazione dei riflessi giusfinanziari di una riforma fiscale basata sull'incremento delle imposte sull'energia cfr. altresì la versione originaria dello stesso lavoro in Amatucci, *Trattato...*, cit., vol. I-1, p. 449 ed ivi pp. 492 e ss. In tema cfr. altresì Gallo – Marchetti, "I presupposti...", cit., spec. 141 e ss.

65. È tuttora diffusa (e non a torto) l'opinione che le accise, imposte indirette speciali sulla produzione e sul consumo di particolari beni e servizi, "sembrerebbero rappresentare quella tipologia di imposta che più efficacemente può essere utilizzata per il conseguimento di obiettivi ambientali". Così Villani, "Il prelievo...", cit., p. 157. La stessa conclusione si ricava dalla lettura di OECD, *Implementation strategies...*, cit., p. 22 ove si osserva che "all emissions related to the pollution problem should be included in the tax base", precisandosi che la base imponibile "will differ between pollution arising from production or consumption".

66. Si vada in proposito Essers, "The interaction between environment and income taxes in Belgium, France, Germany, Italy, The Netherlands, Spain and the United Kingdom", in *EC Tax Review*, 1999, n. 1, 19 ove si relaziona sui risultati di un progetto di ricerca promosso dalla Commissione Europea per far luce sui legami tra l'imposizione diretta ed indici ambientali (dimostratisi in concreto decisamente limitati nella loro estensione ed alquanto labili nella loro efficacia).

67. Già da qualche tempo gli economisti hanno posto in rilievo che l'introduzione di un'imposizione generale sull'energia potrebbe essere utilizzata con profitto in una politica di più equa ripartizione dei carichi tributari, posto che esisterebbe un rapporto diretto tra la misura del reddito ed il volume dei consumi di energia. In tal senso, vedi Vitaletti, "Le proposte di nuove imposte: l'imposizione dell'energia", in Pedone (a cura di), *La riforma tributaria tra nuove imposte e qualche aggiustamento*. Sulle politiche dell'Unione Europea in materia imposte sulle fonti di energia, Boeshertz – Rosenstock, "Energy taxes in the EU: a case study of the implementation of environmental taxation at a supranational level", in Milne – Deketelaere – Kreiser – Ashiabor, *Critical issues...*, cit., p. 151.

In altri termini, dall'accertamento sotto il profilo quantitativo e qualitativo del livello di tali consumi potrebbero essere desunti elementi per individuare la ricchezza complessiva del contribuente e, in questo ambito, la base imponibile di un tributo ambientale generale da porre come alternativa o, meglio, come parziale sostituzione[68] del gettito riveniente dall'insieme dei tributi diretti ed indiretti sui tradizionali fatti-indice di capacità contributiva (patrimonio-reddito-consumo).[69]

In questo modo non si farebbe altro che seguire la costante evoluzione, in corso nei sistemi fiscali di tutti i Paesi maggiormente industrializzati, che ha superato il fondamentale principio della personalità, globalità e progressività dell'imposizione sui redditi sancito nella riforma tributaria varata a seguito della Legge delega 9 ottobre 1971 n. 825. A ben vedere, tale modello teorico ha manifestato da tempo (e con insistenza) i segni di un drastico cedimento,[70] da un lato a causa dell'introduzione di

68. Sempre secondo Perrone Capano, op. cit., p. 218, l'approccio ecologico alla tassazione consentirebbe di "spostare una quota significativa del gettito delle imposte sui salari e sui contributi sociali verso forme di imposizione ecologica che abbiano come base di riferimento il fattore energia e siano finalizzate ad obiettivi di tutela ambientale". Si tratterebbe, secondo la sintesi di Villani, "Il prelievo...", cit., p. 152, "di attuare modifiche il cui risultato finale è, per così dire, a somma zero".

69. In tema Tremonti – Vitaletti, *La fiera delle tasse*, pp. 35 e ss., in part. pp. 91 e ss., ove si evidenzia l'esigenza di estendere l'imposizione alle c.d. *new properties*, formula che gli autori utilizzano per definire tutte le nuove forme di ricchezza individuale divenute oggetto di attenzione da parte del legislatore fiscale, e l'influenza che il fisco stesso ha esercitato sulla creazione di tali nuove manifestazioni facendole oggetto di imposizione). Per più ampi riferimenti al regime fiscale delle *new properties*, cfr. Tremonti, "Il regime fiscale dei nuovi beni", in *Riv. dir. fin. sc. fin.*, 1990, I, 237, nonché, per i diversi profili, economico e giuridico, Picciaredda, "Note economiche introduttive", nonché idem, "Nozione di ambiente e suo rilievo giuridico", in Picciaredda – Selicato, *I tributi e l'ambiente...*, cit., rispettivamente pp. 2 e ss. e pp. 11 e ss. Si richiama alle *new properties* anche Gallo, "L'imposta regionale...", cit., 140, per definire "quelle entità della realtà economica e sociale il cui valore è dato anche da elementi potenziali non esclusivamente patrimoniali", tra le quali il Gallo include l'organizzazione dei fattori produttivi assunta a presupposto dell'Irap.

70. Anche Perrone Capano, "L'imposizione e l'ambiente", cit., p.129, lamenta "il sostanziale fallimento delle attuali imposte personali e progressive sul reddito" sotto il profilo distributivo. L'incongruenza del sistema fiscale sotto il profilo della personalità e progressività dell'imposizione sul reddito introdotto a seguito della riforma tributaria degli anni 1971-73 fu subito denunciato da Cosciani, "Su di alcune deformazioni della progressività dell'imposta sul reddito delle persone fisiche", in *Riv. dir. fin. sc. fin.*, 1975, I, 5. In tema anche Paladin, *Per una storia costituzionale dell'Italia repubblicana*, pp. 284-285, ove si rileva che il lungo lavorio che precedet-

sempre più numerose fattispecie di imposizione sostitutiva e forfetizzata (riguardanti soprattutto i proventi finanziari) che hanno ridotto considerevolmente l'area di applicazione della progressività;[71] da altro lato per effetto dell'impiego dello strumento societario, attraverso il quale i redditi delle persone fisiche, prima "parcheggiati" nell'area dell'imposizione (proporzionale) societaria, venivano poi dispersi con l'uso di strumenti elusivi di vario genere.[72]

L'allontanamento dal sistema dell'imposizione diretta sul reddito complessivo globale è ancora più accentuato dopo l'entrata in vigore del

te l'entrata in vigore della riforma non valse ad assicurare pienamente il rispetto dei principi costituzionali, nemmeno sotto il profilo dell'uguaglianza. In tema anche Bernardi (a cura di), "Studi per un progetto di riforma del sistema tributario italiano: Rapporto Irpef", in *Riv. dir. fin. sc. fin.*, 1995, I, p. 435 ed ivi, id., *L'Irpef: ragioni di una riforma e analisi di una proposta*, pp. 436 e ss., ove nell'ampio quadro dei crescenti ripensamenti dottrinari e politici di cui è stato fatto oggetto il tributo si evidenzia la visione riduttiva degli elementi costitutivi di capacità contributiva insiti nel siffatto sistema (per tali considerazioni, si veda spec. p. 443), prospettandosi la necessità di un "arricchimento dei requisiti di capacità contributiva" (ivi, pp. 452-453), anche se ci si limita ad auspicare a tal fine l'introduzione di metodi di utilizzazione sistematica di dati patrimoniali nell'accertamento, di correzione dei fattori di distorsione sia familiare che demografica e di quelli concernenti le condizioni di salute e di età dei contribuenti.

71. Per interessanti riflessioni sull'evoluzione del sistema dell'imposizione diretta sul reddito globale verso metodi di tassazione cedolare, cfr. Tremonti, "La crisi dell'imposizione personale progressiva e gli strumenti giuridici utilizzati ed utilizzabili", in *Riv. dir. fin. sc. fin.*, 1984, I, 89, nonchè Nuzzo, "Alcuni spunti sulle recenti proposte di tassazione dei capital gains e in tema di imposte sostitutive", in *Riv. dir. trib.*, 1991, I, 70; ulteriori e più recenti spunti anche in Tremonti, "Una nota di politica fiscale: la crisi dell'Irpef e la questione della progressività", in *Riv. dir. fin. sc. fin.*, 1999, I, 3. In generale, E. Antonini, *I regimi fiscali sostitutivi*, *passim*, nonchè Polano, "Spunti teorici e prospettive in tema di regimi fiscali sostitutivi", in *Dir. prat. trib.*, 1972, I, 253 ed ancora Gallo, "L'influenza della disciplina formale nella ricostruzione della natura giuridica di un tributo surrogatorio", in *Riv dir. fin. sc. fin.*, 1977, I, p. 237; più recentemente, Parlato, "Regimi fiscali sostitutivi", in *Nss. D. I., App.*, vol. VI, 504, nonché idem, "Il responsabile ed il sostituto d'imposta", in A. Amatucci, *Trattato...*, cit., p. 391; M. Ingrosso, "Imposte sostitutive", in *Enc. giur.*, vol. XVI; Carpentieri, "Appunti in tema di rapporti tra imposta sostitutiva e imposta sostituita", in *Dir. prat. trib.*, 1993, II, 890.

72. L'imposizione sui redditi societari fu introdotta in Italia intorno alla metà degli anni cinquanta per evitare il rinvio a tempo indeterminato della tassazione degli utili non distribuiti. Il nuovo tributo, tuttavia, comportò la necessità di adottare meccanismi volti all'eliminazione della c.d. "doppia imposizione economica", che si produce con la tassazione del reddito societario prima nei confronti della società e successivamente nei confronti dei suoi soci. Sui rapporti tra imposizione diretta delle

D. Lgs. 12 dicembre 2003 n. 344 quale "primo modulo" della riforma del sistema fiscale statale disposta dalla L. 7 aprile 2003 n. 80, in cui è ancora più netta la preferenza per forme di imposizione orientate alla cedolarizzazione delle diverse componenti reddituali.[73] Il nuovo meccanismo, infatti, concepisce l'imposizione sul reddito della società come prelievo a titolo definitivo, concentrandola al momento della produzione del reddito d'impresa e rendendone irrilevante ai fini fiscali la successiva distribuzione. In questo modo si esclude il dividendo dal cumulo nel reddito complessivo del socio e, con ciò, il suo concorso alla formazione della base imponibile dell'imposta personale e progressiva, offrendo decisivi elementi per confermare l'opinione che "i criteri dettati per la riforma ormai in corso abbandonano esplicitamente la personalità come valore da realizzare".[74]

persone fisiche ed imposizione sulle società cfr. Sacchetto, "L'imposta sul reddito delle persone giuridiche", in Amatucci, *Trattato...*, cit., vol. IV, pp. 60-68, ove si evidenzia che la funzione dell'Irpeg è stata quella "di essere una imposta in acconto della imposta dovuta dai soggetti (soci) che matureranno il credito d'imposta per gli utili distribuiti" (ivi, p. 66) ed ancora, dal punto di vista dell'efficacia, "di rendere più sicura la tassazione facendo responsabile del prelievo la società prima dei soci, realizzando una situazione comparabile a quella del sostituto d'imposta" (ivi, p. 67). In argomento, si veda altresì Micheli, "Soggettività tributaria e categorie civilistiche", in *Riv. dir. fin. sc. fin.*, 1977, I, 1.119; E. Antonini, "Personalità giuridica e imposta sul reddito delle persone giuridiche", in *Riv. dir. fin. sc. fin.*, 1978, I, p. 381; Croxatto, "Redditi delle persone giuridiche (imposta sui)", in *Nss. D. I., App.*, vol. VI; Gallo, "La soggettività ai fini Irpeg", in Uckmar – Magnani – Marongiu (a cura di), *Le imposte sui redditi nel nuovo Testo Unico*, p. 661; Potito, "Soggetto passivo d'imposta", in *Enc. dir.*, vol. XLII, 1.226; Cicognani, "Società – VI) Diritto tributario", in *Enc. giur.*, vol. XXIX.

73. Le ragioni di tale cambiamento di prospettiva sono state individuate non soltanto in esigenze di semplificazione e di certezza dell'imposizione interna ma anche in esigenze di competitività e di armonizzazione internazionale. In questo senso Ministero dell'Economia e delle Finanze, "Relazione al disegno di legge delega per la riforma del sistema fiscale statale (progetto di legge n. 2.144)", in *Boll. trib. inf.*, 2002, 522 ed ivi, 531, il commento all'art. 4. Per una conferma Giannini, "L'evoluzione dei sistemi di imposizione societaria nei Paesi dell'Unione Europea e le prospettive di coordinamento comunitario", relazione al Convegno ANTI su *La presidenza italiana della Confédération Fiscale Europeénne e la fiscalità delle imprese nell'ambito comunitario*, Roma, 17 dicembre 2003, disponibile in www.associazionetributaristi.it. Per una prima panoramica sulle nuove disposizioni cfr. Marino (a cura di), *I profili internazionali e comunitari della nuova imposta sui redditi delle società*.

74. Così Fedele, "La crisi dell'imposta personale ed il ruolo dell'imposta sostitutiva. L'esperienza italiana", relazione al Convegno di studio su *Le ragioni del dirit-*

Con riferimento, poi, alla tassazione delle fattispecie reddituali transnazionali, un significativo riscontro della tendenza alla cedolarizzazione si ritrova nella letteratura centroeuropea della fine del XIX secolo, che anche nelle sue evoluzioni più recenti ed autorevoli, ha manifestato, per motivi di effettività e di efficienza del prelievo, la sua propensione a ritenere il criterio della residenza inadatto ad assicurare la neutralità dell'imposizione internazionale, a vantaggio di quello della stretta territorialità che, al contrario, realizzando forme di prelievo reale e proporzionale, si presta meglio ad assicurare l'equa distribuzione del potere impositivo tra gli Stati interessati alla stregua di logiche basate sul principio del beneficio.[75]

In questo contesto la nuova forma di imposizione ambientale cui si è fatto cenno sembra poter costituire un valido strumento di politica fiscale per ovviare alle disfunzioni di un criterio distributivo ormai obsoleto e rispettare, anche con maggiore pienezza di quanto non accadesse nel passato,[76] la nozione di capacità contributiva sopra delineata. E ciò per due connessi ordini di motivi:

– in primo luogo perché, per rispettare il criterio dell'universalità nella applicazione del principio di capacità contributiva, vi è l'esigenza di attrarre a tassazione "tutti" gli elementi che esprimono la ricchezza

to tributario in Europa – Giornate di studi per Furio Bosello, in www.berliri.giuri.unibo.it, p. 12 del dattiloscritto.

75. La tesi, sostenuta in origine da Wagner e von Shanz, è stata ripresa da Vogel, "World-wide or source taxation of income", in *Rass. trib.*, 1988, 259. Una puntuale analisi di tali teorie è svolta da Sacchetto, "L'evoluzione del principio di territorialità e la crisi della tassazione del reddito mondiale nel paese di residenza", in *Riv. dir. trib. int.*, 2001, 35, ove si osserva che le critiche al criterio della residenza "sono oggi non prive di fondamento" (ivi, 55), poiché, tra l'altro, "la rimozione degli ostacoli al godimento delle libertà comunitarie ha fatto notevolmente aumentare le situazioni in cui la ricchezza di un soggetto viene tassata in uno Stato membro mentre questo beneficia dei servizi pubblici finanziati da un'altra Comunità nazionale". Sul punto si veda anche Kemmeren, "Origin-Based Double Tax Conventions and Import Neutrality", in *Riv dir. trib. int.*, 2001, 103, che, con ampi richiami bibliografici, giustifica il ricorso al criterio di territorialità con il principio del beneficio diretto, sostenendo che "taxation should be considered as a contribution for benefits provided to an individual through state activities" (ivi, 108). Si è già detto al par. 1, tuttavia, che un modello distributivo basato sul principio del beneficio non può trovare ingresso nel sistema fiscale italiano per difficoltà che avrebbe a conciliarsi con il principio della capacità contributiva.

76. Per l'affermazione di tali concetti cfr. già Selicato, "Fiscalità ambientale e costituzione", cit., pp. 115-116.

complessiva del soggetto passivo, poiché se alcuni di questi indici sfuggono alla considerazione del legislatore, non potrà dirsi pienamente realizzato il principio di universalità nella capacità contributiva;[77]

– in secondo luogo (e di conseguenza), perchè non soltanto il possesso o lo scambio della ricchezza o la specifica e diretta fruizione di un pubblico servizio ma ogni possibile manifestazione di capacità economica riconducibile al soggetto passivo può (e deve) essere considerata dal legislatore come indice di capacità contributiva se definita dal medesimo in conformità a criteri accettabili di uguaglianza, razionalità e coerenza soggetti all'unico limite della non arbitrarietà.[78]

Da quest'ultimo punto di vista è stato osservato che può assumere tale caratteristica ogni attività di (produzione o di consumo) dalla quale derivino diseconomie esterne, come lo sfruttamento del patrimonio ambientale,[79] sottolineandosi inoltre come l'acquisizione da parte dei singo-

77. In argomento cfr. Moschetti, "La capacità contributiva...", cit., p. 249, il quale desume dal siffatto concetto di universalità insito nella locuzione "tutti" posta in apertura del citato precetto costituzionale che "il sistema delle imposte deve dunque raggiungere tutti questi indici della capacità economica complessiva", osservando che "se alcuni di questi indici di ricchezza sfuggono a tassazione, non potrà dirsi che 'tutti concorrono alle spese pubbliche in ragione della loro capacità contributiva'" e lamentando che "il pericolo nell'ordinamento italiano non è del tutto teorico" poiché vi sono molte situazioni in cui taluni dei detti indici "sono stati esclusi sostanzialmente esclusi da tassazione". Sul punto cfr. altresì Granelli, *L'imposizione dei plusvalori*, pp. 21 e ss.

78. Sulla necessità di adeguare l'imposizione a riferimenti quali-quantitativi più ampi di quelli riferibili alla tradizionale linea reddito-patrimonio-consumo si rinvia a quanto osservato in precedenza in ordine al presupposto ed alla base imponibile dell'Irap e, tra gli Autori ivi citati, a Gallo, "L'imposta regionale...", cit. Più in generale, va anche ricordato che l'analisi dei criteri con i quali viene determinata la (misura della) consistenza economica del fatto imponibile ha suscitato, nel tempo, l'interesse della più attenta dottrina giusfinanziaria, che si è fatta carico di tracciare i limiti esistenti tra il profilo statico della norma tributaria, consistente, per l'appunto, nella considerazione del suo oggetto economico, ed il profilo dinamico di questa, consistente nella modifica a cui questo viene sottoposto ad opera dell'azione normativa. Per una ricostruzione in termini, cfr. A. Amatucci, "L'interpretazione...", cit., p. 581, ad avviso del quale il "modo di considerazione economica" della norma tributaria "consente l'evoluzione delle norme giuridiche secondo il loro senso economico, cioè il loro significato indirizzato verso la realtà economica, ed esprime il primato della sostanza sulla forma". Di talchè il siffatto metodo esegetico consente di porre nella sua vera luce la fase pregiuridica della norma tributaria, concentrando l'interesse dell'interprete sulla comprensione della vera essenza del tributo.

79. In tal senso, Granelli, "Brevi considerazioni...", cit., 836. Conforme F. Amatucci, *Le fondamenta...*, cit., pp. 12 e 29.

li di risorse naturali disponibili in quantità limitata[80] deve essere considerata un sintomo della capacità economica del soggetto che la compie.[81] In particolare, il peso economico dell'ambiente si manifesterebbe nel tributo in esame sotto un duplice punto di vista.[82]

a) da un lato, perché attraverso le proprie attività inquinanti il privato produce un danno per la collettività, che subisce un depauperamento valutabile economicamente e corrispondente ai maggiori oneri da sopportare per rimuovere o limitare gli effetti negativi prodotti dall'azione inquinante;

b) per altro verso, perché per effetto di tali attività il privato ritrae un vantaggio individuale immediato, ottenendo gratuitamente i mezzi necessari alla soddisfazione dei propri bisogni (siano essi rivolti alla produzione o al mero consumo finale) e conseguendo così un incremento di ricchezza corrispondente al valore delle risorse naturali scarse che ha sottratto all'uso comune.

A questo punto lo studio della struttura dell'imposta ambientale giunge ad un bivio: il prelievo conforme allo schema sub-a) ricalcherebbe il tipico modello pigouviano secondo le normali logiche di tipo redistributivo-incentivante, realizzando il trasferimento sul soggetto inquinante del costo degli investimenti rivolti a riportare l'ambiente ad un accettabile livello di tollerabilità,[83] nel caso sub-b), che invece risponde ad una concezione che può essere definita di tipo "moderno", l'ambiente non si limita a costituire un fondamentale valore costituzionale extra-fiscale del prelievo, ma, con un evidente capovolgimento di prospettiva, assurge esso stesso (*rectius*, il suo utilizzo individuale) a fatto-indice di

80. Sul punto si veda Musu, *Introduzione...*, cit., p. 13.

81. Così A. Amatucci, "Qualità della vita...", cit., 357.

82. Col passare del tempo il valore economico dell'impatto ambientale dell'attività privata, specialmente dell'impresa, si va manifestando in misura crescente sotto un profilo ulteriore e diverso da quelli evidenziati nel testo. Lo nota Gerelli, "Reputazione ambientale e competitività non di prezzo", in *Riv. dir. fin. sc. fin.*, 2002, I, 707, ove si analizza la maggiore competitività che hanno sul mercato i beni e servizi di più elevata qualità ambientale. In tema cfr. anche Bresso, *Per un'economia ecologica.*

83. Da questa visione non sembrano discostarsi Gallo – Marchetti, "I presupposti...", cit., spec. 141 e ss. quando, al fine di configurare una nuova "*imposta ambientale sui consumi*" (anche per il corsivo, op. cit., 141), sostengono che il presupposto di un simile tributo "non è il consumo ma il consumo produttivo di inquinamento", che giustifica (op. cit., 143) "l'*anomala*" entità del prelievo gravante su tale tipologia di consumi.

capacità contributiva che, siccome economicamente valutabile, può (anzi, deve) essere assunto anch'esso dal legislatore quale giustificazione, parametro e limite di un apposito tributo.[84]

Tale più innovativa forma di imposizione ambientale trova una convincente giustificazione in due fondamentali caratteristiche del "bene-ambiente": una prima, risalente a teorie di origine economico-finanziaria allineate alle logiche pigouviane, è la natura di "esternalità" che ad esso è stata attribuita per la sua capacità di incidere positivamente (o di non incidere negativamente) sul costo individuale della produzione o del consumo di determinati beni o servizi,[85] la seconda, di carattere giuridico-amministrativo, è costituita dal carattere pubblico (o, meglio, diffuso) della titolarità del patrimonio ambientale.[86]

In questa ottica, il vantaggio individuale che il fruitore del bene ambiente ottiene dalla sua attività inquinante a scapito della collettività, a

84. Come in altre occasioni aventi ad oggetto imposizioni su espressioni di ricchezza diverse da quelle tradizionali, non è semplice stabilire quale sia l'esatta categoria in cui deve essere allocato il nuovo tributo. La stessa incertezza permane tuttora per l'Irap, che la legge delega ha qualificato come imposta reale ed il D.Lgs. n. 446/97 ha disciplinato ai fini della dichiarazione, dell'accertamento e della riscossione, in modo del tutto analogo alle imposte sui redditi sostituendola sostanzialmente, alla soppressa Ilor (sostituzione che l'Agenzia delle Entrate, con sua Circ. 18 aprile 2002 n. 33/E, ha confermato anche con riferimento agli accordi internazionali), ma della quale, d'altro canto, è stato denunciata alla Corte di Giustizia delle Comunità Europee (Causa C-475/03, che sarà discussa davanti ala Corte il 16 novembre 2004) il contrasto rispetto all'art. 33 della VI Direttiva n. 77/388/Cee del 17 maggio 1977, che vieta agli Stati membri di istituire o mantenere tributi che abbiano il carattere di "imposta sulla cifra di affari".

85. In questo senso cfr. ancora Picciaredda, "Note economiche introduttive", cit., p. 2. Per una valutazione dei benefici arrecati alle attività produttive dall'inquinamento cfr. Musu, *Introduzione...*, cit., p. 24. Per la classificazione dei costi sociali dell'inquinamento nella categoria delle "esternalità negative" cfr. ancora Musu, *Introduzione...*, cit., p. 32, ove l'osservazione che "il mercato tende a produrre una quantità eccessiva di inquinamento perché sottovaluta i costi sociali dell'inquinamento stesso".

86. Per l'inserimento dell'ambiente tra i beni pubblici Musu, *Introduzione...*, cit., p. 27, ove si definisce come bene pubblico "un bene che viene goduto simultaneamente senza rivalità e in modo non esclusivo da tutti i componenti di una certa comunità". Sotto il profilo giuridico, l'ambiente è stato collocato tra gli interessi diffusi. Sul punto A. Amatucci, "Qualità della vita...", cit., che collega la tutela dell'ambiente ai doveri di solidarietà sociale, nonchè Picciaredda, "Nozione di ambiente...", cit., pp. 17 e ss. Per le similitudini esistenti con l'ordinamento spagnolo cfr. Herrera Molina, *Derecho...*, cit., p. 23, ove si osserva che "como ha afirmado la doctrina ambientalista, se trata de un bien jurídico colectivo y complejo".

fronte del "dominio" che, con la propria attività e con i propri mezzi, egli è in grado di esercitare sulle risorse naturali può costituire un fatto-indice di capacità contributiva valutabile ex art. 53 Cost. come presupposto di un nuovo tributo. Il detto vantaggio, infatti, costituisce un indice di ricchezza effettivo, riferibile al soggetto passivo e perfettamente misurabile, che non trae il proprio fondamento dall'utilizzazione da parte del soggetto inquinatore dei servizi pubblici necessari per la rimozione del danno arrecato all'ambiente o per la sua riduzione a livelli sostenibili né corrisponde al costo di tali servizi o al risarcimento del danno subito dalla collettività a seguito dell'azione inquinante,[87] ma individua e colpisce direttamente una particolare forza economica del soggetto passivo[88] caratterizzata dalla sua connessione ad un particolare valore (il dominio sul bene-ambiente) dotato di una propria autonomia[89] e di una agevole misurabilità.[90]

87. Sull'ipotesi di individuare il presupposto di un tributo ambientale nel danno arrecato dall'immissione inquinante la dottrina ha manifestato fondate perplessità. Sul punto Gallo – Marchetti, "I presupposti...", cit., 139, ove si esclude che l'emissione inquinante posa essere assunta "ad esclusivo presupposto del tributo ambientale" non essendo suscettibile di valutazione economica. In senso conforme Laroma Jezzi, "I tributi ambientali", cit., 321-323.

88. Su questo aspetto si ritiene di poter superare le perplessità sollevate da Pennella, "Sull'interpretazione autentica della nozione di rifiuto solido ai fini della relativa tassa di smaltimento", in *Rass. trib.*, 2003, 692, ove (716-717) si sostiene che, nel caso del consumatore "domestico", il gravame della tassa in questione rimane "insensibile alle condizioni finanziarie di tale soggetto che non svolge attività produttive", facendo sorgere, per questo motivo, "rilevanti profili di vulnerazione del principio di capacità contributiva", in quanto dal presupposto del tributo in questione non emergerebbe "alcun fatto economico evidenziante una forza patrimoniale che legittimi l'imposizione in misura identica nei confronti di tutti i soggetti che rilasciano sostanze nell'ambiente senza tener conto delle rispettive situazioni patrimoniali personali". A ben vedere, l'equivoco insito in una simile prospettazione sta proprio nel fatto che il tributo sullo smaltimento dei rifiuti grava sul rilascio di sostanze inquinanti nell'ambiente e non sulla situazione patrimoniale personale del soggetto che opera tale rilascio.

89. Così, a proposito dell'esercizio di un'impresa o di un'attività di lavoro autonomo cfr. Batistoni Ferrara, "Capacità contributiva", in *Enc. Dir.*, Agg. III, 345, ed ivi 354-356.

90. Per la necessità di individuare in concreto la corretta misura della base imponibile di un tributo ambientale e per le difficoltà a ciò sottese cfr. Gallo – Marchetti, "I presupposti...", cit., 138 e ss. ed ivi, spec., 143, ove si osserva che i prelievi di tal fatta risponderanno a criteri di razionalità e coerenza presupposti dagli artt. 3 e 53 Cost. "tutte le volte in cui l'entità del prelievo sarà parametrata, sulla base di precise risultanze tecnico-scientifiche, all'inquinamento determinato dal prodotto oggetto di consumo".

Contribuisce a ricostruire in questa particolare ottica la fattispecie del tributo ambientale anche l'evoluzione giurisprudenziale formatasi sul canone di abbonamento radiotelevisivo, disciplinato dagli artt. 1, 10 e 25 del R.D.L. 21 febbraio 1938 n. 246, nonché dall'art. 15, comma 1, della più recente L. 14 aprile 1975 n. 103. In effetti, la Corte costituzionale e, qualche anno dopo, la Corte di cassazione,[91] hanno ritenuto la piena legittimità del "canone" in parola, giustificando la sua applicazione a fronte del potere di "polizia e amministrazione dell'etere su cui lo Stato è sovrano".[92] Le nostre Corti supreme hanno poi riconosciuto al medesimo prelievo la natura di imposta, constatando che lo stesso è riferito a servizi gestiti dallo Stato per la generalità dei contribuenti, a prescindere dall'utilizzo effettivo degli stessi, "che escludono quel rapporto fra tributo ed atto dell'autorità vantaggioso per il singolo, proprio della tassa".[93] A ben vedere, anche in questa ipotesi, come nell'Irap, l'imposta è fondata sul dominio che l'utente, attraverso il servizio pubblico, è in grado di esercitare sul mezzo di comunicazione radiotelevisivo e che, per la sua ormai consolidata rilevanza sociale, pone l'utente stesso in una situazione di vantaggio (anche non patrimoniale) rispetto ad altri.[94] Da questo punto di vista, quindi, al legislatore è apparso equo attribuire ai possessori di apparecchi radiotelevisivi atti a ricevere trasmissioni via etere (quale che sia il valore patrimoniale degli stessi) un tributo annuo fisso da qualificare come concorso di tali soggetti alle spese pubbliche specificamente afferenti al mantenimento di tale sistema. La Consulta ha osservato, inoltre, che, per l'importo relativamente esiguo, il "canone" risponde in modo adeguato all'esigenza di razionalità e coerenza richiesto dal combinato disposto degli articoli 3 e 53 della nostra Costituzione.[95]

91. Secondo Corte cost., ord. 20.4.1989 n. 219, edita, unitamente a Cass. Civ., Sez. I, 3.8.1993 n. 8.549, in *Riv. dir. trib.*, 1995, II, 801, ad essa conforme (entrambe annotate criticamente da Falsitta, "Canone TV, utenti nell'ombra e giudici nella nebbia", ivi, 813), "la capacità contributiva consiste (...) nell'idoneità ad eseguire la prestazione coattivamente imposta, correlata non già alla capacità del singolo contribuente, bensì al presupposto economico al quale l'obbligazione è collegata", risultando "del tutto irrilevante che in concreto il contribuente consegua o no l'utilità sperata" (ivi, 804).

92. La Cassazione, nella sent. 8.549/93, cit., ivi, 813, ha osservato che l'imprecisa terminologia adottata nel caso in esame dal legislatore non deve costituire fonte di equivoco.

93. Ancora Cass. 8.549/93, cit., ivi, 812-813.

94. Così, a proposito dell'Irap, ancora, Gallo, "L'imposta regionale...", cit., 141.

95. La stessa Corte costituzionale, nella sentenza appena richiamata (ivi, 804), ha rilevato che "la costruzione, come presupposto d'imposta e come indice di capaci-

Sulla base delle predette indicazioni, devono formare oggetto di attenta revisione le aspre critiche che sono state mosse al citato orientamento giurisprudenziale[96] adducendo l'esiguità del valore patrimoniale e della scarsa rilevanza sotto il profilo qualitativo del cespite cui in apparenza si riferisce il prelievo (l'apparecchio radiotelevisivo).[97] In verità, la ricchezza imponibile considerata dalla norma impositrice non è quella corrispondente al valore patrimoniale del detto cespite né ad una spesa particolare ed ulteriore rispetto a quella assoggettata alle normali imposte sui consumi, ma quella del vantaggio che (anche solo in via potenziale) riviene al privato possessore di tali apparecchiature a fronte della sua capacità di usufruire attraverso il proprio apparato di un determinato servizio pubblico di interesse generale.[98]

6. *L'imposta ambientale quale nuova espressione del dovere di solidarietà economica*

A distanza di diversi anni dalle nostre prime affermazioni in tal senso,[99] il fondamento costituzionale di questa nuova forma di imposizione ambientale ha trovato ulteriori conferme nelle argomentazioni che, con l'avallo della giurisprudenza della Corte costituzionale,[100] una parte autorevole della

tà contributiva, della mera detenzione di un apparecchio radiotelevisivo non può essere considerata irragionevole ove venga comparata al modestissimo tributo annuo che l'utente è tenuto a pagare". Va sottolineato che tale affermazione assume nella sentenza una portata secondaria e rimane allo stato di mero *obiter dictum*, ai fini della soluzione del caso prospettato, essendo formulata allo specifico fine di prevenire una futura eccezione di illegittimità costituzionale delle norme in parola basata sull'art. 3 Cost.

96. Si vedano in proposito le severe obiezioni mosse alle due pronunce citate da Falsitta, "Canone TV...", cit., *loco* cit.

97. Con una colorita forzatura, il Falsitta, op. cit., 815, osserva, invero, che "il possesso di un apparecchio televisivo è indice di forza economica tanto quanto un cappotto o un manico di scopa", fondando su tale assunto l'intero sistema di critiche che egli oppone alle richiamate sentenze.

98. In verità, pensando al valore assunto dalla comunicazione delle informazioni, vere fonti di ricchezza nella società contemporanea, si può serenamente convenire sul fatto che, ai fini dell'imposizione, i possessori di apparecchi radiotelevisivi si diversificano certamente dai semplici possessori di cappotti o di manici di scopa.

99. A questo proposito, sia consentito ancora il rinvio a Selicato, "Fiscalità ambientale e costituzione", cit., pp. 105 e ss.

100. Corte cost., sent. n. 156/2001, cit. *supra* in nt. 15. La sent. 156/2001 non è stata la sola pronuncia in cui il Giudice delle leggi ha trattato della costituzionalità dell'Irap. Per i riferimenti alle altre pronunce cfr. Di Giovanni, "Imposta regionale

dottrina ha sostenuto per difendere la legittimità dell'Irap,[101] basandosi sull'assunto che il tributo sia fondato non solo su "indici patrimoniali selezionati dal mercato attraverso una valutazione di economicità" (quali il patrimonio, il reddito, il consumo), ma anche su situazioni quali le "attività del soggetto passivo oggettivamente rilevabili e socialmente rilevanti per la loro attitudine ad incidere in modo significativo nei rapporti intersoggettivi", come fanno le attività di impresa e di lavoro autonomo nei confronti dei fattori della produzione sui quali esercitano il loro "dominio", a prescindere dal ritorno economico che da queste possa derivare direttamente al soggetto che ne è titolare.[102] È stato così legittimato il concorso alle pubbliche spese dei soggetti "che si trovano, nella fruizione di determinati beni sociali, rispetto ad altri in una posizione di *vantaggio* – e quindi migliore –; senza che tale vantaggio si risolva necessariamente, in termini assoluti, in un loro arricchimento patrimoniale dato da entità scambiabili nel mercato".[103]

Anche con riferimento al fattore ambientale, invero, può individuarsi in capo ad un soggetto determinato la titolarità di un'autonoma fonte di ricchezza diversa da quelle di tipo tradizionale (acquisita dall'esterno nel caso delle risorse naturali non rinnovabili, autoprodotta nel caso dell'organizzazione d'impresa) che colloca il soggetto che ne è titolare in quella "posizione di vantaggio" che costituisce, nel caso di specie, l'indice di capacità contributiva. Anzi, nei tributi che sono stati definiti ambientali in senso "moderno" non sorgono nemmeno le preoccupazioni emerse con riferimento al contenuto non strettamente patrimoniale del presupposto dell'Irap, che hanno portato, con ardite argomentazioni, a giustificare prelievi nei quali la persona viene vista come il centro di imputazione di "posizioni, valori, capacitazioni solo socialmente rilevanti", ritenute idonee di per sé a costituire il presupposto di un tributo, all'unica condizione che siano "economicamente misurabili e rispondenti al principio di uguaglianza tributaria".[104]

sulle attività produttive (IRAP)", in *Enc. giur.*, vol. XVI, 5, ove si sottolinea il valore confermativo che le predette pronunce assumono rispetto all'indirizzo interpretativo facente capo al Gallo.

101. Si allude, per l'appunto, a Gallo, "L'imposta regionale...", cit., 141-143. Sui termini del dibattito scaturito a seguito dell'introduzione dell'Irap si rinvia a quanto osservato nel precedente par. 1 e, per i richiami bibliografici, ivi alle nt. da 14 a 17.

102. Si leggano in tema le pungenti osservazioni di Batistoni Ferrara, "Capacità contributiva", cit., 357-358.

103. Così, anche per il corsivo, Gallo, "L'imposta regionale...", cit., 135.

104. Per queste considerazioni, a proposito dell'Irap, ancora Gallo, "L'imposta regionale...", cit., 139, nt. 15.

Del resto, come è stato autorevolmente rilevato,[105] la nostra Corte costituzionale ha già individuato in ripetute occasioni indici di capacità contributiva fondati su fatti "rivelatori od espressivi di ricchezza in senso lato", portatori di una *vis economica* idonea a fornire al contribuente i mezzi finanziari necessari all'assolvimento del tributo, in quanto rappresentativa di per sé di "un'attitudine giuridico-economica alla contribuzione".[106] Su queste basi, la Consulta ha poi riscontrato la presenza di tale attitudine anche in un tributo come l'Irap,[107] che assume ad indice di capacità contributiva "la 'misurazione' della gamma di poteri di *management* dell'imprenditore o del professionista" dai quali si sviluppa la "creazione di nuova ricchezza".[108]

In epoca più recente, la richiamata evoluzione della giurisprudenza costituzionale è stata anche ritenuta idonea[109] a giustificare altri tipi di imposizione basati su indici di ricchezza non tradizionali, come quelle sulle *new properties* o sullo sfruttamento di *internet* (la c.d. *bit tax*), di cui è stata prospettata recentemente l'introduzione sulla base del valore attribuibile alle informazioni che circolano nella rete e nella capacità di trarne profitto manifestata da coloro che le acquisiscono.[110] È interessante constatare che per giustificare l'ipotesi di una nuova forma di tassazione dei flussi informatici, coloro che per primi l'anno

105. Malvezzi, "Una nota sul principio di capacità contributiva e l'imposta regionale sulle attività produttive", in *Riv. dir. fin. sc. fin.*, 1999, I, 553.

106. I passi tra virgolette sono dello stesso Malvezzi, op. cit., 554, nt. 7, il quale, a conferma della sua posizione, cita le sentenze della Corte n. 315/1994 (nella quale, con riferimento all'imposizione sostitutiva sulle indennità da esproprio di cui all'art. 11 della L. 30 dicembre 1991 n. 413, si è affermato che la capacità contributiva è correlata "non già alla concreta situazione del singolo contribuente, bensì al presupposto economico al quale la prestazione è collegata"), n. 143/1995 e 73/1996 (entrambe relative all'imposta sostitutiva sui depositi bancari e postali di cui all'art. 7 del D.L. 11 luglio 1992 n. 333, nelle quali viene osservato che la capacità contributiva "va, in linea di principio, ravvisata in qualsiasi indice rivelatore di ricchezza, secondo valutazioni riservate al legislatore, salvo il controllo di costituzionalità sotto il profilo della arbitrarietà e irrazionalità").

107. Sent. 156/2001, cit.

108. Ancora Malvezzi, op cit., 556-557.

109. Da parte di Di Giovanni, "Imposta regionale…", cit., 5.

110. Per una ricostruzione delle tappe del dibattito sviluppatosi sull'introduzione della *bit tax* nelle istituzioni comunitarie e negli organismi internazionali si veda Valente – Roccatagliata, "Bit tax, ultima frontiera nella società dell'informazione?", in *Il fisco*, 1999, 5.514. In argomento anche Uricchio, "Pubblicità on line e imposizione locale", in *Boll. trib. inf.*, 2001, 166, ove riferimenti agli studi fatti sullo stesso tema negli Stati Uniti d'America.

elaborata[111] hanno fatto richiamo all'opera di Adamo Smith,[112] il quale, sostenendo già due secoli fa che la ricchezza di uno Stato non si misura dall'oro che possiede ma dalla sua capacità di organizzare il lavoro e dalle dimensioni del suo mercato, può essere considerato il fautore *ante litteram* di un'idea di ricchezza svincolata dai canoni tradizionali[113] e basata, per contro, sulla capacità degli imprenditori di realizzare con la loro organizzazione miglioramenti ed economie nello svolgimento delle proprie attività produttive.[114] I sostenitori della *bit tax* hanno osservato che ai nostri giorni agli elementi considerati dallo Smith devono essere aggiunte la conoscenza, l'informazione e la comunicazione che scorrono lungo le nuove autostrade digitali,[115] osservando che la nuova forma di imposizione potrebbe essere lo strumento per colpire la ricchezza creata dalla *new economy* in un momento storico nel quale è necessario

111. La prima ipotesi di una nuova forma di tassazione dei flussi informatici viene fatta risalire ad Arthur Cordell, un economista canadese che la presentò per la prima volta ad un convegno nel 1994. Per una completa elaborazione della tesi cfr. Cordell, "New taxes for a new economy", in *Government Information in Canada*, vol. 2, n. 4.2, (www.usask.ca/library/gic/v2n4/cordell/cordell.html). L'idea di una nuova forma di tassazione sui flussi telematici fu anche affermata dall'*High Level Group of Experts* (HLG) nominato dalla Commissione Europea nel 1995, che ha concluso i suoi lavori circa due anni dopo rilasciando la Raccomandazione n. 8 ("Mantere i cespiti fiscali nazionali in un contesto che diventa via via più globale"), citata integralmente da Valente – Roccatagliata, "Bit tax...", cit., 5.517, nella quale si suggeriva di "prendere in esame l'eventualità di condurre ricerche su sistemi alternativi di tassazione" e si osservava che "la *bit tax* potrebbe costituire una di tali alternative", pur riconoscendosi che "la sua configurazione e la sua attuazione richiedono uno studio più approfondito".

112. Smith, *An inquiry into the nature and causes of the wealth of Nations* (1776), ora *Ricerche sopra la natura e le cause della ricchezza delle nazioni*.

113. Secondo lo Smith (op. cit., in part. Libro Primo), il fatto che una nazione sia "meglio o peggio provveduta" dipende principalmente "dall'abilità, dalla destrezza e dal giudizio con cui il suo lavoro è generalmente adoperato" (ivi, p. 3).

114. Anche in un contesto economico-sociale e tecnologico molto meno evoluto di quello odierno, Smith si rese conto che "in conseguenza dell'uso di migliori macchine, di una maggiore destrezza e di una migliore divisione e distribuzione del lavoro, le quali cose sono tutte gli effetti naturali del progresso, diviene necessaria una minore quantità di lavoro per eseguire un qualsiasi lavoro dato" (op. cit., p. 227) e che "qualunque miglioramento delle condizioni della società tende direttamente o indirettamente ad elevare la rendita reale della terra ed accrescere la ricchezza reale del proprietario" (ivi, p. 231).

115. Cordell, "New taxes...", cit., ha osservato "the new wealth of nations is to be found in the trillions of digital bits of information pulsing through global networks", soggiungendo che "digital flows are the new elements of production".

ripensare all'intero sistema economico, sia con riferimento all'uso del rapporto di impiego come metodo di distribuzione dei redditi sia con riferimento ad una crescita economica sempre più "energy-intensive" in tempi di sempre più ridotte risorse ambientali.[116] Una conferma della bontà di simili riflessioni proviene, poi, dai più accreditati orientamenti del pensiero economico liberale del novecento, dalle cui teorie è scaturita l'idea che la libertà sia, di per sé, un valore da perseguire e non un mezzo per raggiungere altri fini, quali il funzionamento dei mercati o l'efficienza economica e che, anzi, è il mercato a generare libertà, producendo così nuovi valori individuali.[117] Da questo punto di vista, pertanto, si ricava la conferma che tutte le situazioni che generano posizioni di controllo sul mercato (come, ad esempio, l'organizzazione dei fattori produttivi o lo sfruttamento di risorse ambientali scarse) siano sintomi di ricchezza suscettibili di imposizione.

Ad onor del vero, la proposta di una *bit tax* non ha trovato il favore della dottrina[118] ed è stata accantonata dalle istituzioni comunitarie.[119] Tuttavia, le critiche che le sono state mosse non scalfiscono in alcun modo la costruzione teorica sulla quale è stata fondata la definizione del suo presupposto, essendo riferite unicamente alla adeguatezza di un simile rimedio rispetto al fine di contrastare l'evasione che può svilup-

116. Per questo motivo, ad avviso di Cordell, "New taxes...", cit., "the bit tax itself is just a modern beginning".

117. Così von Hayeck, *La via della schiavitù*. In questa prospettiva, l'indagine sull'esito dei processi di mercato deve oltrepassare la mera constatazione della loro capacità di generare nuova ricchezza negli individui, per valutare la crescita della prosperità generale ed il progresso nelle libertà individuali che possono produrre.

118. Decisamente contrario è in proposito il giudizio di Garbarino, "Nuove dimensioni della transnazionalità dell'imposizione", in AA.VV., *L'evoluzione dell'ordinamento italiano*, Atti del Convegno su *I settanta anni di Diritto e pratica tributaria*. Anche Valente – Roccatagliata, "Bit tax...", cit., 5.523-4, hanno concluso col ritenere inopportuna l'introduzione del nuovo tributo. Da parte di Uricchio, "Pubblicità on line e imposizione locale", in *Boll. trib. inf.*, 2001, 166 non si esclude, invece, che in un prossimo future siano adottate forme di imposizione del tipo ipotizzato. Si è dichiarato propenso ad analizzare in un'ottica meno ristretta di quella limitata le prospettive offerte dalle nuove tecnologie Marello, "Le categorie tradizionali di diritto tributario ed il commercio elettronico", in *Riv. dir. trib.*, 1999, I, 595.

119. Analizzando in modo approfondito le problematiche fiscali generate dal crescente impiego dei mezzi telematici, la Commissione Europea, *Un'iniziativa europea in materia di commercio elettronico*, COM(97)157 del 15 aprile 1997, anche in contrasto con la raccomandazione dell'HLG, ha scartato l'istituzione di un tributo del tipo della *bit tax* nel convincimento che "una simile azione sarebbe inutile perché tutte le transazioni elettroniche sono già soggette ad Iva".

parsi con l'ausilio dei mezzi informatici. Esse non sfiorano, invece, l'idea di fondo che sta alla base di un tributo del tipo della *bit tax*, costituita dall'attribuzione di un valore economico al potere di acquisire, elaborare, trasmettere e, in genere, gestire informazioni con l'ausilio di mezzi telematici. Ad un'attenta analisi, tale potere non è molto differente da quel "dominio" sui fattori produttivi che è stato individuato e legittimato a presupposto dell'Irap né, infine, da quel potere di controllo delle risorse naturali scarse che si è sopra indicato come presupposto di un nuovo tributo ambientale.

Una volta superato lo scoglio della necessaria riferibilità del tributo ad indici di ricchezza di tipo tradizionale, è necessario accertare se esiste un nesso tra i detti indici ed il soggetto passivo. Nei tributi nei quali si assume a presupposto l'acquisizione da parte del privato di risorse ambientali al "vantaggio" ricavato dal contribuente è riconducibile con certezza un preciso valore economico (quello determinato sulla base della capacità del soggetto inquinatore di fare propria l'esternalità), nei cui confronti può dirsi realizzato il requisito dell'appartenenza, richiesto dall'art. 53 della nostra Costituzione come elemento essenziale di ogni presupposto impositivo[120] e rinvenuto dalla Corte costituzionale nel collegamento di un indice rivelatore di ricchezza con l'idoneità del soggetto a concorrere alle spese pubbliche.[121]

È proprio l'indagine sull'esistenza del requisito dell'appartenenza, del resto, a porre in luce le caratteristiche oggettive del presupposto dei tributi basati su indici di ricchezza "non tradizionali". Infatti, in questi casi non si tratta tanto di chiarire *se esiste* una situazione di appartenenza ma *su cosa* tale situazione si manifesta e *chi sia* il soggetto che ne è titolare. Ad esempio, non appartiene all'imprenditore né il reddito del personale impiegato alle dipendenze dell'impresa né quello dei suoi finanziatori, ma è certamente compresa nel dominio dell'imprenditore l'organizzazione dell'impresa complessivamente considerata, che implica poteri di coordinamento, di direzione e controllo sui fattori produttivi costituiti da beni e servizi economicamente valutabili. Allo stesso modo, non appartiene di certo all'inquinatore il patrimonio ambientale com-

120. A questo proposito si ritiene di poter condividere la posizione di Gallo, "L'imposta regionale...", cit., 139, nt. 15 che, pur rifiutando una lettura del concetto di appartenenza "in un mera ottica patrimoniale", non esclude l'esigenza di verificare l'esistenza di un effettivo legame tra il presupposto ed il soggetto passivo.

121. Si veda, in tal senso, la sent. n. 156/01, cit. con la quale la Consulta ha riconosciuto legittima l'Irap.

plessivamente considerato, ma egli è in grado di esercitare il proprio dominio sulla parte di questo che gli consente di soddisfare meglio i propri bisogni (di produttore o di consumatore). Non è un caso, poi, che (per quanto riguarda le attività produttive ma anche quelle di consumo) sia proprio l'organizzazione a costituire lo strumento per ottenere il "dominio" sull'ambiente e per consentire quella fruizione individuale delle risorse ambientali suscettibile di costituire un indice di ricchezza valutabile ai fini del concorso del privato alle spese pubbliche.

Del resto, secondo le più recenti teorie economiche, anche alla base del principio comunitario "chi inquina paga" non sta la condanna morale del produttore-inquinatore, che non fa altro che svolgere le sue attività istituzionali nel contesto dei condizionamenti propri di un mercato competitivo. Piuttosto, il motivo per il quale tali soggetti vengono chiamati a far fronte in vario modo (anche con prelievi fiscali) ai costi dell'inquinamento "sta nel fatto che il produttore-inquinatore controlla direttamente gestione e tecnologie d'impresa, sicché è in grado di modificarle per raggiungere al costo minimo gli obiettivi ambientali fissati dall'operatore pubblico".[122]

7. *Considerazioni conclusive*

La convergenza degli elementi sopra evidenziati (crisi dell'imposizione personale e progressiva, evoluzione della struttura della ricchezza, affermazione di nuovi valori economici, mutamenti nelle relazioni sociali) rende agevole comprendere come sia possibile ipotizzare un prelievo che assuma a proprio presupposto un fatto ecologicamente rilevante, anche quando manchi un collegamento diretto tra l'obbligo di versare il tributo e la prestazione di un pubblico servizio diretto alla tutela del patrimonio ambientale comune, compromesso dall'azione del privato.

Tirando le fila del discorso, per giustificare tributi di tal fatta può essere fatto richiamo a tre concomitanti ordini di considerazioni:

a) da un lato, che nella assunzione del fatto economico da porre a presupposto dell'imposizione il legislatore ordinario è libero di seguire le proprie valutazioni, secondo una progressiva evoluzione del principio di capacità contributiva che adegua il processo di individuazione dei pre-

122. Così Gerelli, "Reputazione ambientale...", cit., per il passo tra virgole, 712.

supposti dell'imposizione ai mutamenti del sostrato economico, sociale ed etico-politico;[123]

123. È opinione consolidata che l'art. 53 Cost. lasci ampi spazi al legislatore tributario nella concreta determinazione del contenuto concreto del principio di capacità contributiva (in tal senso Moschetti, "La capacità contributiva...", cit., p. 230). Tale discrezionalità può manifestarsi con modalità differenti nel tempo, per effetto del mutare delle condizioni economiche di una nazione, delle esigenze manifestate dalle varie classi sociali e del modo in cui il potere politico se ne rende interprete; di talché è lecito supporre che la valutazione del legislatore in ordine all'apprezzamento di un certo fatto economicamente rilevante da assumere a presupposto del tributo possa modificarsi con un processo che segue l'evoluzione dell'economia e delle condizioni sociali e politiche di uno Stato.

Al riguardo vanno condivise le osservazioni di Parlato, "Il responsabile ed il sostituto d'imposta", cit., p. 391, il quale ha affermato che la valutazione della fattispecie imponibile alla luce del principio di capacità contributiva va fatta "nel riferimento cronologico al tempo in cui la selezione viene effettuata" (ivi, p. 401). Nello stesso senso, Batistoni Ferrara, "Art. 53", cit., p. 13, ove sulla scorta di una accurata analisi della giurisprudenza della Corte costituzionale si deduce che la definizione da parte del legislatore ordinario della nozione di capacità contributiva assunta a presupposto dell'imposizione nel singolo caso concreto è esente dal sindacato di legittimità in ordine "all'entità ed alla proporzionalità dell'onere tributario imposto", dovendo il giudice delle leggi limitarsi ad accertare la conformità alla Costituzione della norma denunciata unicamente "sotto il profilo dell'assoluta arbitrarietà o irrazionalità delle norme"; è ovvio che di fronte a tale barriera resta al legislatore ordinario un consistente spazio per definire nuove forme di imposizione. Raccogliendo le fila della propria esposizione, l'A. (ivi, p. 20) conclude ritenendo che la capacità contributiva "si identifica nell'idoneità alla contribuzione desumibile dal presupposto economico al quale la prestazione risulta collegata, presupposto che può consistere in qualunque indice rivelatore di ricchezza". Per analoga soluzione, in epoca di gran lunga più remota, cfr. Micheli, "Profili critici...", cit., 23, ove, testualmente si osserva che "rimane un assai largo margine alla libertà del legislatore il quale, a seconda delle esigenze finanziarie, economiche politiche e sociali, potrà prendere in considerazione questo o quel fatto per considerarli rivelatori della capacità contributiva, cioè della loro idoneità a dimostrare che il soggetto può concorrere alle spese dell'ente in una data misura".

Per un richiamo alla incostituzionalità sopravvenuta di norme ritenute valide in origine, cfr. Braccini, "Finanza contributiva...", cit., 2.497-2.498, il quale assume a spiegazione del siffatto fenomeno "uno dei possibili esiti conseguenti al distaccarsi della norma dalla volontà del legislatore per entrare a far parte del sistema ed ivi anziché conservare il suo significato originario, oppure eventualmente mutarlo (dando luogo al fenomeno della c.d. 'eterogenesi dei fini'), lo perde del tutto, a seguito dei mutamenti del sistema nel suo complesso". Nel diritto costituzionale, per tali discettazioni, si veda Cerri, "Eterogenesi dei fini, anacronismo legislativo, limiti del giudicato costituzionale – Riflessioni a proposito della caduta del vincolo alberghiero", in *Le Regioni*, 1981, p. 733, opera a cui il Braccini si richiama espressamente.

b) da altro lato, che il principio comunitario "chi inquina paga" contenuto nell'art. 130R (ora 175) del Trattato di Roma può dirsi "costituzionalizzato" nel diritto interno, di talché il suo portato può essere assunto a principio generale dell'ordinamento interno e, come tale, fondare quella normazione evolutiva del presupposto dell'imposizione cui in precedenza si è fatto cenno;[124]

c) infine, che nella definizione della fattispecie imponibile il legislatore, nel ricercare le situazioni economiche meritevoli di considerazione ai fini della valutazione del principio di capacità contributiva, può rivolgere la propria attenzione ai numerosi valori oggetto di tutela in altre norme costituzionali, tra i quali compare, come già chiarito, anche il rispetto del bene-ambiente in tutte le sue manifestazioni.[125]

124. In epoca non recente si è osservato da parte di Mangione, "Appunti sulla nozione di tributo dal sistema tributario italiano al sistema tributario 'italo-comunitario'", in *Giust. civ.*, 1976, V, p. 197, che dopo la previsione delle diverse figure di prelievi di comunitari legittimate dal trattato di Roma non sarebbe più possibile riferirsi esclusivamente al nostro art. 53 Cost. "perchè il concetto di capacità contributiva a cui si ispira il comma 1 dell'art. 53 Cost. è ignoto al complesso dei tributi comunitari" (ivi, p. 208). Questa prospettiva di indagine, che, peraltro, è limitata al ristretto ambito dei prelievi comunitari, non è stata fatta, a quanto ci consta, oggetto di successivi approfondimenti; anzi, dalla dottrina più recente è stato portato avanti con successo il tentativo opposto di conciliare il precetto dell'art. 53 Cost. con i principi fondamentali del trattato di Roma. In tal senso, cfr. Braccioni, "Capacità contributiva e princìpi fondamentali dell'ordinamento comunitario", in *Dir. prat. trib.*, 1989, I, p. 1.137. Va osservato, tuttavia, che i due indirizzi di indagine, sebbene antitetici nei percorsi argomentativi (negatorio il primo e confermativo il secondo di una valenza universale e sovranazionale del nostro principio di capacità contributiva), sono identici nelle conclusioni di fondo, ammettendo entrambi un'integrazione dei principi comunitari e delle norme interne nella definizione delle fattispecie del prelievo. Influenza che, nel nostro modo di vedere, assume importanza determinante nell'assunzione dei valori ambientali come elementi della fattispecie imponibile.

125. Sui collegamenti tra l'art. 53 e le altre norme della Costituzione, si veda Moschetti, "La capacità contributiva – Profili generali", cit., ove si osserva che "nella qualificazione della ricchezza (ai fini del giudizio di capacità contributiva) hanno altresì rilevanza le altre norme della Costituzione che indicano certi beni giuridici come oggetto di particolare tutela e promozione" (ivi, p. 263), precisando inoltre che, specularmente, per rispondere a precetti contenuti in altre norme della Costituzione, l'art. 53, può essere interpretato nel senso di giustificare "un trattamento più gravoso di capacità economiche non utilizzate in conformità alle scelte di valore della Costituzione" (ivi, p. 265). In tale ultimo ambito (differenziazioni *in peius* della tassazione), il Moschetti viene ad includere anche la tassazione ambientale, sostenendo la legittimità costituzionale di una maggior tassazione di consumi "dannosi rispetto al bene giuridico della salute di cui all'art. 32, 1º comma, o al bene giuridico dell'ambiente di cui all'art. 9, secondo comma" (ivi, p. 265).

A questo punto sembra opportuno sgombrare il campo da un ricorrente equivoco in ordine alla posizione manifestata in precedenza da chi scrive circa il fondamento costituzionale dei tributi ambientali.[126] In più occasioni, infatti, la letteratura italiana[127] e straniera[128] ha avvicinato tale

Più precisi riferimenti ai rapporti tra l'art. 53 Cost. e gli altri valori costituzionalmente garantiti (con particolare riguardo agli artt. 41 e 42 Cost.) possono essere desunti da quanto osserva A. Amatucci, "Qualità della vita...", cit., il quale, accogliendo la nozione giuridica di ambiente delineata con riferimento agli artt. 9 e 32 Cost., afferma che "la tutela degli interessi diffusi in materia ambientale, in quanto indirettamente garantiti da altre norme costituzionali, si pone accanto al fine del finanziamento delle spese pubbliche, cui tutti sono tenuti in ragione della loro capacità contributiva" (ivi, p. 412), precisando che l'art. 53 Cost. contiene una norma che si informa al principio di finanza funzionale recepito dal nostro sistema costituzionale" (ivi, p. 413) e concludendo con la deduzione che "la capacità contributiva consiste, perciò, nell'idoneità del soggetto ad essere sottoposto ad imposizione al fine di contribuire alle spese pubbliche o di tutelare altri interessi diffusi o meramente pubblici, assunti anche indirettamente a fondamento delle norme costituzionali" (ivi, p. 413). Sulla base di tali premesse, l'A. costituisce un quadro d'insieme nel quale, da un lato, l'iniziativa economica e la proprietà privata sono soggette a quei limiti di ordine sociale che consentono di assicurare la realizzazione dei doveri di solidarietà dell'individuo; d'altro canto, espressione dei detti doveri di solidarietà non è soltanto il concorso alle spese pubbliche imposto dall'art. 53 Cost. ma anche l'uso "pulito" di tali diritti, nel rispetto di quegli scopi di tutela ambientale che traspaiono dagli artt. 9 e 32 Cost.; per parte sua, infine, la tutela del paesaggio e della salute può portare a forme di contribuzione che, nel rispetto dell'art. 53 Cost., portino a realizzare meglio tale obiettivo. Analoghi collegamenti possono rinvenirsi anche in F. Amatucci, *Le fondamenta costituzionali dell'imposta ambientale*, spec. alle pp. 5-11.

In apparente contraddizione con tale assunto sembra porsi Fedele, "Concorso alle spese pubbliche e limiti dell'iniziativa economica privata", in *La Costituzione economica a quarant'anni dalla Carta fondamentale*, p. 377. È pur vero che, come il Fedele osserva, "la funzione fiscale di un determinato istituto qualificato come tributo in senso proprio non può mai identificarsi con uno dei fini di utilità sociale che giustificano l'imposizione dei limiti di cui all'art. 41 Cost., norma che, d'altronde, non può essere riferita alle norme che integrano l'imposizione di prestazioni" (ivi, p. 384). Ma è anche vero che l'art. 41, ponendo limiti al principio di libertà di iniziativa economica, interferisce esso stesso sulla commisurazione della capacità contributiva costituendo un parametro ed un limite di essa insieme a tutti gli altri valori costituzionalmente garantiti, dal momento che la compressione del diritto individuale che il detto articolo è abilitato a produrre incide direttamente sul valore economico del medesimo diritto e, quindi, sulla base imponibile che da questo può ritrarsi.

126. Selicato, "Fiscalità ambientale e costituzione", cit., pp. 105-123.

127. Gallo – Marchetti, op. cit., 132-134.

128. Si veda in proposito il recente lavoro di Herrera Molina – Chico – Grau Ruiz, "Towards a general code...", cit., p. 2 della bozza, ove si afferma, ivi alla nt. 7, di non poter condividere l'opinione altrove espressa da chi scrive (e qui ribadita)

posizione a quelle che individuano la causa giustificatrice dei tributi ambientali sulla base della c.d. "teoria del beneficio". Anche alla luce di quanto finora affermato in questa sede, risulta evidente che tale rappresentazione non esprime in modo fedele l'orientamento di chi scrive, che, invece, trova oggi una autorevole conferma nelle argomentazioni addotte dalla Corte costituzionale per legittimare il presupposto dell'Irap e nelle teorie alle quali la stessa Consulta sembra essersi ispirata.

Infatti, la teoria del beneficio è fondata su una precisa correlazione tra obbligo tributario e servizio dell'ente pubblico impositore e trova una sua concreta espressione nei c.d. "oneri per servizi divisibili". Al contrario, ciò che si intendeva sottolineare (e che oggi, anche sulla base della successiva giurisprudenza costituzionale, è possibile confermare), è che la capacità del soggetto passivo di usufruire in forma individuale di una determinata risorsa ambientale può costituire un indice di ricchezza economicamente valutabile suscettibile di costituire autonomo presupposto di un tributo ambientale "indivisibile".

Certamente, l'idoneità della posizione di dominio individuale su una determinata risorsa ambientale ad essere qualificata come presupposto di un tributo "indivisibile" va valutata dal legislatore (sia pure nell'ambito della sua discrezionalità) sulla base di adeguati criteri di razionalità e coerenza che tengano conto:

a) della scarsità delle risorse ambientali;

b) della limitazione subita dalla collettività e dalle generazioni future a seguito dell'uso individuale delle risorse ambientali.

In questa ottica nessun valore assume all'interno della fattispecie di un simile tributo la destinazione del gettito a fini di tutela preventiva dell'ambiente o di rimozione dello specifico effetto inquinante attraverso l'esecuzione da parte degli enti pubblici di specifiche attività (depurazione, smaltimento, ecc.). Destinazione che, semmai, potrebbe assumere valore nella definizione di altre fattispecie del tipo tributi "divisibili".

Una volta dimostrato che l'impiego di tributi ambientali può essere utile per riqualificare il sistema fiscale al fine di sottoporre a tassazione di queste nuove forme di manifestazione della capacità contributiva, è necessario formulare un ulteriore ordine di considerazioni, riguardanti la dinamica attuativa di un simile genere di prelievi.

poiché "this reflection of Selicato is closer to the equivalence principle (in its broadest sense) that it might seem".

Da questo punto di vista, invero, si deve osservare che, pur essendo senz'altro compatibili con un ordinamento tributario basato sul principio costituzionale della capacità contributiva, gli strumenti di accertamento di un nuovo tributo basato sul consumo individuale di energia non è in alcun modo compatibile con i consueti schemi del procedimento di imposizione e sovvertirebbe completamente i sistemi di dichiarazione, di controllo e di accertamento oggi esistenti.

Pur non potendo immaginare l'introduzione di un'imposta personale sul livello globale dei consumi di energia che sostituisca completamente l'imposta sul reddito,[129] si potrebbe almeno attuare un'integrazione tra le stesse, limitando l'applicazione dell'imposta sull'energia ai soli consumi energetici collegati a reti di distribuzione capillari (acqua, elettricità, gas). Così facendo, si potrebbe ridurre l'incidenza dell'Irpef compensando la relativa diminuzione di gettito con l'introduzione di un tributo da calcolarsi in proporzione ai detti consumi le cui modalità di accertamento e riscossione sarebbero estremamente semplici e sicure, basandosi sulle rilevazioni a contatore.

L'adozione di questo nuovo strumento tributario sarebbe certamente accolta con favore, poiché, come già si è ricordato, l'avversione nei confronti del sistema progressivo disegnato al momento dell'introduzione dell'Irpef, largamente argomentata dalla dottrina economica e giuridica, è ormai diffusa in diversi strati sociali, sia per il notevole innalzamento nel tempo della curva effettiva delle aliquote (appesantita dall'accresciuto livello dell'inflazione) sia per le notevoli sacche di evasione, erosione ed elusione che in esso da tempo si annidano. In questa direzione, del resto, sembra orientato anche il processo di riforma del sistema fiscale statale avviato con L. 7 aprile 2003 n. 80, il cui art. 3, comma 1, poneva espressamente "l'obiettivo di ridurre a due le aliquote dell'imposta sul reddito", disponendo espressamente che queste dovessero attestarsi "al 23 per cento fino a 100.000 euro e al 33 per cento oltre tale importo". Per quanto è dato desumere dalle notizie sul dibattito politico tuttora in corso, questo obiettivo non sarà pienamente raggiunto ma la norma resta indice di una tendenza esistente da tempo all'interno del nostro sistema.

129. Probabilmente, per gli stessi motivi sopra esaminati che giustificano (anzi impongono) l'introduzione di imposte sui consumi ambientali, una completa soppressione dell'imposta personale sul reddito potrebbe generare dubbi di legittimità costituzionale per violazione del principio di capacità contributiva sotto il profilo dell'universalità del prelievo, eliminandosi dall'ordinamento tributario l'imposizione su una fonte di ricchezza (il reddito) largamente diffusa nella collettività.

Bibliografia

AA.VV. *Il principio di ragionevolezza nella giurisprudenza della Corte costituzionale.* Atti del seminario – Roma, Palazzo della Consulta, 13-14 ottobre 1992. Milano, 1994.

AMATUCCI, A. "Qualità della vita, interessi diffusi e capacità contributiva", in *Riv. dir. fin. sc. fin.*, I, 1975.

__________. "L'interpretazione della legge tributaria", in A. Amatucci, *Trattato di diritto tributário*. vol. I-2. Torino, 1994.

__________. "Il concetto di tributo (I Parte)", in A. Amatucci, *Trattato di diritto tributario*. Torino, Annuario, 2001.

__________. "Autonomia finanziaria e tributaria", in *Enc. giur.*, vol. II. Roma, 2002.

AMATUCCI, F. *Le fondamenta costituzionali dell'imposta ambientale*. Napoli, 1993.

AMOROSO. "L'interpretazione adeguatrice nella giurisprudenza costituzionale tra canone ermeneutico e tecnica di sindacato di costituzionalità", in *Foro it.*, V, 1998.

ANTONINI, E. *I regimi fiscali sostitutivi*. Milano, 1969.

__________. "Personalità giuridica e imposta sul reddito delle persone giuridiche", in *Riv. dir. fin. sc. fin.*, I, 1978.

ANTONINI, L. *Dovere tributario, interesse fiscale e diritti costituzionali*. Milano, 1996.

ARDOLINO. "La forza e valore delle decisioni della Commissione CE tra efficacia diretta e riserva di legge", nota a Cass. Civ., Sez. V trib., sent. 10 dicembre 2002 n. 17.564, in *Riv. dir. trib. int.*, 2003.

BAFILE. "Imposta", in *Enc. giur.*, vol. XVI. Roma, 1989.

BASILAVECCHIA. "Sulla costituzionalità dell'Irap; un'occasione non del tutto perduta", in *Rass. trib.*, 2002.

BATISTONI FERRARA. "Art. 53", in Branca – Pizzorusso (a cura di), *Commentario della Costituzione*, t. II. Bologna, 1994.

__________. "Capacità contributiva", in *Enc. Dir.*, Agg. III. Milano, 1999.

__________. "L'Irap è un'imposta incostituzionale?", in *Riv. dir. trib.*, I, 2000.

__________. *Prime riflessioni sul salvataggio dell'Irap*, nota a Corte cost., sent. 10-21.5.2001, n. 156, in *Rass. trib.*, 2001.

BERLIRI. "Per una precisazione del concetto giuridico di tassa: rapporto di tassa e rapporto contrattuale", in *Riv. dir. fin sc. fin.*, I, 1951.

__________. *Principi di diritto tributário*, vol. I. Milano, 1952.

BERNARDI (a cura di). "Studi per un progetto di riforma del sistema tributario italiano: Rapporto Irpef", in *Riv. dir. fin. sc. fin.*, I, 1995, ed ivi, Id., *L'Irpef: ragioni di una riforma e analisi di una proposta*, pp. 436 ss.

BIZIOLI. "Prevalenza e diretta efficacia delle decisioni in tema di aiuti di Stato nell'ordinamento tributario interno fra questioni nuove (art. 117, comma 1, Cost.) e questioni teoriche ancora irrisolte (la rilevanza della riserva in materia di prestazioni patrimoniali imposte ex art. 23 Cost.)", in *Riv. dir. fin. sc. fin.*, II, 2004.

BOESHERTZ – ROSENSTOCK. "Energy taxes in the EU: a case study of the implementation of environmental taxation at a supranational level", in Milne – Deketelaere – Kreiser – Ashiabor, *Critical issues in environmental taxation*. Richmond, 2004.

BORGSMIDT. "Eco-taxes in the framework of Community law", in *EC Tax Review*, 1999/4.

BRACCINI. "Finanza contributiva e fiscale nel passaggio dall'assistenza sanitaria di categoria a quella egualitaria", in *Giur. cost.*, I, 1982.

__________. "Parafiscalità", in *Digesto*, IV ed., Disc. priv., Sez. comm., vol. X. Torino, 1994.

BRACCIONI. "Capacità contributiva e principi fondamentali dell'ordinamento comunitário", in *Dir. prat. trib.*, I, 1989.

BRESSO. *Per un'economia ecológica*. Roma, 1993.

BROSIO. *Economia e finanza pubblica*. Roma, 1991.

BUGLIONE. "Ecoautomobilismo ed ecotasse: prospettive e concrete realizzazioni", in Desideri (a cura di), *Qualità dell'aria e automobili (problemi e politiche)*. Milano, 1996.

CAPUTI JAMBRENGHI. "Tutela dell'ambiente e beni pubblici. (Provocazioni per uno studio sul dominio ambientale eminente)", in AA.VV., *Scritti in onore di Alberto Predieri*, I. Milano, 1996.

CARAVITA DI TORITTO. *Diritto dell'ambiente*. Bologna, 2001.

CARPENTIERI. "Appunti in tema di rapporti tra imposta sostitutiva e imposta sostituita", in *Dir. prat. trib.*, II, 1993.

CASADO OLLERO. "Los fines no fiscales de los tributos en el ordenamiento español", in *Dir. prat. trib.*, I, 1992.

CASTALDI. "Considerazioni a margine della sentenza n. 156 del 2001 della Corte Costituzionale in materia di Irap", in *Rass. trib.*, 2002.

__________. "Ambiente (tutela dell') – II) Diritto della Comunità Europea", in *Enc. giur.*, vol. II. Roma, agg. 2001.

CERRI. "Eterogenesi dei fini, anacronismo legislativo, limiti del giudicato costituzionale – Riflessioni a proposito della caduta del vincolo alberghiero", in *Le Regioni*, 1981.

__________. "Ragionevolezza delle leggi", in *Enc. giur.*, vol. XXV. Roma, 1991.

CICOGNANI. "Società – VI) Diritto tributario", in *Enc. giur.*, vol. XXIX. Roma, 1993.

COMMISSIONE EUROPEA. *Tasse ed imposte ambientali nel mercato unico*, COM(97)9 def del 26 marzo 1997.

__________. *Un'iniziativa europea in materia di commercio elettronico*, COM(97)157 del 15 aprile 1997.

CORDELL. "New taxes for a new economy", in *Government Information in Canada*, vol. 2, n. 4.2, primavera 1996, in www.usask.ca/library/gic/v2n4/cordell/cordell.html.

COSCIANI. "Su di alcune deformazioni della progressività dell'imposta sul reddito delle persone fisiche", in *Riv. dir. fin. sc. fin.*, I, 1975.

CROXATTO. "Redditi delle persone giuridiche, (imposta sui)", in *Nss. D.I., App.*, vol. VI. Torino, 1986.

D'ATENA. "Adattamento del diritto interno al diritto internazionale", in *Enc. giur.*, vol. I. Roma, 1988.

D'AMATI. "Agevolazioni ed esenzioni tributarie", in *Nss. D.I. – App.*, vol. I. Torino, 1980.

__________. "Le agevolazioni in campo tributario e parafiscale", in Leccisotti (a cura di), *Le agevolazioni fiscali*. Atti del Convegno di Roma, 7-8 ottobre 1993. Bari, 1995.

D'AYALA VALVA. "'Nuove' tariffe, prestazioni imposte e giurisdizione tributaria", in *Giur. merito*, 2004.

DEL FEDERICO. "Tassa", in *Digesto*, IV ed., Disc. priv., Sez. comm., vol. XV. Torino, 1998.

DE MITA. *Interesse fiscale e tutela del contribuente*. Milano, 1987.

__________. "Razionalità e certezza della tassazione", in AA.VV., *La costituzione economica a quarant'anni dalla approvazione della Carta fondamentale*. Atti del convegno di Milano del 6-7 maggio 1988. Milano, 1990.

__________. *Appunti di diritto tributário*, vol. I. Milano, 1994.

DI GIOVANNI. "Imposta regionale sulle attività produttive (IRAP)", in *Enc. giur.*, vol. XVI. Roma, agg. 2002.

ESSERS. "The interaction between environment and income taxes in Belgium, France, Germany, Italy, The Netherlands, Spain and the United Kingdom", in *EC Tax Review*, n. 1, 1999.

FALSITTA. "La latitudine del divieto di abrogazione delle leggi tributarie mediante referendum e la nozione tricotomia di tributo", nota a Corte cost., sentt. 11-12 gennaio 1995, nn. 2 e 11, in *Riv. dir. trib.*, II, 1995.

__________. "Canone TV, utenti nell'ombra e giudici nella nebbia", in *Riv. dir. trib.*, II, 1995.

__________. *Per un fisco "civile"*. Milano, 1996.

__________. "Aspetti e problemi dell'Irap", in *Riv. dir. trib.*, I, 1997.

FANTOZZI. *Il diritto tributário*. Torino, 2003.

__________. "Riserva di legge e nuovo riparto della potestà normativa in materia tributaria", Relazione al 50º Convegno ASTRID di studi amministrativi su *L'attuazione del Titolo V della Costituzione*. Varenna, 16-18 settembre 2004, in www.astridonline.it.

FEDELE. "La discriminazione dei redditi di lavoro autonomo e i principi di eguaglianza e di capacità contributiva", nota a Corte cost., sent. 26 marzo 1980 n. 42, in *Giur. it.*, I-1, 1980.

__________. "Concorso alle spese pubbliche e limiti dell'iniziativa economica privata", in *La Costituzione economica a quarant'anni dalla Carta fondamentale*. Atti del Convegno di Milano del 6-7 maggio 1988. Milano, 1990.

__________. "Prestazioni imposte", in *Enc. giur.*, vol. XXIV. Roma, 1991.

__________. "Tassa", in *Enc. giur.*, vol. XXX. Roma, 1993.

__________. "Dovere tributario e garanzie dell'iniziativa economica e della proprietà nella Costituzione italiana", in *Riv. dir. trib.*, I, 1999.

__________. "La crisi dell'imposta personale ed il ruolo dell'imposta sostitutiva. L'esperienza italiana", relazione al Convegno di studio su *Le ragioni del diritto tributario in Europa – Giornate di studi per Furio Bosello*. Bologna, 26-27 settembre 2003, in www.berliri.giuri.unibo.it, p. 12 del dattiloscritto.

FICHERA. *Le agevolazioni fiscali*. Padova, 1992.

GAFFURI. "La compatibilità dell'imposta regionale sulle attività produttive con i precetti fondamentali dell'ordinamento giuridico: stato della questione", in *Riv. dir. trib.*, I, 1999.

GALEOTTI FLORI. "La tutela dell'ambiente nella disciplina dei tributi sul reddito dei fabbricati culturali e per agriturismo", in Acquarone – Amatucci – Laschena – Pace – Scudiero, *Convivenza nella libertà. Scritti in onore di Giuseppe Abbamonte*, t. II. Napoli, 1999.

GALLO. "L'influenza della disciplina formale nella ricostruzione della natura giuridica di un tributo surrogatorio", in *Riv. dir. fin. sc. fin.*, I, 1977.

__________. "La soggettività ai fini IRPEG", in Uckmar – Magnani – Marongiu (a cura di), *Le imposte sui redditi nel nuovo Testo Unico*. Padova, 1988.

__________. "L'imposta regionale sulle attività produttive e la capacità contributiva", in *Giur. comm.*, I, 2002.

GALLO – MARCHETTI. "I presupposti della tassazione ambientale", in *Rass. trib.*, 1999.

GARBARINO. "Nuove dimensioni della transnazionalità dell'imposizione", in

AA.VV., *L'evoluzione dell'ordinamento italiano*. Atti del Convegno su *I settanta anni di Diritto e pratica tributaria*. Padova, 2000.

GERELLI. "Reputazione ambientale e competitività non di prezzo", in *Riv. dir. fin. sc. fin.*, I, 2002.

GIANNINI. "L'evoluzione dei sistemi di imposizione societaria nei Paesi dell'Unione Europea e le prospettive di coordinamento comunitário", relazione al Convegno ANTI su *La presidenza italiana della Confédération Fiscale Européenne e la fiscalità delle imprese nell'ambito comunitário*. Roma, 17 dicembre 2003, in www.anti.it.

GIOVANARDI. "Tributi comunali", in *Digesto*, IV ed., Disc. priv., Sez. comm., vol. XVI. Torino, 1999.

GRANELLI. "Brevi considerazioni sugli aspetti fiscali della 'legge Merli'", in *Boll. trib. inf.*, 1980.

__________. *L'imposizione dei plusvalori*. Padova, 1981.

__________. "Redditi (imposta locale sui)", in *Nss. D.I., App.*, vol. VI. Torino 1986.

GRECO. "Nascita, evoluzione ed attuale valore del principio 'chi inquina paga'". Atti del Convegno Nazionale di Gubbio del 5-7 ottobre 1990. Roma, 1992.

GRIZIOTTI. *Principi di politica, di diritto e scienza delle finanze*. Padova, 1929.

HERRERA MOLINA. *Derecho tributario ambiental*. Madrid, 2000.

__________. "Legal limits on the competence of governments in Spain", in Milne – Deketelaere – Kreiser – Ashiabor, *Critical issues in environmental taxation*. Richmond, 2004.

HERRERA MOLINA – CHICO – GRAU RUIZ. "Towards a general code of environmental tax provisions: a review of the sub– and inter–national experiences in Spain", relazione alla *5th annual global conference on environmental taxation: issues, experiences and potential*. Pavia, 9-11 settembre 2004.

INGROSSO, G. *I contributi nel sistema tributario italiano*. Napoli, 1964.

INGROSSO, M. "Contributi", in *Digesto*, IV ed , Disc. priv., Sez. comm., vol. IV. Torino, 1989.

__________. "Imposte sostitutive", in *Enc. giur.*, vol. XVI. Roma, 1989.

INTERDONATO. "Tributi regionali", in *Digesto*, IV ed., Disc. priv., Sez. comm., nonché, in *Riv. dir. trib.*, I, 1999.

KEMMEREN. "Origin-Based Double Tax Conventions and Import Neutrality", in *Riv. dir. trib. int.*, 2001.

LA PERGOLA. *Costituzione e adattamento dell'ordinamento internazionale*. Milano, 1961.

LA ROSA. "Esenzioni ed agevolazioni tributarie", in *Enc. giur.*, vol. XIII. Roma, 1989.

__________. "Le agevolazioni tributarie", in A. Amatucci, *Trattato di diritto tributario*, vol. I-1. Torino, 1994.

LAROMA JEZZI. "I tributi ambientali", in Russo, *Manuale di diritto tributario – Parte speciale*. Milano, 2002.

LECCISOTTI (a cura di). *Le agevolazioni fiscali*. Atti del Convegno di Roma 7-8 ottobre 1993. Bari, 1995.

LICCARDO. "Introduzione allo studio del diritto tributario", in A. Amatucci, *Trattato di diritto tributario*, vol. I-1. Torino, 1994.

LOVECCHIO. "La singolare metamorfosi della tassa rifiuti", in *Boll. trib.*, 1999.

MAFFEZZONI. *Il principio della capacità contributiva nel diritto finanziario*. Torino, 1970.

MAJOCCHI. "Greening tax mixes", in OECD, "Countries: a preliminary assessment", in *Riv. dir. fin. sc. fin.*, I, 2000.

__________. "Environmental taxes and border tax adjustment: an economic assessment", in *Riv. dir. fin. sc. Fin.*, I, 2002.

MALVEZZI. "Una nota sul principio di capacità contributiva e l'imposta regionale sulle attività produttive", in *Riv. dir. fin. sc. fin*, I, 1999.

MANGIONE. "Appunti sulla nozione di tributo dal sistema tributario italiano al sistema tributario 'italo-comunitario'", in *Giust. civ.*, V, 1976.

MANZONI. *Il principio della capacità contributiva nell'ordinamento costituzionale italiano*. Torino, 1965.

__________. "Imposizione fiscale, diritti di libertà e garanzie costituzionali", in *Giur. cost.*, 1987.

MARCHETTI. "Tassa, imposta, corrispettivo o tributo ambientale?", in *Fin. loc.*, n. 3, 2004.

MARELLO. "Le categorie tradizionali di diritto tributario ed il commercio elettronico", in *Riv. dir. trib.*, I, 1999.

MARINO (a cura di). *I profili internazionali e comunitari della nuova imposta sui redditi delle società*. Milano, 2004.

MARONGIU. "L'imposta locale sui redditi (ILOR)", in *Enc. giur.*, vol. XVI. Roma, 1989.

__________. "L'imposta locale sui redditi", in A. Amatucci, *Trattato di diritto tributario*, vol. IV. Torino, 1994.

__________. "Irap, Lavoro autonomo e Costituzione", in *Dir. prat. trib.*, 2000.

MEUSSEN (a cura di). *The principle of equality in European Taxation*. The Hague, 1999.

MICCINESI. "Redditi (imposta locale sui)", in *Enc. dir.*, vol. XXXIX. Milano, 1988.

MICHELI. "Profili critici in tema di potestà di imposizione", in *Riv. dir. fin. sc. fin.*, I, 1967.

__________. "L'art. 20 della Costituzione e il potere di imposizione", in *Riv. dir. fin. sc. fin.*, I, 1975.

__________. *Corso di diritto tributário*. Torino, 1989.

__________. "Soggettività tributaria e categorie civilistiche", in *Riv. dir. fin. sc. fin.*, I, 1977.

MIELE. *La Costituzione italiana e il diritto internazionale*. Milano, 1951.

MILNE. "Environmental taxation: why theory matters", in Milne – Deketelaere – Kreiser – Ashiabor, *Critical issues in environmental taxation*. Richmond, 2004.

MINISTERO DELL'ECONOMIA E DELLE FINANZE. "Relazione al disegno di legge delega per la riforma del sistema fiscale statale (progetto di legge n. 2144)", in *Boll. trib. inf.*, 2002.

MISCALI. *Imposizione tributaria e território*. Padova, 1985.

MORTATI. *Istituzioni di diritto pubblico*. Padova, 1976.

MOSCHETTI. "Agevolazioni fiscali – II) Problemi di legittimità costituzionale e principi interpretativi", in *Dig.* IV, Disc, priv., Sez. comm., vol. I. Torino, 1987.

__________. "Capacità contributiva", in *Enc. giur.*, vol. V. Roma, 1988.

__________. "La capacità contributiva – 1) Profili generali", in A. Amatucci, *Trattato di diritto tributario*, vol. I-1. Torino, 1994.

__________. "Relazione", in *Irap, imprese e lavoro autonomo. Profili costituzionali e applicativi*. Atti del convegno di studi di Pisa, 12 marzo 1999, in *Il fisco*, 1999.

__________. "Profili costituzionali dell'Irap, imposta disattenta alla persona e alla tutela del lavoro", in *Riv. dir. trib.*, I, 1999.

MUSU. *Introduzione all'economia dell'ambiente*. Bologna, 2000.

NUZZO. "Alcuni spunti sulle recenti proposte di tassazione dei 'capital gains' e in tema di imposte sostitutive", in *Riv. dir. trib.*, I, 1991.

OECD. *Implementation strategies for environmental taxes*. Paris, 1996.

OECD. *Environmental taxes and green tax reform*. Paris, 1997.

OECD. *Environmental taxes and competitiveness. an overview of issues, policy, options and research needs*. Paris, 2003.

PALADIN. "Il principio di eguaglianza tributaria nella giurisprudenza costituzionale italiana", in *Riv. dir. trib.*, I, 1997.

__________. *Per una storia costituzionale dell'Italia repubblicana*. Bologna, 2004.

PARLATO. "Regimi fiscali sostitutivi", in *Nss. D.I., App.*, vol. VI. Torino, 1987.

__________. "Il responsabile ed il sostituto d'imposta", in A. Amatucci, *Trattato di diritto tributario*, vol. II. Torino, 1994.

PEARCE, MARKANDYA, BARBIER. *Progetto per un'economia verde*. Bologna, Il Mulino, 1991.

PENNELLA. "Sull'interpretazione autentica della nozione di rifiuto solido ai fini della relativa tassa di smaltimento", in *Rass. trib.*, 2003.

__________. "Rifiuti solidi urbani (tassa per lo smaltimento dei e tariffa per la gestione dei)", in corso di pubbl. in *Enc. giur.*, Roma, 2004.

PERRONE CAPANO. "L'imposizione e l'ambiente", in A. Amatucci, *Trattato di diritto tributario*. Torino, Annuario, 2001.

PICCIAREDDA – SELICATO. *I tributi e l'ambiente. Profili ricostruttivi*. Milano, 1996.

PIGOU. *The economics of welfare*. Cambridge, 1932; traduzione italiana di Mario Einaudi, *Economia del benessere*. Torino, 1948.

POLANO. "Spunti teorici e prospettive in tema di regimi fiscali sostitutivi", in *Dir. pra., trib.*, I, 1972.

POTITO. "Soggetto passivo d'imposta", in *Enc. dir.*, vol. XLII. Milano, 1990.

POZZO – RENNA. *L'ambiente nel nuovo Titolo V della Costituzione*. Milano, 2004.

RIGHI. "Lineamenti e profili di costituzionalità del canone o diritto comunale di cui all'art. 16 della legge 10 maggio 1976 n. 319", in *Boll. trib. inf.*, 1980.

SACCHETTO. "Aspetti e problemi giuridici della imposizione dei canoni di inquinamento", in *C.N.R. – Istituto di ricerca sulle acque*, Quaderno n. 47, *Problemi e strumenti economico-giuridici per una politica della qualità delle acque*. Roma, 1980.

__________. "Tassa (in generale)", in *Enc. dir.*, vol. XLIV. Milano, 1992.

__________. "L'imposta sul reddito delle persone giuridiche", in A. Amatucci, *Trattato di diritto tributário*, vol. IV. Torino, 1994.

__________. "L'evoluzione del principio di territorialità e la crisi della tassazione del reddito mondiale nel paese di residenza", in *Riv. dir. trib. int.*, 2001.

SCACCIA. *Gli "strumenti" della ragionevolezza nel giudizio costituzionale*. Milano, 2000.

SCHIAVOLIN. "Sulla dubbia conformità dell'Irap al principio di capacità contributiva", in *Riv. dir. trib.*, I, 1998.

SELICATO. "Effetti delle direttive comunitarie sulla normativa tributaria italiana", in *Riv. dir. fin. sc. fin.*, II, 1990.

__________. "Tasse marittime e portuali", in *Enc. giur.*, vol. XXX. Roma, 1993.

SMITH. *An inquiry into the nature and causes of the wealth of Nations* (London, 1776), ora *Ricerche sopra la natura e le cause della ricchezza delle nazioni*. Trad. di Alberto Campolongo. Torino, 1950.

SOCINI. *L'adeguamento degli ordinamenti statuali all'ordinamento internazionale*. Milano, 1954.

SPAZIANI TESTA. "Dalla tassa alla tariffa", in *Il Fisco*, 2000.

TESAURO. G. *Diritto comunitário*. Padova, 2003.

TREMONTI. "La crisi dell'imposizione personale progressiva e gli strumenti giuridici utilizzati ed utilizzabili", in *Riv. dir. fin. sc. fin.*, 1984, I.

__________. "Il regime fiscale dei nuovi beni", in *Riv. dir. fin. sc. fin.*, I, 1990.

__________. "Una nota di politica fiscale: la crisi dell'Irpef e la questione della progressività", in *Riv. dir. fin. sc. fin.*, I, 1999.

TREMONTI – VITALETTI. *La fiera delle tasse.* Bologna, 1991.

TOSI. "Principi generali del sistema tributario locale", in AA.VV., *L'autonomia finanziaria degli enti locali territoriali.* Roma, 1994.

UCKMAR, V. *Principi comuni di diritto costituzionale tributário.* 2ª ed., Padova, 1999.

URICCHIO. "La trasformazione della tassa rifiuti in tariffa nel decreto 'Ronchi'", in *Boll. trib. inf.*, 1997.

__________. "Tassa per la raccolta dei rifiuti solidi e urbani", in *Digesto*, IV ed., Disc. priv., Sez. comm., vol. XV. Torino, 1998.

__________. "Pubblicità on line e imposizione locale", in *Boll. trib. inf.*, 2001.

VALENTE – ROCCATAGLIATA. "Bit tax, ultima frontiera nella società dell'informazione?", in *Il fisco*, 1999.

VERRIGNI. "La rilevanza del principio 'chi inquina paga' nei tributi ambientali", in *Rass. trib.*, 2003.

VILLANI. "Il prelievo fiscale ambientale in Italia e nei paesi del Nord Europa: problemi di gettito e di redistribuzione", in Marzovilla – Trupiano – Villani, *Aspetti economici interni ed internazionali della tutela ambientale. Strumenti, commercio internazionale, fiscalità.* Bari, 2000.

VIOTTO. "Tributo", in *Digesto*, IV ed., Disc. priv., Sez. comm., vol. XVI. Torino, 1999.

VITALETTI. "Le proposte di nuove imposte: l'imposizione dell'energia", in Pedone (a cura di), *La riforma tributaria tra nuove imposte e qualche aggiustamento.* Bologna, 1989.

__________. "Livelli di governo e principi fiscali", in *Riv. dir. fin. sc. fin.*, I, 2003.

VOGEL. "World-wide or source taxation of income", in *Rass. trib.*, 1988.

VON HAYECK. *La via della schiavitù.* Trad italiana di Dario Antiseri e Raffaele de Mucci. Milano, Rusconi, 1995.

YEBRA MARTUL-ORTEGA. "I fini extrafiscali dell'imposta", in A. Amatucci, *Trattato di diritto tributario.* Torino, Annuario, 2001.

APONTAMENTOS SOBRE A TRIBUTAÇÃO AMBIENTAL NO BRASIL[1]

REGINA HELENA COSTA

1. Conceito de tributação ambiental. 2. A experiência do Direito Comparado. 3. Disciplina constitucional do meio ambiente e da tributação. 4. A extrafiscalidade e a tributação ambiental no Brasil. 5. Propostas para a implementação de uma política tributária voltada ao meio ambiente.

1. Conceito de tributação ambiental

A expressão "tributação ambiental", recente entre nós, está a demonstrar a importância que vem ganhando a identificação da relação existente entre a tributação e a preservação do meio ambiente, de modo a direcionar aquela atividade estatal para o implemento deste objetivo.

Tema objeto de poucos estudos no Brasil – provavelmente em razão de o direito ambiental constituir uma disciplina cujo desenvolvimento tardou a chegar aqui – ora vem adquirindo destaque, ao fundamento de que os instrumentos tributários podem revelar-se poderosas ferramentas para o alcance da tão desejada proteção ambiental.

Releva salientar que a evolução do papel do Estado, inicialmente revestido de uma postura liberal, para a assunção de uma atuação intervencionista voltada à consecução de múltiplos objetivos estatuídos no ordenamento jurídico, em especial na Constituição, fez manifestar a dupla faceta dos tributos, em princípio considerados apenas meios de gera-

1. O texto do presente estudo baseia-se em estudo anteriormente elaborado pela autora, denominado "Tributação Ambiental", in *Direito Ambiental em Evolução*, pp. 297-309.

ção de receita, para revelarem-se, também, instrumentos eficientes para a persecução dessas mesmas finalidades.[2]

A tributação ambiental pode ser singelamente conceituada como o emprego de instrumentos tributários para gerar os recursos necessários à prestação de serviços públicos de natureza ambiental (aspecto fiscal ou arrecadatório), bem como para orientar o comportamento dos contribuintes à proteção do meio ambiente (aspecto extrafiscal ou regulatório).[3]

Vários são, portanto, os expedientes passíveis de serem aplicados para o alcance desse desiderato. Cremos que todas as espécies tributárias podem, a seu modo, prestar-se a tal fim: impostos, taxas, contribuição de melhoria e, também, as contribuições de intervenção no domínio econômico. As técnicas utilizadas podem ser a concessão de incentivos fiscais, tais como as isenções e deduções, bem assim a adoção das técnicas da progressividade e da diferenciação de alíquotas.

2. A experiência do Direito Comparado

Internacionalmente, tributos ambientais (*ecotaxes*) são aqueles introduzidos no ordenamento jurídico por motivos ambientais ou por possuírem efeitos ambientais independentemente das razões que levaram à sua exigência.[4]

Em países mais desenvolvidos, tais como a França, a Alemanha e os Estados Unidos da América, a experiência tem demonstrado que a introdução de um eficiente sistema de tributos ambientais é duplamente vantajosa: de um lado, estimula o comportamento individual, que espontaneamente se orienta de modo "ecológico", para evitar tributação mais gravosa e, de outro lado, não é custoso nem pouco eficaz, como a fiscalização inerente ao exercício do poder de polícia.[5]

Na disciplina da tributação ambiental, impõe-se abordar princípio adotado em diversos países, qual seja, o *princípio do poluidor-pagador*. Trata-

2. Cf. Antonio López Díaz, "Las Modalidades de Fiscalidad Ambiental", in Celso Antônio Bandeira de Mello (Org.), *Direito Tributário – Estudos em Homenagem a Geraldo Ataliba*, n. 1, p. 27.

3. A respeito do conceito de extrafiscalidade, v. item 4 deste trabalho.

4. Cf. "International Fiscal Association", Ato do Congresso de Florença, 6.10.1993, Seminário C, "Tributos e Encargos Ambientais", Introdução, p. 1, apud Franco Picciaredda e Pietro Selicato, *I tributi e l'ambienti*, p. 99.

5. Cf. Picciaredda e Selicato, ob. cit., p. 32.

se de um princípio de direito internacional ambiental, de conteúdo econômico, que pode ser efetivado, também, mediante a utilização de tributos.

Genericamente, consiste tal princípio na exigência de que o agente poluidor arque com os custos das medidas de prevenção e de controle da poluição.[6]

Chris Wold, professor de Direito Internacional Ambiental da "Northwestern School of Law of Lewis & Clark College", de Portland, Oregon, Estados Unidos da América, aponta aspectos da eficácia do princípio do poluidor-pagador, como fundamento de medidas de prevenção e de controle da poluição: 1) assegurar que acidentes ambientais não ocorram; 2) todavia, ocorrendo acidente dessa natureza, a resposta adequada deve estar pronta, como planos de emergência, por exemplo; e 3) a reabilitação e a limpeza do local atingido, após a contenção da poluição.[7]

Importante frisar, contudo, que a compreensão universal de tal princípio é no sentido de que este não conduza à afirmação de um "direito à poluição", traduzido no pensamento segundo o qual "quem paga, pode poluir", mesmo porque o meio ambiente é um conjunto de valores economicamente inestimáveis.[8]

Michel Prieur, professor da Faculdade de Direito e de Ciências Econômicas de Limoges, por seu turno, assinala que, na França, o princípio compreende a tributação da poluição, a imposição de normas e a atuação de mecanismos diversos da indenização, salientando, igualmente, que tal comando traduz-se juridicamente na abolição de direitos adquiridos em matéria de poluição.[9]

Portanto, os instrumentos que viabilizam a aplicação desse princípio são a instituição e graduação de tributos, o licenciamento ambiental, as multas e a limpeza ou recuperação ambiental.[10]

6. Cf. *The polluter-pays principle – Definitions, Analysis, Implementation*, publicação da Organização para a Cooperação e Desenvolvimento Econômico – OCDE, Paris, 1975, p. 6, apud José Marcos Domingues de Oliveira, *Direito Tributário e Meio Ambiente*, p. 14.

7. Cf. "International Environmental Law", in *1997 Environmental and Natural Resources Law Seminar for Members of Brazilian Legal Community*.

8. A respeito da aplicação desse princípio no contexto do Brasil e dos EUA, veja-se "Economic and Market Incentives as Instruments of Environmental Policy in Brazil and the United States", de Antonio Herman Benjamin e Charles Weiss, in *Texas Law Journal*.

9. *Droit de l'Environment*, p. 125.

10. No mesmo sentido, José Marcos Domingues de Oliveira, para quem a adoção do princípio do poluidor-pagador impõe tríplice conseqüência: 1) a afetação da

Sob o aspecto tributário, que nos interessa neste breve estudo, o princípio tem sido concretizado, nos países que já o adotam, precipuamente mediante a instituição de impostos sobre a emissão de substâncias poluentes ou a exigência de impostos com alíquotas mais gravosas em relação a produtos poluentes, estimulando, desse modo, a busca por novas tecnologias que não agridam ao meio ambiente.

É preciso registrar que a utilização de expedientes tributários como instrumentos de proteção ambiental não se constitui questão pacífica, uma vez que sua admissibilidade tem sido questionada tanto do ponto de vista econômico, quanto do jurídico.

Consoante adverte Antonio López Díaz, os argumentos contrários a essa prática são, dentre outros, os de que os tributos sobre a poluição traduzem-se em licenças para contaminação, que privam os sujeitos dos meios necessários para evitar a poluição e que um sistema de tributos ambientais resulta demasiadamente complicado e diversificado. Mas pondera, por outro lado, que as vantagens consistentes no fato de que os impostos possam resultar mais justos – uma vez que tendem a igualar os custos unitários de redução entre os distintos sujeitos contaminadores e de que representam incentivo permanente para a redução da contaminação pelas empresas –, compensam as apontadas desvantagens.[11]

A preocupação com a questão da implementação de uma política de tributação ambiental, no contexto mundial, restou demonstrada na Conferência da Organização das Nações Unidas realizada no Rio de Janeiro – a ECO-92 – e, ao término dos trabalhos, foi elaborada uma declaração final, segundo a qual um eficiente tributo ambiental deve obedecer a quatro critérios:

1) *eficiência ambiental*, vale dizer, que a imposição tributária efetivamente conduza a resultados positivos do ponto de vista ambiental, mediante a instituição de tributo assim orientado ou imprimindo-se a tributo já existente esse caráter;

2) *eficiência econômica*, isto é, que ostente baixo custo, que seja um tributo de baixo impacto econômico, embora conducente àqueles dois

receita tributária ambiental; 2) a imputação, ao poluidor, do rateio do custo das ações estatais necessárias à preservação e recuperação ambientais; e 3) a graduação da tributação, de forma a incentivar atividades não poluidoras e desestimular aquelas nefastas à preservação ambiental (cf. ob. cit., pp. 16, 18 e 26).

11. Ob. cit., pp. 23-27.

objetivos: geração de recursos ambientais e/ou orientação do comportamento do contribuinte a adotar uma conduta ecologicamente correta;

3) *administração barata e simples*, significando que sua exigência não deva onerar a máquina administrativa, porque, senão, ter-se-á o mesmo problema existente com o exercício do poder de polícia; e

4) *ausência de efeitos nocivos ao comércio e à competitividade internacionais*, ou seja, que o tributo ambiental não venha a provocar efeitos danosos no ciclo de consumo, não acarretando repercussão negativa do ponto de vista econômico.[12]

Esses quatro critérios não podem ser olvidados, já que se trata de uma declaração universal.

Podemos citar, a título de ilustração, alguns exemplos de tributos ambientais, extraídos do direito comparado.

Na Alemanha, o imposto municipal sobre embalagens, pratos e talheres descartáveis, a tributação maior sobre veículos não guarnecidos de catalisadores, bem como o imposto para a prevenção de incêndios, dentre outros.[13]

Destaquem-se, na Espanha, os impostos especiais sobre hidrocarbonetos ou tabacos, sobre o licenciamento de veículos e sobre instalações que agridam ao meio ambiente.[14]

Já na Holanda, apresentam feição ambiental, dentre outros, os impostos sobre combustíveis, sobre a contaminação de superfícies aquáticas e sobre a contaminação causada por ruído causado por aeronaves civis.[15]

A França, por seu turno, exige imposto sobre produtos florestais, sobre corte de matas, além de um imposto específico para preservar espaços naturais protegidos.[16]

Na Bélgica, há o imposto devido pelos consumidores sobre bens descartáveis (pilhas, embalagens em geral etc), semelhante ao exigido na Itália, sobre sacos plásticos.[17]

12. Apud Picciaredda e Selicato, ob. cit., p. 32.

13. Apud José Marcos Domingues de Oliveira, ob. cit., p. 20, nota 33 e Antonio Lopez Diaz, ob. cit., p. 40.

14. Apud Antonio Lopez Diaz, p. 40.

15. Idem, ibidem.

16. Apud Antonio Lopez Diaz, ob. cit., p. 41.

17. Apud José Marcos Domingues de Oliveira, p. 29, nota 34 e Antonio Lopez Diaz, ob. cit., p. 40.

Na Dinamarca, tem-se diversos impostos com perfil ecológico, dentre os quais o sobre lâmpadas incandescentes e fusíveis elétricos, sobre a emissão de determinados gases e sobre resíduos.[18]

No âmbito da Comunidade Econômica Européia, consentânea com esse princípio, há proposta de criação de um *carbon tax*, ou seja, um imposto sobre a emissão de gases poluentes – anidrido carbônico e CFC.[19]

Nos Estados Unidos da América, tem-se o adicional "ambiental" do imposto de renda; a dedutibilidade de doações de terrenos e matas com finalidade preservacionista; o imposto pago pelos refinadores sobre petróleo e derivados e, ainda, o imposto, devido pelas empresas químicas, sobre produtos químicos perigosos e derivados.[20]

Interessante lembrar a experiência, nesse mesmo país, no que tange à captação de recursos financeiros com destinação ambiental. O mais expressivo exemplo é o *Superfund* (previsto no "Comprehensive Environmental Response, Compensation and Liability Act" – CERCLA, de 1980, revisto em 1986), um enorme fundo público, lastreado em recursos de alguns bilhões de dólares, constituído por receitas provenientes da arrecadação do imposto de renda, do imposto sobre petróleo e derivados e do imposto sobre produtos químicos perigosos e derivados, destinados ao combate à poluição por resíduos perigosos.[21]

Com tais recursos, a autoridade administrativa pode determinar a limpeza de determinado local degradado por resíduos perigosos. Os administradores responsáveis por tal limpeza que não a fizerem, sujeitar-se-ão ao ressarcimento, em triplo, dos respectivos custos incorridos pelo Estado, salvo hipóteses de justa causa (força maior, caso fortuito, risco de falência da empresa, exigüidade do prazo concedido etc.), quando se dá, apenas, o reembolso das despesas efetuadas pelo Poder Público.[22]

18. Apud Antonio Lopez Diaz, ob. cit., p. 41.

19. Cf. Picciaredda e Selicato, ob. cit., p. 84. Para vários outros exemplos, veja-se, na mesma obra, pp. 137-190.

20. Cf. *Comprehensive Environmental Response, Compensation and Liability Act* – CERCLA, 1980, rev. 1986, apud José Marcos Domingues de Oliveira, ob. cit., p. 27, nota 31 e p. 28, nota 32.

21. Apud José Marcos Domingues de Oliveira, ob. cit., pp. 17-18.

22. Idem, ibidem. A propósito, Roger W. Findley e Daniel A. Farber noticiaram que o CERCLA, durante o governo do Presidente Clinton, vinha passando por uma reforma diante da necessidade de mudança em razão da demora e do enorme custo das limpezas, bem como das desordenadas quantias de dinheiro consumidas pelos custos da transação e despesas judiciais (*Environmental Law in a Nutshell*, pp. 17-18).

Nos Estados Unidos da América existem ainda outros fundos públicos constituídos com receita oriunda de impostos, geralmente indiretos, sobre combustíveis, sobre emissões de gases poluentes, sobre equipamentos de caça e pesca etc., tais como o *Oil Spill Liability Trust Fund*, o *Black Lung Disability Trust Fund* e o *Wild Life Restoration Fund*.[23]

3. Disciplina constitucional do meio ambiente e da tributação

A Constituição Federal é riquíssima em dispositivos atinentes à disciplina tributária e ao regramento do meio ambiente, o que possibilita, em nosso entender, a implementação de uma política de tributação ambiental bastante ampla.

Em sentido amplo, a tributação é uma atividade abrangente, compreensiva não apenas da instituição de tributos, mas também da sua arrecadação e da fiscalização de seu recolhimento, as quais constituem tarefas eminentemente administrativas.

O Sistema Tributário Nacional resulta da conjugação de três planos normativos distintos: o texto constitucional, a lei complementar, veiculadora de normas gerais em matéria tributária (o Código Tributário Nacional) e a lei ordinária, instrumento de instituição de tributos por excelência.

A Constituição da República, à evidência, é a principal fonte do Direito Tributário no Brasil. Abriga os lineamentos para o adequado exercício da ação estatal de exigir tributos. Cuida, assim, de quatro temas fundamentais nessa seara: a) a previsão das regras-matrizes de incidência, isto é, das situações fáticas que poderão ser apreendidas pelo legislador infraconstitucional para a instituição de hipóteses de incidência tributária; b) a classificação dos tributos, estabelecendo suas espécies consoante o critério da existência ou não de atuação estatal que dê suporte à exigência fiscal; c) a repartição de competências tributárias, decorrência da adoção da forma federativa de Estado, delimitando a aptidão para a instituição de tributos outorgada a cada pessoa política; e, finalmente, d) as limitações ao poder de tributar, traduzidas, essencialmente, na definição de princípios e imunidades.

Sublinhe-se tratar-se de uma peculiaridade brasileira o fato de o sistema tributário estar delineado essencialmente na própria Constituição,

23. Apud José Marcos Domingues de Oliveira, ob. cit., pp. 17-18.

diversamente do que se dá na maioria dos países, nos quais o texto fundamental dedica pouquíssima atenção à disciplina da tributação.

Dessa característica extraem-se, facilmente, duas conseqüências relevantíssimas para a adequada compreensão dos parâmetros a serem observados pelo legislador e pelo administrador tributários.

A primeira, consistente no fato de que, se a Constituição brasileira é rígida, por contemplar um processo especial para sua modificação, mais complexo do que aquele previsto para a elaboração de uma lei ordinária, tal rigidez transmite-se ao Sistema Tributário Nacional, que somente pode ser modificado, em sua estrutura básica, por meio de emenda constitucional.

E a segunda conseqüência, consoante a qual toda modificação a ser implementada no plano infraconstitucional deverá atentar às balizas pré-estabelecidas na Lei Maior, o que resulta na restrita liberdade outorgada aos legisladores ordinário e complementar para dispor sobre a tributação – e, obviamente, na nenhuma liberdade outorgada ao administrador fiscal.

A rigidez do sistema e a diminuta liberdade conferida aos aplicadores da lei tributária encerram limitações que merecem exame. As primeiras limitações a serem registradas são as chamadas "cláusulas pétreas", normas constitucionais que consignam valores imutáveis para o Estado Brasileiro. Estampadas no art. 60, § 4º, da Constituição, interessam de perto ao objeto deste estudo as referentes à impossibilidade de, por meio de emenda constitucional, veicular-se qualquer dispositivo que conduza à abolição da forma federativa de Estado e dos direitos e garantias individuais.

A Federação, como sabido, pode ser classicamente definida como a forma de Estado consubstanciada na autonomia recíproca entre a União e os Estados-Membros. No Brasil, a Federação conta com tríplice ordem jurídico-política, diante da autonomia igualmente outorgada aos Municípios.

Assim, seja qual for a proposta de alteração do sistema tributário, deverá ela observar, necessariamente, a repartição de competências inerente ao modelo federativo adotado.

Do mesmo modo, os direitos e garantias individuais constituem barreiras intransponíveis à introdução de novidades no sistema tributário, uma vez que limitam a própria ação estatal de exigir tributos.

Os direitos individuais contemplados na Constituição são considerados direitos fundamentais, assim entendidos aqueles sujeitos a regime jurídico diferenciado, que lhes dispensa maior proteção. A relação necessária existente entre a tributação e os direitos fundamentais, revela-se, especialmente, mediante a eleição dos fatos que o legislador constituinte apreende nas regras-matrizes de incidência tributária e pela maneira mediante a qual o Estado exerce a atividade tributária.[24]

Como sabido, os tributos atingem, obrigatoriamente, dois direitos fundamentais: o direito à propriedade e o direito de liberdade. O primeiro é alcançado direta e imediatamente pela tributação, porque o tributo consiste em prestação pecuniária compulsória, devida por força de lei, implicando sua satisfação, obrigatoriamente, a diminuição do patrimônio do sujeito passivo, diminuição essa que, no entanto, jamais poderá caracterizar confisco.[25]

Por outro lado, o direito de liberdade, genericamente considerado, é alcançado pelo tributo indiretamente, por via oblíqua, conforme os objetivos a serem perseguidos pelo Estado, posto que sua exigência possa influenciar comportamentos, determinando as opções dos contribuintes. Assinale-se que outros direitos fundamentais também devem ser considerados pela tributação, uma vez que por ela alcançados de forma indireta, tais como os direitos à saúde e à educação.[26]

No que tange à disciplina do meio ambiente, cabe salientar, primeiramente, competir a todas as pessoas políticas proteger o meio ambiente e combater a poluição em qualquer de suas formas (art. 23, VI), proteger os monumentos, as paisagens naturais notáveis e os sítios arqueológicos (inciso III) e preservar as florestas, a fauna e a flora (inciso VII).

No título da Ordem Econômica e Financeira, o Texto Fundamental arrola, dentre os princípios gerais da atividade econômica, "a defesa do meio ambiente, inclusive mediante tratamento diferenciado conforme o

24. A relação existente entre a tributação e o exercício dos direitos fundamentais é por nós analisada em nosso *Imunidades Tributárias – Teoria e Análise da Jurisprudência do STF*, pp. 77-84.

25. Preceitua o Texto Fundamental: "Art. 150. Sem prejuízo de outras garantias asseguradas ao contribuinte, é vedado à União, aos Estados, ao Distrito Federal e aos Municípios: (...) IV – utilizar tributo com efeito de confisco." Definimos confisco, medida de caráter sancionatório, como a absorção total ou substancial da propriedade privada pelo Estado, sem a correspondente indenização (cf. nosso *Princípio da Capacidade Contributiva*, p. 93).

26. Sobre esse aspecto, dissertamos em nosso *Imunidades Tributárias*, cit., pp. 77-84.

impacto ambiental dos produtos e serviços e de seus processos de elaboração e prestação".[27]

O art. 225, *caput*, hospedeiro de uma das mais belas declarações de direitos constantes do texto fundamental, proclama que todos têm direito ao meio ambiente ecologicamente equilibrado, bem de uso comum do povo e essencial à sadia qualidade de vida, reiterando ao Poder Público, em parceria com a coletividade, o dever de defendê-lo e preservá-lo para as presentes e futuras gerações.

Posto isto, apontamos o entroncamento entre a tributação e a preservação ambiental: a extrafiscalidade. Para que se possa compreender como operam efeitos os tributos ambientais e no que consiste a experiência brasileira nesse âmbito, mister analisar o seu conceito.

4. A extrafiscalidade e a tributação ambiental no Brasil

A extrafiscalidade, como sabido, é o emprego de instrumentos tributários para o atingimento de finalidades não arrecadatórias, mas, sim, incentivadoras ou inibitórias de comportamentos, com vista à realização de outros valores constitucionalmente consagrados.[28] Afina-se com a noção de poder de polícia ou de polícia administrativa, conceituada como a atividade estatal consistente em limitar o exercício dos direitos individuais em benefício do interesse coletivo, e que repousa no princípio da supremacia do interesse coletivo sobre o individual, visando a impedir a adoção de condutas individuais contrastantes com o interesse público.

A extrafiscalidade, assim, pode ser implementada mediante a instituição e a graduação de tributos, a concessão de isenções[29] e outros in-

27. Art. 170, VI, na redação dada pela Emenda Constitucional n. 42, de 19.12.2003.

28. O saudoso mestre Geraldo Ataliba ensina que a extrafiscalidade consiste "no uso de instrumentos tributários para a obtenção de finalidades não arrecadatórias, mas estimulantes, indutoras ou coibidoras de comportamentos, tendo em vista outros fins, a realização de outros valores constitucionalmente consagrados" ("IPTU e progressividade", *RDP* 93/233).

29. Trata-se aqui das chamadas *isenções políticas*, que se opõe às chamadas *isenções técnicas* e constituem verdadeiras exceções ao princípio da capacidade contributiva. Somente estão legitimadas se instituídas "com toda a cautela possível, deixando o legislador transparecer, com nitidez e de maneira irrefutável, a finalidade prestigiada pelo texto fundamental que justifica o afastamento da observância do princípio da capacidade contributiva, preservando, assim, a isonomia" (cf. nosso *Princípio...*, cit., pp. 73-74).

centivos fiscais, como a possibilidade de dedução de despesas efetuadas pelos contribuintes referentes a recursos empregados na preservação do meio ambiente.

Em nossa opinião, convivem a atuação extrafiscal e a observância do postulado da capacidade contributiva, informador dos impostos e insculpido no art. 145, § 1º, da Constituição. Isto porque, em razão da extrafiscalidade, autorizada está a prescindibilidade da graduação dos impostos consoante a capacidade econômica do contribuinte, para que se atinjam finalidades outras, que não a mera obtenção de recursos, homenageadas pela ordem constitucional, como, por exemplo, a função social da propriedade, a proteção ao meio ambiente, o incentivo à cultura etc. Vale dizer, o Poder Público pode instituir tributos progressivos ou regressivos sem ater-se à pertinência que os mesmos deveriam guardar com a riqueza do sujeito passivo.

Nesses casos, teremos derrogações parciais do princípio, pois o princípio da capacidade contributiva não resta completamente afastado quando da tributação extrafiscal. O legislador não poderá descuidar-se da preservação dos limites que o próprio princípio exige: a manutenção do "mínimo vital", o não atingimento do confisco e o não cerceamento de outros direitos constitucionais. Estes, a nosso ver, são intocáveis mesmo pela tributação extrafiscal, porque representam garantias mínimas do contribuinte perante o Fisco.[30]

No Brasil – é importante salientar – adotamos um sistema de disciplina das condutas em matéria ambiental chamado pelos doutrinadores de "comando e controle" (*comand and control*), traduzido na edição de normas dirigidas aos particulares, para que adotem comportamentos coerentes ou afinados com a preservação ambiental, cujo cumprimento é fiscalizado mediante o exercício do controle inerente à polícia administrativa. Portanto, o legislador expede as normas pertinentes, a Administração as regulamenta, exercendo a respectiva fiscalização sobre as atividades particulares, para que não sejam realizadas em contraste com o interesse público.

30. Cf. nosso *Princípio...*, cit., pp. 71-76. No mesmo sentido a lição de Antonio Lopez Diaz, para quem a capacidade econômica não se opõe à utilização de tributos com finalidades extrafiscais, assinalando que nestes deve manter-se uma certa função contributiva, a qual, sem embargo, pode mostrar uma enorme flexibilidade para adaptar o instituto tributário aos fins perseguidos, mas sem que chegue a desaparecer em sua totalidade (ob. cit., p. 29).

No entanto, esse clássico sistema de "comando e controle" apresenta desvantagens, que são minimizadas com a adoção concomitante de um sistema de tributos ambientais.

As vantagens da utilização de tributos com feição ambiental em relação a esse sistema consistem no fato de que aqueles, primeiramente, estimulam o comportamento individual que se direciona a uma postura ambientalmente correta, justamente porque estão interferindo no bolso do contribuinte, que prefere adotar comportamentos menos agressivos ao meio ambiente. Por outro lado, a implantação de um sistema de tributos ambientais não exige infra-estrutura e fiscalização do aparelhamento administrativo tão custosas quanto as necessárias para se realizar toda a atividade de polícia administrativa nesse âmbito.

Por tais razões, aliando a condução do comportamento individual, que migra para uma conduta ecologicamente correta, à desnecessidade de uma infra-estrutura tão complexa, o sistema de tributos ambientais tem se revelado muito interessante, pelo quê os países mais desenvolvidos o tem utilizado com freqüência.

Conforme anteriormente observado, a experiência de tributação ambiental no Brasil é incipiente, decorrência natural da pouca conscientização de nossa sociedade sobre a necessidade de preservação do meio ambiente. Mas é possível apontar algumas incursões efetuadas no campo da tributação ambiental.

Detendo a União a competência tributária mais abrangente, especialmente em relação a impostos, é no âmbito federal que surgem as maiores possibilidades de emprego de instrumentos fiscais com eficácia ambiental.

Alguns exemplos pouco mais significativos podem ser lembrados: 1) o Decreto federal n. 755/1993 estabeleceu diferentes alíquotas do IPI para veículos movidos a gasolina (25% ou 30%, conforme as especificações) e para veículos movidos a álcool (20% ou 25%); embora o intuito tenha sido incentivar a produção de álcool visando à diminuição da importação de petróleo, contribuiu para diminuir os níveis de poluição atmosférica nas cidades;[31] 2) a legislação do Imposto de Renda, que autorizou a dedução de importâncias empregadas em projetos de reflorestamento (Lei n. 5.106/1966, Decretos ns. 93.607/1986 e 96.233/1988); e 3) a Lei n. 9.393/1996, que disciplina o Imposto Territorial Rural, exclui da área tri-

31. Apud José Marcos Domingues de Oliveira, ob. cit., p. 30.

butável as áreas de preservação permanente e de reserva legal, as de interesse ecológico para a proteção de ecossistemas e as comprovadamente imprestáveis para qualquer tipo de exploração, declaradas de interesse ecológico (art. 10, II, "a", "b" e "c").[32]

Mais recentemente, a União instituiu a Taxa de Controle e Fiscalização Ambiental – TCFA, cujo fato gerador é o exercício regular do poder de polícia conferido ao Instituto Brasileiro do Meio Ambiente e dos Recursos Naturais Renováveis – Ibama para controle e fiscalização das atividades potencialmente poluidoras e utilizadoras de recursos naturais.[33]

No âmbito dos Estados, cabe assinalar – embora não se trate de instrumento tributário, mas de natureza financeira – a experiência do chamado "ICMS Ecológico". Trata-se da definição de critérios para a distribuição da arrecadação desse imposto, com vista a incentivar a implementação de políticas públicas menos degradadoras ao meio ambiente.

Alexandre de Barros Castro aponta os principais expedientes de atuação do "ICMS Ecológico":

1. compensação financeira aos Municípios que sofrem restrições de uso e ocupação por parte de seus territórios por unidades de conservação (fundamentais para a preservação da biodiversidade) e terras indígenas (imprescindíveis para garantir a sobrevivência física e cultural dos povos indígenas);

2. compensação financeira aos Municípios que invistam nos seus sistemas de água e esgoto tratados e coleta de lixo com destinação final adequada;

3. estímulo às Prefeituras a formularem e executarem políticas ambientais; e

4. redistribuição de recursos do ICMS aos Municípios de forma mais justa e ambientalmente correta.

32. Idem, pp. 30-31. Antonio Herman Benjamin observa que há matas nativas que não se enquadram nessas categorias, o que vai conduzir a que sejam consideradas, pela lei, como áreas improdutivas. Desse modo, o proprietário de área com cobertura florestal ficará em situação difícil: de um lado, deve preservá-la, já que, para explorá-la, precisa de licença expedida pelo Poder Público; de outro lado, porém, deve utilizá-la de qualquer modo, mesmo que para pastagem, para não pagar mais imposto, ou para evitar, até, a desapropriação para fins de reforma agrária ("Desastre ambiental anunciado", *O Estado de S. Paulo*, 16.12.1996).

33. Cf. art. 17-B, da Lei n. 6.938, de 31.8.1981, na redação dada pelo art. 1º, da Lei n. 10.165, de 27.12.2000.

O mesmo autor noticia que vários Estados já implantaram o ICMS com essa feição ambiental, a saber, Paraná (1991), São Paulo (1993), Minas Gerais (1995), Rondônia (1996), Rio Grande do Sul (1997), Mato Grosso do Sul e Mato Grosso (2002).[34]

Ainda, exemplo de taxa ambiental que merece referência é a taxa de preservação ambiental exigida no Arquipélago de Fernando de Noronha, Distrito de Pernambuco, nos termos da Lei n. 10.403, de 29.12.1989, e alterada pela Lei n. 11.305, de 28.12.1995, cujo fato gerador é "a utilização, efetiva ou potencial, por parte das pessoas visitantes, da infraestrutura física implantada no Distrito Estadual e do acesso e fruição ao patrimônio natural e histórico do Arquipélago de Fernando de Noronha" (art. 84).

5. *Propostas para a implementação de uma política tributária voltada ao meio ambiente*

Considerando o sistema tributário atual, vejamos em que medida as espécies tributárias podem viabilizar a adoção de condutas afinadas com a defesa do meio ambiente.[35]

Em primeiro lugar, temos o Imposto sobre a Renda, cuja disciplina pode abrigar incentivos à preservação ambiental, mediante deduções nas hipóteses de projetos voltados para esse fim, ou mesmo isenções em relação a rendimentos provenientes de atividades interessantes sob o ponto de vista ambiental, o que ainda é feito timidamente.

No Imposto sobre Produtos Industrializados, a regra da seletividade em função da essencialidade do produto é obrigatória (art. 153, § 3º, I) e determina a modulação da tributação – em maior ou menor intensidade – consoante se trate de produto necessário, útil, supérfluo ou nocivo, permitindo, desse modo, a adoção de alíquota mais gravosa para as operações com produtos industrializados tóxicos ou poluentes.

Os impostos incidentes sobre a propriedade imobiliária, por sua vez, propiciam excelente contexto para a tributação ambiental. O princípio da função social da propriedade, extremamente valorizado pelo Texto Fun-

34. "Tributação e Ecologia: uma combinação possível", *Revista Tributária e de Finanças Públicas*, v. 11, n. 51, p. 147.

35. Mesmo porque, diante da elevada carga tributária imposta aos contribuintes no País, não há que se falar em instituição de novos tributos, ainda que sob o argumento de defesa do meio ambiente.

damental, constitui uma limitação ao direito de propriedade, no sentido de que compõe o próprio perfil desse direito.

Segundo ele, o proprietário deve usar e desfrutar do bem, exercendo esse direito em prol da coletividade; como limite mínimo de sua eficácia – não pode ser o interesse coletivo contrastado pelo interesse particular. Em outras palavras, com esse princípio o direito de propriedade ganhou uma significação pública, que não possuía no passado, "socializando-se".

Com referência ao Imposto Territorial Rural, a Constituição da República estabelece como um dos requisitos para o atendimento da função social da propriedade rural, sob pena de promoção da desapropriação para fins de reforma agrária, a "utilização adequada dos recursos naturais disponíveis e preservação do meio ambiente" (art. 186, II). Portanto, as alíquotas desse imposto devem ser fixadas não somente com vista a desestimular a manutenção de propriedades improdutivas (art. 153, § 5º), mas também para incentivar tal comportamento.[36]

Na esfera estadual, o Imposto sobre Circulação de Mercadorias e Prestação de Serviços – ICMS também pode ser seletivo em função da essencialidade das mercadorias e serviços, aplicando-se-lhe o mesmo comentário efetuado em relação ao IPI (art. 155, II, § 2º, CF).

Outrossim, o Imposto sobre a Propriedade de Veículos Automotores, por seu turno, pode ter suas alíquotas graduadas em função da preservação ambiental, uma vez que os veículos automotores são grandes fontes geradoras de poluição. Assim, em relação a veículos movidos a combustível menos poluente – como o álcool, gás natural ou a energia elétrica, por exemplo – o imposto deve ser mais baixo, de modo a incen-

36. A respeito da isenção do Imposto Territorial Rural em relação à área de preservação permanente, veja-se o interessante acórdão da relatoria do ilustre Desembargador Federal Vladimir Freitas:

"*Tributário. Ambiental. Imposto sobre a propriedade territorial rural. Isenção. Área de preservação permanente. Lei 5.898, de 12.12.72. Código Florestal. Lei 4.771, de 15.9.65, art. 2º.*

"Se a área total compreende partes de preservação permanente, assim reconhecidas pelo art. 2º do Código Florestal, não é possível a incidência do ITR sobre o todo, uma vez que o art. 5º da Lei 5.868/1972 isenta de tributação as áreas de preservação ambiental. Em tal situação a dívida ativa não pode ser considerada líquida e certa, daí porque se revela inviável a cobrança através de execução fiscal" (TRF – 4ª Região, 1ª Turma, Apelação Cível 97.04.46393-6, maioria, j. 7.10.97).

tivar o consumo desse tipo de veículo e inibir a aquisição de veículos que não os utilizem.[37]

No plano municipal, a Lei n. 10.257, de 10.7.2001, auto-denominada Estatuto da Cidade, representa uma mudança de perspectiva no trato da disciplina urbanística da propriedade, pois abriga normas gerais para os Municípios. Ao regulamentar os arts. 182 e 183 da Constituição da República, disciplinadores da política de desenvolvimento urbano, estabelece, no parágrafo único de seu art. 1º, "normas de ordem pública e interesse social que regulam o uso da propriedade urbana em prol do bem coletivo, da segurança e do bem-estar dos cidadãos, bem como do equilíbrio ambiental".

E o grande instrumento tributário dos Municípios para a preservação ambiental é o Imposto sobre a Propriedade Predial e Territorial Urbana – IPTU. A propriedade imobiliária urbana está igualmente afetada ao cumprimento da função social e satisfaz esse requisito quando atende às exigências fundamentais de ordenação da cidade expressas no plano diretor (art. 156, § 2º), cabendo a utilização do IPTU quando o proprietário não promova o adequado aproveitamento do solo urbano.[38]

A progressividade do IPTU, com caráter fiscal (art. 156, § 1º, I, na redação da Emenda Constitucional n. 29, de 2000), não se confunde com a progressividade no tempo, de cunho extrafiscal, prevista no art. 182, § 4º, II. O fundamento desta última é específico e distinto para que essa técnica seja utilizada vinculada ao aspecto temporal.[39]

Quanto ao Imposto sobre Serviços, ISS, o Município pode vir a incentivar serviços voltados à preservação ambiental, como o ecoturismo – sabidamente orientador e educativo – isentando-os ou concedendo incentivos fiscais.

37. É o caso, por exemplo, da legislação do Estado de São Paulo, que prevê alíquota do IPVA mais baixa nos casos de veículos que utilizem tais combustíveis (art. 7º, III, da Lei n. 6.606/1989, em sua redação atual).

38. Incentivo fiscal, concedido pelo Município de São Paulo aos contribuintes do Imposto Territorial Urbano cujos imóveis sejam revestidos de vegetação arbórea, declarada de preservação permanente ou perpetuada, nos termos do art. 6º do Código Florestal: desconto de até 50% no pagamento desse imposto, aplicado em consonância com o índice de área protegida (cf. Lei n. 10.365, de 22.9.1987, art. 17).

39. Sobre a progressividade no tempo do IPTU, prevista no art. 7º do Estatuto da Cidade, veja-se nosso estudo "Instrumentos Tributários para a Implementação da Política Urbana", in Adilson Abreu Dallari e Sérgio Ferraz (Coord.), *Estatuto da Cidade – Comentários à Lei Federal 10.257/2001*, pp. 101-116.

As taxas, por seu turno, são tributos de caráter contraprestacional, impondo que os recursos por elas gerados sejam necessariamente aplicados no custeio do serviço público ou da atividade de polícia proporcionados pelo Poder Público.

No que interessa ao direito ambiental, tem-se as taxas de serviço, pela prestação ou colocação à disposição do contribuinte de serviço público de natureza ambiental e as taxas de polícia, cuja exigência é ensejada mediante o exercício de atividade de fiscalização e controle da atividade particular, especialmente relevante no licenciamento ambiental.[40]

Cremos que a contribuição de melhoria, outrossim, pode prestar-se à proteção do meio ambiente. Pressuposto necessário para a sua exigência é a realização de obra pública que venha a provocar valorização imobiliária particular (art. 145, III, CF).

Entendemos que a Constituição de 1988 optou pelo modelo de contribuição de melhoria recuperadora, *a posteriori*, do custo da obra geradora da valorização imobiliária, tendo por base de cálculo o custo total da obra, a ser suportado, total ou parcialmente, pelos proprietários beneficiados.

Logo, se a obra pública causadora da valorização imobiliária voltar-se à preservação ambiental, como, por exemplo, a construção de parque urbano, poder-se-á exigir uma contribuição de melhoria "verde".[41]

Ainda, conforme defendemos em estudo anterior, há a possibilidade de instituição de contribuição de intervenção no domínio econômico, como instrumento de atuação da União nesse contexto.[42]

A defesa do meio ambiente é um dos princípios gerais da atividade econômica (art. 170, VI) e, desse modo, a União pode lançar mão desse

40. A respeito deste, bem como de outros instrumentos de utilização no direito ambiental, vejam-se José Afonso da Silva, *Direito Ambiental Constitucional*, e Vladimir Passos de Freitas, *Direito Administrativo e Meio Ambiente*.

41. É sabido que a contribuição de melhoria, no Brasil, infelizmente é instituto sem aplicação prática, em razão das dificuldades administrativas para a sua exigência, especialmente pelos Municípios, como se depreende dos arts. 81 e 82 do Código Tributário Nacional e do Decreto-lei n. 195/1967.

42. *Tributação Ambiental*, cit., pp. 306-307. Há muito dissertamos acerca das exigências que, a nosso ver, legitimam a instituição de contribuição interventiva: a) que a intervenção seja feita com apoio em lei; b) que o setor da economia esteja sendo desenvolvido pela iniciativa privada para que se possa configurar um ato de intervenção no domínio econômico, nos termos da Constituição; e c) que as finalidades sejam aquelas a que se referem os princípios mencionados no art. 170 do Texto Fundamental, a saber: soberania nacional, propriedade privada, função social da propriedade, livre concorrência, defesa do meio ambiente, redução das desigualdades

tributo para gerar recursos voltados à preservação ambiental. Por exemplo, uma contribuição exigida das empresas do setor madeireiro, para financiar programa de reflorestamento.

Tais contribuições estão genericamente previstas no art. 149, da Lei Maior, que não pré-estabeleceu as situações fáticas que podem apoiar hipóteses de incidência a serem estabelecidas pelo legislador infraconstitucional. Com o advento da Emenda Constitucional n. 33, de 2001, porém, pela vez primeira aparece a descrição de uma situação fática de contribuição interventiva – "importação ou comercialização de petróleo e seus derivados, gás natural e seus derivados e álcool combustível".

Além disso, contempla o texto constitucional a destinação do produto da arrecadação, no art. 177, § 4º, inciso II: "os recursos arrecadados serão destinados: a) ao pagamento de subsídios a preços ou transporte de álcool combustível, gás natural e os seus derivados e derivados de petróleo; b) ao financiamento de projetos ambientais relacionados com a indústria do petróleo e do gás; e c) ao financiamento de programas de infra-estrutura de transportes".

Dessas finalidades, a contida na alínea "b" nos interessa especialmente, porque cuida de "financiamento de projetos ambientais relacionados com a indústria do petróleo e do gás". Evidentemente, sabemos que os combustíveis são, hoje, a maior fonte de poluição atmosférica e, em caráter inédito, a Constituição expressamente aponta um ponto de intersecção entre tributação e meio ambiente, o que é louvável.

Por derradeiro, uma observação sobre a regra constitucional orçamentária da não afetação de receita de impostos a órgão, fundo ou despesa, contemplada no art. 167, IV, da Constituição da República, na redação dada pela Emenda Constitucional n. 42, de 19.12.2003, assim expresso:

"Art. 167. São vedados: (...)

"IV – a vinculação de receita de impostos a órgão, fundo ou despesa, ressalvadas a repartição do produto da arrecadação dos impostos a que se referem os arts. 158 e 159, a destinação dos recursos para as ações e serviços públicos de saúde, para manutenção e desenvolvimento do ensino, e para realização de atividades de administração tributária, como determina-

regionais e sociais, busca do pleno emprego e tratamento favorecido para as empresas de pequeno porte constituídos sob as leis brasileiras e que tenham sua sede e administração no País (incisos I a IX) ("Contribuições de Intervenção no Domínio Econômico", *Araucária. Folha do Ministério Público do Estado do Paraná*, ano I, n. 6, pp. 7-8).

do, respectivamente, pelos arts. 198, § 2º, 212 e 37, XXII, e a prestação de garantias às operações de crédito por antecipação de receita, previstas no art. 165, § 8º, bem assim o disposto no § 4º, deste artigo; (...)."

A afetação da receita de impostos não é tema tributário, já que a destinação do produto da arrecadação de tributos é irrelevante para a identificação da natureza jurídica do tributo, na inteligente dicção do art. 4º, inciso II, do Código Tributário Nacional. Com efeito, a questão é melhor alocável no âmbito do direito administrativo ou financeiro. Mas parece-nos relevante tangê-la nesta oportunidade.

Essa regra que, como visto, já vem bastante excepcionada no próprio Texto Constitucional, impede que se destinem os recursos gerados por impostos ambientais para a criação de um fundo público, a exemplo do *Superfund* do direito norte-americano. Pensamos seja o momento de se refletir sobre a utilidade de sua manutenção no direito positivo que, talvez, não mais se justifique, pois se constitui num embaraço à captação de recursos para o desenvolvimento de atividades voltadas à preservação ambiental.

A propósito, em virtude de nossa designação para compor a Comissão de Altos Estudos da Justiça Federal, constituída pelo Centro de Estudos Judiciários do Egrégio Superior Tribunal de Justiça (Resolução CJF 293, de dezembro de 2002) e destinada a apresentar propostas para a Reforma do Estado, tivemos oportunidade de elaborar propostas para a Reforma Tributária, dentre as quais a referente à inserção de um dispositivo no Código Tributário Nacional, cujo teor ora reproduzimos:

Proposta: "Inclusão de dispositivo no Código Tributário Nacional referente à adoção de política tributária voltada à preservação ambiental".

Texto: "Art. (...). A utilização de instrumentos tributários para a geração de recursos destinados ao custeio de serviços públicos de natureza ambiental, bem como para a orientação do comportamento dos contribuintes para a preservação do meio ambiente, será efetuada nos termos da lei".

Justificativa: "A Constituição da República, em seu art. 225, proclama que 'todos têm direito ao meio ambiente ecologicamente equilibrado, bem de uso comum do povo e essencial à sadia qualidade de vida, impondo-se ao Poder Público o dever de defendê-lo e preservá-lo para as presentes e futuras gerações'. Outrossim, estatui ser a defesa do meio ambiente princípio geral da atividade econômica (art. 170, VI). Nesse contexto, impõe-se a utilização de instrumentos tributários para o alcance de finalidades afinadas com essa idéia, quais sejam: a geração de recursos para o custeio de serviços públicos de natureza ambiental e a orientação do comportamento dos contribuintes para a preservação do meio ambiente. Registre-se o exemplo das bem sucedidas experiências verificadas em países como os Estados Unidos da América, a Itália e a França, que, tradicionalmente, têm adotado a tributação ambiental. É importante lembrar também que, na Conferência da Organização das Nações Unidas para o meio ambiente, realizada no Rio de Janeiro em 1992, produziu-se uma declaração final na qual consta, como proposta, a adoção, pelos países participantes da conferência, de um sistema de tributos ambientais".[43]

O objetivo a atingir, por meio de tal norma geral, é o de vincular as pessoas políticas à realização de uma política tributária voltada à preservação ambiental.

A propósito, merece registro a crítica, dirigida aos sistemas tributários contemporâneos, formulada por Antonio Lopez Diaz, para quem a tributação ambiental, induvidosamente, encontra-se em fase embrionária, visto que, até o presente, as atuações nesse campo têm sido puramente pontuais, mediante a criação de alguns tributos dessa natureza, ou o estabelecimento de certos benefícios fiscais.[44]

A nosso ver, a relevância e a urgência do trato das questões ambientais impõe, o mais breve possível, a implementação de uma política de tributação ambiental, traduzida na adoção concertada e planejada de uma série de medidas fiscais, guiada por objetivos pré-estabelecidos, para que, então, possamos afirmar, efetivamente, que a preservação ambiental tem, a seu favor, a utilização de instrumentos fiscais.

São Paulo, 21 de maio de 2004

Bibliografia

ATALIBA, Geraldo. "IPTU e progressividade", *RDP* 93/233.

BENJAMIN, Antonio Herman. "Desastre ambiental anunciado", in *O Estado de S. Paulo*, 16.12.1996.

BENJAMIN, Antonio Herman; WEISS, Charles. "Economic and Market Incentives as Instruments of Environmental Policy in Brazil and the United Sta-

43. Cf. "Reforma Tributária", in *Propostas da Comissão de Altos Estudos da Justiça Federal*, vol. 2, pp. 72-73.

44. Ob. cit., p. 38.

tes", in *Texas Law Journal*, University of Texas School of Law Publications, 1997.

CASTRO, Alexandre Barros. "Tributação e Ecologia: uma combinação possível", *Revista Tributária e de Finanças Públicas*, vol. 11, n. 51. São Paulo, jul.-ago. 2003, pp. 147-149.

COSTA, Regina Helena. "Contribuições de Intervenção no Domínio Econômico", *Araucária, Folha do Ministério Público do Estado do Paraná*, ano I, n. 6, out./1996, pp. 7-8.

__________. "Tributação Ambiental", in *Direito Ambiental em Evolução*. Curitiba, Juruá, 1998, pp. 297-309.

__________. *Imunidades Tributárias – Teoria e Análise da Jurisprudência do STF*. São Paulo, Malheiros Editores, 2001.

__________. "Instrumentos Tributários para a Implementação da Política Urbana", in Adilson Abreu Dallari e Sérgio Ferraz (Coord.), *Estatuto da Cidade – Comentários à Lei Federal 10.257/2001*. São Paulo, Malheiros Editores, 2002, pp. 101-116.

__________. *Princípio da capacidade contributiva*. 3ª ed. atual., rev. e ampl., São Paulo, Malheiros Editores, 2003.

__________. "Reforma Tributária", in *Propostas da Comissão de Altos Estudos da Justiça Federal*, vol. 2. Conselho da Justiça Federal, Centro de Estudos Judiciários, 2003, pp. 23-79.

FREITAS, Vladimir Passos de. *Direito Administrativo e Meio Ambiente*. Curitiba, Juruá Editora, 1993.

FINDLEY, Roger W.; FARBER, Daniel A. *Environmental Law in a Nutshell*. 4ª ed., St. Paul, Minnesota, West Publishing Co., 1996.

LÓPEZ DÍAZ, Antonio. "Las Modalidades de la Fiscalidad Ambiental", in Celso Antônio Bandeira de Mello (Org.), *Direito Tributário – Estudos em Homenagem a Geraldo Ataliba*, n. 1. São Paulo, Malheiros Editores, 1997, pp. 15-43.

OLIVEIRA, José Marcos Domingues de. *Direito Tributário e Meio Ambiente*. Rio de Janeiro, Renovar, 1995.

PICCIAREDDA, Franco; SELICATO, Pietro. *I tributi e l'ambienti*. Milão, Dott. A. Giuffrè Editore, 1996.

PRIEUR, Michel. *Droit de l'Environment*. 2ª ed., Paris, Dalloz, 1991.

SILVA, José Afonso da. *Direito Ambiental Constitucional*. 5ª ed., São Paulo, Malheiros Editores, 2004.

WOLD, Chris. "International Environmental Law", in *1997 Environmental and Natural Resources Law Seminar for Members of Brazilian Legal Community*. Portland, Oregon Lewis & Clark College, May 5.9.1997.

TRIBUTAÇÃO AMBIENTALMENTE ORIENTADA E AS ESPÉCIES TRIBUTÁRIAS NO BRASIL

ROBERTO FERRAZ

1. Introdução. 2. Tributo não é pena. 3. O tributo ambientalmente orientado tem seu campo próprio no âmbito da atividade lícita. 4. Tributo ambientalmente orientado como instrumento de 'internalização' dos custos ambientais das atividades lícitas que sejam nocivas ao meio ambiente, ou perigosas. 5. As espécies tributárias no Brasil e suas possíveis utilizações como instrumentos de orientação ambiental. 6. Conclusões articuladas.

1. Introdução

1. Com a crescente preocupação pelo meio ambiente, freqüentemente se cogita a utilização dos tributos como instrumento para promover sua preservação. Entretanto, esse tema tem sido tratado de maneira bastante confusa, equivocada e até enganosa. Há quem confunda tributo com punição, quem propugne tributos ambientalmente orientados que esbarrariam em impeditivos constitucionais e, até mesmo, quem apresente tributos, lançados com finalidade puramente arrecadatória e sem qualquer orientação ambiental efetiva, como um grande esforço e exemplo na preservação do meio ambiente. Nessa última categoria pode-se indicar, como exemplo, os dados da OECD – Organization for Economic Co-operation and Development, que indicam todos os tributos incidentes sobre combustíveis fósseis e energia elétrica (gerada a partir de fontes nucleares ou de petróleo) como se estes fossem ambientalmente orientados, num aparente esforço de preservação ambiental, mas que apenas corresponde à habitual tributação, feita com finalidade estritamente arrecadatória, apenas travestida em tributação "verde".

Explicitar as bases teóricas para a tributação ambientalmente orientada e o modelo aplicado ofertado pelo direito brasileiro, com suas espécies tributárias, é o objetivo do presente trabalho.

2. Tributo não é pena

2. Alguns confundem tributação com sanção,[1] certamente por causa da de suas origens não democráticas.

No mundo antigo o tributo era devido pelo vencido ao vencedor, e essa característica influenciou a concepção popular geral quanto à natureza do tributo. Em ocasião anterior[2] já se reportou que:

2.1 O tributo surge como prêmio em favor do vencedor da guerra; imposto aos povos dominados, inaceitável aos cidadãos livres.

Nesse primeiro momento, portanto, o tributo caracterizou-se como nota distintiva da ausência de liberdade, da ausência de igualdade entre derrotados e vitoriosos. "*O tributo ordinário trazia impresso, em todo mundo pré-romano, o estigma da servidão.*"[3]

Entre os gregos clássicos, a exigência de tributo permanente, isto é, diferente dos tributos extraordinários destinados às guerras pérsicas, cujo pagamento constituía elevada honra para o cidadão, configuraria a tirania, eis que ali também a imunidade dos cidadãos e de seus bens à tributação era da essência de sua liberdade.

Na Grécia Antiga, portanto, a generalidade da tributação foi tida como atentatória ao direito do cidadão, em absoluto contraste com a idéia

1. Cfr. Jorge Jiménez Hernández, *El tributo como instrumento de protección ambiental*, em diversas passagens, podendo-se destacar a seguinte (p. 88): "De esta manera, más de un autor ha criticado el empleo del instituto tributario confines de ordenamiento social o económico como seria el caso de la protección del medio ambiente. Y es que, en efecto, viéndolo desde tal perspectiva, por qué no utilizar los mecanismos administrativos en lugar del tributo para evitar el deterioro ambiental?; no es más congruente con la naturaleza de la sanción administrativa o incluso de la pena, la tarea de reprimir una conducta no deseada por la sociedad?; no será incluso más efectiva la utilización de dichos mecanismos administrativos y judiciales que la del tributo? Nuestro enfoque, sin embargo, es otro, ya que precisamente busca eliminar el carácter penalizador del tributo con fin no fiscal, según expondremos en su momento".

2. Roberto Ferraz, "Da Hipótese ao Pressuposto de Incidência", in *Direito Tributário, Estudos em Homenagem a Alcides Jorge Costa*, pp. 175 e ss.

3. Ezio Vanoni, *Natureza e interpretação das Leis Tributárias*, p. 16.

contemporânea de que a generalidade da tributação é princípio básico do regime democrático.[4]

2.2 Foi na Roma imperial, pelas mãos de Augusto que a tributação ordinária aplicável aos cidadãos romanos foi introduzida, consistente em imposto sobre heranças (*vigesima hereditatum*), mas não sem resistência. *"O novo tributo foi desde logo encarado como odioso; e todos os meios de evadi-lo foram tidos como lícitos"*.[5]

A rejeição aos tributos acentuou-se especialmente após a extensão da cidadania romana aos provincianos, com abolição das distinções entre cidadãos romanos e demais pessoas sujeitas ao poder de Roma, e que fez com que os impostos antes ditos provinciais (destacando-se o incidente sobre a propriedade do solo), fossem estendidos a todos. Também a unificação do *erarium*, administrado pelo Senado, ao *fiscus*, caixa privado do imperador que passou a confundir-se com o do Estado, acentuou a rejeição.

Num contexto de ausência de conceitos de direito subjetivo frente ao Estado, floresce uma reação no campo jurisprudencial que espelha o consciente coletivo: os jurisconsultos passaram a limitar o poder fiscal do imperador.[6] Porém, foi nessas circunstâncias que o império romano chegou a seu fim, sem tempo para o questionamento direto da supremacia e poder ilimitado de cobrança de tributos.

2.3 Para os povos germânicos, os longobardos e os francos, o tributo também representava um atentado à liberdade, sendo aplicável apenas aos vencidos na guerra.

No período feudal,[7] sendo a principal fonte de renda dos soberanos os proveitos patrimoniais, ficaram os súditos, de maneira geral, desobri-

4. Fritz Neumark, em *Principios de la Imposición*, versão espanhola de *Grundsätze gerechter und ökonomish-rationaler Steuerpolitik*.

5. Ezio Vanoni, ob. cit., p. 19.

6. Idem, ibidem, pp. 22 e ss. Cita o exemplo da aplicação dada à *lex Julia et Papia Popea*, cujo uso teria sido desvirtuado pelo Fisco, eis que desencorajava os celibatários, dando ao Estado a herança destes, e que teria ficado ab-rogada tantas as exceções criadas pela jurisprudência.

7. Luigi Vittorio Berliri, no *La Giusta Imposta*, pp. 40-41, bem ilustra o ambiente contrário à tributação e seus motivos na seguinte passagem:

"Por outro lado, à abstração formal e à irracionalidade substancial da imposição, correspondia a irracionalidade e arbitrariedade das isenções e imunidades mais estendidas, expressão e prova direta da *graça* soberana, da mesma forma que o imposto o era do *poder* do soberano.

"Nestas condições não surpreende que o organismo jurídico reagisse frente ao imposto, precisamente como um organismo vivente reage ante um corpo estranho,

gados de fornecer prestações distintas de serviços pessoais, e de outras em espécie, em certas circunstâncias, ao lado do desenvolvimento do que mais tarde se caracterizou como taxa.

Assim, desde a Antigüidade até a Idade Média, especialmente em função da concepção então dominante de liberdade individual, ocorreu que "a ordenação dos meios econômicos do Estado não pôde articular-se em nada parecido com o que hoje chamamos um *sistema* fiscal", como diz Sainz de Bujanda.[8]

2.4 É com São Tomás de Aquino que se retoma o questionamento sobre a natureza e legitimidade dos tributos, seguindo passos de Santo Alberto Magno.

Tão interessante o enquadramento e desenvolvimento dado pelo aquinate ao tema, e tão surpreendente quando contrastado com os escritos modernos, que se sente necessidade de transcrever as passagens que resumem seu pensar.

"*Se pode haver rapina sem pecado.* (...)

"Solução. – A rapina importa uma certa violência e coação, pela qual e contra a justiça tiramos a alguém o que lhe pertence. Ora, na sociedade humana só pode exercer a coação quem é investido do poder público. E portanto, a pessoa privada, não investida do poder público, que tirar violentamente uma coisa a outrem, age ilicitamente e pratica uma rapina, como é o caso dos ladrões.

"Aos governantes, porém, foi dado o poder público para serem guardas da justiça. Por onde, não lhes é lícito usar de violência e coação senão de acordo com os ditames da justiça; e isto, quer lutando contra os inimigos, quer punindo os cidadãos malfazejos. E o ato violento pelo

quer dizer, tratando unicamente de isolá-lo e limitá-lo. De tal sorte que, enquanto de um lado os moralistas iam elaborando e consolidando a doutrina segundo a qual as leis impositivas *non obligant in conscientia ad illa solvenda, neque ad declarandum, quin potius ad non occultandum debitum, seu fundamentum eius*, de outro lado, as teorias jurídicas que se desenvolviam em torno ao imposto desembocaram substancialmente, através do célebre fragmento de Modestino, na formação triunfal da máxima *in dubio contra fiscum*, todavia operante de algum modo em nossos dias na jurisprudência e na prática. E não carece de significado que durante toda a Idade Média se difundisse, ainda que por diferentes acepções e por distintas considerações, o conceito de *odiositas*, que no fundo reafirmava a concepção do imposto como um mal necessário, uma limitação do direito por razão de força, uma exceção, em suma, 'odiosa' precisamente por ser 'imposta', aos princípios do Direito."

8. Fernando Sainz de Bujanda, *Hacienda y Derecho*, p. 136.

qual se lhes tira uma coisa, não sendo contrário à justiça, não tem natureza de rapina. Mas, os que, investidos do poder público, tirarem violentamente aos outros, contra a justiça, o que lhes pertence, agem ilicitamente, cometendo rapina e são por isso obrigados à restituição. (...)

"Os governantes que exigem por justiça dos súditos o que estes lhes devem, para a conservação do bem comum, não cometem rapina, mesmo se violentamente, o exigirem. Os que, porém extorquirem indebitamente, por violência, cometem tanto rapina como latrocínio. Por isso, diz Agostinho: 'Posta de parte a justiça, que são os reinos senão grandes latrocínios? Pois, por seu lado, que são os latrocínios senão pequenos reinos?' E a Escritura: 'Os seus príncipes eram no meio dela como uns lobos que arrebatam a sua presa.' E portanto, estão, como os ladrões, obrigados à restituição. E tanto mais gravemente pecam que os ladrões, quanto mais perigosa e geralmente agem contra a justiça pública, da qual foram constituídos guardas".[9]

Esta lúcida colocação do tema da tributação, não a aceitando sem questionar como simples ato soberano, nem a rejeitando de plano como tirania, exige, ainda hoje, reflexão atenta e posicionamento consciente.

Há até hoje quem pretenda sustentar tais posições, isto é, há quem pretenda argumentar a favor ou contra a tributação sem recorrer a qualquer fundamento diferente de uma simples adoção de posicionamento mais "de esquerda" ou "de direita", não obstante seja possível buscar uma concepção equilibrada e não simplesmente ideológica.[10]

O questionamento de São Tomás demonstra que a questão da tributação exige ser colocada num ponto de vista muito mais elevado. Não se trata de um apriorismo, mas de uma questão prática de extrema relevância diante dos mais elevados reclamos da Justiça.

Da visão tomista ressalta o fato de que a legitimidade ou ilegitimidade da cobrança de tributo dependerá inclusive da atuação da autoridade pública, conforme seja voltada ao bem comum ou não. Realmente não

9. *Summa Theologica*, vol. 18, questão LXVI, artigo VIII.

10. Sainz de Bujanda, em *Hacienda y Derecho*, ob. cit., p. 462, diz que: "En tan diversos tipos de organización financiera, la posición del hombre ha sufrido, como no podía menos de suceder, cambios fundamentales: desde la exaltación de los derechos de los ciudadanos, en las culturas clásicas, hasta la radical esclavitud fiscal de los individuos en los Estados de Economía integralmente planificada. El Derecho financiero de nuestro tiempo ha de esforzarse por encontrar un punto de equilibrio entre la soberanía fiscal del Estado y los derechos sagrados e irrenunciables de la persona humana.".

se trata de um conceito estritamente teórico, que se possa verificar de maneira totalmente independente de aspectos práticos, como a efetiva aplicação do dinheiro público.

2.5 Quais os limites entre o autêntico tributo e o abuso de poder?

Vanoni dá notícia de que os escolásticos teriam desenvolvido o pensamento de São Tomás exigindo para legitimação do tributo que se justificasse mediante a verificação de soberania (*causa efficiens*), por um objetivo de utilidade geral (*causa finalis*), por uma justa relação entre encargo e resultado (*causa formalis*) e por uma eqüitativa escolha das pessoas e das coisas sobre as quais recai (*causa materialis*).[11] É também muito interessante esse detalhamento utilizando as categorias metafísicas clássicas de Aristóteles, combinando elementos totalmente abstratos com outros integralmente práticos.

No entanto, o pensamento tomista não teve maior repercussão na elaboração do direito fiscal, que foi mais influenciado pelos estudos no âmbito do direito romano.[12]

Porém, as idéias expressas na *Summa Theologica* vieram a ter importantes manifestações, especialmente no século XX, como se verá a seguir.

2.6 Henry David Thoreau, ao questionar a tributação em seu ensaio sobre a "Desobediência Civil", prestou valorosa contribuição a Ghandi em sua luta pela liberdade da Índia, mas talvez tenha colaborado ainda mais com a concepção de tributo, ainda que de maneira também pouco explorada até hoje.

De fato, tendo-se recusado a pagar tributo ao governo de Massachusetts, que era escravocrata e promotor de guerra de conquista, e sendo encarcerado por esse motivo, esse pensador traz grande luz ao afirmar que:

"Vi que, além do muro de pedra, erguia-se entre mim e meus concidadãos outro muro ainda mais difícil de escalar ou de romper para que pudessem vir a ser tão livres quanto eu era. Nem por um momento me senti encarcerado, e os muros pareciam um grande desperdício de pedra e argamassa. Sentia-me como se, de todos os meus concidadãos, eu tivesse sido o único a pagar o meu tributo.

11. Ob. cit., p. 28.

12. Em torno a brocardos como *in dubio pro* (ou *contra*) *fiscum* e centenas de outros desenvolvimentos semelhantes.

"Manifestamente, eles não sabiam como tratar-me, mas comportavam-se como pessoas mal educadas. Em cada ameaça e em cada cumprimento, havia um equívoco, pois eles pensavam que meu principal desejo fosse ficar do outro lado daquele muro de pedra. Eu não podia senão sorrir ao ver quão diligentemente fechavam a porta sobre as minhas meditações, que os seguiam até lá fora, sem qualquer estorvo ou obstáculo, e eles eram, na verdade, todo o perigo. (...) Vi que o Estado era néscio, tímido como uma mulher solitária com suas colheres de prata, e que não sabia distinguir seus amigos de seus inimigos; perdi, então, o resto de respeito que ainda tinha por ele, e deplorei-o."

Naquela situação em que a finalidade dada ao produto da arrecadação (sustentar a escravidão e a guerra injusta) desvirtuava o tributo, considerou Thoreau que naquelas circunstâncias a verdadeira liberdade se exerceria recusando seu pagamento, e que teria, ele sim, sido *o único a pagar tributo.*

Seria o tributo contrário à liberdade, seria direito incontrastável do Estado, seria o preço da liberdade,[13] ou seria o próprio exercício da liberdade e da cidadania apenas quando cumpridos os requisitos para configurar-se a justiça em sua imposição?

Muito oportuna a colocação de Enrico de Mita, que, ao tratar da noção de tributo, levanta a questão sob o ponto de vista da causa, do por quê do sacrifício fiscal, lembrando que "historicamente mudou a concepção política do tributo que, de 'conotação da escravidão' no mundo antigo, se torna 'direito' com a revolução francesa" facilitando-nos a visão de que a destinação do tributo (para pagar as contas dos dominadores ou para pagar as despesas geradas pela busca do bem comum) é que faz identificar a natureza do tributo.[14]

2.7 Foi portanto com as idéias republicanas que o tributo perdeu a substancial identificação que tinha na Antigüidade com a condição de dominado.

Num regime democrático, portanto, carece de sentido a visão do tributo como pena, como sanção.

13. Ricardo Lobo Torres, *A Idéia de Liberdade no Estado Patrimonial e no Estado Fiscal.*

14. *Principi di Diritto Tributario*, pp. 5-6:

"Il tributo si caratterizza dunque prima di tutto per il profilo formale dell'imposizione, 'senza che la volontá del privato vi concorra' per usare le parole della Corte Costituzionale. Ma intorno a questa categoria è continuamente aperto il

3. *O tributo ambientalmente orientado tem seu campo próprio no âmbito da atividade lícita*

3.1 A concepção de que o tributo não é sanção veio a ser bem explicitada no direito brasileiro, através do Código Tributário Nacional, que resultou dos trabalhos da comissão chefiada por Rubens Gomes de Sousa, em artigo a seguir transcrito e destacado:

"Art. 3º. Tributo é toda prestação pecuniária compulsória, em moeda ou cujo valor nela se possa exprimir, *que não constitua sanção de ato ilícito,* instituída em lei e cobrada mediante atividade administrativa plenamente vinculada."

Efetivamente, uma prestação pecuniária compulsória que se constitua como sanção de ato ilícito será *multa* e não tributo. A distinção é essencial a esta figura.

Portanto o tributo, característico da democracia, sinal de cidadania e exercício de liberdade, somente se aplica ao âmbito das atividades lícitas, não podendo em nenhum momento ser concebido como sanção de atividade ilícita, como encargo a ser lançado contra atividades econômicas como punição.

No dizer de Fernando Magalhães Modé:

"Desta forma, verifica-se que a tributação ambiental, em regra, não se estrutura, como ocorre com os mecanismos de comando, em face de uma dicotomia: permitido/proibido. A tributação ambiental, ao revés, parte do pressuposto de que todas as atividades econômicas que comportem a hipótese de incidência de um tributo ambiental são lícitas, pois, se razão houvesse para tê-las como ilícitas, deveriam ser assim tratadas por normas de conteúdo proibitivo, e não pela tributação ambiental".[15]

3.2 Assim, é de fundamental importância que se perceba que a função essencial do tributo é incompatível com qualquer forma de sanção de atividade.

problema della giustificazione, della causa, sicché la nozione di tributo sembra continuamente soggetta a riconsiderazione sotto la spinta delle diverse valutazioni politiche intorno al *perché* e al *che cosa* del sacrificio fiscale.

"Basti qui ricordare che storicamente è mutata la concezione politica del tributo che, da 'connotato della schiavitù' nel mondo antico, diventa 'diritto' con la rivoluzione francese. Ma una definizione che non avesse un fondamento giuridico si risolverebbe in una delle tante petizioni di principio che rendono ardua la definizione di tributo."

15. *Tributação Ambiental – a função do tributo na proteção do meio ambiente*, p. 82.

Não se está afirmando, aqui, que o Direito Tributário não consagre nenhum valor, ou que, como afirmam alguns, simplesmente seja *amoral*. Todo o Direito traduz valores. O que ocorre com o tributo é que não é sua função sancionar nada, não é de sua natureza penalizar coisa alguma, a não ser que se considere, num retorno à concepção da Antigüidade em que o tributo era estigma da derrota, como se demonstrou acima.

Seria portanto totalmente impróprio e errado pretender sancionar atividades poluidoras com tributos mais pesados. Quando o objetivo seja sancionar, o instrumento próprio será a proibição sancionada com multa ou outra pena que o sistema jurídico possa indicar; mas nunca o tributo.

Isso não significa que não se possa tributar diferenciada e mais pesadamente uma atividade nociva ao meio ambiente, mas não como sanção. A tributação ambientalmente orientada haverá de respeitar a estrutura e regras próprias do tributo (que, repita-se, jamais pode caracterizar sanção).

3.3 Portanto, uma primeira característica fundamental da tributação ambientalmente orientada é que ela deverá ocorrer, necessariamente, no âmbito das atividades lícitas, como orientadora dessas atividades, mas nunca como sancionatória.

A proibição e conseqüente sanção da atividade nociva ou perigosa ao meio ambiente deverá ocorrer exclusivamente no campo administrativo e penal, não tendo qualquer possibilidade de ser exercida por via tributária.

A redação do parágrafo 4º do artigo 182 da Constituição, que prevê "imposto sobre a propriedade predial e territorial urbana progressivo no tempo" como "*pena*" pelo inadequado aproveitamento de imóvel não edificado, subutilizado ou não utilizado, não contradiz o ponto ora sustentado neste trabalho; pelo contrário, afirma a necessidade de clareza nos conceitos e a freqüente existência de erros nessa área.

4. *Tributo ambientalmente orientado como instrumento de 'internalização' dos custos ambientais das atividades lícitas que sejam nocivas ao meio ambiente, ou perigosas*

4.1 Os tributos ecologicamente orientados, são aqueles que influenciam na decisão econômica de modo a tornar mais interessante a opção ecologicamente mais adequada.[16]

16. Desenvolve-se neste item o mesmo conteúdo do artigo "Green tax no Brasil", de Roberto Ferraz, *Revista de Direito Ambiental* 31/167 e ss.

Nada mais devem fazer que refletir a realidade dos custos da atividade ecologicamente desorientada.

Na atividade econômica, as decisões são orientadas pelo binômio custo/benefício e, assim, ainda que não seja critério exclusivo, o custo é critério de extrema relevância nas decisões diárias, não apenas do empresário mas de todos. Ora, se os custos da degradação ambiental não forem refletidos nos preços, as decisões econômicas nunca serão ecologicamente corretas. A função dos *green taxes* é precisamente essa: "internalizar"[17] os custos ambientais, isto é, trazer para o custo de cada bem ou mercadoria o custo que seu consumo representa em termos ambientais.

Assim, por exemplo, se uma fábrica de fertilizantes polui um rio, o 'imposto verde' deverá acrescentar um custo ao produto, correspondente ao custo que o Estado terá para promover a 'despoluição' do rio, tornando interno à atividade um custo que antes lhe era externo. Nessa hipótese a tendência é de substituição da atividade poluente por outra economicamente mais interessante, isto é, por outra que não tenha todo aquele custo embutido. Não se trata, portanto, de punir a empresa, cuja atividade é lícita à luz do ordenamento jurídico (na hipótese aqui imaginada), mas de, admitindo a atividade poluidora, buscar compor o custo sócio-ambiental da atividade com a obtenção de receita precipuamente voltada a corrigir aquela agressão ambiental, ao mesmo tempo em que se induz uma mudança de comportamento não apenas pela determinação do Estado que proíbe mas pela utilização do talento da atividade privada na busca de uma solução mais econômica.

O *tributo verde* tem, portanto, papel re-orientador da atividade empresarial e popular,[18] sem que se possa criticá-lo por forçada, artificial. Tais tributos não criam uma variante que distorce a melhor decisão econômica, e a correspectiva liberdade, mas, pelo contrário, a fazem brotar com dados reais, pois o custo ambiental é real. Por isso já se afirmou, quase metaforicamente, que esse modelo de reforma tributária traz como novidade a proposta de tributos impostos não pelo Estado mas pela Natureza.

17. Neologismo de origem norte-americana.

18. Não se pode esquecer a ingente necessidade de modificação das práticas individuais, visando à proteção do meio ambiente. A grande dificuldade de controle da atividade humana agressiva ao meio ambiente está antes na atuação dos bilhões de consumidores com costumes mal orientados, que nos milhões de empresas cujo controle vai aumentando gradativamente em todo o mundo.

Essa é talvez a grande novidade que o sistema tributário nos reserva para este início de milênio, com tributos orientados por uma nova lógica, em que a simples satisfação do apetite estatal é insuficiente para justificar a imposição tributária. Não se trata apenas de tributar mas de tributar racionalmente,[19] mostrando a lógica e a coerência do sistema com os valores social (e constitucionalmente) eleitos.

4.2 Existem muitas alternativas para a utilização de instrumentos tributários (sentido estrito) ou a eles ligados (sentido lato) com a finalidade de proteger a natureza.

A experiência comparada indica diversos países que vêm adotando incentivos fiscais, especialmente na área do imposto sobre a renda, destinados a promover e subsidiar a implantação de equipamentos antipoluentes na indústria, por exemplo. Freqüentemente o método utilizado é o de admitir depreciações excepcionalmente aceleradas para os equipamentos adquiridos na implementação de programas antipoluição.[20] Seria um método ligado ao tributo mas não propriamente tributário, pois se trata de autênticos subsídios à aquisição de equipamentos, o que não caracteriza propriamente matéria tributária.

Outra prática freqüente que vem sendo considerada integrante da política de instituição de *green taxes* tem sido o aumento de alíquotas incidentes em combustíveis e energia elétrica.[21] O raciocínio é simples, mas, como já se referiu na introdução, muito enganoso. Parte-se do preconceito de que a maior oneração dos combustíveis e da energia elétrica redundará necessariamente num menor consumo e conseqüente menor poluição pela emissão de gases e de resíduos nucleares (utilizados nos países membros da OECD para produção da quase totalidade de sua energia elétrica).

Ainda que seja óbvia e incontestável a relação existente entre preço de tais produtos e seu consumo, inexistente qualquer vinculação entre a arrecadação e o controle ambiental, não é seguro que o aumento dos

19. Cfr. Hamilton Dias de Souza, "A Competência Tributária e seu exercício: a racionalidade como limitação ao poder de tributar", *Resenha Tributária*, 1994, bem como Enrico de Mita, ob. cit., especialmente p. 82.

20. Cfr., por exemplo, Stanford Gaines e Richard Westin (Ed.) *et alii*, *Taxation for Environmental Protection – A Multinational Legal Study*.

21. Cfr., por exemplo, *Environamental Taxes and Green Tax Reform*, OCDE, e edições posteriores; Robert Repetto *et alii*, *Green Fees: How a Tax Shift Can Work for the Environement and the Economy*; *Implementation Strategies for Environmental Taxes*; OCDE, *Implementation Strategies for Environmental Taxes*.

impostos incidentes sobre combustíveis e sobre energia elétrica redunde em menor poluição. Muitas são as demais variáveis a considerar, de maneira que o simples aumento dos impostos incidentes em tais produtos, não é, isoladamente, medida segura de proteção ambiental.

As noções elementares de Economia já indicam a existência de consumos com demanda elástica ou inelástica. Caracterizam a primeira os produtos cuja utilização varia diretamente com o preço da mercadoria dada sua desnecessidade, como seria o caso de artigos de luxo. Já a segunda categoria, dos produtos com demanda inelástica, é formada por mercadorias necessárias como os clássicos exemplos dos remédios e do sal, produtos cujo consumo não é pautado pela variação de preços.[22]

Precisamente o consumo de combustíveis e de energia elétrica são casos típicos de produtos cujo consumo não segue uma curva elástica de demanda, mas sim uma tendência fortemente inelástica dado a essencialidade desses bens na vida contemporânea.

4.2.1 Além disso, a prática demonstra apenas que o setor petrolífero e o de energia são fortes candidatos a "contribuintes preferenciais", se assim pudermos chamar os contribuintes que se encontram numa posição particular no sistema econômico que lhes dá um perfil especialmente interessante e querido aos olhos do fisco, como os Bancos, as empresas de telefonia, as de energia elétrica, as de cigarro, as de combustíveis, e as montadoras, que movimentam grandes volumes de dinheiro, tendem a concentrar-se para ganhar escala, são amplamente informatizadas e totalmente sujeitas ao Estado, de cuja permissão dependem em todas as suas ações.

Assim, o aumento dos tributos incidentes em tais atividades, isoladamente, apenas indicaria o apetite do Estado, não uma orientação ambiental da tributação.

4.2.2 Para que o aumento relativo dos tributos incidentes sobre combustíveis e sobre energia elétrica possa ser considerado ecologicamente orientado, faz falta, em primeiro lugar, que se reconheça na destinação do produto da arrecadação essa orientação. Como já se referiu anteriormente, o tributo ecologicamente orientado deverá "*internalizar*" os custos ambientais, isto é, trazer para dentro do custo do produto o montante exigido pela reparação ambiental do mal que causa.

22. Cfr. Fábio Nusdeo, *Curso de Economia – Introdução ao Direito Econômico*, pp. 230 e ss.

Ideal seria que fosse possível reparar todo e qualquer agravo feito à natureza, de maneira que o "poluidor-pagador" estaria, ao pagar o produto (que traria em seu preço o tributo destinado a reparar o dano ambiental que causa), ao mesmo tempo causando o dano e viabilizando os meios para o Estado repará-lo. Como a maioria dos danos causados à natureza não é reparável, ao tributo ambiental cabe a missão de aproximar, decisivamente, o custo do produto ambientalmente nocivo ao seu custo real (tendente ao infinito, se o dano é irreparável). É preciso encarar cada instrumento com suas virtudes e defeitos; o tributo certamente é um excelente instrumento utilizável na proteção ambiental, mas certamente não é perfeito. O melhor instrumento é a educação, especialmente quando alcança a convicção do educando, que se torna então educado. O tributo ambientalmente orientado realiza função auxiliar nessa tarefa educativa induzindo uma atuação educada, ou mesmo facilitando a consciência do custo da atividade nociva ao ambiente.

4.2.3 É por isso que a experiência internacional tem apontado para a adequação da adoção de práticas tributárias que, ao invés de simplesmente incentivar atividades benéficas como a substituição de equipamentos, ou ainda de simplesmente aumentar o peso tributário de determinados produtos cujo consumo se deseja diminuir – como os combustíveis ou a energia elétrica –, busquem efetivamente demonstrar o custo ambiental dos produtos, colocando em seu preço tributos precipuamente destinados à restauração dos prejuízos ambientais que causam. São os incentivos baseados no mercado, *Market-based incentives,* a que se referem Glenn Jenkins e Ranjit Lamech, da Universidade de Harvard em interessante ensaio[23] do qual se extrai a seguinte passagem:

"Um incentivo baseado no mercado afeta as estimativas de custos e benefícios de ações alternativas, influenciando, portanto, nas decisões e comportamento dos indivíduos, empresas, e governos, de tal maneira que as alternativas mais ecológicas são escolhidas. O uso dos MBIs economiza recursos econômicos porque os tomadores de decisão são conscientizados, através dos preços, das implicações ambientais de suas escolhas. Apesar de seus encantos, a maioria dos MBIs são difíceis de administrar, e são, às vezes, politicamente inaceitáveis. Por isso, é imperativo que os instrumentos fiscais projetados para o controle da poluição sejam adequados à situação existente."

23. *Green Taxes and Incentive Policies – an International Perspective*, *passim*.

4.2.4 Refletido sobre a questão, verifica-se integralmente procedente a opinião dos citados autores de que *a melhor opção para uma política fiscal ambientalmente orientada é a adoção de tributos que internalizem o custo ambiental dos produtos*, com necessária vinculação do produto da arrecadação a essa tarefa. Sua *flexibilidade*, própria de um instrumento de mercado, tem a virtude de ser tão ágil quanto qualquer evento econômico, sendo portanto adequada ao tratamento de uma questão econômica. Sua *permanência*, por compor o preço, tem a efetividade que a regulação e fiscalização não têm. Citando, de momento, apenas duas vantagens.

Convém lembrar, com Fernando Magalhães Modé, que: "a tributação ambiental apresenta-se como instrumento viável e eficaz àquilo que se propõe: aumentar a eficiência econômica de forma ambientalmente desejável. Não se deve imputar a ela função para a qual não se encontra aparelhada".[24]

5. *As espécies tributárias no Brasil e suas possíveis utilizações como instrumentos de orientação ambiental*

5.1 Três são as espécies tributárias, de competência tanto da União Federal como dos Estados, dos Municípios e do Distrito Federal, no sistema constitucional brasileiro (art. 145): impostos, taxas e contribuições de melhoria. Sobre o tema, já escrevemos[25] que

"As contribuições não são, portanto, figuras totalmente distintas dos impostos e das taxas, delas retirando suas características específicas. Na verdade, sob o ponto de vista das espécies tributárias, tanto as contribuições especiais como os empréstimos compulsórios serão sempre impostos ou taxas, a depender das hipóteses de incidência adotadas em suas instituições, permanecendo perfeitamente válidas as previsões do artigo 4º do Código Tributário Nacional.

"Esse, aliás, o entendimento que desde logo defendemos, também adotado por Roque Antonio Carrazza e por Paulo de Barros Carvalho, dentre outros.

24. Ob. cit., p. 124.

25. In "Pressupostos de Imposição das CIDEs – Critérios Constitucionais de Validade para a Instituição das CIDEs", *Revista de Estudos Tributários*, vol. 34, pp. 134 e ss., especialmente pp. 135-138.

"Não há, portanto, cinco espécies tributárias mas apenas três (ou mesmo duas, como queria Becker, reduzindo a contribuição de melhoria a imposto ou taxa, conforme o caso), ainda que o Supremo Tribunal Federal tenha aparentemente se inclinado a adotar existência de cinco espécies.

"O motivo da confusão está em adotar critérios distintivos variados para identificar classificações e depois juntá-los sob uma única categoria. Explico.

"Aqueles que enxergam cinco espécies tributárias usam dois critérios distintos para classificar os tributos. De um lado, os distinguem pela hipótese de incidência, conforme seja ela vinculada ou não a uma atividade estatal específica relativa ao contribuinte, e identificam as espécies vinculadas das taxas e das contribuições de melhoria, e também a espécie não-vinculada do imposto. Por outro lado, adotando uma outra classe de critério distintivo, desta vez a vinculação do produto da arrecadação, identificam também duas categorias, uma delas com duas subespécies: a dos tributos cuja arrecadação não é necessariamente vinculada (impostos, taxas e contribuições de melhoria) e a daqueles cuja arrecadação é necessariamente vinculada, com as duas subespécies das contribuições especiais e a dos empréstimos compulsórios (necessariamente restituíveis)."

Cada uma dessas espécies tem características próprias, constitucionalmente definidas, e que definirão as possibilidades de sua utilização com finalidade ambientalmente orientada.

5.2 Os impostos têm por característica distintiva sua não-vinculação a atividade estatal específica relativa ao contribuinte[26] e, por essa mesma razão, não poderão ser exigidos distintamente de um ou outro contribuinte. Nos impostos, a exigência somente poderá variar de acordo com o critério de discriminação constitucionalmente estabelecido, de capacidade econômica do contribuinte (art. 145, § 1º), sem possibilidade de oscilações em acordo com qualquer outra variável, inclusive sua atividade (art. 150, II).

Uma cobrança de impostos diferenciada em função da maior ou menor adequação da atividade do contribuinte a parâmetros de preservação ambiental seria inconstitucional por ferir os princípios da igualdade e da capacidade contributiva. Já a cobrança de contribuição especial com hipótese de incidência de imposto não tem esse vício, como se verá adiante.

26. Cfr. art. 16 do CTN e a clássica doutrina de Geraldo Ataliba, *Hipótese de Incidência Tributária*.

Assim, não há espaço para cobrança de simples impostos com finalidade ambientalmente orientada no sistema constitucional brasileiro. Tais exigências somente poderão ocorrer sob a forma específica de contribuição de intervenção no domínio econômico (admitida sob essa forma a hipótese de incidência de imposto).

5.3 As taxas são tributos vinculados a atuação estatal específica relativa ao contribuinte, consistente no exercício do poder de polícia ou na prestação de serviço compulsoriamente prestado pelo Estado (art. 145, II, da CF).

Na sistemática constitucionalmente estabelecida para a cobrança das taxas encontra-se sempre o mesmo pressuposto: o interesse público tutelado sob a forma de fiscalização ou de obrigatória prestação de serviço.[27]

Por tais características, as taxas se prestam perfeitamente à tarefa de proteção ambiental, podendo ser exigidas em função da atividade de fiscalização ambiental como pela prestação obrigatória de serviços que tenham caráter ambiental.

Nesse campo os limites são os constitucionalmente estabelecidos, como a cobrança apenas dos montantes correspondentes ao custo da atividade estatal de fiscalização ou de prestação de serviços. À parte tais limitações, tudo dependerá da criatividade da administração pública, sendo admissíveis taxas relativas à fiscalização da emissão de poluentes por veículos ou indústrias, relativas à utilização da água, à proteção do solo, da fauna, da flora etc.

5.4 A contribuição de melhoria é também vinculada a atividade estatal específica relativa ao contribuinte, consistente na realização de obra pública que lhe valorize imóvel (art. 145, III).

27. Cfr. A doutrina que acolhe essa forma de definição de serviço público, como em Celso Antônio Bandeira de Mello, em *Curso de Direito Administrativo*, p. 620, que considera o conceito de serviço público como jurídico positivo (em contraposição aos que seriam lógico jurídicos), para assim defini-lo: "*Serviço público* é toda atividade de oferecimento de utilidade ou comodidade material destinada à satisfação da coletividade em geral, mas fruível singularmente pelos administrados, que o Estado assume como pertinentes a seus deveres e presta por si mesmo ou por quem lhe faça às vezes, sob um regime de Direito Público – portanto, consagrador de prerrogativas de supremacia e de restrições especiais –, instituído em favor dos interesses definidos como públicos no sistema normativo." Concorreriam, nessa concepção de serviço público, dois elementos, um material (oferta de utilidades materiais) e o outro formal (regime jurídico), onde o segundo é que teria importância definitiva, por conferir caráter jurídico à noção de serviço público.

Trata-se de instrumento pouco utilizado no Brasil mas que poderia ter excelente aplicação no campo das ações ambientalmente orientadas.

Veja-se, por exemplo, o caso ofertado pela criação de parques de preservação. A prática brasileira vem assistindo uma inversão nefasta. O Estado ao atender o interesse geral acaba por comprometer-se com indenizações vultosas na criação de parques. Via de regra o que ocorre é que o Estado estabelece a limitação à propriedade criando o parque, ou mesmo desapropriando a área com essa finalidade (direta ou indiretamente). Freqüentemente isso ocorre em áreas de escasso valor de mercado. Em momento posterior, como conseqüência da própria criação do parque (podemos imaginar um parque próximo de área urbana) há uma forte valorização dos imóveis que estão a sua volta. O Estado não exige a contribuição de melhoria pertinente. O particular limitado ou desapropriado de seu direito de propriedade exige justa indenização, que acaba por ser calculada de acordo com o parâmetro gerado pelas propriedades que se encontram em torno do parque, extremamente valorizadas pelo próprio parque, aumentando enormemente o valor da indenização devida por sua criação. O resultado prático é, sob o ponto de vista da economia pública, um desastre.

A correta utilização da contribuição de melhoria levaria a uma equação muito diferente, e justa, na criação de parques e áreas de preservação ambiental.

O Poder Público ao decidir criar áreas de preservação ambiental, como praças, parques e reservas, particularmente junto a aglomerações urbanas: a) avaliaria a área e suas redondezas, como manda a lei relativa à contribuição de melhoria; b) exigiria a contribuição correspondente à valorização dos imóveis circunvizinhos à área de preservação (obra pública); c) indenizaria o proprietário do imóvel sobre o qual recai a preservação obrigatória, pelo valor real do imóvel, com os recursos advindos dessa arrecadação; d) teria condições de arcar com novas desapropriações semelhantes.

Assim, também a utilização da contribuição de melhoria como tributo ambientalmente orientado traz possibilidades infindáveis. Não se trata aqui de induzir comportamentos mas de viabilizar economicamente, e com justiça fiscal, a efetivação de políticas públicas ambientais.

5.5 Analisando-se os tributos sob outro o aspecto, o da vinculação do produto da arrecadação, identifica-se que aqueles autorizados pela Constituição com essa característica essencial são exclusivos da União

Federal: as contribuições especiais (art. 149) e os empréstimos compulsórios (art. 148).

Podem assentar sobre impostos ou taxas, havendo portanto contribuições que configuram taxas (as da OAB, por exemplo) ou impostos (a CIDE-combustível, por exemplo), mas terão sempre e invariavelmente o produto da arrecadação vinculado ao fundamento de sua instituição, sob pena de inconstitucionalidade.[28]

5.6 Assim, os *empréstimos compulsórios*, por poderem ser instituídos em função de calamidade pública (que pode ser de natureza ambiental), bem como para realização de investimento público de caráter urgente e de relevante interesse nacional (que também pode ser de natureza ambiental), tendo necessária aplicação dos recursos arrecadados nessas finalidades (parágrafo único do art. 148 da CF), podem ser interessantes instrumentos para viabilizar políticas públicas ambientais.

Além disso, a *contribuição de intervenção no domínio econômico – CIDE,* tem por característica própria a exigibilidade somente em determinado âmbito econômico, sem ofensa aos princípios da igualdade e da capacidade contributiva, o que a torna particularmente adequada à tributação ambientalmente orientada, especialmente aquela com finalidade re-orientadora de comportamentos através da "internalização" de custos ambientais. Relativamente a essa figura do direito tributário brasileiro não cabem as objeções que se fazem apontando no tributo ambientalmente orientado uma violação ao princípio da igualdade (concretizado em matéria fiscal no critério de capacidade contributiva).

6. Conclusões articuladas

6.1 Num regime democrático, carece de sentido a visão do tributo como pena, como sanção.

A primeira característica fundamental da tributação ambientalmente orientada é que ela deverá ocorrer, necessariamente, no âmbito das atividades lícitas, como orientadora dessas atividades, mas nunca como sancionatória.

28. Cfr. Roberto Ferraz, "Da Hipótese ao Pressuposto de Incidência", cit., pp. 175 e ss., especialmente pp. 216 a 230; Roberto Ferraz, "Pressupostos de Imposição das CIDEs – Critérios Constitucionais de Validade para a Instituição das CIDEs", cit., pp. 134 e ss., especialmente p. 142.

Os tributos ecologicamente orientados são aqueles que influenciam na decisão econômica de modo a tornar mais interessante a opção ecologicamente mais adequada.

6.2 Existem muitas alternativas para a utilização de instrumentos tributários (sentido estrito) ou a eles ligados (sentido lato) com a finalidade de proteger a natureza.

A experiência internacional tem apontado para a adequação da adoção de práticas tributárias que, ao invés de simplesmente incentivar atividades benéficas como a substituição de equipamentos, ou ainda de simplesmente aumentar o peso tributário de determinados produtos cujo consumo se deseja diminuir – como os combustíveis ou a energia elétrica –, busquem efetivamente demonstrar o custo ambiental dos produtos, colocando em seu preço tributos precipuamente destinados à restauração dos prejuízos ambientais que causam.

6.3 *A melhor opção para uma política fiscal ambientalmente orientada é a adoção de tributos que internalizem o custo ambiental dos produtos*, com necessária vinculação do produto da arrecadação a essa tarefa.

Sua *flexibilidade*, própria de um instrumento de mercado, tem a virtude de ser tão ágil quanto qualquer evento econômico, sendo portanto adequada ao tratamento de uma questão econômica.

Sua *permanência*, por compor o preço, tem a efetividade que a regulação e fiscalização não têm.

6.4 *Não há espaço para cobrança de simples impostos com finalidade ambientalmente orientada no sistema constitucional brasileiro.* Tais exigências somente poderão ocorrer sob a forma específica de contribuição de intervenção no domínio econômico (admitida sob essa forma a hipótese de incidência de imposto).

6.5 *As taxas se prestam perfeitamente à tarefa de proteção ambiental*, podendo ser exigidas em função da atividade de fiscalização ambiental como pela prestação obrigatória de serviços que tenham caráter ambiental.

6.6 A correta utilização da *contribuição de melhoria* levaria a uma equação muito diferente, e justa, na criação de parques e áreas de preservação ambiental.

O Poder Público, ao decidir criar áreas de preservação ambiental, como praças, parques e reservas, particularmente junto a aglomerações urbanas: a) avaliaria a área e suas redondezas, como manda a lei relativa à contribuição de melhoria; b) exigiria a contribuição correspondente à valorização dos imóveis circunvizinhos à área de preservação (obra pública); c) indenizaria o proprietário do imóvel sobre o qual recai a preservação obrigatória, pelo valor real do imóvel, com os recursos advindos dessa arrecadação; d) teria condições de arcar com novas desapropriações semelhantes. Também *a utilização da contribuição de melhoria como tributo ambientalmente orientado traz possibilidades infindáveis*. Não se trata aqui de induzir comportamentos mas de *viabilizar economicamente, e com justiça fiscal, a efetivação de políticas públicas ambientais*.

6.7 Os *empréstimos compulsórios*, por poderem ser instituídos em função de calamidade pública (que pode ser de natureza ambiental), bem como para realização de investimento público de caráter urgente e de relevante interesse nacional (que também pode ser de natureza ambiental), tendo necessária aplicação dos recursos arrecadados nessas finalidades (art. 148 da CF), podem ser interessantes instrumentos para viabilizar políticas públicas ambientais.

6.8 A *contribuição de intervenção no domínio econômico, CIDE,* tem por característica própria a exigibilidade somente em determinado âmbito econômico, sem ofensa aos princípios da igualdade e da capacidade contributiva, o que a torna particularmente adequada à tributação ambientalmente orientada, especialmente aquela com finalidade re-orientadora de comportamentos através da "internalização" de custos ambientais.

Relativamente a essa figura do direito tributário brasileiro não cabem as objeções que se fazem apontando no tributo ambientalmente orientado uma violação ao princípio da igualdade (concretizado em matéria fiscal no critério de capacidade contributiva).

Bibliografia

AQUINO, São Tomás. *Summa Theologica*. Trad. de Alexandre Correia. São Paulo, Ed. Siqueira, 1944-1949.

ATALIBA, Geraldo. *Hipótese de Incidência Tributária*. São Paulo, Malheiros Editores, 6ª ed., 6ª tir., 2005.

BERLIRI, Luigi Vittorio. *La Giusta Imposta*. Milão, Giuffré, 1945, com reedição em 1975 e versão espanhola do Instituto de Estudios Fiscales, Madri, 1986.

FERRAZ, Roberto. "Pressupostos de Imposição das CIDEs – Critérios Constitucionais de Validade para a Instituição das CIDEs", *Revista de Estudos Tributários*, vol. 34. Porto Alegre, Ed. Síntese.

__________. "Green tax no Brasil", *Revista de Direito Ambiental* 31. Ed. RT.

__________. "Da Hipótese ao Pressuposto de Incidência", in *Direito Tributário, Estudos em Homenagem a Alcides Jorge Costa*. São Paulo, Ed. Quartier Latin, 2003.

GAINES, Stanford; WESTIN, Richard (Ed.) *et alii*. *Taxation for Environamental Protection – A Multinational Legal Study*. Nova York, Quorum Books, 1991.

JENKINS, Glenn; LAMECH, Ranjit. *Green Taxes and Incentive Policies – An International Perspective*. Boston, Harvard Press University, 1997.

JIMÉNEZ HERNÁNDEZ, Jorge. *El tributo como instrumento de protección ambiental*. Granada, Ed. Comares, 1998.

MELLO, Celso Antônio Bandeira de. *Curso de Direito Administrativo*. 17ª ed. (revista e atualizada até as Emendas 41 (da Previdência) e 42, de 2003). São Paulo, Malheiros Editores, 2004.

MITA, Enrico de. *Principi di Diritto Tributário*. Milão, Giuffrè Editore, 2000.

MODÉ, Fernando Magalhães. *Tributação Ambiental – a função do tributo na proteção do meio ambiente*. 1ª ed., 2ª tir., Curitiba, Ed. Juruá, 2004.

NEUMARK, Fritz. *Principios de la Imposición*. Trad. de José Zamit Ferrer. Madri, Instituto de Estudos Fiscales, 1974 (versão espanhola de *Grundsätze gerechter und ökonomish-rationaler Steuerpolitik*, Tübingen, J. C. B. Mohr, 1970).

NUSDEO, Fábio. *Curso de Economia – Introdução ao Direito Econômico*. 3ª ed., São Paulo, Ed. RT, 2001.

OCDE. *Environamental Taxes and Green Tax Reform*. Paris, 1997.

__________. *Implementation Strategies for Environmental Taxes*. Paris, 1996.

REPETTO, Robert *et alii*. *Green Fees: How a Tax Shift Can Work for the Environement and the Economy*. Nova York, World Resource Institute, 1992.

SAINZ DE BUJANDA, Fernando. *Hacienda y Derecho*. Madri, Instituto de Estudios Politicos, 1955.

SOUZA, Hamilton Dias de. "A Competência Tributária e seu exercício: a racionalidade como limitação ao poder de tributar", *Resenha Tributária*, 1994.

TORRES, Ricardo Lobo. *A Idéia de Liberdade no Estado Patrimonial e no Estado Fiscal*. Rio de Janeiro, Ed. Renovar, 1991.

VANONI, Ezio. *Natureza e interpretação das Leis Tributárias*. Trad. de Rubens Gomes de Souza. Rio de Janeiro, Ed. Financeiras, s/d.

SEGUNDA PARTE
EXPERIÊNCIA ESTRANGEIRA DO DIREITO TRIBUTÁRIO AMBIENTAL

LA NUOVA DIMENSIONE DEL "TRIBUTO AMBIENTALE" E LA SUA COMPATIBILITÀ CON L'ORDINAMENTO ITALIANO

VICTOR UCKMAR*

1. Premessa. 2. La corretta individuazione del "tributo ambientale". 3. I limiti derivanti dall'ordinamento comunitario. 4. I limiti derivanti dalla Costituzione. 5. La compatibilità dei tributi ad oggi vigenti con la ricostruzione sistematica effetuata: 5.1 Il tributo speciale per il conferimento dei rifiuti in discarica; 5.2 La tassa per lo smaltimento dei rifiuti solidi urbani (t.a.r.s.u.); 5.3 Il "decreto Ronchi"; 5.4 La tariffa per la raccolta e depurazione delle acque di rifiuto; 5.5 L'imposta regionale sulle emissioni sonore degli aeromobili; 5.6 L'imposta sulle emissioni di anidride solforosa; 5.7 La "carbon tax". 6. Conclusioni.

1. Premessa

Un approccio che possa definirsi rigoroso al tema della tassazione ambientale, argomento di indubbia attualità alla luce della sempre crescente attenzione che le legislazioni dei vari Stati industrializzati dedicano alle problematiche legate alla tutela dell'ecosistema, non può prescindere da un'attenta analisi del protagonista principale di ogni politica fiscale: il tributo.

Se tale primaria considerazione può apparire finanche banale ad un lettore estraneo alle problematiche che la materia impositiva propone ai suoi cultori, la questione apparirà ben più grave ove si ponga attenzione al fatto che il perseguimento d'una politica ambientale per mezzo della leva fiscale deve necessariamente inserirsi in un quadro, la cui angusta

* Com a colaboração do DR. MATTEO FANNI.

cornice è delimitata da un lato dal necessario rispetto dei principi costituzionali che informano la potestà impositiva nel nostro ordinamento, dall'altro dai nuovi limiti individuati a livello comunitario, che comprimono la creatività del legislatore imponendo la verifica del rispetto di nuovi ed ulteriori vincoli.

L'esistenza di questi condizionamenti non deve, però, essere vissuta come freno al perseguimento di politiche ambientali sostenibili anche grazie ad un attento utilizzo dello strumento tributario. Se è vero, infatti, che la genialità dell'artista risiede nella capacità di creare sublimi opere pittoriche che pur entro il limiti della tela raggiungano lo scopo di nobilitare l'immagine rappresentata, così l'utilizzo del fisco per il raggiungimento di determinati fini non può essere frustrato dall'esistenza di vincoli di carattere generale, ma deve anzi inserirsi e coordinarsi entro tale cornice creando condizioni tali da consentire ai bènefici effetti di una politica fiscale virtuosa di espandersi ben oltre i suddetti limiti, creando le condizioni ideali al perseguimento del fine di tutela ambientale.

Scopo di questo scritto sarà, pertanto, in primo luogo esaminare quale sia la corretta configurazione del mezzo fiscale da utilizzarsi per tracciare le linee di una corretta politica ambientale, in secondo luogo individuare quali siano i limiti entro i quali tali linee potranno essere tracciate dal legislatore tributario. Premesse queste opportune precisazioni, si esamineranno – brevemente – i principali tributi ad oggi disegnati dal nostro legislatore in materia ambientale, al fine di verificare se, e come, gli stessi si inseriscono nella cornice ad essi preordinata.

2. La corretta individuazione del "tributo ambientale"

Recenti studi della Commissione Europea,[1] che ha mostrato un crescente interesse verso l'utilizzo della leva fiscale quale metodo di governo delle diseconomie ambientali, hanno consentito alla dottrina più attenta di inquadrare correttamente, da un punto di vista dogmatico, la figura del "tributo ambientale". Il cardine di tale figura – così come ricostruita – è stato individuato nella scelta del presupposto, che deve

1. *Statistic on Enviromental taxes, commissioned by European Commission, prepared by ATW-research,* 6-7 maggio 1996, in Gallo – Marchetti, "I presupposti della tassazione ambientale", in *Rass. Trib.* I, pp.115 e ss., nonché Comunicazione CE 97/C su "tasse ed imposte ambientali nel mercato unico", in G.U.C.E., 23 luglio 1997, serie C, n. 224.

essere rappresentato da una "unità fisica" riguardo alla quale si abbia "prova scientifica della produzione di effetti negativi sull'ambiente". Ciò che caratterizza la qualifica "ambientale" riferita ad un tributo è, pertanto, la relazione causale diretta che si instaura tra la c.d. "unità fisica", che determina un impatto negativo – scientificamente dimostrato – sull'ecosistema, e il presupposto del tributo.[2] La negatività dell'impatto deve concretarsi in un deterioramento o in una riduzione dell'offerta di beni ambientali fino ad allora fruibili.

Come rilevato, l'innovatività insita in tale definizione risiede nell'aver posto il bene tutelato (l'ambiente) all'interno della fattispecie tributaria, trasformando così la tutela ambientale, collegata all'imposizione, in un *effetto* e non più nello *scopo* del tributo. Tributo ambientale latamente inteso è, infatti, qualunque tributo che abbia quale scopo dichiarato una tutela, genericamente intesa, dei beni naturali. Tributo ambientale in senso stretto è, invece, un tributo che interiorizza il fattore inquinante elevandolo a presupposto dell'imposizione. Tale costruzione consente di raggiungere ugualmente, ma in modo indiretto, lo scopo ultimo della norma, ossia la tutela dell'ecosistema. Aumentando in modo immediato e diretto il costo di taluni fattori produttivi – o metodi di produzione – riesce, infatti, ad orientare il comportamento dei contribuenti verso forme alternative di consumo, ottenendo così sotto forma di *effetto indiretto* dell'imposizione lo *scopo* ultimo prefissato, ossia la diminuzione dell'utilizzo di fattori inquinanti e, per tale via, la diminuzione dell'inquinamento ambientale.[3]

Le "unità fisiche" atte ad assurgere al rango di presupposti del tributo quando causano (o siano potenzialmente idonee a causare) un danno

2. Ancora Gallo – Marchetti, "I presupposti della tassazione ambientale", cit., p. 118. Gli autori esaminano, altresì, la visione proposta dall'OCSE (in *Instruments èconomiques pour la protection de l'environment*) degli strumenti di tutela ambientale. Tra essi rientra anche la tassa (o tariffa), vista – però – come "una delle tante misure che possono consentire di internalizzare le c.d. esternalità ambientali, e cioè di agire sul costo dei prodotti inquinanti – con imposte sulla fabbricazione o sui consumi – al fine di indirizzare le scelte dei consumatori". Il fine ambientale rimane, così, a *differenza che nella visione proposta dalla Comunità Europea*, "una semplice finalità politico sociale del tributo, *finalità extrafiscale esterna al suo presupposto*".

3. Gallo – Marchetti, ob. cit., sottolineano il fatto che "l'avere spostato dalla tutela dell'ambiente all'unità fisica che determina il danno ambientale l'elemento di collegamento tra il tributo e l'ambiente può consentire di ricostruire in termini di presupposto ambientale il tributo ambientale. L'unità fisica che determina il deterioramento dell'ambiente non può ovviamente essere una funzione del tributo ambientale, ma è un fatto materiale e oggettivo sussumibile, a certe condizioni tutte ancora da verificare, nel presupposto del tributo ambientale".

ambientale sono suddivisibili in tre grandi famiglie: il consumo di prodotti inquinanti; l'utilizzo di beni ambientali scarsi; le emissioni inquinanti. Nella prima categoria l'imponibile dovrebbe essere parametrato al numero di unità (fisiche) del bene la cui produzione sia dimostrata causa d'inquinamento; nelle seconde l'imponibile dovrebbe invece discendere da una misurazione (scientifica) delle emissioni inquinanti.

Benché la definizione ora proposta di "tributo ambientale" sia, fuor di dubbio, la più rigorosa da un punto di vista dogmatico e di sistema (oltre che, si noti, quella prescelta dalla Comunità Europea), ad oggi con la locuzione "tributo ambientale" si individua uno spettro di strumenti impositivi ben più ampio di quello cui condurrebbe la definizione qui proposta.

L'esperienza legislativa italiana, infatti, ha ad oggi valorizzato – nella individuazione della categoria – anche i tributi con semplici funzioni (o scopo) ambientali.

Così, tributi ambientali sono stati definiti in dottrina tutti gli strumenti impositivi gravanti sul produttore inquinatore, o sul semplice utilizzatore, al fine di prevenire, eliminare o ridurre una data attività inquinante,[4] i tributi posti sulla produzione e sullo scarico di materiali inquinanti,[5] ovvero "quei prelievi fiscali che colpiscono sostanze e/o prodotti connessi a fenomeni di degrado ambientale".[6]

Ciò che emerge dalle definizioni ora proposte è come benché le stesse assumano il fattore ambientale tra gli elementi strutturali della fattispecie, non sempre individuano in esso il vero e proprio presupposto del tributo. Nell'ottica da noi proposta, la tutela dell'ambiente così perseguita costituirebbe, pertanto, *scopo del tributo*, ma non presupposto.

In punto d'analisi dei tributi ambientali ad oggi vigenti nel nostro ordinamento giuridico, avremo modo d'apprezzare lo sforzo compiuto dal legislatore per costruire delle forme impositive che si avvicinino quanto più possibile alla configurazione rigorosa del "tributo ambientale" prima descritta. Nella breve rassegna esaminata sarà nostra cura evidenziare il collegamento volta a volta individuato tra unità fisica inqui-

4. Perrone Capano, "L'imposizione e l'ambiente", in *Trattato di diritto tributario*, diretto da Amatucci, p. 480, nonché Tosi, "Principi generali del sistema tributario locale", in AA.VV., *L'autonomia finanziaria degli enti locali territoriali*, p. 27.

5. Osculati, *La tassazione ambientale*, p. 5.

6. Ministero dell'Ambiente, "L'introduzione di tasse ambientali ed il suo significato", documento tecnico del 29.9.1989, in *Riv. Dir. Fin. Sc. Fin.* I, p. 612.

nante e presupposto impositivo, dando conto – con la massima attenzione – delle problematiche concrete che la costruzione di tale nesso comporta con riferimento a talune particolari fattispecie.

3. *I limiti derivanti dall'ordinamento comunitario*

Enucleati i maggiori problemi sottesi alla stessa individuazione di cosa debba intendersi per tributo ambientale, occorre ora esaminare quali siano i limiti ordinamentali entro i quali tale strumento può perseguire i propri obiettivi.

In ossequio alla nuova visione dei rapporti sussistenti tra l'ordinamento nazionale e sovranazionale (consacrati nel nuovo art. 117 Cost., come riformato dalla l. 18 ottobre 2001, n. 3), inizieremo la nostra analisi dai vincoli posti dal legislatore comunitario.

Come noto, l'interesse della Comunità Europea per i temi ambientali si sviluppa a partire dagli anni '70, in particolare con la Raccomandazione del 3 marzo 1975, n. 436 (che ha quale referente il "Primo programma d'azione per la protezione dell'ambiente" del 1973)[7] avente ad oggetto "la imputazione dei costi e l'intervento dei pubblici poteri in materia di ambiente".[8] In specie, per ciò che qui interessa, tale atto prevedeva, tra gli strumenti deputati a realizzare gli indirizzi programmatici individuati, *canoni*, in forma di tributi, commisurati alla quantità d'inquinamento prodotto. Il "programma d'azione" fu più volte reiterato, senza che si giungesse a risultati applicativi rilevanti, fino alla revisione del Trattato di Roma ad opera dell'Atto Unico Europeo del 1987. Fondamentale merito riconducibile al documento, in materia ambientale, fu la consacrazione, in forma scritta (cfr. art. 130R), del principio "*chi inquina paga*", volto, a grandi linee, a consentire un'attribuzione agli operatori economici dei costi connessi all'inquinamento dagli stessi prodotto. Tale inciso è stato a lungo interpretato dalla dottrina in chiave risarcitoria, collegando allo stesso una responsabilità civile di tipo aquiliano[9] che ne confinava la rilevanza all'ambito civilistico. Solo recentemente gli studiosi hanno iniziato ad

7. Il programma, avente ad oggetto il quadriennio 1973-1977 venne pubblicato in G.U.C.E., 20.12.1973, n. 112.

8. Cfr. G.U.C.E., 25.7.1975, n. 194, serie L.

9. Tra gli altri, Bresso, "Il principio 'chi inquina paga' nella teoria e nella legge italiana sulla tutela delle acque", in AA.VV., *Atti del convegno sul tema "Protezione delle acque e delle zone umide in Italia"*, pp. 118 e ss.; Caravita, "I principi della politica comunitaria in materia ambientale", in *Riv. Giur. Amb.*, 1991, pp. 207 e ss.

interessarsi alle potenzialità espansive insite nel principio,[10] valorizzando, tra le altre, anche la sua riferibilità all'ambito tributario.[11]

La definitiva precisazione di tale fondamentale dogma è avvenuta, più recentemente, con il Trattato di Amsterdam del 2 ottobre 1997, entrato in vigore il 1º maggio 1999. Il Titolo XIX, dedicato all'ambiente, identifica e racchiude la normativa di principio in materia di protezione dell'ecosistema agli artt. 174, 175 e 176. Benché taluni avessero inizialmente criticato la portata del principio *de quo*, sottolineando la sua valenza di intervento *ex post*, sulle sole conseguenze dei comportamenti inquinanti, l'art. 174 elimina tale lettura restrittiva affiancando alla massima "chi inquina paga" tre obiettivi precisi, consistenti nella *prevenzione*, *precauzione* e *correzione* dei danni ambientali.[12]

L'importanza che tale massima ha assunto nella strutturazione delle politiche comunitarie in materia ambientale è evidente: non soltanto essa costituisce, oggi, la base teorica delle norme primarie e delle Direttive disciplinanti i tributi ambientali di matrice comunitaria, ma, altresì, l'art. 176 del Trattato riconosce agli Stati membri la possibilità di adottare provvedimenti atti a garantire una tutela anche maggiore di quella stabilità dalla Comunità sempre che gli stessi non ledano il principio "chi inquina paga". Anche la successiva Comunicazione CE su "*tasse ed imposte ambientali nel mercato unico*" (in G.U.C.E., 23 luglio 1997, serie C, 224) nel delineare le linee guida dell'intervento statale in materia di tassazione ambientale impone che gli interventi operati dai singoli stati membri siano compatibili con il "chi inquina paga" oltre che con il complesso di norme che regolano il funzionamento del mercato unico.

Individuata la genesi del principio comunitario, occorre ora interrogarsi su due fondamentali questioni: se la verifica in ordine al rispetto del

10. De Cesaris, "Le politiche comunitarie in materia di ambiente", in *Diritto ambientale comunitario*, pp. 46 e ss.

11. Picciaredda – Selicato, *I tributi e l'ambiente*, pp. 72 e ss. La precisazione in ordine ai tre obiettivi perseguiti mediante il principio "chi inquina paga" assume un'importanza fondamentale al fine di escludere l'utilizzabilità dello strumento tributario con riferimento al deterioramento non sostenibile del bene ambiente. L'unità fisica che produce un danno irreversibile non potrà, dunque, essere assunta a presupposto di un tributo, ma dovrà essere combattuta mediante l'utilizzo di strumenti sanzionatori, che rappresentino un deterrente all'esercizio stesso delle attività capaci di determinare tale tipologia di danno ambientale.

12. Cordini, *Diritto ambientale comparato*, pp. 187 e ss. Quanto all'origine del principio comunitario "chi inquina paga", cfr. Pigou, *The Economist of Malfare*.

principio sia limitata ai soli tributi ambientali rigorosamente intesi, in conformità all'orientamento espresso dalla Commissione in ordine alla definizione stessa di tributo ambientale (cfr. paragrafo 1); se – e in virtù di quale norma – il principio debba considerarsi parametro di legittimità per le norme interne istitutive di tributi ambientali (o con funzione ambientale).

In ordine alla prima questione, occorre sottolineare che il dato testuale dell'art. 174, comma 2, prevede, con formula generica, che la *politica comunitaria* in materia ambientale sia fondata sui principi della precauzione, prevenzione e correzione, nonché sul "chi inquina paga". Ciò precisato, da tale definizione non è dato inferire alcuna limitazione applicativa del principio ai soli tributi ambientali in senso stretto, applicandosi lo stesso in qualsiasi campo o materia attraverso i quali si possa giungere al risultato di una maggiore tutela dell'ecosistema.

Con riferimento alla seconda problematica, la stessa parrebbe alimentata dalla precisazione posta dallo stesso art. 174 in ordine alla applicabilità dei richiamati principi alla *politica comunitaria.* Quand'anche non volessimo tener conto del fatto che i tributi ambientali sono, ad oggi, quasi tutti di derivazione comunitaria (e, dunque, è fuor di dubbio debbano rispettare il principio di cui al 174), il nuovo art. 117, primo comma, della Costituzione prevede che la potestà legislativa dello Stato e delle Regioni debba essere esercitata nel rispetto dei vincoli derivanti dall'ordinamento comunitario e degli obblighi internazionali (oltre che, com'è ovvio della nostra Carta fondamentale).[13] Il fondamentale principio "chi inquina paga", consacrato nell'art. 174 del Trattato tra i cardini della politica comunitaria in materia ambientale, assume dunque, per il tramite dell'art. 117 della Costituzione, valenza vincolante e primaria per l'ordinamento interno, con la conseguenza che – per quanto specificamente attiene alla materia tributaria – il legislatore italiano dovrà verificare che i tributi ambientali (o con funzione ambientale) da lui proposti siano compatibili (oltre che con il principio di capacità contributiva) con il "chi inquina paga" di matrice comunitaria.[14]

13. Il primo comma dell'art. 117 Cost., come modificato dalla l. cost. 27 ottobre 2001, n. 3, prevede che "la potestà legislativa è esercitata dallo Stato e dalle Regioni nel rispetto della Costituzione, nonché dei vincoli derivanti dall'ordinamento comunitario e dagli obblighi internazionali".

14. Con riferimento al processo di costituzionalizzazione dei principi comunitari per il tramite dell'art. 117, primo comma, Cost. cfr., tra gli altri, Torchia, "I vincoli derivanti dall'ordinamento comunitario nel nuovo Titolo V della

Del resto, anche prima della riforma Costituzionale (che ha semplicemente individuato una esplicita ed inequivoca norma di recepimento) perfino la Suprema Corte di Cassazione aveva sottolineato il vincolo gravante sul legislatore, e sugli esecutori delle orme, con riferimento al principio "chi inquina paga", rilevando che "con l'Atto Unico Europeo del 1986, artt. 130R, 130S e 130T, recepito in Italia con la l. 909/1986, sono stati introdotti nel nostro ordinamento giuridico *tre principi relativi all'ambiente*, che impegnano direttamente lo Stato Italiano verso la Comunità, e che devono essere applicati anche dai giudici perché fanno parte dell'ordinamento: *principio della prevenzione*; *principio 'chi inquina paga'*; *principio per cui si deve sempre garantire all'ambiente una protezione giuridica interna uguale o più rigorosa rispetto a quella Comunitaria, ma non inferiore*".[15]

4. I limiti derivanti dalla Costituzione

Per quanto attiene, invece, ai vincoli derivanti (in modo diretto) dall'ordinamento costituzionale, gli stessi – come noto – sono rappresentati dagli artt. 23 e 53 della nostra Carta fondamentale. Poiché oggetto di questo lavoro è l'individuazione dei limiti entro i quali può trovare esplicazione la potestà impositiva del legislatore interno nella specifica materia ambientale, una prima considerazione atterrà, com'è ovvio, alla *compatibilità della finalità*, latamente intesa, di *tutela ambientale con i principi di riserva di legge e di capacità contributiva.* Sotto questo specifico aspetto l'utilizzo della leva fiscale non trova ostacoli, posto che le richiamate norme presentano caratteristiche di neutralità quanto alla individuazione delle finalità perseguibili.[16]

Non ci si soffermerà, in questa sede, su una compiuta analisi dell'art. 23 della Costituzione, posto che da esso non discendono rilevanti proble-

Costituzione", in *Le Regioni*, pp. 1.204 e ss.; Conforti, *Diritto internazionale*, pp. 320 e ss.

Per la vincolatività del principio antecedentemente alla riforma del Titolo V, cfr. Picciaredda – Selicato, *I tributi e l'ambiente*, cit., pp. 120 e ss.

15. Cassazione Penale, 4.2.1993, in *Dir. Giur. Agr.*, 1994, 292.

16. Cfr. Moschetti, "La capacità contributiva – Profili generali", in *Trattato di diritto tributario*, (diretto da) Amatucci, vol. I, p. 223, secondo il quale gli artt. 23 e 53 Cost. non impongono precetti positivi in ordine ai contenuti della norma tributaria, costituiscono, piuttosto, limiti di carattere formale e sostanziale ai quali il legislatore deve attenersi, ferma restando la sua discrezionalità nella fissazione del presupposto, dell'oggetto, delle modalità di prelievo.

matiche con riferimento alla compatibilità tra principio di legalità ed emanazione di norme impositive aventi ad oggetto, in senso lato, la materia ambientale. Unico punto d'interesse, di tal che merita un richiamo, attiene ai rapporti che si instaurano tra la riserva di legge *ex* art. 23 Cost. e la *potestà legislativa regionale* alla luce della riforma del Titolo V della nostra Carta fondamentale. Ove si ritenesse, infatti, che la materia ambientale possa essere ricondotta, per alcuni specifici profili, sotto la competenza normativa della Regione (*ex* art. 117, così come riformato dalla l. cost. del 27 ottobre 2001, n. 3), lo stesso Ente territoriale potrebbe provvedere ad emanare in materia norme impositive con propria legge, nel pieno rispetto dell'art. 23 Cost. Infatti, come noto, la vera innovazione, i cui limiti appaiono allo stato profondamente incerti e contrastati, rinvenibile nella riforma costituzionale ha riguardato il grado di autonomia in materia tributaria (e *amplius* finanziaria) dell'ente Regionale.[17] Pur esulando il tema da questo studio, pare utile sottolineare in cosa si sostanzi (*rectius*: sostanzierebbe) tale portata innovativa. Mentre vigente il vecchio testo del Titolo V vi erano forti contrasti, anche in dottrina, nell'ammettere che la legge regionale potesse introdurre *tributi nuovi*, pur nelle materie di competenza, senza violare la *riserva legis* prevista dall'art. 23 Cost. in assenza di una previa definizione da parte della legge statale degli elementi essenziali dei tributi stessi,[18] in forza della *equiparazione* operata dalla recente riforma tra legge statale e legge regionale (cfr. art. 117 Cost.) la dottrina maggioritaria è orientata a considerare il principio *ex* art. 23 rispettato anche in forza di norma emanata da un Consiglio Regionale. Sempre che, naturalmente, non si tratti di *riserva assoluta* riferibile a materie che il nuovo art. 117 attribuisce alla competenza esclusiva dello Stato.[19]

17. Come noto, l'art. 119 Cost. – nel testo riformato dalla l. cost. 27.10.2001, n. 3 –, prevede, ai commi 1 e 2, che "I Comuni, le Province, le Città metropolitane e le Regioni hanno autonomia finanziaria di entrata e di spesa. I Comuni, le Province, le Città metropolitane e le Regioni hanno risorse autonome. Stabiliscono ed applicano tributi ed entrate propri, in armonia con la costituzione e secondo i principi di coordinamento della finanza pubblica e del sistema tributario. Dispongono di compartecipazioni al gettito di tributi erariali riferibili al loro territorio". Per un'analisi più dettagliata del limite rappresentato, per gli Enti territoriali, dalla "armonia con la Costituzione" cfr. Tundo, *Contributo allo studio dell'autonomia tributaria dei Comuni*, pp. 155 e ss.

18. Sul punto, tra gli altri cfr. L. Rastello, *Diritto tributario, principi generali*, pp. 131, 133 e 135 che definisce chiaramente la potestà tributaria, quale potere di istituire tributi, un attributo dello Stato ordinamento, il cui esercizio avviene mediante la legge e la cui titolarità spetta allo Stato.

19. Sul punto rilevante pare l'interpretazione proposta da P. Giarda, "Le regole del federalismo fiscale nell'art. 119: un economista di fronte alla nuova Costituzion".

Autorevole dottrina[20] non ha mancato di rilevare come l'inversione del criterio di residualità a favore delle Regioni (operato come noto, dall'art. 117, commi 1 e 4 della Costituzione) abbia in definitiva "confinato" lo Stato alla qualifica di "legislatore per eccezione", mentre la fonte generale per un vasto complesso di materie sarebbe divenuta la legge regionale. Date tali premesse, ove fosse individuata una qualche competenza regionale *in materia ambientale*, quest'ultima legittimerebbe l'Ente territoriale alla istituzione di tributi con propria legge. E benché, ad oggi, la dottrina non si presenti compatta in punto di interpretazione dell'art. 117 del Titolo V della Costituzione con specifico riferimento alla *materia ambientale*, la lettura più accreditata vi individua una *materia trasversale*, che incrocia tutte le competenze legislative, regolamentari e amministra-

in *Le Regioni*, pp. 1.425 e ss., che, in sede d'analisi dell'uso del termine "stabiliscono tributi ed entrate propri" con riferimento alle Regioni ritiene possa essere "eco del dibattito sulla questione se, vigente la passata Costituzione, la Regioni fossero titolate ad introdurre, su materie non coperte da legislazione statale – in altre parole su basi imponibili non assoggettate a tassazione da parte dello Stato – tributi propri anche in assenza di una legge statale istitutiva". Per l'Autore la forma verbale attiva utilizzata in sede di riforma "potrebbe essere letta come il recepimento della tesi che la legge statale non è sempre necessaria, e che una singola Regione potrebbe, individuando una base imponibile non sovrapposta a materia imponibile già trattata da tributi erariali, introdurre autonomamente un nuovo tributo. (...) L'ipotesi della non necessità della legge statale istitutiva che, vigente il vecchio testo, veniva ritenuta altamente problematica, nel nuovo testo sembrerebbe avere maggiore supporto testuale". Cfr., inoltre, L. Antonini, *La prospettiva del federalismo fiscale alla luce del nuovo art. 119 della Costituzione*.

B. Caravita, *La Costituzione dopo la riforma del Titolo V*, p. 139, ritiene che le Regioni, dotate di potestà legislativa piena, potrebbero ritenersi autorizzate ad emanare norme in materia tributaria pur in assenza di una legge statale. Ancora G. Rosa e F. Salmoni, *Prime osservazioni in ordine alle implicazioni del nuovo testo dell'art. 119 della Costituzione sull'autonomia finanziaria delle Regioni*, ritengono che se "all'interpretazione di una estensione del potere delle Regioni in ordine alla istituzione di tributi propri, tuttavia, potrebbe opporsi quella parte della dottrina che ritiene la legge cui fa riferimento l'art. 23 della Costituzione debba essere considerata esclusivamente legge dello Stato (...)" tale tesi, "(...) alla luce dei nuovi poteri attribuiti alle Regioni, non appare più condivisibile nella sua assolutezza". Cfr., ancora, F. Puzzo, *Il federalismo fiscale, l'esperienza italiana e spagnola nella prospettiva comunitaria*, p. 88, il quale osserva che il fatto che la competenza legislativa statale divenga "di eccezione" mentre quella regionale assume un carattere generale in ordine a complessi ambiti materiali comporta una equiordinazione tra legge statale e regionale.

20. L. Elia, Intervento davanti alla *Prima Commissione Permanente* del Senato nell'ambito della *Indagine conoscitiva sugli effetti nell'ordinamento delle revisioni del Titolo V della parte II della Costituzione*, 23.10.2001.

tive assegnate ai vari livelli di governo. Così, benché il dato letterale riservi apparentemente allo Stato (in via esclusiva) la *tutela dell'ambiente*, dell'ecosistema e dei beni culturali [art. 117, secondo comma, lettera s)], la dottrina maggioritaria conclude per un'*incidenza della tutela ambientale su tutte le materie riservate alla potestà legislativa esclusiva o concorrente delle Regioni che abbiano un qualche rilievo ai fini ambientali* (su tutte l'urbanistica, la viabilità e l'agricoltura). Tale lettura della norma appare altresì confermata dalla presenza, tra le materie di legislazione concorrente Stato-Regione, della *valorizzazione dei beni* culturali ed *ambientali* (art. 117, terzo comma, Cost.). In sostanza, con riferimento alla *protezione dell'ecosistema* non si sarebbe inteso eliminare la preesistente pluralità di titoli di legittimazione per interventi della Regione volti a soddisfare esigenze ultronee rispetto a quelle di carattere unitario rimesse allo Stato[21] e, dunque, anche le Regioni parrebbero legittimate ad istituire *tributi ambientali* nei limiti in cui gli stessi consentano una *valorizzazione* del *bene ambiente*.

L'altra norma sulla quale dovremo, ora, soffermare la nostra attenzione è l'art. 53 della Costituzione. Come noto, esso stabilisce che "tutti sono tenuti a concorrere alle spese pubbliche in ragione della loro capacità contributiva. Il sistema tributario è informato a criteri di progressività".

Le difficoltà che si riscontrano nel coordinamento tra l'imposizione ambientale e il c.d. "principio di capacità contributiva" nascono dal fatto che, ad una prima sommaria analisi, può sembrare arduo conciliare tale principio con una tipologia di prelievo che incide su fatti i quali, pur impattando su beni di primario interesse, non sono rilevabili, in via immediata, quali indici di ricchezza.[22]

Così, un'interpretazione classica del principio che richiede l'individuazione d'una *attitudine o forza economica* nel presupposto impositivo, impedisce di rilevare un *unitario inquadramento dogmatico* nell'ambito della capacità contributiva per tutte le "unità fisiche" inquinanti già

21. In tal senso, cfr. anche Corte Costituzionale, 26.7.2002, n. 407, in *Dir. Giust.*, 2002, pp. 40 e ss. La lettura della norma qui proposta appare, altresì, l'unica compatibile con il principio di sussidiarietà, proposto da tempo a livello comunitario (Carta europea delle autonomie locali, Strasburgo, 15.10.1985, art. 4, comma 3) e cristallizzato, da ultimo, nell'art. 118, comma 1, del Titolo V della Costituzione.

22. Per una ricostruzione del principio di capacità contributiva cfr., tra gli altri, Manzoni, *Il principio di capacità contributiva nell'ordinamento costituzionale italiano*; De Mita, "Capacità contributiva", in *Dig. Disc. Priv.*; Moschetti, *Il principio di capacità contributiva*.

richiamate (si tratta, lo ricordiamo, del consumo di prodotti inquinanti, dell'utilizzo di beni ambientali scarsi, delle emissioni inquinanti).[23]

Tale tradizionale, e datata, ricostruzione parrebbe adattarsi, infatti, solo alla prima delle categorie individuate: il consumo, infatti, può essere già di per sé direttamente rilevato quale indice manifesto d'una *forza economica* del contribuente, mentre con riferimento alle altre unità fisiche appare alquanto complessa l'individuazione d'una attitudine o forza economica negli elementi di riferimento in sé considerati.

Autorevole dottrina, partendo dalle premesse ora enunciate, ha allora individuato *tre differenti moduli esplicativi* atti a consentire un inquadramento di ciascuna delle principali categorie di "unità fisiche" inquinanti nel principio di capacità contributiva di cui all'art. 53 della Costituzione.[24]

In realtà a noi pare che l'importanza del tema trattato imponga uno sforzo ulteriore, volto ad individuare un *quadro comune* entro il quale possa inserirsi e giustificarsi, alla luce del principio di capacità contributiva, una potestà impositiva che ricada, indifferentemente, sul consumo di prodotti inquinanti, sull'utilizzo di beni ambientali scarsi, sulle emissioni inquinanti, ossia su ciascuna delle macroclassi di unità fisiche inquinanti individuate dalla Commissione Europea.

La ricerca di tale unitarietà, com'è ovvio, non potrà che muovere da una rivisitazione, in chiave più moderna, del principio di capacità contributiva.

In questa direzione, un'interpretazione atta a consentire, tra gli altri, un più agevole e unitario inquadramento dei tributi ambientali è quella elaborata al fine di verificare la legittimità costituzionale delle agevola-

23. Gallo – Marchetti, "I presupposti della tassazione ambientale", cit., p. 125.

24. Ancora Gallo – Marchetti, cit.. Gli autori, in particolare, analizzano la compatibilità del principio di capacità contributiva con ognuna delle "unità fisiche" inquinanti individuate a livello comunitario.

Il problema della rilevanza economica del presupposto potrebbe non porsi ove si utilizzasse quale strumento di fiscalità ambientale *esclusivamente la tassa*. Infatti, inquadrando la tassa ambientale fra quelle dovute a fronte dell'erogazione di un servizio pubblico, e, dunque, quale *tributo commutativo* il presupposto potrebbe essere individuato nella *richiesta ed utilizzo del servizio collegato*, senza alcuna necessità d'indagare sulla rilevanza economica dello stesso. In realtà, è stato evidenziato, limitare il tributo ambientale alla sola figura della tassa intesa quale tributo commutativo consentirebbe di colpire solo quei danni ambientali *a fronte dei quali lo Stato rende un servizio (di prevenzione, precauzione o correzione) in aperto contrasto con il principio di "capacità contributiva", che non richiede tale vincolante elemento.*

zioni tributarie e l'utilizzo a fini *extrafiscali* dei tributi.[25] Tale dottrina amplia il ventaglio di opportunità offerte dall'art. 53 Cost., individuando nella norma *de qua* non solo il mezzo per realizzare il concorso alle spese pubbliche, ma anche la via per realizzare, con lo strumento tributario, altre finalità[26] che trovino riconoscimento in disposizioni della nostra Carta fondamentale.[27] Corollario della ricostruzione ora richiamata è che – tenuti rigorosamente distinti i concetti di capacità economica e contributiva – l'art. 53 consentirebbe di operare valutazioni diversificate della capacità contributiva pur con riferimento a soggetti dotati di uguale capacità economica, sempre che tali valutazioni discendano, e siano razionalmente giustificate, da altri interessi di rango costituzionale.

Invero, un approccio innovativo al problema qui trattato potrebbe anche muovere da una rimeditazione della concezione classica dei principi di personalità, globalità e progressività dell'imposizione.[28] L'introduzione d'un sempre maggior numero di fattispecie d'imposizione sostitutiva, l'ormai ciclico ripetersi delle stagioni "condonistiche", la prospettiva d'un utilizzo sempre maggiore di criteri forfettari nell'individuazione del reddito imponibile paiono, infatti, aver minato alla base il rigore di tali principi come tradizionalmente intesi della dottrina.[29] In tale quadro evolutivo, anche il consumo individuale (latamente inteso) di

25. Moschetti, "La capacità contributiva – Profili generali", cit., pp. 262 e ss.; La Rosa, "Esenzioni ed agevolazioni tributarie", in *Enc. Giur.*, vol. XIII; Fichera, *Le agevolazioni fiscali*; D'Amati, "Agevolazioni ed esenzioni tributarie", in *Nuovissimo D.I.*, vol. I, pp. 153 e ss.

26. Perrone Capano, "L'imposizione e l'ambiente", cit., pp. 481 e ss.; Amatucci, "Qualità della vita, interessi diffusi e capacità contributiva", in *Riv. Dir. Fin. Sc. Fin.* I, p. 351.

27. Moschetti, "Agevolazioni fiscali, problemi di legittimità costituzionale e principi interpretativi", in *Dig. IV, Disc. Priv., sez. Comm.*, vol. I., osserva che il principio di capacità contributiva, in quanto inserito nella nostra Carta fondamentale, non può non tener conto di tutti gli altri valori costituzionalmente protetti ed essere (anche) alla luce degli stessi interpretato. In senso più ampio D'Amati, "Le agevolazioni in campo tributario e parafiscale", in Leccisotti (a cura di), *Le agevolazioni Fiscali,* che ritiene possibile operare una integrazione del principio non solo alla luce delle altre norme costituzionali, ma anche con riferimento ad un contesto economico, sociale e normativo più ampio.

28. Picciaredda – Selicato, *I tributi e l'ambiente*, cit., pp. 113 e ss.: Vitaletti, "Le proposte di nuove imposte: l'imposizione sull'energia", in Pedone (a cura di), *La riforma tributaria tra nuove imposte e qualche aggiustamento.*

29. Polano, "Spunti teorici e prospettive in tema di regimi fiscali sostitutivi", in *Dir. Prat. Trib.*, I, pp. 253 e ss.; Parlato, "Regimi fiscali sostitutivi", in *Nuovissimo D. I.*, App., vol. VI, p. 504; Ingrosso, "Imposte sostitutive", in *Enc. Giur.*, vol. XVI.

beni ambientali potrebbe essere visto quale nuovo indice di capacità contributiva,[30] considerato che: l'art. 53, comma 1, della Costituzione consente di attrarre a tassazione *tutti gli indici della capacità economica complessiva del contribuente*; anche le attività produttive di *diseconomie esterne* possono essere considerate indici di capacità contributiva, posto che lo sfruttamento e l'apprensione di risorse è sintomo e causa di capacità economica.[31] Il valore della seconda considerazione proposta ben si coglie sol che si consideri che colui che sfrutta il *bene ambiente* acquisisce un fattore di produzione a fronte del quale non gli viene domandato, in via diretta, alcun corrispettivo. Tale corrispettivo, infatti, viene ad essere sopportato dalla collettività, o sotto forma di depauperamento *tout court* del patrimonio ambientale, o sotto forma di maggiori costi legati al ripristino di condizioni ottimali. Queste riflessioni discendono consecuenzialmente alla stessa natura di bene pubblico collettivo dell'ambiente, e al contributo dottrinale che individua in esso una "esternalità", capace di incidere positivamente o negativamente sui costi di produzione e consumo di taluni beni e servizi. I vantaggi conclamati della teoria prospettata, e qui accolta, discendono dal fatto che la stessa non opera uno sforzo volto ad ampliare il principio di capacità contributiva indirizzandolo verso fini *extrafiscali*, pur tutelati da norme di rango costituzionale, ma mira, invece, ad individuare nello stesso *ambiente* un *bene economicamente rilevante*, la cui fruizione diviene *presupposto impositivo* e il cui valore (reale o potenziale) è considerato *imponibile* ai fini tributari.

Com'è ovvio tale inquadramento della problematica orienta il legislatore verso un *optimum* rappresentato da una imposizione in materia ambientale fondata sulla tipologia di tributo individuata al paragrafo secondo, una tipologia, dunque, che mira ad individuare un *presupposto impositivo* misurabile per "unità fisiche" inquinanti. Come già detto, il risultato interpretativo così conseguito consente di inserire il *bene ambiente* all'interno della fattispecie impositiva, conferendo alla "tutela ambientale" il rango di mero obiettivo collaterale dell'imposizione perseguito in via indiretta orientando il contribuente (soggetto passivo d'im-

30. Perrone Capano, "L'imposizione e l'ambiente", cit., pp. 494 e ss.

31. Amatucci, "L'interpretazione della legge tributaria", in Amatucci (a cura di), *Trattato*..., cit., vol. I, pp. 547 e ss. Per una interpretazione del principio di capacità contributiva che segua e si adatti, in chiave evolutiva, all'individuazione dei fattori indici di capacità economica nell'ordinamento cfr. Moschetti, "La capacità contributiva – Profili generali", cit., p. 230; Parlato, "Il responsabile ed il sostituto d'imposta", in Amatucci (a cura di), *Trattato*..., cit., vol. II, p. 391; Batistoni Ferrara, "Art. 53", in *Commentario della Costituzione*, p. 13.

posta) verso modalità produttive più rispettose dell'ecosistema e, proprio in quanto tali, economicamente meno dispendiose.

Ad ulteriore conferma della ricostruzione effettuata, pare utile rilevare la perfetta sincronia tra le considerazioni svolte ed il principio comunitario (sul quale ci si è già diffusamente soffermati) "chi inquina paga". Se, come visto, tale principio deve ad oggi considerarsi integrato nel nostro ordinamento quale parametro valutativo della legittimità dei tributi in materia ambientale, il collegamento effettuato tra presupposto impositivo e fruizione del bene ambiente pare, sul punto, risolutiva. La immediata connessione tra imposizione e utilizzo delle risorse risponde, infatti, perfettamente alla distribuzione del carico fiscale perseguita dal principio comunitario, cristallizzando nella stessa norma impositiva la *ratio* che esso sottende.

Se alla luce di quanto ora detto non paiono sussistere dubbi in ordine alla compatibilità dei tributi ambientali con il principio di capacità contributiva, pare utile spendere ancora qualche parola in ordine all'interazione tra tale tipologia di imposizione e il criterio di progressività. Se, come noto, è stato chiarito che la valutazione in ordine alla progressività non deve essere riferita ad ogni singolo tributo, ma al sistema complessivamente inteso, attenta dottrina[32] ha evidenziato come l'introduzione di tributi in materia ambientale potrebbe, vieppiù, esaltare la progressività del sistema. Tale risultato, infatti, potrebbe essere perseguito introducendo un'imposta generale sui consumi individuali di energia, parametrata al consumo globale (considerato quale indice significativo del livello di ricchezza del contribuente) di ciascun soggetto passivo. Ove a tale consumo fossero associate aliquote d'imposizione crescenti, l'incidenza di tale tributo contribuirebbe ad alimentare (e non ad attenuare) la progressività del nostro sistema impositivo.

5. *La compatibilità dei tributi ambientali ad oggi vigenti con la ricostruzione sistematica effettuata*

Individuati i limiti di sistema che, nel nostro ordinamento, orientano e vincolano il legislatore che voglia disciplinare *sul versante impositivo* la materia ambientale, si tratta di verificare se, e come, i tributi ambientali ad oggi vigenti si integrino in tale quadro. Prima di passare al dettaglio degli interventi legislativi, ci sia consentita un'annotazione: ad

32. Picciaredda – Selicato, *I tributi e l'ambiente*, cit., p. 124.

oggi il legislatore non pare aver colto appieno l'importanza e l'opportunità di procedere ad un intervento deciso ed incisivo, attuato per mezzo della leva fiscale, nella materia ambientale. Se già a livello *extrafiscale* la tutela dell'ecosistema pare relegata ad un ruolo secondario, in materia impositiva il legislatore è intervenuto in modo rilevante solo con riferimento al problema delle emissioni inquinanti, trascurando quasi totalmente le altre "unità fisiche", rappresentate, come visto, dai prodotti inquinanti e dal consumo dei beni ambientali scarsi.[33] Ciò è indubbio sintomo della carenza d'una vera e propria cultura della fiscalità ambientale, carenza invero alimentata dalla riduttiva considerazione (imperante fino a pochi anni or sono) del fisco quale strumento utilizzabile al solo fine di finanziare taluni servizi di ripristino ambientale o, al più, indennizzare la collettività per il peggioramento delle condizioni di vita legate allo sfruttamento ambientale.[34]

5.1 Il tributo speciale per il conferimento dei rifiuti in discarica

Il tributo ora in esame, introdotto dalla l. 28 dicembre 1995, n. 549, ha quale finalità dichiarata quella di indirizzare il comportamento dei contribuenti verso una minore produzione di rifiuti, incentivando, al tempo stesso, un utilizzo degli stessi come materie prime o energia. Il *presupposto* è costituito dal *deposito in discarica* dei rifiuti (solidi). Perché il tributo mantenga la sua efficacia anche a fronte di situazioni limite, il legislatore ha previsto che sia soggetto ad imposizione anche il deposito in discariche abusive, mentre esonera dall'imposta il deposito presso quegli impianti che risultino dotati delle attrezzature necessarie alla trasformazione del rifiuto in energia. *Soggetto passivo* dell'imposta è colui

33. Il tentativo di introdurre, nel nostro ordinamento, tributi gravanti sui prodotti inquinanti è, ad oggi, fallito. Per tutti, si veda il caso dell'imposta sui sacchetti di plastica, soppressa per la sua inefficienza applicativa e sostituita, per un breve periodo di tempo, dal contributo per il polietilene vergine [art. 1, l. 9.11.1988, n. 475; art. 29 *bis* l. 29.10.1993, n. 427; art. 48 e 56, lettera f) del d.lgs. 5.2.1997, n. 22].

34. Gallo – Marchetti, "I presupposti della tassazione ambientale", cit., p. 122. Fattore sintomatico di tale scarsa attenzione sta nel fatto che la prevalente dottrina italiana continua a ripartire la tassazione ambientale *in ragione della sua funzione di tutela*, evidenziando, per la stessa, i seguenti obiettivi: funzione incentivante o disincentivante; funzione di reperimento di risorse per: 1) il finanziamento di servizi ambientali (lo strumento fiscale rappresenta, in tale caso, il corrispettivo dei servizi resi al cittadino in materia ambientale); 2) il finanziamento di opere di risanamento ambientale (che avviene mediante l'istituzione delle c.d. "imposte di scopo").

che gestisce la discarica (impresa di stoccaggio) o l'impianto di incenerimento (senza recupero d'energia), il quale addebiterà l'importo in via di rivalsa al soggetto che conferisce i rifiuti. La *base imponibile* è calcolata sulla quantità di rifiuti conferiti, con aliquote che variano in funzione della qualità degli stessi (ossia del diverso grado inquinante associato dal legislatore ad ognuno di essi). Le annotazioni necessarie ai fini del calcolo dell'imposta vengono effettuate su appositi registri di carico e scarico, la cui tenuta è obbligatoria per il gestore.

Evidenziati i principali tratti caratteristici del tributo *de quo* (che, peraltro, viene in larga misura disciplinato dalle Regioni), dobbiamo ora verificare la sua rispondenza ai limiti e caratteri tipici del "tributo ambientale" come sopra delineati.[35] E con riferimento alla ricostruzione dogmatica effettuata, non v'è dubbio che esso sia perfettamente compatibile con le risultanze dell'analisi svolta.

La materia ambientale viene, infatti, assorbita *tout court* nel *presupposto* del tributo, che non soltanto colpisce la produzione di "immissioni inquinanti" sulla base di un criterio quantitativo (le c.d. "unità fisiche"), ma parametra altresì l'incidenza del tributo (sotto forma di aliquota) al differente grado inquinante assegnato alle macrocategorie di rifiuti individuate dal legislatore. Peraltro, sullo sfondo rimane altresì collegato al tributo (quasi fosse un retaggio dell'ormai quasi superata concezione di "tributo ambientale") uno "scopo ambientale" dichiarato, rappresentato dal vincolo di una quota del gettito prodotto a finalità quali la minore produzione di rifiuti, il recupero di materie prime ed energia, la creazione di sistemi di smaltimento alternativi alle discariche, la bonifica dei suoli.

Anche con riferimento alla *capacità contributiva* non v'è dubbio in ordine alla compatibilità del tributo *de quo* con le considerazioni già svolte. La tassazione del conferimento in discarica mira, infatti, ad internalizzare i costi sopportati per lo smaltimento dei rifiuti, collegando direttamente l'imposizione alla capacità del soggetto inciso di produrre rifiuti. In tale ottica non può che rilevarsi la piena coerenza del tributo anche con il principio di cui all'art. 174 del Trattato della Comunità Europea "chi inquina paga". Soggetti passivi del tributo sono, infatti, gli stessi che "producono" il bene rifiuto, e la quantificazione del dovuto è parametrata non soltanto alla quantità di rifiuti prodotta, ma altresì alla qualità degli stessi.

35. Per una ricostruzione esaustiva del tributo *de quo* vd. Menti, *Ambiente e imposizione tributaria – Il tributo speciale sul deposito dei rifiuti.*

5.2 La tassa per lo smaltimento dei rifiuti solidi urbani (t.a.r.s.u.)

Il tributo *de quo* è stato introdotto, nelle linee essenziali ad oggi vigenti, con il d.p.r. 10 settembre 1982, n. 915, che ha recepito nel nostro ordinamento la disciplina di principio contenuta nelle Direttive della Comunità Europea (allora C.E.E.) 75/442 (sui rifiuti), 76/403 (smaltimento dei policlorotrifenili) e 78/319 (sui rifiuti tossici e nocivi). Un deciso *maquillage* della norma è stato successivamente effettuato per mezzo della delega al Governo contenuta nell'art. 4 della l. 23 ottobre 1992, n. 421, che ha condotto alla emanazione da parte dell'esecutivo del d. lgs. 15 novembre 1993, n. 507.[36]

L'art. 65 del d. lgs. n. 507 del 1993 prevede che la tassa venga commisurata alla quantità e qualità media, per unità di superficie imponibile, dei rifiuti solidi urbani producibili nei locali o nelle aree in possesso del contribuente, tenuto conto, peraltro, dell'uso di destinazione. Il criterio di determinazione dell'imponibile è, dunque, forfettario, fondato su metodi di quantificazione razionali e conformi alle tendenze–necessitate – di semplificazione del prelievo.[37] Altra caratteristica importante della tassa di smaltimento è rappresentata dal limite di gettito. L'art. 61 del decreto prevede, infatti, che lo stesso possa coincidere, nel massimo, con il *costo* di esercizio del *servizio di smaltimento* dei rifiuti solidi urbani, mentre il minimo potrà essere individuato in una quota percentuale del medesimo calcolata in ragione della capacità finanziaria dell'ente di gestione. Quest'ultima notazione da conto, com'è evidente, della natura di tassa del tributo *de quo*, correlando direttamente il gettito auspicato al costo del servizio offerto.

Per quanto attiene all'inquadramento nella fattispecie "tributo ambientale" della tassa oggetto d'esame, lo stesso pare confermato quanto-

36. Per una più completa disamina del tributo si rimanda a Fergola, "La disciplina dei rifiuti solidi urbani, la revisione e l'armonizzazione della tassa di smaltimento", in *Dir. Prat. Trib.* I, pp. 27 e ss.; Giovanardi, "I tributi comunali", in *Dig. Disc. Priv., sez. Comm.*, pp. 174 e ss.; Di Pietro, "Tributi comunali", in *Enc. Giur.*, pp. 13 e ss.; Uricchio, "Tassa per la raccolta dei rifiuti solidi urbani", in *Dig. Disc. Priv., sez. Comm.*, pp. 344 e ss.; Lovecchio, "Tassa rifiuti: il punto dopole ultime modifiche legislative", in *Fin. Loc.*, p. 1.557.

37. Con riferimento alla validità dei criteri forfettari di determinazione del reddito nel nostro ordinamento, la Corte Costituzionale ha avuto modo di pronunciarsi più volte. In particolare, con riferimento alla determinazione catastale dei redditi fondiari vd. Corte Cost., 19.6.1993, n. 9, in *Giur. Cost.*, 1993, 47; Corte Cost. (ordinanza), 28.7.1993, n. 352, in *Riv. Giur. Ed.* I, 1994, p. 160. In dottrina, fra gli altri, Moschetti, "La proposta di tassazione del reddito normale: valutazioni critiche e profili di legittimità costituzionale", in *Rass. Trib.* I, pp. 57 e ss.

meno nei suoi tratti essenziali. *Presupposto* dell'imposizione è, infatti, *in via diretta* la *produzione dei rifiuti*. La ragione di fondo che impedisce alla t.a.r.s.u. di raggiungere in termini di inquadramento dogmatico *l'optmum* rappresentato dal già esaminato "tributo per il conferimento in discarica" risiede nell'utilizzo, per il calcolo del *quantum* dovuto, di metodi forfettari, pur legati a criteri di calcolo dotati di coerenza e razionalità (in specie la metratura dei locali e l'uso cui sono adibiti).

Sebbene, come detto, la tassa non riesca a ricollegare in maniera diretta le "unità fisiche" inquinanti prodotte all'imposizione sopportata, il metodo di calcolo individuato consente di ritenere rispettato anche il principio di capacità contributiva.[38] Con riferimento alle tasse, peraltro, il rispetto di tale canone è di più facile verificazione, risultando di più immediata evidenza il collegamento che si instaura tra pagamento del tributo e servizio reso (volto, quest'ultimo, ad eliminare proprio i costi ambientali legati alla produzione dei rifiuti).

Anche con riferimento al principio comunitario "chi inquina paga" la coerenza del tributo è palese. In primo luogo perché sono le stesse Direttive comunitarie, dalle quali il tributo discende, ad enunciare tale formula tra le finalità perseguite, in secondo luogo perché – in base alle considerazioni già svolte – i criteri di collegamento individuati tra base imponibile ed imposta paiono rispondere alla massima richiamata. Peraltro, proprio la coerenza rispetto a tale principio aiuta a comprendere la disposizione di cui all'art. 59, comma 4, del d. lgs. 507 del 1993. Tale norma prevede che "se il servizio di raccolta, sebbene istituito ed attivato, non è svolto nella zona di residenza o di dimora nell'immobile a disposizione, ovvero di esercizio dell'attività dell'utente, o è effettuato in grave violazione delle prescrizioni del regolamento di cui al comma 1, relative alle distanze e capacità dei contenitori ed alla frequenza della raccolta, da stabilire in modo che il contribuente possa usufruire agevolmente del servizio di raccolta, *il tributo è dovuto nella misura ridotta di cui al secondo periodo del comma 2*".[39] Sebbene quanto enunciato paia incompatibile (in linea di principio) con il concetto tradizionale di tassa, *proprio*

38. Per la rilevanza dell'*uso di destinazione dei locali* ai fini del calcolo della tariffa vd., per tutte, T.a.r. Lombardia, Milano, sez. I, 18.7.1994, n. 714 in *Fin. Loc.*, 1995, p. 1.210.

39. Il secondo comma dell'art. 59 prevede che, al ricorrere di determinate condizioni "la tassa è dovuta in misura non superiore al 40% della tariffa da determinare in relazione alla distanza dal più vicino punto di raccolta rientrante nella zona perimetrata o di fatto servita".

la rilevanza interna del principio "chi inquina paga" aiuta a comprenderne la ratio. In virtù dello stesso, infatti, il soggetto che produce i rifiuti deve corrispondere il tributo non in quanto utente del servizio di raccolta e smaltimento, ma in quanto responsabile di un danno ambientale.[40]

Con il principio comunitario pare, invece, contrastare una recentissima pronuncia della Corte di Cassazione.[41] Il giudice di legittimità ha infatti ritenuto applicabile la t.a.r.s.u. con riferimento ad un immobile disabitato ma allacciato ai servizi di rete. Benché il dato relativo alla potenziale utilizzabilità dell'immobile (provata dal collegamento alle utenze) possa aver indotto il giudice a considerare preminenti i rischi di elusione del tributo che sarebbero discesi da una pronuncia in senso contrario, il fatto che non sia stata considerata la possibilità per il contribuente di fornire prova dell'effettivo inutilizzo dei locali crea un contrasto insanabile tra la decisione e il principio "chi inquina paga", violato in punto d'applicazione del tributo pur a fronte d'una astensione del contribuente inciso dalla produzione dei rifiuti (quantomeno con riferimento a quello specifico immobile).

5.3 Il "decreto Ronchi"

Il decreto legislativo del 5 febbraio 1997, n. 22 (c.d. "decreto Ronchi") emanato in attuazione delle Direttive comunitarie n. 91/156, 91/689 e 94/62, introduce nel nostro ordinamento una nuova disciplina del sistema di raccolta, gestione e smaltimento dei rifiuti. L'art. 49 prevedeva una soppressione della t.a.r.s.u. a far data dal 1º gennaio 1999, ma i problemi connessi al recepimento e attuazione della nuova forma impositiva (prevista, invero, sotto forma di tariffa) hanno spinto il legislatore ad introdurre un regime transitorio (d.p.r. 27 aprile 1999, n. 158) che prevede una coesistenza dei due strumenti fino al 2008.[42]

Prima di rivolgere l'attenzione alle novità introdotte con il decreto, pare necessario sgombrare il campo da un equivoco potenziale. Benché

40. Verrigni, "La rilevanza del principio comunitario 'chi inquina paga' nei tributi ambientali", in *Rass. Trib.*, 5, 2003, p. 1.626.

41. Cassazione 27.11.2002, n. 16.785, in *Fiscovideo.*

42. Per una disamina della nuova disciplina si rimanda a Uricchio, "La trasformazione della tassa rifiuti in tariffa nel decreto Ronchi", in *Boll. Trib.*, 1997, pp. 203 e ss.; Lovecchio, "La singolare metamorfosi della tassa rifiuti", in *Boll. Trib.*, 1999, pp. 1.114 e ss.; Lovisetti, "La tariffa per la gestione dei rifiuti urbani", in *Trib. loc. e reg.*, pp. 490 e ss.

il legislatore della riforma sostituisca il termine tariffa al termine tassa, da un'analisi della disciplina positiva pare emergere una struttura che ricollega il prelievo al servizio pubblico di raccolta e smaltimento prestato nell'ambito di un rapporto autoritativo. Dal che la tariffa parrebbe pur sempre finalizzata a realizzare il concorso dei contribuenti alla spesa pubblica e, per tale via, riconducibile al novero delle pretese tributarie e, in specie, alla tassa.[43]

Ciò detto, una delle ragioni primarie che ha spinto il legislatore (prima Comunitario, poi nazionale) a sostituire la normativa ad oggi vigente con la nuova tariffa risiede – per quanto è dato sapere – proprio nella necessità di ancorare in modo più rigido il *quantum* dovuto al numero effettivo di "unità fisiche" inquinanti prodotte. Per il raggiungimento di tale risultato la nuova tariffa prevede a carico del contribuente (art. 49 d. lgs. n. 22 del 1997) il pagamento di una quota fissa (che rappresenta la frazione su di lui gravante del costo essenziale del servizio) e di una quota, invece, parametrata, ad un tempo, alla *quantità effettiva di rifiuti conferiti* nonché al *costo di gestione del servizio*. Il tutto, comunque, entro il limite massimo rappresentato dal costo complessivo di gestione dei servizi di raccolta e smaltimento. Benché paia lodevole il tentativo di ancorare in modo più rigoroso la base imponibile alla quantità di inquinamento prodotto, un criterio di quantificazione basato su un riscontro puntuale delle "unità fisiche" inquinanti addebitabili al soggetto passivo appare di difficile applicazione (da ciò l'attuale coesistenza forzata di tassa e tariffa). L'utilizzo di criteri di approssimazione e forfetizzazione appare, infatti, strumento indispensabile per la quantificazione del tributo con riferimento a presupposti impositivi di così vasta applicazione, pur tenuto conto dei profili di divergenza che gli stessi presentano rispetto alla *concezione pura* del principio "chi inquina paga".

5.4 La tariffa per la raccolta e depurazione delle acque di rifiuto

La tariffa dovuta a fronte del "servizio idrico integrato", costituito dai servizi di captazione, adduzione e distribuzione di acqua ad usi civili, fognatura e depurazione delle acque reflue, è stata introdotta con legge del 5 gennaio 1994, n. 36 (c.d. "legge Galli"). Per la parte che qui inte-

43. Del Federico, *Tasse, tributi paracommutativi e prezzi pubblici*, pp. 297 e ss.; Verrigni, "La rilevanza del principio comunitario 'chi inquina paga' nei tributi ambientali", cit., p. 1.627.

ressa (ovvero quella afferente alla fognatura e depurazione delle acque reflue) la stessa ha sostituito il canone dovuto in base all'articolo 16 della legge 10 maggio 1976, n. 319.

Con riferimento alla quota parte di tariffa riferita al servizio di pubblica fognatura e depurazione, il *presupposto* è rappresentato, fuor di dubbio, dai costi ambientali potenziali o effettivi sopportati dalla collettività. Il pregiudizio è *potenziale* quando le acque confluiscono in un impianto di depurazione. In tal caso, infatti, il danno ambientale è sostituito dal costo specifico di gestione dell'impianto, sicché é comunque individuabile – in relazione al caso – un costo riconducibile all'azione di scarico delle acque. Quando, invece, non vi sia un impianto di depurazione, la norma prevede che la tariffa venga comunque versata dal contribuente, di tal che appare chiaro come in questo caso l'imposizione miri a compensare il costo sopportato dalla collettività sotto forma di danno ambientale. Ancora una volta, il fatto che il legislatore ricolleghi comunque un costo a carico del contribuente pur in assenza del servizio corrispondente (in specie quello di depurazione) da conto dell'elevato grado di recepimento – quantomeno con riferimento ai pur pochi tributi ambientali vigenti – del principio comunitario "chi inquina paga". Come già più volte detto, infatti, esso esige che sia il comportamento dannoso in sé e per sé ad essere elevato a presupposto del tributo, senza alcuna attenzione verso la corrispettiva prestazione di un servizio da parte degli Enti territoriali. D'altra parte, si è già sottolineato come tale ricostruzione del tributo ambientale presenti l'indubbio vantaggio di possedere un maggior potere orientativo dei comportamenti dei consociati, posto che il diretto collegamento d'un costo all'utilizzo o sfruttamento di determinate risorse può far sì che gli stessi indirizzino le proprie preferenze verso attività meno dannose o prodotti dall'impatto meno invasivo nei confronti dell'ambiente circostante.

5.5 L'imposta regionale sulle emissioni sonore degli aeromobili

Tale imposta, così come disciplinata, è stata istituita dall'art. 90 della l. 21 novembre 2000, n. 342.[44] *Presupposto* del tributo è la "emis-

44. Per una prima ricostruzione del tributo vd. Barone-Ricciardelli, "Prime impressioni sulla nuova imposta regionale sulle emissioni sonore degli aeromobili", in *Trib. loc. e reg.*, pp. 25 e ss.

sione sonora dell'aeromobile", la *base imponibile* è commisurata a parametri indicativi dell'inquinamento acustico prodotto quali il numero dei decolli e degli atterraggi, il peso del velivolo, l'intensità e le caratteristiche dell'emissione sonora. *Soggetto passivo* è, ovviamente, l'esercente l'attività di trasporto mediante l'uso di aeromobili civili, come individuato ai sensi degli artt. 874 e 876 del Codice della Navigazione. Delineati gli elementi principali del tributo, occorre ancora una volta interrogarsi sulla sua compatibilità con i principi e i vincoli che delimitano la libertà in materia impositiva del nostro legislatore. Da un punto di vista strutturale, non v'è dubbio che il tributo *de quo* sia perfettamente riconducibile alla categoria dei "tributi ambientali" in senso stretto. Il presupposto, infatti, è costituito dal fattore inquinante "onde sonore", la cui misurazione (pur in base a criteri di approssimazione) costituisce base imponibile del tributo stesso, con la conseguenza d'un assorbimento della materia ambientale all'interno della stessa fattispecie impositiva. Pienamente rispettato appare altresì il principio comunitario "chi inquina paga", posto che, nel caso di specie, è evidente, a fronte dell'assenza di un servizio pubblico specifico, l'incisione del contribuente per il solo fatto di produrre "inquinamento acustico". Per quanto attiene alla capacità contributiva, vale anche per tale tributo quanto già sostenuto. Le emissioni sonore, pur non direttamente identificabili quali indici di ricchezza, sono pur sempre suscettibili di valutazione economica ove si consideri che pur prodotte generalmente nell'esercizio di una impresa producono un danno ambientale a fronte del quale, in assenza di imposizione, il soggetto imprenditore non sosterrebbe alcun tipo di costo.[45] Vi è da dire, infine, che la norma esalta anche quella che più volte è stata definita "funzione ambientale" del tributo, dal momento che il gettito (incamerato dalle Regioni e Province autonome) è vincolato normativamente, dal legislatore statale, alla realizzazione di interventi di disinquinamento acustico o all'indennizzo delle popolazioni stanziate nei pressi degli aeroporti.

5.6 L'imposta sulle emissioni di anidride solforosa

Tale imposta, sulle emissioni di anidride solforosa e di ossidi di azoto, è stata introdotta per mezzo dell'art. 17, commi da 29 a 33, della

45. In tal senso vd., anche, Verrigni, "La rilevanza del principio comunitario 'chi inquina paga'...", cit., pp. 1.631 e ss.

legge del 27 dicembre 1997, n. 449.[46] Soggetti passivi sono gli esercenti i grandi impianti di combustione dedicati alla produzione di energia elettrica, come definiti dalla Direttiva comunitaria del 24 novembre 1988 n. 88/609/CEE,[47] quando abbiano una potenza termica uguale o maggiore di 50 megawatt. La quantificazione del tributo avviene sulla base delle emissioni inquinanti prodotte dall'impianto nell'anno solare precedente.

Anche la configurazione degli elementi strutturali del tributo ora in esame appare certamente conforme alla ricostruzione da noi effettuata ai paragrafi che precedono: infatti, *presupposto* del tributo è il numero di unità fisica inquinanti prodotte dall'impianto di combustione, sicché si può dire che anche in questo caso lo scopo ambientale viene interiorizzato nella fattispecie impositiva orientando in tal modo i consociati verso forme di produzione d'energia che consentano di contenere quanto più possibile l'emissione di fumi dannosi. Anche il principio "chi inquina paga" risulta perfettamente coerente con la forma impositiva *de qua*, posto che non soltanto il tributo grava sul gestore degli impianti di produzione, ma la sua quantificazione appare direttamente collegata ad una misurazione delle emissioni inquinanti prodotte dall'impianto.[48] In tale caso assai semplice risulta la verifica che attiene al rispetto del principio di capacità contributiva: il *quantum* che il contribuente dovrà versare risulta infatti direttamente collegato alla produzione di un bene che attiene alla attività svolta dal soggetto, di tal che alla produzione di tale bene consegue, di fatto, un accrescimento della capacità economica, e contributiva, del soggetto inciso. Il tributo appare altresì perfettamente compatibile anche con riferimento alla lettura del principio da noi prospettata: essendo l'inquinamento ambientale direttamente collegato ad una attività produttiva, lo stesso deve essere trasformato in un costo ulteriore per il soggetto produttore, così che il danno ambientale conseguente alla produzione d'energia possa essere ricondotto da esternalità negativa, gravante sulla collettività, a costo "di produzione" a carico dell'esercente l'impianto, che sarà così naturalmente indirizzato verso forme produttive meno invasive possibile nei confronti dell'ecosistema. Il risultato

46. Il successivo d.p.r. 26.10.2001, n. 416, indica le modalità di misurazione delle emissioni e stabilisce i criteri di verifica sulla congruità del tributo dovuto. Per una breve analisi ricostruttiva si rinvia a Ferrajoli – Iorio, "I nuovi tributi ambientali sulle emissioni di gas inquinanti e sui rumori", in *Il fisco*, pp. 3.122 e ss.

47. Il testo integrale della Direttiva è in G.U.C.E., 7.12.1988, serie L, n. 336.

48. In senso conforme cfr. Gallo – Marchetti, "I presupposti della tassazione ambientale", cit., pp. 145 e ss.

dell'approccio proposto è che, come più volte detto, il miglioramento delle condizioni ambientali sarà *effetto*, e solo indirettamente *scopo*, della norma impositiva.

5.7 La "carbon tax"

Il tributo che sarà ora oggetto d'una breve analisi è stato istituito dall'articolo 8 "tassazione sulle emissioni di anidride carbonica e misure compensative" della legge 23 dicembre 1998, n. 448.[49] La norma richiamata ha, in realtà, rivoluzionato il sistema di tassazione dei prodotti energetici prevedendo una graduale revisione delle accise sugli olii minerali combinata con l'introduzione di una imposta di consumo su *coke* di petrolio, carbone, bitume di origine naturale.

Per quanto attiene alla prima misura, essa è stata introdotta con il fine ultimo (derivante dagli accordi della conferenza internazionale di Kyoto, del dicembre 1997) di ottenere, per quanto possibile, un rallentamento al fenomeno del riscaldamento globale e del mutamento climatico dovuto alle emissioni dei c.d. "gas serra". Altra finalità perseguita, fin dalla proposta di Direttiva comunitaria del 27 maggio 1992,[50] è quella volta ad attenuare – quantomeno in ambito comunitario – i fenomeni di concorrenza fiscale che ostacolano la promozione d'una politica ambientale adeguata e sostenibile, obiettivo perseguito mediante un'opera di progressiva armonizzazione delle accise gravanti sulla famiglia dei combustibili fossili.

La norma interna modifica le aliquote delle accise gravanti sugli olii minerali in rapporto al contenuto di anidride carbonica e al potere calorico di ciascun prodotto. La rideterminazione delle aliquote deve tener conto di vari elementi, tra i quali l'impatto ambientale dello specifico prodotto considerato, la comparazione tra livello di tassazione degli altri paesi membri e livello di tassazione italiano con riferimento, sempre, ad un determinato prodotto, eventuali proposte d'armonizzazione provenienti dagli organi comunitari. Poiché, come detto, il livello di tassazione dipende, *in primis*, dalla potenzialità inquinante del fattore produttivo considerato, non v'è dubbio alcuno che la modifica al sistema delle acci-

49. Per un primo esame della fattispecie vd. Caputi, "Tassazione sulle emissioni di anidride carbonica e misure compensative", in *Il fisco*, pp. 1.770 e ss.; Peleggi, "La carbon tax", in *Corr. Trib.*, pp. 169 e ss.

50. Per un esame della proposta si rinvia a *Riv. Dir. Fin. Sc. Fin.*, I, 1992, p. 119.

se sugli olii minerali risponda perfettamente ai principi che devono governare un corretto sistema di tassazione ambientale. Presupposto impositivo è, infatti, il consumo di un bene inquinante, e l'ammontare della tassazione dipende, direttamente, dal potenziale inquinante correlato al singolo bene.

Per quanto attiene alla seconda misura introdotta, ossia l'imposta sui consumi di carbone, *coke* di petrolio e bitume di origine naturale da parte degli impianti di combustione, si osserva quanto segue. L'introduzione di tale accisa è avvenuta in base al disposto dell'art. 3, comma 3, della Direttiva 92/12/CEE che consente agli Stati membri di introdurre tributi che colpiscono beni o prodotti diversi da quelli con riferimento ai quali vige una accisa armonizzata.[51] Il tributo è dovuto nella misura di lire 1000 (così la norma nel testo originario) per ogni tonellata di carbone impiegato negli impianti di combustione, con riferimento – per il pagamento – ai consumi dell'anno precedente. Anche in questo caso giova osservare come vi sia perfetta coincidenza tra l'imposizione esaminata e il concetto di tributo ambientale prospettato. L'emissione inquinante assurge, infatti, a presupposto del tributo, e la base imponibile è rappresentata, *tout court*, dalla quantità di unità fisiche impiegate.

Se, dunque, anche in questo caso la tutela ambientale diventa *effetto* stesso dell'imposizione, una certa rilevanza mantiene lo *scopo* ambientale in considerazione della espressa previsione – da parte del legislatore – delle finalità perseguite con l'imposizione. Tra queste viene indicata la riduzione delle emissioni e l'aumento dell'efficienza energetica degli impianti di combustione per la produzione di energia elettrica, lo sviluppo delle fonti energetiche rinnovabili.

6. Conclusioni

Alla luce dell'analisi – necessariamente sommaria – precedentemente effettuata, possiamo svolgere talune considerazioni conclusive in

51. La Direttiva richiamata, del 25.2.1992 (in G.U.C.E. 23.3.1992, serie L. I), ha ad oggetto la disciplina generale, la detenzione, la circolazione e il controllo da esercitarsi sui beni soggetti ad accisa. La Direttiva, peraltro, pone quale condizione alla introduzione di tributi ulteriori da parte degli Stati il fatto che questa non comporti formalità o limiti con riferimento alla circolazione dei beni incisi tra i membri della Comunità.

ordine al grado evolutivo raggiunto nel nostro ordinamento giuridico dall'utilizzo del mezzo tributario in materia ambientale. E se tali conclusioni non possono che essere positive con riferimento al modello di tributo ambientale adottato, lo stesso non può certo dirsi per quanto attiene alla diffusione d'utilizzo del mezzo.

Riguardo al primo aspetto, abbiamo infatti notato – nella breve rassegna proposta – una costante propensione, da parte del legislatore, all'internalizzazione dello scopo ambientale nella struttura della fattispecie tributaria, secondo lo schema approvato dalla Comunità Europea ed esaminato al paragrafo primo. Con riferimento a ciascun tributo esaminato è stato possibile individuare un'unità fisica inquinante elevata a presupposto impositivo, una base imponibile quanto più possibile ancorata ad una precisa quantificazione della stessa unità fisica, un rigoroso rispetto del principio comunitario "chi inquina paga". Anche quando non ha ritenuto possibile collegare il tributo ad una precisa misurazione dell'inquinamento prodotto, il legislatore è stato capace d'individuare criteri di quantificazione forfettaria razionali e coerenti, tali da consentire una valutazione positiva della soluzione prescelta.

Ciò posto, occorre rilevare come i vantaggi e le potenzialità ricollegate (o ricollegabili) all'utilizzo sistematico della tassazione ambientale non paiono essere stati colti appieno dal legislatore. Abbiamo sottolineato, in particolare, l'assoluta carenza, nel nostro ordinamento, di tributi gravanti sul consumo di beni ambientali scarsi e sui prodotti inquinanti.

Da ciò possiamo dedurre che, nonostante un grado di tecnicismo in materia discretamente affinato, ciò che manca al nostro legislatore, ad oggi, è una cultura fiscale dell'ambiente.

Tale mancanza – invero – è in parte necessitata, posto che il legislatore dei tributi quasi sempre interviene nelle materie in relazione alle quali il sacrificio economico sopportato possa risultare meno odioso per il contribuente inciso. Se tale ultima annotazione risponde a verità, possiamo ben sperare che il diffondersi della consapevolezza intorno ai rischi che corre, oggi, il nostro ecosistema possa consentire, a breve, uno sviluppo della tassazione ambientale, entro i limiti e vincoli che sono stati descritti.

Se ciò dovesse avvenire, come auspicabile, potremmo finalmente ritenere completo *il quadro* con riferimento al quale questo contributo si è aperto. Starà poi all'abilità e all'attenzione di ognuno far sì che esso divenga un capolavoro, reso tale dai colori della natura che anche il mezzo tributario dovrà (e potrà) contribuire a salvare.

Bibliografia

AMATUCCI. "L'interpretazione della legge tributaria", in Amatucci (a cura di), *Trattato di Diritto Tributario*, vol. 1. Padova, CEDAM, 1994.

__________. "Qualità della vita, interessi diffusi e capacità contributiva", in *Riv. Dir. Fin. Sc. Fin.* I, 1975.

ANTONINI, L. *La prospettiva del federalismo fiscale alla luce del nuovo art. 119 della Costituzione*, in www.federalismi.it, 2002.

BARONE-RICCIARDELLI. "Prime impressioni sulla nuova imposta regionale sulle emissioni sonore degli aeromobili", in *Trib. loc. e reg.*, 2001.

BATISTONI FERRARA. "Art. 53", in *Commentario della Costituzione*. Bologna, 1994.

BRESSO. "Il principio 'chi inquina paga' nella teoria e nella legge italiana sulla tutela delle acque", in AA.VV. *Atti del convegno sul tema "Protezione delle acque e delle zone umide in Italia"* (a cura di Pinna). Roma, 1983.

CAPUTI. "Tassazione sulle emissioni di anidride carbonica e misure compensative", in *Il fisco*, 1999.

CARAVITA, B. "I principi della politica comunitaria in materia ambientale", in *Riv. Giur. Amb.*, 1991.

__________. *La Costituzione dopo la riforma del Titolo V*. Torino, 2002.

CONFORTI. *Diritto internazionale*. Napoli, 2002.

CORDINI. *Diritto ambientale comparato*. Padova, 2002.

D'AMATI. "Agevolazioni ed esenzioni tributarie", in *Nuovissimo D.I.*, vol. I, Torino, 1980.

__________. "Le agevolazioni in campo tributario e parafiscale", in Leccisotti (a cura di), *Le agevolazioni Fiscali*. Atti del Convegno di Roma, 7-8.10.1993.

DE CESARIS, A. "Le politiche comunitarie in materia di ambiente", in *Diritto ambientale comunitário*. Milano, 1995.

DE MITA. "Capacità contributiva", in *Dig. Disc. Priv.* Torino, 1987.

DEL FEDERICO. *Tasse, tributi paracommutativi e prezzi pubblici*. Torino, 2000.

DI PIETRO. "Tributi comunali", in *Enc. Giur.* Roma, 1994.

ELIA, L. Intervento davanti alla *Prima Commissione Permanente* del Senato nell'ambito della *Indagine conoscitiva sugli effetti nell'ordinamento delle revisioni del Titolo V della parte II della Costituzione*, 23.10.2001, in www.statutiregionali.it.

FERRAJOLI, A.; IORIO, M. Di. "I nuovi tributi ambientali sulle emissioni di gas inquinanti e sui rumori", in *Il fisco*, 1998.

FERGOLA. "La disciplina dei rifiuti solidi urbani, la revisione e l'armonizzazione della tassa di smaltimento", in *Dir. Prat. Trib.* I, 1994.

FICHERA. *Le agevolazioni fiscali.* Padova, 1992.

GALLO, F.; MARCHETTI, F. "I presupposti della tassazione ambientale", in *Rass. Trib.* I, 1999.

GIARDA, P. "Le regole del federalismo fiscale nell'art. 119: un economista di fronte alla nuova Costituzione", in *Le Regioni*, 2001.

GIOVANARDI. "I tributi comunali", in *Dig. Disc. Priv., sez. Comm.*. Torino, 1998.

INGROSSO. "Imposte sostitutive", in *Enc. Giur.*, vol. XVI. Roma, 1989.

LA ROSA. "Esenzioni ed agevolazioni tributarie", in *Enc. Giur.*, vol. XIII. Roma, 1989.

LOVECCHIO. "Tassa rifiuti: il punto dopole ultime modifiche legislative", in *Fin. Loc.*, 1995.

__________. "La singolare metamorfosi della tassa rifiuti", in *Boll. Trib.*, 1999.

LOVISETTI. "La tariffa per la gestione dei rifiuti urbani", in *Trib. loc. e reg.*, 2002.

MANZONI. *Il principio di capacità contributiva nell'ordinamento costituzionale italiano.* Torino, 1965.

MENTI. *Ambiente e imposizione tributaria – Il tributo speciale sul deposito dei rifiuti.* Padova, 1999.

MINISTERO DELL'AMBIENTE. "L'introduzione di tasse ambientali ed il suo significato", documento tecnico del 29 settembre 1989, in *Riv. Dir. Fin. Sc. Fin.* I, 1989.

MOSCHETTI. *Il principio di capacità contributiva.* Padova, 1973.

__________. "Agevolazioni fiscali, problemi di legittimità costituzionale e principi interpretativi", in *Dig. IV, Disc. Priv., sez. Comm.*, vol. I. Torino, 1987.

__________. "La capacità contributiva – Profili generali", in Amatucci (a cura di), *Trattato di diritto tributario*, vol. I, Padova, CEDAM, 1994.

__________. "La proposta di tassazione del reddito normale: valutazioni critiche e profili di legittimità costituzionale", in *Rass. Trib.* I, 1990.

OCSE. *Instruments èconomiques pour la protection de l'environment.* Parigi, 1989.

OSCULATI. *La tassazione ambientale.* Padova, 1979.

PARLATO. "Il responsabile ed il sostituto d'imposta", in Amatucci (a cura di), *Trattato di diritto tributario*, vol. II, Padova, CEDAM, 1994.

_________. "Regimi fiscali sostitutivi", in *Nuovissimo D. I.*, App., vol. VI, Torino, 1987.

PELEGGI. "La carbon tax", in *Corr. Trib.*, 1999.

PERRONE CAPANO. "L'imposizione e l'ambiente", in Amatucci (a cura di), *Trattato di diritto tributario.* Padova, CEDAM, 1994.

PICCIAREDDA – SELICATO. *I tributi e l'ambiente.* Milano, 1996.

PIGOU. *The Economist of Malfare.* Londra, 1929.

POLANO. "Spunti teorici e prospettive in tema di regimi fiscali sostitutivi", in *Dir. Prat. Trib.* I, 1972.

PUZZO, F. *Il federalismo fiscale, l'esperienza italiana e spagnola nella prospettiva comunitária.* Milano, 2002.

RASTELLO, L. *Diritto tributario, principi generali.* Padova, 1987.

ROSA, G.; SALMONI, F. *Prime osservazioni in ordine alle implicazioni del nuovo testo dell'art. 119 della Costituzione sull'autonomia finanziaria delle Regioni*, in www.statutiregionali.it.

TORCHIA. "I vincoli derivanti dall'ordinamento comunitario nel nuovo Titolo V della Costituzione", in *Le Regioni*, 2001.

TOSI. "Principi generali del sistema tributario locale", in AA.VV., *L'autonomia finanziaria degli enti locali territoriali.* Roma, 1994.

TUNDO. *Contributo allo studio dell'autonomia tributaria dei Comuni.* Padova, 2002.

URICCHIO. "La trasformazione della tassa rifiuti in tariffa nel decreto Ronchi", in *Boll. Trib.*, 1997.

_________. "Tassa per la raccolta dei rifiuti solidi urbani", in *Dig. Disc. Priv., sez. Comm.* Torino, 1998.

VERRIGNI. "La rilevanza del principio comunitario 'chi inquina paga' nei tributi ambientali", in *Rass. Trib.*, 5, 2003.

VITALETTI. "Le proposte di nuove imposte: l'imposizione sull'energia", in Pedone (a cura di), *La riforma tributaria tra nuove imposte e qualche aggiustamento.* Bologna, 1989.

LOS IMPUESTOS AMBIENTALES EN ESPAÑA: DOCTRINA DEL TRIBUNAL CONSTITUCIONAL

LUIS MANUEL ALONSO GONZÁLEZ

1. Introducción

Son pocas las ocasiones en las que el Tribunal Constitucional español ha tenido la oportunidad de pronunciarse acerca de las peculiaridades de los impuestos de finalidad ambiental y su adecuación a los postulados constitucionales. Y en esas pocas ocasiones lo ha hecho al hilo del examen de la constitucionalidad de algún impuesto de los entes regionales que la propia Constitución bautiza como Comunidades Autónomas.

Lo cierto es que son las Comunidades Autónomas los entes con poder tributario que más a menudo han decidido establecer impuestos con fines no fiscales. Han aprovechado los resquicios dejados por el legislador estatal para establecer impuestos que no colisionen con los estrechos márgenes de que dispone su poder tributario.

En España las reglas del reparto de la materia imponible entre el Estado, las Comunidades Autónomas y los entes locales vienen dadas por la Ley Orgánica 8/1980, de Financiación de las Comunidades Autónomas. El art. 6.2 de esta norma proscribe que las Comunidades Autónomas, al establecer sus tributos, tomen hechos imponibles gravados por el Estado. Semejante previsión camina en la dirección de impedir supuestos de doble tributación en el estricto sentido de evitar duplicar o repetir hechos imponibles previamente asumidos por tributos estatales. Evidentemente, esta barrera ha tenido efectos colosales en relación con el poder tributario de las Comunidades Autónomas pues de un modo automático lo confina al espacio que deja vacante el sistema tributario estatal. Si se tiene en cuenta que desde la reforma fiscal de 1978 la mayoría de focos de riqueza con relevancia recaudatoria (renta, patrimonio, consumo, tráfico de bienes) ya se encuentran gravados por el Estado integrándolos como hechos imponibles de sus impuestos la única salida que queda a las autonomías es aprovechar los resquicios, las manifestaciones de riqueza todavía libres de tributación. Así se explica la proliferación de tributos autonómicos sobre el juego, una fuente de riqueza que no se encontraba gravada por el Estado por la sencilla razón de que acababa de legalizarse en España. O también la amplia gama de tributos ambientales con los que se han dotado las autonomías, especialmente cánones de agua, y cuya explicación no es otra que el tradicional olvido del instrumento fiscal por parte del Estado en sus políticas de protección del medio ambiente.

2. *Tipología de los impuestos autonómicos según su carácter ambiental*

2.1 *Los impuestos ambientales tradicionales (cánones de agua, cánones de vertidos, cánones de residuos e impuestos sobre la contaminación atmosférica)*

2.1.1 Cánones de agua

El primer impuesto autonómico fue un canon sobre las aguas, una de las especies más prolíficas de impuestos ambientales.

Las Comunidades Autónomas se han volcado en una incesante actividad legislativa dirigida a dotarse de instrumentos fiscales con los que luchar contra la degradación ambiental y, a la vez, obtener unas fuentes regulares de recursos que coadyuven a financiar las obras y las actividades precisas para asegurar en el ámbito medio ambiental unos niveles de calidad que reclama la propia Constitución.

Curiosamente, las autonomías han querido siempre enmascarar la implantación de estos impuestos indirectos tras la denominación "canon". Pero, en cualquier caso, este tipo de gravámenes se recondujeron en un primer momento hacia un modelo de impuesto indirecto cuya finalidad era financiar las infraestructuras de saneamiento de aguas y depuración de aguas residuales. Así sucedía con el canon de Cataluña de la Ley 5/1981 (más tarde refundida en el Decreto legislativo 1/1988, de 28 de enero) y con otros que se fueron dictando por otras Comunidades Autónomas tomándolo como modelo: Aragón (Ley 9/1997, de 7 de noviembre y Ley 6/2001, de 17 de mayo), Asturias (Ley 1/1994, de 21 de febrero), Islas Baleares (Ley 1/1991), Galicia (Ley 8/1993, de 23 de junio), La Rioja (Ley 7/1994, de 19 de julio y Ley 5/2000, de 25 de octubre), Madrid (Ley 17/1984, de 20 de diciembre), Murcia (Ley 3/2000, de 12 de julio), Navarra (Ley 10/1988, de 29 de diciembre) y Valencia (Ley 2/1992, de 26 de marzo).

Sin embargo, el canon catalán de 1981 padeció un rosario de conflictos ante los tribunales ordinarios (no así ante el Tribunal Constitucional, cfr. la Sentencia 273/2000, de 15 de noviembre) y se mostraba insuficiente para costear el conjunto de infraestructuras hidráulicas que requería la Comunidad de Cataluña. De tal manera, en 1990 se aprobó el denominado canon de infraestructuras hidráulicas (Ley 5/1990, de 9 de marzo), el cual, despojado de toda pretensión medioambiental en el capítulo de los fines que lo justifican, tuvo como misión procurar, desde su naturaleza de impuesto fiscal, los recursos precisos para que la administración hidráulica catalana pudiera asumir el coste de las obras de infraestructura de abastecimiento. Concretamente, el canon de infraestructuras hidráulicas de Cataluña se afectó a la financiación del Programa de Obras Hidráulicas de la Comunidad, en cuyo seno se agrupan las obras de infraestructura general (corrección, conservación y acondicionamiento de cauces públicos y prevención de inundaciones), obras de infraestructura de abastecimiento de agua a poblaciones, obras de infraestructura de regadíos y construcción de colectores básicos de aguas pluviales.

La última fase en la cronología de los cánones de aguas nos lleva, de nuevo, a Cataluña. La Ley catalana 6/1999, de 12 de julio, aprueba un canon que viene a sustituir a los dos precedentes, el canon de saneamiento (que ya se regía por una nueva ley, la 19/1991, de 7 de noviembre) y el canon de infraestructuras hidráulicas. El canon de aguas de Cataluña, así se denomina el nuevo impuesto, acoge en su compleja estructura los rasgos distintivos de los dos cánones que viene a sustituir y, por ende, asume las finalidades que les eran propias. De este modo, un único impuesto, el citado canon, recibe el encargo por parte del legislador catalán de allegar recursos suficientes con los que cubrir la financiación pública de los gastos e inversiones que requiere el completo ciclo del agua.

En su conjunto, la conflictividad generada por los cánones de agua es inapreciable en sede del Tribunal Constitucional. La clave reside, probablemente, en una configuración legal que rehuye el conflicto con los límites impuestos a los tributos autonómicos por la Constitución y la LOFCA. No hay roce con el art. 6.2, más arriba examinado, porque, desde un principio, se soslayó la duplicidad de hechos imponibles mediante el expediente de instituir como presupuesto de hecho de los cánones el consumo y la contaminación del agua – con muy diversas formulaciones según cada ley autonómica. Así, mientras no varíe la interpretación formalista y estricta que el Tribunal Constitucional hace del art. 6.2 de la LOFCA, no hay peligro de colisión con el hecho imponible del IVA, en este caso, la prestación de servicio de suministro del agua.

Tampoco hay riesgo de conflicto con la legislación estatal en materia de aguas, concretamente los diversos gravámenes que mantiene la Ley de Aguas (Real Decreto Legislativo 1/2001, de 20 de julio). La Ley de Aguas establece tasas (canon de utilización de bienes de dominio público hidráulico, canon de control de vertidos) o contribuciones especiales (canon de regulación) sobre el agua, no impuestos indirectos como hacen las Comunidades Autónomas (cfr. la Sentencia del Tribunal Superior de Justicia de Galicia de 29 de noviembre de 2002).

No es posible, en fin, que los cánones de aguas topen con tributos locales a los efectos prevenidos en el art. 6.3 LOFCA. Como mucho, las entidades locales tendrán establecidos a su favor tasas (como la de alcantarillado) o contribuciones especiales.

2.1.2 Cánones de vertidos

Murcia aprobó con su Ley 1/1995, de 8 de marzo, sendos cánones ambientales: canon por la producción y vertidos de residuos sólidos industriales, canon por emisiones de gases contaminantes a la atmósfera y canon por vertidos al mar. Centrándonos en el último de los tres, lo cierto es que no hay constancia de que exista desarrollo normativo, legal o reglamentario, más allá del art. 45 y la Disposición Transitoria Segunda de la indicada ley autonómica. Lo mismo habría que decir de Andalucía (Ley 18/2003, de 29 de diciembre).

2.1.3 Cánones de depósitos de residuos sólidos

Muy recientemente las Comunidades Autónomas de Madrid y Cataluña han procedido a implantar cánones de esta categoría si bien siguiendo modelos diferenciados.

El denominado Impuesto sobre depósito de residuos de la Comunidad de Madrid regulado por la Ley 6/2003, de 20 de marzo, es un impuesto indirecto y de naturaleza real que recae sobre el depósito de residuos siendo su finalidad la protección ambiental. Su hecho imponible es doble: por un lado, consiste en la entrega de residuos en vertederos, públicos o privados, y, por otro lado, en el abandono de residuos en lugares no autorizados. Consecuentemente, contribuyentes del impuesto serán quienes o bien entreguen los residuos a un vertedero autorizado o bien los abandonen en lugares no autorizados. Sin embargo, obviamente por razones de índole técnico y comodidad en la recaudación del impuesto, la ley prevé la irrupción de otro sujeto, el titular de la explotación de los vertederos, que, en relación con las situaciones que se circunscriban al primero de los dos hechos imponibles indicados cumple, se dice, la función de sustituto del contribuyente. Entendemos, no obstante, que más que sustituir al contribuyente, la función que le cumple realizar a este sujeto es sustituir a la administración autonómica en la fase de cobro del impuesto. En este sentido, la Ley configura un sustituto sin retención al cual corresponde anticipar el pago del tributo y luego repercutirlo sobre el contribuyente, si bien parece más realista interpretar que la función del titular del vertedero será intermediar en el cobro, recaudar el impuesto por cuenta de la Administración, en definitiva, y no adelantar su importe de su propio bolsillo según resultaría de la aplicación de lo exactamente legislado.

El impuesto catalán, denominado canon sobre el vertido de residuos y regulado en la ley catalana 16/2003, de 13 de junio, presenta unos perfiles distintos. En este caso, el canon en cuestión tiene como hecho imponible la entrega de los residuos en las instalaciones de depósito controlado de residuos, tanto sin son de titularidad pública como privada. La Ley considera que los contribuyentes son los entes locales titulares del servicio de gestión de los residuos municipales, así como quienes lo asuman por delegación. A fin de evitar fugas al impuesto también se instituye como contribuyente a quien produzca residuos municipales que no sean objeto del servicio municipal de recogida. La función del sustituto le corresponde en esta ley también al titular de las instalaciones de depósito de residuos. El importe recaudado se afecta al Fondo de Gestión de Residuos, una de cuyas misiones es la gestión de los residuos municipales. Al Fondo compete específicamente la financiación de los entes locales, tanto municipales como supramunicipales, demás entidades competentes y consorcios constituidos para la prestación de servicio y para inversiones de resultantes de la gestión de residuos municipales.

La juventud de ambos impuestos y la falta de desarrollo reglamentario obliga a ser prudentes a la hora de valorarlos. De todas formas, tanto uno como otro impuesto sobre residuos responden esencialmente al esquema manejado por la doctrina de los impuestos ambientales. La dificultad de controlar los residuos en la fuente hace que sea preferible situar su gravamen en el momento de la entrega en vertederos. La función del sustituto aparece en ambas normas como eslabón intermedio que tiene que asegurar la efectividad del impuesto en la persona del contribuyente (en el caso del impuesto madrileño vía "repercusión").

2.1.4 Impuestos sobre la contaminación atmosférica

Galicia tiene en vigor un impuesto sobre la contaminación atmosférica que se llama precisamente Impuesto sobre la Contaminación Atmosférica de Galicia y fue aprobado por la Ley gallega 12/1995, de 29 de diciembre. Por su parte, ya hemos visto más arriba que Murcia, mediante la Ley 1/1995, previó también un canon por emisiones de gases contaminantes a la atmósfera, pero, a día de hoy, seguimos a la espera de que dicho impuesto quede más regulado por alguna normativa de desarrollo. También hay que advertir que Castilla-La Mancha tiene un impuesto uno de cuyos hechos imponibles es también un impuesto sobre emisiones contaminantes a la atmósfera, el Impuesto sobre Determinadas Actividades que Inciden sobre el Medio Ambiente (Ley 11/2000, de 26 de diciembre).

El impuesto gallego sobre la contaminación atmosférica recae sobre la emisión de sustancias contaminantes de la atmósfera estando los focos de emisión ubicados en el ámbito territorial de la Comunidad Autónoma de Galicia. Contaminación equivale aquí a un rastro inequívoco de capacidad económica puesto que las emisiones que persigue gravar el impuesto son las que provocan poderosos complejos industriales que desarrollan su actividad económica sin interiorizar los costes negativos que la misma tiene para el medio natural en el que encuentran emplazadas las industrias en cuestión. La Ley se ciñe a emisiones de dióxido de azufre, o cualquier otro compuesto oxigenado de azufre, y a emisiones de dióxido de nitrógeno o cualquier otro compuesto oxigenado del nitrógeno, dos sustancias valoradas como especialmente peligrosos para la atmósfera: los primeros provienen de centrales térmicas, refinerías de petróleo, hornos y calderas y buena parte de las emisiones de tales gases que se computan en España se concentran en territorio gallego; y a los segundos se responsabiliza parcialmente del cambio climático, el efecto invernadero o la lluvia ácida.

El impuesto está pensado para disuadir a los grandes contaminadores de continuar la emisión de gases contaminantes a la atmósfera. Por ello evitar incidir en los pequeños focos de contaminación así que al primer tramo de la tarifa del impuesto le corresponde la alícuota cero (hasta 1.000 toneladas anuales se pagan 0 euros por tonelada). Los restantes tramos reflejan una tímida progresividad pensada, probablemente, en el marco de una pragmática asunción del principio "quien contamina paga", para no inquietar en exceso los auténticos sujetos pasivos del impuesto, si bien, en estos casos, el riesgo reside en que la función desincentivadora del impuesto ambiental apenas se perciba por sus destinatarios.

Por último, queremos subrayar que del total recaudado una parte se afecta a la provisión de un fondo de reserva para atender a daños extraordinarios y situaciones de emergencia provocados por catástrofes medioambientales. Es esta una muestra del carácter afectado del impuesto, como en términos generales sucede con todos los impuestos ambientales que estamos examinando.

2.2 Impuestos con fines extrafiscales de carácter no ambiental

Existe un grupo heterogéneo de impuestos que, a nuestro juicio, admite un cierto análisis de conjunto si se atiende a que en ellos tiene un peso extraordinario la finalidad extrafiscal que les anima y que, sin embargo, o dicha finalidad extrafiscal termina por no guardar correspondencia con la estructura y elementos del tributo según su configuración legal o, por las razones que sean, el impuesto no consigue en su aplicación práctica coronar con resultados apreciables los fines pretendidos.

Desde este ángulo, creemos que las diferencias con los tributos ambientales, extrafiscales por tanto, recién examinados son patentes. En aquel grupo hallamos los tributos verdes típicos: cánones de agua, tributos sobre las emisiones, sobre los vertidos y sobre las emisiones contaminantes a la atmósfera. Finalidad pretendida y resultado alcanzado, por discutible que fuera éste, guardan relación. Y, aunque nunca se puede descartar que alguno de ellos acabe siendo tildado de inconstitucional y examinado por el Alto Tribunal, lo cierto es que no parece lo más previsible, más aun cuando los tribunales ordinarios los están respaldando con sus sentencias (caso del Impuesto gallego sobre la Contaminación Atmosférica y el apoyo que recibe del Tribunal Superior de Justicia de Galicia en la Sentencia de 3 de julio de 2001). Por el contrario, ya podemos avanzarlo, algunos de los impuestos que ahora veremos presentan una configuración legal que, siempre a nuestro juicio, es susceptible de colisionar con los límites constitucionales y legales que pesan sobre la imposición propia de las Comunidades Autónomas.

2.2.1 Impuestos que velan por la función social de la propiedad

Como una pieza más de la reforma agraria andaluza, el Parlamento de Andalucía aprobó dentro de la Ley 8/1984, de 3 de julio, de reforma agraria, un impuesto finalista, el Impuesto sobre Tierras Infrautilizadas. Se trataba de una formulación ciertamente original en la que el hecho imponible consistía precisamente en la infrautilización de las fincas rústicas medida por situarse su rendimiento óptimo por hectárea por debajo de un nivel establecido administrativamente. La base imponible del impuesto se evaluaba como la diferencia entre el rendimiento realmente obtenido y el rendimiento óptimo de modo que a medida que las tierras fueran alcanzando los niveles de producción considerados como satisfactorios el importe del impuesto iría menguando hasta desaparecer. Sin lugar a dudas, se buscaba un impuesto extrafiscal químicamente puro. La consecución del objetivo de naturaleza no tributaria, a saber, coadyuvar a mejorar el rendimiento esperable de las fincas rústicas en un contexto más amplio de promoción de la función social de la propiedad hasta que llegara el momento de situarse en los umbrales de la no sujeción al tributo, precisamente redundaba en la desaparición de la recaudación del impuesto.

El impuesto fue impugnado ante el Tribunal Constitucional y dio lugar a la muy interesante Sentencia 37/1987. Dejamos su análisis y el de otras cuestiones atinentes al tributo para un posterior apartado pero sí se ha de anticipar el juicio positivo del Tribunal. Del mismo modo sucederá con otro impuesto similar, el Impuesto de dehesas calificadas en deficiente aprovechamiento de Extremadura (Ley 1/1986, de 2 de mayo). Y posiblemente igual veredicto merecerían los otros dos impuestos que siguiendo este modelo aprobaron Extremadura: Impuesto sobre tierras calificadas como regadíos infrautilizados (Ley 3/1987, de 8 de abril); y Asturias: Impuesto sobre tierras o explotaciones agrarias infrautilizadas (Ley 4/1989, de 21 de julio).

Mención especial merecen aquellos impuestos autonómicos que se han centrado en la función social de la propiedad de viviendas urbanas: el Impuesto sobre viviendas desocupadas de Navarra (establecido en la Ley Foral 18/1989, de 29 de diciembre, a favor de las entidades locales de la comunidad foral) y el Impuesto sobre suelo sin edificar y edificaciones ruinosas de Extremadura (Ley 9/1998, de 26 de junio).

Ambos impuestos ejemplifican el uso del instrumento fiscal en determinadas políticas gubernamentales, en este caso concreto, la lucha contra la especulación inmobiliaria como fenómeno que dificulta el derecho de todos los españoles a tener una vivienda digna (art. 47 CE). Sin embargo, parece que nos hallamos ante una materia que es de titularidad municipal. Así, junto a la previsión del impuesto local navarro hay que hacer notar que la reciente reforma de la Ley Reguladora de las Haciendas Locales, Ley 39/1988, de 28 de diciembre, mediante la Ley 51/2002, de 27 de diciembre, ha abierto las puertas a que las entidades locales incrementen la cuota líquida del Impuesto sobre Bienes Inmuebles (IBI) mediante el establecimiento de un recargo de hasta el 50% de dicha cuota líquida cuando se trate de inmuebles que se encuentren desocupados permanentemente (art. 73, 4, *in fine*, de la Ley 39/1988 reformada).

El impuesto extremeño adopta un enfoque aparentemente distinto al del IBI: no recae sobre viviendas desocupadas cuyo mantenimiento fuera del mercado con ánimo especulador daña el indicado derecho fundamental sino que incide en el incumplimiento de un pretendido deber de edificar que se hace recaer sobre todo titular de suelo edificable. Este punto de vista permite al legislador extremeño sostener que quien acapara suelo con finalidad especulativa perjudica al resto de la sociedad y agentes económicos. Sin embargo, como ya se ha apuntado, es evidente el riesgo de que el impuesto autonómico penetre en la materia tributaria que legalmente viene atribuida a las entidades locales, la riqueza inmobiliaria, en cuyo caso se estaría produciendo la infracción del art. 6.3

LOFCA. Como a menudo sucede con los impuestos propios de las Comunidades Autónomas que desean orillar este límite la redacción legal del impuesto es alambicada y un tanto compleja a fin de distanciarse, en apariencia, de impuestos estatales y locales preexistentes.

2.2.2 Impuestos que actúan ante situaciones de riesgo o puesta en peligro de determinados bienes constitucionales

Vamos a referirnos ahora a un conjunto de tributos más bien inclasificable. Procedemos a agrupar en este epígrafe a tributos tan dispares como los Impuestos sobre Grandes Establecimientos Comerciales (Ley 16/2000, de 29 de diciembre, de Cataluña; Ley foral 23/2001, de Navarra; y Ley 15/2002, de 27 de diciembre, de Asturias), los Impuestos sobre elementos o actividades que inciden en el Medio Ambiente (Ley 12/1991, de 20 de diciembre, de las Islas Baleares; Ley 7/1997, de 29 de mayo, de Extremadura; y Ley 11/2000, de 26 de diciembre, de Castilla-La Mancha) – incluyendo en este apartado el Gravamen sobre los elementos patrimoniales afectos a las actividades de las que pueda derivar la activación de planes de protección civil, Ley 4/1997, de 20 de mayo, de Cataluña; y, finalmente, el Impuesto sobre las estancias en empresas turísticas de alojamiento (Ley 7/2001, de 23 de abril, de las Islas Baleares).

2.2.2.1 Impuestos sobre las grandes superficies – Los impuestos sobre las grandes superficies son unos impuestos en los que la estructura del gravamen, los elementos configuradores del tributo, y las finalidades que se dicen perseguir se distancian enormemente. Así, las Exposiciones de Motivos de las leyes que los regulan emplean considerables esfuerzos en atribuir a la implantación en las Comunidades Autónomas de este tipo de comercio los males que aquejan no sólo al comercio tradicional, como sería fácil de asimilar en un contexto de feroz competencia dentro de un sector tan sensible de la actividad económica, sino todo tipo de externalidades de carácter negativo. Se culpa a las grandes superficies comerciales de alterar el sector de la distribución, de modificar los hábitos de consumo en las poblaciones, de contribuir a degradar los centros de las poblaciones, de provocar problemas de circulación ligados al traslado de los consumidores a los centros comerciales, así como del incremento de la polución y lesión al medio ambiente que los atascos circulatorios llevan aparejados. No entraremos a evaluar la realidad de tales imputaciones. Lo importante es que si el impuesto se ampara en finalidades extrafiscales la estructura del mismo se muestre acorde con tales finalidades y esto no es lo que se deduce del estudio de este tipo de impuestos.

Para empezar, el objeto del tributo se sitúa por parte de las leyes reguladoras de estos impuestos en la especial capacidad económica que tienen grandes superficies y establecimientos comerciales. Si esta especial capacidad económica derivara de los costes negativos que no asumen en su actividad, siguiendo un planteamiento típico de los tributos verdes, lo coherente sería articular un impuesto que tuviera en cuenta la contaminación producida y en proporción a la misma impusiera las cargas fiscales a los agentes contaminadores. Así, cuando una fábrica para producir contamina el agua la exigencia del impuesto sobre la contaminación del agua es la manera de que compense socialmente el daño causado y también el mecanismo de redistribución de la riqueza que compensa a aquellas empresas que para producir adoptan tecnologías limpias, con el coste económico que esto les supone, pero, a cambio, no deben soportar el indicado impuesto o lo harán en proporción ínfima.

Evidentemente, este esquema no es posible trasladarlo como tal al ámbito de los impuestos sobre las grandes superficies. Fundamentalmente, porque no se atisban con claridad los perjuicios causados, no es posible individualizar la conducta negativa realizada ni tampoco establecer una unidad de medida de la misma a partir de la cual construir el mecanismo impositivo dirigido a compensar los daños causados. Por el contrario, las leyes reguladoras de estos impuestos cifran el hecho imponible en la utilización de un número determinado de metros cuadrados de superficie para el desarrollo de la actividad comercial (2.500 metros cuadrados en los impuestos catalán y asturiano, 1.500 metros en el impuesto navarro). Todo se fía a la extensión disponible para el establecimiento comercial cuando, como parece claro, no todos los efectos perversos de la instalación de esos comercios provienen de su tamaño. A partir de aquí, frecuentemente estas leyes empiezan a discriminar determinados tipos de comercios que quedan excluidos del impuesto o lo padecerán de forma muy reducida gracias a un amplio abanico de beneficios fiscales parciales que ponen en peligro la exigencia de generalidad y trato equitativo al que se sujetan todos los tributos. Un análisis detenido de los impuestos sobre las grandes superficies deja la sensación de que, en efecto, se trata de impuestos extrafiscales, pero entendidos como impuestos de ordenamiento moral o social porque lo que persiguen con ahínco es desterrar una forma de actividad económica que, paradójicamente, se ejerce con toda una serie de beneplácitos y autorizaciones administrativas que son inexcusables para este tipo de establecimientos.

Además, y este es un aspecto extremadamente polémico, es probable que este tipo de impuestos se hallen incursos en la prohibición del art. 6.3 LOFCA, sobre todo desde la interpretación que del mismo hizo la Sentencia del Tribunal Constitucional 289/2000, que luego examinaremos detenidamente.

2.2.2.2 Impuestos sobre instalaciones o actividades que inciden en el Medio Ambiente – El impuesto más conocido de los que cabe agrupar en este subgrupo es el Impuesto balear sobre instalaciones que inciden en el Medio Ambiente (Ley 12/1991, de 20 de diciembre). Este impuesto fue declarado inconstitucional por la Sentencia del Tribunal Constitucional 289/2000. La sombra del impuesto en cuestión permanece porque siguiendo sus pasos, parcialmente en algún caso, se aprobaron dos impuestos más del mismo tipo, el Impuesto sobre Instalaciones que Incidan en el Medio Ambiente de Extremadura (Ley 7/1997, de 29 de mayo) y el Impuesto sobre Determinadas Actividades que Inciden en el Medio Ambiente (Ley 11/2000, de 26 de diciembre).

El impuesto extremeño es directamente deudor de la estructura del impuesto balear y, por ello mismo, conserva todos sus vicios de inconstitucionalidad. Es un impuesto de corte patrimonial que grava la titularidad de una serie de elementos patrimoniales (las instalaciones que inciden en el medio ambiente) y evalúa la deuda tributaria a partir de la valoración de los elementos patrimoniales en términos de capitalización de los ingresos brutos de las empresas titulares de aquellos. Aparte de que el impuesto no se comporta como un impuesto ambiental, como parece debería ser en función de su título y según se proclama en la exposición de motivos de su ley reguladora, un aspecto particularmente peligroso de cara a la constitucionalidad del impuesto es la posible intromisión que la Hacienda autonómica hace en una materia tributaria reservada a las Haciendas locales cual es la fiscalidad inmobiliaria, que se encuentra en la base del Impuesto sobre Bienes Inmuebles.

En el impuesto de Castilla-La Mancha hallamos particularidades diferenciales. Para empezar, el hecho imponible es susceptible de realizarse de varios modos.

Uno de ellos revela, creemos que de forma bastante nítida, la existencia de una actividad contaminante: "actividades cuyas instalaciones emiten a la atmósfera dióxido de azufre, dióxido de nitrógeno o cualquier otro compuesto oxigenado del azufre o del nitrógeno". Habrá que profundizar, hasta que punto, la proximidad de este hecho imponible al modelo de impuesto sobre la contaminación atmosférica que rige en Galicia le permite orillar los problemas que, sin embargo, persisten en relación con la constitucionalidad de los otros hechos imponibles.

Los otros dos hechos imponibles del impuesto giran en torno a "la producción termonuclear de energía eléctrica" y el "almacenamiento de residuos radioactivos". El legislador proyecta así su atención sobre dos actividades susceptibles de resultar nocivas para el medio natural y lo hace mediante una suerte de imposición preventiva, mediante lo que puede bautizarse como impuestos "de peligro" o "de riesgo", y no "de resultado", por adoptar una nomenclatura que nos remite, en el terreno del Derecho Penal, a los delitos de peligro y a los delitos de resultado. Lo cierto es que la perspectiva de un riesgo hipotético y futuro basta para el establecimiento de un impuesto que, en lo tocante a la configuración de sus elementos principales, se comporta como un impuesto sobre la producción. Por añadidura, la insistencia en gravar la actividad empresarial a la que se atribuyen perjuicios al medio ambiente obligará a estudiar si se infringe el art. 6.3 LOFCA, si bien, en este caso en relación con el Impuesto sobre Actividades Económicas.

Cataluña tiene el más escueto y menos conocido de este tipo de tributos. Se trata del denominado por la ley que de forma tan escueta lo regula, la Ley 4/1997, gravamen sobre los elementos patrimoniales afectos a las actividades de las que pueda derivar la activación de planes de protección civil. Como todos los tributos anteriores de esta clase, este aparente impuesto de naturaleza patrimonial es un tributo afectado, de modo que la recaudación que del mismo se obtenga nutrirá un fondo de seguridad destinado a la financiación de las actividades de protección civil. No dejaremos de criticar esta errónea concepción que liga la naturaleza de tributo extrafiscal a la afectación de su producto como si la susodicha afectación tuviera peso suficiente para asegurar el perfil extrafiscal que tanto se persigue cuando, como es el caso, la configuración del tributo tiene poco de extrafiscal.

2.2.2.3 El impuesto sobre estancias en empresas turísticas de alojamiento – La Ley 7/2001, de 23 de abril, de las Islas Baleares crea el Impuesto sobre las estancias en empresas turísticas de alojamiento. Se trata de un impuesto que, aunque no esconde la importancia que las consideraciones medioambientales tienen en su establecimiento, se configura sin ambages como un impuesto fiscal, como un impuesto indirecto – pese a que la ley lo califica de "directo" – en la medida en que recae sobre una manifestación típica de la capacidad de gasto o consumo de las personas físicas cual es alojarse en hoteles y demás establecimientos destinados al alojamiento por motivos turísticos. El impuesto, no obstante, no parece muy acertado en un aspecto al que nos tememos que se ha prestado una atención menor: el respeto al principio de igualdad. La Ley se dirige únicamente a un tipo determinado de sujeto: el que pernocta en hoteles y demás establecimientos relacionados en la misma con el afán de hacerle contribuir a paliar el deterioro ambiental de las islas que, en parte, puede atribuirse a las corrientes turísticas que las inundan prácticamente todo el año. Sin embargo, ni es cierto que el daño ambiental pueda atribuirse únicamente a los foráneos ni, lo que es peor en aras al respeto al indicado principio constitucional de igualdad, se incide sobre todos aquellos visitantes susceptibles de ser responsabilizados del deterioro ambiental. Así, un sector muy amplio de turistas, residentes o no en España, son aquellos que se hospedan en las Islas Baleares en inmuebles arrendados a personas físicas en los que no prestan esos servicios complementarios de establecimiento hotelero a los que se refiere expresamente la ley al objeto de asimilar desde el punto de vista de este impuesto estos lugares a los hoteles.

La Ley 7/2003, de 22 de octubre, de la Comunidad Autónoma de las Islas Baleares procede a su derogación formal con lo que dejará de exigirse en el ejercicio 2004. En palabras de la Exposición de Motivos de esta Ley, "la financiación de las infraestructuras y de las políticas públicas relacionadas con el medio ambiente y la actividad turística puede continuar llevándose a cabo sin necesidad de gravar las estancias en establecimientos turísticos de alojamiento mediante el Impuesto configurado en la citada Ley 7/2001, de 23 de abril".

2.3 Impuestos netamente fiscales

Queda un último grupo de impuestos autonómicos, aquel que incluye impuestos en los que o no existe finalidad extrafiscal alguna o ésta sólo puede considerarse ornamental.

2.3.1 Impuestos sobre el juego

Hasta el año 1977 el juego estaba prohibido en España. Tan pronto se legalizó, el juego en cuanto apetitosa fuente de riqueza fue objeto de alguna tasa estatal como fue la tantas veces conflictiva tasa estatal sobre el juego (cfr. Real Decreto Ley 16/1977, de 25 de febrero, por el que se regulan los aspectos penales, administrativos y fiscales de los juegos de suerte, envite o azar y apuestas). Pero el recién legalizado juego del bingo (Real Decreto Ley 5/1977, de 25 de febrero) no fue gravado por ningún tributo estatal razón por la cual las Comunidades Autónomas se apresuraron a proyectar su exiguo poder tributario sobre esa parcela de la realidad económica y social sobre la que, por añadidura, poseían competencia material.

A grandes rasgos hay que decir que las autonomías han optado por alguno de los dos modelos de impuesto sobre el bingo que hoy predominan. Un modelo se construye como impuesto sobre las rentas ganadas por el jugador agraciado a modo de impuesto sobre los premios del juego del bingo. El otro modelo parte de un impuesto sobre la renta gastada en el juego. Al primer modelo se adscriben las Comunidades de Andalucía (Ley 17/1999, de 28 de diciembre), Asturias (Ley 2/1992, de 30 de diciembre), Islas Baleares (Ley 13/1990, de 29 de noviembre), Cantabria (Ley 11/2002, de 23 diciembre), Castilla-La Mancha (Ley 4/1989, de 14 de diciembre), Madrid (Ley 12/1994, de 27 de diciembre) y Murcia (Ley 12/1984, de 27 de diciembre). Y al segundo, las comunidades de Cataluña (Ley 21/1984, de 24 de octubre), Galicia (Ley 7/1991, de 19 de junio) y Valencia (Ley 14/1985, de 31 de diciembre).

En cualquier caso, la imposición sobre el bingo, pese a estar tan extendida, no ha degenerado en grandes problemas ante los tribunales y, desde luego, no parece presentar problemas de constitucionalidad.

Al margen de la imposición sobre el bingo, y dejando a un lado el recargo sobre la tasa estatal a causa de su naturaleza formal de recargo, hay que citar el Impuesto sobre la instalación de máquinas en establecimientos de hostelería autorizados de Madrid, aprobado por la Ley 3/2000, de 8 de mayo. Es este un impuesto que sujeta a gravamen la instalación de ese tipo de máquinas de juego en establecimientos de hostelería autorizados.

2.3.2 Impuesto sobre los depósitos de las entidades de crédito

Uno de los impuestos que está llamado a ser más debatido hasta que no se determine si es o no conforme al ordenamiento jurídico es el que el parlamento extremeño estableció sobre los depósitos de las entidades de crédito. Nos hallamos ante un impuesto dirigido a gravar la captación de fondos de terceros que efectúan las entidades de crédito en el desarrollo del tráfico que les es propio dentro del territorio de la Comunidad Autónoma de Extremadura. A nuestro modo de ver, el hecho imponible mismo del impuesto termina convirtiéndose en una declaración de principios sobre lo que realmente es este tributo: lo que grava es una de las actividades que le permiten obtener beneficios. De ahí su extraordinaria proximidad con el Impuesto sobre Sociedades, cuya recaudación perjudicará, pensamos, cuando este impuesto autonómico se reduzca de la base del impuesto estatal a título de gasto deducible derivando en una lógica disminución de la cuota a pagar. Hay que ligar esta observación con la doctrina expresada por el Tribunal Constitucional en la Sentencia 49/1995. También es posible establecer una peligrosa relación del impuesto extremeño con el Impuesto sobre Actividades Económicas, en cuyo caso la prohibición a tener en cuenta es la del art. 6.3 LOFCA, y con el IVA, en la medida en que viene a sujetar a gravamen efectivo actividades que el sistema general de impuesto sobre el volumen de ventas de la Unión Europea deja libre de tributación vía exención.

2.3.3 Impuesto especial sobre combustibles derivados del petróleo

Las Islas Canarias están excluidas del ámbito de aplicación de los Impuestos Especiales de Fabricación (Ley 38/1992, de 28 de diciembre) entre los que figura el Impuesto sobre Hidrocarburos. El hueco que deja el impuesto estatal lo ocupa este impuesto autonómico (Ley 5/1986 de Canarias) configurado como un impuesto monofásico sobre las ventas mayoristas pero que, a través de la preceptiva repercusión o traslación jurídica de las cuotas devengadas, se traslada hasta el consumidor.

2.3.4 Impuesto sobre Aprovechamientos Cinegéticos

Dentro de la Ley de Extremadura 8/1990, de 21 de diciembre, de Caza, una serie de preceptos (arts. 30 a 43) regularon el Impuesto sobre Aprovechamientos Cinegéticos. También se establecieron determinadas tasas por licencias de caza en su art. 47. La mencionada Ley fue objeto de recurso de inconstitucionalidad en relación con un buen número de sus artículos entre los que figuraron casi toda la regulación del impuesto y la de las tasas si bien fue declarada plenamente constitucional (Sentencia 14/1998).

El Impuesto sobre Aprovechamientos Cinegéticos tiene como hecho imponible "el aprovechamiento cinegético privativo administrativamente autorizado para terrenos radicados en el territorio de Extremadura" (art. 31.1), de modo que los titulares de las correspondientes concesiones administrativas del indicado aprovechamiento son los sujetos pasivos tributarios (art. 32). Según el art. 34 de la Ley, la base imponible del impuesto "tendrá en cuenta el grupo en que esté clasificado el coto deportivo o privado de caza, así como su extensión superficial en la forma y con los tipos que se señalan en los artículos siguientes".

3. *Doctrina del Tribunal Constitucional en materia de impuestos ambientales*

3.1 *La Sentencia 37/1987, de 26 de marzo: el impuesto sobre tierras infrautilizadas de Andalucía*

Este pronunciamiento es fruto de un recurso de inconstitucionalidad presentado contra determinados preceptos de la Ley del Parlamento Andaluz 8/1984, de 3 de julio, de Reforma Agraria. La Sentencia admite contemplarse como un análisis general de la ley repartido en tres partes más o menos diferenciadas: en el primer bloque de la Sentencia se analiza la constitucionalidad de la Ley 8/1984 en función de si afecta o no al derecho a la propiedad; en un segundo bloque se incide en la cuestión competencial; y en el tercer y último bloque se dirime la constitucionalidad del Impuesto sobre Tierras Infrautilizadas (ITI) (FFJJ 12º a 14º).

Los recurrentes impugnan la completa regulación del impuesto (arts. 30 a 41) y lo hacen esencialmente arguyendo que

1. La Comunidad Autónoma carece de competencia para establecer una medida tributaria de esa naturaleza.

2. El tributo infringe la prohibición de duplicar hechos imponibles gravados por el Estado.

En relación con la primera acusación, concretada en que el ITI no es un impuesto sino un arbitrio con finalidad no fiscal que carece de cobertura constitucional, el Tribunal afirma, primero, la constitucionalidad de la función extrafiscal, y, segundo, que ni la Constitución ni la LOFCA prohíben a las Comunidades Autónomas ejercitar su potestad tributaria en relación con la consecución de objetivos no fiscales. Así, se dice en el FJ 13ª que "la función extrafiscal del sistema tributario no aparece explícitamente reconocida en la Constitución, pero dicha función puede derivarse directamente de aquellos preceptos constitucionales en los que se establecen los principios rectores de política social y económica (señaladamente, arts. 40.1 y 130.1), dado que tanto el sistema tributario en su conjunto como cada figura tributaria concreta forman parte de los instrumentos de que dispone el Estado para la consecución de los fines económicos y sociales constitucionalmente ordenados. Por otra parte, dicha función está expresamente enunciada en el artículo 4 de la vigente Ley General Tributaria (...). A ello no se opone tampoco el principio de capacidad económica establecido en el artículo 31.1 de la Constitución, pues el respeto a dicho principio no impide que el legislador pueda configurar el presupuesto de hecho del tributo teniendo en cuenta consideraciones extrafiscales". En suma, consideraciones que son tan sintéticas como trascendentes, y que encuentran eco en el nuevo art. 2.1, párrafo segundo, de la Ley 58/2003, General Tributaria, cuando señala que "los tributos podrán servir como instrumentos de la política económica general y atender a la realización de los principios y fines contenidos en la Constitución".

En cuanto a si dicha función extrafiscal puede desempeñarse mediante tributos autonómicos, la Sentencia asevera que "ni en la Constitución ni en la LOFCA existe precepto alguno que prohíba a las Comunidades Autónomas actuar su potestad tributaria – y, en concreto, su poder de imposición – en relación con la consecución de objetivos no fiscales. Antes bien, la Constitución concede autonomía financiera a las Comunidades Autónomas 'para el desarrollo y ejecución de sus competencias' (art. 156.1), lo que permite admitir la facultad de aquéllas para utilizar también el instrumento fiscal – como parte integrante de su autonomía financiera – en la ejecución y desarrollo de todas las competencias que hayan asumido en sus respectivos Estatutos de Autonomía y respecto de las cuales dicha utilización sea necesaria. Con ello hay, en definitiva, un implícito reconocimiento constitucional del principio de instrumentalidad fiscal en la esfera de la imposición autónoma. En consecuencia, las Comunidades Autónomas pueden establecer impuestos de carácter primordialmente extrafiscal, pero ello ha de llevarse a cabo dentro del marco de competencias asumidas y respetando las exigencias y principios derivados directamente de la Constitución (art. 31), de la Ley Orgánica que regula el ejercicio de sus competencias financieras (art. 157.3 de la Constitución) y de los respectivos Estatutos de Autonomía".

En el caso del ITI se identifica como *intentio legis* la consecución no tanto de "una nueva fuente de ingresos públicos con fines estrictamente fiscales o redistributivos" como el deseo de "disuadir a los titulares de propiedad o de empresas agrícolas del incumplimiento de las obligaciones inherentes a la función social de la propiedad de la tierra que la propia Ley define o, dicho en términos positivos, estimular a aquellos para que obtengan de sus propiedades los rendimientos económicos y sociales que les son legalmente exigibles". En consonancia con esto se subraya el hecho de que la Ley exima del pago del tributa a "las fincas rústicas o explotaciones agrarias que se encuentren ya sometidas a un plan de mejora o intensificación de cultivos, tanto de carácter forzoso como voluntario, aprobado por la Administración Autónoma y en fase de ejecución" (art. 36.7).

El Tribunal, con decisión, sale al paso de una de las más graves acusaciones que se dirigen contra el ITI, la vulneración del principio de capacidad económica.

Los recurrentes entienden que el peculiar procedimiento de cuantificación de este impuesto es contrario a este impuesto. Dicho procedimiento consiste, a grandes rasgos, en gravar la infrautilización de las tierras, que se fijará en la diferencia entre el rendimiento óptimo de las tierras, que será determinado por el Poder Ejecutivo a través de los Decretos de Actuación de Reforma Agraria, y el rendimiento realmente obtenido (ya sea el del año natural, ya sea el promedio de los cinco anteriores). Además, sobre la base imponible se hace recaer una escala progresiva que funciona con la siguiente lógica: el tipo de gravamen crece cuando la infrautilización es también muy elevada y, a la inversa, decrece cuando la infrautilización también lo hace hasta desaparecer en el caso de que la infrautilización de la tierra resulte inferior al 30% del rendimiento óptimo. En suma, cuando la finalidad extrafiscal del impuesto se consiga de un modo completo el impuesto dejará de obtener recaudación.

Pues bien, ante el alegato de que lo que el ITI grava no es la percepción de una renta sino la "no producción de una renta", la Sentencia advierte que dicha formulación no desconoce el principio de capacidad económica toda vez que "basta que dicha capacidad económica exista, como riqueza real o potencial en la generalidad de los supuestos contemplados por el legislador al crear el impuesto, para que aquel principio constitucional quede a salvo". El ITI no lesiona el principio de capacidad económica por el simple hecho de recaer sobre la utilización insuficiente o la obtención de rendimientos inferiores al óptimo legalmente señalado para las fincas rústicas, "pues este hecho de significado social y económicamente negativo – que el legislador andaluz pretende combatir o corregir, entre otras medidas, a través del instrumento fiscal – es por sí mismo revelador de la titularidad de una riqueza real o potencial o, (...), de una renta virtual cuya dimensión mayor o menor determina la mayor o menor cuantía del Impuesto". Y, para cerrar este punto, deja sentado que lo anterior excluye el posible carácter confiscatorio del tributo.

En lo tocante a la infracción del art. 6.2 LOFCA, la Sentencia, ya en el FJ 14ª, descarta la posible doble imposición entre el ITI y la entonces vigente Contribución Territorial Rústica y Pecuaria, un impuesto local, y lo hace a través del análisis formal del mencionado precepto de la LOFCA del cual se desprende que el art. 6.2 no compara impuestos autonómicos con locales sino con impuestos estatales. El Tribunal asienta su interpretación en un criterio marcadamente formalista sobre la prohibición de doble imposición de la LOFCA: sobre una misma materia imponible Estado y Comunidades Autónomas pueden establecer cada uno por su cuenta sus propios tributos siempre y cuando no coincidan sus hechos imponibles. "Por materia imponible u objeto del tributo – señala – debe entenderse toda fuente de riqueza, renta o cualquier otro elemento de la actividad económica que el legislador decida someter a imposición, realidad que pertenece al plano de lo fáctico. Por el contrario, el hecho imponible es un concepto estrictamente jurídico que, en atención a determinadas circunstancias, la Ley fija en cada caso 'para configurar cada tributo y cuya realización origina el nacimiento de la obligación tributaria', según reza el artículo 28 de la vigente Ley General Tributaria. De ahí que, en relación con una misma materia impositiva, el legislador pueda seleccionar distintas circunstancias que den lugar a otros tantos hechos imponibles, determinantes a su vez de figuras tributarias diferentes".

En definitiva, "el artículo 6.2 de la LOFCA no tiene por objeto impedir a las Comunidades Autónomas que establezcan tributos propios sobre objetos materiales o fuentes impositivas ya gravadas por el Estado, porque, habida cuenta de que la realidad económica en sus diferentes manifestaciones está toda ella virtualmente cubierta por tributos estatales, ello conduciría (...) a negar en la práctica la posibilidad de que se creen, al menos por el momento, nuevos impuestos autonómicos. Lo que el artículo 6.2 prohíbe, en sus propios términos, es la duplicidad de hechos imponibles, estrictamente".

Congruentemente, el Tribunal rechaza cualquier colisión entre el ITI y el Impuesto sobre el Patrimonio: "es obvio que no cabe identificar la 'infrautilización' de fincas rústicas – hecho imponible del impuesto andaluz – con la 'propiedad' de todo tipo de bienes, aunque entre ellos se encuentren las fincas rústicas, que es el hecho que grava el impuesto estatal".

3.2 *La Sentencia 186/1993, de 7 de junio: el impuesto de dehesas calificadas en deficiente aprovechamiento de Extremadura*

En esta ocasión la Ley impugnada fue la Ley de la Asamblea de Extremadura 1/1986, de 2 de mayo, sobre la Dehesa de Extremadura. El Tribunal ya advierte al empezar su análisis del recurso presentado de la gran similitud que guarda con el que se había presentado anteriormente contra la Ley 8/1984 de Andalucía y que se encuentra en la base de la recién comentada Sentencia 37/1987. El recurso contra la Ley 1/1986 se refiere principalmente al impuesto que crea esa ley, el Impuesto de Dehesas Calificadas en Deficiente Aprovechamiento (IDCDA), configurado a imagen y semejanza del ITI andaluz. La reiteración de situaciones en presencia explica también las pocas novedades que aporta esta Sentencia en relación con lo ya dicho por el Tribunal Constitucional en la 37/1987 puesto que el pronunciamiento no se aparta un ápice no sólo en el resultado, la confirmación de la constitucionalidad del impuesto extremeño, sino tampoco en los argumentos que se emplean para su defensa.

De nuevo el Tribunal reafirma la legitimidad de los tributos extrafiscales en manos de las Comunidades Autónomas y, refiriéndose en concreto al Impuesto de dehesas calificadas en deficiente aprovechamiento, confirma que "con él no se persigue crear una nueva fuente de ingresos públicos con fines fiscales, sino el coadyuvar a disuadir a los titulares de esas propiedades del incumplimiento de las obligaciones inherentes a la función social de la propiedad de la tierra". Y, al igual que sucedía en la Sentencia 37/1987, sitúa el objeto del tributo en la "no producción de una renta" sin que ello contradiga el principio de capacidad económica.

Tampoco varía su interpretación del art. 6.2 LOFCA de modo que rotundamente niega que exista duplicidad impositiva con la Contribución Territorial Rústica y Pecuaria, al ser éste último un tributo local y, por tanto, fuera del ámbito de aplicación de ese precepto; y niega también que el hecho imponible del impuesto extremeño pueda tomarse como una reiteración del Impuesto estatal sobre el Patrimonio.

Únicamente cabe reseñar como aportación original de la sentencia una pequeña digresión sobre el principio de igualdad (FJ 4º, b) que cabe inscribir en el necesario cumplimiento que de los principios de justicia material hay que exigir a todo tributo, aunque sea autonómico: "en nada queda afectado el principio de igualdad por el hecho de que el tributo no grave sino aquellas fincas rústicas de determinada extensión que, según su destino agrario más idóneo, sean susceptibles de un mejor aprovechamiento, pues, en efecto, ese tratamiento diferenciado se justifica dentro de los márgenes de apreciación que es preciso reconocer al legislador, en las propias características de esas fincas, que son justamente las que merecen la calificación de dehesas susceptibles de ser sometidas a los correspondientes planes de aprovechamiento y mejora. No hay, en definitiva – concluye –, posibilidad de entablar una comparación que pruebe la falta de fundamento del trato desigual que se denuncia, por lo que la pretendida discriminación debe quedar descartada".

3.3 La Sentencia 289/2000, de 30 de noviembre: el impuesto sobre instalaciones que incidan en el medio ambiente de las Islas Baleares

La Ley del Parlamento de Baleares 12/1991, de 20 de diciembre, crea el Impuesto sobre Instalaciones que Incidan en el Medio Ambiente. El recurso de inconstitucionalidad presentado contra la totalidad de los artículos de dicha ley da lugar a una interesante Sentencia del Tribunal Constitucional que procedemos a resumir.

Como se dice al principiar el FJ 2º, "lo que se denuncia es, únicamente, que el Impuesto autonómico recurrido (en adelante, IBIAMA) somete a tributación, sin habilitación legal previa y sin medidas de compensación o coordinación, la misma materia imponible que resulta gravada por el Impuesto municipal sobre Bienes Inmuebles (en adelante, IBI). Por ello, alega, la Ley en su totalidad vulnera el mandato contenido en el art. 6.3 LOFCA y, en consecuencia, infringe los arts. 133.2 y 157.3 CE, así como el art. 57.3 del EAIB – Estatuto de Autonomía de las Islas Baleares".

La Sentencia empieza por reiterar el reconocimiento del poder financiero y tributario autonómico en el marco de la autonomía financiera de las Comunidades Autónomas. Sin embargo, ya advierte de que aunque su propia doctrina sostiene que "ninguno de los límites constitucionales que condicionan dicho poder tributario (propio) puede ser interpretado de tal manera que haga inviable el ejercicio de aquella potestad tributaria" (STC 150/1990, de 4 de octubre, FJ 3º), no es menos cierto que "el poder tributario propio, reconocido por la Constitución a las Comunidades Autónomas, en nuestro Ordenamiento está también constitucionalmente condicionado en su ejercicio" (FJ 3º, *in fine*). La limitación que aquí juega es la recogida en el art. 6.3 LOFCA cuando dispone que "las Comunidades Autónomas podrán establecer y gestionar tributos sobre las materias que la legislación de Régimen Local reserva a las Corporaciones locales, en los supuestos en que dicha legislación lo prevea y en los términos que la misma contemple", siendo básico, a estos efectos, precisar el contenido y alcance del concepto "materia reservada" al que el precepto transcrito hace referencia.

"Materia reservada" es distinto a "materia competencial" y, desde luego, va más allá que el hecho imponible al que explícitamente se refiere el art. 6.2 LOFCA.

"En efecto – señala en el FJ 4º –, frente a una concepción de materia competencial como sinónimo de materia sobre la que una Corporación local tiene atribuidas competencias por la específica legislación de Régimen local (…), por materia reservada debe entenderse sólo aquellas materias que configuran el objeto de los tributos locales por haberlo establecido así la 'legislación de régimen local' que en materia financiera no es otra, en la actualidad, que la Ley 39/1988, reguladora de las Haciendas Locales". Y, como prueba de la identificación entre materia reservada y materia imponible se remite a la Disposición Adicional Quinta de esta ley, cuando en sus apartados 1 y 6, se habilita a las Comunidades Autónomas, respectivamente, a establecer y exigir un impuesto sobre "la materia imponible gravada por el Impuesto sobre Vehículos de Tracción Mecánica" y sobre "la materia imponible gravada por el Impuesto Municipal sobre Gastos Suntuarios".

Materia reservada o materia imponible, como ya se ha dicho, no es un término equivalente a hecho imponible. El hecho imponible, tiene dicho el Tribunal, "es un concepto estrictamente jurídico que, en atención a determinadas circunstancias, la Ley fija en cada caso para configurar cada tributo y cuya realización origina el nacimiento de la obligación tributaria" (Sentencias 37/1987 y 186/1993). "Es decir, es el acto o presupuesto previsto por la Ley cuya realización, por exteriorizar una manifestación de capacidad económica, provoca el nacimiento de una obligación tributaria. Por el contrario, 'por materia imponible u objeto del tributo debe entenderse toda fuente de riqueza, renta o cualquier otro elemento de la actividad económica que el legislador decida someter a imposición, realidad que pertenece al plano de lo fáctico'. De ahí que, en relación con una misma materia impositiva, el legislador pueda seleccionar distintas circunstancias que den lugar a otros tantos hechos imponibles, determinantes a su vez de figuras tributarias diferentes. En suma, al 'hecho imponible' – creación normativa – le preexiste como realidad fáctica la materia imponible u objeto del tributo, que es la manifestación de riqueza efectivamente gravada, esto es, el elemento de la realidad que soportará la carga tributaria configurada a través del hecho imponible exponente de la verdadera riqueza sometida a tributación como expresión de la capacidad económica de un sujeto".

Por tanto, el art. 6 de la LOFCA contiene dos límites al poder tributario propio de las Comunidades Autónomas: "los hechos imponibles gravados por el Estado (apartado 2) y las materias imponibles reservadas a las Corporaciones Locales (apartado 3)".

Descendiendo al examen del impuesto impugnado, es preciso, primeramente, averiguar qué es lo que el IBIAMA realmente grava.

La Exposición de Motivos de la Ley 12/1991 justifica el IBIAMA como un gravamen sobre la actividad contaminante dirigido a internalizar los costes derivados de actuaciones distorsionadoras del medio ambiente. Ahora bien una cosa es la pretendida finalidad del impuesto y otra la que resulta de un análisis minucioso de su normativa reguladora. La Sentencia procede, entonces, a examinar el hecho imponible y el método de cuantificación del IBIAMA. Según el art. 2 de la Ley 12/1991, el hecho imponible del impuesto es "la titularidad por el sujeto pasivo, en el momento del devengo, de los elementos patrimoniales situados en el territorio de la Comunidad Autónoma de las Islas Baleares que se encuentren afectos a la realización de las actividades que integran el objeto del tributo". Los elementos patrimoniales en cuestión son "cualquier tipo de instalaciones y estructuras que se destinen a las actividades de producción, almacenaje, transformación, transporte efectuado por elementos fijos y suministro de energía eléctrica y de carburantes y combustibles sólidos, líquidos o gaseosos, así como a las de comunicaciones telefónicas o telemáticas" (art. 1.2). En cuanto al cálculo del impuesto se consigue aplicando un tipo del uno por cien (art. 9) sobre una base imponible cuyo cálculo se obtiene capitalizando al tipo del 40 por cien el promedio de los ingresos brutos de explotación procedentes de la facturación del sujeto pasivo, en el territorio de la Comunidad Autónoma balear, durante los tres últimos ejercicios anteriores al del devengo del Impuesto.

A la vista de estos datos, y retomando sus Sentencias 37/1987 y 186/1993, el Tribunal niega la presencia de finalidad extrafiscal alguna con estas palabras: "el IBIAMA, bajo la aparente finalidad protectora del medio ambiente, no arbitra instrumento alguno que se dirija a la consecución de ese fin, con lo que, a la postre, no grava la capacidad económica pretendidamente sometida a imposición, como una forma de contribuir al sostenimiento del gasto público que genera la indebida, o incluso debida, utilización del medio ambiente (manifestación concreta del principio 'quien contamina paga')". Tampoco busca estimular actuaciones protectoras del medio ambiente en cumplimiento del art. 45.1 CE. En fin, "no cabe considerar que el referido impuesto grave efectivamente la actividad contaminante cuando desconoce el impacto ambiental en que incurren los sujetos llamados a soportarlo, o lo que es lo mismo, la medida concreta en la que cada uno afecta al medio ambiente (sea persona física o jurídica)". Si lo efectivamente gravado fuese la actividad contaminante se habrían sometido a imposición todas aquellas instalaciones, cualquiera que fuese la clase de actividad a la que se hallasen afectas, que de alguna manera pudiesen atentar contra ese medio ambiente, buscando un efecto disuasorio o estimulante de la realización de conductas dañinas o protectoras del entorno ecológico en el que se desenvuelve la actividad. En rigor, lo que se grava es la mera titularidad de los bienes inmuebles incurriendo en la prohibición establecida en el art. 6.3 LOFCA, "al solaparse con la materia imponible reservada a las Haciendas Locales con relación al IBI". "Dicho de otra forma, el IBI grava la capacidad económica que se pone de manifiesto por la titularidad de determinados bienes inmuebles; el IBIAMA somete a tributación la capacidad económica exteriorizada también por la titularidad de determinados bienes inmuebles" (FJ 5º).

En nada obsta lo anterior que el impuesto local se refiera a "bienes inmuebles" y el impuesto autonómicos a "instalaciones", pues estas últimas no son más que una especificación de los primeros. Y si en algún supuesto excepcional esto no fuera así deberá estarse a la regla general, al caso normal, en orden a emitir el juicio de constitucionalidad.

Tampoco es obstáculo para la declaración de inconstitucionalidad que la base del IBI se calcule partiendo del valor catastral y la del IBIAMA en función del valor de los elementos patrimoniales que, como hemos visto más arriba, resulta de una particular operación de capitalización de los ingresos brutos de explotación. Y, en cualquier caso, lo que sí es palmario es que esta última fórmula de cuantificación nada tiene que ver con la capacidad de contaminar del sujeto pasivo.

En conclusión, "el IBIAMA se configura como un impuesto sobre el patrimonio inmobiliario, que incide en la misma materia imponible que la del Impuesto municipal sobre Bienes Inmuebles, incurriendo por ello en la prohibición prevista en el apartado 3 del art. 6 LOFCA".

4. Conclusiones. Esbozo de una doctrina general sobre los límites de los impuestos propios de las comunidades autónomas

Las sentencias examinadas arrojan algunas ideas interesantes sobre la concepción que el Tribunal Constitucional alberga acerca de las limitaciones que el ordenamiento jurídico impone a los impuestos autonómicos. Quisiéramos subrayar siguientes puntos:

a) En relación con los tributos extrafiscales, que, como ya hemos visto son o pretenden ser de uno u otro modo la mayoría de los impuestos autonómicos, el reconocimiento de la constitucionalidad de la función extrafiscal para los tributos autonómicos se produce por vez primera y con gran contundencia en la Sentencia 37/1987. El Tribunal interpreta que se trata de una constitucionalidad implícita en los diversos preceptos de la Constitución. En la Sentencia indicada cita dos preceptos pero hay que interpretar que lo hace a título de mero ejemplo porque deja fuera precisamente aquel que se encuentra en la base de muchos impuestos autonómicos, el art. 45 CE donde se consagra la protección del medio ambiente, al cual sí se alude de modo expreso en otra Sentencia posterior, la 289/2000. En suma, el Tribunal inscribe el fenómeno de la extrafiscalidad dentro del de la instrumentalidad fiscal.

b) En relación con el art. 6.3 LOFCA, y retomando argumentos manejados en la Sentencia 289/2000, hay que prestar mucha atención a la determinación del objeto del tributo de cara a conocer la auténtica finalidad del mismo. Se llega a su averiguación analizando su hecho imponible y los elementos de cuantificación y confrontándolos con el objetivo que acostumbran a proclamar las Exposiciones de Motivos de las leyes que instauran los impuestos autonómicos. Conviene que los impuestos autonómicos que deseen superar este examen de constitucionalidad acrediten su carácter general. No acepta el Tribunal, sobre todo en relación con los tributos que se autoproclaman extrafiscales, gravámenes que resulten incongruentemente selectivos y seleccionen de un modo caprichoso sus destinatarios efectivos. Igualmente, es vital que los elementos característicos del impuesto extrafiscal guarden lógica relación con la capacidad contaminante que se atribuye al sujeto pasivo y que se quiere aminorar. O bien establecer un vínculo razonable entre la actividad que se estima dañina y las medidas de estimulo para la variación de la conducta. O, en definitiva, lograr que sea reconocible la conexión entre el impacto que en el medio ambiente tiene la conducta que se quiere combatir – y que, de un modo u otro, deber ser medida y, por consiguiente, no ha de estar ausente del apartado de cuantificación del impuesto – y las medidas de punición o disuasión que en sí supone la exigencia de un tributo ambiental en muchas ocasiones.

DIREITO FISCAL E TUTELA DO AMBIENTE EM PORTUGAL

José Casalta Nabais

1. Considerações gerais

Como, por certo, se compreenderá, antes de quaisquer desenvolvimentos sobre o tema, impõem-se algumas considerações gerais, que se prendem com o próprio título dado a este texto, mais especificamente com a utilização nele contida das expressões direito fiscal, por um lado, e tutela do ambiente, por outro lado, a fim de situar as relações entre os mencionados pólos da equação que suporta o título. Uma exigência que se justifica, desde logo, se outros motivos não houvesse, pelo facto de este texto se destinar a uma obra colectiva subordinada ao título *Direito Tributário Ambiental*. Faz, por isso, todo o sentido esclarecer as razões do título, delimitando ao mesmo tempo o âmbito do mesmo. Vejamos então, começando por esclarecer o sentido da expressão direito fiscal, analisando depois a expressão tutela ambiental e relacionando, por fim, essas duas realidades jurídicas.

1.1 O direito fiscal

Pois bem, quanto à expressão direito fiscal, podemos adiantar que a utilizamos por duas ordens de razões. De um lado, é de referir que em

Portugal tem sido o âmbito mais restrito do direito fiscal ou do direito dos impostos, e não o âmbito mais amplo do direito tributário ou do direito dos tributos, como ocorre noutros países, aquele que tem sido erigido em objecto relativamente autónomo de tratamento científico.[1] Uma opção que longe de constituir uma qualquer inclinação teórica e abstracta dos autores, se impõe por razões de ordem constitucional, uma vez que a própria Constituição integra toda uma série de princípios e regras que, valendo para os impostos, não valem ou não valem em igual medida para os demais tributos, mormente para a os tributos bilaterais ou taxas.[2] Ou, para utilizarmos uma expressão com curso no direito constitucional de diversos países, mormente nos países europeus, na Constituição Portuguesa deparamo-nos com uma exigente e relativamente extensa "constituição fiscal", a disciplinar os impostos. Mas, em contrapartida, com uma escassa e limitada "constituição tributária", a disciplinar os tributos bilaterais.

De outro lado, mesmo naqueles países em que tradicionalmente se tem optado pelo direito tributário, elegendo por objecto de tratamento científico a disciplina da generalidade dos tributos, e não apenas a disciplina dos impostos, como tem acontecido em Espanha e na Itália,[3] as coisas acabam por não ser muito diferentes das que se verificam entre nós. Pois, mesmo nesses países, na prática, o objecto de estudo e ensino em sede do direito tributário é constituído, ao fim e ao cabo, fundamentalmente pela figura dos impostos.[4]

E quanto ao que deva entender-se por direito fiscal, parece-nos simples a tarefa, já que o mesmo se identifica com o direito dos tributos unilaterais ou impostos, bastando para tanto definir o que são impostos. Pois bem, num certo entendimento das coisas, podemos definir imposto com

1. Como acontece, de resto, também na França, na Alemanha, na Áustria, na Suíça etc., com o *droit fiscal* e o *Stuerrecht*. Cf. o nosso *Direito Fiscal*, pp. 5 e ss.

2. Já que em Portugal as chamadas contribuições especiais, pelo menos em sede constitucional, não constituem uma categoria própria, sendo as mesmas impostos ou taxas, consoante nelas prevaleça o aspecto unilateral ou o aspecto bilateral. V., sobre o problema, o nosso *Direito Fiscal*, cit., pp. 26 e ss. e 294 e ss.

3. Por razões que também têm suporte constitucional, pois as constituições desses países referem-se, por via de regra, à generalidade das prestações pessoais e patrimoniais – v. o art. 23º da Constituição Italiana e o art. 31º da Constituição Espanhola.

4. Por isso, a diferença entre uns países e outros não é assim tão grande, pois, nem nos do direito fiscal se verifica uma total ausência de alusão aos tributos bilaterais ou taxas, nem nos do direito tributário o tratamento dos tributos bilaterais ou taxas é tão desenvolvido quanto, à primeira vista, seria de esperar. Daí que tanto nos manuais de direito fiscal dos primeiros, como nos manuais de direito fiscal dos segundos, se verse essencialmente o direito dos impostos.

base em três elementos, a saber: um elemento objectivo, um elemento subjectivo e um elemento teleológico (ou finalista).

Objectivamente o imposto é uma prestação (1) pecuniária (2), unilateral (3), definitiva (4) e coactiva (5). Por sua vez, subjectivamente, o imposto é uma prestação, com as características objectivas que acabámos de mencionar, exigida a (ou devida por) detentores (individuais ou colectivos) de capacidade contributiva (6) a favor de entidades que exerçam funções ou tarefas públicas (7). Finalmente, em termos teleológicos, o imposto é exigido pelas entidades que exerçam funções públicas para a realização dessas funções (8), conquanto que não tenham carácter sancionatório (9).

Pois bem, o imposto é, antes de mais, uma prestação, o que significa que integra uma relação de natureza obrigacional e não uma relação de carácter real, rejeitando-se assim certa doutrina que, nomeadamente em Itália, defendeu a eficácia real de certos impostos como os impostos fundiários e os impostos aduaneiros.

Depois, o imposto é uma prestação pecuniária, ou seja, uma prestação de *dare pecunia* ou concretizada em dinheiro. Através desta característica ou nota típica do seu conceito, o imposto distingue-se claramente quer das prestações de carácter pessoal ou prestações de *facere* como o serviço militar ou o serviço cívico, quer das prestações de bens ou serviços exigidas aos particulares, em certas circunstâncias excepcionais, através de requisição administrativa, quer ainda da prestação consubstanciada na expropriação por utilidade pública.

O imposto é, em terceiro lugar, uma prestação unilateral, não lhe correspondendo assim qualquer contraprestação específica a favor do contribuinte. O que o distingue claramente dos tributos bilaterais que, assentes numa relação jurídica do tipo *do ut des*, têm justamente carácter bilateral. Uma distinção que é particularmente visível no respeitante à figura mais típica dos tributos bilaterais – as taxas. É que nestas, diversamente do que ocorre nos impostos, em que temos apenas a contraprestação traduzida no conjunto dos diversos serviços públicos que os mesmos suportam, à prestação do particular a favor do Estado e demais entes públicos corresponde uma contraprestação específica, uma actividade desses mesmos entes especialmente dirigida ao respectivo obrigado.

Em quarto lugar, o imposto apresenta-se-nos como uma prestação definitiva, ou seja, uma prestação que não dá lugar a qualquer reembolso, restituição ou indemnização. Em certo sentido, podemos dizer que o imposto é uma prestação unilateral não só no presente (unilateral *stricto sensu*), mas uma prestação unilateral também no futuro (definitiva).[5] A utilidade da autonomização desta nota típica face à da unilateralidade revela-se, por exemplo, no empréstimo forçado que é uma prestação unilateral, mas não definitiva. Enfim, por outras palavras, o imposto constitui uma prestação unilateral tanto em termos sincrónicos como em termos diacrónicos.[6]

Por último, o imposto é objectivamente uma prestação coactiva, isto é, uma prestação *ex lege*, uma prestação que tem por fonte a lei. A obrigação de imposto surge, pois, exclusivamente por força do encontro do facto tributário ou do pressuposto de facto do imposto com a lei, que assim modela o seu conteúdo, independentemente portanto de qualquer manifestação de vontade do contribuinte nesse sentido, como o prescrevem, de resto em termos muito claros, os ns. 1 e 2 do art. 36º da Lei Geral Tributária Portuguesa, na medida em que dispõem que a relação jurídica tributária se constitui com o facto tributário e os elementos essenciais da mesma não podem ser alterados por vontade das partes.[7]

Por seu turno, do ponto de vista subjectivo, o imposto é uma prestação, com as características objectivas que acabámos de assinalar, (1) exigida a (ou devida por) detentores (individuais ou colectivos) de capacidade contributiva, (2) a favor de entidades que exerçam funções ou tarefas públicas. Pela primeira nota subjectiva, procura-se convocar para o terreno do próprio conceito de imposto o critério material da igualdade ou da justiça fiscal que constitui o suporte indiscutível dum Estado fiscal de direito – a capacidade contributiva. Uma ideia que não deixa de ter agora clara expressão no art. 4º, n. 1, da Lei Geral Tributária, que, a título de indicação dos "pressupostos dos tributos", dispõe: "os impostos assentam essencialmente na capacidade contributiva reve-

5. Por isso, compreende-se que os autores freqüentemente falem tão-só de unilateralidade, abarcando nela tanto a unilateralidade como a definitividade do imposto.

6. Em rigor, isto vale apenas para o empréstimo forçado oneroso, pois, no caso do empréstimo forçado gratuito, temos, ao lado do empréstimo forçado, um verdadeiro imposto de montante igual ao montante dos juros a que haveria lugar caso o empréstimo não fosse gratuito.

7. Com este sentido a expressão coactiva traduz uma nota específica dos impostos (e de outras prestações coactivas). Uma nota insusceptível, portanto, de se confundir com a coactividade inerente a qualquer obrigação jurídica traduzida em o seu cumprimento poder ser exigido coactivamente. Assim os impostos apresentam-se com prestações duplamente coactivas, pois são coactivas quanto ao seu nascimento e quanto ao seu cumprimento, cf. nosso *Direito Fiscal*, cit., p. 16.

lada, nos termos da lei, através do rendimento ou da sua utilização e do património".[8]

Com a segunda nota subjectiva, pretende-se, por seu lado, não limitar a titularidade activa dos impostos exclusivamente às pessoas colectivas públicas, admitindo-se assim a hipótese de impostos exigíveis também a favor de pessoas privadas que exerçam funções públicas. O que ocorrerá no caso, por exemplo, das empresas concessionárias de obras públicas, serviços públicos ou bens do domínio público, na medida em que a lei lhes confira a qualidade de titulares activos de relações jurídicas fiscais.

Finalmente, dum ponto de vista teleológico ou finalista, o imposto é exigido pelas entidades que exercem funções públicas para a realização das suas funções de carácter não sancionatório. O que significa que o imposto pode ter por finalidade não apenas a finalidade financeira ou fiscal, que, pela própria natureza fiscal do Estado contemporâneo não pode deixar de ser a finalidade principal da generalidade dos impostos,[9] mas também outras, excluída naturalmente a função sancionatória.[10]

8. Sendo certo, naturalmente, que a intensidade do princípio da capacidade contributiva não pode ser a mesma em todos os impostos. Pois ela, para além de ser menor nos impostos sobre o património do que nos impostos sobre o rendimento, é particularmente ténue nos impostos sobre o consumo. É que, integrando estes impostos, que visam a atingir a capacidade contributiva dos consumidores finais dos bens ou dos utentes dos serviços, o preço desses bens ou serviços, e sendo este preço fixado, numa economia própria de um Estado fiscal, pelo mercado e não pelo Estado, o princípio da capacidade contributiva, integrante da "constituição fiscal", tem que se harmonizar com o princípio fundamental da livre formação dos preços pelo mercado da "constituição económica".

9. Sobre a natureza fiscal do Estado contemporâneo, v. os nossos estudos *O Dever Fundamental de Pagar Impostos. Contributo para a compreensão constitucional do estado fiscal contemporâneo*, pp. 191 e ss.; e "O princípio do estado fiscal", in *Estudos Jurídicos e Económicos em Homenagem ao Professor João Lumbrales*, pp. 363 e ss. Sobre o tema do Estado fiscal, v., por todos: na literatura brasileira Ricardo Lobo Torres, *A Idéia de Liberdade no Estado Patrimonial e no Estado Fiscal*; e, na literatura alemã, à qual se deve o seu mais desenvolvido tratamento, entre outros e por último, Chr. Gramm, "Vom Steuerstaat zum gebührenfinanzierten Dienstleistungsstaat?", *Der Staat*, pp. 267 e ss.; B. Hansjürgens, "Vom Steuerstaat zum Gebührenstaat?", *Zeitschrift für Gesetzgebung* 14, pp. 186 e ss.; R. Hendler, "Gebührenstaat statt Steuerstaat?", *Die öffentliche Verwaltung*, pp. 746 e ss.; e Erik Gawel, "Das Steuerstaatgebot des Grundgesetzes", *Der Staat* 39, pp. 209 e ss.

10. No sentido de um entendimento amplo do elemento teleológico ou finalista, embora reportado à figura dos tributos, vai o Código Tributário Nacional Brasileiro, ao definir, no seu art. 3º, tributo como "toda a prestação pecuniária compulsória (...), que não constitua sanção de acto ilícito (...)".

1.2 A tutela do ambiente

Visto o que entendemos por direito fiscal, é agora o momento de fixarmos o que deve entender-se por tutela do ambiente, para depois nos localizarmos justamente no campo em que este texto se insere, isto é, no domínio dos meios ou instrumentos que podem servir essa tutela, e assim respondemos à questão que o direito fiscal do ambiente coloca, qual seja a de saber se e em que medida o direito dos impostos tem préstimos ambientais. E, antes de mais, é importante sublinhar que, como por certo resulta óbvio para todos, a tutela que aqui temos presente é naturalmente a tutela jurídica, isto é a tutela proporcionada pelo direito ao ambiente.

Um jovem sector do direito – que, diversamente do que ocorria no passado, quando surgiam novos ramos do direito, que se justapunham, por via e regra sem dificuldades de maior, aos ramos já existentes – o direito do ambiente, para além de suscitar problemas relativamente novos, intersecta à maneira de uma mediana todo o amplo e diversificado campo do direito, mobilizando todos os seus os ramos, embora em termos substancialmente diversos, para a tutela do ambiente.[11] Uma mobilização que, naturalmente, também chegou ao direito dos impostos ou, mais amplamente, ao direito dos tributos, o que constitui objecto deste texto. Antes, porém, vamos fazer algumas considerações, muito gerais naturalmente, procurando delinear o quadro da tutela do ambiente, que o mesmo é dizer, tentar delinear o quadro do próprio direito do ambiente e dos meios ou instrumentos que o mesmo tem ao seu dispor para levar a cabo a sua missão.

Pois bem, a este respeito, é de começar por sublinhar que para tratar desta questão é relativamente indiferente a compreensão ou, como agora se prefere dizer, a pré-compreensão, que se tenha no respeitante ao direito do ambiente, bem como o papel que o ambiente assume nas constituições hodiernas. Com efeito, para o que nos preocupa, pouco interesse tem se o direito do ambiente tem por base uma construção assente numa (pré)-compreensão antropocêntrica, em que a defesa do ambiente está centrada na defesa da vida humana, seja em si mesma, seja uma tal

11. É justamente para sublinhar esta sua natureza, que em geral se chama a atenção para duas características do direito do ambiente, salientando que este se apresenta dominado, de um lado, pela ideia da interdisciplinaridade, a exigir o recurso a saberes extrajurídicos, a saberes próprios de outras ciências sociais e das ciências naturais, da engenharia e da técnica, e, de outro lado, pela ideia da horizontalidade ou da transversalidade, a convocar os diversos ramos do direito, mobilizando-os para a protecção ambiental.

defesa polarizada na necessidade de preservar os recursos escassos imprescindíveis à manutenção da actividade produtiva, suporte dessa vida humana,[12] ou uma (pré)-compreensão ecocêntrica, em que o ambiente se apresenta tutelado em si mesmo, configurando-se a sua preservação, defesa e promoção como um valor próprio.[13] Como, por outro lado, igualmente tem escasso alcance o papel que o ambiente desempenha nas constituições actuais, isto é, apresente-se nelas apenas como uma tarefa ou um conjunto de tarefas fundamentais do Estado e demais entes públicos territoriais, ou configure-se o mesmo também como um (verdadeiro) direito fundamental dos cidadãos, como ocorre em diversas constituições, sobre tudo nas mais recentes. Sendo aqui de sublinhar que tanto na Constituição Portuguesa como na Constituição Brasileira, o ambiente, para além de constituir o suporte de um diversificado conjunto de tarefas estaduais,[14] se assume como um indiscutível direito fundamental. Pois a Constituição Portuguesa prescreve no art. 66º, n. 1:"[t]odos têm direito a um ambiente de vida humano, sadio e ecologicamente equilibrado e o dever de o defender". Por seu lado, a Constituição Brasileira estabelece no *caput* do seu art. 225º: "[t]odos têm direito ao meio ambiente ecologicamente equilibrado, bem de uso comum do povo e essencial à sadia qualidade de vida, impondo-se ao Poder Público e à coletividade o dever de defendê-lo e preservá-lo para as presentes e futuras gerações".[15] Muito embora, seja de assinalar a este respeito, que, hoje em dia, a própria doutrina que se tem mostrado mais adepta da compreensão

12. Uma (pré)-compreensão que alguns autores autonomizam sob a designação de concepção economicocêntrica, muito embora, como resulta do texto, a seu modo, ela não passe de uma particular (pré)-compreensão antropocêntrica.

13. V., por todos, Paolo Maddalena, *Dano Pubblico Ambientale*, pp. 83 e ss.; e Gomes Canotilho (Coord.), *Introdução ao Direito do Ambiente*, p. 41. Sobre o direito do ambiente, v. também Gomes Canotilho, *Direito Público do Ambiente (Direito Constitucional e Administrativo)*; e José E. Figueiredo Dias, *Direito Constitucional e Administrativo do Ambiente*.

14. Como consta das diversas alíneas do n. 2 do art. 66º da Constituição Portuguesa e dos diversos incisos do § 1º do art. 225 da Constituição Brasileira.

15. Sendo de acrescentar que a Constituição Brasileira, com o aditamento, em 2002, do § 4º ao seu art. 177, deixou claro os desígnios constitucionais em sede da protecção ambiental, dispondo que a lei federal que estabelecer contribuição de intervenção no domínio económico relativamente às actividades de importação ou comercialização de petróleo e seus derivados, gás natural e seus derivados e álcool combustível deverá atender a certos requisitos, entre o quais destinar parte dos recursos arrecadados ao financiamento de projectos ambientais relacionados com a indústria do petróleo e do gás.

do ambiente como um direito subjectivo, chame a atenção para as dificuldades que um tal entendimento enfrenta.[16]

Mas, passando às considerações que anunciámos, devemos, a tal respeito, sublinhar duas notas: uma, para darmos conta do âmbito e diversidade do objecto ambiental; outra, para referir a diversidade de meios ou instrumentos que a tutela de um tal objecto presentemente convoca. Pois bem, no que à primeira das ideias diz respeito, é de assinalar que o ambiente é, por certo, daquelas categorias ou realidades que maior âmbito apresentam. Uma afirmação que está patente na generalidade das legislações ambientais e que podemos ilustrar com a legislação portuguesa, mais especificamente com a Lei de Bases do Ambiente.

Ora, segundo esta lei, o ambiente apresenta-se-nos como uma das realidades mais complexas, como o demonstra a sua definição legal, pois, segundo a alínea "a" do n. 2 do art. 5º da Lei de Bases do Ambiente, "[o] ambiente é o conjunto dos sistemas físicos, químicos, biológicos e suas relações e dos factores económicos, sociais e culturais com efeito directo ou indirecto, mediato ou imediato, sobre os seres vivos e a qualidade de vida do homem". Complexidade essa bem patente, de resto, nos diversos componentes ambientais, sejam estes naturais, em que temos o ar, a luz, a água, o solo vivo e o subsolo, a fauna e a flora, sejam humanos, em que são de mencionar a paisagem, o património natural e construído e a poluição.[17] O que podemos ilustrar com a complexidade que apresenta o fenómeno da poluição, cuja percepção não será difícil de alcançar se tivermos em conta os diversos factores e as diversas causas da poluição. Pois são factores de poluição do ambiente e de degradação do território todas as acções e actividades que afectem negativamente a saúde, o bem-estar e as diferentes formas de vida, o equilíbrio e a perenidade dos ecossistemas naturais e transformados, assim como a estabilidade física e biológica do território.[18] Por seu lado, constituem causas da poluição todas as substâncias e radiações lançadas no ar, na água, no solo e no subsolo que alterem a sua qualidade ou interfiram na sua normal conservação ou evolução.[19] Daí que as manifestações da poluição se consubstanciem, como consta aliás dos arts. 22º a 25º da Lei de Bases do

16. Sobre o problema, v., por todos, Gomes Canotilho, "O direito ao ambiente como direito subjectivo", em *Estudos sobre Direitos Fundamentais*, pp. 176 e ss.

17. V., respectivamente os arts. 6º e seguintes e o arts. 17º e seguintes da Lei de Bases do Ambiente.

18. V. o art. 21º, n. 1, da Lei de Bases do Ambiente.

19. V. o art. 21º, n. 2, da Lei de Bases do Ambiente.

Ambiente, sobretudo no ruído, compostos químicos, resíduos e efluentes e substâncias radioactivas.

1.3 O direito fiscal e a tutela do ambiente

Visto o sentido e o alcance das expressões que suportam os dois termos da equação que constitui o título deste texto, ou seja, do direito fiscal, de um lado, e da tutela do ambiente, de outro, é agora o momento de dizermos se em que termos se relacionam estas realidades. Pois bem, a este propósito, podemos adiantar que o direito fiscal se relaciona com a tutela do ambiente na medida em que possa ser constituído em instrumento ou meio dessa tutela. Ora, hoje em dia ninguém tem dúvidas de que o direito dos impostos pode constituir-se em instrumento ou meio de tutela ambiental.

Todavia, para compreendermos qual o verdadeiro lugar que o direito fiscal ocupa no domínio da tutela do ambiente, impõe-se começarmos por dar notícia dos instrumentos ou meios de que a protecção ambiental presentemente se serve. Pois bem, segundo uma parte importante da doutrina, os meios de que a tutela do ambiente se pode servir tendem a ser distribuídos por três grandes sectores, a saber: meios directos de conformação de comportamentos, meios de direcção de comportamentos através do planeamento e meios indirectos de conformação de comportamentos.[20]

Entre os primeiros temos quer actos de controlo ou fiscalização preventivo, como são as autorizações em sentido amplo, em que se incluem as autorizações propriamente ditas e as licenças ou autorizações-licenças, bem como algumas concessões,[21] quer declarações da presença e afirmação de um particular interesse público a desencadear a aplicação de um específico regime jurídico como o decorrente dos actos de classificações de áreas protegidas ou de bens integrantes do património cultural, quer ainda actos proibitivos a implicar, por via de regra, a aplicação de sanções de natureza contra-ordenacional, em Portugal designadas por coimas, e as correspondentes sanções acessórias concretizadas na inter-

20. Cf., por todos, Bender, Sparwasser e Engel, *Umweltrecht. Grundzüge des öffentlichen Umweltschutzrechts*, esp. pp. 35 e ss.; e Luis Ortega Álvarez (Dir.), *Lecciones de Derecho del Medio Ambiente*, esp. pp. 121 e ss.

21. V. sobre estas categorias de actos administrativos, Rogério Ehrhardt Soares, *Direito Administrativo*, pp. 107 e ss. e 113 e ss.

dição do exercício de profissões ou actividades ou na cessação (revogação ou anulação) de autorizações e licenças. Entre tais meios, todos eles situados fundamentalmente no direito administrativo, merecem particular destaque os instrumentos específicos de tutela ambiental como são a Avaliação de Impacto Ambiental[22] e a licença ambiental,[23] a que acresce a recente sujeição da autorização de funcionamento ou da concessão da licença de exploração de novas instalações a certos requisitos das instalações, mais especificamente que tenham sido tomadas medidas adequadas à redução da poluição atmosférica na origem, seja garantido o cumprimento dos valores limite de emissão e se cumpram as normas relativas ao sistema de descarga e de tratamento de poluentes atmosféricos.[24]

Por seu turno, entre os segundos instrumentos podemos referir a planificação territorial, ou seja, aqueles meios de ordenamento do território que, não se apresentando com o objectivo principal ou predominante de ordenar estritamente a cidade, a urbe, visam sobretudo a ordenar o território no seu conjunto ou nas suas específicas implicações para o equilíbrio ambiental. Pelo que se trata de instrumentos de ordenamento do território, os quais, embora integrando um dos três conhecidos segmentos em que se desdobra o diversificado direito do urbanismo,[25] se apresentam como meios primordialmente dirigidos para a tutela do ambiente.[26]

Finalmente, temos os meios indirectos de tutela do ambiente em que sobressaem os instrumentos mobilizados de outros ramos de direito diferentes do direito administrativo, direito em que, em rigor, se localizam os instrumentos de protecção ambiental até agora referenciados. Entre esses meios indirectos de tutela, podemos mencionar o instituto da responsa-

22. V., para a actual disciplina jurídica da Avaliação de Impacte Ambiental, o Decreto-Lei n. 69/2000, de 3 de maio, editado para dar cumprimento à Directiva n. 85/337/CEE, do Conselho, de 17 de junho de 1985, posteriormente modificada pela Directiva n. 97/11/CEE, do Conselho, de 3 de março de 1997.

23. V., para a licença ambiental, o Decreto-Lei n. 194/2000, de 21 de agosto, editado para dar cumprimento à Directiva n. 96/61/CEE, do Conselho, de 24 de setembro.

24. Art. 14º do recente Decreto-Lei n. 78/2004, de 3 de abril, diploma que veio estabelecer, como um dos principais instrumentos da política do ar, a definição de valores limite de concentração de poluentes na atmosfera, ao nível do solo, que se considerem adequados à protecção da saúde humana e do ambiente.

25. Sobre o direito do urbanismo, v. por todos, F. Alves Correia, *Manual de Direito do Urbanismo*, vol. I, esp. pp. 51 e ss.

26. Para o papel do planeamento territorial como instrumento de tutela do ambiente, v., por todos, Franco Bassi e Leopoldo Mazzarolli, *Pianificazione Territoriali e Tutela dell'Ambiente*.

bilidade civil por danos ambientais, os subsídios e as subvenções do direito financeiro, os impostos ambientais e os benefícios fiscais ambientais do direito fiscal etc. Pelo que cá temos o direito fiscal a ser utilizado em sede do domínio da protecção do meio ambiente. Ou, por outras palavras, o direito fiscal ambiental.

2. *O direito fiscal do ambiente*

Mas, tratando-se de utilizar o instrumento fiscal com a finalidade de obter resultados em sede da protecção do meio ambiente, ou seja, *performances* ambientais, então estamos caídos no domínio da extrafiscalidade, ou seja, no que vimos designado por "direito económico fiscal". O que nos impõe fazer, aqui, algumas considerações gerais a tal respeito, para depois nos situarmos, mais especificamente, na utilização ambiental das normas fiscais. Vejamos então.

2.1 O quadro amplo do direito económico fiscal

E a primeira ideia a reter nesta sede é a de que, ao contrário do que a doutrina em geral faz, nós distinguimos entre o direito fiscal *tout court* ou direito fiscal clássico e o direito económico fiscal.[27] Pois bem, podemos definir o direito económico fiscal como o conjunto de normas jurídicas que regula a utilização dos instrumentos fiscais, isto é, dos impostos e dos benefícios fiscais, com o principal objectivo de obter resultados extrafiscais, mormente em sede de política económica e social. Ou, por outras palavras, o direito económico fiscal integra a disciplina jurídica da extrafiscalidade, um conjunto de normas que apenas formalmente integram o direito fiscal, já que têm por finalidade principal ou dominante a consecução de determinados resultados económicos ou sociais e não a obtenção de receitas para fazer face às despesas públicas.

E, ao dizermos isto, estamos já a aludir aos dois grandes domínios ou sectores do direito económico fiscal, a saber: o domínio ou sector dos impostos extrafiscais ou de agravamentos extrafiscais de impostos e o domínio ou sector dos benefícios fiscais. Antes, porém, de darmos uma ideia sobre este último sector da extrafiscalidade, não podemos nem que-

27. V. o nosso *Direito Fiscal*, cit., pp. 491 e ss. Assinale-se que pela autonomização do direito económico fiscal, têm optado K. Tipke e J. Lang no seu conhecido e notável manual de direito fiscal, *Steuerrecht*, pp. 701 e ss.

remos deixar passar esta oportunidade sem fazer menção a alguns outros aspectos que se prendem directamente com esta problemática. Estamos a referirmo-nos seja à falsa extrafiscalidade, em que temos tanto a extrafiscalidade imanente como a que poderemos designar por extrafiscalidade concorrente, seja ao carácter excepcional da utilização extrafiscal dos instrumentos fiscais, seja à armadura jurídico-constitucional própria da extrafiscalidade, seja, enfim, à bem maior adequação dos benefícios fiscais face aos impostos extrafiscais para prosseguir, por via fiscal, objectivos de natureza económica e social.

Assim e em primeiro lugar, é de referir que toda a fiscalidade tem inerente uma certa dose de extrafiscalidade. Isto mesmo quando a extrafiscalidade esteve de todo ausente dos propósitos do legislador fiscal ao moldar a disciplina dos impostos. Com efeito, e ao contrário do que se chegou a pensar no século XIX, os impostos, quaisquer que eles sejam, não são neutros do ponto de vista económico e social. Pois, mesmo que o legislador se tenha preocupado exclusivamente com a obtenção de receitas fiscais, com a obtenção de meios para fazer face às despesas públicas, ainda assim os impostos não são assépticos face à realidade económica e social que tributam e, por conseguinte, moldam.

Há, assim, uma extrafiscalidade em sentido impróprio, uma extrafiscalidade imanente, que acompanha as normas de direito fiscal, sejam estas normas de tributação ou normas de não tributação, que se revela quer na presença de efeitos económicos e sociais na generalidade de tais normas, quer no relevo que o legislador fiscal freqüentemente atribui às finalidades extrafiscais secundárias ou acessórias. Ora, é neste domínio das normas fiscais, em que o legislador fiscal tem presente, embora em medida desigual, simultaneamente objectivos fiscais e objectivos extrafiscais, que temos um sector, que presentemente começa a ter visível destaque.

Trata-se do que nos propomos designar por fiscalidade ou extrafiscalidade concorrente, em que justamente se assiste a um certo equilíbrio entre os objectivos fiscais e extrafiscais, cujo exemplo mais paradigmático nos é dado pelo direito fiscal ecológico, isto é, pelo direito relativo aos eco-impostos ou ecotributos, em que a obtenção de receitas se conjuga, tendencialmente por igual medida, com a modelação dos comportamentos ecológicos dos indivíduos e das empresas, seja penalizando os comportamentos anti-ecológicos, seja favorecendo os comportamentos filo-ambientais.

Em segundo lugar, a extrafiscalidade há-de ter um carácter excepcional, deve ser vista como uma excepção à regra da natureza fiscal dos impostos e das normas jurídicas que os disciplinam. O que, como é fácil de ver, vale tanto para o domínio dos impostos extrafiscais, como para o domínio dos benefícios fiscais. Um carácter excepcional que se revela, aliás, num duplo plano.

De um lado, enquanto essas medidas extrafiscais integram medidas intervencionistas num Estado fiscal, em que, pela sua própria natureza, a intervenção económica e social do Estado constituirá sempre uma excepção face ao âmbito de não intervenção ou à autonomia económica e social dos indivíduos e da sociedade. De outro lado, enquanto medidas que, até por força da disposição da Constituição, que assinala ao sistema fiscal a finalidade principal de satisfação das necessidades financeiras do Estado, não podem deixar de se configurar como exceção em face da regra da tributação. Uma característica que está bem patente, de resto, tanto no próprio conceito legal de benefícios fiscais constante do n. 1 do art. 2º do Estatuto dos Benefícios Fiscais, ao considerar os benefícios fiscais medidas de carácter excepcional, como na conseqüência da sua extinção, já que, segundo o n. 1 do art. 12º do referido Estatuto, a extinção dos benefícios fiscais tem por conseqüência a reposição automática da tributação regra. O que, naturalmente, não transforma a utilização extrafiscal dos impostos ou das normas jurídicas fiscais num fenómeno anómalo ou anormal como se entendeu durante o Estado liberal. É que, do facto de a extrafiscalidade ser um fenómeno normal, não resulta, nem pode resultar, o afastamento do seu carácter excepcional.[28]

Em terceiro lugar, é de acentuar que a extrafiscalidade, justamente porque se integra no direito económico e não no direito fiscal e, por conseguinte, se apresenta dominada por ideias tais como as de flexibilidade e selecção, não é, nem pode ser, objecto dos exigentes limites constitucionais próprios do direito fiscal. Compreende-se, assim, que a sua disciplina não se paute tanto pela constituição fiscal, mas mais pela constituição económica. O que conduz, de um lado, a que a mesma escape, em larga medida, à reserva parlamentar decorrente do princípio da legalidade fiscal, sendo com freqüência deixada mesmo à ampla margem de liberdade da administração típica do direito económico e, de outro, a que as medidas de intervenção económico-social, em que a extrafiscalidade se concretiza, tenham por limites materiais os princípios da proibição do excesso, na medida em que restrinjam posições jusfundamentais dos par-

28. V. sobre este aspecto o nosso livro *O Dever Fundamental de Pagar Impostos*, cit., pp. 641 e ss.

ticulares (sejam estes contribuintes, beneficiários ou terceiros, mormente concorrentes), ou afectem outros valores constitucionais, e da proibição do arbítrio, e não o princípio da igualdade fiscal a aferir com base na capacidade contributiva.[29]

Finalmente, há que assinalar que o segmento mais operacional da extrafiscalidade é, sem sombra para dúvidas, o dos benefícios fiscais. O que não só resulta da simples verificação da realidade contemporânea, como se apresenta em maior consonância com o próprio entendimento actual do direito, o qual, no dizer de Norberto Bobbio, tem hoje uma importante função promocional. Daí que se imponham algumas considerações mais a propósito dos benefícios fiscais, mais especificamente no respeitante ao seu conceito e às suas espécies.[30]

Quanto ao seu conceito, devemos referir, tendo em conta, de resto, os arts. 2º e 3º do Estatuto dos Benefícios Fiscais, que os benefícios fiscais se enquadram numa noção mais ampla – a noção de desagravamentos fiscais – que integra: de um lado, as não sujeições tributárias (ou desagravamentos fiscais *stricto sensu*), cuja modalidade mais significativa é constituída pelas chamadas exclusões tributárias (que estão para as não sujeições tributárias como as isenções estão para os benefícios fiscais);[31] de outro, os benefícios fiscais.

Pois bem, enquanto as não sujeições tributárias são "medidas fiscais estruturais de carácter normativo que estabelecem delimitações negativas expressas da incidência" (art. 3º, n. 2, do Estatuto), inscrevendo-se portanto na política fiscal ou política de obtenção de receitas fiscais, os benefícios fiscais são "medidas de carácter excepcional instituídas para tutela de interesses públicos extrafiscais relevantes que sejam superiores aos da própria tributação que impedem" (art. 2º, n. 1, do Estatuto), integrando-se assim na política extrafiscal ou política de prossecução de objectivos económicos e sociais por via fiscal.

29. Para maiores desenvolvimentos, v. o nosso livro, *O Dever Fundamental de Pagar Impostos*, cit., pp. 654 e ss.

30. Quanto aos benefícios fiscais em geral, v. por todos, N. Sá Gomes, *Teoria Geral dos Benefícios Fiscais*, e "Os benefícios fiscais na Lei Geral Tributária e na legislação complementar", in D. Leite de Campos e outros, *Problemas Fundamentais do Direito Tributário*, pp. 89 e ss.

31. Cuja distinção reside no facto de, enquanto nas exclusões tributárias há uma situação que a lei exclui da tributação, nas isenções há uma situação que a lei, num primeiro momento, integra na incidência e, num segundo momento, excepciona dessa mesma incidência.

Daqui resulta que, enquanto os desagravamentos fiscais em sentido estrito constituem medidas dotadas de estabilidade, medidas por natureza duradouras, os benefícios fiscais apresentam-se como medidas conjunturais, como medidas temporárias. Um aspecto que, atenta a tendência para a perpetuidade da generalidade dos benefícios fiscais, o legislador parece não levar muito em conta, não obstante a sua afirmação expressa na lei, no art. 14º, n. 1, da Lei Geral Tributária, ao prescrever que: "sem prejuízo dos direitos adquiridos, as normas que prevêem os benefícios fiscais vigoram durante um período de cinco anos, se não tiverem previsto outro, salvo quando, por natureza, os benefícios fiscais tiverem carácter estrutural".

No respeitante ao conceito de benefícios fiscais, são de acrescentar ainda duas notas. Uma para dizer que devia evitar-se falar em carácter excepcional dos benefícios fiscais, uma vez que essa expressão corre o risco de implicar a natureza excepcional das normas jurídicas que os prevêem. O que, para nós, não é de aceitar, já que, embora os benefícios fiscais sejam despesas fiscais (que são, pela sua própria natureza, despesas passivas), que integram uma disciplina jurídica derrogatória da disciplina ordinária do respectivo imposto, reveladora dum regime mais favorável para o contribuinte do que o implicado no seu tratamento ordinário e expressão duma função promocional, eles constituem um instrumento normal de política económica e social do Estado social contemporâneo e não um instrumento absolutamente excepcional à maneira do entendimento próprio do Estado liberal.

Outra nota prende-se com a distinção que há a fazer em sede dos benefícios fiscais, separando os benefícios fiscais estáticos ou benefícios fiscais *stricto sensu*, dos benefícios fiscais dinâmicos, incentivos ou estímulos fiscais.

Os primeiros dirigem-se, em termos estáticos, a situações que, ou porque já se verificaram (encontrando-se portanto esgotadas), ou porque, ainda que não se tenham verificado ou verificado totalmente, não visam, ao menos directamente, a incentivar ou estimular, mas tão-só beneficiar por superiores razões de política geral de defesa, externa, económica, social, cultural, religiosa etc.

Por seu turno, os segundos visam a incentivar ou estimular determinadas actividades, estabelecendo, para o efeito, uma relação entre as vantagens atribuídas e as actividades estimuladas em termos de causa-efeito. Enquanto naqueles a causa do benefício é a situação ou actividade em si mesma, nestes a causa é a adopção (futura) do comportamento beneficiado ou o exercício (futuro) da actividade fomentada. Compreende-se assim que os incentivos fiscais, que não raro assumem carácter selectivo ou mesmo altamente selectivo, tenham carácter temporário, bem como a liberdade do legislador, mormente para conceder uma margem de livre decisão à administração tributária, tenha necessariamente de ser maior do que aquela de que dispõe em sede dos benefícios fiscais estáticos.[32]

Quanto às espécies de benefícios fiscais, é de esclarecer que há as mais variadas classificações.[33] Todavia, vamos ficar-nos aqui por uma delas: a que tem em conta os modos operativos da eficácia dos benefícios fiscais, ou seja, a necessidade ou não de um acto de reconhecimento ou concessão.

Pois bem, com base num tal critério e de acordo com os arts. 4º, n. 2, e 11º do Estatuto dos Benefícios Fiscais, os benefícios fiscais podem ser: 1) automáticos, quando o direito ao benefício resulta directa e imediatamente da lei, operando portanto *ope legis*, pela simples verificação do respectivo pressuposto de facto, não carecendo de qualquer acto posterior da administração tributária; ou 2) dependentes de reconhecimento, se pressupõem um ou mais actos posteriores de reconhecimento da administração tributária, actos estes que podem ser actos administrativos, caso em que temos benefícios fiscais dependentes de reconhecimento unilateral, ou mesmo contratos, caso em que temos benefícios fiscais dependentes de reconhecimento bilateral ou contratual ou benefícios fiscais contratuais.

Nestes últimos, são de destacar os incentivos ou estímulos fiscais, em que o Estado, em troca da concessão de determinados benefícios fiscais, obtém das empresas compromissos relativamente a níveis de produção a atingir, a investimentos a realizar, a postos de trabalho a criar, à diminuição dos níveis de emissões poluentes etc. Ora, como bem se compreende, é relativamente a estes benefícios fiscais que a administração tributária não pode deixar de gozar de uma razoável margem de livre decisão, que seja adequada ao doseamento a que deve proceder em função, designadamente, das contrapartidas assumidas pelas empresas ou do

32. V., sobre os aspectos focados, o nosso livro *O Dever Fundamental de Pagar Impostos*, cit., pp. 645 e ss. e 648 e s.

33. Entre as quais se conta a já exposta, que tem por base os modos de funcionamento social dos benefícios fiscais e distingue os benefícios fiscais estáticos dos incentivos ou estímulos fiscais. V., sobre essas diversas classificações, N. Sá Gomes, *Teoria Geral dos Benefícios Fiscais*, cit., pp.126 e ss.

montante de receita fiscal que é previsível perder. Margem de livre decisão que pode, inclusivamente, ser exercida através da celebração de contratos entre a administração tributária e as empresas que se proponham fazer grandes investimentos, isto é, de contratos fiscais, como os que estão previstos no direito português.[34]

2.2 O direito fiscal do ambiente

Mas, deixando de lado o fenómeno da extrafiscalidade em geral ou, noutra versão, todo o extenso campo do chamado direito económico fiscal, centremo-nos agora no direito fiscal do ambiente – afinal de contas o domínio objecto e a razão de ser destas considerações – o que implica fazer clara menção às duas mencionadas vias fiscais através das quais se procura tutelar o ambiente em Portugal. Ou seja, de um lado, a tributação ambiental e, de outro lado, a beneficiação fiscal ambiental. Vejamos então.

2.2.1 Os impostos ambientais

E o primeiro segmento do direito fiscal do ambiente é, como dissemos, o dos impostos ambientais. Interessa a este respeito saber-se em que medida podemos ter e temos em Portugal impostos ou, mais em geral, tributos com uma tal natureza.

Ora bem, a tal propósito é de adiantar que nem a Constituição nem a lei obstam à existência de impostos ou, mais em geral, de tributos ambientais. Mais, tanto a Constituição como a lei se mostram abertas à utilização dos instrumentos fiscais com o objectivo de tutela do ambiente. Assim, no sentido de que, em sede constitucional, não há qualquer

34. A atribuição de benefícios fiscais em regime contratual está previsto no art. 39º do Estatuto dos Benefícios Fiscais, encontrando-se regulado no Decreto-Lei n. 409/1999, de 15 de outubro. Segundo um tal regime, trata-se de benefícios fiscais integrados em contratos fiscais, os quais, por sua vez, são incluídos em contratos de investimento respeitantes a projectos de investimento de montante igual ou superior a € 4.987.978,97, a realizar até 31 de dezembro do ano de 2010. Projectos de investimento que tenham por objecto uma das seguintes actividades económicas: a) indústria extractiva e indústria transformadora; b) actividades turísticas; c) actividades informáticas e conexas; d) actividades agrícolas, piscícolas, agro-pecuárias e florestais; e) actividades de investigação e desenvolvimento e de alta intensidade tecnológica; e f) tecnologias da informação.

entrave ao estabelecimento de tais impostos ou tributos, podemos apontar tanto a disciplina constitucional dos impostos como a disciplina constitucional relativa ao ambiente. Pois, de um lado e em geral vai a abertura constitucional à utilização extrafiscal das normas fiscais e, portanto, à utilização dos impostos com finalidades extrafiscais. O que resulta, como já dissemos, do entendimento constitucional dos impostos e do sistema fiscal decorrente dos arts. 103º e 104º da Constituição.[35]

De outro lado, vai a tutela constitucional do ambiente, para a prossecução da qual a Constituição convoca a política fiscal. Pois o art. 66º da Constituição, subordinado à epígrafe "ambiente e qualidade de vida", prescreve, no seu n. 2, que "[p]ara assegurar o direito ao ambiente, no quadro de um desenvolvimento sustentável, incumbe ao Estado, por meio de organismos próprios e com o envolvimento e participação dos cidadãos: (...) *h*) [a]ssegurar que a política fiscal compatibilize desenvolvimento económico com protecção do ambiente e qualidade de vida".

Mas também a lei vai pelo mesmo caminho. Para o que podemos mencionar a já referida Lei de Bases do Ambiente, em que, por duas vezes, convoca o instrumento fiscal para a tutela ambiental. Fá-lo, por um lado, no art. 24º, subordinado à epígrafe "resíduos e efluentes", em cujo n. 1 dispõe que "[o]s resíduos sólidos poderão ser reutilizados como fontes de matérias-primas e energia, procurando-se eliminar os tóxicos pela adopção das seguintes medidas: (...) *c*) [d]a aplicação de instrumentos fiscais e financeiros que incentivem a reciclagem e reutilização de resíduos e efluentes". De outro lado, temos o art. 27º, subordinado à epígrafe "instrumentos", em cujo n. 1 se dispõe que "[s]ão instrumentos da política de ambiente e do ordenamento do território: (...) *r*) [a] fixação de taxas a aplicar pela utilização de recursos naturais e componentes ambientais, bem como pela rejeição de efluentes".

Vista a abertura constitucional e legal aos impostos ambientais, vejamos agora se e em que medida há em Portugal impostos desse tipo. O que, todavia, pressupõe algumas considerações de ordem geral. Mais concretamente, é preciso saber: de um lado, que tipo de impostos ou tributos tendem a operar nesse domínio, isto é, se verdadeiros impostos ou tributos ambientais, ou se, pelo contrário, falsos impostos ou tributos ambientais; de outro lado, se a figura mais propícia e adequada a operar neste sector é o tributo unilateral ou imposto, ou se, pelo contrário, é o

35. Disposições estas que, é bom lembrar, estão muito longe da constante do § 4º do art. 177 da Constituição Brasileira, a que já nos referimos *supra*, na nota 15.

tributo bilateral ou a taxa. Uma palavra muito rápida sobre cada um destes aspectos.

No respeitante ao primeiro dos aspectos aludidos, isto é, no que concerne às finalidades dos tributos ambientais, podemos dizer que é, hoje em dia, relativamente consensual a ideia de dividir dicotomicamente esses tributos em duas espécies, pelo que ou são tributos ambientais em sentido estrito, técnico ou próprio, que prosseguem uma finalidade extrafiscal incentivante (*reine Lenkungssteuern*), ou são tributos ambientais em sentido amplo, atécnico ou impróprio, que visam a uma finalidade reditícia (*reine Umweltfinanzierungabgaben*).[36] Sendo certo que apenas os primeiros, porque materializam de maneira directa ou imediata a política ecológica, são de considerar verdadeiros tributos ambientais, não passando os segundos, cujo objectivo é, como o dos tributos fiscais em geral, o de captar ou arrecadar receitas, ainda que estas estejam consignadas à realização da política ecológica, de falsos tributos ambientais.[37] Com efeito, o que caracteriza a natureza ambiental dos tributos é o objectivo ou finalidade extrafiscal ecológica assumida pelo legislador ao criá-los e disciplina-los e não o destino ecológico das receitas proporcionadas pelos mesmos, pois este destino situa-se a jusante das correspondentes relações tributárias, inserindo-se na política de realização de despesas e não na política de obtenção de receitas fiscais.

Por seu lado, no referente à natureza dos tributos ambientais, ou seja, saber se os mesmos se configuram como tributos unilaterais ou impostos ou como tributos bilaterais ou taxas, devemos dizer que, embora em abstracto nada impeça que tais tributos se apresentem quer como impostos quer como taxas, do que não há dúvidas é de que, em concreto, sobretudo por exigências de ordem prática ou imperativos de praticabilidade jurídica, os tributos ecológicos estão, por via de regra, condenados a materializar-se em impostos.[38] Vários argumentos apontam nesse sentido.

36. Cf. o nosso livro *O Dever Fundamental de Pagar Impostos*, cit., pp. 266 e s. e, desenvolvidamente, Cláudia Soares, "O Imposto Ecológico – Contributo para o Estudo dos Instrumentos Económicos de Defesa do Ambiente", n. 58 da série *Studia Juridica*, esp. pp. 285 e ss., e *Imposto Ecológico* versus *Subsídio Ambiental?*, pp. 45 e ss. (51 e ss.).

37. Cláudia Soares, *Imposto Ecológico* versus *Subsídio Ambiental?*, cit., p. 53.

38. Uma ideia que estamos em crer tem um alcance geral, estando por conseguinte presente em toda a extrafiscalidade, já que prosseguir objectivos extrafiscais através dos instrumentos tributários, concretizem-se estes em tributação (tributos ou impostos extrafiscais) ou em destributação (benefícios tributários ou fiscais), não se coaduna com a ideia de proporcionalidade subjacente à figura tributária das taxas, em

Em primeiro lugar, os tributos ambientais em sentido próprio, justamente porque constituem tributos extrafiscais, em que está ausente uma predominante função colectora ou arrecadadora, não visando, por isso, em primeira linha a obter receitas, proporcionam uma receita que, em princípio, diminui na razão inversa da eficácia desses instrumentos de política ambiental.[39] Daí que, em relação a tais tributos, não seja invocável a curva de Arthur Laffer, que veio demonstrar que o aumento das taxas dos tributos, ou melhor dos impostos, conduz, verificadas que sejam certas circunstâncias ou a partir de determinado nível, não ao aumento das receitas totais, como constitui decorrência normal daquele aumento, mas sim à sua diminuição. Ou seja, vistas as coisas de um outro prisma, à diminuição da taxa de um imposto pode, verificadas que sejam certas condições, corresponder um aumento da receita proporcionada por esse imposto.[40]

É que a diminuição das receitas totais, fazendo operar em relação ao correspondente pressuposto de facto ou facto gerador o efeito substituição ou o efeito rendimento ou ambos os efeitos conjugados,[41] constitui o objectivo ou finalidade dos tributos extrafiscais e, naturalmente, dos tributos ambientais.[42] Pelo que, sendo as coisas assim, torna-se difícil conceber que os tributos extrafiscais possam assumir a configuração de verdadeiros tributos bilaterais ou taxas, em que, por via de regra, não só se pretende, em primeira linha, a receita que proporcionam, como também e sobretudo se reclama uma receita proporcional à correspondente contraprestação específica realizada pelo Estado ou outras entidades públicas com base no princípio da equivalência (*Äquivalenzprinzip*) entre

que o Estado e demais entes públicos exigiriam ou dariam na medida ou proporção que os contribuintes fossem destinatários de uma contraprestação específica daqueles ou os beneficiários realizassem àqueles uma prestação equivalente ao benefício recebido. Sobre os problemas jurídicos da extrafiscalidade, v. os nossos livros "Contratos Fiscais. Reflexões acerca da sua admissibilidade", n. 5 da série *Studia Juridica*, pp. 148 e ss.; *O Dever Fundamental de Pagar Impostos...*, cit., pp. 627 e ss.; e *Direito Fiscal*, cit., pp. 401 e ss.

39. Pois que, em rigor, a receita proporcionada por tais tributos é a exacta medida da ineficácia da medida extrafiscal integrada nesses mesmos tributos. Cf. o nosso livro *O Dever Fundamental de Pagar Impostos*, cit., pp. 578 e s.

40. V. sobre esta e por último, J. Albano Santos, *Teoria Fiscal*, pp. 467 e ss.

41. V. esses efeitos, no que à remoção do imposto diz respeito, J. J. Teixiera Ribeiro, *Lições de Finanças Públicas*, pp. 380 e s.

42. Cf. Cláudia Soares, *Direito Fiscal do Ambiente. O Imposto Ambiental*, cadernos do CEDOUA, pp. 15 e s., e *Imposto Ecológico* versus *Subsídio Ambiental?*, cit., pp. 55 e s.

prestação e contraprestação.[43] Traduza-se esta equivalência num específico benefício para o contribuinte a aferir pelo princípio da compensação pelo benefício (*Vorteilsausgleich*), ou na provocação de um específico custo deste à correspondente comunidade, a aferir pelo princípio da cobertura dos custos (*Kostendeckungsprinzip*).[44]

Depois, no que especificamente aos tributos ambientais diz respeito, devemos começar por dizer que, *prima facie*, os tributos bilaterais ou taxas se apresentam mais propícios à internalização[45] dos custos externos, como prescreve o princípio do poluidor-pagador, do que os tributos unilaterais ou impostos.[46] Pois a tal internalização é inerente uma ideia

43. A respeito do tipo de contraprestação das taxas, devemos assinalar que em Portugal, com base na doutrina e presentemente na própria Lei Geral Tributária (art. 4º, n. 2), se distingue entre as taxas devidas pela prestação concreta de um serviço público, as taxas devidas pela utilização do domínio público e as taxas devidas pela remoção de um obstáculo jurídico ao comportamento dos particulares. Muito embora o pressuposto de facto deste terceiro tipo de taxas (geralmente designadas por *licenças*, embora estas sejam, em rigor, os actos administrativos de remoção e não as taxas) se reconduza ao da prestação de um serviço público, já que a remoção de um obstáculo jurídico ao comportamento dos particulares não deixa de, a seu modo, se configurar como um serviço público. Daí que, por exemplo, em Espanha, tanto a doutrina como a lei (art. 2º, n. 2, al. "a", da *Ley General Tributaria*), se não faça qualquer referência à "remoção de um obstáculo jurídico ao comportamento dos particulares" como autónomo pressuposto de facto das taxas.

44. Na terminologia alemã mais recente, que colhemos em K. Tipke e J. Lang, *Steuerrecht*, cit., p. 48, já que tradicionalmente a doutrina alemã, à qual se deve de resto esta construção dogmática, por via de regra, contrapõe o *Äquivalenzprinzip*, reportado à equivalência entre a taxa e o benefício proporcionado ao contribuinte, ao *Kostendeckungsprinzip*, reportado à equivalência entre a taxa e os custos provocados à comunidade – v., neste sentido, H.-W. Arndt, *Grundzüge des allgemeinen Steuerrechts*, p. 11. Quanto a estes princípios, que suportam a medida ou metro da proporcionalidade dos tributos bilaterais ou taxas, v. o nosso livro *O Dever Fundamental de Pagar Impostos*, cit., pp. 264 e s., 345 e s., e 477, e "Tributação e urbanismo no direito europeu", comunicação apresentada no II Congresso Internacional de Direito Tributário, ponto 3.2.1.

45. Ou, em melhor português, "interiorização", à semelhança da expressão "exterioridades", em vez da expressão "externalidades", como muito bem assinala A. L. Sousa Franco, *Finanças Públicas e Direito Financeiro*, vol. I, pp. 28 e ss.

46. Isto naturalmente se e na medida em que a protecção ou tutela do ambiente corra por esse princípio, pois, não podemos ignorar, que nem sempre esse princípio está em condições de moldar a solução própria de uma política conseqüente do ambiente. V. sobre esse princípio, entre outros, Maria Alexandra Sousa Aragão, *O Princípio do Poluidor Pagador. Pedra Angular da Política Comunitária do Ambiente*, n. 23 da série *Studia Juridica*; Cláudia Soares, "O Imposto Ecológico...", cit., pp. 367 e ss., e *Imposto Ecológico* versus *Subsídio Ambiental?*, cit., pp. 36 e ss.

de causa que só a figura das taxas está em condições de exprimir através da sua aptidão para imputar, de modo directo e rigoroso, um gravame à responsabilidade pela produção de custos externos susceptíveis de ser individualizados.[47]

Todavia, embora teoricamente sejam os tributos bilaterais ou taxas os tributos mais adequados à aplicação do princípio do poluidor-pagador, na prática há importantes obstáculos que impedem, e impedem de uma maneira eficaz, que assim seja. É que a divisibilidade do benefício proporcionado pelo Estado e demais entes públicos, que permitiria apurar a grandeza do pagamento a realizar pelo poluidor que dele beneficia, tendo em conta justamente a proporção em que esse benefício por ele é auferido, nem sempre se verifica quando estamos no domínio da protecção ou tutela do ambiente. Senão vejamos.

Por um lado, aponta-se a dificuldade comummente verificada em encontrar ou identificar o responsável pela poluição, o poluidor, uma vez que, pela própria natureza de muitos dos danos ambientais, a sua fonte apresenta-se particularmente difusa, sendo a mesma fruto da interacção causal e de um elevado número de agentes. O que impossibilita, na prática, a divisibilidade desses custos ambientais pelos seus causadores, através de tributos bilaterais ou taxas, não restando, por conseguinte, outra alternativa para tais custos senão a de os distribuir pelos membros da comunidade, através de tributos unilaterais ou impostos a suportar por todos os contribuintes. E isto, naturalmente, quando os danos já foram causados, o que evidentemente não ocorre quando se trata de prevenir os mencionados danos, caso em que estamos perante típicos custos de prevenção.

De outro lado, no que constitui uma dificuldade ainda maior, não há, na grande maioria dos casos de custos ambientais, qualquer possibilidade prática de medir, com um mínimo de rigor ou, mais exactamente, com o rigor exigido pela proporcionalidade taxa/contraprestação específica, os custos ambientais de molde a constituírem a exacta medida dos correspondentes tributos. Ou seja, a quantificação dos custos ambientais torna-se impraticável. Pelo que, dada a impossibilidade de medir ou mensurar a contraprestação específica que corresponda aos tributos bilaterais ou taxas ambientais, não admira que os tributos ambientas sejam medidos com base em manifestações e índices reveladores da capacidade contributiva dos que provocam, ou se presume, em maior ou

47. V. Cláudia Soares, *Imposto Ecológico* versus *Subsídio Ambiental?*, cit., p. 57.

menor medida, que provocam os danos ambientais. Daí que, um pouco por toda a parte, os tributos ambientais assumam preferentemente a configuração de tributos unilaterais ou impostos e não a de tributos bilaterais ou taxas.

Não admira, por isso, que também entre nós os tributos, que, a seu modo, podemos enquadrar na tutela do ambiente, assim considerados pelas organizações internacionais como a OCDE ou a União Europeia, se apresentem, de um lado, como impostos e não como taxas e, de outro, como impostos dominados pela finalidade financeira de obtenção de receitas e não como verdadeiros impostos ambientais. O que podemos demonstrar através de uma breve referência aos diversos impostos que em Portugal podem ser vistos como impostos ambientais em sentido amplo.

2.2.2 Os impostos ambientais portugueses

Entre tais impostos, podemos referir o Imposto sobre os Produtos Petrolíferos e os impostos sobre veículos automóveis, em que temos, de um lado, o Imposto Automóvel e o Imposto Municipal sobre Veículos e, de outro lado, os impostos rodoviários, que são o Imposto de Circulação e o Imposto de Camionagem. Todos impostos em que, como vamos ver, a preocupação com a obtenção de receitas é mais do que evidente e praticamente exclusiva. Por conseguinte, a tutela do ambiente é neles muito ténue. Por essa razão, está em andamento uma reforma da tributação automóvel, com a qual se pretende dar visibilidade à finalidade de protecção do ambiente em tais impostos. Daí que se justifique aqui uma palavra sobre cada um desses impostos

Assim, o Imposto sobre Produtos Petrolíferos é um imposto que incide sobre os óleos minerais, como as gasolinas, gasóleos, petróleos e fuelóleos, e quaisquer outros produtos destinados a serem utilizados, colocados à venda ou a serem consumidos em uso como carburante. Segundo o n. 1 do art. 73º do Código dos Impostos Especiais sobre o Consumo,[48] o Imposto sobre Produtos Petrolíferos é determinado com base em taxas específicas a fixar nos termos determinados anualmente pela Lei do Orçamento do Estado, dentro dos limites mínimo e máximo constantes do n. 2 do referido art. 73º. São seus sujeitos passivos as pessoas sin-

48. Código que contém a disciplina dos impostos especiais sobre o consumo objecto de harmonização comunitária, que são o Imposto sobre Produtos Petrolíferos, o Imposto sobre o Tabaco e o Imposto sobre o Álcool e as Bebidas Alcoólicas.

gulares ou colectivas em nome das quais os produtos petrolíferos são declarados para introdução no consumo.[49]

Por seu lado, o Imposto Automóvel, que tem a sua disciplina no Decreto Lei n. 40/1993, de 18 de fevereiro, é um imposto monofásico que incide sobre a introdução no consumo dos veículos automóveis ligeiros de passageiros ou mistos e é liquidado, por via de regra, pela Direcção Geral das Alfândegas e dos Impostos Especiais sobre o Consumo com base numa taxa específica que tem em conta exclusivamente a cilindrada dos veículos. Porém, os veículos automóveis usados com mais de dois anos são objecto duma redução de 10%.

Todavia, tratando-se de veículos automóveis usados originários ou em livre prática nos Estados membros da União Europeia, nos termos do n. 7 do art. 1º daquele diploma, são objecto duma redução do Imposto Automóvel, que varia em função dos anos de uso. Essa redução é de: 18% para os veículos com um a dois anos, de 24% para os veículos com mais de dois anos até três anos, de 32% para veículos com mais de três anos até quatro anos, de 41% para veículos com mais de quatro anos até cinco anos, de 49% para veículos com mais de cinco anos até seis anos, de 55% para veículos com mais de seis anos até sete anos, de 61% para veículos com mais de sete anos até oito anos e de 67% para os veículos com mais de oito anos.

Isto caso o contribuinte não opte pela aplicação do Método Alternativo de Cálculo do Imposto Automóvel aos Veículos Automóveis Usados Provenientes da União Europeia cujo Regulamento de Aplicação consta da Portaria n. 1.291/2001, de 16 de novembro. Pois, nessa hipótese, o valor dos veículos base do imposto será o determinado por uma comissão composta por: um representante da Direcção-Geral das Alfândegas e dos Impostos Especiais sobre o Consumo, que presidirá e coordenará os trabalhos, um representante da Direcção-Geral de Viação e pelo proprietário do veículo.[50]

49. V., em especial, os arts. 70º e ss. do Código dos Impostos Especiais sobre o Consumo. V., sobre tais impostos, o nosso *Direito Fiscal*, cit., pp. 605 e ss. e os autores aí citados.

50. V. o art. 7º do Regulamento de Aplicação do Método Alternativo de Cálculo do Imposto Automóvel aos Veículos Automóveis Usados Provenientes da União Europeia. Um método que, devemos acrescentar, foi adoptado para compatibilizar o regime do Imposto Automóvel com o direito comunitário, mais precisamente com o agora art. 90º do Tratado da Comunidade Europeia, na sequência da jurisprudência do Tribunal de Justiça da CE. Comunidade Europeia que considerou que esse precei-

O Imposto Municipal sobre Veículos, que foi criado pelo Decreto-Lei n. 599/1972, de 30 de dezembro, é um imposto cuja receita é dos municípios. Daí que tenha passado a designar-se por "imposto municipal" a partir da Lei n. 65/1990, de 28 de dezembro. Como os impostos rodoviários, a que vamos fazer referência a seguir, trata-se de um imposto periódico, de base anual portanto, incidente sobre a fase da circulação dos veículos. Pois incide sobre o uso e fruição de automóveis ligeiros, de passageiros e mistos, motociclos, aeronaves e barcos de recreio particulares, presumindo-se o seu uso e fruição pela circulação ou pelo estacionamento nas vias públicas no respeitante aos veículos automóveis e motociclos, e pela validade dos seus certificados de navegabilidade no concernente às aeronaves e barcos.

Quanto aos Impostos Rodoviários, temos, como referimos, o Imposto de Circulação e o Imposto de Camionagem, cuja disciplina consta do Decreto-Lei n. 116/1994, de 3 de maio. O Imposto de Circulação incide sobre o uso e fruição dos veículos afectos ao transporte de mercadorias por conta própria ou à actividade de aluguer de veículos sem condutor, quando os mesmos se destinem ao transporte particular. Por seu lado, o Imposto de Camionagem incide sobre o uso e fruição dos veículos afectos ao transporte público rodoviário de mercadorias ou à actividade de aluguer de veículos sem condutor quando os mesmos se destinem exclusivamente ao transporte público. Relativamente à sua liquidação e cobrança, é de referir que tais impostos são liquidados e pagos mediante a aquisição de dísticos correspondentes à respectiva taxa e o preenchimento em triplicado dos respectivos impressos.

A respeito da tributação automóvel, devemos acrescentar uma nota complementar para referir que, desde há algum tempo, vem sendo preparada no Ministério das Finanças uma reforma da tributação do sector automóvel. No quadro desses trabalhos foi proposta a substituição dos quatro impostos incidentes sobre os automóveis, isto é, do Imposto Automóvel, Imposto Municipal sobre Veículos, Imposto de Circulação e Imposto de Camionagem, por dois impostos: o Imposto Especial sobre Veículos e o Imposto Único de Circulação. Dois impostos em relação aos quais foram, de resto, elaborados os correspondentes anteprojectos de

to impunha um sistema de tributação que não tinha em conta a depreciação efectiva do valor dos veículos usados – v. sobretudo o Acórdão de 22 de fevereiro de 2001, Proc. C-393/98, *caso A. Gomes Valente* versus *Fazenda Pública*. Cf. também Sérgio Vasques, "A reforma da tributação automóvel: problemas e perspectivas", *Fiscalidade* 10, pp. 59 e ss.

código – o anteprojecto do Código do Imposto Especial sobre Veículos e anteprojecto do Código do Imposto Único de Circulação.[51] Podemos dizer que duas preocupações se detectam nesses anteprojectos: de um lado, a deslocação da carga fiscal da fase da aquisição para a fase da circulação dos veículos; de outro lado, tendo presente o princípio do direito do ambiente do poluidor-pagador, procura-se definir a base do imposto atendendo não apenas à cilindrada dos veículos, como acontece no actual Imposto Automóvel, mas também tendo em conta as emissões de dióxido de carbono (CO_2) dos automóveis tributados.[52]

Descritos, nos seus traços muito gerais, os impostos que, em Portugal, podemos considerar, em termos naturalmente muito amplos, como impostos que, de algum modo, têm a ver com o ambiente, procuremos agora fazer um juízo, obviamente muito sumário, sobre o desempenho ambiental ou ecológico de tais impostos. Ou seja, trata-se de responder a esta questão: em que medida tais impostos podem ser tidos por impostos amigos do ambiente.

Uma pergunta cuja resposta, para além de não poder esquecer a ideia de que todos os impostos extrafiscais constituem, por natureza, "impostos suicidas" ou, na expressão inglesa, *destrutive taxes*,[53] se desdobra em dois aspectos: de um lado, na medida em que se assumem como verdadeiros instrumentos de realização dos objectivos ambientais; de outro lado, enquanto dão suporte ou favorecem uma modernização ecológica da economia do país.

Pois bem, quanto ao primeiro dos aspectos, resulta claro do que dissemos sobre cada um desses impostos que a preocupação dominante, se não mesmo exclusiva, que presidiu à sua instituição, foi uma preocupação reditícia. Na verdade, para além de os objectivos ou finalidades ambientais estarem praticamente ausentes, é visível que toda a sua disciplina jurídica foi recortada para maximizar as receitas que visam a proporcionar.

51. V. os projectos em: Ministério das Finanças/Secretaria de Estado dos Assuntos Fiscais, *Reformas da Tributação Automóvel e do Património. Anteprojectos*, pp. 17 e ss. Cf. também Ministério das Finanças, *Finanças Públicas. Relatório de Actividades de julho de 2001 a março de 2002*, pp. 129 e ss.

52. V. o preâmbulo do anteprojecto de decreto-lei destinado a aprovar o Código do Imposto Especial sobre Veículos e o Código do Imposto Único de Circulação, Ministério das Finanças/Secretaria de Estado dos Assuntos Fiscais, *Reformas da Tributação Automóvel e do Património. Anteprojectos*, cit., pp. 39 e ss.

53. Cf. o nosso *Direito Fiscal*, cit., pp. 404 e s.

Por seu turno, quanto à capacidade de tais impostos para a modernização ecológica do país ou, por outras palavras, para assegurar uma adequada *performance* ambiental da economia nacional, podemos dizer que os mesmos nos revelam um país com um baixo nível de capacidade de modernização ecológica. O que, valendo em relação a todos os impostos referenciados, é particularmente visível nos dois impostos mais importantes – o Imposto sobre Produtos Petrolíferos e o Imposto Automóvel. Impostos – impostos estes que, atento o seu relevante peso no conjunto das receitas fiscais,[54] de um lado, e a sua operacionalidade ambiental proporcionada pela sua incidência sobre bens e produtos ecologicamente sensíveis, de outro lado, podiam desempenhar um papel ecológico bem mais significativo.

Na verdade, tais impostos contribuem muito pouco, para não dizermos quase nada, para a capacidade de modernização ecológica da economia nacional. Uma situação que não surpreende, pois a economia portuguesa, atento o seu relativo atraso com expressão por exemplo no carácter obsoleto dos seus equipamentos, apresenta fraca *performance* ambiental. Daí que o contributo ambiental dos referidos impostos seja, sem sombra de dúvida, muito inferior ao correspondente às suas reais potencialidades – o que se fica a dever não só ao facto de tais impostos estarem dominados pela preocupação quase exclusiva de obtenção de receitas, mas também, sobretudo, no que ao Imposto Automóvel diz respeito, ao peso e capacidade de reacção dos interesses envolvidos.[55]

2.2.3 Os benefícios fiscais ambientais portugueses

É, porém, em sede dos benefícios fiscais que encontramos uma consideração ambiental por parte do direito fiscal mais conseqüente. O que, devemos assinalar, não surpreende, já que também na União Europeia, em que os benefícios fiscais atribuídos às empresas são considerados auxílios de Estado, nos termos e para os efeitos dos arts. 87º a

54. Para o que basta ter em conta que, no Orçamento para 2004, em que receitas dos impostos indirectos somam € 17.542.964.133 e o total das receitas correntes se elevam a € 30.310.368.400, a receita do Imposto sobre Produtos Petrolíferos é de € 3.200.000.000 e a receita do Imposto Automóvel é de € 1.010.000.000.

55. Cf., sobre estes aspectos, Cláudia Soares, "The use of taxes to deal with air pollution in Portugal. Ecological modernisation and the use of NEPI's", *Revista CEDOUA*, 1/2003, pp. 45 e ss.

89º do Tratado da Comunidade Europeia[56] e, por conseguinte interditos em princípio, se admitem quando esses benefícios constituam suporte da tutela ambiental comunitária. Pois, no quadro da coordenação da política da concorrência, orientada para a criação e funcionamento do mercado interno comunitário, com a política ambiental, dominada pela defesa do equilíbrio ecológico e do desenvolvimento sustentável, os benefícios fiscais, sobretudo quando associados a impostos ambientais, têm vindo a ganhar, de algum modo, a simpatia do direito comunitário.[57]

Mas deixando de lado o direito comunitário, podemos afirmar que os benefícios fiscais constituem uma realidade em que nos deparamos, em Portugal, basicamente, com dois tipos de beneficiação: benefícios fiscais atribuídos a determinados operadores ou em sede de determinadas operações ambientais e benefícios fiscais em sede do mecenato ambiental.

Como exemplos do primeiro tipo, podemos referir: a isenção de Imposto sobre o Rendimento das Pessoas Colectivas, excepto quanto aos rendimentos de capitais, das entidades gestoras de sistemas de embalagens e resíduos de embalagens parcialmente detidas por municípios, durante o período de licenciamento, relativamente aos resultados obtidos nesse período e reinvestidos na realização dos seus fins (art. 50º do Estatuto dos Benefícios Fiscais); a dedução à colecta do Imposto sobre o Rendimento das Pessoas Singulares, desde que não sejam susceptíveis de serem considerados custos na categoria de rendimento empresariais ou profissionais, de 30% das importâncias despendidas com a aquisição de equipamentos novos para a utilização de energias renováveis ou de equipamentos para a produção de energia eléctrica ou térmica (art. 85º, n. 3, do Código Imposto sobre o Rendimento das Pessoas Singulares); a dedução em Imposto sobre o Rendimento das Pessoas Colectivas das provisões constituídas pelas empresas do sector das indústrias extractivas para fazer face aos encargos com a recuperação paisagística e ambiental (arts. 34º, n. 1, al. "f", e 38º do Código Imposto sobre o Rendimento das Pessoas Colectivas); a aplicação da taxa reduzida de 5% em

56. Na renumeração de que foi objecto pelo Tratado de Amsterdão, que entrou em vigor em 1 de maio de 1999.

57. V. sobre os auxílios de Estado na forma de benefícios fiscais, a excelente obra de Carlos Santos, *Auxílios de Estado e Fiscalidade*, esp. o cap. III, pp. 309 e ss., e Cláudia Soares, *Direito Fiscal do Ambiente. O Enquadramento Comunitário dos Auxílios de Estado a Favor do Ambiente*, cadernos do CEDOUA.

Imposto sobre o Valor Acrescentado a certos produtos com relevância ambiental etc.[58]

Embora dizendo respeito a um domínio especial do direito do ambiente, ao direito do património cultural,[59] podemos mencionar também os benefícios fiscais dirigidos à protecção e valorização do património cultural, entre os quais se contam os benefícios fiscais aos concedidos aos proprietários ou titulares dos bens culturais, em que temos: de um lado, a isenção do Imposto Municipal sobre Imóveis, pois, segundo o art. 40º, n. 1, al. "n"), do Estatuto dos Benefícios Fiscais, estão isentos deste imposto os prédios classificados como monumentos nacionais ou imóveis de interesse público e bem assim os classificados de imóveis de valor municipal ou como património cultural, nos termos da legislação aplicável. De outro lado, segundo o disposto no art. 6º, al. "g"), do Código do Imposto Municipal sobre as Transmissões Onerosas de Imóveis, estão isentas deste imposto as aquisições de prédios classificados como de interesse nacional, de interesse público ou de interesse municipal, ao abrigo da Lei do Património Cultural. Enfim, nos termos do art. 1º, n. 5, al. "c", do Código do Imposto de Selo não estão sujeitas a este imposto, na parte em que passou a incidir sobre as aquisições gratuitas, as aquisições deste tipo que correspondam a "donativos efectuados nos termos da Lei do Mecenato".[60]

58. Benefício deste tipo era o crédito fiscal para a protecção ambiental, que vigorou nos exercícios de 1999, 2000 e 2001, e se concretizava na dedução à colecta do Imposto sobre o Rendimento das Pessoas Colectivas, até 25% da mesma e com o limite de 10.000 contos, de uma importância correspondente a 8% do investimento considerado relevante nas áreas poluentes da água e efluentes, poluição atmosférica e resíduos sólidos – v. o Decreto-Lei n. 477/1999, de 9 de novembro, e Portaria n. 315/2002, de 3 de março. Sobre o empenhamento ambiental do sistema fiscal português, v., por todos, Carlos Santos, "Ambiente e fiscalidade", em Carlos Santos, *Da Questão Fiscal à Reforma da Reforma Fiscal*, pp. 405 e ss.

59. Cujo regime jurídico consta da Lei n. 107/2001, de 8 de setembro, que pode ser consultada em José Casalta Nabais e Suzana Tavares da Silva, *Direito do Património Cultural. Legislação*, pp. 189 e ss. Sobre o direito do património cultural, v. o nosso livro *Introdução ao Direito do Património Cultural*, esp. pp. 29 e ss. e 52 e ss.

60. Refira-se que, com a extinção do Imposto sobre as Sucessões e Dações e a sua substituição, a partir de 2004, pelo Imposto de Selo sobre as transmissões gratuitas, deixou de se verificar a isenção da aquisição gratuita dos bens culturais classificados (contemplada no art. 13º, n. 15, do Código do Imposto Municipal da Sisa e do Imposto sobre Sucessões e Doações) para passar a verificar-se a exclusão tributária assinalada no texto. Quanto ao alcance desta exclusão, delimitada pelos referidos donativos, v. a seguir no texto.

Ainda na sede da protecção e valorização do património cultural, se bem que se trate de benefícios tributários, pois dizem respeito a taxas e não a impostos, segundo o art. 98º da Lei do Património Cultural, beneficiam de isenção de emolumentos os actos notariais e registrais relativos a bens culturais classificados ou à contracção de empréstimos para a sua aquisição, excluídos os emolumentos pessoais e as importâncias correspondentes à participação emolumentar devida aos notários, conservadores e oficiais do registo e do notariado pela sua intervenção nos actos.

De outro lado, quanto aos benefícios fiscais atribuídos aos mecenas do ambiente e do património cultural, ou seja, relativamente aos benefícios fiscais relativos aos donativos realizados por patrocinadores ou *sponsors* a entidades que prossigam tais desígnios ambientais e de tutela do património cultural,[61] é de referir que constam os mesmos do Estatuto do Mecenato, aprovado pelo Decreto-Lei n. 74/1999, de 16 de março.[62] Estatuto em que temos diversas situações, as quais têm a ver seja com a técnica tributária utilizada, que leva a considerá-los como custos ou perdas no Imposto sobre o Rendimento das Pessoas Colectivas ou como deduções à colecta em Imposto sobre o Rendimento das Pessoas Singulares, seja com o tipo de entidades destinatárias desses donativos.

Assim, os donativos dos sujeitos de Imposto sobre o Rendimento das Pessoas Colectivas são considerados custos ou perdas do exercício e elevados a 120% do seu valor total,[63] sem qualquer limitação quando destinados ao Estado e outras entidades públicas e até ao limite de 6/1000 do volume de vendas ou da prestação de serviços quando se trate de outras

61. Convém assinalar que a utilização dos termos patrocinadores ou *sponsors* revela uma mudança de sentido da tradicional ideia de mecenato na Europa. Na verdade, essa atribuição indirecta de benefícios fiscais a entidades culturais, mediante a beneficiação dos seus patrocinadores ou *sponsors*, revela-nos uma crescente aproximação da Europa aos EUA relativamente ao financiamento da cultura, o qual faz assim cada vez mais apelo a um financiamento privado. O que se concretiza no conseqüente afastamento do paradigma europeu, que remonta sobretudo ao Renascimento (a bem dizer, recuperado da Antiguidade Clássica), de uma cultura colocada fundamentalmente sob a alçada do Estado. V. a nossa *Introdução ao Direito do Património Cultural*, cit., pp. 66 e ss.

62. E objecto de diversas alterações posteriores, a última das quais a constante do art. 43º da Lei do Orçamento do Estado para 2004 – Lei n. 107-B/2003, de 31 de dezembro.

63. Ou 130% quando atribuídos ao abrigo de contratos plurianuais celebrados para fins específicos que fixem os objectivos a prosseguir pelas entidades beneficiárias e os montantes a atribuir pelos sujeitos passivos (arts. 1º, n. 3, e 3º, n. 3, do Estatuto do Mecenato).

entidades que desenvolvam actividades ambientais ou culturais (arts. 1º e 3º do Estatuto).

Já os donativos realizados por sujeitos passivos do Imposto sobre o Rendimento das Pessoas Singulares a entidades ambientais ou culturais, em virtude de neste imposto a generalidade dos benefícios fiscais seguirem a técnica da dedução à colecta e não a técnica da dedução ao rendimento tributável, são objecto de uma dedução à colecta no valor correspondente a 25% das importâncias atribuídas até ao limite de 15% da colecta. Dedução essa que não está sujeita ao referido limite de 15% da colecta quando os donativos sejam destinados ao Estado e outras entidades públicas (arts. 1º e 5º do Estatuto, e 1º, n. 3, do Decreto-Lei n. 74/1999).[64]

Bibliografia citada

ALBANO SANTOS, J. *Teoria Fiscal*. Instituto Superior de Ciências Sociais e Políticas, UTL, 2003.

ALVES CORREIA, F. *Manual de Direito do Urbanismo*, vol. I. Coimbra, Almedina, 2001.

ARNDT, H.-W. *Grundzüge des allgemeinen Steuerrechts*. Munique, V. Vahlem, 1988.

BASSI, Franco; MAZZAROLLI, Leopoldo. *Pianificazione Territoriali e Tutela dell'Ambiente*. Turim, Giappichelli, 2000.

BENDER; SPARWASSER; ENGEL. *Umweltrecht. Grundzüge des öffentlichen Umweltschutzrechts*. 3ª ed., C. F. Müller, 1995.

CASALTA NABAIS, José. "Contratos Fiscais. Reflexões acerca da sua Admissibilidade", *Studia Juridica*, n. 5. Coimbra, Coimbra Editora, 1994.

__________. *O Dever Fundamental de Pagar Impostos. Contributo para a compreensão constitucional do estado fiscal contemporâneo*. Coimbra, Almedina, 1998.

__________. "O princípio do estado fiscal", in *Estudos Jurídicos e Económicos em Homenagem ao Professor João Lumbrales*. Edição da Faculdade de Direito da Universidade de Lisboa, Coimbra Editora, 2000.

__________. *Direito Fiscal*. 2ª ed., Coimbra, Almedina, 2003.

64. Um tipo de incentivação que também encontramos lá fora – v., a título de exemplo, para Itália, Paolo Fabris, *Il Regime Fiscale dei Beni Culturali*. Para outros sectores de beneficiação fiscal, v. os nossos estudos: "O regime fiscal das fundações", *Ciência e Técnica Fiscal*, n. 406, e "O regime fiscal do desporto profissional", *Direito & Desporto. Revista Jurídica do Desporto* 3.

__________. "O regime fiscal das fundações", *Ciência e Técnica Fiscal*, n. 406, abr.-jun. de 2002.

__________. "Tributação do urbanismo no direito europeu", comunicação ao II Congresso Internacional de Direito Tributário, 27 a 29 de agosto de 2003, Recife, a publicar nos *Estudos em Homenagem ao Prof. Doutor Joaquim da Silva Cunha*.

__________. *Introdução ao Direito do Património Cultural*. Coimbra, Almedina, 2004.

__________. "O regime fiscal do desporto profissional", *Direito & Desporto. Revista Jurídica do Desporto* 3, maio-ago. de 2004.

CASALTA NABAIS, José; TAVARES DA SILVA, Suzana. *Direito do Património Cultural. Legislação*. Coimbra, Almedina, 2003.

EHRHARDT SOARES, Rogério. *Direito Administrativo*. Lições ao Curso Complementar de Ciências Jurídico-Políticas da Faculdade de Direito de Coimbra, 1977-1978, polic.

FABRIS, Paolo. *Il Regime Fiscale dei Beni Culturali*. Milão, Cosa & Come, 2001.

FIGUEIREDO DIAS, José E. *Direito Constitucional e Administrativo do Ambiente*. Cadernos CEDOUA, Coimbra, Almedina, 2001.

GAWEL, Erick. "Das Steuerstaatsgebot des Grundgesetzes", *Der Staat* 39, pp. 209-225, 2000.

GOMES CANOTILHO. *Direito Público do Ambiente (Direito Constitucional e Administrativo)*. Sumários das Lições ao I Curso de Pós-Graduação em Direito do Ordenamento, do Urbanismo e do Ambiente, Coimbra, 1995-1996.

__________. "O direito ao ambiente como direito subjectivo", in *Estudos sobre Direitos Fundamentais*. Coimbra, Coimbra Editora, 2004.

__________ (Coord.). *Introdução ao Direito do Ambiente*. Universidade Aberta, 1998.

GRAMM, Chr. "Vom Steuerstaat zum gebührenfinanzierten Dienstleistungsstaat?", *Der Staat*, 1997.

HANSJÜRGENS, B. "Vom Steuerstaat zum Gebührenstaat?", *Zeitschrift für Gesetzgebung* 14, 1999.

HENDLER, R. "Gebührenstaat statt Steuerstaat?", *Die öffentliche Verwaltung*, 1999.

LOBO TORRES, Ricardo. *A Idéia de Liberdade no Estado Patrimonial e no Estado Fiscal*. Rio de Janeiro, Renovar, 1991.

MADDALENA, Paolo. *Dano Pubblico Ambientale*. Rimini, 1990.

MINISTÉRIO DAS FINANÇAS/SECRETARIA DE ESTADO DOS ASSUNTOS FISCAIS. *Reformas da Tributação Automóvel e do Património. Anteprojectos*. Coimbra, Almedina, 2002.

MINISTÉRIO DAS FINANÇAS. *Finanças Públicas. Relatório de Actividades de julho de 2001 a março de 2002*. Lisboa, 2002.

ORTEGA ÁLVAREZ, Luis (Dir.). *Lecciones de Derecho del Medio Ambiente*. 3ª ed., Valladolid, Lex Nova, 2002

SÁ GOMES, N. *Teoria Geral dos Benefícios Fiscais*. Cadernos de CTF, Lisboa, 1991.

__________. "Os benefícios fiscais na Lei Geral Tributária e na legislação complementar", in D. Leite de Campos e outros, *Problemas Fundamentais do Direito Tributário*. Lisboa, Vislis, 1999.

SANTOS, Carlos. "Ambiente e fiscalidade", in Carlos Santos, *Da Questão Fiscal à Reforma da Reforma Fiscal*. Lisboa, Rei dos Livros, 1999.

__________. *Auxílios de Estado e Fiscalidade*. Coimbra, Almedina, 2003.

SÉRGIO VASQUES. "A reforma da tributação automóvel: problemas e perspectivas", *Fiscalidade* 10, abril de 2000.

SOARES, Cláudia. "O Imposto Ecológico – Contributo para o Estudo dos Instrumentos Económicos de Defesa do Ambiente", *Studia Juridica*, n. 58, Coimbra, 2001.

__________. *Imposto Ecológico* versus *Subsídio Ambiental?*. Tese de doutoramento apresentada na Universidade de Santiago de Compostela, 2002.

__________. *Direito Fiscal do Ambiente. O Imposto Ambiental*, cadernos do CEDOUA, Coimbra, Almedina, 2002.

__________. *Direito Fiscal do Ambiente. O Enquadramento Comunitário dos Auxílios de Estado a Favor do Ambiente*, cadernos do CEDOUA, Coimbra, Almedina, 2003.

__________. "The use of taxes to deal with air pollution in Portugal. Ecological modernisation and the use of NEPI's", *Revista CEDOUA*, 1/2003.

SOUSA ARAGÃO, Maria Alexandra. *O Princípio do Poluidor Pagador. Pedra Angular da Política Comunitária do Ambiente*, n. 23 da série *Studia Juridica*, Coimbra, 1997.

SOUSA FRANCO, A. L. *Finanças Públicas e Direito Financeiro*, vol. I. 4ª ed., Coimbra, Almedina, 1992.

TEIXIERA RIBEIRO, J. J. *Lições de Finanças Públicas*. 5ª ed., Coimbra, Coimbra Editora, 1995.

TIPKE, K.; J. LANG, J. *Steuerrecht*. 15ª ed., Colônia, 1996.

VASQUES, Sérgio. "A reforma da tributação automóvel: problemas e perspectivas", *Fiscalidade* 10, abril de 2000.

EL DERECHO TRIBUTARIO ANTE LA CONSTITUCIONALIZACIÓN DEL DERECHO A UN MEDIO AMBIENTE SANO

ALEJANDRO C. ALTAMIRANO

1. Derechos humanos, derecho al medio ambiente sano y su conexión con el Derecho Tributario

Existe una conexión entre el Derecho Tributario y la constitucionalización del derecho-deber a la protección del medio ambiente, entendiéndose a esa protección como un verdadero derecho fundamental del hombre. Uno de esos puntos de enlace se concreta a través de los tributos ambientales en sus diversas modalidades las cuales serán analizas más adelante y que pueden ser aplicados para sancionar una conducta contaminante, o por el contrario, para inducir a modificar dicha conducta.

Los derechos fundamentales participan de los caracteres de ser inalienables, imprescriptibles e irrenunciables. Finnis (profesor de Oxford) expresa que "derechos humanos" es un modismo contemporáneo de "derechos naturales". El Derecho natural está conformado por aquellos valores y principios que no necesitan expresarse en la formulación normativa de las leyes diseñadas por el hombre, por lo que puede apelarse a ellos siempre, se encuentren o no expresados en términos de derecho positivo. "Los derechos humanos o naturales son los derechos morales fundamentales y generales; se pueden llamar humanos o naturales los derechos morales particulares o concretos pero es más corriente llamarlos derechos morales, derivados, por supuesto, de las formas generales de derechos morales, *i. e.* de los derechos humanos: la distinción así trazada por el uso no es, sin embargo, muy firme o clara".[1]

Explica Lobo Torres[2] que los derechos fundamentos o derechos humanos, derechos civiles, derecho a la libertad, derechos individuales,

1. John Finnis, *Ley natural y derechos naturales*, p. 228. "Cuando analizamos la lista de los derechos nos damos cuenta de qué es lo importante en la moderna concepción de los manifiestos de derechos humanos. Se trata simplemente de un modo de bosquejar los contornos del bien común, los varios aspectos del bien individual en comunidad" (John Finnis, ob. cit., p. 198). Ver también su última obra *Aquinas*, capítulo V: "Towards Human Rights".

2. Ricardo Lobo Torres, *Teoria dos direitos fundamentais*, p. 234. Es indudable que, desde el punto de vista metodológico, el aporte de Aristóteles a la tradición iusnaturalista es liminar, pero no ocurre lo mismo en el plano de los contenidos en donde el discurso del Estagirita se muestra como obsoleto. Esto por dos razones; en primer lugar, el carácter práctico del iusnaturalismo, como realidad abierta a las circunstancias espacio-temporales, en otros términos, a la historia y en segundo lugar por la disolución del falso problema creado por el racionalismo en relación con la existencia de dos órdenes normativos contrapuestos, esto es, el natural y el positivo. "La sociedad no culmina en el momento del Estado, sino que se destaca la común pertenencia del hombre a dos ciudades, reinos o repúblicas, el del Estado y el de los sabios, el de la razón y el de Dios. La importancia de este planteamiento iusnaturalista radica en que sólo él justifica suficientemente la realidad de los derechos humanos como derechos reconocidos y no simplemente concedidos por el Estado en relación con la persona" (cfr. Jesús Ballesteros, *Sobre el sentido del Derecho*, p. 111). En

libertades públicas, son formas diferentes de expresar una misma realidad integrante del concepto de ciudadanía, afirmados desde los inicios del liberalismo. Ganaron su *status* constitucional al ser declarados por los grandes textos básicos de las naciones cultas. El respeto al contenido esencial implica un límite a la actividad del legislador limitadora de los derechos fundamentales pues este puede restringirlos en tanto respete su contenido esencial, en palabras de Martínez Pujalte.[3]

La noción en estudio recala en la dignidad personal de todo ser humano, conforme señala Massini Correas. Se trata de "ciertos derechos cuyo fundamento o justificación objetiva, tanto mediata como inmediata, se vincula al carácter personal del viviente humano y a la dignidad que corresponde a toda persona".[4] Es evidente que los derechos humanos no dependen de su reconocimiento por los ordenamientos jurídicos positivos toda vez que son exigibles se encuentren legislados o no; más aún, como bien señala Hervada, "son exigibles aún cuando un derecho positivo concreto los deniegue".[5] En igual sentido son los aportes de

este sentido ver José Corts Grau, en *Las modernas declaraciones de derechos y el derecho natural, Derechos humanos*, pp. 25 y ss.; A. E. Pérez Luño, *Los derechos humanos, significación, estatuto jurídico y sistema*; Gregorio Peces-Barba, en *Derechos fundamentales*.

3. Antonio Luis Martínez-Pujalte, *La garantía del contenido esencial de los derechos fundamentales*, p. 20. Interpretando el art. 53.1 de la Constitución española que expresa que "los derechos y libertades (…) vinculan a todos los poderes públicos. Sólo por ley, que en todo caso deberá respetar su contenido esencial, podrá regularse el ejercicio de tales derechos y libertades (…)". Dice Martínez-Pujalte que la cláusula de respeto al contenido esencial "se presenta tan sólo como un límite a la actividad normativa del legislador: el legislador, cuando regule el ejercicio de los derechos fundamentales, deberá respetar el contenido esencial de tales derechos".

4. Carlos I. Massini Correas, *El Derecho natural y sus dimensiones actuales*, p. 202. Hacer el bien y evitar el mal como que todo hombre debe salvaguardar el carácter de persona de todo hombre, son principios autoevidentes, pues se conoce de modo directo apenas se comprende el significado de la locución "persona" y la locución "salvaguardar". "El fundamento inmediato o título de todo derecho humano radica, precisamente, en la condición de persona que reviste todo ente que pertenece a la especie humana; esto se hace evidente no bien se consideran las principales declaraciones de derechos y, en general, todos aquellos textos en los que se habla o discute acerca de los derechos humanos: en efecto, allí se reconocen esos derechos a las personas humanas sin exigirse más determinación que la de ser personas y cuando aparece requerida alguna calificación especial 'mujer embarazada', 'persona en edad núbil', 'padres', etc. Es porque esa calidad se vincula directamente con alguna de las dimensiones centrales del desarrollo o perfeccionamiento de la personeidad". cfr. p. 203.

5. Javier Hervada, "Problemas que una nota esencial de los derechos humanos plantea a la filosofía del derecho", en *Escritos de Derecho natural*, p. 427.

Gandra da Silva Martins,[6] Hoyos Castañeda,[7] Beauchot,[8] Vigo[9] entre tantos. Asimismo Carrió[10] entiende que los titulares de los derechos humanos son todos los hombres, basta con serlo para poder invocarlos, con independencia de circunstancias de sexo, raza, credo religioso o político, status social, económico o cultural, etc. Todos los hombres tienen igual título sobre tales derechos. "Son derechos de naturaleza moral y no criaturas del derecho positivo, en el sentido de que su fundamento último no emana de las normas de éste a punto tal de que mientras no han sido consagrados por él y en la medida en que no lo han sido sirven para criticarlo y justificar su reforma. La fundamentación de los derechos humanos está intrínsecamente conectada con ciertas características definitorias del discurso o razonamiento moral en el que deben ser fundamentados". Encuentra el fundamento en tres principios fundamentales: la inviolabilidad, la autonomía y la dignidad de la persona.

Los derechos humanos contenidos en los principios del Derecho orientan y legitiman intrínsecamente la creación jurídica; más concretamente, ellos reclaman un efectivo reconocimiento y respeto cuando se dirimen los conflictos que convocan a los intérpretes. Si la tarea del jurista consiste, básicamente, y en sus diferentes niveles en una labor de "de-

6. Ives Gandra da Silva Martins, *A ética no Direito e na Economia*, p. 9.

7. Ilva M. Hoyos Castañeda, "Entre la naturaleza y la dignidad. Reflexiones sobre el fundamento de los derechos humanos", en *Las razones del derecho natural*, obra colectiva coordinada por Renato Rabí-Baldi Cabanillas, p. 181.

8. Mauricio Beauchot, 'Sobre la fundamentación filosófica de los derechos humanos", en *Las razones del derecho natural*, obra colectiva coordinada por Renato Rabí-Baldi Cabanillas, cit., p. 213. También del mismo autor *Filosofía y derechos humanos (Los derechos humanos y su fundamentación filosófica)*.

9. Rodolfo L. Vigo, *Los principios jurídicos*, p. 27. "Los derechos humanos naturales o fundamentales no son 'creados' por ninguna autoridad estatal o social, sino que simplemente corresponde que los reconozcan por medio del derecho positivo, pues su existencia deriva de la naturaleza humana. El hombre se presenta ante sus semejantes como titular de ciertos derechos o suyos cuyo título es ser simplemente miembro de la especie humana, y exige el respeto de ellos dado que su violación compromete su propia humanidad. Precisamente los 'principios jurídicos en sentido estricto' tienen por objeto aquellos bienes básicos o derechos que inheren en la naturaleza humana y, consecuentemente, implican las conductas que se debe o no realizar para garantizar el respeto de ellos. La razón humana está en condiciones de reconocer y formular de manera fácil e inmediata aquellos principios del derecho o derechos humanos en la medida en que penetre en la naturaleza humana y la lea jurídicamente, o sea, esclareciendo aquellos 'suyos' o 'atribuciones' que tienen en igualdad todos los hombres".

10. Genaro R. Carrió, *Los derechos humanos y su protección*, pp. 14-15.

terminación", el balance acerca del nivel de corrección alcanzado por ese Derecho histórico se hará teniendo en mira en que medida la decisión jurídica final e individual consagra o no contradice a los derechos humanos.[11]

Creí necesaria una mínima plataforma de lanzamiento conceptual para la cuestión en análisis pues quiero expresamente alejarme, al tratar los impuestos ambientales, de las teorizaciones sobre el ecologismo como ideología naturalista. No soslayo la preocupación por el problema ecológico, muy por el contrario, existen deber morales de raigambre claramente ecológica, colocando al hombre en la creación como dueño y custodio inteligente de la misma. Pero en forma expresa quiero independizarme de cualquier reflexión encaminada a una especie de sobre exaltación panteísta de la naturaleza que excede la mera protección del medio ambiente. La naturaleza está al servicio del hombre por lo que no creo adecuado invertir estos roles, lo que no implica ejercer la mayor prudencia en su utilización para su resguardo a favor de las futuras generaciones. La utilización de la naturaleza es inherente a la persona como también lo es evitar su abuso todo lo cual implica respetar sus ritmos, equilibrio y complejidad.

Ahora bien, el borde delimitador entre la ecología, entendida como el noble y positivo afán del amor por la naturaleza y la preocupación por el futuro del hombre, con una suerte de ideología difusa fundada en apotegmas doctrinales naturalistas y materialistas – quizá podrían comprenderse bajo el signo de ecologismo – es complejo de precisar.[12] Tales pre-

11. Javier Delgado Barrio y Rodolfo L. Vigo, *Sobre los principios jurídicos*, p. 144.

12. José Miguel Ibáñez Langlois, *Doctrina Social de la Iglesia*, p. 205, expresa que "La ecología reúne disciplinas muy diversas, ciencias de la naturaleza y ciencias humanas, en torno a una preocupación fundamental por la labor destructiva del hombre sobre la naturaleza y, al contrario, por la necesidad de preservarla como medio ambiente y como fuente de recursos. Cabría desglosar así sus inquietudes esenciales: la tierra cultivable y la futura producción de alimentos, la contaminación de las grandes ciudades, de los ríos y aún mares, y de la propia atmósfera terrestre; los recursos de la naturaleza, sobre todo los de carácter no renovable, el posible agotamiento de las fuentes de energía, los problemas del crecimiento demográfico y la posibilidad del uso destructivo de la energía atómica". También en la *Octogesima adveniens*, S.S. Pablo VI (N. 21) expresa "Se hace sentir otra transformación, consecuencia tan dramática como inesperada de la actividad humana. Bruscamente, el hombre adquiere conciencia de ella, debido a una explotación inconsiderada de la naturaleza, corre el riesgo de destruirla y de ser a su vez víctima de esta degradación. No sólo el ambiente físico constituye una amenaza permanente: contaminaciones y desechos, nuevas enfermedades, poder destructor absoluto, es el propio con-

misas, marcadamente materialistas, colocan a la naturaleza en un plano casi superior al hombre lo cual, opino, desde una perspectiva axiológica es inaceptable. El común denominador de estas tendencias ecologistas es la visión apocalíptica o catastrófica del futuro. Ya en el Génesis dos preceptos mandan "Creced y multiplicaos y Dominad la tierra" (Gen 1,28), sobre lo cual S.S. Juan XXIII enseña que "el segundo de estos preceptos no se dio para destruir los bienes naturales, sino para satisfacer con ellos las necesidades de la vida humana".[13] Observan estas tendencias la escasez de alimentos, el desgaste de la tierra, la contaminación avasallante, el agotamiento de los recursos no renovables, el holocausto nuclear. Insólitamente muchas veces estas tendencias aceptan la tecnología anticonceptiva y abortiva, lo cual denota una contradicción notable.

En este sentido (primero el hombre, en el marco de la naturaleza que a él le sirve, siendo su deber respetar el uso racional e inteligente de la misma) se ha pronunciado una sentencia judicial reciente, relativa a la protección forestal frente al trazado de autopistas.[14] En el caso, el tribu-

sorcio humano el que el hombre no domina ya, creando de esta manera para el mañana un ambiente que podría resultarle intolerable". Sobre el naturalismo en la *Rerum novarum* (N. 4) S.S. León XIII escribe que "La naturaleza animal, sin embargo, por elevada que sea la medida en que se la posea, dista tanto de contener y abarcar en sí la naturaleza humana, que es muy inferior a ella y nacida para servirle y obedecer". En otros términos, la naturaleza es para el hombre y no el hombre para la naturaleza.

13. *Mater et magistra*, n. 197.

14. "Louzán, Carlos A. C/ Ministerio de Economía s/ acción de amparo", Cámara Federal de San Martín, Sala I, del 26.7.1993, ED 156-53. Expresa la Excma. Cámara, al revocar el fallo de primera instancia que había hecho lugar a una acción de amparo contra el llamado a licitación del Acceso vial Norte a la Capital Federal por la amenaza de erradicación de 4.000 especies arbóreas existentes en la zona a la cual se pretendía someter al régimen concesión de la obra. Sentenció la Excma. Cámara: "La vida vegetal es regularmente positiva para la existencia humana, pero no es, obviamente, un bien cuya positividad quepa afirmar a todo evento, sin considerar su acomodamiento con otros bienes igualmente valiosos. Las múltiples necesidades de la vida humana exigen por lo común para su satisfacción evaluar entre diversos valores, muchas veces contrapuestos, y optar por la medida en que cada uno es tenido en cuenta. Así en el caso, no se pueden ignorar la existencia de comunicación existentes en la sociedad, y muchas otras cuya satisfacción puede requerir la preterición de la protección de bienes intrínsecamente valiosos. Por esto el control de los jueces sobre una actividad que es propia de otros poderes del Estado, debe siempre tener presente esta variedad y contraposición de valores a fin de no conceder extremo amparo a unos en detrimento de otros, máxime cuando, como en este caso, el acto atacado – si se cumplen las recomendaciones técnicas – evitará que se agrave la situación que aquí se intenta preservar".

nal llamado a intervenir – sin dejar de considerar el trascendente valor de la preservación de especies arbóreas privilegió la necesidad de comunicación vial de la comunidad. Ante dos valores (necesidad del hombre y protección de los árboles, acentuó el primero lo cual es de toda lógica).

Traspasando ahora el concepto de derecho humano formulo el interrogante para seguir avanzando en la fundamentación. ¿Cuál es el fundamento, desde la perspectiva de los derechos humanos, de la obligación de tutela del medio ambiente? Existen una serie de notas distintivas del derecho ambiental – siguiendo las consecuencias en el ámbito jurídico que apunta Rabbi-Baldi Cabanillas[15] – que sirven para orientar la respuesta de este interrogante: a) el derecho a la protección del medio ambiente es un derecho humano; b) es un deber de los agentes económicos que deben tomar nota de aquel derecho y obrar en consecuencia; c) ese derecho humano reposa en el respeto al derecho de propiedad; d) reposa asimismo en una especie de deber de solidaridad internacional; e) también es un derecho humano que coopera a la realización del bien común; f) la morigeración del concepto de soberanía en beneficio del de cooperación internacional y g) en la ética de la solidaridad.

a) El derecho a gozar de un ambiente sano configura la existencia de un *derecho humano* digno de tutela y no de un derecho del ambiente; derecho alude al sistema racional de relaciones, en términos de Hervada,[16] es decir, supone un conjunto de vínculos estructurados por suje-

15. Renato Rabbi-Baldi Cabanillas, "Notas para una fundamentación del Derecho ambiental", *Revista O Direito*, Año 128, I-II, pp. 67-68.

16. Javier Hervada, *Introducción crítica al derecho natural*, p. 66. Jesús Ballesteros, *Sobre el sentido...*, cit., pp. 106-107 señala que "el derecho natural no pretende en modo alguno ser un orden jurídico distinto y separado respecto al derecho positivo, sino que no es otra cosa que la raíz del único orden jurídico". El ordenamiento es como un árbol. El árbol es un todo, tronco, copa, ramificación de raíces que no se ven pues están bajo tierra y son estas las que sostienen al todo porque precisamente las raíces son las que ponen en comunicación la vida del árbol con la vida secreta de la tierra. En palabras de Ronald Dworkin (*Los derechos en serio*, Planeta Agostini, 1993) el sistema jurídico es percibido por los jueces no solo como el derecho explícito, reconocido como tal por el positivista e identificado por referencia a las fuentes sociales del derecho tales como la legislación, la costumbre y la jurisprudencia, sino también por un conjunto de principios jerárquicamente ordenados que están implícitos o son presupuestos por el derecho explícito. La especificación de este conjunto de principios implícitos constituye una teoría general del sistema jurídico como un todo. "No hay por tanto dos órdenes jurídicos, el natural y el positivo, sino exclusivamente un único orden. De ahí que las notas señaladas como rasgos de lo jurídico – relevancia social, indiferencia del motivo, tipicidad, coactividad, reciprocidad o

tos libre y responsables por lo que resulta infundado referirse a "derecho del ambiente". Dicho derecho humano constituye un *derecho al ambiente sano* pues sin éste el hombre no podría alcanzar su perfeccionamiento. Expresa Rabbi-Baldi que desde hace ya un tiempo se ha desarrollado la idea de un derecho natural fundamental a gozar de un ambiente sano, esto es, de un entorno que disponga de condiciones de habitabilidad capaces de permitir la vida y el desarrollo armónico de la persona. En términos de Finnis,[17] observo aquí uno de los bienes autoevidentes o formas básicas de bien para el hombre, el primero, la vida, valor básico correspondiente al impulso de la propia preservación del hombre.

b) El derecho ambiental importa un *deber*, es precisamente el carácter sagrado y trascendente de la persona lo que impone el deber de los demás a respetar el medio ambiente; el carácter especialísimo del derecho ambiental implica que este deber no sólo es actual sino futuro, es decir, las relaciones jurídicas que tengan por objeto el ecosistema tienen vocación de perennidad.

c) Es evidente el carácter agotable de los recursos naturales, su cuidado resulta relevante y coherente. El correlato de esta visión, en el mundo del derecho, pasa por el concepto jurídico de *propiedad*. Así, las primeras declaraciones de derechos se inscriben, en efecto, en la protección al derecho de propiedad. En tal sentido obsérvese que la de Virginia (1776) expresa en su artículo 1 "que todos los hombres son por naturaleza igualmente libres e independientes y tienen ciertos derechos innatos, de los cuales, cuando entran en un estado de sociedad, no pueden privar o desposeer a su posteridad por ningún pacto, a saber: el goce de la vida y la libertad, con los medios de adquirir y poseer la propiedad y de buscar y obtener la felicidad"; la Declaración de los Derechos del Hombre y del Ciudadano, en su artículo 2 establece que "la finalidad de toda asociación política es la conservación de los derechos naturales e imprescriptibles del hombre. Estos derechos son la libertad, la propiedad, la seguridad y la resistencia a la opresión".[18]

simetría del comportamiento – sean rasgos que afecten a la totalidad de dicho orden. Sin embargo, dentro de ese único orden jurídico cabe distinguir la raíz y el tronco, lo implícito y lo explícito, lo originario y permanente y lo derivado y contingente, lo natural y lo positivo, lo dado y lo puesto".

17. John Finnis, ob. cit., p. 118.

18. Renato Rabbi-Baldi Cabanillas, "Notas para una fundamentación...", cit., p. 52.

d) El deber de *solidaridad* también es fundamento de la protección del medioambiente, por ser el ecosistema un todo unitario, circunstancia que implica una cooperación no solo interpersonal, vecinal, sino también regional, continental, en suma mundial. Parece claro que la cuestión ecológica escapa por completo al prisma de la modernidad, por lo que no puede sorprender que, desde el ámbito jurídico, se haya considerado al derecho fundamental a un ambiente sano y equilibrado (terminología de nuestro actual texto constitucional) como un derecho que, desde un punto de vista cronológico, pertenece a los de la denominada tercera generación y, desde una consideración sustancial, a los llamados derechos de solidaridad. Expresa Jiménez Hernández[19] que es evidente un vínculo recíproco de cooperación por parte del ser humano para con sus semejantes en relación a las actividades y los resultados que de esta derivan en relación con el daño que pudiere causarse al medio ambiente.

La alusión a las generaciones resulta apropiada porque denota la fecundidad de la teoría de los derechos humanos, en la medida en que ésta ha sabido permanecer abierta a una permanente intelección del ser del hombre, de suerte de captar sus necesidades y sus potencialidades. Pero sería incorrecto equiparar este tránsito a una mera sucesión temporal ya que, en el paso de los derecho de primera a los de segunda generación, hay un evidente giro en la fundamentación de aquellos, que los derechos de tercera generación no han hecho sino profundizar.[20]

e) La defensa del ecosistema implica la defensa de un *bien común internacional*, dado que su protección sólo puede alcanzarse y garantizarse en el seno de la comunidad internacional.[21] "En definitiva, el papel

19. Jorge Jiménez Hernández, *El tributo como instrumento de protección ambiental*, p. 42. En igual sentido me parece muy interesante las reflexiones de Augusto Durán Martínez, en "Derechos Humanos y Medio Ambiente", publicada en la *Revista de Derecho Público* 15, cuando afirma que "una ciudad por ejemplo es un producto artificial... que facilita la vida humana. No cabe duda que Tarzan respira en la selva un aire más puro que el que respiramos en las ciudades. Pero también no cabe duda que en virtud de nuestra sociabilidad que deriva de nuestra condición de animal racional, nuestra vida en la ciudad es más acorde a la naturaleza humana que la llevada por Tarzan".

20. Renato Rabbi-Baldi Cabanillas, "Notas para una fundamentación...", cit., pp. 63-64.

21. Ídem, ibídem, p. 62; Antonio Boggiano, *Por qué una teoría del derecho. Introducción a un derecho constitucional*, pp. 29-30. En igual sentido señala José Augusto Delgado, en *Direitos Fundamentais do Contribuinte*, coordinador general Ives Gandra da Silva Martins, p. 87, que el trato de los Derechos Fundamentales, de cualquier naturaleza que fueren (humanos, tributarios, sociales, educacionales, mora-

'redentor' de la ciencia para el logro del desarrollo económico se encomienda, en el ámbito jurídico, al derecho de propiedad. En ambos casos, se trata de meros instrumentos orientados a la búsqueda de un objetivo común: la felicidad humana. El hombre ilustrado es, pues, consciente de su actitud y consecuente con ella. Y en ambos casos, la naturaleza asume un sentido semejante: es un mero punto de partida; no el ámbito en el que éste se desarrolla, *en* el que coexiste y *con* la que coexiste".[22] Los daños ecológicos trascienden las fronteras de un país, se ha previsto en el derecho internacional en materia de fronteras desde algún tiempo que los estados no gozan de liberta ilimitada en su territorio. El principio de soberanía es limitado en razón de que un estado no podría tomar medidas en su territorio o apoyar actividades privadas que impliquen graves daños al medio ambiente.[23]

les, económicos, etc.) pertenecen siempre a una categoría internacional, por formar parte de una de las mayores preocupaciones de la humanidad en el sentido de su preservación. De igual modo es una actitud de los que se preocupan con los nuevos rumbos de la Democracia a desarrollarse en el Siglo XXI. Expresamente, la Conferencia de Estocolmo estableció que "el hombre tiene el *derecho fundamental* a la libertad, a la igualdad y al disfrute de condiciones de vida adecuadas en un medio de calidad tal que le permita llevar una vida digna y gozar de bienestar". Cfr. Naciones Unidas, *Report of the United Nations Conference on the Human Environment*, Documento A/Conf. 48/14, cap. 1.

22. Renato Rabbi-Baldi Cabanillas, "Notas para una fundamentación...", cit., p. 52.

23. Matthias Herdegen, *Derecho Económico Internacional*, pp. 129 y ss. Recuerda el autor alemán, profesor de Derecho Internacional de la Universidad de Constanza que: "Se trata de un mandato de consideración de la relación de vecindad entre los estados, el cual requiere respectivamente de una materialización mediante el análisis de cada caso. Con el objeto de proteger el medio ambiente se ha celebrado un gran número de tratados internacionales. Las obligaciones contenidas en éstos se han formulado en reglas generales. Se deben citar en este contexto, por ejemplo, los acuerdos para evitar la contaminación marítima y la contaminación por aire, así como el Convenio de Viena para la Protección de la Capa de Ozono de 1985 y el correspondiente Protocolo de Montreal de 1987 sobre materiales que conducen a la reducción de la capa de Ozono (...). El Convenio de Basilea para el Control de la Exportación y Disposición de Residuos Peligrosos de 1989 (...). El Acuerdo de Paris sobre la Responsabilidad Frente a Terceros en el Ámbito del Derecho Nuclear de 1960 y el Acuerdo Internacional sobre la Responsabilidad Civil por la Contaminación por Petróleo de 1969 (...). El Acta de la Unión Europea de 1986, Tratado de la CE, art. 130 y ss. (...). La Conferencia de la Naciones Unidas para el Medio Ambiente y el Desarrollo (UNCED) que se reunió en junio de 1992 en Rio de Janeiro (...). El Convenio Marco de las Naciones Unidas para los Cambios Climáticos y el Acuerdo sobre Diversidad Biológica" entre otros.

La formulación de estos derechos fundamentales en las convenciones internacionales adoptan, básicamente, dos maneras: (a) "toda persona tiene derecho a (...)" y (b) "nadie será (...)". Estas expresiones, señala Finnis, nos advierten de la existencia de derechos que son "absolutos" (nadie puede ser torturado) y otros "inalienables" (que están sujetos a limitaciones en su ejercicio), considerando que las razones de la limitación son: "(i) asegurar el debido reconocimiento y el respeto de los derechos y libertades de los demás; (ii) satisfacer las justas exigencias de la moral en una sociedad democrática; (iii) satisfacer las justas exigencias del orden público en una sociedad democrática; y (iv) satisfacer las justas exigencias del bienestar general en una sociedad democrática".[24]

f) Este concepto de bien común internacional proyecta, desde otra perspectiva, nuevamente el de *solidaridad*. Desde el derecho, sobre la base de un sustrato individualista, se percibe que los derechos humanos fueron los derechos del ciudadano aislado y sus reivindicaciones alcanzaron un tono necesariamente absoluto: la propiedad es el ejemplo por antonomasia. Con todo, y en lo que concierne a la cuestión de la naturaleza, se ha recordado también que este planteamiento exige una mutación radical: la defensa del ecosistema, en efecto, obliga hoy a una cooperación global pues, de lo contrario, cualquier esfuerzo en tal sentido sería vano. Precisamente, es en este horizonte en el que debe explicarse la divulgación del concepto de "patrimonio común de la humanidad", el cual, señala dentro del ámbito del derecho internacional, el pasaje de la idea de soberanía a la de cooperación.

Se trata de un *derecho individual de dimensión colectiva*, este derecho humano básico afecta todas las personas sin distingos. Por esta razón la protección del medio ambiente trasciende a la obligación exclusiva de naciones ricas, pues compete a todas, sin diferencias.

g) "La exigencia de un derecho ambiental supone, en el horizonte de la *ética de la solidaridad*, en primer lugar, esa revalorización de la idea de responsabilidad o de deber en el ejercicio de los actos sociales que directa e indirectamente afectan el ambiente en el que aquellos se realizan... En definitiva, si los derechos humanos se reputan – como de hecho ocurre – inalienables, también habrá de serlo el ambiente en el que actúan. A ello, precisamente, hace referencia la noción de "derecho de las futuras generaciones", en cuanto nos plantea que el mismo ecosistema no es patrimonio – propiedad – de una generación sino por el contrario

24. John Finnis, ob. cit., p. 241.

"patrimonio común" de todas".[25] "De las diversas concepciones de la ética, nos parece únicamente rechazable la posición positivista, ya que tiende a hacer de la sociedad el fundamento y el sujeto principal de la ética, lo que, se quiera o no, conduce a una sustancialización de lo colectivo, que conduce a la pérdida de respeto a la superior primacía de la persona".[26]

2. La constitucionalización de la protección del medio ambiente

Ninguna duda cabe que el Derecho está al servicio del Bien Común. Desde la perspectiva constitucional pueden observarse dos reacciones en relación con la protección del medio ambiente. Algunas constituciones lo positivizan, incorporando normas explícitas tuitivas del ecosistema, ambiente o medio ambiente como el caso de la Constitución española[27] y portuguesa,[28] por citar algunas. Otras no lo hacen, aunque no por ello

25. Renato Rabbi-Baldi Cabanillas, "Notas para una fundamentación...", cit., pp. 64-66. Esta solidaridad no es sólo actual sino futura, ya que de nuestro obrar presente depende, en buena medida, la suerte de los que vendrán.

26. Jesús Ballesteros, *Sobre el sentido...*, cit., p. 94.

27. En la Constitución española, art. 45.1 se establece el "deber" de conservar el medio ambiente. Textualmente dispone: "1) Todos tienen el derecho a disfrutar de un ambiente adecuado para el desarrollo de la persona, así como el deber de conservarlo. 2) Los poderes públicos velarán por la utilización racional de todos los recursos naturales con el fin de proteger y mejorar la calidad de vida y defender y restaurar el medio ambiente apoyándose en la indispensable solidaridad colectiva. 3) Para quienes violen lo dispuesto en el apartado anterior, en los términos que la ley fije, se establecerán sanciones penales o, en su caso, administrativas, así como la obligación de reparar el daño causado". Dice al respecto Raúl Canosa Usera, *Constitución y Medio Ambiente*, p. 203, que "el deber constitucional de conservar el medio no coincide (...) con el reflejo deber de respetar y no obstaculizar el ejercicio del derecho a disfrutar del medio. No coinciden en el mismo objeto, porque el correlativo deber jurídico para los particulares, derivado del derecho a disfrutar del medio ambiente adecuado, consiste en no obstaculizar ese disfrute entorpeciendo su ejercicio. Mientras que el objeto del deber constitucional lo forman, directamente, los bienes ambientales que todos, por imperativo constitucional, están llamados a conservar. Es verdad, sin embargo, que una manera de impedir el ejercicio del derecho constitucional es privar al sujeto del objeto del derecho o privar al medioambiente de su calidad o adecuación. Nuestra Constitución (refiere el autor a la española) separa, sin embargo ambas obligaciones jurídicas reforzando la última, la de conservar el medio ambiente adecuado, con la regulación específica del deber constitucional".

28. El art. 66 de la Constitución de Portugal dispone: "Todos tienen derecho a un ambiente de vida humano y ecológicamente equilibrado y el deber de defenderlo".

dejan de interesarse por la tutela del hábitat, por el contrario, lo amparan a través de figuras un tanto más oblicuas, menos directas, ancladas en garantías innominadas de cuya interpretación resulta que arribo al mismo objetivo.

En el derecho constitucional argentino adscribe a la primera corriente enunciada, desde la reforma constitucional ocurrida en 1994. En efecto nuestro ordenamiento máximo cuenta – desde aquella reforma – con una explícita posivitización de la protección del medio ambiente o, en fiel reflejo de los términos empleados por nuestro mandato constitucional "ambiente".

Concretamente, nuestra Constitución argentina en su artículo 41 textualmente dispone que: "Todos los habitantes gozan del derecho a un ambiente sano, equilibrado, apto para el desarrollo humano y para que las actividades productivas satisfagan las necesidades presentes sin comprometer las de las generaciones futuras; y tienen el deber de preservarlo. El daño ambiental generará prioritariamente la obligación de recomponer, según lo establezca la ley. Las autoridades proveerán a la protección de este derecho, a la utilización racional de los recursos naturales, a la preservación del patrimonio natural y cultural y de la diversidad biológica, y a la información y educación ambientales. Corresponde a la Nación dictar las normas que contengan los presupuestos mínimos de protección, y a las provincias, las necesarias para complementarlas, sin que aquellas alteren las jurisdicciones locales. Se prohíbe el ingreso al territorio nacional de residuos actual o potencialmente peligrosos, y de los radiactivos".

Esta tendencia sobre lo explícito de la protección, como señalaba más arriba, no es uniforme dado que algunos países, por ejemplo Alemania, su Constitución no la prevé expresamente sino implícitamente. Nos ilustra Rabbi-Baldi Cabanillas, que la razón de tal omisión estriba en que la población tendría un elevado nivel de expectativa al que, en realidad, podría brindarse, circunstancia que no deja de ser paradójica en uno de los países que se exhibe como notoriamente protector del medio ambiente.[29] Y puede fácilmente concluirse que es Alemania uno de los países que imprimen particular celo en esta tutela.

29. Renato Rabbi-Baldi Cabanillas, *Génesis y sentido del art. 41 de la Constitución nacional*. En este punto es de consulta muy recomendada el trabajo de Guido S. Tawil, *La cláusula ambiental en la Constitución nacional*, LL LIX N. 93, del 15.5.1995.

En función de las notas diferenciales de las consecuencias en el ámbito jurídico de la protección del medio ambiente indicadas en el capítulo anterior, puede observarse que varios de los lineamientos enunciados son seguidos por nuestra Constitución en la norma citada. En efecto, se reconoce el "*Derecho de los habitantes de la Nación a un ambiente sano, equilibrado, apto para el desarrollo humano*". Este derecho es actual y no futuro pues implica el "*Derecho de los habitantes para que las actividades productivas satisfagan las necesidades presentes sin comprometer a las generaciones futuras*". Asimismo la norma constitucional puntualiza el "*deber de preservar el medio ambiente*". Es también un deber de las autoridades "*proveer a la protección del derecho al medio ambiente y a la utilización racional de los recursos naturales, a la preservación del patrimonio natural y cultural, la diversidad biológica y a la información y educación ambientales*". La vulneración de este derecho por el daño ambiental genera la *obligación de recomponerlo*. La Nación debe, así, propender al bien común, pues está obligada a "*dictar las normas que contengan los presupuestos mínimos de protección a las provincias. Las provincias deben dictar las normas complementarias, sin que aquellas alteren las jurisdicciones locales*". La proyección internacional de la cuestión también es contemplada en el mandato constitucional, al "*prohibir el ingreso al territorio nacional de residuos actual o potencialmente peligrosos y de los radiactivos*".

En Argentina, la ley 25.675, ocho años después de la reforma constitucional de 1994 continuó con la formación de la estructura legal de la protección del medio ambiente. En efecto, la norma citada dispuso que corresponde a la Nación dictar las normas que contengan los mínimos extremos necesarios para la protección del medio ambiente, alentando el desarrollo sustentable lo cual se asegura con: la preservación, conservación y recuperación de los recursos naturales y culturales; el mejoramiento de la calidad de vida; fomentando el uso racional de los recursos naturales; asegurando la diversidad biológica; promoviendo cambios de conductas sociales que posibiliten el desarrollo sustentable a través de la educación ambiental; favoreciendo el libre acceso al conocimiento de las normas ambientales por la población, entre otros objetivos.

La mencionada ley 25.675 contempla una serie de principios: a) el *principio de congruencia*, que implica que la legislación provincial y municipal se ajuste a los principios de la ley federal; b) el *principio de prevención*, a través del cual se pretende que se ataquen las causas y fuentes de los problemas ambientales; c) el *principio precautorio*, cuando existe peligro de daño grave o irreversible se tratará de prevenirlo con prescindencia de los costos involucrados; d) el *principio de equidad intergeneracional*, se conecta con la obligación de solidaridad con las generaciones futuras, es decir, proteger el medio ambiente para ellas; e) el *principio de progresividad*, los objetivos ambientales deben perseguirse gradualmente; f) el *principio de responsabilidad*, el generador de los efectos nocivos será responsable del saneamiento, se vincula con el principio contaminador-pagador; g) el *principio de subsidiariedad*, el Estado tiene la obligación de colaborar conjuntamente con los particulares en la preservación y protección ambiental; h) el *principio de sustentabilidad*, el aprovechamiento de los recursos debe hacerse a través de una gestión apropiada del ambiente y i) el *principio de cooperación*, conectada con los efectos transfronterizos de la degradación del medioambiente implica que los Estados deben cooperar en la solución o atenuación del efecto.

En la Unión Europea, la protección fiscal del ambiente se ha constitucionalizado a través del Acta Única Europea.[30] El artículo 2 del Tratado de la Unión Europea (TUE) designa como objetivo principal promover un crecimiento sostenible que respete el medio ambiente. También el artículo 130 R.1 TUE enumera en términos muy generales cuáles son los objetivos de la política ambiental comunitaria: conservar, proteger y mejorar la calidad del medio ambiente; contribuir a la protección de la salud humana y garantizar una utilización racional y equitativa de los recursos naturales. Entre las actividades de la Unión se incluye una política en el ámbito del medio ambiente (art. 3.k) y se especifica que tal política debe tender a alcanzar un grado de protección del medio ambiente elevado. Las exigencias de la protección del medio ambiente deben integrarse en la definición y en la realización de las demás políticas de la Comunidad (art. 130 R.2). Los principios básicos de la acción comunitaria ambiental, según los establece el artículo 130 R.2 TUE, son: el principio de acción preventiva; el principio de corrección de los ataques al medio ambiente en la fuente misma; el principio "quien contamina paga" y el principio de integración de las exigencias de protección del medio ambiente en otras políticas de la Comunidad.

30. El Acta Única Europea incluyó un nuevo capítulo dentro del título VII del mismo dedicado al medio ambiente. Este título comprende tres artículos 130; R, S y T. Junto a estos artículos se deben mencionar las nuevas disposiciones del artículo 100 A sobre aproximación de legislaciones en las que se contempla un procedimiento para la adopción de medidas sobre el medio ambiente en relación con el establecimiento y funcionamiento del mercado interior.

3. *Necesidad de convivencia armónica entre el desarrollo económico y el medio ambiente*

En la literatura jurídica relacionada con los problemas ambientales predominan los enfoques desde la perspectiva del castigo o sanción contra la industria que, en su producción, provoca secuelas contaminantes del medio ambiente. Pareciera que existe un desmedido interés en responsabilizar por el ejercicio lícito de una actividad industrial, más que en hallar soluciones razonables y eficaces para favorecer la armonía entre el medio ambiente y desarrollo económico.

Esta es una visión limitada del problema. Como afirma Macón, esta interpretación es de carácter eminentemente axiológico y su propósito radica en identificar a los responsables de la contaminación y penalizarlos mediante la aplicación de prohibiciones y multas.[31] Dichos planteamientos jurídicos basados únicamente en las consecuencias del problema no aportan ninguna solución, por el contrario crean muchas veces una mayor incertidumbre y acrecientan los inconvenientes para zanjar el conflicto. El enfoque punitivo tampoco comprende globalmente la cuestión, pues no se preocupa mayormente por la continuidad de los procesos industriales y mucho menos por los efectos económicos negativos que aquellas posiciones sancionatorias podrían generar.

En consecuencia, avanzando ya desde la plataforma que implica considerar el derecho a un medio ambiente sano como derecho natural de todo ser humano, me propongo analizar el fenómeno de la contaminación a través del prisma de los instrumentos económicos que pueden utilizarse como herramientas aptas para contribuir a la solución del problema. A tal efecto trazo un panorama descriptivo de tales instrumentos relacionados con la tributación, que desde hace ya tiempo se conoce como *eco tributación* y tiene un nutrido desarrollo doctrinario.[32] Abogo

31. Jorge Macón, "La política fiscal en el contexto de la contaminación ambiental", *Revista Impuestos*, 1979, p. 142.

32. *Congreso de la International Fiscal Association (IFA)* de 1993, Seminario C. Otros, ver: Ole Kristian Fauchald, *Environmental Taxes and Trade Discrimination*; Pedro Herrera Molina, *Derecho Tributario Ambiental;* Jorge Jiménez Hernández, *El tributo...*, cit.; Timothy O'Riordan, *Ecotaxation*; Tulio Rosembuj, *Los tributos y la protección del Medio Ambiente*. También compulsar *50th Congress of the International Institute of Public Finance, Environment and Natural Resources*, en particular los siguientes trabajos presentados: Peter Bohm, "Government Revenue Implications of Carbon Taxes and Tradeable Carbon Permits: Efficiency Effects"; Sijbren Cnossen, "Public Economics and the Environment in an Imperfect World";

por la convivencia armónica entre la producción industrial, desarrollo económico y el medio ambiente sin que puede considerarse legítimamente la exclusión reciproca entre ambos, aún mínimamente.

Concentro el análisis de la contaminación como un mal derivado de la producción de bienes en el proceso económico el que, a pesar de generarla, igualmente debe funcionar.

Los procesos industriales, en determinados casos y en grados diversos tienen como consecuencia comprobable la alteración de la naturaleza. La contaminación representa, para el proceso industrial, un *costo adicional* que se internaliza. Este problema es de compleja y difícil solución, toda vez que podría ser tan perjudicial mantener invariablemente el fenómeno contaminante como erradicarlo totalmente. Además no todo proceso industrial que genera contaminación lo hace en niveles intolerables, pues algunos de estos efectos son subsanados por la propia naturaleza. Consecuentemente se debería reducir este fenómeno a la mínima expresión posible llevándolo a la *frontera de tolerancia*, en donde la naturaleza pueda neutralizar el deterioro por sí misma.

Será entonces necesario que el Estado participe activamente con el fin de fijar una política ambiental razonable, tendiente a la protección de los recursos naturales pero de forma tal que el cumplimiento de dicho objetivo no trabe irrazonablemente el desarrollo industrial ya que éste, en gran medida, tiene por fin el mejoramiento de la calidad de vida.

En esta delicada misión, la actuación del Estado debe conducirse con prudencia. En oportunidad de elaborar los planes de control del fenó-

Lawrence H. Goulder, "Environmental Taxation and the Double Dividend: A Reader's Guide"; Bernard P. Herber, "International Environmental Taxation in the Absence of Sovereignty"; David C. L. Nellor y Emil M. Sunley, "Taxation of Natural Resources in Developing Countries"; Mark Pearson, "Implementing Environmental Taxes"; James M. Poterba y Julio L. Rotemberg, "Pigouvian Taxation of Intermediate Goods When Final Goods Can Be Imported"; Steg Proost y Van D. Regermorter, "Tax Reform Policies in the Presence of a Supra-National Environment Tax – The Role of the macroeconomic Regime and of International Coordination"; Mahesh C. Purohit y D. N. Rao, "Fiscal Intervention for Environmental Protection: A Cross-Sectional Analysis for Fiscal Prescriptions"; Ronnie Schob, "Evaluating Tax Reforms in the Presence of Externalities"; Stephen Smith, "Federal Issues in Environmental Taxation"; Agnar Sandmo, "Public Finance and the Environment"; Peter Birch Sorensen, Lars Haagen Pedersen y Soren Bo Nielsen, "Taxation, Pollution, Unemployment and Growth: Could There Be a 'Triple Dividend' From a Green Tax Reform?"; Olli Tahvonen, "Emission Taxation and Dynamics of Fossil Fuel Markets", entre otros.

meno y específicamente en la eventual aplicación de instrumentos económicos para su atenuación deberá evaluar los postulados fundamentales de *optimalidad, eficiencia y neutralidad*, con el propósito de que los efectos económicos originados por su intervención no perturben la correcta asignación de los recursos, el ejercicio de la actividad industrial y el empleo que ella genera. Las externalidades negativas tornan justificable la intervención del Estado que debe contribuir a encauzarlas.

Aparece así un problema de política económica cuya solución deberá enlazarse con un criterio de contaminación llevado a niveles aceptables y cuidando de no hacer inoperable el sistema económico. Entonces el objetivo consistirá en encontrar un sistema que pueda lograr un punto de equilibrio en el cual los recursos se confronten con los usos conflictivos, proporcionando los incentivos apropiados para producir resultados flexibles y asimismo que permitan trabajar a un gran número de empresas.[33]

Este propósito fue considerado por la II Conferencia de la ONU sobre Medio Ambiente y Desarrollo Sostenible, que estableció: "Los Estados deberán promulgar leyes eficaces sobre el medio ambiente. Las normas ambientales, y los objetivos y prioridades en materia de ordenación del medio ambiente, deberían reflejar el contexto ambiental y de desarrollo al que se aplican. Las normas aplicadas por algunos países pueden resultar inadecuadas y representar un costo social y económico injustificado para otros países, en particular los países en desarrollo." También estableció el principio según el cual "Los Estados deberían cooperar para promover un sistema económico internacional favorable y abierto que llevara al crecimiento económico y al desarrollo sostenible de todos los países, a fin de abordar en mejor forma los problemas de la degradación ambiental (...)."[34]

En nuestro ordenamiento constitucional encuentro una barrera infranqueable, violatoria de la frontera de la tolerancia a la que hago referencia anteriormente, la que no puede trasbasarse por prohibición de nuestra norma fundamental. En efecto, queda prohibido el ingreso al país de residuos peligrosos como también de material radioactivo. El art. 41 in fine expresamente dispone: "(...) *Se prohíbe el ingreso al territorio nacional de residuos actual o potencialmente peligrosos, y de los radiactivos*".

33. Stephen Breyer, *Regulation and its reform*, p. 271.

34. Cumbre de Río, II Conferencia de las Naciones Unidas sobre Medio Ambiente y Desarrollo Sostenible, 1992, *Principios*, n. 11 y 12.

4. Enfoque particular de los tributos en materia ambiental

4.1 La Hacienda Pública y su vinculación con la protección del medio ambiente

El Estado no puede soslayar su participación en el diseño de la solución óptima de estos problemas. En Argentina, además y por mandato constitucional, tiene el deber de propender a la protección del derecho a gozar de un ambiente sano. Para cumplir con este mandato constitucional, el Estado es llamado a intervenir dentro del conflicto básico entre ecología y economía cual es el de la prevalencia del principio ecológico de estabilidad, como condición de conservación de la naturaleza y el principio económico de crecimiento. El grado de desarrollo de las naciones tiene efecto sobre el establecimiento de políticas ambientales. Sin embargo los instrumentos económicos a utilizar serán básicamente los mismos, eligiéndose unos u otros según las particularidades de cada país.

La política ambiental es definida como la suma de objetivos y medidas destinadas a regular la interacción de la sociedad con el medio ambiente como sistema natural y comprende aspectos de rehabilitación, conservación y ajuste estructural[35] y, como bien afirma D'Auria,[36] demanda la existencia de arreglos institucionales que induzcan a los individuos – en el marco del acuerdo transaccional – a preservar el medio ambiente para el futuro.

La hacienda pública en la medida que fuere, puede ocuparse del tema en función de diversos factores: a) los estímulos tributarios a la industria; b) la responsabilidad es bidireccional, afecta al Estado pero también a los particulares; c) necesariamente deberán compararse los costos de control de la contaminación y d) el carácter transnacional de la contaminación. Todo ello se enmarca en la tarea de prevención, de restauración y del mejoramiento del medio ambiente al cual el Estado debe propender, en consecución de bien común.

a) Los *estímulos tributarios* a la industria pueden favorecer el impulso económico continuo y de los recursos humanos e incluso el desarrollo más acelerado de aquellos, en forma concordante con la mejor de

35. Udo E. Simonis, "Reestructuración industrial para un desarrollo sostenido. Tres puntos de partida"; en *Revista del Instituto de Estudios Económicos* 2: "Medio Ambiente y Crecimiento Económico", p. 196.

36. Giuliano D'Auria, *The importance of property rights, the market order and the rule of Law in protecting the environment*, p. 15.

las condiciones ambientales. La protección y el desarrollo tienen efectos enlazados y dependientes unos de otros debido a que sin la protección del medio ambiente el desarrollo se verá menoscabado y, por el contrario, sin desarrollo la protección ambiental fracasará.

Si se adoptan las políticas apropiadas las ganancias derivadas de la protección ambiental serán elevadas y los costos, en términos de los ingresos que se dejen de obtener, serán moderados.[37] Siempre que sea posible resultará conveniente emplear incentivos en materia de precios e impuestos para alentar la preservación del medio ambiente. Con frecuencia es preferible aplicar políticas sencillas e indirectas sin recurrir a la mera aplicación de tributos los que, en este contexto, puedan representar verdaderas sanciones.

b) *La tarea política es bidireccional*, porque el estado debe cuidar el medio ambiente pero el particular no queda relevado de dicha tarea tampoco, es un deber para ambos, conforme surge del mandato constitucional del art. 41 de la Constitución nacional. Siempre será útil la ayuda de instituciones eficaces y sensibles a las necesidades que cuenten con los mejores sistemas de información y análisis para determinar las prioridades y elaborar políticas y que coadyuven a la tarea del Estado en esta materia.[38] También es de trascendental importancia el apoyo de proyectos de inversión, asistencia técnica e investigaciones vinculadas con los costos adicionales de actividades que reporten beneficios ambientales.[39]

37. *Informe Anual del Banco Mundial*, 1992, p. 62.

38. El *Informe Anual del Banco Mundial*, cit., p. 67, en este sentido describe que la directriz operacional sobre la evaluación ambiental, aprobada en octubre de 1989, es fundamental para la integración de las preocupaciones sobre el medio ambiente en las actividades del Banco. En ella se exige realizar una evaluación ambiental de todos los proyectos que pueden tener importantes repercusiones adversas sobre el medio ambiente. En el año 1992, esta directriz fue revisada con el objeto de requerir que las personas que puedan verse afectadas por los proyectos respaldados por el Banco tengan acceso a la información contenida en la evaluación. La directriz revisada simplifica también el proceso mediante el cual se evalúan todos los proyectos en tramitación para determinar sus posibles repercusiones ambientales y se los clasifica según la probabilidad de que tengan efectos negativos sobre el medio ambiente.

39. Bajo la tutela del Banco Mundial se encuentra el Fondo para el medio Ambiente Mundial (FNAM) que es un proyecto experimental de tres años de duración que tiene por fin donar fondos para proyectos de investigación en materia de cambios climáticos, agotamiento de la capa de ozono, contaminación de las aguas internacionales y estudio de la diversidad biológica. Cfr. *Informe del Banco Mundial*, cit., p. 68.

Dichos subsidios asumen importancia superlativa en razón de que usualmente los países en vías de desarrollo han sido renuentes a la aplicación de tributos que no tuvieran otro destino que el de la recaudación.

La necesidad de grandes cambios para mitigar estos problemas ambientales ha llevado a los gobiernos a la búsqueda de una diversidad de instrumentos en política ambiental y a investigar la forma de minimizar el costo económico de estos ajustes. Cada vez con mayor frecuencia los gobiernos utilizan importantes incentivos en la incorporación de ecotributos en sus legislaciones.

La participación de los gobiernos ejerciendo su rol de supervisor del medio ambiente crece paulatinamente. Su intervención será necesaria con motivo de la aparición de "externalidades" involucradas en este fenómeno, es decir, el costo que el agente contaminador genera entre otros miembros de la comunidad. Ante tal circunstancia (respecto de lo cual me refiero más adelante) si los gobiernos no estimulan la solución de los problemas ambientales los agentes contaminadores no tendrán razones para incorporar esos costos que motivan las externalidades.[40]

c) El desarrollo de una política óptima en el control de la contaminación no puede soslayar la *necesidad de comparar entre los costos de la polución y los costos de su control*. Desde el punto de vista económico, la contaminación será reducida hasta el punto en que los beneficios de la sociedad por la reducción del fenómeno contaminante sean mayores que el costo del control de la misma, en otras palabras, cuando el perjuicio marginal de la polución iguale al beneficio marginal de la actividad contaminadora.

Los patrones de reducción del fenómeno consistirán en regulaciones diversas, y con tal propósito deberá analizarse cuales de los instrumentos a utilizar pueden resultar más económicos que otros y de que forma puede favorecerse al desarrollo industrial sin entorpecerlo.

Comparándolo con las regulaciones convencionales tendientes al control de la polución resulta que los mecanismos de mercado como las cargas tributarias, los impuestos y los permisos tienen básicamente tres atractivos: (a) permiten a las compañías y a los individuos elegir entre reducir la polución cuando los costos de abatimiento son mas convenientes; (b) los instrumentos de mercado contemplan un continuo incentivo para la reducción de los productos y procesos contaminantes, conside-

40. *IFA Congress 1993*, Seminar C "Environmental Taxes and Charges", cit., I.b) 1.

rando que las regulaciones son solo mínimamente obedecidas y (c) pueden elevar la recaudación facilitando otros cambios en la política ambiental y promoviendo sus reformas.[41]

Muchas veces se hace uso de la imposición sobre las emisiones que específicamente se aplican sobre unidades de polución emitidas, por ejemplo en el mayor número de emisiones de dióxido de carbono (vehículos, energía industrial por combustión, etc.). Pero esta alternativa implica una medición difícil. Es por ello que las limitaciones técnicas a la medición de la polución requiere la creación de nuevos procedimientos administrativos que, obviamente, se vinculan con los costos administrativos.

En cambio la tributación sobre las unidades de polución emitidas, utilizando los sistemas tributarios que persiguen objetivos de control, gozará de menor receptividad dado que, en general, tiene una finalidad eminentemente sancionatoria.[42]

La imposición directa tiene el inconveniente de definir la base de imposición sobre la cual recaerá el tributo. Cuando esta es insuficiente, la política basada en la aplicación de impuestos no es apta para reducir el fenómeno en la forma eficiente. He aquí que los problemas particulares de los aspectos ambientales pueden elegirse independientemente de la elección de procedimiento. También se torna inadecuada la imposición cuando se trata de estructuras ecoimpositivas destinadas a regiones amplias y cuando la contaminación es discontinua en el tiempo.

En otros casos se recurre a los incentivos por el control de la contaminación. Estos serán de mayor eficacia a la sanción mediante la imposición, pues el agente evaluará la conveniencia de optar por aquel dado que, en general, viabiliza la realización de sus objetivos comerciales. Así,

41. Ídem, ibídem.

42. *50th Congress of the International Institute of Public Finance, Environment and Natural Resources*, cit., en particular los siguientes trabajos presentados: Peter Bohm, "Government Revenue Implications of Carbon Taxes and Tradeable Carbon Permits: Efficiency Effects"; Michael Hoel, "The role of a carbon tax in environment and fiscal policy"; Thereses Mc Guire y Theresa M. Smith, "The impact of environmental issues on financing and objectives of surface transportation provision in the US"; Roger S. Smith, "Taxes on motor vehicles and their use in the European Community Environmental sensitive trends?". Cfr. también el art. 45 de la constitución española en cuyo inciso 3) expresamente establece: "Para quienes violen lo dispuesto en el apartado anterior, en los términos que la ley fije, se establecerán sanciones penales o, en su caso, administrativas, así como la obligación de reparar el daño causado". Richard A. Westin, *Environmental tax initiatives and multilateral trade agreements: dangerous collisions*.

la depreciación acelerada puede controlar la polución o eficientizar la inversión tendiente a minimizar la polución. Es mejor incentivar que penalizar, estimular la inversión en controles de la contaminación que sancionar con gravámenes cuyo cumplimiento tienen por efecto asfixiar a la actividad industrial, cuando no crean un clima de incertidumbre sobre los alcances de su cumplimiento.

d) Otro problema que debe contemplarse es el fenómeno de la contaminación internacional, pues ya no se limita a las fronteras de los países sino que el problema las traspasa. En ciertos casos las políticas tributarias en materia de medio ambiente deben considerar que los efectos de la generación de polución actualmente superan a las fronteras de las naciones. En efecto, en muchos países industrializados los artífices de las políticas sobre contaminación ambiental están considerando la contaminación originada en ciertos efluentes industriales cuyas consecuencias se transforman en un problema de alcance mundial, por ejemplo, el efecto invernadero y la lluvia ácida,[43] entre otros.[44]

e) En resumen, una política tributaria vinculada con los compromisos ambientales tiene que: (i) considerar el deber del Estado como un partícipe necesario en la resolución de los problemas en virtud de que los particulares no siempre pueden – individualmente – consensuar las alternativas de solución; (ii) evaluar la gama de instrumentos económicos a los cuales puede recurrir cuidando de no tornar inoperable a la actividad para lo cual deberá efectuar un profundo análisis de las consecuencias que podrían producirse en su implementación; (iii) incentivar más que penalizar; (iv) evaluar adecuadamente las implicancias políticas de su utilización; (v) meritar los aspectos distributivos y (vi) proyectar su eficacia y eficiencia.

4.2 Principios económicos: las externalidades

La búsqueda de la optimización en la asignación de recursos es un principio rector de la economía. Conforme la enunciación formulada por

43. *International Fiscal Association (IFA) Congress* 1993, Seminar C "Environmental Taxes and Charges" I.b), cit.

44. *50th Congress of the International Institute of Public Finance, Environment and Natural Resources*, cit.: Bernard P. Herber, "International environmental taxation in the absence of sovereignty"; Carlo Carraro y Domenico Siniscalo, "International coordination of environmental policies and implementation of international environmental agreements"; OCDE, *Climate change, economic instruments and income distribution*, 1995

Pareto, ello se logra cuando la eficiencia es el común denominador en la asignación de los recursos. Esto implica que ningún cambio ulterior en la aplicación de los recursos ni los métodos de producción aumentarían el bienestar de una persona sin afectar el de otra.

Se acepta como óptimo todo equilibrio en el que una ganancia posterior de cualquier sujeto se obtendría sólo haciendo estar a otro peor. Cada objeto se produce sobre la base de rendimientos constantes a escala. Ello significa que, de duplicarse los insumos y el trabajo utilizados en la producción de los bienes también se duplicará la producción de cada uno de esos bienes. Debido a que la oferta de los insumos y el trabajo son fijas, es imposible incrementar en forma simultánea la producción de ambos tipos de bienes. Consecuentemente, para acrecentar la producción de uno hay que reducir la del otro.

La empresa siempre tiende a maximizar sus ganancias. Ello se logra cuando el costo marginal es igual al ingreso marginal. Si el ingreso marginal es superior al costo marginal, la empresa puede incrementar su ganancia acrecentando la producción. También si el ingreso marginal es inferior al costo marginal, la empresa puede aumentar su ganancia reduciendo su producción. En síntesis, si el costo marginal es igual al ingreso marginal, todo cambio de producción reducirá los beneficios.

El hecho que hace que las empresas produzcan la cantidad óptima es el costo en que incurren para efectuar la producción: cuando más alto sea el costo menor será la producción.

El problema esencial aparece cuando en que el precio de los productos elaborados y que han generado contaminación no se refleja el daño que causan. El productor tiene pocas razones para instalar costosos equipos para prevenir el fenómeno. Si instala tales equipos y sus competidores no lo hacen, quedará en inferioridad de condiciones, tendrá menos ventas y menos ganancias debido a que sólo él internalizó el costo de la polución.[45]

La formulación inicial de este análisis en la obra de Pigou, quien desarrollara la diferencia entre costos sociales y privados (externalidades) sobre la base de un precedente jurisprudencial británico. El objeto del caso consistía en la demanda promovida por los agricultores de los campos por los que atravesaban las locomotoras del ferrocarril cuya combustión provocaba chispas y, con frecuencia, el incendio de tales campos.

45. Stephen Breyer, ob. cit., p. 261.

Como consecuencia de ello los agricultores debían pagar mayores primas de seguro argumentando éstos que tal diferencial de prima obedecía a la actividad del ferrocarril y no a ellos.

"En la interpretación de Pigou, una cosa son los costos privados – los que las empresas contabilizan – y otros distintos los sociales, los que realmente aporta la comunidad. La diferencia son las externalidades. La distinción entre costos sociales y privados implicaba cuestionar el modelo de equilibrio general, denominado teorema fundamental de la economía del bienestar, cuya conclusión esencial es que el sistema de mercado, actuando en competencia perfecta, hace la mejor asignación posible de recursos de la producción y de bienes de consumo. La tesis es que este hecho – que las empresas experimentan privadamente un costo más bajo que el social – implica que producirán a un nivel por encima del óptimo, absorbiendo recursos productivos que rendirían más en otras empresas, que por consiguiente determinarán que el óptimo global no se logre".[46]

Las externalidades existen cuando la función de utilidad de un sujeto o la función de producción de una empresa incluye una variable que se encuentra bajo el control de un segundo individuo.

Estas son clasificadas como externalidades de consumo o de producción, positivas o negativas. Se entiende por externalidad en el consumo al hecho por el cual la utilidad de un individuo depende del consumo de otro. La externalidad en la producción aparece cuando el producto de una empresa entra como insumo en la función de producción de la otra.[47]

En el análisis económico de la contaminación ambiental puede aplicarse el concepto de externalidad. Concretamente, la polución ambiental es un típico ejemplo de externalidad negativa o deseconomía. El fundamento del "principio contaminador pagador" reposa en el objetivo de la internalizacion de los costos externos de la contaminación. Entonces, en razón de que esta situación lleva al productor de bienes a evaluar las formas de una correcta asignación de los recursos, el problema de las exteralidades es básicamente un *problema de eficiencia.*

Un ejemplo de externalidad negativa de consumo corresponde al caso en el cual los individuos no pueden disfrutar del aire puro por la contaminación provocada por el humo que emana de una planta indus-

46. Jorge Macón, "Equidad y eficiencia en política tributaria", in *Homenaje al 50 aniversario de "El hecho imponible" de Dino Jarach*, p. 86.

47. John F. Due y Ann F. Friedlaender, *Análisis Económico de los Impuestos y del Sector Público*, pp. 67-68.

trial, o bien no pueden disfrutar de un río por la polución ocasionada por el vertimiento de residuos en él. Otro ejemplo, pero de externalidad negativa de producción está representado por la imposibilidad de una lavandería, cuya exclusiva actividad es el lavado y secado al aire libre de las prendas, debido a que una industria cercana vierte al exterior humo ensuciando a dichas prendas, privándole así a la lavandería de su único medio de sustento.

La esencia de este concepto es que involucra una interdependencia entre dos o más agentes económicos y el hecho de que no se fija ningún precio a tal interdependencia. Podría existir la interdependencia entre los consumidores, entre los productores o entre productores y consumidores. Ello significa que no puede alcanzarse el óptimo pareteano, a menos que el mecanismo de los precios contenga algunos procedimientos de ajuste para la corrección de las externalidades. No debe eliminarse por completo la externalidad negativa sino buscarse la cantidad de externalidad óptima.[48]

Dentro del costo de producción debe considerarse el costo generado por la contaminación. Este costo de la contaminación es externo al del producto. Además es soportado por todos los individuos no sólo el consumidor del producto sino inclusive aquellos que no lo consumen (por ejemplo, los habitantes lejanos de una planta industrial cuya contaminación llega a sus hogares a través del aire o el curso de los ríos contaminados).

Si el precio del producto no incluye el costo del control de la contaminación, el precio final de mercado será artificialmente bajo. Siendo así, la demanda será mayor de la que resultaría de internalizar el costo del control de la contaminación. Este mayor consumo implica que los recursos económicos no se encuentran correctamente asignados pues se ha exigido más de lo que puede ofrecer.[49]

Puede afirmarse que los bienes y males ambientales tienen mercado, pueden tornarse escasos. También tienen un precio, aunque el mismo no surja del mercado. Así, "el problema de los bienes ambientales es que su precio efectivo parece ser cero simplemente porque no hay mercado, cuando en realidad su precio verdadero es positivo".[50]

48. David W. Pearce, *Economía ambiental*, pp. 39 y 42.

49. Pedro Tarak, Ponencia en el *Simposio sobre aspectos tributarios, financieros (incluso estímulos) de la protección ambiental*, p. 4.

50. David W. Pearce, ob. cit., p. 43.

Los abundantes e inagotables bienes de la naturaleza, esencialmente libres y gratuitos, por efectos de factores contaminantes, han dejado de revestir tales características. El aire libre, la protección de la cubierta de ozono, los ríos limpios pasaron a tener un precio.

Pero si bien el fenómeno de la contaminación debe solucionarse mediante un mecanismo apto para la internalización de los costos derivados de aquella, no existen evidencias suficientes de que estos denominados "impuestos pigouvianos" produzcan realmente la internalización de costos en el sentido de la optimización, conforme lo sugiere la teoría.[51]

4.3 Los costos de transacción

Coase[52] claramente expuso el problema en el trascendente trabajo titulado "The Problem of Social Cost", ampliamente difundido como el "*Teorema de Coase*". La externalidad requiere el concurso de dos o más partes. El ejemplo de Coase describe la siguiente situación: un médico instala su consultorio al lado de una pastelería. El ruido de las máquinas de la fábrica le impide examinar correctamente a sus pacientes. Por ello el médico requiere a la pastelería el cese del ruido. Las máquinas generadoras del ruido son las que producen los productos de la pastelería, razón por la cual el cese del ruido implicaría la desaparición de dicho establecimiento.

51. Jorge Macón, ob. cit., p. 89.

52. Ronald H. Coase, "The problem of Social Cost", publicado en *The Journal of Law and Economics* 3, pp. 1-44. Puede compulsarse la traducción al castellano en R. H. Coase, *La empresa, el mercado y la ley*, pp. 121 y ss. Algunas interpretaciones del Teorema de Coase pueden consultarse en W. Baumol y W. Oates, *La teoría de la política económica del medio ambiente*; John F. Due y Ann F. Friedlaender, ob. cit., p. 72; Giuliano D'Auria, *The importance of property rights, the market order and the rule of Law in protecting the environment*, p. 15; Catherine Gillespie, *Protecting the environment with property rights, the market and the rule of law*, p. 36; Luis Franco Sala, *Política Económica del Medio Ambiente*; cit., pp. 73 y ss.; Gustavo Naveira de Casanova, "La política fiscal del medio ambiente y para la protección de los consumidores: su incidencia en el derecho comunitario europeo", LL 157-799; en *50th Congress of the International Institute of Public Finance*, cit., cfr. James M. Poterba y Julio L. Rotemberg, "Pigouvian Taxation of Intermediate Goods When Final Goods Can Be Imported"; Hannelore Weck-Hannemann y Bruno S. Frey, "Are incentive Instruments as Good as Economists Believe? Some New Considerations"; Eduardo Wiesner, "The Political Economy of the Environment in Developing Countries: Market Failure and Institutional Response".

La solución eficiente depende del que sufre el mayor daño. Quien sufre la mayor pérdida de ingresos podría pagar al otro lo suficiente para que se mude. La situación se resuelve por medio de una indemnización.

La complicación surge cuando los efectos de la externalidad son difundidos, es decir, son tan amplios que afectan a un número elevado de sujetos. Por ejemplo, los costos de la contaminación ocasionada por el humo de una industria dependen del número de personas residentes en los alrededores de la planta.

En estos casos, el principio general a aplicar es claro. Las repercusiones deben reducirse hasta que los costos marginales de su ulterior reducción sean iguales a los beneficios marginales que tal reducción causa a la sociedad. Sin embargo los beneficios y costos causados por combatir la contaminación y llevarla a niveles aceptables pueden ser lo suficientemente elevados como para que la industria contaminadora deje de funcionar o sea trasladada a otro lugar, incrementando así los costos de sus productos.

Consecuentemente, cuando se realiza el análisis de la contaminación en el contexto de la tributación, deben preverse en lo posible los costos y beneficios totales de su control y los costos y beneficios marginales. La moraleja del teorema de Coase radica en que, desde el punto de vista de los resultados, respecto de la empresa que genera contaminación es lo mismo subsidiarla (para que deje de causarlo) o gravarla con un impuesto (para que sea costoso seguir contaminando): ello vincula la solución al ajuste de los costos de transacción.

Aclarando lo expuesto, en dicho teorema no significa que las cosas sean estrictamente iguales, aplicando un impuesto o un subsidio. La afirmación significa que el resultado, en términos de obtener un nivel óptimo de producción, es lo mismo, pero la distribución del ingreso y del bienestar será naturalmente diferente.[53]

Se maximiza el beneficio social cuando se establece un impuesto igual a los costos marginales de la contaminación al nivel de producción óptimo. La empresa se hará cargo de los costos externos en forma de un impuesto al cual tratará como un costo privado. Así, el costo externo se internaliza.[54]

53. Jorge Macón, "La política fiscal en el contexto de la contaminación ambiental", cit., p. 146.

54. David W. Pearce, ob. cit., p. 99.

La contaminación le impone costos externos a la población. Privadamente las partes involucradas pueden negociar efectuándose concesiones recíprocas: el afectado ofrecería un precio al afectante hasta el punto en que el beneficio marginal del afectado iguale al costo marginal de efectuar el pago indemnizatorio. Por su parte el contaminador reducirá su nivel de contaminación al punto que su pérdida marginal – generada por la modificación de su actividad – iguale al beneficio marginal que obtiene por el cobro. Esto significa que los sujetos sin requerir la intervención estatal podrían resolver sus diferencias mediante una indemnización de daños y perjuicios. Esta es una forma eficiente de solucionar las externalidades.

Sin embargo, por la magnitud y complejidad del problema en la mayor parte de los casos es imposible para cada sujeto afectado negociar con el agente contaminante pues los costos de transacción (costes de negociación) serían demasiado elevados, consecuentemente impedirían toda solución.

Ello significa que en la mayor parte de las situaciones la intervención del Estado se torna necesaria porque los costos son tan difusos que no es posible fijarlos sin la intervención gubernamental. Esto es debido a que los costos externos impiden al mercado arribar a una óptima asignación de los recursos y de alguna forma debe asegurarse que la parte favorecida recompense a quien le brinda los beneficios o que la parte mas perjudicada reciba una indemnización de quien produce perjuicio y consecuente costo.

En este contexto los empresarios no pueden realizar todas las ganancias o no tienen que soportar todos los costos causados a otras empresas como producto de su actividad. De esta forma surgen economías y deseconomías externas. Si el sujeto contaminador debe hacerse cargo de los costos sociales derivados de su actividad, que obviamente serán sumamente elevados, su empresa se reducirá y en muchos casos desaparecerá. "El nivel óptimo de contaminación se alcanza cuando los costos de las reducciones ulteriores son iguales a los beneficios que acarrea a la sociedad esas reducciones".[55]

Por último señalo las dos posiciones antagónicas frente al problema que acreditan la dificultad de arribar a soluciones negociadas en los términos precedentemente expuestos.

Para algunos,[56] si la contaminación es un costo externo, nada debería impedir que quienes lo padecen negocien directamente con quienes lo

55. John F. Due y Ann F. Friedlaender, ob. cit., p. 81.
56. David W. Pearce, ob. cit., p. 112.

causan a efectos de obtener su reducción o eliminación. Así podrá acordarse de la misma forma en que se venden los bienes en el mercado. También resulta evidente que el sujeto que provoca la contaminación está interesado en la maximización de sus beneficios privados por lo que válidamente puede pensarse que voluntariamente no ofrecerá compensación alguna a quien padezca los efectos nocivos del factor contaminante.

Otros consideran que es irritante que quien padece la contaminación deba subsidiar al contaminador para que se abstenga de hacerlo. Sin embargo, este es un efecto derivado de una actividad legítima cual es la producción de los bienes que recibirá, de una u otra forma, el afectado. Por ello, no es intrínsecamente malo subsidiar al contaminador. Sería un intercambio de derechos.

5. Los tributos ambientales

La OCDE produjo varios trabajos de rigurosidad y profundidad notables. De ellos adopto la definición de instrumentos económicos destinados a la protección del medio ambiente que, en un sentido amplio, los considera como "los instrumentos que implican una transmisión financiera entre los contaminadores y la colectividad (diversos tipos de tasas y cánones, ayudas financieras, créditos de emisiones) como los que apuntan hacia una acción directa en los precios relativos (como es el caso de la fijación de tarifas de los servicios y la fiscalidad de los productos)".[57]

Comparándolos con la utilización de reglamentaciones que definen modelos de conductas a los cuales los agentes deben adaptarse por la presión y coacción que implican para aquellos, por el contrario los instrumentos económicos aportan una señal económica a los mercados y en tal contexto los contaminadores pueden reaccionar libremente.

Básicamente cuatro elementos caracterizan a los instrumentos económicos: (i) la existencia de un estímulo financiero; (ii) la facultad del agente contaminador de reaccionar en forma libre ante ellos; (iii) la intervención estatal y (iv) la finalidad protectora del medio ambiente.

Los tributos ambientales deben tener en cuenta cinco condiciones para su correcta aplicación: eficacia; eficiencia; el contexto internacio-

57. OCDE, *Economic Instruments for Environmental Protection*. Existe una versión en español en la *Revista del Instituto de Estudios Económicos*, n. 2, de 1990: "Medio Ambiente y Crecimiento Económico", p. 216.

nal; transparencia y no debe entorpecer el normal desarrollo del mercado interno: es por eso que la Comisión ha adoptado una comunicación sobre el uso de tributos para la protección ambiental.[58]

La búsqueda de una mayor eficacia en las políticas medioambientales ha contribuido a su utilización. Cuentan con ciertas ventajas consistentes en una mayor eficiencia, pues en muchos casos minimizan el costo global de la lucha anticontaminante. Asimismo son un estímulo permanente para reducir el fenómeno contaminante o bien para atenuarlo toda vez que permiten mayor flexibilidad al poder público pudiendo cambiar o matizar el tipo de tributo.[59]

El enfoque economicista del problema fue definido por Macón señalando que "la contaminación debe concebirse fundamentalmente como el uso de un recurso por el cual debería pagarse".[60] Existe una amplia gama de instrumentos de tipo económico que sirven para cuantificar, establecer y concretar el "pago" por el uso del mencionado recurso.

Actualmente y cada vez con mayor frecuencia se recurre a estos instrumentos. Sin embargo no se eximen de diversos aspectos negativos, prevaleciendo el hecho de que elevan el costo de la actividad por lo cual afectan a la competitividad de los agentes económicos sujetos a los mismos en relación con quienes no lo están y lesionan de esta forma el criterio de optimalidad. Por otra parte en ciertos casos crean en favor del sujeto contaminante un verdadero derecho a contaminar.

En el marco de la problemática ambiental se relativiza la afirmación según la cual la economía se ocupa de los recursos escasos denominándolos bienes económicos y los que son totalmente gratuitos y disponibles indefinidamente, no interesan al análisis económico.

Algunos recursos que ofrece la naturaleza, que fueron esencialmente libres, se han convertido en bienes económicos debido a que la actividad industrial traspasó la frontera de la tolerancia. El sistema económico utiliza sin costo estos recursos generando una inadecuada distribución de los recursos, habida cuenta de que efectuará un uso excesivo del bien libre. Ejemplo de ello es el uso del aire, el agua, el sonido, el filtro solar

58.Cfr. S. Turner y J. O'Shea, *Taxes as tools of EC environmental policy: the case of the carbon/energy tax*, p. 35.

59. OCDE, *Economic Instruments for Environmental Protection*, 1989; véase versión en español en la *Revista del Instituto de Estudios Económicos*, publicación n. 2, cit., p. 219.

60. Jorge Macón, "La política fiscal...", cit., p. 146.

de la atmósfera, los recursos ictícolas, entre tantos. Concretamente puede visualizarse en el ejemplo señalado precedentemente sobre la lavandería que seca las prendas al aire libre: dicho aire libre es un bien que no tenía precio establecido hasta que es "expropiado" por la industria cercana que libera humo, impidiéndole a aquella continuar con su negocio.

La OECD[61] clasificó los instrumentos económicos que mas adelante describiremos. En primer lugar, se encuentran los tributos en general, particularmente los impuestos, tasas y contribuciones especiales. Se incluye en este segmento a los impuestos sobre la contaminación, las tasas por descargas de efluentes o su tratamiento industrial y las contraprestaciones por servicios administrativos vinculados con el uso de productos o residuos peligrosos, etc. En segundo lugar aparecen los subsidios que son modalidades para lograr conductas anticontaminantes, expresados en préstamos o créditos blandos. En tercer lugar, mecanismos de depósitos en garantía, reembolsables. Consiste en el reintegro de las garantías ofrecidas en oportunidad del inicio de una actividad contaminante exigida obligatoriamente por el Estado como condición de inicio de la empresa. En cuarto lugar, el sistema de licencias otorgadas por el Estado a las industrias contaminantes por debajo de un determinado nivel no nocivo o tolerable. El aspecto negativo radica en que podría llegar a configurar un pago por derecho a contaminar. En quinto lugar, los instrumentos financieros consistentes en premios y castigos. Básicamente se emplean en relación con la defensa de la calidad del aire, del agua, del nivel de sonidos, protección del suelo y tareas de limpieza.

Dichos instrumentos económicos usualmente se utilizan en conjunto con los instrumentos reglamentarios.

5.1 Finalidad de los impuestos ambientales

Utilizo la expresión ecotributos en razón de su carácter amplio, dado que involucra a los tres componentes de la clasificación tripartita tradicional de tributos: impuestos, tasas y contribuciones especiales. Otros prefieren denominarlos "impuestos verdes" o expresiones simila-

61. OCDE, *Economic Instruments for Environmental Protection*, 1989; véase versión en español en la *Revista del Instituto de Estudios Económicos*, publicación n. 2, cit., pp. 222 y ss. Puede consultarse también el artículo de Emilio Cárdenas, "Instrumentos fiscales para la protección del medio ambiente. El caso de los municipios", *Revista Impuestos* XLVIII-B, 1.609.

res. Se suman a ellos otros instrumentos económicos directamente vinculados con la tributación como los subsidios e incentivos, los sistemas de licencias, amortizaciones y deducciones especiales, los sistemas de créditos, entre otros.

Se justifican estos tributos ambientales por tratarse de instrumentos especialmente eficaces para la internalización de las externalidades, y sirve para la integración de las políticas económica y ambiental; porque pueden proporcionar incentivos para que tanto consumidores como productores cambien de comportamiento hacia uno más respetuoso con el medio ambiente y porque pueden servir para disminuir la presión fiscal sobre las rentas derivadas del trabajo.

Los principales objetivos de los ecotributos radican en que: (a) Con carácter general los ecotributos son considerados como los instrumentos económicos específicos que apuntan a encarar una conducta compatible con el medio ambiente, sin que simplemente sean una analogía con los impuestos como instrumentos generadores de recaudación. Es decir, son vías aptas para modelar conductas sociales. En el caso particular de los ecotributos su objetivo no es incrementar la recaudación sino minimizar el daño internalizando sus costos de abatimiento sin impedir el desarrollo industrial. Lo contrario es impropio y podría generar efectos perniciosos en el desarrollo desnaturalizándolos. (b) Los ecotributos tienen por objeto influir en la conducta de los sujetos pasivos en orden a la reducción de sus actitudes contaminantes. (c) También se los considera como vehículos de indemnización para la sociedad.[62] (d) Tienden a crear un incentivo para reducir la cantidad de productos contaminantes.[63] Este éxito depende de un alto nivel de información a la población y la existencia de un ente colector apto. (e) Los impuestos sobre productos son usados como fuente de financiamiento del costo ambiental, por ejemplo, utilizando tales ingresos para desarrollar dispositivos de seguridad de la contaminación de aquellos productos o reducir el costo del reciclado, consecuentemente facilitándolo.

62. *IFA Congress* 1993, Seminar C "Environmental Taxes and Charges" I.c). Se cita en este trabajo, como ejemplo, el proyecto suizo que destinaría los recursos originados en estos gravámenes al sistema nacional de salud, produciendo una disminución en los costos de esta para los usuarios.

63. *IFA Congress* 1993, Seminar C "Environmental Taxes and Charges" I.c). En algunos países los efectos de dichos impuestos han sido evaluados positivamente como el caso de Suiza donde se ha demostrado que los impuestos sobre las bolsas plásticas han reducido notoriamente su uso.

5.2 Impuestos ambientales, parafiscalidad y capacidad contributiva

Teniendo los tributos ambientales metas que trascienden la mera recaudación pues atienden a otra función, parafiscal, modeladora de conductas, tendiente a disuadir comportamientos industriales contaminantes, el principio de capacidad contributiva se desdibuja, si se lo compara con la generalidad de los impuestos.

La capacidad contributiva es fundamento inspirador de todo impuesto. Es la "potencia económica genérica" aplicable sobre "hechos imponibles que manifiesten riqueza".[64] Sólo es capacidad contributiva aquella riqueza que pueda ser detraída sin perjudicar la supervivencia de la organización económica gravada. La potencia económica debe considerarse como condición necesaria pero no suficiente de la capacidad contributiva y debe estar, por tanto, calificada a la luz de los principios constitucionales fundamentales. El principio de capacidad contributiva relativa será el que presida la elección de los métodos impositivos, es decir, de las medidas técnicas que, partiendo de una manifestación de riqueza imponible de un sujeto, conducen a la determinación de la cuantía de la deuda tributaria que por esa riqueza ha de satisfacer. Esos métodos impositivos, que determinan los elementos de cuantificación de la deuda tributaria, resultan de la combinación de los siguientes criterios esenciales: la naturaleza, real o personal, de los hechos imponibles del tributo, la estructura proporcional y progresiva de los tipos de gravamen, y el carácter objetivo o subjetivo del tributo.[65] El legislador podrá escoger libremente las manifestaciones de riqueza que repute relevantes para efectos tributarios, pero siempre deberá proceder a esa elección entre las situaciones de la vida reveladoras de capacidad contributiva y siempre se ha de referir a esta la definición de los criterios de medida del tributo.[66]

Pero en los ecotributos esta garantía en la imposición no rige conforme lo expresado, precisamente por la función metajurídica de estas formas de imposición. Los tributos ambientales (sean impuestos, tasas o contribuciones especiales) no se fundamentan en el principio de capacidad económica. El contribuyente de estos gravámenes no está obligado a contribuir en función de su capacidad contributiva sino porque ha contaminado y debe reparar el daño o velar por el principio de solidaridad

64. Francesco Moschetti, *El principio de capacidad contributiva*, p. 73.
65. Fernando Sainz de Bujanda, *Lecciones de Derecho Financiero*, p. 110.
66. Alberto Xavier, *Manual de Direito Fiscal*, vol. I, p. 108.

(sea cual fuere el fundamento que se atribuya al principio contaminador pagador).[67] Herrera Molina[68] aboga por un mayor control del principio de proporcionalidad, en razón de que los impuestos extrafiscales – como se puede apreciar – no responde al principio de capacidad económica. Bien dice Alonso González[69] que "un tributo extrafiscal en su estado más puro se caracteriza por predominar hasta tal punto el elemento extrafiscal sobre el fiscal, siempre dentro de los márgenes que impone la Constitución (...). El legislador no establece ese tributo para obtener fondos, sino casi puede decirse que para dejar de obtenerlos, pues el fracaso recaudatoria es síntoma de que el fin al que se aspiraba se ha alcanzado".

5.3 Estructura de los impuestos ambientales

Por virtud de su esencia tributaria, los ecotributos participan de los caracteres propios de los gravámenes en general. Son obligaciones jurídicas típicamente comparables a los impuestos sobre los consumos espe-

67. Jorge Jiménez Hernández, *El tributo como instrumento...*, cit., p. 133, quien señala, refiriéndose a la función pública de preservación del medio ambiente como justificadora de la imposición ambiental, que "dicha concepción en la que se basa la configuración del hecho imponible de los tributos ecológicos es a todas luces discrepante de la concepción tradicional que sitúa al principio de capacidad económica como fundamento de la imposición, más no por ello se aparta de los criterios emanados de la Constitución, según ha interpretado el Tribunal Constitucional [español]". Dicho Tribunal ha sentenciado: "(...) el sistema tributario en su conjunto como cada figura tributaria concreta forman parte de los instrumentos de que dispone el Estado para la consecución de los fines económicos y sociales constitucionalmente ordenados (...). A ello no se opone tampoco el principio de capacidad económica... pues el respeto a dicho principio no impide que el legislador pueda configurar el presupuesto de hecho del tributo teniendo en cuenta consideraciones extrafiscales" (STC 37/1987, f.j. 13).

68. Pedro Herrera Molina, *Derecho Tributario Ambiental*, cit., p. 60. En relación con el criterio de prescindir del principio de capacidad contributiva en la base de imposición, por el fin extrafiscal de los tributos en análisis, opina el autor que "este planteamiento es inexacto, pues la mera presencia de 'riqueza potencial' en el hecho imponible no supone ninguna garantía de justicia para el contribuyente. En el caso de los impuestos extrafiscales deberá llevarse a cabo, más bien, un control de proporcionalidad. Para ello deberá examinarse, en primer término, si el impuesto es idóneo para conseguir el fin extrafiscal y si ello se realiza con la mínima lesión posible del principio de capacidad económica (*v. gr.* sin desvirtuar innecesariamente la progresividad del gravamen). Además, deberá ponderarse el bien ambiental conseguido y la lesión del principio de capacidad económica" (pp. 60-61).

69. Luis Manuel Alonso González, *Los impuestos autonómicos de carácter extrafiscal*.

cíficos pero en el caso su destino no es la recaudación sino disuadir el comportamiento del sujeto pasivo del gravamen, modelar en uno u otro sentido su conducta. Por esta razón, la política de creación de los ecotributos deberá considerar los principios esenciales de la tributación[70] tales como los principios de legalidad, igualdad, equidad, proporcionalidad, certeza y previsibilidad.

La Constitución nacional contiene las reglas sobre la distribución del poder impositivo. El problema principal en relación con los impuestos ecológicos es decidir cual de los niveles estatales ejercerá las facultades para crearlos. Este es un problema de crucial importancia, pues la situación constitucionalmente difiere si se adopta una u otra posición. Asimismo deberá respetarse las limitaciones previstas en la ley de coparticipación conforme a la cual no pueden crearse tributos locales con idéntica base de los coparticipados, como resignación de potestad impositiva.

Los ecotributos deben cumplir con el principio de legalidad en materia tributaria. Es decir, el ecoimpuesto debe derivar de una ley en sentido formal y material emanada del Congreso de la Nación. Asimismo debe previa y claramente definirse la base imponible, el sujeto pasivo y demás aspectos esenciales de la obligación tributaria.

Otro aspecto a contemplar es el principio de igualdad y equidad de tratamiento pues el ecoimpuesto tiende a restringir, a través de un camino indirecto, los comportamientos contaminantes.

Asimismo, la tipificación de los ecotributos debe cumplir con el postulado de certeza y previsibilidad en su configuración. Neumark[71] precisó con meridiana claridad los principios tendientes al logro de una óptima eficiencia de la política fiscal. Estos principios pueden resumirse en suficiencia (que la recaudación tributaria cubra los gastos públicos originados en la necesidad del abatimiento del fenómeno contaminante); capacidad de adaptación (movilidad del sistema fiscal para adaptarse a los requerimientos de las nuevas circunstancias); flexibilidad de la estructura impositiva (adecuando la mayor o menor presión fiscal según el desarrollo económico); congruencia (las disposiciones tributarias deben observar coherencia engarzándose dentro del sistema legal sin contradicciones con otras normas impositivas); transparencia (importa certeza y comprensibilidad de las normas impositivas, o sea, claridad y precisión);

70. *IFA Congress 1993*, Seminar C "Environmental Taxes and Charges" I.b).

71. Fritz Neumark, *Principios de la Imposición...*, cit., con la introducción de Enrique Fuentes Quintana.

continuidad (permanencia en el tiempo de las normas fiscales, sin alteraciones permanentes); factibilidad (que las formulaciones no sean teóricas sino que puedan concretarse en la práctica, es decir, que no excedan las reales posibilidades de administración); comodidad (mínimos costos para los contribuyentes, en el cumplimiento de sus deberes tributarios) y economicidad (mínimos costos para la administración tributaria).

5.4 Impuestos ambientales, el Mercosur y el Derecho supranacional

Bajo ciertas circunstancias la aplicación de ecotributos puede distorsionar las relaciones entre los países miembros del proceso de integración económica, en el caso de nuestro país el Mercosur, debido al tratamiento discriminatorio que se produciría sobre la libre transferencia de bienes, entre productos nacionales e importados. De esta forma puede desvirtuarse el criterio de armonización que es uno de los pilares de todo proceso de integración.

Dicha armonización conlleva la idea de ajuste de los sistemas fiscales internos de los integrantes del proceso de integración en la búsqueda de objetivos económicos y sociales supranacionales comunes.

En el ámbito del Mercosur cabe reseñar que el Mercado Común implica "la libre circulación de bienes, servicios y factores productivos entre los países (...) la coordinación de políticas macroeconómicas y sectoriales entre los Estados Partes: de comercio exterior, agrícola, industrial, fiscal, monetaria, cambiaria y de capitales, de servicios, aduanera, de transportes y comunicaciones y otras, que se acuerden, a fin de asegurar condiciones adecuadas de competencia entre los Estados Partes (...)".[72]

Por ejemplo, en materia de incentivos tributarios y dado que estos beneficios generalmente provocan una modificación sustancial de la estructura tributaria de los impuestos a la renta y patrimonio, corresponde que sean armonizados para evitar distorsiones en la localización de las inversiones evitando competencias entre los países.[73]

Según sea la modalidad que adopte la aplicación de estos gravámenes tienen entidad suficiente para afectar la coincidencia de las políticas tributarias dispuestas por los países integrantes del proyecto de integra-

72. *Tratado de Asunción*, art. 1º.

73. Hugo González Cano, *Análisis de los sistemas tributarios en el Mercosur*, trabajo presentado en el Seminario ILADT en Italia, 1992.

ción. Ello puede producirse, tanto por la aplicación de ecotributos como también por el otorgamiento de incentivos tributarios.

También desde una perspectiva supranacional, cuando se crea un ecotributo para resolver un problema local se genera una disminución en la producción del bien. Esta circunstancia puede afectar directamente a la competencia internacional, regional o global, consecuentemente se altera la relación costo-beneficio.

Es por ello que estos problemas intentan atacarse a través de la armonización de políticas de trascendencia internacional. Este principio fue recogido en el Principio 16 de la Declaración de Río sobre Desarrollo y Medioambiente, estableciendo que las autoridades nacionales deben promover el uso de instrumentos económicos en relación con sus intereses públicos sin distorsionar el comercio y las inversiones internacionales.

Los impuestos sobre productos que contienen sustancias perjudiciales para el medioambiente son, en general, los impuestos internos que se aplican tanto a manufacturas locales como importadas. Si bien en término medio no ocasionan inconvenientes, los problemas se suscitan con la aplicación de impuestos sobre sustancias específicas utilizadas en determinados productos que se destinan a la exportación.

Es por ello que se propone la utilización de impuestos compensatorios aplicados sobre la importación definitiva de productos similares, con el fin de favorecer la competencia de los productos locales gravados.[74] Sin embargo se torna dificultoso encontrar el punto de equilibrio entre la gravabilidad de los productos locales con los impuestos compensatorios aplicados a la importación de tales productos con la tributación de los productos locales. Por otra parte, las normas del GATT limita la aplicación de derechos compensatorios y el art. 95 de la CEE los prohíbe.[75]

74. *IFA Congress 1993*, Seminar C "Environmental Taxes and Charges" I.c).

75. GATT, Artículo VI, punto 3 dispone: "No se percibirá sobre ningún producto del territorio de una parte contratante, importado en el de otra parte contratante, derecho compensatorio alguno que exceda del monto estimado de la prima o de la subvención que se sepa ha sido concedida, directa o indirectamente, a la fabricación, la producción o la exportación del citado producto en el país de origen o de exportación, con inclusión de cualquier subvención especial concedida para el transporte de un producto determinado. Se entiende por 'derecho compensatorio' un derecho especial percibido para contrarrestar cualquier prima o subvención concedida, directa o indirectamente, a la fabricación, la producción o la exportación de un producto."

Los productos incluidos en las listas de concesiones del GATT deben estar libres de todo impuesto diferente al indicado en esas listas que conlleven discriminación entre productos de origen nacional y extranjeros.

Comparativamente, la competencia internacional es más favorecida con la aplicación de ecotributos que con las tasas sobre emisiones. Ello en razón de que los impuestos sobre productos asumen en general la modalidad de impuestos internos, pudiéndose aplicar el principio del país de destino. Consecuentemente, se eximen a las exportaciones en tanto que se gravan a las importaciones.

Los impuestos sobre los productos, en particular, deberán respetar los principios del GATT[76] destinados a prevenir el tratamiento tributario discriminatorio en materia de transferencia de bienes, habida cuenta de que los ecotributos normalmente se aplican como impuestos indirectos.

6. Impuestos ambientales

6.1 Justificación de los impuestos ambientales

Los impuestos ambientales no tienen, como ya señalé, una función primordialmente recaudatoria sino sancionatoria (quien contamina repara el daño generado) o bien modeladora de conductas (estímulo para dejar de contaminar). El Estado, al recurrir a estas formas de imposición debe necesariamente evaluar que el poder de imponer involucra el poder de destruir[77] pues en este campo podría producirse dicho efecto. De allí

76. GATT, Artículo III: "Trato nacional en materia de tributación y de reglamentación interiores. 1) Las partes contratantes reconoce que los impuestos y otras cargas interiores, así como las leyes, reglamentos y prescripciones que afecten a la venta, la oferta para la venta, la compra, el transporte, la distribución o el uso de productos en el mercado interior y las reglamentaciones cuantitativas interiores que prescriban la mezcla, la transformación o el uso de ciertos productos en cantidades o en proporciones determinadas, no deberían aplicarse a los productos importados o nacionales de manera que se proteja la producción nacional. 2) Los productos del territorio de toda parte contratante importados en el de cualquier otra parte contratante no estarán sujetos, directa ni indirectamente, a impuestos u otras cargas interiores, de cualquier clase que sean, superiores a los aplicados, directa o indirectamente, a los productos nacionales similares. Además, ninguna parte contratante aplicará, de cualquier otro modo, impuestos u otras cargas interiores a los productos importados o nacionales, en forma contraria a los principios enunciados en el párrafo 1".

77. "Mc Culloch vs. Maryland", célebre expresión del juez Marshall.

la necesaria prudencia sobre la base de un adecuado estudio en la aplicación de estos tributos parafiscales

La justificación de su aplicación como instrumentos económicos modeladores de conductas[78] puede sintetizarse en dos razones: (a) El impuesto como objetivo en sí mismo, internalizando los costos internos de la contaminación y elevando el sistema en dirección a la optimización, motiva que los sujetos involucrados cambien su conducta a fin de evitar aplicación del gravamen sobre la actividad contaminante que se desarrollan. Consecuentemente, "de no existir un impuesto a la contaminación, el contaminador no se ve impulsado a disminuirla ni a encarar la construcción de una planta para el tratamiento de los residuos. Así el contaminador, carece de interés para hallar nuevas tecnologías tendientes a reducir los residuos o a reprocesarlos".[79] (b) El impuesto como fuente de financiamiento del gasto originado en la implementación de medidas de control directo de la actividad contaminante. Esta posición aparece contradictoria con la definición de impuesto como prestación pecuniaria, cuyo producido ingresa a las cuenta generales destinado a los gastos indivisibles del Estado, para acercarse más a la definición de tasa que, como veremos más adelante, genera los recursos para hacer frente a un servicio, es decir, a gastos divisibles.

Como bien señalara Breyer, la verdadera virtud de un impuesto radica en su capacidad de proporcionar incentivos para dirigir el comportamiento hacia una dirección socialmente deseada, sin paralizar la tecnología actual y preservando un grado de elección individual.[80] En otras palabras, tienden a desanimar las conductas contaminadoras y a redistribuir entre un elevado número de agentes, los costos de las instalaciones necesarias para evitar que se produzcan daños ambientales.[81]

En la Unión Europea, el contexto legal de los tributos ecológicos es complejo, en razón de que se trata de un instrumento en formación. Asimismo, el Tratado de la Unión no se encuentra una sóla referencia explícita a los mismos lo cual no es óbice para individualizar un sistema legal básico en torno al cual estos tributos se relacionan, es el siguiente: derechos aduaneros sobre el comercio intracomunitario o medidas de efecto equivalente; restricciones cuantitativas sobre importaciones y exporta-

78. Jorge Macón, "La política fiscal...", cit., p. 150.

79. A. Myrickfriman III y Robert H. Haveman, *Los incentivos económicos y la calidad del medio ambiente. Nuevos Impuestos*, pp. 489-550.

80. Sthepen Breyer, ob. cit., p. 271.

81. Ramón Martín Mateo, *Tratado de Derecho Ambiental*, vol. I, p. 240.

ciones de bienes entre estados miembros o medidas de efecto equivalente; disposiciones sobre la política de transportes,[82] ayudas estatales que crean distorsiones en la competencia que afectan al comercio intracomunitario,[83] tributación interna discriminatoria de los productos de otros estados miembros o bien medidas proteccionistas de la producción nacional y legislación concerniente a los impuestos especiales de fabricación (accisas) y otras formas de tributación basadas en el artículo 99.[84]

6.2 El principio contaminador-pagador

Ha sido ampliamente difundido el principio según el cual, "quien contamina paga", elaborado como uno de los principios directores de los

82. Las Directivas 91/542/EEC, 93/59/EEC, 94/12/EEC, adoptadas todas ellas en relación con el artículo 100a y relativas a las emisiones contaminantes de vehículos a motor, contienen la estructura mínima de los incentivos fiscales destinados a la compra de nuevos vehículos. Dicho sistema permite a los estados miembros fomentar la compra de vehículos nuevos de tecnología más limpia. Estos incentivos están permitidos siempre que se cumplan los siguientes principios: se debe aplicar a todos los vehículos nuevos que cumplan con los límites de emisión previstos en las Directivas citadas; los incentivos se pueden conceder siempre y cuando sean acordes a los límites de emisión que estén vigentes; los incentivos deben ser más bajos que el coste necesitado para cumplir con los niveles de emisión requeridos y tienen que ser notificados con tiempo suficiente por parte de los estados miembros a la Comisión.

83. De acuerdo con el artículo 92 del TUE, cualquier ayuda concedida por un estado miembro que distorsione o amenace con distorsionar la competencia será incompatible con el mercado común. Por tanto, tiene que asegurarse que un tributo ecológico no es contrario a estas normas. Si la recaudación obtenida de tributos ecológicos se destina a determinados gastos específicos a resulta de los cuales algunas empresas o producciones son favorecidas, seguramente se puede concluir que estas ayudas estatales son distorsionadoras del Mercado Único. Asimismo se estaría en la misma situación cuando las exenciones concedidas son necesarias para prevenir que las compañías domésticas se encuentren en posiciones desfavorables si se comparan con otras empresas que están situadas en países que no poseen este tipo de tributos.

84. La legislación adoptada bajo el artículo 99 consiste en: normas armonizadoras sobre la estructura y tipos de gravamen mínimos para los impuestos especiales de fabricación o accisas sobre aceites minerales, tabaco y bebidas alcohólicas; y, otras medidas adoptadas por la Directiva 92/12/EEC que permiten a los estados miembros establecer impuestos indirectos sobre productos teniendo en cuenta que no podrán incrementar las formalidades en las operaciones transfronterizas en el comercio entre estados miembros, aparte de otras restricciones como el debido cumplimiento a las normas de IVA y accisas. Los estados miembros pueden solicitar autorización al Consejo para aplicar tipos reducidos o exenciones, por ejemplo, por razones ambientales.

aspectos económicos de las políticas ambientales en el ámbito internacional, que elaborara el Subcomité de Expertos Económicos del Comité de Medio Ambiente de la OCDE (1971). Asimismo la II Conferencia de la ONU sobre Medio Ambiente y Desarrollo Sostenible recogió expresamente el principio en análisis estableciendo que "Las autoridades nacionales deberían procurar fomentar la internacionalización de los costos ambientales y el uso de instrumentos económicos, teniendo en cuenta el criterio de que el que contamina debería, en principio, cargar con los costos de la contaminación, teniendo debidamente en cuenta el interés público y sin distorsionar el comercio ni las inversiones internacionales".[85]

Este principio es una aplicación del criterio de eficiencia y su base teórica se encuentra en la noción de externalidad. La finalidad del principio "contaminador-pagador" radica en que quien causa un daño a otros sujetos o a la comunidad deba abonar las sumas necesarias para su resarcimiento.[86] En otros términos, puede sostenerse que el principio "contaminador-pagador" reconoce como causa eficiente el criterio de responsabilidad; en este sentido implicaría que los costos derivados de las medidas que sean indispensables para eliminar la contaminación o reducirla a límites aceptables deben estar a cargo de los sujetos que las producen.

En opinión de Herrera Molina[87] y Jiménez Hernández,[88] desde la óptica constitucional se engarza en el principio de solidaridad, a punto tal que dicha solidaridad se encuentra prevista expresamente en la constitución española (art. 45). Por el contrario, Cano – y coincido con esta fundamentación – expresa que el principio se apoya en dos teorías: (a) En primer lugar en la teoría de la compensación es decir paga quien hace necesaria una acción del gobierno depuradora de la actividad contaminante y tributa en función del costo irrogado a la administración. (b) En segundo lugar en la teoría del valor es decir paga quien se beneficia por el hecho contaminante y tributa en función de las utilidades que obtiene por tal actividad.

Cabe considerar que, en nuestra Constitución, la protección del medio ambiente no recoge textualmente referencia alguna a la solidaridad – si bien implícitamente debería considerarse que influye al momento de dilucidar la *ratio legis* de la norma en cuestión. Para mí, el princi-

85. Cumbre de Río, *Principio*, n. 16.
86. Ramón Martín Mateo, ob. cit., vol. I, p. 239.
87. Pedro Herrera Molina, *Derecho Tributario Ambiental*, cit., pp. 40 y ss. y 158.
88. Jorge Jiménez Hernández, *El tributo como instrumento...*, cit., p. 79.

pio contaminador-pagador se ajuste al carácter sancionatorio que expresamente emana de nuestro texto constitucional al establecer el art. 41 que "(...) *El daño ambiental generará prioritariamente la obligación de recomponer, según lo establezca la ley* (...)". Es una forma de respetar el principio básico de la responsabilidad cual es el de la subjetividad en el accionar como merecedor de una sanción.

Si bien resulta obvio que el sujeto contaminante traslade dichos costos a los compradores de los productos que produce la flexibilidad de la oferta y demanda condicionará dicha traslación. "En definitiva y en términos económicos, envuelve la internalización de las externalidades. Estas últimas son los costos sociales, que antes no se computaban en los cálculos del costo-beneficio y que al adoptar el principio son incorporados a estos traducidos en las contribuciones fiscales y otras erogaciones financieras que el contaminador debe asumir".[89]

Las obligaciones individuales derivadas de tales conductas no eran desconocidas por los ordenamientos tradicionales que preveían la imposición de resarcimientos tanto en el contexto de derecho privado en la forma de relaciones de vecindad, culpa extracontractual, como también en el del público (daños a los bienes del dominio público).

El impuesto utilizado como instrumento moderador de este fenómeno, debe recaer sobre contaminaciones moderadamente degradantes del medio ambiente y sólo en la medida en sea un medio eficaz para su eliminación o atenuación. La solución debería ser sustancialmente diferente si, por el contrario, la actividad industrial genera efectos letales para la vida del hombre, situación que accionaría el poder de policía administrativa aplicando lisa y llanamente medidas administrativas de prohibición o bien llevando el impuesto a límites tales que motiven dicha prohibición.

Finalmente, señalo que existen opiniones opuestas a este principio. Se ha sostenido que no resulta suficiente el principio contaminador-pagador para lograr una mínima defensa del medio ambiente. Además de ello hace falta la adopción de medios jurídicos y económicos concretos, tanto en el momento preventivo como con posterioridad para reducir al máximo los efectos dañinos de la contaminación industrial.

Pero existen grados de admisibilidad de los impuestos ambientales, supuestos en que aún el principio contaminador pagador no atiende a la real importancia del problema. "En la contaminación hay un orden de

89. Guillermo J. Cano, *Derecho, política y administración ambientales*, p. 136.

importancia según la naturaleza del emponzoñamiento e incidencia porcentual en relación al medio afectado. Indiscutiblemente cuando el envenenamiento ha llegado a ser muy nocivo, se impone la decisión urgente de prohibir la fabricación del producto contaminador, cualquiera sean los problemas económicos y sociales suscitados. En tal caso no tiene cabida el impuesto".[90] En otros términos, en grados severos de afectación al medio ambiente, el impuesto – aún bajo la garantía de la reparación por el principio en análisis – no podría proceder.

En este orden de ideas, el Procurador General de la Corte Suprema de Justicia de la Nación señaló en un precedente vinculado con el tema que "El Poder Ejecutivo, al sancionar el decreto 2.125/78, so color de ampararse en una supuesta habilitación legal contenida en el estatuto de O.S.N., ha incurrido en excepciones reglamentarias que alteran la letra y el espíritu de la ley 2.797 y de su similar 4.198, que sólo permite a la autoridad administrativa multar a los establecimientos transgresores, clausurarlos y efectuar por cuenta de ellos las operaciones de saneamiento, pero nunca autorizarlos a contaminar, previo pago de una tasa (...). Por tanto, resulta ilegítimo que se pretenda cohonestar la percepción de cuotas de resarcimiento, basada en la habilitación legal proporcionada por el recurso financiero previsto en la ley 13.577 (t. o. por la ley 20.324), permitiendo como sostén de tal imposición el vertido de efluentes industriales contaminantes a las aguas públicas, en abierta violación a los principios constitucionales implícitos que protegen el medio ambiente (...). El objeto perseguido por el régimen de cuotas de resarcimiento era estimular a las industrias a construir sus plantas de tratamientos de efluentes líquidos (...). Ni de la letra ni del espíritu de la legislación (decreto 2.125/78, leyes 2.797, 4.198 y 13.577) se desprende la finalidad de habilitar a la Administración para que permita la subsistencia de la actividad contaminante, compensando aparentemente el daño público con un resarcimiento monetario".[91]

Cabe también reseñar el que fuera el primer fallo ecológico de nuestra Corte Suprema de Justicia de la Nación, que data del 14.5.1887. Ante los reclamos de los Saladeristas de Barracas que, ante la suspensión de faenas ordenada por ley provincial, demandaron por daños y perjuicios que no prosperó estableciendo el Alto Tribunal que "la autorización de

90. Nicolás J. Scotti, *Impuesto contra la contaminación. Estudios Tributarios*, t. I, p. 185.

91. "Incidente promovido por la querella s/ inconstitucionalidad del decreto 2.125/78 del P.E.N.", C.S.J.N. 19.11.1987, Dictamen del Procurador General.

un establecimiento industrial, está siempre fundada en la presunción de su inocuidad, y no obliga al Gobierno que la concedió, cuando esta presunción ha sido destruida por los hechos, pues en tal caso, el deber que sobre él pesa de proteger la salud pública contra la cual no hay derechos adquiridos, recobra toda su fuerza y no solamente puede imponer al establecimiento nuevas condiciones sino retirar la autorización concedida, si estas no se cumplieran o fuesen ineficaces para hacerlos completamente inocuos".[92]

Las dificultades propias del estudio del impacto ambiental en general, provoca distorsiones en la aplicación equitativa de este principio, consecuentemente es frecuente que se desnaturalice, como ejemplo el caso de la tasa ambiental prevista en la ley 24.051 debido a la particular cuantificación de la base imponible en función de la utilidad presunta de la actividad del agente.

6.3 Análisis del costo-beneficio económico

La relación costo-beneficio económico resulta de aplicación incierta sobre las medidas de protección ambiental. Es de compleja comprobación. Ello obedece a que están comprometidos valores fundamentales que no pueden integrarse en el cálculo económico. Es sumamente difícil la respuesta frente al interrogante cuál es el valor de la conservación de la naturaleza para uso y gozo del hombre, de una especie animal o vegetal.[93]

En un enfoque estrictamente axiológico, toda la teorización que eventualmente pueda efectuarse sobre la aplicación de impuestos a la actividad industrial que afecta el medio ambiente, reconoce como interés central al hombre. La actividad industrial genera bienes que representarán, en términos generales, en una mejora calidad de vida aunque en determinados casos en virtud de los materiales empleados y los desechos producidos se produzcan consecuencias que atentan contra el hábitat natural. "En los momentos actuales estamos asistiendo a un auge insospechado en el tratamiento de los problemas del medio ambiente. Esta preocupación con visos de urgencia sobre este tema deriva de la conciencia colectiva sobre la ecología mundial y sobre los riesgos que un futuro habrá de afrontarse de seguir la actual expansión demográfica, tecnológica e in-

92. Fallos 31:273.

93. Mateo Margariños de Mello, Ponencia presentada en el *Simposio sobre aspectos tributarios y financieros (incluso estímulos) de la protección ambiental*, p. 3.

dustrial. En definitiva, el desarrollo económico de los países habrá de medirse no a través de un índice material, por ejemplo el máximo producto nacional bruto, sino por un índice de bienestar: el máximo u óptimo bienestar social. El simple crecimiento material suele estar reñido con el óptimo de bienestar social, porque la contaminación implícita en dicho crecimiento produce una desutilidad social que será necesario eliminar para alcanzar aquel óptimo".[94]

En reemplazo de la relación costo-beneficio económico aparece la relación costo-beneficio social, que tiene por objeto establecer ya no si se procederá a actuar frente al problema sino que explica el "como" desde la perspectiva financiera. El costo-beneficio social es objeto de una decisión política.

6.4 Cuantificación del impuesto

Un aspecto de difícil solución es el referido a la cuantificación del tributo a aplicar sobre la actividad contaminante. Concretamente cuáles son los elementos que permiten conformar la base imponible del gravamen y respetar el postulado contaminador pagador.

Los tributos se nos presentan como un instrumento para graduar el sistema económico. A través de los denominados impuestos ecológicos se otorga al medio ambiente un valor económico, asignándose un precio a los bienes medioambientales.[95]

La base imponible resulta difusa frente a los procesos de contaminación en los cuales no existe proporción entre el efecto (contaminación) y las variables tradicionalmente consideradas (ventas, producción, salarios, ganancias, valuación de inmuebles, etc.). Es obvio que el estado (nacional, provincial y municipal) debe utilizar los medios necesarios para efectuar una adecuada asignación de los recursos privilegiando el bienestar social en general.

En algunas clases de externalidades (congestión de rutas y la contaminación del agua y aire) es posible aproximarse adecuadamente a las cargas por contaminación pues es posible la aplicación del criterio de la fijación de precios del abatimiento del fenómeno. En otras clases (costos

94. Francisco Castellano Real, *Nuevos Impuestos*, cit., p. 59.

95. Cfr. "Price it right: energy pricing and fundamental tax reform", *Tax Notes*, March, 1998, pp. 1.295 y ss.

de derrames de petróleo que contamina las playas, destrucción de los recursos ictícolas, etc.) resulta de mayor complejidad.

Predomina en el impuesto sobre la contaminación la finalidad extra fiscal que lo motiva. "Indiscutiblemente, la dificultad básica consiste en una tasa que refleje el costo social de la degradación ambiental. Si el impuesto es menor que el coste social de la degradación contaminante, disminuirá el efecto extra fiscal perseguido, y si lo excede, y la demanda es sensible al inevitable aumento del precio, las empresas contaminadoras podrán verse compelidas a transformaciones apresuradas de difícil concreción".[96]

Para esbozar una alternativa de respuesta, se han elaborado diversos criterios: (a) Que el tributo exigido a los agentes contaminantes sea equivalente a una parte sustancial del costo que hubiera debido incurrir para aplicar elementos o procedimientos sustitutivos que no generasen contaminación o que llevasen ésta a límites sensiblemente menores. Esto es pues el coste equivalente al coste marginal de producción. (b) Que el impuesto sea equivalente al costo de los productos que necesariamente deben emplearse para neutralizar la contaminación ya efectuada. Esto es igual al coste social marginal de contaminación. (c) Finalmente, si la alícuota del gravamen se colocase a niveles notoriamente altos, el efecto que se lograría sería la prohibición de la actividad contaminante como consecuencia del gravamen. Se utiliza el impuesto como instrumento para inhibir por completo la actividad cuestionada.

Considero que en los dos primeros criterios expuestos se produce un efecto colateral que merece atención. En general la contaminación se extiende a lugares distintos de donde ella se provoca. Por ejemplo la contaminación que producen los motores de automóviles y la que producen un proceso industrial desarrollado en una gran planta que genera la contaminación a través de chimeneas si el impuesto se aplica sobre el dueño de la refinería y sobre el dueño de la planta industrial ellos trasladarán el impuesto al consumidor a través del precio. Con ello qué efecto colateral se provoca: la población perjudicada no tendrá menos contaminación, y por añadidura la parte de ella que es consumidora pagará los mayores precios por la misma mercadería.[97]

Con el objeto de que los industriales desarrollen nuevas tecnologías anticontaminantes o moderadoras de este fenómeno "el impuesto debe

96. Nicolás J. Scotti, ob. cit, p. 187.
97. Ídem, ibídem, p. 188.

concordar con el costo social en juego y fundamentalmente que los contaminadores monopolistas u oligopolistas no tengan frente a ellos una demanda muy rígida. Además es menester advertir que si el costo social de la degradación ambiental carece de adecuada estimación de la colectividad, se producirá un desajuste contrario a la eficacia del impuesto. La naturaleza y ubicación del proceso gravado, las posibilidades de control, etc., son variables decisivas para determinar el grado de eficacia de este impuesto. No es lo mismo un impuesto controlable sobre los procesos realizados en una refinería de petróleo, referido al agregado de una sustancia contaminante a la gasolina, que la contaminación que puede cometerse dispersamente en procesos industriales simples. Vuelvo a insistir, el impuesto es uno de los arbitrios útiles para mantener una lucha frontal contra la contaminación. Pero también son muy hábiles los otros arbitrios señalados. De acuerdo a nuestro juicio el más trascendente y permanente es la educación desarrollada con prisa y sin pausa".[98]

Para asegurar un impacto significativo del impuesto para el logro de sus objetivos, debe tomar en consideración que: (a) La base imponible deberá relacionarse lo más cercanamente posible con las consecuencias de los productos sujetos a impuesto. (b) Evaluar la eventual existencia de que los productos sustitutos de los que ocasionan la contaminación. Esta es una muy importante consideración en razón de que si estos no existen, el nivel de la tasa debería situarse elevado, pues de otro modo el ecoimpuesto no tendría un impacto significante.[99] (c) Los productos sobre los cuales recae el impuesto que consecuentemente sean objeto de una modificación en su proceso o utilización, debería reintegrarse dicho sacrificio al agente o, por lo menos, crearse una ventaja impositiva que aliente dicho cambio.

Una de las ventajas comparativas de los ecoimpuestos sobre los productos en relación con las tasas sobre la emisión es que los primeros no requieren el permanente control de su aplicación, es decir, el monitoreo de la contaminación ocasionada por los productos. Al menos en teoría, la tasa del gravamen debería recaer sobre el producto en función de su potencial generación de contaminación si bien, en la práctica, esto no es siempre factible.

En suma, la alícuota debería ubicarse en función de la evaluación del nivel de impuestos en concordancia con el promedio de los costos

98. Ídem, ibídem, p. 189.
99. OCDE, *Economic Instruments for Environmental Protection*, cit.

causados por el control de la conducta contaminante. Pero si los costos de neutralización del fenómeno son mayores que el promedio, los sujetos pasivos del impuesto tendrán una ventaja derivada del pago del impuesto. Por el contrario, si los costos de neutralización del fenómeno contaminante son menores que el promedio, los sujetos pasivos tenderán a adoptar un comportamiento menos contaminante.[100]

6.5 El hecho imponible en los impuestos ambientales: modalidades

6.5.1 Impuestos sobre los productos

Algunos productos en los proceso industriales son generadores de daños ambientales, razón por la cual conllevan un importante costo social. En orden a la creación de incentivos para reducir el nivel de la contaminación causada por tales productos y de esa forma internalizar el costo social que deriva de su utilización, una primera aproximación podría ser la aplicación de impuestos sobre los niveles de polución emitidos denominados "cargas sobre la emisión". La dificultad en la práctica radica en la complejidad del monitoreo de tales niveles de polución como también la implementación del impuesto. Por estos motivos se ha encarado el problema simplificando la cuestión en la aplicación del impuesto sobre los productos.

Esencialmente los impuestos sobre los productos pueden dividirse en dos categorías: (a) Impuestos que tienen por objeto recaer sobre materiales de producción de productos finales que generan contaminación (por ejemplo, fertilizantes); (b) Impuestos que recaen directamente sobre el producto terminado, por ejemplo, baterías, bolsas de plástico, refrigeradores, pesticidas y solventes. La modalidad que adquieren estos impuestos puede asemejarse a los conocidos impuestos sobre los consumos específicos. A su vez, los impuestos sobre los productos finales pueden presentarse como:[101] (i) La aplicación de un derecho. (ii) La aplicación de un depósito de fondos al cual queda obligado el vendedor del producto con un derecho a devolución de tales fondos cuando el producto es reciclado. Estos sistemas de restitución de depósitos son aplicados en relación con aquellos productos cuyo reciclado favorece a la protección

100. *IFA Congress 1993*, Seminar C "Environmental Taxes and Charges" l.c).

101. Robert N. Stavins y Bradley W. Withehed, "The greening of America's taxes: pollution, charges and environmental protection, Policy report", n. 13.

ambiental tales como líquidos reciclables, cubiertas de automóviles, carrocerías de automóviles, baterías con contenidos de ácidos, aceites industriales, siendo en su mayoría productos que generan altos costos en caso de una disposición impropia.

Sobre la valoración crítica de este instrumento la OCDE señala que: (a) No tienen un claro efecto incentivador, sin embargo son muy utilizados por las legislaciones comparadas.[102] (b) Mayoritariamente se aplican para cubrir los gastos ecológicos relativos a productos potencialmente nocivos. (c) Su efectividad medioambiental depende de la medida en que se cubren esos gastos necesarios. (d) No guarda compatibilidad con el principio contaminador pagador.

6.5.2 Impuestos sobre los insumos

Estos gravan ciertos insumos básicos para la actividad que genera la contaminación, debido a que ellos son los responsables primarios de tal contaminación.

Se busca con ello modificar el comportamiento de un agente haciéndolo optar por un insumo alternativo menos contaminante. Pero en la eventual aplicación de gravámenes sobre los insumos esenciales debe procurarse la no afectación del principio de eficiencia (concepto de carga excedente o peso muerto elaborado por Mirrles), como tampoco debe afectarse el principio de neutralidad tributaria.

Si bien es una posibilidad que favorece el contralor del manejo de los objetos contaminantes, no es menos cierto que un insumo puede ocasionar contaminación en un proceso industrial pero no en otros. De esta forma se estaría afectado el criterio de optimización de una empresa sin justificativo razonable.

En la actualidad se ofrecen en el mercado naftas con y sin contenido de plomo. Por este medio se podría gravar el consumo de las primeras con mayor intensidad que las segundas sin afectarse – a nuestro criterio – ni los principios de eficiencia, neutralidad ni optimización.

102. Se aplican ampliamente sobre lubrificantes (Alemania, Francia, Finlandia, Italia, Noruega y Países Bajos); azufre en los combustibles (Noruega y Países Bajos); fertilizantes (Noruega y Suecia); pilas de mercurio y de cadmio (Suecia y Noruega); envases no retornables (Finlandia, Noruega y Suecia); productos químicos de base (EEUU); pesticidas (Noruega y Suecia); bolsas de plástico (Italia). Información obtenida de *Economic Instruments for Environmental Protection*, OCDE, cit., pp. 33 y ss.

6.5.3 Impuesto sobre el hecho contaminador

Teniendo por objeto la penalización de la actividad contaminante vía impuestos, no cabe duda que un medio efectivo es aplicarlos sobre los efluentes. Con ello se logra: (a) La internalización de los costos para lograr la optimización en la asignación de recursos. (b) Se procuran fondos o recursos para destinarlos a actividades de saneamiento. (c) Desde la perspectiva axiológica se penaliza al sujeto contaminante.

La dificultad radica en la cuantificación del gravamen, habida cuenta que las emanaciones contaminantes no tienen proporción ninguna con las variables que normalmente constituyen la base imponible.

Sólo pueden juzgarse bajo el criterio de la efectividad medioambiental las cargas cuyo objetivo sea incidir sobre el comportamiento contaminador. Aquellas que tengan una función meramente recaudatoria sólo pueden contribuir indirectamente a la mejora de la calidad del medio ambiente.

Las autoridades señalan otros dilemas. Piensan que los recargos bajos no serían efectivos en tanto que los altos proporcionan actitudes evasivas y discriminaciones ilegales de precios en distintos mercados En principio, existe compatibilidad con el principio contaminador-pagador. Las obligaciones contributivas se imponen de conformidad con la cantidad y calidad de materiales contaminantes descargados en el medio ambiente.

6.5.4 Impuestos diferenciales

Los impuestos diferenciales tienen propósitos incentivadores y paulatinamente son utilizados por las diversas legislaciones básicamente en lo concertienente a automóviles con catalizadores,[103] con menor cilindrada,[104] uso de naftas sin plomo.[105] Se ha utilizado al impuesto al valor agregado como medio para implementar la diferenciación impositiva.

103. Utilizados en Alemania, Suecia, Noruega donde se privilegia impositivamente a los automóviles de motores "limpios". Información obtenida de *Economic Instruments for Environmental Protection*, OCDE, pp. 33 y ss.

104. Utilizado en Alemania y Suecia sobre la base las características del vehículo.

105. En Alemania, Finlandia, Noruega, Países Bajos, Reino Unido, Suecia y Suiza se aplican impuestos diferenciales sobre naftas con plomo favoreciendo de esta forma el consumo de nafta sin plomo. Ello ha provocado la virtual desaparición de la nafta con plomo de Holanda y Suiza (*Economic Instruments for Environmental Protection*, OCDE, p. 71).

Valorando críticamente este instrumento podemos afirmar que: (a) Debido a que los sistemas de diferenciación impositiva forman parte de los sistemas tributarios existentes, son relativamente fáciles de aplicar. (b) Como consecuencia de ello, tienen una alta eficiencia administrativa. (c) Es evidente que actúan conforme al principio contaminador pagador.[106]

7. *Tasas ambientales*

Dentro de la clasificación tripartita de tributos, las tasas son las prestaciones pecuniarias exigidas coactivamente por la autoridad pública en carácter de contraprestación por servicio público divisible que dicha autoridad le presta o está en condiciones de prestarle al sujeto. Los caracteres de la especie "tasa", dentro del género "tributo" son, en opinión de A. D. Giannini,[107] prestaciones pecuniarias debidas a un ente público con base en una norma legal y en la medida establecida por ella, por el desarrollo de una actividad del mismo ente que concierne en modo particular al obligado, a diferencia de los impuestos que son prestaciones pecuniarias que el ente público tiene derecho a exigir en virtud de su potestad de imperio, originaria o derivada, en los casos en la medida y en los modos establecidos por la ley con el fin de obtener un ingreso. Este distingo clásico ha sido ampliamente seguido por la doctrina nacional y extranjera (aunque con peculiaridades respecto de la diferenciación con los precios públicos, su vinculación con la capacidad contributiva del contribuyente o la relación entre la cuantía del tributo y el costo de los servicios públicos prestados, entre otros).

Simón Acosta[108] nos enseña que "son un tipo de tributo, consistente en una obligación debida por quienes utilizan servicios públicos divisibles, por los afectados por actuaciones administrativas particulares, o por quienes son autorizados para usar el dominio público". Ferreiro Lapatza[109] define a la tasa como "un tributo cuyo hecho imponible consiste en una actuación de la Administración que se refiere, que afecta directa e inmediatamente al sujeto pasivo". Valdés Costa[110] expresa que lo único que está fuera de discusión respecto de la tasa es justamente el hecho de que la obligación de pagarla nace cuando se verifica "una actividad del estado que

106. OCDE. *Economic Instruments for Environmental Protection*. p. 116.
107. Aquile Donato Giannini. *Istituzioni di diritto Pubblico*. p. 56.
108. Eugenio Simón Acosta. ob. cit., p. 22.
109. Ferreiro Lapatza. *Curso de Derecho Financiero Español*. p. 286.
110. Valdés Costa. *Curso de Derecho Tributario*. pp. 143 y ss.

concierne en modo particular al contribuyente". Definió a la tasa como "el tributo cuya obligación está vinculada jurídicamente a determinadas actividades del Estado, relacionadas directamente con el contribuyente".

Este tributo aplicado al campo ambiental ha sido analizado desde dos perspectivas: por un lado significando el medio para responsabilizar al contaminador financieramente; por otro fijando un precio por su actividad imponiendo de este modo un peso económico al responsable por el costo ecológico.

Sin embargo, se ha juzgado que la relevancia de las tasas como instrumentos económicos para la protección ambiental es limitada.[111] Ello toda vez que algunas de éstas deben tener una justificación específica (como veremos, las tasas administrativas y de uso), en tanto que otras observan enormes dificultades de implementación (las tasas sobre efluentes) que más adelante describiremos.

Su monto debe guardar una razonable proporción con el costo del servicio efectivamente prestado por el Estado al contribuyente obligado aunque no debe implicar una equivalente matemática, pues de allí deriva – a diferencia del impuesto – el derecho del Estado a reclamarla.[112]

La prestación del servicio es el elemento típico del tributo y su ausencia torna improcedente su cobro. El cobro de las tasas presupone la existencia de un requisito fundamental como es que al cobro de dicho tributo debe corresponder siempre la concreta, efectiva e individualizada prestación de un servicio relativo a algo no menos individualizado del contribuyente. La Corte Suprema[113] tuvo oportunidad de declarar ilegítima la pretensión de un municipio de cobrar una tasa en razón de supuestos servicios colectivos *(uti universi)* que beneficiarían a la generalidad de la población, y sin que se verifique una prestación particularizada e

111. *IFA Congress 1993*, Seminar C "Environmental Taxes and Charges" II.d).

112. Cfr. CSJN, Fallos 192:20; 234:663; 251:222; 267:176; 270:427; 302:1425.

113. "Cía. Química, S.A. c. Municipalidad de Tucumán", cfr. considerando n. 7. Además, nuestro más alto tribunal perfiló las características de este tributo reconociendo a las tasas como una especie del género tributos, con sustento en el poder fiscal del Estado (CSJN Fallos 251:50, 259:166, 262:85). Dentro de la clasificación de los tributos, la tasa es el gravamen cuya principal característica radica en que se cobra, en forma coactiva al sujeto obligado, en concepto de contraprestación por un servicio público divisible que la autoridad pública le presta o que está en condiciones de prestarle. La tasa asume carácter tributario en razón de tratarse de un "recurso derivado" del Estado; pertenece a la familia de los tributos o gravámenes, tradicionalmente clasificados en impuestos, tasas y contribuciones (CSJN Fallos 171:390, 212:393, 259:166, 262:85).

individualizada de los mismos. Sostuvo la Corte Suprema en ese precedente que existe "un requisito fundamental respecto de las tasas, como es que al cobro de dicho tributo debe corresponder siempre la concreta, efectiva e individualizada prestación de un servicio relativo a algo no menos individualizado (bien o acto) del contribuyente."

Pero no se ha considerado cuestionable que la fijación de la cuantía de la tasa retributiva de servicios públicos se tome en cuenta, no sólo el costo efectivo de ellos en relación a cada contribuyente, sino también la capacidad contributiva de los mismos.[114] Las tasas deben tener relación con el costo del servicio aunque no implica una equivalencia estricta.

A modo de ejemplo, entre otras enuncio las tasas por descarga de efluentes, tasas por tratamiento de efluentes industriales; las tasas originadas en la contraprestación de servicios administrativos o registros, vinculados con la comercialización o uso de productos o residuos peligrosos; tasas por limpieza de calles y paseos públicos; tasas por mantenimiento del aire limpio; tasas por control de ruidos y vibraciones molestos; tasas por mantenimiento del paisaje, arquitectónico o natural deteriorados por carteles publicitarios, etc.

Existen diversas modalidades de tasas con funciones ecológicas,[115] las que considero a continuación.

7.1 Tasas administrativas

La administración pública impone derechos para afrontar los costos del servicio de control y autorización. Pueden adoptar la modalidad de *derechos de registración*, como en el caso de la registración de ciertas sustancias químicas o *permisos* para la concesión de realización de operaciones.

La justificación de estas tasas radica en que representan la contraprestación por un servicio público y en principio pueden ser mensuradas de conformidad con los costos oficiales derivados de la actividad o en función de la ventaja que el contribuyente recibe.[116]

Cuando se fija el importe de la tasa, en principio se está internalizando el costo ecológico derivado de la actividad privada.

114. Cfr. CSJN, Fallos 234:681, *in fine*.
115. OECD, *Taxation and the Environment*, 1993, pp. 22 y ss.
116. *IFA Congress 1993*, Seminar C "Environmental Taxes and Charges" II.d).

La OECD considera a estas cargas administrativas en línea con el principio "contaminador pagador". En la Comunidad Económica Europea se ha decidido otorgar estas licencias previo pago para cubrir las cargas derivadas de la fiscalización y control.[117] Por ejemplo, existen derechos de registración de pesticidas (Dinamarca, Finlandia, Francia, Holanda y Suecia, también en EEUU) y de productos químicos (Finlandia y Suecia),[118] encontrándose en ésta línea la registración de automóviles.

La función ecológica de estas cargas administrativas es decididamente limitada pues por definición se encuentran específicamente relacionadas con regulaciones directas que son sumamente complejas para reemplazar.

Sobre la valoración crítica de este instrumento puede afirmarse que: (a) Buscan la financiación de medidas reguladoras directas, como la concesión de licencias y las actividades de control de la autoridad. (b) Tienen efecto redistributivo. (c) Respetan el principio contaminador pagador, toda vez que parte de las tasas se aplican a los contaminadores y no al público en general. (d) Si las autoridades desempeñan mejor las tareas a su cargo, estas tasas pueden ser efectivas, si bien muy pocas veces tales entradas de dinero se destinan al presupuesto de los organismos que trabajan en la ecología pues generalmente tales importes ingresan al presupuesto general.[119]

7.2 Tasas de uso

Sugiere la idea de una tasa pagada por el destinatario de un servicio del Estado por el servicio especialmente conferido dicho sujeto pasivo. De la misma forma que las tasas administrativas, las tasas de uso representan el costo por un concreto y mensurable servicio del Estado y pueden internalizar el costo ecológico futuro y moderar el comportamiento de los agentes contaminadores.

En principio esta clase de tasas tienen una función redistributiva ventajosa ya que el costo del servicio o la ventaja que confiere al usuario puede servir de base para calcular la tasa.

117. OECD, *Taxation and the Environment*, cit., p. 69.
118. Ídem, ibídem, pp. 67 y ss.
119. Ídem, ibídem, p. 116.

Varios países han impuesto tasas de uso en relación con el vertido de efluentes líquidos y sólidos. Desde la perspectiva ecológica estas tasas pueden – en ciertos casos – mensurar eficientemente el costo del tratamiento de los efluentes. En nuestro país, se puede citar a la tasa prevista en la ley 24.051, cuya tipificación de la base imponible dudosamente respeta, en nuestro criterio, las garantías constitucionales en virtud de que su cuantificación en base a la utilidad presunta importa un tratamiento desigualitario respecto de los contribuyentes, además de alterar el principio de capacidad contributiva.

Otros ejemplos de tasas de uso se registran en las tasas sobre caminos que son usadas genéricamente en muchos países, por ejemplo Alemania, y recientemente adoptadas por la Comunidad Económica Europea.[120]

7.3 Tasas sobre productos

Son tasas que recaen sobre el precio de los productos utilizados en las diversas fases de la producción que genera contaminación. El costo de la contaminación es indirectamente internalizado, contrariamente con los que ocurre con las restantes clases de tasas.

7.4 Tasas sobre efluentes

Se basan en la cantidad o calidad de la descarga contaminante. Se aplica sobre emisiones aéreas, efluentes líquidos y desechos sólidos que se vuelcan a la naturaleza. Se relacionan cercanamente con las regulaciones directas. En la Argentina puede señalarse en esta línea el decreto 2.125/78, relativo a las cuotas de resarcimiento por el vertido de efluentes industriales contaminantes a las aguas públicas.

Se caracterizan básicamente por: (a) En primer lugar, por aplicarse a una amplia diversidad de producción de efluentes. Las más conocidas tasas sobre efluentes recaen sobre emisiones aéreas,[121] ruidos nocivos y

120. COM (92) 405, final (30.9.1992).

121. En Francia se aplica desde el año 1985, (cfr. OECD, *Taxation and the Environment*, cit., pp. 35 y ss.). También otros países aplican esta clase de tasas como Dinamarca y Japón, sobre SO_2; Finlandia, Italia, Portugal y Suecia sobre SO_2 y NO_2 (cfr. *IFA Congress 1993*, Seminar C "Environmental Taxes and Charges" II.d) "Environmental Charges").

ruidos industriales y derivados de la aviación superiores a ciertos niveles tolerables,[122] efluentes líquidos[123] aplicables sobre la descarga de ciertas sustancias tóxicas en cuerpos líquidos. (b) En segundo lugar porque proyectan una clara evaluación de las política ambiental. "Contrariamente a las tasas de uso, las tasas sobre efluentes no representan el precio por la facilitación del uso de un bien del estado, el énfasis radica en su función como incentivo ecológico. En consonancia con el principio contaminador pagador, las tasas sobre efluentes se aplican sobre el futuro costo ecológico de conformidad con la emisión individual de sustancias peligrosas. Para el productor de la polución, la tasa debería motivar un incremento del costo de acuerdo con el nivel de producción. Debajo de las condiciones normales de oferta y demanda, la tasa pagada por el contaminador debería relacionarse con sistema de precios del mercado. Como resultado, el precio final del producto debería internalizar el costo de la contaminación. Este acercamiento a la ventaja adicional de permitir a los productores completar flexiblemente la elección del más efecto método del costo para reducir la descarga".[124] (c) En tercer lugar porque no se encuentran exentas de desventajas. Los principales cuestionamientos[125] sobre la aplicación de tasas sobre efluentes radican en que: (i) Conforman un nuevo concepto en imposición que no encuadrará fácilmente en el sistema impositivo. (ii) En el plano internacional distorsiona los objetivos de armonización tributaria y afecta la competencia internacional. (iii) Son decididamente criticadas por las personas obligadas al pago siendo su aceptación escasa. (iv) Resulta dudosa la trascendencia de su recaudación. (v) Requieren una estructura relativamente compleja y los costos de su administración pueden ser elevados. (vi) Para que puedan aplicarse con un relativo grado de éxito, la alícuota de la tasa debe ser reducida, además, un eventual incremento provocará la oposición a la misma.

122. Existe en Holanda, Bélgica, Francia, Alemania, Japón, Suiza, Reino Unido y EEUU (cfr. *IFA Congress 1993*, Seminar C "Environmental Taxes and Charges" II.d) "Environmental Charges").

123. Existe en Francia, Alemania, Italia, Holanda, Bélgica, Austria, Australia, Finlandia e Irlanda (cfr. *IFA Congress 1993*, Seminar C "Environmental Taxes and Charges" II.d) "Environmental Charges"; OECD, *Taxation and the Environment*, pp. 36 y ss.; OECD, *Eco Taxes in OECD Countries: A Survey*, Paris, n. VIII).

124. Cfr. *IFA Congress 1993*, Seminar C "Environmental Taxes and Charges" II.d) "Environmental Charges".

125. OECD, *Economic Instruments for Environmental Protection*, pp. 36-45; *IFA Congress 1993*, Seminar C "Environmental Taxes and Charges" II.d).

Como consecuencia económica debe buscarse la internalización de los costos externos de la contaminación.

8. Subsidios e incentivos

Una política tributaria que utiliza instrumentos económicos para mejorar el impacto ambiental, debe privilegiar los estímulos tributarios e incentivos económicos frente al propósito de modificar el comportamiento de los agentes mediante la aplicación de tasas o impuestos. No sólo se alentará a optimizar el impacto sino que estas medidas son, por lo general, anteriores o a lo sumo concomitantes con la degradación ambiental, razón por la cual resultarán menos costosas que los intentos de corregir dicha degradación posteriormente.

Los beneficios tributarios son normas que, motivadas en razones ajenas a los principios jurídicos, aún producido el hecho imponible del impuesto se el ordenamiento concede una dispensa total o parcial de la obligación tributaria. Ello así en tanto el otorgamiento de beneficios tributarios tiene por horizonte el logro de finalidades extrafiscales dirigidas a estimular comportamientos o conductas, de allí lo importante del concepto.

El ordenamiento tributario argentino no define ni beneficio ni exención. Expresa Lalanne[126] que nos encontramos ante uno de los conceptos que mayores problemas plantean a la hora de delimitar su contenido. Soler Roch expresa, refiriéndose a los beneficios fiscales que "puede afirmarse que dicho concepto como tal, es jurídicamente inexistente, ya que ni aparece reflejado en la legislación ordinaria ni ha sido tampoco objeto de atención doctrinal como categoría jurídica unitaria".[127]

126. Guillermo Lalanne, "Incentivos, subsidios y competencia fiscal dañosa", ponencia presentada en el *I Coloquio Internacional de Derecho Tributario*.

127. Maria. Teresa Soler Roch, *Incentivos a la inversión y justicia tributaria*, p. 30. Fichera, por su parte, señala que los beneficios fiscales no son estudiados en particular y en las diversas manifestaciones, sino su tratamiento se limita a la exención y la determinación relativa a esta figura es, posteriormente, extendida a todas las demás formas de tratamiento de favor. Agrega el profesor italiano que el análisis del fenómeno de los beneficios fiscales coincide, así, con la calificación y la definición de una sola de las posibilidades de manifestaciones, que refleja, en definitiva, el desarrollo que ha tenido al respecto la doctrina tradicional (cfr. F. Fichera, *Le agevolazioni fiscali*, p. 2). Sobre el mismo tema también G. Lalanne, *Beneficios tributarios a la inversión y el empleo en el derecho comparado (España, Italia y Francia)*.

"Esta falta de concepto legal de un instituto al que el legislador ha prestado poca atención no hace más que confirmar, como ya lo han hecho otros autores con anterioridad, la necesidad de definir con cierta precisión el contenido del mismo.[128] Su delimitación, pues, adquiere importancia si se tiene en cuenta que del concepto más o menos amplio que se adopte pueden quedar incluidas ciertas figuras o técnicas que jurídicamente presentan importantes diferencias. Es decir, si por beneficio fiscal entendemos todas aquellas medidas tendientes a lograr una finalidad determinada, la mayoría de las veces económica o social, sin reparar si su ámbito de actuación está circunscripto a los impuestos o los tributos, nos encontraríamos ante un concepto en el cual podrían quedar incluidos institutos de distinto calibre como las subvenciones o subsidios, las exenciones, los avales, los créditos a bajo interés, etc. Es decir, todas aquellas medidas destinadas a la obtención de un fin económico o social

128. Situación similar a de nuestro país se encuentra España, Francia e Italia en donde no ha existido un concepto legal de beneficios fiscales. En Italia no existe un concepto legal de beneficio fiscal a pesar de los intentos que desde la aprobación de la ley de reforma tributaria de 1971 (Ley 825/71, de 9 de octubre) se han venido realizando. Si se observa las sucesivas leyes se podrá notar un claro interés del legislador italiano en poner límites al empleo de dichas medidas y de conocer, sobre todo, el costo que dichas medidas podían tener para la Hacienda Pública. En este marco se inscribe el Documento presentado por el Ministerio de Finanzas en el año 1991 en el cual, por primera vez, se individualizaron, clasificaron y estimaron los costos de 370 beneficios fiscales, de los cuales 286 correspondían a impuestos directos (Impuesto a la renta de las personas físicas – IRPEF; Impuesto sobre sociedades – IRPEG; e Impuesto local sobre la renta – ILOR). En dicha clasificación el Ministerio no señalaba, como lo pone de manifiesto Fichera, el criterio adoptado para realizar tal formulación, ni se presentaba la noción de beneficio fiscal adoptada, como tampoco se exponían algunas indicaciones que llevaron a la elaboración de dicho informe, entre las que destacaba el art. 17 de la ley de delegación que requería un estudio de todas "las disposiciones de ley en materia de exenciones, beneficios tributarios y régimen fiscal sustitutivo que tengan carácter de beneficio, que constituyan una derogación de los principios de generalidad, uniformidad y de progresividad de la imposición" (cfr. F. Fichera, *Le agevolzaioni fiscali*, cit., pp. 273-274).

En Francia tampoco encontramos una definición legal de beneficios fiscales, aunque sí se define el concepto de *dépense fiscale*. Así, como señala Corella Aznárez, el Ministerio de Hacienda francés lo ha definido como "el conjunto de renuncias a la percepción de ingresos impositivos como consecuencia de la aplicación de medidas fiscales de carácter derogatorio, haciendo referencia el término derogatorio a la existencia de normas o sistema de normas de referencia que se contienen en el articulado del Código General de Impuestos" (cfr. I. Corella Aznarez, "El presupuesto de gastos fiscales", *Presupuesto y Gastos Público*, n. 22, p. 19).

que se dé desde el lado de los ingresos (exenciones) o del lado de los gastos (subvenciones o subsidios)."[129]

"De lo anterior también se puede concluir que el establecimiento de beneficios fiscales o tributarios responde a la consecución de objetivos o finalidades extrafiscales, principalmente de carácter económico o social, 'con la finalidad de incentivar directa y conscientemente, la realización de determinados comportamientos juzgados convenientes'[130] por el ordenamiento jurídico. De esta manera, se podrían considerar a dichos beneficios como instrumentos de política económica o no tributaria."[131]

En el breve marco descripto insertamos el interrogante ¿exenciones y beneficios tributarios son jurídicamente dos conceptos equivalentes?

Explica Lalanne que sin perjuicio de las distintas posturas asumidas por la doctrina a la hora de abordar la definición de las exenciones y cuya exposición excedería con creces este trabajo, coincidimos con el profesor Simón Acosta en que para definir a las exenciones y diferenciarlas de las normas de no sujeción no basta con limitarse a planteamientos meramente formalistas o nominalistas, es decir, planteamientos que conciben que la diferencia entre ambos institutos debe buscarse en que las normas de no sujeción son preceptos y no normas con un contenido meramente didáctico, cuya ausencia no afecta a la obligación tributaria, ya que con ellos – como dice el citado profesor – no podemos diferenciar la exención de la no sujeción "pues el efecto jurídico de ambas es el no nacimiento de la obligación tributaria, y sus diferencias de estructura se quedan en el ámbito de la pura disquisición intelectual sin manifestaciones externas o prácticas que permitan constatar su realidad o certeza".[132] Así,

129. G. Lalanne, "Incentivos, subsidios y competencia fiscal dañosa", ponencia presentada en el I Coloquio Internacional de Derecho Tributario, cit.

130. T. García Luis, *Impuesto sobre sociedades*, ob. cit., p. 46.

131. R. Falcon y Tella, "Exenciones, beneficios fiscales y derechos adquiridos en el impuesto sobre sociedades", *Crónica Tributaria*, n. 58, p. 52.

132. E. Simón Acosta, "Artículo 44 I.R.P.F.", en AA.VV., *Comentarios a la ley del impuesto a la renta de las personas físicas y a la ley del impuesto sobre el patrimonio. Homenaje a Luis Mateo Rodríguez*, p. 723.

Asimismo, Simón Acosta señala que "no obstante esta construcción formalista es correcta en su esencia no nos parece suficiente para dirimir la mayoría de los problemas de calificación de supuestos concretos que se dan en la práctica: si todo queda en la estructura lógica de la institución, será muy difícil determinar en cada caso si el no nacimiento de la obligación tributaria deriva de un hecho que enerva los efectos del otro (hecho imponible), o si la mención legal del hecho excluyente es sólo una delimitación negativa del hecho imponible de forma que éste no llega a producirse.

señala Simón Acosta que "nos encontraremos ante supuestos de no sujeción cuando la razón de ser o el principio jurídico en que se inspira el hecho excluido es el mismo que el fundamento del hecho imponible. Serán exenciones las que se apoyen en finalidades ajenas a las que justifican el hecho imponible".[133]

Por tanto, nos enfrentamos a una exención cuando la razón de ser o los principios que motivaron su establecimiento son ajenos a los fundamentos del hecho imponible, o lo que es lo mismo a la capacidad contributiva del sujeto pasivo entendida como una proyección del principio de igualdad al campo del derecho tributario,[134] modulada por el princi-

En ambos casos el efecto jurídico es el mismo y la diferencia entre ambas no es directamente perceptible, pues es simple construcción lógica" (Simón Acosta, "Importaciones", en AA.VV., *El IVA en España*, p. 356).

133. Ibídem, p. 357. En otro trabajo añade el citado profesor que "entendemos como exenciones aquellos casos en los que se exceptúa el nacimiento de la obligación tributaria por razones distintas de los principios jurídicos en los que se funda el deber de contribuir o de la propia estructura o articulación de unos tributos con otros" (Simón Acosta, "Artículo 44 I.R.P.F.", cit., pp. 724-725).

Berliri, por su parte, entiende abandonando la postura defendida años atrás que la diferencia entre exención en sentido técnico y exclusión o inaplicabilidad del tributo debe buscarse en la conformidad o disconformidad entre la *ratio* de la norma institutiva del impuesto y de aquella que lo declara no debido en ciertas situaciones particulares. Agregando que "siempre que el impuesto no se aplica a una determinada situación por no resultar idóneo el presupuesto para revelar esa capacidad contributiva que se pone de relieve en la generalidad de los supuestos, se está ante un caso de inaplicabilidad del tributo y no ante una exención; en cambio cuando el motivo por el que se declara no debido el tributo es independiente de la capacidad contributiva revelada por el presupuesto se trata de una típica exención" (cfr. A. Berliri, "L'obbligo di contribuire in proporzione della capacità contributiva come limite alla potestà tributaria", en AA.VV., *Scritti in memoria di Antonino Giuffrè*, t. II, p. 95). En igual sentido, R. Lupi, *Lezioni di diritto tributario. Parte generale*, p. 46.

Jarach señalaba al referirse a la diferencia entre exclusiones de objeto y exenciones que "las exclusiones del objeto son el género, las exenciones son la especie. En otras palabras, éstas son exclusiones del objeto motivadas por propósitos ideológicos especiales – justificadas o no – desde el punto de vista político-económico de la justicia o de la mora" (D. Jarach, "La diferencia entre 'exenciones' y 'exclusiones' de objeto. Apuntes preliminares", in *Estudios de derecho tributario*, p. 139).

134. Palao Taboada señala que "no queriendo privar de contenido material al concepto de capacidad económica, puede pensarse que ésta constituye una especificación del principio de igualdad, si bien indeterminada y sujeta, en cuanto a su modo de operar, a los límites que se derivan con carácter general del principio superior; es decir, en el sentido de que no serían inadmisibles las discriminaciones que se establezcan prescindiendo de la capacidad contributiva, siempre que estuviesen objetivamente justificadas y no pudiesen ser consideradas como infundadas o arbitrarias. Así

pio de progresividad.[135] En este sentido, como señala García Luis, "la auténtica y única norma de exención sería por lo tanto la norma que según la tesis clásica constituía una exención extrafiscal porque aquí el no gravamen total o parcial no obedece a la propia configuración del tributo. En resumen, según este razonamiento no habría más exenciones que las extrafiscales".[136]

Pero el hecho de que se sostenga que la exención responde a principios ajenos a la estructura del hecho imponible no quiere decir que estemos aludiendo a la postura clásica de las exenciones, es decir, a aquella que considera a la exención como un "no tributo" o como el "envés del tributo", sino que lo que queremos señalar es que una vez establecida la exención atendiendo a principios ajenos a los que fundamentan el impuesto, dicho instituto formará parte del hecho imponible como una modalidad de éste. Es decir, quedará integrada como una modalidad más dentro del hecho imponible de manera que será necesaria la existencia de éste para que podamos hablar de exención, o dicho con mayor exactitud, será necesario que el sujeto pasivo haya realizado el hecho imponible que hace nacer la obligación tributaria para que el hecho exento despliegue todos sus efectos.[137]

Ambos conceptos son jurídicamente equivalentes en razón de que en ambas situaciones nos encontramos ante normas cuya finalidad es ajena a los fundamentos en los que se basa el hecho imponible.

Los incentivos fiscales han sido definidos por Labat Regules como "la técnica de fomento administrativo que, para el logro de fines extrafiscales de interés público (además de los simplemente tributarios o exactivos), utiliza como instrumentos el tributo en cuanto permite esta-

entendido, el principio de capacidad contributiva se impone con la fuerza de la evidencia intuitiva; en efecto puede negarse que los impuestos deben ser graduados de alguna manera en función de la riqueza o fuerza económica de los contribuyentes, por muy indeterminada que ésta sea" (C. Palao Taboada, "Apogeo y crisis del principio de capacidad contributiva", en AA.VV., *Estudios en homenaje al profesor Federico de Castro*, pp. 422-423).

135. De manera que contribuyan al sostenimiento de las cargas públicas quienes tengan una capacidad económica superior, en una cuantía mayor a la simplemente proporcional respecto a los que presentan una capacidad económica inferior.

136. García Luis, *Impuesto sobre sociedades...*, cit., p. 24.

137. C. Lozano Serrano, *Exenciones tributarias y derechos adquirido*, p. 55. Gomes de Sousa señalaba que las exenciones el tributo era debido porque existe una obligación pero la ley dispensa su pago (cfr. E. Neves da Silva, "Imunidade e Isenção", en Ives Gandra da Silva Martins (Coord.), *Curso de direito tributário*, vol. I, p. 254).

blecer un sistema de exenciones y bonificaciones, tanto en la base como en la cuota, al punto que tal sistema estimula a los administrados hacia los fines deseados por la Administración".[138] Para García Luis entiende que son "aquellas medidas instrumentales en el seno del tributo y dirigidas a reducir o excluir la carga tributaria con la finalidad de estimular o fomentar determinados comportamientos de los sujetos pasivos estimados adecuados para el logro de objetivos de naturaleza extratributaria, generalmente económica".[139] Para Soler Roch señala que "la calificación de un beneficio tributario como incentivo no está ligada a la configuración intrínseca del mismo, sino a un factor externo a la propia norma tributaria, representado por la conducta o actitud que el legislador quiere estimular en el contribuyente. En el caso de la inversión empresarial, dicha actividad se identifica con la creación de riqueza productiva y el estímulo lo constituye la supresión o reducción del obstáculo que para su desarrollo pueden representar los tributos que recaen sobre dicha riqueza".[140] Agrega la autora que "el incentivo no es una simple modalidad o manifestación del beneficio fiscal, sino un modo de actuar de éste".[141] En igual sentido se expresa Herrera Molina quien entiende que el "presupuesto fáctico del incentivo es un hecho imponible exento, consistente en la conducta que se desea fomentar a través de la concesión del beneficio fiscal. Por extensión podemos denominar también incentivo no sólo al efecto estimulante, sino a las exenciones que lo provocan".[142] Para Lalanne "el incentivo fiscal no constituye un mecanismo jurídico tributario, sino el efecto resultante de la aplicación de determinado beneficios fiscales. De ahí que pueda señalarse que la expresión 'incentivo fiscal' es una expresión carente de contenido jurídico y en la cual se englobarían las distintas medidas que establece el legislador para el logro de determinados objetivos extrafiscales dignos de protección. En este sentido, los beneficios tributarios vendrían a constituir el medio o vehículo al cual recurre el legislador para el logro de una determinado incentivo fiscal".[143]

138. G. Labat Regules, "Las obligaciones formales en el incentivo fiscal", *Crónica Tributaria*, n. 4, p. 57.

139. T. García Luis, *Impuesto sobre sociedades...*, cit., p. 27.

140. M. T. Soler Roch, "Incentivos fiscales y poder tributario", *Revista Valenciana de Hacienda Pública Palau* 14, n. 17, 1992, p. 2.

141. Soler Roch, *Incentivos a la inversión...* cit., p. 50.

142. Herrera Molina, *La exención tributaria*, p. 56.

143. G. Lalanne, "Incentivos, subsidios y competencia fiscal dañosa", ponencia presentada en el I Coloquio Internacional de Derecho Tributario.

Si los gobiernos pueden ofrecer estructuras de incentivos y desincentivos apropiados y que reflejen en forma adecuada los costos ambientales externos, la mayor parte de las inversiones y las actividades de mantenimiento relacionadas con el medio ambiente correrá a cargo de las empresas, y los costos adicionales se reflejarán en los precios que paguen los consumidores. Las opciones resultantes harán que las prácticas acertadas desde el punto de vista ambiental sean más rentables y atractivas.[144]

Los subsidios son apoyos de diversa naturaleza prestados por el Estado a los individuos y empresas pudiendo instrumentarse mediante diversas modalidades. Como fin persiguen la realización de una determinada actividad o comportamiento a través de un medio económico.[145]

En estos casos hay que considerar el costo de equidad. Debe favorecerse la disminución de la carga impositiva de aquellos contribuyentes que realicen fuertes inversiones en materiales y equipos anticontaminantes. Sin embargo los demás contribuyentes podrían considerar esta prebenda como irritante llegando a considerar que ellos deberán absorber, al menos en parte, la incidencia impositiva de que se libera a los beneficiados.

8.1 Objetivos de los incentivos

La doctrina[146] los ha clasificado de diversas formas que no sólo tienen una utilidad académica sino que sirven para interpretar su evolución.

144. Informe Anual del Banco Mundial, año 1992, p. 63. Cfr. también C. Ford Runge y Tom Jones, "Subsidies, tax disincentives and the environment: an overview and synthesis"; Stephan Barg, "Eliminating perverse subsidies: what's the problem?"; Michael Toman, "Analysing the environmental impacts of subsidies: issues and research directions"; Dirk Wolfson, "Tax differentiation, subsidies and the environment", todos publicados en OCDE, Documents, titulado *Subsidies and Environment. Exploring the linkages*.

145. Gabriel Giampietro Borrás, *Incentivos tributarios para el desarrollo*, p. 62. El tributarista uruguayo define a los incentivos o estímulos económicos como "todo beneficio económico que se confiere directa o indirectamente a alguien, por el Estado, con la finalidad de acentuar una actividad predominantemente económica, tendiente al desarrollo económico y social del país, actividad que de algún modo concierne a quien se le difiere".

146. Sobre el particular, véase "Tax incentives as an instrument for achievement of governmental goals", Reporte General, de Stanley S. Surrey y Emil M. Sunley Jr. en *Cahiers de Droit Fiscal International*, vol. LXIa, con motivo del *XXX IFA Congrès*, 1976.

En primer lugar reseño el preciso distingo efectuado por Macón[147] quien ha visualizado la existencia de dos clases de incentivos: los automáticos y los que requieren trámite previo, operando los primeros por la realización de un acto determinado, por ejemplo, una inversión, condicionando la existencia de los segundos a un acto administrativo de la autoridad pública que lo acuerde. La diferenciación no es académica,[148] por el contrario es necesaria para formular el juicio de valor de estos instrumentos que, en la historia de la tributación argentina, han sido utilizados – en algunos casos – disvaliosamente. En segundo lugar pueden categorizarse en incentivos tributarios (hacendistas), crediticios (financieros) y cambiarios (tipos de cambio, revaluaciones).

Sobre la valoración de los incentivos como estimulante de la inversión, no existen formas claras y eficientes para su evaluación.[149]

8.2 Justificación

El otorgamiento de incentivos a la inversión reposa en dos premisas fundamentales: la decisión política que refleja el deseo de estimular un determinado comportamiento y por otro lado en la valoración del tributo como posible obstáculo que impide o inhibe la realización de dicha conducta.[150]

Para justificar el sistema de subsidios del Estado dirigido a eliminar o mitigar los efectos de la polución generada por la industria, se han esbozado diversas teorías. Siguiendo en el punto a Tarak en su trabajo citado considero dos de estas:

a) *Fundamento en función de un supuesto beneficio. Teoría del beneficio*: el sujeto contaminante podría considerar que está brindado un

147. Jorge Macón, *Las finanzas públicas argentinas, Período 1950-80*, pp. 159 y ss.

148. Reseñando la evolución de estos instrumentos de política tributaria, Macón (*Las finanzas públicas argentinas...*, cit., p. 163) ubica a los primeros regímenes de promoción automática de las inversiones, en el orden nacional, en la década del '40. Consistían, básicamente en la deducción proporcional de la inversión efectuada en forma adicional a la depreciación normal. Comenzaron a decaer a partir de 1974, quedando en pié los incentivos de trámite.

149. Las formas de averiguarlo serían (a) relacionar la inversión bruta interna anual con la ponderación numérica de los incentivos vigentes en dicho año o bien (b) recurrir a un sistema de encuestas, que es de por sí un camino complejo de instrumentar. Cfr. Jorge Macón, *Las finanzas públicas argentinas...*, cit., p. 166.

150. María Teresa Soler Roch, *Incentivos a la inversión...*, cit., p. 49.

beneficio gratuito para la comunidad si se encarga de la limpieza del medio ambiente. Consecuentemente reclama por ello una compensación traducida en un subsidio.

Los opositores de esta teoría sostienen que la contaminación es generada en provecho exclusivo del contaminante, razón por la cual si contamina debe corregir esa nueva situación sin que ello implique ningún beneficio para la comunidad sino un deber de su parte.

Ambas posiciones reconocen circunstancias diferentes. Existe una especie de frontera de contaminación que no puede ser traspasada. Es decir, la naturaleza tiene capacidad de absorción de las sustancias contaminantes pero hasta un cierto límite. Sostiene Tarak que si el accionar del sujeto contaminante no llega a esa frontera, está prestando un servicio gratuito a la comunidad cuando dispone el tratamiento del material contaminante para evitar dicho efecto. Por el contrario, si el sujeto contaminante traspasa esa frontera, los gastos en que incurra para evitar los efectos de la contaminación sólo estará corrigiendo su propio exceso.

En función de esta idea del servicio prestado por el sujeto contaminador, se sostiene que la comunidad, a través del estado, debe subsidiar a la empresa para financiar la construcción de la infraestructura necesaria para los fines de preservación ambiental, como para los gastos operacionales y de manutención.

b) *Fundamento en función de la teoría del derecho de propiedad*: si el sujeto contaminador ha estado descargando sustancias contaminantes durante mucho tiempo, podría considerarse que adquirió un derecho de propiedad. Siendo un derecho adquirido pretenderá una indemnización por vía de subsidios, a efectos de cesar en su actividad.

Es requisito imprescindible para el otorgamiento de un subsidio, que efectivamente se reduzca la contaminación, pues el efecto del otorgamiento de un subsidio a una empresa es distinto en relación con la aplicación de un gravamen sobre la actividad cuestionada. El impuesto implicará una reducción en la producción de bienes; el subsidio será un ingreso adicional sin efecto directo sobre la contaminación, incluso tal vez, la aumente.[151]

Coincidimos con el criterio según el cual se presenta como más ajustado al principio de equidad que se concedan desgravaciones o exenciones que estimulen la inversión en bienes destinados a evitar o dismi-

151. Jorge Macón, *Las finanzas públicas argentinas*..., cit., p. 149.

nuir el factor contaminante,[152] convirtiéndose en medios eficaces para la obtención de los fines perseguidos.

8.3 Modalidades de los incentivos

Entre otros pueden consistir en:

a) Asistencia financiera sin contraprestación, como inducción para lograr determinadas conductas positivas o bien para que hacer cesar o lograr una abstención por parte del sujeto.[153]

b) Préstamos blandos a condiciones de tasas de interés y plazos sumamente acomodados para la empresa, comparados con los prevalecientes en el mercado, con el objeto del financiamiento de la construcción de plantas de tratamiento de las sustancias generadoras de contaminación. Sostiene Cano que "numerosos países usan el sistema de otorgar préstamos a largo plazo y bajo interés, tanto a particulares como organismo públicos locales, para construir obras de aprovechamiento de los recursos naturales o de preservación ambiental".[154]

c) La amortización de obras de infraestructura a muy corto plazo.

d) Desgravaciones impositivas hasta sistemas de tratamientos impositivos especiales, según las circunstancias.

e) Incentivos para la eliminación de desperdicios. Se ha utilizado con suma frecuencia en los Estados Norteamericanos en los cuales se sancionaron leyes que favorecen la destrucción de desperdicios, por ejemplo en relación con la reducción de automóviles viejos destinados a chatarra, bajo pena de multa si no se concreta la destrucción. El Estado paga un premio si se lo destruye en un término adecuado.[155]

8.4 Valoración crítica de la utilización de subsidios

Básicamente las principales críticas que se formulan a la utilización de incentivos radica en que: (a) Se afecta a la justicia distributiva en vir-

152. Sara Dichiara, "La política fiscal y la protección ambiental", *Revista Jurídica de Buenos Aires*, 1985, p. 183.

153. Emilio Cárdenas, ob. cit., p. 1.609.

154. G. J. Cano, ob. cit., p. 144.

155. Eduardo A. Pigretti, "Una nueva posibilidad: el derecho ambiental", *Revista Jurídica El Derecho*, t. 83/829.

tud de que puede generar un tratamiento inequitativo en relación con la tasa del impuesto. (b) Se afecta al principio de neutralidad. (c) Contradice el principio contaminador-pagador. (d) Son problemáticos en el contexto de la armonización tributaria. (e) Es difícil valorar la contribución de las subvenciones a la eficiencia económica

9. Sistema de licencias

Otros instrumentos financieros consisten en la negociación de derechos de emisión. Por debajo de un determinado nivel de contaminación, el Estado concede a las empresas licencias o derechos de contaminación instrumentado en documentos.

Dichos documentos se emiten en relación con un específico nivel de contaminación generalmente igual al que es capaz de absorber la propia naturaleza. Estos *derechos* de contaminación pueden subastarse públicamente, obteniéndose por ese medio los recursos para asignarlos al saneamiento del medio ambiente. También pueden ser asignados a las empresas conforme a pautas determinadas.

Estos documentos son al portador y negociables libremente creándose de esta forma un mercado para su circulación.

De esta forma, la potencialidad contaminante se convierte en un recurso económico respondiendo a sus características actuales de bien limitado. Como consecuencia de ello puede ocurrir que una empresa mas eficiente compre esos derechos a otra que lo sea menos, dándole un uso económicamente más eficiente a la capacidad contaminante.[156] Esto deviene en la posibilidad de considerar la contaminación como un bien económico.

El intercambio de certificados de contaminación persigue dos objetivos fundamentales: (a) La minimización del costo de la lucha contra la contaminación mediante la reducción de emisiones más importantes en los lugares en que son menos costosas, tolerando al mismo tiempo las emisiones de mayor envergadura en los casos en que los costos de purificación son más altos. (b) La conciliación del desarrollo económico con la protección del medio ambiente. Se trata de que puedan realizarse emprendimientos industriales nuevos en zonas determinadas, sin que ello necesariamente importe el aumento de la contaminación en dicho lugar.

156. Jorge Macón, *Las finanzas públicas argentinas...*, cit., p. 148.

Con tal propósito, la industria que quiere radicarse en un lugar determinado adquiere los certificados o derechos de contaminación a las instalaciones ya existentes las que, necesariamente, deberán reducir su generación de polución.

La política americana de negociación de emisiones se caracteriza, principalmente, por una transferencia parcial en la toma de decisiones sobre la concepción y ubicación de los equipos de lucha contra la contaminación, facultad que antes recaía sobre los poderes públicos y que ahora se atribuye, con mayor frecuencia, a los gerentes de las industrias. Es generalizada la opinión en el sentido de reconocer ventajas al tráfico de emisiones, desde el punto de vista de la eficiencia económica.[157]

Para su implementación se requeriría un nivel de transparencia y objetividad riguroso. La negociación de emisiones obedece a razones de eficiencia económica. Las medidas de regulación directa obligan a las empresas a buscar soluciones eficientes en cuanto a los costos, y son el factor determinante que lleva a presentar una solicitud de negociación de emisiones, que es un acto de carácter eminentemente voluntario.

10. Sistema de gastos con propósitos ambientales

Debido a que ciertos gastos no son deducibles de la base imponible del impuesto a las ganancias, se intenta incentivar el comportamiento no contaminante a través de ventajas relacionadas con la deducción de gastos del balance impositivo.[158] Es decir, se crean incentivos para lograr un comportamiento determinado a través de la recompensa consistente en la deducción de gastos o preferencias impositivas.[159] Sin embargo este instrumento ha recibido severos juicios de valor y se encuentran en proceso de declinación.

Los gastos con propósitos ecológicos conceden un favorable tratamiento al contribuyente que genera contaminación.[160]

157. El sustento del sistema de tráfico de emisiones radica en "The Clean Air Act of 1969", con enmiendas posteriores. Puede profundizarse el tema en OCDE, *Economic Instruments for Environmental Protection*, cit., pp. 88 y ss.

158. Richard A. Musgrave y Peggy B. Musgrave, *Hacienda Pública. Teórica y aplicada.*

159. Stanley Surrey, "Tax incentives as an instrument for achievement of government goal". Ver también ponencias de Australia.

160. *IFA Congress 1993*, Seminar C "Environmental Taxes and Charges", II. e). También Edward Whitehouse, "Tax expeditures and environmental policy"; Thomas

Diversas modalidades pueden adoptar los gastos con fines de preservación de la ecología:

10.1 Depreciación acelerada

Es probablemente el más amplio método de concesión al gasto ecológico, permitiendo al comprador de bienes que sufren depreciación el beneficio impositivo representado por la posibilidad de tomar grandes deducciones en el inicio de la utilización del bien.[161]

El impuesto a las ganancias en la República Argentina contuvo, hasta fines del año 1978, una disposición que receptaba en la legislación el instrumento del subsidio. En efecto, la ley permitía la amortización acelerada en favor de las empresas industriales que realizaren inversiones en bienes muebles, mejoras, instalaciones u otras obras destinadas al saneamiento industrial, tratamiento de efluentes líquidos y gases, en tanto respondan a proyectos aprobados por la autoridad de aplicación.

Este sistema recogía la experiencia de otros países que ya lo habían implementando (Francia, Japón y Estados Unidos).

No obstante constituir un aporte económico, el sistema de subsidios podría ser menos eficaz de lo previsto. Ello en razón de que las empresas, al momento de la evaluación de la inversión entre el sistema anticontaminante y el que contamina, deberán recibir una ostensible mejora para efectuar dicha inversión anticontaminante, pues de lo contrario será lo mismo contaminar que no hacerlo. Y resulta de dudoso éxito apelar a la responsabilidad del industrial, si la contrapartida de la ventaja tributaria.

Como dato de nuestra legislación puede enunciarse la reciente ley 24.196 sobre inversiones mineras, reformada por la ley 25.429, que incorporó normas de esta naturaleza. Faculta a la amortización en un tercio por año para los sujetos acogidos al régimen por inversiones variadas.[162] La misma norma dispone, a fin de preservar el medio ambiente en el contexto de las explotaciones mineras, la conformación de un fondo a

Sterner, "Tax expeditures and environment", ambos publicados en OCDE, Documents, titulado *Subsidies and Environment. Exploring the linkages*, cit.

161. *IFA Congress 1993*, Seminar C "Environmental Taxes and Charges" II.d).

162. Ley 25.429 modificatoria de la ley 24.196, art. 13, dispone: "Las inversiones de capital que se realicen para la ejecución de nuevos proyectos mineros y para la ampliación de la capacidad productiva de las operaciones mineras existentes, así como aquellas que se requieran durante su funcionamiento, gozarán del régi-

cargo de las empresas con afectación a este fin específico, siendo deducible en el Impuesto a las Ganancias hasta el límite del 5% de los costos operativos de extracción y beneficio, debiendo restituirse al balance

men optativo de amortización en el impuesto a las ganancias previsto en el presente artículo.

"1. Los sujetos alcanzados por el presente artículo podrán optar:

"1.1. La aplicación de las respectivas normas que de conformidad con las disposiciones del citado gravamen, resulten aplicables según el tipo de bien del que se trate.

"1.2. La aplicación del régimen especial de amortizaciones que se menciona a continuación:

"1.2.1. Inversiones que se realicen en equipamiento, obras civiles y construcciones para proporcionar la infraestructura necesaria para la operación, tales como accesos, obras viales, obras de captación y transporte de aguas, tendido de líneas de electricidad, instalaciones para la generación de energía eléctrica, campamentos, viviendas para el personal, obras destinadas a los servicios de salud, educación, comunicaciones y otros servicios públicos como policía, correo y aduana: el sesenta por ciento (60%) del monto total de la unidad de infraestructura, en el ejercicio fiscal en el que se produzca la habilitación respectiva. y el cuarenta por ciento (40%) restante en partes iguales en los dos (2) años siguientes.

"1.2.2. Inversiones que se realicen en la adquisición de maquinarias, equipos, vehículos e instalaciones, no comprendidas en el apartado anterior: un tercio por año a partir de la puesta en funcionamiento.

"2. Una vez optado por uno de los procedimientos de amortización señalados precedentemente, el mismo deberá ser comunicado a la autoridad de aplicación y a la Administración Federal de Ingresos Públicos, en la forma, plazo y condiciones que las mismas establezcan y deberá aplicarse – sin excepción – a todas las inversiones de capital que se realicen para la ejecución de los nuevos proyectos mineros o para la ampliación de la capacidad productiva de las operaciones mineras existentes, incluidas aquellas que se requieran durante su funcionamiento.

"3. En el supuesto de optarse por el procedimiento de amortización indicado en el inciso 1.2. del presente artículo, resultarán asimismo de aplicación las siguientes disposiciones:

"a) La amortización impositiva anual a computar por los bienes antes mencionados no podrá superar, en cada ejercicio fiscal, el importe de la utilidad imponible, generada por el desarrollo de actividades mineras, con anterioridad a la detracción de la pertinente amortización y, de corresponder, una vez computados los quebrantos impositivos de ejercicios anteriores;

"b) El excedente que no resultare computable en un determinado ejercicio fiscal podrá imputarse a los ejercicios siguientes, considerando para cada uno de ellos el límite máximo considerado precedentemente;

"c) El plazo durante el cual se compute la amortización impositiva de los bienes no podrá exceder el término de sus respectivas vidas útiles. El valor residual existente a la finalización del año en el cual se produzca la expiración de la vida útil de los bienes, podrá imputarse totalmente al balance impositivo del citado ejercicio fiscal, no resultando aplicables en estos casos la limitación señalada en el punto a) del presente inciso."

impositivo del gravamen los montos no utilizados al finalizar el ciclo productivo.[163]

También la ley 25.080 de Inversiones Forestales prevé un régimen de amortización acelerada en el Impuesto a las Ganancias, lo que desde el punto de vista financiero es muy importante. Es decir que las inversiones en obras civiles, construcciones y el equipamiento correspondiente a las mismas para proporcionar la infraestructura necesaria para la operación se podrán amortizar en un sesenta por ciento (60%) del monto total de la unidad de infraestructura en el ejercicio fiscal en el que se produzca la habilitación respectiva y el cuarenta por ciento (40%) restante en partes iguales en los dos años siguientes. A su vez las inversiones en maquinarias, equipos, unidades de transporte e instalaciones que no te describí en el párrafo anterior, se podrán amortizar un tercio (1/3) por año a partir de la puesta en marcha.

En EEUU, el *Internal Revenue Code* (IRC)[164] desde el año 1980 admite la depreciación acelerada. Anteriormente dicha legislación permitía la recuperación del costo basado en la vida útil del bien. El sistema de depreciación acelerada permite a las empresas elegir recuperar el capital en un período más corto del término de vida útil del bien. La elección de este sistema es electivo para la compañía, no obligatorio.[165]

10.2 Deducción total o parcial de gastos

Muchos países permiten la deducción parcial de los gastos incurridos en los bienes destinados al control de la contaminación. Una parte del costo del bien es inmediatamente deducible como gasto en tanto el remanente del costo se deduce conforme su depreciación económica.

163. Ley 24.196, art. 23: "A los efectos de prevenir y subsanar las alteraciones que en el medio ambiente pueda ocasionar la actividad minera, las empresas deberán constituir una previsión especial para tal fin. La fijación del importe anual de dicha previsión quedará a criterio de la empresa, pero se considerará como cargo deducible en la determinación del impuesto a las ganancias, hasta una suma equivalente al cinco por ciento (5%) de los costos operativos de extracción y beneficio. Los montos no utilizados por la previsión establecida en el párrafo anterior deberán ser restituidos al balance impositivo del impuesto a las ganancias al finalizar el ciclo productivo".

164. Section 168.

165. Joseph C. Amico, *Introduction to the US Income Tax System*, pp. 33 y 113.

10.3 Sistema de créditos fiscales

Implica una reducción impositiva por la inversión en bienes destinados a neutralizar la contaminación. Es una figura cercana al subsidio. Asimismo puede incluirse la deducción en el balance impositivo del pago de otros gravámenes. Por ejemplo, en EEUU el IRC admite la deducción de los tributos vinculados con la conservación del medioambiente, tanto en favor de las sociedades como de las personas físicas.[166]

10.4 Exenciones impositivas

Mediante estas franquicias se favorece a la realización de inversiones con fines conservacionistas.

Las modalidades que pueden adoptar las legislaciones para la concesión de estos incentivos son variadas. A modo de ejemplo pueden enunciarse las siguientes: (i) El tratamiento impositivo favorable para las inversiones que cumplen una función porcentual de reducción de la contaminación en una determinada inversión, por ejemplo, las inversiones que tienen el 70% de función anticontaminante (Alemania) o la creación de listas de equipos que tienen específicas preferencias impositivas. (ii) Incentivos a las nuevas industrias en relación con las antiguas o desactualizadas, dado que estas en general conservan tecnologías obsoletas (Canadá). (iii) Otras preferencias impositivas se acuerdan a las industrias que adoptan tecnologías no contaminantes como por ejemplo, las que utilizan la energía solar (Portugal y Suiza).

En nuestro ordenamiento jurídico tributario puede referirse a la ley 25.063, modificatoria del Impuesto a las Ganancias, que incorporó una norma exentiva respecto de las ganancias derivadas de la disposición de residuos, obtenidas por las entidades y organismos comprendidos en el artículo 1º de la ley 22.016 (esto es, sociedades de economía mixta; empresas del Estado; sociedades anónimas con participación estatal mayoritaria; sociedades anónimas con simple participación estatal; sociedades del Estado; empresas formadas por capitales de particulares e inversiones de los Fiscos Nacional, Provinciales y Municipales; bancos y demás entidades financieras nacionales). Se establece como condición para la procedencia de la exención la reinversión de la utilidad en dichas finalidades. Esta norma no se encuentra en vigor por virtud del veto ejercido por el

166. Joseph C. Amico, ob. cit., p. 116.

Poder Ejecutivo Nacional a través decreto 1.517/98 aunque fue mantenida la exención por la ley de insistencia posterior a dicho decreto.

11. Servicios prestados por empresas

Corresponden al precio exigido por una empresa cuya ocupación es el traslado de residuos a plantas de tratamiento. Por ejemplo se cuentan las tasas de uso aplicable a los efluentes líquidos respecto de los cuales se trata de liberar el agua de los residuos contaminantes que contiene a través de sistemas depuradores, como las que percibe el Ceamse para la recepción de residuos domiciliarios.

También implica la internalización de los costos externos derivados de la contaminación en razón de que el precio cobrado representará el costo de tratamiento de los residuos con más el margen de utilidad para la empresa.

12. Conclusiones

Este trabajo, metodológicamente, tiene dos partes claramente diferenciadas. En la primera elaboro mi opinión respecto de la relación existente entre los conceptos de derechos humanos, medioambiente y derecho tributario. Parto del análisis de derecho humano como una expresión moderna del derecho natural. Los derechos humanos no son otra forma de expresión de derechos naturales, inherentes a la naturaleza del hombre. Por tanto no considero que la ley positiva pueda crearlos, los derechos humanos existen aún cuando las leyes positivas no lo contemplen, o más grave aún, lo desconozcan.

Asimismo me aparto, expresamente, de toda consideración sobre la ecología como ideología, pues considero que primero está el hombre y luego la naturaleza, en ese orden. El hombre tiene el derecho a servirse de la naturaleza pues fue creada para él, aunque es obvio que tiene la obligación de ejercer un uso racional, inteligente y protector para las generaciones futuras.

Traspasando el fundamento iusfilosófico sobre el cual reposa este trabajo, concluyo en que el derecho a un ambiente sano es un derecho inherente al hombre, un derecho natural y, en el ordenamiento argentino, este derecho natural se encuentra constitucionalizado en el art. 41 de nuestra Constitución nacional. El mandato constitucional se dirige tanto a los administrados como al mismo Estado. A los administrados porque les concede el derecho de utilizar racionalmente los recursos naturales, por lo que es un deber su protección por parte de estos pero también es un derecho de servirse de aquellos para el desarrollo de actividades productivas. Al Estado porque debe velar por la protección del mismo y protección del derecho de servirse de aquellos, sancionando leyes que contemplen las formas de reparación del daño ambiental.

La segunda parte del artículo se refiere a los tributos ambientales y también de determinados instrumentos económicos que tienden a resolver la cuestión. Aún cuando el proceso industrial de bienes, en diversos grados, genere contaminación ambiental implicando ello un mal, el proceso económico debe seguir en funcionamiento. De esta forma la contaminación se transforma en un costo adicional para el proceso industrial el cual debe ser internalizado. El desarrollo económico persigue la optimización en la asignación de los recursos obrando con eficiencia. Las empresas tienden a maximizar su ganancia, hecho que logran cuando el costo marginal es igual al ingreso marginal.

Estos propósitos se enfrentan con las externalidades negativas o *deseconomías* que impiden la correcta asignación de los recursos y sus efectos lo padecen tanto los consumidores de los productos que ocasionan la contaminación como los que no los consumen. Esto es un problema de eficiencia. Dichas *deseconomías*, cuando no pueden resolverlas privadamente los sujetos, por ejemplo a través de una indemnización, demandan la participación del Estado para tal objetivo. Con tal fin, y por intermedio de la aplicación de adecuados instrumentos económicos, puede favorecerse el nivel óptimo de producción. El nivel óptimo de contaminación se alcanzará cuando los costos de las reducciones ulteriores son iguales a los beneficios que acarrean a la sociedad dichas reducciones. Sin embargo en la generalidad de los casos, resulta complejo cuantificar la base imponible para la aplicación de un impuesto sobre la contaminación.

Los bienes que tradicionalmente fueron libres o gratuitos, por efecto de la contaminación han dejado de serlo. Entonces, la contaminación debe ser considerada como un recurso por el cual debería pagarse.

La implementación de la política ambiental que recurra a los instrumentos económicos inexorablemente debe estar respaldada por un activo y profundo estudio sobre los alcances de los efectos que dichos instrumentos pueden generar, alejándose de generalizaciones abstractas. Tales instrumentos coexistirán con las regulaciones directas.

Bibliografía

ALONSO GONZÁLEZ, Luis Manuel. *Los impuestos autonómicos de carácter extrafiscal*. Madrid, Marcial Pons, 1995.

AMICO, Joseph C. *Introduction to the US Income Tax System*. Deventer, Holanda, Kluwer Law and Taxation Publisher, 1993.

BALLESTEROS, Jesús. *Sobre el sentido del Derecho*. 2ª ed., Madrid, Tecnos, 1990.

BAUMOL, W.; OATES, W. *La teoría de la política económica del medio ambiente*. Barcelona, Bosch, 1982.

BEAUCHOT, Mauricio. *Filosofía y derechos humanos (Los derechos humanos y su fundamentación filosófica)*. México, Siglo Veintiuno Editores, 1993.

__________. "Sobre la fundamentación filosófica de los derechos humanos", in Renato Rabí-Baldi Cabanillas (Coord.), *Las razones del derecho natural*. Abaco, 2000.

BERLIRI, A. "L'obbligo di contribuire in proporzione della capacità contributiva come limite alla potestà tributaria", in AA.VV., *Scritti in memoria di Antonino Giuffrè*, t. II. Milán, Giuffrè, 1967.

BOGGIANO, Antonio. *Por qué una teoría del derecho. Introducción a un derecho constitucional*. Buenos Aires, Abeledo Perrot, 1992.

BREYER, Stephen. *Regulation and its reform*. Harvard University Press, 1982.

CANO, Guillermo J. *Derecho, política y administración ambientales*. Buenos Aires, Depalma.

CANOSA USERA, Raúl. *Constitución y Medio Ambiente*. Madrid, Edición conjunta Ciudad Argentina y Dykinson SL, 2000.

CÁRDENAS, Emilio. "Instrumentos fiscales para la protección del medio ambiente. El caso de los municipios", *Revista Impuestos* XLVIII-B.

CARRIÓ, Genaro R. *Los derechos humanos y su protección*. Buenos Aires, Abeledo Perrot, 1990.

CASTELLANO REAL, Francisco. *Nuevos Impuestos*. Instituto de Estudios Fiscales de España.

COASE, Ronald H. "The problem of Social Cost", in *The Journal of Law and Economics* 3, octubre de 1960, The University of Chicago Press (trad. *La empresa, el mercado y la ley*. Madrid, Alianza Economía, 1994).

CONGRESO de la International Fiscal Association (IFA) de 1993, Seminario C: "Environmental Taxes and Charges". La Haya, Edición Kluwer, 1995.

CORELLA AZNAREZ, I. "El presupuesto de gastos fiscales", *Presupuesto y Gastos Público*, n. 22, 1984.

CORTS GRAU, José. *Las modernas declaraciones de derechos y el derecho natural, derechos humanos*. Valencia, Academia de Legislación, 1969.

CUMBRE DE RÍO. II Conferencia de las Naciones Unidas sobre Medio Ambiente y Desarrollo Sostenible. Río de Janeiro, junio de 1992, in *Principios*, ns. 11, 12 y 16.

D'AURIA, Giuliano. *The importance of property rights, the market order and the rule of Law in protecting the environment*. Londres, Edición de The Institute of Economic Affairs IEA, Studies on the Environment, n. 13. 1999.

DELGADO, José Augusto. "Direitos Fundamentais do Contribuinte", in Ives Gandra da Silva Martins (Coord.), *Pesquisas Tributárias*, Nova Série, n. 6. São Paulo, Ed. RT/Centro de Extensão Universitária, 2000.

DELGADO BARRIO, Javier; VIGO, Rodolfo L. *Sobre los principios jurídicos*. Buenos Aires, Abeledo Perrot, 1998.

DICHIARA, Sara. "La política fiscal y la protección ambiental", *Revista Jurídica de Buenos Aires*, Universidad de Buenos Aires, 1985.

DUE, John F.; FRIEDLAENDER, Ann F. *Análisis Económico de los Impuestos y del Sector Público*. Buenos Aires, El Ateneo, 1981.

DWORKIN, Ronald. *Los derechos en serio*. Planeta Agostini, 1993.

DURÁN MARTÍNEZ, Augusto. "Derechos Humanos y Medio Ambiente", *Revista de Derecho Público* 15. Montevideo, 1999.

FAUCHALD, Ole Kristian. *Environmental Taxes and Trade Discrimination*. La Haya, Kluwer, 1998.

FALCON Y TELLA, R. "Exenciones, beneficios fiscales y derechos adquiridos en el impuesto sobre sociedades", *Crónica Tributaria*, n. 58, 1989.

FERREIRO LAPATZA. *Curso de Derecho Financiero Español*. 13ª ed., Madrid, Marcial Pons, 1991.

FICHERA, F. *Le agevolazioni fiscali*. Padova, CEDAM.

50th Congress of the International Institute of Public Finance, Environment and Natural Resources. Harvard University, Agosto de 1994.

FINNIS, John. *Aquinas*. Oxford University Press, 1998.

__________. *Ley natural y derechos naturales*. Trad. de Cristóbal Orrego Sánchez. Buenos Aires, Abeledo-Perrot, 2000.

GARCÍA LUIS, T. *Impuesto sobre sociedades*.

GIANNINI, Aquile Donato. *Istituzioni di diritto Pubblico*. Milan, Giuffè, 1972.

GIAMPIETRO BORRÁS, Gabriel. *Incentivos tributarios para el desarrollo*. Buenos Aires, Depalma, 1976.

GILLESPIE, Catherine. *Protecting the environment with property rights, the market and the rule of law*. Londres, Edición de The Institute of Economic Affairs IEA, Studies on the Environment, n. 13, 1999.

GONZÁLEZ CANO, Hugo. *Análisis de los sistemas tributarios en el Mercosur*. Trabajo presentado en el Seminario ILADT en Italia. Genova, Associaziones Italiana per il Diritto Tributario Latinoamericano, Julio de 1992.

HERDEGEN, Matthias. *Derecho Económico Internacional*. 2ª ed. española, Medellín, Biblioteca Jurídica Dike, Konrad Adenauer Stiftung, 1998.

HERRERA MOLINA, Pedro. *Derecho Tributario Ambiental*. Madrid, Marcial Pons, 2000.

__________. *La exención tributaria*. Madrid, Colex, 1990.

HERVADA, Javier. "Problemas que una nota esencial de los derechos humanos plantea a la filosofía del derecho", in *Escritos de Derecho natural*. Pamplona, Eunsa, 1986.

__________. *Introducción crítica al derecho natural*. 6ª ed., Pamplona, Eunsa, 1990.

HOYOS CASTAÑEDA, Ilva M. "Entre la naturaleza y la dignidad. Reflexiones sobre el fundamento de los derechos humanos", in Renato Rabí-Baldi Cabanillas (Coord.), *Las razones del derecho natural*. Abaco, 2000.

IBÁÑEZ LANGLOIS, José Miguel. *Doctrina Social de la Iglesia*. Ediciones Universidad Católica de Chile, 1988.

INFORME Anual del Banco Mundial, 1992.

JARACH, D. "La diferencia entre 'exenciones' y 'exclusiones' de objeto. Apuntes preliminares", in *Estudios de derecho tributario*. Buenos Aires, Cima, 1998.

JIMÉNEZ HERNÁNDEZ, Jorge. *El tributo como instrumento de protección ambiental*. Granada, Comares, 1998.

LABAT REGULES, G. "Las obligaciones formales en el incentivo fiscal", *Crónica Tributaria*, n. 4, 1973.

LALANNE, Guillermo. *Beneficios tributarios a la inversión y el empleo en el derecho comparado (España, Italia y Francia)*. Tesis doctoral inédita. Universidad de Navarra, 1996.

__________. Ponencia: "Incentivos, subsidios y competencia fiscal dañosa", in *I Coloquio Internacional de Derecho Tributario*, organizado por las Carreras de Especialización en Derecho Tributario de la Universidad Austral y del Centro de Extensão Universitária, São Paulo, 2-3.11.1999.

LOZANO SERRANO, C. *Exenciones tributarias y derechos adquirido*. Madrid, Tecnos, 1988.

LUPI, R. *Lezioni di diritto tributario. Parte generale*. Milán, Giuffrè, 1992.

MACÓN, Jorge. "La política fiscal en el contexto de la contaminación ambiental", *Revista Impuestos*, 1979.

__________. *Las finanzas públicas argentinas, Período 1950-80*. Macchi, 1985.

__________. "Equidad y eficiencia en política tributaria", in *Homenaje al 50 aniversario de "El hecho imponible" de Dino Jarach*. Buenos Aires, Publicación de la Asociación Argentina de Estudios Fiscales, 1994.

MARGARIÑOS DE MELLO, Mateo. Ponencia, in *Simposio sobre aspectos tributarios y financieros (incluso estímulos) de la protección ambiental*.

MARTÍN MATEO, Ramón. *Tratado de Derecho Ambiental*, vol. I. Trivium, 1992.

MARTÍNEZ-PUJALTE, Antonio Luis. *La garantía del contenido esencial de los derechos fundamentales*. Madrid, Centro de Estudios Constitucionales, 1997.

MARTINS, Ives Gandra da Silva. *A ética no Direito e na Economia*. São Paulo, Pioneira, 1999.

MASSINI CORREAS, Carlos I. *El Derecho natural y sus dimensiones actuales*. Buenos Aires, Abaco, 1999.

MOSCHETTI, Francesco. *El principio de capacidad contributiva*. Instituto de Estudios Fiscales de Madrid, 1980.

MUSGRAVE, Richard A.; MUSGRAVE, Peggy B. *Hacienda Pública. Teórica y aplicada*. 5ª ed., Madrid, McGraw Hill, 1992.

MYRICKFRIMAN III, A.; HAVEMAN, Robert H. *Los incentivos económicos y la calidad del medio ambiente. Nuevos Impuestos*. Instituto de Estudios Fiscales de España.

NACIONES UNIDAS. *Report of the United Nations Conference on the Human Environment*. Documento A/Conf. 48/14, cap. 1, Nova York, 1979.

NAVEIRA DE CASANOVA, Gustavo. "La política fiscal del medio ambiente y para la protección de los consumidores: su incidencia en el derecho comunitario europeo", LL 157-799, in *50th Congress of the International Institute of Public Finance, Environment and Natural Resources*. Harvard University, Agosto de 1994.

NEUMARK, Fritz. *Principios de la Imposición*. Con la introducción de Enrique Fuentes Quintana. Madrid, Instituto de Estudios Fiscales, Ministerio de Hacienda, 1974.

NEVES DA SILVA, E. "Imunidade e Isenção". in Ives Gandra da Silva Martins (Coord.), *Curso de direito tributário*, vol. I. 5ª ed., Editora Cejup, 1997.

OCDE. *Economic Instruments for Environmental Protection*. Paris 1989 (trad. *Revista del Instituto de Estudios Económicos*, n. 2, "Medio Ambiente y Crecimiento Económico". Madrid, 1990).

__________. *Eco Taxes in OECD Countries: A Survey*, n. VIII. Paris, 1993.

__________. *Taxation and the Environment*. Paris, 1993.

__________. *Climate change, economic instruments and income distribution*. Paris, 1995.

__________. *Subsidies and Environment. Exploring the linkages*. Paris, 1996.

O'RIORDAN, Timothy. *Ecotaxation*. Nova York, St. Marti's Press, 1997.

PALAO TABOADA, C. "Apogeo y crisis del principio de capacidad contributiva", in AA.VV., *Estudios en homenaje al profesor Federico de Castro*. Madrid, Tecnos, 1976.

PEARCE, David W. *Economía ambiental*. México, Fondo de Cultura Económica, 1985.

PECES-BARBA, Gregorio. *Derechos fundamentales*. Madrid, Latina, 1980.

PÉREZ LUÑO, A. E. *Los derechos humanos, significación, estatuto jurídico y sistema*. Sevilla, 1979.

PIGRETTI, Eduardo A. "Una nueva posibilidad: el derecho ambiental", *Revista Jurídica El Derecho*, t. 83.

RABBI-BALDI CABANILLAS, Renato. "Notas para una fundamentación del Derecho ambiental", *Revista O Direito*, Ano 128, I-II. Lisboa, 1996.

__________. *Génesis y sentido del art. 41 de la Constitución nacional*.

ROSEMBUJ, Tulio. *Los tributos y la protección del Medio Ambiente*. Madrid, Marcial Pons, 1995.

SAINZ DE BUJANDA, Fernando. *Lecciones de Derecho Financiero*. 9ª ed., Madrid, Ed. Facultad de Derecho Universidad Complutense, 1991.

SALA, Luis Franco. *Política Económica del Medio Ambiente*. Barcelona, Cedecs, 1995.

SCOTTI, Nicolás J. *Impuesto contra la contaminación. Estudios Tributarios*, t. I.

SIMÓN ACOSTA, E. "Importaciones", in AA.VV., *El IVA en España*. Valladolid, Lex Nova, 1987.

__________. "Artículo 44 I.R.P.F.", in AA.VV., *Comentarios a la ley del impuesto a la renta de las personas físicas y a la ley del impuesto sobre el patrimonio. Homenaje a Luis Mateo Rodríguez*. Pamplona, Aranzadi, 1995.

SIMONIS, Udo E. "Reestructuración industrial para un desarrollo sostenido. Tres puntos de partida", *Revista del Instituto de Estudios Económicos* 2: "Medio Ambiente y Crecimiento Económico". Madrid, 1990.

SOLER ROCH, Maria Teresa. *Incentivos a la inversión y justicia tributaria*. Madrid, Civitas, 1983.

__________. "Incentivos fiscales y poder tributario", *Revista Valenciana de Hacienda Pública Palau* 14, n. 17, 1992.

SURREY, Stanley S.; SUNLEY JR., Emil M. "Tax incentives as an instrument for achievement of governmental goals", Reporte General, *Cahiers de Droit Fiscal International*, vol. LXIa, con motivo del *XXX IFA Congrès*. Jerusalem, 1976.

STAVINS, Robert N.; WITHEHED, Bradley W. "The greening of America's taxes: pollution, charges and environmental protection", *Policy report*, n. 13.

Washington DC, Progressive Policy Institute, Febrero de 1992.

TARAK, Pedro. Ponencia, in *Simposio sobre aspectos tributarios, financieros (incluso estímulos) de la protección ambiental*, organizado por la Asociación Argentina de Estudios Fiscales y Asociación Argentina de Estudios Fiscales y la SADARN, Buenos Aires, 1978.

TAWIL, Guido S. *La cláusula ambiental en la Constitución nacional*, LL LIX N. 93, del 15.5.1995.

TORRES, Ricardo Lobo. *Teoria dos direitos fundamentais*. Rio de Janeiro, Renovar.

TURNER, S.; O'SHEA, J. *Taxes as tools of EC environmental policy: the case of the carbon/energy tax*. Ireland, Derry Magee College, University of Ulster, 1995.

VALDÉS COSTA. *Curso de Derecho Tributario*. 2ª ed., Depalma/Temis/Marcial Pons, 1996.

VIGO, Rodolfo L. *Los principios jurídicos*. Buenos Aires, Depalma, 2000.

WESTIN, Richard A. *Environmental tax initiatives and multilateral trade agreements: dangerous collisions*. La Haya, Kluwer Law International, 1997.

XAVIER, Alberto. *Manual de Direito Fiscal*, vol. I. Edit. Faculdade de Direito de Lisboa, 1974.

TERCEIRA PARTE

VALORES E ASPECTOS CONSTITUCIONAIS FUNDAMENTAIS DO DIREITO TRIBUTÁRIO AMBIENTAL

A EFETIVIDADE E A EFICIÊNCIA AMBIENTAL DOS INSTRUMENTOS ECONÔMICO-FINANCEIROS E TRIBUTÁRIOS. ÊNFASE NA PREVENÇÃO. A UTILIZAÇÃO ECONÔMICA DOS BENS AMBIENTAIS E SUAS IMPLICAÇÕES[1]

CONSUELO YATSUDA MOROMIZATO YOSHIDA

1. Considerações introdutórias. 2. A proteção ambiental preventiva e sua importância. A irreparabilidade e irreversibilidade da degradação ambiental. 3. A relevância dos instrumentos tributários e econômico-financeiros para a maior efetividade das políticas e ações ambientais, com intuito preventivo, notadamente: 3.1 Exigência de manejo adequado e criterioso dos instrumentos tributários e econômico-financeiros. Diretrizes e princípios para uma eficiente política tributária e econômico-financeira vinculada a compromissos ambientais. Prestígio das técnicas de incentivo. 4. As técnicas de desestímulo e de estímulo de comportamentos e o perfil do ordenamento jurídico (protetivo-repressivo ou promocional). Superioridade do controle social ativo. Relevância para a proteção ambiental. 5. Oneração da carga tributária e os princípios da capacidade contributiva e da vedação ao confisco. Controvérsias. 6. Desoneração (total ou parcial) da carga tributária e o respeito ao princípio da isonomia formal e material. O custo econômico-social da desoneração e o atendimento do interesse social. 7. A degradação ambiental progressiva e a ampliação dos custos ambientais com base nos princípios do usuário-pagador e do poluidor-pagador. 8. Os pagamentos pela utilização econômica dos bens ambientais: aspectos econômico-financeiros e aspectos sócio-ambientais: 8.1 A titularidade difusa dos bens ambientais e suas implicações jurídicas e econômico-financei-

1. Colaborou para as pesquisas e sua inserção no texto a orientanda Daniele Yogui Conovalov, pesquisadora do Programa de Iniciação Científica da PUC-SP.

ras. A evolução jurisprudencial; 8.2 Os pagamentos pela exploração de recursos minerais: 8.2.1 A CFEM – Compensação financeira ou participação no resultado: 8.2.1.1 Os recursos minerais como propriedade da União: a visão clássica. Apropriação do produto mineral pelo concessionário. Distribuição da CFEM. Aspectos financeiros e tributários; 8.2.1.2 Os recursos minerais como bens ambientais de natureza difusa. A apropriação e privatização do uso, mediante pagamento. Natureza compensatória da CFEM. Distributividade e eficiência ambiental. Beneficiários. Reversão à coletividade e ao meio ambiente. 8.2.2 A obrigação de recuperar o meio ambiente degradado (CF, art. 225, § 2º); 8.2.3 A denominada "taxa anual, por hectare" (Decreto-lei n. 227/1967, art. 20, II e Circular DNPM n. 9/2000). 8.3 Os pagamentos pelo uso dos recursos hídricos: 8.3.1 A compensação financeira (CF, arts. 176 e 20, § 1º) e a cobrança para os fins do art. 22 da Lei n. 9.433/1997 pelo aproveitamento do potencial hidrelétrico: 8.3.1.1 Aspectos econômico-financeiros. Natureza jurídica; 8.3.1.2 Os recursos hídricos como bens ambientais de natureza difusa. A privatização do uso, mediante pagamento. Natureza compensatória. Distributividade e eficiência ambiental. Beneficiários. Reversão à coletividade e ao meio ambiente. Aspectos sócio-econômico-ambientais. 8.3.2 A cobrança pelos demais usos da água sujeitos à outorga nos termos da Lei n. 9.433/1997. Aspectos econômico-financeiros: 8.3.2.1 Os fundamentos das cobranças pela captação e lançamento de resíduos; 8.3.2.2 Natureza jurídica da exigência. Objetivos e destinação dos recursos oriundos da cobrança pelo uso dos recursos hídricos. 9. Conclusões.

1. Considerações introdutórias

No estágio atual de evolução, em nosso país, da tutela do meio ambiente, abrangendo os seus diferentes aspectos (meio ambiente natural, cultural, artificial e do trabalho), a preocupação primordial é, sem dúvida, com a efetividade do elogiado arcabouço normativo brasileiro, de sólida base constitucional.

O emblemático artigo 225 da Constituição Federal, ao mesmo tempo em que assegura o direito intergeracional a um ambiente equilibrado, como forma de se garantir a sadia qualidade de vida, e, em última análise, a dignidade da pessoa humana, deixa claro que a responsabilidade pelos desafiantes desideratos é solidária e compartilhada por todos (poderes públicos e coletividade em geral).

É certo que a efetiva e adequada proteção ambiental depende não apenas da implementação de políticas e ações ambientais globais e setoriais, de âmbitos internacional, nacional, regional e local, mas também de sua integração a políticas e ações no campo econômico-social,[2] para maior êxito no combate à crescente degradação ambiental.

Foi com essa macrovisão estratégica, e reconhecendo a estreita relação entre pobreza e degradação ambiental, ressaltada desde a Convenção de Estocolmo em 1972,[3] que a Cúpula Mundial do Desenvolvimento Sustentável, ocorrida em Johannesburgo em 2002, reafirmou, como prioridade do século XXI, a erradicação da pobreza, coadunando-se essa diretriz com a vertente da *sustentabilidade social* denominada *coevolução sociedade-natureza*.[4]

Ainda que distante, não se pode perder de vista a consecução dos alvissareiros objetivos perseguidos pelo Estado Brasileiro na Carta de 88, dentre os quais figuram a erradicação da pobreza e da marginalização, e a redução das desigualdades sociais e regionais, ao lado da garantia do desenvolvimento nacional (art. 3º e incisos). Os objetivos constitucionais foram detalhados e encampados, com muita propriedade, pela Política Nacional de Educação Ambiental (Lei n. 9.795/1999), merecedora dos maiores encômios, como temos ressaltado,[5] por prestigiar, ademais, a visão holística do meio ambiente, adaptada à realidade brasileira.

Emerge de seus cânones a essencial *transversalidade*, defendida pela atual Ministra do Meio Ambiente, Marina Silva,[6] e que se traduz na

2. O art. 6º da Lei n. 8.629/1993, por exemplo, elege o *grau de utilização da terra* como critério de classificação do imóvel como produtivo ou improdutivo na desapropriação para fins de reforma agrária, o que incentivará os proprietários a eliminar suas florestas, para que as terras subjacentes não sejam consideradas improdutivas. Cf. Octávio M. Alvarenga, *A Reforma Agrária e Assentamento de Sem-terras em áreas de Mata Atlântica.*

3. Foi por ocasião dessa Conferência que a então Primeira Ministra Indira Gandhi atribuiu a poluição principalmente à pobreza e ao subdesenvolvimento (cf. nossa tese de doutorado *Poluição em face das cidades no Direito Ambiental Brasileiro: a relação entre degradação social e degradação ambiental*, p. 3).

4. Concepção defendida por Humberto Tommasino e Guillermo Foladori ("El Enfoque Técnico y el Enfoque Social de la Sustentabilidad", in *Revista Paranaense de Desenvolvimento*, n. 98, pp. 67-75), que defende que os problemas sociais são também parte do desenvolvimento insustentável, e que as soluções devem ser consideradas tanto do ponto de vista técnico como social.

5. *As novas tendências e os novos desafios do Direito Ambiental*, divulgado pelo site www.jusnavigandi.com.br.

6. Como reafirmou a Ministra, ao discursar na abertura da Conferência Nacional do Meio Ambiente: "(...) A política ambiental do governo deve estar no Ministério dos Transportes, da Agricultura, de Minas e Energia, em todas as ações de todos os setores. (...) Dessa forma, poderemos planejar a infra-estrutura pensando desde o

necessidade das políticas dos diferentes setores econômicos e sociais, incorporarem a *dimensão ambiental*,[7] visando a construção de uma *sociedade ambientalmente equilibrada*,[8] desafio que se torna ainda maior em face das peculiaridades do Estado Brasileiro, que apresenta uma estrutura federativa de três níveis, uma grande extensão territorial, além de gritantes diversidades e desigualdades regionais e sociais.

A dimensão ambiental deve ser incorporada não apenas às políticas e ações governamentais, mas também às políticas e ações da iniciativa privada, e com a preocupação voltada para a implementação do *desenvolvimento humano*.[9]

Independentemente de se alcançar, através do lento processo de conscientização pela via da educação ambiental formal e não-formal,[10] o estágio ideal de observância espontânea das normas ambientais, a efetividade da proteção do meio ambiente pode e deve ser incrementada pela adoção de estratégias que aliem atrativos econômicos e financeiros às soluções técnicas adequadas.

princípio nas questões sócio-ambientais e não mais somente quando, uma vez o projeto pronto, o Governo tiver de submetê-lo ao processo de licenciamento ambiental" (in *Justiça e Cidadania*, edição 42, jan. de 2004, pp. 7-8).

7. Lei n. 9.795/1999 (arts. 3º, I; 8º, § 3º, I; 11).

8. Lei n. 9.795/1999, art. 5º, inciso V. A expressão é bem mais abrangente que *meio ambiente ecologicamente equilibrado*, que aparece no art. 225 da Constituição, e é reflexo da visão holística do meio ambiente prestigiada pela Lei. Equilíbrio *ecológico* refere-se mais especificamente ao meio ambiente natural.

9. Conceito divulgado pela ONU nos últimos anos, e que contempla quatro dimensões complementares e integrais: 1) o crescimento econômico, por ampliar a oferta de bens e serviços à disposição da população, é uma condição necessária, mas não suficiente para o desenvolvimento humano; 2) este crescimento não ocorre num contexto de exclusão social, pois tem de se processar em benefício das pessoas; 3) estas têm de ter acesso a informações, conhecimento e bens culturais para a sua própria promoção; 4) a forma de crescimento econômico atual não deve comprometer a gama das oportunidades das gerações futuras, ou seja, o desenvolvimento humano pressupõe a sua sustentabilidade (Paulo R. Haddad; "O desenvolvimento humano", *Jornal da Tarde*, 31.8.1998, p. 2). No mesmo sentido, Castellano Real, para quem o desenvolvimento econômico dos países será medido não através de um índice material, como o máximo produto nacional bruto, mas por um índice de bem-estar: o máximo ou ótimo bem-estar social (de que é exemplo o Índice de Desenvolvimento Humano – IDH e suas variações). No lugar da relação *custo-benefício econômico* aparece a relação *custo-benefício social*, acrescenta Altamirano (Francisco Castellano Real, *Nuevos impuestos*, p. 59; Alejandro C. Altamirano, "El derecho constitucional a un ambiente sano...", cit., p. 71).

10. Lei n. 9.795/1999, arts. 9º a 13.

Nesta linha de raciocínio, no que concerne aos empreendedores, a estratégia mais eficaz, embora baseada numa ética utilitarista, é estimulá-los ao cumprimento adequado das exigências ambientais, notadamente as de cunho preventivo, mediante argumentos e atrativos econômico-financeiros.

Depreendem-se dessas colocações iniciais que:

1. as políticas ambientais devem se valer mais incisivamente dos instrumentos tributários e econômico-financeiros, com o objetivo primordial de incentivar a observância de seus princípios e preceitos, e no âmbito da prevenção preferencialmente;

2. as políticas de um modo geral e, dentre elas, as políticas nos campos tributário e econômico-financeiro devem incorporar a *dimensão ambiental* no delineamento de seus princípios e preceitos,[11] a fim de que estejam afinadas e em sintonia com as diretrizes e objetivos das políticas ambientais.

Esta análise cinge-se à abordagem do primeiro aspecto, com a preocupação voltada para a efetividade e eficiência ambiental dos instrumentos econômico-financeiros e tributários, com ênfase na prevenção. É fato que em decorrência da crescente degradação do meio ambiente, ampliam-se os custos ambientais impostos aos empreendedores com base nos princípios do poluidor-pagador e do usuário-pagador. A propósito serão analisadas as imposições pela utilização econômica dos recursos minerais e dos recursos hídricos, com o intuito de se aprofundar os estudos acerca das implicações da natureza difusa dos bens ambientais, e de se verificar a efetividade e a eficiência ambiental dessas exigências.

2. A proteção ambiental preventiva e sua importância. A irreparabilidade e irreversibilidade da degradação ambiental

Há nítidas vantagens ambientais em se prevenir os danos ao meio ambiente, em regra, irreparáveis ou de difícil reparação, não apenas em

11. Serve de exemplo a disciplina atual do Imposto Predial e Territorial Rural (ITR), afinada com a preocupação ambiental. "São excluídas da área total do imóvel (área tributável) as áreas de preservação permanente e de reserva legal; as de interesse ecológico para a proteção dos ecossistemas, declaradas mediante ato do órgão competente; as comprovadamente imprestáveis para qualquer exploração agrícola, pecuária, (...) declaradas de interesse ecológico mediante ato do órgão competente; as áreas sob regime de servidão florestal" (Lei n. 9.393/1996, art. 10, II, "a" a "d").

relação à integridade dos atributos essenciais à qualidade ambiental, mas também à sadia qualidade de vida das presentes e futuras gerações.

O fundamental é *a prevenção* e *a precaução*,[12] erigidos em princípios basilares da proteção do meio ambiente, vindo a calhar o sempre lembrado alerta do Forum de Direito Ambiental Internacional realizado em Siena, na Itália, em 1990: o modelo *reaja e corrija* deverá ser complementar de uma abordagem *preveja e previna*, o que reforçará a segurança nas questões globais do meio ambiente.

Esta preocupação está estampada claramente na Constituição, quando impõe a exigência de Estudo Prévio de Impacto Ambiental "para instalação de obra ou atividade potencialmente causadora de significativa degradação do meio ambiente"; o controle da produção, comercialização e emprego de "técnicas, métodos e substâncias *que comporte risco para a vida, a qualidade de vida e o meio ambiente*"; a promoção da "*educação ambiental* em todos os níveis de ensino e a *conscientização pública para a preservação do meio ambiente*" (art. 225, § 1º, IV, V e VI, destaque nosso).

A atuação preventiva é fundamental para se evitar o agravamento da poluição ambiental, de complexidade crescente, o que torna seu combate cada vez mais desafiador.

Exemplo contundente é o chamado *efeito estufa*, de proporções alarmantes, sendo altamente questionável o futuro do Protocolo de Kyoto quanto ao cumprimento das metas de estabilização das emissões dos gases do efeito estufa (GEEs) pelas Partes do Anexo I, por importarem restrições às atividades econômicas, além de outros custos. Daí a resistência e as dificuldades a ele opostas.

Não basta, para a efetiva reversão do preocupante quadro de degradação ambiental em escala global, perfilhar a lógica do princípio poluidor-pagador, baseada na imposição de pesados ônus ao poluidor e ao degradador como forma de desestímulo. A experiência demonstra que a

12. Aplica-se o princípio da precaução quando não há provas científicas do dano e/ou da necessidade de adoção de medidas de proteção e/ou do nexo de causalidade, mas se trata de atividades potencialmente poluentes (perigosas). O fundamento é o princípio *in dubio pro ambiente* e assenta-se na idéia de "ponderação ecológica de bens e interesses" (Gomes Canotilho). As medidas de precaução consistem basicamente no estabelecimento de regras procedimentais minuciosas e rigorosas ao exercício da atividade, e no dever de informar (cf. Maria Alexandra de Sousa Aragão, "O Princípio do Poluidor Pagador – Pedra Angular da Política Comunitária do Ambiente", *Stvdia Ivrídica* 23, pp. 152-156).

exigência de reparação integral[13] com base na responsabilidade objetiva e solidária dos poluidores diretos e indiretos, a imposição de tributos e de sanções administrativas e penais não têm impedido que a degradação ambiental avance e tampouco têm possibilitado que ela reverta.

O êxito e a efetividade da proteção ambiental dependem da adoção e implementação de políticas e ações que, a par das medidas de desestímulo à poluição e degradação ambientais, prestigiem, ao mesmo tempo, medidas de incentivo à prevenção, calcadas em atrativos econômico-financeiros.

A empreitada não é fácil, à medida que se observa a concorrência de fatores que contribuem para a inversão dessa lógica. Passa-se a ter, como tendências preocupantes, o desestímulo à prevenção, pelos seus custos elevados e que tendem a ser ampliados; e, reversamente, o estímulo à degradação ambiental, pela flexibilização dos custos da reparação e da repressão para o poluidor. São exemplos a adoção indiscriminada de medidas compensatórias, inadequadas do ponto de vista da eficiência ambiental; e a relativização generalizada do efeito intimidatório da repressão penal pela Lei n. 9.605/1998, em prejuízo da efetividade do combate às práticas lesivas mais graves ou recalcitrantes ao meio ambiente.[14]

A defesa do meio ambiente, que é um dos princípios gerais da ordem econômica constitucional, há que se pautar pelo "tratamento diferenciado conforme o impacto ambiental dos produtos e serviços e de seus processos de elaboração e prestação", nos termos da atual dicção do inciso VI do art. 170. Este comando constitucional serve de norte tanto para os Poderes Públicos das diferentes esferas federativas como para os

13. A reparação ambiental abrange, pela ordem, a restauração, a recuperação, a compensação ecológica e/ou a reparação indenizatória, sem prejuízo da responsabilidade administrativa e penal (Lei n. 6.938/1981, art. 14, § 1º; CF, art. 225, § 3º; e Lei n. 9.605/1998). A legislação brasileira contempla a possibilidade de reparação não apenas do dano material, mas também do dano moral causado ao meio ambiente e também às vítimas (Lei n. 7.347/1985, art. 1º).

14. Muitas infrações ambientais foram consideradas de menor potencial ofensivo (contravenções e crimes cominados com pena máxima não superior a um ano), e se processam pelo rito da Lei n. 9.099/1995 com as alterações da Lei n. 9.605/1998. Para a transação penal é exigida a prévia composição do dano, assim como é exigida a reparação integral do dano para a suspensão condicional e extinção da punibilidade (arts. 27 e 28 da Lei n. 9.605/1998). Para os demais crimes ambientais, a pena máxima cominada é, em regra, de até 3 (três) anos, e são autônomas as penas restritivas de direitos.

empreendedores e a coletividade em geral, destinatários do art. 225 da mesma Carta Federal.

3. A relevância dos instrumentos tributários e econômico-financeiros para a maior efetividade das políticas e ações ambientais, com intuito preventivo, notadamente

Neste contexto, cresce a relevância do manejo adequado e criterioso dos instrumentos tributários e econômico-financeiros[15] no âmbito das políticas e ações ambientais, com a preocupação de estimular a prevenção do dano ambiental preferencialmente.

A adoção desta estratégia pode contribuir, em muito, para a efetividade da legislação ambiental brasileira, de predominante perfil protetivo-repressivo, bem como para a própria mudança deste clássico perfil legislativo e da forma de controle passivo que lhe é próprio. Este, como se verá, preocupa-se mais em desfavorecer as ações nocivas do que em favorecer as ações vantajosas, sendo nítida a superioridade, em termos de eficácia prática, do *controle ativo*, que, contrariamente, busca favorecer as ações vantajosas, mais do que desfavorecer as ações nocivas.

A Lei n. 6.938/1981, que instituiu a Política Nacional de Meio Ambiente, já revela a importância dos instrumentos tributários e econômico-financeiros ao prever a perda ou restrição dos incentivos fiscais e a perda ou suspensão de participação em linhas de financiamento em estabeleci-

15. No âmbito da OCDE são *instrumentos econômicos* destinados à proteção do meio ambiente: "os instrumentos que implicam uma transmissão financeira entre os poluidores e a coletividade (diversos tipos de taxas, ajudas financeiras, créditos de emissões) como os que se direcionam a uma ação direta nos preços relativos (como é o caso da fixação de tarifas dos serviços e a fiscalização dos produtos)". Classifica tais instrumentos em 5 (cinco) categorias: 1) tributos em geral (impostos, taxas e contribuições especiais, de que são exemplos os impostos sobre a poluição, as taxas por descargas de efluentes ou seu tratamento industrial e as contraprestações por serviços administrativos vinculados com o uso de produtos ou resíduos perigosos); 2) subsídios (empréstimos ou créditos facilitados); 3) mecanismos de depósitos em garantia, reembolsáveis (devolução das garantias oferecidas no início de uma atividade poluidora, exigida obrigatoriamente pelo Estado como condição para o início da empresa); 4) sistema de licenças outorgadas pelo Estado às indústrias poluidoras abaixo de um determinado nível não nocivo ou tolerável; e 5) instrumentos financeiros consistentes em prêmios e castigos (empregados em defesa da qualidade do ar, da água, dos níveis de ruídos, proteção do solo e serviços de limpeza). Cf. OCDE. *Economic instruments for environmental protection.*

mentos oficiais de crédito como espécies de sanção administrativa (art. 14, II e III). E inclui, entre os instrumentos para a consecução dos seus objetivos, os "incentivos à produção e instalação de equipamentos e a criação ou absorção de tecnologia, voltados para a melhoria da qualidade ambiental" (art. 9º, V).

Das políticas ambientais setoriais, merece destaque a Política Nacional de Recursos Hídricos (Lei n. 9.433/1997), que contempla entre os seus instrumentos a cobrança do uso dos recursos hídricos sujeitos à outorga (arts. 5º, IV, 11 a 22), tendo sido objeto de veto a compensação financeira a Municípios (arts. 5º, V, e 24).

O Estatuto da Cidade (Lei n. 10.257/2001), por seu turno, insere entre as diretrizes gerais da política urbana a "justa distribuição dos benefícios e ônus decorrentes do processo de urbanização, a adequação dos instrumentos de política econômica, tributária e financeira e dos gastos públicos aos objetivos do desenvolvimento urbano, de modo a privilegiar os investimentos geradores de bem-estar geral e a fruição dos bens pelos diferentes segmentos sociais e a recuperação dos investimentos do Poder Público de que tenha resultado a valorização de imóveis urbanos" (art. 2º, IX, X e XI). E arrola como instrumentos dessa mesma política, os *institutos tributários e financeiros,* a saber: o imposto sobre a propriedade predial e territorial urbana – IPTU, progressivo no tempo, a contribuição de melhoria e os incentivos e benefícios fiscais e financeiros (art. 4º, IV, alíneas).

3.1 Exigência de manejo adequado e criterioso dos instrumentos tributários e econômico-financeiros. Diretrizes e princípios para uma eficiente política tributária e econômico-financeira vinculada a compromissos ambientais. Prestígio das técnicas de incentivo

Não se pode ignorar que a utilização dos instrumentos econômicos têm aspectos positivos[16] e aspectos negativos,[17] daí a necessidade de se valer de forma bem criteriosa desses instrumentos.

16-17. Aliam-se entre as vantagens o fato de que tais instrumentos enviam uma sinalização econômica aos mercados e possibilitam que os agentes reajam de forma livre; em muitos casos, eles minimizam o custo global da luta contra a poluição e são um estímulo permanente para reduzi-la ou atenuá-la, na medida em que possibilitam maior flexibilidade ao Poder Público, que pode mudá-los ou variá-los. Os economis-

Nesse sentido, são apontadas como diretrizes para uma *política tributária e econômico-financeira vinculada a compromissos ambientais*: (a) considerar o dever do Estado de atuar como partícipe necessário na resolução dos problemas; os particulares nem sempre podem, individualmente, harmonizar as alternativas de solução; (b) avaliar a gama de instrumentos econômicos, e proceder a uma análise das conseqüências de sua implementação, atentando-se para não tornar inoperante a atividade; (c) incentivar, mais que penalizar; (d) avaliar adequadamente as implicações políticas em sua utilização; (e) considerar os aspectos distributivos; e (f) projetar sua eficácia e eficiência.[18]

A propósito, Fritz Neumark[19] definiu os princípios tendentes a uma *ótima eficiência da política fiscal*: *suficiência* (que a arrecadação tributária cubra os gastos públicos decorrentes da necessidade da redução do fenômeno da poluição); *capacidade de adaptação* (mobilidade do sistema fiscal para adaptar-se às exigências das novas circunstâncias); *flexibilidade da estrutura impositiva* (adequando a maior ou menor pressão fiscal segundo o desenvolvimento econômico); *congruência* (as disposições tributárias devem guardar coerência, inserindo-se dentro do sistema legal sem contradições com outras normas impositivas); *transparência* (importa clareza e precisão acerca da compreensibilidade das normas impositivas); *continuidade* (permanência no tempo das normas fiscais); *factibilidade* (formulações não teóricas, que podem se concretizar na prática, não excedendo das reais possibilidades da administração); *comodidade* (mínimos custos para os contribuintes, no cumprimento de seus deveres tributários); e *economicidade* (mínimos custos para a administração tributária).

A *eficiência ambiental* aparece em primeiro lugar no rol de critérios de um *eficiente tributo ambiental*, segundo conclusões da Conferência

tas, de forma geral, vêm como a principal vantagem a possibilidade de correção das distorções dos preços no mercado, incorporando a eles os custos ambientais e os custos devidos à poluição gerada no processo produtivo. Além disso, os tributos tendem a incentivar a modificação do comportamento de produtores e consumidores, levando-os a uma utilização mais racional e eficiente dos recursos ambientais, estimulando o cumprimento e a obediência à legislação.

A elevação do custo da atividade, afetando a competitividade e o critério da otimização é uma das restrições apontadas à utilização dos instrumentos econômicos; ademais, em certos casos, criariam um verdadeiro direito de poluir, como ocorreria com as licenças ambientais concedidas sob aceitação de níveis de emissão toleráveis.

18. Cf. Alejandro C. Altamirano, "El derecho constitucional a un ambiente sano...", cit., p. 52.

19. *Principios de la imposición*.

ECO 92, realizada no Rio de Janeiro. Os outros critérios se referem à eficiência econômica (baixo custo); ser administrativamente barato e simples; e não provocar efeitos relevantes no comércio e na competitividade internacional.[20]

Tem-se, assim, como principais objetivos dos chamados *ecotributos*:[21] 1) minimizar o dano ambiental, internalizando seus custos, sem impedir o desenvolvimento industrial (do contrário poderia gerar efeitos prejudiciais no desenvolvimento, desnaturalizando-os); 2) influenciar a conduta dos sujeitos passivos, de modo a reduzir suas atividades poluidoras; 3) constituir instrumentos de indenização para a sociedade; 4) criar um incentivo para reduzir a quantidade de produtos poluentes, cujo êxito depende de um alto nível de informação à população e à existência de um ente arrecadador apto; 5) fonte de financiamento do custo ambiental, por exemplo, utilizando a arrecadação para desenvolver dispositivos de segurança ou reduzir o custo do produto reciclado.

Não é fácil, como tem mostrado a experiência internacional, conseguir que a imposição tributária direta atenda simultaneamente a essas diretrizes e critérios, sendo de grande complexidade a avaliação da eficiência ambiental.

Assim, por exemplo, na avaliação da OCDE, os impostos sobre produtos (lubrificantes, fertilizantes, pilhas de mercúrio e cádmio, vasilhames não retornáveis, por exemplo), muito utilizados pelas legislações comparadas, não têm um nítido efeito incentivador; em sua maior parte são utilizados para cobrir gastos ecológicos relativos a produtos potencialmente nocivos; sua eficiência ambiental depende da medida em que cobrem esses gastos necessários; e não guardam compatibilidade com o princípio poluidor-pagador.[22]

Por isso mesmo, como a imposição tributária direta tem seus inconvenientes,[23] Altamirano reconhece serem mais eficazes os in-

20. Cf. Franco Picciaredda e Pietro Selicato, *I tributti e l'ambienti*, p. 32.

21. Alejandro C. Altamirano, "El Derecho Constitucional a un ambiente sano...", cit., pp. 60-61.

22. OCDE, *Economic instruments for environmental protection*, pp. 33 e ss.

23. "La imposición directa tiene el inconveniente de definir la base de imposición sobre la cual recaerá el tributo. Cuando esta es insuficiente, la política basada en la aplicación de impuestos no es apta para reducir el fenómeno en la forma eficiente. He aquí que los problemas particulares de los aspectos ambientales pueden elegirse independientemente de la elección de prodecimiento. También se torna inadecuada la imposición cuando se trata de estructuras ecoimpositivas destinadas a

centivos para o controle da poluição, pois o agente avaliará a conveniência de optar por eles "uma vez que, em geral, viabilizam a realização de seus objetivos comerciais". Deste modo, a depreciação acelerada pode controlar a poluição ou tornar eficaz a inversão tendente a minimizá-la. "É melhor incentivar que penalizar, estimular a inversão nos controles da contaminação do que sancionar com gravames, cujo cumprimento tem por efeito asfixiar a atividade industrial, quando não criam um clima de incerteza sobre os alcances de seu cumprimento".

E ao tratar dos incentivos e subsídios especificamente, reafirma: "(...) uma política tributária que utiliza instrumentos econômicos para melhorar o impacto ambiental deve *privilegiar os estímulos tributários e incentivos econômicos* em relação ao propósito de modificar o comportamento dos agentes mediante a aplicação de taxas ou impostos. Não apenas se incentivará a otimizar o impacto, sendo certo que estas medidas são, como regra, anteriores ou no mínimo concomitantes com a degradação ambiental, razão pela qual resultarão menos onerosas que os propósitos de corrigir a degradação posteriormente".[24]

4. As técnicas de desestímulo e de estímulo de comportamentos e o perfil do ordenamento jurídico (protetivo-repressivo ou promocional). Superioridade do controle social ativo. Relevância para a proteção ambiental

No Estado contemporâneo, como assevera Bobbio,[25] é cada vez mais freqüente o uso de técnicas de estímulo de comportamentos, de tal sorte que junto à concepção tradicional do Direito como *ordenamento protetivo-repressivo*, forma-se uma nova concepção do ordenamento jurídico, como *ordenamento com função promocional*.

Há, com isso, uma verdadeira mudança no modo de realizar o controle social: passa-se de um *controle passivo*, que se preocupa mais em desfavorecer as ações nocivas do que favorecer as ações vantajosas, a um *controle ativo*, que se preocupa em favorecer as ações vantajosas, mais do que desfavorecer as ações nocivas.

regiones amplias y cuando la contaminación es discontinua en el tiempo" (Altamirano, ob. cit., p. 52).

24. Idem, ibidem, p. 80.

25. *Contribución a la teoría del Derecho*, pp. 367 e ss.

Através da *técnica de desestímulo*, busca-se influenciar o comportamento não desejado (comissivo ou omissivo), obstaculizando-o ou atribuindo-lhe conseqüências desagradáveis; simetricamente, através da *técnica de incentivo*, busca-se influenciar o comportamento desejado (comissivo ou omissivo), facilitando-o ou atribuindo-lhe conseqüências agradáveis.

A técnica de incentivo atua não só através da resposta favorável ao comportamento já realizado, ou seja, através da *sanção positiva ou prêmio*, mas também através da *facilitação*, do favorecimento do comportamento quando ele está por se realizar. No primeiro caso, incentiva-se intervindo nas conseqüências do comportamento, no segundo, intervindo nas modalidades, nas formas, nas condições do comportamento mesmo.

A *facilitação* precede ou acompanha o comportamento que se quer incentivar, procurando tornar menos gravoso o custo da realização desejada, de duas formas: ou propiciando mais meios necessários à sua prática, ou diminuindo sua carga. São exemplos a concessão de subvenções e subsídios creditícios, favorecendo o financiamento de atividades voltadas ao combate e à prevenção da poluição, como a produção e a instalação de equipamentos não poluentes.

Com a *sanção positiva ou premial* busca-se tornar mais atrativa a operação, assegurando a quem a realiza a obtenção de uma vantagem ou a supressão de uma desvantagem. É o caso da atribuição de um prêmio ou de uma isenção fiscal. Alguns Estados brasileiros, notadamente Minas Gerais e Paraná, têm aperfeiçoado sua legislação sobre o chamado "ICMS ecológico", cuja técnica de incentivo consiste em contemplar com quinhões maiores da receita do ICMS os municípios que têm legislação em favor da preservação do meio ambiente e da correção de desvios prejudiciais à fauna e à flora.

As *medidas de desestímulo* cumprem uma função predominantemente de *conservação social*, enquanto as *medidas de estímulo*, função predominantemente de *mudança social*.

É salutar, portanto, como destacamos em texto elaborado em homenagem a Franco Montoro, grande incentivador do direito promocional.[26]

"(...) estimular, através de técnicas de facilitação ou de atribuição de prêmios e incentivos, comportamentos socialmente desejáveis, capazes

26. "A implementação dos direitos fundamentais e o paradigma constitucional: as novas concepções e os desafios aos operadores do Direito", in *Ensaios em homenagem a Franco Montoro – Humanismo e Política*, p. 268.

de promover mudanças e alterações sociais positivas, sob uma ótica bem diversa daquela preconizada pela tradicional função protetivo-repressiva do Direito, que, ao pretender simplesmente desestimular a transgressão de uma norma, serve apenas para tentar manter o *status quo*, na maior das vezes sem alcançar os resultados almejados.

"(...) pode-se concluir que (a legislação ambiental brasileira) ainda tem um cunho marcantemente protetivo-repressivo, quer no âmbito da responsabilidade civil, quer no âmbito da responsabilidade por infrações administrativas e penais, embora a tendência seja reconhecer, à reparação e à sanção negativa, caráter pedagógico-preventivo, e não meramente repressivo do dano e da infração já praticadas.

"Mas devem ser cada vez mais utilizadas e implementadas as variadas técnicas de estímulo destacadas por Bobbio, adotadas de forma tímida e incipiente na legislação ambiental e na legislação tributária brasileiras, bem como todas as demais iniciativas que procuram valorizar o lado lucrativo da proteção ambiental, para empresários e empreendedores de atividades econômicas e sociais."

Portanto, como salientado, o êxito da proteção ambiental depende da conjugação de medidas de desestímulo à poluição e degradação ambientais, com medidas de incentivo ao cumprimento das exigências ambientais, calcadas em atrativos econômico-financeiros.

Faz-se oportuna, nesse passo, a breve menção às discussões acerca da aplicabilidade dos princípios da capacidade contributiva e da vedação ao confisco na oneração da carga tributária, com finalidade extrafiscal, e da necessária observância do princípio da isonomia (formal e material) na desoneração da carga tributária.

5. *Oneração da carga tributária e os princípios da capacidade contributiva e da vedação ao confisco. Controvérsias*

A oneração da carga tributária é mecanismo eficaz para desestimular comportamentos ambientalmente indesejáveis, de que é exemplo o IPTU progressivo no tempo (CF, art. 182, § 4º, II; Lei n. 10.257/2001, art. 7º), cogitado para o imóvel urbano não edificado, subutilizado ou não utilizado, quando não são cumpridas as condições e prazos para implementação do parcelamento, edificação ou utilização compulsórios.

Uma das controvérsias mais relevantes, na espécie, reside na aplicabilidade, ou não, dos princípios da capacidade contributiva e da vedação ao confisco.[27]

O embate se coloca porque, à semelhança de tantos outros conflitos que se instalam por força da crescente tutela dos direitos sociais, de natureza difusa ou coletiva, confrontam-se, de um lado, os direitos e interesses do proprietário do imóvel, no caso, e, de outro lado, os direitos e interesses sociais que exigem o cumprimento da função social da propriedade urbana. Esta, nos termos da Constituição, consiste em atender às "exigências fundamentais de ordenação da cidade expressas no plano diretor" (art. 182, § 2º).[28]

Os princípios da capacidade contributiva e da vedação ao confisco são garantias fundamentais asseguradas ao contribuinte, contudo, em determinadas circunstâncias excepcionais, previstas constitucionalmente, como sucede na hipótese do IPTU progressivo no tempo, podem ser flexibilizados, diante de outros princípios igualmente prestigiados pela mesma Constituição, direcionados à tutela de interesses sociais, conflitantes com o interesse do contribuinte. É exemplo, no caso, o princípio da *função social da propriedade*, que aparece reitera-

27. Para Elizabeth Nazar Carrazza a progressividade extrafiscal encontra seu limite na proibição do confisco (*IPTU e Progressividade: igualdade e capacidade contributiva*, 1996). Seguindo orientação semelhante, Misabel de Abreu Machado Derzi sustenta que a progressividade jamais poderá ser confiscatória (in Aliomar Baleeiro, *Direito Tributário Brasileiro*, p. 256). Regina Helena Costa (*Princípio da capacidade contributiva*, p. 73) sustenta a derrogação parcial do princípio na tributação extrafiscal; o legislador deve cuidar de preservar os limites que o próprio princípio exige: "a manutenção do 'mínimo vital', o não atingimento do confisco e o não cerceamento de outros direitos constitucionais", que representam "garantias mínimas do contribuinte perante o fisco". Especificamente sobre o IPTU progressivo no tempo, Regina Helena Costa suscita a inconstitucionalidade dos §§ 1º e 2º, do art. 7º do Estatuto da Cidade, por violação ao princípio da vedação ao confisco ("Aspectos Tributários do Estatuto da Cidade", in Adilson Dallari e Sérgio Ferraz (Coords.), *Estatuto da Cidade (Comentários à Lei Federal 10.257/2001)*, p. 111).

28. V., a propósito, interessante construção desenvolvida pela então orientanda Keziah Alessandra Vianna Silva Pinto (*IPTU progressivo no tempo como instrumento para o meio ambiente urbano sustentável*, pp. 168-174) para justificar a prevalência da função social da propriedade urbana ("princípio-garantia", com função prescritiva) em relação à vedação ao confisco (princípio diretivo), baseando-se nos graus de vinculação dos princípios constitucionais sistematizados, a partir da contribuição de Norberto Bobbio, por José Diniz de Moraes (*A função social da propriedade e a Constituição Federal de 1988*, pp. 55 e ss.).

das vezes no texto constitucional (arts. 5º, XXIII; 170, III; 182, § 2º; 186) e no Estatuto da Cidade (art. 1º, parágrafo único, e art. 2º), sendo incorporado pelo novo Código Civil, inclusive com viés sócio-ambiental (NCC, art. 1.228, § 1º).

Como salienta Sacha Calmon Navarro Coelho,[29] "onde o constituinte previu a exacerbação da tributação para induzir comportamentos desejados ou para inibir comportamentos indesejados, é vedada a argüição do princípio do não-confisco tributário, a não ser no caso limite (absorção do bem ou da renda)".

6. Desoneração (total ou parcial) da carga tributária e o respeito ao princípio da isonomia formal e material. O custo econômico-social da desoneração e o atendimento do interesse social

Ao se apregoar a salutar mudança do ordenamento legislativo ambiental brasileiro, predominantemente protetivo-repressivo, para um perfil marcantemente promocional, os mecanismos que vêm a lume são os incentivos econômicos e financeiros.[30]

No que concerne à concessão de benefícios fiscais, o aspecto mais complexo está na observância do princípio da isonomia, sob os seus dois aspectos: o da *isonomia formal* e o da *isonomia material*.[31]

29. Para o autor, a vedação ao confisco há de se entender *cum modus in rebus*. O princípio tem validade e serve de garantia, inclusive, para evitar exageros no caso de taxas, todavia cede o passo às políticas tributárias extrafiscais, mormente as expressamente previstas na Constituição (in *Manual de Direito Tributário*, p. 134). No mesmo sentido, Diógenes Gasparini (*O Estatuto da Cidade*, p. 50).

30. Cita-se, como exemplo, a possibilidade de se deduzir do Imposto sobre a Renda e proventos de qualquer natureza (IR) verbas gastas em investimentos pré-estabelecidos, que se revestem de interesse econômico ou social, tal como o reflorestamento, a fim de estimular a formação de reservas florestais no país (cf. Paulo de Barros Carvalho, *Curso de Direito Tributário*, p. 231).

31. Na conhecida lição de José Souto Mayor Borges (*Teoria Geral da Isenção Tributária*, p. 43), "o aspecto *formal* do princípio da isonomia consiste em impedir o desigual tratamento de pessoas, sob os mesmos pressupostos de fato (*desigualdade jurídica formal*)", enquanto sob o aspecto *material*, "o princípio da isonomia exclui qualquer transgressão a direito líquido e certo, como uma aplicação manifestadamente antijurídica da lei e, especialmente, uma interpretação inconciliável com o único sentido possível da lei, ou adotada por mero fiscalismo (*desigualdade jurídica material* ou verdadeiro *arbítrio*)".

A isonomia visa, em última análise, a garantia de uma tributação justa.[32] Os incentivos fiscais ou subvenções, para corresponderem a esse princípio devem ser concedidos de modo a que todos que se encontrem na mesma situação possam deles se beneficiar,[33] sendo que, segundo as lições clássicas de Celso Antônio Bandeira de Mello,[34] "a lei não pode conceder tratamento específico, vantajoso ou desvantajoso, em atenção a traços e circunstâncias peculiarizadoras de uma categoria de indivíduos se não houver adequação racional entre o elemento diferencial e o regime dispensado aos que se inserem na categoria diferençada". Além disso, que, concretamente, "o vínculo de correlação supra-referido seja pertinente em função dos interesses constitucionalmente protegidos, isto é, resulte em diferenciação de tratamento jurídico fundada em razão valiosa – ao lume do texto constitucional – para o bem público".

Não se pode olvidar o custo econômico-social da desoneração, de tal sorte que ela se justifica se o benefício é instituído e efetivamente implementado em prol do interesse social, mediante controle e fiscalização dos órgãos competentes.

Como bem elucida José Souto Mayor Borges,[35] o "princípio constitucional da isonomia não exclui a competência legislativa para a instituição de isenções não arbitrárias, isto é, isenções que atuam como um princípio seletivo de determinadas pessoas, classes ou categorias de contribuintes, não por considerações de favoritismo ou privilégio, mas para fins econômicos e sociais".

De forma bastante incisiva, Roberto Ferraz[36] conclui que os incentivos fiscais se submetem a um regime constitucional em que "somente poderão ser concedidos de maneira vinculada e condicionada à prática de atividades diretamente promotoras do bem comum pelo beneficiário, que atuará de maneira subsidiária à atividade própria do Estado, instituídos em lei que fixará quais essas condições vinculantes, e sua necessária temporariedade".

A instituição e a concessão desses benefícios devem ser criteriosamente avaliadas em face dos princípios e diretrizes já apontados para uma eficiente política tributária e econômico-financeira na área ambiental.

32. Roque Antonio Carrazza, *Curso de Direito Constitucional Tributário*.

33. Klaus Tipke e Douglas Yamashita, *Justiça Fiscal e o Princípio da Capacidade Contributiva*, p. 41

34. O *Conteúdo Jurídico do Princípio da Igualdade*, pp. 39 e 41.

35. *Teoria geral...*, cit., p. 47.

36. "Incentivos Fiscais – um enfoque constitucional", *Rev. Estudos Tributários*, n. 28, p. 107.

7. A degradação ambiental progressiva e a ampliação dos custos ambientais com base nos princípios do usuário-pagador e do poluidor-pagador

A degradação ambiental progressiva, desde a industrialização, se deve basicamente à sobrecarga dos ecossistemas naturais sob duas formas: de um lado, a extração dos recursos naturais em larga escala, utilizados principalmente como insumos, inclusive para fins de geração de energia; de outro lado, o lançamento de resíduos em quantidade, durabilidade e periculosidade crescentes, tornando cada vez mais complexos os fenômenos da poluição e da degradação ambientais cujas conseqüências adversas estão mencionadas no art. 3º, III, da Lei n. 6.938/1981.

Surgem nesse processo as figuras do *usuário* e do *poluidor/degradador*, que têm a responsabilidade ambiental alicerçada, respectivamente, no *princípio usuário-pagador* e no *princípio poluidor-pagador*. Ambos são agasalhados pela Lei n. 6.938/1981, que estabelece como um dos objetivos da Política Nacional do Meio Ambiente a "imposição, *ao poluidor e ao predador*, da obrigação de recuperar e/ou indenizar os danos causados e, *ao usuário*, da contribuição pela utilização de recursos ambientais com fins econômicos" (art. 4º, VII).

O ponto comum entre os dois princípios é a necessidade de internalização das externalidades. A propósito, a Declaração do Rio (1992) elenca entre seus princípios: "As autoridades nacionais devem esforçar-se para promover a internalização dos custos de proteção do meio ambiente e o uso dos instrumentos econômicos, levando-se em conta o conceito de que o poluidor deve, em princípio, assumir o custo da poluição, tendo em vista o interesse do público, sem desvirtuar o comércio e os investimentos internacionais" (Princípio 16).

Enquanto o princípio poluidor-pagador foi concebido para uma atuação *a posteriori (obrigação de recuperar e/ou indenizar os danos causados)*, o princípio usuário-pagador o foi para uma atuação *a anteriori (pagamento de contribuição pela utilização de recursos ambientais com fins econômicos)*.

Todavia, ambos têm uma concepção mais alargada, de sorte que o chamado *princípio poluidor-pagador alargado* abrange também a prevenção, e não apenas a reparação e a repressão,[37] o princípio usuário-

37. Cf. Antonio Herman Benjamin, *Dano Ambiental – Prevenção, Reparação e Repressão*, vol. 2, pp. 226-236.

pagador, por sua vez, contém também o princípio poluidor-pagador.[38] É apropriada por isso mesmo a denominação *princípio usuário-poluidor-pagador*.

Sob a perspectiva do empreendedor, é relevante, notadamente na atuação preventiva, falar-se em *impactos ambientais*, como evitá-los e mitigá-los, e não, desde logo, em danos ambientais. Seguindo esta tendência, o princípio usuário-pagador vem sendo utilizado preferencialmente ao princípio poluidor-pagador, e considerado a versão moderna deste clássico princípio.

Com essa percepção ampliada dos princípios, Paulo Affonso Leme Machado[39] identifica a incidência do princípio poluidor-pagador em dois momentos: na fixação das tarifas ou preços e/ou exigência de investimento na prevenção do uso do recurso natural; e na responsabilização residual ou integral do poluidor. Como destaca, o "investimento efetuado para prevenir o dano ou o pagamento do tributo, da tarifa ou do preço público não isentam o poluidor ou predador de ter examinada e aferida sua responsabilidade residual para reparar o dano".

Cristiane Derani,[40] também com visão ampliativa do princípio destaca que o "custo a ser imputado ao poluidor não está exclusivamente vinculado à imediata reparação do dano. O verdadeiro custo está numa atuação preventiva".

A Lei n. 6.938/1981, que firmou o princípio da responsabilidade objetiva e solidária dos poluidores/degradadores diretos e indiretos (art. 14, § 1º) e a Constituição Federal (art. 225, § 3º) deixam claro que o princípio poluidor-pagador impõe ao poluidor/predador a ampla e onerosa responsabilidade civil, administrativa e penal, que tem o intuito pedagógico de coibir e de prevenir a reiteração da prática danosa ao meio ambiente.

O princípio usuário-pagador, segundo Henri Smets,[41] significa que o "utilizador do recurso deve suportar o conjunto dos custos destinados a tornar possível a utilização do recurso e os custos advindos de sua própria utilização". Seu objetivo é fazer com que os custos não sejam supor-

38. Cf. Paulo Affonso Leme Machado, *Direito Ambiental Brasileiro*, p. 53, que, em outra passagem de sua obra, utiliza a denominação *princípio usuário-poluidor-pagador*, expressando a fusão dos princípios *princípio usuário-poluidor-pagador*.

39. *Direito Ambiental...*, cit., pp. 54-55.

40. *Direito Ambiental Econômico*, p. 162.

41. *Le Principe Utilisateur-Payeur pour la Gestion Durable des Resources Naturelles*, doc 1998.

tados nem pelos Poderes Públicos, nem por terceiros, mas pelo utilizador, não justificando, contudo, imposições que venham a aumentar o preço do recurso a ponto de, levadas em conta as externalidades e a raridade, ultrapassar seu custo real.

Mesmo não existindo qualquer ilicitude no comportamento, o princípio usuário-pagador pode ser implementado para tornar obrigatório o pagamento pelo uso ou pela poluição do recurso; não há necessidade de ser provada a prática de faltas ou infrações, basta ao órgão que pretende exigir o pagamento provar o efetivo uso do recurso ambiental ou a sua poluição.

Deve ser afastada em relação a ambos os princípios a visão puramente economicista, e que deturpa a lógica que os inspira: pago, e, por isso, posso explorar de forma predatória o recurso ambiental; pago e, por isso, posso poluir. O pagamento efetuado pelo poluidor ou pelo predador não lhes confere qualquer direito a poluir.[42]

8. Os pagamentos pela utilização econômica dos bens ambientais: aspectos econômico-financeiros e aspectos sócio-ambientais

Muitas são as polêmicas que se instalam envolvendo a remuneração pelo uso dos recursos ambientais, fundada no princípio usuário-pagador. A primeira grande polêmica refere-se à dominialidade, propriedade ou titularidade dos bens ambientais, e as implicações decorrentes.

8.1 A titularidade difusa dos bens ambientais e suas implicações jurídicas e econômico-financeiras. A evolução jurisprudencial

Como discorremos a respeito,[43] não é suficiente admitir a função sócio-ambiental da propriedade para entender as restrições que são impostas em nome e em prol da proteção do meio ambiente. É preciso

42. Paulo Affonso Leme Machado, *Direito Ambiental...*, cit., pp. 53 e 54.

43. "A efetividade da proteção do meio ambiente e a participação do Judiciário", in *Desafios do Direito Ambiental no Século XXI – Estudos em homenagem ao Prof. Paulo Affonso Leme Machado* (Malheiros Editores, 2005) – texto desenvolvido e inspirado na palestra proferida no painel "Proteção do meio ambiente urbano e cultural – Estatuto da Cidade", no Curso de Direito Ambiental para Magistrados (São Paulo, maio de 2003).

avançar mais, para admitir que existe o "bem ambiental",[44] que é "bem de uso comum do povo", portanto, "bem difuso", e que "não é suscetível de apropriação". É "bem adéspota", como diz a doutrina italiana[45] e "essencial à sadia qualidade de vida" (CF, art. 225).

Esta avançada concepção sobre o bem ambiental tem sua construção alicerçada no art. 225 da Constituição Federal, e muitos dos dispositivos constitucionais, como os arts. 20 e 26, que tratam, respectivamente, dos bens da União e dos bens dos Estados, devem ser interpretados em consonância com o art. 225. A terminologia *direitos e interesses difusos* é também encampada pela própria Constituição (art. 129, III) e a respectiva definição legal é introduzida pela Lei n. 8.078/1990 (art. 81, parágrafo único, I).

Não há dúvida, destarte, que o sistema jurídico-constitucional brasileiro adota a concepção e a terminologia ora propugnada, sendo dele destoante a classificação, mantida pelo Novo Código Civil (art. 99, I), dos "bens de uso comum do povo" como espécie de "bens públicos". Tanto este dispositivo do Novo Código Civil, como o art. 1º da Lei n. 5.197/1967 (Lei de Proteção à Fauna), que considera a fauna silvestre "propriedade do Estado", e o art. 1º da Lei n. 9.433/1997 (Política Nacional de Recursos Hídricos), segundo o qual a água é um "bem de domínio público", ensejam a interpretação conforme a Constituição, de modo a afiná-los com os arts. 225 e 129, III, da mesma Carta, na linha preconizada.

O Supremo Tribunal Federal, no julgamento do RE 300.244-9, deu importante passo no sentido de reconhecer a distinção entre bem público e bem difuso, ao interpretar o sentido da proteção da Mata Atlântica enquanto "patrimônio nacional".[46]

E a concepção dos bens ambientais como bens difusos implica importantes conseqüências jurídicas e econômico-financeiras.

Uma das conseqüências jurídicas mais relevantes é no campo da repartição constitucional de competências entre os três níveis da federa-

44. Cf. Celso Antonio Pacheco Fiorillo, *O direito de antena em face do direito ambiental no Brasil*, p. 117; *Curso de Direito Ambiental Brasileiro*, p. 54.

45. Idéias sistematizadas por Carlo Malinconico em sua clássica obra *I beni ambientali. Trattato di diritto amministrativo*, v. 5.

46. "Pela circunstância de o § 4º desse artigo 225 dispor que a Mata Atlântica – que é a que está em causa – é patrimônio nacional, não quer isso dizer que ela seja bem da União" (rel. Min. Moreira Alves).

ção brasileira: em matéria de proteção ambiental, vigora a competência legislativa concorrente (CF, art. 24, VI e VII) e a competência administrativa comum (CF, art. 23, VI e VII), merecendo, destarte, readequação e redimensionamento as matérias atribuídas à competência legislativa privativa da União Federal relativa a bens ambientais (de que é exemplo a legislação sobre águas e recursos minerais – CF, art. 22, IV e XII) e à competência penal da Justiça Federal (CF, art. 109, IV).

Exemplo mais ilustrativo da mudança de entendimento em relação ao aspecto por último mencionado é a revogação da Súmula n. 91 do Superior Tribunal de Justiça, que afirmava a competência da Justiça Federal para "processar e julgar os crimes praticados contra a fauna", entendendo-se, no caso, a fauna silvestre, considerada, então, bem da União Federal, com base no art. 1º da Lei n. 5.197/1967.

Por sua vez, a possibilidade de exploração econômica dos bens ambientais enseja discussões bastante atuais e relevantes acerca das implicações da apropriação e privatização do uso desses bens pelos particulares.

Serão analisados os pagamentos exigidos pela utilização econômica de recursos minerais e dos recursos hídricos, e confrontados os respectivos regimes jurídicos na parte que interessa a este tópico do estudo.

8.2 Os pagamentos pela exploração de recursos minerais

8.2.1 A CFEM – Compensação financeira ou participação no resultado

8.2.1.1 Os recursos minerais como propriedade da União: a visão clássica. Apropriação do produto mineral pelo concessionário. Distribuição da CFEM. Aspectos financeiros e tributários – Na dicção do texto constitucional, as jazidas e demais recursos minerais constituem propriedade distinta da do solo, para efeito de exploração ou aproveitamento, e pertencem à União, garantida ao concessionário a propriedade do produto da lavra e ao proprietário do solo participação nos resultados da lavra (art. 176, *caput* e § 2º). O art. 20, § 1º, por sua vez, assegura aos entes federados e aos órgãos da administração direta da União participação no resultado da exploração ou compensação financeira, nos termos da lei.

Deste modo foi instituída a denominada Compensação Financeira pela Exploração de Recursos Minerais (CFEM), devida pelo concessionário (minerador), e calculada no percentual de até 3% sobre o valor do faturamento líquido resultante da venda do produto mineral nos termos do art. 6º da Lei n. 7.990/1989 e art. 2º da Lei n. 8.001/1990 e Decreto n. 1/1991.

Nos termos da legislação vigente, o valor total da CFEM é distribuído mensalmente de acordo com os seguintes percentuais: 23% aos Estados e ao Distrito Federal; 65% aos Municípios; 2% ao Fundo Nacional de Desenvolvimento Científico e Tecnológico – FNDCT, para o desenvolvimento científico e tecnológico do setor mineral; 10% ao Departamento Nacional de Produção Mineral – DNPM (10%), que destinará 2% à proteção mineral em regiões mineradoras, por intermédio do Instituto Brasileiro de Meio Ambiente e dos Recursos Naturais Renováveis – IBAMA (art. 2º, § 2º, da Lei n. 8.001/1990, com a redação dada pela Lei n. 9.993/2000).

Ao proprietário do solo é assegurado, a título de participação nos resultados da lavra, o equivalente a 50% do valor total da CFEM (art. 11, "b", do Decreto-lei n. 227/1967, na redação dada pela Lei n. 8.901/1994).

Segundo o entendimento firmado pelo Supremo Tribunal Federal (RE 228.800-5-DF, rel. Min. Sepúlveda Pertence), a despeito da denominação, a CFEM não é compensação financeira, mas *participação no resultado*, tendo em vista a disciplina que lhe é dada pelo art. 6º da Lei n. 7.990/1989.[47] A imposição, segundo a mesma Corte, não tem natureza tributária, consistindo em *receita patrimonial originária* do Estado, auferida com a exploração de recurso mineral pertencente à União Federal (CF, arts. 20, IX e 176).

Na classificação mais abrangente proposta por Heleno Taveira Tôrres,[48] a receita oriunda da CFEM comporta, do ponto de vista financeiro, uma tríplice qualificação: *compensação financeira* ou *participação no resultado*, para os pagamentos feitos pelos concessionários, permissionários ou autorizados; *receita originária patrimonial* para os órgãos da Administração direta da União, e *receita transferida* a Estados, Distrito Federal e Municípios em cujos territórios se localizam os recursos minerais, beneficiados com a partilha do produto da arrecadação.

47. Com isso afastou a tese de que, sendo compensação financeira, o valor da CFEM deveria ter, como parâmetro, o valor do mineral *in situ* e não o valor do produto mineral (resultado da lavra)

48. "A compensação financeira devida na exploração de petróleo e recursos minerais e na geração de energia elétrica – Regime jurídico e aspectos tributários", in *Revista de Direito Tributário – Cadernos de Direito Tributário*, n. 74, pp. 62 e ss.

8.2.1.2 Os recursos minerais como bens ambientais de natureza difusa. A apropriação e privatização do uso, mediante pagamento. Natureza compensatória da CFEM. Distributividade e eficiência ambiental. Beneficiários. Reversão à coletividade e ao meio ambiente – Não obstante o art. 176 da Constituição Federal se refira ao recurso mineral *in situ* como bem de propriedade da União, garantindo ao concessionário a propriedade do produto mineral resultante da lavra, na verdade esse dispositivo, bem como o art. 20 que arrola outros bens da União, devem ser interpretados em consonância com o art. 225, como ressaltado, atentando-se, desse modo, para sua caracterização como bem ambiental de natureza difusa, de uso comum do povo, e não como bem público dominial ou dominical, como faz a doutrina clássica.

É certo que não se confundem os interesses da coletividade afetada direta ou indiretamente pela exploração minerária, com os interesses estatais (federal, estadual e local), nem sempre coincidentes e, tampouco, com os interesses do concessionário (minerador).

Cabe à União, no caso, o *gerenciamento* desses bens *no interesse da coletividade*, que é verdadeiramente a titular e beneficiária do rico patrimônio ambiental mineral existente em nosso subsolo. E, em razão da competência constitucional concorrente e comum em matéria ambiental, há que se pensar no *gerenciamento compartilhado* da proteção ambiental mineral entre os níveis federativos em cujo território se localizam.

Como bem destaca Celso Antonio Pacheco Fiorillo,[49] os recursos minerais, por determinação expressa da Constituição (art. 225, § 2º), passam a ter natureza jurídica de bens ambientais, sendo tutelados não como bens de propriedade da União. A orientação constitucional é no sentido não só de atribuir fundamentalmente à União o controle dos recursos minerais na condição de gestora desses bens ambientais, como também de assegurar aos Estados, Distrito Federal e Municípios, além dos órgãos da Administração direta da União, a devida participação no resultado da exploração desses recursos no respectivo território.

49. Como salienta Celso Antonio Pacheco Fiorillo, diante das diversas alterações ao Código de Minas (Decreto-lei n. 227/1967) e da disciplina da Lei n. 7.805/1989 sobre a lavra garimpeira, entre outros diplomas legais, "as normas infraconstitucionais relacionadas às operações econômicas de aproveitamento de jazidas, assim como a lavra em face dos recursos minerais, terão aplicação pertinente no plano jurídico se estiverem em harmonia com a tutela ambiental dos recursos naturais como bens ambientais tutelados na Carta Magna" (*Curso de Direito Ambiental...*, cit., pp. 297 e 300).

Se assim é, independentemente das controvérsias acerca de aspectos tributários e financeiros relativos à CFEM, não se pode deixar de reconhecer que a contraprestação paga pelo minerador pela utilização dos recursos minerais tem, ademais, a finalidade compensatória[50] em face da coletividade direta ou indiretamente afetada pela extração, apropriação e privatização do uso dos recursos minerais e pelos custos sócio-ambientais decorrentes da exploração minerária.

Como salienta Ricardo Carneiro,[51] reconhecendo a natureza compensatória da cobrança pelo uso de recursos naturais com fundamento no princípio usuário-pagador: "a utilização de recursos naturais por parte das atividades econômicas produtivas implica necessariamente uma interferência, em graus e formas variadas, no equilíbrio ecológico do meio ambiente, enquanto bem de uso comum e patrimônio da inteira coletividade. Ocorre, portanto, uma apropriação privada de um bem de titularidade difusa, sem que a sociedade seja por isso devidamente compensada em razão dos custos sociais decorrentes que lhe são impostos. Aqui reside, pois, o fundamento mediato da implementação de medidas compensatórias, alicerçadas, em derradeira hipótese, na segunda parte do inciso VII do art. 4º da Lei n. 6.938/81, que insere, dentre os objetivos da Política Nacional do Meio Ambiente, a imposição ao *usuário* do dever de contribuir pela utilização de recursos ambientais com fins econômicos".

Na disciplina atual da CFEM deve ser destacada a importância da destinação de 2% ao Fundo Nacional de Desenvolvimento Científico e Tecnológico – FNDCT, o que contribuirá, dentre outros avanços, para a descoberta de novas tecnologias para a exploração mineral com menor impacto ambiental. Reduziu-se a cota-parte do Departamento Nacional de Produção Mineral – DNPM a 10%, mantendo-se, contudo, a destinação de 2% ao

50. Ricardo Lobo Torres (*Curso de Direito Tributário*, p. 163) reconhece que a CFEM reveste-se de natureza indenizatória, pela perda dos recursos naturais situados nos respectivos territórios, ou de natureza contraprestacional, pelas despesas que as empresas exploradoras desses recursos causam aos respectivos Poderes Públicos estaduais ou municipais (dispêndios com infra-estrutura de bens, serviços e assistência à população). Regina Helena Costa ("A natureza jurídica da compensação financeira pela exploração de recursos minerais", in *RTDP* 13/128) sustenta o caráter indenizatório, salientando que a Lei Maior pressupõe "um prejuízo para aquela pessoa em cujo território se dê a respectiva exploração", garantindo-lhes ressarcimento pela exploração, sob a forma de participação no resultado ou compensação financeira.

51. "A Reserva Particular do Patrimônio Natural – RPPN como beneficiária da compensação ambiental prevista pela Lei 9.985/2000", in Guilherme José Purvin de Figueiredo (Coord.), *Direito Ambiental em debate*, p. 282.

IBAMA para a proteção ambiental[52] em regiões mineradoras. Deve-se cuidar para que tais recursos sejam efetivamente utilizados nos fins a que se destinam, aperfeiçoando-se, para tanto, os mecanismos orçamentários e financeiros, iniciativa que já se observa em relação aos recursos oriundos da cobrança pelo uso dos recursos hídricos na forma da Lei n. 9.433/1997.

Determinações semelhantes devem ser introduzidas nas instâncias respectivas e através dos instrumentos normativos competentes, pelos Estados, Distrito Federal e Municípios, beneficiários do rateio da CFEM, a fim de que parte dos recursos das respectivas cotas-partes sejam também revertidos em benefício da coletividade, viabilizando-se a implementação de políticas e ações de desenvolvimento sócio-econômico-ambiental, de atribuição dos respectivos entes federativos, visando assegurar a sustentabilidade das regiões, notadamente após a cessação da atividade extrativa.

Há, enfim, necessidade de se incorporar às colocações estritamente econômico-financeiras acerca da CFEM, a *dimensão sócio-ambiental*, que propugna, com base no texto constitucional, a concepção do *recurso mineral* como *bem ambiental* e, em conseqüência, o *gerenciamento compartilhado* da *proteção ambiental* entre os níveis federativos em cujo território se localiza a jazida, o reconhecimento da *finalidade compensatória, do ponto de vista sócio-econômico-ambiental, da exigência*, e a destinação e reversão, pelas diferentes esferas da federação, de parte do rateio da CFEM para a implementação de políticas e ações voltadas para a *sustentabilidade das regiões de exploração minerária.*

Como se verá na seqüência, a recuperação ambiental das áreas degradadas é da responsabilidade do minerador conforme determinação constitucional, todavia ela não exime os poderes públicos das três esferas dessa responsabilidade sócio-ambiental nas regiões minerarias, contribuindo para tanto os recursos da CFEM.

8.2.2 A obrigação de recuperar o meio ambiente degradado (CF, art. 225, § 2º)

O minerador está obrigado a recuperar o meio ambiente degradado pelas operações de lavra, nos termos do art. 225, § 2º, da Constituição Federal.

52. A Lei n. 9.993/1997 fala em *proteção mineral*, e não em *proteção ambiental* em regiões mineradoras, como constava na redação anterior do art. 2º, § 2º da Lei n. 8.001/1990.

Como é sabido, não apenas a extração em si, mas o próprio processo de exploração minerária causa degradação ao meio ambiente, sendo impossível materialmente a restauração, o retorno da área à situação anterior às operações de lavra. A Constituição impõe, portanto, ao minerador a obrigação de recuperar o meio ambiente degradado, de acordo com solução técnica exigida pelo órgão público competente, na forma da lei (art. 225, § 2º).[53]

De acordo com o Decreto n. 97.632/1989, que regulamenta por ora a matéria, ao ser outorgada ao minerador a licença ambiental para as atividades de lavra e beneficiamento, o órgão ambiental competente aprova o plano de recuperação de área degradada (PRAD) que lhe foi submetido previamente quando da apresentação do EIA/RIMA (art. 1º). A recuperação objetiva estabelecer uma nova forma de utilização da área minerada, conforme plano preestabelecido para o uso do solo, com vistas a alcançar a sua estabilidade ambiental (art. 3º).

O minerador que não diligenciar a recuperação das áreas degradadas pode estar sujeito às responsabilidades administrativa e penal, como se vê do art. 19 da Lei n. 7.805/1989 e art. 55, parágrafo único da Lei n. 9.605/1998.

8.2.3 A denominada *taxa anual, por hectare* (Decreto-lei n. 227/1967, art. 20, II e Circular DNPM n. 9/2000)

É devida a denominada *taxa anual, por hectare* desde a obtenção da autorização de pesquisa mineral até a entrega do relatório final dos trabalhos ao DNPM na forma disciplinada pelo atual art. 20, inciso II, do Código de Minas (Decreto-lei n. 227/1967, na redação dada pela Lei n. 9.314/1996) e pela Circular DNPM n. 9/2000; é fixada em valores progressivos em função da substância mineral objetivada, a extensão e a localização da área, além de outras condições, respeitado o valor máximo de 2 (duas) vezes a UFIR.

No entendimento do Supremo Tribunal Federal (ADI 2.586-4-DF, rel. Min. Carlos Velloso) não se trata de taxa, mas de *preço públi-*

53. "Ciente da impossibilidade física de se atingir o subsolo sem interferir na área superficiária em que está localizada a jazida mineral, e no seu entorno, o legislador constitucional, após ter consagrado o interesse público existente sobre o aproveitamento desse bem, impôs ao minerador a responsabilidade de recuperar o meio ambiente degradado pelas operações de lavra" (cf. Marcelo Gomes de Souza, *Direito Minerário e Meio Ambiente*).

co.[54] "O que se tem, no caso, é a exploração, pelo particular, de um bem da União (CF, art. 20, IX; art. 176 e §§), mediante o pagamento de um preço estabelecido pela lei. Não se tem, no caso, portanto, um tributo, no seu exato conceito jurídico, mas um preço público que o particular paga à União pela exploração de um bem do domínio desta".

8.3 Os pagamentos pelo uso dos recursos hídricos

8.3.1 A compensação financeira (CF, arts. 176 e 20, § 1º) e a cobrança para os fins do art. 22 da Lei n. 9.433/1997 pelo aproveitamento do potencial hidrelétrico

8.3.1.1 Aspectos econômico-financeiros. Natureza jurídica – À semelhança do que sucede com a exploração dos recursos minerais em que é devida a CFEM, o aproveitamento do potencial de energia hidráulica dos recursos hídricos enseja o pagamento, pelas concessionárias, de compensação financeira (art. 17, § 1º, I, da Lei n. 9.648/1998, com a redação dada pela Lei n. 9.984/2000) e também, mais recentemente, da cobrança pelo uso nos termos e para os fins da Lei n. 9.433/1997 (art. 17, § 1º, II, da Lei n. 9.648/1998).

Deste modo, as concessionárias de energia elétrica estão atualmente obrigadas ao recolhimento de *6,75% do valor da energia elétrica produzida*, sendo:

a) 6% desse valor a título de compensação financeira, assim distribuídos de acordo com a legislação em vigor (art. 1º da Lei n. 8.001/1990, com a redação dada pela Lei n. 9.993/2000):

b) 45% aos Estados, Distrito Federal e Municípios em cujos territórios se localizarem instalações destinadas à produção de energia elétrica, ou que tenham áreas invadidas por águas dos respectivos reservatórios; 3% ao Ministério do Meio Ambiente; 3% ao Ministério de Minas e Energia; e 4% ao Fundo Nacional de Desenvolvimento Científico e Tecnológico – FNDCT;

c) 0,75% para os fins do art. 22 da Lei n. 9.433/1997, destinados ao Ministério do Meio Ambiente para aplicação na implementação da Polí-

54. O Relator Min. Carlos Velloso adota e transcreve a minuciosa análise por ele feita no julgamento da ADI 447-DF (*RTJ* 145/15) acerca das características das taxas e dos preços e de quando é pertinente a cobrança de um e de outro. Perfilhada a orientação que preconiza, na esteira de Sacha Calmon Navarro Coelho, que é possível a cobrança de preços pela prestação de serviço público pelo Estado.

tica Nacional de Recursos Hídricos e do Sistema Nacional de Gerenciamento de Recursos Hídricos (art. 17, § 1º, II, da Lei n. 9.648/1998, na redação dada pela Lei n. 9.984/2000).

Com as devidas adaptações, são cabíveis à compensação financeira pelo aproveitamento do potencial hidrelétrico (art. 17, § 1º, I, da Lei n. 9.648/1998) considerações semelhantes àquelas aduzidas a propósito da CFEM.

Na disciplina atual da compensação financeira ora analisada deve ser também destacada a importância da destinação de 4% ao Fundo Nacional de Desenvolvimento Científico e Tecnológico – FNDCT, que deverá destinar 30%, no mínimo, dessa cota-parte a projetos desenvolvidos por instituições de pesquisa sediadas nas regiões Norte, Nordeste e Centro-Oeste. Os recursos destinados a esse fundo serão alocados em categoria de programação específica e reservados para o financiamento de programas e projetos de pesquisa científica e desenvolvimento tecnológico do setor de recursos hídricos, administrados conforme regulamento (art. 17, § 6º).

De modo similar cabe ressaltar que ao Ministério do Meio Ambiente são atribuídos 3% no rateio da compensação financeira, além dos 0,75% a ele destinados por força da cobrança baseada na Lei n. 9.433/1997, a serem empregados na implementação da Política Nacional de Recursos Hídricos e do Sistema Nacional de Gerenciamento de Recursos Hídricos, além de, no caso da compensação financeira, serem utilizados também na gestão da rede hidrometeorológica nacional (art. 17, § 4º).

Observa-se, pelo precedente firmado pelo Supremo Tribunal Federal em relação aos recursos minerais (RE. 228.800-5-DF), a tendência jurisprudencial de se reconhecer a natureza não tributária da compensação financeira devida, neste caso, pelo aproveitamento do potencial de energia hidráulica, considerado bem de domínio da União (CF, arts. 20, VIII e 176).

É de se notar, pelo outro precedente citado (ADI 2.586-4-DF), também envolvendo recursos minerais, que a Corte Excelsa caracterizou como preço público o que "o particular paga à União pela exploração de um bem do domínio desta", não vislumbrando a figura tributária da taxa.

8.3.1.2 Os recursos hídricos como bens ambientais de natureza difusa. A privatização do uso, mediante pagamento. Natureza compensatória. Distributividade e eficiência ambiental. Beneficiários. Reversão à coletividade e ao meio ambiente. Aspectos sócio-econômico-ambientais – Os recursos hídricos, tal como os recursos minerais, são bens ambientais, por isso mesmo é insatisfatória, em face do art. 225 da Constituição Federal, a classificação que os considera como bens de domínio da União (CF, art. 20, III) ou dos Estados (CF, art. 26, I). O mesmo se pode dizer em relação aos potenciais de energia hidráulica, considerados bens pertencentes à União (CF, arts. 20,VIII e 176).

Interpretando os termos da Lei n. 9.433/1997 que considera a água como *bem de domínio público* (art. 1º, I), Paulo Affonso Leme Machado[55] afirma que a água não é bem dominical do Poder Público, mas bem de uso comum do povo, lembrando Gianini, para quem, "'o ente público não é proprietário, senão no sentido puramente formal (tem o poder de autotutela do bem), na substância é um simples gestor do bem de uso coletivo'".

Cabe à União, ou ao Estado, conforme o caso, o *gerenciamento* desses bens *no interesse da própria coletividade*, que é a titular e beneficiária desses bens e, mais apropriadamente, a *gestão descentralizada e participativa dos recursos hídricos,* em face da disciplina da Lei n. 9.433/1997.

A adoção da concepção de bem ambiental implica, ademais, reconhecer que a finalidade do pagamento é não apenas compensar os entes federados pelas áreas invadidas por águas dos respectivos reservatórios, como prevê a legislação, mas também compensar a própria coletividade, no caso, pela privatização do uso, consistente no aproveitamento econômico do potencial hidrelétrico dos recursos hídricos.

Determinações semelhantes às do atual art. 17, § 1º, I, da Lei n. 9.648/1998 devem ser introduzidas pelos Estados, Distrito Federal e Municípios, beneficiários do rateio da compensação financeira, através dos instrumentos normativos competentes. Desse modo, parte das respectivas cotas-partes poderá ser utilizada para a implementação de políticas e ações sócio-econômico-ambientais da competência dos respectivos entes federativos.

8.3.2 A cobrança pelos demais usos da água sujeitos à outorga nos termos da Lei n. 9.433/1997. Aspectos econômico-financeiros

A Lei da Política Nacional de Recursos Hídricos prevê ainda outros usos da água sujeitos à outorga e à respectiva cobrança. Gravitam funda-

55. *Direito Ambiental Brasileiro*, cit., pp. 421-423.

mentalmente em torno da derivação/captação/extração de água e do lançamento de resíduos em corpos d'água (art. 12, I, II, III, V).

8.3.2.1 Os fundamentos das cobranças pela captação e lançamento de resíduos[56] – Nos primórdios do desenvolvimento e da urbanização, não se coloca o problema da capacidade de suporte e de assimilação dos cursos d'água, então suficientes para todos os usos múltiplos. Desse modo, o acesso aos recursos hídricos é livre e gratuito, e as cobranças são pela captação, potabilização e distribuição da água tratada e pelo esgotamento sanitário, que cobrem os custos sociais com a provisão desses serviços.

Contudo, com o desenvolvimento econômico, o crescimento da população urbana e da renda *per capita*, o despejo de esgotos cloacais passa a exceder a capacidade de autodepuração dos cursos d'água. Há, com isso, a degradação da qualidade dos recursos hídricos, desaparecendo a balneabilidade e a pesca, bem como o encarecimento do próprio abastecimento de água potável, pelo aumento dos custos de tratamento.

Passa-se a ter também aumento do volume de retirada, acima da capacidade de suporte, tornando os recursos hídricos escassos, com o comprometimento dos usos múltiplos.

Nesse estágio, com a finalidade de racionar e racionalizar os usos,[57] justifica-se a instituição, com base no princípio usuário-poluidor-pagador, de outras duas cobranças: correspondente à retirada, que é acrescida à conta de água tratada, viabilizando inclusive o investimento em dispositivos poupadores de água; e a correspondente ao despejo de esgotos

56. Cf. Eugenio M. Cánepa, Jaildo Santos Pereira e Antônio Eduardo Leão Lanna, *A política de recursos hídricos e o princípio usuário-pagador (PUP)*, disponível em http://jaildo.chez.tiscali.fr/rbe99_2.pdf (acesso em novembro de 2004).

57. Alguns recursos ambientais, que foram essencialmente livres, têm-se convertido em bens econômicos devido ao fato da atividade industrial ter ultrapassado a fronteira da tolerância. O sistema econômico utiliza sem custos estes recursos gerando uma inadequada distribuição deles, tendo-se em conta que efetuará um uso excessivo do bem livre. Cf. Altamirano ("El derecho constitucional a un ambiente sano...", cit., pp. 59-60), que exemplifica com o caso da lavanderia que seca as roupas ao ar livre: o ar livre é um bem que não tem preço estabelecido, até que é *expropriado* pela indústria vizinha, que libera fumaça, impedindo àquela continuar com seu negócio. Por isso, sob o enfoque economicista, a poluição é concebida fundamentalmente como "o uso de um recurso pelo qual deveria pagar" (Jorge Macón, "La política fiscal en el contexto de la contaminación ambiental", *Revista Impuestos*, p. 146).

nos corpos d'água, e que acompanhará a tarifa de esgoto, com o objetivo, também, de frear o seu lançamento (se a tarifa, por unidade de despejo, for suficientemente alta, custará menos ao munícipe tratar parcela ponderável do esgoto e pagar pela poluição residual, do que pagar pelo despejo total do esgoto gerado).

8.3.2.2 Natureza jurídica da exigência. Objetivos e destinação dos recursos oriundos da cobrança pelo uso dos recursos hídricos – Entre nós, a Lei da Política Nacional de Recursos Hídricos adotou como um de seus instrumentos a cobrança pelo uso de recursos hídricos sujeitos a outorga, cujas hipóteses estão elencadas, exemplificativamente, no art. 12, deixando fora da exigência as situações cotejadas no § 1º.

Vê-se, pois, que em face da disciplina legal, não se pode ignorar que a outorga e a respectiva cobrança pelo uso dos recursos hídricos são obrigatórias nas situações exigidas pela própria lei. Esse é o primeiro ponto a ser considerado: nos casos em que exigida, a cobrança constitui imposição legal.

É certo contudo que, muito embora se trate de imposição legal, nem por isso a cobrança reveste-se necessariamente de natureza tributária, como deixou assentado o Supremo Tribunal Federal no julgamento do RE 228.800-5-DF a propósito da denominada Compensação Financeira pela Exploração de Recursos Minerais (CFEM).

A cobrança pelos usos da água sujeitos à outorga nos termos da Lei n. 9.433/1997 inclina-se a seguir esta tendência jurisprudencial, como se vê do Parecer PGE/G n. 229/2002 exarado pela Agência Nacional de Águas.

Outro ponto relevante a ser considerado é que se está diante de cobrança pelo uso e por serviços públicos essenciais, envolvendo recursos naturais, e que não podem ser regidos pelas leis de livre mercado.

A doutrina tende, por sua vez, a sustentar posições antagônicas e extremadas: ou se está diante de *preço*, consistindo em remuneração sem caráter obrigatório e disciplinado pelas leis de mercado; ou se está diante de *taxa de serviço*, de caráter obrigatório e sujeita ao regime jurídico tributário.

A rigor, observa-se da legislação que disciplina a matéria, que se trata de cobrança obrigatória pelo uso de recurso natural essencial, que não envolve necessariamente a prestação de serviço público, cuja definição de valores não é regida livremente pelas leis de mercado. Por estas características híbridas é que existe dificuldade em se caracterizar a exigência como *preço* (pelo fato de ser imposição legal nas hipóteses em que é exigida) ou como *taxa* (pelo fato de ser contraprestação, remuneração, compensação pelo uso de recurso natural, sem prestação de serviço público).

Com efeito. Tal como concebida pela Política Nacional de Recursos Hídricos, a cobrança ora analisada tem como objetivos reconhecer a água como *bem econômico* e dar ao usuário uma indicação de seu *real valor*; incentivar a *racionalização do uso* da água e obter *recursos financeiros* para o financiamento dos programas e intervenções contemplados nos planos de recursos hídricos (art. 19).

Em consonância com tais objetivos, e visando a sua consecução, a própria lei aponta como *critérios para a fixação dos valores* "o volume retirado e seu regime de variação", tanto nas derivações, captações e extrações de água, como nos lançamentos de resíduos; acrescem nesta última situação "as características físico-químicas, biológicas e de toxicidade do afluente" (art. 21).[58]

A *definição dos valores da cobrança* é feita pelo Conselho Nacional de Recursos Hídricos, com base nos mecanismos e quantitativos sugeridos pelos Comitês de Bacia Hidrográfica, e nos estudos técnicos elaborados pela ANA.

Os valores arrecadados serão aplicados *prioritariamente* na bacia hidrográfica em que foram gerados e serão utilizados:

a) no financiamento de estudos, programas, projetos e obras incluídos nos Planos de Recursos Hídricos, sendo autorizada a aplicação a fundo perdido em projetos e obras que alterem, de modo considerado benéfico à coletividade, a qualidade, a quantidade e o regime de vazão de um corpo d'água (art. 22, I e § 2º);

b) no pagamento de despesas de implantação e custeio administrativo dos órgãos e entidades integrantes do Sistema Nacional de Gerenciamento de Recursos Hídricos, limitado o gasto com esse dispêndio a 7,5% do total arrecadado.

Afora essa, outras providências salutares devem ser aqui destacadas: enquanto não destinadas para as respectivas programações, as recei-

58. A análise destas características independem das normas de emissão dos efluentes, de sorte que todos os lançamentos deverão ser cobrados, ainda que estejam nos limites dessas normas (cf. Paulo Affonso Leme Machado, *Direito Ambiental...*, cit., p. 464).

tas da cobrança nos rios federais ficam à disposição da ANA (Agência Nacional de Águas), na Conta Única do Tesouro Nacional (art. 21, *caput,* da Lei n. 9.984/2000), cabendo a esta agência manter registros contábeis que permitam identificar e correlacionar as receitas com a bacia em que foram geradas, para facilitar o retorno das receitas. O registro deverá guiar a Diretoria Colegiada na liberação de recursos, responsável por eventuais desvios.

Por fim, como meio de se evitar o contingenciamento na forma prevista na Lei Complementar n. 101/2000, assegurou-se à entidade delegatária das funções da ANA, as transferências das receitas arrecadadas na(s) respectiva(s) bacia(s) hidrográfica(s).[59]

9. Conclusões

As políticas ambientais devem se valer mais incisivamente dos instrumentos tributários e econômico-financeiros, com o objetivo primordial de incentivar a observância de seus princípios e preceitos, e preferencialmente no âmbito da prevenção. Não basta, para a efetiva reversão do preocupante quadro de degradação ambiental em escala global, perfilhar a lógica do princípio poluidor-pagador, baseada na imposição de pesados ônus ao poluidor e ao degradador como forma de desestímulo.

O êxito e a efetividade da proteção ambiental dependem da associação de medidas de desestímulo à degradação ambiental e de medidas de incentivo à prevenção, calcadas em atrativos econômico-financeiros. A empreitada não é fácil, existindo riscos de inversão dessa lógica, diante da ampliação dos custos da prevenção e da flexibilização e minimização dos custos da reparação e da repressão, desde a vigência da Lei n. 9.605/1998.

Não se pode ignorar os aspectos positivos e os aspectos negativos da utilização dos instrumentos tributários e econômico-financeiros, daí a necessidade de se valer deles de forma criteriosa. A eficiência ambiental e a eficiência econômica figuram entre os critérios exigidos desde a ECO 92.

Embora a legislação ambiental brasileira tenha um cunho marcantemente protetivo-repressivo, devem ser introduzidas cada vez mais técnicas de estímulo (facilitação ou atribuição de incentivos), privilegiandose o controle ativo, que se preocupa em favorecer as ações vantajosas

59. Lei n. 10.881/2004, art. 4º.

mais do que desfavorecer as ações nocivas ao meio ambiente. Os estímulos e incentivos tributários e econômicos em geral são anteriores ou concomitantes à degradação ambiental e, desse modo, são menos onerosos que corrigi-la posteriormente.

A integração do princípio poluidor-pagador com o princípio usuário-pagador (princípio usuário-poluidor-pagador) incorpora a atuação preventiva em face dos impactos ambientais. O pagamento pelo uso ou pela poluição do recurso (uso poluidor) é obrigatório nas hipóteses previstas, tem finalidade compensatória e não confere ao usuário ou poluidor qualquer direito de poluir.

A tendência jurisprudencial é de não reconhecer natureza tributária às espécies de compensação financeira (ou de participação no resultado) previstas pelo arts. 176 e 20, § 1º, da Constituição Federal (RE 228.800-5-DF), sendo que a disciplina atual do rateio desses recursos destinou cota-parte ao Fundo Nacional de Desenvolvimento Científico e Tecnológico (FNDCT), além das cotas-partes do IBAMA e do Ministério do Meio Ambiente, conforme o caso. Para a efetividade e eficiência ambiental desses instrumentos, os recursos devem ser utilizados nos fins a que se destinam, aperfeiçoando-se, para tanto, os mecanismos orçamentários e financeiros, como já se tem na cobrança pelo uso dos recursos hídricos na forma da Lei n. 9.433/1997.

A adoção da concepção de bem ambiental implica reconhecer a finalidade compensatória da exigência, pela privatização do uso; a necessidade de previsão, pelas demais esferas da federação, de destinação de parte do rateio para a implementação de políticas e ações voltadas, por exemplo, para a sustentabilidade sócio-ambiental das localidades; o gerenciamento integrado da proteção ambiental entre os níveis federativos.

A compensação financeira pela exploração do potencial hidrelétrico visa não apenas compensar os entes federados pelas áreas invadidas por águas dos respectivos reservatórios, mas também compensar a própria coletividade em cujo benefício deverá ser revertida parte do rateio.

A cobrança pelo uso dos recursos hídricos sujeitos à outorga nos termos da Lei n. 9.433/1997 apresenta características híbridas, daí as dificuldades e controvérsias em caracterizá-la como *preço* (pelo fato de ser imposição legal nas hipóteses em que é exigida) ou como *taxa* (pelo fato de ser contraprestação, remuneração, compensação pelo uso de recurso natural, sem envolver necessariamente prestação de serviço público). A tendência é reconhecer a natureza não tributária da exigência (Parecer ANA/PGE/G n. 229/2002; RE 228.800-5-DF; ADI 2.586-4-DF).

A fixação dos valores da cobrança é baseada em critérios que estão em consonância com os objetivos que ela visa a alcançar, e são estabelecidos mecanismos que permitam identificar e correlacionar as receitas com a bacia hidrográfica em que foram geradas, para facilitar o retorno das receitas.

Bibliografia

ALTAMIRANO, Alejandro C. "El derecho constitucional a un ambiente sano, derechos humanos y su vinculación con el derecho tributario", in *Revista Tributaria e de finanças públicas*, n. 40. São Paulo, Ed. RT, set.-out. 2001.

ALVARENGA, Octávio M. *A Reforma Agrária e Assentamento de Sem-terras em áreas de Mata Atlântica*. Estudo encaminhado pela Fundação SOS Mata Atlântica ao INCRA.

ARAGÃO, Maria Alexandra de Sousa. "O Princípio do Poluidor Pagador – Pedra Angular da Política Comunitária do Ambiente", *Stvdia Ivrídica* 23. Coimbra, Coimbra Ed., 1997.

BENJAMIN, Antonio Herman. *Dano Ambiental – Prevenção, Reparação e Repressão*, vol. 2. São Paulo, Ed. RT, 1993.

BOBBIO, Norberto. *Contribución a la teoría del Derecho*. Madri, Ed. Fernando Torres, 1980.

BORGES, José Souto Mayor. *Teoria Geral da Isenção Tributária*. 3ª ed., rev. e atual., São Paulo, Malheiros Editores, 2001.

CÁNEPA, Eugenio M.; PEREIRA, Jaildo Santos; e LANNA, Antônio Eduardo Leão. *A política de recursos hídricos e o princípio usuário-pagador (PUP)*, in http://jaildo.chez.tiscali.fr/rbe99_2.pdf (acesso em novembro de 2004).

CARNEIRO, Ricardo. "A Reserva Particular do Patrimônio Natural – RPPN como beneficiária da compensação ambiental prevista pela Lei 9.985/2000", in Guilherme José Purvin de Figueiredo (Coord.), *Direito Ambiental em debate*. São Paulo, Aprodab, 2004, pp. 279-289.

CARRAZZA, Elizabeth Nazar. *IPTU e Progressividade: igualdade e capacidade contributiva*. Curitiba, Juruá, 1996.

CARRAZZA, Roque Antonio. *Curso de Direito Constitucional Tributário*. 20ª ed., rev. ampl. e atual. até a EC n. 44/2004, São Paulo, Malheiros Editores, 2004.

CARVALHO, Paulo de Barros. *Curso de Direito Tributário*. 16ª ed., São Paulo, Saraiva, 2004.

COELHO, Sacha Calmon Navarro. *Manual de Direito Tributário*. 2ª ed., Rio de Janeiro, Forense, 2002.

COSTA, Regina Helena. "A natureza jurídica da compensação financeira pela exploração de recursos minerais", *RTDP* 13. São Paulo, Malheiros Editores, 1996.

__________. "Aspectos Tributários do Estatuto da Cidade", in Adilson Dallari e Sérgio Ferraz (Coord.). *Estatuto da Cidade: Comentários à Lei Federal 10.257/2001*. 1ª ed., 2ª tir., São Paulo, Malheiros Editores, 2003; in José Carlos Freitas (Coord.), *Temas de Direito Urbanístico 3*. São Paulo, Imprensa Oficial do Estado, Ministério Público do Estado de São Paulo, 2003, p. 96.

__________. *Princípio da capacidade contributiva*. 3ª ed., atual., rev. e ampl., São Paulo, Malheiros Editores, 2003.

DERANI, Cristiane. *Direito Ambiental Econômico*. São Paulo, Max Limonad, 1997.

DERZI, Misabel de Abreu Machado. In Aliomar Baleeiro, *Direito Tributário Brasileiro*. 11ª ed., Rio de Janeiro, Forense, 2003.

FERRAZ, Roberto. "Incentivos Fiscais – um enfoque constitucional", *Rev. Estudos Tributários*, n. 28. São Paulo, Ed. Síntese.

FIORILLO, Celso Antonio Pacheco. *O direito de antena em face do direito ambiental no Brasil*. São Paulo, Saraiva, 2000.

__________. *Curso de Direito Ambiental Brasileiro*. 4ª ed., ampl., São Paulo, Saraiva, 2003.

GASPARINI, Diógenes. *O Estatuto da Cidade*. São Paulo, NDJ, 2002.

GOMES DE SOUZA, Marcelo. *Direito Minerário e Meio Ambiente*. Belo Horizonte, Del Rey, 1995.

__________. "Fechamento de Mina: Aspectos legais", in *Revista Brasil Mineral*, n. 203, março de 2002.

HADDAD, Paulo R. "O desenvolvimento humano", *Jornal da Tarde*, 31.8.1998.

MACHADO, Paulo Affonso Leme. *Direito Ambiental Brasileiro*. 12ª ed., rev., atual., e ampl., São Paulo, Malheiros Editores, 2004.

MACÓN, Jorge. "La política fiscal en el contexto de la contaminación ambiental", *Revista Impuestos*, 1979.

MALINCONICO, Carlo. *I beni ambientali. Trattato di diritto amministrativo*, vol. 5. Pádua, Cedam, 1991.

MELLO, Celso Antônio Bandeira de. O *Conteúdo Jurídico do Princípio da Igualdade*. 3ª ed., atual., 12ª tir., São Paulo, Malheiros Editores, 2004.

MORAES, José Diniz de. *A função social da propriedade e a Constituição Federal de 1988*. São Paulo, Malheiros Editores, 1999.

NEUMARK, Fritz. *Principios de la imposición*. Madri, Instituto de Estudios Fiscales, Ministerio de Hacienda, 1974.

OCDE. *Economic instruments for environmental protection*. Paris, 1989.

PICCIAREDDA, Franco; SELICATO, Pietro. *I tributti e l'ambienti*. Milão, Giuffrè, 1996.

PINTO, Keziah Alessandra Vianna Silva. *IPTU progressivo no tempo como instrumento para o meio ambiente urbano sustentável*. Dissertação de mestrado, Centro Universitário Salesiano de São Paulo, *Campus* Lorena (SP), 2003.

REAL, Francisco Castellano. *Nuevos impuestos*. Instituto de Estudios Fiscales de España.

SMETS, Henri. *Le Principe Utilisateur-Payeur pour la Gestion Durable des Resources Naturelles*. GEP/UPP, doc 1998.

TIPKE, Klaus; YAMASHITA, Douglas. *Justiça Fiscal e o Princípio da Capacidade Contributiva*. São Paulo, Malheiros Editores, 2002.

TOMMASINO, Guillermo; FOLADORI, Humberto. "El Enfoque Técnico y el Enfoque Social de la Sustentabilidad", in *Revista Paranaense de Desenvolvimento*, n. 98, Curitiba, jan.-jun. 2000, pp. 67-75.

TÔRRES, Heleno Taveira. "A compensação financeira devida na exploração de petróleo e recursos minerais e na geração de energia elétrica – Regime jurídico e aspectos tributários", in *Revista de Direito Tributário – Cadernos de Direito Tributário* 74, pp. 52-89.

TORRES, Ricardo Lobo. *Curso de Direito Tributário*. 4ª ed., Rio de Janeiro, Renovar, 1998.

YOSHIDA, Consuelo Y. M. "A implementação dos direitos fundamentais e o paradigma constitucional: as novas concepções e os desafios aos operadores do Direito", in *Ensaios em homenagem a Franco Montoro – Humanismo e Política*. Coleção Instituto Jacques Maritain do Brasil. São Paulo, Edições Loyola, 2001, pp. 249-272.

__________. *Poluição em face das cidades no Direito Ambiental Brasileiro: a relação entre degradação social e degradação ambiental*. PUCSP, jul. 2001.

__________. *As novas tendências e os novos desafios do Direito Ambiental*, in www.jusnavigandi.com.br.

__________. "A efetividade da proteção do meio ambiente e a participação do Judiciário", in *Desafios do Direito Ambiental: estudos em homenagem ao Prof. Paulo Affonso Leme Machado*. São Paulo, Malheiros Editores, 2005.

A CONSTITUIÇÃO E O MEIO AMBIENTE – OS PRINCÍPIOS CONSTITUCIONAIS APLICÁVEIS À MATÉRIA E ALGUNS TEMAS CORRELATOS[1]

MARCELO FIGUEIREDO

1. Introdução. 2. O meio ambiente e seus princípios. 3. As prerrogativas das Autoridades Ambientais e os direitos dos empreendedores. 4. A necessidade da ponderação de valores – a proteção do meio ambiente e o direito de propriedade com função social. 5. Um caso português – a contribuição de Canotilho.

1. Introdução

O tema do *desenvolvimento* e *ecologia* vem apresentando cada vez mais interesse em todo o mundo. No passado, imaginava-se que os conceitos de meio ambiente e desenvolvimento eram antagônicos. Com o tempo, inúmeros movimentos internacionais, que se refletiram, também, em diversas conferências, acabaram por fixar a noção do *desenvolvimento sustentado*.

É verdade que o conceito tem diferente repercussão para países desenvolvidos e em desenvolvimento ou subdesenvolvidos.

Para os primeiros, o conceito, de fato, parece mais importante que para os segundos. Isso porque os países desenvolvidos, ao longo dos séculos, só puderam elevar o nível de vida de suas populações por meio de procedimentos poluidores, provocando com isto um alto grau de poluição global. Todavia, a adoção agora de uma política semelhante pelos países em desenvolvimento tornaria o mundo quase inabitável.

1. Texto originalmente preparado para servir como roteiro de análise para a intervenção no 6º Painel do 2º Congresso Brasileiro de Direito Ambiental, promovido pelo Instituto Nacional de Direito Público, em São Paulo, em maio de 2004.

A única conclusão lógica possível seria, exatamente, a união de todas as Nações em torno de um objetivo comum – a defesa, a preservação e o adequado manejo – do meio ambiente.

Não é por outra razão, aliás, que o denominado *"Protocolo de Kyoto"* promete melhorar o clima do planeta na próxima década. Para tanto, determina que os países desenvolvidos reduzam a emissão de gases causadores do efeito estufa (GHC).

O tratado estabelece uma redução desses gases da ordem de 5% em relação ao emitido em 1990. Os países teriam até 2008 para implementar estes projetos e até 2012 para comprovar a redução. Para esse efeito, foram criados mecanismos de flexibilização através dos quais os países ricos podem promover a redução fora de seu território. Esta alternativa ficou conhecida como Mecanismos de Desenvolvimento Limpo (MDL), sendo a negociação de *créditos de carbono* sua forma transacional.

Esta negociação já começa, de forma ainda incipiente – devido à falta de regulamentação mais clara –, a beneficiar algumas empresas no Brasil. São empresas emissoras de poluição, como é o caso, *v.g.*, de setores como o da siderurgia, do papel e celulose, do saneamento básico, de limpeza e deposição de resíduos sólidos e tantos outros.

Parece estranho, contudo, sob determinado ponto de vista, que sejam criados mecanismos *negociais*, como é o caso do denominado "crédito de carbono". Tais mecanismos não estariam, de um modo indireto, "favorecendo" ou "isentando" àqueles que poluem o meio ambiente,[2] através de meios compensatórios? Não é essa, entretanto, a lógica do mecanismo.

Parte-se da evidência segundo a qual não há como o Homem, no atual estágio civilizatório, deixar de produzir e consumir. E essas atividades, de produção e de consumo, ocorrem *no* meio ambiente. Não seria assim sequer possível desenvolver atividades econômicas de produção e comercialização ausente algum tipo de interferência ambiental.

2. Recorde-se o artigo 225 da Constituição Federal e o Princípio 15 da Declaração das Nações Unidas sobre o Meio-Ambiente e Desenvolvimento do Rio de Janeiro, denominada de ECO/92, assinada em junho de 1992, por diversos Estados, inclusive o Brasil. Em ambos os dispositivos, na Constituição e na Declaração, encontramos o princípio da precaução, segundo o qual "o princípio deve ser amplamente observado pelos Estados, de acordo com as suas capacidades. Quando houver ameaça de danos sérios ou irreversíveis, a ausência de absoluta certeza científica não deve ser utilizada como razão para postergar medidas eficazes e economicamente viáveis para prevenir a degradação".

Se essa é a lógica *inexorável* da convivência contemporânea, cumpre achar, pois, os melhores caminhos para nela conviver. Fala-se, nessa medida, em "consumo sustentável", tema intimamente ligado à produção e ao consumo, à ordem econômica portanto.

Por fim, ressalte-se, também, a existência de inúmeras frentes ou perspectivas que o Estado[3] ainda detém para zelar pelo meio ambiente em seus mais variados segmentos.[4] Assim, o tema comporta inúmeras abordagens, tais como *v.g.* a responsabilidade ambiental, o estudo do princípio do poluidor pagador, a responsabilidade civil, penal e administrativa dos agentes poluidores e tantos outros.

Somos obrigados, entretanto, neste momento, a recortar dado aspecto e explorá-lo. Exatamente o das *prerrogativas das autoridades ambientais e o direito dos empreendedores*.

Vejo neste tema importantes aspectos que põem, não raro, de um lado, a autoridade administrativa ambiental, com todos os poderes que lhe são atribuídos pelo ordenamento jurídico, a fazer as exigências que são estabelecidas por inúmeras leis, decretos, resoluções etc. De outro lado, temos a figura do empreendedor, do empresário, que também tem um plexo de direitos (alguns de estatura constitucional) que lhe asseguram o direito a empreender, a desenvolver atividades econômicas, direitos que devem ser fomentados e respeitados. De qualquer forma, porém, temos a necessidade de preservar o meio ambiente.

Ressalte-se que esses dois movimentos não devem ser vistos como antagônicos.

Interessante registrar, que os problemas ambientais tornam-se menores na medida em que cresce a renda *per capita* e os países têm acesso a tecnologias que reduzem, por exemplo, a emissão de poluentes. É uma demonstração que não é uma utopia e é perfeitamente possível o desejado desenvolvimento sustentado.

Esse delicado equilíbrio merece ser explorado em um estudo como esse. Mas antes de entrar propriamente na matéria específica, cumpre ainda tecer algumas considerações acerca dos princípios que a informam.

3. Naturalmente em duas órbitas, a interna e a internacional.

4. A Lei Federal n. 6.938/1981, define o meio-ambiente em seu artigo 3º, I, do seguinte modo: "(...) o conjunto de condições, leis, influências e interações de ordem física, química e biológica, que permite, abriga e rege a vida em todas as suas formas".

2. *O meio ambiente e seus princípios*

Parece-nos que para bem desenvolver o tema proposto, faz-se necessário partir da visão constitucional da matéria, pois é por meio da análise da Constituição que poderemos descobrir quais são os princípios aplicáveis à matéria objeto de nosso estudo.

Desde logo, recorde-se que a Constituição brasileira de 1988 foi a primeira a tratar deliberadamente da questão ambiental. Como ensina José Afonso da Silva,[5] ela "assumiu o tratamento da matéria em termos amplos e modernos. Traz um capítulo específico sobre o meio ambiente, inserido no título 'Da Ordem Social' (Capítulo VI do Título VIII). Mas a questão permeia todo o seu texto, correlacionada com os temas fundamentais da ordem constitucional".

De outra parte, a doutrina enuncia quais os princípios jurídicos constitucionais aplicáveis à proteção ambiental ou relacionados diretamente ao tema em foco.[6]

Ressalte-se, ainda, que a repartição de competência em matéria ambiental, segundo José Afonso da Silva, segue os mesmos princípios que a Constituição adotou para a distribuição da competência em geral entre as entidades federativas. União, Estados, Distrito Federal e Municípios têm competência para a proteção ambiental. Encontramos competência material exclusiva, competência material comum, competência legislativa exclusiva e competência legislativa concorrente.[7]

Há quem identifique inúmeros princípios ambientais já no texto constitucional, expressos ou implícitos, embora não haja consenso na matéria, se todos eles seriam, de fato, princípios – se todos eles seriam princípios constitucionais ou não.[8] Por ora, vamos apenas enumerá-los sem entrar nessa discussão.

5. *Direito Ambiental Constitucional*, p. 46.

6. Sérgio Ferraz, em memorável conferência acerca das relações internacionais e o direito ambiental, proferida no 2º Congresso Brasileiro de Direito Ambiental (promovido pelo INDIP em São Paulo, em 7.5.2004), enunciou a existência de, no mínimo, cinco princípios cardeais a dominar o tema do meio ambiente. São eles: 1) Princípio da soberania sob recursos naturais. 2) Princípio do direito ao desenvolvimento. 3) Princípio da Precaução. 4) Princípio do Poluidor-Pagador. 5) Princípio da Responsabilidade Estatal. Consoante anotações que fizemos na conferência do ilustre professor.

7. Ob. cit., p. 75.

8. Os monografistas do tema invocam o *princípio da prevenção* (ou da precaução) como um dos mais importantes princípios fundamentais do direito ambiental –

1. *Princípio do direito humano fundamental.* Parte-se do raciocínio segundo o qual o direito a um ambiente ecologicamente equilibrado é um direito humano fundamental, na medida em que dele depende a qualidade de vida do bem jurídico em foco – a vida humana.[9]

A afirmação de que o direito ao meio ambiente ecologicamente equilibrado é um *direito humano fundamental*, para nós, deve ser vista com alguma cautela. Primeiro, teríamos que definir em que sentido estamos a empregar ambas as expressões "meio ambiente" e "direitos humanos", para depois verificar se é possível relacioná-las juridicamente e, somente após, verificar se há proteção constitucional dessa categoria.

Não resta a menor dúvida que o direito ao meio ambiente ecologicamente equilibrado é um direito relacionado diretamente à vida e ao seu exercício pleno. Isso está expresso no artigo 225 da Constituição Federal. Outra questão é saber, qual a categoria desse direito na Constituição. Parece-nos que é direito difuso de proteção à natureza humana e, assim, em um sentido latíssimo, direito humano. Não é, de per si, pois, direito individual ou coletivo, embora possa ser protegido por pessoas individual ou coletivamente organizadas.

Já no aspecto internacional, não resta dúvida de que se trata de um direito fundamental, tal como concebido e protegido por inúmeras Declarações Ambientais e também pela Declaração Universal dos Direitos do Homem.

Registre-se ainda que, para aqueles que encampam a tese da natureza constitucional dos direitos enunciados nos tratados internacionais, muitos dos direitos ambientais estariam elevados à natureza de norma constitucional. Mas não entraremos nessa discussão.

Basta assinalar, para os efeitos desse trabalho, que, atualmente, concebe-se o direito ao meio ambiente equilibrado como um direito intima-

presente inclusive na Declaração de Estocolmo e reafirmado na Declaração do Rio, em seu Princípio 15 – o *princípio da cooperação*, ou da informação e o *da participação dos cidadãos*, também contido na Declaração do Rio em seu Princípio 10. Trata-se do acesso à informação e a participação, velhos conhecidos do direito constitucional, também no exercício da função administrativa ambiental. Quer-se também o acesso e a participação do indivíduo e dos grupos nos diversos tipos de procedimentos administrativos e judiciais, como, aliás, é a tendência contemporânea da teoria geral do processo. Vide Michel Prieur, *Droit de l'Environnement*.

9. Nesse sentido, Cristiane Derani, "Meio Ambiente Ecologicamente Equilibrado: Direito Fundamental e Princípio da Atividade Econômica", in Guilherme José P. de Figueiredo (Org.), *Temas de Direito Ambiental e Urbanístico*.

mente relacionado ao direito à vida e, assim, forçosamente digno de proteção *similar* àquela. Dizemos "similar" porque, para nós, nenhum direito pode ter proteção mais elevada, mais intensa do que à vida. Todos lhe são decorrentes em certo sentido.

2. *Princípio da supremacia do interesse público na proteção do meio ambiente em relação aos interesses privados.* Também aqui novidade alguma há. Trata-se do velho princípio do direito público – especialmente administrativo[10] – aplicado à questão ambiental, ao tema em foco.

Integralmente aplicáveis as lições de Celso Antônio Bandeira de Mello[11] acerca da matéria:

"(...) Significa que o Poder Público se encontra em situação de autoridade, de comando, relativamente aos particulares, como indispensável condição para gerir os interesses públicos postos em confronto. Compreende, em face da sua desigualdade, a possibilidade em favor da Administração, de *constituir os privados em obrigações por meio de ato unilateral* daquela. Implica, outrossim, muitas vezes, o direito de *modificar, também unilateralmente*, relações já estabelecidas. (...)

"Aqui, entretanto, é necessária uma importantíssima acotação. Estes caracteres, que sem dúvida informam a atuação administrativa, de modo algum autorizariam a supor que a Administração Pública, escudada na supremacia do interesse público sobre o interesse privado, pode expressar tais prerrogativas com a mesma autonomia e liberdade com que os particulares exercitam seus direitos. É que a Administração exerce *função*: a função administrativa. Existe função quando alguém está investido no *dever* de satisfazer dadas finalidades em prol do *interesse de outrem*, necessitando, para tanto, manejar os poderes requeridos para supri-las. Logo, tais poderes são *instrumentais* ao alcance das sobreditas finalidades. Sem eles, o sujeito investido na função não teria como desincumbir-se do *dever* posto a seu cargo. Donde, quem os titulariza maneja, na verdade, 'deveres-poderes', no *interesse alheio*".

Aplicada a lição à realidade ambiental constitucional, é possível dizer que deve a autoridade pública cuidar, zelar, curar e defender o bem ambiental, bem da coletividade, da sociedade, da comunidade.

10. Aliás, não poderia ser diferente já que a autoridade administrativa é sempre subordinada ao interesse público, pouco importando se está ela a zelar por valores ambientais ou protegendo outros valores como a saúde pública, a vida, a segurança etc.

11. *Curso de Direito Administrativo*, pp. 61-62.

Conquanto não haja um único regime jurídico incidente sobre o meio ambiente e sobre os bens ambientais, pode-se afirmar que é ele – meio ambiente – bem de uso comum do povo, sujeito ao gozo e fruição coletivo para as presentes e futuras gerações. Como bem anota Álvaro Luiz Valery Mirra:[12]

"(...) pode-se afirmar com absoluta segurança, que o regime protetor do meio ambiente adotado no Brasil, além de direcionar-se aos bens que na sua dimensão ecológica não pertencem a ninguém com exclusividade, ou pertencem a todos indistinta e indivisivelmente, incide igualmente sobre todos os elementos corpóreos configuradores do seu substrato material, qualquer que seja a sua titularidade, e em relação a todas as atividades ou práticas que de alguma forma estão relacionadas com o meio ambiente e com os bens ambientais, para orientá-los e condicioná-los uns e outras à preservação da qualidade ambiental propícia à vida."

Como corolário do princípio acima enunciado, alguns autores vêem, ainda, a existência de dois princípios, a saber: o princípio da indisponibilidade do interesse público na proteção do meio ambiente e o princípio da obrigatoriedade da intervenção estatal. Parece-nos, entretanto, que ambos, se não chegam a ganhar foros de autonomia, podem certamente ser considerados como decorrências lógicas do primeiro.

3. *Princípio da indisponibilidade do interesse público na proteção do meio ambiente*. Por intermédio desse princípio há indicação do dever do Estado e dos particulares de não só preservar o meio ambiente, mas de compreender a sua característica de indisponibilidade.

4. *Princípio da obrigatoriedade da intervenção estatal*. Trata-se de princípio operacional para a garantia da enunciada proteção constitucional (art. 225 da CF), sem a qual, o meio ambiente ficaria totalmente fragilizado.

Parece fora de dúvida que, do ângulo eficacial, esse princípio é o *mais importante* no sentido de concretizar a anunciada proteção ambiental. É dizer: é através da ampla gama de medidas enunciadas na Constituição, nos incisos I a VII e seus parágrafos, que efetivamente poder-se-á dar o primeiro passo à pretendida defesa do meio ambiente. Mas não é só. Os comandos somente se integram com a edição da legislação ordinária, segundo passo para a pretendida proteção, e as-

12. *Ação Civil Pública e a Reparação do dano ao Meio Ambiente*, p. 48.

sim sucessivamente.[13] Também aqui há proteção internacional incorporada.[14]

É evidente que aqui está o nó górdio da questão ambiental, como de resto de todas as outras, a demandar a ação positiva do Estado. O complexo sistema de proteção ambiental desdobra-se em inúmeras ações, princípios e políticas que vão desde a edição de leis específicas até instrumentos de gestão mais concreta, tudo visando a conferir eficácia à norma constitucional.[15]

5. *Princípio da prevenção ou precaução.* Há ainda autores que vislumbram sua existência, conquanto ausente previsão explícita na norma constitucional, mas implícito no mesmo art. 225, no seu § 1º, III e no seu § 6º.

Por seu intermédio, devem ser utilizados *todos* os instrumentos jurídicos aptos à defesa e preservação do meio ambiente.[16]

6. *Princípio do desenvolvimento sustentado.* Por seu intermédio, quer-se preservar os recursos naturais de modo que sua exploração atenda à necessidade presente sem exauri-los ou comprometê-los, para as gerações futuras.[17]

Como bem ressalta Édis Milaré,[18] *desenvolvimento sustentado* é aquele que propugna por um crescimento econômico qualitativo, única forma de "melhorar a qualidade de vida humana dentro dos limites da capacidade de suporte dos ecossistemas".

7. Há ainda quem identifique a existência de outros princípios como: a) o princípio da proteção da biodiversidade; b) o princípio da defesa do meio ambiente; c) o princípio da responsabilização pelo dano ambiental; e tantos outros.

Acreditamos que seja importante registrar certa confusão doutrinária, visualizando princípios constitucionais onde eles não existem, ou ainda,

13. Vide Leis n. 7.754/1989, 7.802/1989, 8.974/1995, 9.795/1999 e 9.985/2000, todas elas procurando integrar os comandos dos incisos I a VII, do art. 225 da CF. Para uma visão mais ampla vide Álvaro Mirra, "Princípios fundamentais do direito ambiental", *Revista de Direito Ambiental* 2/96.

14. Vide Declaração de Estocolmo.

15. Para aprofundar a temática, vide José Afonso, *Direito Ambiental*, cit.

16. Vide Paulo Affonso Leme Machado, *Direito Ambiental Brasileiro*, p. 641.

17. Vide *Direito Ambiental Brasileiro*, de Sebastião Valdir Gomes; Cristiane Derani, *Direito Ambiental Econômico*. Vide ainda, mais especialmente, o artigo de André Luiz Borges Netto, "A defesa do meio ambiente como princípio da ordem econômica", *Cadernos de Direito Constitucional e Ciência Política* 11.

18. "Tutela Jurisdicional do Ambiente", *Revista do Advogado* 37.

embaralhando conceitos ou princípios de direito constitucional com princípios de direito ambiental, ou ainda, em alguns casos, com direitos e deveres ambientais, alguns – não todos – de natureza constitucional.

Razão assiste a Marcelo Abelha Rodrigues,[19] quando alude a "princípios *do direito ambiental*", que nem sempre coincidem com os *princípios constitucionais*. Em outras palavras, nem todo *princípio do direito ambiental* é princípio constitucional, embora possamos encontrar alguns princípios do direito ambiental no texto constitucional.

Afirma o citado autor:

"Quando se fala em princípios do direito ambiental, devemos ter a exata noção do que está sendo exposto. É que, conquanto sejam identificáveis princípios do direito do ambiente no art. 225 da CF/88, é certo que absolutamente tudo que se relaciona ao meio ambiente está ligado ao direito à vida, motivo pelo qual há uma sobreposição natural, senão topológica ao menos teleológica, do objeto de tutela do ambiente em relação às demais ciências. (...)

"Entendemos como princípios diretores do direito ambiental os seguintes: *ubiqüidade, desenvolvimento sustentável; poluidor-pagador e participação*. A partir destes princípios maiores poderíamos falar em subprincípios, que seriam: precaução, prevenção, correção da poluição na fonte, intervenção estatal, função social da propriedade, solidariedade, globalidade, educação ambiental e informação ambiental, multidisciplinaridade, etc."[20]

3. *As prerrogativas das Autoridades Ambientais e os direitos dos Empreendedores*

Agora, já munidos de um instrumental teórico, podemos avançar para a proposta específica deste estudo.

19. *Instituições de Direito Ambiental*, p. 133.

20. E nós aduzimos, há alguns princípios diretores do direito ambiental que têm status constitucional, ou, se quisermos, em um raciocínio inverso, há princípios constitucionais de maior latitude e abertura que condicionam o "subsistema" diretor ambiental, como é o caso da função social da propriedade (ambiental), do dever de proteção do meio ambiente – que, para alguns, é princípio do desenvolvimento sustentado – todos princípios constitucionais que devem condicionar à ação da autoridade ambiental, o legislador e o Estado juiz. Vejam-se os artigos 225, *caput*, §§ 2º e 3º, 225, parágrafo primeiro, IV, art. 186, II, todos configurados como princípios constitucionais do direito ambiental ou como seus instrumentos de execução.

Ninguém duvida da existência do dever de não degradar o meio ambiente, mas é preciso também reconhecer, do mesmo modo, a existência do *direito ao desenvolvimento* como conseqüência lógica e inevitável do exercício dos princípios da atividade econômica.

Essa temática é extremamente rica e com discussões que vão do direito constitucional e do direito administrativo ao direito de empreender, à própria atividade empresarial. Vejamos cada um deles.

No aspecto constitucional, devem ser lembrados, desde logo, *os princípios (todos eles)* gerais da atividade econômica (Capítulo I), que compõem a ordem econômica e financeira (Título VII) da Constituição Federal.

A rigor, não há razão para destacar esse ou aquele princípio como instrumental teórico de análise do tema. Diz a Constituição que seu objetivo maior é exatamente assegurar a todos existência digna. Isso por intermédio da justiça social, observados os princípios da: a) soberania; b) propriedade privada; c) *função social da propriedade*; d) *livre concorrência*; e) *defesa do consumidor*; f) *defesa do meio ambiente*; g) redução das desigualdades regionais e sociais; h) busca do pleno emprego; i) tratamento favorecido para as empresas de pequeno porte.

Não há falar, portanto, em realizar a livre iniciativa, deixando de lado o meio ambiente. Ambos os princípios devem conviver em harmonia. Não há porque procurar frear a geração de riquezas, a produção e o consumo.

Aliás, sequer haveria condições de cogitar dessas hipóteses, já que o regime de livre concorrência (art. 170, IV) e da livre iniciativa (art. 1º, IV, da CF) devem estar afinados com a defesa do meio ambiente (arts. 170, VI; 225 da CF).

De fato, todos os princípios da ordem econômica devem ser respeitados na exploração da atividade econômica. E nem poderia ser diferente, já que não há como conviver sem o setor produtivo – que está cada vez mais ciente da importância do meio ambiente, mas, também, demandante de novas tecnologias, exigindo sistemas eficazes de gestão e produção.

Em síntese, o modelo que propicia o crescimento, a expansão de empregos de qualidade, a produtividade, deve ser essencialmente, ativo, concorrencial, produtivo, enfim, e ao mesmo tempo, dar ensejo à melhoria da qualidade de vida da população.

A preservação do meio ambiente *limita* a atividade econômica e também *condiciona* o seu exercício. Evidentemente, o agente econômico, público ou privado, deve observar o comando constitucional a fim de que, o quanto possível, um ambiente saudável, íntegro seja assegurado e compatível com o exercício das atividades econômicas.

Com razão, Guilherme Amorim Campos da Silva,[21] quando traz à colação Amartya Sen:

"Os fins e os meios do desenvolvimento requerem análise e exame minuciosos para uma compreensão mais plena do processo de desenvolvimento; é sem dúvida inadequado adotar como nosso objetivo básico apenas a maximização da renda ou da riqueza, que é, como observou Aristóteles 'meramente útil e em proveito de alguma outra coisa'. Pela mesma razão, o crescimento econômico não pode sensatamente ser considerado um fim em si mesmo. O desenvolvimento tem de estar relacionado sobretudo com a melhora da vida que levamos e das liberdades que desfrutamos. Expandir as liberdades que temos razão para valorizar não só torna nossa vida mais rica e mais desimpedida, mas também permite que sejamos seres sociais mais completos, pondo em prática nossas volições, interagindo com o mundo em que vivemos e influenciando esse mundo. (...)

"Por esse prisma, o texto do art. 174 da Constituição Federal pode ser visualizado da seguinte forma: 1. Apresentação de um direito fundamental – direito ao desenvolvimento nacional planejado; 2. A descrição de um dever do Estado – o de promover o desenvolvimento econômico nacional, com qualidade de vida de cada cidadão".

Parece claro que o Estado terá o dever de *intervir na atuação empresarial*, mediante a edição de normas jurídicas gerais e abstratas (legalidade) a fim de promover o já enunciado, desenvolvimento sustentado.

Recorde-se, nesse passo, novamente a lição de Celso Antônio Bandeira de Mello[22] para quem a *intervenção do Estado no domínio econômico*, ou na ordem econômica, pode ocorrer de três modos; "a saber, (a) ora dar-se-á através de seu 'poder de polícia', isto é, mediante leis e atos administrativos expedidos para executá-las, como 'agente normativo e regulador da atividade econômica', caso no qual exercerá funções de 'fiscalização' e em que o 'planejamento' que conceber será meramente '*indicativo* para o setor privado' e 'determinante para o setor público', tudo conforme prevê o art. 174; ora o fará (b) mediante incentivos à iniciativa privada (também supostos no art. 174), estimulando-a com favo-

21. *Direito ao Desenvolvimento*, p. 66.
22. *Curso...*, cit., p. 641.

res fiscais; e ora (c) ele próprio, em casos excepcionais, como logo se dirá, atuará empresarialmente no setor, mediante pessoas que cria para tal fim".

Pois é exatamente aqui que os conflitos entre autoridades ambientais e empreendedores privados podem ocorrer. Os empreendedores, evidentemente, por força da natureza de suas atividades, forcejam no sentido de empreender, construir, edificar, fabricar, produzir, enfim gerar riquezas. Nesse movimento, faz-se necessário, de outro lado, a disciplina do Estado regulando e fiscalizando a aplicação das normas ambientais.

Não é por outra razão que a própria Constituição Federal prevê a possibilidade de eventuais prejuízos ao meio ambiente ao exigir: a) estudo prévio de impacto ambiental de atividade potencialmente causadora da degradação (art. 225, IV); b) controle da produção, comercialização e o emprego de técnicas, métodos e substâncias que comportem risco para o meio ambiente (art. 225, V); c) obrigação de recuperação do meio ambiente degradado pela exploração de recursos minerais (art. 225, § 2º); d) responsabilização penal, civil e administrativa, das pessoas físicas ou jurídicas, responsáveis por condutas lesivas ao meio ambiente (art. 225, § 3º, art. 173, § 5º); e) fiscalização do exercício da atividade econômica (art. 174).

Há toda uma lógica constitucional nos dispositivos trazidos à baila. Obviamente que o dano ambiental não é o desejo de qualquer norma, sobretudo da Constituição. Por isso, aliás, a existência de normas e princípios que apontam na direção de ações preventivas.

O planejamento ambiental é de suma importância e deve ser de responsabilidade de todos, sobretudo do Poder Público (Federal, Estadual ou Municipal), conforme a hipótese.[23]

Ademais, é preciso que o Estado faça atuar o seu poder de polícia, o Ministério Público igualmente fiscalize o Estado e, ainda, que a sociedade civil organizada seja uma parceira na administração dos conflitos ambientais.

23. Nesse sentido operam, por exemplo, o zoneamento ambiental, instrumento que deve estar previsto no plano diretor, a educação ambiental (art. 225, VI da CF), uma política tributária que possa direcionar as atividades ao objetivo da preservação ambiental e, de outra parte, o licenciamento ambiental (no sentido lato, e do qual fazem parte, o EIA, o RIMA, o RAIAS e a Licença propriamente dita), como o mais importante procedimento administrativo que detém o Poder Público para controlar as ações e projetos incidentes no meio ambiente.

Também aqui aparecem grandes conflitos. Na aplicação de penalidades, de sanções é preciso que o Administrador Público respeite as garantias constitucionais da cidadania, respeite o *devido processo legal*, respeite, em uma palavra, a legalidade.

Ao ser penalizado com uma sanção ambiental, é direito do empreendedor questionar se a mesma deriva da lei. É sabido e consabido que "ninguém será obrigado a fazer ou deixar de fazer alguma coisa senão em virtude de lei" (art. 5º, II da CF).

É muito comum a existência de normas de proteção ambiental de origem infralegal, tais como, regulamentos, decretos, resoluções, portarias, dezenas de exigências normativas. Não raro, nesse cipoal de normas ambientais, encontraremos normas inválidas, quer porque não encontrem fundamento ou amparo na lei, quer em natureza da impossibilidade da matéria vir disciplinada por ato infralegal, ou ainda, situações nas quais os "regulamentos" extrapolam a fiel execução das leis.

Do mesmo modo, é fundamental compreender que a Administração Ambiental deve garantir aos administrados, aos empreendedores, enfim, a todos quanto participam do procedimento administrativo, a ampla defesa, o contraditório, com "os meios e recursos a ela inerentes" (art. 5º, LV, da CF), tanto em situações de prevenção, de reparação (ações reparadoras), como em casos de repressão a danos ambientais.[24]

Nesse diapasão, parece também importante lembrar o princípio da informação, o princípio da participação, como instrumentos imprescindíveis a conferir validade a todo procedimento ambiental.

4. A necessidade da ponderação de valores – a proteção do meio ambiente e o direito de propriedade com função social

Não obstante a existência de verdadeiro consenso social – mundial – acerca da necessidade da preservação da natureza, da flora, da fauna,

24. Recorde-se a imensa gama de ações de que dispõe o Estado para atuar nesse sentido. O controle repressivo dá-se, por exemplo, através de penalidades, atos punitivos, multas, perda de incentivos e benefícios fiscais, suspensão e redução de atividades, e outras como embargos de obras, interdição de atividades e o fechamento de estabelecimento, medidas genéricas do poder de polícia. O controle preventivo, de regra, é feito através de atos administrativos discricionários e vinculados, como as autorizações, a licença, as permissões e as concessões. Há, ainda, nos casos de atividades com potencial agressivo à saúde pública, a necessidade do EIA-RIMA.

enfim, dos ecossistemas, o direito ainda não incorporou totalmente os limites possíveis da intervenção do Homem nesse cenário. É dizer, no aspecto da apropriação e manejo desses recursos naturais, surgem inúmeras dificuldades jurídicas, quer em virtude da ausência de um marco legal claro – em certas situações –, quer pela razão oposta, por uma gama de normas jurídicas de diversos níveis do Estado.

É certo que a contínua intervenção desordenada do Homem na flora e na fauna e o crescimento urbano desordenado têm gerado a necessidade do Estado de intervir e regular, cada vez mais, o uso desses recursos ambientais e, ao regulá-los, surgem inúmeras dúvidas, envolvendo, por exemplo, o direito de propriedade.

Nesse aspecto, insere-se a temática das limitações impostas aos particulares para atender a interesses da coletividade, mais especialmente às restrições a que aqueles estão submetidos, tendo em contrapartida a preservação de áreas urbanas de interesse ambiental ou ecológico.

A doutrina brasileira, inspirada pela francesa, sempre sustentou que nestas hipóteses, em larga medida, estaríamos diante de *limitações administrativas*. E as limitações administrativas sempre se caracterizaram como uma intervenção do Estado que condiciona direitos dominiais do proprietário, independentemente de qualquer indenização.[25] Ou ainda, como quer o direito francês, consoante anota o Mestre Caio Tácito:[26] "as servidões administrativas pressupõem a subsistência do direito de propriedade, ao qual apenas impõem limitações. Se portanto, o ato conduz à indisponibilidade do bem gera-se, para o administrador, o encargo de adquirir ou desapropriar a propriedade atingida".

Surge, entretanto, de tempos a esta parte a idéia segundo a qual o direito ambiental urbano pode representar, para atender a interesse da coletividade, igualmente restrições ao particular, mas restrições que teriam de ser suportadas tendo em vista a preservação de ditas áreas urbanas de interesse ambiental ou ecológico.[27]

Jacqueline Maria O. do Couto e Silva, na obra retro citada, sustenta, ademais, com fundamento na função social (ambiental) da proprieda-

25. Nesse sentido, *inter plures*, cf. Diógenes Gasparini, *Curso de Direito Administrativo*, p. 423.

26. *Temas de Direito Público (Estudos e Pareceres)*, vol. 2, p. 1.733.

27. Nesse sentido, *inter plures*, cf. "O Direito Ambiental Urbano como Excludente do Dever de Indenizar do Estado", de Jacqueline Maria O. do Couto e Silva, in Antonio Herman Benjamin (Org.), *10 Anos da ECO-92: O Direito e o Desenvolvimento Sustentável*.

de, a ausência do dever de indenizar áreas urbanas de preservação permanente.

Traz ainda o magistério de Paulo Affonso Leme Machado, para quem "as áreas de preservação permanente limitam constitucionalmente o direito de propriedade, recordando-se sempre a função ambiental da propriedade (art. 170, VI, CF). Assim, não há necessidade de ser desapropriada a área de preservação permanente, pois a mesma não inviabiliza totalmente o exercício do direito de propriedade. É um ônus social a restrição de ser conservado esse ou aquele bem (por exemplo: uma duna, uma restinga etc.), limitando-se, por exemplo, o direito de construir. Mas outros direitos (por exemplo, o de colher os frutos) persistem. De outro lado, diante da generalidade da limitação ao direito de propriedade, a mesma não é indenizável, sendo, portanto, gratuita".[28]

Não resta dúvida de que o direito de propriedade, hoje, já nasce juridicamente gizado e marcado por sua *função social*. Seu exercício só é concebível balizado por esse princípio. Todavia, e no mesmo diapasão, conquanto não seja possível sequer conceber o direito de propriedade como no liberalismo clássico, esse princípio de modo algum tem o condão de diminuir ou sequer anular outro, que é exatamente a plena indenizabilidade do dano (justa indenização).[29]

A questão torna-se mais sensível, todavia, quando começamos a analisar outras condicionantes que podem incidir sobre a problemática. De fato, não há confundir as hipóteses que dão azo à desapropriação (direta ou "indireta"), da presença e instituição de limitação administrativa.

Com inteira procedência, a lição de José Carlos de Moraes Salles[30] ao afirmar: "já se vê, portanto, que a limitação administrativa se distingue, nitidamente, do que se convencionou chamar desapropriação indireta ou, ainda, apossamento ou desapossamento administrativo. Esta, como é sabido, se trata de ato ilícito do Poder Público, que, ao invés de

28. *Apud* Jacqueline do Couto e Silva, ob. cit., p. 428.

29. É evidente que a justa indenização não se concebe apenas nos casos de desapropriação (direta ou indireta), mas sempre que houver dano, compressão ou restrição específica ao direito de propriedade. Já o exercício regular da atividade de proteção ambiental, ainda que delimitando o espaço urbano, pode caracterizar-se por uma limitação de caráter geral, e não configura, por si só, direito a indenização. Tomem-se os casos rotineiros da legislação de zoneamento, restrições ao direito de construir, proteção de mananciais, de florestas etc.

30. "Desapropriação em áreas florestais: aspectos doutrinários contemporâneos". *LEX* 239.

se utilizar do instituto constitucional da desapropriação, mediante o devido processo legal, ocupa unilateralmente o bem de propriedade privada, sem pagar a justa e prévia indenização de que fala a Constituição Federal (art. 5º, inciso XXIV) e sem consentimento do proprietário. Transfere, pois, a este último os ônus da desapropriação, obrigando-o a ir a juízo para reclamar a indenização a que faz jus. Invertem-se, portanto as posições: o expropriante, que deveria ser o autor da ação expropriatória, passa a ser réu da ação indenizatória; o expropriado, que deveria ser réu da expropriatória, passa a ser autor da indenizatória".

Há ainda necessidade de saber, segundo o mesmo citado autor, se as ações visando à indenização em decorrência de um possível esvaziamento ou compressão ao conteúdo econômico da propriedade, gerado pelas aludidas restrições legais e constitucionais impostas ao proprietário no tocante às áreas de preservação permanente, têm a natureza de desapropriação indireta ou derivam, simplesmente, de prejuízos causados pela imposição de limitações administrativas.

A questão não é tão simples, e, ao que parece, tem recebido tratamento majoritário da jurisprudência, que prefere, em muitos casos, vislumbrar a hipótese de desapropriação indireta.[31]

Parece-nos que o critério que aceita amplamente o caráter indenizatório nas limitações administrativas à propriedade, desde que impeça, comprima ou diminua o exercício do direito de propriedade (leia-se, com função social), é o melhor. Evidente que existem limitações (de caráter geral) não indenizáveis como têm amplamente demonstrado a doutrina e os Tribunais.

Por fim, gostaríamos de observar que essa questão – da proteção do meio ambiente e o direito de propriedade e temas correlatos –, é tema que tem preocupado todo o mundo.

5. Um caso português – a contribuição de Canotilho

Em Portugal, J. J. Gomes Canotilho[32] nos oferece excelente opúsculo sobre o tema, que se inicia com comentários à decisão judicial de determinada ação movida pelo Ministério Público português, em face de

31. É o caso de reservas florestais e da proibição de corte raso de vegetação.

32. *Protecção do Ambiente e Direito de Propriedade (Crítica de Jurisprudência Ambiental)*, 1995.

proprietários de área rural, pretendendo proibi-los de exercer, em determinada área de sua propriedade, o cultivo de determinado grão-arroz – em virtude do prejuízo ecológico de toda área –, segundo alega.

A área serviria também de abrigo de garças, de aves aquáticas migradoras e espécies raras, refúgio de lontras, animais em extinção no continente europeu. Desse modo, o "enxugo" do terreno, ainda que por períodos limitados, afetaria irremediavelmente o equilíbrio ecológico da zona, deteriorando o *habitat* de algumas das populações do biótipo e provocando o seu desaparecimento.

Também nesse interessante caso foram articulados em juízo, as seguintes teses centrais:[33]

1. Entre a proteção do ambiente (interesse público) e a propriedade (interesses meramente privados), deverá prevalecer o primeiro que é superior. Entre o primeiro e o segundo, devem os réus suportar a mera limitação ao direito de propriedade, não obstante eventual direito à indenização.

2. Na colisão de direitos com dignidade constitucional, a natural prevalência do interesse público sobre o interesse privado deveria resolver a questão.

3. O direito do ambiente, que tem a ver com os direitos ou interesses difusos, deve ser encarado na sua globalidade, como um todo harmônico, no qual a proteção da fauna e da flora tem a ver também com os interesses vitais do Homem, não sendo possíveis compartimentações artificiais neste domínio.

4. O constitucionalmente consagrado direito ao ambiente sempre haverá que ser analisado em duas bem distintas vertentes: o equilíbrio ecológico de imediato efeito na vida humana e o equilíbrio ecológico relativo à fauna e à flora. Obviamente que são duas vertentes distintas por sua própria natureza – sendo a segunda ligada à primeira, que assume, por isso, um muito maior peso.

Já nos comentários àquela decisão, Canotilho, na mesma obra, anota:

1. Em relação à questão do "privilégio agrário":

a) o uso dos solos para fins econômico-agrários deve estar sujeito, como qualquer outro uso, às prescrições normativas referentes à prote-

33. Colhe-se, da obra citada de Canotilho, o que, na nossa visão (e não daquele autor) são os argumentos centrais. Não há, aqui, juízo de procedência ou seqüência alguma na relação apresentada.

ção da natureza, ao equilíbrio ecológico, à preservação da vida selvagem e dos biótopos e nichos tróficos indispensáveis a esta preservação;

b) o uso agrícola dos solos não deve equiparar-se, porém, aos outros usos – industriais, urbanos – sobretudo quando esse uso não implicar transformações qualitativas dos métodos de exploração habitualmente utilizados;

c) conseqüentemente, existe uma presunção – *juris tantum* – de conformidade do uso agrícola dos solos com os preceitos ambientais protetivos do equilíbrio ecológico, quando esse uso obedece às práticas habituais e corresponde a uma adequada ordenação econômico-territorial.

E mais adiante, diz o mestre lusitano:

"Desconhece-se, se no caso concreto, se procedeu a avaliação de impacto ambiental, limitando-se o Acórdão a referir estudos. (...) Por outro lado, a exigência de estudos de impacto ambiental implicam a indispensabilidade da prova, em cada caso concreto, da existência de uma intervenção perturbadora de habitats naturais e de espécies. (...)

"Ao admitir-se que a proibição do enxugo de terrenos para o cultivo de arroz constituía, *in casu*, uma medida indispensável à preservação de espécies selvagens e de biótopos naturais especialmente protegidos, coloca-se o problema de saber se a privação do uso dos solos, ou, se se preferir, a sua *limitação*, constitui ou não uma *mera limitação da propriedade* sem qualquer relevância indemnizatória, ou, se, pelo contrário, existe aqui uma *imposição autoritária de natureza ablatória* (quase-expropriativa) merecedora de compensação. A primeira orientação apontará inequivocamente para a idéia de uma *função ecológica* do direito de propriedade, sendo irrelevante saber se esta função é hoje uma função autônoma ou se é ainda reconduzível à clássica *função social da propriedade*. A idéia de restrições à propriedade derivadas da *situação específica* desta (*Situationsgebundenheit des Grundeigentums*, de que fala a doutrina germânica) conduz uma parte da doutrina e da jurisprudência a sustentar a falta de dignidade indemnizatória de 'vinculações sociais imanentes' justificadas pela proteção da natureza. Esta é, também, a linha argumentativa central de todos os Acórdãos atrás transcritos. (...)

"A pergunta a fazer era, portanto esta: a proibição do enxugo de terrenos dizia respeito a uma área da Quinta do Taipal que nunca tinha sido explorada, permanecendo, na prática, como paúl ou zona húmida, ou a solos que já anteriormente tinham sido afectados ao cultivo do arroz através do método do enxugo? Como facilmente se intui, a ideia de vinculação social resultante da função ecológica da propriedade tem alguma razoabilidade no primeiro caso mas já assumira contornos marcadamente ablatórios no segundo. (...)

"A doutrina e a jurisprudência preferem métodos concretos de balanceamento de direitos e interesse (*ad hoc balancing*), na doutrina e jurisprudência norte-americana. Com efeito, *a priori* e em abstracto, *é juridicamente incorreto dizer que o direito ao ambiente 'pesa', 'vale mais' ou é 'mais forte' do que o direito de propriedade ou o direito de iniciativa privada.* (...)

"Afigura-se-nos também metodicamente frágil – e disso se deu conta a declaração de voto constante do segundo aresto do Tribunal de Relação – a distinção entre *direitos subjetivos públicos e direitos subjetivos privados* para, dentro da lógica de hierarquia de direitos acabada de criticar, se concluir pela prevalência ou prioridade dos primeiros sobre os últimos. Salvo o devido respeito, o problema colocado nestes termos está claramente mal colocado. Num primeiro momento, o Acórdão parece apontar para uma colisão dos dois direitos fundamentais cuja titularidade só pode ser, em primeira linha, a de indivíduos ou pessoas colectivas privadas: o direito ao ambiente, por um lado, e o direito de propriedade por outro. *Em ambos os casos se trata de direitos fundamentais constitucionais de natureza econômica, social e cultural, garantidos com o mesmo título e a mesma 'força' pela Constituição da República de 1976.* Isto é reconhecido expressamente pelo próprio Acórdão (...)

"Neste final de milénio parece indiscutível que as exigências de protecção do ambiente natural ou construído ('protecção da natureza', 'protecção do património cultural'), vêm colocar (ou 'recolocar') dois problemas de particular importância: (1) o das relações recíprocas entre a garantia institucional da 'propriedade' e do direito fundamental da propriedade, por um lado, e o da protecção do ambiente por outro; (2) o da conformação jurídica destas relações pelo legislador e pelos tribunais.

"A primeira ideia a realçar é a do reforço da vinculação social da propriedade por motivos ecológicos.[34] Esta tendência desenha-se com nitidez a partir dos finais dos anos sessenta. A intensificação dos vínculos incidentes sobre a propriedade obriga, porém, a novos esforços dogmáticos no sentido de saber em que casos deve o proprietário suportar 'medidas autorizativas de compressão ecológica' sem qualquer direito a 'compensações patrimoniais'. É neste contexto que se situa a recente fórmula da juspublicística alemã: 'determinação do conteúdo da propriedade com o correspondente dever de indemnização'. (...)

O conceito de 'delimitação do conteúdo com o dever de compensação' procura também resolver a outro complexo de questões relacionadas com o indesejável alargamento do conceito de *expropriação geradora de indenização.* Como se sabe, a doutrina procura sugerir alguns critérios para solucionar o problema. Lembremos as teorias mais conhecidas: 'teoria do sacrifício especial', 'teoria da gravidade da lesão'. Todas essas construções teóricas estão na base da conhecida 'teoria do sacrifício' e da responsabilidade do Estado por atos lícitos.

"O conceito de 'delimitação do conteúdo com o dever de compensação' procura também responder a outro complexo de questões relacionadas com o indese-

34. Tal como também vem ocorrendo no Brasil.

jável alargamento do conceito de *expropriação*. A fim de salvaguardar o dever de compensação, a doutrina passou a recorrer à idéia de 'intervenção expropriatória' ou 'quase expropriatória' para dar guarida indemnizatória a 'compressões da propriedade' não reconduzíveis, em rigor à figura da 'expropriação'. O conceito de 'quase-expropriação' ou de 'ablação quase-expropriativa' colocava, na verdade, este incontornável dilema: ou a intervenção 'quase expropriativa' é uma 'expropriação material' sem observância do *due process* expropriatório e, nesse caso, temos um acto inconstitucional ou ilegal (que, como tal, pode ser impugnado), ou a intervenção era diferente da expropriação, mas constituía, de qualquer modo, uma compressão economicamente significativa do direito de propriedade e, por conseqüência, impositiva de um sacrifício digno de ressarcimento. (...)

"A pressão gerada pelo 'movimento ecológico' tem levado a considerar as medidas de garantia e preservação da natureza ('definição legislativa da reserva ecológica', 'delimitação de zonas protegidas', 'proibição de uso agrícola dos solos', 'proibição de pesticidas') como medidas concretizadoras da vinculação social da propriedade, tendo em conta a situação e condicionalismo dos bens imobiliários ('dependência da situação') (...). Nestas águas parecem navegar os dois Acórdãos da Relação de Coimbra. (...)

"Para evitar as conseqüências perturbadoras que a 'causa ecológica' pode vir a ter na ordenação constitucional dos bens, algumas legislações recentes têm preceitos explícitos quanto ao dever de indenização em caso de ingerências ou intervenções dos poderes públicos impositivos de mudanças ou alterações na conformação e uso dos solos que signifiquem restrições significativas quanto à exploração e economia dos mesmos. (...)

Dizer, num caso concreto, se a intervenção autoritativa quanto à 'proibição de alteração do uso dos solos' implica indemnização no caso de impacto significativo na economia agrária dos particulares, ou verificar, tendo em conta a 'vinculação à situação ambiental da propriedade', se existe uma delimitação-restritiva geradora de compensação ou apenas uma delimitação de um vínculo ecológico em relevância indemnizatória, são tarefas inelimináveis do balanceamento (ou ponderação) de interesses operado pelas instâncias jurisdicionais."

As lições doutrinárias trazidas à colação são, além de extremamente claras, inteiramente aplicáveis à realidade brasileira. No momento em que há radicalizações no tema do meio ambiente, é útil ponderar que não há valor constitucional isolado. Nenhum princípio ou norma constitucional é estrela solitária nessa imensa constelação planetária que é o sistema jurídico.

Mas a lição acima transcrita em nada afasta a evidência e a solidez de que a função social ambiental deva ser reconhecida como uma importante conquista da cidadania a conformar e imantar o instituto da propriedade, tal como concebido no século XXI.

Também é reconfortante saber que os problemas por que passamos não são únicos. Outras Nações e povos também têm, felizmente, muito a contribuir para a troca de experiências, intercâmbio sempre saudável na ciência jurídica. Jamais para simplesmente adotar essa ou aquela solução, mas para, o quanto possível, respeitando-se integralmente a realidade e a cultura nacional, servir-se do que é comum a todos, até porque, em matéria ambiental, não há fronteiras físicas, mas o que deve presidir seu conhecimento é o compromisso para as presentes e futuras gerações – o de preservar o meio ambiente – como única forma possível de atingir, o quanto possível, uma sadia qualidade de vida humana.

Bibliografia

BORGES NETTO, André Luiz. "A defesa do meio ambiente como princípio da ordem econômica". *Cadernos de Direito Constitucional e Ciência Política* 11. São Paulo, Ed. RT.

CANOTILHO, J. J. Gomes. *Protecção do Ambiente e Direito de Propriedade (Crítica de Jurisprudência Ambiental)*. Coimbra, Coimbra Editora, 1995.

COUTO E SILVA, Jacqueline Maria O. "O Direito Ambiental Urbano como Excludente do Dever de Indenizar do Estado", in Antonio Herman Benjamin (Org.), *10 Anos da ECO-92: O Direito e o Desenvolvimento Sustentável*, 2002.

DERANI, Cristiane. "Meio Ambiente Ecologicamente Equilibrado: Direito Fundamental e Princípio da Atividade Econômica", in Guilherme José P. de Figueiredo (Org.), *Temas de Direito Ambiental e Urbanístico*. São Paulo, Max Limonad, 1988.

__________. *Direito Ambiental Econômico*. São Paulo, Max Limonad, 1997.

GASPARINI, Diógenes. *Curso de Direito Administrativo*. 11ª ed., São Paulo, Saraiva.

GOMES, Sebastião Valdir. *Direito Ambiental Brasileiro*. Ed. Síntese, 1999.

MACHADO, Paulo Affonso Leme. *Direito Ambiental Brasileiro*. 12ª ed., rev., atual. e ampl., São Paulo, Malheiros Editores, 2004.

MELLO, Celso Antônio Bandeira de. *Curso de Direito Administrativo*, 17ª ed., rev. e atual. até as Emendas 41 (da Previdência) e 42, de 2003. São Paulo, Malheiros Editores, 2004.

MILARÉ, Edis. "Tutela Jurisdicional do Ambiente", *Revista do Advogado* 37, AASP-92.

MIRRA, Álvaro Luiz Valery. "Princípios fundamentais do direito ambiental", *Revista de Direito Ambiental* 2/96. São Paulo, Ed. RT.

__________. *Ação Civil Pública e a Reparação do dano ao Meio Ambiente*. São Paulo, Editora Juarez de Oliveira, 2002.

PRIEUR, Michel. *Droit de l'Environnement*. 3ª ed., Paris, Dalloz, 1996.

RODRIGUES, Marcelo Abelha. *Instituições de Direito Ambiental*. São Paulo, Max Limonad, 2002.

SALLES, José Carlos de Moraes. "Desapropriação em áreas florestais: aspectos doutrinários contemporâneos", *LEX* 239.

SILVA, Guilherme Amorim Campos da. *Direito ao Desenvolvimento*. São Paulo, Editora Método, 2004.

SILVA, José Afonso da. *Direito Ambiental Constitucional*. 5ª ed., São Paulo, Malheiros Editores, 2004.

TÁCITO, Caio. *Temas de Direito Público (Estudos e Pareceres)*, vol. 2. Rio de Janeiro, Ed. Renovar, 1997.

EPISTEMOLOGIA SISTÊMICA PARA FUNDAMENTAÇÃO DE UM DIREITO TRIBUTÁRIO DA CIDADANIA DEMOCRÁTICA E GLOBAL

WILLIS SANTIAGO GUERRA FILHO

O direito, assim como a ética, pode ser concebido como repositório de normas consagradas socialmente para orientação da conduta humana. Tal orientação, no entanto, pressupõe um conhecimento sobre as condições em que se dá a ação humana, conhecimento este que, em nossa sociedade, se espera que seja fornecido, basicamente, pela ciência. A crescente complexidade dessa sociedade, em ritmo vertiginoso, torna aqueles repositórios, assim como os conhecimentos acumulados no passado, em grande parte, obsoletos ou, no mínimo, insuficientes, na medida em que não oferecem soluções para os problemas radicalmente novos e complexos com os quais temos de lidar. São problemas desse tipo, aqueles decorrentes da intervenção do homem no seu meio natural, incluindo, aí, o próprio material genético que o constitui, dando ensejo ao surgimento de novas ramificações tanto da ciência, como do direito e da ética, a saber, a ecologia, o direito ambiental e a bioética.

Para realizar uma investigação dos fundamentos em que se assenta a relação, regulada ética e juridicamente, daqueles que integram a sociedade, é preciso, antes de tudo, um esclarecimento sobre a natureza dessa investigação. A investigação de fundamentos, tradicionalmente, é tida como uma atribuição da filosofia. Outro indício, que aponta para uma natureza filosófica dessa investigação, é o seu caráter abrangente, holístico, pois do que se trata é de articular saberes os mais diversos, fornecidos por disciplinas de proveniência científica variada – ciências naturais e ciências sociais, não só as teóricas, mas também as aplicadas, como aquela especificamente jurídica sobre o direito, que desde os romanos se denomina "jurisprudência" –, bem como por ramos da filosofia como a ética e a axiologia. Já o que estamos fazendo no momento, ao procurarmos o esclarecimento prévio sobre a natureza de uma investigação, que se pretende científica ou racionalmente fundamentada, nos remete a um saber, situado na fronteira entre a filosofia e a ciência, que é a epistemologia. Por fim, uma outra característica que nossa investigação, ao pretender abordar o problema ambiental, deve assumir, e que é característica também da filosofia, é aquela que se pode denominar *reflexividade*, pois a tematização desse problema implica discutir essa tematização mesma, ou seja, o significado que pode ter o conhecimento, científico ou filosófico, tanto na criação como no equacionamento daquele problema. Iniciemos, então, refletindo sobre o próprio conhecimento e seus paradigmas.

Aqui, vem referida uma noção de importância capital na epistemologia contemporânea: aquela de "paradigma", cunhada por Thomas S. Kuhn, em sua obra *A Estrutura das Revoluções Científicas*, de 1962. O paradigma de uma ciência pode ser definido, primeiramente, como o conjunto de valores expressos em regras, tácita ou explicitamente acordadas entre os membros da comunidade científica, para serem seguidas por aqueles que esperam ver os resultados de suas pesquisas – e eles próprios – levados em conta por essa comunidade, como contribuição ao desenvolvimento científico. Além disso, integra o paradigma uma determinada concepção geral sobre a natureza dos fenômenos estudados por dada ciência, bem como sobre os métodos e conceitos mais adequados para estudá-los – em suma: uma teoria científica aplicada com sucesso, paradigmaticamente.

Por essa caracterização, percebe-se a conotação normativa que tem a noção de paradigma, donde se explica o fato, apontado por Kuhn, de que os paradigmas, tal como outras ordens normativas, entrem em crise, rompam-se por meio de "revoluções", quando não se consegue, a partir deles, explicar certas anomalias, o que ocasiona sua substituição por algum outro. O exemplo típico é o da substituição, na física, no paradigma mecanicista de Copérnico, Galileu, Giordano Bruno, Newton etc., por aquele relativista de Albert Einstein, Max Planck, Niels Bohr, Werner Heisenberg etc.

O problema ecológico, por exemplo, seria uma dessas "anomalias", capazes de romper com o paradigma vigente nas mais diversas ciências ou, no mínimo, gerar uma "crise de paradigmas", por não oferecerem explicações satisfatórias a esse problema. A simples percepção do problema já requer uma superação de um modo atomizado, reducionista, de conhecer a realidade, próprio das ciências especializadas, em favor de um outro tipo de abordagem, capaz de estabelecer relações entre fenômenos aparentemente desconexos. A busca de soluções para a problemática ambiental impõe uma prática cognitiva radicalmente interdisciplinar. É assim que o estudioso de direito ambiental não pode se contentar com o estudo da legislação referente à matéria, pois precisa entender minimamente do assunto ao qual ela se refere, o que pode lhe exigir certos conhecimentos de física, geologia, bioquímica ou economia.

A necessidade de se praticar de forma tão intensa a interdisciplinaridade, para estudar o problema ecológico, exige, então, que tenhamos um paradigma unificador, capaz de articular explicações de natureza sociológica, econômica, jurídica, biológica, filosófica e, até, teológica. Um paradigma com essa característica "uni-totalizante" (para empregar um termo que remonta a Schelling, filósofo idealista alemão do séc. XIX) é o que se vem desenvolvendo por aqueles que defendem, com Edgar Morin, a superação do tradicional paradigma simplificador das ciências clássicas, modernas, em favor de um *paradigma da complexidade*, em que se inserem "ciências transclássicas", pós-modernas, como são a *cibernética* e a *teoria de sistemas*. Trata-se de teorias holísticas, de aplicação generalizada no âmbito de ciências formais e empíricas, tanto naturais como sociais, e que toma como distinção fundamental não mais aquela entre sujeito-do-conhecimento-como-observador-objetivo e objeto-do-conhecimento-observado-independentemente, mas, sim, outras, como aquela entre "sistema" e seu "meio ambiente", para explicar tudo a partir dessa distinção, entre o que pertence a determinado sistema e o que está fora, no ambiente circundante, embora circule dentro do sistema – que não é fechado "para" e sim "com" o ambiente.

É de todo conveniente o emprego de novas categorias em trabalhos que levam em conta a complexidade da realidade estudada, considerando que a mesma não existe para nós independentemente de nossa observação. Só assim poderemos, igualmente, enfrentar melhor as questões éticas e jurídicas com que nos defrontamos em um mundo que a ciência vem, ao mesmo tempo, revelando e tornando mais complexo. Um aspecto, porém, que traz certo desconforto, quando propomos a adoção de um paradigma novo, sistêmico, para melhor estudar o mundo complexo em que nos encontramos, é a suspeita que esse tipo de abordagem suscita, da perspectiva normativa de teorias ditas "críticas", como é (ou foi) aquela habermasiana. Uma teoria sistêmica, efetivamente, não se propõe a avaliar aquilo que estuda, mas fornecer, a partir de suas observações – e observações não só do que se observa, mas também dos observadores, que são "observadores/concebedores" de "objetos/concebidos", de acordo com E. Morin –,[1] descrições mais acuradas e explicações do mundo e das teorias que construirmos para observá-lo/"construí-lo", o que, afinal de contas, deve anteceder o momento da crítica valorativa, para propor alternativas à (re)construção do mundo pelo direito, a ética, e também a economia, a política etc. O que buscamos, então, é o que Husserl denominava "princípio dos princípios", uma idéia regulativa, no sentido kantiano, a qual, como esclarece Oliveira,[2] com apoio no filósofo frankfurtiano K.-O. Apel, "quer ser efetivada, o que significa dizer que para isso é necessário que a razão ética entre em contato com outras 'formas de racionalidade'. Numa palavra, a dimensão ética, na medida em que se efetiva historicamente, tem que entrar em combinação com a racionalidade sistêmico-funcional dos sistemas sociais e das instituições e com a racionalidade estratégica".

Além disso, há um problema bastante grave que se pode apontar em concepções normativas da racionalidade, como a de Habermas (sem contar o seu maniqueísmo, que distingue uma "boa" e uma "má" razão: a comunicativa e a estratégica): é que elas são formuladas de uma perspectiva transcendental, "fora da realidade", donde terminarem resvalando numa postura irracional, pois não são capazes de perceberem a unidade subjacente às diversas formas de pensar e agir racionalmente. É por isso que, filosoficamente, a postura dialética do "idealismo objetivo" (Hegel), tal como foi adotada na modernidade por Dilthey – e, contemporaneamente, por Vittorio Hösle, Carlos V. Cirne Lima, Manfredo A. de Oliveira etc. –, apresenta-se como mais frutífera e conseqüente, apesar de sua "fé", que não se assume como tal, na possibilidade de uma fundamentação última de nosso conhecimento da realidade – e, logo, na possibilidade de conhecermos verdadeira e definitivamente o que as coisas são.

Habermas adota uma postura que denomina "pós-metafísica", de acordo com a qual só as ciências estão aptas a elaborar assertivas com valor heurísticos sobre os diversos objetos de conhecimento, ficando a filosofia restrita ao estudo de segunda mão, que tem as ciências – ou, mais precisamente, o seu procedimento cognitivo – como sentido e objeto. Com tal postura, Habermas não escapa da metafísica, pois termina ficando preso ao que Heidegger denominou "metafísica da subjetivida-

1. Edgar Morin, *Ciência com Consciência*, cap. 10, n. 8, p. 333.
2. Manfredo Oliveira, *Ética e Economia*, p. 33.

de", a qual dá sustentação ao projeto de domínio técnico-científico da realidade, responsável maior pelos problemas éticos, jurídicos, políticos, sociais, econômicos e ecológicos – em sentido amplo, para envolver o que Edgar Morin[3] denomina "ecologia da ação", a qual já se coloca no plano das sociedades, em que não podemos prever as conseqüências de nossas próprias ações –, com que nos deparamos atualmente. É preciso, então, para abordar corretamente essa problemática, que se supere tal postura, tipicamente moderna – e, portanto, ultrapassada –, o que, em termos epistemológicos, requer a substituição do paradigma baseado na distinção entre sujeito e objeto(s) do conhecimento, e, em termos filosoficamente mais gerais, a ultrapassagem do humanismo, tal como indicado por Heidegger em sua célebre carta a Jean Beaufret a esse respeito.

A teoria social sistêmica, tal como foi desenvolvida, principalmente, por Niklas Luhmann, atende aos requisitos apenas mencionados, uma vez que (1º) substitui a contraposição entre sujeito e objeto, enquanto princípio heurístico fundamental, pela "diferenciação sistêmica", no mundo (*Welt*), entre o que é "sistema" e seu meio ambiente (*Umwelt*). Com isso, não apenas oferece uma abordagem "desubstancializada", pois o sistema não é um *hypoukeimenon*, como foram as coisas (*rei*) na Antigüidade e o sujeito na modernidade, mas também (2º) "desumanizada", não-antropocêntrica, já que os seres humanos, enquanto sistemas biológicos, dotados de uma consciência, não fazem parte dos sistemas sociais integrantes do sistema global que é a sociedade, e sim, do seu meio ambiente – e o "antropocentrismo", a visão que fundamenta um apartamento dos seres humanos de seu ambiente natural, justificando a oposição a ele, conhecendo-o para nele intervir e a ele se impor, pode ser considerado um dos motivos centrais da crise "epistemo-ecológica" de que aqui se trata.

A diferenciação sistêmica entre "sistema" e "meio ambiente", então, é o artifício básico empregado pela teoria para se desenvolver em simetria com aquilo que estuda, como seu "equivalente funcional". Essa diferenciação é dita sistêmica por ser trazida "para dentro" do próprio sistema, de modo que o sistema total, a sociedade, aparece como meio ambiente dos próprios sistemas parciais, que dele (e entre si) se diferenciam por reunirem certos *elementos*, ligados por *relações*, nas *operações* do sistema, formando uma *unidade*.

3. E. Morin, *Ciência com Consciência*, cap. 6, pp. 128 e ss.; e "A Ética do Sujeito Responsável", in: Edgard de Assis Carvalho *et al.* (Orgs.), *Ética, Solidariedade e Complexidade*, p. 23.

Uma "unidade", além de diferenciada no sistema do meio ambiente, também pode aparecer como meio ambiente para outras unidades, permitindo, assim, que por ela se aplique, recorrentemente, um número mais ou menos grande de vezes, a diferença sistema/meio ambiente, sem com isso perder sua *organização*. A "organização" é o que qualifica um sistema como complexo ou como uma simples unidade, com características próprias, decorrentes das relações entre seus elementos, mas que não são características desses elementos. A unidade de elementos de um sistema é mantida enquanto se mantém sua organização, o que não significa que não variem os elementos componentes do sistema e as relações entre eles. Essas mudanças, porém, se dão na *estrutura* do sistema, que é formada por elementos componentes do sistema relacionados entre si. Os elementos da estrutura podem sempre ser outros; o sistema se mantém enquanto permanecer invariante a sua organização, com uma complexidade compatível com aquela do meio circundante e demais sistemas ali existentes. Note-se que, para a organização, o que importa é o tipo peculiar de relação, circular e recorrente, entre os elementos, enquanto para a estrutura, o que conta é que há elementos em interação, ação e reação mútua, elementos esses que podem ser fornecidos pelo meio ambiente ao sistema, sem que por isso a ele não se possa atribuir o atendimento de duas condições gerais, para que se tenha "sistemas autopoiéticos", como Luhmann propõe que se considere os sistemas sociais: a *autonomia* e a *clausura* do sistema.

Sistema autopoiético é aquele dotado de organização autopoiética, no qual há a (re)produção dos elementos de que se compõe o sistema e que geram sua organização, pela relação reiterativa, circular ("recursiva") entre eles. Esse sistema é autônomo porque o que nele se passa não é determinado por nenhum componente do ambiente, mas sim por sua própria organização, formada por seus elementos. Essa autonomia do sistema tem por condição sua clausura, quer dizer, a circunstância de o sistema ser "fechado", do ponto de vista de sua organização, não havendo "entradas" (*inputs*) e "saídas" (*outputs*) para o ambiente, pois os elementos interagem no e através dele – não se trata, portanto, de uma "autarquia" do sistema, pois ele depende dos elementos fornecidos pelo ambiente.[4]

Postular que a sociedade contemporânea, organizada em escala mundial, "globalizada", é o produto da diferenciação funcional de diversos

4. Cf. W. S. Guerra Filho, *Autopoiese do direito na sociedade pós-moderna: introdução a uma teoria social sistêmica*, pp. 69 e s., pp. 82 e s.

(sub)sistemas, como os da economia, ética, direito, mídia, política, ciência, religião, arte, ensino etc. – sistemas autopoiéticos, que operam com autonomia e fechados uns em relação aos outros, cada um com sua própria "lógica" –, postular isso não implica negar que haja influência ("irritações", nos termos empregados pela própria teoria aqui enfocada, ou "perturbações") desses sistemas uns nos outros. Entre eles dá-se o que a teoria de sistemas autopoiéticos denomina "acoplamento estrutural",[5] em que se pode identificar a "religação" ou "religião do que religa" de que nos fala Morin, noção que "engloba tudo aquilo que faz comunicar, associar, solidarizar, fraternizar".[6] Assim, o sistema da política acopla-se estruturalmente ao do direito através das constituições dos Estados, enquanto o direito se acopla à economia através dos contratos e títulos de propriedade, e a economia, através do direito, com a política, por meio dos impostos e tributos, e com a ciência, através de publicações, diplomas e certificados... Como, então, o sistema da ética poderá acoplar-se (religar-se) ao do direito, da ciência e aos demais sistemas sociais, para poder ser por eles informados e influenciá-los, evitando, assim, a catástrofe ambiental? Lembremos que a ética é composta por regras que pretendem ter uma validade universal, pautas para a ação de indivíduos, e individualmente é muito pouco o que se pode fazer para exercer a influência universal, necessária à solução do problema ecológico. A proposta que se tem para responder a indagação, encerrando o presente trabalho, é que direito e ética articulam-se preferencialmente, na atualidade, através dos *direitos humanos*, em suas diversas dimensões ou "gerações",[7] e é para seu estudo, antes de mais nada, que se devem voltar as atenções daqueles preocupados com a realização do Direito com aperfeiçoamento ético, tal como requer o enfrentamento da crise ecológica.

Os direitos humanos – e os direitos fundamentais, no plano do direito posto, positivo – vêm adquirindo uma configuração cada vez mais consentânea com os ideais projetados pelas revoluções políticas da modernidade, tão bem representados pela tríade "liberdade, igualdade e fraternidade". Atualmente, já se pode perceber com clareza a interdependência destes valores fundamentais: sem a redução de desigualdades, não há liberdade possível para o conjunto dos seres humanos e, sem fraternidade – ou melhor, "solidariedade", para sermos mais, "realistas", visto que a

5. Cf. N. Luhmann, *Die Gesellschaft der Gesellschaft*, pp. 776 e ss.
6. E. Morin, "A Ética do Sujeito Responsável", p. 72.
7. Paulo Bonavides, *Curso de Direito Constitucional*, cap. 16, pp. 560 e ss.

fraternidade às vezes não existe sequer entre verdadeiros irmãos –, sem o reconhecimento de nossa mútua dependência, não só como indivíduos, mas como nações e espécies naturais – também dependemos do ambiente natural –, não atinamos para o sentido da busca de liberdade e igualdade. Daí que, como defendem Morin e Kern,[8] temos de nos assumir como partícipes de uma "comunidade de destino", que envolve todo o planeta que habitamos, se aspiramos não só à correção ética, mas à própria salvação, individual e coletiva, não podendo haver uma sem a outra.

Pode-se dizer que o Direito Tributário assenta-se em uma ordem constitucional que, em sendo aquela própria de um Estado Democrático, impõe deveres de *solidariedade* aos que compõem uma comunidade política, a fim de minorar os efeitos nefastos da desigualdade entre eles em relação à sua liberdade e ao respeito à dignidade humana. A dignidade humana é ofendida, por exemplo, quando um sujeito é tratado como objeto por outro sujeito. A dignidade humana implica tratar desigualmente os desiguais (isonomia comutativa) assim como também implica a igualdade de todos perante a lei (isonomia distributiva).

Considerando a ordem constitucional do tipo antes mencionado como formada, substancialmente, por princípios, tem-se que o princípio fundamental do Estado de Direito decorre da dignidade humana, assim como dele decorre o princípio da legalidade e deste deriva-se o princípio constitucional tributário da estrita legalidade. Tal princípio consubstancia uma garantia fundamental, promovendo a *certeza* nas relações jurídicas e, com isso, a *paz social.*

Por outro lado, do princípio constitucional tributário explícito da estrita legalidade deriva um princípio tributário implícito da tipologia tributária, assim como derivam regras constitucionais determinando a uniformidade geográfica dos tributos instituídos pela União (art. 151, I, da CF), a não discriminação tributária em razão da procedência ou do destino dos bens e serviços (art. 152, CF) etc.

Também o princípio fundamental do Estado Democrático decorre da dignidade humana, sendo de se considerar um princípio de legitimidade, do qual se deriva o princípio (constitucional especial) tributário da capacidade contributiva, igualmente uma garantia fundamental. Este princípio constitucional tributário promove a *segurança* nas relações jurídicas e, com isso, a *justiça social.* Dele deriva outro princípio constitucional especial tributário, implícito, que é o da progressividade tribu-

8. E. Morin e A. B. Kern, *Terra-Pátria*, p. 186, *passim*.

tária, assim como derivam regras constitucionais determinando a proibição de tributo com efeito de confisco (art. 150, IV, da CF), ou instituído sobre templos de qualquer culto, livros, jornais (art. 150, VI, CF) etc.

O respeito à dignidade humana requer, por fim, o respeito do ser humano enquanto indivíduo, partícipe de diversas coletividades, inclusive aquela maior, enquanto espécie planetária, natural e social. A partir dos fundamentos teóricos aqui esboçados, espera-se que se possa desenvolver o "Direito Tributário da Cidadania Democrática e Global" requerido para a efetivação dos direitos fundamentais inerentes ao Estado Democrático de Direito, consagrados normativamente, dentre os quais avulta aquela dimensão, em que esses direitos se prestam à tutela do meio ambiente, assim como o direito tributário por meio de mecanismos como a pluritributação internacional sobre as rendas de empresas.

Bibliografia

BONAVIDES, Paulo. *Curso de Direito Constitucional.* 15ª ed., São Paulo, Malheiros Editores, 2004.

CARVALHO, Paulo de Barros. *Curso de Direito Tributário.* 12ª ed., São Paulo, Saraiva, 1999.

GOMES CANOTILHO, José Joaquim. *Direito Constitucional e Teoria da Constituição.* Lisboa, Almedina, 1998.

GUERRA FILHO, Willis Santiago. *Autopoiese do direito na sociedade pós-moderna: introdução a uma teoria social sistêmica.* Porto Alegre, Livraria do Advogado, 1997.

__________. *Processo Constitucional e Direitos Fundamentais.* 2ª ed., São Paulo, IBDC/Celso Bastos Ed., 2001.

HART, Herbert L. A. *The Concept of Law.* 2ª ed., Oxford, Clarendon Press, 1994.

KELSEN, Hans. *Reine Rechtslehre.* 2ª ed., [1960], Wien, Verlag Österreich, 2000 (reimp.).

LUHMANN, Niklas. *Die Gesellschaft der Gesellschaft*, vol. 2. Frankfurt am Main, Suhrkamp, 1997.

MACHADO, Hugo de Brito. *Os Princípios Jurídicos da Tributação na Constituição de 1988.* São Paulo, 1991.

MIRANDA, Jorge. *Manual de Direito Constitucional*, vol. 4. Coimbra, Coimbra Ed., 1988.

MORIN, Edgar. "A Ética do Sujeito Responsável", in: Edgard de Assis Carvalho *et al.* (Orgs.), *Ética, Solidariedade e Complexidade.* São Paulo, Palas Athena, 1998.

__________. *Ciência com Consciência*. 3ª ed., revista e modificada pelas trads. Maria D. Alexandre e Maria Alice Sampaio Dória. Rio de Janeiro, Bertrand Brasil, 1999.

MORIN, Edgar; KERN, Anne Brigitte. *Terra-Pátria*. Trad. de Paulo Neves. 3ª ed., Porto Alegre, Sulina, 2000.

OLIVEIRA, Manfredo Araújo de. *Ética e Economia*. São Paulo, Ática, 1995.

ROSEMBUJ, Tulio. *Los tributos y la protección del medio ambiente*. Madri, Marcial Pons, 1995.

STERN, Klaus. *Das Staatsrecht der Bundesrepublik Deutschland*, vol. 3, t. 1. Munique, C. H. Beck, 1988.

TÔRRES, Heleno Taveira. *Pluritributação Internacional sobre as Rendas de Empresas*. 2ª ed., São Paulo, Ed. RT, 2001.

UCKMAR, Victor. *Principios Comunes del Derecho Constitucional Tributario*. Bogotá, Temis, 2002.

VERDÚ, Pablo Lucas. *Curso de Derecho Político*, vol. 2. Madri, Tecnos, 1977.

VIEIRA DE ANDRADE, José Carlos. *Os Direitos Fundamentais na Constituição Portuguesa de 1976*. Coimbra, Almedina, 1987.

VILANOVA, Lourival. *Estruturas Lógicas e Sistema do Direito Positivo*. São Paulo, Ed. RT, 1977.

ZURITA LEÃO, Armando. *Direito Constitucional Tributário. O Princípio da Capacidade Contributiva*. São Paulo, Juarez de Oliveira, 1999.

NOVOS DIREITOS E TRIBUTAÇÃO. PERSPECTIVAS NECESSÁRIAS PARA UMA ECO-TRIBUTAÇÃO. ANOTAÇÕES PRELIMINARES

JOSE LUIS BOLZAN DE MORAIS

1. Considerações iniciais. 2. O Direito contemporâneo: 2.1 Interesses individuais; 2.2 Os interesses transindividuais: 2.2.1 Os interesses coletivos; 2.2.2 Os interesses difusos. 3. A complexidade do Direito. 4. O Meio Ambiente como interesse difuso. 5. A questão tributária: entre limitação e promoção. 6. Considerações finais.

Todos têm direito ao meio ambiente ecologicamente equilibrado,
bem de uso comum do povo e essencial à sadia qualidade de vida,
impondo-se ao Poder Público e à coletividade o dever de defendê-lo
e preservá-lo para as presentes e futuras gerações.
(Texto do "caput" do art. 225 da CF/1988)

Árvores! Corações, almas que choram,
Almas iguais à minha,
almas que imploram
Em vão remédio para tanta mágoa!
(Florbela Espanca, "Árvores do Alentejo")

1. Considerações iniciais

Participar de uma obra coletiva produz um sentimento complexo. De um lado, a satisfação pela oportunidade de compartilhar um ambiente de preocupações temáticas ocupado por autores de estatura intelectual que vai muito além da nossa – o que nos traz reconhecimento. De outro, e não afastado por completo do anterior, a preocupação dupla de não frustrarmos expectativas, visando a satisfazer a confiança depositada, bem como de evitarmos avançar sobre o âmbito temático atribuído a um co-partícipe da empreitada sem, contudo, deixarmos de enfrentar com a completude necessária o objeto que nos foi dado à reflexão.

É com essa circunstância presente que nos empenhamos no cumprimento de nossa tarefa, selecionando – em meio à questão que nos foi posta – tratar de alguma das questões de teoria geral ou mesmo dos princípios aplicáveis ao Direito Tributário Ambiental e que garantam seu estudo com autonomia didática em relação às demais especialidades do Direito Tributário, numa espécie de "parte geral" da temática: um conjunto de informações que nos parecem necessárias e fundamentais para que se possa pensar os vínculos que se estabelecem entre a *questão ambiental* e a *questão tributária*, partindo do suposto que o caráter novidoso – muito embora já não o seja tanto, posto que consolidado já em meados do século passado – daquela impõe transformações profundas não só para a compreensão dogmática da *tributação (ambiental)* mas, e sobretudo, para a definição de *políticas tributárias* que, ao final, serão expressas sob a forma de *legislação tributária*, o que poderíamos abarcar no termo *eco-tributação*. Esta envolveria todos os aspectos necessários para a edição de uma regulação tributária que considerasse *o sentido do vínculo e do limite das suas relações com a natureza*, perdido desde a modernidade,[1] na confrontação entre uma *deep ecology* em contraposição a uma *shallow ecology*.

Para tanto, organizamos a presente reflexão a partir de *quatro* eixos de análise. Em primeiro lugar, (1) buscamos estabelecer a definição e a diferenciação dos diversos tipos de interesses levados à regulação legislativa estatal contemporaneamente para, com isso, podermos visualizar um aspecto do que nominamos de (2) *complexidade* regulatória. Estabelecidos tais pressupostos partimos para (3) a inserção da questão ambiental neste universo, identificando-a como uma expressão – talvez a mais significativa – dos interesses difusos. Com isso, e só então, é possível estabelecer alguns supostos relativos à (4) questão – política e legislativa – tributária em matéria ambiental, transitando de uma postura limitativa para uma postura promocional ou, dito de outra forma, de um viés de proteção em face da ação tributária do Estado para um viés de utilização desta mesma atitude estatal como instrumento de satisfatibilidade dos interesses de todos e de ninguém ao mesmo tempo.

1. Ver a respeito: François Ost, *A Natureza à margem da lei. Ecologia à prova do Direito*, p. 10. Ao longo deste trabalho tomaremos emprestados alguns dos pressupostos apresentados pelo autor nesta obra, diante da pertinência e compatibilidade das posturas assumidas pelo autor e por nós.

2. O Direito contemporâneo

Para que compreendamos a complexidade das situações jurídicas reguladas pelo Direito, e sujeitas eventualmente à política tributária estatal, é curial que tenhamos presente a tipologia dos diversos tipos de interesses jurídicos – ou os principais deles – que convivem no interior da ordem jurídica contemporânea.

Neste sentido emergem fundamentalmente três grandes espécies de interesses reconhecidos pelos ordenamentos jurídicos contemporâneos, quais sejam, os individuais e os transindividuais, os coletivos e os difusos, o que passaremos a estudar a seguir, não sem anotar a ocorrência de outros interesses, como os individuais homogêneos, os quais não serão objeto de estudo neste momento, assim como não sem termos presente que esta tríade pode ser pensada sob a vertente dos direitos fundamentais e suas dimensões já clássicas – individuais, sociais (econômicos e culturais) e de fraternidade.

Como diz François Ost: "(...) falta, pois, imaginar um estatuto jurídico do meio, que esteja à altura do paradigma ecológico marcado pelas idéias de globalidade ('tudo constitui sistema na natureza') e de complexidade; um regime jurídico pertinente face ao caráter dialético da relação homem-natureza, que não reduza, portanto, o movimento ao domínio unilateral de um sobre o outro".[2]

Assim, a questão que nos foi posta se insere neste contexto onde, e para um adequado tratamento político-legislativo do tema, é preciso ter-se presente que a problemática ambiental necessita estar reconhecida no conjunto dos interesses transindividuais, como veremos na seqüência. E, a regulação tributária, como parte componente de um *estatuto jurídico do meio*, imprescinde de uma compreensão adequada a tal relação dialética homem-natureza pautada pelo presente e pelo futuro, por *um compromisso ao mesmo tempo intra e intergeracional.*

2.1 Interesses individuais

Na diversidade complexa dos interesses hoje relevantes apresentam-se, desde sempre, em um primeiro momento, os interesses individuais. Como o próprio nome indica, interesse individual é aquele que atina ao indivíduo isoladamente, não abarcando, portanto, situações em

2. Idem, ibidem, p. 351.

que o mesmo se insira em determinados contextos coletivos, grupais, desconsiderando-os, inclusive, em seus vínculos múltiplos. Pode-se tratá-lo como interesse fundamental do homem-indivíduo, ou seja, aquele que reconhece autonomia ao particular, garantindo iniciativa e independência ao indivíduo diante dos demais membros da sociedade política e do próprio Estado.

Para Rodolfo de Camargo Mancuso,[3] a forma de concepção destes se faz pelo *elemento predominante*, assim, será *individual o interesse cuja fruição se esgota no círculo de atuação de seu destinatário.*

Na visão da tradição liberal, erigiu-se um conceito fundamental à explicação e embasamento do interesse individual que é o de *direito subjetivo*, o qual é produto da reunião do interesse individual com a garantia oferecida pelo Direito.

Diz-se, então, que: "Os direitos subjetivos compreendem posições de vantagem, privilégios, prerrogativas, que, uma vez integradas ao patrimônio do sujeito, passam a receber tutela especial do Estado (sobretudo através da ação judicial, de atos de conservação e de formalização perante órgãos públicos, etc.). (...) Quando tais prerrogativas se estabelecem em forma de critérios formados contra ou em face do Estado, tomam a designação de direitos públicos subjetivos".[4]

A doutrina do direito subjetivo recebeu um profundo desenvolvimento pela teoria jurídica liberal-individualista, erigindo-se em conceito fundamental da ordem liberal, calcada na figura do indivíduo titular de direitos.

Nesta trajetória, são inúmeros os conceitos emitidos, muito embora seu aspecto fulcral permaneça inalterado. Von Thur, como demonstra Ovídio A. B. da Silva,[5] define direito subjetivo como "a faculdade reconhecida à pessoa pela ordem jurídica, em virtude da qual o sujeito exterioriza sua vontade, dentro de certos limites, para a consecução dos fins que sua própria escolha determine".

Já Maria Helena Diniz[6] biparte este conceito entendendo existir direito subjetivo: a) *comum da existência*: consistindo na permissão de fazer ou não fazer, de ter ou não ter alguma coisa, sem violação de preceito normativo; b) *defender direitos*: referentemente a autorização de

3. *Interesses Difusos.*
4. Rodolfo de C. Mancuso, ob. cit., p. 54.
5. Ver, deste autor, *Curso de Processo Civil*, vol. I, p. 59.
6. Ver, da autora, *Curso de Direito Civil Brasileiro*, vol. I, p. 9.

assegurar o uso do direito subjetivo, de modo que o lesado pela violação da norma está autorizado por ela a resistir contra a ilegalidade, a fazer cessar o ato ilícito, a reclamar reparações pelo dano e a processar criminosos, impondo-lhes pena.

Caio Mario da Silva Pereira,[7] após esposar várias opiniões e conceitos, parte para a sua análise, decompondo o mesmo em três elementos essenciais e constantes: a) *sujeito*: o titular do direito, ao qual a ordem jurídica assegura a faculdade de agir; b) *objeto*: identificado como sendo o bem jurídico sobre o qual o titular do direito exerce-o; c) *relação jurídica*: vínculo que submete o objeto ao sujeito.

Na doutrina internacional podemos ancorar os mesmos traços no que diz com este conceito.

Assim é que recorrentemente se observa a alusão ao poder de exigir algo, cuja definição está previamente dada, conferido a determinado sujeito pela ordem jurídica objetiva, sendo-lhe atribuída a possibilidade de utilizar-se de mecanismos jurídicos apropriados para a garantia de ver satisfeita a sua pretensão, caso haja recusa de cumprimento voluntário.

Já o *direito objetivo* – conceito paralelo – existe em razão do direito subjetivo, sendo caracterizado como um conjunto de normas que induzem os indivíduos a um determinado comportamento sob pena de sanção estatal e que, no caso de transgressão, compele o infrator a se sujeitar à lei, através de seu poder jurisdicional.

A nós resta reter, aqui, apesar de falar-se na possibilidade de existência de um direito social subjetivo, conforme propõe Georges Gurvitch[8] e de um direito subjetivo difuso proposto por alguns autores pátrios, algumas características próprias aos interesses individuais, aptas a nos fornecer um quadro paradigmático da distinção que pensamos estabelecer com relação aos interesses transindividuais. Assim, podemos elencar:

1. *Fruição individual com caráter excludente*, ou seja, o titular desse direito dispõe dele de forma exclusiva, afastando, com o seu benefício/prazer, qualquer possibilidade concorrencial ou compartilhada de desfrute do mesmo. O *meu* direito implica o *não*-direito do outro ao mesmo objeto e o conseqüente impedimento de acesso. Esta fruição é de tal ordem de exclusividade que permite ao titular do direito a *des-*

7. Ver, do autor, *Instituições de Direito Civil*, vol. I, pp. 27-31.

8. V. *L'Idée de Droit Social*. Também, José Luis Bolzan de Morais, *A Idéia de Direito Social: o pluralismo jurídico de Georges Gurvitch*.

truição do objeto, sem a possibilidade de qualquer interferência impeditiva.[9]

2. Como conseqüência desta exclusividade, há a possibilidade, embora nem sempre presente, de *disponibilidade direta e imediata* do bem objeto do mesmo. Ou seja, caracteriza-se como um *direito disponível.*

3. O *exercício* deste direito, sua guarda, é *pessoal* de seu titular, embora excepcionalmente a lei possa prever casos de substituição processual, quando, então, autoriza a que terceiro(s) possa(m) participar de ou praticar atos visando à salvaguarda do direito de outrem.[10]

4. O *prejuízo* causado a um direito individual é passível de *ressarcimento proporcional* à sua identidade com o padrão monetário em vigor, ou seja, converte-se o direito em pecúnia.

5. Em razão disso, os interesses individuais implicam o que poderíamos chamar de *conflituosidade mínima/circunscrita*, na medida em que envolve na disputa apenas sujeitos limitados, individualidades.

6. Conseqüentemente, as lides emergentes de tais pretensões apontam para uma *politização neutral*, enquanto, dada a sua circunscrição subjetiva, permite limitar o conflito, impondo-lhe uma definição jurídica pretensamente neutra, asséptica.

Tomando-se tais características, podemos visualizar os interesses individuais como interesses que produzem um espectro conflitual circunscrito àqueles envolvidos no litígio, apontando, assim, para o que poderíamos chamar, para contrapor aos interesses transindividuais de tipo difuso, como veremos a seguir, *conflituosidade mínima*. Em decorrência desta limitação espaço-pessoal do conflito a politização que se produzirá será uma *politização neutral* posto que o debate será circunscrito a dizer, declarar em sentido amplo, quem seja o titular do direito em disputa sem, com isso, adentrar no debate acerca do sentido que se lhe há de atribuir.

Em razão disso, pode-se dizer que, em suas relações, o direito individual aponta para um *caráter repulsivo* que se expressa pela oposição de interesses própria ao feitio egoísta-exclusivista do mesmo. Os indivíduos, titulares dos direitos subjetivos, encontram-se em oposição, em posições antagônicas uns diante dos outros, na medida em que a titulari-

9. Ver a respeito, Martine Remond-Gouilloud, *Du Droit de Détruire: essai sur le droit de l'environnement, passim.*

10. Ver, a esse respeito, art. 6º do Código de Processo Civil Brasileiro.

dade do direito por parte de um deles implica a impossível titularidade pelo outro. Tal relação caracteriza-se, portanto, como de *exclusão*.

Por outro lado, pode-se salientar que, a relação que se estabelece entre os sujeitos do direito individual e o Estado, através de sua normatividade, implica uma pretensão por parte daqueles de terem salvaguardados, por este, os seus interesses/direitos subjetivos. Assim, o que o indivíduo busca, essencialmente, é a proteção própria à ordem jurídica estatal, em especial através da detenção monopolizada do poder coercitivo.[11]

2.2 Os interesses transindividuais

2.2.1 Os interesses coletivos

Dentro do gênero dos *interesses transindividuais* aparecem, em primeiro lugar, os chamados interesses coletivos que, estando titularizados por um conjunto de pessoas, permanecem adstritos a uma determinada classe ou categoria delas, ou seja, são os interesses que são comuns a uma coletividade de pessoas e a elas somente.

Para a caracterização destes pressupõe-se a delimitação do número de interessados com a existência de um *vínculo jurídico* que una os membros desta comunidade para que, assim, a titularidade possa ser coletivamente definida.

O que se percebe desde logo é que, embora coletivos, tais interesses têm uma titularidade perfeitamente visível, pois identificada com os membros de um determinado grupo, unidos por um laço jurídico de relacionamento. Neste espectro podemos, então, situar, exemplificativamente, a sociedade mercantil, o condomínio, a família, o sindicato, os órgãos profissionais, entre outros, como grupos de indivíduos nos quais aparecem tais interesses.

11. O direito de propriedade exprime bem a situação. Quando se diz que "A" é proprietário do objeto "X", isto implica dizer que "B" e todos os demais não o são, ou seja, todos que não-"A" estão excluídos de qualquer interesse em relação ao mesmo objeto. Da mesma forma, o titular do interesse pretende do Estado apenas e tão-só a proteção do mesmo frente a eventuais turbações. Assim é que ao titular é assegurada a permanência ou retomada da posse do objeto em qualquer situação. É importante percebermos que quando falamos em indivíduo não restringimos esta locução à sua materialização em um homem fisicamente definido. Em muitos casos uma individualidade pode manifestar-se sob aspectos diversos, mesmo sob a roupagem de um ente grupal ou multi-individual.

Como visto, o interesse será coletivo quando titularizado pelos elementos pertencentes a um grupo perfeitamente delimitado subjetivamente, pois juridicamente unidos. Assim, o interesse coletivo tem como titulares, apesar de sua extensão numérica, um conjunto delimitável e perceptível de pessoas.

Esta *afectio societatis*, que liga os membros do grupo, dá margem ao nascimento de interesses comuns, surgidos em função de uma relação de base que une os membros de uma referida comunidade e que, não se confundindo com os interesses estritamente individuais de cada sujeito do grupo, permite sua identificação.[12]

Precisamos aprofundar a compreensão da idéia de interesse coletivo para que possamos afastá-la limpidamente de outras que, apesar de sua feição múltipla, permanecem adstritas ao âmbito dos interesses individuais.

Para tanto, podemos acercar-nos desta *pureza*, distinguindo três conotações diversas que podem assumir a idéia de interesse coletivo. Destas, somente a última nos será útil para nos apercebermos da presença de um interesse transindividual, senão vejamos:

a) A primeira acepção corresponde ao *interesse pessoal* do grupo que é diverso dos interesses pessoais de seus componentes. Estes dizem respeito aos interesses pessoais da pessoa jurídica ou moral, configurando neste novo ente um interesse individual de segundo grau, com o mesmo caráter do interesse individual de primeiro grau titularizado pelo homem isolado.

b) A segunda identifica o interesse coletivo à *soma dos interesses pessoais* dos membros do grupo, sendo, portanto, coletivo só na forma de exercício dos diversos interesses individuais.

c) A última apresenta o interesse coletivo como a *síntese* dos diversos interesses individuais em jogo no interior do grupo, materializando um todo-novo interesse identificado com o grupo diretamente e, media-

12. O campo do Direito do Trabalho expressa de forma muito clara esta concepção quando das questões de natureza coletiva que envolvam, por exemplo, os integrantes de uma determinada categoria profissional agrupados em torno do sindicato da mesma, ou dos funcionários de uma empresa quando temos, *e.g.*, uma realidade sindical tendo por base a empresa e não a categoria profissional. Em ambas as situações, todavia, os interesses relevando à coletividade terão por limite seja a categoria profissional, seja a inserção funcional das pessoas. Dessa forma, a coletividade de interessados estaria perfeitamente delimitada em ambos os casos pela ligação jurídica de base que une os indivíduos do grupo e limita-lhes a extensão subjetiva. Da mesma forma, temos interesses coletivos quando estivermos perante um grupo de consorciados, uma coletividade reunida em um condomínio, um grupamento familiar etc.

tamente com os seus membros, despersonalizando os diversos interesses individuais dispersos em seu interior e não personalizando um novo interesse individual na própria entidade grupal.

É somente neste terceiro momento que estará presente o interesse coletivo adaptado à idéia aqui exposta. Nos dois conteúdos anteriores, estaremos ainda diante de interesses individuais que podem ser os do próprio grupo ou de seus componentes, exercidos de forma coletiva.

Neste sentido, o interesse será coletivo quando *além de depassar o círculo de atributividade individual, corresponde à síntese dos valores predominantes num determinado segmento ou categoria social.*[13] Todavia, esta é uma situação que se apresenta também com relação aos interesses difusos – como veremos abaixo –, o que nos coloca frente à impossibilidade de diferenciá-los de forma definitiva, dada a invariabilidade residente neste aspecto.

Logo, para definirmos o que sejam interesses coletivos devemos lançar mão de seu elemento caracterizador, para dizer que um interesse será coletivo quando o mesmo representar a unidade das pretensões de um grupo determinado ou determinável de indivíduos, unidos entre si por um liame jurídico comum.[14]

Para Celso Ribeiro Bastos, "(...) os interesses coletivos dizem respeito ao homem socialmente vinculado e não ao homem isoladamente considerado. Colhem, pois, o homem não como simples pessoa física tomada à parte, mas sim como membro de grupos autônomos e juridicamente definidos, tais como o associado de um sindicato, o membro de uma família, o profissional vinculado a uma corporação, os acionistas de uma grande sociedade anônima, o condomínio de um edifício de apartamentos".[15]

13. Rodolfo Mancuso, *Interesses Difusos*, p. 33.

14. É, efetivamente, o substrato jurídico de união dos membros do grupo que será a todo instante referido pela doutrina como definidor do interesse coletivo. Tal se justifica, também, porque o outro traço próprio aos interesses coletivos, qual seja a determinação dos elementos componentes do grupo, se reflete da própria existência desta amarra jurídica, a qual, por si mesma, limita a participação na comunidade aos elementos identificados com aquele laço de união. Na doutrina brasileira, ligada à questão dos interesses coletivos, é repetidas vezes referendada esta posição. Tanto Hugo Nigro Mazzilli, quanto Lucia Valle Figueiredo, bem como Ada Pellegrini Grinover, propõem uma definição destes, partindo da existência de um vínculo jurídico de união e significando, dessa forma, dizer respeito ao homem socialmente vinculado, o que implica um privilegiamento da sociedade civil organizada.

15. Celso Ribeiro Bastos, "A Tutela dos Interesses Difusos no Direito Constitucional Brasileiro", *Revista de Processo* 23/37 e ss.

A Lei n. 8.078/1990, Código do Consumidor, estatue:

"Art. 81. (...). II – interesses ou direitos coletivos, assim entendidos, para efeitos deste Código, os transindividuais de natureza indivisível de seja titular grupo, categoria ou classe de pessoas ligadas entre si ou com a parte contrária por uma relação jurídica básica."

Partindo destas assertivas, podemos dizer que os interesses coletivos caracterizam-se primordialmente por:

a) Apresentar-se como *síntese dos interesses individuais*, configurando o fenômeno da *despersonalização dos interesses* individuais. Todavia, esta é uma característica partilhada com os interesses difusos.

b) Ser interesses que pressupõem a existência de um *vínculo jurídico* de união dos elementos componentes do grupo, o que, de certa forma, garante/assegura a homogeneidade do mesmo, embora, por outro lado, possa engendrar um processo de corporativização, o que pode significar a desnaturação do interesse coletivo como fenômeno superior de transindividualização/socialização do Direito, reconduzindo-o à identidade de interesse individual egoístico. Este vínculo referenda a ocorrência de uma *titularidade identificável*.

c) Permitir, como conseqüência do laço jurídico que os une, a *determinação/identificação dos elementos componentes da coletividade*. Ou seja: a titularidade destes interesses pode ser a todo instante reconhecida.

d) *Impedir a fruição individual excludente* por parte de qualquer componente da coletividade. Assim, os integrantes da categoria ou classe não podem fruir individualmente do interesse sintetizado no grupo, muito embora possam, a título particular, aproveitar-se de tal interesse sem, no entanto, com isto afastar a possibilidade de fruição dos demais co-titulares, que dele poderão beneficiar-se em momento diverso ou simultâneo. Todavia, pode-se, ainda, considerar excludente a fruição quando considerarmos a posição de uma dada coletividade frente às demais.

e) Ter como característica, sendo a síntese de determinados valores do grupo – o que não significa a unificação dos diversos interesses num único interesse coletivo –, a *indisponibilidade*. Assim, nem a coletividade, como organização superposta aos indivíduos isolados, nem os membros simples, poderão, como ocorre com os interesses individuais, dispor de tais interesses que, uma vez estabelecidos, representam um valor disponível da coletividade como entidade diversa tanto de sua apresentação estrutural como figura jurídica, quanto de seus membros vistos separadamente.

f) Sua *tutela* estar intimamente ligada ao *grupo* que dá substrato jurídico para a formação da coletividade. Como conseqüência desta tomada de importância de um tal tipo de interesse jurídico, se espraia a idéia de controle público, perdendo força a dualidade estatização-privatização.[16]

Todavia, a teoria dos interesses coletivos está longe de esgotar as possibilidades desse processo de despersonalização dos interesses. Se, do início aos meados do século XX, a resposta jurídica à *questão social* e aos demais aspectos ligados ao Estado do Bem-Estar Social significaram a crise profunda da idéia de interesses individuais e o surgimento de interesses coletivos, a segunda metade deste mesmo período histórico impõe, diante do próprio esgotamento das condições vitais do planeta, ao lado de outros problemas ligados à sociedade industrial, novas questões que, para serem apreendidas pelo universo jurídico, significam o aprofundamento da crise da racionalidade jurídica individualista, o que pode ser alocado sob a perspectiva do que vamos nominar como *questão ambiental*, em paralelo à *questão social* que caracterizou e pautou a formação do Estado Social em todas as suas versões desde meados do século XIX.

São estes novos impasses relacionados genericamente à *qualidade de vida* das pessoas que põem na ordem do dia um novo tipo de interesse.

2.2.2 Os interesses difusos

Já os interesses difusos, apesar de estarem relacionados à coletividade de indivíduos, distinguem-se sobremaneira dos anteriormente referidos por *não estarem alicerçados em qualquer vínculo jurídico de base*.

A reunião de pessoas em torno de um interesse difuso assenta-se em *fatos genéricos, acidentais e mutáveis*, como habitar a mesma região, consumir os mesmos produtos, viver sob determinadas condições sócio-econômico-ambientais, sujeitar-se a determinados empreendimentos etc., como refere o jurista italiano Mauro Cappelletti.[17] Em razão disso, o grupo ligado aos interesses difusos apresenta-se fluido, indeterminado e indeterminável, pois estão diluídos na satisfação de necessidades e inte-

16. Há quem, como Rodolfo C. Mancuso, limite a três as notas fundamentais caracterizadoras dos interesses coletivos: a) um mínimo de organização; b) afetação a grupos determinados ou determináveis de pessoas – entidades próprias da sociedade civil; c) um vínculo jurídico básico.

17. Mauro Cappelletti, *Formações Sociais e Interesses Coletivos diante da Justiça Civil*, pp. 128-159.

resses de amplos e indefinidos setores da sociedade de massas, característica dos tempos atuais.

Com o crescimento de importância das questões envolvendo tais interesses difusos aprofunda-se, ainda mais, a incompatibilidade destes com uma teoria jurídica tradicional acostumada a reconhecer e atrelar a todo interesse um titular visível e reconhecível. Os interesses difusos significam uma *indeterminação subjetiva* de sua titularidade, embora pressuponham, da mesma forma que os interesses coletivos, um reforço da (dita) sociedade civil organizada, como único instrumento capaz de colocá-los em prática.

Todavia, estes vínculos não se definem da mesma forma que quando tratamos dos interesses coletivos. Neste caso, os agrupamentos organizados têm um papel fundante, pois, é a partir de sua identidade interna que se estabelecerá o liame jurídico oportunizador da concretização dessa síntese própria ao interesse de grupo. No que diz respeito aos interesses difusos, estes mesmos organismos da sociedade civil, embora participem ativamente como instrumentos de viabilização dos interesses, não têm um papel jurídico fundamental como ordem integradora da coletividade para justificar a emergência do interesse, muito embora apareçam como essenciais para a sua projeção tanto política quanto jurídica.

A síntese ordenadora do próprio interesse se fará não no interior de um grupo determinado, mas como fruto do debate democrático no interior diluído da sociedade civil como um todo. Dessa forma, é o *indivíduo*, enquanto *cidadão*, que atuará para dar conteúdo a esta forma fluida. É evidente que esse indivíduo que está presente na definição dos interesses difusos não pode ser o mesmo que titulariza os interesses individuais egoísticos, uma vez que o seu objeto representa questões que afetam problemas cruciais da comunidade, referendando, em verdade, opções prático-políticas, cuja satisfação ou lesão implicam a da coletividade como um todo. Isto não significa a destituição do papel dos grupos. Pelo contrário, há um fortalecimento destes na medida em que servem como mecanismos fundamentais para a praticabilidade, a implementação e a busca de efetivação de tais interesses. Há, aqui, a possibilidade de conjugação de forças entre a ação individual e a ação coletiva.[18]

18. Este é um debate que vem sendo travado por diversos juristas de renome. No Brasil pode-se mencionar os trabalhos de José Eduardo Faria, Celso Campilongo, José Reinaldo de Lima Lopes, Ada Pellegrini Grinover, Cândido Rangel Dinamarco, Kazuo Watanabe, Luiz Guilherme Marinoni, entre outros.

A marca tradicional de distinção interna aos interesses transindividuais releva à existência (interesses coletivos) ou não (interesses difusos) de vínculo jurídico entre os membros do grupo. No caso destes últimos, a unidade se formará a partir de situações contingenciais de fato e, sobretudo, calcada em pretensões de natureza prospectiva e positiva e não em reparações a prejuízos já sofridos.

Diz o Código do Consumidor (Lei n. 8.078/1990) em seu art. 81, I:

"Art. 81. (...). I – interesses difusos, assim entendidos, para efeitos deste Código, os transindividuais, de natureza indivisível, de que sejam titulares pessoas indeterminadas e ligadas por circunstâncias de fato".

Podemos, então, arrolar as principais características destes interesses como sendo:

a) Os interesses difusos caracterizam interesses que não pertencem à pessoa alguma de forma isolada, tampouco a um grupo mesmo que delimitável de pessoas, mas a uma *série indeterminada ou de difícil determinação de sujeitos*. Neste sentido é já tradicional a questão posta por M. Cappelletti inquirindo *a quem pertence o ar que respiramos (?)* e respondendo: *a cada um e a todos, a todos e a cada um*. O mesmo vale para outros interesses igualmente difusos: valores culturais, espirituais, consumidores, meio ambiente etc.

Nos interesses difusos, a titularidade dos mesmos resta tão fluida, dispersa, quanto os mesmos, em razão da inocorrência de um laço de união entre os possíveis/potenciais titulares. A titularidade é de todos e de ninguém – é de qualquer um, a qualquer momento.

b) Como conseqüência da indeterminação subjetiva, sequer poder-se-ia falar em titularidade para definir a quem caberia a tutela dos interesses difusos. Eventualmente, podemos defini-la como uma *titularidade aberta*, podendo ser conferida a um *ente esponenziale* que refletiria de maneira maximizada o interesse pretendido, como organismos intermediários da sociedade civil que encarnam a defesa de tais interesses de forma não burocrática (associações de moradores ou de consumidores, grupos ecológicos, partidos políticos etc.) – e, pensamos nós, até mesmo a indivíduos isolados que assumam os ônus de uma tal *démarche* – ou, a órgãos burocráticos tradicionais, como é o caso do Ministério Público no Brasil, não sem os riscos próprios a todos os organismos burocratizados ligados ao Estado.

c) À diferença dos interesses coletivos, *inexiste vínculo jurídico* que reúna os *sujeitos eventuais* ligados aos interesses difusos. Com isso, a categoria jurídica fundamental do *direito subjetivo* resta, para muitos juristas, desconectada desta nova realidade, pois este só subsistiria enquanto relacionado a alguém que o titularizasse diretamente, ou seja, haveria a necessidade de uma conexão perfeita entre o objeto do direito e seu detentor. Aqui, contudo, o debate não é findo. Há posições divergentes, considerando a possibilidade de falar-se em um direito subjetivo difuso, *e.g.*, um direito subjetivo ao meio ambiente.[19]

d) Os interesses difusos referem-se a bens *indivisíveis*, significando que a satisfação do interesse implica sempre a satisfação de toda a coletividade, da mesma forma que sua lesão se concretiza para todos.[20]

e) Neles não há hipótese para se pensar em fruição exclusiva por algum titular, posto que sua satisfação ou lesão são inapreensíveis, pois disseminadas indistintamente entre os sujeitos todos e ao mesmo tempo. Há, pelo contrário, uma *inapropriabilidade individual exclusiva*, mais até do que uma eventual *apropriabilidade inclusiva*. A fruição é comum, de todos e de ninguém indistintamente.

f) A *indisponibilidade* é uma conseqüência de sua afetação indeterminada positiva ou negativamente.

g) Há uma conflituosidade intensa – "conflitualitá massima", na expressão de Mauro Cappelletti –, que se expressa em razão da indeterminação dos sujeitos e da efemeridade e contingência dos próprios interesses, o que não permite limitar sua abrangência, oportunizando seu alargamento *ad infinitum*, principalmente no tocante aos sujeitos envolvidos, mas também quanto à extensão dos objetos atingidos.

h) Por seu próprio conteúdo diluído no campo do embate político da sociedade civil, os interesses difusos têm uma tendência à transição e mutação no tempo e no espaço. Têm um caráter de *efemeridade*, o que exige uma prestação jurisdicional imediata e eficaz sob pena de irreparabilidade da lesão.

Os interesses difusos se apresentam fundamentalmente diferentes dos demais, sejam individuais ou transindividuais coletivos. Representam, caracteristicamente, interesses de fruição comum, apresentando um aprofundamento maximizado da conflituosidade, uma *intensifica-*

19. Ver, neste sentido, a obra de Rosalina Correa de Araujo, *Direitos da Natureza no Brasil*, bem como texto inédito de Jose Luis Serrano Moreno, *El Derecho Subjetivo al Ambiente* (mimeo) e *Ecologia y Derecho*.

20. Aqui cabe, novamente, a questão posta por Cappelletti e expressa na primeira característica apontada para os interesses difusos.

ção, pois referem questões que implicam *definições acerca de aspectos estruturais de organização social*, o que implica uma *politização profunda* de seus conteúdos.

Por outro lado, deve-se perceber que a inexistência de vínculo jurídico unindo e caracterizando uma coletividade permite um intercâmbio constante entre os eventuais componentes dos agrupamentos, bem como reforça o caráter inapreensivo de tais interesses, agora referentemente a seu aspecto subjetivo.

Ainda, os interesses transindividuais difusos implicam um aprofundamento e reforço dos laços de união fáticos que reúnem o grupo "difuso" de pessoas em torno a determinado interesse, assim como, em razão de sua indeterminação subjetiva, a "comunidade" de interessados pode assumir contornos avantajados, referendando o que chamaríamos *amplitude máxima* – por isso os contornos abertos, fluidos dos agrupamentos.

A questão referente ao tratamento atribuído a um interesse difuso pode ser estudada como um elemento diferenciador deste em relação aos precedentemente referidos, assim como repercute em um tema maior, qual seja, a redefinição dos mecanismos tradicionais para resolução dos conflitos. Nestes pontos põem-se significativos problemas que merecem alguma detenção.

Quando nos situamos no interior dos interesses individuais, temos sempre presente a conversibilidade em dinheiro do interesse protegido e lesado. Assim, como regra geral, a lesão do direito individual poderá ser reparada por um correspondente financeiro, em razão, por um lado, da própria patrimonialização destes interesses – aspecto fulcral para a juridicidade liberal –, o que oportuniza a sua calculabilidade e *adequação* ao padrão monetário, mas, por outro, pela identificação precisa de sua titularidade e, conseqüentemente, do credor da indenização.

À medida que passamos à transindividualização dos interesses, estes, além do espraiamento subjetivo de sua titularidade, assumem todo um outro conteúdo onde a questão da patrimonialidade de seu objeto vai perdendo sentido e exigindo fórmulas novas de regulação dos interesses, sua proteção e promoção.[21]

21. Talvez fosse melhor utilizarmos o termo contrário – fortalecendo – para significar que com os interesses difusos chegamos à regulação de bens de valor inestimável. O que se percebe na prática judiciária, muitas vezes, é que esta patrimonialização dos interesses está de tal forma incorporada pelos operadores jurídicos que nenhum outro mecanismo é imaginado. Além disto, a realidade de pauperização das

3. A complexidade do Direito[22]

O que se percebe do descrito acima é que, mais do que uma seqüência evolutiva no sentido da despersonalização dos interesses, temos uma realidade jurídico-normativa que convive com tipos diversos de pretensões, muito embora tendamos a privilegiar as referentes aos interesses transindividuais, especialmente os difusos, em razão de sua importância fundamental no presente e para o futuro, como os que dizem respeito a questões relativas ao *meio ambiente* em sentido amplo.

É inafastável, contudo, que pensemos a realidade do Direito como uma convivência complexa entre interesses individuais, coletivos e difusos, da mesma forma que as que referem as gerações de direitos, como visto antes.

Nesta complexidade, temos:

a) Com relação aos atores, a permanência de sujeitos individuais que, muitas vezes, compartilham outros interesses, compondo organismos sociais ligados a pretensões coletivas e outros mais fluidos respeitantes a interesses difusos.

b) Há uma confusão de situações diversas. Tem-se, ao mesmo tempo, situações de exclusão – interesses individuais –, de reciprocidade/exclusão – interesses coletivos – e de reciprocidade/comunhão, que caracterizam os interesses difusos. Há uma convivência que, dadas as suas distinções, não poderia deixar de ser turbulenta.

c) Por outro lado, convivem conflitos de natureza diversa – individuais, coletivos e difusos. Seus atores são distintos, suas implicações diferentes, suas pretensões são diversas, as respostas jurídicas e seus

classes operárias e de grandes parcelas da população, em um sentido mais amplo, em especial nos países externos ao nominado Primeiro Mundo, implica a venda – comercialização – das condições de trabalho, especificamente, ou de qualquer outro interesse porventura atingido. Esta inadaptação se produz não só, como pareceria à primeira vista, pela impossível definição dos eventuais beneficiados da reparação em razão da indeterminação subjetiva do interesse lesado mas, também, e principalmente, pelo conteúdo do próprio objeto desse interesse que se mostra inadaptado à sua versão em moeda. Mesmo se pensarmos na possibilidade de pagamento dos prejuízos acarretados, será muito difícil, senão impossível, encontrarmos um equivalente financeiro para a qualidade de vida de uma coletividade inteira, mesmo porque não se pode pensar em reparações parciais para cada indivíduo pretensamente atingido, uma vez que não há uma titularidade individualizada.

22. Não estamos trabalhando, aqui, com os conceitos próprios à Teoria dos Sistemas em sua versão luhmanniana, apesar de referirmos o termo complexidade.

mecanismos de resolução também. Além disso, o conteúdo dos mesmos diz respeito a situações envolvendo temas inéditos que impõem conhecimentos novos e abrangentes, exigindo posturas multidisciplinares.

Com isso, observa-se que a realidade envolvente do Direito implica a contemporaneidade de interesses muitas vezes contraditórios entre si e que exigem a tomada de posição frente a problemas estruturais que não se restringem a uma operação simples de dizer quem tenha e quem não tenha a sua pretensão reconhecida pelo ordenamento jurídico, de estabelecer um ganhador e um perdedor – ganhadores e perdedores podem ser todos, o que faz desaparecer o sentido mesmo de ganhar e perder.

O debate acerca de como solucionar as controvérsias surgidas neste âmbito está em aberto. Nele estão incluídos questionamentos acerca dos princípios constitucionais, da eficácia das normas programáticas, do conteúdo e extensão do Estado e dos Direitos Sociais, etc.

4. O Meio Ambiente como interesse difuso

Uma das expressões mais "vivas" dos *novíssimos interesses* – os difusos – é sem dúvida aquela que diz com a *questão ambiental*, como já referido, a qual, pode-se dizer, substitui, já em meados do século passado a nominada *questão social*, característica da transformação do Estado Liberal, de seu feitio *mínimo* para o *social*.

Ora, se no final do século XIX e início do século XX o tratamento da questão social transformou a face do Estado Liberal, impondo-lhe um caráter intervencionista, tendo como sentido não apenas a *proteção* de pretensões, mas, e sobretudo, a *promoção* de modos de vida através, principalmente, de prestações públicas e de normas premiais, a partir da metade do último século viu-se, desde a explicitação das possibilidades de extinção massiva da espécie humana e do esgotamento de recursos naturais, entre outros fatores, a incorporação de um novo conjunto de preocupações cujo atendimento pressupunha uma transformação radical nas práticas jurídico-político-sociais, posto que estas *novidades* não se enquadravam em nenhum dos esquemas até então forjados para dar conta dos interesses juridicamente relevantes – individuais e coletivos, as liberdades "de" e as liberdades "do" ou "da".

A questão ambiental pôs em pauta não apenas a necessidade de se pensar estratégias novas de tratamento jurídico-político, como trouxe para o universo de preocupações jurídico-econômico-políticas o asseguramento das condições de vida – com qualidade – para as futuras gerações, uma vez explícita a sua inapropriabilidade exclusivista – próprias aos interesses individuais – e tão-só contemporânea – ou seja, do tempo presente – por, como diria Mauro Cappelletti, dizer respeito a *todos e ninguém ao mesmo tempo*, sendo *todos* incluindo os das presentes e os das *futuras gerações*.

Ou seja, para o campo jurídico, a questão ambiental impôs não apenas a revisão de seus esquemas conceituais, como também apresentou um novo ator interessado, até então desconhecido ou desprezado, as *gerações futuras*. Assim, pode-se dizer que a questão ambiental tem como interessados *gerações*, atuais e futuras, e não apenas indivíduos, fazendo com que se reescreva a assertiva de Mauro Cappelletti, para expressá-la dessa forma: *A quem pertence – e pertencerá – o ar que respiro? A todos e a ninguém ao mesmo tempo, no presente e no futuro.*

Com isso, um conjunto de preocupações se põe ao jurista, seja sob a perspectiva de que a compreensão da questão ambiental implica uma postura *transdisciplinar*, posto que inapreensível a partir dos esquemas conceituais disciplinares próprios do pensamento cartesiano moderno, seja sob a perspectiva de que o dilema ambiental ultrapassa em muito a lógica estruturante do Estado (Moderno) e de seu Direito submetidos aos estritos limites de sua territorialidade e de suas fórmulas sancionatórias e, mesmo, premiais de regulação de condutas.

Como diz Maria del Carmen Carmona Lara:[23] "Es aquí en donde surge el problema para que la regulación ecológica sea efectiva y llegue a los fines inmediatos que pueden ser la solución a un problema concreto, por ejemplo, bajar los niveles de contaminación, o a los fines mediatos para los que fue emitida, que pueden ser la protección del ambiente y el derecho de las futuras generaciones; esta regulación debe llegar a la conciencia de su aplicación, y entonces se convierte más que en un problema de aplicabilidad jurídica, en un postulado ético."

Tal circunstancia pode ser observada desde um compreensão mais aguda acerca da concepção à qual se conecta a regulação ambiental, como refere François Ost:[24] "Do local (a 'minha' propriedade, a 'minha' herança) conduz ao global (o patrimônio comum do grupo, da nação, da humanidade); do simples (tal espaço, tal indivíduo, tal facto físico), conduz ao complexo (o ecossistema, a espécie, o ciclo); de um regime jurí-

23. Ver, desta autora, "El Derecho Ecológico en México", in José Luis Soberanes Fernández (Comp.), *Tendencias Actuales del Derecho*, p. 71.

24. Ver, deste autor, *A Natureza à margem da lei*, cit., p. 355.

dico ligado em direitos e obrigações individuais (direitos subjectivos de apropriação e obrigações correspondentes), conduz a um regime que toma em consideração os interesses difusos (os interesses de todos, incluindo os das gerações futuras) e as responsabilidades colectivas; de um estatuto centrado, principalmente, numa repartição-atribuição estática do espaço (regime monofuncional da propriedade), conduz ao reconhecimento da multiplicidade das utilizações de que os espaços e recursos são susceptíveis, o que relativiza, necessariamente, as partilhas de apropriação."

Ou, ainda: "É que o meio (justo ou injusto) é uma realidade paradoxal: o seu centro está em todo o lado, a sua circunferência em parte alguma. Por outras palavras, se nos engloba totalmente, ele é também aquilo que passa no âmago de cada um de nós. Totalmente dependentes dele, somos também por ele totalmente responsáveis."[25]

Tal circunstância aponta para a dimensão global da questão ambiental, afetando profundamente as possibilidades de tratamento *local* – nacional – dos problemas a ela ligados, uma vez que o Estado Nacional se mostra limitado, embora possa fazê-lo, para o tratamento de tais problemas diante da repercussão global dos incidentes ambientais, pois,

"Uma vez que o meio é uma realidade global, será necessário reconhecer, igualmente, que o consumo excessivo praticado no hemisfério Norte não apenas implicará conseqüências negativas no hemisfério Sul como tornará simplesmente impossível o acesso de todos a um modo de vida equiparável."[26]

Assim sendo, o tema ambiental impõe sob todas as suas facetas um tratamento inovador, o que repercute também sobre a perspectiva das políticas e práticas tributárias do Estado e para além do Estado, como veremos a seguir.

5. A questão tributária: entre limitação e promoção

A partir destas premissas, sucintamente apresentadas, pode-se pretender lançar algumas interrogações acerca das fórmulas tributárias adequadas para o tratamento da questão ambiental, tratando-se de um interesse difuso que se projeta para o futuro e incorpora uma dimensão

25. Idem, ibidem, p. 395.
26. Idem, ibidem, p. 394.

estruturante baseada na idéia de *qualidade de vida*, como definido em sede constitucional.

Não queremos aqui, e por ora – dado os limites deste trabalho como já explicitado –, refletir acerca das diversas fórmulas até então experimentadas pelas políticas tributárias para colocar-se como mais um instrumento de concretização da garantia constitucional a um ambiente *ecologicamente equilibrado* para as presentes e futuras gerações, essencial à *qualidade de vida*.

Pode-se, entretanto, referir tão-só dois deles. Em primeiro lugar, o *princípio da precaução*, cujo objetivo fundamental é o de evitar que se produzam danos ambientais em razão da utilização de, em especial, tecnologias cujas conseqüências ambientais não estejam consolidadas cientificamente.[27] De outro lado, poder-se-ia referir algumas *estratégias compensatórias*, tais como aquelas presentes nas fórmulas dos *tributos verdes* orientados pelo princípio *poluidor pagador*. Utilizam-se, nesta área, tanto conseqüências jurídicas negativas – sanções – quanto conseqüências jurídicas positivas – prêmios, benefícios etc.

Tais exemplos aparecem, constantemente, atrelados a uma idéia de extrafiscalidade, embora nem sempre carreguem tal característica, como refere José Casalta Nabais:[28] "Um exemplo bem ilustrativo do recurso à extrafiscalidade é actualmente o constituído pelo direito do ambiente, um domínio jurídico que, mais do que formar um sector jurídico totalmente novo e justaposto aos sectores tradicionais, se configura fundamentalmente como cortando obliquamente a generalidade dos ramos de direito, tanto público como privado, mobilizando-os para a preocupação da defesa ambiental. Um domínio jurídico que não deixa de integrar, de algum modo, o direito económico na medida em que este seja concebido como a disciplina jurídica da economia ecológico-social de mercado. Ora, entre os numerosos e diversos meios ou instrumentos de que a política (de defesa) do ambiente vem lançando mão, conta-se, como um dos mais importantes instrumentos de orientação indirecta ou mediata dos comportamentos ou condutas (dos particulares), a extrafiscalidade nas duas modalidades ou manifestações de que vimos falando: 1) a contenção, ou, cerceamento das actuações antiambientais através duma maior tributação concretizada em impostos ecológicos ou até em agravamentos

27. Talvez aqui fosse interessante refletir acerca do papel da ciência na modernidade e da lógica que a preside para ter-se presente, ate mesmo, os seus condicionamentos epistemológicos e políticos.

28. Ver, do autor, o seu *O Dever Fundamental de Pagar Impostos*, pp. 651-654.

ecológicos de impostos (consubstanciados, por exemplo, na não dedução ou no estabelecimento de limites mais baixos à dedução de despesas com a utilização de veículos poluentes como os automóveis, ou na fixação de taxas mais elevadas relativamente a impostos sobre consumos causadores de danos ambientais); 2) o estímulo ou incentivo das actuações filo-ambientais através de eco-benefícios fiscais".

Diz ainda o mesmo autor: "(...) nem toda a tributação ecológica ou ambiental se configura como (verdadeira) extrafiscalidade. Desde logo e antes de mais, porque a actual preocupação da defesa do ambiente é inerente e atravessa todo o ordenamento jurídico, a ela não sendo por conseguinte insensível o próprio ordenamento jurídico-fiscal. Pelo que também à generalidade dos impostos não passa, nem pode passar, despercebida esta 'tonalidade' ecológica do direito. Depois, não está excluída a hipótese, de resto já mencionada, de verdadeiros impostos ecológicos fiscais, em que domina a finalidade financeira, pois que, (...), impostos (ou mais amplamente tributos) há que visam, fundamentalmente, a obter receitas embora, estas estejam, por via de regra, consignadas à realização de objectivos ecológicos, designadamente através do seu destino a um fundo ou a fundos ambientais, assente essa consignação na constituição ou não dum parafisco. Finalmente, atento o peso do princípio de política ambiental da responsabilização ou do poluidor/pagador, integrante tanto do Acto Único Europeu como da nossa Lei de Bases do Ambiente, a (extra)fiscalidade ambiental tenderá a correr preferencialmente pela via das taxas (ou tributos bilaterais) ambientais, cujo montante, se bem que não possa parificar-se com o custo marginal da despoluição em termos duma taxa óptima, dados os diversos elementos de imprecisão que preexistem na definição da curva dos custos (ou dos danos) sociais ambientais, sempre terá por base essa mesma curva de custos a apurar através dum processo de *tatônnement* ou de aproximações sucessivas, e não pela via dos impostos cujo montante se há de pautar pela universalidade dos encargos fiscais".

Ora, ambas as fórmulas aparecem limitadas em suas potencialidades, bem como contemplam limitações profundas para dar conta daquelas características apresentadas como peculiares à questão ambiental, bem como diante das dimensões extra(trans)territoriais que as preocupações e os problemas ambientais promovem.

Diz Ost:[29] "No domínio das subtracções excessivas dos recursos naturais, muito caminho resta ainda, sem dúvida, a percorrer, mas a via

29. Ver *A Natureza à margem da lei*, cit., p. 368.

está hoje bem traçada pelo princípio da compensação que acabamos de evocar. Um conjunto de perigos relevando de uma economia parafiscal deverá impor-se aos operadores econômicos que estão na origem de subtracções excessivas, ameaçando nomeadamente a capacidade de reprodução das espécies e de regeneração dos meios. M.-A. Hermitte cita nomeadamente: 'Taxas parafiscais, financiamento da manutenção de plantas selvagens in situ, a agricultura deveria participar do financiamento de conservatórios da natureza'".

Assim, é preciso ter presente que

"Em determinadas hipóteses, a única atitude ecologicamente aceitável consistirá, no entanto, em interditar pura e simplesmente esta ou aquela actividade, cujos efeitos sobre os equilíbrios naturais se revelariam irreversíveis. (...)

"É preciso lembrar, com efeito, que a natureza não é um reservatório inesgotável cujos recursos são totalmente intercambiáveis: muitos meios são únicos, muitos recursos são insubstituíveis. A seu respeito, a técnica da compensação não é pertinente. (...)

"Mas, dir-se-á então, não será preciso, em alguns casos, ir ainda mais longe e proceder à restauração sistemática de regiões sinistradas, à reposição no estado original de meios degradados, à reconstituição de recursos de substituição – mais e outra coisa, portanto, do que o pagamento de simples taxas de produção e de consumo? E, nestas hipóteses, não corre o encargo o risco de parecer de tal modo pesado que não se encontraria ninguém que aceitasse assumi-lo? Por outras palavras, será possível sustentar a solidariedade patrimonial?"[30]

Ou seja, ao que nos parece não há como, em particular, tratar a *questão ambiental*, fora de sua compreensão como um tipo de interesse que não admite, como fórmula eficiente e suficiente para o seu enfrentamento, a patrimonialização de seus conteúdos, como até então feito com os interesses individuais e, até mesmo, com os interesses coletivos, ou com simples (simplistas) mecanismos de compensação muito em voga hoje em dia, como se observa inclusive do Protocolo de Kioto e da regulamentação decorrente,[31] ou como nos exemplos tributários das fórmulas poluidor-pagador.

30. Idem, ibidem, pp. 369-370.

31. A partir do Protocolo de Kioto e sua regulação, empresas locais – de países em desenvolvimento – poderão vender às indústrias poluentes dos países centrais as suas taxas de redução de emissão de poluentes o que se, por um lado, promove um

Vê-se que o *dilema ambiental* impõe à interrogação não só os limites possíveis do Estado, como forma institucional da modernidade,[32] como também a todos os instrumentos até então postos à disposição da regulação jurídica do meio ambiente e de sua afetação.

6. Considerações finais

De tudo o que foi exposto, fica o sentimento de que para darmos conta da *questão ambiental*, tomada como um interesse cujas dimensões se agigantam tanto subjetivamente como espacialmente (territorialmente), bem como geracionalmente (envolvem interesses intergeracionais), mister se faz que não fiquemos presos aos esquemas conceituais e institucionais da modernidade tanto quanto aos mecanismos regulatórios utilizados pelo direito moderno, sobretudo aquele de caráter liberal-individualista, cujas potencialidades limitam-se ao tratamento dos tradicionais interesses individuais e, mesmo assim, desde uma ótica privilegiadora do interesse de um indivíduo que exclui o de todos os demais, implicando uma potencial e reconhecida possibilidade de destruição do bem objeto do interesse e de sua "proteção" através de sua identificação patrimonial, ou seja, de sua transformação em um *quantum* financeiro.

A *questão ambiental*, dessa forma, não se submete aos limites territoriais da ordem jurídica moderna e a suas estratégias, provocando a incapacidade de ser tratada adequadamente em um *ambiente* jurídico que não se abra para a ultrapassagem de tais restrições. Ou seja, é preciso um direito – ou melhor: uma forma regulatória – novo(a) para um interesse *novíssimo*.

É de se reconhecer o importante papel a ser desempenhado pela regulação econômico-tributária dos interesses ambientais. Todavia, como

mercado substancial de divisas, por outro, permite a manutenção dos níveis de emissão àqueles que pagarem para poluir, sem assegurar ao bem protegido e aos interessados – todos e ninguém ao mesmo tempo; os de hoje e os de amanhã – um tratamento compatível. Dirão alguns que, com isso, pelo menos não haverá aumento no índices de poluição e seus reflexos. Dirão outros, todavia, não haverá redução. De qualquer sorte, o que fica, de novo, é a demonstração inequívoca de pretender-se tratar o novo com os instrumentos do velho, abrindo-se o mercado para um novo produto – cotas de poluição – já com espaço no (também novo) capitalismo financeiro, como noticiado pelo *O Globo*, em 30.5.2004 (fl. 16), sob o título: "Brasil entra no novo mercado bilionário: venda de cotas de poluição".

32. Para esta discussão remetemos a *Ciência Política e Teoria Geral do Estado*, de nossa autoria em parceria com Lenio Luis Streck, em sua 4ª ed.

demonstrado acima, tal regulação necessariamente deverá ter presente que tais interesses impõem um tratamento que tenha o sentido da *promoção* do meio ambiente como interesses que não se circunscrevem objetiva nem subjetivamente e para os quais não são suficientes sequer adequadas as fórmulas repressivas ou meramente compensatórias, pois a *crise ambiental* provavelmente não se compraz de tais mecanismos e os interessados não se limitam àqueles hoje existentes, cujas pretensões já vêm protegidas, porém cujas percepções/sentimentos são dificilmente reconhecíveis por aqueles que agora têm a compreensão de seu compromisso comum com o bem estar de todos.

Não queremos, por óbvio, dizer com isso que não se deva lançar mão de todas as práticas que visem a dar concretude à premissa constitucional. Apenas refletimos que, como já dito, muitas destas práticas não contribuem para tal fim, uma vez que alicerçadas em pressupostos inconciliáveis (individuais, excludentes, apropriantes, geracionais etc.) com os interesses ambientais (difusos, includentes, inapropriáveis, intra e intergeracionais etc.).

Qual seria, então, um pressuposto necessário para que as políticas tributárias – de uma eco-tributação – venham ao encontro das *expectativas ambientais*. Talvez o primeiro patamar de discussão devesse ser aquele que diz com o espaço e as formas de constituição das decisões ambientais.

Neste âmbito faz sentido a advertência de François Ost:

"E voltamos assim (...) ao essencial: a prática renovada e aprofundada da democracia. O 'meio justo' não derivará nunca da planificação de especialistas, por mais bem intencionados que sejam e qualquer que seja o nível, mesmo mundial, das suas intervenções. É do debate democrático, agora interpelado pela urgência de desafios inéditos, que deverão proceder as decisões susceptíveis de inflectir a nossa forma de habitar a Terra. (...)

"Resta, portanto, inventar práticas concertadas, públicas, privadas ou associativas, para dar corpo a um outro modelo de desenvolvimento. Uma coisa é certa: a responsabilidade em relação às gerações futuras e a elaboração de um patrimônio natural comum começam aqui e agora."[33]

E mais, sendo a *questão ambiental* a repercussão de uma opção moderna de sociedade, de ciência, de economia (capitalista), de desenvolvi-

33. François Ost, ob. cit., p. 395.

mento, é preciso que se opere uma transformação profunda no modo de vida moderno e não apenas um arranjo pontual, limitado e circunstancial para a manutenção do *status quo* ante. Ou seja, uma política ambiental implica a opção, tal qual ocorrido nos esteriores do século XIX, por um novo pacto social que repercuta uma cultura do/para o meio, cuja incidência nas fórmulas tributárias até então conhecidas e praticadas não será menos drástica.

Dito de outra forma, a *questão ambiental* – ainda mais que a *questão social* – implica um novo *arranjo social* que, provavelmente, não dispensará nenhum dos âmbitos possíveis de tratamento (o local, o nacional, o supranacional, o mundial; o espaço público estatal, o espaço público não-estatal e o espaço privado), mas exigirá um conserto social que se constitua como corolário de práticas e vínculos construídos a partir de uma *democracia sustentável*.[34]

Podemos, assim, resumir o que foi até aqui proposto:

1. Os interesses hoje juridicamente relevantes podem ser caracterizados como individuais e transindividuais – coletivos e difusos.

2. Há uma mundialização da crise ambiental e das repercussões dos problemas afetos à mesma.

3. A questão ambiental vem inserida no contexto dos chamados interesses difusos.

4. Estes interesses inauguram um momento novo nas formas, fórmulas e lugares de regulação social.

5. A questão ambiental, como aqui referida, propõe um novo arranjo social à semelhança, porém mais radical, daquele proposto pela questão social ao final do século XIX e ao longo do século XX. De um Estado Social para um (Pós)Estado Ambiental.

6. O desafio ambiental não se resume a um tema de interesse intrageracional (geração presente) mas intergeracional (gerações presentes e futuras).

7. O tratamento da questão ambiental demanda a revalorização e revitalização de práticas democráticas e a construção de uma democracia sustentável desprendida dos vínculos estreitos dos limites territoriais das fórmulas do Estado (Moderno).

34. Utilizamos este termo para conectá-lo à idéia de desenvolvimento sustentável e suas características. De alguma forma, neste sentido, ver, de nossa autoria, *A Subjetividade do Tempo*.

8. Uma eco-tributação somente será eficaz se considerar em sua elaboração os pressupostos antes elencados, não sendo suficientes os instrumentos até então adotados, posto que veiculados a partir dos modelos peculiares de uma sociedade liberal-indivualista, cujo interesse privilegiado é o de indivíduos dispersos em um mercado de produção-consumo, cujo pressuposto é a apropriação excludente de bens e benefícios.

9. Esta eco-tributação precisa reconsiderar a compreensão dos direitos humanos para a regulação tributária desde suas interações conflitantes e não apenas como limites às práticas tributárias de um Estado fiscalista e arrecadador, como presente em muitas análises. Todavia, este é um debate que precisaria de um novo espaço, tão extenso (ou mais) quanto aquele que ora nos foi liberado. Por isso, fica para o futuro, desde que tenhamos tempo para... Mas o futuro está no presente...

Bibliografia

ARAÚJO, Rosalina Correa de. *Direitos da Natureza no Brasil*. Rio de Janeiro, Liber Juris, 1992.

BASTOS, Celso Ribeiro. "A Tutela dos Interesses Difusos no Direito Constitucional Brasileiro", *Revista de Processo* 23.

CAPPELLETTI, Mauro. *Formações Sociais e Interesses Coletivos diante da Justiça Civil*. São Paulo, Atlas, 2000.

CARMONA LARA, Maria del Carmen. "El Derecho Ecológico en México", in José Luis Soberanes Fernández (Comp.), *Tendencias Actuales del Derecho*. 2ª ed., México, FCE, 2001.

DINIZ, Maria Helena. *Curso de Direito Civil Brasileiro*, vol. I. São Paulo, Saraiva.

GUVITCH, Georges. *L'Idée de Droit Social*. Paris, Vrin, 1932.

MANCUSO, Rodolfo de Camargo. *Interesses Difusos*. São Paulo, Ed. RT, 1988.

MORAIS, José Luis Bolzan de. *A Idéia de Direito Social: o pluralismo jurídico de Georges Gurvitch*. Porto Alegre, Livraria do Advogado, 1997.

__________. *A Subjetividade do Tempo*. Porto Alegre, Livraria do Advogado.

__________; STRECK, Lenio Luis. *Ciência Política e Teoria Geral do Estado*. 4ª ed., Porto Alegre, Livraria do Advogado.

MORENO, Jose Luis Serrano. *El Derecho Subjetivo al Ambiente* (mimeo).

__________. *Ecologia y Derecho*. Granada, Comares. 1992.

NABAIS, José Casalta. *O Dever Fundamental de Pagar Impostos*. Coimbra, Almedina, 1998.

OST, François. *A Natureza à margem da lei. Ecologia à prova do Direito*. Lisboa, Instituto Piaget, 1995.

PEREIRA, Mario da Silva. *Instituições de Direito Civil*, vol. I. Rio de Janeiro, Forense.

REMOND-GOUILLOUD, Martine. *Du Droit de Détruire: essai sur le droit de l'environnement*. Paris, PUF, 1989.

SILVA, Ovídio A. B. da. *Curso de Processo Civil*, vol. I. São Paulo, Ed. RT, 1998.

TRIBUTAÇÃO AMBIENTAL: UMA CONTRIBUIÇÃO AO DESENVOLVIMENTO SUSTENTÁVEL

ANDERSON ORESTES CAVALCANTE LOBATO
GILSON CÉSAR BORGES DE ALMEIDA

1. Introdução. 2. Os princípios constitucionais que animam a tributação ambiental: o compromisso com o desenvolvimento sustentável: 2.1 Os princípios da precaução e da prevenção; 2.2 O princípio do poluidor-pagador. 3. Os caminhos de uma política tributária ambiental: 3.1 A tributação ambiental: o reconhecimento de uma política de tributação extrafiscal; 3.2 A política brasileira de tributação extrafiscal ambiental. 4. Conclusão.

1. Introdução

A busca de um meio ambiente ecologicamente equilibrado tem sido uma preocupação da sociedade contemporânea. O homem, durante muitos séculos, estabeleceu uma relação com a natureza caracterizada pela expropriação. O sentimento de que os recursos naturais eram ilimitados fez com que a sua utilização sem critérios adequados trouxesse graves conseqüências para os ecossistemas. Esse comportamento foi acentuado pela idéia do progresso a qualquer custo.

O resultado dessa postura logo começou a ser externado pela natureza. A poluição do ar e das águas, a depleção da camada de ozônio, o crescente aumento de doenças advindas, sobretudo, da falta de saneamento nas vilas e cidades, entre outros, são alguns dos fatores que levaram as sociedades humanas a pensar sobre a necessidade de mudança. Uma mudança de atitude nas relações homem e natureza.

Ocorreria assim uma mudança de prioridades nas relações sociais que, diminuindo o grau de competitividade, deveriam se tornar mais solidárias. Trata-se sim da implementação, pela comunidade internacional dos Direitos humanos, que deveriam fortalecer as relações democráticas de poder, bem como a definição de políticas governamentais mais favoráveis à diminuição das desigualdades e à adoção de um modelo de desenvolvimento sustentável.

O conceito de sustentabilidade assumiria doravante um papel de fundamental importância para a definição de políticas governamentais. Assim sendo, o crescimento econômico deveria estar diretamente condicionado às necessidades socioambientais, rompendo-se com a lógica econômica da privatização dos lucros associada a uma socialização dos prejuízos.

O poder público assumiria uma função primordial de regulação do mercado, tendo como base a estabilidade econômica associada à idéia de sustentabilidade social, nas relações de trabalho, por exemplo, bem como na relação com a natureza, buscando um equilíbrio ecológico capaz de prover as necessidades presentes, sem comprometer as necessidades das futuras gerações. Dentre os instrumentos regulatórios de uma política governamental encontra-se a tributação, notadamente, na sua acepção extrafiscal, consistindo justamente na modificação da finalidade do tributo, que assumiria a função precípua de regulação do mercado e de promoção de comportamentos sociais comprometidos com o equilíbrio socioambiental da sustentabilidade do desenvolvimento.

A Constituição brasileira de 1988 assumiu um compromisso com o desenvolvimento sustentável a partir de seu artigo 225, em que afirma o direito de cidadania ao meio ambiente ecologicamente equilibrado, impondo-se ao poder público o dever de preservá-lo para as presentes e para as futuras gerações. Ora, trata-se de uma mudança significativa do modelo de desenvolvimento econômico e social que espera igualmente uma mudança na política tributária (I). Percebe-se, contudo, que os avanços da legislação tributária estão diretamente vinculados ao grau de compromisso da sociedade com o equilíbrio socioambeintal, de modo que a tributação ambiental representaria um caminho a ser trilhado por todos os países da sociedade global (II).

2. *Os princípios constitucionais que animam a tributação ambiental: o compromisso com o desenvolvimento sustentável*

Seria importante destacar a importância do estudo da ecologia para a compreensão das relações entre o homem e a natureza. De fato, a ecologia nos desperta para o estudo das relações existentes entre grupos de organismos, suas relações entre si, e com o meio em que estão inseridos.

Este estudo nos permitiria explicar o comportamento dos sistemas naturais, partindo da percepção de um equilíbrio dinâmico, em que o meio não apenas condicionaria as formas de vida, mas também sofreria a sua influência. A idéia de ecossistema nos permitiria perceber as relações entre a comunidade biótica e o meio ambiente. Assim sendo, o homem seria apenas um dos componentes desse ecossistema; sua conduta individual ou social pode influenciar, alterar e mesmo comprometer a lógica ecológica natural.[1]

Ora, seria necessário disciplinar a conduta humana no sentido de evitar ou minimizar as perturbações na natureza. O Direito, enquanto uma ciência social aplicada que estuda as regras e princípios que conformam a conduta humana, oferece um conjunto de instrumentos que nos permitiriam limitar a influência negativa do homem sobre o meio ambiente. Contudo, a primeira preocupação de regulação do relacionamento entre homem e natureza estaria fundada no direito de propriedade. Assim sendo, o homem apropria-se da natureza, considerando-a um objeto, cuja regulação jurídica deve reconhecer o seu valor econômico e patrimonial.

O reconhecimento constitucional do direito dos homens a uma relação equilibrada com a natureza impõe um novo tratamento jurídico, doravante fundamentada numa relação de direito público, na medida em que o meio ambiente (natural e artificial) se constituiria em um "bem de uso comum do povo e essencial à sadia qualidade de vida" (art. 225, CF). Nesta perspectiva, deve-se retirar três importantes conseqüências:

(a) a supremacia do interesse público, vale dizer que sempre que a questão ambiental estiver confrontada a interesses particulares, prevalecerá o interesse público expresso no direito da coletividade ao meio ambiente equilibrado;

(b) a indisponibilidade do bem público, não se admitindo transigir em matéria ambiental, posto que se trata de um bem que a todos pertence, indistintamente;

(c) a participação democrática, que assegura a legitimidade da decisão política em matéria de proteção da natureza; procurando estabelecer uma cooperação entre poder público e a iniciativa particular na busca da sustentabilidade do crescimento econômico.[2]

1. Ramón Martín Mateo, *Tratado de Derecho ambiental*, vol. 1, p. 23.

2. Anderson Orestes Cavalcante Lobato, "Uma gestão ambiental participativa: a difícil simbiose entre o público e o privado", in Luiz Henrique Ronchi e Anderson Orestes Cavalcante Lobato (Orgs.), *Minas do Camaquã*, p. 319.

Para o presente estudo, caberia ressaltar dois grandes princípios do Direito ambiental que animam a necessidade de uma tributação preocupada na regulação jurídica do homem e da natureza.

2.1 *Os princípios da precaução e da prevenção*

Os desequilíbrios do planeta, provocados pela destruição da camada de ozônio e pelo aumento do efeito estufa, permitiram a compreensão de que a Terra seria um ser vivo, Gaia, fundamentado em um equilíbrio ecológico. Seria importante, portanto, alterarmos radicalmente a regulação jurídica que admitia uma apropriação sem limites, e muitas irresponsável, da natureza.

Os recursos naturais não são de fato inesgotáveis e a sua disponibilidade para as futuras gerações depende diretamente do uso que fazem no presente. A Conferência de Estocolmo, de 1972, ensejou uma primeira reflexão de âmbito internacional acerca da catastrófica situação para a qual a humanidade se encaminhava. Considerou-se urgente uma mudança na forma da relação homem/natureza. O binômio produção/consumo causava uma pressão sobre os recursos naturais, refletindo na perda da qualidade de vida por condições inadequadas de moradia, poluição em todas as suas expressões, destruição de habitats naturais e intervenções desastrosas nos mecanismos que sustentavam a vida na Terra.

O Relatório do Clube de Roma sobre os limites do crescimento, da deterioração do meio ambiente, da escassez de matéria-prima, do crescimento demográfico, da agricultura, dos resíduos radioativos, da energia e da tecnologia apontou perspectivas sombrias para o futuro da humanidade.[3] Contudo, não seria "propriamente o crescimento que se deve questionar, mas o seu caráter selvagem". Nesse sentido, haveria necessidade de "explicitar os estilos de desenvolvimento ecologicamente prudentes e socialmente justos", nos quais a economia e a política assumiriam uma dupla dimensão ética: as finalidades sociais do desenvolvimento e o cuidado com o futuro, em que se insere a questão ecológica.[4]

De fato, a degradação ao meio ambiente é seguidamente irreversível. Desse modo, o poder público deve agir no sentido de prevenir os impactos negativos, particularmente através de Estudos prévios de im-

3. D. Meadows *et al.*, *Limites do crescimento*.
4. Ignacy Sachs, *Ecodesenvolvimento*, p. 28.

pacto ambiental (art. 225, inciso IV, CF) que posam, sobretudo, identificar medidas mitigadoras, que assegurem a preservação da natureza. No entanto, os progressos científicos e tecnológicos avançam tão rapidamente e de um modo tão complexo que mesmo a ciência não consegue dimensionar os riscos ao meio ambiente. Seria pois a dimensão ética do cuidado com o futuro, em que a incerteza científica estaria recebendo uma regulação jurídica.

Seria justamente através do direito internacional que identificamos os primeiros passos de uma regulação jurídica. Assim sendo, a Conferência das Nações Unidas sobre o Meio Ambiente e o desenvolvimento, realizada no Rio de Janeiro em 1992, pode fixar claramente o seguinte princípio:

Princípio 15. "De modo a proteger o meio ambiente, o princípio da precaução deve ser amplamente observado pelos Estados, de acordo com suas capacidades. Quando houver ameaça de danos sérios ou irreversíveis, a ausência de absoluta certeza científica não deve ser utilizada como razão para postergar medidas eficazes e economicamente viáveis para prevenir a degradação ambiental".

Os princípios da prevenção e da precaução impõem ao poder público a necessidade de intervenção na atividade privada, tendo como objetivo a prevalência do interesse público. Reconhece-se, desse modo, a dimensão pública da proteção ao meio ambiente que se encontra diretamente associada ao controle público da atividade econômica potencialmente poluidora e à capacidade de promoção de políticas públicas capazes de alterar comportamentos e atitudes na relação homem/natureza.

2.2 O princípio do poluidor-pagador

A presença do poder público na regulação da economia e das atividades privadas potencialmente poluidoras tem como objetivo a correção de um desvio ou efeito perverso da relação público/privado que estaria bem representada pela privatização dos benefícios e a socialização dos custos sócio-ambientais. O mercado, tendo como premissa a obtenção do maior lucro com o menor custo, baseada na relação custo/benefício, assume claramente uma tendência para a socialização dos custos, em nome de uma forte e permanente competitividade, cuja sobrevivência econômica do empreendimento estaria centrada na capacidade gerencial de diminuição contínua dos custos. Ora, a preocupação com o desenvolvimento sustável impõe a que o poder público possa controlar a pura e simples transferência dos custos ambientais para a coletividade. Cada empreendimento econômico deve pautar-se pela necessidade de internalização dos custos sociais e ambientais, de modo que a diminuição dos custos represente diretamente uma diminuição da degradação da natureza.

O princípio do poluidor-pagador procura justamente promover a responsabilidade privada pela degradação inevitável ao meio ambiente. Seria esse o sentido do princípio 16 da Declaração do Rio/92 para o meio ambiente e o desenvolvimento:

Princípio 16. "Tendo em vista que o poluidor deve, em princípio, arcar com o custo decorrente da poluição, as autoridades nacionais devem procurar promover a internalização dos custos ambientais e o uso de instrumentos econômicos, levando na devida conta o interesse público, sem distorcer o comércio e os investimentos internacionais".

O reconhecimento constitucional da necessidade de internalização dos custos sócio-ambientais vincula-se mais precisamente ao instituto jurídico da responsabilidade de modo que "as condutas e atividades consideradas lesivas ao meio ambiente sujeitarão os infratores, pessoais físicas e jurídicas, a sanções penais e administrativas, independentemente da obrigação de reparar os danos causados" (art. 225, § 3º, CF). A responsabilidade pelo dano ao meio ambiente adquire igualmente uma dimensão publicista na medida em que as infrações seriam diretamente sancionadas pelo poder público, penal e administrativamente, sem prejuízo da responsabilidade civil que, de forma objetiva, obriga o poluidor a assumir o risco do seu empreendimento, adotando medidas preventivas ou mitigados dos impactos negativos.

Desse modo, admite-se a possibilidade de criação por parte do poder público de um conjunto de medidas econômicas e administrativas que possam impor aos empreendedores potencialmente poluidores ou que ainda estejam obtendo da natureza os recursos necessários à sua atividade lucrativa, de modo a promover a responsabilização pelos custos ambientais.[5]

3. *Os caminhos de uma política tributária ambiental*

A presença do poder público na regulação das atividades econômicas está diretamente vinculada às transformações do Direito desde o iní-

5. François Ost, *La nature hors la loi: l'écologie à l'épreuve du droit*, p. 321.

cio do século XX.[6] Os horrores da Segunda Grande Guerra deixaram claro a importância da promoção de valores éticos e humanitários para a conservação da espécie humana. Do mesmo modo, as catástrofes ecológicas despertaram para a preocupação com o meio ambiente. O início do século XXI aponta para a importância da associação entre questões sociais, particularmente no mundo do trabalho, e as questões ambientais, voltadas para a conservação da natureza. Impõem-se uma mudança das políticas governamentais que doravante devem assumir o compromisso com a sustentabilidade do desenvolvimento a partir de critérios outros que o exclusivamente econômico-financeiro.

Ora, o investimento social e ambiental não pode ser considerado tão simplesmente uma despesa a ser transferida na relação custo-benefício em vista da viabilidade de empreendimentos econômicos. O poder público deve reconhecer a importância desse investimento inclusive quando da gestão de sua atividade financeira, tendo como finalidade a obtenção de recursos, sua administração e implementação, com vista à realização das tarefas que lhe são impostas pela Constituição.

Pode-se classificar a receita pública em dois grupos: receita originária e receita derivada. Diz-se que a receita originária, conhecida como receita de economia privada ou de direito privado, é aquela oriunda da exploração direta pelo Estado do seu próprio patrimônio. Nesse grupo estão inseridas "as rendas provenientes dos bens e empresas comerciais ou industriais do Estado, que os explora à semelhança de particulares, sem exercer os seus poderes de autoridade, nem imprimir coercitividade à exigência de pagamentos ou à utilização dos serviços que os justificam, embora, não raro, os institua em monopólios". A receita derivada, por seu turno, conhecida também como receita de economia pública ou de direito público, seria aquela que o Estado aufere a partir do patrimônio dos particulares. São as receitas "caracterizadas pelo constrangimento legal para sua arrecadação; contam-se os tributos e as penas pecuniárias, em resumo, rendas que o poder público colhe no setor privado, por ato de autoridade".[7]

Nesse grupo da receita derivada, ao lado das penalidades pecuniárias, compostas, notadamente, pelas multas decorrentes dos ilícitos, a receita mais expressiva é representada pelo tributo. Pode-se dizer que, do montante da receita pública auferida pelo Estado, a parcela mais signifi-

6. Leon Duguit. *Les transformations du Droit Public*.

7. Aliomar Baleeiro. *Uma introdução à ciência das finanças*, p. 117.

cativa decorre da receita derivada e, nesta, o tributo é responsável por mais de 90% da sua arrecadação.

A cobrança do tributo por parte do Estado, enquanto elemento exclusivo de receita pública, caracteriza sua função fiscal, assim entendida aquela voltada apenas para a arrecadação dos recursos necessários ao desenvolvimento das atribuições legais. De outro lado, todavia, o exercício do poder de tributar, de cunho eminentemente político, pode ensejar a realização de um fim extrafiscal do tributo, assim entendido, como um indutor de comportamentos do sujeito passivo da obrigação tributária. A extrafiscalidade consistiria "no emprego de fórmulas jurídico-constitucionais para a obtenção de metas que prevalecem sobre os fins simplesmente arrecadatórios de recursos monetários, o regime que há de dirigir tal atividade não poderia deixar de ser aquele próprio das exações tributárias".[8]

3.1 A tributação ambiental: o reconhecimento de uma política de tributação extrafiscal

No que respeita ao meio ambiente, a possibilidade de se utilizar o tributo como instrumento da sua proteção está diretamente relacionada à aplicação da técnica da extrafiscalidade tributária, posto que "o sistema tributário contemporâneo tem funções próprias, fundamentadas na concepção do Estado dentro de uma sociedade capitalista e de mercado. Geralmente fala-se nas funções fiscais, que significam a arrecadação para a manutenção de serviços públicos universais e gerais. Fala-se também nas funções extrafiscais, de orientação econômica geral (função promocional): de estímulo e desestímulo ao mercado".[9]

Observa-se a importância do caráter extrafiscal do tributo em que o intervencionismo fiscal serve de instrumento eficaz para a reforma ou a educação socioambiental.[10] A Constituição brasileira por sua vez, atuando de forma a regular o exercício da atividade econômica, conforme previsto no seu artigo 170, assegura que ao lado da livre-iniciativa e da valorização do trabalho humano, a defesa do meio ambiente seja um dos pressupostos a serem perseguidos no desenvolvimento das atividades produtivas.

8. Paulo de Barros Carvalho, *Curso de direito tributário*, p. 149.
9. José Reinaldo de Lima Lopes, *O direito na história: lições introdutórias*, p. 245.
10. Alfredo Augusto Becker, *Teoria geral do direito tributário*, pp. 529-534.

Dessa forma, o emprego dos tributos com fins extrafiscais ou regulatórios constitui um importante instrumento para a proteção e preservação do meio ambiente. Pode-se dizer que a presença de normas viabilizadoras de um equilíbrio ecológico encontra nas normas constitucionais de natureza extrafiscal a possibilidade de consolidarem o desenvolvimento sustentável.

Importante ressaltar que a tributação ambiental não visa a criar um adicional à carga tributária já existente. Ela deve orientar-se pela diminuição e/ou substituição dos impostos vigentes. A internalização do custo social, seja para o produtor, para o comerciante ou para o consumidor, deve significar a diminuição ou supressão de outros impostos, procurando uma aplicação cada vez mais finalística da tributação.[11]

Na União Européia e nos Estados Unidos, estudos apontam que o Produto Interno Bruto (PIB) pode ser aumentado pela aplicação das receitas oriundas da tributação ambiental, na diminuição da tributação sobre os ganhos de capital ou na redução das contribuições do seguro social pago pelos empregados. Trata-se do chamado mecanismo do duplo dividendo (*double dividend*), que busca, através da tributação ambiental, a produção de outros comportamentos desejáveis. Em última análise, trata-se da aplicação da extrafiscalidade. Exemplo nesse sentido pode ser visto pela criação de um tributo ambiental incidente sobre a emissão de gás carbônico, que deve ser pago pelos proprietários de veículos automotores, sendo que a receita auferida, com a incidência da espécie tributária, é usada para custear a seguridade social; logo, os trabalhadores têm reduzido os percentuais de contribuição. Dessa forma, os agentes econômicos são induzidos, dado o aumento aplicado sobre as emissões, a adotarem comportamentos menos danosos ao meio ambiente. Em contrapartida, os recursos recebidos pelo Estado são direcionados à seguridade social, ensejando a redução das contribuições.[12]

Dessa forma, a aplicação do mecanismo da extrafiscalidade enseja a criação de uma norma de incidência finalística que pode ser chamada de hipótese de incidência ambiental, caracterizada pela indução de comportamentos dos sujeitos passivos que visem à proteção do meio ambiente. O tributo ambiental adotado em diversos países, sobretudo na Europa, constitui-se num instrumento eficaz para a proteção ambiental, principal-

11. Túlio Rosembuj, *Los tributos y la protección del medio ambiente*, p. 265.
12. OCDE, *Environmental taxes and green tax reform*, p. 46.

mente como mecanismo de indução de comportamentos sociais ecologicamente sustentáveis.

O estudo das principais modalidades de tributos ambientais, que são aplicados nos países que integram a Organização para a Cooperação e Desenvolvimento Econômico (OCDE), revela que a utilização da tributação ambiental assenta-se em dois fundamentos. Primeiramente, os tributos, sobretudo os impostos e as contribuições especiais negativas, são empregados como instrumentos na correção das externalidades negativas. Dessa forma busca-se, por meio do tributo ambiental, agregar ao custo da atividade econômica os danos gerados no processo da atividade produtiva, bem como induzir comportamentos no sujeito passivo que sejam menos prejudiciais ao meio ambiente. Através da prática fiscal de aplicação das isenções, dos incentivos fiscais e da própria incidência do tributo, o sujeito passivo busca formas ecologicamente mais adequadas para o desenvolvimento das suas atividades.

Estatísticas da OCDE apontam que em 1989 existiam cerca de 81 imposições tributárias incidindo direta ou indiretamente na proteção do meio ambiente. Esse número, em meados dos anos 90, no Canadá, na Dinamarca, Finlândia e Noruega, países que decididamente investiram no emprego de tais instrumentos, representava 95 tributos ambientais. Nesse período, agregando-se as exações já existentes na Áustria, Holanda, no Reino Unido, na Suécia, Suíça e no Japão, chega-se a 176 espécies tributárias ambientais. Constata-se assim uma elevação quantitativa no número de tributos ambientais existentes, como também a presença de um considerável ingresso de receita tributária que passa a integrar o orçamento dos países desenvolvidos Como decorrência da utilização do tributo ambiental, diversos países implantaram reformas nos seus sistemas tributários com características nitidamente ambientais. O primeiro país a realizar a chamada reforma fiscal verde foi a Suécia no ano de 1990. Ela se caracterizou pela integração da função fiscal e extrafiscal do tributo ambiental. Assim, incentivando a proteção do meio ambiente e aumentando a receita tributária, decorrente da incidência sobre produtos nocivos e contaminantes, o legislador sueco incorporou a fiscalidade ambiental no sistema tributário ordinário, de modo a corrigir as condutas prejudiciais à natureza. Em decorrência da aplicação da teoria do duplo dividendo, os tributos ambientais suecos, ao mesmo tempo que induziram comportamentos tendentes à proteção ambiental, permitiram substituir as fontes de ingresso de receita pública através da eliminação ou redução dos tributos sobre a renda.

De fato, a estrutura da reforma fiscal ambiental feita na Suécia concentrou-se no domínio energético. Para tanto, houve uma diminuição na incidência dos impostos diretos. O imposto sobre a renda foi alterado de 22,5% para 19,5% do PIB. O imposto de sociedade baixou de 2,8% para 1,9% do PIB. Tal queda foi compensada pelo aumento das imposições indiretas. O IVA (Imposto sobre o Valor Agregado) passou de 7,6% para 9,8% do PIB. De modo a viabilizar o duplo dividendo, a redução da receita tributária do Imposto de Renda das Pessoas Físicas foi coberta pela ampliação da base de cálculo dos rendimentos de capital, do patrimônio e do IVA. Além dessas providências, foram criados três novos impostos. O imposto sobre emissões de CO_2, incidindo sobre o petróleo, carbono, gás natural, gás líquido e a gasolina, no valor de 0,25 coronas suecas por quilo. O imposto sobre emissões de SO_2, o qual possibilita aos sujeitos passivos o reembolso parcial ou total dos valores pagos desde que instalem dispositivos anticontaminantes. O imposto sobre emissões de Nox, incidente sobre as 250 maiores instalações responsáveis pela emissão de nitrogênio procedente dos altos fornos.

Uma outra particularidade da reforma fiscal sueca foi representada pela maior incidência tributária sobre os automóveis, decorrentes das suas características energéticas e ambientais. Da mesma forma, determinados produtos específicos passaram a ser tributados, entre eles estão as embalagens e os recipientes de bebidas, pesticidas, baterias de níquel-mercúrio-cromo e pilhas. Como conseqüência, os novos impostos incidentes sobre a energia propiciaram uma redução de 50% do imposto geral sobre a energia. A arrecadação do Estado em relação aos impostos relacionados com a política ambiental aumentou em 3% do PIB.

O exemplo de reforma fiscal ambiental da Suécia foi seguido pela Noruega, em 1992, pela Dinamarca e Finlândia em 1993, pela Holanda em 1994, pelo Reino Unido em 1996 e pela Alemanha em 1999. A tributação ambiental nos países que integram a OCDE tem abrangido as hipóteses que dizem respeito à proteção das águas, do ar, o tratamento e controle dos resíduos sólidos, dos ruídos, do uso dos combustíveis e dos espaços naturais e das paisagens.

3.2 A política brasileira de tributação extrafiscal ambiental

A utilização de tributos para a preservação e proteção ambiental no Brasil ainda é incipiente. Dentre as espécies tributárias existentes no Sistema Tributário Nacional, o imposto se tem revelado como a modalidade mais empregada com vista à proteção ambiental. As experiências existentes nesse sentido apontam para o uso do imposto no seu aspecto extrafiscal. O Imposto de Renda e Proventos de Qualquer Natureza, o Imposto sobre Produtos Industrializados, o Imposto sobre a Propriedade Territorial Rural, o Imposto sobre a Circulação de Mercadorias e Serviços e o Imposto sobre a Propriedade Territorial Urbana oferecem maior possibilidade de emprego da tributação extrafiscal, com características que muito as aproxima dos tributos de natureza ambiental.

O Imposto de Renda foi o primeiro tributo no Estado brasileiro a ser empregado com uma função ambiental. Tal fato decorreu por previsão inserida na Lei n. 5.106, de 2.9.1966, que estabeleceu a possibilidade de abatimento ou desconto nas declarações de rendimento de pessoas físicas ou jurídicas, dos recursos empregados em florestamento e reflorestamento. Constata-se dessa maneira a vocação extrafiscal do Imposto de Renda, como instrumento indutor de comportamentos, podendo ser empregado de forma eficaz na intervenção do Estado sobre o domínio econômico.

Ademais, de acordo com o disposto no parágrafo segundo, inciso I, artigo 153, da Constituição Federal de 1988, o Imposto de Renda deve ser informado pelos critérios da generalidade, da universalidade e da progressividade. Esses critérios possibilitam a utilização extrafiscal do imposto, o que recomendaria seu emprego na tributação ambiental.

Do mesmo modo, através dos princípios constitucionais (art. 153, § 3º, CF) da seletividade, o Imposto sobre Produtos Industrializados (IPI), previsto no artigo 46 do Código Tributário Nacional, pode igualmente obter uma função extrafiscal ambiental. Assim, a seletividade implicaria a busca da essencialidade de um produto. Dessa maneira, o caráter essencial do produto, implica uma menor incidência tributária, sendo que o seu caráter não essencial ou supérfluo impõe uma maior tributação. A essencialidade, portanto, "refere-se à adequação do produto à vida do maior número dos habitantes do país. As mercadorias essenciais à existência civilizada deles devem ser tratadas mais suavemente ao passo que as maiores alíquotas devem ser reservadas aos produtos de consumo restrito, isto é, o supérfluo das classes de maior poder aquisitivo. Geralmente são os artigos mais raros e, por isso, mais caros. Do ponto de vista econômico, a norma inspira-se na utilidade marginal. Do ponto de vista político, reflete as tendências democráticas e até mesmo socialistas do mundo contemporâneo no qual os países civilizados seguem orientação idêntica".[13]

13. Aliomar Baleeiro, *Direito tributário brasileiro*, pp. 347-348.

Desse modo, o IPI pode assumir um caráter eminentemente extrafiscal quando visa à proteção do meio ambiente. De fato, o Decreto n. 4.544, de 27.12.2002, regulamentador se caracteriza, justamente, por uma preocupação com a preservação ambiental. Nesse sentido, os produtos industriais, as máquinas, os equipamentos e os bens de consumo, empregados no processo de produção, podem ter uma tributação reduzida ou mesmo não serem objeto da incidência do IPI, desde que guardem uma vinculação com a proteção ambiental. Da mesma forma os produtos industrializados, que não tragam danos à natureza em função da sua utilização, por terem sido construídos com componentes biodegradáveis ou que ensejem a reciclagem, poderão ser seletivamente tributados.

Um exemplo claro de extrafiscalidade estaria na admissão recente da progressividade do Imposto Territorial Rural (ITR) com vista a atender à função social da propriedade (art. 153, § 4º, CF). De fato, além de constituir uma fonte de receita pública derivada, o ITR é empregado com o intuito de fomentar uma melhor utilização dos imóveis rurais, desestimulando, através da progressividade das alíquotas, a manutenção de propriedades improdutivas. Fortalece, desse modo, o desenvolvimento da agricultura e da pecuária tão importantes para a economia nacional.

Além da disposição acerca da progressividade, calculada em função do grau de utilização do imóvel, de maneira a tornar mais onerosa a tributação do imóvel improdutivo e beneficiar o imóvel produtivo, a Lei n. 9.393, de 19.12.1996, traz ínsito o compromisso com o meio ambiente ecologicamente equilibrado, na medida em que prevê a proteção de espaços territoriais especialmente protegidos, tais como a Área de Preservação Permanente e as Reservas Particulares do Patrimônio Natural (RPPN) que poderão usufruir de benefícios fiscais.

No mesmo sentido identificamos o Imposto sobre a Propriedade Territorial Urbana (IPTU), de competência municipal, o qual admite igualmente a sua progressividade em razão do valor do imóvel, com alíquotas diferentes de acordo com a sua localização e uso. Sem deixar de representar uma importante fonte de receita pública para os Municípios, é empregado com o intuito de promover a função social da propriedade urbana, realizando assim sua missão extrafiscal. De fato, é no Município que encontramos as mais candentes questões ambientais como o saneamento básico, o fornecimento de água, a edificação de moradias que em todo momento despertam para a necessidade de se repensar a relação homem/natureza.

O Estatuto da Cidade (Lei n. 10.257, de 10.7.2001), ao definir a política urbana, estabeleceu que a propriedade deve assumir sua função social, de segurança e de bem-estar dos cidadãos, bem como o equilíbrio ecológico através de instrumentos de política econômica, tributária e financeira, representados pelo imposto territorial, pela contribuição de melhoria e por incentivos fiscais. Verifica-se que "a progressividade extrafiscal é, como se pode perceber, um dos instrumentos criados pela Constituição para fazer atuar o princípio da função social da propriedade".[14]

No âmbito da competência tributária dos Estados-membros da federação brasileira, devemos destacar o Imposto sobre a Circulação de Mercadorias e Serviços (ICMS), cujo produto de sua arrecadação é destinado diretamente aos cofres do Tesouro do Estado federado, não ensejando assim uma contraprestação específica decorrente do seu pagamento, situação típica dos tributos vinculados. Os recursos decorrentes do ICMS e dos demais impostos estaduais são empregados de acordo com a política fiscal de cada Estado no cumprimento da sua missão constitucional.

Como decorrência da forma da repartição tributária, à qual está sujeito o ICMS, especificamente no que se refere ao parágrafo único, inciso II, artigo 158, da Constituição Federal, que faculta aos Estados a possibilidade de dispor de um determinado valor do ICMS conforme livre-disposição de lei estadual ou federal no caso de Territórios, surgiu a figura do ICMS Ecológico. Tendo como berço o Estado do Paraná e criado em 1991, não representaria uma nova modalidade de tributo, posto que não houve modificação do seu fato gerador. A sua caracterização enquanto imposto ambiental está localizada na forma de sua destinação, notadamente, quanto à repartição tributária entre os Municípios.

Sendo assim, o ICMS Ecológico introduz um novo critério na redistribuição da receita tributária, trata-se do critério ambiental. Dessa forma, a Constituição Federal de 1988 estabelece, no seu artigo 158, IV, que 25% do ICMS devem ser repassados aos municípios; 75% dos 25% constituem a parcela determinada através de rígida aferição decorrente da participação dos próprios municípios na arrecadação do ICMS. O percentual restante e correspondente a 25% poderá ser distribuído de acordo com o que dispuser a lei estadual. Nesse percentual, situa-se a possibilidade do emprego do critério ambiental desde que devidamente estabelecido na lei.

14. Elizabeth Nazar Carrazza, *IPTU e Progressividade: Igualdade e Capacidade Contributiva*, p. 97.

O ICMS Ecológico surgiu primeiramente com o objetivo de compensação, vale dizer: pretendia ser um instrumento de recompensa para os municípios que possuíam no seu território áreas protegidas constituídas através de Unidades de Conservação ou mananciais de abastecimento de água, as quais não podiam ser utilizadas e, assim sendo, eram vistas como um empecilho ao desenvolvimento.

Num segundo momento, o ICMS Ecológico transformou-se num instrumento de incentivo, de maneira que os municípios viram-se estimulados a adotar medidas tendentes à conservação ambiental e ao desenvolvimento sustentável. Ocorreu na realidade uma indução para a criação de Unidades de Conservação ou para a manutenção das já existentes, incorporando novas tecnologias na promoção do equilíbrio ecológico, o que trouxe como conseqüência um maior desenvolvimento econômico. Esse desenvolvimento pautou-se pela sustentabilidade, uma vez que considerava fatores de proteção ao meio ambiente, doravante entendidos como indispensáveis na sua consolidação.

Nas diversas legislações hoje existentes, em muitos Estados brasileiros, verifica-se que, além da presença dos motivos que inicialmente constituíram o ICMS Ecológico, outros elementos têm sido contemplados nos critérios ambientais, como a criação de sistemas de tratamento do lixo, esgotamento sanitário e seu tratamento, o controle das queimadas, a conservação do uso e manejo do solo, a educação ambiental, o implemento de políticas municipais de meio ambiente que viabilizem a elaboração da Agenda 21 nas municipalidades.

Constata-se dessa maneira que o ICMS Ecológico caracteriza uma função extrafiscal do tributo, uma vez que pela sua forma de ação induz as municipalidades na adoção de medidas que visam à sustentabilidade ambiental. Cada município, buscando ser beneficiado por uma parcela maior do ICMS Ecológico, empenha-se no atendimento dos critérios previstos na lei.

4. Conclusão

A atuação do homem sobre o meio ambiente nem sempre foi caracterizada pelos necessários cuidados com a sua proteção e preservação. Esse comportamento descuidado, aliado à busca do progresso a qualquer custo, ensejou uma contínua degradação da natureza. Dessa forma, logo surgiram as conseqüências advindas de tal conduta. Fatos como poluição do ar e da água, comprometimento dos solos, depleção da camada de ozônio, formação de desertos, aumento das doenças provocadas pela falta de saneamento adequado, entre outros, são alguns dos principais exemplos emergentes da falta de cuidado com a natureza.

Na sua relação com a natureza, o homem procura apropriar-se dos recursos naturais considerando-os ilimitados e inteiramente colocados à sua disposição. O uso indiscriminado dos recursos naturais ensejou as externalidades negativas que passaram a afetar sua sobrevivência. Decorrente do Relatório Brundtland, de 1987, o desenvolvimento sustentável, cujo fundamento já vinha esboçado desde Estocolmo (1972), apresenta-se como uma das ferramentas indispensáveis para o implemento de uma política ambiental ecologicamente equilibrada.

Assentado na idéia de que o processo do desenvolvimento deve atender às necessidades do presente sem comprometer a possibilidade de as gerações futuras atenderem às suas próprias necessidades, funda-se o desenvolvimento sustentável como uma forma adotada pelos diversos países do mundo na busca da proteção e preservação ambiental.

O poder público deve atuar para a proteção do meio ambiente através de instrumentos normativos e de regulação das atividades econômicas. Assim sendo, o tributo que constitui a principal fonte de receita pública derivada utilizada pelo Estado na realização das suas missões constitucionais se constitui em um excelente instrumento de indução de comportamentos dos sujeitos passivos, cumprindo desse modo uma função extrafiscal.

A interação havida entre o Direito Ambiental e o Direito Tributário encontra na tributação ambiental uma possibilidade de se concretizar um desenvolvimento econômico sustentável, fruto da conscientização da sociedade de que é necessária a participação de todos nesse processo capaz de assegurar a qualidade de vida no presente e no futuro.

As experiências acerca da tributação ambiental existentes em diversos países do mundo, principalmente no continente europeu, revelaram-se efetivamente viáveis para a preservação e proteção do meio ambiente.

No Brasil constata-se que a tributação ambiental está em fase de implantação. Importante salientar que, pela análise do Sistema Tributário Nacional vigente, a aplicação do tributo ambiental é perfeitamente viável, sobretudo através das espécies tributárias que guardam uma maior relação com a extrafiscalidade, como é o caso dos impostos sobre a propriedade Urbana e Rural, sobre a Renda, a propridade industrial e sobre a circulação de mercadorias.

O sucesso do ICMS Ecológico no Estado do Paraná se estende, até o presente momento, a outras dezesseis unidades da federação brasileira, nas quais a legislação já existente ou em fase de discussão revela novos matizes para sua aplicação.

Estado e sociedade, irmanados por laços de solidariedade em busca do desenvolvimento sustentável, têm todas as condições para, em sendo protagonistas da sua história, escreverem uma nova página onde sejam traçadas, como fundamentos da existência, os fundamentos de uma vida digna e com qualidade aos que hoje vivem e àqueles que amanhã virão.

Bibliografia

BALEEIRO, Aliomar. *Uma introdução à ciência das finanças*. Rio de Janeiro, Forense, 1984.

__________. *Direito tributário brasileiro*. Rio de Janeiro, Forense.

BECKER, Alfredo Augusto. *Teoria geral do direito tributário*. São Paulo, Saraiva, 1963.

CARRAZZA, Elizabeth Nazar. *IPTU e Progressividade*: *Igualdade e Capacidade Contributiva*. Curitiba, Juruá, 2002.

CARVALHO, Paulo de Barros. *Curso de direito tributário*. São Paulo, Saraiva, 1999.

DUGUIT, Leon. *Les transformations du Droit Public*. Paris, Le mémoire du Droit, 1999.

LOBATO, Anderson Orestes Cavalcante. "Uma gestão ambiental participativa: a difícil simbiose entre o público e o privado", in Luiz Henrique Ronchi e Anderson Orestes Cavalcante Lobato (Orgs.), *Minas do Camaquã*. São Leopoldo, Ed. Unisinos, 1999.

LOPES, José Reinaldo de Lima. *O direito na história: lições introdutórias*. São Paulo, Max Limonad, 2000.

MATEO, Ramón Martín. *Tratado de Derecho ambiental*, vol. 1. Madrid, Trivium, 1991.

MEADOWS, D. *et al*. *Limites do crescimento*. São Paulo, Perspectiva, 1978.

OCDE. *Environmental taxes and green tax reform*. Paris, 1998.

OST, François. *La nature hors la loi: l'écologie à l'épreuve du droit*. Paris, La Découverte, 2003.

ROSEMBUJ, Túlio. *Los tributos y la protección del medio ambiente*. Madrid, Marcial Pons, 1995.

SACHS, Ignacy. *Ecodesenvolvimento*. São Paulo, Perspectiva, 1978.

APLICAÇÃO DOS PRINCÍPIOS DO DIREITO AMBIENTAL PARA O DESENVOLVIMENTO SUSTENTÁVEL

CRISTIANE DERANI

O ser humano é parte da natureza, ele não se destaca dela, posto que sua existência depende do ambiente e daquilo que ela lhe oferece. Daí a expressão de Merleau-Ponty: "A natureza não é aquilo que está diante de nós, mas é o nosso solo, o que nos sustenta".

A natureza oferece ao ser humano suas condições físicas de vida, assim como seu espaço psíquico e de apoio, local onde ele se experimenta e se desenvolve como ser humano. Há uma ambigüidade imanente na relação do ser humano com a natureza. A natureza é vivida sempre de duas maneiras: como opressão e como segurança; como anulação e como abertura para possibilidades; como desumana e como humana, como caos e como lar. Quer dizer, não há o romantismo idílico da vida do homem em harmonia com a natureza, pois, em realidade, ao mesmo tempo em que a natureza se apresenta como fonte de vida, se mostra também como ameaça. Os distintos comportamentos humanos revelam esta ambivalência, pois como preservar a natureza se é de seu consumo que o ser humano retira sua fonte de existência. Do mesmo modo, quais seriam as medidas necessárias para que a apropriação crescente da natureza para a produção de riqueza humana não resulte de uma destruição dos recursos preciosos para o bem-estar.

Sendo o ser humano, ele mesmo, parte da natureza, não lhe é possível ultrapassar seu contexto natural. Sua dependência da natureza é imanente e contra isto não pode lutar. Resta-lhe resolver os princípios de sua dependência com a natureza, esclarecendo o modo como apropriá-la da forma mais satisfatória. Não há transcendência, quer dizer, superação das relações de dependência. Há, sim, uma necessidade de constante ajuste de um relacionamento insuperável do ser humano com suas bases naturais de reprodução da existência.

Num dado momento das relações humanas, a relação homem e natureza se desenrola como conflito, necessitando de um ajuste interno, a fim de não se tornar destrutiva, pois, considerando que a relação homem-natureza é uma relação existencial necessária, o esgotamento da natureza traz como conseqüência imediata a própria destruição da existência. A consciência deste estado de coisas traz a regulamentação da relação do ser humano com a natureza, forçando-o rever sua organização social.

Pelo fato de que o ser humano é parte da natureza, a imagem que ele desenvolve da natureza corresponde ao modo como ele se auto-interpreta.

Uma compreensão da natureza que a tome apenas como um recurso, reduz, necessariamente, os seres humanos a recursos no processo produtivo. A exaustão da natureza no processo produtivo reflete na exaustão do ser humano na produção econômica. A busca de uma sociedade que considere a natureza na sua totalidade e complexidade é, ao mesmo tempo, a ambição por uma sociedade que integre o ser humano com todas as suas potencialidades, não a reduzindo a simples função produtiva.

A natureza apresenta duplo sentido na percepção humana: fonte de produção e reprodução econômica; fator de bem-estar para o ser humano, que encontra sua expansão física e psíquica no todo a que se chama natureza.

Hoje, a tomada da natureza como fonte de produção econômica – recurso natural da produção – foi colocada em atrito com a apreensão da natureza para o lazer e o bem-estar. De fato, estas duas relações não são, em origem, conflitantes. O fato é que a apropriação para produção econômica exclui um recurso de sua fruição não econômica. Ao tornarem-se espacial e temporalmente excludentes, forma-se uma necessidade de escolha e disposição temporal das atividades designadas como de trabalho e de lazer, assim como uma partição espacial do meio apropriado para a produção econômica e daquele que deve ser deixado protegido desta transformação destruidora.

Natureza é a primeira mediação humana para a produção. A produção social é uma produção natural, posto que o homem tem suas relações de produção mediadas pela natureza.

Ao se tomar a natureza como fonte de produção econômica isoladamente, ela torna-se mero recurso produtivo e passa a "recurso natural". Este posicionamento unidimensional deixa de considerar todas as outras formas de relação humana com a natureza, concentrando-se sobre aquela relação que diretamente é capaz de gerar riquezas, sem considerar que esta visão reduzida traz como conseqüência a perda das possibilidades de riquezas que se podem extrair do meio. De fato, sobre a natureza como fonte de reprodução econômica concentra-se a grande maioria das preocupações, demonstradas nas normas relacionadas com a economia dos recursos naturais.

Embora a mais evidente razão da normatização da apropriação dos recursos naturais esteja na busca de manutenção de recursos para a produção econômica, a evolução do Direito Ambiental tem trazido como conseqüência uma visão mais rica da natureza que encontra, paulatinamente, seu tratamento no direito como um complexo integrado que deve ser conservado pelo seu valor para a construção da vida humana nos seus mais amplos desdobramentos e não exclusivamente tomada como um recurso natural, capital produtivo, a ser poupado. Trabalho, produção, consumo, lazer são atividades em sociedade e com a natureza, e é nesta relação que se localiza o campo de ação do direito ambiental.

A questão ambiental é, em essência, subversiva, posto que é obrigada a permear e a questionar todo o procedimento moderno de produção e de relação homem-natureza, estando envolvida com o cerne da conflituosidade da sociedade moderna.

O Direito Ambiental reflete a tensão humana construída pela transformação da natureza e dos seres humanos em recursos produtivos. O Direito Ambiental abriga proposições de um caráter finalista de estímulo a ações e comportamentos, até o momento de sua edição, inéditos, alimentando uma dinâmica preventiva envolvida com prognósticos e incentivos, recriando as teias de comportamentos arraigados na sociedade.

São normas que trazem finalidades, meios e valores para instrumentar a construção de políticas e condutas sociais transformadoras. Como um exemplo significativo, cito a Lei de Política Nacional de Meio Ambiente (Lei n. 6.938/1981) que, pela prescrição de objetivos e finalidade, definição de instrumentos e meios, impõe condutas transformadoras da prática econômica e vincula as decisões de apropriação da natureza para a produção econômica à construção do desenvolvimento social e à conservação do meio ambiente.

Em síntese, para a efetivação da proteção ambiental, é necessário reconstruir a compreensão da economia a partir da natureza. Isto implica um recondicionamento da política econômica que necessita reconhecer as condições naturais para se impor.

A natureza é o primeiro valor da economia, é a primeira apropriação, base de qualquer transformação. A política ambiental e a política econômica fazem parte de uma única política social, em que o ser humano e as suas condições objetivas de existência são considerados a fim de que seus relacionamentos se desenvolvam de maneira satisfatória e não de jugo e exploração.

Os arts. 170 e 225 da Constituição Federal indicam a construção de um projeto social de integração entre os seres humanos e de reconhecimento da natureza como fonte de vida, a qual o processo econômico necessita respeitar, compreender e se adaptar.

O direito ambiental, que busca a finalidade de reconstruir os relacionamentos humanos de apropriação da natureza, retirando-lhes seu caráter de pilhagem, necessita ir para além de normas que dispõem sobre a medida da apropriação e destruição.

É um direito que delineia *estratégias do agir social de sustentabilidade* ancoradas nos princípios e determinações juridicamente dispostos, no sentido de reorientar atividades potencialmente destruidoras das bases de reprodução da vida humana.

Neste mister, surgem instrumentos que introduzem a participação da sociedade nos programas decisórios de planejamento e licenciamento de atividades geradoras de impacto no ambiente. Fundado no princípio da cooperação, estes caminhos representam um avanço no sentido da democratização da busca de estratégias de sustentabilidade.

Quando se fala de desenvolvimento econômico, segundo os dispositivos constitucionais, não se pode ter como parâmetro um cálculo quantitativo fundado no PIB. A Ordem Econômica constitucional determina, na verdade, uma construção de bem-estar, fundada no modo como o ser humano se apropria do meio e desenvolve suas relações sociais produtivas, onde o respeito aos limites ecológicos deve estar presente. O desenvolvimento de uma sociedade não é medido pela renda *per capta.* O grau de desenvolvimento é aferido pelas condições materiais de que dispõe uma população para o seu bem-estar.

Assim, acesso à alimentação sadia, oferecida no mercado ou garantida numa política de crédito agrícola compatível a quem vive da produção da terra; a qualidade da água consumida e sua disponibilidade para o lazer; condições dignas de trabalho; uso sustentável de recursos naturais renováveis e tratamento adequado aos recursos naturais não renováveis voltado à efetiva melhoria de vida das pessoas são exemplos de indicadores que contribuem com a aferição do desenvolvimento propugnado pela ordem econômica constitucionalmente assegurada.

Valorizar o trabalho humano, estimular a autonomia do agir em sociedade, definir formas de desenvolvimento da atividade econômica equilibradas com o meio são objetivos da ordem econômica e do capítulo do meio ambiente.

São indissociáveis os fundamentos econômicos de uma política ambiental, conseqüente e exeqüível; assim como uma política econômica conseqüente não ignora a necessidade de uma política de proteção dos recursos naturais. Para isto, a economia deve voltar aos seus pressupostos sociais. Pois, o que está em jogo não é só a otimização do uso privado de recursos, mas uma redefinição social do modo de apropriação de recursos que, em última análise, pertencem a toda a sociedade.

A política econômica trabalha, necessariamente, com a coordenação da atividade de mercado, com a concorrência, com a prestação de serviços do Estado. Ela abraça também questões de caráter ambiental, tais como, reaproveitamento de lixo, exigências de equipamento industrial para uma produção limpa, aproveitamento de recursos naturais, o quanto de reserva natural é desejável e qual seu regime social.

Por meio de políticas sociais, pode-se empreender a coordenação entre interesses privados e coletivos, evitando que a realização de um seja a negação do outro, reinserindo a produção dentro de uma finalidade de constituição de riqueza social, voltando-se à melhoria da vida em sociedade.

A produção que reconhece as condições naturais de onde ela parte e se desenvolve, a partir de um conhecimento das potencialidades do meio e dos seres humanos, é uma produção ambientalmente e socialmente sustentável.

A concretização de uma qualidade de vida satisfatória (art. 225, CF), capaz de atingir toda sociedade, está intrinsecamente relacionada ao modo como esta sociedade dispõe da apreensão e transformação de seus recursos, ou seja, como desenvolve sua produção econômica.

O uso sustentável dos recursos naturais é um princípio da atividade econômica (art. 170, VI, CF), bem como dedutível da norma expressa no art. 225, § 1º, IV, o que torna de imediato inconstitucional uma política monetarista, que despreza as condições naturais da sociedade brasileira.

O artigo 225 vem integrar o ordenamento, trazendo uma nova forma de abordagem dos recursos naturais, interferindo na orientação da economia de mercado. Dele afloram os princípios do direito ambiental, norteadores da construção do desenvolvimento sustentável que orientam a prática de produção normativa, assim como a própria hermenêutica do direito ambiental.

Não se deve confundir o que aqui se chama de princípio, com os princípios expressos no texto normativo. Refiro-me aqui a indicadores que dão unidade e coerência à formação de normas de proteção ambiental, podendo ou não integrar o direito positivo. Rehbinder, com a preocupação de descaracterizar qualquer dubiedade de sentido, diferencia estes modos de manifestação dos princípios do direito ambiental: *princípios conforme o direito* – estes seriam positivados na norma obrigando o seu imediato cumprimento; *princípios estruturais* – formam linhas diretrizes pelas quais se dirige a formação da norma; *princípios gerais do direito* – são aqueles deduzidos diretamente da norma expressão que resumiriam a idéia geral direcionada da aplicação da norma podendo dirigir de maneira geral a formação e utilização do direito, não necessitando estarem expressos no direito positivo.[1]

É importante salientar que um determinado princípio pode enquadrar-se nas três classificações. No entanto, trago esta distinção, para que se proceda a uma compreensão mais acurada. Quando trato dos princípios neste capítulo, utilizo a sua concepção mais ampla, não os vinculando à existência no direito positivo, embora estes princípios possam ser nele encontrados: mas analiso os princípios como inspiradores e orientadores da formação e aplicação do direito ambiental. Eles constituem o traço comum que integra a finalidade dessas normas.

Os denominados princípios do Direito Ambiental são construções teóricas que visam a melhor orientar a formação do direito ambiental, procurando denotar-lhe certa lógica de desenvolvimento, uma base comum presente nos instrumentos normativos. Segundo Hoppe, estes princípios de proteção ambiental são concepções básicas, "instruções para ações políticas, visando a uma política ambiental racional".[2] Com base nestes princípios, teria o legislador "uma direção conceitual básica"[3] para a construção legislativa da política ambiental. Com a ajuda dos princípios ambientais, procura-se fornecer uma sistemática

1. Eckard Rehbinder, "Das Vorsorgeprinzip im internationalen Vergleich", *Umveltrechtlichestudien* 12, pp. 7-8.
2. Werner Hoppe e Martin Beckmann, *Umveltrecht*, p. 17.
3. M. Kloepfer, *Umweltrecht*, p. 73.

unificadora à formação do direito ambiental, procurando sua harmonização.[4]

Identifico três princípios fundamentais da cooperação, do poluidor-pagador, da precaução (*Kooperationsprinzip, Verursacherprinzip, Vorsorgeprinzip*). Com base nestes princípios, indesejáveis efeitos colaterais do desenvolvimento social e econômico devem ser reconhecidos a tempo e, por meio de um amplo planejamento de conservação ambiental, minimizados.

Devo ressaltar, contudo, que nenhum desses princípios é exclusivamente do direito ambiental. Afirmo que seus norteadores, porém, podem ser encontrados em outros ramos do direito, em especial no direito econômico, o que não é pura coincidência. A evidência de tais princípios no direito econômico mostra áreas nas quais é fundamental uma prática de interpretação e aplicação conjunta destes "ramos" do direito, sobretudo quando está em pauta o desenvolvimento de políticas econômicas e ambientais.

O princípio da cooperação não é exclusivo do direito ambiental. Este princípio faz parte da estrutura do Estado Social. Ele orienta a realização de outras políticas relativas ao objetivo de bem-comum, inerente à razão constituidora deste Estado. É um princípio de orientação do desenvolvimento político, por meio do qual se pretende uma maior composição das forças sociais. Num sentido amplo, o princípio da cooperação é também uma expressão do genérico princípio do acordo (*Kompromissprinzip*), o qual perpassa toda a ordem jurídica e é também reclamado pela proteção ambiental, da qual participa, impondo uma adequação entre os interesses mais significativos.[5]

O princípio da cooperação informa uma atuação conjunta do Estado e sociedade, na escolha de prioridades e nos processos decisórios. Ele está na base dos instrumentos normativos criados com objetivos de aumento da informação e de ampliação de participação nos processos de decisões da política ambiental, bem como de estabilidade no relacionamento entre liberdade individual e necessidade social. Uma ampla informação e esclarecimento dos cidadãos bem como um trabalho conjunto entre organizações ambientalistas, sindicatos, indústria, comércio e agricultura fundamental para o desenvolvimento de políticas ambientais efetivas e para a otimização da concretização de normas voltadas à proteção do meio ambiente.

4. E. Rehbinder, "Prinzipien des Umweltrechts in der Rechtsprechung des Bundesverwaltungsgerichts: das Vorsorgeprinzip als Beispiel", in Everhardt Franßen (Org.), *Bürger-Richter-Staat. Festschrift für Horst Sendler*, p. 270.
5. M. Kloepfer, ob. cit., p. 94.

Pode-se dizer que o princípio da cooperação é resultado de uma divisão de funções dentro da ordem econômica fundada nas relações de mercado. Sua concretização, como princípio do Direito Ambiental e do direito econômico simultaneamente, se dá, por exemplo, quando determina a divisão dos custos de uma política preventiva de proteção ambiental, implicando uma negociação constante entre as atividades do Estado e do cidadão.

O princípio do poluidor-pagador (*Verursacherprinzip*) visa à internalização dos custos relativos externos de deterioração ambiental. Tal traria como conseqüência um maior cuidado em relação ao potencial poluidor da produção, na busca de uma satisfatória qualidade do meio-ambiente. Pela aplicação deste princípio, impõem-se ao "sujeito econômico" (produtor, consumidor, transportador), que nesta relação pode causar um problema ambiental, arcar com os custos da diminuição ou afastamento do dano.

Durante o processo produtivo, além do produto a ser comercializado, são produzidas "externalidades negativas". São chamadas externalidades porque, embora resultante da produção, são recebidas pela coletividade, ao contrário do lucro, que é percebido pelo produtor privado. Daí a expressão "privatização de lucros e socialização de perdas", quando identificadas as externalidades negativas. Com a aplicação do princípio poluidor-pagador, procura-se corrigir este custo adicionado à sociedade, impondo-se sua *internalização*. Por isto, este princípio também é conhecido como o *princípio da responsabilidade* (*Verursacherprinzip*).

A determinação do poluidor-pagador depende de definição normativa da política ambiental; em resumo; é uma decisão política. Poluidores são todas aquelas pessoas – integrantes de uma corrente consecutiva de poluidores – que contribuem com a poluição ambiental, pela utilização de materiais danosos ao ambiente como também pela sua produção (inclusive os produtores de energias) ou que utilizam processos poluidores. O endereçamento de medidas a um integrante desta "comunidade de poluidores" não pode ser deduzido automaticamente do princípio do poluidor-pagador, porém precisa (e pode) ser deduzido de pontos de vista políticos (por exemplo, efetividade de objetos, eficiência econômica, gastos administrativos etc.).[6]

O custo a ser imputado ao poluidor não está exclusivamente vinculado à imediata reparação do dano. O verdadeiro custo está numa atuação

6. E.Rehbinder, "Wirtschaftsordnung und Instrumente des Umweltschutzes – zur Diskussion um das sog. Verursacherprinzip", in H. Sauermann e E. J. Mestmacher, *Wirtschaftsordnung und Staatsverfassung*, p. 512.

preventiva, consistente no preenchimento da norma de proteção ambiental. O causador pode ser obrigado pelo Estado a mudar o seu comportamento ou a adotar medidas de diminuição da atividade danosa. Dentro do objetivo estatal de melhora do ambiente deve, então, participar ativamente o particular. De fato, o que se estaria praticando seria a *não-poluição.*

A realização desta diretriz do poluidor-pagador é um fator necessário para a efetivação do direito constitucional a um meio ambiente ecologicamente equilibrado. Esse princípio é um meio de que se vale tanto o aplicador da legislação, especialmente na formação de políticas públicas, como o legislador, na elaboração de textos destinados a uma proteção mais eficiente dos recursos naturais.

O princípio de precaução deixa claro que, devido à dimensão temporal (relativa com o futuro) e à complexidade da proteção ambiental, não é suficiente que se pratique apenas uma "intervenção periférica".[7] Isto é, com base neste princípio, a política ambiental desenvolve-se não em normas rigidamente divididas numa denominada ordem do direito ambiental. Normas que denotam uma prática sustentável de apropriação de recursos naturais integram obrigatoriamente o planejamento da política econômica e, conseqüentemente, as normatizações da prática econômica. Precaução ambiental é necessariamente modificação do modo de desenvolvimento da atividade econômica.

Enquanto que pelo princípio da precaução devem-se evitar perigos ambientais e procurar uma qualidade ambiental favorável (um ambiente o máximo possível livre de perigos), visando à consecução de fins de proteção ambiental básicos, os princípios do poluidor-pagador e da cooperação relacionam-se a fins secundários ou complementares (distribuição da responsabilidade pela proteção ambiental e aspectos instrumentais da proteção ambiental). O princípio do poluidor-pagador e o da cooperação integram um relacionamento potencialmente tenso, cuja solução, nos casos individualizados, cabe ao legislador. Já o princípio da precaução tem uma dimensão pacificadora, firmando-se com o postulado de atuar previamente contra um risco – especificamente por medidas de prevenção de perigo de um determinado tipo – principalmente valendo-se de planejamento e controle prévio de produtos.[8]

Na verdade, o princípio da precaução necessita do respeito aos outros dois princípios para concretizar-se plenamente. Ele assume, funda-

7. M. Kloepfer, ob. cit., p. 75.
8. M. Kloepfer, ob. cit., p. 74.

mentalmente, o sentido de linha orientadora dos objetivos da política de proteção ambiental. Entretanto, para a concretização deste princípio geral, coloca-se na estrutura do Estado Social a prática do indispensável princípio da cooperação, seguida pela correção aportada por práticas calcadas no princípio do poluidor-pagador.

Conclusão

A análise do texto jurídico, dentro de sua totalidade complexa, é o único modo de adequar o Direito Ambiental a uma política real e conseqüente de conservação dos recursos naturais. Procurando ajustar prática econômica com o uso equilibrado dos recursos naturais, adota o direito a idéia de desenvolvimento sustentável.

Planejar para um desenvolvimento sustentável, nos ensina Archibugi, significa essencialmente um gerenciamento de recursos, pelo qual a direção e qualidade das condições ambientais são permanentemente monitoradas, de modo a obter a mais completa quantidade de informações para uma resposta política efetiva. O planejamento para sustentabilidade requer uma mudança no modo de pensar o desenvolvimento. Há uma necessidade evidente para um pensamento mais estratégico, mais coeso e mais multidimensional, a fim de assegurar a compatibilidade dos interesses econômicos e ambientais.[9]

O direito exclusivamente como texto reflete uma "Idéia". A realização ou deturpação desta "Idéia" dá-se pela sua prática, pela sua concretização. É por isso que não há "o" caminho, porém os caminhos de se chegar à concretização do ordenamento jurídico.

Nenhum sistema favorece os desafios a seus axiomas. Contudo, a apresentação no texto normativo da necessidade de se compor a atividade econômica com a proteção dos recursos naturais é a demonstração, pela linguagem jurídica, de que a sociedade se tornou consciente do conflito e tem caminhos institucionais para resolvê-lo.

O ser humano é organizador. É também dotado de paixões, impulsos e desejos, esperanças tendentes ao infinito (Edgard Morin). Não se pode desprezar a riqueza desta complexidade e desconhecer o potencial criativo e transformador do ser humano.

9. F. Archibugi *et al.*, "The Challenge of Sustainable Development", in Franco Archibugi; Peter Nikjamp (Org.), *Economy and Ecology: Towards Sustainable Development*, p. 9.

Além das finalidades a serem buscadas, texto normativo também indica meios. A proteção do patrimônio genético (reconhecimento do valor da biodiversidade para a construção do bem estar), a proteção da história e do conhecimento (fonte inesgotável para transformação do presente e melhoria do futuro); o planejamento global (art. 174) e específico (art. 225, § 1º, Estudo Prévio de Impacto Ambiental), a atividade democrática que reconstrói o relacionamento Estado-sociedade civil, são apenas alguns dos instrumentos dados pela Ordem Econômica e pelo Capítulo do Meio Ambiente na Ordem Social para a realização de uma sociedade livre, justa e solidária, razão da existência da sociedade brasileira.

O ser humano é senhor de seu destino. Não é apenas pelo simples uso de ferramentas que o homem se distingue dos animais. O homem diferencia-se dos animais sobretudo pelo excesso da sua inclinação subjetiva. Sua capacidade de raciocínio não se reduz a aspectos funcionais e utilitários de sua vida. Muito mais, dedica-se e muito sobre o caráter fantástico e insignificante dos seus desejos físicos, morais, estéticos e intelectuais. Fosse sua vida sem uma ambição pelo supérfluo, ele não teria nunca se imposto tão incontido no necessário.

A capacidade criativa humana não frutifica na emergência e na otimização da atividade produtiva, mas é na tranqüilidade e na busca pelo lúdico e agradável que se movimenta com maior ardor as forças humanas. Não se deve cair na mística da escassez que a transforma num fenômeno natural. A escassez sentida pelo mercado é uma construção do próprio mercado.

Só é possível exercer uma crítica à situação de escassez dos recursos naturais quando a mistificação for apreendida, isto é, quando for reconhecido que escassez não é uma relação entre ser humano e meios, mas um relacionamento social entre seres humanos. Uma relação de produção entre seres humanos, em que o produtor dos produtos e o consumidor sobre o produto estejam separados e ainda estejam em oposição de interesse um em relação ao outro, induz à aparente naturalidade da escassez de meios. Isto significa nada além de que a divisão de trabalho, o mercado expandido, a desenvolvida economia monetária, assim como a divisão entre produção, distribuição e consumo produz a escassez. Somente na produção para a troca, na transformação de valor de uso em mercadoria, é estabelecida a escassez.[10]

10. Mechtild Oechsle, *Der ökologische Naturalismus: zum Verhältnis von Natur. Gesellschaft im ökolog. Diskurs*, pp. 89-90.

Finalizando, a busca de uma atividade econômica sustentável, isto é, que considere a apropriação da natureza em bases que garantam sua manutenção, será equacionada com a criação de novas fórmulas de relacionamento do ser humano com a natureza. A fixação na idéia de que, com a economia da apropriação dos recursos naturais, haveria uma melhor distribuição e manutenção destes recursos é míope e de parcos resultados práticos. A atividade econômica é inovada dentro de um processo criativo na busca incansável da satisfação. A domesticação dos desejos, amarrando-os a limites impostos pelo direito, traz poucos resultados além da frustração. Aos aplicadores do direito, sejam eles os magistrados, legisladores, reguladores, servidores públicos, cidadãos compete, na esfera de sua atuação, tomar dos princípios do Direito Ambiental para aplicá-los, ponderando sua aplicação para ajustá-la à finalidade última do desenvolvimento sustentado que deve ser o valor orientador na concretização dos princípios do direito ambiental.

Bibliografia

ARCHIBUGI, F. *et al.* "The Challenge of Sustainable Development", in Franco Archibugi; Peter Nikjamp (Org.), *Economy and Ecology: Towards Sustainable Development.* Holanda, Kluwer Academic Publishers, 1989.

HOPPE, Werner; BECKMANN, Martin. *Umveltrecht.* Munique, Beck, 2000.

KLOEPFER, M. *Umweltrecht.* Munique, Beck, 1989.

OECHSLE, Mechtild. *Der ökologische Naturalismus: zum Verhältnis von Natúr. Gesellschaft im ökolog. Diskurs.* Frankfurt, Campus, 1988.

REHBINDER, Eckard. "Wirtschaftsordnung und Instrumente des Umweltschutzes – zur Diskussion um das sog. Verursacherprinzip", in H. Sauermann e E. J. Mestmacher, *Wirtschaftsordnung und Staatsverfassung.* Tübingen, J. B. Mohr, 1975.

__________. "Das Vorsorgeprinzip im internationalen Vergleich", *Umveltrechtlichestudien* 12. Düsseldorf, Werner-Verlag, 1991.

__________. "Prinzipien des Umweltrechts in der Rechtsprechung des Bundesverwaltungsgerichts: das Vorsorgeprinzip als Beispiel", in Everhardt Franßen (Org.), *Bürger-Richter-Staat. Festschrift für Horst Sendler.* Munique, Beck, 1991.

O PAPEL DO ESTADO NO DESENVOLVIMENTO ECONÔMICO SUSTENTÁVEL: REFLEXÕES SOBRE A TRIBUTAÇÃO AMBIENTAL COMO INSTRUMENTO DE POLÍTICAS PÚBLICAS

Maria de Fátima Ribeiro
Jussara S. Assis Borges Nasser Ferreira

1. Introdução

A preocupação com a preservação ambiental está presente nas discussões da maioria dos países.

A Constituição brasileira prevê que a gestão ambiental seja uma atribuição conjunta da União, dos Estados e dos Municípios (art. 225). Mas, embora o Brasil possua uma legislação bem avançada, se comparada com outros países em desenvolvimento, para atingir os objetivos de crescimento, significa investir em políticas que possam comprometer o meio ambiente.

Atualmente discute-se o uso de instrumentos econômicos como um mecanismo de política pública capaz de conciliar as estratégias de desenvolvimento econômico e uso racional dos recursos naturais. A aplicação de recursos procedentes das tributações permite o financiamento de políticas ambientais, em alguns países mais industrializados. Estas medidas visam também a proteger a natureza em decorrência das atividades econômicas.

Além das disposições do capítulo destinado ao meio ambiente (desenvolvimento sustentável, art. 225 da Constituição Federal), necessário se faz proceder à análise deste capítulo em conjunto com o art. 170 do mesmo diploma legal, que dispõe sobre a ordem econômica, ressaltando a intervenção do Estado nas atividades econômicas que podem gerar impactos ambientais.

Em primeiro plano, merece destacar os princípios que informam a ordem econômica ambiental e o Direito Ambiental, buscando compatibilizar o desenvolvimento econômico com a proteção ambiental e a adequação dos propósitos, meios e fins dos conteúdos jurídicos.

O enfoque sobre a questão ambiental como direito fundamental vem destacado na Carta do Direito ao Desenvolvimento da ONU/86, que deve ser prioridade de todos Estados, ao lado do desenvolvimento sustentável.

Na seqüência, serão observadas as tendências internacionais no que tange aos tratados e convenções sobre desenvolvimento sustentável e qualidade de vida, ressaltando que as políticas públicas devem estar integradas com o planejamento urbanístico na condução do bem estar social.

A atuação do Poder Público e os demais seguimentos da sociedade demonstram que o Estado tem o papel fundamental na fiscalização, controle e a aplicação de penalidades quanto às agressões ao meio ambiente em uma concepção mais ampla. Ao mesmo tempo, deve ser destacado o fenômeno da tributação sobre a atuação dos fatos econômicos, salientando-se as atividades econômicas, a tributação destas atividades e o desenvolvimento sustentável.

Passam por este crivo, propostas de inclusão de tributos ambientais no Sistema Tributário Nacional, tanto no sentido fiscal quanto extrafiscal.

Ao final deste ensaio será abordada a participação popular na gestão democrática do orçamento participativo. A análise envolve o Estatuto da Cidade, na formulação, execução e acompanhamento dos planos, programas e projetos de desenvolvimento urbano, com enfoque específico sobre o equilíbrio constitucional ambiental.

2. *Atuação do Estado na economia: considerações sobre o desenvolvimento econômico-constitucional*

A Constituição Federal destaca a atuação do Estado na economia ao descrever a exploração direta da atividade econômica pelo Estado e do Estado como agente normativo e regulador da atividade econômica, a partir do artigo 170. Tais situações constituem instrumentos pelos quais o Poder Público atua e coordena a observância dos princípios da ordem econômica, tendo em vista a realização de seus fundamentos e seus fins.

Assim, enquanto a economia preocupa-se com a lei da oferta e da procura com a busca de novos mercados, no meio ambiente pode ser observado que o comportamento humano muitas vezes pode gerar um impacto ambiental, provocado pelo desenvolvimento de determinada atividade econômica, se não forem observados os cuidados com a proteção ambiental.

O desenvolvimento sustentável exige três situações: crescimento econômico, qualidade de vida e justiça social. Em nenhum momento, entretanto, sugere-se que os municípios deixem de crescer, para que a natureza fique intocável. O crescimento econômico tem que continuar a acontecer. Porém, devem-se "procurar alternativas e formas de crescimento econômico que não sejam degradadoras do meio ambiente, que não sejam impactantes, e, se o forem, devem ser procuradas fórmulas a fim de neutralizar os efeitos nocivos para que o crescimento econômico continue, proporcionando as duas outras situações acima mencionadas: Qualidade de vida e Justiça social. E qualidade de vida e justiça social só se consegue com a garantia do direito a cidades sustentáveis".[1]

Deve-se ter em vista as razões que fundamentam a atuação do Estado brasileiro no domínio econômico. A Constituição Federal, no art. 170, trata da atividade da ordem econômica, consagrando, dentre outros, os princípios da propriedade privada, função social da propriedade, defesa do consumidor e do meio ambiente. De outro lado, o art. 225 reza acerca da proteção do meio ambiente.[2]

1. Vânia Kirzner, *Plano Diretor de Desenvolvimento Urbano (Estatuto da Cidade – Lei n. 10.257/2001)*, disponível em 26.4.2004, in www1.jus.com.br/doutrina/texto.asp?id=3899.

2. O art. 2º da Lei n. 10.257/2001 (Estatuto da Cidade) prescreve no inciso IV como diretrizes gerais: planejamento do desenvolvimento das cidades, da distribuição espacial da população e das atividades econômicas do Município e do território sob sua área de influência, de modo a evitar e corrigir as distorções do crescimento urbano e seus efeitos negativos sobre o meio ambiente.

No entanto, em que pese a exigência constitucional de respeito pelo meio ambiente, a atividade empresarial, em grande escala, desconsidera os efeitos nocivos de determinadas ações, que podem provocar danos ao meio ambiente.

É pertinente observar que a livre iniciativa não pressupõe irresponsabilidade por prejuízos causados à natureza e à comunidade.

O artigo 3º da Constituição Federal, através do inciso II, assegura que o Estado deve garantir o desenvolvimento. E ao garantir o desenvolvimento, deve o Estado promover a combinação de crescimento econômico com as condições básicas de vida, dentre as quais a alimentação, a saúde e preservação ambiental. Referido dispositivo deve ser analisado à luz dos artigos 170 e 225 da Carta Constitucional.

Assim, o conceito jurídico de desenvolvimento pode ser entendido como sendo o princípio que informa as demais regras do ordenamento jurídico, no sentido de orientá-las à efetivação dos direitos sociais, os quais encontram sua base nas necessidades públicas.[3]

Em seguida serão abordados alguns princípios constitucionais que fundamentam a ordem constitucional econômica bem como o Direito Ambiental no contexto do desenvolvimento sustentável, estatuído de igual forma na legislação infraconstitucional.

3. Princípios que informam a ordem econômica constitucional ambiental e o Direito Ambiental

Os princípios descritos pelo artigo 2º da Lei n. 6.938/1981 foram alinhados em conformidade com a proposta de uma política nacional do meio ambiente e a ela se referem. O Direito Ambiental tem buscado extrair, destas fontes, os seus princípios visando a delinear os fundamentos específicos do sistema. Contudo, é forçoso registrar a necessidade de uma sistematização do Direito Ambiental, definindo seus princípios, vez que se faz, em verdade, através de legislação esparsa.

3. Maria Cecília Ladeira de Almeida, "A Tutela Ambiental como Instrumento da Garantia do Desenvolvimento na Ordem Constitucional", *Revista da Faculdade de Direito*, FAAP, n. 1, pp. 232-233. Conclui: "Portanto, impossível dentro do moderno conceito de Desenvolvimento, considerar que há uma antinomia entre ele e a proteção ao meio ambiente, muito pelo contrário, o que existe é uma perfeita sintonia. Pode-se dizer que são complementares, pois não há desenvolvimento sem proteção ao meio ambiente, e o meio ambiente equilibrado faz com que o homem alcance um grau de desenvolvimento satisfatório" (p. 233).

O Direito Ambiental recepciona princípios oriundos de outros sistemas, nomeadamente, os princípios gerais do Direito Constitucional. O Direito Constitucional considera como princípios gerais da ordem econômica dentre outros, a defesa do meio ambiente. Tem-se que o art. 170 da Constituição Federal, ao referir sobre os princípios da ordem econômica, tratou na verdade das finalidades e não dos fundamentos daquela ordem. Assim é que a defesa do meio ambiente seria, em verdade, uma das finalidades da ordem econômica, ao lado das demais, dispostas no art. 170, e não um princípio do Direito Ambiental contemplado pelo Direito Constitucional. Entre os princípios referidos são destacados os seguintes: princípio do desenvolvimento sustentável, princípio da cooperação, o princípio do poluidor-pagador, o princípio da democracia econômica e social, o princípio da proporcionalidade (razoabilidade) e o princípio do equilíbrio.

Em linhas gerais, o princípio do desenvolvimento sustentável colima compatibilizar a atuação da economia com a preservação do equilíbrio ecológico. Nessa perspectiva, a Comissão Mundial sobre Meio Ambiente e Desenvolvimento, definiu "desenvolvimento sustentável" como aquele que atende às necessidades do presente sem comprometer a possibilidade de as gerações futuras atenderem às suas próprias necessidades. Assim, um dos princípios do Direito Ambiental consagrado pela doutrina refere-se ao princípio da prevenção que pode ser visto como um quadro orientador de qualquer política moderna do ambiente. Significa que deve ser dada prioridade para as medidas que evitem o nascimento de atentados ao meio ambiente. Utilizando os termos da alínea "a" do artigo 3º da Lei de Bases do Ambiente, as atuações com efeitos imediatos ou a prazo no ambiente devem ser consideradas de forma antecipada, reduzindo ou eliminando as causas, dando prioridade à correção dos efeitos dessas ações ou atividades suscetíveis de alterarem a qualidade do ambiente.[4]

O princípio da cooperação "é um princípio fundamental do procedimento do Direito Ambiental e expressa a idéia de que para a resolução dos problemas deve ser dada especial ênfase à cooperação entre o Estado e a sociedade, através da participação dos diferentes grupos sociais na formulação e execução da política do ambiente".[5]

O princípio do poluidor-pagador ou da responsabilização indica, desde logo, que o poluidor é obrigado a corrigir ou recuperar o ambien-

4. Fernando Alves Correia, *apud* Toshio Mukai, *Direito Ambiental Sistematizado*, p. 29.

5. Idem, ibidem.

te, suportando os encargos daí resultantes, não lhe sendo permitido continuar a ação poluente. Além disso, aponta para a assunção, pelos agentes, das conseqüências, para terceiros, de sua ação, direta ou indireta, sobre os recursos naturais. Uma das conseqüências mais salientes do princípio é a responsabilidade civil objetiva do poluidor. Existe obrigação de indenizar, independentemente de culpa, sempre que o agente tenha causado danos significativos ao ambiente, em virtude de uma ação especialmente perigosa, muito embora com respeito do normativo aplicável.[6] O objetivo maior do princípio do poluidor-pagador é fazer com que os custos das medidas de proteção do meio ambiente – as externalidades ambientais – repercutam nos custos finais de produtos e serviços cuja produção esteja na origem da atividade poluidora.[7]

Em sede de Direito Ambiental mister se faz invocar, como lastro de valor imensurável, o princípio da democracia econômica e social. Na interpretação de Toshio Mukai,[8] referido princípio está sufragado na atual Constituição Federal, no *caput* do art. 170, que prescreve a ordem econômica, fundada na valorização do trabalho humano e na livre iniciativa, tendo por fim assegurar a todos existência digna conforme os ditames da Justiça Social. E o artigo 1º da Constituição Federal, que descreve os fundamentos da República Federativa do Brasil, em seus incisos III e IV, reforça a dignidade da pessoa humana, através de um Estado Democrático de Direito, bem como enaltece o desenvolvimento nacional (art. 3º, inc. II). Nesse sentido, os princípios da livre iniciativa e da livre concorrência não são mais princípios hierarquicamente superiores (como eram no Estado liberal), aos demais, podendo ser restringidos, para que tais liberdades sejam exercidas em conformidade com o interesse social.[9]

O professor Canotilho[10] preleciona que "o princípio da democracia econômica e social contém uma imposição obrigatória dirigida aos órgãos de direção política (legislativo, executivo), no sentido de desenvol-

6. Idem, ibidem, pp. 36-37.

7. Em outras palavras, busca-se fazer com que os agentes que originaram as externalidades assumam os custos impostos a outros agentes produtores e/ou consumidores. O poluidor, então, passa a ser o primeiro pagador, de modo que é obrigado, dessa forma, a integrar plenamente, no seu processo de decisão, o sinal econômico que constitui o conjunto dos custos ambientais. Antônio Herman Benjamin (Coord.), *Anais...*, cit., p. 72.

8. Toshio Mukai, ob. cit., p. 29.

9. Idem, ibidem.

10. J. J. Gomes Canotilho, *Direito Constitucional*, p. 474, *apud* Toshio Mukai, ob. cit., p. 29.

verem uma atividade econômica e social conformadora, transformadora e planificadora das estruturas sócio-econômicas, de forma a evoluir-se para uma sociedade democrática". Destaca também que o *princípio da democracia econômica e social* constitui uma autorização constitucional no sentido de o legislador democrático e os outros órgãos encarregados da concretização político-constitucional adotarem as "medidas necessárias para a evolução da ordem constitucional sob a ótica de uma 'justiça constitucional' nas vestes de uma 'justiça social'".[11]

Na esteira de uma justiça constitucional entende-se não existir possibilidade jurídica de conflitos entre os princípios arrolados pelo artigo 170 da Constituição Federal de 1988. É que a regra básica de interpretação de todos os princípios está ali inserida e, na lição do mesmo constitucionalista português,[12] "O Princípio da democracia econômica e social é um elemento essencial da interpretação conforme a Constituição. O legislador, a administração e os tribunais terão de considerar o princípio da democracia econômica e social como princípio obrigatório de interpretação para avaliar a conformidade dos atos do poder público com a Constituição"[13] – considerando a necessidade de compatibilização de princípios e retomando o princípio da proporcionalidade, através da proposta de uma adequação de propósitos, meios e fins dos conteúdos jurídicos.

A partir deste ponto, possível se torna sugerir outro princípio do Direito Ambiental, vale dizer, o princípio do equilíbrio. Assim, na busca de uma compatibilização do desenvolvimento econômico com a proteção ambiental formula-se a seguinte proposição: os propósitos são definidos como desenvolvimento econômico; os meios se referem à proteção do meio ambiente; como fim, surge o desenvolvimento econômico equilibrado. O oposto – o desenvolvimento econômico desenfreado, canibalesco, ditado pela ganância do lucro exacerbado – conduzirá ao caos da deterioração e de prejuízos incalculáveis ao meio ambiente.[14]

Referidos princípios constitucionais mostram que não pode haver conflitos na própria Constituição Federal entre os princípios por ela abarcados e, sim, a análise valorativa desses princípios no sentido de aplicá-los de forma razoável e equilíbrio para o desenvolvimento equilibrado, equacionado com o meio ambiente.

11. Idem, ibidem, pp. 29-30.
12. *Apud* Toshio Mukai, ob. cit., p. 30.
13. Idem, ibidem.
14. Toshio Mukai, ob. cit., p. 31.

4. *Direito fundamental ambiental no processo de globalização econômica e as tendências internacionais*

Os tratados internacionais têm reconhecido que o meio ambiente é um direito humano fundamental.

O art. 4º, incisos I e II, c/c o art. 225 da Constituição brasileira, enaltece que o Poder Público, em face de sua independência, eleva o direito ao meio ambiente à condição de direito fundamental da pessoa humana. Desta forma, não pode admitir que outro Estado lesione este direito fundamental. É certo que os Estados soberanos e independentes podem explorar seus recursos naturais e desenvolver outras atividades, desde que não afetem o meio ambiente.[15]

A Carta do Direito ao Desenvolvimento da ONU, em 1986, estabeleceu que o meio ambiente é um direito humano fundamental e que a saúde e o meio ambiente equilibrados devem ser prioridades de todos os Estados. Declarou, ainda, que o desenvolvimento é um direito inalienável dos povos.

Em 1987, a Comissão Brundtland – ONU, em seu relatório *Nosso Futuro Comum*, declara que a estratégia de desenvolvimento sustentável torna-se imprescindível para a compreensão atual do desenvolvimento.

O princípio da precaução, através da OECD, em 1972, foi apresentado como princípio econômico e recepcionado posteriormente pelo Ato Único Europeu. Referido princípio encontrou nas obrigações convencionais internacionais o espaço para o desenvolvimento dogmático de seu conteúdo. Tal princípio foi expressamente previsto na Declaração sobre Meio Ambiente e Desenvolvimento, aprovada na CIMEIRA no Rio de Janeiro em 1992. Desta forma, ficou salientado que, tendo vem vista que o poluidor deve, em princípio, arcar com o custo decorrente da poluição, as autoridades nacionais devem promover a internacionalização dos custos ambientais e o uso de instrumentos econômicos, levando na devida conta o interesse público, sem distorcer o comércio e os investimentos internacionais.

15. Os Estados têm, de acordo com a Carta das Nações Unidas e os princípios de Direito Internacional, o direito soberano de explorar os seus recursos segundo as suas políticas ambientais e a responsabilidade de garantir que suas atividades levadas a efeito dentro de sua jurisdição ou controle não prejudiquem o meio ambiente de outros Estados ou de áreas além dos limites da jurisdição. Geraldo Eulálio do Nascimento Silva, *Direito Ambiental Internacional*, p. 20.

Nesta Conferência de 1992, foi difundida a idéia de desenvolvimento sustentável, enaltecendo que não é possível separar as dimensões econômicas, sociais e ambientais do desenvolvimento. Destacou-se, ainda, que somente uma estratégia global permitirá que o desenvolvimento presente não comprometa o bem estar das gerações vindouras.[15]

Pode-se observar que os povos não podem ser privados de usufruir o desenvolvimento em sua plenitude, por consistir em um direito humano inalienável. Tal direito baseia-a na solidariedade e na dignidade da pessoa humana e em uma maior dimensão, na cooperação internacional, vez que tal temática não encontra soluções individualizadas e sim globais, com as questões ambientais, conforme assegura Maria Cecília Ladeira de Almeida.[17]

A obrigação de ordenação racional do desenvolvimento através da gestão sustentável da utilização dos recursos naturais de forma não predatória e da diminuição da agressividade ao elemento humano é o fundamento de qualquer alternativa de atuação nacional no domínio econômico, como já se observava da redação do princípio 13 da Declaração da ONU sobre o Meio Ambiente (Estocolmo, 1972).

O referido instrumento internacional já previa a obrigação dos Estados nacionais de conjugar o desenvolvimento econômico à eficiência de práticas vinculadas de previsibilidade do dano ambiental, apresentando, ali, o paradigma que iria orientar a Declaração do Rio/92 a acolher o princípio da precaução como compromisso ambiental internacional.

Na Conferência das Nações Unidas sobre Meio Ambiente e Desenvolvimento foram definidas as linhas orientadoras do princípio da precaução, através dos Princípios 15 e 17: *Princípio 15*: De modo a proteger o meio-ambiente, o princípio da precaução deve ser amplamente observado pelos Estados, de acordo com suas capacidades. Quando houver ameaça de danos sérios ou irreversíveis, a ausência de absoluta certeza científica não deve ser utilizada como razão para postergar medidas eficazes e economicamente viáveis para prevenir a degradação ambiental. *Princípio 17*: A avaliação de impacto ambiental, como instrumento internacional, deve ser empreendida para as atividades planejadas que possam vir a ter impacto negativo considerável sobre o meio ambiente, e que dependam de uma decisão de autoridade nacional competente.

16. Maria Cecília Ladeira de Almeida, "A Tutela Ambiental como Instrumento da Garantia do Desenvolvimento na Ordem Constitucional", cit., p. 231.
17. Idem, ibidem, p. 232.

Como pode ser observado, a Declaração do Rio/92 elegeu alguns elementos informativos que distinguiram seu tratamento normativo e, de certa forma, mitigaram a potencialização de sua aplicação se tomarmos como paradigma a Declaração sobre o Clima. Isso se explica, ao constatarmos que o texto da Declaração flexibiliza sua observância à capacidade de implementação de que goze cada Estado nacional, ao mesmo tempo em que o condiciona a um critério objetivo. Ou seja, a identificação de ameaça de danos sérios ou irreversíveis, demonstrando que é suficiente a apresentação da potencialidade da lesão, no entanto, deve ser mensurada no tocante à sua extensão e gravidade.

É conveniente que se destaque cláusula impeditiva de qualquer fato que possa degradar o espaço ambiental, de forma a que todos os Estados assumam o compromisso de buscar meios que sejam eficazes e economicamente viáveis para a prevenção da degradação ambiental, destacando a valorização humana e o desenvolvimento sustentável.

5. Políticas públicas ambientais: constitucionais e infralegais

As questões ambientais são preocupações globais, exigindo a solução dos graves problemas que ameaçam a qualidade de vida das pessoas. O Estado brasileiro, quando realiza políticas econômicas, deve estar atento à defesa do meio ambiente, deve buscar o pleno emprego, entre outros aspectos.

Os princípios da ordem econômica aí estão para informar o Estado os valores da ordem econômica que ele tutela: o da defesa do meio ambiente e o da função social da propriedade. A defesa do meio ambiente é um valor constitucional fundamental, inerente à dignidade da pessoa humana e também ao desenvolvimento econômico e social.[18]

Desta forma, não é possível considerar o meio ambiente como um valor isolado. O meio ambiente está em um conjunto de valores, ou seja, está inserido na política econômico-financeira tributária do Estado.

18. O Ministério do Planejamento, através do IPEA, apresentou em 2000 uma proposta para incluir o princípio do poluidor/usuário pagador na forma de tributação ambiental. O objetivo deste documento foi discutir alguns aspectos conceituais da proposta, bem como questões concretas sobre a viabilidade de sua efetiva implementação no país. Desta forma, a proposta tem por objetivo final de que, se devidamente aplicados, os instrumentos tributários permitirão reduzir os conflitos entre crescimento econômico e proteção ambiental. Cf. Texto para discussão n. 738: *Proposta de Tributação Ambiental na Atual Reforma Tributária Brasileira*, de Ronaldo Seroa da Motta, José Marcos Domingues de Oliveira e Sérgio Margulis.

O desenvolvimento econômico equilibrado implica dispor de uma política ambiental que deve ser determinada pelo país, e que organiza e põe em prática diversas ações que visam à preservação e melhoramento da natureza e, conseqüentemente, da vida humana.

Dentre as Diretrizes da Política Nacional de Meio Ambiente está a compatibilização da proteção ambiental com o objetivo de desenvolvimento sócio-econômico. Em um primeiro momento, pode ocorrer colisão entre as políticas de proteção ambiental e as políticas de desenvolvimento econômico, como já exposto anteriormente.

A Lei n. 6.938/1981, em seu artigo 4º, determina como meta da Política Nacional do Meio Ambiente, a compatibilização do desenvolvimento econômico e social com a preservação da qualidade do meio ambiente e do equilíbrio e ecológico.

No entanto, no Brasil pode ser observado que as políticas públicas no sentido de incentivo à proteção ambiental precisam ser intensificadas, mesmo considerando o meio ambiente positivamente inserido na ordem social.

Qualquer política ambiental deve estar integrada com planejamento urbanístico, com a saúde pública, com o desenvolvimento entre outros aspectos.

Assim, é necessário que o governo, em todos os seguimentos, disponha de uma política econômica, financeira, tributária que faça com que haja efetivamente esse desenvolvimento sustentado, destacado no artigo 225 da Constituição Federal. Embora a Constituição brasileira determine que o Estado e a sociedade sejam responsáveis pela preservação ambiental, poucos são os mecanismos para que essa preservação se efetive.

Merecem aqui especial atenção, as atividades do Poder Público nesse processo. A atuação do Estado é, antes de tudo, uma atividade política de intervenção no domínio econômico, de modo a orientá-lo e a reconduzi-lo aos valores informadores da atividade econômica e da propriedade privada eleitos pela Constituição Federal.

Destas considerações, pode-se verificar que continua sendo um grande desafio, na ordem econômica, a implementação do princípio do desenvolvimento sustentável, elencado no artigo 225 da Carta constitucional brasileira.

Por isso mesmo, é possível afirmar que as questões ambientais estão interligadas com as questões econômicas e sociais, e que a efetividade da proteção ambiental depende do tratamento globalizado e conjunto de todas elas, pelo Estado e pela sociedade.

Deve-se ter em conta nesta linha de entendimento, adaptada à realidade brasileira, que a Política Nacional de Educação Ambiental estabelece, ao definir como um dos objetivos fundamentais da educação ambiental "o desenvolvimento de uma compreensão integrada do meio ambiente em suas múltiplas e complexas relações, envolvendo aspectos ecológicos, psicológicos, legais, políticos, sociais, econômicos, científicos, culturais e éticos".[19]

Neste contexto deve ser observada a obrigatoriedade do Poder Público, nos termos dos artigos 205 e 225 da Constituição Federal, ao *definir políticas públicas que incorporem a dimensão ambiental.* Daí destacar a importância da educação ambiental no ensino em todos os níveis de formação educacional. É imprescindível que se desenvolva a consciência ambiental em todos os setores e seguimentos da sociedade e que a preservação ambiental seja incorporada amplamente ao modo de vida da sociedade capitalista contemporânea.

Essa dimensão ambiental deve ser incorporada não apenas nas políticas e ações de governo, mas também nas políticas e ações da iniciativa privada e de toda sociedade, com a preocupação de que o desenvolvimento sustentável seja implementado no sentido do desenvolvimento humano.

6. *O papel do Estado no desenvolvimento econômico sustentável: reflexões sobre a tributação ambiental como instrumento de planejamento público*

O exercício da atividade econômica só é permitido ao Estado brasileiro quando se torna necessária a defesa da segurança nacional ou para o atendimento de interesses coletivos, conforme definidos em Lei (art. 173 da CF). O Estado deixa livre aos particulares a atividade econômica e utiliza-se da tributação para cumprir suas finalidades sociais e ambientais.

Ao se planejar o desenvolvimento econômico, deve-se atribuir importância à conservação da natureza,[20] conforme enaltece a Declaração de Estocolmo. A Declaração sobre o Direito ao Desenvolvimento, de

19. Lei n. 9.795/1999, art. 5º, I.
20. Declaração de Estocolmo de 1972 (anexo I, II, 2).

1986, ampliou este conceito, reconhecendo que o desenvolvimento é um processo econômico, social e político abrangente, devendo a pessoa humana ser o foco central deste processo.

Na Conferência da Organização das Nações Unidas para o Meio Ambiente, realizada no Rio de Janeiro em 1992, foi elaborada uma declaração final sobre o tema, constando uma proposta para a adoção, nos países que participaram da conferência em questão, de um sistema de tributos ambientais.

Atualmente, é preciso ter em conta que a tributação ambiental pode revelar-se um expediente importante para atingir o objetivo de preservação do planeta, ou seja, do meio ambiente, se estiver associada a outros procedimentos administrativos e fiscalizadores.

Tributação ambiental pode ser entendida como o emprego de instrumentos tributários com duas finalidades: a geração de recursos para o custeio de serviços públicos de natureza ambiental e a orientação do comportamento dos contribuintes para a preservação do meio ambiente.

Assim, ao se referir à tributação ambiental podem-se destacar dois aspectos: um sendo de natureza arrecadatória ou fiscal e outro de caráter extrafiscal ou regulatório, que tem como objetivo conduzir o comportamento dos contribuintes, incentivando-os a adotar condutas que estejam em sintonia com a idéia de preservação ambiental.

A Constituição Federal é minuciosa ao dispor sobre o Sistema Tributário Nacional. Referido Sistema demonstra os artigos pertinentes que limitam as ações de ordem econômica. Isto porque, entre os tributos previstos no sistema, nenhum prevê qualquer forma de tributação mais expressiva sobre atividades destruidoras do meio ambiente ou agressivas aos recursos naturais não-renováveis.

Neste ponto, constata-se que alguns tributos têm incidência aleatória sobre situações que podem ensejar o desenvolvimento de atividades econômicas com conseqüências ambientais. Desta forma, a seletividade de alíquota nos tributos sobre circulação, produção e consumo deveria ser não somente em função de sua essencialidade, mas, também, em consonância com os artigos ambientalistas antes referidos (artigos 5º, XXVII; 170 e 225 da Constituição Federal), em razão da degradação do meio ambiente, da retirada de recursos não-renováveis ou mesmo do tempo de duração do produto.

Diversas propostas sobre a implantação de tributos ambientais no Brasil estão em discussão no Congresso Nacional, com vistas à reforma constitucional tributária. Assim, vale destacar a implantação do IVA – Imposto sobre o Valor Agregado seletivo. Referido tributo tem sua aplicação relacionada ao nível de degradação do agente econômico e incidirá somente sobre bens e serviços.[21]

Há proposta de estabelecer a tributação ambiental através da cobrança de taxas, que algumas vezes poderá conflitar com outros tributos, vez que as bases que se pretende tributar envolve certos bens e serviços.

A contribuição de intervenção ambiental de competência da União é uma outra proposta de criação de um tributo com cunho ambiental. Esta contribuição tem a proposta de ter fatos geradores diferenciados em razão do grau de utilização ou degradação dos recursos ambientais ou da capacidade de assimilação do meio ambiente.

A maioria das propostas de implantação de tributos ambientais está proporcionando a concentração desses tributos na competência tributária da União. Pode, com isso, centralizar o poder de controle de fiscalização e arrecadação dessa receita. No entanto, poderão ser atribuídas competências tributárias ambientais aos estados e municípios, já que os ditames constitucionais exaltam no sentido da responsabilidade de todos os entes do governo e da sociedade quanto às questões ambientais.

De igual modo, pode ser discutido o destino e a divisão da arrecadação do tributo ambiental, em se tratando da competência legislativa da União (sendo uma contribuição por intervenção no domínio econômico, por exemplo). Isto porque, ao estabelecer um tributo através de contribuição de intervenção ambiental, deve-se verificar a vinculação da receita arrecadada. No caso em questão, poder-se-ia estabelecer que a receita desta contribuição ambiental fosse destinada a um fundo de financiamento de investimentos de controle ambiental.

Por outro lado, deve ser verificado também que não há necessidade de se criar novos tributos e, sim, de como distribuir os recursos arrecadados previstos no Sistema Tributário Nacional vigente, aplicados à implementação de políticas públicas em todos os níveis de governo que devam oferecer condições de compatibilizar o direito ao desenvolvimen-

21. Elimina, portanto, a possibilidade de atuar, quando possível, diretamente nas fontes de degradação, tais como emissões de poluentes ou final de recursos naturais. Por outro lado, sua alíquota pode ser seletiva sobre alguns bens e serviços que estão associados a danos ambientais. Sua aplicação seletiva só teria alcance ambiental significativo quando da sua incidência no consumo final, segundo pode ser observado na sistemática de incidência do referido tributo.

to com a proteção do direito ambiental (meio ambiente), sendo ambos direitos garantidos constitucionalmente.

7. *Participação democrática nas questões de desenvolvimento econômico sustentável à luz do Estatuto da Cidade*

O orçamento é considerado instrumento do planejamento público. Necessário se faz observar que este orçamento (planejamento) deve produzir mudanças significativas no plano sócio-ambiental e não pode ser interpretado unicamente no sentido de equacionar a receita e a despesa. Como o orçamento deve ser formado principalmente pela contribuição (pagamento) de tributos pelo contribuinte, salienta-se aqui a necessidade da comunidade conhecer este orçamento e dele participar, tanto na sua elaboração quanto na efetiva aplicação do mesmo.

Através dos orçamentos públicos é que se decidem onde os recursos públicos devem ser aplicados. Ou seja, a criação de uma área de preservação ambiental municipal e o aumento dos recursos na área do saneamento básico são alguns exemplos de iniciativas que requerem a previsão orçamentária. A participação do cidadão na elaboração do orçamento é fator importante no planejamento municipal. Com isto, podem-se definir as prioridades de investimentos no município onde mora aquele cidadão, contando com a participação e colaboração deste, no processo de elaboração e aprovação do orçamento de seu município.

Os munícipes demonstram o exercício de cidadania e atuação democrática quando exercem o direito garantido pelo Estatuto da Cidade (Lei n. 10.257/2001) de participar da vida social de seu município, através do orçamento participativo, das audiências públicas entre outras manifestações inerentes. Através desta lei foi criada a garantia do direito às cidades sustentáveis, quando estabelece a previsão de se utilizar incentivos e benefícios fiscais e financeiros, como instrumentos do planejamento urbano (art. 4º, IV), contemplando a participação da população no desenvolvimento da política urbana.

A implantação dos instrumentos de política urbana previstos no Estatuto da Cidade deve ser desenvolvida, contando com a participação do Poder Público e da sociedade, mediante as diretrizes estabelecidas naquele estatuto.

A perspectiva da participação popular não assume caráter meramente opinativo, mas de intervenção, com a efetiva participação da sociedade na formulação, execução e acompanhamento dos planos, programas e projetos de desenvolvimento urbano.[22]

A grande ênfase dada ao planejamento municipal através do Estatuto da Cidade diz respeito ao equilíbrio ambiental. O inciso IV do art. 2º do referido Estatuto[23] traz como diretriz básica o planejamento do desenvolvimento das cidades, da distribuição espacial da população e das atividades econômicas do Município e do território sob sua área de influência, de modo a evitar e corrigir as distorções do crescimento urbano e seus efeitos negativos sobre o meio ambiente. O Plano Diretor assume sua função essencial no implemento destas políticas, sendo inclusive obrigatória a inclusão de metas e diretrizes, tratada pelo diploma urbanístico, como de execução nas leis orçamentárias do município. Assim, uma cidade bem planejada poderá fazer uso de forma correta destes instrumentos de política urbana, sem distorções, o que favorecerá a implementação de um desenvolvimento urbano sustentado. Referido artigo demonstra a importância fundamental que o legislador deu à questão ambiental, a preocupação com as presentes e futuras gerações e a afirmação de que as cidades devam ser sustentáveis.

Cabe ao Poder Público municipal a implantação do Estatuto da Cidade. Mas, o mais importante que deve ser destacado é a participação da sociedade civil organizada nessa nova política, que se dará com a gestão democrática.

Hely Lopes Meirelles escreveu que "a atuação municipal será, principalmente, executiva, fiscalizadora e complementar das normas superiores da União e do Estado-membro, no que concerne ao peculiar inte-

22. O Estatuto incorpora a idéia da participação direta e universal dos cidadãos nos processos decisórios da política urbana, tornando obrigatória a participação popular na definição da política urbana (artigos 43 a 45). Estão previstos instrumentos como conferências e conselhos de política urbana nos âmbitos nacional, estadual e municipal, audiências e consultas públicas, além da obrigatoriedade de implementação do Orçamento Participativo. Estes instrumentos devem ser utilizados pelos municípios para abrir espaço para os interesses dos cidadãos em momentos de tomada de decisão a respeito de intervenções sobre o território, e são obrigatórios nos Planos Diretores (Lei n. 10.257/2001).

23. Dispõe o artigo 2º do Estatuto da Cidade: "A política urbana tem por objetivo ordenar o pleno desenvolvimento das funções sociais da cidade e da propriedade urbana, mediante as seguintes diretrizes gerais: I – garantia do direito a cidades sustentáveis, entendido como o direito à terra urbana, à moradia, ao saneamento ambiental, à infra-estrutura urbana, ao transporte e aos serviços públicos, ao trabalho e ao lazer, para as presentes e futuras gerações."

resse local, especialmente na proteção do ambiente urbano".[24] Assim, a execução da política urbana determinada pelo Estatuto da Cidade deverá ser orientada em decorrência dos principais objetivos do direito ambiental constitucional, estatuídos no Plano Diretor. Para tanto, é necessário que o município tenha seu plano diretor que deve definir todos os aspectos dispostos no Estatuto da Cidade, nas atividades do desenvolvimento urbano estabelecido na Constituição Federal.

Vale salientar neste ponto os escritos de Milaré,[25] quando ensina que "a variável ambiental vem sendo, cada vez mais, introduzida na realidade municipal, para assegurar a sadia qualidade de vida ao homem e ao desenvolvimento de suas atividades produtivas. Isto é sentido sobretudo na legislação, com a inserção de princípios ambientais em Planos diretores e leis de uso do solo e, principalmente, com a instituição de sistemas Municipais de Meio Ambiente, e a edição de Códigos Ambientais Municipais".

Neste mesmo seguimento, ressalta o Estatuto da Cidade (art. 2º, incisos X e XI) a adequação dos instrumentos de política econômica, tributária e financeira e dos gastos públicos aos objetivos do desenvolvimento urbano, de modo a privilegiar os investimentos geradores de bem-estar geral e a fruição dos bens pelos diferentes segmentos sociais. A lei destaca a adequação dos instrumentos de política econômica, tributária e financeira e dos gastos públicos aos objetivos do desenvolvimento urbano.

Assim, entende-se que deva existir, previamente, um planejamento de desenvolvimento urbano, para que haja uma adequação dos instrumentos de política econômica, tributária e financeira, e que essa adequação seja de modo a privilegiar os investimentos geradores de bem-estar geral e a fruição pelos diferentes segmentos sociais.[26]

8. Conclusão

É preciso pensar no meio ambiente como um valor fundamental. Em conseqüência, deve o Poder Público planejar o desenvolvimento econômico, atribuindo importância à conservação da natureza.

24. Hely Lopes Meirelles, *Direito Municipal Brasileiro*, Ed. RT, 5ª ed., p. 424.
25. Edis Milaré, *Direito do Ambiente*, p. 223.
26. Vânia Kirzner, ob. cit.

A gestão ecológica implica uma política ambiental, em que o país determina, organiza e põe em prática diversas ações que visem à preservação e ao melhoramento da vida das pessoas.

Dentre as diretrizes da Política Nacional de Meio Ambiente está a de compatibilização da proteção ambiental com o objetivo de desenvolvimento econômico. Encontrar um meio termo entre meio ambiente equilibrado e desenvolvimento é um dos grandes problemas a serem enfrentados pela sociedade contemporânea.

O princípio da democracia econômica-social representa o lastro principiológico que deve escudar todos os demais princípios que informam o Direito Ambiental a fim de oportunizar uma harmonização naquela seara.

A adequação de propósitos, meios e fins descritos pela lógica do razoável deve ser acolhida pelo Direito Ambiental como indispensável à consecução de seus objetivos. O Princípio do Equilíbrio deve integrar o rol dos princípios específicos do Direito Ambiental.

A Constituição brasileira alberga dois princípios aparentemente conflitantes. O artigo 3º, inciso II determina que é objetivo fundamental da República Federativa do Brasil garantir o desenvolvimento nacional. E o artigo 225 prevê a proteção ambiental nos termos ali descritos.

Convém ressaltar que o Estado deve incentivar o desenvolvimento. Deve ser observado que o conceito de desenvolvimento adotado pelo constituinte é um conceito moderno (art. 225). Referido conceito apresenta o desenvolvimento como crescimento econômico, como desregulamentação e redução do papel do Estado com a globalização, como direito humano inalienável.

O planejamento do desenvolvimento das cidades deve ser adequado à distribuição espacial da população e às atividades econômicas do Município e do território sob a área de sua influência, de modo a evitar e corrigir as distorções do crescimento urbano e seus efeitos negativos sobre o meio ambiente.

É no município que vive o cidadão. É no município que ele exerce suas atividades laborais. O Município tem a sua base territorial. Esta base territorial tem peculiaridades e características ambientais próprias.

Cabe ao Governo Municipal traçar as metas para um ordenamento do espaço físico da cidade, de forma a que a mesma possa cumprir a sua função social, com vistas ao desenvolvimento econômico.

A Constituição de 1988 inovou no cenário brasileiro na área do Direito Ambiental, abrindo novos espaços para as ações de proteção ao meio ambiente e, no que se refere aos direitos e garantias individuais, à organização do Estado, à tributação, e ainda à ordem econômica e social do País.

Referida Constituição não estabeleceu nenhum tributo ambiental específico, embora possibilite, no seu texto, condições nas espécies tributárias já existentes, para estabelecer mecanismos e instrumentos de tributação, enfocando o meio ambiente para efeito de preservação a ele dirigida.

Deve ser verificado também que não há necessidade de se criar novos tributos e, sim, de se distribuir adequadamente os recursos arrecadados previstos no Sistema Tributário Nacional vigente. Desta forma, os recursos devem ser aplicados na implementação de políticas públicas em todos os níveis de governo, para oferecer melhores condições para compatibilizar o direito ao desenvolvimento com o direito à proteção do meio ambiente, garantidos constitucionalmente.

É preciso que o meio ambiente seja preservado, não através de uma tributação acentuada e sim com estímulos ou benefícios, entre eles destacando-se aqueles projetos que contemplam planejamentos ambientais que preservem e recuperem o meio ambiente degradado.

Seja qual for o objeto da aplicação da tributação ambiental, a sua regulamentação deverá de ser discutida em profundidade, analisando detalhadamente todos os aspectos econômicos e ambientais pertinentes, de forma que a tributação ambiental seja realmente eficiente e gere os benefícios sociais esperados.

A busca da preservação do meio ambiente compatibilizada com um desenvolvimento econômico equilibrado é o maior norte para a humanidade neste milênio.

É neste caminho que o Estado tem um importante papel a cumprir. E esta tarefa deve ser compartilhada com a sociedade e com a comunidade internacional.

Bibliografia

ALMEIDA, Maria Cecília Ladeira de. "A Tutela Ambiental como Instrumento da Garantia do Desenvolvimento na Ordem Constitucional", *Revista da Faculdade de Direito da Fundação Armando Penteado*, ano I, n. 1, 2002.

ALVES, Sergio Luis Mendonça. *Tributação Ambiental, propriedade privada, conhecimento humano, degradação ambiental e repartição de responsabilidades...*, in www.emporiodosaber.com.br.

ANTUNES, Paulo Bessa. *Direito Ambiental.* 2ª ed., Rio de Janeiro, Lumen Juris, 1998.

ARAÚJO, Suely Mara Vaz Guimarães de. *Tributação Ambiental e Reforma Tributária.* Câmara dos Deputados, Meio Ambiente, Organização Territorial, Desenvolvimento Urbano e Regional. Brasília-DF, agosto de 2003.

BASTOS, Celso Ribeiro. *Curso de Direito Econômico.* São Paulo, Celso Bastos Editora, 2003.

BENJAMIN, Antonio Herman de V. *et alli.* "O Princípio poluidor-pagador e a reparação do dano ambiental", in *Dano Ambiental, prevenção, reparação e repressão.* São Paulo, Ed. RT, 1993.

__________; SICOLI, José Carlos Meloni (orgs.). *Anais do 5º Congresso Internacional de Direito Ambiental:* O futuro do controle da poluição e implementação ambiental – de 4-7.6.2001. São Paulo, IMESP.

CANOTILHO, José Joaquim Gomes. *Direito Constitucional.* Coimbra, Almedina, 1991.

DERANI, Cristiane. *Direito Ambiental Econômico.* São Paulo, Max Limonad, 1997.

FARIAS, Paulo José Leite. *Competência Federativa e proteção ambiental.* Porto Alegre, Sérgio Antônio Fabris, 1999.

FIORILLO, Celso Antonio Pacheco. *Curso de Direito Ambiental.* 2ª ed., São Paulo, Saraiva, 2001.

__________; DIAFÉRIA, Adriana. *Biodiversidade e patrimônio genético no direito ambiental brasileiro.* São Paulo, Max Limonad, 1999.

INSTITUTO SOCIOAMBIENTAL e SECRETARIA DO MEIO AMBIENTE DO ESTADO DE SÃO PAULO. *Ambientalismo no Brasil: passado, presente e futuro.* São Paulo, SEMA, 1997.

KIRZNER, Vânia. *Plano Diretor de Desenvolvimento Urbano (Estatuto da Cidade – Lei 10.257/01)*, disponível em 26.4.2004, in www1.jus.com.br/doutrina/texto.asp?id=3899.

LEITE, José Rubens Moratto. *Dano Ambiental: do individual ao coletivo extrapatrimonial.* São Paulo, Ed. RT, 2000.

LEVORATO, Danielle Mastelari. "O Direito ao Meio Ambiente Ecologicamente Equilibrado", in *Em Tempo – Revista do Curso de Direito da UNIVEN*, vol. 5. Marília, agosto 2003.

MACEDO, Luís Otávio Baú. *A Evolução dos Paradigmas ao Desenvolvimento: Uma síntese ao novo milênio.* Unitoledo de Presidente Prudente, in www.unitoledo.br/intertemas/volume5/artigos.asp, *Revista Intertemas*, n. 5.

MACHADO, Paulo Affonso Leme. *Estudos de Direito Ambiental.* São Paulo, Malheiros Editores, 1994.

__________. *Direito Ambiental Brasileiro.* 12ª ed., São Paulo, Malheiros Editores, 2004.

MARTINS, Ives Gandra da Silva. *Taxa de Controle e Fiscalização Ambiental.* TCFA – Constitucionalidade de sua instituição, in www.planalto.gov.br/ccivil_03/revista/ver_21/artigos/art_ives.htm.

MEIRELLES, Hely Lopes. *Direito Municipal Brasileiro.* 13ª ed., São Paulo, Malheiros Editores. 2003.

MILARÉ, Edis. *Direito do Ambiente.* 2ª ed., São Paulo, Ed. RT, 2001.

MOTTA, Ronaldo Seroa da; OLIVEIRA, José Marcos Domingues de; MARGULIS, Sérgio. *Proposta de Tributação Ambiental na Atual Reforma Tributária Brasileira.* Rio de Janeiro, IPEA, 2000.

MOURA, Luiz Antônio Abdalla de. *Economia Ambiental. Gestão de Custos e Investimentos.* São Paulo, Juarez de Oliveira, 2000.

MUKAI, Toshio. *Direito Ambiental Sistematizado.* Rio de Janeiro, Forense Universitária, 1992.

SEGUNDO, Rinaldo. *O orçamento público, os tributos e o meio ambiente.* Texto extraído do Jus Navigandi disponível em www.jus.com.br.

SILVA, Geraldo Eulálio do Nascimento. *Direito Ambiental Internacional.* 2ª ed., Rio de Janeiro, Thex Editora, 2002.

SILVA, José Afonso da. *Direito Ambiental Constitucional.* 5ª ed., São Paulo, Malheiros Editores, 2004.

SOARES, Guido Fernando Silva. *Direito Internacional do Meio Ambiente: emergência, obrigações e responsabilidades.* São Paulo, Atlas, 2001.

SOUZA, Paulo Roberto Pereira de. "O Direito Brasileiro, a Prevenção de Passivo Ambiental e seus Efeitos no Mercosul", in *Scientia Juris*, vol. 1, n. 1. São Paulo, jul.-dez. 1997.

TRINDADE, Antônio Augusto Cançado. *Direitos Humanos e Meio Ambiente. Paralelo dos sistemas de proteção internacional.* Porto Alegre, Sérgio Antônio Fabris, 1993.

ZUCCA, Aldo Jacomo. *O Direito da Terra.* Rio de Janeiro, Ed. Qualitymark, 1992.

Quarta parte
QUESTÕES DE DIREITO TRIBUTÁRIO AMBIENTAL EM DEBATE

DEFESA AMBIENTAL: UTILIZAÇÃO DE INSTRUMENTOS TRIBUTÁRIOS

Lídia Maria Lopes Rodrigues Ribas

O espírito de um povo, seu nível cultural, sua estrutura social, os feitos que sua política pode alcançar, tudo isso e muito mais está escrito na sua história fiscal, depurada de todo fraseado. Aquele que sabe prestar atenção à sua mensagem escuta aqui o trovão da história do mundo mais nitidamente do que em qualquer outro lugar.

Joseph Schumpeter

1. Introdução

Tendo despertado pelos fatos da má gestão ambiental, o Homem enfrenta um desafio que exige ações multidisciplinares. Entre esses mecanismos está a construção jurídica, direcionada a comportamentos voltados às políticas ambientalistas.

Cumprindo um papel orientador, o direito potencializa suas áreas que, articuladas, permitem melhor enfoque sobre o ambiente, dada a característica do direito como poderosa ferramenta de transformação, cuja tutela é um tema a ser enfrentado na atualidade, a partir da perspectiva fundamental dos direitos humanos.

São examinadas neste estudo as questões que permeiam o meio ambiente e a potencialidade da tributação, quando direcionada à sua defesa, sob o enfoque de um direito tributário dinâmico e inovador, comprometido com os anseios de equilíbrio ecológico do cidadão na atualidade.

O uso da extrafiscalidade na tributação já é uma constante como instrumento de políticas públicas pelas nações civilizadas com sucesso na função regulatória das atividades dos indivíduos, ora incentivando, ora desestimulando práticas no interesse da sociedade por meio de benefícios fiscais, sejam reduções, isenções, suspensões, tributação progressiva ou até mesmo restituições.

Ao lado da função arrecadatória, o poder de tributar do Estado com fins extrafiscais deve ser utilizado em sintonia com o poder de regular, como importante instrumento para a defesa do meio ambiente.

A análise é feita a partir da localização do tema no contexto econômico e ambiental, com a identificação das espécies tributárias a serviço da extrafiscalidade, passando pela questão dos fundos de proteção ambiental e pela conformação da estrutura do sistema tributário brasileiro, sendo relacionadas algumas experiências de outros países.

O estudo dos temas abordados constitui-se numa contribuição à análise da efetividade da tributação enquanto instrumento de defesa ambiental.

2. Meio ambiente e realidade sócio-econômica

2.1 Conjuntura ambiental

O sistema ambiental no mundo está entrando em colapso devido às ações agressoras do homem na natureza, cujos reflexos danosos demoraram a ser sentidos. Só recentemente, diante de um desequilíbrio ecológico, o Homem despertou para os fatos da má gestão ambiental: ar poluído; águas envenenadas; reservas florestais dizimadas; espécies extintas;

alimentação envenenada por agrotóxicos; a questão das chuvas ácidas; o buraco da camada de ozônio; o efeito estufa; terremotos, vulcões e maremotos em razão de desequilíbrio no ecossistema, só para citar alguns.

Na verdade, a preocupação não é nova, uma vez que entre os clássicos como, por exemplo, Malthus (*An Essay on the Principle of Population)*, Marx (*O Capital*) e David Ricardo (*On the Principles of Political Economy and Taxation*), formava-se uma corrente pessimista sobre a problemática dos recursos naturais; mas ao contrário, Jean Baptiste Say (*Traité d'Economie Politique*) e toda a escola otimista francesa afirmavam a inesgotabilidade desses recursos, esquecendo a poluição ou o desperdício, e trabalhando com modelos de crescimento e desenvolvimento que acabavam por deixar subalternas as questões ambientais e que contribuíam para a degradação e quebra do equilíbrio vital Homem-Natureza.

O sistema capitalista, em busca da aceleração econômica, além de criar problemas sociais à maioria das massas populacionais, produziu profundas lesões ao ambiente, em razão da utilização de sistema de produção de grande poder impactante.

No Brasil, para citar um exemplo, o ritmo de morte das florestas é tão intenso que em 1854 existiam 84,4% das florestas brasileiras enquanto em 2000 restaram apenas 3%.

Pierre Weil (1991:73) mostra um quadro assustador anunciado pela *A Global Awareness in Action Inc.* (Anse St. Jean, Quebec, Canadá):

> A cada minuto (...): 21 ha de florestas tropicais são destruídos; consumimos 34.725 barris de óleo; (...) 50 t de húmus fértil são varridas pela água ou pelo vento; (...) acrescentamos à atmosfera 23.000 t de dióxido de carbono que a aquece (...).
>
> A cada hora (...): 685 ha de hortas produtivas são transformados em deserto; (...) 1.800 crianças morrem de desnutrição ou fome, 15 milhões por ano; (...) 120 milhões de dólares são esbanjados em despesas militares, perto de um trilhão ao ano; (...) 55 pessoas são envenenadas por pesticidas, e cinco morrem; (...) 60 novos casos de câncer são diagnosticados só nos Estados Unidos, 500.000 casos por ano, com 20.000 mortes, por causa do desaparecimento da camada de ozônio; (...).
>
> A cada dia (...): 230.000 recém-nascidos enfrentam um futuro incerto; (...) 25.000 pessoas morrem por falta de água ou por contaminação; (...) 10 t de resíduos nucleares são geradas por 360 usinas nucleares existentes, 360 'Chernobyl' em potencial; (...) 250.000 t de ácido sulfúrico caem sob forma de chuvas ácidas no Hemisfério Norte, matando milhões de ha de florestas; (...) 60 t de embrulhos plásticos e 372 de redes de pesca estão sendo imersas no mar por pescadores comerciais, matando milhares de peixes, aves marinhas e mamíferos marinhos; (...).

Neste momento presente (...): uma espécie viva está sendo extinta a cada cinco horas; (...) o tempo passa e o ponto de irreversibilidade se aproxima depressa, talvez em menos de dez anos; (...) existem soluções para todos estes problemas; é apenas questão de escolha e vontade individual e coletiva; (...)

Cada minuto que passa sem a nossa decisão de agir é um precioso minuto perdido; (...)

A rápida evolução dos meios de comunicação demonstrou a reduzida dimensão do planeta e novas concepções globais passaram a ser adotadas pela comunidade internacional, que acordou para esses problemas ambientais, o que fez surgir organizações não-governamentais, partidos políticos com preocupações ecológicas e órgãos dos Governos, todos com objetivos que levem ao crescimento sustentável, que respeitem o meio ambiente e que vêem como mais importante a mudança de mentalidade da população mundial.

O ambiente deixa de ser mais um fator de produção para se tornar um paradigma de desenvolvimento. O meio ambiente passou de fator de produção a indicador de desenvolvimento. Assim, país desenvolvido é aquele que, além da grande produção material e de serviços, mantém um ambiente protegido e de qualidade. O próprio conceito de capital, essencial para a definição desse desenvolvimento, engloba atualmente os bens ambientais.

A equivocada visão do desenvolvimento a partir de critérios econômicos restritos, desfocada da necessária abordagem multidisciplinar, a partir da década de setenta, cede lugar a um processo que envolve mudanças em estruturas e valores. A ONU, por exemplo, por meio de seu Departamento de Estatística, vem adotando métodos de cálculo do rendimento nacional, levando em conta a depreciação e degradação ambiental.

As nações modernas passaram a incorporar às regras constitucionais dispositivos de defesa e preservação ambiental e regulam com intensidade a questão. Só o Parlamento Europeu identificou, até 1991, 445 atos legislativos: 196 diretivas, 150 decisões e 14 recomendações e resoluções, tratando questões ambientais, o que expressa a preocupação comunitária entre os diversos organismos comunitários (Lobo, 1995:3/51).

Ao lado das normas jurídicas e do comportamento ecológico que se vem instalando na sociedade, pelo princípio do desenvolvimento sustentável, os agentes econômicos, embora tenham como fator importante o preço do produto, também se preocupam com a imagem e a qualidade, até pelo atendimento das exigências da ISO 14.000, configurando-se mercados específicos que interessam cada vez mais aos produtores e aos consumidores.

2.2 Questões econômicas

Entre as grandes causas econômicas, geradoras de pobreza e miséria, está a crescente utilização de matérias-primas e energia não-renováveis, cada vez mais de difícil acesso e com grandes custos sociais provocados pelo crescimento desordenado da economia. Esses custos ambientais são transferidos à sociedade. A economia política, que deveria perquirir a absoluta limitação e escassez dos recursos naturais não-renováveis para sua adequada e racional utilização, não o vem fazendo adequadamente, restando o custo social elevado em relação ao benefício da sociedade para atingir os objetivos dessa política pública oblíqua, uma vez que esses custos não são revelados nos preços de mercado, sendo considerados como externalidades negativas.

Apesar de antes se preconizar a ingerência mínima do Estado, limitando-se a arrecadar os recursos necessários, mas sem intervenção na estrutura econômica, com a despesa do Estado neutra, a partir do Estado moderno a economia pública passou a proporcionar amplas possibilidades de influência no domínio econômico. A economia pública passou a ser um instrumento de política extrafiscal dos mais poderosos.

Assegurados os direitos e garantias individuais, o Estado atual intervém na ordem econômica e social dentro dos parâmetros desenhados constitucionalmente formulando políticas que objetivem direcionar as atividades e comportamentos, por meio de incentivos ou desestímulos à sua atuação. Esses incentivos são fortes mecanismos no desenvolvimento. O Japão, por exemplo, é considerado como uma sociedade de incentivos.

É papel da política pública intervir na esfera econômica para atingir, entre outros objetivos, o da qualidade ambiental, o que não é obtido com a atuação livre dos agentes econômicos. A defesa do meio ambiente é um dos princípios gerais da atividade econômica (art. 170, VI da CF).[1]

No alcance dos objetivos da política pública, Motta (2000:87) identifica dois tipos de instrumento – de controle e econômico. Enquanto o

1. Art. 170. "A ordem econômica, fundada na valorização do trabalho humano e na livre iniciativa, tem por fim assegurar a todos existência digna, conforme os ditames da justiça social, observados os seguintes princípios: (...) VI – defesa do meio ambiente; (...)."

primeiro atua fixando parâmetros técnicos, como, por exemplo, o licenciamento ambiental, o segundo atua diretamente nos custos de produção e consumo como a tributação (por exemplo a taxa florestal que financia os institutos florestais).

O melhor instrumento é aquele que atinge os objetivos ambientais com a melhor eficiência econômica, ou seja, com a menor relação custo/benefício. E falar em objetivos ambientais não é apenas no tocante às florestas ou animais silvestres, mas também em relação à saúde, segurança. Na classificação de Fiorillo (2000), são aspectos do meio ambiente natural, os constituídos pelo solo, água, ar atmosférico, biota (fauna e flora); do artificial, o espaço urbano construído, com as edificações e equipamentos públicos; do cultural, o patrimônio histórico, artístico, arqueológico, paisagístico, turístico; do trabalho, o local onde as pessoas desempenham suas atividades laborais. Enfim, todas as questões relacionadas às atividades sociais e econômicas que impliquem o bem-estar da população.

Ao lado do instrumento de controle, que fixa os níveis de uso do recurso natural, o instrumento de natureza tributária força o usuário a decidir pelo uso acima ou abaixo do padrão, comparando o custo com o instrumento tributário e o custo de não usar o recurso (conservar).

No balanço entre os usuários, alguns reduzem o uso mais que outros e no agregado das reduções individuais resulta o padrão ambiental desejado. Aqueles que reduzem o uso têm um custo inferior ao do instrumento tributário, o que incentiva o uso de tecnologias menos intensivas em recursos naturais.

O desenvolvimento sustentável busca exatamente harmonizar a tensão entre desenvolvimento econômico e preservação do ambiente. Isso leva à preocupação em internalizar as externalidades ambientais, que exigem "imposição de normas técnicas anti-poluição e mecanismos compensatórios às agressões ambientais" (Guimarães, 1997:351). Daí a necessidade de se incorporar ao cálculo econômico, na análise de projetos impactantes, metodologia que adote mensuração do custo ecológico, que reflita a perda de recursos para a sociedade, ou seja, a internalização das externalidades ambientais.[2]

Não se pode deixar de levar em conta que, atualmente, além do preço do produto, é fator importante de internalização de custos os ris-

2. Também nesta linha defensiva, o governo federal brasileiro lançou em novembro de 1995 o Plano Verde, que proíbe empréstimos dos bancos oficiais a *projetos anti-ecológicos.*

cos ambientais pelas empresas e a imagem da qualidade dos produtos em relação à preservação do ambiente, criando-se com isso mercados específicos e cada vez com maior dimensão.

O ideal de obter um preço de mercado que incorpore cada fração de recurso utilizado e o enfoque dos problemas ambientais a partir da limitação e escassez induzem à definição de objetivos econômicos que dependam de metas sociais e objetivos globais definidos politicamente. A idéia é que a tributação ambiental aumente a carga tributária sobre a degradação e reduza a carga sobre trabalho e lucro, variando-se as hipóteses de incidência, alíquotas e bases de cálculo, em função do grau de utilização ou degradação do ambiente.

Um exemplo de eficiência de instrumento tributário na proteção ambiental é o do Protocolo de Montreal, sobre a produção e armazenamento de clorofluorcarbonetos (CFC), cuja tributação progressiva no tempo,[3] levou os agentes econômicos a substituírem-nos por outros materiais não prejudiciais à camada de ozônio.

Assim, fica claro que a política pública exige ações conjuntas entre as áreas econômica, tributária e ambiental, pois afeta preços, carga fiscal e direitos de uso. Entre os mecanismos de desenvolvimento o fenômeno tributário atua na realização de duplo objetivo: organizar e inverter.

A ordem sócio-econômica utiliza todos os instrumentos jurídicos, mas um dos principais agentes, no dizer de Alfredo Augusto Becker (1972:544), com caráter revolucionário, é o direito tributário, dado o impacto que produz na reconstrução dessa ordem sócio-econômica.

Nesse quadro geral, o Brasil, diante da ordem econômica internacional, não se vem posicionando com a necessária independência econômico-financeira, diante das desigualdades nas relações internacionais, uma vez que nas trocas os recursos naturais brasileiros são desvalorizados em favor de uma superavaliação das dívidas financeiras junto aos organismos internacionais.

Na tentativa de equilibrar a balança comercial é, então, transferida para o exterior uma grande quantidade de riquezas nacionais insubstituíveis, a preços muito baixos, numa visão mercantil predatória da exploração ilimitada desses recursos. Via de conseqüência, essa exaustão da natureza resulta em desemprego e aumento crescente de impostos, necessários para compensar os prejuízos do próprio modelo, como o com-

3. 3,10 dólares por libra, aumentando 0,45 dólares todos os anos.

bate ao crime, na maioria praticado por pessoas marginalizadas; a assistência médica; a seguridade social e a própria necessidade de recuperação do ambiente.

Necessário se faz repensar a exploração de nossas reservas naturais não-renováveis para orientar sua utilização em favor da melhoria na qualidade de vida dos brasileiros.

Enquanto países mais desenvolvidos controlam com maior rigor o seu ambiente e suas reservas naturais, no Brasil, apesar de razoável quantidade de leis reguladoras do assunto, ainda é fraco o combate à degradação ambiental.

A extrafiscalidade da tributação é um forte instrumento à disposição da política econômica para articular uma prática econômica sustentável.

2.3 Paradigma constitucional do Estado Democrático de Direito e o meio ambiente

Para se discutirem questões jurídicas na relação fisco-contribuinte é necessário que se parta da análise do conceito de Estado e se observe a mudança de seus paradigmas no processo histórico, promovendo-se uma reflexão sobre suas transformações, à luz dos direitos fundamentais, já que estes adquirem significativa importância no estado democrático de direito, que deve promover, por meio de sistema de princípios e regras, o aprimoramento da ordem jurídica, na realização de uma ordem social justa.

Como organização jurídico-política das sociedades civilizadas, o Estado constitucional democrático fundamenta-se em instrumental jurídico eficaz para a consecução da cidadania, em que o homem detentor de liberdades públicas assume um papel na construção de um novo conceito de democracia, alicerçado em instituições eficientes e legítimas.

O direito vincula-se às fontes de integração social, e se manifesta pela prática da autodeterminação que impõe o exercício das liberdades comunicativas pelos cidadãos, no sentido da soberania da justiça.

"A construção do paradigma Estado democrático de direito, o qual, além da soberania popular no que tange ao poder constituinte e ao poder estatal, exige um governo popular assente nas prerrogativas constitucionais dos representantes eleitos, na vinculação de todos atos estatais e do legislador à constituição, no direito dos cidadãos de colaborar com o Estado e participar de políticas sociais, econômicas e culturais de inclusão social e na reestruturação qualitativa das instituições de poder" (Soares, 2001:169).

Os paradigmas tradicionais devem ser superados diante das novas exigências de transformações sociais, buscando-se a concretização de justiça social, assente em parâmetros constitucionais, a partir de políticas eficazes que incorporem a participação dos cidadãos nos centros de poder. A efetivação da cidadania no Estado democrático de direito pressupõe a garantia e a concretização dos direitos fundamentais, quando é permitido aos seus titulares o exercício efetivo da cidadania ativa do Estado, pela função de integração, organização e direção jurídica da constituição.

Diante da realidade das complexas sociedades modernas, impõe-se uma metamorfose do Estado que absorva esquemas de representação, caracterizados pela multiorganização, multipolarização e descentralização da organização política estatal, por meio de sistemas autônomos, auto-organizados e interferentes (Canotilho, 1993:15).

Esta democratização das forças políticas é uma questão de reengenharia constitucional que melhor compreenda o Estado diante da globalização, mas que, em respeito a uma ordem internacional democrática, evite a recepção constitucional de institutos jurídicos inadequados à realidade social de cada Estado e viabilize aqueles que contribuam para efetivação da cidadania mais plena e coletiva com a participação de todos os segmentos sociais.

O Estado constitucional, além de limitado pelo direito, ainda se submete a princípios e regras internacionais inevitáveis numa nova ordem mundial universalista, que alcança novos espaços comunitários que se organizam e progressivamente se abrem a uma rede cooperativa de metanormas.

Assim, não há que se ignorar o que está e como está sendo desenvolvido pela ciência jurídica, ainda que isso não implique importar institutos que não se coadunam com a realidade nacional, mas que devam ser analisados e avaliados numa perspectiva do ordenamento nacional.

Outro aspecto ligado à engenharia constitucional diz respeito aos mecanismos instrumentais que aprimoram o ordenamento na medida em que não se caracterizem em meras medidas tecnocráticas sujeitas a se degenerar em arbitrariedade, mas que se constituam em institutos jurídicos adequados à realidade social, configurados pela harmonização da teoria e da prática, pela fundamentação doutrinária.

A administração pública democrática exige o estímulo à participação do cidadão na gestão pública, com transparência dos atos administrativos praticados, com publicidade das decisões das opções consideradas, dos efeitos previstos e das justificativas necessárias.

Enquanto o contribuinte de antes mantinha para com o Estado uma situação de sujeição total, em relação ao poder impositivo do Estado, hoje, o Estado está a serviço da comunidade, passando-se à necessária cooperação do cidadão com a comunidade administrativa. O Estado não se impõe mais de modo absoluto diante do cidadão no processo da administração pública.

Houve uma transformação do Estado soberano para um Estado a serviço da comunidade, em que o interesse ambiental não é mais o interesse público do Estado, mas um interesse coletivo, no qual o interesse do Estado é o do cidadão.

Além de bem difuso, a sociedade, ao lado do Poder Público, recebeu do constituinte a responsabilidade de sua defesa e preservação, conforme preceitua o art. 225[4] da Constituição Federal.

As novas formas de exercício do poder público, próprias de um Estado democrático fundado no princípio da soberania popular, corresponsabilizam os cidadãos nas relações da administração público-privada, conduzindo a uma sólida implantação da *democracia administrativa*, superando construções jurídicas formalistas e proceder a um ajuizamento da legitimidade da norma, a partir da perspectiva do Estado de direito como um Estado de valores, ultrapassando uma formulação meramente legal.

Depois, as relações jurídico-ambientais sofrem atualmente grande influência das relações internacionais, não podendo continuar reféns de modelos estáticos, precisando evoluir e adequar-se às operações e negócios realizados em instantes pelos diversos países, em conseqüência dos avanços tecnológicos e do crescimento das relações transnacionais.

3. Tributação e meio ambiente

3.1 Meio ambiente e direito tributário

O direito ambiental traspassa diferentes áreas jurídicas, que devem levar em conta princípios de natureza ambiental, por isso chamado de

4. Art. 225. "Todos têm direito ao meio ambiente ecologicamente equilibrado, bem de uso comum do povo e essencial à sadia qualidade de vida, impondo-se ao Poder Público e à coletividade o dever de defendê-lo e preservá-lo para as presentes e futuras gerações."

horizontal e também de *integração*, uma vez que penetra em todos os setores do direito, para neles introduzir a idéia ambiental. A tributação atua basicamente sobre fatos econômicos, que têm que estar de acordo com princípios estabelecidos pelo direito ambiental. A atividade legislativa deve implementar os instrumentos jurídicos e, entre eles, os tributários são de extrema relevância e eficácia, pois se revelam hábeis à proteção do ambiente.

A experiência de tributação ambiental é incipiente tendo em vista as imposições pontuais existentes. Tanto em matéria ambiental quanto tributária a Constituição Federal (CF) trata de forma pertinente e rica essas questões, o que deveria levar o legislador ao exercício da tributação ambiental de forma mais efetiva e sistemática.

A Constituição brasileira estabeleceu no art. 225 e seus parágrafos princípios de respeito ao ambiente e determinou controles via penalizações para as condutas e atividades lesivas, conforme explicitado em outra oportunidade (Ribas, 2000:170): "Em matéria de meio ambiente, a divisão das competências para legislar, feita pela Constituição Federal, é concorrente (União, Estados e Municípios – art. 24 e §§); é suplementar à legislação federal e estadual no que couber, no caso dos Municípios (art. 30, II); e na adoção de medidas administrativas, a competência é comum aos entes políticos (art. 23, VI)."

Assim, dentro das respectivas competências, o direito ambiental protege o ambiente, podendo o direito tributário adequar suas regras a esse bem jurídico tutelado. O tributo tem caráter social e sua flexibilidade possibilita seu uso mais intenso na defesa do ambiente.

Apesar de algumas experiências não atenderem plenamente os objetivos almejados, como por exemplo, a elevada tributação sobre o cigarro e a bebida alcoólica, visando a proteger a saúde pela diminuição do consumo, ou a alíquota progressiva do imposto de renda e proventos de qualquer natureza (IR), objetivando a redistribuição, principalmente por causa de uma série de outros fatores implicados na questão, não há dúvida que a tributação oferece grande instrumental prevalentemente preventivo nas questões relacionadas ao meio ambiente. E, no que toca ao ambiente, o essencial é prevenir, uma vez que, praticado o dano, na maioria das vezes é irreparável; a recuperação pode até vir, mas só depois de muito tempo e a um custo social elevadíssimo.

Pode-se dizer que a fundamentação teórica definidora na delimitação do comportamento empresarial visando a alcançar aumentos de eficiência nos métodos de produção se dá a partir de Pigou, em 1920. Seu estudo, de natureza econômica, indica a utilização de um imposto especial dirigido àqueles cuja atuação econômica provoque danos a terceiros estranhos a essa atividade. Essa tributação sobre o produto gerador de poluição aumentando o preço faz diminuir a procura, induzindo comportamentos para melhores níveis de poluição e de eficiência.

No caso de mercado monopolista, tal imposição tributária embora alterasse o preço do produto não alcançaria o efeito desejado, já que não havendo competição para alcançar os mesmos resultados além do imposto há de ser adotada uma política de natureza concorrencial.

No que tange aos tributos previstos no sistema, nenhum de modo específico se destina de forma mais efetiva sobre atividades destruidoras do ambiente ou causadoras da exaustão dos recursos naturais não-renováveis.

Há previsão constitucional para tributação diferenciada sobre produtos essenciais, pela seletividade de alíquota. Neste sentido, e tendo em vista as orientações dos arts 170, VI e 225, pode o legislador, em caráter extrafiscal, desestimular as atividades inconvenientes ao bem-estar social. A majoração de alíquotas incidentes sobre produtos *ecologicamente incorretos* permite a transferência dos custos sociais provocados pelo dano para as indústrias poluentes.

Também determinou o constituinte que o poder público e a coletividade devem defender e preservar o ambiente, preconizando (art. 225, § 3º)[5] o sancionamento penal e administrativo, além da obrigação de reparar os danos daqueles que lesam o ambiente. Na análise de José Marcos Domingues de Oliveira (1999:77), "o art. 225 da Constituição brasileira deve ser interpretado como contendo uma clara autorização (na verdade um poder-dever correlato ao direito-dever de usar o meio ambiente para o desenvolvimento da Pessoa Humana) ao Legislador para *instituir tributos que promovam políticas públicas destinadas à proteção ambiental*" (sem destaque no original).

Com a agravação do tributo, a política fiscal se associa à política ambiental, estabelecendo a possibilidade de se afastar, modificar ou até inviabilizar atividades degradadoras do ambiente e, por isso, contrárias ao interesse público, assim como o abrandamento da tributação estimula atividades convenientes à comunidade.

5. Art. 225. "§ 3º. As condutas e atividades consideradas lesivas ao meio ambiente sujeitarão os infratores, pessoas físicas ou jurídicas, a sanções penais e administrativas, independentemente da obrigação de reparar os danos causados."

Tanto a legislação ambiental quanto a penal têm sido instrumentos importantes na defesa do ambiente, mas não têm sido suficientes para preservar nem para reparar os danos ambientais. Assim sendo, as medidas punitivas não são a melhor alternativa; ao contrário, as ações preventivas atendem mais efetivamente a preservação ambiental.[6]

Neste sentido, defende Luiz Cláudio Guimarães (1997:355) que "as metas econômicas visadas pelo Estado, onde se inclui sua política ambiental de um desenvolvimento sustentável, podem ser atingidas com maior eficácia por meio das sanções premiais às unidades de produção, estimulando-as, via empréstimos favorecidos, bem como por meio da técnica da extrafiscalidade dos tributos" – por exemplo, com incentivos às novas indústrias não-poluidoras ou àquelas que utilizem tecnologia de produção com uso de materiais recicláveis ou que diminuam o emprego de recursos não-renováveis.

Normalmente a fiscalidade está a serviço do crescimento, mas quando a preocupação com o ambiente faz parte das políticas públicas, os tributos servem de instrumento para o desenvolvimento sustentável.

Assim, a tributação ambiental permite a utilização das espécies tributárias:

Impostos: cobrados sobre atividades econômicas de contribuintes ligados à produção e consumo de produtos poluidores;

Taxas: a) pelo exercício do poder de polícia – aquelas cobradas em contraprestação às atividades públicas dirigidas aos contribuintes (poluidores); b) pela prestação, efetiva ou potencial, de serviços públicos específicos e divisíveis prestados ao contribuinte ou postos à sua disposição – cobradas pela utilização de serviços de coleta e tratamento de produtos resultantes de atividades poluidoras, por exemplo;

Contribuições de melhoria: instituídas para fazer frente aos custos de obras públicas, de conteúdo ambiental, de que decorra valorização imobiliária.

O sistema tributário, ao lado do sistema administrativo de licenças ambientais, oferece as espécies tributárias à tributação ambiental, atendendo ao desejo constitucional na promoção do equilíbrio ecológico, colaborando para a preservação ambiental. O diferencial das exações tributárias

6. A garantia e reforço ao cumprimento de regra jurídica ora reveste a forma de sanção ora como premialidade. O emprego de sanções negativas (penalidades), para atos socialmente nocivos, alia-se cada vez mais ao emprego de sanções positivas, que no Estado contemporâneo mais servem ao estímulo de atos considerados socialmente úteis.

se traduz no reconhecimento do Estado no grau de relevância ambiental das decisões do contribuinte, que por isso recebem o incentivo ambiental.

O manejo da política de incentivos pode condicionar a concessão de benefícios fiscais, em matéria de impostos, à aplicação de investimentos de interesse do Estado e até em pesquisa científica na área ambiental.

3.2 Extrafiscalidade

3.2.1 Natureza jurídica

Por meio do poder coercitivo é dado ao Estado o espaço de atuação no sentido de obter dos cidadãos os recursos financeiros necessários ao provimento das ações designadas para cumprimento em favor dos cidadãos segundo determinações constitucionais. Assim é que a maioria dos recursos que vêm aos cofres do Estado é proveniente dos tributos. Estes, impostos coercitivamente aos cidadãos, objetivam primeiramente financiar as atividades que o Estado desenvolve para prover o bem comum.

A extrafiscalidade ocorre quando o emprego dos tributos tem objetivo não apenas fiscal, mas também ordinatório, ou seja, o Estado deliberadamente utiliza os instrumentos tributários para alcançar finalidades regulatórias de condutas sociais, em matéria econômica, ambiental, política (administrativa, demográfica, sanitária, cultural) ou social.

Pela extrafiscalidade, o tributo objetiva estimular comportamentos das pessoas em direção às diretrizes estabelecidas pela política econômica, social, ambiental adotada pelo Estado, como para promover a redistribuição da renda e da terra, a defesa da indústria nacional, a orientação dos investimentos para setores produtivos ou mais adequados ao interesse público, a promoção do desenvolvimento regional ou setorial, entre outras ações da atuação estatal, visando a influir no comportamento dos agentes econômicos, incentivando iniciativas positivas e desestimulando as nocivas ao bem comum.

De se destacar a importância da extrafiscalidade como instrumento indispensável no alcance das ações sociais desejadas. O efeito intervencionista dos tributos é decisivo na obtenção das finalidades a que o Estado se propõe, ordenando ou reordenando a economia.

caráter instrumental do direito em busca do bem estar social é o princípio a orientar o uso dos diversos mecanismos normativos em busca das finalidades públicas. Ao lado dos meios mais diretos para alcançar objetivos sociais, políticos, econômicos, o poder público recorre à tributação como mecanismo indutor no alcance desses objetivos. É uma questão da atuação da norma e da reação das pessoas às quais ela é voltada, face ao seu comando, que busca fins previamente almejados.

Tal atuação de caráter tributário leva o Estado ao exercício das faculdades tributárias na forma das exigências contidas no sistema constitucional, seja no tocante à observação dos princípios informadores do sistema constitucional para as políticas adotadas, seja nos princípios constitucionais tributários na escolha e aplicação dos tributos para o alcance dessas políticas. Havendo integral submissão ao regime jurídico constitucional tributário, qualquer espécie de tributo se presta, de certa forma, a alguma finalidade extrafiscal.

A exegese dos dispositivos constitucionais deve harmonizar-se com os princípios adotados na Carta, explícita ou implicitamente. A extrafiscalidade deve desenvolver-se com fundamento na Lei Maior. Como o sistema constitucional brasileiro gravita em torno do princípio federativo, que tem como corolário o princípio da autonomia municipal, a utilização extrafiscal dos tributos é dada a cada pessoa política segundo a competência que lhes foi outorgada pelo constituinte.

Assim se expressa, em síntese, referindo-se à extrafiscalidade, Geraldo Ataliba: "conferindo a Constituição ao legislador ordinário certa faixa de competência, em matéria tributária, usará êle, a seu alvedrio, dos institutos nela compreendidos, para os fins que deseje, desde que juridicamente consentidos".

Entre os requisitos caracterizadores do Estado Federal estão a repartição constitucional de competências político-administrativas, cujo rol é definido pela Constituição Federal entre as entidades dotadas de autonomia – União (art. 21), Estados-Membros (art. 25), Distrito Federal (art. 32) e Municípios (art. 30) –, e a repartição constitucional de rendas, como sendo os meios econômicos adequados para atender as competências.

A Constituição, no Título VI, cuida da tributação e orçamento outorgando a capacidade para todos os entes instituírem impostos, taxas e contribuições de melhoria, discriminando os impostos, entre as pessoas políticas, nos artigos 153 a 156, e estabelecendo um sistema de repartição das receitas tributárias, artigos 157 a 162, como mecanismo de cooperação financeira entre as ordens federadas.

São amplas as possibilidades de manejo dos instrumentos tributários em favor do estímulo ao comportamento dos cidadãos para modificar a orientação na estrutura da economia, do ambiente e no âmbito social em geral.

A função arrecadatória da estrutura tributária está ampliada pela colimação de objetivos extrafiscais como se vê nas imunidades (arts. 150, VI; 153, § 3º, III; 153, § 4º; 153, § 5º; 155, X, "a"; 155, X, "b"; 155, X, "c"; 156, § 2º, I; 184, § 5º; 5º, XXXIV; 226, § 1º; 230, § 2º; 5º, LXXIII; 5º, LXXVI, "a" e "b"; 5º, LXXVII; 201; 195, III, § 7º); nas contribuições parafiscais (arts. 149; 149, § 1º); nos empréstimos compulsórios (art. 148); na seletividade (arts. 153, § 3º, I; 155, § 2º, III) e na progressividade (arts. 182, § 4º, II; 156, § 1º, I) para os impostos; em outras regras de natureza tributária (arts. 146, III, "c"; 155, § 2º, II; 144, § 2º, XII, "e", "f" e "g"; 155, § 4º, IV, "c"; 155, § 5º; 156, § 1º, II; 156, § 3º, II; 159, I, "c"); entre outras normas constitucionais na implementação de uma política fiscal com atributos extrafiscais, compelindo à ação ou inação dos agentes privados.

A importância da extrafiscalidade está plenamente expressa no que Alfredo Augusto Becker (1972:545) chama de metamorfose jurídica dos tributos, falando de transfiguração: "na construção jurídica de todos e de cada tributo, nunca mais estará ausente o finalismo extrafiscal, nem será esquecido o fiscal. Ambos *coexistirão* sempre – agora de um modo *consciente e desejado* – na construção jurídica de cada tributo; apenas haverá maior ou menor *prevalência* neste ou naquele sentido, a fim de melhor estabelecer o *equilíbrio* econômico-social do orçamento *cíclico*".

Na extrafiscalidade estão representados esses valores finalísticos que o legislador imprime na lei ao manipular as espécies tributárias postas à sua disposição. A organização jurídica do tributo denuncia os objetivos que presidiram sua instituição ou que governam certos aspectos de sua estrutura.

A extrafiscalidade não se constitui em regime especial, apenas se orienta para alcançar outros interesses – sociais, políticos ou econômicos –, pelo direcionamento da atividade impositiva tributária. O emprego dessas fórmulas jurídico-tributárias para a obtenção das metas desejadas, seja para correção de situações sociais indesejadas, seja na condução da economia, via estímulo ou desestímulo de certas atividades há de se dar no regime próprio das exações tributárias.

No dizer de Paulo de Barros Carvalho (2000:230), "ao construir suas pretensões extrafiscais, deverá o legislador pautar-se, inteiramente, dentro dos parâmetros constitucionais, observando as limitações de sua competência impositiva e os princípios superiores que regem a matéria, assim os expressos que os implícitos".

O instrumento jurídico-tributário é o mesmo, seja para atender simplesmente as necessidades financeiras do Estado, com o fim exclusivo de abastecer os cofres públicos (fiscalidade), seja, modificando-lhe a finalidade do seu manejo, para atingir outros interesses finalistas eleitos pelo legislador, no sentido de prestigiar certas situações, tidas como sócio-economicamente valiosas, dispensando-lhe tratamento mais ou menos gravoso (extrafiscalidade).

Não é o tributo que é extrafiscal; concretiza-se a extrafiscalidade com uma série de medidas que influenciam o comportamento humano, visando a determinados fins. O legislador, levando em conta esses fins, caracteriza os critérios definidores do tributo, mexendo no sistema de alíquotas, base de cálculo, outorgando isenções e outros benefícios.

A justiça social com sentido dinâmico se sobrepõe à justiça fiscal, entendida estaticamente, razão pela qual se justificam os benefícios fiscais, cujos fins são objeto de preceitos constitucionais com o mesmo grau hierárquico dos princípios que sustentam a tributação e, como tal, a extrafiscalidade pode ser considerada como instrumento de uma ordem econômico-social mais justa, até pela possibilidade de correção de situações econômicas ou sociais anômalas.

A concessão de benefícios fiscais como instrumento de política econômico-social, ou seja, com fins extrafiscais, é legitimada constitucionalmente, mas não pode se dar de forma abusiva e servir ao favorecimento de interesses econômicos ou ideológicos de grupos de pressão que exerçam influência ou pertençam às classes dirigentes, sob pena de comprometerem a justiça fiscal. Seu manejo há de se dar de forma extraordinariamente prudente, considerando sua indispensabilidade, e deve ser coordenado com outras disposições de política fiscal que tendam a restabelecer a eqüitativa distribuição da carga tributária, visando a atender sua compatibilização com os princípios da capacidade contributiva, da generalidade e da igualdade.

Enquanto benefícios fiscais, sua concessão está ligada à competência normativa que cabe na competência do ente público respectivo e deve ser exercida nos termos da constituição e da lei que os autorize. A União, por exemplo, pode conceder além de outras vantagens como incentivos regionais, isenções, reduções ou diferimentos temporários de tributos, nos termos do art. 43, § 2º, III da CF.[7]

7. Art. 43. "§ 2º Os incentivos regionais compreenderão, além de outros, na forma da lei: (...) III – isenções, reduções ou diferimento temporário de tributos federais devidos por pessoas físicas ou jurídicas; (...)."

3.2.2 Defesa do meio ambiente

O intervencionismo extrafiscal é um eficiente instrumento na prevenção e combate à poluição. Via tributação, o Estado estimula comportamentos não-poluidores e desestimula os poluidores, tributando menos quem não polui ou polui pouco, o que justifica, por exemplo, incentivos fiscais sem afronta ao princípio da igualdade.

Como o mercado não corrige tais atitudes, é o Estado quem deve fazê-lo para garantir o meio ambiente ecologicamente equilibrado, conforme art. 225 e inciso V da CF,[8] introduzindo exações em casos de deseconomia externa – efeitos sociais negativos e de subvenções ou incentivos, em casos de economia externa – efeitos sociais positivos.

Apesar de tanto o prêmio como a pena conduzirem à reação a uma determinada conduta como princípio retributivo, a possibilidade de obtenção de um prêmio produz maior motivação no acatamento da norma do que a intimidação produzida pela ameaça de uma penalidade. No caso da defesa do meio ambiente, os incentivos fiscais estimulam o investimento para comportamentos socialmente desejados, como medidas estimuladoras ao uso de dispositivos antipoluidores, sem paralisar a tecnologia existente.

Essas medidas não são suficientes para provocar o resultado desejado, devendo ser acompanhadas por outras ações, criando condições econômicas e sociais favoráveis para atingir o seu objetivo. As exonerações tributárias de cunho extrafiscal, sejam as isenções, reduções, favores, estímulos ou devolução do tributo pago devem ser, às vezes, acompanhadas de outras medidas de caráter nacional, numa visão mais genérica do que aquela restrita à pessoa política no seu campo de ação.

Se esses benefícios fiscais (deduções, isenções) em favor do meio ambiente provocarem eventual diminuição na arrecadação por parte do Estado, ela ficaria compensada pela preservação do ambiente, fator essencial na qualidade de vida e na conseqüente diminuição de despesas com a reparação dos danos ambientais e até na questão da saúde pela diminuição das despesas hospitalares e com medicamentos.

A tributação se conjuga ao princípio do poluidor-pagador para tributar o poluidor sobre os custos dos serviços necessários à preservação, recuperação e fiscalização ambiental e, por outro lado, graduando a tri-

8. Art. 225. "(...) V – controlar a produção, a comercialização e o emprego de técnicas, métodos e substâncias que comportem risco para a vida, a qualidade de vida e o meio ambiente; (...)"

butação, incentivando atividades e consumos não-poluidores e desestimulando a produção e consumo de bens "ecologicamente incorretos". A lei tributária no âmbito extrafiscal permite a promoção do equilíbrio ecológico desejado constitucionalmente pela discriminação devida entre poluidores e não-poluidores.

Junto aos instrumentos regulamentares, os tributos ambientais permitem uma melhor integração das políticas econômicas e ambientais, podendo assegurar compatibilização do desenvolvimento com proteção do ambiente e da qualidade de vida.

Concluindo sobre a adoção de políticas sérias e válidas de proteção ambiental, Carlos Baptista Lobo (1996:5-6/138) afirma que não se deverá "excluir à partida um qualquer instrumento econômico-financeiro, que se complementam mutuamente. Mas uma aplicação pontual, quer em termos temporais, quer em termos espaciais, irá ser ineficiente ambientalmente e economicamente, pois provoca distorções no comportamento dos agentes, não resolvendo o que é realmente importante, ou seja, a crescente degradação ambiental".

Além dos tributos em si, outras obrigações de natureza tributária, como os deveres instrumentais administrativos, são passíveis de atuação no âmbito ambiental, como, por exemplo, a obrigação de constar na nota fiscal o valor distinto do imposto e do produto, como nas contas telefônicas e que é obrigatório em todos os casos, nos Estados Unidos e em países da Europa. Tal situação permitiria que se utilizando de benefício ambiental, as pessoas soubessem que estão pagando menos imposto no produto produzido com respeito ao ambiente.

Os instrumentos tributários devem servir às políticas nacionais de modo coordenado para atender efetivamente à proteção do ambiente e estas devem ser articuladas a longo prazo, não podendo permanecer isoladas, mas devem ser harmonizadas no seio do próprio Mercosul, baseando-se em três princípios fundamentais:

– devem ser desenvolvidas ações preventivas;

– os danos devem ser corrigidos na origem;

– o poluidor deve pagar pelos danos causados.

3.3 Princípios ambientais no âmbito tributário

Os princípios jurídicos positivados são construídos com o auxílio do saber jurídico e de outros conhecimentos científicos ao longo dos tempos, com as experiências concretas das civilizações e culturas, de modo a embasar as normas de conduta como salvaguarda do bem-comum. Assim, os princípios do direito, do direito ambiental e do direito tributário, além de assentes são também dinâmicos, ligados aos valores da sociedade.

Ao lado da legalidade, tipicidade, igualdade e demais princípios norteadores do direito tributário, a serem seguidos na implementação da extrafiscalidade em defesa do ambiente, é de se destacar alguns princípios que são chamados de forma mais dirigida à tributação ambiental, destinada a influir nas condutas em direção aos fins constitucionais afirmados em razão dos valores que integram a tridimensionalidade do direito (fato, valor e norma).

3.3.1 Princípio do poluidor pagador (PPP)

Nascido como princípio econômico na década de 70, o PPP com o decorrer do tempo foi tomando as feições de princípio jurídico e tornou-se um princípio geral do direito ambiental reconhecido até como princípio geral no âmbito do direito internacional em 1992 na Convenção de Helsinque.

No seu sentido impositivo, a aplicação do princípio significa que o Estado deve cobrar do poluidor em razão de sua atividade poluidora, de modo a que ele arque com o custo dos serviços públicos necessários à preservação e recuperação ambientais.

Instrumentalizam a aplicação tributária do PPP a instituição e graduação de tributos, o licenciamento ambiental, as multas e a recuperação ambiental.

Pelo sentido seletivo o princípio determina que quem não polui, ou polui comparativamente pouco, seja premiado pelo Estado por meio de uma tributação menor do que aquela reservada a quem polui e também que o Poder Público gradue a tributação de forma a incentivar atividades, processos produtivos e consumos não-poluidores e desestimule o emprego de tecnologias defasadas, a produção e o consumo de bens inimigos da preservação ambiental.

O PPP tornou-se também parâmetro para o financiamento de fundos necessários aos custos da gestão ambiental. Caso concreto interpretado sob esse entendimento é que os Estados Escandinavos contribuem financeiramente para tratamento de resíduos na Rússia.

Todavia, ainda não há uma precisa definição do princípio, por falta de melhor determinação sobre os custos e de quem seja efetivamente o poluidor.

Na Alemanha são concedidas ajudas financeiras a industriais para investimentos iniciais que deverão, depois, ser suportados pelo poluidor na aplicação de medidas antipoluição.

3.3.2 Proporcionalidade e a não-vinculação dos impostos

Na definição das políticas públicas que orientam as ações do Estado em direção aos interesses da sociedade, constitucionalmente assegurados, se faz presente o princípio da proporcionalidade no sentido de se adequarem os meios aos fins colimados, por meio do vetor da racionalidade e da razoabilidade.

Ao dimensionar a necessidade pública a ser alcançada com as ações do Estado é necessária a *adequação* e *suficiência* dos recursos – *meios* – à satisfação dos *fins* cogitados. A proporcionalidade se impõe como condição de legalidade e permite um controle de constitucionalidade material e finalístico das leis.

O Estado não representa um fim em si mesmo, senão o Ente que legitimado jurídico-constitucionalmente implementa políticas públicas, segundo os valores constitucionais que alcancem as necessidades públicas e estas sim são o fim a ser atingido e para as quais o Estado deve criar os instrumentos adequados que assegurem a *proporcionalidade* entre os meios e os fins desejados.

O princípio da proporcionalidade permite um controle finalístico da aplicação da lei tributária. Além disso, os tributos, com objetivo de proteger o ambiente, caracterizam-se pela necessária flexibilidade e adaptabilidade, pois esta área está particularmente subordinada à evolução circunstancial e do conhecimento científico.

A não-vinculação dos impostos é um princípio que tem natureza orçamentária e está instituído no art. 167, IV da Constituição Federal.[9] A

9. Art. 167. "São vedados: (...) IV – a vinculação de receita de impostos a órgão, fundo ou despesa, ressalvadas a repartição do produto da arrecadação dos impostos a que se referem os arts. 158 e 159, a destinação de recursos para as ações e serviços públicos de saúde e para manutenção e desenvolvimento do ensino, como determinado, respectivamente, pelos arts. 198, § 2º, e 212, e a prestação de garantias às operações de crédito por antecipação de receita, previstas no art. 165, § 8º, bem como o disposto no § 4º deste artigo; (...)."

razão de tal princípio está ligada à necessidade da Administração Pública, para proceder às liberações de verbas orçamentárias, possuir um campo discricionário para melhor atender a liberação de verbas no momento em que melhor atendam ao interesse público.

Assim, a tributação em matéria de fiscalidade não está atrelada à finalidade específica, mas quando se trata de tributação extrafiscal, como no caso da tributação ambiental, a caracterização é finalista, o fim é que a caracteriza. Por isso é que enquanto os impostos com fins exclusivamente fiscais estão subordinados à não-vinculação; a tributação extrafiscal já nasce necessariamente com uma finalidade específica segundo valores constitucionais, ou seja, a afetação da receita no caso de tributo extrafiscal é necessária, pois o imposto extrafiscal só atingirá plenamente o seu fim se o produto for aplicado para esse fim.

No caso da tributação ambiental, o valor tutelado, a que se destina, é a defesa do ambiente. A vinculação é o instrumento para assegurar a finalidade legitimada constitucionalmente.

Neste sentido, defendendo a tributação ambiental, José Domingues de Oliveira (1999:135) afirma: "o cânone da proporcionalidade incide para determinar que *onde houver tributação extrafiscal deverá haver vinculação da receita*, mesmo quando proveniente de impostos, extrafiscais".

4. Tributos como instrumentos na defesa ambiental

4.1 Impostos

Os impostos oferecem o mais fértil campo de eleição extrafiscal, sejam os impostos em geral e principalmente os indiretos, incidentes sobre a produção e o consumo; podem ser vastamente utilizados como instrumentos de tributação no campo ambiental, por meio de mecanismos de graduações de alíquotas, reduções de base de cálculo e seletividade, isenções e restituições, dependendo da natureza dos produtos, visando a incrementar ou desestimular a produção dos que sejam poluidores ou cujo processo produtivo afete negativamente o ambiente.

A essencialidade como critério a ser adotado em alguns impostos sugere que a imposição seja seletiva sobre o consumo em função da essencialidade que pressupõe a avaliação dos bens como necessários ou supérfluos, cuja característica muda no tempo e no espaço, principalmente se acentuando as exigências com o progresso da civilização e da tecnologia.

Essa seletividade é um instrumento para frear o consumo de bens indesejáveis ou menos necessários e liberar espaços para investimentos merecedores de apoio, o que permite também uma redistribuição de rendas e uma maior aproximação da Justiça Fiscal. O conceito de essencialidade conduz à seletividade da alíquota do IPI e do ICMS, por exemplo.

No Brasil há diferenciação de alíquotas no imposto sobre produtos industrializados (IPI)[10] para carros a gasolina (25% ou 30%) e a álcool, com objetivo de incentivar a produção do álcool, o que estimula o consumo de combustível não-poluente.

Os impostos incidentes sobre a propriedade imobiliária também propiciam a tributação ambiental. No caso do imposto territorial rural (ITR) as reservas legais, onde é proibido o corte de árvores, estão isentas.[11]

Também a Lei n. 8.171/1991 contempla o uso racional e estímulo à recuperação ambiental pela tributação e incentivos fiscais.

A lei do imposto de renda (IR),[12] permitiu deduções no imposto a pagar de importâncias aplicadas em atividades de florestamento, reflorestamento, conservação de solos e das águas.

Na Europa, alguns países, como a Bélgica, adotam um imposto sobre o consumo de descartáveis com isenções e restituições para material reciclável. No Brasil algumas discussões nesse sentido têm acontecido e até projeto de lei já existe.[13] Sua criação seria de competência da União Federal, não-cumulativo, com atribuição de 20% da receita para os Estados (art. 157, II da CF).

Imposto ecológico

A Conferência da Organização das Nações Unidas realizada no Rio de Janeiro – ECO 92 tratou o problema da tributação ambiental e em declaração final dispôs sobre o tributo ambiental – *ecotax* – como devendo sua criação observar: a) eficiência ambiental; b) baixo custo; c) administrativamente barato e simples; d) não provocar ou provocar o mínimo de efeitos no comércio internacional.

Como ação de política ambiental, na tutela de bens naturais, o imposto ecológico[14] se caracteriza como regulador das atividades que pro-

10. Decreto federal n. 755/1993.
11. Lei n. 4.771/1971 e alterações posteriores.
12. Lei n. 5.106/1966 e alterações posteriores.
13. Projeto de lei n. 3.750/1997.
14. Tradicionalmente a extrafiscalidade está a serviço do *crescimento*, utilizada como incentivo às atividades produtivas, nos investimentos favoráveis à atividade

movem a extração de recursos naturais não-renováveis e degradam o ambiente. As finalidades do imposto dizem respeito ao objetivo de realização de receitas para financiar a ação de organismos estatais em favor do ambiente e a internalização dos custos ambientais.

Este instrumento de tributação extrafiscal com caráter repressivo visaria a conter o exaurimento desenfreado dos recursos naturais não-renováveis e que atualmente estão sendo dilapidados de forma avassaladora, cuja incidência se daria sobre recursos, produtos ou atividades eleitas pelo Poder Público articulado com os movimentos ecológicos e organismos de proteção ambiental, podendo ser adotado o critério da seletividade.

Além de conter a exploração indiscriminada dos recursos naturais não-renováveis, outras vantagens do imposto ecológico estão ligadas à diminuição da poluição; possibilidade de estímulo à pesquisa e investimentos em tecnologias na exploração de recursos renováveis alternativos; diminuição dos desastres ecológicos e redução dos gastos públicos com recuperação ambiental e saúde pública.

Também chamado de *imposto verde*, não quer dizer que seja necessariamente um imposto novo, mas sim a aplicação de impostos existentes visando à defesa do ambiente.

Pode a extrafiscalidade estar articulada com os impostos de consumo, por exemplo o ICMS e o IPI, cuja seletividade também leve em conta a essencialidade dos bens em função da degradação ambiental.

Em relação ao ICMS, por exemplo, vários Estados Membros como Paraná, Minas Gerais, Rio Grande do Sul, São Paulo, Mato Grosso e Mato Grosso do Sul estão adotando o chamado *ICMS ecológico*, visando a estimular ações ambientais no âmbito dos municípios, ao adotarem legislação em que o rateio referente à participação dos municípios – Fundo de Participação dos Municípios – no resultado da arrecadação do imposto (25%), até um quarto (art. 158, parágrafo único, II) pode ser destinado de acordo com o que dispuser a lei estadual e esses Estados têm estabelecido parte desses recursos, adotando critérios de defesa e preservação ambiental, como a existência de mananciais de abastecimento público de água, unidades de conservação (estações ecológicas,

produtora, mas numa visão de *desenvolvimento*, que pressuponha aumento de bem-estar e melhor satisfação de necessidades, implicando melhoria geral das condições de vida da sociedade, a extrafiscalidade tem que levar em conta políticas multidimensionais que alcancem também o ambiente.

reservas biológicas, parques, florestas nacionais, estaduais ou municipais, áreas indígenas, monumentos naturais, refúgios da vida silvestre, reservas particulares do patrimônio natural, áreas de proteção ambiental e áreas de proteção especial, entre outras), saneamento básico, sistemas de disposição final de resíduos sólidos e redes de tratamento de esgoto, entre outros.

Os critérios tradicionais adotados pelos Estados como população, território, produção, arrecadação tendem a promover uma distribuição de receitas que valorizam os maiores municípios, enquanto que a associação desses critérios com critérios que levem em conta ações voltadas à melhoria da qualidade de vida dos cidadãos e à garantia do desenvolvimento sustentável trazem uma efetivação na defesa ambiental.

A legislação portuguesa[15] estabelece menor carga fiscal da gasolina sem chumbo e regime favorável do IVA que sujeita à tributação reduzida aparelhos, máquinas e outros equipamentos destinados à captação de formas alternativas de energia; produção de energia a partir da incineração ou transformação de detritos, lixo e outros resíduos; medição e controle para evitar as diversas formas de poluição.

4.2 Taxas

Esta espécie tributária se configura num instrumento de aplicação próxima, imediata e fácil ao alcance das finalidades ecológicas, podendo revestir característica de:

– taxas sobre a poluição: incidentes sobre a emissão de poluentes no meio ambiente; passíveis de utilização contra a poluição da água, na diminuição dos ruídos, na gestão dos resíduos sólidos; como contraprestação pelo serviço de limpeza ou recuperação ambiental;

– taxas de utilização: direcionadas para os custos da construção de centrais de tratamento de resíduos;

– taxas administrativas: ligadas às atividades de autorização e controle da produção e comercialização dos produtos autorizados, como novos compostos químicos, inspeção de veículos.

No dizer de Geraldo Ataliba a taxa é "útil e idôneo instrumento de extrafiscalidade, pela extraordinária lassidão de seu regime e notável amplitude de seu campo de aplicação" (1992:174).

15. Portaria 1.109, de 2.11.1993.

A utilização da taxa como instrumento da política ambiental não pode ser levada ao entendimento de que estaria sendo com ela aceito um direito a poluir, incompatível com os pressupostos de justiça ambiental.

Na Europa é comum a utilização de *taxas ambientais* como contraprestação de serviços públicos de licenciamento, fiscalização e limpeza ou recuperação ambiental. Já os Estados Unidos têm adotado *soluções de mercado – trade-off of permits* – com o objetivo de negociar limites de poluição nas licenças administrativas concedidas.

Para o direito tributário brasileiro são passíveis de cobrança de taxa extrafiscal aquelas devidas pela contraprestação de serviços públicos no âmbito ambiental e as taxas cobradas em razão do poder de polícia (licenças, autorizações, registro), como sendo a atividade estatal consistente em limitar o exercício dos direitos individuais em favor do interesse coletivo, dada a supremacia do interesse público sobre o individual.

Neste sentido, são passíveis de taxas aquelas resultantes do custo do licenciamento e fiscalização ambiental, bem como dos serviços públicos de limpeza e recuperação ambiental de caráter individual, equivalentes ao custo de sua realização, prestados ou postos à disposição do contribuinte, cujas atividades sejam efetiva ou potencialmente poluidoras ou relativas à extração, produção, transporte e comercialização de produtos potencialmente perigosos ao meio ambiente e produtos e subprodutos da fauna e da flora.

O custo do serviço prestado ou do exercício do poder de polícia realiza o princípio retributivo, pela equivalência entre o valor da taxa e o custo na prestação pelo Estado e, por outro lado, o princípio do poluidor pagador ao se exigir taxa maior do contribuinte que gera mais custos ao poder público. Desse modo, devido aos altos custos dos serviços ambientais, também a taxa induz à busca de alternativas de menor poluição para diminuição do montante da taxa a ser paga.

Será uma taxa da União, Estados, Distrito Federal ou Municípios, conforme for o exercício da competência, que no caso ambiental é comum (art. 23, VI e VII da CF).[16] Poderão as três esferas estabelecer por lei taxas ambientais incidindo inclusive sobre o mesmo contribuinte no âmbito de suas competências, desde que cada uma corresponda efetivamente a uma atividade exercida pelo respectivo ente estatal.

16. Art. 23. "É competência comum da União, dos Estados, do Distrito Federal e dos Municípios: (...) VI – proteger o meio ambiente e combater a poluição ou qualquer de suas formas; VII – preservar as florestas, a fauna e a flora; (...)."

4.3 Contribuição de melhoria

A contribuição de melhoria incide sobre a valorização imobiliária decorrente de obras públicas e se legitima no campo ambiental quando o custo dessas obras for de conteúdo ambiental.

Pode ser instituída pela União, Estados, Distrito Federal e Municípios no âmbito de suas atribuições e estimular obras de cunho ambiental, como arborização de espaços, construção de parques, aterros, proteções contra a erosão, projetos paisagísticos e outras obras de embelezamento.

As isenções concedidas nas leis que criam a contribuição de melhoria evidenciam sua perfeita compatibilidade com a extrafiscalidade.

4.4 Contribuição de intervenção no domínio econômico – CIDE

A CIDE é um instrumento tributário de atuação na área econômica, não havendo indicação expressa pelo Constituinte quanto ao fato social que o legislador escolha como aspecto material da regra-matriz de incidência tributária; mas a competência para instituir este tipo de contribuição foi atribuída à União Federal e está vinculada a uma finalidade, qual seja a regulação da economia.

Esta validação finalística revela o caráter extrafiscal desta espécie tributária, cuja intervenção pode consistir tanto numa atividade estatal, custeada pelos recursos provenientes da CIDE, como na própria arrecadação desta contribuição, conforme o legislador julgue mais conveniente para o alcance de seus objetivos.

Tratando-se de tributo de utilização exclusivamente extrafiscal, de atuação na atividade econômica, logo se destaca sua importância na implementação de políticas ligadas ao ambiente. Assim, a instituição e exigência da CIDE busca alcançar valores prestigiados pelo ordenamento constitucional, entre os quais está a preservação do ambiente, e para tanto deverá ser graduada de maneira a incidir de forma mais gravosa para contribuintes que estiverem mais distantes desse objetivo (empresas poluidoras), e menos gravosa sobre os contribuintes cuja atividade esteja de acordo com esse objetivo.

Pela utilização da CIDE, o Estado procura persuadir os agentes econômicos a assumirem comportamentos que não estariam desenvolvendo na falta de estímulos.

São formas mais comuns de intervenção do Estado no domínio econômico por indução os *instrumentos positivos*, como a redução e isenção de tributos e os financiamentos especiais, mas também se pode dar por meio de *instrumentos negativos*, como a majoração tributária de certas atividades da economia, e a CIDE se presta tipicamente a esta forma de intervenção como *instrumento de indução* das posturas econômicas desejadas, em favor do ambiente.

Dada a permissão dos artigos 149,[17] 170, VI e 225, V da CF, pode ser utilizada esta opção para a criação de tributo para financiar as despesas atinentes à consecução da política de conservação ambiental, como, por exemplo, uma contribuição exigida das empresas do setor madeireiro, para financiar programas de reflorestamento.

Esta prática pode até se dar de forma auxiliar, uma vez que como escolha política esbarra no fato de só poder ser criada pela União em sua competência residual (art. 154, I da CF),[18] e todas as pessoas de direito público interno têm o dever de proteger o ambiente.

A exclusividade para instituir essa CIDE é da União, mas a competência para intervir no domínio econômico em si pode também ser exercida pelos Estados e Municípios por meio do uso extrafiscal de seus impostos.

A criação de mais um tributo provoca normalmente rejeição pela sociedade, apesar de ter sido criada uma nova contribuição de intervenção no domínio econômico, sem grande alarde e sem grandes resistências sociais.[19]

5. Fundos como mecanismos de política ambiental

5.1 Fundos ambientais

Os fundos ambientais se constituem num instrumento financeiro de grande valia na gestão ambiental, tendo em vista os objetivos de sua criação estarem dirigidos à preservação, proteção, restauração e financia-

17. Art. 149. "Compete exclusivamente à União instituir contribuições sociais, de intervenção no domínio econômico e de interesse das categorias profissionais ou econômicas, como instrumento de sua atuação nas respectivas áreas, observado o disposto nos arts. 146, III, e 150, I e III, e sem prejuízo do previsto no art. 195, § 6º, relativamente às contribuições a que alude o dispositivo."

18. Art. 154. "A União poderá instituir: (...) I – mediante lei complementar, impostos não previstos no artigo anterior, desde que sejam não-cumulativos e não tenham fato gerador ou base de cálculo próprios dos discriminados nesta Constituição; (...)."

19. Caso da contribuição de intervenção no domínio econômico incidente sobre a importação e a comercialização de petróleo e seus derivados, gás natural e seus derivados e álcool etílico combustível (CIDE), pela Lei n. 10.336, de 19.12.2001.

mento de programas e projetos que visem ao equilíbrio ecológico e controle ambiental.

A captação de recursos financeiros para os fundos é uma das medidas governamentais mais importantes na defesa do meio ambiente, mas a aplicação desses recursos deve ficar sob controle e fiscalização da sociedade para atingir esse objetivo.

Os fundos ou são destinados a atender programas e ações de aperfeiçoamento para a defesa ambiental, melhoria e recuperação das condições ambientais ou podem ser destinados a atender vítimas dos ilícitos ambientais.

Para composição e financiamento dos fundos ambientais são variados os ingressos, que vão de aportes pré-estabelecidos até ingressos resultantes de multas por infrações ambientais, vendas de bens e indenizações por danos e prejuízos.

Fundos com caráter internacional são mantidos por Estados integrantes do respectivo fundo, com contribuições obrigatórias e voluntárias, ou por qualquer instituição que queira contribuir, e atendem objetivos para os quais foram criados, com âmbito internacional.

Em Estados federados, a criação de fundos se dá em âmbito nacional, mas podem coexistir com outros de alcance regional ou local. Em todos os casos, as modalidades de implementação devem estabelecer regime que leve em conta a distribuição de recursos em função da gravidade e extensão dos problemas ambientais com o volume de recursos para atendê-los.

Em nível interno das nações, os fundos criados estão ligados às políticas ambientais estabelecidas, segundo os interesses e valores de cada sociedade em relação ao meio ambiente.

5.2 Algumas experiências desenvolvidas

Fundos internacionais

Em nível internacional, o Banco Mundial é o maior financiador de projetos de desenvolvimento. Para o ambiente foi especificamente criado em 1991 o Fundo para o Meio Ambiente Mundial (*Global Environmental Facility* – GEF), integrado por 161 países membros, e que funciona como mecanismo multilateral de financiamento de projetos relacionados com problemas ambientais globais.

Inicialmente como projeto piloto, reestruturado em 1994, o fundo tem como responsáveis pela sua implementação o Programa das Nações Unidas para o Desenvolvimento – PNUD, o Programa das Nações Unidas para o Meio Ambiente – PNUMA e o Banco Mundial. Este último é depositário dos fundos do GEF, responsável pelos projetos de investimento e pela mobilização do setor privado em busca de recursos.

O GEF é um mecanismo financeiro que provê doações e outros fundos concessionais a países, para que invistam em projetos e atividades direcionadas à proteção do meio ambiente global. Os recursos do GEF complementam programas regulares de assistência financeira que favoreçam projetos relacionados a benefícios ao ambiente.

Em operação também internacional, o Fundo para o Patrimônio Cultural e Natural Mundial (da UNESCO), com o objetivo de minimizar as ameaças de destruição e degradação do patrimônio cultural e natural mundial. Por meio desse fundo, a UNESCO atende os Estados que necessitam assistência internacional no plano técnico, científico e financeiro para proteção, conservação e valorização dos bens que integram a lista do Patrimônio Cultural e Natural Mundial, o que não retira a responsabilidade do Estado em relação aos mesmos objetivos, também com seus próprios recursos.

Existem outras instituições estrangeiras que financiam projetos destinados ao setor público na área ambiental: *The Industrial Fund for Development Countries* (IFU – Dinamarca); *The Netherlands Development Finance Company* (FMO – Holanda); *Société Européene d'Igenierie Financière S.A.* (*Sefi Consulting Sarl* – Luxemburgo); *Midland Bank PLC* (Reino Unido); *Swedish Export Credit Corporation* (SEK – Suécia); *European Investment Bank* (E. B.); *Nordic Development Fund* (NDF); *Nordic Investment Bank* (NIB).

União Européia

Na União Européia, os programas comunitários para onde se vão canalizar os fundos se desdobram em subprogramas com objetivos específicos, destacando-se:

Programa Ambiente

Estruturado em quatro medidas: 1) conservação e valorização do patrimônio natural e melhoria da qualidade ambiental (com ações de preservação e áreas protegidas e qualificação ambiental de concentrações urbanas); 2) melhoria do impacto ambiental na atividade produtiva (ações de apoio à despoluição industrial e ao tratamento de resíduos sólidos industriais); 3) promoção da informação e formação ambiental; 4) assistência técnica (por meio de ações no campo da gestão, acompanhamento e avaliação).

Instrumento Financeiro Comunitário para o Ambiente – LIFE

O programa LIFE tem como objetivo contribuir para o desenvolvimento e a execução da política comunitária do ambiente, concentrando-se prioritariamente na realização de projetos que visem à integração do ambiente nos diversos domínios do desenvolvimento sócio-econômico, na forma de co-financiamento de ações ou de bonificações de juros.

Fundo de coesão

Com o objetivo de promover a coesão econômica e social, concentrando os fundos disponíveis em projetos relativos ao ambiente, especialmente de infra-estrutura de transporte de interesse comum em Estados-Membros com o Produto Nacional Bruto *per capita* inferior a 90% da média comunitária.

Auxílios no setor de energia

Programas com objetivo de contribuir para a estabilização das emissões de CO_2 e melhorar a eficiência energética, por meio de novas fontes de energia e tecnologias mais limpas: SAVE, ALTENER, THERME e JOULE.

FEOGA

Busca a proteção e melhoria do ambiente por meio de intervenções no domínio do desenvolvimento rural e das práticas agrícolas ecológicas, com apoio financeiro comunitário em oportunidades e incentivos na promoção da gestão do solo, das florestas e dos ecossistemas, segundo a Política Agrícola Comum – PAC.

Banco Europeu de Investimento – BEI

Conjuntamente com o Banco Mundial, bancos de desenvolvimento regional, o PNUMA, o PNUD e a Comissão da Comunidade Européia e como membro do Comitê para o Desenvolvimento das Instituições Internacionais de Desenvolvimento – CIDIE, o Banco Europeu de Investimento estabeleceu fundamentos de política ambiental que permitem intervir no apoio de projetos relacionados com o ambiente na Comunidade, pela coordenação entre os diversos fundos existentes.

Mercosul

No âmbito do Mercosul, apesar da preocupação com o tema do ambiente, evidenciada na criação da Reunião Especializada em Meio Ambiente – REMA, em 1992, convertida num subgrupo de trabalho – SGT n. 6, em 1995, não houve um progresso significativo em ações concretas em nível de fundos específicos dos países que integram o bloco, ficando os mesmos à mercê de seus próprios mecanismos e outros de caráter internacional.

As dificuldades contextuais entre os países do Mercosul, entre outras relativamente às crises entre governabilidade e sustentabilidade e que devem caminhar juntas, tornam ainda mais complexo o objetivo de articulação entre esses países.

Argentina

Na Argentina existem o Fundo Nacional para o Financiamento de Atividades Produtivas Privadas, Lei n. 23.883/1990, o Fundo criado pela Lei n. 25.018, sobre resíduos radioativos e também o Fundo de Compensação Ambiental, criado pela Lei n. 25.675. Em nível regional destacam-se os Fundos Provinciais do Meio Ambiente: Província da Terra do Fogo, Antártida e Ilhas do Atlântico Sul (Lei n. 55) e da Província de Salta (Lei n. 6.986).

O *Pacto Federal Ambiental* de 1993 favorece a promoção de políticas de desenvolvimento ambiental adequado em todo o território nacional, sob a coordenação do Conselho Federal do Meio Ambiente – Cofema, como forma de uniformizar o trato da matéria, pulverizado em leis esparsas.

Continente Americano

No continente americano, pelos vários países também foram criados fundos nacionais do ambiente, como na Nicarágua, Lei n. 217; no Chile, Lei n. 19.300; na Colômbia, Lei n. 99; na Bolívia, Regulamento Geral de Gestão Ambiental; no Peru, Lei n. 26.793/1997.

Assim, impõe-se a necessária harmonização dos pressupostos de desenvolvimento, com os novos valores e paradigmas de governabilidade, com a intensificação da discussão para definição das bases para a integração, que desenvolva atores sociais da área ambiental, que não se restrinjam mais aos governos, mas que também incluam o setor privado e outros atores legítimos e representativos.

Fundos brasileiros e norte-americanos

No Brasil foram criados dois fundos básicos: 1) o Fundo dos Bens Lesados, previsto na Lei da Ação Civil Pública (art. 13 da Lei n. 7.347/1985); e 2) o Fundo Nacional do Meio Ambiente – FNMA, previsto na Lei n. 7.797/1989.

A responsabilidade por condutas e atividades lesivas ao meio ambiente no Brasil tem por base constitucional o art. 225, § 3º. No mesmo sentido, a Lei de Política Nacional do Meio Ambiente – PNMA (Lei n. 9.638/1981), recepcionada pela vigente CF (art. 4º, VII – obrigação de recuperar ou indenizar os danos causados).

Mesmo sem expressa definição como elemento da PNMA, o FNMA é importante e de ampla repercussão no meio ambiente, como agente financiador de projetos. Seu objetivo é promover o desenvolvimento de projetos que visem ao uso racional e sustentável de recursos naturais, sua manutenção, melhoria e recuperação da qualidade ambiental, com vistas à qualidade de vida da população.

Os recursos que compõem o FNMA são provenientes de dotação orçamentária da União, de multas por infração ambiental, de doações, de rendimentos resultantes da aplicação de seu patrimônio e outros destinados por lei. A aplicação desses recursos ocorre por intermédio de órgãos públicos ou entidades privadas, sem fins lucrativos, no âmbito federal, estadual ou municipal e a partir das diretrizes estabelecidas pelo próprio fundo, cujas áreas prioritárias são: unidades de conservação; pesquisa e desenvolvimento tecnológico; educação ambiental; manejo e extensão florestal; desenvolvimento institucional; controle ambiental; aproveitamento econômico racional e sustentável da flora e fauna nativas.

Sem prejuízo das ações de âmbito nacional, são priorizados projetos que tenham sua área de atuação na Amazônia Legal.

O FNMA tem sua gestão ligada a um comitê, presidido pelo Ministro de Estado do Meio Ambiente e integrado por representantes do Estado e de organizações não governamentais que atuam na área de meio ambiente.

A responsabilidade civil por dano ambiental é primordialmente de "recuperar o bem lesado", impondo ao degradador a obrigação de promover a eliminação dos danos a ele atribuídos. A obrigação de indenizar ou ressarcir, em soma pecuniária, é medida secundária, subsidiária daquela, constitucionalmente referida.

O art. 13 da Lei da Ação Civil Pública (Lei n. 7.347/1985) cria fundo com finalidade de receber condenações em dinheiro das ações civil públicas, cuja composição é proveniente: a) do resultado de condenações judiciais; b) receitas públicas de dotação orçamentária própria; c) multas aplicadas na defesa do consumidor e da livre concorrência.

O ordenamento nacional contemplou alternativa de tutela jurisdicional do meio ambiente ser exercida por compensação pecuniária, por mecanismos processuais com fulcro no mencionado fundo.

Para situações em que não seja possível a integral reconstituição do bem lesado, o remédio judicial é a compensação da perda ambiental – na totalidade do bem ambiental ou no resíduo, que pela medida específica não foi possível reconstituir.

A proximidade do sistema nacional brasileiro comparativamente com o norte-americano não é tão evidente em relação a interesses difusos.

O fundo criado pela Lei n. 7.347/1985, na concepção é próximo do *fluid recovery* do direito norte-americano, mas de operacionalização diferente:

– o *fluid recovery* é um instrumento exclusivamente jurisdicional, criado pelo próprio juízo no contexto de uma determinada ação;

– o fundo brasileiro é um mecanismo administrativo, criado por lei para o recebimento e gestão de valores arrecadados com condenações judiciais;

– os interesses atendidos no mecanismo norte-americano são interesses de natureza diversa – fluidez que deriva da dispersão dos interesses individuais;

– no Brasil, além de interesses individuais homogêneos, o fundo atende a interesses caracterizados pela indivisibilidade dos bens protegidos.

O fundo da lei brasileira tem maior semelhança com o *superfund* do direito ambiental dos Estados Unidos (enquanto a sistemática do *fluid recovery* é mais próxima daquela dos arts. 97 a 100 do Código de Defesa do Consumidor). Na análise de Carlos Alberto de Salles, o *superfund* tem "uma estrutura legal estabelecendo um regime de responsabilidade e de tributação, com a finalidade de custear operações de emergência relacionadas à liberação de substâncias nocivas, disponibilizando recursos para a tomada de providências necessárias, independentemente de ser conhecido o responsável ou de possuir condições financeiras para cobrir os danos ambientais e despesas emergenciais" (1998:313).

O *superfund* foi criado pelo *Cercla – Comprehensive Environmental Response, Compensation, and Liability Act*, de 1980.[20] A composição

20. Essa legislação foi concebida após o impacto do incidente do *Love Canal*: mais de mil famílias tiveram que ser removidas de suas moradias por contaminação de produtos químicos, em que uma companhia utilizou um canal inconcluso para depósito de resíduos industriais tóxicos em 1947. Depois de aterrado, foi construído um loteamento em que as casas foram contaminadas pela infiltração de produtos químicos em suas fundações. Só em 1978 foi descoberta a contaminação.

e a destinação do resultado de condenações judiciais dirigidas ao fundo é próxima e também a aplicação, que não está condicionada ao caso concreto decidido pelo juízo. Duas são as diferenças básicas: 1) no caso do *Cercla superfund*, a destinação dos recursos do fundo é feita a partir de estratégia definida pelo texto legal no combate a situações emergenciais e crônicas de liberação de substâncias tóxicas; 2) esse fundo norte-americano, com a finalidade de atender situações de urgência, é ressarcido pelos responsáveis posteriormente à sua utilização sob a filosofia de primeiro adotar as providências para depois definir responsabilidades.

Enquanto isso, a legislação brasileira (Lei n. 7.347/1985), no mencionado art. 13, prescreve que os recursos serão "destinados à constituição dos bens lesados" de modo completamente vago e que evidencia falta de critérios. Esta situação foi repetida na Lei n. 9.008/1995, reguladora do fundo no âmbito federal.

A idéia de bens lesados é entendida como gênero, que comporta meio ambiente, mas também relações de consumo, patrimônio histórico etc.

O fundo é gerido no âmbito administrativo, por conselho gestor, independente da tutela jurisdicional.

A finalidade do fundo é proporcionar a reconstituição dos bens lesados, não podendo ser utilizados os recursos para realização de perícias, por exemplo, nem para indenização dos lesados particularmente. O objetivo é concretizar medida compensatória com ações que alcancem o interesse lesado em proporção equivalente ao dano sofrido, como campanhas educativas, como benfeitorias ambientais que representem uma compensação em espécie, como a criação de um parque, de um centro de estudos etc.

Embora não condicionada ao local do dano, é recomendável que as medidas compensatórias se realizem no âmbito da ocorrência do dano para que as pessoas que o sofrerem possam usufruir os benefícios dessa medida compensatória.

6. Algumas experiências tributárias na defesa do ambiente

6.1 Extrafiscalidade no federalismo brasileiro

6.1.1 Tributos dos Municípios

Diante do crescimento que não é uniforme e equilibrado nem harmônico, os municípios, conforme sua grandeza, desenvolvem ações bem diferenciadas: enquanto os pequenos municípios restringem-se a tentar atrair empreendimentos industriais pela isenção de tributos locais, cuja pequena importância os leva a tentar outras soluções extratributárias, também de efeito limitado, como doação de terrenos e obras de infraestrutura viária, os grandes centros industriais até desestimulam a implantação de empreendimentos quando estes não atendem normas fundamentais de preservação do meio ambiente e outras de interesse da administração municipal.

Dentre as possibilidades em que o município pode intervir para estimular e orientar o desenvolvimento ordenado da cidade, como facilitar a ocupação e uso do solo; possibilitar o agrupamento sistemático do comércio; combater a especulação imobiliária; selecionar as indústrias pela qualidade; assegurar o equilíbrio das atividades, está o emprego extrafiscal dos tributos objetivando o planejamento físico urbano.

O imposto sobre serviços de qualquer natureza (ISS) permite estimular ou desestimular determinados serviços, por meio de benefícios fiscais, podendo ser incentivados serviços de interesse na preservação ambiental, como o ecoturismo, por exemplo.

No campo do imposto sobre a propriedade predial e territorial urbana (IPTU), o objetivo é o disciplinamento no uso da propriedade, havendo a possibilidade da aplicação de alíquotas progressivas, que pode ser feita, por exemplo, pelo número de lotes do proprietário e pelo incremento da alíquota do imposto do mesmo imóvel, se o proprietário não fizer uso adequado, segundo a legislação urbanística municipal.

O IPTU deve atender ao princípio da capacidade contributiva, de acordo com a exigência do art. 145, § 1º da CF,[21] e à progressividade, quando houver o plano diretor; a partir daí as alíquotas poderão ser progressivas, em atendimento ao art. 156, § 1º da CF,[22] de forma a assegurar o cumprimento da *função social da propriedade*, que caracteriza a *progressividade extrafiscal*, indicando que a sociedade deve extrair benefícios do exercício do direito individual de propriedade.

21. Art. 145. "(...) § 1º Sempre que possível, os impostos terão caráter pessoal e serão graduados segundo a capacidade econômica do contribuinte, facultado à administração tributária, especialmente para conferir efetividade a esses objetivos, identificar, respeitados os direitos individuais e nos termos da lei, o patrimônio, os rendimentos e as atividades econômicas do contribuinte."

22. Art. 156. "(...) § 1º Sem prejuízo da progressividade no tempo a que se refere o art. 182, § 4º, II, o imposto previsto no inciso I poderá: I – ser progressivo em razão do valor do imóvel; e II – ter alíquotas diferentes de acordo com a localização e o uso do imóvel."

No IPTU, a majoração para terrenos baldios ou prédio mal aproveitado também opera interesses de política econômico-social.

6.1.2 Tributos dos Estados

Em relação ao imposto sobre operações relativas à circulação de mercadorias e sobre prestação de serviços de transporte interestadual e intermunicipal e de comunicação (ICMS), o art. 155, § 2º, III da CF[23] estabelece a possibilidade do imposto ser seletivo, em função da essencialidade das mercadorias e dos serviços. Esta seletividade pode e deve ser usada em questões ambientais, pois é essencial a proteção do ambiente, por meio do qual se protege a saúde, o bem-estar e a própria vida, o que se traduz afinal em justiça fiscal.

Por exemplo, as alíquotas podem ser reduzidas quando se tratar de operações com bens que visem à defesa do ambiente. A legislação dos Estados pode também conceder postergação no prazo para pagamento do tributo nas hipóteses que se refiram a ICMS de indústrias que utilizem tecnologia inovadora em favor do ambiente.

De se destacar o ICMS ecológico (referido na seção 4.1) que, instituído para atender prioridades de caráter ambiental em cada Estado-membro, vem estimulando os Municípios a adotarem mecanismos de incentivo à recuperação e preservação ambiental em seus territórios.

Quanto ao imposto sobre a propriedade de veículos automotores (IPVA), também podem as alíquotas ser graduadas em função da preservação ambiental na proporção do combustível utilizado ser mais ou menos poluente.

6.1.3 Tributos da União

A possibilidade de utilização dos instrumentos tributários em favor da eficácia ambiental é maior no âmbito federal, devido à largueza da competência tributária da União, especialmente no campo dos impostos.

Sendo um dos requisitos do cumprimento da função social da propriedade rural a "utilização adequada dos recursos naturais disponíveis e preservação do meio ambiente" (art. 186, II da CF), deve nortear a insti-

23. Art. 155. "§ 2º O imposto previsto no inciso II atenderá ao seguinte: (...) III – poderá ser seletivo, em função da essencialidade das mercadorias e dos serviços; (...)."

tuição do ITR a fixação de alíquotas com o propósito de desestimular a manutenção de propriedades improdutivas e incentivar a produção, objetivos estes que conduzem à idéia de reforma agrária e desenvolvimento econômico-social, pelo disciplinamento no uso da propriedade rural.

A lei do ITR, quando faz incidir exação mais gravosa para imóveis de baixa produtividade ou até inexplorados, está atendendo finalidades de ordem sócio-econômica antes de incrementar a receita. A Lei n. 9.383/1996 exclui do campo tributário as áreas de preservação permanente e de ecossistemas e as comprovadamente imprestáveis para qualquer tipo de exploração, declaradas de interesse ecológico.

Quando a legislação do IR permite o abatimento de gastos com investimentos destinados ao reflorestamento,[24] incentiva a formação de reservas florestais assim como pode permitir, por exemplo, a dedução, pelas empresas, de gastos com máquinas, materiais ou mão-de-obra utilizados na implantação de dispositivos que protejam o ambiente, o que efetiva a implementação de política de proteção ao meio ambiente.

Ainda são tímidas as exações no campo do IR, que permitam abrigar incentivos à preservação ambiental, por meio de deduções de projetos com essa finalidade e de rendimentos provenientes de atividades de interesse ambiental como, por exemplo, aquelas que aumentassem a taxa de reciclagem ou reduzissem a quantidade de lixo gerado.

No caso do imposto sobre produtos industrializados (IPI), a própria Constituição prevê alíquotas seletivas em função da essencialidade dos produtos (art. 153, § 3º, I),[25] deixando que o legislador ordinário estabeleça percentuais mais elevados para produtos supérfluos, permitindo, por exemplo, a adoção de alíquotas mais gravosas para operações com produtos tóxicos ou poluentes.

Os tributos aduaneiros – Impostos de Importação e Exportação – são de extrema utilidade na implementação de políticas econômicas relativamente ao incentivo de exportação ou importação, seja para impulsionar a indústria nacional de determinadas atividades de setores específicos e reduzir os custos dos bens nacionais, permitindo-lhes melhores condições de concorrência no mercado internacional, seja para equilibrar a balança de pagamentos. Assim, também podem ser direcionados para atender objetivos ambientais.

24. Lei n. 5.106/1966.

25. Art. 153. "(...) § 3º O imposto previsto no inciso IV: I – será seletivo, em função da essencialidade do produto; (...)."

6.2 *Experiências internacionais*

Estados Unidos da América

Os impostos são utilizados amplamente sobre a produção e consumo de produtos poluidores, com isenções parciais ou totais. Por exemplo, é permitida a dedução de doações de terrenos e matas com finalidade preservacionista, assim como é restituído o imposto sobre vasilhames, na devolução dos recipientes.

As taxas municipais de lixo, usadas como instrumento extrafiscal, foram responsáveis por uma redução do volume coletado.

São permitidas para efeito de tributação determinadas deduções por razões de política pública como pagamentos para restabelecimento ou limpeza ambiental ou até despesas decorrentes do encerramento de minas e da eliminação de resíduos delas resultantes.

Há previsão de isenção de tributação até certo limite, no valor de passes ou outros mecanismos que os empregadores forneçam aos empregados, visando ao estímulo à utilização de transportes coletivos para diminuição do consumo de combustível que reduza as emissões de chumbo e de monóxido de carbono que prejudicam o ambiente.

Na tributação de capital está estabelecida isenção de tributação de obrigações emitidas para financiar instalações destinadas ao tratamento de resíduos sólidos ou águas residuais, sobre certos limites e condições fixados.

Também é estimulado o reflorestamento por mecanismo de amortização no plantio de novas árvores, com um abatimento de 10% dessas despesas na dívida fiscal desse ano.

Sobre o combustível para barcos, a tributação destina-se ao Fundo dos Recursos Aquáticos e um percentual é empregue em programas de conservação de recursos piscícolas, que recebe também a tributação de 10% sobre equipamentos de pesca desportiva.

Quanto aos combustíveis para veículos, os benefícios são destinados à promoção de derivados de fontes renováveis (combustíveis limpos – metanol ou etanol) configurando-se sua carga fiscal inferior em 50% àquela da gasolina comum. Também são beneficiados os produtores desses combustíveis com abatimento no imposto a pagar.

Vários fundos recebem recursos das receitas com impostos, principalmente sobre o petróleo, produtos químicos perigosos e derivados, além de imposto sobre clorofluorcarbonetos, dado seu prejuízo à camada de ozônio. O *superfund* recebe grande quantidade de recursos financeiros provenientes de receitas da arrecadação desses impostos específicos, destinados ao combate à poluição por resíduos perigosos. Além desse, outros fundos públicos são constituídos por receita vinculada de impostos, geralmente indiretos.

De modo geral são feitas previsões de custos futuros e tais despesas são imputadas aos atuais poluidores.

Suécia

A Suécia foi pioneira em ações de tributação com fins ambientais, seja na obtenção de receita específica seja na indução de condutas não poluentes. Assim, com a característica própria da generalidade dos impostos, foi construído um sistema fiscal de desincentivo ao consumo de combustíveis fósseis e incentivo ao uso de equipamentos que poupem energia e utilizem combustíveis domésticos alternativos (gás natural, por exemplo). Como instrumento dessa política foi criado o Imposto sobre o Dióxido de Carbono (IDC) sobre a estimativa na emissão de gás, que não incide sobre o metano, o metanol e o metanol de origem vegetal.

Em 1991 foi criado também o Imposto sobre as Emissões de Enxofre originárias de carvão ou petróleo, cuja base de cálculo é estimada sobre o teor potencial de emissão desse composto para cada combustível e a alíquota visando à redução do consumo e incentivo à adoção de medidas de redução do teor de enxofre desses combustíveis.

Incidindo sobre as emissões de instalações industriais de grande dimensão, o Imposto sobre as Emissões de Óxido de Azoto tem como critério o teor potencial de cada combustível, a dimensão da fornalha e a técnica de combustão utilizada, havendo incentivos para o uso de técnicas não lesivas ao meio ambiente.

Com característica de generalidade, a tributação permite dedução de despesas com transporte público. Foi criado um imposto sobre o uso de utilitários e um imposto ambiental sobre o Tráfego Aéreo Doméstico escalonado pela tonelagem, pelo tipo de reator da aeronave e pela distância percorrida em razão das emissões de óxidos de azoto, hidrocarbonetos e dióxido de carbono.

O direito fiscal sueco permite deduções na questão de despesas futuras referentes a resíduos nucleares, limpeza de minas, reprocessamento de águas residuais e reflorestamento. Permite ainda a amortização dos equipamentos de controle de poluição do ar e da água a uma alíquota que varia de 20% a 30% anuais.

Portugal

Diversas leis permitem isenções e outros benefícios fiscais para doadores a fundos de organizações não-governamentais ambientais (como a Lei n. 35/1998).

Foram estabelecidas tarifas[26] relativas a descargas industriais:

– menor carga fiscal de gasolina sem chumbo;

– regime favorável do IVA com alíquota reduzida para aparelhos, máquinas e outros equipamentos destinados à:

a) captação e aproveitamento de energia solar, eólica e geotérmica;

b) captação e aproveitamento de outras formas alternativas de energia;

c) produção de energia a partir da incineração ou transformação de detritos, lixos e outros resíduos;

d) medição e controle para evitar as diversas formas de poluição.

Alemanha

O direito fiscal alemão utiliza instrumentos tributários para aquisição de receitas sem destinação a qualquer objetivo específico, entre os quais os impostos, mas reconhece vários impostos especiais (*Sonderabgabe)*, cujo objetivo principal é a extrafiscalidade, no sentido de proceder a modificações de comportamento nos agentes econômicos.

Tendo em vista o elevado número de impostos, cerca de 40, a política fiscal ambiental atua mais no âmbito das taxas nas licenças, com proibições diretas ou outros direitos especiais.

Não foi ainda criado nenhum imposto com fins ambientais por emissão de substâncias poluentes de instalações industriais, fazendo-se a diferenciação pelas deduções em benefícios fiscais, que alcançam também investimentos em equipamentos de redução de consumo de energia em prédios residenciais e comerciais. Há tributação maior sobre veículos não equipados com catalisadores e um imposto municipal sobre embalagens, pratos e talheres descartáveis.

Também são permitidas deduções de gastos com deslocações para o trabalho para proporcionar maior utilização de transportes públicos, ainda que limitados. Também com dedução limitada os donativos com finalidade ambiental. Os lucros da produção de energia elétrica estão isentos pela metade, nos primeiros vinte anos de atividade.

26. Portaria 1.109/1993.

França

Embora vigore o princípio da não-vinculação dos impostos, a arrecadação de alguns *diferenciados* é destinada a determinados fundos, junto com o produto dos tributos parafiscais. Por exemplo, alguns tributos parafiscais se destinam à proteção ambiental como sobre o óleo e poluição atmosférica. No primeiro caso, a receita é destinada a entidade pública que recolhe, trata e elimina os óleos usados; no segundo, a receita[27] reverte ao Instituto da Qualidade do Ar.

Está ainda previsto um imposto local, opcional às comunas, para tributação de 1% a 2% sobre o custo total de edifícios urbanos destinado a entidades administrativas na criação de espaços verdes e de lazer.

União Européia

A preocupação com as questões ambientais está presente na legislação interna dos Estados-Membros e pela Comunidade,[28] uma vez que apenas uma minoria possui política ambiental ativa, consistente e coerente.

Por princípio, o Tratado da União Européia (TUE) evita a concessão de subsídios ou ajudas estatais pelos Estados-Membros para eliminação de contaminações, em razão de se transferir para o público em geral o sacrifício que deve ser imposto ao poluidor. Há proposta de criação de um imposto (*carbon tax*) sobre a emissão de gases poluentes (anidrido carbônico e CFC).

Os auxílios estatais a favor do ambiente têm respaldo comunitário para estabelecer um equilíbrio entre as exigências das políticas, no que diz respeito à concorrência e ambiente, sob qualquer forma de auxílios, sejam subsídios, empréstimos subsidiados, garantias, benefícios fiscais, reduções de encargos e benefícios em espécie. Tais vantagens não podem afetar o comércio intracomunitário, ficando proibidos aqueles dirigidos a empresas que falsearem ou ameaçarem falsear a concorrência, podendo ser solicitados relatórios sobre a aplicação dos regimes de auxílios estatais em favor da proteção ambiental.

Esses auxílios distribuem-se entre:

27. Receita da tributação incidente sobre instalações industriais que consumam determinado padrão (50 milhões de joules – unidade de conta calorífica) ou que descarregue na atmosfera um volume anual superior a determinado limite (2.500 t de óxidos de enxofre e de azoto).

28. Até 1991 o Parlamento Europeu havia identificado 445 atos legislativos, 196 diretivas, 150 decisões e 14 recomendações e resoluções.

a) auxílios aos investimentos – para incentivar empresas a diminuírem seus índices poluidores abaixo das obrigações legais, contribuindo para o aumento progressivo da qualidade ambiental. Tanto se destinam a programas que facilitem a adaptação a novas normas das instalações já existentes; para reduzir emissões bem abaixo das exigidas pelas normas; para reciclagem de produtos e gestão dos resíduos; em situações de medidas anti-poluidoras em que não hajam normas obrigatórias; na reparação de danos causados em relação a empresas que não tenham qualquer relação jurídica com o fato;

b) auxílios destinados a medidas de apoio horizontal – destinados ao incentivo na busca de soluções para os problemas ambientais;

c) auxílios ao funcionamento – para absorção de custos iniciais insustentáveis financeiramente pelas empresas, em determinadas circunstâncias bem definidas;

d) auxílios à aquisição de produtos "amigos do ambiente", para incentivar consumidores e empresas na aquisição desses produtos.[29]

7. Conclusões

Não resta dúvida que tanto o Estado como a lei e os tributos são instrumentos a serviço dos homens, de modo específico, da qualidade de vida. A solução das questões ambientais passa obrigatoriamente pela interação entre o setor público e privado.

Reconhecidamente o ambiente deixa de ser um fator de produção para se tornar num paradigma de desenvolvimento que desafia o Homem, exigindo ações de caráter abrangente, multidisciplinar, que articulem os instrumentos em favor da defesa do ambiente, pelo que talvez se possa resumir o que foi dito no estudo, enunciando-se as seguintes conclusões.

Apesar de identificados e delineados, os instrumentos fiscais com finalidade extrafiscal na proteção do ambiente não têm sido tão efetivos, dada a falta de vontade política necessária à sua aplicação de forma coerente e consistente, em vez de se adotarem medidas setoriais de eficiência isolada e duvidosa.

Uma aplicação pontual, seja em termos temporais, ou em termos espaciais, será ineficiente fiscal e ambientalmente, pois provoca distorções no comportamento dos agentes não resolvendo os problemas.

29. Para esses produtos é atribuído um rótulo ecológico de acordo com exigências regulamentares do sistema comunitário.

Assegurados os direitos e garantias individuais, o Estado atual deve intervir na ordem econômica e social no âmbito dos parâmetros constitucionais, formulando políticas que direcionem os comportamentos para a qualidade ambiental.

Ao lado desses controles direcionados pelas políticas públicas, os tributos são um forte instrumento na proteção ambiental, dado o caráter social do tributo e sua flexibilidade na defesa do ambiente e pelo impacto que produzem na reconstrução da ordem sócio-econômica.

O sistema tributário atualmente oferece um vasto leque de possibilidades de medidas, visando a atender objetivos ambientais, se houver vontade política para tanto, mas a experiência da tributação ambiental ainda é incipiente. Sua utilização é pontual sem maior intensificação de seu uso.

No Brasil, o sistema constitucional estabeleceu uma série de princípios e regras que permitem a utilização dos mecanismos tributários no âmbito ambiental. O sistema tributário oferece as espécies tributárias à tributação ambiental nos parâmetros constitucionais. Esse emprego intervencionista dos tributos com objetivo ordinatório visa a alcançar finalidades regulatórias de condutas sociais em direção às diretrizes estabelecidas, orientando o comportamento dos agentes econômicos, incentivando iniciativas positivas e desestimulando as nocivas ao bem comum.

São amplas as possibilidades de medidas tributárias em favor do estímulo ao comportamento dos contribuintes para modificar a orientação na estrutura da economia em favor do ambiente.

Sendo os mesmos instrumentos jurídico-tributários para atender as finalidades financeiras do Estado ou, modificado seu manejo, para atender interesses finalistas ambientais eleitos pelo legislador, dispensando tratamento mais ou menos gravoso, havendo integral submissão ao regime jurídico-constitucional tributário, qualquer espécie de tributo se presta a alguma finalidade extrafiscal.

Levando em conta esses fins, o legislador estabelece os critérios definidores do tributo, por meio de mecanismos de graduações de alíquotas, reduções de base de cálculo e seletividade, outorgando isenções, restituições ou outros benefícios.

O manejo da política de benefícios fiscais direcionados aos investimentos de interesse do Estado e até em pesquisas científicas são extremamente relevantes. A concessão de benefícios fiscais como instrumentos de política ambiental é legitimada constitucionalmente e seu manejo prudente restabelece a eqüitativa distribuição da carga tributária e se compatibiliza com os princípios da capacidade contributiva, generalidade e igualdade.

O uso extrafiscal da tributação no campo ambiental não quer dizer necessariamente que se devam criar tributos novos, mas sim o manejo dos já existentes.

A justiça social em seu sentido dinâmico se sobrepõe à justiça fiscal, entendida estaticamente, pelo que se justifica a utilização da tributação extrafiscal em favor do ambiente, cujos fins são objeto de preceitos constitucionais com o mesmo grau hierárquico dos princípios que sustentam a tributação, pelo que a extrafiscalidade pode ser considerada como mecanismo de uma ordem econômico-social mais justa.

No Brasil, a utilização dos instrumentos tributários extrafiscais segue a matriz constitucional relativamente às competências impositivas das esferas de governo – União, Estados Membros, Distrito Federal e Municípios –, observadas as limitações e os princípios expressos e implícitos que regem a matéria, mas tem sido negligenciado seu uso em favor de uma política efetiva de desenvolvimento sustentável da economia.

Outro instrumento financeiro de grande valia na gestão ambiental são os fundos ambientais, cuja captação de recursos se dá de forma variada e sua aplicação há de estar sob o controle e fiscalização da comunidade. Os fundos ora se destinam a atender programas e ações de fomento, financiamento e desenvolvimento de políticas de preservação, defesa, melhoria e recuperação das condições ambientais como também podem estar orientados para indenizações que atendam vítimas dos ilícitos ambientais.

A importância dos fundos como instrumentos de política ambiental é tal que, além dos fundos criados pelos vários Estados, existe uma série deles em nível internacional que reforçam interesses ligados ao bem estar do cidadão à qualidade de vida, além das fronteiras de seu país, quanto à defesa e preservação ambiental.

Algumas experiências bem sucedidas em vários países demonstram a importância e efetividade do instrumental tributário na questão ambiental, o que indica o grande potencial da tributação com fins ambientais, seja na obtenção de receita específica, seja na indução das condutas, cujo manejo permite a construção de um sistema fiscal de apoio a uma política ambiental ativa, consistente e coerente, que deve ser perseguida por todos os países na efetivação do desenvolvimento sustentável e na implementação de ações de tributação justa.

Faz-se necessária a adoção de ações de proteção do ambiente a partir de políticas nacionais coordenadas, em que os instrumentos tributários são decisivos e estas políticas devem ser fortalecidas pela devida articulação, de forma harmonizada em nível regional e principalmente no âmbito do Mercosul.

Isto porque as questões ambientais ultrapassam fronteiras políticas e institucionais, abrindo espaços de interação, entre grupos, setores e governos. Os interesses ambientais exigem eficácia nas modalidades de cooperação internacional e a própria influência de acordos internacionais pode ter importância decisiva na definição e exercício de políticas internas, a partir de uma matriz internacional definida por blocos de interesses e necessidades de cooperação, que incluem instituições bilaterais e multilaterais.

Bibliografia

ARAGÃO, Maria Alexandra de Sousa (1997). *O princípio do poluidor pagador*. Coimbra, Coimbra Editora.

ATALIBA, Geraldo (2004). *Hipótese de incidência tributária*. 6ª ed., 5ª tir., São Paulo, Malheiros Editores.

BAENA AGUILAR, Angel (1996). "Nuevos Impuestos Ambientales", *Revista de Derecho Financiero y de Hacienda Publica*, vol. 46. Madri, jul.-sept. 1996, pp. 567-584.

BECKER, Alfredo A. (1972). *Teoria geral do direito tributário*. 2ª ed., São Paulo, Saraiva.

BONAVIDES, Paulo (2004). *Curso de Direito Constitucional*. 15ª ed., atual., São Paulo, Malheiros Editores.

BORGES, José Souto Maior (1980). *Isenções tributárias*. 2ª ed., São Paulo, Sugestões Literárias.

BORGES NETTO, André Luiz (1995). "A defesa do meio ambiente como princípio da Ordem Econômica", *Cadernos de Direito Constitucional e Ciência Política*, n. 11. São Paulo, abr.-jun. 1995, pp. 146-175.

CANOTILHO, J. J. Gomes (1993). *Direito Consitucional*. 6ª ed., Coimbra, Livraria Almedina.

CARRAZZA, Roque Antonio (1997). "IPTU: ainda a questão da progressividade", in www.damasio.com.br (jun. 1997).

__________ (2004). *Curso de Direito Constitucional Tributário*. 20ª ed., rev. ampl. e atual. até a Emenda Constitucional n. 44/2004, São Paulo, Malheiros Editores.

CARVALHO, Paulo de Barros (1998). *Direito Tributário: fundamentos jurídicos da incidência*. São Paulo, Saraiva.

__________ (2000). *Curso de Direito Tributário*. 13ª ed., São Paulo, Saraiva.

COELHO, Sacha Navarro (1982). *ICM: competência exonerativa: convênios de Estados, imunidades, isenções, reduções e diferimentos*. São Paulo, Ed. RT.

COSTA, Regina Helena *et al.* (1998). *Tributação Ambiental*. Curitiba, Juruá.

FIGUEIREDO, Marcelo (1999). "Tributação e meio ambiente", in *Congresso Latino-Americano de Direito, Anais* 1. Marília, UNIMAR, pp. 100-111.

FIORILLO, Celso Antonio Pacheco (2000). *Curso de Direito Ambiental Brasileiro*. São Paulo, Saraiva.

GOMES, Celeste Leite dos Santos Pereira (1998). *Responsabilidade e sanção penal nos crimes contra o meio ambiente*. São Paulo, Editora Oliveira Mendes.

GOMES, Nuno Sá (1991). *Teoria geral dos benefícios fiscais*. Cadernos de Ciência e Técnica Fiscal, n. 165. Lisboa, Centro de Estudos Fiscais.

__________ (1993). *Manual de Direito Fiscal*. Cadernos de Ciência e Técnica Fiscal, n. 168. Lisboa, Centro de Estudos Fiscais.

GORDILLO, Agustín (1977). *Princípios gerais de Direito Público*. São Paulo, Ed. RT.

GUIMARÃES, Luiz Cláudio (1997). "Direito Ambiental e Extrafiscal dos Impostos no Direito Tributário Brasileiro", *Revista dos Mestrados em Direito Econômico da UFBA*. Salvador, Centro Editorial e Didático da UFBA, jan. 1996-dez. 1997, pp. 345-357.

JARACH, Dino (1989). *O fato imponível: teoria geral do direito tributário substantivo*. Trad de Djalma de Campos. 1ª ed., São Paulo, Ed. RT.

JOHN, Liana (2000). "Pantanal ganha *status* de reserva da biosfera", *O Estado de S. Paulo*, 10.11.2000, Geral, Caderno A, p. 11.

KELSEN, Hans (1991). *Teoria Pura do Direito*. 3ª ed. São Paulo, Martins Fontes.

LAMBERTI, Alicia Morales (1999). *Derecho Ambiental: instrumentos de política y gestión ambiental*. Córdoba, Alveroni Ediciones.

LOBO, Carlos Baptista (1994/1995). "Imposto ambiental: análise jurídico-financeira", *Revista Jurídica do Urbanismo e do Ambiente*, n. 2, pp. 11-49 (dez. 1994); n. 3, pp. 11-65 (jun. 1995). Coimbra.

LUCARELLI, Fábio Dutra (1994). "Responsabilidade civil por dano ecológico", *RT* 700/7-25.

LYRA, Marcos Mendes (1997). "Dano ambiental", *Revista de Direito Ambiental* 8/49-83.

MACHADO, Hugo de Brito (1994). *Os Princípios jurídicos da tributação na Constituição de 1988*. 3ª ed., São Paulo, Ed. RT.

MACHADO, Paulo Affonso Leme (2004). *Direito Ambiental Brasileiro*. 12ª ed., rev., atual. e ampl., São Paulo, Malheiros Editores.

MASSAMBANI, Oswaldo; CAMPIGLIA, Sylvia Suzanna (1992). *Meio Ambiente e Desenvolvimento: forum USP*. São Paulo, Coordenadoria de Comunicação Social-USP.

MELLO, Celso Antônio Bandeira de (2004). *O conteúdo jurídico do princípio da igualdade*. 3ª ed., 12ª tir., São Paulo, Malheiros Editores.

MENDES, Gilmar Ferreria (1994). "Proporcionalidade na jurisprudência do Supremo Tribunal Federal", *Repertório IOB de Jurisprudência*, n. 23/94, São Paulo.

MENDES, Robinson Bogue (2000). *Dano moral e a obrigação de indenizar: critérios de fixação do quantum*. Dissertação (Mestrado em Direito das Obrigações) – Faculdade de Direito, Universidade Católica Dom Bosco, Campo Grande.

MILARÉ, Edis (1998). "Por um Reordenamento Jurídico-Ambiental", *Revista de Direito Ambiental* 9/53-58.

__________ (1999). "A Nova Tutela Penal do Meio Ambiente", *Revista de Direito Ambiental* 16/90-134.

MOTTA, Ronaldo Seroa da (2000). "Instrumentos Econômicos e Política Ambiental", *Revista de Direito Ambiental* 20/86-93.

OLIVEIRA, Helli Alves de (1990). *Da Responsabilidade do Estado por Danos Ambientais*. Rio de Janeiro, Forense.

OLIVEIRA, José Marcos Domingues de (1991a). "Meio ambiente, tributação e vinculação de impostos", *RDT* 56/84-91.

__________ (1991b). "Proteção ambiental no Brasil e nos Estados Unidos", *RDA* 184/106 e ss.

__________ (1993). "Poluição e tributação", *RDT* 61/135-142.

__________ (1995). "Legalidade tributária. O princípio da proporcionalidade e a tipicidade aberta", *RDT* 70/106-116.

__________ (1999). *Direito tributário e meio ambiente: proporcionalidade, tipicidade aberta, afetação da receita*. 2ª ed., rev. e ampl., Rio de Janeiro, Renovar.

PACCAGNELLA, Luis Henrique (1999). "Dano Moral Ambiental", *Revista de Direito Ambiental* 13/44-51.

PIOVESAN, Flávia (1993). "O Direito ao Meio Ambiente e a Constituição de

1988: diagnósticos e perspectivas", *Cadernos de Direito Constitucional e Ciência Política*, n. 4, pp. 75-97. São Paulo, jul.-set. 1993.

POMPEU, Michel (1994). "Aspectos jurídicos da cobrança pela utilização dos recursos hídricos", *RDA* 196/56-84.

PRADO, Luiz R. (1998). *Crimes contra o Ambiente*. São Paulo, Ed. RT.

Revista do Advogado (1992), n. 37. São Paulo, Associação dos Advogados de São Paulo, set. 1992.

RIBAS, Lídia M. L. R. (2000). "Direito Ambiental: critérios para quantificação do dano", in *Direito em Questão: aspectos obrigacionais*. Campo Grande, UCDB.

ROTHENBURG, Walter Claudius (1998). "A Responsabilidade Criminal da Pessoa Jurídica na Nova Lei de Infrações Ambientais", *Revista de Direito Ambiental* 9/59-66.

SAINZ DE BUJANDA, Fernando (1989). *Lecciones de Derecho Financiero*. 7ª ed., Madri, Universidad Complutense.

SALLES, Carlos Alberto de (1998). *Execução Judicial em Matéria Ambiental*. São Paulo, Ed. RT.

SOARES, Mário Lúcio Quintão (2001). *Teoria Geral do Estado: o substrato clássico e os novos paradigmas como pré-compreensão para o direito constitucional*. Belo Horizonte, Del Rey.

SILVA, José Afonso da (2004). *Direito Ambiental Constitucional*. 5ª ed., São Paulo, Malheiros Editores.

TROTABAS, Louis (1977). *Droit Fiscal*. 3ª ed., Paris, Dalloz.

VARGAS, Jorge de Oliveira (1998). "O Direito Tributário a Serviço do Meio Ambiente", *RT* 25/62-75.

VELARDE ARAMAYO, María Silvia (1997). *Beneficios y minoraciones en derecho tributario*. Madri, Marcial Pons.

WEIL, Pierre (1991). *Organizações e Tecnologias para o Terceiro Milênio*. Rio de Janeiro, Rosa dos Tempos.

XAVIER, Alberto P. (1997). *Do lançamento: teoria geral do ato, do procedimento e do processo tributário*. 2ª ed., Rio de Janeiro, Forense.

TRIBUTAÇÃO E POLÍTICAS PÚBLICAS: O ICMS ECOLÓGICO

FERNANDO FACURY SCAFF
LISE VIEIRA DA COSTA TUPIASSU

1. Tributação, globalização e as futuras gerações

1. O mundo passa por grandes transformações econômicas, políticas e sociais.

No âmbito econômico, a tônica é a intensificação do processo de globalização, fenômeno marcado pela quebra do paradigma socialista, fruto da falência[1] do *socialismo real*,[2] que tornou o capitalismo um processo ideologicamente totalitário.[3] A revolução tecnológica, especialmente nos meios de comunicação, vem transformando a sociedade, através da intensificação da relação de trocas econômicas.

1. A falência do paradigma apenas acelerou o processo de globalização, e não o fez surgir, pois a consolidação e a expansão do capital para além das fronteiras nacionais têm origens remotas.

2. Não do ideal socialista, mas da tentativa de colocá-lo em prática através dos modelos de Estado autodenominados de socialistas.

3. Pois monopoliza todos os poderes componentes da sociedade, mesmo os politicamente mais periféricos; é baseado na educação e massificação de propaganda em seu próprio favor e desconsidera a exposição de idéias divergentes como "fora de padrão", entre outras características.

Existem paradoxos neste processo de globalização, pois ao mesmo tempo em que se trata de um fenômeno real, palpável, deve-se registrar a explosão de nacionalismos em várias partes do globo, sendo intensa nos países do leste europeu,[4] e também existente na África.[5] Outro paradoxo diz respeito ao papel deste processo de globalização quase exclusivamente à livre circulação do capital financeiro, e muito pouco à circulação de pessoas e bens. Neste aspecto, as barreiras alfandegárias e de imigração[6] estão presentes e se intensificando.

No âmbito político estamos frente a uma transformação do modelo de Estado, que antes era de bem-estar e hoje é marcado pelo neoliberalismo. A declarada intenção é reduzir o tamanho do Estado, a fim de que sua participação econômica ocorra muito mais pela atuação *sobre* o domínio econômico, como agente normatizador de mercados, do que como agente de produção/comercialização de bens ou serviços, ao atuar *no* domínio econômico.[7] O neoliberalismo, portanto, necessita de manutenção do Estado fiscalizador, a fim de que as regras do jogo econômico sejam asseguradas e o "livre mercado"[8] possa atuar. Resta saber, atuar em prol de quem?

No âmbito social, vemos um processo marcado por amplas transformações, seja pela maior complexidade dos sistemas sociais, seja pela mais ampla participação ativa dos agentes sociais no cenário econômico.[9] Novas formas de organização da sociedade, como as organizações não-governamentais, estão mudando o perfil da sociedade.

2. Dentro deste prisma é que está em processamento uma alteração dos conceitos de soberania, território e povo. E, por conseguinte, a concepção e o papel do Direito na sociedade.

4. A questão dos Bálcãs, envolvendo a Iugoslávia, é um exemplo.

5. As lutas entre as etnias tutsi e hutu é outro exemplo.

6. A grande exceção é a União Européia, apenas para os cidadãos dos países membros. Tal pauta de preocupações não encontra eco nem mesmo na proposta da formação de blocos comunitários, como o NAFTA e o MERCOSUL, e muito menos na ALCA.

7. Sobre os úteis e instrumentais conceitos de intervenção *sobre* e *no* domínio econômico, ver Eros Roberto Grau, *A Ordem Econômica na Constituição de 1988*, pp. 132-134.

8. Não existe mercado *livre*, mas mercado *forjado* e *conformado* pelos interesses humanos envolvidos nas relações de trocas econômicas. Assim, não há uma *mão invisível*, mas um projeto humano, visibilíssimo, estabelecendo as regras do jogo.

9. Ver o excelente estudo de Jorge Correa Sutil, "Modernización, democratización y sistemas judiciales", in Edmundo Jarquín y Fernando Carrillo (coord.), *La Economía Política de la Reforma Judicial*, pp. 173-187.

O conceito de povo, por exemplo: de singela massa de manobra nos discursos políticos,[10] passa a ser considerado também como um mero e descartável índice econômico, uma simples variável dos grandes movimentos de capital em disparada pela melhor posição econômica global. Daí surge o fenômeno do desemprego estrutural, e a colocação em cheque do modelo anteriormente existente na sociedade. Do *pleno emprego* passamos ao desemprego estrutural e à *flexibilização do direito do trabalho*, que reduz grande parte dos direitos sociais, colocando-os em um patamar de livre negociação, necessária (sob o argumento do capital) para poder permitir que as empresas sobrevivam em um mundo de acirrada concorrência.[11] Trata-se de livre negociação entre partes formalmente iguais, porém economicamente em desequilíbrio, o que transforma negociação em imposição.

Em suma, é importante recolocar o *homem* como o centro das preocupações da sociedade. Os operadores jurídicos devem trabalhar para que o estudo das humanidades e a globalização dos direitos humanos sejam o principal foco de atenções nestes tempos que correm.[12]

3. Deve-se também re-elaborar o conceito de território.

Devemos passar a raciocinar com os grandes blocos econômicos, do tipo Nafta e União Européia. No mesmo sentido, a embrionária ALCA e o quase finado Mercosul. Logo, o Direito de estatal passou a ser gerido nos ambientes multiestatais, com diversos centros de poder instrumentalizando as decisões.

No mesmo sentido devem-se analisar as relações de poder privado. Com o incremento das relações de troca, o centro das decisões estratégicas saiu das filiais das empresas localizadas em determinado território para a matriz, onde são gestadas as decisões de investir, consumir e poupar, que afetam os agregados macroeconômicos em todos os países em que aquelas empresas negociam.

10. Ver Friedrich Muller, *Quem é o Povo: A Questão Fundamental da Democracia*, incluindo um esplêndido prefácio de Fábio Konder Comparato.

11. Ver, sob o aspecto econômico, Viviane Forrester, *O horror econômico*. Sob o aspecto jurídico, Rosita de Nazaré Sidrin Nassar, *Flexibilização do Direito do Trabalho*; Arion Sayão Romita, "A globalização da economia e o poder dos Sindicatos", in Fernando Facury Scaff (Coord.), *Ordem Econômica e Social – Estudos em Homenagem a Ary Brandão de Oliveira*.

12. Fundamental sobre este tema é a coletânea *Direitos Humanos no Século XXI*, organizada por Paulo Sérgio Pinheiro e Samuel Pinheiro Guimarães, bem como o excelente livro de Fábio Konder Comparato, *A afirmação histórica dos Direitos Humanos*.

Não é à toa que se rediscute o papel das atividades diplomáticas tradicionais em todo o mundo, centralizando as atividades dos profissionais ligados a essa área muito mais nas atividades econômicas que propriamente de representação estatal.

Inegavelmente, houve uma sensível redução das fronteiras entre os países em razão da revolução tecnológica que vem sendo desenvolvida.

4. Em face dos fatores acima mencionados, que acabaram por gerar mutações no conceito de território e de povo, verificamos que o conceito de soberania também foi particularmente afetado.

O centro de decisões de um país encontra-se parcialmente deslocado para outras partes do mundo, por agentes públicos e privados de outras cidadanias, sem nenhuma responsabilidade social com o que se desenvolve naquele país e, muitas das vezes, afastado da possibilidade de ser alcançado pelas decisões dos Poderes locais.

Um país não é mais soberano como antes, cotejado com a época em que Jean Bodin cunhou o conceito. A soberania encontra-se mais relativizada do que nunca.

Por conseguinte, a delimitação do Direito como objeto de aplicação de normas estatais (soberania), sobre determinada área geográfica (território), a fim de regular as relações entre as pessoas (povo) encontra-se colocada em cheque, sendo necessário pensarmos o Direito globalmente, como um instrumento de desenvolvimento entre as nações, centrado na dimensão humana global.

E daí surge todo um novo âmbito de discussão, uma vez que o Direito que temos utilizado é um Direito pensado e criado para funcionar dentro de uma matriz determinada pelos conceitos de soberania, território e povo que hoje não mais existem como dantes, amplamente modificados pela tecnologia e pelo incremento do sistema de trocas.

5. Tudo que acima foi exposto afeta profundamente o Direito Tributário, que é um Direito centrado fortemente na noção de território. A extraterritorialidade do Direito Tributário é uma excepcionalidade decorrente dos tratados internacionais para evitar a bi-tributação. Ou ainda, quando inserido no contexto de uma união aduaneira ou mercado comum, sempre visando ao equilíbrio tributário dentre os países envolvidos.

6. É ainda um Direito centrado fortemente no formalismo das concepções, onde as relações sempre ocorrem dentro de um prisma que envolve apenas a função de arrecadar, e não visando à obtenção de resultados extrafiscais, que alcançam objetivos para além da singela fórmula

de disponibilizar dinheiro privado para a consecução das necessidades públicas, fazendo-o através do Estado.

Desta forma, as modificações ocasionadas pela interseção entre o rígido territorialismo do Direito Tributário e o mundo globalizado vem gerando diversas perplexidades que deixam muito mais dúvidas do que certezas dentre os estudiosos do Direito.

7. As respostas para estas perplexidades entre a teoria tradicional e a realidade multifacetada e dinâmica hoje encontrada devem ser buscadas dentro dos grandes pilares do Direito, que são os Princípios Jurídicos, e não nas regras que os implementam. Daí ser necessário falar das distintas dimensões do Direito para se poder pensar em *soluções globais para problemas locais.*

8. Historicamente, os direitos fundamentais surgiram como uma defesa do cidadão contra o Estado. Tal concepção estava inserida dentro da análise da luta contra o Absolutismo, combativa da total centralização do Poder.

Desta época é o ressurgimento da idéia de *liberdade* e de *igualdade*, pois, uma vez conquistadas tais garantias *individuais*, a *ordem natural* se encarregaria de fazer com que o bem-estar e a prosperidade adviessem. Acreditava-se que a ordem natural do mercado possibilitaria fazer surgir o desenvolvimento.

Ocorre que a ordem natural apenas privilegiou os que possuíam poder econômico, fazendo maior o fosso existente com aqueles que apenas portavam sua força de trabalho como elemento de troca no mercado. As soluções individuais não foram suficientes para resolver as questões sociais.

9. Constatada a insuficiência de implementação desta fórmula de direitos e garantias fundamentais foi necessário *ampliar* o espaço de compreensão destes Princípios. Observe-se que não se trata de *ultrapassar* esta concepção de direitos fundamentais, mas de *ampliá-la* visando a alcançar as prestações positivas que a sociedade necessita que sejam desenvolvidas pelo Estado, ou por ele impostas aos grupos econômicos mais fortes e dominantes. Daí surge uma candente discussão sobre a expressão *geração de direitos*, que pressupõe o *ultrapassamento* de um rol de direitos por outro, e a expressão *dimensão de direitos*, que implica a *ampliação* daquele rol inicial, sem o afastamento do anterior.

Nesse momento surge a *ampliação* daqueles direitos, a fim de alcançar o homem em um grupo determinado, permitindo que direitos referentes a esta sua condição pudessem ser exercidos e garantidos pelo ordenamento jurídico. Surgiram então as conquistas dos direitos sociais em vários ordenamentos jurídicos do planeta, dentre eles o brasileiro, no início do século XX. Não se trata apenas de direitos da pessoa contra o Estado, mas do homem inserido no sistema econômico de produção, com a necessária intervenção do Estado para diminuir as desigualdades sociais e econômicas existentes.

10. Porém, a evolução dos estudos jurídicos constatou ser insuficiente a preocupação com o coletivo, sendo também necessário que o Direito se ocupasse dos interesses difusos da sociedade, que são aqueles que atingem um grupo indeterminado, e indeterminável, de pessoas. São tais as lesões causadas por poluição ambiental, congestionamentos de tráfego, problemas de direito do consumidor etc. Não se pode determinar a quantidade de pessoas alcançadas pelo dano.

A solução individual e a coletiva não conseguiram dar solução a este tipo de questão, sendo necessário desenvolver mecanismos adequados para operacionalizar sua prevenção e seu ressarcimento.

11. Some-se à questão dos *interesses difusos* o conceito de *futuras gerações*. E aí surge uma nova compreensão dos direitos fundamentais.

Passam a ser considerados *também* os direitos dos que ainda não nasceram. A dimensão da pessoa humana é projetada no futuro, não mais apenas como a dimensão civilista do *nascituro*, mas de toda uma futura (e ainda nem mesmo gestada) geração de pessoas humanas.

É dentro deste preceito que se encontra o Direito ao Desenvolvimento Econômico, que é "um direito humano inalienável e que a igualdade de oportunidade para o desenvolvimento é uma prerrogativa tanto das nações quanto dos indivíduos que compõem as nações".[13]

O interesse protegido não é o da atual geração, mas sua preservação para as futuras gerações. Não é mais um interesse *do indivíduo contra o Estado*, ou inerente apenas a certa *coletividade*, mas um interesse *difuso* e que abrange não apenas as atuais, mas as *futuras gerações*, que deve ser interpretado de comum acordo com a idéia de globalização, de forma a abranger toda a espécie humana, atualmente existente e a ser futuramente gerada.

É esta nova dimensão dos direitos fundamentais que deve estar presente em nossa mente ao interpretar vários dos Princípios Jurídicos dispostos em nosso ordenamento.

13. *Declaração sobre o Direito ao Desenvolvimento*, ONU, 1986, preâmbulo.

É antiga a expressão que enquadrava o mundo como uma *aldeia global*. Contudo, apenas hoje, com o progresso dos meios de comunicação é que se passa a ter uma pálida idéia do que representa esta afirmação. Qualquer alteração das condições econômicas em uma parte do globo terrestre acarreta influências imediatas em outros países.

Verifica-se desta forma que a compreensão jurídico-tributária deve estar inserida em toda a problemática acima exposta, pois é necessário que o Estado exerça sua *soberania* para arrecadar os recursos gerados pelo *povo* localizado em um determinado *território*. Mas não se pode perder de vista que tais conceitos vêm sendo colocados em cheque, como acima exposto. Desta forma, não se deve pensar o Direito Tributário apenas como um instrumento de arrecadação, mas também como um *instrumento para a consecução de políticas públicas* em diversas outras áreas do conhecimento humano, como, por exemplo, a área ambiental.

Por enquanto – e espero que este prazo seja curto –, nos encontraremos frente a um *conflito* entre o caráter eminentemente nacional e territorial do *direito tributário contemporâneo* e sua perspectiva de transformação em um *direito tributário das futuras gerações*, marcado pela necessária globalização de direitos, devendo fazer frente às atividades econômicas transnacionais que se desenvolvem sem pátria. Os recursos advindos desta arrecadação permitirão a implementação de um sistema jurídico mais efetivo e, quiçá, centrado no homem, como destinatário único e final da existência de uma sociedade organizada, seja em Estados individualmente considerados, seja em constelações pós-nacionais.[14]

Deste modo, é imprescindível levar em consideração nas análises jurídicas contemporâneas esta cisão entre um direito tributário eminentemente nacional, formal e centrado na arrecadação, e o impacto da globalização, que elimina as fronteiras nacionais na circulação de bens e, especialmente, na circulação de serviços, fazendo com que seja necessário colocar o direito tributário a serviço das demais áreas do conhecimento, no presente caso, da Ecologia, ao tratar da *tributação ambiental*. Deve-se sempre ter em mente a necessária transformação do direito tributário atual para um *direito tributário das futuras gerações*, no qual se configure que a arrecadação atual servirá para construção de um mundo com fronteiras mais tênues, porém unificado pela efetivação dos direitos humanos.

14. Para a compreensão deste conceito, v. Jürgen Habermas, *A Constelação Pós-Nacional*.

2. *O Direito Tributário como implementador de políticas públicas*

12. O Direito cumpre vários papéis, dentre eles, um dos mais relevantes no mundo contemporâneo é o de implementar políticas públicas, através da ação ordenada e coordenada da intervenção do Estado na atividade econômica. Assim, o Direito deixou de ser a cristalização das realizações sociais para passar a ser um instrumento de transformação da sociedade, visando à realização de suas aspirações.[15] Decorre desse fato a estreita conexão entre o Direito e a implementação das políticas públicas, uma vez que estas traduzem os meios necessários para alcançar os valores estabelecidos pelos Princípios Jurídicos que veiculam as finalidades a serem alcançadas pela sociedade. Podem-se exemplificar tais Princípios que traduzem finalidades como aqueles que na Constituição da República brasileira estabelecem como objetivos nacionais a construção de uma sociedade livre, justa e solidária, que garanta o desenvolvimento nacional, erradicando a pobreza e a marginalização, e reduzindo as desigualdades sociais e regionais, abolindo qualquer espécie de discriminação (art. 3º).

Ou ainda, entre aqueles que mencionam ser a Ordem Econômica fundada na valorização do trabalho humano e na livre iniciativa, visando a assegurar a todos existência digna, de conformidade com a Justiça social, observados vários princípios, dentre eles, o da defesa do meio ambiente, inclusive mediante tratamento diferenciado conforme o impacto ambiental (art. 170, CF).

O direito tributário possui destacada atuação nestas atividades, o que permite sua utilização como um instrumento para a consecução daquelas finalidades. Diante deste prisma, a conexão entre a tributação e a questão ambiental assume, a cada momento, uma importância mais destacada em todo o mundo globalizado.

Daí ser bastante curioso este entrelaçamento entre uma atividade com forte caráter globalizante, pois uma emissão poluente ocorrida no Peru pode ter influências no Marajó, fruto da via natural do rio Amazonas, e um direito fortemente territorializado, como o tributário.

13. A preservação de um meio ambiente saudável e a manutenção do desenvolvimento sustentável são metas incontestáveis, fundamentos de nossa sobrevivência, que devem ser privilegiadas diuturnamente.

15. Fernando Facury Scaff, *Projeto de Lei do ICMS Ecológico*.

Assumindo seu papel de gestor das políticas de interesse coletivo, deve o Estado buscar meios para atender à necessidade de proteção dos recursos naturais para a presente e para as futuras gerações, inscrita no artigo 225 de nossa Constituição Federal e no artigo 252 de nossa Carta Constitucional Estadual, aliando o interesse público ao desenvolvimento sustentável, com auxílio dos entes municipais, que também exercem papel fundamental na Federação.

A interpretação sistemática da estrutura normativa nacional, partindo-se dos princípios fundamentais da Constituição Federal, obriga-nos a observar todos os mandamentos por ela impostos e, além de compatibilizá-los entre si, assegurar a sua satisfação através das normas infraconstitucionais e das orientações políticas seguidas pelos poderes públicos.

Em face dessa realidade, não se pode excluir a relevância do Direito Tributário que, como parte do sistema, deve ter explorada sua finalidade social, ressaltando a função extrafiscal dos tributos, que podem ser amplamente utilizados em benefício dos interesses coletivos administrados pelo Estado. De fato, os tributos, em função de sua própria natureza, devem exercer uma finalidade eminentemente voltada ao bem comum, devendo ser otimizada sua utilização como instrumento de implementação das políticas de proteção ao meio ambiente e ao desenvolvimento sustentável.

Em razão disto, ponderando os princípios constitucionais tributários e a sua relação com a função ambiental do Estado, bem como tirando proveito de varias experiências e possibilidades econômicas voltadas para a questão ambiental, procurar-se-á examinar a questão do *federalismo fiscal* em benefício do meio ambiente, especialmente no que diz respeito à questão do ICMS Ecológico, discorrendo rapidamente sobre as experiências nacionais em sua utilização e sobre a proposta apresentada para a sua implementação no Estado do Pará.

3. Os fundamentos do Federalismo Fiscal Ambiental

14. A Constituição Federal de 1988, em seu artigo 158, determina quais receitas tributárias arrecadadas pelos demais entes da federação pertencem aos municípios. Dentre tais verbas encontra-se o montante de 25% (vinte e cinco por cento) da arrecadação estadual decorrente do Imposto sobre operações relativas à circulação de mercadorias e serviços (ICMS), cujos critérios de repartição entre os diversos municípios estão definidos no parágrafo único do dispositivo.

O mandamento constitucional estabelece expressamente que no mínimo ¾ dos 25% de ICMS pertencentes aos municípios devem ser repassados conforme o valor adicionado fiscal das operações realizadas por cada ente municipal. A Constituição define, então, um critério de medição econômica, simplificadamente decorrente da diferença entre as notas fiscais de venda e as notas fiscais de compra do município.[16] Nos termos dispostos pelo mandamento constitucional, portanto, a lógica de repartição das receitas do ICMS privilegia os municípios que mais produzem, ou seja, os mais desenvolvidos economicamente, capazes de gerar maiores receitas tributárias provenientes da circulação de mercadorias e serviços.

No entanto, deixa o constituinte originário a cargo dos Estados a definição dos critérios de repasse de cerca de ¼ do valor cabível aos municípios. Tal faculdade permite uma interferência direta da administração estadual no processo de desenvolvimento municipal,[17] tendo em vista que os critérios de repasse de verbas influem fundamentalmente sobre as políticas públicas adotadas, podendo, se bem planejados, constituir-se em um amplo fator de indução econômica.

Tradicionalmente, porém, os Estados pouco se utilizam do poder economicamente indutivo contido no permissivo constitucional, repetindo normalmente o mesmo critério adotado para os demais ¾,[18] utilizando-se de fatores demográficos ou conferindo partes iguais a todos os entes municipais.[19]

Na realidade atual, entretanto, os municípios mais populosos ou que mais geram circulação de mercadorias são os que têm, em seu território,

16. Os detalhes sobre o calculo do Valor Adicionado Fiscal encontram-se nos parágrafos do art. 3º, da Lei Complementar n. 63, de 11.11.1990.

17. Notadamente daqueles que não são fortemente beneficiados pelo critério do Valor Adicionado Fiscal.

18. Conforme explica Wilson Loureiro, "(...) em 8 estados o critério do repasse pelo Valor Adicionado Fiscal está acima dos 75% determinados pela Constituição Federal (...)" (Wilson Loureiro, "O ICMS ecológico na biodiversidade", p. 8). Isso demonstra que muitos Estados privilegiam mais ainda os Municípios mais ricos, não se utilizando, de forma plena, do permissivo que lhes é constitucionalmente concedido, para a definição de outros critérios de repasse de ICMS.

19. Escapa dos objetivos deste texto a discussão acerca da legitimidade ou não do dispositivo constitucional definidor dos critérios de repartição de receitas, tampouco dos critérios complementares estipulados pelos Estados, os quais, por certo, têm base em fortes razões políticas e econômicas. Assim, não nos preocuparemos em julgar até que ponto são justos, convenientes, ou se estão em harmonia com os demais princípios constitucionais.

mais condições de desenvolver atividades economicamente produtivas, que culminam, no mais das vezes, em externalidades negativas através do desenvolvimento de uma estrutura predatória em relação aos bens ambientais.

Assim, incluindo este quadro no raciocínio da repartição de receitas do ICMS, verificamos que os municípios que se dedicam ao desenvolvimento econômico em detrimento da preservação ambiental são aquilatados com maior quantidade de repasses financeiros, pois têm mais possibilidade de gerar receitas em função da circulação de mercadorias. Por outro lado, aqueles que arcam com a responsabilidade de preservar o bem natural, trazendo externalidades positivas que beneficiam a todos, têm restrições em sua capacidade de desenvolvimento econômico e, conseqüentemente, recebem menos repasses financeiros por contarem com uma menor circulação de mercadorias e serviços. Esta lógica necessariamente deve ser alterada, pois não dá conta da dinâmica da realidade e, principalmente, não se conforma com a proteção constitucional conferida ao meio ambiente, tampouco com o instrumento principiológico do poluidor-pagador.

15. A intervenção do Estado sobre domínio econômico-ambiental surge, então, buscando corrigir as falhas trazidas pelas externalidades ecológicas, por ele também sofrida quando tem de responsabilizar-se perante a sociedade para com políticas de proteção ambiental e despoluidoras, em conseqüência de ações danosas ao meio ambiente toleradas gratuitamente.

Dentro dessa perspectiva, inúmeras foram as reivindicações dos municípios detentores de áreas de preservação ambiental, mananciais hídricos, reservas indígenas etc., tendo em vista que sofrem historicamente uma dupla penalização, seja pela restrição da utilização economicamente produtiva de parte do seu território em face da afetação ambiental, seja pela conseqüência economicamente nefasta de tal restrição, que implica um menor nível de repasse orçamentário, sem que recebam qualquer recompensa pelas externalidades positivas que proporcionam à sociedade.

Necessário se fez aos Estados conciliarem os ditames constitucionais de modo a também incentivarem a conservação dos recursos naturais, proporcionando, ao menos, algum meio de compensação financeira aos municípios que sofrem limitações de ordem física para o desenvolvimento produtivo, em razão de seu comprometimento territorial com áreas ambientalmente protegidas.

Diante disso, aproveitando a faculdade que lhes foi constitucionalmente conferida, relativa ao estabelecimento de critérios próprios para o repasse de ¼ da parcela de ICMS pertencente aos municípios, vem sendo criada, em alguns Estados, uma nova política, cujos parâmetros estabelecidos para o repasse financeiro são de ordem notadamente ambiental.

Percebe-se, neste contexto, o início de uma clara e simples forma de compatibilizar a sistemática financeira com a preservação ambiental, fornecendo incentivos para que os municípios mantenham as áreas de conservação ambiental sem sofrerem demasiadamente as perdas decorrentes do limitado desenvolvimento econômico.

4. O ICMS Ecológico

16. O ICMS Ecológico[20] tem sua origem relacionada à busca de alternativas para o financiamento público em municípios cujas restrições ao uso do solo são fortes empecilhos ao desenvolvimento de atividades econômicas clássicas. O instituto traz resultados surpreendentes capazes de conferir nova feição a todas as políticas ambientais nacionais.

Note-se que a política do ICMS Ecológico representa uma clara intervenção positiva do Estado, como um fator de *regulação não coercitiva*,[21] através da utilização de uma forma de subsídio, tal como um incentivo fiscal intergovernamental.[22] Tal incentivo representa um forte instrumento econômico extrafiscal com vista à consecução de uma finalidade constitucional de preservação, promovendo justiça fiscal, e influenciando na ação voluntária dos municípios que buscam um aumento de receita, na busca de uma melhor qualidade de vida para suas populações.

Aliás, mister ressaltar que o intuito inicialmente compensatório conferido ao instituto logo se viu substituído por uma franca conseqüência incrementadora, tendo em vista que um número crescente de municípios passou a implementar políticas públicas ambientais, almejando receber

20. Conforme ficou conhecido este critério de repartição, buscando a divulgação e popularização do termo, embora reconheçamos que é utilizado com certa impropriedade, uma vez que não se trata exatamente de enquadrar a própria figura tributária (ICMS) na questão ambiental, e, sim, os recursos financeiros dela provenientes através de um mecanismo de federalismo fiscal.

21. Maurício Andrés Ribeiro, "O ICMS e o Princípio Não Poluidor-Recebedor".

22. Ver a respeito Fábio Heuseler Ferreira Leite, "O ICMS Ecológico no Rio de Janeiro", p. 33.

uma parte dos valores distribuídos segundo tais critérios, conforme se verá a seguir. A política obteve muito sucesso porque redimensiona e valoriza todos os aspectos fundamentais para um meio ambiente saudável, incentivando os municípios a investirem na qualidade de vida de sua população.

Pioneiramente, o instituto foi concebido no Estado do Paraná, em 1991, e hoje já se encontra efetivamente implantado também em Estados como Minas Gerais, Rondônia, São Paulo, Mato Grosso do Sul, Mato Grosso, Rio Grande do Sul, Tocantins e Pernambuco. Além disso, inúmeros outros Estados, dentre os quais o Pará, Rio de Janeiro, Goiás, Santa Catarina e Ceará têm projetos do gênero em fase de discussão legislativa.[23]

17. A concretização do ICMS Ecológico não exige complexas alterações legislativas.[24] Esquivando-se das longas discussões no Congresso Nacional, responsáveis por anos de tramitação das propostas que visam a alterar a legislação tributária ou emendar a Constituição,[25] a implementação do ICMS Ecológico normalmente depende apenas de lei estadual, uma vez que os princípios basilares da repartição financeira já se encontram na Constituição Federal e na maioria das Constituições Estaduais, muitas esperando há mais de 10 anos pela devida regulamentação.[26]

Conforme comumente ocorre, através dos debates estaduais são estabelecidos diversos critérios de mensuração do valor a ser recebido a título de repasse financeiro, sempre levando em conta as peculiaridades naturais de cada região. Daí porque cada um dos Estados que se utilizam do sistema estabelece diferentes montantes a serem repartidos segundo a apreciação de diferentes aspectos ecológico-sociais.[27]

23. Para mais detalhes acerca da implementação do ICMS Ecológico, suas experiências e propostas, consultar: Lise V. da Costa Tupiassu, *Tributação Ambiental: a utilização de instrumentos econômicos e fiscais na implementação do Direito ao Meio Ambiente saudável*, pp. 158 e ss.

24. Embora esteja, antes de tudo, vinculada a acirradas disputas políticas diante dos supostos prejuízos suportados pelos municípios acostumados a explorar predatoriamente o meio ambiente, conforme se verá a seguir.

25. As quais seriam indispensáveis para a implementação da maior parte das demais hipóteses de utilização dos mecanismos econômicos em benefício do meio ambiente.

26. Como é o caso do art. 225, § 2º da Constituição do Estado do Pará, a qual já contém desde a sua origem (1989) mandamento assegurando privilégio de tratamento para os municípios que abrigam unidades de conservação em relação à parcela de repasse de ICMS de que trata o art. 158, parágrafo único, II da Constituição Federal. Disposição esta que aguarda há 12 anos sua regulamentação.

27. Neste sentido é possível observar exemplificativamente que os Estados do Paraná e Rondônia adotam critérios ecológicos para o repasse aos municípios de 5%

Os valores e critérios legalmente estabelecidos passam então a ser quantificados[28] diante dos dados fáticos, proporcionando a definição de um *ranking ecológico* dos municípios. Deste modo, cada município receberá um montante proporcional ao compromisso ambiental por ele assumido, o qual será incrementado conforme a melhoria da qualidade de vida da população.

Um dos pontos chaves da política é, portanto, a *não criação de novo tributo*, não subsistindo qualquer ônus financeiro para o Estado ou aumento da carga tributária dos contribuintes.[29] Trata-se, unicamente, da adoção de critérios ambientalmente relevantes para a repartição das receitas normalmente obtidas.[30]

(cinco por cento) do valor total do ICMS arrecadado, enquanto que São Paulo afeta 0,5% (meio por cento) e Minas Gerais 1% (um por cento). Embora todos os Estados privilegiem o critério *unidades de conservação*, outros fatores somam-se a este, como no caso de Minas Gerais, que incentiva também o desenvolvimento de redes de saneamento; ou do Paraná, que traz como critério adicional os municípios que dispõem de mananciais de água servindo a municípios vizinhos. Para quadro detalhado dos critérios utilizados por cada um dos municípios, v. Carlos José Caetano Bacha e Pery Francisco Assis Shikida, *Experiências brasileiras na implementação do ICMS Ecológico*, p. 189; Maryanne Grieg-Gran, *Fiscal Incentives for Biodiversity Conservation: The ICMS Ecológico in Brazil*; Léo Pompeu de Rezende Campos, "ICMS Ecológico: Experiências nos Estados do Paraná, São Paulo, Minas Gerais e alternativas na Amazônia".

28. Alguns critérios adotados pelos Estados necessitam de uma análise um pouco mais complexa do que a simples quantificação aritmética. No caso do Paraná, por exemplo, realiza-se também uma análise qualitativa das unidades de conservação. Em Minas Gerais, o critério relativo à implementação de sistemas de saneamento toma em consideração a porcentagem da população beneficiada com a estrutura sanitária.

29. "Na verdade não se trata de uma nova modalidade de tributo ou uma espécie de ICMS, parecendo mesmo que a denominação é imprópria a identificar o seu verdadeiro significado, de vez que não há qualquer vinculação do fato gerador do ICMS a atividades de cunho ambiental. Da mesma forma, como não poderia deixar de ser, não há vinculação específica da receita do tributo para financiar atividades ambientais. Não obstante, a expressão já popularizada ICMS ECOLÓGICO está a indicar uma maior destinação de parcela do ICMS aos municípios em razão de sua adequação a níveis legalmente estabelecidos de preservação ambiental e de melhoria da qualidade de vida, observados os limites constitucionais de distribuição de receitas tributárias e os critérios técnicos definidos em lei" (cf. Éderson Pires, "ICMS Ecológico – Aspectos Pontuais – Legislação Comparada").

30. "Na prática, o que aconteceu foi uma *reciclagem* do dinheiro que antes já era distribuído por outro critério, o valor adicionado" (cf. Wilson Loureiro, "ICMS Ecológico: incentivo econômico à conservação da biodiversidade, uma experiência exitosa no Brasil", p. 56).

Além disso, o ônus operacional é mínimo.[31] Normalmente, para a realização do cadastro das unidades de conservação e quantificação dos itens elencados pela legislação – cuja atualização deve ser constante a fim de proporcionar a perfeita consonância dos repasses financeiros com a realidade municipal –, a própria estrutura administrativa já existente poderá ser utilizada.

Ao fim, caberá aos Tribunais de Contas (também no exercício de suas funções constitucionalmente definidas), e principalmente, à população – utilizando-se dos inúmeros meios de pressão e controle que lhe são legalmente disponibilizados – o acompanhamento e fiscalização dos repasses financeiros, da utilização dos valores recebidos e da busca pelo seu incremento, bem como o exame da veracidade das informações prestadas, que basearam a distribuição. Ressalte-se que tal atitude pode ser estimulada e otimizada pela própria ação dos Estados, os quais arcam com a tarefa de informar não só as administrações municipais, mas também a população, dando transparência à execução da política fiscal-ecológica.

Desta forma, mais facilmente será construída uma consciência ecológico social que, numa cadeia positiva, incentivará a otimização das ações ambientais realizadas pelos municípios com vista ao aumento do repasse financeiro e também ao bem-estar da sociedade como um todo.

5. O ICMS Ecológico na experiência de alguns Estados brasileiros

18. O *Paraná* foi o primeiro Estado brasileiro a adotar instrumentos normativos que implementassem novos critérios de repartição de receitas do ICMS, como solução diante de reivindicações das autoridades municipais prejudicadas com as restrições ao desenvolvimento clássico, em função da proteção ao meio ambiente.

Assim, foi aprovado um dispositivo na Constituição Estadual e, sucessivamente, adotados a Lei Estadual n. 9.491, a Lei Complementar n. 59 e o Decreto Estadual n. 974/1991, que introduziram e regulamentaram critérios ecológicos para repasse das verbas municipais do ICMS.

31. Loureiro comenta a respeito, de acordo com os dados do Paraná, onde "o custo total para a execução do Programa para o IAP, em 1995, foi de aproximadamente R$ 56.000,00 (cinqüenta e seis mil reais), considerando salário de técnicos, encargos sociais, combustível, depreciação de veículos, etc." (cf. Wilson Loureiro, "ICMS Ecológico: incentivo econômico...", cit., p. 56).

Por conseguinte, o Paraná foi o primeiro Estado a experimentar os resultados extremamente positivos da adoção do ICMS Ecológico. O número de Municípios beneficiados eleva-se a cada ano. Em 1992, foram 112; em 1998, o número já havia aumentado para 192 Municípios.[32] Conseqüentemente, os dados da preservação ambiental no Estado mantêm-se em constante crescimento. Estima-se que, desde a aprovação da Lei do ICMS Ecológico, em 1991, as áreas protegidas no Paraná aumentaram 950%,[33] e que nos cinco anos de efetivo desenvolvimento do projeto conseguiram-se resultados maiores e melhores do que em 60 anos de políticas públicas em áreas protegidas.[34]

19. O segundo Estado a adotar a política do ICMS Ecológico foi *São Paulo*, com uma Lei Complementar promulgada no fim de 1993.[35] Desde lá, muitas áreas já foram beneficiadas, como a região do Vale da Ribeira, onde as possibilidades de desenvolvimento produtivo se mostravam, a princípio, bastante limitadas em função das proibições de pesca e extrativismo.

Com o ICMS Ecológico, os municípios localizados nesta área de Mata Atlântica já se sentem mais recompensados, buscando alternativas para o seu desenvolvimento, aplicando vultosos recursos em projetos de ecoturismo. Aliás, com a implantação do novo sistema de eco-repartição financeira, verificou-se um sensível aumento de receita em cerca de 23,56% dos Municípios de São Paulo,[36] muitos dos quais passaram a ter, pelos critérios do ICMS Ecológico, a maior parcela de seus recursos, representando fundamental avanço em seu desenvolvimento. A título de exemplo, veja-se o caso de Iporanga, cujo percentual de 77% de todo o repasse de ICMS a que faz jus é proveniente dos critérios ecológicos.[37]

Seguindo a linha dos bons resultados, o número de municípios beneficiados elevou-se de 104, em 1994, para 152 em 1999, chegando a 169 em 2003.[38] Tal crescimento incentivou a adoção de outro sistema que

32. Wilson Loureiro, *Incentivos fiscais para conservação da biodiversidade no Brasil*, p. 41.

33. Wilson Loureiro, "ICMS Ecológico: incentivo econômico...", cit., p. 56.

34. IAP, *ICMS ecológico: o presente do Paraná para o futuro do Brasil*.

35. Lei Complementar Estadual n. 8.510, de 23.12.1993.

36. Léo Pompeu de Rezende Campos, "ICMS Ecológico...", cit., p. 15.

37. Ver *ICMS Ecológico beneficiou 169 municípios de SP em 2002*, IVC/AE, p. 1. Ver também Carlos José Caetano Bacha e Pery Francisco Assis Shikida, *Experiências brasileiras na implementação do ICMS ecológico*, p. 202.

38. Ver *ICMS Ecológico beneficiou 169 municípios de SP em 2002*, p. 1.

considera, inclusive, a ação ambiental do município em relação às áreas protegidas.[39]

20. Experiência vitoriosa e bastante difundida é a da implantação do ICMS Ecológico em *Minas Gerais*. Com a adoção da Lei Estadual n. 12.040, de 28.12.1995 – conhecida como "Lei Robin Hood" –, Minas Gerais revolucionou os critérios de repasse dos 25% de ICMS aos municípios, passando a beneficiar não apenas os municípios que abrigam unidades de conservação, como também aqueles que possuem sistema de tratamento de esgoto ou disposição final de lixo – atendendo a maior parte da população –, introduzindo também critérios de educação, patrimônio histórico e saúde, entre outros.

No que tange ao objetivo redistributivo, o resultado do ICMS Ecológico mineiro foi imediato. Logo no primeiro ano – quando ainda não estavam em vigor os índices definitivos –, quase 500 municípios obtiveram aumentos de receita maiores que 100%, sendo que em 38 deles, o aumento superou 1.000%. A parcela *per capita* mínima, que era de R$ 0,88, elevou-se para R$ 15,12, enquanto que a parcela *per capita* máxima de R$ 684,53, diminuiu para R$ 587,99.[40]

21. A introdução do federalismo fiscal ecológico na região Amazônica foi realizada pelo Estado de *Rondônia*,[41] através da redução de 5% do valor anteriormente repassado aos municípios de forma igualitária – que somava 19%, e ficou com 14% –, o qual passou a ser redistribuído aos municípios que detêm áreas de conservação ambiental.

Os resultados obtidos com o novo sistema já são visíveis. A partir de 1997, 22 municípios obtiveram um aumento em seus repasses de ICMS.[42] Um exemplo é o município de Jamari, que abriga em seu território um total de 55,31% de áreas ambientalmente protegidas, tendo experimentado um acréscimo de 217,65% em suas quotas de ICMS. Guarajá-Mirim, com 88% da sua área dedicada a unidades de conservação, obteve um aumento médio por habitante no cálculo do ICMS municipal.[43]

39. Embora instituído pela Lei n. 9.146, de 9.3.1995, o sistema ainda aguarda regulamentação, não estando em vigor. Léo Pompeu de Rezende Campos, "ICMS Ecológico...", cit., p. 15.

40. Flávio Riani, "O novo critério de repartição do ICMS aos municípios mineiros: avaliação dos resultados e sugestões", p. 221.

41. Experiência que, infelizmente, permanece isolada na Região.

42. Maryanne Grieg-Gran, *Fiscal Incentives for Biodiversity Conservation...*, cit., p. 7.

43. Roseli Garcia, "Cidades descobrem nova moeda".

Ao lado dos benefícios trazidos aos municípios, o ICMS Ecológico de Rondônia serve a derrubar o argumento de parte de políticos e empresários da Amazônia que defendem a exploração sem critérios de preservação da floresta como única forma de obtenção de recursos na região.[44]

22. A ampliação do debate sobre a utilização de instrumentos econômicos e tributários nas políticas públicas ambientais, o aprimoramento institucional das entidades públicas no que tange ao trato do meio ambiente e a influência no desenvolvimento estadual e nacional de políticas semelhantes são fatores que, ao lado do incremento da qualidade de vida das populações e das áreas de proteção ambiental, representam de modo especial o sucesso do ICMS Ecológico.[45]

Seguindo as excelentes experiências demonstradas pelos Estados já adotantes do ICMS Ecológico, com resultados amplamente positivos no que tange às políticas ambientais municipais, considera-se satisfatório o uso deste tipo de intervenção econômica por parte dos poderes públicos, fazendo com que seus méritos ecoem pelo Brasil afora.

Vários outros Estados brasileiros já estudam a possibilidade de implementar projetos semelhantes aos aqui discutidos. Diante desta enorme expansão, chega-se, até mesmo, a cogitar acerca de uma proposta nacional de ICMS Ecológico.

Em junho de 1998 foi apresentado no Senado um projeto de autoria da senadora Marina Silva (PT-AC) que cria uma reserva de 2% do Fundo de Participação dos Estados e Distrito Federal para Estados que abrigarem Unidades de Preservação da Natureza e terras indígenas demarcadas,[46] como parte de um conjunto de ações no sentido de fazer uma combinação entre preservação do meio ambiente e desenvolvimento econômico.

Segundo a senadora, tal proposta implica pequeno impacto sobre a redução global dos recursos do fundo, mas com grandes resultados em

44. Idem, ibidem.

45. Para detalhes específicos sobre os resultados positivos do ICMS Ecológico em todos os âmbitos citados, consultar Wilson Loureiro, *Incentivos fiscais...*, cit., pp. 35 e ss.

46. Cf. Ata da Sessão do Plenário do Senado Federal referente à 72ª Sessão Não Deliberativa de 19.6.1998.

relação ao incentivo à preservação ambiental, na esteira do que ocorre com o ICMS Ecológico. O modelo já foi aprovado no Senado e agora aguarda aprovação na Câmara dos Deputados.[47-48]

6. Análise da proposta de implantação do ICMS Ecológico no Pará

23. Espelhando-se nas experiências ocorridas no resto do Brasil, o Estado do Pará iniciou, em 1999, as discussões visando à implementação do ICMS Ecológico.

O Estado é o segundo maior da região Norte, tendo um território de 1.253.164,5 km² – equivalente a mais de duas vezes o território da França –, sendo conhecido como a porta de entrada da Amazônia. No entanto, hoje em dia, é um dos recordistas em desmatamento florestal e sofre incessantemente os problemas deixados pelas diversas políticas de desenvolvimento malogradas.

O modelo de crescimento ainda em vigor acopla-se a uma necessidade de exploração desregrada dos recursos naturais, o que leva muitos administradores à irresistível tentação de relegar o valor estático do meio ambiente preservado, em nome da suposta riqueza dinâmica da sua destruição. No entanto, o ponto mais relevante deste desenvolvimento insustentável na Amazônia é a desvalorização do homem que lá vive. Muito pouco dos resultados econômicos obtidos na região retornam em benefícios à população local.

A repartição de receitas estaduais aos municípios paraenses, contudo, ainda não teve condições de considerar esta realidade, mantendo-se substancialmente vinculada a critérios materiais de produtividade, população e território, cujo aspecto formalista não permite ter em conta sua reversão qualitativa em reais benefícios à população.

Todavia, de acordo com os mandamentos básicos de nossa Carta Constitucional, a dignidade da pessoa humana é um dos fundamentos da

47. A respeito, consultar PLS 00053/2000, no Senado; e PLP 00351/2002, na Câmara dos Deputados.

48. Cumpre ressaltar, contudo, que de tempos em tempos surgem propostas de alteração do sistema tributário que podem vir a modificar a sistemática de *federalismo participativo*, inviabilizando a manutenção da atual sistemática de ICMS Ecológico adotada pelos Estados.

República Federativa brasileira e princípio da ordem econômica e social, não havendo desenvolvimento sem que isso seja observado.[49]

Portanto, o Estado, enquanto idealizador de políticas públicas, deve atuar de modo positivo, visando a realizar substancialmente tal princípio, fornecendo meios para a sua concretização. A repartição de receitas tributárias presta-se a este objetivo, sendo o ICMS Ecológico uma tentativa de estabelecer uma função social e ambiental à arrecadação tributária dos municípios.

Tal consciência permeou o texto da Constituição Estadual do Pará, que em seu art. 225, § 2º assegurou o privilégio de tratamento para os municípios que abrigam unidades de conservação em relação à parcela de repasse de ICMS de que trata o art. 158, parágrafo único, II da Constituição Federal. Contudo, tal dispositivo aguarda há 12 anos sua regulamentação.

24. Buscando suprir esta lacuna, estudos realizados pelos autores deste, tendo por base as diferentes experiências nacionais, culminaram pela elaboração de um Anteprojeto de Lei voltado para o estabelecimento de novos critérios de distribuição da parcela municipal disponível do ICMS.[50]

A proposta em discussão no Estado do Pará busca adequar-se à realidade da região e inova, estipulando critérios sócio-ambientais de distribuição de todo o percentual de repasse deixado à competência legislativa estadual, tendo por fim servir de instrumento amplamente incentivador de iniciativas políticas compatíveis com a preservação dos recursos naturais e da qualidade de vida da população.

A forte redistribuição que se visa a implementar tem como justificativa a ampla necessidade de redirecionar as políticas públicas municipais, proporcionando aos administradores a compreensão de que a manutenção do meio ambiente e da dignidade da população não são valores estáticos. Ao contrário, poderão ser percebidos mês a mês, através do aumento nos repasses do município.

A definição dos critérios abarcados pelo projeto paraense, a exemplo da legislação mineira, foi feita observando os principais fatores res-

49. A respeito, consultar Lise V. da Costa Tupiassu, *Tributação Ambiental...*, cit., pp. 48 e ss.

50. O resultado de tal estudo, que sugeria a implementação do ICMS Ecológico no Estado do Pará, foi apresentado à Assembléia Legislativa do Estado pela então Deputada Maria do Carmo Martins de Lima – PT (Projeto de Lei n. 131/2001), sendo objeto de discussão desde o 2º semestre de 1999.

ponsáveis pela boa qualidade do meio ambiente, seguindo as definições da Lei Federal n. 6.938/1998 e privilegiando, além dos elementos biológicos, tais como saúde e saneamento, a educação, fundamental para o desenvolvimento de uma consciência cidadã e conhecedora da importância da preservação ecológica.

A introdução de critérios sociais é condição essencial para a mitigação das conseqüências redistributivas nefastas, possivelmente resultantes da alteração legal. Tal abertura permite uma ampliada gama de investimentos por parte dos municípios, sendo certo que, embora em pequenas proporções, *todos serão agraciados na repartição de verbas.*

Assim, considerando o montante total da parcela de ICMS que a Constituição Federal e a Estadual permitem para a normatização estatal, o projeto em tramitação no Pará define que:

– 35% sejam rateados privilegiando os municípios que têm a maior parte de seu território coberto por áreas destinadas a Unidades de Conservação Ambiental e Espaços Territoriais Especialmente Protegidos, de acordo com as definições legais;

– 25% privilegiem os municípios que tenham, relativamente, maior número de crianças matriculadas no ensino fundamental e menor taxa de evasão escolar;

– 20% sejam distribuídos para municípios que tenham maior número de pessoas atendidas pelo sistema de saneamento; e

– 20% rateados em observância ao percentual relativo de leitos hospitalares disponíveis à população e conforme o inverso do coeficiente de mortalidade infantil dos municípios.

Desta forma, o montante total de repasse aos municípios segue a seguinte proporção:

Nestes termos, a proposta de instituição do ICMS Ecológico no Pará representa extraordinária contribuição para o desenvolvimento global do Estado, visto que, através da maximização da finalidade social de tributo já existente, estimula a aplicação dos recursos em prol da política ambiental, introduzindo novos valores – em todos os sentidos – ao desenvolvimento sustentável dos municípios, procurando trazer a prosperidade econômica e social já verificada em outras regiões do país.

A conseqüência imediata desta nova repartição seria a disponibilização de pelo menos R$ 1,65 milhão apenas segundo o critério de Unidades de Conservação.[51] Assim, municípios com poucas condições de produtividade, mas detentores de grandes áreas florestais, guardarão muito interesse em sua manutenção.[52]

Além disso, o grande relevo dado aos critérios sociais servirá a otimizar os investimentos municipais. Pela lógica, o administrador que melhor investir em educação, saúde e saneamento receberá mais. Com a nova repartição, ao contrário da anterior, mais vale uma pequena população com qualidade de vida, que uma grande população sem dignidade.

Entretanto, a implementação do sistema também envolve muitos problemas. Por óbvio, o impacto redistributivo descontenta os municípios "perdedores",[53] o que dificulta sensivelmente a aprovação da proposta.[54] Ademais, a extensão territorial do Estado ainda não permitiu uma perfeita visualização dos impactos da alteração financeira, o que exige ainda algum trabalho de pesquisa e cadastro.

No entanto, ainda que se admita a necessidade de um longo processo para a efetiva concretização do sistema, importante é o seu prosseguimento e divulgação, como início de uma conscientização que, a exemplo do ocorrido em Pernambuco, pode resultar em melhorias qualitativas antes mesmo de entrar em vigor.

Deste modo, esta proposta de instituição do ICMS Ecológico representa extraordinária contribuição para o desenvolvimento global do Estado do Pará e da Amazônia, já que, através da maximização da finalidade social de tributo já existente (*sem* criar ou majorar a carga tributária), estimula a aplicação dos recursos em prol da política ambiental, induzindo ao desenvolvimento sustentável dos municípios, trazendo prosperidade econômica e social.

51. Cálculo baseado na repartição municipal de outubro/2000, conforme noticiado na *Gazeta Mercantil Pará* de 22.11.2000. Ver Silvia Fijiyoshi, *ICMS Ecológico pode ser implantado*.

52. Exemplos claros são Belterra, Aveiro – localizados no meio da Floresta Nacional do Tapajós –, e Santarém – ocupado pela Reserva Extrativista Arapiuns-Tapajós –, conforme comentário da Deputada Maria do Carmo Martins, noticiado em Silvia Fijiyoshi, *ICMS Ecológico pode ser implantado*.

53. Expressão utilizada por Maryanne Grieg-Gran, que analisa cuidadosamente a questão. A respeito, consultar Maryanne Grieg-Gran, ob. cit.

54. Aliás, as disputas políticas envolvendo a proposta resultaram no trancamento da tramitação do projeto que, após audiência pública, manteve-se parado e atualmente encontra-se em vias de arquivamento.

7. Conclusões

25. Através da interpretação aberta e sistemática da Constituição Federal, não se pode fechar os olhos para a realidade do uso do direito tributário para a consecução de políticas públicas necessárias ao desenvolvimento nacional, fazendo com que o Direito cumpra um novo papel diverso daquele tradicional, de instrumento de segurança das relações sociais. Mais do que isso, ele deve ser usado para dirigir a sociedade no alcance de determinados fins prescritos na Carta da República.

Uma dessas finalidades é a de obter um meio ambiente equilibrado como elemento da própria dignidade da pessoa humana, direito fundamental dos cidadãos, preocupação global da sociedade moderna, o qual deve necessariamente ser levado em conta na definição dos objetivos das políticas econômico-fiscais, cuja compatibilidade prática se mostra irrefutável na realidade nacional, através da análise do ICMS Ecológico.

A transferência, segundo critérios ecológicos, da parcela do ICMS pertencente aos municípios representa um verdadeiro *redimensionamento de valores*, nos dois sentidos que o termo pode adquirir. De um lado, porque tal política realmente altera o montante de verbas orçamentárias a ser recebido por cada município, beneficiando os que contribuem com a melhoria da qualidade de vida da população. Por outro lado, e principalmente, porque a implementação de tal política resulta, naturalmente, numa nova forma de compreender os valores que pautam o desenvolvimento local. Doravante, não apenas a implementação de indústrias poluentes traz ganhos financeiros para os municípios; a preservação de áreas verdes, a construção de redes de esgoto, escolas e hospitais também passam a ser sinônimo de aumento da receita e desenvolvimento.

Dessa forma, pensa-se contribuir para a imposição de um conteúdo verdadeiramente substancial à tributação, dela fazendo um instrumento forte para a promoção de uma vida mais digna aos brasileiros.

Constata-se, então, que a tributação – em seu amplo sentido – pode e deve ser utilizada como instrumento de política pública ambiental. Indo um pouco mais além, verifica-se que, diante do aparato jurídico hoje existente no Brasil, despicienda é a realização de radicais reformas constitucionais e tributárias para o alcance de tal propósito. A tributação ambiental já se encontra albergada pela Constituição Federal. Cabe-nos dar a ela uma nova leitura e, principalmente, colocar em prática os princípios que compõem seu sistema, sem criar necessariamente um novo tributo. Esta é a lição maior a nos ser dada pela pratica do ICMS Ecológico.

8. Bibliografia

BACHA, Carlos José Caetano; SHIKIDA, Pery Francisco Assis. "Experiências brasileiras na implementação do ICMS Ecológico", in F. Casimiro Filho e P. F. A. Shikida (Edit.). *Agronegócio e desenvolvimento regional.* Cascavel, Edunioeste, 1999.

CAMPOS, Léo Pompeu de Rezende. "ICMS Ecológico: Experiências nos Estados do Paraná, São Paulo, Minas Gerais e alternativas na Amazônia", in www.mma.gov.br/port/sds/index.cfm.

COMPARATO, Fábio Konder. *A afirmação histórica dos Direitos Humanos.* São Paulo, Saraiva, 1999.

FIJIYOSHI, Silvia. *ICMS Ecológico pode ser implantado.*

FORRESTER, Viviane. *O horror econômico.* São Paulo, UNESP, 1997.

GARCIA, Roseli. "Cidades descobrem nova moeda", in *Jornal A Crítica*, 21.6.1999, Manaus.

GRAU, Eros Roberto. *A Ordem Econômica na Constituição de 1988.* 9ª ed., rev. e atual., São Paulo, Malheiros Editores, 2004.

GRIEG-GRAN, Maryanne. *Fiscal Incentives for Biodiversity Conservation: The ICMS Ecológico in Brazil.* International Institute for Environment and Development – General, August, 2001.

HABERMAS, Jürgen. *A Constelação Pós-Nacional. Ensaios políticos.* São Paulo, Littera Mundi, 2001.

IAP – INSTITUTO AMBIENTAL DO PARANÁ. *ICMS ecológico: o presente do Paraná para o futuro do Brasil.*

ICMS Ecológico beneficiou 169 municípios de SP em 2002. IVC/AE.

LEITE, Fábio Heuseler Ferreira. "O ICMS Ecológico no Rio de Janeiro", in http://usuarios.uninet.com.br/~fabianos/artigo/ICMSeco.htm.

LOUREIRO, Wilson. "O ICMS ecológico na biodiversidade", in www.ambientebrasil.com.br/composer.php3?base=./snuc/index.html&conteudo=./snuc/artigos/icmsm.html.

__________. "ICMS Ecológico: incentivo econômico à conservação da biodiversidade, uma experiência exitosa no Brasil", *Revista de Administração Municipal*, vol. 44, n. 221, Curitiba, abr.-dez. 1997, pp. 49-60.

__________. *Incentivos fiscais para conservação da biodiversidade no Brasil.* Curitiba, 1998.

MULLER, Friedrich. *Quem é o Povo: A Questão Fundamental da Democracia.* Prefácio de Fábio Konder Comparato. São Paulo, Max Limonad, 1998.

NASSAR, Rosita de Nazaré Sidrin. *Flexibilização do Direito do Trabalho.* São Paulo, LTr, 1991.

ONU. *Declaração sobre o Direito ao Desenvolvimento*, 1986.

PINHEIRO, Paulo Sérgio; GUIMARÃES, Samuel Pinheiro. *Direitos Humanos no Século XXI*, 2 vols. Instituto de Pesquisa de Relações Internacionais e Fundação Alexandre de Gusmão, 2002.

PIRES, Éderson. "ICMS Ecológico – Aspectos Pontuais – Legislação Comparada", in www1.jus.com.br/doutrina/texto.asp?id=2328.

RIANI, Flávio. "O novo critério de repartição do ICMS aos municípios mineiros: avaliação dos resultados e sugestões", *Revista de Administração Municipal* 44, Rio de Janeiro, abr.-dez. 1997.

RIBEIRO, Maurício Andrés. "O ICMS e o Princípio Não Poluidor-Recebedor", in www.mma.gov.br/port/sqa/brasiljl/download.html.

ROCHA, Marcelo Theoto. *Aquecimento global e o mercado de carbono – Uma aplicação do modelo CERT*. Universidade de São Paulo, 2003.

ROMITA, Arion Sayão. "A globalização da economia e o poder dos Sindicatos", in Fernando Facury Scaff (Coord.), *Ordem Econômica e Social – Estudos em Homenagem a Ary Brandão de Oliveira*. São Paulo, LTr, 1999.

SCAFF, Fernando Facury. *Projeto de Lei do ICMS Ecológico*. In revista virtual, Belém, 18.6.2000. Disponível na Internet: <http://www.belemdopara.com.br/colaboradores/index.cfm?autor=6>.

SUTIL, Jorge Correa. "Modernización, democratización y sistemas judiciales", in Edmundo Jarquín y Fernando Carrillo (coord.), *La Economía Política de la Reforma Judicial*. Washington, Banco Interamericano de Desenvolvimento, 1997.

TUPIASSU, Lise V. da Costa. *Tributação Ambiental: a utilização de instrumentos econômicos e fiscais na implementação do Direito ao Meio Ambiente saudável*, in www.planetaverde.org/teses/487-510.pdf.

A TAXA DE CONTROLE E FISCALIZAÇÃO AMBIENTAL – TCFA

IVES GANDRA DA SILVA MARTINS

A Lei n. 10.165, de 27.12.2000, que deu nova conformação ao perfil jurídico da taxa de controle e fiscalização ambiental, em face de ter sido a lei que a criara (n. 6.938/81) considerada inconstitucional pela Suprema Corte, foi objeto de três ações diretas de inconstitucionalidade (2.422, 2.423 e 2.453), respectivamente propostas pelas Confederações Nacionais da Indústria, do Comércio e dos Transportes. O Min. José Celso de Mello, em despacho de teor idêntico, não as conheceu, fundamentando sua decisão monocrática, nos termos seguintes:

"Em conclusão: o exame das razões invocadas pelo eminente Advogado-Geral da União torna acolhível a preliminar de não conhecimento da presente ação direta de inconstitucionalidade, eis que se impunha, no caso, a impugnação de todo o complexo normativo em que se insere a disciplina legal pós-constitucional da atribuição de poder de fiscalização ambiental à União, decorrente do disposto no art. 23 da Constituição Federal, revelando-se incabível, por isso mesmo, o questionamento meramente tópico, seletivo e fragmentário de determinadas regras legais, tal como deduzido pela Confederacao sindical que fez instaurar este processo de controle normativo abstrato. A inviabilidade da presente ação direta, em decorrência das razões mencionadas (defesa de interesses concretos e ausência de impugnação global do complexo normativo referido), impõe uma observação final: no desempenho dos poderes processuais de que dispõe, assiste, ao Ministro-Relator, competência plena para exercer, monocraticamente, o controle das ações, pedidos ou recursos dirigidos ao Supremo Tribunal Federal, legitimando-se, em conseqüência, os atos decisórios que, nessa condição, venha a praticar. Cumpre acentuar, neste ponto, que o Pleno do Supremo Tribunal Federal reconheceu a inteira validade constitucional da norma legal que inclui, na esfera de atribuições do Relator, a competência para negar trânsito, em decisão monocrática, a recursos, pedidos ou ações, quando incabíveis, intempestivos, sem objeto ou que veiculem pretensão incompatível com a jurisprudência predominante do Tribunal (*RTJ* 139/53). *Poderes Processuais do Ministro-Relator*: Assiste ao Ministro-Relator competência plena, para, com fundamento nos poderes processuais de que dispõe, exercer o controle de admissibilidade das ações, pedidos ou recursos dirigidos ao Supremo Tribunal Federal. Cabe-lhe, em conseqüência, poder para negar trânsito, em decisão monocrática, a ações, pedidos ou recursos incabíveis, intempestivos, sem objeto ou que veiculem pretensão incompatível com a jurisprudência predominante do Tribunal. Precedentes. (*RTJ* 168/174-175, Rel. Min. Celso de Mello). Cabe enfatizar, por necessário, que esse entendimento jurisprudencial é também aplicável aos processos de ação direta de inconstitucionalidade (ADI 563-DF, Rel. Min. Paulo Brossard – ADI 593-GO, Rel. Min. Marco Aurelio – ADI 2.060-RJ, Rel. Min. Celso de Mello – ADI 2.207-AL, Rel. Min. Celso de Mello – ADI 2.215-PE, Rel. Min. Celso de Mello, *v.g.*), eis que, tal como já assentou o Plenário do Supremo Tribunal Federal, o ordenamento positivo brasileiro não subtrai, ao Relator da causa, o poder de efetuar – enquanto responsável pela ordenação e direção do processo (RISTF, art. 21, 1) – o controle prévio dos requisitos formais da fiscalização normativa abstrata, o que inclui, dentre outras atribuições, o exame dos pressupostos processuais e das condições da própria ação direta (*RTJ* 139/67, Rel. Min. Celso de Mello). Desse modo, e tendo presentes as razões expostas, não conheço da presente ação direta de inconstitucionalidade, restando prejudicada, em conseqüência, a apreciação do pedido de medida cautelar. Arquivem-se os presentes autos. Publique-se. Brasilia, 1 de agosto de 2001. Ministro Celso de Mello, Relator" (ADI 2.422, *DJ* 145, 15.8.2001).

Entre a declaração da inconstitucionalidade de lei anterior e a promulgação da Lei n. 10.165/2000 fui consultado pelo IBAMA para verificar se a nova redação continha alguma inconstitucionalidade.

Pela relevância do assunto, decidi, nesta obra dirigida pelo eminente Professor Heleno Tôrres, trazer ao conhecimento do público aquele parecer que subsidiou o Governo Federal na implantação da respectiva taxa.

É o que se segue:

CONSULTA

Formula-me, o Instituto Brasileiro de Meio Ambiente e dos Recursos Naturais Renováveis – Ibama, consulta a respeito da constitucionalidade de projeto que altera a Lei n. 6.938/81, destinado a instituir a taxa de controle e fiscalização ambiental – TCFA, substituindo tributo criado pela Lei n. 9.960, de 2000, que foi considerado inconstitucional pela Suprema Corte, ainda em processo cautelar proposto pela CNI, com a ADI 2.178-8.

As alterações objeto do novo projeto foram estudadas e elaboradas pelo eminente tributarista Sacha Calmon Navarro Coelho, que as escoimou dos pontos atingidos pelo julgamento da Suprema Corte, naquela ação de controle concentrado de constitucionalidade.

O projeto tramita em regime de urgência perante o Congresso Nacional.

RESPOSTA

Entendo ser constitucional o projeto de lei, por ter sido liberto das inconstitucionalidades corretamente detectadas pelo Pretório Excelso.[1]

O conceito de taxa, no regime jurídico brasileiro, não foi alterado pela Constituição de 1988, razão pela qual tem a doutrina e a jurisprudência entendido que foram recepcionados, por inteiro, os artigos 77 a 80 do CTN, principalmente os de ns. 77 e 78, que dimensionam as duas facetas desse tributo, ou seja:

1) o exercício do poder de polícia; e

2) a prestação de serviço público específico e divisível colocado à disposição do contribuinte.

Com efeito, o artigo 145, inciso II da Constituição Federal, veiculado com a dicção que se segue: "A União, os Estados, o Distrito Federal e os Municípios poderão instituir os seguintes tributos: (...) II. taxas, em razão do exercício do poder de polícia ou pela utilização, efetiva ou potencial, de serviços públicos específicos e divisíveis, prestados ao contribuinte ou postos a sua disposição", já encontrou explicitação do Código Tributário Nacional – lei ordinária do direito pretérito, recepcionada com eficácia de lei complementar e que continua vigente e válida – no discurso dos artigos 77 e 78, em seguida transcritos:

"Art. 77. As taxas cobradas pela União, pelos Estados, pelo Distrito Federal ou pelos Municípios, no âmbito de suas respectivas atribuições, têm como fato gerador o exercício regular do poder de polícia, ou a utilização, efetiva ou potencial, de serviço público específico e divisível, prestado ao contribuinte ou posto à sua disposição.

"Parágrafo único. A taxa não pode ter base de cálculo ou fato gerador idênticos aos que correspondam a imposto, nem ser calculada em função do capital das empresas.

1. O projeto de Lei n. 3.765/00 objetiva: "Alterar a Lei n. 6.938, de 31.8.1981 que dispõe sobre a Política Nacional do Meio Ambiente, seus fins e mecanismos de formulação e aplicação".

"Art. 78. Considera-se poder de polícia, atividade da administração pública que, limitando ou disciplinando direito, interesse ou liberdade, regula a prática de ato ou abstenção de fato, em razão de interesse público concernente à segurança, à higiene, à ordem, aos costumes, à disciplina da produção e do mercado, ao exercício de atividades econômicas dependentes de concessão ou autorização do Poder Público, à tranqüilidade pública ou ao respeito à propriedade e aos direitos individuais ou coletivos".[2]

Muito embora remanesçam problemas quanto aos limites de incidência das taxas, no sistema brasileiro – insuficiente ainda a tentativa da Suprema Corte de superar a maior questão na matéria, ou seja, a distinção entre taxa e preço público (Súmula 545 do Supremo Tribunal Federal) –, seu núcleo definicional, hoje, oferta pouca divergência.

2. Aires Fernandino Barreto ensina: "Pode-se antever do conceito formulado no CTN o direcionamento do poder de polícia apenas às intervenções específicas. É que o poder em questão pode ser visto diante de acepção ampla ou restrita. Em face daquela, abarca todas as intervenções, por mais genéricas que sejam, posto imanentes à supremacia da Administração Pública.

"Não se compagina com essa acepção lata a exigência de taxa. Apenas os atos concretos, tipificadores do poder de polícia restritamente concebido, é que a motivarão. Que a exigência de taxa só cabe diante de atos concretos deflui das considerações que, a respeito desse tributo, fez Maria de Lourdes Ferreira, *verbis*: 'E, de qualquer forma, o exercício do poder de polícia apto a gerar taxa é, segundo nos parece, aquele que se manifesta na atividade concreta e imediata do Estado, ou seja, na prática de atos administrativos consentâneos ao poder de polícia'.

"Advirta-se, pois, que a exigência de taxa tem de estar fulcrada na emissão de juízo (manifestação do poder de polícia) consistente em pareceres, informações, exames, diligências, vistorias, perícias, avaliações e outras atuações da espécie.

"Ives Gandra Martins consigna similar admoestação: 'O poder tributante não exerce o poder de polícia para justificar a cobrança da taxa pertinente, mas cobra a taxa relacionada porque exerce o poder de polícia. E o poder de polícia é serviço público profilático, objetivando orientar o comportamento social e empresarial, dentro de regras de ordem e coerência. (...)

"'Não tivesse natureza de serviço público, a taxa remuneratória pertinente não teria a conformação de tributo, posto que o exercício do poder de polícia, artificialmente criado e desrelacionado do interesse social, representaria 'ficção jurídica', inadmissível para a imposição tributária'.

"Só diante de efetiva atuação do Poder Público manifestada através desses atos é cabível a taxa, porque nos referidos atos é que se constituem na materialidade da hipótese de incidência.

"O parágrafo único do dispositivo em análise explicita quando se considera regular o exercício do poder de polícia. O vocábulo 'regular', que figurara igualmente na Constituição de 1967, foi suprimido do texto vigente. Andou bem o legislador constituinte de 1969. Nenhum sentido faz admitir taxas com suporte no exercício irregular do poder de polícia" (*Comentários ao Código Tributário Nacional*, pp. 564-565).

Em Simpósio Nacional de Direito Tributário, que coordenei e que foi aberto pelo eminente Ministro José Carlos Moreira Alves, tendo como tema os conceitos de taxa e de preço público, o plenário declarou que:

"1ª Questão: Em nosso ordenamento positivo, há critério jurídico para distinguir as taxas dos preços públicos? Em caso afirmativo, qual?

"Resposta: Sim. As taxas remuneram os serviços públicos. Demais serviços que não têm tal natureza serão remunerados por preço, chamados públicos, por serem cobrados pelo Poder Público, direta ou indiretamente.

"São serviços públicos aqueles inerentes ao Estado, denominados essenciais, além daqueles cuja atividade econômica não compete originariamente à iniciativa privada (art. 8º, XV da CF), dependendo da disciplina legal.

"Atividade monopolizada não possibilita a cobrança de taxa, assim como a atividade econômica prevista no art. 170 da CF".

Sem excluir conformação mais abrangente por mim exposta nos seguintes termos:

"As taxas são tributos vinculados a uma atuação estatal, expressiva de serviço público prestado ou posto à disposição dos administradores, a cargo de entidades governamentais investidas de personalidade jurídica de direito público. Os preços são receitas expressivas de serviços públicos prestados ou posto à disposição dos administrados, a cargo de entidades governamentais ou não governamentais investidas de personalidade de direito privado.

"No ordenamento legal brasileiro há critério jurídico para distinguir as Taxas de Preços Públicos, a partir da exigência:

"a) de relação de subordinação no primeiro tipo de remuneração e não no segundo;

"b) de não possuir o usuário alternativa de não utilização ou de não pagamento para as taxas e possuir tal faculdade aos preços públicos;

"c) de ser a taxa remuneratória de serviços essenciais ou periféricos específicos e divisíveis, só o sendo o preço público, em não ocorrendo as hipóteses enunciadas nos itens "a" e "b"."[3]

E a Suprema Corte parece ter se orientado, na linha de minha proposta, ao considerar que as "taxas judiciais" não seriam "preços públicos", visto que faltaria "alternativa válida" para o usuário do Poder Judiciário, visto que a Constituição proíbe que se faça justiça com as próprias

3. *Cadernos de Pesquisas Tributárias*, n. 11, p. 575.

mãos. A falta de alternativa válida levou o Supremo Tribunal Federal a considerar que as custas judiciais não seriam *preços públicos*, como defendido pelo Judiciário de São Paulo – fui o autor da representação à Procuradoria-Geral da República, em nome da OAB-SP –, *mas taxas*.[4]

No referido Simpósio, defendi, inclusive, que a própria taxa pelo exercício do poder de polícia destina-se a remunerar serviço que beneficia seu pagador, nada obstante tal benefício ser indireto e não direto, como ocorre nas taxas por serviços públicos específicos e divisíveis.

Escrevi, para o Simpósio, o seguinte:

"O exercício do poder de polícia 'lato sensu' é um serviço público prestado pelo ente tributante, a quem é facultado ressarcir-se pela espécie tributária denominada 'taxa'.

"Tal ressarcimento vincula-se ao custo operacional do serviço prestado, em face de cobrança superior ao mesmo, embora de difícil quantificação, ao implicar imposição de espécie tributária diversa da rotulada de 'taxa', eventualmente não enquadrável na competência residual da União para criar impostos.

"O serviço público, portanto, correspondente ao exercício do poder de polícia, é daqueles que só podem ser remunerados por tributo, o que vale dizer, a sua instituição deve ser revestida de todos os pré-requisitos indicados pelo sistema tributário nacional. Isto porque o tributo se acoberta, no país, das características de norma de rejeição social, impondo a Carta Magna que, pela lei, seja o sujeito passivo de sua relação protegido contra as tentações fiscalistas dos Erários, às voltas permanentemente com 'déficits' públicos incontornáveis.

"Outro tipo de serviço público remunerado pelas taxas vincula-se a benefício efetivo e potencial para seu usuário, o que vale dizer, vincula-se à natureza de serviços já discrimináveis 'stricto sensu' e em relação direta com o contribuinte.

4. Yonne Dolácio de Oliveira, a quem a OAB solicitara parecer para minha representação, expõe a distinção: "b) Enquanto para os serviços públicos secundários e facultativos não existe sanção punitiva, para a utilização, o exercício da justiça privada para satisfazer pretensão, embora legítima, em substituição aos serviços públicos de Administração da Justiça, constitui crime, cuja pena poderá ser cumulativa com outra fixada conforme a violência acaso empregada.

"Além disso, mesmo *Reale*, que adota o pluralismo das ordens jurídicas positivas, reconhece uma hierarquia entre os diferentes sistemas de normas, segundo o índice de organização e generalidade da coação, aduzindo que 'em nenhuma delas encontramos a universalidade da sanção, nem a força positiva que se observa no Estado – a ordem soberana, *no sentido de que a ela* cabe declarar, de modo final e conclusivo, a positividade do direito'. Por estas razões, os serviços públicos em foco trazem em si implícitos o direito de aplicação das sanções contra os governados que a eles não se submetem" (*A natureza jurídica das custas judiciais*, p. 151).

"No serviço público de exercício do poder de polícia, seu grande beneficiário não é só o sujeito passivo, mas a coletividade, embora, indiretamente, o sujeito passivo também o seja. No serviço público de oferta de um bem material ou imaterial para utilização efetiva ou potencial pelo sujeito passivo, o grande beneficiário é o sujeito passivo e apenas, decorrencialmente, a comunidade."[5]

O certo é que a taxa pelo exercício do poder de polícia – bem conformado pelo artigo 78, na explicitação do comando normativo supremo – hoje oferta poucos problemas exegéticos, tendo os diversos autores que se manifestaram sobre a matéria, entendimento muito semelhante àquele aqui enunciado.[6]

Ora, a taxa criada pela lei anterior, como corretamente detectada pela Suprema Corte, não conformava com nitidez o serviço que deveria ser prestado, faltando-lhe, no entendimento do relator da ADI 2.178-8-

5. *Cadernos de Pesquisas Tributárias*, n. 10, ob. cit., p. 157.

6. Gilberto de Ulhôa Canto ensina: "Aí está, contada por um dos que colaborarem na busca da solução para o problema apontado, a história do elastecimento do conceito de taxa para abranger, além da hipótese clássica de prestação de serviços ao seu contribuinte, a de mero exercício regular do poder de polícia, no interesse da coletividade e não necessariamente no do seu sujeito passivo. É claro que em tal modalidade a prestação do serviço, efetiva ou potencial, não constitui requisito de legitimação da cobrança".

A estas considerações explicativas se ajustam, inteiramente, as argutas notas de Theodoro Nascimento, no seu excelente volume sobre *Preços, Taxas e Parafiscalidade*, o sétimo do *Tratado de Direito Tributário* imaginado e organizado por Baleeiro (Forense, 1977): "Quando a taxa é cobrada pelo exercício do poder de polícia, não há contraprestação consistente em unidades de serviço público consumidas, dentro daquele conceito de Hariou, qual seja o de que serviço público é serviço técnico prestado ao público de maneira regular e contínua por uma organização pública, a exemplo do serviço público de segurança externa, integrado pelo exército, marinha, aeronáutica, do serviço de segurança pública interna (polícia), dos serviços de transporte (ferrovias, marinha mercante, transportes urbanos, funiculares, etc.) e de comunicações (correios, telégrafos, radiodifusoras), serviço hospitalar, etc." (p. 119).

Assim a taxa pelo exercício do poder de polícia tem nele próprio, isto é, na atuação fiscalizadora do Estado, seu fundamento exclusivo. Buehler, ao definir a taxa (*fee*), assinalou bem as duas hipóteses, de taxa cobrada por utilização de serviço e de taxa cobrada pelo exercício do poder de polícia, ao definir: "Taxa é a retribuição de um serviço particular de benefício especial para indivíduos ou classe e de benefício geral para o público, *ou representa uma arrecadação para cobrir o custo de uma regulamentação que beneficia principalmente a sociedade*". E põe exemplo esclarecedor: "As taxas federais de patente são taxas de licença, arrecadadas de restaurantes e outros estabelecimentos de refeições para preservação da saúde pública, são taxas do segundo tipo" (pp. 120-121)" (*Cadernos de Pesquisas Tributárias*, n. 10, p. 96).

DF – no que foi acompanhado pelos demais Ministros – três elementos essenciais para que pudesse assim ser considerada.

Diz a ementa da "Ação Direta de Inconstitucionalidade n. 2.178-8 Distrito Federal (Relator: Min. Ilmar Galvão – Requerente: Confed. Nac. da Ind. CNI – Advogados: Maria Luiza Werneck dos Santos e outros – Requerido: Presidente da República – Requerido: Congresso Nacional):

"*Ementa: Ação Direta de Inconstitucionalidade.* Artigo 8º da Lei n. 9.960, de 28.1.2000, que introduziu novos artigos na Lei n. 6.938/81, criando a taxa de fiscalização ambiental (TFA). Alegada incompatibilidade com os arts. 145, II; 167, IV; 154, I e 150, III, "b", da CF.

"Dispositivos insuscetíveis de instituir, validamente, o novel tributo, por haverem definido, como fato gerador, não o serviço prestado ou posto à disposição do contribuinte, pelo ente público, no exercício do poder de polícia, como previsto no art. 145, II, da Carta Magna, mas a atividade por esses exercida; e como contribuintes pessoas físicas ou jurídicas que exercem atividades potencialmente poluidoras ou utilizadoras de recursos ambientais, não especificados em lei. E, ainda, por não haver indicado as respectivas alíquotas ou o critério a ser utilizado para o cálculo do valor devido, tendo-se limitado a estipular, a forfait, valores uniformes por classe de contribuintes, com flagrante desobediência ao princípio da isonomia, consistente, no caso, na dispensa do mesmo tratamento tributário a contribuintes de expressão econômica extremamente variada.

"Plausibilidade da tese da inconstitucionalidade, aliada à conveniência de pronta suspensão da eficácia dos dispositivos instituidores da TPA.

"Medida cautelar deferida.

"Acórdão: Vistos, relatados e discutidos estes autos, acordam os Ministros do Supremo Tribunal Federal, por seu Tribunal Pleno, na conformidade da ata do julgamento e das notas taquigráficas, por unanimidade de votos, em deferir o pedido de medida cautelar, para suspender, até a decisão final da ação direta, a eficácia dos arts. 17-B, 17-C, 17-D, 17-F, 17-G, 17-H, 17-I e 17-J da Lei n. 6.938, de 31 de agosto de 1981, introduzidos pelo art. 8º da Lei n. 9.960, de 28 de janeiro de 2000, nos termos do voto do Sr. Ministro Relator. Votou o Presidente.

"Brasília, 29.3.2000. Carlos Velloso – Presidente, Ilmar Galvão – Relator."[7]

Como se percebe, três foram as carências percebidas pelo mais alto Tribunal do País:

1) falta de definição do serviço prestado;

2) falta de especificação dos contribuintes potencialmente poluidores que deveriam ser fiscalizados;

7. Supremo Tribunal Federal, Tribunal Pleno, 29.3.2000.

3) falta de definição de alíquotas ou valor devido (tributo fixo), em face da expressão econômica do contribuinte, com ferimento ao princípio da isonomia.

É interessante que a Suprema Corte não considerou inconstitucional o tipo de cobrança pretendida (taxa para o exercício do poder de polícia), mas a falta de elementos essenciais para que esta taxa pudesse ser exigida, tendo mesmo o Ministro Sepúlveda Pertence sugerido que nova lei fosse promulgada com as devidas correções, em clara demonstração de que a instituição e cobrança da taxa pretendida são possíveis, desde que superadas as insuficiências mencionadas.

Reconheceu, inclusive, que compete à União a instituição do tributo, visto tratar-se de matéria abrangida pela competência concorrente, podendo legislar amplamente sobre direito econômico, financeiro, penitenciário e ambiental, nesta matéria não se restringindo a ditar apenas normas gerais.[8]

8. Comentei o inciso I do artigo 24, que cuida da competência concorrente, como se segue: "O inc. I é dedicado à competência concorrente para cuidar de cinco ramos do direito, a saber: financeiro, tributário, econômico, penitenciário e urbanístico.

"A competência concorrente, de rigor, pode-se dar em dois níveis. A competência concorrente hierárquica e aquela de áreas comuns de atuação, com indicação de campo próprio para cada uma das diversas entidades federativas.

"Em relação aos cinco ramos enunciados, ocorreu a dupla face da competência concorrente.

"Estranha-se apenas que a enunciação dos cinco ramos não se fez com a necessária clareza.

"De início, há ainda dúvidas sobre a absoluta autonomia do direito tributário em relação ao direito financeiro. O próprio Título VI da Constituição Federal é dedicado a ambos. E não é possível estudar-se as finanças públicas sem o exame do principal fruto da receita governamental, que é o tributo. O direito financeiro, que examina a face pública da economia, em termos de atuação do Poder na percepção de receitas e nas despesas para atender às necessidades da sociedade com serviços adequados, assim como os custos da administração, necessariamente, examina o fenômeno impositivo e nele se aprofunda.

"Não há porque dissociar um do outro, sendo, pois, dois ramos indissoluvelmente ligados, com 'autonomia dependente', na melhor das hipóteses, do direito tributário em relação ao financeiro.

"O direito tributário, a meu ver, continua sendo um dos ramos do direito financeiro, na medida em que trata de um de seus mais importantes componentes, que é a receita derivada, denominada tributo, e sobre os dois têm as entidades federativas competência concorrente.

"O direito econômico, por outro lado, é a disciplina da macroeconomia. Se o direito financeiro cuida da economia *interna corporis*, isto é, da economia de aquisição compulsória que é aquela das receitas e das despesas públicas, o direito econô-

Ora, o eminente jurista Sacha Calmon Navarro Coelho ao elaborar o novo texto, a pedido do IBAMA, teve como preocupação central a correção das falhas mencionadas, começando por destacar a evidente característica de taxa pela execução do poder de polícia, que conforma a nova pretendida exação.

A primeira providência foi caracterizar como fato gerador o *serviço prestado* – e aqui a Suprema Corte parece ter admitido a tese que defendi no X Simpósio Nacional, de que se trata de um serviço prestado ao contribuinte com benefício indireto – de efetivo exercício do poder de polícia, e *não a mera atividade*.

O artigo 17-B do projeto de lei, claramente, dispõe que é o serviço prestado, de exercício do poder de polícia, que constitui o fato gerador do tributo que se pretende instituir.

Está assim redigido: "Art. 17-B. Fica instituída a Taxa de Controle e Fiscalização Ambiental – TCFA, cujo fato gerador é o exercício regular do poder de polícia conferido no Instituto Brasileiro do Meio Ambiente e dos Recursos Naturais Renováveis – IBAMA para controle e fiscalização das atividades potencialmente poluidoras e utilizadoras de recursos naturais".

mico cuida da regulamentação da economia como um todo, em nível de suas diretrizes fundamentais. Disciplina a macroeconomia, ou seja, a participação do Estado no processo econômico, em sua tríplice intervenção, a saber: monopolista, regulatória e concorrencial, assim como a participação da sociedade. A Constituição brasileira, pela primeira vez, faz menção ao direito econômico como ramo autônomo e o art. 174 da mesma explicita a forma de atuação maior de suas normas, seja em face da participação estatal, seja naquela da participação privada.

"Geraldo Vidigal denomina a relação, imposta pelo direito econômico, não de subordinação (direito público), nem de coordenação (direito privado), mas de dominação, com a conjugação de relações de coordenação e de subordinação, de uma só vez.

"A competência concorrente, portanto, se justifica plenamente, visto que a disciplina jurídica da macroeconomia, com reflexos naturais na microeconomia regulada pelo direito privado, e de interesse concorrente de todas as entidades federativas, lembrando-se, todavia, que a predominância nesta matéria é de competência concorrente hierárquica, prevalecendo as normas da União, dos Estados e do Distrito Federal sobre os Municípios, no que concerne às normas gerais.

"O direito penitenciário, por outro lado, é sub-ramo, a meu ver, do direto penal e processual penal, com incursão no direito administrativo.

"Por fim, o direito urbanístico é tratado, com procedência, como área do regramento jurídico em que as diversas entidades federativas podem legislar. Aqui, também, há predominância da competência concorrente hierárquica sobre aquela das áreas delimitadas pelo Texto Magno a favor das entidades regionais" (*Comentários à Constituição do Brasil*, vol. 3, t. II, pp. 7-9).

Ora, *o controle e a fiscalização das atividades potencialmente poluidoras e utilizadoras de recursos naturais* é que representa o serviço prestado no exercício do poder de polícia, num país que luta por ter um controle ambiental mais rígido.[9]

É de se lembrar que o Presidente Clinton tem atacado o país, neste sentido, pretendendo que a OMC aplique ao Brasil sanções de concorrência desleal, por exercer o "*dumping* ambiental", isto é, destruir, por meio de atividades industriais, seu patrimônio ecológico, tese que felizmente, nas reuniões de Seattle (Rodada do Milênio) e Davos, a maioria dos países participantes não acatou.

Tenho para mim que *dumping ambiental*, em face da potencialidade poluidora do petróleo, exercem as nações desenvolvidas e os países vinculados a OPEP, como já escrevi:

"Os primeiros anos do século XXI serão o teste definitivo da globalização da economia. Poderão os países emergentes sair de suas crises e ganhar competitividade suficiente para enfrentar a melhor tecnologia e o maior capital das nações desenvolvidas, ou não?

"Estas, no seu afã de obter a abertura irreversível dos mercados emergentes e o fechamento dos seus, levaram à Seattle duas teses que apenas a elas beneficiariam: (1) considerar que os baixos salários pagos nos países emergentes representariam um '*dumping* social' e (2) considerar que a falta de proteção das florestas dos países emergentes representaria um '*dumping* ambiental', justificando a imposição de restrições à importação dos produtos desses países pelas nações mais desenvolvidas – apesar de estas não terem tido a preocupação de preservar suas próprias reservas florestais.

9. Sacha Calmon Navarro Coelho escreve: "A única valia da distinção entre taxas de polícia e taxas de serviço (estrito senso) está em tirar suporte para a cobrança de 'taxa de polícia' em caráter potencial. *O ato do poder de polícia existe ou não.* Por outro lado, é admissível a cobrança de uma taxa de esgoto sanitário pela mera disponibilidade do equipamento de esgoto – posto à disposição do contribuinte. Aqui temos 'taxa de serviço', estrito senso, permitindo (se por lei a utilização do equipamento for considerada obrigatória) a cobrança pela mera disponibilidade do serviço. O mesmo não se pode dizer de uma suposta 'taxa de diplomacia' ou de 'forças armadas', porque estes serviços são insusceptíveis de divisão e, portanto, inviabilizam o sinalagma, ainda que potencial. Não há como medir e atribuir aos sujeitos passivos a vantagem, ou o detrimento (*caso de uma vistoria que obriga o dono do restaurante a manter limpa a cozinha, ainda que contra a sua irresponsável vontade*).

"A ação estatal esteve, por exemplo, baseada no poder de polícia. Em suma, o serviço deve ter como contraprestação individual a taxa. Aí o sinalagmático" (grifos meus) (*Curso de Direito Tributário Brasileiro*, p. 534).

"À evidência, a OMC não considera que estão sendo praticados um "*dumping* econômico" e um "*dumping* tecnológico" por aquelas nações que partiram para a globalização somente, quando sua superioridade manifesta não sofreria mais reações por parte da desfeita União Soviética, sabendo que dispunham de capitais e de tecnologias mais avançadas que a dos países em desenvolvimento.

"E nem se fala no "*dumping* energético", que é aquele que voltou à baila, neste virar do milênio, com o preço do petróleo tendo piques que superam os 30 dólares o barril, ofertando fantásticos lucros para as grandes empresas controladas pelos capitalistas das grandes nações."[10]

De qualquer forma, é função do IBAMA exercer efetivamente seu poder de polícia sobre todas aquelas empresas potencialmente poluidoras, tendo o Projeto de Lei n. 3.745/2000 bem definido o fato gerador, ao fazê-lo coincidir com o serviço prestado diretamente à comunidade e indiretamente ao usuário, nos exatos termos sugeridos pela Suprema Corte.

Aliás, é o que consta da exposição ofertada pelo Exmo. Ministro do Meio Ambiente, José Sarney Filho, na justificativa enviada, com o projeto, para o Exmo. Sr. Presidente da República:

"6. Em 29 de fevereiro de 2000, por ocasião do julgamento liminar da ADIN n. 2.178-8, proposta pela CNI, o Pleno do Supremo Tribunal Federal suspendeu a eficácia de vários artigos da Lei n. 9.960, de 2000. Ante as várias irregularidades vislumbradas na Taxa de Fiscalização Ambiental trazida a lume pela Lei n. 9.960, de 2000, concluiu o Min. Sepúlveda Pertence, invocando razões até mesmo pedagógicas, que o melhor seria que outra lei viesse a cobrar os custos da relevante atividade de fiscalização ambiental a cargo do IBAMA.

"7. O presente projeto de lei visa exatamente a reinstituir o tributo, agora escoimado dos vícios que conduziram a sua invalidação pela Suprema Corte.

"8. Para tanto, seu fato gerador vem adequadamente definido (exercício regular do poder de polícia conferido ao IBAMA para controle e fiscalização das atividades potencialmente poluidoras enumeradas no Anexo VIII desta lei), com o que fica afastada a confusão do tributo – agora denominado Taxa de Controle e Fiscalização Ambiental – com os preços públicos referidos no art. 17-A da Lei n. 9.960 de 2000, dispositivo não suspenso pelo STF, e especialmente com aqueles a que se refere o item III, subitem 1.1, do Anexo VII da mesma lei (licença ambiental prévia, de instalação e de operação).

"9. E que estes últimos são devidos apenas no processo de constituição da empresa potencialmente poluidora ou que se utiliza de recursos naturais, não sendo devidos anualmente, como pode fazer crer a locução licença e renovação

10. *A Era das Contradições – Desafios para o novo milênio*, pp. 79-80.

que lhes serve de epígrafe. A referida renovação não é anual, como a da Taxa de Controle e Fiscalização Ambiental que se está a instituir, mas apenas é apropositiva, nas licenças prévias e de instalação, se os prazos determinados pelo IBAMA para a retificação do projeto ou a instalação do empreendimento não são cumpridos, carecendo de prorrogação (a licença de operação, uma vez concedida, não é jamais renovada)."

Outra falha que o projeto procurou sanar foi a falta de especificação de contribuintes potencialmente poluidores, sobre quem deve ser exercido permanentemente o poder de polícia, por meio de inspeções, monitoramentos via satélite ou outros meios tecnológicos modernos, com vista a prevenir e a coibir distorções no exercício das respectivas atividades.

Está o artigo 17-C do projeto assim redigido:

"É sujeito passivo da TCFA todo aquele que exerça as atividades constantes do Anexo VIII desta lei.

"§ 1º. O sujeito passivo da TCFA é obrigado a entregar até o dia 31 de março de cada ano relatório das atividades exercidas no ano anterior, cujo modelo será definido pelo IBAMA, para o fim de colaborar com os procedimentos de controle e fiscalização.

"§ 2º. O descumprimento da providência determinada no parágrafo anterior sujeita o infrator a multa equivalente a 20% da TCFA devida, sem prejuízo da exigência desta", sendo acompanhado da relação das empresas, cujas atividades são consideradas potencialmente poluidoras, a saber:

ANEXO VIII

ATIVIDADES POTENCIALMENTE POLUIDORAS E UTILIZADORAS DE RECURSOS AMBIENTAIS

Código	Categoria	Descrição	PP GU
01	Extração e tratamento de Minerais	Pesquisa mineral com guia de utilização; lavra a céu aberto, inclusive de aluvião, c/ou s/beneficiamento, lavra subterrânea com ou s/beneficiamento, lavra garimpeira, perfuração de poços e produção de petróleo e gás natural.	Alto
02	Indústria de Produtos Minerais Não-Metálicos	Beneficiamento de minerais não-metálicos não associados a extração, fabricação e elaboração de produtos minerais não metálicos tais como produção de material cerâmico, cimento, gesso, amianto, vidros e similares.	Médio

(continua)

ANEXO VIII (cont.)

ATIVIDADES POTENCIALMENTE POLUIDORAS E UTILIZADORAS DE RECURSOS AMBIENTAIS

Código	Categoria	Descrição	PP GU
03	**Indústria Metalúrgica**	Fabricação de aço e de produtos metalúrgicos, produção de fundidos de ferro e aço, forjados, arames, relaminados c/ou s/tratamento, de superfície, inclusive galvanoplastia, metalurgia dos metais não ferrosos, em formas primárias e secundárias, inclusive ouro, produção de laminados, ligas, artefatos de metais não-ferrosos com ou sem tratamento de superfície, inclusive galvanoplastia, relaminação de metais não-ferrosos, inclusive ligas, produção de soldas e anodos, metalurgia de metais preciosos, metalurgia do pó, inclusive peças moldadas, fabricação de estruturas metálicas c/ou s/tratamento de superfície, inclusive galvanoplastia, fabricação de artefatos de ferro, aço e de metais não-ferrosos c/ou s/tratamento de superfície, inclusive galvanoplastia, têmpera e cementação de aço, recozimento de arames, tratamento de superfície.	**Alto**
04	**Indústria Mecânica**	Fabricação de máquinas, aparelhos, peças, utensílios e acessórios c/ e s/Tratamento térmico ou de superfície.	**Médio**
05	**Indústria de material elétrico, eletrônico e Comunicações**	Fabricação de pilhas, baterias e outros cumuladores, fabricação de material elétrico, eletrônico e equipamentos para telecomunicação e informática, fabricação de aparelhos elétricos e eletrodomésticos.	**Médio**
06	**Indústria de Material de Transporte**	Fabricação e montagem de veículos rodoviários e ferroviários, peças e acessórios, fabricação e montagem de aeronaves, fabricação e reparo de embarcações e estruturas flutuantes.	**Médio**
07	**Indústria de Madeira**	Serraria e desdobramento de madeira, preservação de madeira, fabricação de Chapas, placas de madeira aglomerada, Prensada e compensada, fabricação de Estruturas de madeira e de móveis.	**Médio**
08	**Indústria de Papel e Celulose**	Fabricação de celulose e pasta mecânica, fabricação de papel e papelão, fabricação de artefatos de papel, papelão, cartolina, cartão e fibra prensada.	**Alto**

(*continua*)

ANEXO VIII (cont.)

ATIVIDADES POTENCIALMENTE POLUIDORAS E UTILIZADORAS DE RECURSOS AMBIENTAIS

Código	Categoria	Descrição	PP GU
09	**Indústria de Borracha**	Beneficiamento de borracha natural, fabricação de câmara de ar, fabricação e recondicionamento de pneumáticos, fabricação de laminados e fios de borracha, fabricação de espuma de borracha, inclusive látex.	**Pequeno**
10	**Indústria de Couros e Peles**	Secagem e salga de couros e peles, curtimento e outras preparações de couros e peles, fabricação de artefatos diversos de couros e peles, fabricação de cola animal.	**Alto**
11	**Indústria Têxtil, de Vestuário, Calçados e Artefatos de Tecidos**	Beneficiamento de fibras têxteis, vegetais, de origem animal e de sintéticos, fabricação e acabamento de fios e tecidos: tingimento, estamparia e outros acabamentos em peças do vestuário e artigos diversos de tecidos, fabricação de calçados e de componentes para calçados.	**Médio**
12	**Indústria de Produtos de Matéria Plástica**	Fabricação de laminados plásticos, fabricação de artefatos de material plástico.	**Pequeno**
13	**Indústria de Fumo**	Fabricação de cigarros, charutos, cigarrilhas e outras atividades de Beneficiamento do fumo.	**Médio**
14	**Indústrias Diversas**	Usinas de produção de concreto e de asfalto.	**Pequeno**
15	**Indústria Química**	Produção de substâncias e fabricação de produtos químicos, fabricação de produtos Derivados do processamento do petróleo, de rochas betuminosas e de madeira, fabricação de combustíveis não derivados de petróleo, produção de óleos, gorduras, ceras vegetais e animais, óleos essenciais vegetais e produtos similares, da destilação da madeira, fabricação de resinas e de fibras e fios artificiais e sintéticos e de borracha e látex sintéticos, fabricação de pólvora, explosivos detonantes, munição para caça e desporto, fósforo de segurança e artigos pirotécnicos, recuperação e refino de solventes, óleos minerais, vegetais e animais, fabricação de concentrados aromáticos naturais, artificiais e sintéticos, fabricação de preparados para limpeza polimento, desinfetantes, inseticidas, germicidas e fungicidas, fabricação de tintas, esmaltes, lacas, vernizes, impermeabilizantes e	**Alto**

(continua)

ANEXO VIII (cont.)

ATIVIDADES POTENCIALMENTE POLUIDORAS E UTILIZADORAS DE RECURSOS AMBIENTAIS

Código	Categoria	Descrição	PP GU
		agroquímicos, fabricação de produtos farmacêuticos e veterinários, fabricação de sabões, detergentes e velas, fabricação de perfumarias e cosméticos, produção de álcool etílico, metanol e similares.	
16	**Indústria de Produtos Alimentares e Bebidas**	Beneficiamento, moagem, torrefação e fabricação de produtos alimentares, matadouros, abatedouros, frigoríficos, charqueadas e derivados de origem animal, fabricação de conservas, preparação de pescados e fabricação de conservas de pescados, beneficiamento e industrialização de leite e derivados, fabricação e refinação de açúcar: refino e preparação de óleo e gorduras vegetais, produção de manteiga, cacau, gorduras de origem animal para alimentação, fabricação de fermentos e leveduras, fabricação de rações balanceadas e de alimentos preparados para animais, fabricação de vinhos e vinagre, fabricação de cervejas, chopes e maltes, fabricação de bebidas não alcoólicas, bem como engarrafamento e gaseificação de águas minerais, fabricação de bebidas alcoólicas.	**Médio**
17	**Serviços de Utilidade**	produção de energia termoelétrica, tratamento e destinação de resíduos Industriais líquidos e sólidos, disposição de resíduos especiais tais como de agroquímicos e suas embalagens: usadas, e de serviço de saúde e similares, destinação de resíduos de esgotos sanitários e de resíduos sólidos urbanos, inclusive aqueles provenientes de fossas, dragagem e derrocamentos em corpos d'água, recuperação de áreas contaminadas ou degradadas.	**Médio**
18	**Transporte Terminais, Depósitos e Comércio**	Transporte de cargas perigosas, transporte por dutos, marinas, portos e aeroportos, terminais de minério, petróleo e derivados e produtos químicos, depósitos de produtos químicos e produtos perigosos, comércio de combustíveis, derivados de petróleo e produtos químicos e produtos perigosos.	**Alto**
19	**Turismo**	Complexos turísticos e de lazer, inclusive parques temáticos, desde que instalados em unidades de conservação ou áreas de proteção ambiental.	**Pequeno**

(*continua*)

ANEXO VIII (cont.)

ATIVIDADES POTENCIALMENTE POLUIDORAS E UTILIZADORAS DE RECURSOS AMBIENTAIS

Código	Categoria	Descrição	PP GU
20	**Uso de recursos naturais, criação de animais**	Silvicultura, exploração econômica da madeira ou lenha e subprodutos florestais, importação ou exportação da fauna e flora nativas brasileiras. Atividade de criação e exploração econômica de fauna exótica e de fauna silvestre, utilização do patrimônio genético natural, exploração de recursos aquáticos vivos, introdução de espécies exóticas ou geneticamente modificadas, uso da diversidade biológica pela biotecnologia, criação de suínos.[11]	**Médio**

Como se percebe – e não há necessidade de o jurista ser um ambientalista para perceber que todas as empresas que exploram tais atividades são potencialmente poluidoras – já não há que falar em universo indefinido de contribuintes, mas, ao contrário, tal universo é bem definido, com todas aquelas empresas que exercem atividades potencialmente poluidoras sendo claramente especificadas.[12]

11. Aliomar Baleeiro ensina: "A nosso ver, isso corresponde à divisão de tributos em 'puramente fiscais' ou destinados ao custeio da despesa pública, por oposição aos tributos com funções 'extrafiscais', isso é, regulatórios ou de intervenção estatal nas atividades privadas. A noção de 'poder de polícia' é indefinida e flexível, mais ou menos elástica, segundo concepção doutrinária e judiciária inevitavelmente casuística, como se nota na jurisprudência da Corte Suprema dos Estados Unidos, em cujo seio já um juiz, no caso *Slaughter House*, acentuou esse caráter cambiante, dela fazendo depender a ordem social, a vida e a saúde dos cidadãos, o bem-estar, o gozo da paz, da segurança e da propriedade etc. A doutrina americana o caracteriza por vezes como 'um nome para o poder governamental de regular', isto é, intervir na vida dos particulares, servindo de evasiva aos tribunais para amortecimento do *standard* contido na cláusula constitucional *due process of law*, a cuja sombra são protegidos, lá, os direitos e garantias individuais. Bilac Pinto já apontou a futilidade dessa instituição americana do ponto de vista teórico. Assim taxas fundadas no 'exercício regular do poder de polícia' devem ser entendidas, em primeiro lugar, aquelas com finalidade extrafiscal, como a de impedir ou restringir atividades que ameacem o interesse da comunidade. Em segundo lugar, as taxas para custear serviços com essa finalidade" (*Direito Tributário Brasileiro*, p. 348).

12. Edgard Neves da Silva ensina: "Taxa de polícia: Seu fato gerador é o exercício regular do poder de polícia. Observe-se que a forma desse exercício – regular – foi introduzida pelo Código Tributário, art. 77.

"O termo 'exercício' nos dá uma idéia dinâmica, de prática efetiva de atos, logicamente, na espécie, pelos Poderes Públicos. Estaria ele representado por atos prepa-

Há, portanto, clara definição dos sujeitos passivos da relação tributária como, de resto, na exposição de motivos, sua S. Exa., o Ministro do Meio Ambiente, explicou: "10. Soluciona, também, o presente projeto a crítica referente à indefinição do universo de contribuintes, que se levantava contra a taxa da Lei n. 9.960, de 2000, vez que as atividades dos empreendedores se sujeitam a tributação e vêm agora definidas no anexo X da própria Lei".

Por fim, a falta de definição de alíquotas ou valor fixo (tributos fixos), gerando equiparação entre atividades com níveis potenciais de poluição diversos, capaz de acarretar, em relação aos contribuintes que as exercem, ferimento ao princípio da isonomia, também foi definitivamente corrigida, como se percebe pela própria exposição de motivos:

"11. No que toca a sua quantificação, o novo tributo atende muito mais de perto que o seu antecessor aos princípios constitucionais da isonomia, reclamado pela Suprema Corte no julgamento da ADIN-MC n. 2.178-8, e da retributividade, a determinar que a base de cálculo da taxa mensure o custo da atuação estatal que constitui o seu fato gerador (prestação de serviço público específico e divisível em exercício regular do poder de polícia). É isso por dois motivos a saber:

"por estarem os contribuintes pessoas jurídicas, para efeito de determinação do valor devido divididos em quatro, e não mais em três faixas de grandeza, definidas segundo a receita bruta; e

"por não mais se adotar como critério único de quantificação a receita bruta do contribuinte passando-se a combiná-la com o maior ou menor grau de poluição potencial ou de utilização de recursos naturais da atividade que desenvolve, com o que se garante de modo muito mais seguro e razoável a equivalência entre

ratórios, exames, vistorias, perícias, verificações, averiguações, avaliações, cálculos, estimativas, confrontos, autorizações, licenças, homologações, permissões, proibições, indeferimentos, dentre outros, todos correspondendo a um juízo de valor emitido pela autoridade competente ou à prática de fiscalização.

"*Esses juízos de valores não necessitam ser positivos, beneficiando ou atendendo aos interesses dos contribuintes; pelo contrário, podem ser onerosos, opostos àqueles interesses, indeferindo a pretensão, proibindo ou condicionando determinadas condutas, mas, mesmo assim, darão ensejo ao pagamento da taxa.*

"O Código Tributário Nacional, como vimos acima, didaticamente esclarece que esses atos devem ser praticados de forma regular, querendo dizer, e o faz expressamente, em seu art. 78, parágrafo único, desempenhados pelo órgão competente, nos limites da lei e observado o processo legal, e, se a atividade for discricionária – muito difícil de ocorrer na espécie, dada a exigência de submissão às regras legais –, sem abuso ou desvio de poder" (grifos meus) (in *Curso de Direito Tributário*, ob. cit., pp. 762-763).

o valor devido a título de taxa e o custo da atividade de fiscalização (na Representação de Inconstitucionalidade n. 1.077/84, Rel. Min. Moreira Alves, reconheceu o STF a virtual impossibilidade de aferição matemática do custo de determinada atuação do Estado, não se podendo, exigir do legislador mais do que 'equivalência razoável entre o custo real dos serviços e o montante a que pode ser compelido o contribuinte a pagar, tendo em vista a base de cálculo estabelecida pela lei e o 'quantum' da alíquota por esta fixado)."

Na nova redação, à evidência, o princípio da isonomia resta preservado, pagando, as pessoas jurídicas, maior ou menor taxa, em função da potencialidade poluidora da atividade que exercem, a partir de variado critério e não em função de sua receita bruta, estando o Anexo IX assim redigido:

VALORES EM REAIS DEVIDOS A TÍTULO DE *TCFA* POR ESTABELECIMENTO, POR TRIMESTRE

Potencial de Poluição/Grau de Utilização de Recursos Naturais	Pessoa Física	Microempresa	Empresa de Pequeno Porte	Empresa de Médio Porte	Empresa de Grande Porte
Pequeno			112,50	225,00	450,00
Médio			180,00	360,00	900,00
Alto		50,00	225,00	450,00	2.250,00

Mais do que isto. Os artigos 17-D, F e G, com a dicção que se segue:

"Art. 17-D. A TCFA é devida por estabelecimento e os seus valores são os fixados no Anexo IX desta lei.

"§ 1º. Para os fins desta lei, consideram-se:

"I – microempresa e empresa de pequeno porte, as pessoas jurídicas que se enquadrem, respectivamente, nas descrições dos incisos I e II do 'caput' do art. 2º da Lei n. 9.841, de 5 de outubro de 1999;

"II – empresa de médio porte, a pessoa jurídica que tiver receita bruta anual superior a R$ 1.200.000,00 (um milhão e duzentos mil reais) e igual ou inferior a R$ 12.000.000,00 (doze milhões de reais);

"III – empresa de grande porte, a pessoa jurídica que tiver receita bruta anual superior a R$ 12.0000.000,00 (doze milhões de reais).

"§ 2º. O potencial de poluição (PP) e o grau de utilização (GU) de recursos naturais de cada uma das atividades sujeitas à fiscalização encontram-se definidos no Anexo VIII desta lei.

"§ 3º. Caso o estabelecimento exerça mais de uma atividade sujeita à fiscalização, pagará a taxa relativamente a apenas uma delas, pelo valor mais elevado.

"Art. 17-F. São isentas do pagamento da TCFA as entidades públicas federais, distritais, estaduais e municipais, as entidades filantrópicas, aqueles que praticam agricultura de subsistência e as populações tradicionais.

"Art. 17-G. A TCFA será devida no último dia útil de cada trimestre do ano civil, nos valores fixados no Anexo IX desta lei, e o recolhimento será efetuado em conta bancária vinculada ao IBAMA, por intermédio de documento próprio de arrecadação, até o 5º dia útil do mês subseqüente,"

conformam o respeito aos princípios da isonomia e da capacidade contributiva.[13]

Dois critérios diferenciados ficam bem estabelecidos, a saber:

1) o nível de poluição possível;

2) o tamanho da empresa potencialmente poluidora, sendo a tributação variável em função de dois fatores, havendo quatro classes de contribuintes e três tipos de classificação do potencial de poluição a partir da utilização de recursos naturais por pessoas jurídicas (não há tributação na lei para as pessoas físicas).

Corrige-se, portanto, o terceiro aspecto, inexistente na Lei n. 9.960/2000, e definido pela Suprema Corte como necessário para a instituição de tributo.

Embora, se refira a "valor devido", a Suprema Corte admitiu a adoção de "tributos fixos", como, aliás, é costumeiro nas taxas e que parce-

13. Embora muitos autores entendam que o princípio da capacidade contributiva diz respeito aos impostos, outros, por vincularem a capacidade contributiva ao princípio da isonomia o estendem a outros tributos, como Hugo de Brito Machado: "A Constituição Federal de 1988 restabeleceu a norma que expressamente consagrava, na Constituição de 1946, o princípio da capacidade contributiva. Com efeito, em seu art. 145, § 1º, *disse que os tributos 'serão graduados segundo a capacidade econômica do contribuinte'*. É certo que expressão 'sempre que possível', utilizada no início do mencionado dispositivo, pode levar o intérprete ao entendimento segundo o qual o princípio da capacidade contributiva somente será observado quando possível. Não nos parece, porém, seja essa a melhor interpretação, porque sempre é possível a observância do referido princípio. A nosso ver, o 'sempre que possível', do § 1º do art. 145, diz respeito apenas ao caráter pessoal dos tributos, pois na verdade nem sempre é tecnicamente possível um tributo com caráter pessoal" (grifos meus) (*Curso de Direito Tributário*, p. 13). O Supremo Tribunal Federal, ao referir-se, na ADI 2.178-8, ao princípio da isonomia indissoluvelmente ligado ao princípio da capacidade contributiva, parece ter aderido à tese que Hugo e eu defendemos.

la ponderável da doutrina admite como possível, inclusive, no concernente aos impostos.

Já escrevi sobre a matéria:

"Um terceiro aspecto merece consideração. É o que diz respeito aos tributos fixos. Neles, há integração entre a base de cálculo ('ad rem') e alíquota, resultando em valor fixo definido pela legislação. A doutrina tem procurado considerar que a alíquota corresponde ao percentual aplicado sobre uma base determinada. Na realidade, em termos de técnica de tributação, a incidência 'ad rem' corresponde a uma tributação não de interligação entre os dois elementos indissociáveis da tributação 'ad valorem' (alíquota e base de cálculo), mas à integração absoluta dos dois elementos, a base sendo substituída pela coisa e não pelo valor e o tributo por uma quantificação prévia, conformada pela fixação do valor pré-determinado.

"Nitidamente, é uma técnica de tributação que pertine ao poder tributante. Não cabe à lei complementar impedir sua adoção por quem, tendo o poder de tributar, pode exercê-lo nos campos delimitados pela lei tributária. Claramente, pode a lei complementar definir quais os limites externos do tributo, em face aos demais tributos existentes, mas não pode, à evidência, invadir área própria da atuação 'interna corporis' do poder tributante, no exercício de sua competência de legislar, ordinariamente" (Parecer, no prelo, a ser publicado pela *Revista Dialética*).[14]

14. Hamilton Dias de Souza, em parecer que me foi dado examinar e ainda não publicado, lembra que: "Em matéria de IPI, já de há muito tempo, mais precisamente desde a Lei 4.506/1964, a tributação de cigarros se faz tomando-se como referencial o preço do produto no varejo. Não tem sido relevante o efetivo valor pelo qual o fabricante vende seus produtos. Em essência, a rigor, em todo o tempo mencionado, não se adota como base de cálculo o que dispõe o Código Tributário Nacional. Assim tem sido pelo fato de que as peculiaridades desse setor de atividade, aliadas à elevada tributação que sofre, têm exigido trato normativo diverso do geral.

"Em 1989, a Lei n. 7.798 criou sistemática em virtude da qual determinados produtos poderiam ser tributados por unidade consoante valores fixos expressos em BTN's. A mesma lei estabeleceu que poderia a sua sistemática abranger não só os produtos lá especificados mas também outros, definidos pelo Poder Executivo, tendo em vista o comportamento do mercado em sua comercialização.

"Trata-se da adoção de sistema de tributação onde não há alíquota nem base de cálculo, de sorte que a cada unidade ou conjunto de unidades corresponderá um determinado valor fixo. Não se cuida propriamente de alíquotas específicas, conforme referências, a nosso ver equivocadas, que têm sido feitas sobre o tema. Cuida-se, sim, de imposto fixo. Bernardo Ribeiro de Moraes, com propriedade, traça os contornos desse modelo, *verbis*: 'Tendo em vista a alíquota tributária, os impostos podem ser denominados fixos, proporcionais e progressivos. Trata-se de uma classificação jurídica dos impostos fundamentada no critério formal, disposto em lei, da maneira de calculá-los (aspectos financeiros da hipótese de incidência tributária).

Ora, o exame da nova proposta do governo nitidamente preenche as lacunas que fulminaram de inconstitucional a Lei n. 9.960/2000, relativamente à qual, com absoluto rigor científico, o Pretório Excelso demonstrou a inexistência de elementos essenciais à instituição da taxa pretendida.

Há de se lembrar que S. Exa., o Ministro Pertence, percebendo a imperiosa necessidade do controle ambiental e a má qualidade do texto anterior, sugeriu a apresentação do novo projeto de lei, o que se concretizou no texto ora em exame, escoimado das falhas anteriores, pois da lavra de um dos mais eminentes tributaristas do país, o Prof. Sacha Calmon Navarro Coelho.

Por fim, uma última observação se faz necessária, em face da observação do eminente Ministro Ilmar Galvão (que não constou da ementa da decisão da cautelar na ADI 2.178-8-DF), no sentido de que haveria uma dupla exação (taxa de funcionamento e taxa de fiscalização) incorporadas numa única taxa: "Acresce que, para o licenciamento das diversas atividades, ao lado da taxa, foi estabelecida uma tabela de preços públicos (anexo VII) cujos fatos geradores, a um primeiro exame, parecem coincidentes, sugerindo dupla exação" (ADI 2.178-8-DF).

O novo projeto claramente levou em conta esse aspecto, ao diferenciar o controle e fiscalização (serviços públicos permanentemente pres-

Impostos fixos são os decorrentes de cota fixa, estabelecida em quantidade certa invariável e determinada de dinheiro, sem levar em conta uma base de cálculo (não se leva em consideração nem a capacidade contributiva da pessoa e nem o valor do patrimônio ou bem onerado). A norma jurídica estabelece o montante da dívida fiscal numa importância certa e igual para todos os contribuintes. Nos impostos fixos não há alíquota fiscal. O quantum a ser pago é fixado diretamente em lei. Como a importância a ser paga a título de imposto já vem prevista, de forma clara e expressa, na lei tributária, não há necessidade de cálculo algum para se chegar ao valor da prestação pecuniária'."

No mesmo sentido a lição de Rui Barbosa Nogueira: "A alíquota nos impostos fixos é a tarifa do tributo, é a soma de dinheiro devida por unidade de tributo, entendendo-se por unidade de tributo ou unidade tributada, cada objeto tributado ou cada parcela de incidência. Assim, se a lei disser: cada quilo de açúcar paga Cr$ 1,00, cada automóvel paga Cr$ 5.000,00, aí está a alíquota, ou ali já está a quota ou quantia devida, que por não depender de cálculo não precisa de base".

E, por fim, Rubens Gomes de Sousa: "Fixos são os impostos cuja alíquota é estabelecida em quantidade certa de dinheiro, de modo que não há nenhum cálculo a fazer; por ex. quando a lei diz que um atestado paga R$ 1,00 de selo, trata-se de um imposto fixo. Neste tipo de imposto, não tem importância o valor da matéria tributável".

tados no exercício do poder de polícia), da mera autorização de funcionamento (serviço que se esgota com a autorização).[15]

O texto atual encontra-se, portanto, liberto dos vícios anteriores, delineando o perfil de autêntica taxa, nos exatos termos definidos pela lei suprema (artigo 145 inciso II) e pelo CTN (artigo 78), que explicita aquele, em redação recepcionada pelo texto de 1988.

Todos os aspectos que dizem respeito ao tributo (espacial, material, temporal, instrumental) estão perfilados no novo projeto, que não sofre das insuficiências da Lei n. 9.960/2000, as quais levaram, a Suprema Corte, a inquiná-la de inconstitucional.

Respondo, portanto, à questão formulada, entendendo não estar a nova proposta contaminada das inconstitucionalidades detectadas pela Suprema Corte na Lei n. 9.960/2000.

S.M.J.

Bibliografia

BALEEIRO, Aliomar. *Direito Tributário Brasileiro.* 10ª ed., Rio de Janeiro, Forense, 1981.

BARRETO, Aires Fernandino. *Comentários ao Código Tributário Nacional.* São Paulo, Ed. Saraiva, 1998.

COELHO, Sacha Calmon Navarro. *Curso de Direito Tributário Brasileiro.* 2ª ed., Rio de Janeiro, Forense, 1999.

MACHADO, Hugo de Brito. *Curso de Direito Tributário.* 5ª ed., Rio de Janeiro, Forense, 1992 (25ª ed., rev., atual. e ampl., São Paulo, Malheiros Editores, 2004, p. 57).

MARTINS, Ives Gandra da Silva (co-Org.). *A natureza jurídica das custas judiciais.* OAB-SP/Resenha Tributária, 1982.

__________. *Cadernos de Pesquisas Tributárias*, n. 11. Co-ed. Centro de Extensão Universitária/Ed. Resenha Tributária, 1986.

15. Ricardo Lobo Torres defende inclusive a adoção de taxa pelo exercício do poder de polícia para preservação do meio-ambiente: "A taxa pode incidir também sobre a prestação de serviços decorrentes do exercício do poder de polícia. Qualquer ato que constitua emanação da atividade estatal de disciplina da liberdade individual em benefício do bem-estar geral, prestado ou posto à disposição do obrigado, constituirá a hipótese de incidência da taxa. Atos relativos à polícia de segurança, de saúde, de costumes, de higiene, *do meio ambiente* etc., fornecem a matéria sobre a qual incidirá a cobrança da taxa" (grifos meus) (*Curso de Direito Financeiro e Tributário*, p. 347).

__________. *Comentários à Constituição do Brasil*, vol. 3, t. II. São Paulo, Saraiva, 1993.

__________. *A Era das Contradições – Desafios para o novo milênio.* São Paulo, Editora Futura, 2000.

SILVA, Edgard Neves da. In Ives Gandra da Silva Martins (Coord.), *Curso de Direito Tributário*. São Paulo, Saraiva, 2001.

TORRES, Ricardo Lobo. *Curso de Direito Financeiro e Tributário*. 5ª ed., Rio de Janeiro, Renovar, 1998.

BREVES CONSIDERAÇÕES SOBRE A TAXA DE CONTROLE E FISCALIZAÇÃO AMBIENTAL – TCFA, INSTITUÍDA PELA LEI N. 10.165/2000

MARIA LÚCIA LUZ LEIRIA

Embora denominada "taxa" pela Lei n. 10.165/2000, a exação instituída pela Lei n. 9.960/2000 (ao introduzir o artigo 17-B na Lei n. 6.938, de 31.8.1981, Lei do Meio Ambiente) é, na realidade, uma "contribuição de intervenção no domínio econômico" e sua matriz está no artigo 149 da Constituição Federal, bem como preenchidos os pressupostos de imposição desta contribuição: é exação interventiva da União; há a referibilidade da contribuição a contribuinte de determinado domínio econômico; há vinculação da arrecadação à atuação da União na área econômica específica e há transitoriedade caracterizada pela finalidade a ser alcançada.

Após a Constituição de 1988, inexiste qualquer dúvida a respeito da natureza tributária destas exações, e, portanto, a elas se aplicam os princípios constitucionais tributários que nada mais são que expressas limitações ao poder de tributar.

Dito de outra forma, e sempre com fincas em nova postura hermenêutica que busca filtrar em qualquer interpretação de texto infraconstitucional os princípios escritos e imanentes da Constituição, constata-se a necessidade de exame sobre a constitucionalidade ou não de dito texto que veio concretizar a competência tributária da União, exclusiva, para a criação das CIDEs. Diga-se de passagem, que a EC n. 33/2001 veio permitir aos Estados e Municípios a criação de contribuições sociais, porém específicas da previdência e assistência social. Desta forma, embora colocado assistematicamente como parágrafo do artigo 149, nada mais representa tal parágrafo do que a permissão ou concessão de competência tributária concorrente para a previdência e assistência social e, portanto, continua e está mantida a competência exclusiva para as contribuições sociais para a saúde e aquelas agora tratadas de intervenção no domínio econômico como competência exclusiva da União.

Da mesma forma, a referida Emenda Constitucional vedou a possibilidade de incidência de CIDE sobre receitas decorrentes de exportação (§ 2º, inciso I), podendo incidir sobre a importação de petróleo e derivados, gás natural e derivados, bem como álcool e combustível (§ 2º, inciso II). No tocante às alíquotas, podem ser *ad valorem*, tendo por base faturamento, receita bruta ou valor da operação e, no caso de importação, o valor aduaneiro (§ 2º, inciso III, "a"), ou específica, tendo por base a unidade de medida adotada (§ 2º, inciso III, "b").

Tais contribuições são tributos qualificados pela finalidade, nas palavras de Roque Carazza.[1]

Não há, no entanto, que se confundir finalidade da contribuição, o que caracteriza a sua natureza e autoriza a sua cobrança, com destinação no plano fático. As contribuições sociais, portanto, caracterizam-se não pela destinação do produto da respectiva cobrança, mas sim pela finalidade para a qual foram instituídas. Desinteressa, portanto, se a destinação fática dos recursos transita pelos cofres da União e, sim, a finalidade ou destinação do produto arrecadado. Neste sentido, o voto do Min. Ilmar Galvão no RE 146.733/SP, ao tratar da contribuição social sobre o lucro das pessoas jurídicas da Lei n. 7.689/1988: "a especificidade da destinação do produto da arrecadação do tributo em causa é que, obviamente, lhe confere o caráter de contribuição. Eventual desvio de finalidade que se possa verificar na administração dos recursos por ela produzidos não pode ter o efeito de transmudar-lhe a natureza jurídica. Irrelevante, igualmente, para tanto, a circunstância de a sua cobrança e fiscalização serem realizadas pelos agentes encarregados do Imposto de Renda", por exemplo.

Concebidas, pois, como "instrumentos" de intervenção do Poder Público na área econômica, sofrem, obviamente, as limitações estabelecidas nos incisos do artigo 170 da Constituição Federal. Hugo de Brito Machado,[2] inclusive, salienta que as contribuições de intervenção no domínio econômico "vinculam-se ao órgão do Poder Público incumbido de desenvolver ações intervencionistas ou de administrar fundos decorrentes da intervenção estatal na economia".

1. Roque Antônio Carrazza, *Curso de Direito Constitucional Tributário*.
2. Hugo de Brito Machado, *Curso de Direito Tributário*, p. 399.

O Plenário do Tribunal Regional Federal da 4ª Região já decidiu que "o desvio de parcela dos valores arrecadados não pode erigir-se em óbice ao recolhimento", pois "a salutar correção do desvirtuamento é providência que refoge à competência do Judiciário" (Ag na SS 1999.04.01.114935-4-PR, rel. Juiz Fábio Bittencourt da Rosa, j. 2.2000). Neste sentido, o STF já tinha salientado, quanto às contribuições sociais para a seguridade social, "a irrelevância do fato de a receita integrar o orçamento fiscal da União", uma vez que "o que importa é que ela se destina ao financiamento da seguridade social (Lei n. 7.689/1988, art. 1º)" (RE 138.284/CE, rel. Min. Carlos Velloso, Plenário, j. 1.7.1992).

É da competência exclusiva da União o poder de instituir o tributo da espécie contribuição social de intervenção no domínio econômico e do interesse das categorias profissionais ou econômicas, por lei complementar quanto às normas gerais, especialmente as determinadas nas alíneas "a", "b", "c" do inciso III do artigo 146 da Constituição Federal, obedecidos os princípios da legalidade/tipicidade (art. 150, I) e da anterioridade genérica (art. 150, III).

Questão polêmica diz respeito à possibilidade ou não de se utilizar, para criação de contribuições de intervenção no domínio econômico, de hipóteses de incidência de impostos federais, estaduais ou municipais. Para alguns, o princípio básico a ser seguido diz respeito ao fato de a CIDE estar vinculada à finalidade interventiva e não a contornos positivos ou negativos dos fatos sobre os quais pode ser exigida. A limitação, neste ponto, restringiria por demais os casos de criação da contribuição, sendo certo, ainda, que a finalidade da contribuição não é fiscal, mas sim tem objetivos extrafiscais. Outros, por sua vez, entendem que a repartição de competências tributárias entre as pessoas de direito público foi a solução encontrada para impedir que dois entes tributantes se sirvam da mesma fonte de financiamento, o que poderia redundar em tributação além da capacidade contributiva.

De qualquer forma, quando a Constituição quis estabelecer diretrizes negativas acerca da incidência de impostos, o fez expressamente, como no artigo 145, § 2º, proibindo que fossem adotadas, para as taxas, as mesmas bases de cálculo próprias de impostos, ou, no caso do artigo 195, relativamente às contribuições sociais para a seguridade social.

Portanto, sob a ótica da repartição de competência do poder tributante, pode-se concluir que esta competência exclusiva da União Federal não é residual, no sentido de que, no caso das contribuições de intervenção no domínio econômico, inexiste regra constitucional que limite ou proíba eleja o poder federal tributante base de cálculo própria de impostos ou taxas, ou, ainda, de contribuições sociais específicas da seguridade social.

Assim, para que se proceda à devida exegese do texto legal instituidor da exação em comento, mister que se tenha em mente a sistemática introduzida a partir de alteração efetuada na Lei n. 6.938/1981 ao depois, também, na Lei n. 9.960/2000, capaz de desvelar a natureza e o regime jurídico desta imposição compulsória, arrecadada pelo Estado, mediante atividade administrativa plenamente vinculada, que não constitui sanção de ato ilícito, sendo de sua essência o atendimento a determinada finalidade.

Roberto Ferraz, que faz o desafio de trazer para dentro da validação de qualquer tributo a efetiva destinação da arrecadação, a fim de que o contribuinte possa identificar a sua constitucionalidade, declara nas seguintes passagens:[3]

"O motivo é claro: indicada constitucionalmente a destinação, fica legitimado o cidadão a exigir-lhe o cumprimento bem como a opor-se ao pagamento, caso os valores arrecadados não alcancem efetivamente o destino prescrito. Não se trata mais de matéria afeta exclusivamente ao legislativo e ao executivo, mas também ao judiciário. (...)

"E o mais importante: caso os tributos não sejam destinados a essas finalidades, ou cobrados em proporção a tais necessidades, caberá ao contribuinte opor-se ao pagamento por meio de ação. (...)

"Pressuposto de incidência tributária é o conjunto de condições estabelecidas expressa ou implicitamente pela Constituição para a imposição de tributos, tanto no tocante à cobrança, isto é, condições estabele-

3. "A necessária participação popular no orçamento, diretamente ou através de representantes, especialmente na definição de prioridades e de despesa, e não apenas na elaboração de leis que definem as hipóteses de exigibilidade dos tributos, é hoje matéria básica atinente à própria tributação, pois lhe define a legitimidade e validade. (...)

"Parece-me, portanto, que a definição do destino da aplicação dos recursos obtidos com a arrecadação tem uma importância superior, não apenas em grau, mas em natureza, às definições de competência tributária.

"Baseando-me nessas características, não tenho dúvidas em afirmar que a indicação de destino do produto da arrecadação feita na Constituição, supera a simples técnica de validação finalística (...)" (cf. Roberto Ferraz, "Da hipótese ao pressuposto de incidência – em busca do tributo justo", in Luís Eduardo Schoueri (Coord.), *Direito Tributário. Homenagem a Alcides Jorge Costa*, vol. I, pp. 191-235).

cendo hipóteses de incidência, base de cálculo, contribuintes, e demais elementos de exigência válida, incluídos isonomia, legalidade, irretroatividade, capacidade contributiva e progressividade, conforme o caso, bem como, no tocante às contribuições estabelecidas constitucionalmente quanto à destinação do produto da arrecadação, que igualmente integram o elenco de requisitos para validade da exação, para todas as espécies tributárias."

Dito isto, traçado o perfil do que se entende por CIDE – Contribuição de Intervenção no Domínio Econômico –, verifica-se que, nos termos do artigo 4º do CTN:

"Art. 4º. A natureza jurídica específica do tributo é determinada pelo fato gerador da respectivas obrigação, sendo irrelevantes para qualificá-la:

"I – a denominação e demais características formais adotadas pela lei; (...)."

Os nomes empregados aos tributos criados, por critérios científicos, de segurança e de objetividade, devem corresponder à realidade. Nem sempre, porém, esta recomendação é seguida. De nada adianta o legislador dar à entidade que cria nome diverso daquele que ela representa, porque a mera designação não lhe mudará a natureza. É o fato gerador que lhe demonstrará a natureza, e sua respectiva base de cálculo.

Exclui-se, desde logo, a possibilidade da exação criada pela Lei n. 10.165/2000 ter natureza de taxa, conforme foi denominada, ou de imposto.

Quanto à primeira possibilidade, aquela prevista na lei de criação, é de ser refutada ante o fato de ter sido escolhido como fato gerador hipótese diversa daquelas constitucionais e legalmente previstas para seu cabimento. Conforme o artigo 17-B da Lei n. 10.165/2000, o aspecto material da hipótese de incidência da "taxa" é o exercício do poder de polícia conferido ao IBAMA – Instituto Brasileiro do Meio Ambiente e dos Recursos Naturais Renováveis – para controle e fiscalização das atividades potencialmente poluidoras e utilizadoras de recursos naturais. Porém, não há a descrição de qual é a ação policial que irá ser exercida, ou qual será o serviço de utilização efetiva, ou de utilização potencial, específica e divisível. Não se enquadra, assim, no artigo 77 do CTN ou no artigo 145, II, da CF/1988, pois não se vislumbra como taxa de serviço, ante seu não fruimento, nem taxa de polícia, eis que não há concreta manifestação deste poder, através do efetivo exercício de dada atividade, nos limites e condições prefixados na CF/1988. Aqui esbarra a denominação conferida ao tributo.

A espécie também não pode ser tratada como um imposto propriamente dito. Considerando-se, na esteira doutrinária, ser suficiente ao reconhecimento da espécie da exação instituída identificar a materialidade da hipótese de incidência e referibilidade de seus elementos constitutivos com a obrigação. Os impostos se reconhecem por exclusão. Voltando à lei em tela, o tributo, de acordo com o artigo 16 do CTN, teria como fato gerador uma situação independente de qualquer atividade estatal específica relativa ao contribuinte. Ademais, obedecendo ao artigo 154, I, da CF/1988, para a instituição de um novo imposto, seria necessário a elaboração de uma Lei Complementar, o que não ocorreu na criação desta exação, não se configurando, pois, como imposto.

Posto ser evidente o não enquadramento da exação como contribuição de melhoria ou empréstimo compulsório, exações que exaurem as espécies tributárias previstas na Constituição Federal, enfrenta-se, agora, a possibilidade da mesma tratar-se de uma contribuição especial.

Minuciosamente detalhada é a classificação das contribuições especiais esposada por Leandro Paulsen:[4] (1) contribuições especiais do interesse das categorias profissionais – art. 149, CF/1988, terceira parte; (2) contribuições especiais de intervenção no domínio econômico – art. 149, CF/1988, segunda parte; (3) contribuições especiais sociais, divididas em (a) gerais – art. 149, CF/1988, primeira parte; (b) de seguridade social – art. 195, I, II, III, CF/1988; (c) de previdência e assistência do funcionalismo público estadual, municipal e distrital – art. 149, parágrafo único, CF/1988.

Começando por aquela que parece mais adequada, presente no artigo 149 da Constituição Federal como contribuição de intervenção no domínio econômico, cuja competência resta à União ou pessoa jurídica da administração pública indireta federal, nos casos em que intervém necessariamente no sentido da realização dos princípios que informam a ordem econômica, estampados nos incisos do artigo 170 da CF/1988, onde o Estado executa atividades que lhe são constitucionalmente designadas em prol da coletividade, de acordo com as competências constitucionais. À União, no exercício destas atividades, é facultada a instituição de cobranças. Nada aleatório ou discricionário, mas necessidade especial da qual se vale, sendo um grupo específico que vai pagar a atuação estatal. Conforme determinação da Lei n. 10.165/2000, o grupo é o das em-

4. Leandro Paulsen, *Direito Tributário – Constituição e Código Tributário à Luz da Doutrina e da Jurisprudência*, p. 38.

presas potencialmente poluidoras e utilizadoras de recursos naturais, a pagar pela possibilidade de afetar o meio ambiente, protegido pelo inciso VI do supramencionado artigo 170.

A cobrança está vinculada a uma atuação estatal, exercida por meio de uma autarquia legalmente criada, qual seja o IBAMA, em benefício do indivíduo, enquanto membro do grupo. O sujeito ativo é o IBAMA, de forma que não há, então, violação à Lei n. 6.938/1981, *in totum*, ou incompatibilidade com a atividade exercida pelo SISNAMA – Sistema Nacional do Meio Ambiente –, ou pelos órgãos estaduais (como a FEPAM – Fundação Estadual de Proteção Ambiental) competentes para fornecer licenciamento às entidades que exercem atividades potencialmente poluidoras ou utilizadoras de recursos naturais. A instituição da Taxa de Controle e Fiscalização Ambiental – TCFA é compatível com os artigos 3º; 4º; 6º, e incisos; 8º; 9º, IV; 10º e §§ 3º e 4º; 11 e § 1º, da Lei n. 6.938/1981.

As contribuições, assim, são vinculadas a uma atuação estatal, apenas e tão-somente, de modo indireto e mediato ao contribuinte. Não há, também, incompatibilidade com as taxas de licenciamento cobradas supletivamente pelo IBAMA ou nas hipóteses do § 4º do artigo 10 da Lei n. 6.938/1981. A finalidade, por sua vez, é requisito inafastável para a caracterização da contribuição, e não deve ser confundida com a destinação. Vislumbra-se uma atividade de monitoramento das atividades potencialmente poluidoras desenvolvida em caráter geral pelo IBAMA. Conforme se depreende da lei, a pretensa taxa é cobrada semestralmente sem que a empresa tenha necessariamente sofrido fiscalização específica. Basta, para a cobrança do valor fixado, estar a empresa operando naquela atividade legalmente prevista, e ter o Instituto ingerência sobre tal matéria.

Ou seja, o sujeito passivo é a empresa potencialmente poluidora e o fato gerador, extraído do artigo 17-C, é o mero exercício, pelo contribuinte, desta atividade. O controle e fiscalização destas atividades potencialmente poluidoras ou utilizadoras de recursos naturais, embora conste na lei nominalmente como fato gerador do tributo é, em verdade, a finalidade para a qual é ele instituído. Entende-se, pois, que se está diante de uma contribuição especial para cuja instituição tem a União competência. Trata-se de situação ensejadora da instituição de contribuição de intervenção no domínio econômico, quando o Estado intervém como agente normativo e regulador, exercendo, na forma da lei criada, as funções de fiscalização, incentivo e planejamento, no custeio das metas fixadas na Ordem Econômica. Lá, no artigo 170, VI, CF/1988 está a defesa do meio ambiente.

Quanto aos contribuintes e ao valor da contribuição, guardam adequação à finalidade visada, pois são sujeitos passivos as empresas cujas atividades estão ligadas diretamente ao ambiente e às quais diz respeito o monitoramento realizado. Prevê, também, que o valor variará de acordo com o tamanho da empresa e o potencial de poluição e o grau de utilização de recursos naturais de cada uma das atividades sujeitas à fiscalização. Ou seja, o contribuinte deve recolher a taxa ao IBAMA, a partir da vigência da Lei n. 10.165/2000, segundo o grau de risco que impõe ao meio ambiente, assim previsto na lei. Desta forma, demonstra relação de pertinência com a atividade estatal a ser desenvolvida no sentido de defesa do meio ambiente. Não há violação ao princípio constitucional do não confisco.

Conclui-se, pois, que a Taxa de Controle e Fiscalização Ambiental – TCFA – é contribuição de intervenção no domínio econômico, com suporte no artigo 149 da CF/1988, estando tal finalidade representada pela defesa do meio ambiente, princípio da ordem econômica estampado no artigo 170, VI, CF/1988.

Relembra-se, outrossim, que não se faz necessário o veículo específico da lei complementar para a instituição desta espécie de contribuição, necessidade restrita às contribuições residuais de seguridade social. Assim o é frente à previsão específica formulada na CF/1988 em seu artigo 195, § 4º, quando determina que essa instituição deverá observar a técnica da competência residual da União prevista no artigo 154, I.

Ademais, há que se guardar a obrigação do julgador de preservar as normas legais quando há possibilidade de dar-lhes uma interpretação conforme a Carta Constitucional, em vez de considerá-la completamente inconstitucional. Embora o tributo criado não venha se enquadrar nos moldes conceituais da taxa, ele preenche os requisitos da contribuição. Considera-se, aliás, o nobre objetivo que compreende a Lei n. 10.165/2000, em vista do efetivo prejuízo das já combalidas ações de controle e fiscalização – ambientais, que, diga-se, merecem toda atenção e zelo possíveis não somente do Poder Judiciário, como de toda coletividade, por tratarem de questões diretamente relacionadas com a qualidade de vida, senão com a própria sobrevivência. Deve a legislação, que vem lhe proteger, receber interpretação conforme o texto constitucional, de maneira que se afaste qualquer declaração de inconstitucionalidade que impossibilite o exercício da proteção que o IBAMA realiza.

Em conclusão, conforme já mencionado, na Taxa de Controle e Fiscalização Ambiental encontram-se presentes os elementos necessários à instituição válida de tributo – contribuição de intervenção no domínio econômico, em que presentes os quatro elementos necessários à sua constitucional instituição:

a) a intervenção está configurada pela atuação estatal, exercida por autarquia legalmente constituída – IBAMA – em benefício do indivíduo, pela possibilidade de as empresas afetarem o meio ambiente;

b) a referibilidade está presente, envolvendo a empresa que opere na atividade legalmente prevista e potencialmente poluidora;

c) a vinculação está dada pela própria situação de valor variável de acordo com tamanho da empresa, potencial de poluição e grau de utilização de recursos naturais de suas atividades.

Conclui-se, portanto, constitucional e com natureza de contribuição de intervenção no domínio econômico a denominada Taxa de Controle e Fiscalização Ambiental – TCFA.

Aliás, apenas com o princípio da precaução pode-se admitir a proteção ao meio ambiente capaz de efetivar as ações preventivas que preservarão o planeta para as futuras gerações.

Bibliografia

AMARO, Luciano. *Direito Tributário Brasileiro* 9ª ed. São Paulo, Saraiva, 2003.

ÁVILA, Humberto. *Teoria dos Princípios – da definição à aplicação dos princípios jurídicos.* 4ª ed., rev., São Paulo, Malheiros Editores, 2004.

BALEEIRO, Aliomar. *Direito Tributário Brasileiro.* 11ª ed., Rio de Janeiro, Forense, 2001.

CARRAZZA, Roque Antônio. *Curso de Direito Constitucional Tributário.* 20ª ed., rev., ampl. e atual., até a EC n. 44/2004, São Paulo, Malheiros Editores, 2004.

CARVALHO, Paulo de Barros. *Curso de Direito Tributário.* 16ª ed., São Paulo, Saraiva, 2004.

FERRAZ, Roberto. "Da hipótese ao pressuposto de incidência – em busca do tributo justo", in Luís Eduardo Schoueri (Coord.), *Direito tributário. Homenagem a Alcides Jorge Costa*, vol. I. São Paulo, Quartier Latin, 2004, pp. 191-235.

MACHADO, Hugo de Brito. *Curso de Direito Tributário.* 25ª ed., rev., atual. e ampl., São Paulo, Malheiros Editores, 2004.

MARTINS, Ives Gandra da Silva (Coord.). *Contribuições de intervenção no domínio econômico.* São Paulo, Ed. RT/Centro de Extensão Universitária, 2002, p. 65.

PAULSEN, Leandro. *Direito Tributário – Constituição e Código Tributário à Luz da Doutrina e da Jurisprudência.* Porto Alegre, Livraria do Advogado Editora, 2001.

PONTES, Henilson Cunha. *O Princípio da Proporcionalidade e o Direito Tributário.* São Paulo, Dialética, 2000.

DIREITO ÀS CIDADES SUSTENTÁVEIS NO ÂMBITO DA TUTELA CONSTITUCIONAL DO MEIO AMBIENTE ARTIFICIAL E O IPTU PROGRESSIVO NO TEMPO COMO INSTRUMENTO DA POLÍTICA URBANA EM FACE DO DIREITO AMBIENTAL TRIBUTÁRIO

CELSO ANTONIO PACHECO FIORILLO

1. A cidade como bem ambiental

Conforme já tivemos oportunidade de salientar,[1] a origem das cidades, como ensina de forma clara Leonardo Benevolo, está fundida com o nascimento bem como com as transformações do ambiente urbano na Europa e no Oriente Próximo, e leva em conta, como explica o autor, "os acontecimentos nas outras áreas – no Extremo Oriente, na África, nas

1. *Estatuto da Cidade Comentado – Lei 10.257/2001 – Lei do Meio Ambiente Artificial*, 2ª ed., Ed. RT, 2004 e *Curso de Direito Ambiental Brasileiro*, 5ª ed. ampl., Saraiva, 2004.

Américas – somente com relação ao acontecimento europeu": descreve as cidades nativas encontradas pelos europeus e as construídas em conseqüência da colonização e da hegemonia mundial européia. Embora tenha sido precisamente na área euro-asiática que teria ocorrido a idéia de cidade como estabelecimento mais completo e integrado, que contém e justifica todos os estabelecimentos menores – bairros, edifícios etc., – a cidade permanece, na visão do autor, "uma criação histórica particular; ela não existiu sempre, mas teve início num dado momento da evolução social, e pode acabar, ou ser radicalmente transformada, num outro momento".

Daí ser importante, particularmente para os profissionais do direito, situar a origem da cidade desde seu início, ou seja, associar a origem das cidades em decorrência das grandes mudanças da organização produtiva na medida em que referida organização transformou, ao longo da história, a vida cotidiana da pessoa humana provocando, de maneira crescente, um grande salto no desenvolvimento demográfico.

Destarte, importa considerar o que se segue:

1. O grupo dos hominídeos, conforme já tivemos oportunidade de salientar em nossa obra *O Direito de Antena em face do Direito Ambiental Brasileiro*,[2] apareceu na face da terra há aproximadamente 5 milhões de anos e, durante o Paleolítico (pedra antiga), viveu coletando seu alimento e procurando um abrigo no meio ambiente natural, sem modificá-lo de forma permanente. Esta época, ensina Benevolo, "compreende mais de 95% da aventura total do homem; nela ainda hoje vivem algumas sociedades isoladas nas selvas e nos desertos".

2. Há aproximadamente 10.000 anos, no Neolítico (pedra nova), os habitantes da faixa temperada aprenderam a produzir seu alimento, cultivando plantas e criando animais, e organizaram as primeiras aldeias como estabelecimentos estáveis nas proximidades dos locais de trabalho.

3. Há cerca de 5.000 anos, destaca o mestre, "nas planícies aluviais do Oriente Próximo, *algumas aldeias se transformaram em cidades*; os produtores de alimentos são persuadidos ou obrigados a produzir um excedente a fim de manter uma população de especialistas: artesãos, mercadores, guerreiros e sacerdotes residem num estabelecimento mais

2. Saraiva, 2000, p. 7. A palavra "humano" (do latim *humanu*), conforme consignam os dicionários, é entendida como "pertencente ou relativo ao homem: *natureza humana; gênero humano*". Por sua vez o termo "pessoa" (do latim *persona*) é compreendido como "homem ou mulher".

complexo, cidade, e daí controlam o campo. Esta organização social requer o invento da escrita; daí começa, de fato, a civilização e a história escrita em contraposição à pré-história" (grifos nossos). A partir desse momento, a história da civilização dependerá da quantidade e da distribuição de referido excedente.

4. A Idade de Bronze merece ainda referência especial, época "na qual os metais usados para os instrumentos e as armas são raros e dispendiosos sendo reservados", como reitera Benevolo "a uma classe dirigente restrita que absorve todo o excedente disponível, mas que, com seu consumo limitado, também limita o crescimento dos habitantes e da produção".

5. Outra referência importante é a Idade do Ferro iniciada aproximadamente por volta de 1200 a.C. com a difusão de um instrumental metálico mais econômico, da escrita alfabética e da moeda cunhada, "ampliando assim a classe dirigente e permitindo um novo aumento da população. A civilização greco-romana desenvolve esta organização numa grande área econômica – unitária – a Bacia Mediterrânica – mas escraviza e empobrece os produtores diretos e caminha para o colapso econômico, do século IV d. C. em diante".

6. A civilização feudal e a civilização burguesa cuidam da transição histórica seguinte, ou seja, aquilo que Benevolo chama de "desenvolvimento da produção com métodos científicos". Referido desenvolvimento vai caracterizar nossa *civilização industrial*.

7. Na *civilização industrial* ocorre importante fenômeno, a saber, o *excedente produzido* (através de métodos científicos em massa e de massa) não é reservado necessariamente a uma minoria dirigente "mas *é distribuído*", reafirma Benévolo, "*para a maioria e teoricamente para toda a população, que pode crescer sem obstáculos econômicos, até atingir ou ultrapassar os limites do equilíbrio do ambiente natural*" (grifos nossos).

Nesta situação, em que o excedente produzido passa a ser distribuído para a maioria e teoricamente para toda a população, a cidade (sede das classes dominantes) ainda se contrapõe ao campo (sede das classes subalternas), mas este dualismo não mais é inevitável e pode ser superado. Desta possibilidade nasce a idéia de um novo estabelecimento, completo em si mesmo, como a cidade antiga (chamado, portanto, com o mesmo nome), mas estendido a todo território habitado: a cidade moderna.

É exatamente em decorrência da questão do *território* que necessitamos enfrentar, nos dias de hoje, o *conceito de cidade*.

Nos chamados países desenvolvidos – Estados Unidos e alguns países da Europa –, como afirmado por Benévolo, "o equilíbrio do território é salvaguardado pelos planos da autoridade pública, o desenvolvimento das cidades é controlado de maneira razoável e algumas exigências estabelecidas pela pesquisa teórica – uma casa por preço razoável, uma circulação de pedestres protegida por tráfego motorizado, um conjunto de serviço facilmente acessíveis – são garantidos praticamente à maioria dos cidadãos".

Nos outros países do mundo,[3] as cidades se desenvolvem com a mesma velocidade e mesmo mais depressa, sendo certo que este desenvolvimento "leva em quase toda parte a resultados muito diferentes: os edifícios projetados pelos arquitetos e em conformidade com os regulamentos, as cidades disciplinadas pelos planos urbanísticos e providas com os serviços públicos, as ruas, os parques, etc., dizem respeito somente a uma parte da população; outra parte não está em condições de se servir deles, e *se organiza por sua própria conta em outros estabelecimentos irregulares*" (grifos meus), muitas vezes em contato direto com os regulares mas nitidamente distintos: o terreno é ocupado sem um título jurídico, as casas são construídas com recursos próprios, os serviços faltam ou são introduzidos a seguir, com critérios totalmente diversos daqueles que valem para o resto da cidade.

Estes estabelecimentos irregulares foram chamados de "*marginais*" (grifo meu), porque eram considerados uma franja secundária da cidade pós-liberal: toda cidade do mundo tem um pequeno grupo de habitantes pobres, que vivem nos barracos da extrema periferia ou dormem debaixo das pontes. "*Mas no mundo atual, esta definição não é mais válida, porque os estabelecimentos irregulares crescem com muito maior velocidade que os estabelecimentos regulares, e abrigam agora, em muitos países, a maioria da população*" (grifos meus). Em 1962, salienta o autor "metade da população da Ásia, da África e da América Latina não tinha uma casa, ou tinha uma casa insalubre, superpovoada e indigna".

Uma parte cada vez maior desta população se transferiu dos campos para as cidades sendo certo que apenas uma pequena parte foi aceita nas cidades regulares, na medida em que a grande maioria foi engros-

3. É importante destacar que os comentários de Leonardo Benevolo, neste tópico, estão situados no título "O Terceiro Mundo e os estabelecimentos marginais", ou seja, os "outros países do mundo" a que se refere o autor são aqueles pertencentes ao Terceiro Mundo. Vide *Estatuto da Cidade Comentado...*, cit., *passim*.

sar os estabelecimentos irregulares, que crescem de fato com uma velocidade maior.

Cada nação, destaca Benevolo, "chama de modo diferente estes *bairros irregulares: ranchos* na Venezuela, *barriadas* no Peru, *favelas* no Brasil, *bidonvilles* nos países de língua francesa, *ishish* no Oriente Médio. Onde o clima permite, nem as casas nem os bairros são necessários: 600.000 pessoas dormem nas ruas de Calcutá" (grifos nossos).

Diante do que foi afirmado, conclui o autor que, em face do quadro econômico do capitalismo – que não dá remédio às situações antes aludidas, mas, antes, acelera a separação entre os conjuntos habitacionais regulares e irregulares –, "*num futuro próximo, a maioria da população mundial estará alojada nos conjuntos habitacionais irregulares*" (grifos meus).

A brilhante análise de Leonardo Benevolo guarda compatibilidade com a realidade das cidades no Brasil.

Marcado pela necessidade de acomodar quase 170.000.000 (cento e setenta milhões) de seres humanos e coexistindo realidades que apontam a existência de mais de 1.000.000 de pessoas, em algumas capitais do País,[4] o Brasil convive com a formação de uma cidade irregular ao lado da regular, obrigando a considerar, nos dias de hoje, uma realidade no campo jurídico que nasce com o regramento constitucional (Constituição Federal de 1988), visando a superar as discriminações sociais da cidade pós-liberal e a dar a todos os brasileiros e estrangeiros, que aqui residem, os benefícios de um meio ambiente artificial cientificamente concebido.

A antiga concepção jurídica "direito público x direito privado", que nos foi imposta e, durante séculos, positivou as relações normativas no Brasil, sempre procurou assegurar uma política de construção que declarava, através de mecanismos de Direito Administrativo ou de Direito Civil, abusivas as moradias e os bairros construídos espontaneamente pelos habitantes. Tratava-se de realizar "grandes conjuntos de moradias industrializadas, de tipo modelo convencional", visando a renunciar a

4. População das Capitais: São Paulo 10.406.166; Rio de Janeiro 5.850.544; Salvador 2.440.886; Belo Horizonte 2.229.697; Fortaleza 2.138.234; Brasília 2.043.169; Curitiba 1.586.898; Recife 1.421.947; Manaus 1.403.796; Porto Alegre 1.359.932; Belém 1.279.861; Goiânia 1.090.581; São Luís 867.690; Maceió 796.842; Teresina 714.318; Natal 709.422; Campo Grande 662.534; João Pessoa 594.922; Cuiabá 482.498; Aracaju 460.898; Porto Velho 334.585; Florianópolis 331.784; Vitória 291.889; Macapá 282.745; Rio Branco 252.800; Boa Vista 200.383; Palmas 136.554 (*Fonte*: Censo de 2000/IBGE).

utilizar, como lembra Benevolo, "o trabalho espontâneo dos interessados". A idéia que sempre vigorou foi a de oferecer moradias caras para a maioria da população, principalmente em países como o Brasil – onde a própria Carta Magna hoje reconhece a necessidade de se erradicar a pobreza e a marginalização, bem como reduzir as desigualdades sociais e regionais (art. 3º, III) –, em quantidade absolutamente insuficiente à necessidade da população, "mas assimiláveis às dos ricos e integráveis na cidade feita para eles": estas moradias serão ocupadas pelos empregados, pelos operários sindicalizados bem como por aqueles que dispõem de uma recomendação. Ao mesmo tempo, se aceita que as moradias e os bairros espontâneos se tornem incômodos e insalubres além do limite, porque sua existência não é reconhecida oficialmente; depois se corrigem as falhas mais evidentes, introduzindo os serviços públicos mais urgentes: o encanamento da água, as instalações elétricas, as escolas, os postos de polícia, e alguns trechos de ruas para passar carros, ambulâncias e viaturas policiais.

Estes equipamentos, informa Benevolo, "são a cópia reduzida dos bairros modernos e servem para tornar definitiva a coexistência dos dois estabelecimentos: protegem o resto da cidade dos perigos do contato com os bairros espontâneos, e confirmam o caráter dependente destes últimos". Os elementos da cidade regular – as casas modernas, as ruas para automóveis, os serviços públicos – são, ao mesmo tempo, reservados a uma minoria e impostos como modelo inalcançável a todos os outros. Portanto a divisão das duas cidades se torna um instrumento de discriminação e de domínio, indispensável à estabilidade do sistema social.

Com a edição da Constituição Federal de 1988, fundamentada em sistema econômico capitalista que necessariamente tem seus limites impostos pela dignidade da pessoa humana (art. 1º, III e IV da CF), a cidade – e suas duas realidades, a saber, os estabelecimentos regulares e os estabelecimentos irregulares – *passa a ter natureza jurídica ambiental*, ou seja, a partir de 1988, a cidade deixa de ser observada no plano jurídico a partir de regramentos adaptados tão-somente aos bens privados ou públicos, *e passa a ser disciplinada em face da estrutura jurídica do bem ambiental (art. 225 da CF), de forma mediata e de forma imediata, em decorrência das determinações constitucionais emanadas dos arts. 182 e 183 da Carta Magna (meio ambiente artificial)*. Portanto, a cidade a partir da Constituição Federal de 1988 passa a obedecer a denominada ordem urbanística, dentro de parâmetros jurídicos adaptados às necessidades do final do século XX e do início do século XXI.

É, por conseguinte, adaptado ao novo conceito jurídico constitucional do que significa a cidade – o conceito de bem ambiental –, que temos condições de analisar a tutela jurídica do denominado meio ambiente artificial.

2. *A tutela constitucional da cidade no âmbito do meio ambiente artificial*

Como já consideramos em diversas oportunidades,[5] o meio ambiente artificial é compreendido pelo espaço urbano construído, consistente no conjunto de edificações (chamado espaço urbano fechado) e pelos equipamentos denominados públicos (espaço urbano aberto). Dessa forma, todo o espaço construído, bem como todos os espaços habitáveis pela pessoa humana, compõe o meio ambiente artificial.

Todavia, o conceito de meio ambiente artificial, melhor analisado nos dias de hoje, estaria a merecer uma reflexão um pouco mais aprofundada em face do que estabelece a Constituição Federal de 1988.

Com efeito.

O art. 23, VI, da Carta da República estabelece que é competência comum da União, dos Estados, do Distrito Federal e dos Municípios proteger o meio ambiente e combater a poluição em qualquer de suas formas. Destarte validou nossa Constituição Federal a definição jurídica de meio ambiente apontada no art. 3º, inciso I, da Lei Federal n. 6.938 que, ao definir já na década de 80 uma Política Nacional do Meio Ambiente, estabeleceu ser meio ambiente "o conjunto de condições, leis, influências e interações de ordem física, química e biológica, que permite, abriga e rege a vida em todas as suas formas", ficando evidente, por força da definição jurídica antes aludida, que o meio ambiente, no plano jurídico brasileiro, está circunscrito à tutela da vida em todas as suas formas, ocupando-se, destarte, o direito ambiental brasileiro da defesa jurídica da vida no plano constitucional.

Ocorre que o direito à vida em todas as suas formas, estabelecido pelo art. 225 da Constituição Federal, deve, por força do próprio comando fixado em aludido dispositivo, ser ecologicamente[6] equilibrado, ou seja, *o direito constitucional assegurado necessariamente articula a vida relacionada com o meio, com o recinto, com o espaço em que se vive.*

5. Vide *Curso de Direito Ambiental Brasileiro*, cit., p. 204.

6. Devemos *sempre* destacar que a palavra ecologia deriva da grega *oikos*, que significa *casa* ou *lugar onde se vive*.

Daí concluirmos que o meio ambiente ecologicamente equilibrado envolve para a pessoa humana – principal destinatário do direito constitucional brasileiro –, sem dúvida alguma, um conjunto de condições morais, psicológicas, culturais e mesmo materiais que envolve uma ou mais pessoas, na clara explicação de Houaiss,[7] o que nos autoriza a concluir que a definição jurídica de meio ambiente ecologicamente equilibrado, fixada na Carta Magna, envolve necessariamente a pessoa humana com o local onde se vive e evidentemente em face de todas as circunstâncias reais adaptadas à relação antes apontada.

Viver num meio ambiente ecologicamente equilibrado envolve, por via de conseqüência, não só uma relação material, territorial de mulheres e homens para com o meio, mas *principalmente* relações as mais variadas que são fundamentais no sentido de restar assegurada a dignidade da pessoa humana (art. 1º, III da CF). Destarte, "os espaços habitáveis" pela pessoa humana – que compõem a definição doutrinária de meio ambiente artificial –, merecem ser entendidos também em face do *piso vital mínimo*[8] (art. 6º da CF) e das demais necessidades inerentes à existência da pessoa humana, em face não só de uma ordem econômica capitalista (a saber, *trabalho, consumo, locomoção* etc.), como de sua própria "essência" (a saber, aspectos relacionados à sua *intimidade*, à sua *vida privada*, à sua *religião*, ao seu *lazer*, à *morte* etc.).

A tutela constitucional da cidade no âmbito do meio ambiente artificial estabelecerá, por via de conseqüência, os dispositivos ambientais constitucionais fundamentais que delimitarão os espaços construídos e habitáveis pela pessoa humana, observada a ordem econômica do capitalismo (arts. 1º, IV e 170 da CF), mas em estrita obediência ao fundamento da dignidade da pessoa humana (art. 1º, IV da CF).

3. O Estatuto da Cidade (Lei n. 10.257/2001) como a mais importante norma regulamentadora do meio ambiente artificial

Depois de 11 anos de tramitação, o Senado aprovou o Estatuto da Cidade (Lei n. 10.257/2001), como um instrumento que passou a dis-

7. *Dicionário Houaiss da língua portuguesa*, 1ª ed., Rio de Janeiro, Objetiva, 2001.

8. Para uma visão do *piso vital mínimo*, vide nossas obras *O Direito de Antena em Face do Direito Ambiental no Brasil*, cit., *passim*; *Curso de Direito Ambiental Brasileiro*, cit., *passim*; e *Estatuto da Cidade Comentado...*, cit., *passim*.

ciplinar, no Brasil, mais que o uso puro e simples da propriedade urbana, as principais diretrizes do meio ambiente artificial, fundado no equilíbrio ambiental (parágrafo único do art. 1º do Estatuto) e em face de tratamento jurídico descrito nos arts. 182 e 183 da Constituição Federal.

O objetivo do legislador, como já tivemos oportunidade de afirmar,[9] foi o de tratar o meio ambiente artificial não só em decorrência do que estabelece constitucionalmente o art. 225 da CF, na medida em que a individualização dos aspectos do meio ambiente tem puramente função didática, mas também em decorrência do que estabelecem os arts. 182 e 183 da Constituição Federal, no sentido de direcionar aos operadores de direito facilidade maior no manejo da matéria, inclusive com a utilização dos instrumentos jurídicos trazidos fundamentalmente pelo direito ambiental constitucional brasileiro.

Assim, na chamada execução da política urbana, torna-se verdadeiro afirmar que o meio ambiente artificial passa a receber uma tutela mediata (revelada pelo art. 225 da Constituição Federal, em que encontramos uma proteção geral ao meio ambiente enquanto tutela da vida em todas as suas formas centrada na dignidade da pessoa humana) e uma tutela imediata (que passa a receber tratamento jurídico aprofundado em decorrência da regulamentação dos arts. 182 e 183), relacionando-se diretamente às cidades sendo, portanto, impossível desvincular da execução da política urbana o conceito de direito à sadia qualidade de vida, assim como o direito à satisfação dos valores da dignidade da pessoa humana e da própria vida.

Daí restou bem posicionada a concepção de que a execução da política urbana determinada pela Lei n. 10.257/2001 deverá ser orientada em decorrência dos principais objetivos do direito ambiental constitucional e especificamente pela realização dos valores estabelecidos pelo art. 1º da Constituição Federal.

As normas de ordem pública e interesse social, que passam a regular não só o uso da propriedade urbana nas cidades mas, principalmente, daquilo que a lei denominou equilíbrio ambiental, deixam de ter caráter única e exclusivamente individual, assumindo valores metaindividuais na medida em que o uso de referida propriedade urbana passa a ser regulado em decorrência do que determina o art. 1º, parágrafo único, do Estatuto da Cidade.

9. *Estatuto da Cidade Comentado...*, cit.

Destarte, a propriedade urbana assume feição ambiental, ou seja, deixa de ser considerada como simples imóvel localizado dentro de limites impostos burocraticamente pelo legislador infraconstitucional ou mesmo situado em zona determinada pelo mesmo, visando incidência de impostos na forma do que estabelecia superada doutrina no plano das Constituições pretéritas, e passa a se destinar fundamentalmente aos valores que estruturam no plano jurídico a dignidade da pessoa humana. Por via de conseqüência, a partir do Estatuto da Cidade, o uso da propriedade só pode ser entendido – aliás, como qualquer outra norma jurídica no Brasil – à luz do que estabelecem os incisos III e IV do art. 1º da CF (dignidade da pessoa humana em face da ordem jurídica do capitalismo), sendo certo que as cidades no Brasil, a partir da Constituição Federal de 1988, têm que ser consideradas, como ensinava Milton Santos,[10] dentro daquilo que o saudoso mestre chamava de "dinâmica territorial", o que implica a análise do território a partir da dinâmica social.[11]

O bem coletivo indicado no parágrafo único do art. 1º do Estatuto da Cidade reafirma a visão constitucional criada a partir de 1988 de superar a tradicional dicotomia bens públicos x bens privados atrelada a toda e qualquer relação jurídica possível em nosso sistema constitucional até a edição da Carta Magna. Com acepção clara, o uso da propriedade passa a ser estabelecido em prol do bem ambiental[12] (art. 225 da CF) com todas as conseqüências jurídicas dele derivadas.

A segurança e o bem-estar, enquanto direitos materiais constitucionais sempre apontados em normas ambientais,[13] deixam de ser observados juridicamente tão-somente em decorrência de reflexos criminais ou penais, passando a ter sua verdadeira importância, que é a de garantir a incolumidade físico-psíquica dos cidadãos no que diz respeito às suas

10. *O Brasil: território e sociedade no início do século XXI*, Ed. Record, *passim*.

11. Explicava Milton Santos que: "Num território, quando ele é analisado a partir da dinâmica social, ele é perceptível pelas coisas que são fixas e pelas que se movimentam. As coisas que se movimentam é que dão valor às que são fixas. Para entender a vida no território ou a vida nacional, é preciso jogar com os dois. Essa geografia do movimento é indispensável se eu pretendo produzir um retrato dinâmico. E aí se inclui o dinheiro: um dos grandes elementos da vida nacional é a mobilidade do dinheiro, nas suas diversas formas".

12. Para a definição de bem ambiental, vide nosso *O Direito de Antena em face do Direito Ambiental no Brasil*, ob. cit., pp. 81-120.

13. Vide a Lei n. 6.938/1981 – Política Nacional do Meio Ambiente –, que já reconhecia a segurança e o bem-estar como direitos materiais ambientais fundamentais que podem ser lesados ou ameaçados por poluição (art. 3º, III, "a").

principais atividades na ordem jurídica do capitalismo, ou seja, a segurança e o bem-estar passam a orientar o uso da propriedade no que toca aos direitos fundamentais adaptados à dignidade da pessoa humana, sem desconsiderar as necessidades que decorrem dos sistemas econômicos capitalistas.

O equilíbrio ambiental define efetivamente a diferença entre o direito pretérito (antes da Constituição Federal de 1988) e o direito atual em nosso País. O uso da propriedade está condicionado ao meio ambiente cultural, ao meio ambiente do trabalho e ao meio ambiente natural da mesma maneira que está, diretamente por força do Estatuto da Cidade, ao meio ambiente artificial, fundamento da Lei n. 10.257/2001.

Sendo a mais importante norma regulamentadora do meio ambiente artificial, o *Estatuto da Cidade*, ao ter como objetivo ordenar o pleno desenvolvimento das funções sociais da cidade e da propriedade urbana, mediante algumas diretrizes gerais, *criou a garantia do direito a cidades sustentáveis.*

Esta garantia, inédita no direito positivo brasileiro, é que deverá assegurar, enquanto importantíssima diretriz da política urbana no Brasil, os direitos básicos de brasileiros e estrangeiros residentes no País no que se refere à relação pessoa humana/lugar onde se vive.

4. *A garantia do direito a cidades sustentáveis como diretriz geral vinculada aos objetivos da política urbana*

Conforme já indicado, o Estatuto da Cidade, enquanto lei que estabelece o equilíbrio ambiental no âmbito das cidades, criou a garantia do direito a cidades sustentáveis como uma das diretrizes gerais estabelecida no art. 2º, I, da Lei n. 10.257/2001.

Referido direito a cidades sustentáveis tem sua natureza jurídica claramente estabelecida não só no plano constitucional (arts. 182, 183 e 225 da CF), mas particularmente em decorrência do que determina o art. 53 da Lei n. 10.257/2001 que, ao acrescentar um novo inciso ao art. 1º da Lei n. 7.347/1985, outorga caráter de direito metaindividual (difuso/coletivo) à denominada ordem urbanística.

Destarte, os direitos enumerados no art. 2º, I, do Estatuto da Cidade, garantidos também pela Lei n. 10.257/2001, têm caráter metaindividual, sendo tutelados não só pelo próprio Estatuto da Cidade como particularmente pelas Leis ns. 7.347/1985 e 8.078/1990.

A garantia do direito a cidades sustentáveis, a saber, o direito à terra urbana, à moradia, ao saneamento ambiental, à infra-estrutura urbana, ao transporte e aos serviços públicos, ao trabalho e ao lazer, significa por via de conseqüência importante diretriz destinada a orientar a política de desenvolvimento urbano em proveito da dignidade da pessoa humana e seus destinatários – os brasileiros e os estrangeiros residentes no País –, a ser executada pelo Poder Público municipal, dentro da denominada tutela dos direitos materiais metaindividuais.

Daí a necessidade de estabelecermos o conteúdo de cada um dos direitos que estruturam a garantia do direito a cidades sustentáveis no sentido de adotar posição clara em face de sua defesa em decorrência de eventual lesão ou mesmo ameaça a esses importantes componentes do meio ambiente artificial.

Senão vejamos.

4.1 Direito à terra urbana

O direito à terra urbana indicado no art. 2º, I, do Estatuto da Cidade assegura a brasileiros e estrangeiros residentes no País *o uso de determinada porção territorial no âmbito das cidades (dentro de sua natureza jurídica de bem ambiental) para que possam realizar as atividades fundamentais vinculadas às suas necessidades de existência digna dentro da ordem econômica do capitalismo.*

A terra urbana,[14] no plano das cidades sustentáveis, não deixa de ser um dos fatores de produção, ao lado do capital e do trabalho – arts. 1º, IV e 170

14. Explica Eugene P. Odum "que o planejamento de utilização da terra para áreas urbanas é presentemente uma necessidade crítica; é a qualidade deteriorada do ambiente urbano e suburbano, muito mais do que os campos de algodão em processo de erosão, que ameaçam o sistema social e econômico tomado no seu conjunto. Preparar e executar bons planos de uso do solo é infinitamente mais difícil nas áreas urbanas do que nas áreas cultivadas ou nas bacias hidrográficas rurais, por motivo dos problemas humanos sociais envolvidos e, especialmente, dada a imensa diferença em matéria de valor econômico que agora se atribui a utilizações distintas. As áreas de cultivo são geralmente avaliadas e compradas ou vendidas como um todo (com todos os tipos de solos considerados como partes integrantes e valiosas) em contraste com a *terra urbana*, onde a propriedade comercial é avaliada por um valor muitas vezes superior ao da terra do espaço livre, mesmo que a prazo ambas sejam igualmente importantes na manutenção de uma cidade de qualidade. Assim sendo, o planejamento bem sucedido *do uso da terra urbana* (uma coisa que até agora não foi conseguida em parte alguma) requererá bases legais, econômicas e políticas mais for-

da Constituição Federal –, mas inserida no denominado processo social de urbanização que se evidencia no Brasil, principalmente no século XX e início do século XXI, no qual a mudança populacional do campo para as cidades – migração – informa de maneira clara a necessidade de distribuir a população em determinado espaço territorial. Por via de conseqüência, o relevante em nosso País não está mais associado única e exclusivamente ao número de habitantes existentes – aproximadamente 170.000.000 de pessoas humanas –, *mas à forma como eles estão distribuídos num determinado território*, aspecto de enorme importância quando se constata os impactos ambientais que a presença da pessoa humana pode provocar não só no meio ambiente natural, mas no meio ambiente globalmente considerado (meio ambiente artificial, meio ambiente do trabalho etc.).

O direito à terra urbana se caracteriza como fundamental à pessoa humana na medida em que é a partir do território que todos os demais direitos fundamentais assegurados pela Constituição Federal poderão ser realizados/exercidos concretamente em proveito de brasileiros e estrangeiros residentes no País.

4.2 Direito à moradia

O direito à moradia apontado no art. 2º, I, do Estatuto da Cidade assegura a brasileiros e estrangeiros residentes no País *o uso de determinada porção territorial no âmbito das cidades (dentro de sua natureza jurídica de bem ambiental), denominado direito à casa (art. 5º, XI, da CF), para que possam ter um local destinado a assegurar seu asilo inviolável com a finalidade de garantir fundamentalmente seu direito à intimidade (art. 5º, X), seu direito à vida privada (art. 5º, X), assim como a organização de sua família (arts. 226 a 230).*

O direito à moradia, no plano das cidades sustentáveis, deve ser compreendido, portanto, como um direito a um espaço de conforto e intimidade destinado a brasileiros e estrangeiros residentes no País, adaptado a ser verdadeiro reduto de sua família. Assegurado no plano do *piso vital mínimo*, por força do que estabeleceu a Emenda Constitucional n. 26, de 14.2.2000, o direito à moradia tem previsão constitucionalmente estabelecida (art. 6º), traduzindo de forma didática a determinação cons-

tes do que as necessárias para levar por diante as reformas relativas à concentração do solo" (grifos nossos). Vide *Fundamentos de Ecologia*, 4ª ed., Fundação Calouste Gulbenkian, 1988, *passim*.

titucional prevista no art. 225 de assegurar a todos um direito a um meio ambiente ecologicamente equilibrado, ou seja, um direito à vida da pessoa humana relacionada com o local onde se vive.

O direito à moradia, por estar associado ao direito à casa e por ser a casa, como já afirmamos, o reduto da família, refletirá, como explica de forma clara Veríssimo e Bittar,[15] "numa maneira mais abrangente, a sociedade da qual essa mesma família faz parte, ao mesmo tempo em que é sua geradora. Assim comentar a evolução do espaço de morar é percorrer os corredores das transformações da família brasileira ao longo desses cinco séculos e, de uma forma particular, entrever que a mudança do papel da mulher na sociedade torna-se, de uma forma muito freqüente, a alavanca dessas transformações". Daí ser importante considerar que o direito à moradia no plano da legislação brasileira deve necessariamente estar adaptado aos objetivos fundamentais da República Federativa do Brasil, estabelecidos no art. 3º da CF em face das necessidades da família (observadas com fundamento constitucional fixado no art. 1º, III), mas dentro dos parâmetros de possibilidade econômica de cada Poder Público municipal enquanto executor da política de desenvolvimento urbano.

4.3 Direito ao saneamento ambiental

O direito ao saneamento ambiental estabelecido no art. 2º, I, do Estatuto da Cidade assegura a brasileiros e estrangeiros residentes no País não só a *preservação de sua incolumidade físico-psíquica(saúde) vinculada ao local onde vivem*, local este em que o Poder Público municipal tem o dever de assegurar condições urbanas adequadas de saúde pública, inclusive vinculadas ao controle de águas, esgotos etc., como *a preservação dos demais valores vinculados à tutela dos bens ambientais adstritas a determinado meio em que referidas pessoas humanas se relacionam*, obrigação também imposta ao Poder Público municipal no sentido de fazer cessar toda e qualquer poluição em face dos demais bens ambientais garantidos constitucionalmente (meio ambiente cultural, natural etc.).

Verifica-se que a tutela do saneamento ambiental pressupõe o dever do Poder Público municipal de assegurar as condições necessárias no sentido de restar garantida a saúde de mulheres e homens nas cidades

15. *500 anos da Casa no Brasil – As Transformações da Arquitetura e da Utilização do Espaço de Moradia*, 2ª ed., Ediouro, 1999.

como componente do *piso vital mínimo* fixado no art. 6º da Constituição Federal, muito mais que pura e simplesmente organizar a denominada higiene pública (conceito hoje superado, em certa medida), para que a pessoa humana possa ter efetivado no plano jurídico seu bem-estar (bem-estar como um estado de perfeita satisfação física e mental) como valor assegurado constitucionalmente inclusive de forma imediata no âmbito do meio ambiente artificial (art. 182 da CF).

No plano do saneamento ambiental, alguns direitos materiais fundamentais vinculados à pessoa humana estruturam os valores de bem-estar e salubridade perseguidos pelo Estatuto da Cidade no que se refere às diretrizes que orientam seus objetivos:

1) *direito ao uso de águas* (tanto as águas potáveis destinadas ao consumo da pessoa humana – o que deverá ser garantido em face de distribuição realizada por um fornecedor público, observada a possibilidade alternativa de atuação de fornecedor privado, conforme autoriza a legislação em vigor –, como aquelas destinadas à higiene);

2) *direito a esgoto sanitário*, a saber, sistema destinado a receber detritos/dejeções oriundas da pessoa humana;

3) *direito ao ar atmosférico e sua circulação*, como bem ambiental essencial à sadia qualidade de vida;

4) *direito ao descarte de resíduos*, enquanto materiais resultantes da própria existência da pessoa humana e suas necessidades articuladas dentro da ordem econômica do capitalismo, cuja coleta se evidencia como dever do Poder Público municipal.

A efetividade dos direitos antes aludidos é que deverá assegurar o direito ao saneamento ambiental dentro da tutela da saúde da pessoa humana adaptada ao local onde se vive.

4.4 Direito à infra-estrutura urbana

O direito à infra-estrutura urbana, também fixado no art. 2º, I, do Estatuto da Cidade, *assegura a brasileiros e estrangeiros residentes no País a efetiva realização por parte do Poder Público municipal de obras ou mesmo atividades destinadas a tornar efetivo o pleno desenvolvimento das funções sociais da cidade*, fixando, agora de maneira clara através da Lei n. 10.257/2001, o direito de brasileiros e estrangeiros residentes no país ao espaço urbano construído consistente tanto no chamado espaço urbano aberto como no espaço urbano fechado.

Compõe-se a infra-estrutura de equipamentos destinados a fazer com que as cidades "funcionem" dentro do que estabelece o comando constitucional e o Estatuto da Cidade. Assim, é por força do direito à infra-estrutura que o Poder Público municipal passa a ter o dever de implementar as verbas públicas disponíveis e fixadas em orçamento próprio, necessárias a prover a cidade de artefatos, instalações e demais apetrechos destinados a assegurar o pleno desenvolvimento das funções sociais da cidade em grande parte estabelecidas no art. 2º, I, da Lei n. 10.257/2001.

O direito à infra-estrutura, como direito material metaindividual, organizado a partir da tutela jurídica do meio ambiente artificial, revela a necessidade de uma "gerência" da cidade por parte do Poder Público municipal, vinculado a planejamentos previamente discutidos não só com o Poder Legislativo, mas com a população, com a utilização dos instrumentos que garantam a gestão democrática das cidades, explicados nos arts. 43 a 45 do Estatuto da Cidade, exatamente no sentido de integrar juridicamente as cidades ao Estado Democrático de Direito.

4.5 Direito ao transporte

O direito ao transporte garantido no art. 2º, I, do Estatuto da Cidade propicia a brasileiros e estrangeiros residentes no País *os meios necessários destinados à sua livre locomoção*, em face da necessidade de utilização das vias nas cidades adaptadas não só à circulação da pessoa humana, como de operações de carga ou descarga, fundamentais para as relações econômicas/de consumo, bem como para as necessidades fundamentais vinculadas à dignidade da pessoa humana.

Referidos meios estabelecem o dever do Poder Público municipal de assegurar veículos destinados a transportar fundamentalmente as pessoas nas cidades assim como o de propiciar condições adequadas para a utilização das vias dentro de critérios orientados para um trânsito em condições seguras, cumprindo determinação que lhe é atribuída em face da competência constitucional regrada pelo art. 30, V da Carta Magna (organização e prestação de serviço público de transporte).

O direito ao transporte harmoniza o Estatuto da Cidade com o Código de Trânsito Brasileiro (Lei n. 9.503/1997), posicionando tanto referido direito como o trânsito enquanto direito metaindividual de nítida característica estabelecida na Lei n. 8.078/1990.

4.6 Direito aos serviços públicos

O direito aos serviços públicos estabelecido na Lei n. 10.257/2001 assegura a brasileiros e estrangeiros residentes no país *sua condição de consumidor em face do Poder Público municipal* que, na condição de fornecedor de serviços no âmbito das cidades (rede de esgotos, abastecimento de água, energia elétrica, coleta de águas pluviais, rede telefônica, gás canalizado etc.), está obrigado a garantir serviços adequados, eficientes, seguros e, quanto aos essenciais, contínuos.

O direito aos serviços públicos revela a essência das cidades como um produto das relações econômicas, relações fundamentais para a realização do trinômio *vida-trabalho-consumo*, sendo certo que para a maioria esmagadora da população brasileira os serviços mais importantes são realizados pelo Estado fornecedor.

O direito aos serviços públicos harmoniza o Estatuto da Cidade com o Código de Defesa do Consumidor (Lei n. 8.078/1990), reafirmando aludido direito à luz dos conceitos que hoje orientam o Estado (e, no caso do Estatuto da Cidade, do Poder Público municipal), como responsável na cadeia de consumo particularmente em face de sua atuação, por si ou suas empresas, concessionárias, permissionárias ou sob qualquer outra forma de empreendimento na condição inequívoca de fornecedor. É nesses termos que temos condições de compreender a competência do Município para organizar e prestar os serviços públicos de interesse local estabelecida no art. 30 da Constituição Federal.

4.7 Direito ao trabalho

O direito ao trabalho observado no art. 2º, I, do Estatuto da Cidade, *entendido como toda e qualquer atividade humana vinculada à transformação dos recursos ambientais (basicamente meio ambiente natural) visando satisfazer determinadas necessidades da pessoa humana*, passa a estar integrado à ordem econômica do capitalismo no âmbito da lei dentro da garantia do direito a cidades sustentáveis e, portanto, enquanto diretriz geral a ser observada no plano da política urbana em nosso País.

Componente do *piso vital mínimo* garantido no art. 6º da Constituição Federal, o direito ao trabalho estabelece as condições econômicas elementares para que a cidade possa "viver", ou seja, através do direito antes referido, é que a ordem econômica assegura a todos existência digna.

Importante considerar que a lei determina a necessária participação do Poder Público municipal na relação trabalho humano/livre iniciativa dentro do planejamento das atividades econômicas do Município, o que significa considerar que, a partir do Estatuto da Cidade, o direito ao trabalho de mulheres e homens no âmbito das cidades reitera o dever do Poder Público municipal no que se refere à efetividade do direito antes aludido.

4.8 Direito ao lazer

O direito ao lazer, também estabelecido pelo art. 2º, I, da Lei n. 10.257/2001, *garante a brasileiros e estrangeiros residentes no País o exercício de atividades prazerosas no âmbito das cidades*. Claro está que a dignidade da pessoa humana, estabelecida como fundamento do Estado Democrático de Direito, não pode prescindir do lazer como valor fundamental de mulheres e homens, sendo certo que o próprio art. 6º da Constituição Federal estabelece o direito ao lazer como valor explícito do *piso vital mínimo*.

As atividades prazerosas nas cidades estão ligadas ao meio ambiente cultural (arts. 215 e 216 da CF), restando evidente que os modos de criar, os modos de fazer e principalmente os modos de viver dos brasileiros nas diferentes cidades no Brasil – e diante das desigualdades sociais e regionais existentes no País – revelarão suas necessidades em face do tempo que podem livremente dispor, uma vez cumpridos os afazeres habituais.

Daí dois aspectos importantes, no plano jurídico, merecem ser mencionados em face de aludido direito que compõe o direito a cidades sustentáveis: 1) o direito ao lazer implica um dever do Poder Público municipal (que ao mesmo tempo terá a possibilidade de exercitar seu controle social[16]) de assegurar os meios necessários para que determinada população de determinada cidade possa tornar efetiva as atividades necessárias ao seu entretenimento (salas de cinema, teatro, praças, áreas arborizadas etc.);[17] e 2) o direito ao lazer implica em componente fundamental

16. A expressão latina *panem et circenses* traduz de forma eficiente a manipulação do lazer em proveito daqueles que têm o "dever" de assegurar as atividades prazerosas de mulheres e homens nas cidades em nosso País.

17. Explicam Veríssimo, Bittar e Alvarez que: "Bordéis, carnaval, praia, futebol, brincadeiras infantis, certamente são alguns dos mais significativos símbolos do

destinado a assegurar a incolumidade físico-psíquica – saúde – da pessoa humana, integrando a estrutura da dignidade da pessoa humana.

5. *O IPTU progressivo no tempo como instrumento de política urbana no âmbito do direito ambiental tributário*

O art. 7º do Estatuto da Cidade estabelece de forma clara um verdadeiro *tributo ambiental*, ou seja, obrigação jurídica pecuniária decorrente da Lei n. 10.257/2001 com amparo na Constituição Federal em decorrência do que determina o art. 182, § 4º, inciso II. Como ensina de forma inquestionável Renata Marques Ferreira "a baliza imposta pelo texto maior no que se refere ao IPTU se encontra no art. 182. A progressividade do IPTU só pode ser aplicada com uma finalidade, qual seja, a de assegurar o cumprimento da função social da propriedade".[18]

O tributo, na hipótese ora comentada, tem como característica ser juridicamente instrumento vinculado aos denominados institutos tributários e financeiros do Estatuto da Cidade (art. 4º, IV, letra "a", da Lei n. 10.257/2001), obedecendo a critério nele definido, a saber, instrumento da política urbana adaptada às necessidades de tutela do meio ambiente artificial.

Destarte, fica evidente que o tributo indicado no art. 7º do Estatuto da Cidade deixa de ser considerado única e exclusivamente instrumento jurídico de abastecimento dos denominados "cofres públicos", passando a assumir caráter bem mais relevante no sentido de estabelecer regra de conduta ao estado fornecedor para que o mesmo, atuando em sintonia com as diretrizes maiores da Carta Magna, se utilize dos princípios

lazer público, nem sempre entre paredes, mas inexistentes sem suas relações subjacentes e impossíveis de compreender sem o envolvimento direto que ajude a desvendar seus véus". Vide *Vida Urbana – A evolução do cotidiano da cidade brasileira*, Ediouro, 2001, *passim*.

18. Em trabalho inédito defendido na Pontifícia Universidade Católica de São Paulo, no ano de 2003, aprovado com nota máxima, a professora paulista observou que o STF firmou entendimento a partir do julgamento do RE 153.771, Pleno 20.11.1996, Min. Moreira Alves, de que a única hipótese na qual a Constituição admite a progressividade das alíquotas do IPTU é a do art. 182, parágrafo 4º, II destinada a assegurar o cumprimento da função social da propriedade urbana (STF, AgRg no AI 222.172-SP, rel. Min. Sepúlveda Pertence, j. 10.11.1998, *DJU* 5.2.1999, p. 18, *Ementário STF* 1.937-09, p. 1.681). Vide *Ação coletiva vinculada à defesa dos proprietários/contribuintes em face do IPTU: a tutela jurisdicional dos direitos individuais homogêneos em matéria tributária*, de Renata Marques Ferreira, Dissertação de Mestrado, PUC-SP, 2003.

gerais do sistema tributário nacional de acordo com os fundamentos do Estado Democrático de Direito (art. 1º da CF).

Por via de conseqüência, o tributo criado tem como finalidade, por amor ao raciocínio já aludido, ser destinado à viabilização real das funções sociais da cidade em consonância com as necessidades vitais que asseguram a dignidade da pessoa humana (o que será delimitado de acordo com as diretrizes manifestadas pelo Estatuto no seu art. 2º) e não, pura e simplesmente, ao Estado. Descumpridas as condições bem como prazos previstos, na forma do *caput* do art. 5º do Estatuto, ou mesmo não cumpridas as etapas previstas no § 5º do art. 5º da Lei n. 10.257/2001, o Município procederá à aplicação do tributo ambiental, a saber, à aplicação do imposto sobre a propriedade predial e territorial urbana (IPTU) progressivo no tempo, mediante a majoração da alíquota pelo prazo de cinco anos consecutivos.

Como ensina de forma clara e precisa Elizabeth Nazar Carrazza,[19] a "progressividade no tempo do IPTU é um mecanismo que a Constituição colocou à disposição dos Municípios, para que imponham aos munícipes a observância de regras urbanísticas, contidas nas leis locais. Tem caráter nitidamente sancionatório". Deixa claro a jurista paulista que "o caráter sancionatório da progressividade no tempo, ora em exame, não decorre da incidência do IPTU sobre um ato ilícito. O IPTU, mesmo nesse caso, incide sobre o fato ilícito de uma pessoa ser proprietária de um imóvel urbano. A sanção advém, sim, do mau uso (de acordo com a lei local) que esta pessoa faz de sua propriedade urbana". Para efeito da aplicação das diretrizes gerais do Estatuto da Cidade, devemos entender "mau uso" que a pessoa faz de sua propriedade em face do estabelecido no art. 5º do Estatuto da Cidade. Portanto, com fundamento em raciocínio análogo apontado pela autora citada, se o proprietário, atendendo aos ditames da Lei n. 10.257/2001, adequar seu imóvel, nada mais sofrerá à guisa de sanção.

Saliente-se que o valor da alíquota a ser aplicado a cada ano será fixado na lei específica a que se refere o *caput* do art. 5º do Estatuto da Cidade, portanto, lei municipal específica para área incluída no plano diretor observando-se o limite imposto pelo § 1º, o lapso temporal determinado no § 2º e a vedação constante do § 3º.

Por "não restar qualquer dúvida" quanto ao fato do Imposto Predial possuir natureza jurídica de tributo ambiental é que Renata Marques Fer-

19. *IPTU e Progressividade – Igualdade e Capacidade Contributiva*, 1ª ed., 3ª tir., São Paulo, Juruá, 2000, *passim*.

reira aponta também a existência da Zona Especial de Preservação Cultural com isenção de IPTU como instrumento destacado do direito ambiental tributário.[20]

Daí a relevância de referido instrumento para as cidades no Estado Democrático de Direito.

6. Considerações finais

A garantia do direito a cidades sustentáveis como diretriz geral vinculada aos objetivos da política urbana estabelece, pela primeira vez em nosso Brasil, um patamar de direitos metaindividuais destinados a brasileiros e estrangeiros residentes no País dentro de uma perspectiva de tutela do meio ambiente artificial que, sem dúvida alguma, procura realizar os objetivos do Estado Democrático de Direito.

Claro está que será através dos instrumentos da política urbana criados no Estatuto da Cidade – e, sem dúvida alguma, com a utilização do IPTU progressivo no tempo –, que o direito à terra urbana, à moradia, ao saneamento ambiental, à infra-estrutura urbana, ao transporte, aos serviços públicos, ao trabalho e ao lazer poderão ser de fato estabelecidos, o que nos leva a compreender a extraordinária importância do direito ambiental tributário como importante mecanismo destinado a viabilizar recursos financeiros para que cada cidade possa organizar seu desenvolvimento sustentado em face não só de suas necessidades mas particularmente de suas possibilidades.

Criado em decorrência do estabelecimento do Direito Constitucional Ambiental (Constituição Federal de 1988), a garantia do direito a cidades sustentáveis em nada se vincula com superados conceitos de Direito Administrativo ou mesmo "urbanísticos", fixados doutrinariamente nos séculos XIX e XX, que teimam em compreender as cidades como "abstrações" única e exclusivamente formais, adaptadas ao "princípio da legalidade".

Harmonizando-se com os fundamentos do Estado Democrático de Direito, como já aludido, a diretriz geral da garantia do direito a cidades sustentáveis propiciará, a todos os brasileiros e estrangeiros que aqui residem, uma tutela mais adequada ao equilíbrio ambiental, finalidade maior pretendida por nosso legislador, visando alcançar a plenitude de um País verdadeiramente preocupado com a dignidade da pessoa humana.

20. Vide *Ação Coletiva...*, cit., passim.

EL IMPUESTO SOBRE DEPÓSITO DE RESIDUOS: FUNDAMENTO, RÉGIMEN JURÍDICO Y ALTERNATIVAS

FERNANDO SERRANO ANTÓN

1. Fundamento. 2. Experiencias en el Derecho comparado y en el ámbito de la UE. 3. La competencia normativa de la Comunidad Autónoma madrileña. 4. El marco normativo de la imposición ambiental y del Impuesto sobre Depósito de Residuos. 5. El régimen jurídico del Impuesto sobre Depósito de Residuos. 6. Efectos económicos de los Impuestos sobre depósitos de residuos en algunos países de la Unión Europea. 7. Efectos que ha producido la introducción del Impuesto sobre Depósito de Residuos. 8. Otras alternativas de instrumentos fiscales sobre los residuos. En especial, las tasas.

1. Fundamento

La Constitución Española dispone que los poderes públicos velarán por la utilización racional de todos los recursos naturales, con el fin de mejorar la calidad de vida y defender el medio ambiente, apoyándose en la indispensable solidaridad colectiva.

No es tampoco nuevo señalar la atención prioritaria que desde los gobiernos regionales se ha realizado para la defensa y conservación del entorno natural. Este reto cobra especial importancia en un territorio como el de la Comunidad de Madrid, pequeña en extensión, pero donde converge una alta densidad de población con una elevada renta *per cápita*, todo lo cual es consecuencia, de la activa economía madrileña, que la convierte en un centro de servicios y de producción industrial a nivel internacional.

Lo anterior, sin embargo, también presenta su contrapartida en términos de coste para el entorno, como resultado de una fuerte demanda de recursos: aire, agua, energía, suelo... y un alto volumen de producción de residuos de todo tipo, que provoca un notable impacto ambiental del que se debe tomar conciencia. Es por ello por lo que se fija como uno de los objetivos primordiales, el aprovechamiento racional de los espacios naturales. Es decir, una importante actividad económica da lugar a una gran demanda de recursos de todo tipo, que dan lugar a la correspondiente cantidad de residuos por lo que se precisa un sistema de gestión de residuos que suponga la menor utilización de suelo, y además de forma controlada a través de los vertederos, tanto de titularidad pública como privada.

Anualmente se generan en la Comunidad de Madrid más de dos millones ochocientas mil toneladas de residuos urbanos, aproximadamente cinco millones y medio de residuos de construcción y demolición y se tratan cerca de trescientas mil toneladas de residuos peligrosos.

Dados estos datos es preciso incentivar aquellos métodos de tratamiento de residuos que los hagan menos dañinos para el medio ambiente, insistiendo en la reutilización, reciclado y valorización de los mismos frente a otras alternativas de mayor efecto contaminante, como el depósito en tierra.

Desde esta óptica, el establecimiento de un Impuesto sobre el Depósito de Residuos pretende disuadir el comportamiento de quienes producen residuos y los depositan en tierra, hacia otras conductas más beneficiosas promoviendo la alternativa de su reciclado y valorización. Por tanto, dicho impuesto persigue un cambio en la actuación de los productores y gestores de residuos, ya que internalizarán el coste provocado por el depósito en tierra de vertidos, cuando hasta ahora era soportado por todos los ciudadanos sin distinción. Esta aptitud del impuesto para incorporar a la función de producción del empresario los costes sociales derivados de sus conductas, hace que a partir de la introducción del tributo al productor de residuos le resulte más económico reciclar y valorizar que verter, con lo que se reducirá el depósito en tierra y se liberará suelo para otros fines.

A través del Impuesto que ahora se propone, se introduce en el marco fiscal de la Comunidad de Madrid, el principio *quien contamina paga*, como criterio clásico para desincentivar desde el ámbito fiscal las conductas perjudiciales para el entorno, fomentando al mismo tiempo otras más acordes para la racional utilización de los recursos.

Más allá de la visión a corto plazo. este nuevo impuesto no debe enfocarse como una mayor carga sobre las empresas afectadas, sino que, enmarcándolo en una política más amplia de protección medioambiental, ha de concebirse como un factor de competitividad de la economía madrileña y de su tejido industrial.

Las más modernas tendencias de estrategia empresarial apuestan claramente por incluir la protección del medio como parte del concepto de *calidad total*, integrándolo como una variable más en la función de toma de decisiones de la empresa. El sector empresarial percibe ya la protección del medio ambiente – objetivo último del nuevo Impuesto sobre Depósito de Residuos – como un reto, una fuente de oportunidades y de negocio, y un factor de desarrollo y modernización empresarial que no tiene por qué ir en detrimento del crecimiento ni del empleo sino, al contrario, constituir una fuente de beneficio colectivo que revertirá positivamente en los resultados empresariales. De hecho, empieza a primar la idea de que *quien no contamina, gana*; y esto no solo en cuanto evitan la carga directa del impuesto, sino porque la política de respeto al medio ambiente redunda en beneficio de toda la comunidad y también, por tanto, de las empresas que la practican.

2. *Experiencias en el Derecho comparado y en el ámbito de la UE*

En cuanto al marco normativo comunitario, el Impuesto sobre depósito de residuos tiene sus raíces en las medidas auspiciadas desde las Instituciones Europeas, entre las que destaca el recurso a los instrumentos fiscales por parte de los Estados miembros para reforzar la política medioambiental mediante el gravamen de las actividades contaminantes.

Así se desprende de distintos instrumentos de la Unión Europea como la "Directiva Marco" en materia de residuos (Directiva 91/156/CE), donde se ha establecido que los Estados Miembros vienen obligados a fomentar el desarrollo de tecnologías limpias, la valorización de residuos mediante la reutilización y el reciclado, así como la utilización de los residuos como fuente de energía; en el VI Programa de Acción de la Unión Europea en materia ambiental se señala, en el artículo 2.2, entre las metas fundamentales "una mayor eficiencia en los recursos y una gestión de los mismos para asegurar modelos de producción y consumo más sostenibles, disociando de este modo el uso de los recursos y la generación de residuos y la tasa de crecimiento económico, y para garantizar que el consumo de los recursos tanto renovables, como no renovables no exceda de la capacidad de absorción del medio ambiente". Debe señalarse asimismo la Resolución del Consejo de la Unión, de 24 de febrero de 1997, sobre estrategia comunitaria en la gestión de residuos.

En el contexto internacional, el Impuesto se encuentra en la línea seguida por los países de nuestro ámbito económico, social y geográfico. En efecto, de acuerdo con las indicaciones de la normativa comunitaria, los países fiscal y socialmente más avanzados de la Unión han optado decididamente por la creación de tributos sobre residuos, tendencia a la que con este impuesto se incorpora la Comunidad de Madrid. En particular, tributos similares al Impuesto sobre Depósito de Residuos están vigentes en Austria, el Reino Unido, Holanda, Dinamarca, Suecia y Finlandia y algunos *Länder* alemanes (Hessen) y regiones belgas, además de otros países no pertenecientes a la Unión, como es el caso de Suiza, Noruega o Estados Unidos de Norteamérica. En todos estos países se conjuga la necesidad de la prevención, con la valorización del residuo una vez producido.

Por poner algunos ejemplos de la efectividad del Impuesto sobre vertidos de residuos sólidos se puede hablar del caso danés, en el que la reducción de la cantidad de residuos ha sido del 64% entre 1987 y 1993, sobre todo en los residuos de construcción. De forma paralela, el material de construcción reciclado se duplicó entre 1991 y 1995. Lo mismo ha ocurrido en Gran Bretaña donde a raíz de la introducción del impuesto sobre depósito de residuos, el 64% de las sociedades reciclaba, reutilizaba o minimizaba la generación de residuos, cuando antes de su entrada en vigor solo lo hacía un 29%.

En conclusión, los análisis realizados en los países que han venido aplicando estos impuestos acreditan su utilidad y eficacia en la reducción de la cantidad de vertidos y en el incremento de las actividades de reutilización, reciclado y valorización.

3. *La competencia normativa de la Comunidad Autónoma madrileña*

En el marco jurídico interno, el Impuesto sobre Depósito de Residuos constituye la más genuina expresión de la autonomía financiera de la Comunidad de Madrid reconocida en los artículos 133.2 y 156 de la Constitución Española y en la Ley Orgánica de Financiación de las Comunidades Autónomas (LOFCA). Con este nuevo tributo se eleva el grado de autonomía fiscal de la Comunidad de Madrid, pues la creación y aplicación del Impuesto sobre Depósito de Residuos corresponde exclusivamente a las Instituciones madrileñas y responde a ese carácter multidisciplinar, polifacético y complejo en que consiste el medio ambiente, sobre el que inciden múltiples competencias.

Además, en el diseño del mismo se han tenido en cuenta los requisitos legales para su implantación en el sentido de que, en primer lugar, la Comunidad tiene competencia material sobre el objeto gravado; y, en segundo término, se han tenido en cuenta las reglas de delimitación de poder tributario estatal, autonómico y local, tal y como ha sido interpretado por el Tribunal Constitucional en sus Sentencias 102/1995 y 306/2000.

El nuevo impuesto se configura como un tributo propio de la Comunidad de Madrid en cuyo establecimiento parece respetar el bloque constitucional de aplicación, encabezado por el artículo 31 de la Constitución, y, en particular, el ejercicio de la potestad tributaria que la Constitución reconoce a las Comunidades Autónomas.

De conformidad con lo dispuesto en el artículo 156 de la Constitución, las Comunidades Autónomas gozan de autonomía financiera para el desarrollo y ejecución de sus competencias con arreglo a los principios de coordinación con la Hacienda estatal y de solidaridad entre todos los españoles.

A su vez, el artículo 157 de nuestra Carta Magna reconoce a los impuestos propios de las Comunidades Autónomas como un instrumento financiero constitutivo de los recursos de las mismas, remitiéndose a una Ley Orgánica para regular el ejercicio de las competencias financieras entre las que, como se ha indicado, está la de establecer sus propios impuestos.

El Estatuto de Autonomía de la Comunidad de Madrid acoge, en su artículo 51, la previsión constitucional de autonomía financiera contenida en el artículo 156 de la Constitución y, en su artículo 53, contempla, entre los recursos con que se constituye la Hacienda de la Comunidad, los rendimientos de sus propios tributos.

Asimismo, y desde la perspectiva competencial en relación con el sector material en el que incide el impuesto, ha de señalarse que el artículo 27.7 del mismo Estatuto de Autonomía atribuye a la Comunidad de Madrid, en el marco de la legislación básica del Estado y, en su caso, en los términos que la misma establezca, el desarrollo legislativo, la potestad reglamentaria y la ejecución en relación con la protección del medio ambiente, pudiendo establecer normas adicionales de protección. La aplicación e interpretación conjunta de los artículos 148.1.9 y 149.1.23

CE nos permite señalar que corresponde al Estado la competencia exclusiva respecto a la legislación básica sobre la protección del medio ambiente, y a las Comunidades Autónomas, la gestión en materia de protección del medio ambiente.

Por otra parte, el ejercicio de la potestad tributaria que se desenvuelve mediante la creación del nuevo impuesto es respetuoso con el marco de desarrollo de la correspondiente competencia, tal y como se plasma en la Ley Orgánica de Financiación de las Comunidades Autónomas, Ley que reproduce la mención constitucional de que éstas gozarán de autonomía financiera para el desarrollo y ejecución de las competencias que, de acuerdo con la Constitución, les atribuyan las Leyes y sus respectivos Estatutos.

El artículo 4º de la Ley Orgánica de Financiación de las Comunidades Autónomas también incorpora la previsión constitucional de reconocer a los impuestos autonómicos (impuestos propios) el carácter de recurso de las Comunidades Autónomas, mientras que su artículo 6º, en su apartado 1, previene que las Comunidades Autónomas podrán establecer y exigir sus propios tributos de acuerdo con la Constitución y las Leyes, mientras que, en sus apartados 2 y 3, se delimita el marco en que dicha potestad puede ejercitarse.

Como se ha indicado, el desenvolvimiento del ejercicio de la potestad tributaria respeta, en todo caso, el marco constitucional de desarrollo, debiendo destacarse la circunstancia de que, por una parte, el impuesto que ahora se establece no recae sobre hechos imponibles gravados por el Estado – art. 6.2 LOFCA –, ni sobre materias que la legislación de régimen local reserva a las Corporaciones Locales, siguiendo en todo caso la doctrina constitucional sobre el particular – Sentencias del TC 37/1987, 186/1993 y 289/2000.

4. El marco normativo de la imposición ambiental y del Impuesto sobre Depósito de Residuos

El artículo 45 CE, que se incluye dentro de los principios rectores de la política social y económica, establece la protección del bien jurídico en el que consiste el medio ambiente. En dicho artículo se contiene para el medio ambiente un mecanismo articulado en tres piezas: por un lado tenemos el derecho de los ciudadanos a disfrutar de un medio ambiente adecuado; por otro lado, se señala el deber de todos de conservarlo; por último, se indica que los poderes públicos velarán por la utilización racional de todos los recursos naturales, con el fin de proteger y mejorar la calidad de vida y defender y restaurar el medio ambiente.

El uso del ordenamiento jurídico, en general, y los instrumentos fiscales para la protección del medio ambiente ha sido ampliamente recomendado y apoyado por las instituciones comunitarias. Por solo citar las normas más importantes, el propio Tratado de la Unión Europea en su artículo 130 R, ya menciona que "la acción de la Comunidad en lo que respecta al medio ambiente, se basará en los principios de acción preventiva de corrección en la fuente y de quien contamina, paga".

En lo que se refiere, también en el marco del Derecho comunitario, a los Programas Comunitarios de acción en materia de medio ambiente también han establecido una jerarquización de opciones para la gestión de residuos, habiendo colocado, entre sus objetivos, la prevención de su producción, y el fomento por este orden de su reducción, reutilización, reciclado y otras formas de valorización.

Asimismo, la Unión Europea ha establecido un conjunto de directrices, prioridades y criterios en la Directiva 91/156/CE, o Directiva marco en materia de residuos. En ésta "Directiva Marco", es donde se ha establecido que los Estados Miembros vienen obligados a fomentar el desarrollo de tecnologías limpias, la valorización de residuos mediante reutilización y reciclado, así como la utilización de los residuos como fuente de energía.

El establecimiento del impuesto sobre depósito de residuos constituye un instrumento más en la línea de protección del medio ambiente en el ámbito territorial de la Comunidad Autónoma de Madrid y se acompasa a la entrada en vigor de la Ley 5/2003, de 20 de marzo, de Residuos de la Comunidad de Madrid, que pretende ser el eje normativo básico sobre el que gire la utilización racional de los recursos y la defensa del medio ambiente. En la misma dirección se encuentra la Ley 10/1998, de 21 de abril, de residuos del Estado.

5. *El régimen jurídico del Impuesto sobre Depósito de Residuos*

Desde el punto de vista jurídico-tributario, el Impuesto sobre el Depósito de Residuos posee carácter indirecto, devengo instantáneo y naturaleza real que se configura como un *tributo propio* de la Comunidad de Madrid, que se crea en el marco del ejercicio de la potestad financiera constitucionalmente reconocida a las Comunidades Autónomas; y, con una clara finalidad extrafiscal, ya que busca propiciar la modificación de las conductas más contaminantes y reconducirlas a otras más respetuosas con el medio ambiente a través del gravamen del depósito de residuos sólidos.

El impuesto se aplica en el *ámbito territorial* de la Comunidad de Madrid, resultando indiferente el lugar donde se hayan producido los residuos o el origen de éstos, ya que lo gravado es su depósito en el territorio de la Comunidad. Y, delimitado así el ámbito de aplicación del impuesto, se afirma también su compatibilidad de su exacción con cualquier tasa (estatal, autonómica o local) que pudiera estar vinculada a las operaciones gravadas.

En la delimitación del *hecho imponible*, se ha pretendido con especial celo que el sistema y régimen de la imposición eviten la realización de conductas que pudieran tender a la elusión del tributo. Así, el hecho imponible del impuesto es, no sólo la entrega de residuos en vertederos públicos o privados, es decir, la titularidad del gestor sea pública o privada, sino también el abandono de aquellos en lugares no autorizados por la normativa sobre residuos de la Comunidad de Madrid. Para la determinación de lo que se considera residuo debemos acudir a la propia Ley 5/2003 de Residuos de la Comunidad de Madrid, la cual clasifica y define los distintos tipos y clases de residuos – art. 4º.

Se grava no sólo la conducta lícita (esto es, la entrega de residuos en vertederos), sino también las ilícitas (los abandonos de residuos), con lo que se alcanza un sistema cerrado. Así, el abandono de residuos resulta gravado a través del nuevo impuesto, y ello es perfectamente compatible con la tramitación y conclusión de los expedientes sancionadores que, en el orden de la disciplina administrativa, pudieran ser instruidos con motivo de la realización de tales conductas, perseguibles desde el mismo campo de acción de la autoridad medioambiental.

En cuanto a los *supuestos de no sujeción* al impuesto responden a la naturaleza de determinados vertidos, emisiones y conductas. Entre estas últimas, merece destacarse la no sujeción de aquellos depósitos y almacenamientos de residuos que se realicen con el exclusivo fin de gestionarlos para su reutilización, reciclado o valorización, siempre que no se supere el plazo que establece la propia normativa de la Comunidad de Madrid en materia de residuos, la razón estriba precisamente en la cantidad de residuos que producen las plantas de reciclaje y valorización. De superarse dicho plazo, el impuesto se devenga, lo que no deja de constituir otra previsión en orden al cierre y seguridad del sistema. Algunos ejemplos de lo anterior son los vertidos de efluentes líquidos a la red integral de saneamiento, o las emisiones a la atmósfera o la incineración de residuos.

En cuanto a las *exenciones* del Impuesto ha de destacarse la entrega de residuos urbanos cuya gestión sea competencia del Estado, las Comunidades Autónomas o las Entidades Locales, declarándose expresamente que no están incluidas en el ámbito de tal exención las entregas de residuos industriales, incluso aquellos asimilables a urbanos. En particular, en este punto debe tenerse en cuenta que las corporaciones locales suelen exigir una tasa por prestar el servicio de recogida de basuras por lo que ha sido preciso delimitar materialmente para que no incurrir en una de las objeciones a la existencia de este impuesto que plantea la propia LOFCA. En este caso, al igual que ocurrió en la STC 289/2000 sobre el Impuesto balear sobre instalaciones que inciden sobre el medio ambiente, se podría traer a colación la doctrina constitucional sobre la diferencia entre hecho imponible y materia imponible, entendiendo por esta última como toda fuente de riqueza, renta o cualquier elemento patrimonial que se quiera someter a tributación. Por tanto, podría llegarse a mantener la invasión de las competencias o sobre materia imponible de los entes locales.

El *ámbito subjetivo* del impuesto comprende a los contribuyentes, sustitutos y responsables. Pues bien, los primeros son quienes entreguen los residuos en un vertedero o los abandonen en lugares no autorizados. Ahora bien, en aras de facilitar la gestión eficaz del tributo, y en atención a la particularidad de las actividades de gestión de los residuos, el artículo 8 configura como sustitutos de los contribuyentes a los titulares de la explotación de los vertederos, quienes vendrán obligados a cumplir las obligaciones y deberes formales vinculados al impuesto.

Otra cláusula de seguridad y cierre del sistema aparece al considerar como responsables solidarios a los propietarios, usufructuarios, arrendatarios o poseedores por cualquier título de los terrenos o inmuebles donde se efectúen abandonos de residuos. No obstante, se prevé la posibilidad de que no se lleve a cabo la correspondiente derivación de responsabilidad cuando tales personas hubiesen comunicado los abandonos a la Administración responsable en materia de Medio Ambiente antes de que se hubiere formalizado el acta o documento administrativo donde se constate dicho abandono, siempre que, además, cumplan las obligaciones que les impone la normativa en materia de residuos. Este punto debe criticarse, al configurar el tributo como una medida sancionadora y confundiendo la definición de sanción y tributo e incurrir en una lesión al propio artículo 45 CE.

En cuanto a la *base imponible* o primero de los elementos de cuantificación del impuesto, se señala que está constituida por el peso o volumen de los residuos depositados o abandonados, determinándose dicha base, con carácter general, por el sistema de estimación directa mediante sistemas de pesaje y/o cubicaje.

Los *tipos de gravamen* del impuesto varían en función de la diversa naturaleza y tipología de los residuos. Así, en el caso de los residuos peligrosos, el impuesto se exigirá a razón de 10 euros por tonelada; tratándose de residuos no peligrosos (excluidos los residuos de construcción y demolición) el tipo será de 7 euros por tonelada; finalmente, será de 3 euros por metro cúbico cuando los residuos procedan de la construcción y demolición.

La *repercusión* del impuesto es obligatoria y debe realizarse por los titulares de los vertederos, generalmente el sustituto del contribuyente, a este último. Dicha previsión de repercusión es consecuente con la estructura que la Ley define en orden a determinar los sujetos pasivos del tributo y responde a las particularidades del sistema de gestión de los residuos y al régimen de explotación de los vertederos.

En cuanto a la *gestión y comprobación* del Impuesto, se establece la obligación que recae en los sustitutos del contribuyente de presentar, en lugar de éste, las correspondientes declaraciones, momento en el cual deberán también determinar la deuda tributaria correspondiente, ingresando su importe en el lugar, plazo y forma que se determine por la Administración, todo ello sin perjuicio de la facultad que los órganos de Gestión Tributaria de la Comunidad de Madrid tienen para dictar liquidaciones provisionales.

Dada la naturaleza de tributo propio de la Comunidad de Madrid que tiene el Impuesto sobre el Depósito de Residuos, contra los actos administrativos que se dicten, así como contra los actos de repercusión obligatoria, podrá interponerse el recurso potestativo de reposición o bien la correspondiente reclamación – ante los órganos económico – administrativos de la Comunidad de Madrid.

El problema del medio ambiente es una cuestión que a todos atañe: ciudadanos, instituciones y Administraciones Públicas. Como sabemos, requiere respuestas globales que, en muchas ocasiones, superan los límites de los diferentes entes territoriales e, incluso, de cada Estado, aisladamente considerado.

6. *Efectos económicos de los Impuestos sobre depósitos de residuos en algunos países de la Unión Europea*[1]

Se exponen a continuación los principales efectos económicos que se han podido constatar en aquellos países que tienen mayor tradición en la aplicación de este tipo de tributos y en los que se han llevado a cabo estudios de campo sobre el impacto de los mismos.

Austria

– Un impuesto sobre depósito de residuos está vigente en este país desde 1989.

– La diferenciación de tipos entre clases de residuos condujo a una rápida adaptación de los vertederos a los requisitos tecnológicos exigibles para el tratamiento de los residuos.

– En 1997 había 21 vertederos que no cumplían con las especificaciones correspondientes mientras que esa cifra se elevaba a solo 4 en 1999.

Dinamarca

– Cuenta con un impuesto sobre depósito de residuos desde 1989.

– Ha insistido mucho en la diferenciación de tipos, exigiendo menores cuotas a los residuos reciclados.

– El impuesto se ha mostrado muy efectivo en la reducción de la cantidad de residuos, disminución que ha sido del 64% entre 1987 y 1993, particularmente en los residuos de construcción.

– De forma paralela, el material de construcción reciclado se duplicó entre 1991 y 1995 (pasando de 0,8 millones de toneladas a 1,6 millones). En el sector de la construcción, no sujeto a regulaciones, el cambio de actitud se ha debido fundamentalmente al papel decisivo del impuesto, que ha promovido la recuperación y reutilización.

– Uno de los principales éxitos de este impuesto ha sido una reducción del 26% en los residuos destinados a vertederos e incineradoras entre 1987 y 1998, gracias sobre todo al incremento del reciclado.

– En 1996, 16 grandes empresas generadoras de residuos fueron preguntadas y 12 de ellas manifestaron que el impuesto jugó un papel decisivo o al menos relevante en su decisión de incrementar el reciclado de residuos.

1. Cfr. OECD, *Environmental taxes: recent developments in tools for integration.*

Gran Bretaña

– El "*Landfill Tax*" fue introducido en 1996.

– Este impuesto indujo a los agentes a cambiar su patrón de conducta en el sector de los residuos, incentivando con éxito la tarea de recuperación y reciclado.

– De 72 compañías que han sido estudiadas, resultó que, a raíz de la introducción del tributo, el 64% reciclaba, reutilizaba o minimizaba la generación de residuos, cuando antes de su entrada en vigor solo lo hacía un 29%.

A modo de síntesis, los impuestos sobre depósito de residuos están en vigor en diez países miembros de *European Environment Agency*, desde que se instauraron los pioneros en Dinamarca, Austria, Holanda y Reino Unido.

Los sistemas danés y británico han sido objeto de amplias evaluaciones y estudios que demuestran la eficacia del instrumento fiscal a la hora de desviar los itinerarios de residuos desde los vertederos a los canales de reutilización, reciclado y valorización.

Los ingresos generados por los tributos sobre residuos son, por lo general, crecientes, teniendo en cuenta su ámbito temporal de aplicación. Se observa claramente cómo el comportamiento de esta fuente de ingresos permite cierta estabilidad recaudatoria. En concreto, el incremento es más palpable en los Estados en los que las figuras tributarias tienen mayor antigüedad. Especial mención merece el caso del Reino Unido, donde el crecimiento es más acentuado. Una de las razones que principalmente motivan esta tendencia parece ser la revisión de los correspondientes tipos de gravamen.

7. *Efectos que ha producido la introducción del Impuesto sobre Depósito de Residuos*

Aunque el Impuesto que se comenta lleva menos de un año desde su introducción, ya se pueden observar algunas consecuencias de la misma. Así se produjo una enorme contestación en un primer momento de dos de los sectores implicados: los transportistas y los titulares de los vertederos, por distintas razones. La principal en uno y otro caso es la siguiente:

– los transportistas, por el aumento de la presión fiscal indirecta; y,

– los vertederos, por la misma razón y por convertirse en sustitutos del Impuesto.

También hay que hablar de beneficios, porque aunque en un principio se pensó que este Impuesto podría dar lugar al aumento de vertidos ilegales aun a pesar de la cláusula de cierre que se contiene en el texto legal, al señalar la responsabilidad tributaria de los dueños de los solares o fincas donde se realizasen dichos vertidos, sin embargo, se lleva observando un cumplimiento notable y la no proliferación de depósitos incontrolados.

Asimismo debe comentarse que este instrumento fiscal ha supuesto la eliminación de los vertederos ilegales existentes, así como ha servido para constatar el número escaso de vertederos existentes.

8. Otras alternativas de instrumentos fiscales sobre los residuos. En especial, las tasas

La Ley 58/2003 General Tributaria define tres categorías distintas de tributos: impuestos, tasas y contribuciones especiales. A la vista de sus características debe contemplarse también a la tasa como instrumento fiscal con finalidad ambiental. Trataremos de delimitar su uso mediante el estudio de los límites para su establecimiento, en especial, los relativos al marco constitucional y estatutario.

Se define como tasas a aquellos tributos cuyo hecho imponible consiste en la utilización privativa o aprovechamiento especial del dominio público, en la prestación de servicios o en la realización de actividades en régimen de Derecho público que se refieran, afecten o beneficien de modo particular al sujeto pasivo, cuando se produzca cualquiera de las circunstancias siguientes:

"Primera. – Que los servicios o actividades no sean de solicitud voluntaria para los administrados. A estos efectos no se considerará voluntaria la solicitud por parte de los administrados:

Cuando venga impuesta por disposiciones legales o reglamentarias.

Cuando los bienes, servicios o actividades requeridas sean imprescindibles para la vida privada oficial del solicitante.

Segunda. – Que no se presten o realicen por el sector privado, esté o no esté establecida su reserva a favor del sector público conforme a la normativa vigente."

La característica básica del presupuesto de hecho de las tasas es su vinculación a una actuación administrativa, que es la que da lugar al pago de este tipo de tributos. Por tanto, siempre que la Administración preste un servicio o realice una actividad que beneficie de modo particular a los ciudadanos que solicitan o provoquen esa actuación podría en principio exigirse una tasa.

Pero la anterior afirmación debe matizarse porque junto a esa actuación administrativa la Ley General Tributaria exige, delimitando así el presupuesto de hecho de la tasa frente al precio público, que se produzca al menos una de las dos circunstancias siguientes: que la solicitud del servicio o actividad de que se trate no sea voluntaria sino obligatoria o que dicho servicio o actividad no se preste o realice por el sector privado. Definir con precisión cuándo se cumple alguna de estas dos circunstancias resulta problemático, hasta el punto que se ha generado en nuestro país una interesante polémica doctrinal al respecto, en la que no vamos a entrar por ser ajena al objeto de este informe. Dicha polémica deriva de la ambigüedad normativa que difícilmente puede resolverse ni siquiera con el auxilio de la doctrina sentada por el Tribunal Constitucional en su famosa Sentencia 185/1995, que se pronunció sobre la delimitación de los conceptos de tasa y precio público. Tan sólo comentaremos brevemente cuándo se cumplen dichas circunstancias, para corroborar que hay ciertas actividades administrativas relacionadas con la gestión de residuos por las que podrían cobrarse tasas.

La primera circunstancia se cumplirá, cuando la petición venga impuesta por normas legales o reglamentarias. De manera que si una Comunidad Autónoma decide, por ejemplo, que queda sometida a autorización la eliminación de residuos procedentes de otras partes del territorio nacional, podría cobrarse una tasa por dicha actuación administrativa.

Por otra parte, también se cumplirá esta primera circunstancia cuando los servicios o actividades públicas "sean imprescindibles para la vida privada o social del solicitante". El problema está precisamente en determinar cuándo se da ese carácter "imprescindible". Esta tarea corresponde desde luego al legislador; sin su ayuda no resulta posible realizar una valoración de este tipo. En relación con esta cuestión, el Tribunal Constitucional dijo en la ya citada su Sentencia 185/1995 que la libertad en la realización del presupuesto de hecho de la tasa "debe ser real y efectiva", lo que no sucederá si "la actividad o el servicio requerido es objetivamente indispensable para poder satisfacer las necesidades básicas de la vida personal o social de los particulares de acuerdo con las circunstancias sociales de cada momento o lugar, o dicho con otras palabras, cuando la renuncia a estos bienes, servicios o actividades priva al particular de aspectos esenciales de su vida privada o social".

También podrán establecer tasas las Comunidades Autónomas cuando se produzca la segunda circunstancia citada, es decir, cuando los servicios o actividades de que se trate "no se presten o realicen por el sector privado, esté o no esté establecida su reserva a favor del sector público conforme a la normativa vigente". Tampoco resulta fácil determinar si se cumple o no este requisito. En todo caso, siguiendo la interpretación realizada por el Tribunal Constitucional en su Sentencia 185/1995, lo importante de verdad, aunque los servicios o las actividades no sean obligatorios o imprescindibles, es que los ciudadanos que demanden dichos servicios estén obligados a requerir o recibir la actuación administrativa correspondiente sin otra alternativa, porque sólo sean los entes públicos quienes los presten.

Una vez explicado el concepto legal y las características de las tasas, tan sólo nos queda hacer referencia en este epígrafe a las dos limitaciones específicas previstas en relación con las mismas en la LOFCA.

La primera limitación específica que debe citarse es la prevista en el artículo 7.3 de la LOFCA, donde se consagra el principio de equivalencia, en virtud del cual, el rendimiento previsto para cada tasa autonómica no podrá sobrepasar el coste del servicio o actividad por cuya prestación se exija aquélla. La existencia del principio de equivalencia, que también se encuentra recogido en relación con los Municipios en el artículo 24.2 la Ley de Haciendas Locales, implica que el importe de las tasas debe fijarse de manera que con su recaudación se cubra el funcionamiento del correspondiente servicio o actividad. De esta manera, cabría considerar a la tasa al menos desde una perspectiva económica como una contraprestación o precio de la prestación de un servicio o actividad administrativa. Como se observa, esto es precisamente lo que sucedía desde el punto de vista del Derecho comunitario.

El segundo límite específico aparece incluido en el artículo 7.4 de la LOFCA, en el que se dispone lo siguiente: "Para la fijación de las tarifas de las tasas podrán tenerse en cuenta criterios genéricos de capacidad económica, siempre que la naturaleza de aquélla se lo permita". Obsérvese que el precepto dice literalmente "podrán tenerse en cuenta". Por tanto, no se exige que exista siempre una relación directa e inequívoca entre el hecho imponible y la capacidad económica del sujeto pasivo. Debemos poner de manifiesto la dificultad que puede suponer en muchos casos adaptar las tasas al principio de capacidad económica, sobre todo si se tiene en cuenta el principio de equivalencia, antes citado, que lleva a repartir el coste de los servicios y actividades entre todos los sujetos obligados.

Bibliografía

AA. VV. *La protección fiscal del medio ambiente*. Madrid, Marcial Pons, 2002.

ALONSO GONZÁLEZ, L. M. *Los impuestos autonómicos de carácter extrafiscal*. Madrid, Marcial Pons, 1995.

BOKOBO MOICHE, S. *Gravámenes e Incentivos fiscales ambientales*. Madrid, Civitas, 2000.

BORRERO MORO, C. J. *La tributación ambiental en España*. Madrid, Tecnos, 1999.

FALCÓN Y TELLA, R. "Las medidas tributarias medioambientales y la jurisprudencia constitucional", en AA. VV., *Derecho del medio ambiente y administración local*. Madrid, Civitas, 1996.

FERNÁNDEZ LÓPEZ, R. I. "La fiscalidad autonómica en materia ambiental: su aplicación a Galicia", *Crónica Tributaria*, n. 80/1996.

GÓMEZ CABRERA. C. "Impuestos propios de las Comunidades Autónomas: una posibilidad remota", *Impuestos* 21/1995.

HERRERA MOLINA, P. M. *Derecho tributario ambiental*. Madrid, Marcial Pons, 2002.

JIMÉNEZ HERNÁNDEZ, J. "El tributo ecológico y su carácter extrafiscal", *Impuestos* 1996/I.

MARTÍN QUERALT, J. "La gestión de los recursos procedentes de la prestación de servicios realizada por entes locales", en AA. VV., *Financiación de los entes locales*. Madrid, Marcial Pons, 2001.

OECD. *Environmental taxes: recent developments in tools for integration.*

ROSEMBUJ, T. "Los tributos y la protección del medio ambiente", *Impuestos* 22/1996.

VAQUERA GARCÍA, A. *Fiscalidad y medio ambiente*. Valladolid, Lex Nova, 1999.

VILLAR ESCURRA, M.; ALBIÑANA, C. "Los impuestos ecológicos ante el ordenamiento constitucional español", *Revista de Contabilidad y Tributación*, ns. 197-198/1999.

LA FISCALIDAD DE LAS EMISIONES ATMOSFÉRICAS EN ESPAÑA[1]

PEDRO MANUEL HERRERA MOLINA
PABLO CHICO DE LA CÁMARA

1. Planteamiento. 2. Impuestos propios autonómicos e Impuestos estatales cedidos a las Comunidades Autónomas: 2.1 Impuesto sobre la contaminación atmosférica de la Comunidad Autónoma de Galicia: 2.1.1 Normativa; 2.1.2 Naturaleza; 2.1.3 Objeto del impuesto; 2.1.4 Hecho imponible; 2.1.5 Sujetos pasivos; 2.1.6 Base imponible; 2.1.7 Cuota tributaria; 2.2 Canon sobre emisiones atmosféricas de la Región de Murcia: 2.2.1 Normativa; 2.2.2 Naturaleza; 2.2.3 Hecho imponible; 2.2.4 Sujetos pasivos; 2.2.5 Base imponible; 2.2.6 Cuota tributaria; 2.3 Impuesto sobre determinadas actividades que inciden sobre el medio ambiente de la Comunidad Autónoma de Castilla-La Mancha: 2.3.1 Normativa; 2.3.2 Naturaleza; 2.3.3 Hecho imponible; 2.3.4 Sujetos pasivos; 2.3.5 Base imponible; 2.3.6 Cuota tributaria; 2.4 Impuesto sobre estancias en empresas turísticas de alojamiento de la Comunidad Autónoma de Baleares: 2.4.1 Normativa; 2.4.2 Naturaleza; 2.4.3 Hecho imponible; 2.4.4 Sujetos pasivos; 2.4.5 Base imponible; 2.4.6 Cuota tributaria; 2.5 Gravamen sobre actividades de riesgo de la Comunidad Autónoma de Cataluña: 2.5.1 Normativa; 2.5.2 Naturaleza; 2.5.3 Hecho imponible; 2.5.4 Sujetos pasivos; 2.5.5 Base imponible; 2.5.6 Cuota tributaria; 2.6 Impuesto sobre instalaciones que inciden en el medio ambiente de la Comunidad Autónoma de Extremadura: 2.6.1 Normativa; 2.6.2 Naturaleza; 2.6.3 Objeto del impuesto; 2.6.4 Hecho imponible; 2.6.5 Sujetos pasivos; 2.6.6 Base imponible; 2.6.7 Cuota tributaria; 2.7 Impuesto sobre las ventas minoristas de determinados hidrocarburos en la Comunidad Autónoma de Madrid: 2.7.1 Normativa; 2.7.2 Naturaleza; 2.7.3 Hecho impo-

1. La versión original de este trabajo ha sido elaborada para la obra dirigida por Miguel Buñuel González, *Tributación medioambiental: teoría, práctica y propuestas*.

Los autores agradecen a Almudena Serna Rodríguez, Becaria de Investigación del Instituto de Estudios Fiscales, la cuidadosa revisión del texto original.

nible; 2.7.4 Sujeto pasivos; 2.7.5 Base imponible; 2.7.6 Cuota tributaria. 3. Implementación de beneficios fiscales en Impuestos locales y estatales ordinarios: 3.1 Impuestos directos: 3.1.1 Impuestos sobre la renta; 3.1.2 Impuesto municipal sobre vehículos de tracción mecánica; 3.1.3 Impuesto sobre bienes inmuebles; 3.1.4 Impuesto sobre actividades económicas; 3.1.5 Impuesto sobre construcciones, instalaciones y obras; 3.2 Impuestos indirectos: 3.2.1 Impuesto sobre el valor añadido; 3.2.2 Impuesto sobre hidrocarburos; 3.2.3 Impuesto sobre determinados medios de transporte. 4. Conclusiones.

"El que mira el viento, nunca siembra;
el que estudia las nubes, nunca siega"
(*Eclesiastés* 11,4)

1. Planteamiento

Como es sabido, durante estas últimas décadas ha surgido un sentimiento profundo de preocupación no sólo entre la comunidad científica, sino también entre la opinión pública por la creciente contaminación ambiental producida entre otros factores por las emisiones a la atmósfera de dióxido de carbono, de azufre, o de otros gases de efecto invernadero (v. gr. gas metano, etc.).[2] En particular, y sin ánimo de exhaustividad, podríamos apuntar dos de los principales efectos perversos de esta degradación en el ecosistema, como son los cambios climáticos por el "agujero de la capa de ozono",[3] o el fenómeno de la "lluvia ácida",[4] cuyo

2. Así, la revista *Time* en el año 1987 mostraba ciertos síntomas de preocupación al afirmar que "hasta ahora, el clima de la Tierra ha sido una maquinaria notablemente estable y autocorrectora, que dejaba entrar la cantidad y tipo precisos de energía solar, y que ofrecía el equilibrio justo de temperatura y humedad que permitía mantener la vida. Los ciclos alternos de frío y de calor, así como las concentraciones mayores y menores de diversos gases, han causado la extinción de algunas especies. Lo irónico es que cuando hemos empezado a descifrar los ritmos climáticos que se han sucedido durante centenares de millones de años, es posible que hayamos empezado a alterarlos de forma irrevocable (...)"; vid. *Times* 19 de octubre de 1987.

3. Nótese que la capa de ozono constituye un elemento esencial para la vida terrestre, pues protege de las radiaciones ultravioletas de la luz solar. Precisamente la reducción en la atmósfera de la cantidad de ozono da lugar a un incremento de la radiación ultravioleta en la zona próxima a la superficie terrestre originando cambios considerables en el ecosistema (*v. gr.* aumento de las temperaturas del planeta, incremento de las precipitaciones, seísmos y fenómenos naturales, disminución de la producción de los cultivos, o el deterioro de la salud pública, como consecuencia de un incremento de enfermedades, como el cáncer de piel), cfr. Fraser (1988:121 y ss.).

impacto sobre el ecosistema tiene repercusión directa principalmente en la degradación general de los lagos y ríos, los daños a los bosques, así como en la erosión superficial de los edificios.

Por ello, cualquier medida que se adopte en aras de proteger la atmósfera pasa por una reducción de la cantidad de contaminantes emitidos, y por la utilización de energías renovables.[5] Como analizaremos en este trabajo, el empleo de instrumentos fiscales para proteger el medio ambiente tiene una doble esfera de actuación:[6] mediante impuestos propios autonómicos e impuestos estatales cedidos a las Comunidades Autónomas que graven directamente energías contaminantes, o a través de la implementación de beneficios fiscales sobre impuestos locales o estatales ordinarios.[7]

Por razones didácticas no nos limitaremos a analizar los impuestos que inciden directamente sobre la contaminación atmosférica, sino que nos referiremos a los que recaen sobre objetos imponibles colaterales, como el impuesto turístico balear.

2. *Impuestos propios autonómicos e Impuestos estatales cedidos a las Comunidades Autónomas*

2.1 *Impuesto sobre la contaminación atmosférica de La Comunidad Autónoma de Galicia*

2.1.1 Normativa

El Impuesto gallego sobre la contaminación atmosférica está regulado por la Ley 12/1995, de 29 de diciembre, del Parlamento Gallego

4. Vid. sobre el particular los trabajos de Labandeira (1996:2 y ss.); y de Yabar (2000:125 y ss.).

5. Para R. Martín Mateo (1998:123), las energías renovables no podrán reemplazar íntegramente a las de origen fósil. A su juicio "es impensable que por estas vías podamos atender a las necesidades de una población mundial que duplicará en torno al 2050 sus actuales efectivos, y mucho menos si se pretende equiparar las condiciones de vida de todos los componentes de nuestra especie. Pero sí debe afirmarse que estas energías pueden ofrecer un alivio significativo para el equilibrio del balance energético de la Humanidad. Su potencialidad dista de estar acabada y se beneficiará notablemente de los progresos técnicos en curso". Sobre las medidas pioneras adoptadas en el derecho comparado en esta materia, cfr. Rosembuj (1995:98-99). En cuanto al caso español, cfr. Chico; Grau y Herrera (2003:9 y ss.).

6. Cfr. Jiménez (1998:221).

7. Cfr. entre los autores que consideran adecuada esta clasificación Villar (2002:404).

(RCL 1996/1.559), y en desarrollo de esta Ley, se dictó el Reglamento del Impuesto, aprobado inicialmente por el Decreto 4/1996, de 12 de enero (LG 1996,19), y posteriormente, por el Decreto 29/2000, de 20 de enero (LG 2000, 67. 127).

2.1.2 Naturaleza

Se trata de un impuesto propio de la Comunidad Autónoma gallega, y de naturaleza real.[8] El TSJ. de Galicia en la S. de 3 de julio de 2001 (*JT* 2001/1969) ha considerado que dicho impuesto creado por el Parlamento de Galicia, tiene su cobertura constitucional en los arts. 149.1.23, 148.19, 157.b) y 133.2 CE, siendo plenamente respetuoso con los principios de igualdad y de uniformidad en el ámbito tributario, en cuanto que si bien es cierto que la autonomía financiera de las Comunidades Autónomas, introduce, obviamente, dosis de desigualdad, la uniformidad no impone que todas las Comunidades Autónomas tengan que ejercer sus competencias de una manera o con un contenido y resultados idénticos o semejantes, tal como lo tiene proclamado el Tribunal Constitucional en las SS. 150/1990, de 4 de octubre; 37/1987, de 26 de marzo: así como 186/1993, de 7 de junio; pues a juicio del Alto Tribunal, resulta consustancial a nuestro sistema jurídico político que en atención al ejercicio de la potestad legislativa por parte de las Comunidades Autónomas, pueda ser distinta la posición jurídica de los ciudadanos en las distintas partes del territorio nacional.

2.1.3 Objeto del impuesto

Según la Exposición de motivos de la Ley, el Impuesto no tiene como objeto recaudar un volumen determinado de ingresos tributarios, sino reducir la emisión de determinados gases a la atmósfera. La Comunidad Autónoma gallega es la región española con mayor nivel de emisiones de dióxido de azufre (30% del total de contaminación nacional), mientras que de dióxido de nitrógeno ocupa también un nivel preocupante (10% de las emisiones totales).[9] Esto explica que la Comunidad Autó-

8. Siguiendo a Alonso González (1995:9-10), puede afirmarse que el poder tributario de las Comunidades Autónomas ha encontrado en el terreno de la extrafiscalidad uno de los escasísimos campos a los que extenderse sin vulnerar el estrecho corsé que la Ley Orgánica de Financiación de las Comunidades Autónomas a éstas impone.

9. Cfr. Rozas (1997:946). Sin embargo, según la exposición de motivos de la Ley, la situación general del medio natural en Galicia es satisfactoria, a salvo la con-

noma gallega fuera por aquél entonces la Comunidad pionera en la creación de tributos de naturaleza ambiental, y que pasados ya más de ocho años de dicho evento, promulgue de nuevo una normativa con vocación de protección al medio ambiente, como es la Ley 8/2002, de 18 de diciembre, de protección de ambiente atmosférico de Galicia (DOG n. 252, martes de 31 de diciembre, de 2002), circunstancias éstas que acreditan la especial sensibilidad de esta Comunidad por mejorar el ecosistema. Así, el art. 1º de la Ley que regula precisamente el objeto del tributo, prescribe que dicho impuesto tiene como fin "contribuir a regular la utilización de los recursos naturales de Galicia, y de forma específica la emisión de sustancias contaminantes".

Para alcanzar dicho objetivo, el legislador implantará la tarifa siguiendo un *iter* temporal:

En una primera fase (ya en vigor), se implantan los tres primeros tramos de la tarifa. En este momento, el tributo opera como un instrumento de recuperación de los costes que comporta la política ambiental. Los tres tramos de la tarifa vienen a cumplir una función compensatoria o reparadora (compensa los costes que produce la contaminación).

En una segunda fase – aún sin regular – se introducirá en la tarifa un cuarto tramo con objeto de convertir al tributo en un auténtico instrumento regulador del efecto contaminante adquiriendo a partir de entonces el deseado fin extrafiscal (efecto disuasorio).[10] El art. 12.2 de la Ley prevé su implantación en un futuro (y nunca antes del año 2000 – tal como señalaba su Disposición Adicional). Como se ha señalado acertadamente por Baena Aguilar, dichas previsiones en ningún caso vinculan al legislador futuro, pero tal como se diseña el tributo en un principio, y como

centración de núcleos industriales en las áreas de La Coruña y de Pontevedra; estos grandes focos de contaminación generan un doble problema: vertidos industriales en aguas continentales y marítimas (combatidos con el canon de saneamiento aprobado por Ley 8/1993, de 23 de junio), y emisión de determinados gases a la atmósfera, objeto del presente Impuesto).

10. A esta conclusión se llega de la Exposición de motivos de la Ley, afirmando que "frente a la discontinuidad que comporta el esquema prohibición-sanción, un gravamen sobre las emisiones permite actuar continuamente a lo largo de todo el recorrido, esto es, desde el inicio de las emisiones contaminantes, y puede además, de forma progresiva, de manera que, en un primer tramo, el gravamen operará como un instrumento de recuperación de los costes que comporta la política medioambiental y los correspondientes controles y, más adelante, se convierte en un auténtico instrumento regulador que favorecerá la limitación de las emisiones, como sucede con una sanción".

éste se encuentra actualmente configurado, su finalidad queda muy desdibujada y su justicia en entredicho, pues un impuesto como el que se analiza sin clara vocación extrafiscal debería responder en mayor medida al principio de capacidad económica. En efecto, "si el impuesto, en su configuración actual, carece de efecto regulador (por emplear el mismo término que el legislador) sobre las emisiones, ¿cuál es su finalidad extrafiscal? Desde luego, no lo sería, la afectación de su recaudación a fines de política ambiental, ya que la justicia de un tributo no puede valorarse en función del destino de los ingresos que procura. Desprovisto de finalidad extrafiscal – concluye el autor –, el impuesto sólo puede explicarse desde el principio de capacidad económica; y, desde este punto de vista, la única vía para salvar la constitucionalidad de la Ley es ahondar en la relación, entre capacidad económica y el principio contaminador-pagador, a través de la calificación de la contaminación como índice imperfecto de capacidad económica, pero no más imperfecto que el consumo".[11]

En nuestra opinión, ni desde el punto de vista de la *distribución competencial* (apartados 2º y 3º del art. 6 LOFCA),[12] ni desde el ámbito

11. Cfr. Baena (2002:214-215). Igualmente, para Alonso González (1996a:186 y ss.) debería también articularse un cuarto tramo en su tarifa suficientemente efectivo como para no convertir tan brillante instrumento fiscal en un simple medio de financiación sectorial de la política ambiental de la Xunta. Para García Novoa (2002:34), el TSJ. de Galicia en la S. de 3 de julio de 2001, asume la opinión de que la capacidad económica está presente en esta clase de impuestos a través de la mayor renta que se obtiene al hacer partícipes a la colectividad de unos costes de incidencia colectiva que el contribuyente no asumiría si no se le exigiese el impuesto. Costes que se provocan en una actividad que está orientada exclusivamente al beneficio particular del sujeto. Pero, "es evidente que aunque la provocación de costes medioambientales" puede indirectamente derivar en una mayor capacidad económica relativa, no es en sí misma un índice objetivo de riqueza, por lo que habrá que buscar otro fundamento para justificar la exigencia de un tributo a partir de la causación de esos costes. En el mismo sentido se pronuncia Fernández López (1996:35).

12. Precisamente en la S. TSJ. de Galicia de 3 de julio de 2001 (*JT* 2001/1.969) se alegó sin éxito por los recurrentes el posible solapamiento de este impuesto con el hecho imponible del IVA y con la misma materia imponible del IAE tropezando con los arts. 6.2 y 6.3 de la LOFCA. Así también, para un sector doctrinal mayoritario, el citado impuesto no grava la mera titularidad lo que excluye cualquier superposición con el Impuesto sobre bienes inmuebles, por lo que de ningún modo puede llegarse a la conclusión de que nos encontremos ante una situación coincidente con el Impuesto balear declarado inconstitucional. Cfr. García Novoa (2002:32 y 33); Guervós Maíllo (2000:72); y González Méndez (2000:320 y 321). No comparte esta opinión Vaquera (1999:394), quien señala que podría producirse una superposición con el Impuesto sobre Sociedades y al IAE.

de la *justicia tributaria* (art. 31 CE) existen vicios de inconstitucionalidad. No obstante, mayores críticas merece el gravamen indiscriminado que recae sobre las emisiones con independencia de que sean lícitas o ilícitas, aspecto éste que resulta más discutible desde el punto de vista del control constitucional.[13]

Entendemos que el impuesto analizado respeta el principio "quien contamina paga". No obstante, debe hacerse notar que sería deseable la regulación del cuarto tramo de la tarifa para producir un auténtico fin ambiental (desincentivar a los agentes a no contaminar). En esta línea, se manifiesta la Sentencia del TSJ de Galicia de 22 de enero de 1999 (*JT* 1999/419) al afirmar que constituye un "impuesto de naturaleza mixta, al perseguir una finalidad extrafiscal consistente en limitar la emisión de ciertos gases contaminantes y responder al principio 'quien contamina paga'".[14] Así, señala la citada sentencia que el citado principio "significa que el que contamina debe sufragar los gastos que implican las medidas adoptadas por las autoridades públicas para reducir la contaminación, lograr una mejor distribución de los recursos y asegurar que el medio ambiente se encuentre en un estado aceptable" (FJ 6º).

Es de lamentar que hasta la fecha el legislador gallego – posiblemente por razones políticas – no haya tenido intención de regular el cuarto tramo de la tarifa en aras de alcanzar el deseado fin disuasorio que se pretende con la imposición del tributo.

Por último, resulta también criticable la afectación de los ingresos a fines generales ambientales – sin concreción alguna a proteger la contaminación atmosférica – lo que abre la puerta a que se utilice con un fin claramente fiscal y no ecológico. Así, se establece que el 95% de la recaudación se destinará a cubrir los costes de gestión del tributo, y sólo

13. Además, podría lesionarse el principio de capacidad económica en relación con las hipotéticas emisiones ilícitas, pues respecto de ellas el impuesto constituye una medida innecesaria. Cfr. Herrera (2000:286).

14. En la citada Sentencia, los recurrentes alegaron sin éxito la invasión por parte de la Comunidad Autónoma gallega de competencias de titularidad exclusiva del Estado para justificar su inconstitucionalidad, pues a juicio del Tribunal Superior de Justicia de Galicia "esta atribución es, sin duda, legítima, pues al precisar que el Estado tiene competencia exclusiva para la legislación básica sobre protección del medio ambiente, 'sin perjuicio de las facultades de las Comunidades Autónomas de establecer normas adicionales de protección', la Constitución no excluye la posibilidad de que las Comunidades Autónomas puedan desarrollar también, mediante normas legales o reglamentarias, la legislación estatal, cuando específicamente sus Estatutos les hayan atribuido esta competencia" (FJ 3º).

el 5% restante se destina a cubrir un fondo de reserva para atender a daños extraordinarios y situaciones de emergencia causados por catástrofes ambientales hasta alcanzar la cuantía de 1.000 millones de ptas. (actualmente 6 millones de euros) – arts. 4 de la Ley, y 24 y 25 del Reglamento –,[15] cantidad que se nos antoja insuficiente a la luz de las últimas catástrofes ecológicas.

2.1.4 Hecho imponible

Siguiendo al profesor Sainz de Bujanda el hecho imponible puede estudiarse desde diversos aspectos que pasamos a continuación a analizar:

a) Aspecto material: Grava la emisión a la atmósfera de compuestos oxigenados de azufre y/o de nitrógeno (art. 6). Si partimos de un dato real y objetivo: la contaminación atmosférica tiene un coste elevado en términos de salud (el dióxido de nitrógeno y el dióxido de azufre liberados constituyen uno de los gases más perniciosos), tal vez hubiera sido posible que una gran parte de la recaudación del Impuesto se afectara a la financiación de la sanidad, al igual que sucede en la Comunidad de Madrid con el denominado comúnmente "recargo sanitario del céntimo de euro".[16]

b) Aspecto espacial: Recae sobre las emisiones contaminantes producidas por focos situados en la Comunidad Autónoma gallega (art. 3).

c) Aspecto temporal: Se trata de un impuesto instantáneo, devengándose en el momento de la emisión de cualquiera de las sustancias contaminantes gravadas (art. 13), si bien es de liquidación periódica y anual (art. 8.2), atribuyéndose su gestión a la Consejería de Economía y Hacienda (art. 15).

d) Aspecto cuantitativo: El mínimo exento está fijado en 1.000 toneladas anuales – cuota de 0 euros. Por consiguiente, quedan exentas las primeras 1.000 toneladas de contaminación.

15. Así, el art. 24 del Reglamento establece que el Fondo del Impuesto sobre la Contaminación Atmosférica es un fondo de reserva adscrito a la *Consellería de Economía y Facenda* que se destinará a la atención de daños extraordinarios y situaciones de emergencia provocados por catástrofes medioambientales derivadas de emisiones atmosféricas o vertidos realizados sobre el suelo o aguas marítimas o continentales, ya sean superficiales o subterráneas, de carácter contaminante.

16. Ley 7/2002, de 22 de julio, de la Comunidad de Madrid por la que se crea el Impuesto sobre las ventas minoristas de determinados hidrocarburos. Cfr. sobre el particular el epígrafe 5.2.7 de este trabajo.

2.1.5 Sujetos pasivos

Los sujetos pasivos son las personas o entidades que son titulares de las instalaciones que emitan las sustancias contaminantes gravadas (art. 7).

Así, establecido el mínimo exento en una cantidad elevada (1.000 toneladas de contaminación), aunque teóricamente cualquier agente contaminante puede ser contribuyente, a efectos prácticos, son muy limitadas las entidades afectadas: Endesa, Unión Fenosa, Repsol Petróleo, Aluminio español, Alumina España y Encesa.

Precisamente esta circunstancia, fue uno de los motivos de impugnación presentados por Endesa y Unión Fenosa para recurrir el Reglamento del citado Impuesto al afirmar que si la emisión a la atmósfera de dióxido de azufre o de nitrógeno produce externalidades negativas medioambientales que hay que desincentivar, dicha situación se produce desde el primer gramo de emisión de estas sustancias, por lo que el tributo se debe satisfacer desde el primer gramo contaminante. Así, resulta paradójico que de las 370 industrias contaminantes en Galicia que realizan en un principio el hecho imponible, tal como se configura la tarifa del impuesto, 364 empresas quedan al margen del tributo tropezando – a juicio del recurrente – con el principio de generalidad.[17] Sin embargo, el TSJ. de Galicia en la Sentencia de 3 de julio de 2001 (*JT* 2001/1.969) no ha apreciado la vulneración de este principio por entender que el legislador autonómico ha optado de forma justificada "por el establecimiento de una carga parafiscal que inicialmente tiene una función resarcitoria y desincentivadora respecto de las empresas más contaminadoras, cuya mayor progresividad se alcanzará una vez superado aquel período transitorio, actuando a modo de mecanismo de presión a fin de que los grandes emisores dejen de contaminar o, en su caso, pongan los medios necesarios para reducir la contaminación atmosférica que causen. Así, –

17. En efecto, según las dos empresas recurrentes (Endesa y Unión Fenosa) la regulación del Impuesto "incurre en inconstitucionalidad, por atentar contra el principio de generalidad en la construcción de uno de sus elementos esenciales como es el tipo de gravamen, por cuanto la configuración de la tarifa del Impuesto diseñada por el art. 12 de la Ley, *uti singuli*, contraría la prescripción contenida en el art. 31 de la CE, de interdicción de todo privilegio o áreas inmunes al pago de los tributos, conllevando un tratamiento discriminatorio y arbitrario en perjuicio de los llamados grandes emisores, especialmente de uno, y en beneficio de los que no encajaban en ese concepto, discriminación arbitraria en cuanto carecía de justificación desde el punto de vista de los fines perseguidos por dicho impuesto, adivinando otra finalidad que no era otra que la meramente recaudatoria" (FJ 2º).

concluye el citado Tribunal – se penaliza a las empresas que incurran en un objetivo y medible 'exceso de contaminación', o lo que es lo mismo, a aquellas industrias insensibles en poner remedio a su actividad emisora de aquellas sustancias contaminadoras" (FJ 4º).

A este respecto, compartimos el parecer del Tribunal pues, como ha señalado García Novoa, "desde el punto de vista formal, la norma se aplica con estricta igualdad a todos los destinatarios de la misma, aunque sólo sea por sus atributos de generalidad y abstracción. No es una ley de 'caso único', ya que formalmente describe una hipótesis de incidencia abstracta, por lo que, también formalmente, respeta la esencia de la igualdad y generalidad (...). La lógica jurídica impone averiguar la 'igualdad material de la norma', la cual también se respeta en el caso del Decreto cuestionado a la hora de establecer el régimen del Impuesto gallego sobre la contaminación".[18]

2.1.6 Base imponible

La base imponible se determina por la suma de las cantidades emitidas de cada una de las sustancias contaminantes, medida en toneladas (art. 8). Así, resulta respetuoso con el principio de capacidad económica al ser coherente con el hecho imponible.[19]

18. En efecto, "aunque el Tribunal Constitucional venga a decir en la S. 28/2000, de 30 de noviembre, que un impuesto medioambiental que grave una actividad contaminante debería someter a tributación todas las manifestaciones de la misma, ello no significa negar que el legislador, al igual que ocurre en los impuestos de cuño exclusivamente *fiscal* es libre de seleccionar los sujetos respecto a los cuales pretende que el impuesto incida de manera más intensa. Y que pueda configurar hechos imponibles que solo esos sujetos estén en condiciones de realizar, o excluir de la obligación de pago, mediante beneficios fiscales, a los que quiera dejar fuera de la incidencia del tributo. De ello – concluye el autor – hay multitud de ejemplos en el sistema tributario. La fórmula de un impuesto cuya cuantía se exija sólo a grandes contaminadores es igual de lícita que un modelo de imposición sobre el patrimonio que siga el modelo de *grandes fortunas* y que sólo se exija a grandes propietarios", cfr. García Novoa (2002:38).

19. La base imponible del Impuesto gallego resulta coherente con el hecho imponible, a diferencia de lo que sucedía con el Impuesto balear sobre instalaciones que inciden en el medio ambiente declarado inconstitucional (en adelante, IBIMA), en cuanto que su base imponible (la capitalización de los beneficios de una empresa) no era congruente con el hecho imponible (la titularidad de instalaciones contaminantes). La necesaria congruencia entre el hecho imponible y la base imponible ha sido puesta de manifiesto por Cortés (1965:1.037 y ss. y 1985:448 y ss.). En parecidos términos se pronuncia Ramallo (1978:662 y ss.).

Por otra parte, la Ley del Impuesto permite emplear los tres métodos de determinación de la base imponible que regula la LGT:

a) Estimación Directa: Se trata del régimen general, para aquellos casos en los que las instalaciones incorporen sistemas de medida de la cantidad de sustancias contaminantes emitidas.

b) Estimación Objetiva: La estimación objetiva se emplea en los supuestos de focos emisores siempre que se den conjuntamente los dos requisitos siguientes: que no cuenten con aparatos de medición, y que al menos el 80 por 100 de los combustibles utilizados en sus instalaciones sean fluidos (art. 9 del Reglamento). En nuestra opinión, el hecho de que este segundo requisito no se recoja en la Ley del Impuesto (art. 10) podría plantear problemas en base al principio de legalidad, porque si bien es cierto que el párrafo 2º del art. 10 establece la previsión de que "mediante Decreto, la Xunta de Galicia *determine los supuestos en que sea de aplicación el régimen de estimación objetiva*, los índices o módulos a utilizar en cada caso así como su valoración", podríamos encontrarnos ante un supuesto de deslegalización de la determinación de la base imponible, materia cubierta por la reserva de ley tal como prescribe el art. 10 LGT.[20]

c) Estimación indirecta: La Ley permite la aplicación de la estimación indirecta (a la que denomina "sistema de oficio") para aquellos supuestos en que el sujeto pasivo incumpliendo las normas fiscales, hiciera imposible su determinación a través de las vías ordinarias.

En particular, el legislador establece una presunción *iuris tantum* de la existencia de emisión mientras las instalaciones emisoras no cesen en su actividad, y tal circunstancia sea puesta en conocimiento de la Administración (art. 6.2). En todo caso, el contribuyente podrá enervar la presunción, demostrando que se han paralizado las emisiones.

2.1.7 Cuota tributaria

A la base imponible se le aplica una alícuota progresiva por escalones (los tipos se aplican sobre tramos de base) estructurada en una tarifa de tres tramos:

20. El art. 10 LGT establece que "se regularán, en todo caso, por Ley: a) La determinación del hecho imponible, del sujeto pasivo, *de la base*, del tipo de gravamen (...)".

– Hasta 1.000 toneladas anuales: Tipo cero.

– > 1.000 toneladas anuales-50.000 toneladas: 30 euros (5.000 ptas.)/tonelada.

– > 50.000 toneladas: 33 euros (5.500 ptas.)/toneladas.

Por otro lado, la obligación de declarar nace a partir de 800 toneladas anuales cumpliendo una función de control sobre aquellos focos que se encuentran en unos índices muy cercanos al segundo tramo de contaminación – a partir de 1.000 toneladas.

2.2 Canon sobre emisiones atmosféricas de la Región de Murcia

2.2.1 Normativa

El canon sobre emisiones atmosféricas aparece regulado en el art. 45 de la Ley 1/1995, de 8 de marzo, de protección del medio ambiente (RCL 1995/1.651).

2.2.2 Naturaleza

Se trata de un impuesto de la Región de Murcia, y de naturaleza real.

2.2.3 Hecho imponible

El impuesto grava las emisiones de gases contaminantes a la atmósfera (art. 45.2.b).[21] Desde el punto de vista de la distribución competencial no afecta al límite del art. 6.2 LOFCA al no coincidir el hecho imponible con ningún impuesto de naturaleza estatal.

2.2.4 Sujetos pasivos

Los sujetos pasivos son los titulares de las industrias y actividades contaminantes (art. 45.4). En nuestra opinión, resulta criticable el gravamen *per se* de la titularidad de bienes relacionados con la contaminación, ya que la propiedad, posesión o cualquier otra forma de titularidad, ni produce por sí misma degradación del medio ambiente, ni otorga posibi-

21. El presupuesto de hecho del impuesto se completa con la exacción de un canon por la producción y vertidos de residuos sólidos industriales (art. 45.a) y de un canon por vertidos de mar (art. 45.c).

lidad al agente contaminante para modificar la actitud ecológicamente nociva.[22]

2.2.5 Base imponible

La base imponible viene determinada por la carga contaminante expresada en unidades de emisiones contaminantes (toneladas).

2.2.6 Cuota tributaria

La cuota tributaria se determina a través del resultado de multiplicar la carga contaminante de las emisiones, expresada en unidades de contaminación, por el valor que se asigne a cada unidad (art. 45.5).

Desde el punto de vista de la justicia tributaria resulta en nuestra opinión acorde con el principio de capacidad económica, siendo también respetuoso con el principio "quien contamina paga".

Por último, la recaudación del tributo está afectada de una forma genérica a la preservación del medio ambiente. Así, el importe del canon se destina a actuaciones de saneamiento y mejora de la calidad ambiental de la atmósfera. El hecho de que el tributo se exija con independencia de que exista autorización administrativa o de que las emisiones sean lícitas o ilícitas podría ser suficiente para que este tributo no superara el control de constitucionalidad.[23]

2.3 Impuesto sobre determinadas actividades que inciden sobre el medio ambiente de la Comunidad Autónoma de Castilla-La Mancha

2.3.1 Normativa

El Parlamento Autónomo de Castilla-La Mancha aprueba por Ley 11/2000, de 26 de diciembre, el Impuesto sobre determinadas actividades que inciden sobre el medio ambiente.

22. En efecto, como ha señalado Jiménez (1998:309) en el supuesto de que la titularidad del patrimonio se refiera a bienes sumamente nocivos para el medio ambiente, no existe una relación directa entre ambos elementos, es decir, entre los mencionados índices de riqueza y la contaminación ambiental.

23. Cfr. Herrera (2000:287).

2.3.2 Naturaleza

Se trata de un impuesto propio de la CCAA de Castilla-La Mancha, real, objetivo y periódico.

Además, se trata de un impuesto extrafiscal o de ordenamiento al disuadir conductas antiecológicas,[24] circunstancia que nos permite calificarlo de ambiental, en cuanto que tiene un potencial recaudatorio decreciente a medida que se consiguen los fines ecológicos pretendidos y previene el daño ambiental en la medida en que su estructura grava a la persona que contamina.[25]

2.3.3 Hecho imponible

El citado impuesto grava la contaminación y los riesgos que se ocasionan en el medio ambiente por la realización en el territorio de Castilla-La Mancha de cualquiera de las siguientes actividades:

a) emisión a la atmósfera de dióxido de azufre, dióxido de nitrógeno o cualquier otro compuesto oxigenado;

b) producción termonuclear de energía eléctrica; y

c) almacenamiento de residuos radioactivos (art. 2).

Sin embargo, la Ley declara *exenta* la producción de energía eléctrica. Podría cuestionarse si existe discriminación entre empresas del sector eléctrico – ya que el gravamen incidiría sobre los costes de las empresas generadoras y de transporte de la energía eléctrica en función de la ubicación geográfica de sus instalaciones lesionando además, el art. 9.c) LOFCA como consecuencia del traslado de la carga tributaria a otras Comunidades Autónomas.[26] Sin embargo, parece difícil que tal argumen-

24. Siguiendo a Arrieta (2001:39), el criterio de la finalidad del impuesto es irrelevante para emitir un juicio sobre su constitucionalidad, de manera que un impuesto es o no constitucional porque se adecua o no a la CE, o una vez analizada su estructura jurídico-interna, y no, desde luego, porque se llame "medioambiental" y no lo sea.

25. Cfr. Chico, Grau y Herrera (2003:9 y ss.)

26. Ibídem. Como ha señalado Jiménez (1998:310), ante el problema de la contaminación transfronteriza debe acudirse al principio de territorialidad como criterio de determinación del aspecto espacial del elemento objetivo del hecho imponible. Así, dicho aspecto, debe constituirse por la actividad contaminante y no por el *efecto* nocivo que ésta provoque, entendiéndose realizado el hecho imponible en el lugar en que se desarrolle la actividad contaminante.

to prospere dada la laxitud de la jurisprudencia constitucional, que viene otorgando primacía al principio de autonomía financiera.

Por otro lado, en dos de los presupuestos de hecho del Impuesto (en particular, los que gravan la producción de energía eléctrica de origen termonuclear y el almacenamiento de residuos nucleares) se está sometiendo a gravamen en nuestra opinión, la misma materia imponible que se reserva a las Corporaciones Locales, en relación con el IAE (art. 79.1 LRHL), lo que podría tropezar con el art. 6.3 LOFCA.

Así, en el epígrafe 151.3 de la Sección primera de las Tarifas reguladoras del Impuesto se grava "la producción de energía electronuclear"; y en el epígrafe 143.3 de la Sección 1ª de las mismas tarifas se grava también "el almacenamiento de residuos radioactivos".

Respecto al restante presupuesto de hecho del Impuesto: actividad de producción de electricidad, también se podría estar solapando con el Impuesto estatal sobre la electricidad, tropezando con la limitación establecida en el art. 6.2 LOFCA respecto a la financiación de las Comunidades Autónomas que prohíbe a estos Entes Territoriales la creación de un impuesto cuyo hecho imponible coincida con otro estatal.

Estos argumentos fueron suficientes para que el Tribunal Constitucional suspendiera en un primer momento la vigencia y aplicación del Impuesto, para transcurridos unos meses levantar la suspensión a la espera de que dicho Alto Tribunal se pronuncie en un futuro sobre su adecuación a nuestra Carta Magna.[27]

2.3.4 Sujetos pasivos

Son sujetos pasivos del tributo, a título de contribuyente, las personas físicas o jurídicas, así como las entidades a que se refiere el art. 33 LGT que realicen el hecho imponible del impuesto (art. 4). En el segundo párrafo de este precepto, el legislador prohíbe a las entidades afectadas repercutir el impuesto (internalizar el coste) sobre el consumidor final, si bien esta disposición no deja de ser una mera declaración de intenciones de difícil control.

27. Planteado recurso de inconstitucionalidad por el Presidente de Gobierno, el Tribunal Constitucional suspendió en un primer momento la vigencia y aplicación parcial de los arts. 2.1.b), 2.1.c), 2.2, 4.2, 5.1.b), 5.1.c), 6.b), 6.c) y 7.4 de la Ley del Impuesto. No obstante, el Auto de 18 de septiembre de 2001 (RCL 2001/2.434) ha levantado su suspensión.

2.3.5 Base imponible

La base imponible se constituye por ciertas magnitudes que miden el grado de contaminación producida: importe anual de emisiones contaminantes de dióxido de azufre y de nitrógeno, medidas en toneladas métricas; producción bruta anual de electricidad, expresada en kilovatios hora; o capacidad de los depósitos de residuos radiactivos a la fecha del devengo, expresada en metros cúbicos almacenados (art. 5.1).

Por otro lado, la Ley reconoce dos métodos para determinar la base imponible. Así, los contribuyentes determinarán el nivel de emisiones atmosféricas contaminantes mediante el método de estimación directa, siempre que haya sistema de medida en el foco emisor (art. 5.2); o bien, por estimación objetiva, en los restantes casos (es decir, cuando no exista sistema de medida), determinándose la base imponible – señala la Ley – mediante un método "*indirecto*" (tal vez hubiera sido deseable que la norma hubiera empleado el término de estimación "*objetiva*") por las cantidades emitidas por hora resultantes de la última medición oficial realizada por un organismo de control autorizado. Para calcular las cantidades emitidas en el período de imposición se considerará que el tiempo de emisión es de seis mil horas en el año natural (art. 5.2.b). La dureza de este precepto queda amortiguada por la Disposición adicional de la Ley: sin perjuicio de lo establecido en las disposiciones específicas sobre prevención y control de la contaminación, los sujetos pasivos podrán *solicitar*, durante el período impositivo, al centro directivo competente en materia de calidad ambiental, la realización de una nueva inspección oficial por un organismo de control autorizado, adicional a las obligatorias, cuando por los *cambios tecnológicos realizados en la instalación* les interese, a efectos del impuesto, la realización de una nueva medición. Ahora bien, la norma no otorga un auténtico derecho a que tal inspección adicional se realice. De este modo, si la Administración se demorase en practicarla, podría producirse una grave injusticia para los contribuyentes.[28]

2.3.6 Cuota tributaria

A la base imponible determinada mediante la estimación directa u objetiva (en su caso) se le aplicará un tipo de gravamen gradual en función de la actividad contaminante, estableciéndose distintos tipos en función de que la actividad sea más o menos contaminante.

28. Chico, Grau y Herrera (2003:20, nota 59).

Así, en el supuesto de actividades emisoras de compuestos oxigenados del azufre o del nitrógeno, se aplicará la siguiente tarifa:

– > 0-1000 toneladas anuales: Cero euros por tonelada (tipo cero).

– > 1.001-50.000 toneladas anuales: 18,03 euros (3.000 ptas.) por tonelada.

– > 50.000 toneladas anuales: 21,04 euros (3.500 ptas.) por tonelada.

En el supuesto de centrales nucleares de producción de energía eléctrica, el tipo será de 0,0012 euros (0,2 ptas.) por Kilovatio hora producido.

Por último, en el caso de almacenamiento de residuos radiactivos, el tipo será de 601,01 euros (100.000 ptas.) por metro cúbico de residuos almacenado.

En nuestra opinión, este tipo gradual resulta acorde con la finalidad ambiental al estructurar la tarifa en función de que la actividad sea más o menos contaminante, a diferencia del desaparecido Impuesto balear sobre actividades que inciden en el medio ambiente (IBIMA), en cuanto que su tipo de gravamen consistía en una alícuota proporcional, fijándose un porcentaje fijo (1%) sobre la base imponible.

2.4 Impuesto sobre estancias en empresas turísticas de alojamiento de la Comunidad Autónoma de Baleares

2.4.1 Normativa

El impuesto sobre estancias en empresas turísticas de alojamiento se aprueba a través de la Ley 7/2001, de 23 de abril, del Parlamento de Baleares. En desarrollo de esta Ley, se ha dictado el Decreto 25/2002, de 26 de febrero (*BO* de la Comunidad Autónoma de Baleares de 26 de febrero de 2002), así como tres Ordenes de la Consejería de Hacienda y Presupuestos de 3 de abril de 2002 (*BO* de la Comunidad Autónoma de Baleares de 6 de abril de 2002).

La mal llamada *ecotasa*, se trata de una figura ya utilizada en el Derecho comparado. Así, existen varios precedentes en nuestro entorno jurídico de impuestos sobre el turismo como el creado por varios *Länder* austríacos, o el francés de la *taxe de séjour* (o tasa de estancia).[29]

29. Cfr. Lasarte, Eseverri, Adame y Martín (2001:39) y Bokobo (1999:243 y 2001:9 y ss.).

2.4.2 Naturaleza

Nos encontramos ante un Impuesto propio de la Comunidad Autónoma de Baleares. La Ley además califica dicho Impuesto de *directo* (art. 5), al señalar que su objeto está constituido por las estancias que realicen las personas físicas en empresas de alojamiento. Por consiguiente, podemos ya hacer notar que el impuesto balear no grava de una forma directa sino potencial las emisiones contaminantes que se producen a la atmósfera.

Dicho impuesto, tal como se configura su hecho imponible, grava las estancias hoteleras, es decir, el consumo por parte del contribuyente, por lo que en puridad grava consumos específicos, configurándose como un impuesto real e indirecto desde un punto de vista económico y jurídico.[30] Tal vez el legislador pretenda con esta labor de "maquillaje" evitar su interrelación con otros impuestos indirectos que gravan el consumo como el IVA al objeto de evitar su posible inconstitucionalidad en atención al art. 6.2 LOFCA.[31]

Sin embargo, tal como se configura su hecho imponible, entendemos que existe cierto solapamiento con otros Impuestos estatales indirectos que gravan el consumo. Así, el art. 11.9ª de la LIVA 37/1992, de 28 de diciembre, grava también el consumo de servicios hoteleros en fase minorista, lo que podría tropezar con el art. 6.2 LOFCA. En esta línea, podría también cuestionarse su compatibilidad de acuerdo al ordenamiento comunitario en cuanto que el art. 33 de la Sexta Directiva prohíbe que los Estados miembros establezcan impuestos sobre el volumen de ventas distintos del IVA. Sin embargo, la jurisprudencia comunitaria viene siendo especialmente tolerante con este tipo de impuestos,[32] prohibiéndolos únicamente cuando se cumplan conjuntamente las siguientes características:

30. Desde un punto de vista económico, los impuestos pueden ser directos o indirectos en función de que graven la renta y el patrimonio, o el tráfico de bienes y servicios. Por su parte, desde un punto de vista jurídico, los impuestos indirectos se diferencian de los directos en que en los primeros cabe trasladar jurídicamente la cuota al consumidor del impuesto, es decir, se produce el denominado fenómeno de la repercusión.

31. El art. 6.2 LOFCA prohíbe a las Comunidades Autónomas crear tributos cuyo *hecho imponible* esté ya gravado por el Estado.

32. En esta línea, apunta P. M. Herrera (2001a:14) que el TJCE ha considerado el gravamen austriaco sobre el turismo plenamente compatible con el ordenamiento comunitario al no constituir un impuesto sobre el volumen de ventas prohibido por el art. 33 de la Sexta Directiva (STJCE de 8 de junio de 1999, As. C-338/97, C-344/97 y C-390-97).

a) En cuanto al objeto del tributo, ha de ser un impuesto general sobre el consumo. La mal llamada *ecotasa* no lo es, aplicándose sólo a determinadas actividades (de alojamiento).

b) Además, el gravamen ha de ser proporcional al precio de los bienes y servicios, cosa que no sucede con el impuesto balear. En efecto, éste se cuantifica atendiendo a la categoría del establecimiento y no el precio concreto del servicio.

c) En cuanto al tipo de repercusión, dicho impuesto ha de ser plurifásico, aplicándose en todas las fases del proceso productivo – *v. gr.* como el IVA. Sin embargo el impuesto balear es monofásico (se aplica en una sola fase del proceso productivo[33]).

d) Por último, que permita al sujeto pasivo la deducción del IVA soportado. Sin embargo, el legislador del impuesto balear no ha previsto algún mecanismo de deducción del impuesto soportado.[34]

Por otro lado, consideramos que podría existir cierta fricción con el art. 6.3 LOFCA al gravarse en la sede municipal otro impuesto que incide en el ejercicio de la actividad económica.[35] Así, sucede con el epígrafe 68 de las tarifas reguladoras del IAE al gravarse bajo la rúbrica "Servicios de hospedaje" esta misma actividad económica.[36]

33. Así, *v. gr.* el turoperador no repercute el impuesto al empresario del establecimiento hotelero para que éste a su vez lo repercuta al consumidor final, sino que directamente el empresario repercute dicho impuesto al contribuyente (turista), entrando en juego únicamente el turoperador como responsable del tributo en caso de impago del sujeto pasivo.

34. Cfr. P. M. Herrera (2001a:14).

35. El art. 6.3 LOFCA impide a las Comunidades Autónomas crear tributos cuya *materia imponible* esté reservada a las Corporaciones Locales. Nótese que el apartado tercero del art. 6 LOFCA establece una limitación más amplia que la enunciada en el apartado segundo para las relaciones entre impuestos estatales y autonómicos.

36. Este mismo argumento ha sido también puesto de manifiesto por P. M. Herrera (2001b:16) a la luz de la doctrina del Tribunal Constitucional por el que se declaró contrario a nuestro ordenamiento jurídico el IBIMA (Impuesto balear sobre instalaciones que inciden en el medio ambiente) en cuanto que el objeto del Impuesto sobre estancias hoteleras se superpone al objeto imponible del Impuesto sobre actividades económicas, aunque su hecho imponible sea distinto (como sucedía con el IBIMA y el IBI): la prestación de servicios a los clientes será gravada por ambos tributos. En efecto, "si se admite que el Impuesto turístico incide – aún de modo parcial – sobre el objeto imponible del IAE, el tributo autonómico sería inconstitucional por contrario al art. 6.3 LOFCA. Frente a ello no cabría alegar la pretendida naturaleza ecológica (extrafiscal) del impuesto turístico. Parafraseando la STC de 30 de

En cuanto a la clasificación de tributos que recoge el art. 26 LGT, entendemos que por sus caracteres singulares responde a una naturaleza impositiva. Así, pese a denominarse comúnmente por la opinión pública como *ecotasa*,[37] desde un punto de vista técnico carece de sentido pues ni responde a un fin ecológico, ni responde a la naturaleza de tasa. En efecto, se trata de un *impuesto* y que en nuestra opinión además, carece en puridad de un fin ecológico, es decir, de protección del medio ambiente, sino de un fin recaudatorio (fiscal). No obstante, debe reconocerse que está configurado como un impuesto afectado, puesto que su recaudación se destina a un Fondo para rehabilitación de espacios turísticos, cuyo fin, sí es el de preservar el medio ambiente. Obsérvese que la naturaleza ecológica de un impuesto no se construye por su afectación a un fin ambiental, sino por su estructura impositiva acorde con la finalidad ecológica al incentivar al agente económico a desarrollar conductas plenamente respetuosas con el medio ambiente.[38]

Así, podríamos resaltar la ausencia de relación causal y directa entre el hecho imponible y el objeto del tributo, pues no guarda relación directa y causal el hecho imponible del impuesto ("estancias en alojamientos turísticos") con su objeto imponible ("estimular un comportamiento ecológico más eficiente").

noviembre de 2000 podría afirmarse que el Impuesto turístico 'no se dirige, en sentido negativo, a disuadir el incumplimiento de ninguna obligación, pero tampoco busca, en sentido positivo, estimular las actuaciones protectoras del medio ambiente, en cumplimiento del art. 45 CE, desvinculándose así de la verdadera aptitud de cada sujeto para incidir en el medio en el que se desenvuelve'. La mera afectación de las sumas recaudadas constituye una circunstancia externa que no altera el objeto imponible". Vid. también el trabajo de Guervós (2000:165).

37. La denominación de la *ecotasa* entendemos que responde a una transposición literal de los términos francés de *ecotax*, e inglés de *ecological tax*.

38. Para que un impuesto pueda calificarse de "ambiental", "el elemento de protección ecológica debe estar presente *en su estructura,* y en ésta no representa ningún papel la actividad que se financie con los fondos recaudados; dicho de otro modo: no se transforma en *ambiental* un impuesto ordinario por el simple hecho de que su recaudación se afecte a la protección del entorno natural". En efecto, la afectación del tributo no indica ningún fin extrafiscal, como no se convertiría en extrafiscal el impuesto sobre la renta, por el hecho de que su recaudación se afectase a determinados fines. Si bien, como acertadamente apunta el citado autor – cuestión distinta sería el establecimiento de contribuciones especiales destinadas a financiar obras públicas que beneficiasen a las entidades hoteleras o a los propios turistas, pero no es ésta la opción que ha seguido el legislador del tributo [cfr. P. M. Herrera (2001a:14)]. En efecto, siguiendo a Buñuel (2002:6), "no basta con que el uso que se dé a los ingresos sea medioambiental, sino que el mismo tributo ha de generar un

Estamos en definitiva, ante un impuesto *populista*, porque pese a que en un plano teórico está diseñado para que recaiga tanto sobre residentes como no residentes, en la práctica, tributarán generalmente los no residentes, por lo que el ejecutivo balear que es el que recauda el impuesto no recibirá un castigo político en unas elecciones autonómicas (aunque el impuesto ha recibido duras críticas por parte del sector hotelero).[39] Por el contrario, es un impuesto con etiqueta ecológica que – teóricamente – se *vende* bien al conjunto de la sociedad por pretender la protección del medio ambiente. Así, se ha justificado socialmente este impuesto porque la recaudación se va a destinar de forma íntegra a la mejora de las zonas turísticas y a la conservación de espacios naturales.

También merece la pena no perder de vista el complejo trasfondo político que subyace detrás de esta idea original. Por un lado, la Comunidad Autónoma de Baleares está actualmente gobernada por una coalición formada por el partido socialista, los verdes y los nacionalistas que

incentivo que redunde en la consecución del fin medioambiental perseguido. De esta forma, quedan excluidos de la etiqueta de 'medioambientales', 'ecológicos', o 'verdes' muchos tributos que reciben indebidamente esta apelación porque sus ingresos se destinan a fines medioambientales. Esta denominación tiene tanto fundamento como lo tendría denominar al IRPF como impuesto medioambiental si se pudiera afectar a fines medioambientales, un porcentaje de su recaudación".

39. Así, en nuestra opinión, resulta compatible con el principio comunitario de libertad de circulación de personas, pues el diseño de la Ley no establece limitaciones – al menos a nivel teórico – a los contribuyentes potenciales del tributo. En el mismo sentido, Lasarte, Eseverri, Adame y Martín (2001:35). Así las cosas, si un residente en la Comunidad balear se hospeda en un hotel pagará el tributo en las mismas condiciones que un no residente. Sin embargo, el TJCE en alguna ocasión ha puesto ciertas objeciones a la admisión por parte de los Estados miembros de gravámenes que puedan restringir aun de forma indirecta la libre circulación de bienes en el territorio comunitario. Así, este Tribunal en la S. de diciembre de 1995 (falta el día) (As. C-45/94) sobre el arbitrio sobre la producción e importación de mercancías en Ceuta y Melilla consideró contrario al Tratado de la Unión Europea el que "un Estado miembro recaude un arbitrio que, aunque presente la apariencia de un tributo interno, esté en realidad configurado de tal modo que, ya por el tenor de las normas que lo imponen, ya por el modo en que lo aplique la Administración, grave los productos importados o determinadas categorías de dichos productos, con exclusión de los productos locales de la misma categoría". Y también en esta misma línea se pronunció este mismo Tribunal en la S. de 15 de junio de 1999 (As. C-421/97, *Yves Tarantik*), al entender que el gravamen no puede graduarse en función de las características de los vehículos de modo que favorezca de hecho la producción nacional, aunque formalmente recaiga sobre los vehículos con independencia de su origen. Para Martin Fernández (cit. por Herrera (2001a:13) esta doctrina podría trasladarse sin dificultad a la libre circulación de personas como sucede en el supuesto que analizamos.

son los defensores de la implantación del citado impuesto. Por otro, se encuentra el partido popular y las asociaciones de empresarios y turoperadores que rechazan frontalmente este impuesto, por entender, entre otras razones, que dicho gravamen frena el turismo en la zona. Precisamente, el partido popular presentó el 30 de julio de 2001 un recurso de inconstitucionalidad contra la Ley del Parlamento balear que crea este impuesto, solicitando la suspensión hasta que el Alto Tribunal enjuiciara sobre si existían o no vicios de inconstitucionalidad. Sin embargo, mediante el Auto n. 5, de 15 de enero de 2002, el Pleno del Tribunal acordó levantar la suspensión, y el 1 de mayo de este año entró en vigor este impuesto, a la espera de que en un futuro pueda fallar Nuestro Tribunal Constitucional a favor o en contra de su adecuación a nuestro ordenamiento jurídico. Por consiguiente, se trata de un impuesto que desde su entrada en vigor se encuentra envuelto en la polémica.

2.4.3 Hecho imponible

Dicho impuesto grava las estancias diarias en empresas turísticas de alojamiento, consideración que se atribuye a los hoteles, apartamentos hoteleros, apartamentos turísticos, residencias turísticas de vacaciones, *campings* o campamentos turísticos, hoteles rurales, establecimientos de turismo de interior y de agroturismo, y otros establecimientos a los que la Ley atribuye la condición de empresa turística de alojamiento, además de las personas físicas o jurídicas que arrienden bienes inmuebles prestando servicios complementarios propios de establecimientos hoteleros.

Quedan exentas las estancias de menores de hasta doce años y las estancias subvencionadas por programas sociales de Administraciones Públicas de cualquier Estado de la Unión Europea (art. 6).[40]

Así, tal como está configurado el hecho imponible del impuesto, el legislador somete a tributación una de las causas potenciales de contaminación ambiental que puede originarse no por el *alojamiento* de personas en un establecimiento turístico, sino por su *presencia* en el citado territorio. Por consiguiente, siendo generosos con la finalidad ambiental que se presume de este impuesto, el legislador somete a gravamen a uno de

40. Como acertadamente apuntan Lasarte, Eseverri, Adame y Martín (2001:9-10), la exoneración de gravamen a los menores de doce años, constituye una excepción al principio de generalidad que resulta perfectamente ajustado a Derecho, aunque se haya fijado una edad convencional para diseñar el supuesto de exención.

los agentes contaminantes (las personas que se alojan en estos establecimientos – principalmente turistas) liberando a otros: industrias y empresas con presencia en la zona. Sin embargo, en nuestra opinión esta circunstancia no resulta determinante para afirmar la inconstitucionalidad del tributo en base al principio de generalidad.

Mayores problemas de constitucionalidad puede plantearse al discriminar el legislador intencionadamente entre las distintas formas de alojamiento en las Islas. Así, no existe en nuestra opinión una causa razonable y justificada (conforme con la capacidad económica, o en atención a fines de carácter extrafiscal) para que el legislador no someta a gravamen v. gr. las estancias en las Islas Baleares de personas que alquilen una embarcación marítima – *v. gr.* un yate, o que se alojen en un apartamento alquilado directamente a un particular, o en un hostal, fonda, o pensión, en detrimento de los alojamientos en hoteles, apartahoteles o apartamentos turísticos, por citar algunos de los ejemplos que la Ley del Impuesto sí somete a tributación. Si la jurisprudencia constitucional fuese más estricta, esta circunstancia podría suponer cierta fricción con el principio de igualdad (art. 14 CE).[41]

2.4.4 Sujetos pasivos

Son contribuyentes del impuesto las personas físicas que realicen la estancia en las empresas de alojamiento (art. 8), atribuyéndose la condición de sustituto del impuesto al empresario del servicio de alojamiento (art. 9).

Por último, son responsables del tributo los intermediarios que contraten las estancias en los establecimientos de alojamiento turístico. La Ley guarda silencio sobre el tipo de responsabilidad que asume el intermediario (turoperador), por lo que habrá que estar a lo que establece el art. 37.2 LGT ("salvo precepto legal expreso en contrario, la responsabilidad será siempre subsidiaria"). Así las cosas, entendemos a falta de precepto legal en contrario, que el intermediario responde subsidiariamente de la deuda tributaria.[42]

41. No obstante, debe reconocerse que este motivo de declararse inconstitucional, sería fácilmente subsanable por el Gobierno balear, sometiendo al tributo las otras formas de alojamiento en las Islas.

42. La cuestión sobre si nos encontramos ante un supuesto de responsabilidad solidaria o subsidiaria no es baladí, pues sólo se derivará la acción administrativa hacia el responsable subsidiario tal como prescribe el art. 37.5 LGT, previa declaración de fallido del deudor principal (el sustituto del impuesto, es decir, el empresa-

2.4.5 Base imponible

La base imponible está constituida por el número de días (o fracción) que se prolongue la estancia (art. 13).

La Ley fija dos métodos de determinación de la base imponible:

El método de estimación directa, que constituye el régimen ordinario; y el de estimación objetiva, que se aplica de forma subsidiaria al anterior siempre que se cumplan determinados requisitos reglamentarios y el sustituto no renuncie al método directo (art. 13.b.1ª).[43]

El art. 12 del Decreto de 22 de febrero de 2002 establece los requisitos que ha de reunir el establecimiento turístico para la aplicación del método de estimación objetiva. En primer lugar, que el cómputo de todos los establecimientos turísticos en los que se desarrolle la actividad de alojamiento turístico no supere las 5.000 plazas de capacidad al cierre del ejercicio fiscal anterior o, en caso de inicio de actividad, al tiempo de la autorización de apertura otorgada por la Administración turística competente; y en segundo lugar, que más del 20 por 100 del total de las plazas contratadas a lo largo del ejercicio fiscal anterior lo haya sido por intermediarios, mayoristas u operadores turísticos.

Para la determinación de la base imponible mediante el método de estimación objetiva se toma como signo externo el número de estancias de cada establecimiento al que se le aplican una serie de índices correctores: en función del número de días de temporada, la localización geográfica del establecimiento, o del promedio de días de apertura del establecimiento al cierre del ejercicio fiscal.[44]

La aplicación del método de estimación objetiva del impuesto puede derivar tanto efectos positivos como negativos para las entidades hoteleras (sujetos pasivos). Así, se ha señalado como efecto positivo el beneficio eco-

rio hotelero) y de los demás responsables solidarios (figura que no se contempla de modo específico en este impuesto, sin perjuicio de que puedan ser aplicables las hipótesis previstas en la LGT).

43. Los métodos de estimación objetiva responden por regla general, a la finalidad de simplificar las obligaciones formales del sujeto pasivo y el control administrativo. Sin embargo, en el impuesto objeto de análisis, "la primera finalidad brilla por su ausencia: no parece que resulte complejo para el establecimiento conocer el número total de días de estancia de sus clientes. Por tanto, la finalidad parece estar tan sólo en la simplificación del control administrativo (que tampoco parece excesivamente difícil en régimen de estimación directa) y, sobre todo, el deseo de contar con una recaudación estable y previsible", cfr. P. M. Herrera (2001a:12).

44. Art. 4 de la Orden de 3 de abril de 2002.

nómico que se genera en la cuenta de resultados de la empresa turística cuantificado por la diferencia entre las cuotas repercutidas sobre sus clientes (contribuyentes) y el importe que corresponda ingresar como consecuencia de la aplicación del módulo (exceso). En todo caso, dicha diferencia estaría sujeta al impuesto que grave la renta (IS o IRPF) del titular del negocio.[45] Nótese que en el IRPF el exceso (o diferencia positiva) entre la renta real (obtenida por el margen de explotación) y la fiscal derivada de la aplicación mecánica del módulo en estimación objetiva no dará lugar a su sujeción en el citado impuesto como ganancia de patrimonio. Sin embargo, dicha exención está prevista para el exceso de renta en el IRPF, no para el excedente que traiga origen en otros impuestos de naturaleza *directa* o indirecta.

Por otro lado, la aplicación mecánica del método de estimación objetiva – tal como está diseñado actualmente el impuesto – genera efectos económicos negativos para las empresas turísticas que determinan su renta en base al módulo. Por desgracia, la Ley no ha previsto hasta la fecha la circunstancia de que los empresarios que hayan elegido el sistema de liquidación por módulos, tengan que realizar el abono sin tener en cuenta los supuestos de exención que prevé expresamente el art. 6 de la Ley del Impuesto (menores de doce años y personas subvencionadas por programas sociales – *v. gr.* del Imserso – de Administraciones Públicas de cualquier Estado de la Unión Europea).[46] Según nos consta, el ejecutivo balear tiene previsto realizar una reforma normativa para corregir precisamente esta laguna legal.[47]

2.4.6 Cuota tributaria

A la base imponible se le aplica una cuota fija conforme a la siguiente tarifa que oscilará entre 0,25 y 2 euros por día de estancia, en función de la clase y categoría de establecimiento:

45. Cfr. M. A. Herrera (2001, 163 y ss.) y P. M. Herrera (2002:409).

46. Así, por falta de previsión normativa, puede suceder que el empresario turístico tenga que abonar la cantidad resultante de la aplicación del módulo, cuando únicamente haya alojado en su establecimiento a personas declaradas exentas por la misma Ley del tributo (*v. gr.* personas acogidas a programas sociales del Imserso).

47. El diseño de esta reforma vendría a liquidar únicamente el 50 por 100 del resultado determinado por el módulo cuando el establecimiento hotelero hubiera contratado durante el año entre el 45 y el 85 por 100 de las habitaciones para el alojamiento de turistas integrados en programas sociales subvencionados por los países de la Unión Europea, estableciendo un tipo cero para porcentajes superiores al 85 por 100 de alojamiento en estas mismas circunstancias.

Clase de establecimiento y categoría. Euro/día estancia:

Hoteles y hoteles-apartamentos de 5 estrellas	€ 2
Hoteles y hoteles-apartamentos de 4 y 3 estrellas	€ 1
Hoteles y hoteles-apartamentos de 2 y 1 estrellas	€ 0,5
Apartamentos turísticos de 4 llaves	€ 2
Apartamentos turísticos de 3 y 2 llaves	€ 1
Apartamentos turísticos de 1 llave	€ 0,25
Viviendas turísticas de vacaciones	€ 1
Arrendamientos de bienes con servicios complementarios	€ 1
Campings o campamentos de turismo	€ 0,75
Hotel rural	€ 1
Hotel de interior	€ 1
Agroturismo	€ 0,25

2.5 Gravamen sobre actividades de riesgo de la Comunidad Autónoma de Cataluña

2.5.1 Normativa

El gravamen sobre actividades de riesgo aparece regulado en el art. 58 de la Ley 4/1997, de 20 de mayo, del Parlamento Catalán, de protección civil de Cataluña (RCL 1997/1678).

2.5.2 Naturaleza

Nos encontramos ante un tributo de naturaleza real creado por el Parlamento de la Comunidad Autónoma de Cataluña, y con carácter finalista – tal como proclama la Exposición de motivos de la citada Ley – al destinarse a financiar las actuaciones de protección civil, mediante una distribución solidaria de los costes de la protección civil entre los creadores de los riesgos. Así mismo, el art. 58 3 de la citada Ley, prescribe que el producto de la recaudación del gravamen debe destinarse íntegramente a financiar las actividades de previsión, prevención, planificación, información y formación en materia de protección civil. Sin embargo, y pese a encontrarnos ante un tributo afectado a un fin concreto, entendemos que dicho gravamen no responde a una finalidad ambiental, sino recaudatoria, pues no tiene un carácter desincentivador de comportamientos antiecológicos.

Por otro lado, entendemos que la creación de este gravamen no tropieza con el límite de distribución competencial recogido en el art. 6 (párrafos 2º y 3º). Así, en cuanto que lo que grava es la creación de un riesgo que deriva de la titularidad de determinadas instalaciones y no la titularidad en sí misma, no se afecta a la materia reservada al IBI por las Corporaciones Locales.

Mayores dificultades nos encontramos para determinar su naturaleza tributaria de acuerdo al art. 26 LGT pues, pese a que formalmente se define como un impuesto, sus rasgos son más los propios de una contribución especial, en cuanto que quedan sometidos al Impuesto determinados sujetos especialmente afectados por la activación de un plan de protección civil.

2.5.3 Hecho imponible

Dicho tributo grava los elementos patrimoniales situados en el territorio de Cataluña y afectos a las actividades de las que pueda derivar la activación de planes de protección civil por ser consideradas actividades de riesgo:

a) las instalaciones industriales o los almacenes en los que se utilicen, almacenen, depositen o produzcan una o varias sustancias consideradas peligrosas;[48]

b) las instalaciones y estructuras destinadas al transporte de sustancias peligrosas;

c) los aeropuertos y aeródromos, así como instalaciones industriales anexas;

d) las presas hidráulicas;

e) las instalaciones y estructuras destinadas al transporte o suministro de energía eléctrica.

Quedan sin embargo exentos los siguientes supuestos:

a) instalaciones de gestión de residuos (reciclaje);

b) estaciones eléctricas que no sean susceptibles de crear riesgo;

c) elementos patrimoniales afectos a actividades desarrolladas por las distintas entidades de naturaleza pública; así como

48. Son consideradas actividades peligrosas las reguladas en el anexo III del RD. 886/1988, de 15 de julio (RCL 1988/1.740), o en el anexo II del RD. 952/1990, de 29 de junio (RCL 1990/1.514).

d) el transporte de pequeñas cantidades de gas propano y gas natural.

El transporte de dichas sustancias no se somete a gravamen. De otro modo se habría podido generar un obstáculo al tráfico de bienes y servicios contrario al art. 9.c) LOFCA.[49]

2.5.4 Sujetos pasivos

Las personas que realizan actividades a las que están afectos elementos patrimoniales que implican un riesgo.

2.5.5 Base imponible

Se atiende al riesgo real y potencial de los costes de protección civil que se genera. Así, en el supuesto de instalaciones industriales o almacenes de sustancias de riesgo potencial, se mide la cantidad media anual de sustancias en kilogramos. En el supuesto de instalaciones destinadas al transporte de sustancias peligrosas se toma como referencia los metros lineales. Para los aeropuertos y aeródromos, se toma como referencia el número de vuelos. Para las presas hidráulicas el metro cúbico. En el supuesto de centrales nucleares, por la potencia nominal expresada en megavatios. Y por último, para las instalaciones y estructuras destinadas al transporte o suministro de energía eléctrica, en metros.

2.5.6 Cuota tributaria

Se determina la cuota en función de unos baremos objetivos que representan el riesgo derivado del funcionamiento de estas instalaciones. Así, a la base imponible determinada según los siguientes parámetros se le aplica el tipo de gravamen cuantificado en pesetas (actualmente en euros).

2.6 Impuesto sobre instalaciones que inciden en el medio ambiente de la Comunidad Autónoma de Extremadura

2.6.1 Normativa

El Parlamento de la Comunidad Autónoma de Extremadura, aprueba por Ley 7/1997, de 29 de mayo, de medidas fiscales sobre la produc-

49. Cfr. Chico, Grau y Herrera (2003:20).

ción y transporte de energía, el impuesto sobre instalaciones que inciden en el medio ambiente de Extremadura.

2.6.2 Naturaleza

El impuesto sobre instalaciones que inciden en el medio ambiente es un tributo propio de la Comunidad Autónoma de Extremadura, en virtud de los arts. 133.2 y 157.1.b) CE. Nótese que la citada Comunidad Autónoma ha asumido competencias normativas en materia de protección del medio ambiente (art. 8.9 del Estatuto de Autonomía de Extremadura) lo que explica – según la Exposición de motivos – el establecimiento de este tributo.

Por otro lado, la Ley 7/1997 califica dicho impuesto de *directo* y *real* (art. 1.1). Así, desde un punto de vista jurídico es directo, en cuanto que la citada normativa prohíbe al sujeto pasivo repercutir el tributo sobre el consumidor (art. 5.2). Sin embargo, consideramos que dicho impuesto no es real, sino personal. Así, se ha señalado que un impuesto es real cuando puede ser pensado sin referencia a una persona determinada,[50] y de la definición del objeto del tributo (art. 1.2) y sobre todo del hecho imponible (art. 2) se desprende precisamente lo contrario. El Impuesto extremeño grava la *titularidad por el sujeto pasivo* de los elementos patrimoniales objeto de gravamen, al igual que sucede con el Impuesto sobre el Patrimonio, y no por ello, la Ley del citado tributo, se abstiene de calificarlo como de naturaleza *personal* (art. 1 LIP 19/1991, de 6 de junio).[51] Por otro lado, entendemos que dicho tributo grava la misma materia imponible sometida al Impuesto sobre bienes inmuebles por lo que resultaría contrario al art. 6.3 LOFCA.[52] Este mismo argumento fue suficiente por nuestro Alto Tribunal para declarar inconstitucional el Impuesto balear sobre instalaciones que inciden en el medio ambien-

50. Cfr. Saínz de Bujanda (1993:175).

51. Así también lo ha entendido Borrero (1998:100) al afirmar que según la redacción de la Ley del Impuesto, "lo que delimitaría la materia imponible, y por extensión, según se articula técnicamente el tributo, el hecho imponible, no sería tanto la afectación de dichos elementos patrimoniales a determinadas actividades, como su titularidad por parte de determinados sujetos pasivos señalados específicamente en la Ley. La realidad del impuesto es totalmente la contraria: la existencia de determinados elementos patrimoniales afectos a actividades que incidan en el medio en los términosy que recoge la ley es lo que determina la sujeción del titular de los mismos y no al contrario. En definitiva, lo personal sigue, en este caso, a lo real".

52. En este mismo sentido, Jiménez (1998:299).

te (en adelante IBIMA). En efecto, el Tribunal Constitucional, en la S. 289/2000, de 30 de noviembre, declaró inconstitucional y nulo el citado impuesto por incidir en el mismo objeto imponible ya gravado en la esfera municipal por el Impuesto sobre bienes inmuebles.[53]

Además, nos encontramos ante un impuesto *objetivo*, al no tener en cuenta las circunstancias personales del sujeto pasivo; de liquidación *periódica*, devengándose anualmente (art. 10); y de carácter *proporcional*, al establecer un tipo de gravamen fijo o invariable.

2.6.3 Objeto del impuesto

Nos encontramos ante un tributo extrafiscal en cuanto que pretende con su gravamen desincentivar determinadas actividades que perturban el medio de Extremadura o que comportan potenciales riesgos extraordinarios en su territorio.[54] En efecto, se someten a gravamen aquellas situaciones económicas que incidan sobre el medio de Extremadura, por el hecho de ocasionar bien gastos a la Comunidad Autónoma en forma de establecimiento de necesarias políticas ambientales, encaminadas a proteger el medio; bien una merma de las condiciones ambientales en la que los ciudadanos de Extremadura desarrollan su existencia.[55]

53. "Debe concluirse que el IBIMA se configura como un impuesto sobre el patrimonio inmobiliario, que incide en la misma materia imponible que la del Impuesto municipal sobre Bienes Inmuebles, incurriendo por ello en la prohibición prevista en el apartado 3 del art. 6 LOFCA" (STC. 289/2000, FJ 6º *in fine*). Cfr. Albiñana García Quintana (2001) y Herrera (2001b:23 y ss.). Para Adame (1996:242), "mientras el objeto del tributo sí que puede ocasionalmente coincidir en el IBI y en el IBIMA, el objeto-fin o riqueza que quiere gravar el legislador al establecer estos tributos difiere en ambos. En el IBI, la riqueza que se pretende gravar viene representada por la renta real o potencial que lleva aparejada la titularidad de los bienes inmuebles. En cambio, en el IBIMA, el objeto-fin – tal como puede deducirse del conjunto de la normativa reguladora del impuesto – está constituido por el valor patrimonial de las instalaciones de ciertas empresas que están afectas a la realización de determinadas actividades que la Ley considera que alteran el medio ambiente y el equilibrio ecológico, y repercuten negativamente en el conjunto de la sociedad que se ve en la obligación de soportar sus efectos externos".

54. Sin embargo, para Adame (1996:242), no nos encontramos ante un tributo extrafiscal, sino ante un impuesto sobre el patrimonio de las entidades gravadas, y debe tenerse en cuenta que el criterio de la capitalización – salvo que se considere como un mero artificio para enmascarar el objeto del tributo – determina el valor productivo de los bienes gravados.

55. Como ha apuntado Borrero (1998:99) el Impuesto extremeño "es un tributo con finalidad extrafiscal. En este sentido, realiza fines tanto fiscales como extrafisca-

2.6.4 Hecho imponible

El aspecto material del elemento objetivo del hecho imponible del impuesto es la titularidad por el sujeto pasivo, de los elementos patrimoniales situados en el territorio de la Comunidad Autónoma de Extremadura que se encuentren afectos a la realización de las actividades que integran el objeto del tributo (art. 2), como son las actividades de producción, almacenaje, transformación, transporte efectuado por elementos fijos del suministro de energía eléctrica, así como los elementos fijos de las redes de comunicaciones telefónicas o telemáticas, que incidan en el medio de Extremadura.[56]

les. Los primeros son intrínsecos a su naturaleza tributaria y condición *sine qua non* para la consecución de los otros fines que se pretende alcanzar; los segundos justifican, e incluso, al concretarse en la estructura del tributo, coadyuva a legitimar el establecimiento del Impuesto. Los fines extrafiscales se proyectan sobre la estructura técnica del tributo con la pretendida finalidad de orientar a éste hacia la protección del medio. Por ello, es necesario verificar en su articulación técnica si el principio de justifica que sintetiza jurídicamente la consecución de estos fines ambientales, en este caso el principio 'quien contamina paga', coadyuva a la configuración jurídica del Impuesto, ya que de lo contrario dichas pretendidas finalidades ambientales desempeñarán el papel de salvoconducto de dicho tributo autonómico a la hora de instalarse legítimamente en el ordenamiento jurídico, sorteando los límites impuestos en el bloque de constitucionalidad al ejercicio de la potestad tributaria de las Comunidades Autónomas". En nuestra opinión se trata de un impuesto con un fin esencialmente fiscal, caracterizado por una estructura alambicada que encubre su verdadero objeto imponible [cfr. P. M. Herrera (2000:292)]. Téngase en cuenta que los tributos ambientales pueden perseguir, además de la finalidad extrafiscal que supone la preservación del medio ambiente, un fin fiscal "atenuado" [Jiménez (1998:305)], es decir, pueden generar ingresos públicos, pero sin que éste sea su finalidad primordial.

56. Para Borrero (1998:106) "los términos con los que la Ley del Impuesto delimita las actividades que inciden en el medio ambiente son discriminatorios, al no ser objetivos ni razonables, ya que, partiendo del principio 'quien contamina paga', como delimitador del hecho imponible, acaba sujetando elementos patrimoniales afectos a actividades que no contaminan el medio ambiente (*v. gr.* transporte efectuado por elementos fijos del suministro de energía eléctrica, o elementos fijos de las redes de comunicaciones telefónicas o telemáticas). Para el citado autor (1998:108), la circunstancia de que unas actividades integren el hecho imponible (redes de comunicaciones telefónicas o telemáticas) y otras no (energía eólica o solar), cuando ninguna de ellas degradan el medio, revela una proyección arbitraria del principio 'quien contamina paga', vulnerando asimismo, el principio de igualdad tributaria al materializarse éste sobre el elemento objetivo del hecho imponible del modo no objetivo, ni razonable". Sin embargo, en nuestra opinión, el legislador no sólo pretende corregir la contaminación atmosférica, sino también la degradación ambiental por la invasión de espacios naturales.

El legislador excluye de tributación declarando *no sujetas* aquellas instalaciones que se destinen a la producción y almacenaje de energía eléctrica para el autoconsumo (art. 3). Sin embargo, como acertadamente se ha señalado, su exclusión de gravamen obedecería más a su consideración como *exención*, pues se realiza el presupuesto de hecho, si bien por razones de política-económica el legislador lo excluye de tributación.[57] En nuestra opinión, esta exclusión de gravamen de forma intencionada resulta criticable, pues la degradación ambiental (objeto-fin del tributo) se produce de igual forma aunque la energía eléctrica se destine al autoconsumo.

La consideración técnica como supuesto de no sujeción de la producción de las energías solar o eólicas resulta más acertada desde el punto de vista de su justificación en cuanto que dichas energías renovables no degradan el medio ambiente, "salvo que éstas como señala la Ley alteren de forma grave y evidente el medio ambiente". En todo caso, esta cláusula de cierre resulta criticable por la inseguridad jurídica que introduce en la regulación jurídica del tributo. En efecto, como acertadamente ha apuntado Borrero Moro, el inciso final del precepto es criticable por la inseguridad jurídica que introduce en la regulación jurídica del tributo (art. 9.3 CE), pues, ¿cómo se puede configurar un tributo en el que una actividad puede estar sujeta o no, sin especificar cuáles son las razones específicas que le hacen pasar de una situación de gravamen a una situación de no sujeción?[58]

El aspecto espacial está constituido por la radicación de los elementos patrimoniales en el territorio de la Comunidad Autónoma de Extremadura, así como por la afectación de éstos a actividades que perturban el citado territorio. El art. 2.2 de la Ley del Impuesto establece que los bienes están radicados en Extremadura cuando concurran cualquiera de las siguientes condiciones:

– En cuanto a los bienes inmuebles y derechos sobre los mismos cuando aquéllos estén situados en esta Comunidad.

57. Para Borrero (1998:107) la razón que justifica su configuración como supuesto de exención, "se relaciona con el hecho de que la energía eléctrica producida o almacenada por dichas instalaciones y estructuras no se va a comercializar. Es decir, no va a producir beneficios procedentes de su venta al ciudadano. Esta diferencia entre actividades productoras de energía eléctrica para comercializarla o para utilizarla en su propia actividad económica o personal, parece justificar la articulación de la exención. El fundamento se encontraría en el principio de capacidad económica, al no relacionarse directamente éstas con la obtención del dinero".

58. Cfr. Borrero (1998:108).

– Respecto a los bienes muebles, cuando sean utilizados en factorías, obras o instalaciones situadas en Extremadura.

La Ley guarda silencio en relación al criterio que debe adoptarse para determinar que un elemento patrimonial afecta o perturba el citado territorio, por lo que cabe entender que los requisitos anteriores son también aplicables a este supuesto, a fin de no tropezar con la prohibición constitucional de que las Comunidades Autónomas graven bienes situados fuera de su territorio (arts. 157.2 CE y 9 LOFCA).

Por último, el aspecto temporal se regula en el art. 10 de la Ley del Impuesto, señalando que el citado tributo se devenga con carácter general el 31 de diciembre de cada año. No obstante, en el supuesto de que se cese en el ejercicio de la actividad antes de la citada fecha, el impuesto se devengará el último día de la actividad. La Ley no lo señala expresamente pero cabe entender que el período impositivo es anual: del 1 de enero al 31 de diciembre. Así, en cuanto que exista un cambio de titular de la instalación contaminante debe entenderse que se produce un período impositivo corto tributando dicho sujeto *hasta el último día de la actividad* – tal como prescribe la Ley.[59]

2.6.5 Sujetos pasivos

Son sujetos pasivos, a título de contribuyentes, las personas físicas o jurídicas titulares de los elementos patrimoniales regulados en el art. 1º de la Ley (art. 5). No obstante, se consideran titulares de los elementos patrimoniales quienes realicen las actividades que integran el objeto del tributo (art. 6). Nótese que el legislador, con buen criterio, considera contribuyente del tributo al agente contaminante, con independencia de que ostente o no el derecho de propiedad de la instalación (*v. gr.* porque se encuentre arrendado). A estos efectos, el art. 6 *in fine* establece que cuan-

59. Sin embargo, Borrero (1998:102) ha declarado la existencia de una laguna legal en aquellos casos en los que un sujeto sea titular de la instalación durante 364 días en el año, y el último día de éste transmita la propiedad de la instalación a un tercero, pues según el citado autor, el comprador quedaría sometido al Impuesto, "con independencia de que el primero haya sido el que ha estado degradando el medio durante casi la totalidad del período impositivo". Sin embargo, en nuestra opinión, el término "cese" en las actividades debe interpretarse en un sentido amplio, comprendiendo tanto los supuestos de "cese" del ejercicio por disolución de la entidad, como de "transmisión jurídica" de la propiedad, por lo que tanto el vendedor como el comprador tributarán en el citado tributo por la parte proporcional de la titularidad en el ejercicio de la actividad contaminante.

do no resulte debidamente acreditada la titularidad de los elementos patrimoniales, la Administración tributaria tendrá derecho a considerar como titular a quien figure como tal en un registro fiscal u otros de carácter público, y en último extremo, al que aparezca como poseedor.

2.6.6 Base imponible

Constituye la base imponible del tributo el valor productivo de los elementos patrimoniales que dan lugar al nacimiento de la obligación tributaria (art. 7.1). Entendiéndose con carácter general, por valor productivo en el período tributario la expresión estimativa de la participación de los elementos patrimoniales sujetos en la composición de los precios de fabricación o costes de producción de los bienes, incluida la energía, o de las actividades, obras y servicios, cuya generación determina el origen del hecho imponible (art. 7.2).

Para la determinación del valor productivo de los elementos patrimoniales, la Ley en el art. 8 define dos bases imponibles distintas en función de la cuantificación de los elementos que conforman el hecho imponible:

a) procesos de producción de energía eléctrica, y

b) transporte de energía, telefonía o telemática.

En el primer caso, la valoración de los distintos elementos patrimoniales que integran la base imponible, realizada capitalizando al tipo del 40 por 100 el promedio de los ingresos brutos de explotación procedentes de la facturación del sujeto, en el territorio de la Comunidad Autónoma de Extremadura, durante los tres últimos ejercicios anteriores al devengo del impuesto, no computándose en el promedio de ingresos brutos determinadas partidas: subvenciones de explotación o de capital (públicas y privadas); cantidades recibidas a título lucrativo; indemnizaciones recibidas de terceros por daños y perjuicios; los productos financieros obtenidos; cantidades obtenidas por la cesión a terceros de elementos patrimoniales de su titularidad; mayor valor de sus activos como consecuencia de regularizaciones, y las cantidades percibidas como consecuencia de la enajenación de bienes o derechos que formen parte del patrimonio. A esta cantidad habrá que deducirle determinados conceptos: IVA, y otros tributos indirectos, partidas incobrables y saldos de dudoso cobro, así como las partidas correspondientes a importes indebidamente facturados por error y que hayan sido objeto de anulación o rectificación (art. 8.1).

Junto a esta cantidad, que refleja el valor productivo de los elementos patrimoniales, habrá que calcular otra, que reflejará la producción bruta media de energía eléctrica, multiplicada por unos coeficientes: *de 7 en el caso de energía de origen termonuclear* (uno de los pocos incentivos "ambientales" del tributo), o de 5, en el caso de tener otro origen. La media aritmética de ambos valores determinará la base imponible de los procesos de producción de energía.

Entendemos que la determinación de la base imponible capitalizando al tipo del 40 por 100 el promedio de los ingresos brutos de explotación no resulta coherente con la finalidad medioambiental que se presume que tiene el tributo, pues dicha valoración no atiende al menos directamente al daño ambiental que produce la titularidad de dichas instalaciones contaminantes.[60] Así, como ya se ha señalado el hecho imponible de un tributo debe guardar una relación directa con la base imponible,[61] circunstancia que en nuestra opinión no concurre en el citado tributo. A esta misma conclusión, podría haber llegado nuestro Tribunal Constitucional para declarar contrario a derecho el Impuesto balear sobre instalaciones que inciden en el medio ambiente (en adelante IBIMA) al afirmar que "la configuración de la base imponible a partir únicamente del volumen de ingresos brutos de explotación pone de relieve que el IBIMA no grava realmente la actividad contaminante, ya que la capacidad de contaminar no depende de la cuantía de los ingresos brutos, sino de otros factores como, por ejemplo, de las inversiones realizadas para evitar precisamente la afectación del medio ambiente" (FJ 6º). En efecto, en la STC 289/2000, de 30 de noviembre, el Alto Tribunal declaró la inconstitucionalidad y nulidad del impuesto balear, tributo que reúne numerosas semejanzas con el ahora analizado, por lo que – a nuestro juicio – el tribunal debería también declarar inconstitucional el impuesto extremeño.[62] No obstante, debe recono-

60. En esta misma línea, Jiménez (1998:294 y 295) ha señalado que de los dos criterios a tomar en cuenta para determinar la base imponible del tributo para los casos de producción de energía, sólo el segundo de los mencionados se puede calificar como elemento tendente a la pretendida finalidad ambiental del impuesto, ya que guarda una relación indirecta pero congruente con el daño causado al entorno natural; y del mismo autor (1999:115).

61. Cfr. Ramallo (1978:662 y ss.).

62. Vid. sobre el ya derogado Impuesto Balear sobre instalaciones que incidan en el medio ambiente, los trabajos de Borrero (1998a:467 y ss. y 1998c:1.270 y ss.); Falcón (2001:5 y ss.); Herrera y Serrano (1994b:41 y ss.); Jiménez (1999:107 y ss.); Martínez Lago y Gómez Verdesoto (1996:83 y ss.); Guervós (2000:165 y ss.); y Ramírez y Segura (1995).

cerse que el Tribunal podría tener en cuenta la existencia de algunas exenciones ambientales y del coeficiente previsto para la producción de energía termonuclear para admitir la constitucionalidad del impuesto.

Por otra parte, en el supuesto de transporte de energía, telefonía y telemática, la base imponible "estará constituida por la extensión de las estructuras fijas expresadas en kilómetros y en números de postes o antenas no conectadas entre sí por cable" (art. 8.3). Por consiguiente, a diferencia del supuesto anterior, la base imponible viene determinada por una cantidad no monetaria, bien en Kilómetros, o bien, en su caso, en números de postes o antenas no conectadas entre sí por cable. Debe entenderse – aunque no se diga expresamente – que este segundo criterio de medida sólo entra en juego a falta del primero (kilómetros).

2.6.7 Cuota tributaria

El tipo de gravamen previsto para determinar la cuota tributaria es diverso, según se aplique a las actividades de la producción de energía eléctrica o bien a las actividades de transporte, de acuerdo con las bases imponibles establecidas. En el supuesto de bases imponibles determinadas en relación con las actividades de producción de energía eléctrica, se prevé una alícuota del 3%.

Por su parte, en el supuesto de actividades de transporte, el tipo de gravamen será de 600 euros por kilómetro de red o poste no integrado (art. 9).

2.7 *Impuesto sobre las ventas minoristas de determinados hidrocarburos en Comunidad Autónoma de Madrid*

2.7.1 Normativa

El Parlamento de la Comunidad de Madrid aprueba mediante Ley 7/2002, de 25 de julio, el tipo de gravamen autonómico del Impuesto sobre ventas minoristas de determinados hidrocarburos en la Comunidad de Madrid. A su vez la Disposición Adicional 2ª de la citada Ley, autoriza a la Ley de Presupuestos de cada año a modificar los tipos impositivos.

A raíz del nuevo sistema de financiación de las Comunidades Autónomas aprobado por el Consejo de Política Fiscal y Financiera (Ley 21/2001, de 27 de diciembre), se crea un nuevo impuesto sobre las ventas minoristas de determinados hidrocarburos (art. 9 de la Ley 24/2001, de 27 de diciembre, de Medidas Fiscales, Administrativas, y del Orden Social, en adelante MFAOS). Y la Ley 30/2002, de 1 de julio, del régimen de cesión de tributos del Estado a la Comunidad de Madrid, hace efectiva la cesión a la Comunidad de Madrid desde el 1 de enero de 2002 del rendimiento del Impuesto sobre las ventas minoristas de determinados hidrocarburos.

2.7.2 Naturaleza

Como establece el art. 9 de la Ley 24/2001, de 27 de diciembre, de MFAOS, nos encontramos ante un tributo (impuesto) de naturaleza indirecta que recae sobre el consumo. En puridad, se trata de un impuesto de naturaleza estatal, cuya recaudación se cede en parte a las Comunidades Autónomas asumiendo éstas competencias normativas sobre el tipo de gravamen en función de unos límites que establece el art. 44 de la Ley 21/2001, de 27 de diciembre, de medidas fiscales y administrativas del nuevo sistema de financiación de las Comunidades Autónomas.

Además, se trata de un tributo finalista, en cuanto que la recaudación en su tramo estatal queda afectada a la cobertura de los gastos en materia de sanidad, mientras que el tramo autonómico resulta afectado a actuaciones sanitarias o *medioambientales*.[63] Sin embargo, entendemos que el carácter finalista del tributo no lo convierte en ambiental, pues la estructura impositiva no incentiva comportamientos más respetuosos con

63. La citada Ley en su exposición de motivos establece que dicho impuesto tiene como objeto principalmente mejorar las prestaciones que el sistema sanitario público madrileño ofrece a sus ciudadanos, a través de la puesta en marcha de un Plan de Calidad Integral de los Servicios Sanitarios que se articula en torno a un triple objetivo: adecuación de infraestructuras y procesos, servicios sanitarios de óptima calidad y promoción de las condiciones laborales del personal sanitario. Resulta curioso que la regulación tan detallada que realiza la Exposición de motivos del destino de la recaudación de este impuesto contrasta con la falta de información respecto a los fines medioambientales que se presume también que tiene dicho impuesto. Así, la única referencia a este último es la siguiente: (...) mientras que el tramo autonómico resulta afectado a actuaciones sanitarias o "*medioambientales*". Adviertase que la Exposición de motivos plantea la afectación de la recaudación a un fin ambiental como si fuera una disyuntiva, o se destina a actuaciones sanitarias "o" a fines ambientales. En nuestra opinión, sería deseable que el legislador autonómico empleara parte de esa recaudación a la protección ambiental de nuestro territorio. Así, parece también entenderlo el legislador estatal en la Ley 24/2001, de 27 de diciembre, de MFAOS, por el que se crea el Impuesto sobre las ventas minoristas de determinados hidrocarburos.

el medio ambiente. De todos modos, por el momento la recaudación queda afectada en su totalidad a la financiación de gastos de naturaleza sanitaria, no de protección ambiental.

2.7.3 Hecho imponible

Están gravadas al impuesto las ventas minoristas así como el autoconsumo de determinados hidrocarburos (gasolinas, gasóleo de uso general y especial, fuelóleo, y queroseno de uso general y de calefacción).

Por otra parte, al encontrarnos ante un impuesto de naturaleza estatal si bien cedido en parte a las Comunidades Autónomas, no le resulta aplicable la prohibición específica para impuestos autonómicos propios prevista en los arts. 6.2 y 6.3 LOFCA.

2.7.4 Sujetos pasivos

Son sujetos pasivos del impuesto los propietarios de los productos gravados (hidrocarburos) que realicen las ventas minoristas.

2.7.5 Base imponible

La base imponible está constituida por el volumen de los productos objeto de gravamen, expresado en miles de litros, salvo el fuelóleo, que se mide en función del peso del producto expresado en toneladas métricas.

La base imponible se determina en régimen de estimación directa o indirecta en los supuestos que reconoce la Ley General Tributaria.

2.7.6 Cuota tributaria

La cuota tributaria se determina por la suma de la cuota estatal y autonómica. Así, la cuota tributaria será el resultado de aplicar a la base imponible los dos tipos de gravamen existentes: el estatal y el autonómico.[64]

64. El art. 44.1.3 de la Ley 21/2001 dispone que "los rendimientos que se deriven del presente Impuesto quedarán afectados en su totalidad a la financiación de gastos de naturaleza sanitaria orientados por criterios objetivos fijados en el ámbito nacional". *No obstante lo anterior, la parte de los recursos derivados de los tipos de gravamen autonómicos podrá dedicarse a financiar actuaciones medioambientales que también deberán orientarse por idéntico tipo de criterios*:

a) Gasolinas: 24 euros por 1.000 litros.

El tipo de gravamen autonómico para el año 2002 es el siguiente:

a) Gasolinas: 10 euros por 1.000 litros.

b) Gasóleo de uso general: 10 euros por 1.000 litros.

c) Gasóleo de usos especiales y de calefacción: 2,50 euros por 1.000 litros.

d) Fuelóleo: 0,40 euros por tonelada.

e) Queroseno de uso general: 10 euros por 1.000 litros.

f) Queroseno de calefacción: 2,50 euros por 1.000 litros.

La denominación de "céntimo sanitario", responde precisamente al pago de un "céntimo de euro" por cada litro de gasolina o gasoil que se consume.

Para el año 2003 se incrementa el tipo de gravamen:

a) Gasolinas: 17 euros por 1.000 litros.

b) Gasóleo de uso general: 17 euros por 1.000 litros.

c) Gasóleo de usos especiales y de calefacción: 4,25 euros por 1.000 litros.

d) Fuelóleo: 0,70 euros por tonelada.

e) Queroseno de uso general: 17 euros por 1.000 litros.

f) Queroseno de calefacción: 4,25 euros por 1.000 litros.

Para el año 2004 se incrementa de nuevo el tipo de gravamen:[65]

a) Gasolinas: 24 euros por 1.000 litros.

b) Gasóleo de uso general: 24 euros por 1.000 litros.

c) Gasóleo de usos especiales y de calefacción: 6 euros por 1.000 litros.

d) Fuelóleo: 1 euro por tonelada.

e) Queroseno de uso general: 24 euros por 1.000 litros.

f) Queroseno de calefacción: 6 euros por 1.000 litros.

b) Gasóleo de uso general: 24 euros por 1.000 litros.

c) Gasóleo de usos especiales y de calefacción: 6 euros por 1.000 litros.

d) Fuelóleo: 1 euro por tonelada.

e) Queroseno de uso general: 24 euros por 1.000 litros.

f) Queroseno de calefacción: 6 euros por 1.000 litros.

65. La previsión de recaudación hasta el año 2004 es de 209 millones de euros.

3. *Implementación de beneficios fiscales en Impuestos locales o estatales ordinarios*

3.1 Impuestos directos

3.1.1 Impuestos sobre la renta

La Ley 24/2001, de 27 de diciembre, de Medidas Fiscales, Administrativas y del Orden Social, modificó la regulación del art. 35.4 LIS estableciendo un beneficio fiscal para las empresas de reducida dimensión que resulta aplicable tanto al IS como al IRPF.[66]

En particular, desde el 1 de enero de 2002 resulta aplicable una deducción en la cuota íntegra del 10 por 100 del importe de las inversiones realizadas en bienes del activo material nuevos destinadas al aprovechamiento de fuentes de energías renovables consistentes en instalaciones y equipos con cualquiera de las finalidades siguientes:

a) aprovechamiento de la energía proveniente del *sol* (para su transformación en calor o electricidad);

b) aprovechamiento como combustible de *residuos sólidos urbanos* o de biomasa procedente de residuos de industrias agrícolas y forestales, y de cultivos energéticos (para su transformación en calor o electricidad);

c) tratamiento de *residuos biodegradables* procedentes de explotaciones ganaderas, de estaciones depuradoras de aguas residuales de efluentes industriales o de residuos sólidos urbanos (para su transformación en biogás); y

d) Tratamiento de *productos agrícolas, forestales o aceites usados* (para su transformación en biocarburantes – bioetanol o biodiesel).

Como se ha señalado, la reforma de la Ley 24/2001, de 27 de diciembre, amplía el ámbito del beneficio fiscal.[67] Sin embargo, la reforma puede resultar perturbadora: la anterior redacción permitía entender que la deducción se extendía a las inversiones para favorecer energías renovables, pues éstas contribuyen generalmente a reducir la contaminación atmosférica y de las aguas, o a reducir o eliminar residuos industriales. Sin embargo, el texto actual limita el ámbito subjetivo del beneficio fis-

66. El art. 55.2 Ley 40/1998, de 9 de diciembre, del IRPF, extiende a este último impuesto los incentivos y estímulos a la inversión empresarial establecidos en la esfera societaria.

67. Vid. sobre la regulación anterior a la reforma por la Ley 24/2001, de 27 de diciembre, el trabajo de Herrera y Serrano (1997:17 y ss.).

cal a las empresas de reducida dimensión en cuanto la inversión se materialice en activos relacionados con energías renovables.[68] En nuestra opinión, resulta criticable que el incentivo se limite a las empresas de reducida dimensión pudiendo resultar discriminatorio con otro tipo de empresas del sector con un volumen superior de facturación. Tal vez la justificación de esta medida se encuentre en que las empresas de reducida dimensión carecen de las economías de escala propias de las grandes empresas, por lo que necesitan de una pequeña *ayuda* para producir de forma más ecológica. Si esto fuera así, hubiera sido deseable no limitar la deducción a las energías renovables, sino al conjunto de las inversiones en bienes ambientales.

En todo caso, abogamos por el establecimiento de impuestos específicos medioambientales para dar cumplimiento a la teoría del doble dividendo, conforme a la cual, el establecimiento por la Administración de impuestos ecológicos supondrían una mejora ambiental, como primer dividendo, además, de utilizarse para reducir la presión fiscal de otros impuestos (principalmente directos), como segundo dividendo.[69]

3.1.2 Impuesto municipal sobre vehículos de tracción mecánica

El Impuesto sobre vehículos de tracción mecánica pretende gravar el uso potencial del vehículo, que implica determinados gastos por parte de la entidad local (incluidos los que derivan de daños medioambientales). Por ello, el gravamen se limita a los vehículos aptos para circular y se cuantifica según criterios más o menos relacionados con su capacidad como medio de transporte, lo que justifica plenamente la introducción en la estructura del impuesto de determinados elementos de protección.[70]

Esto explica la nueva redacción del art. 96 LHL permitiendo que las Ordenanzas municipales regulen una bonificación de hasta un 75 por 100 (antes 50 por 100) de la cuota del impuesto:

a) En función de la clase de carburante que consuma el vehículo, y en razón a la incidencia de la combustión de dicho carburante en el medio ambiente; y

b) en función de las características de los motores de los vehículos y su incidencia en el medio ambiente.

68. Cfr. Herrera (2002:414 y 415).
69. Buñuel (1999); y más recientemente del mismo autor (2002:10 y 44).
70. Cfr. Chico, Grau y Herrera (2003:21).

El Ayuntamiento de Madrid contempla en su ordenanza municipal reguladora del Impuesto sobre vehículos de tracción mecánica diversos incentivos fiscales en favor de las energías renovables.[71] Con carácter general, el beneficio se limita, de modo decreciente a los cuatro primeros años tras la matriculación del vehículo. Con buen criterio, las bonificaciones se reducen en función de la antigüedad del vehículo, pues cabe asumir – como mecanismo de simplificación – que el uso prolongado deteriorará sus condiciones ambientales, excluyendo los requisitos legales para el disfrute de la bonificación. El supuesto de hecho se completa con dos reglas especiales para el caso de vehículos híbridos (motor eléctrico-gasolina; eléctrico-diesel; o eléctrico-gas) al establecer una bonificación del 50 por 100 que se mantiene durante seis años, y para el supuesto de vehículos de motor eléctrico o de emisiones nulas, la bonificación del 50 por 100 puede disfrutarse de forma indefinida.[72]

3.1.3 Impuesto sobre bienes inmuebles

Está exenta del Impuesto sobre bienes inmuebles "la superficie de los montes en que se realicen repoblaciones forestales o regeneración de masas arboladas sujetas a proyectos de ordenación o planes técnicos aprobados por la Administración forestal. Esta exención tendrá una duración de quince años, contados a partir del período impositivo siguiente a aquel en que se realice su solicitud" [art. 63.2 c) LHL]. Debe tenerse en cuenta que las masas arboladas actúan como sumidero biológico de las emisiones de CO_2.

3.1.4 Impuesto sobre actividades económicas

Los municipios pueden establecer una bonificación de hasta el 50 por 100 de la cuota correspondiente para los sujetos pasivos que tributen por cuota municipal cuando concurran ciertos requisitos relacionados directa o indirectamente con la reducción de emisiones atmosféricas:

a) La utilización o producción de energía a partir de instalaciones para el aprovechamiento de energías renovables o sistemas de cogenera-

71. Ordenanza Fiscal de 9 de octubre de 2001 (*BO* Ayuntamiento de Madrid 22.11.2001, n. 547, p. 3.825), modificada por Acuerdo Pleno de 19 Diciembre 2002, BOCM n. 305 de 24 Diciembre 2002, p. 72.

72. Cfr. Herrera (2002:299).

ción. A estos efectos, se considerarán instalaciones para el aprovechamiento de las energías renovables las contempladas y definidas como tales en el Plan de Fomento de las Energías Renovables. Se considerarán sistemas de cogeneración los equipos e instalaciones que permitan la producción conjunta de electricidad y energía térmica útil.

b) Realización de las actividades industriales, desde el inicio de su actividad o por traslado posterior, en locales o instalaciones alejadas de las *zonas más pobladas del término municipal* (donde existirá ya una notable acumulación de emisiones atmosféricas y se producirán mayores deseconomías externas sobre la población).

c) Establecimiento de un plan de transporte para sus trabajadores que tenga por objeto reducir el consumo de energía y las emisiones causadas por el desplazamiento al lugar del puesto de trabajo, fomentando el empleo de los medios de transporte más eficientes, como el transporte colectivo o el compartido (art. 89.2 LHL).

3.1.5 Impuesto sobre construcciones, instalaciones y obras

Las ordenanzas fiscales podrán regular "una bonificación de hasta el 95 por 100 a favor de las construcciones, instalaciones u obras en las que se incorporen sistemas para el aprovechamiento térmico o eléctrico de la energía solar para autoconsumo. La aplicación de esta bonificación estará condicionada a que las instalaciones para producción de calor incluyan colectores que dispongan de la correspondiente homologación de la Administración competente" [art. 104.2 b) LHL].

3.2 Impuestos indirectos

3.2.1 Impuesto sobre el valor añadido

Los tipos reducidos pueden fomentar determinadas actividades de interés ambiental. Así, el tipo reducido del IVA (7 por 100) se aplica, entre otros supuestos, a los servicios de recogida y tratamiento de desechos y residuos (art. 91.2.5º y 6º LIVA). Sin embargo, se echa en falta la inclusión de tipos reducidos para proteger la contaminación atmosférica. Así, desde un punto de vista de *lege ferenda* podrían incluirse tipos reducidos para la adquisición de automóviles con gas licuado de petróleo, con sistemas eléctricos o híbridos (eléctricos y con gas licuado).

3.2.2 Impuesto sobre hidrocarburos

A pesar del carácter eminentemente recaudatorio de este impuesto, el legislador ha dado ciertos pasos – si bien ciertamente tímidos – para corregir la contaminación medioambiental, tal vez para justificar la finalidad extrafiscal que se presume que tiene al servir como instrumento corrector de las externalidades negativas.[73]

Ante los problemas de derecho comunitario que originaba la normativa y la práctica española sobre la exención de biocarburantes (cfr. la ST Primera Instancia de 27.9.2000 sobre la normativa francesa), el legislador ha optado por establecer con carácter temporal un tipo de gravamen cero para los biocarburantes y restringir el ámbito de la exención para carburantes de origen agrícola o vegetal, precisando que "tendrán la consideración de proyectos piloto para el desarrollo tecnológico de productos menos contaminantes los proyectos de carácter experimental y limitados en el tiempo, relativos ala producción o utilización de los productos indicados y dirigidos a demostrar la viabilidad técnica o tecnológica de su producción o utilización, con exclusión de su ulterior explotación comercial de los resultados de los mismos. Podrá considerarse acreditado el cumplimiento de estas condiciones respecto de los proyectos que afecten a una cantidad reducida de productos que no exceda de la que se determine reglamentariamente" (arts. 50 bis y 51.3 LIIEE, en la redacción establecida por el art. 8 de la Ley 53/2002, de Medidas Fiscales, Administrativas y del Orden Social).

Por otra parte, debe tenerse en cuenta que el nuevo modelo de financiación autonómica crea un nuevo impuesto sobre las ventas minoristas de determinados hidrocarburos cedido a las Comunidades Autónomas cuyo producto ha de destinarse a la financiación de la sanidad y, en su caso, a actuaciones de protección ambiental.

3.2.3 Impuesto sobre determinados medios de transporte

La Exposición de motivos de la Ley 38/1992 pretendía justificar su imposición en los costes sociales específicos que provoca el uso de los vehículos "en el ámbito de la sanidad, las infraestructuras o el medio ambiente". Sin embargo, no debe perderse de vista que precisamente su implantación coincidió *curiosamente* en el tiempo con la eliminación del tipo

73. Sobre los tributos como instrumentos correctores de las externalidades negativas, vid. Ayres y Kneese (1974:1974 y ss.).

de gravamen incrementado del IVA para productos suntuarios (v. gr. vehículos automóviles, aeronaves, embarcaciones y buques de recreo, etc.).

En puridad, el único elemento ambiental del tributo se ha introducido a través del Plan Prever (antes Plan Renove), por el que se establece una deducción en la cuota de 480,81 euros (80.000 ptas.) siempre que concurran las dos circunstancias siguientes:

a) que el automóvil tenga una antigüedad igual o superior a diez años, contada desde la fecha en que hubiera sido objeto de su primera matriculación definitiva;

b) no haber sido dado de baja definitiva para desguace, y no haber transcurrido más de seis meses desde dicha baja hasta la matriculación del vehículo automóvil de turismo nuevo.

La DA 33ª de la Ley 14/2000, de Medidas Fiscales, Administrativas, y del orden Social, reguló una nueva medida para la renovación del parque de vehículos automóviles de turismo equipados con motores no aptos para emplear gasolina sin plomo. Esta ayuda será de 721,21 euros (120.000 ptas.) en lugar de 480,81 euros, siempre que se cumplan los requisitos siguientes:

a) que el vehículo usado esté equipado con un motor de gasolina no apto para emplear gasolina sin plomo, y

b) que el vehículo nuevo esté equipado con un motor de gasolina provisto de catalizador.

Esta medida supone que la sustitución de vehículos antiguos por nuevos constituya una disminución de las emisiones contaminantes, pues los vehículos nuevos son más eficientes en el consumo de combustible empleado que los antiguos.

Es de lamentar que el legislador no aprovechara la ocasión para introducir medidas específicas en favor de las energías renovables – tal como sucede como veremos seguidamente en el Impuesto municipal sobre vehículos de tracción mecánica.

4. Conclusiones

Primera – Cualquier medida encaminada a proteger la atmósfera vendrá presidida por una reducción de la cantidad de contaminantes emitidos y por la utilización de energías renovables. El empleo de instrumentos fiscales para proteger el medio ambiente tiene una doble esfera de actuación: mediante impuestos propios autonómicos e impuestos estatales cedidos a las Comunidades Autónomas que graven directamente energías fósiles contaminantes, o a través de la implementación de beneficios fiscales sobre impuestos locales o estatales ordinarios.

Segunda – El *impuesto gallego sobre la contaminación atmosférica* es respetuoso con el criterio de la distribución competencial del art. 6 LOFCA, así como con el principio de justicia tributaria (art. 31 CE). Pese a tener presente el principio "quien contamina paga", sería deseable que el legislador introduzca en la tarifa un cuarto tramo con objeto de convertir al tributo en un instrumento regulador y desincentivador del efecto contaminante configurándose entonces como un verdadero tributo de ordenamiento.

Tercera – El *impuesto castellano-manchego sobre determinadas actividades que inciden en el medio ambiente* podría tropezar con el art. 6.3 LOFCA al someter la misma materia imponible reservada a las Corporaciones Locales en relación con el Impuesto sobre actividades económicas (art. 79.1 LRHL). Nótese que los epígrafes 143.3 y 151.3 de la Sección primera de las Tarifas reguladoras del Impuesto gravan respectivamente el "almacenamiento de residuos radiactivos" y la "producción de energía electronuclear". Además, la actividad de producción de electricidad podría solaparse con el Impuesto estatal sobre la electricidad entrando también en colisión con la limitación recogida en el art. 6.2 LOFCA.

Cuarta – El *impuesto balear sobre estancias en empresas turísticas de alojamiento* podría tropezar con el art. 6.2 LOFCA al recaer sobre presupuestos de hecho ya gravados a nivel estatal, como sucede con el consumo de servicios hoteleros en fase minorista (art. 11.9ª LIVA). Además, podría existir cierta fricción con el art. 6.3 LOFCA al gravar en sede municipal otro impuesto cuya materia imponible incide en el ejercicio de la actividad económica: servicios de hospedaje (epígrafe 68 de las tarifas reguladoras del IAE). En todo caso, la mal llamada "*ecotasa*", desde un punto de vista técnico, ni responde a los caracteres de las tasas, ni tiene un fin de protección ambiental, cumpliendo claramente una finalidad recaudatoria. Por ende, el distinto gravamen entre las distintas formas de alojamiento en las Islas resulta en nuestra opinión discriminatorio por razones subjetivas lesionando el principio de igualdad tributaria (art. 14 CE).

Quinta – El *gravamen catalán sobre actividades de riesgo* responde a los caracteres singulares de una contribución especial, y no tiene una finalidad ecológica, sino recaudatoria, pues no tiene un carácter desincentivador de la contaminación ambiental.

Sexta – El *impuesto extremeño sobre instalaciones que inciden en el medio ambiente* podría resultar contrario al art. 6.3 LOFCA siguiendo la doctrina del Tribunal Constitucional (STC. 289/2000, de 30 de noviembre) al gravar la misma materia imponible sometida al Impuesto municipal sobre bienes inmuebles. Además, la determinación de la base imponible capitalizando al tipo del 40 por 100 el promedio de los ingresos brutos de explotación no resulta respetuoso con el supuesto fin ambiental del tributo, pues dicha valoración no atiende al menos directamente al daño ambiental que produce la titularidad de dichas instalaciones contaminantes, por lo que en atención a un criterio de coherencia, nuestro más Alto Tribunal debería declarar de igual modo inconstitucional y nulo dicho impuesto en base a los mismos argumentos ya declarados en su día en relación con el similar Impuesto balear sobre instalaciones que inciden en el medio ambiente. Por último, en nuestra opinión, resultará difícil que el Tribunal Constitucional estime su posible incompatibilidad con el principio de capacidad económica, pues podría justificar el gravamen de las emisiones de gases en base a una capacidad económica potencial, por constituir dicha emisión parte del proceso productivo de la entidad que produce dichas emisiones.

Séptima – El *impuesto madrileño sobre las ventas minoristas de determinados hidrocarburos* se trata de un tributo extrafiscal, pero no ecológico, pues el carácter finalista del impuesto (el tramo autonómico resulta afectado a actuaciones sanitarias "*o*" medioambientales), pues su tipo de gravamen no incentiva comportamientos más respetuosos con el medio ambiente.

Octava – El legislador del Impuesto sobre Sociedades ha introducido una nueva deducción en la cuota íntegra para incentivar las energías renovables. No obstante, resulta criticable que el incentivo se limite a las empresas de reducida dimensión pudiendo ser discriminatorio con otro tipo de empresas del sector con un volumen superior de facturación.

Novena – En la legislación del IVA y del Impuesto sobre determinados medios de transporte se echa de menos la inclusión de tipos reducidos en favor de las energías renovables en aras de proteger la contaminación atmosférica.

Décima – La reforma de la Ley de Haciendas Locales ha previsto nuevos incentivos ambientales de carácter potestativo dirigidos – en su mayor parte – a reducir las emisiones de gases contaminantes.

Bibliografía

ADAME MARTÍNEZ. F. D. (1994a). "El Impuesto sobre instalaciones que incidan en el medio ambiente de la Comunidad Autónoma de Baleares", *Civitas, Revista Española de Derecho Financiero*, n. 79, pp. 433 y ss.

__________ (1994b). "Consideraciones acerca del Impuesto balear sobre instalaciones que incidan en el medio ambiente (comentarios a propósito de la Sentencia del TSJ de Baleares de 4 de febrero de 1994)", *Crónica Tributaria*, n. 71, pp. 123 y ss.

__________ (1996). *Tributos propios de las Comunidades Autónomas.* Comares, Granada.

ALBIÑANA GARCÍA-QUINTANA, C. (2001). "Anotaciones a la Sentencia del Tribunal Constitucional de 30 de noviembre de 2000", *Impuestos* 5.

ALONSO GARCÍA, E. (1993). *El Derecho ambiental de la Comunidad Europea, El marco constitucional de la Política Comunitaria de Medio Ambiente, Aplicación de la Legislación Comunitaria de Medio Ambiente.* Madrid, Fundación Universidad Empresa-Civitas.

ALONSO GONZÁLEZ, L. M. (1995). *Los impuestos autonómicos de carácter extrafiscal.* Madrid, Marcial Pons.

__________ (1996a). "El Impuesto sobre la contaminación atmosférica de Galicia", *Revista Gallega de Administración Pública*, n. 12, 1996-1, pp. 161 y ss.

__________ (1996b). "Los impuestos especiales como tributos medioambientales", en la obra coordinada por J. Esteve Pardo, *El medio ambiente y las corporaciones locales.* Barcelona, Marcial Pons y Diputación de Barcelona.

ALVAREZ GARCÍA. S.; ALVAREZ VILLA, J. (2000). "Los impuestos especiales en la Unión Europea de una finalidad recaudatoria a la protección del medio ambiente", *Noticias de la Unión Europea*, n. 183, pp. 88 y ss.

ARRIETA MARTÍNEZ DE PISÓN, J. (1999). *Técnicas desgravatorias y deber de contribuir.* Madrid, MacGraw-Hill.

__________ (2001). "El Impuesto de Castilla-La Mancha sobre determinadas actividades que inciden en el medio ambiente en el marco de la financiación autonómica", *Justicia Administrativa*, n. 13.

AYRES, R. U.; KNEESE, A. V. (1974). "Producción, consumo y externalidades", en la obra *Economía del Medio Ambiente.* Madrid, IEF.

BAENA AGUILAR, A. (1995). "Protección impositiva del medio natural", *Noticias de la Unión Europea*, n. 122, pp. 11 y ss.

__________ (2002). "La protección tributaria del medio ambiente en España", en la obra colectiva *La protección fiscal del medio ambiente.* Madrid, Marcial Pons, pp. 214 y 215.

BAYONA DE PEROGORDO, J. J.; SOLER ROCH, M. T. (1995). "Gasto público y medio ambiente", *Noticias de la Unión Europea*, n. 122, pp. 25 y ss.

BOKOBO MOICHE, S. (1999). "La fiscalidad de de las prestaciones turísticas. La posibilidad de que las Comunidades Autónomas establezcan la 'tasa turística'", *Civitas, Revista Española de Derecho Financiero*, n. 102, pp. 243 y ss.

__________ (2000). *Gravámenes e incentivos fiscales ambientales*. Madrid, Civitas.

__________ (2001). "Fiscalidad del turismo y ordenamiento comunitario", *Noticias de la Unión Europea*, n. 193, pp. 9 y ss.

BORRERO MORO, C. (1998a). "Acerca de la discutida constitucionalidad del Impuesto balear sobre instalaciones que inciden en el medio ambiente", en la obra dirigida por A. Yabar Sterling, *Fiscalidad ambiental*. Barcelona, Cedecs, pp. 467 y ss.

__________ (1998b). "El impuesto gallego sobre la contaminación atmosférica", *Civitas, Revista Española de Derecho Financiero*, n. 248, pp. 1270 y ss.

__________ (1998c). "El impuesto sobre instalaciones que incidan en el medio de Extremadura: un tributo con algunos síntomas de inconstitucionalidad", *Impuestos* 18.

__________ (1999). *La tributación ambiental en España*. Madrid, Tecnos.

BUÑUEL GONZÁLEZ, M. (1999). *El uso de instrumentos económicos en la política del medio ambiente*. Colección Estudios 75, Madrid, Consejo Económico y Social.

__________ (2002). "El uso de instrumentos fiscales en la política del medio ambiente: teoría, práctica y propuesta preliminar para España", *Papel de trabajo sobre medio ambiente y Economía*, n. 1.

CALVO ORTEGA, R. (1999). "Prólogo" a la obra de A. Vaquera García, *Fiscalidad y Medio ambiente*. Valladolid, Lex Nova, pp. 9 y ss.

CASADO OLLERO, G. (1991a). *El sistema impositivo de las Comunidades Autônomas*. Publicaciones del Instituto de Desarrollo Regional, Universidad de Granada.

__________ (1991b). "Los fines no fiscales de los tributos", en la obra colectiva *Comentarios a la Ley General Tributaria y líneas para su reforma. Libro-homenaje al prof. Dr. D. Fernando Sáinz de Bujanda*. Madrid, IEF.

CHECA GONZÁLEZ, C. (1983). "Los impuestos con fines no fiscales: notas sobre las causas que los justifican y sobre su admisibilidad constitucional", *Civitas, Revista Española de Derecho Financiero*, n. 40, pp. 509 y ss.

__________ (2002). *Los impuestos propios de las Comunidades Autónomas. Ensayo de superación de las fuertes limitaciones existentes para su implantación*. Pamplona, Aranzadi.

CHICO DE LA CÁMARA, P.; GRAU RUIZ, M. A. y HERRERA MOLINA,

P. M. (2003). "Incentivos a las energías alternativas como instrumento de desarrollo sostenible", *Quincena Fiscal* 2.

CORTÉS DOMÍNGUEZ, M. (1965). "El principio de capacidad contributiva en el marco de la técnica jurídica", *RDFHP* 60, pp. 1.037 y ss.

__________ (1985). *Ordenamiento tributario español*, vol. I. Madrid, Civitas.

FALCÓN Y TELLA, R. (1996). "Las medidas tributarias medioambientales y la jurisprudencia constitucional", en la obra colectiva coordinada por J. Esteve Pardo, *Derecho del medio ambiente y Administración Local*. Madrid, Civitas y Diputación de Barcelona, pp. 674 y ss.

__________ (1998). "Prólogo" a la obra de J. Jiménez Hernández, *El tributo como instrumento de protección ambiental*. Granada, Editorial Comares, pp. XXI y ss.

__________ (2001). "La inconstitucionalidad declarada del Impuesto balear sobre instalaciones que incidan en el medio ambiente y la previsible inconstitucionalidad del impuesto catalán sobre grandes superficies y del proyectado impuesto extremeño sobre el ahorro", *Quincena Fiscal* 5, pp. 5 y ss.

FERNÁNDEZ LÓPEZ, R. I. (1996). "La fiscalidad autonómica en materia ambiental: su aplicación a Galicia", *Crónica Tributaria*, n. 80, pp. 9 y ss.

FERREIRO LAPATZA, J. J. (1998). "La clasificación de los tributos en impuestos, tasas y contribuciones especiales", *Civitas, Revista Española de Derecho Financiero*, n. 100, pp. 549 y ss.

FRASER, P. J. (1988). *Environmental health and Economic implications of the use of chlorofluorocarbons as aerosol Substitutes.* A joint Australian Environment Council/National Health and Medical Research Council document. Canberra, Government Publishing Service, pp. 121 y ss.

GAGO, A.; LABANDEIRA, J. (1996). "Instrumentos tributarios para las políticas de medio ambiente", *Palau* 14, n. 23, pp. 35 y ss.

GARCÍA NOVOA, C. (2002). "El Reglamento del Impuesto gallego sobre contaminación atmosférica. Puntualización a la Sentencia del TSJ. de Galicia de 3 de julio de 2001", *Jurisprudencia Tributaria*, n. 15.

GONZÁLEZ MÉNDEZ, A. (2000). "La configuración y determinación de la base imponible de los impuestos sobre las emisiones atmosféricas contaminantes y la medida del daño ambiental", *Impuestos* 21, pp. 14 y ss.

GUERVOS MAÍLLO, M. A. (1999). "Elementos patrimoniales sujetos al Impuesto balear sobre instalaciones que inciden en el medio ambiente (análisis jurisprudencial", *Jurisprudencia tributaria*, n. 3, pp. 27 y ss.

__________ (2000). *El Impuesto balear sobre instalaciones que inciden en el medio ambiente*. Madrid-Barcelona, Marcial Pons.

HERRERA MOLINA, M. A. (2001). "Estudio sucinto sobre la fiscalidad del turismo en España: referencia a la Administración local", en la obra coordinada por J. Rodríguez Fernández y J. I. Gomar Sánchez, *Hacienda y Finanzas municipales*. Madrid, Marcial Pons-UCCI, pp. 163 y ss.

HERRERA MOLINA, P. M. (1996). "Los tributos con fines ambientales: impuestos autonómicos sobre instalaciones contaminantes", en la obra colectiva *Derecho del medio ambiente y Administración Local*. Diputación de Barcelona, Civitas.

__________ (2000). *Derecho Tributario Ambiental*. Madrid, Marcial Pons.

__________ (2001a). "El impuesto balear sobre estancias en empresas turísticas de alojamiento (problemas constitucionales y de Derecho comunitario)", *Temas tributarios de actualidad*, Informe n. 23.

__________ (2001b). "Inconstitucionalidad del Impuesto balear sobre instalaciones que inciden en el medio ambiente", *El Fisco*, n. 50, pp. 28 y ss.

__________ (2002). "Anexo de actualización", en la obra colectiva *La protección fiscal del medio ambiente*. Madrid, Marcial Pons.

HERRERA MOLINA, P. M.; SERRANO ANTÓN, F. (1994a). "Aspectos constitucionales y comunitarios de la tributación ambiental (especial referencia al Impuesto sobre dióxido de carbono sobre la energía)", *Civitas, Revista Española de Derecho Financiero*, n. 83.

__________ (1994b). "El tributo ecológico balear: ¿un impuesto sobre el volumen de ventas?", *Noticias de la Unión Europea*, n. 119, pp. 41 y ss.

__________ (1997). "La deducción por inversión en instalaciones ambientales", *Quincena Fiscal*, n. 11, pp. 17 y ss.

JIMÉNEZ HERNÁNDEZ, J. (1996). "El tributo ecológico y su carácter extrafiscal. Un estudio de las figuras autonómicas", *Impuestos* 1, pp. 99 y ss.

__________ (1998). *El tributo como instrumento de protección ambiental*. Granada, Comares.

__________ (1999). "Comentarios acerca del Impuesto sobre instalaciones que incidan en el medio ambiente de la Comunidad Autónoma de Extremadura", *Impuestos* 5.

LABANDEIRA VILLOT, X. (1996). "Instrumentos económicos para el control de fenómenos de lluvia ácida: una ilustración para el caso español", Ponencia en el *I Congreso internacional sobre protección fiscal del medio ambiente*. Madrid, Colegio de Abogados de Madrid, UCM.

LASARTE, J.; ESEVERRI, E.; ADAME, F.; MARTÍN, J. (2001). *Turismo y financiación autonómica y local. Comentarios sobre la llamada "ecotasa" y otras alternativas de financiación*. Granada, Comares.

MAGADÁN DÍAZ, M.; RIVAS GARCÍA, J. (1997). "Los tributos medioambientales en el marco de la financiación autonómica", *Impuestos* 19, pp. 118 y ss.

__________ (1998). *Fiscalidad ambiental autonómica*. Barcelona, Bosch.

MARTÍN MATEO, R. (1991). *Tratado de Derecho ambiental*, vol. I. Madrid, Trivium.

__________ (1992). *Tratado de Derecho ambiental*, vol. II. Madrid, Trivium.

__________ (1998). "Medidas fiscales para apoyar las energías renovables", en la obra colectiva dirigida por A. Yabar Sterling, *Fiscalidad ambiental*. Barcelona, Cedecs, pp. 121 y ss.

PÉREZ ARRAIZ, J. (1996). "La extrafiscalidad y el medio ambiente", *Revista de Haciendas Locales*, n. 78, pp. 675 y ss.

RAMALLO MASSANET, J. (1978). "Hecho imponible y cuantificación de la prestación tributaria", *REDF* 20, pp. 662 y ss.

ROSEMBUJ, T. (1995). *Los tributos y la protección del medio ambiente*. Madrid, Marcial Pons, pp. 98 y 99.

ROZAS VALDÉS, J. A. (1997). "El impuesto gallego sobre la contaminación atmosférica", *Revista de Derecho Financiero y Hacienda Pública*, n. 246, pp. 946.

SAÍNZ DE BUJANDA, F. (1993). *Lecciones de Derecho Financiero*. Madrid, Servicio de Publicaciones de la Facultad de Derecho, UCM.

SÁNZ LARRUGA, F. L. (1997). *Derecho ambiental de Galicia*. A Coruña, Fundación Caixa Galicia.

SARTORIO ALABAT, S. (1996). "Sistema fiscal y espacios naturales protegidos", en la obra colectiva dirigida por J. Esteve Pardo, *El medio ambiente y las corporaciones locales*. Madrid, Civitas, pp. 787 y ss.

VAQUERA, A. (1999). *Fiscalidad y medio ambiente*. Valladolid, Lex Nova.

VILLAR EZCURRA, M. (2002). "Los tributos ambientales en el marco de un desarrollo sostenible", en la obra colectiva dirigida por J. L. Piñar Mañas, *Desarrollo sostenible y protección del medio ambiente*. Madrid, Civitas.

YÁBAR STERLING, A. (2001). "La aplicación de los mecanismos derivados del Protocolo de Kioto para mitigar los efectos del cambio climático. Balance de situación en el mundo, en la Unión Europea y en España", *Noticias de la Unión Europea*, n. 193, pp. 125 y ss.

__________ (Dir.) (2002). *La protección fiscal del medio ambiente. Aspectos económicos y jurídicos*. Madrid, Marcial Pons.

TRIBUTAÇÃO E MERCADO DE CARBONO

PAULO CALIENDO

1. Introdução

Tomando por fato a situação de que a emissão de carbono produz danos significativos e que se torna premente a adoção de medidas visando a reduzir as emissões, diversas alternativas são apresentadas. Em face desta situação, três soluções[1] podem ser adotadas: i) adaptação (*adaptation*); ii) engenharia do clima (*climate engineering*) ou iii) redução (*abatement*).

A *adaptação* significa a adoção de políticas capazes de minimizar os efeitos da degradação das condições climáticas, considerando a impossibilidade de realização de políticas públicas que evitem o dano. A *engenharia climática* propõe-se a sugerir soluções inovadoras capazes de neutralizar os efeitos das emissões de carbono sem, contudo, atacar as suas causas. A política da *redução das emissões* (*abatement*) significa a adoção de políticas públicas e privadas de ataque às causas do efeito estufa (*Greenhouse effect – GHG*).

O caminho mais indicado internacionalmente está na redução das emissões de carbono e pode ser alcançado de dois modos distintos: i)

1. Cf. United Nations, "Controlling carbon dioxide emissions. The tradable permit system", *UNCTAD/GID/*11, pp. 10 e ss.

pela redução do estoque existente de carbono (*sink enhancement*) ou ii) pela redução da taxa de emissão (*emissions abatement*).

Existem atualmente dois grandes grupos de soluções tributárias utilizadas com o intuito de auxiliar na redução das emissões de carbono: i) imposição de tributos ambientais e ii) criação de incentivos à produção sustentável.

A *imposição de tributos ambientais* se constitui em solução do tipo "*comando e controle*", ou seja, soluções que estabelecem um padrão de conduta e sanções fiscais pelo seu descumprimento.

A criação de *incentivos* à produção sustentável caracteriza-se como sendo um tipo de solução tipo positiva, ou seja, tipo "incentivo-premiação", que pretende induzir a tomada de decisões ecologicamente sustentáveis pela indicação de benefícios.

Tomando em consideração esse contexto, o questionamento do presente trabalho é sobre as vantagens da adoção de mecanismos de mercado, lastreados em políticas fiscais, produzirem efeitos positivos qualitativamente superiores à mera adoção de novos "tributos ecológicos".

2. *Tributação ecológica*

A noção de que o Direito Tributário pode ser uma importante ferramenta em um sistema de políticas públicas voltadas à criação de um meio ambiente sustentável é um fato relativamente recente. Especialmente nos anos 90, grande parte dos países da Europa ocidental adotou alguma forma de tributação ecológica (*green taxation*).[2] Essa iniciativa está inserida no sentido de coerência sistêmica, ou seja, inserida na idéia de que o sistema nacional como um todo deve ser auto-sustentável, assim busca-se a criação de um mercado "verde", que explicite os custos ambientais.

2.1 Das experiências de tributação ecológica

Conforme estudos da Organização para Cooperação e Desenvolvimento Econômico (OCDE), os tributos ecológicos representam aproxi-

2. Finlândia (1990); Suécia (1991); Reino Unido (1992); Dinamarca (Primeira Proposta para Comissão Européia, 1992); Noruega (1993); Segunda Proposta para Comissão Européia (1995); Holanda (1996); Eslovênia e Terceira proposta para a Comissão Européia (1997); Itália e Alemanha (1999) e Novas propostas no Reino Unido (2001).

madamente 2% do PIB de seus países membros.[3] Os tributos ecológicos têm sido saudados pelo seu suporte a políticas auto-sustentáveis e apresentam como vantagens, especialmente, o fato de indicarem aos agentes econômicos os custos ambientais de seu projeto (*internalização*) e minimizarem os custos sociais para manter determinado padrão ambiental, ou seja, melhor do que remediar o dano ambiental, é a sua prevenção.[4]

São exemplos de tributos ecológicos adotados por diversos países europeus:

a) *taxação do carbono* (CO_2 *tax* ou *carbon tax*): trata-se de um tributo incidente sobre a utilização de energia a partir de determinado nível de intensidade, sendo aplicável especialmente ao comércio e indústrias, tais como em aquecimento (*heating*). Prevêem estas legislações que as indústrias intensivas em uso de energia possuam uma isenção de até 98% da tributação do carbono, existindo igualmente benefícios para as indústrias que firmarem acordos de investimentos em eficiência energética;

b) *tributação de dióxidos* (SO_2 *tax*): trata-se de um caso de tributação complementar à tributação do carbono, imposta, inclusive, por exigências internacionais;

c) *tributação de solventes clorinados* (*tax on chlorinated solvents*) que são altamente danosos à camada de ozônio e aos lençóis freáticos;

d) *tributação dos resíduos sólidos* (*waste tax*) que pretende auxiliar na adoção de políticas de reciclagem e tecnologias limpas;

e) *tributação sobre gases industriais* (*tax on industrial greenhouse gases*). Este tributo procura atingir uma ampla classe de gases produzidos industrialmente tais como: HFC, PFC e SF6.

Estes são apenas alguns dos tributos ecológicos em vigor em diversos países europeus.[5] Diversos outros poderiam ser citados para demonstrar a extensão e intensidade da importância da preocupação ambiental

3. OECD, "Environmentally related taxes: Issues and strategies. How to make taxation and environmental policies mutually reinforcing?", *Observer*, p. 2.

4. OECD, "Environmentally related taxes...", cit., p. 2.

5. São outros exemplos de tributos ecológicos: a tributação de descartáveis plásticos (*tax on disposable tableware and plastic and paper bags in retail shops*); da emissão de (*CFC tax*); dos pesticidas (*taxes on pesticides*); sobre a utilização de recursos naturais (*tax on natural resources*); sobre a utilização da água (*tax on piped water and tax on wastewater*).

na formatação de um meio ambiente sustentável utilizando, também, instrumentos tributários para tanto.[6]

Estes tributos apresentam como características gerais o fato de que se inserem ainda na noção de "comando e controle" (*command-and-control*) e no princípio poluidor-pagador (*polluter pay*). Trata-se, contudo, de uma forma mais avançada de controle, através da indicação de condutas mais benéficas do ponto de vista econômico. Os tributos incidentes sobre atividades mais danosas, do ponto de vista ambiental, implicam em internalizar os custos ambientais na atividade do agente econômico, tornando os preços praticados "*transparentes*" (*get prices right*). Desse modo, os preços praticados no mercado demonstram honestamente todos os custos envolvidos na produção de determinado bem, inclusive aqueles custos que permaneciam ocultos e eram transferidos para a sociedade, tais como os custos ambientais.

Diversos países europeus notaram que a tributação ecológica deve cortar transversalmente o sistema tributário do país, ou seja, possuir uma coerência sistêmica. Desse modo, não basta simplesmente criarem-se tributos incidentes sobre determinados tipos de atividades poluidoras, é necessário que o sistema tributário de um país seja o mais "ecológico" possível, ou seja, é preciso que exista uma consistência de políticas públicas que induzam o modelo produtivo para um nível de sustentabilidade.

Assim, alguns países passaram a trabalhar com a idéia de uma "reforma tributária verde" (*Green Reform*). Dessa forma, o sistema tributário como um todo é orientado por uma referência ecológica (*ecological latitude*). A principal contribuição desses questionamentos está na análise dos sustentáculos de um sistema tributário. Segundo estes estudos, a estrutura da tributação na União Européia pode ser dividida em tributos incidentes sobre o capital (1,4%), sobre o esforço humano (84,9%) e sobre tributação ecológica (13,7%).

A proposta dinamarquesa, por exemplo, propõe o aumento da participação da tributação ecológica com a conseqüente diminuição da tributação sobre o esforço humano. Tal iniciativa permitiria, desse modo, ampliar a proteção ambiental e a indução ao emprego ao mesmo tempo. Ressalte-se que parte importante dessa proposta está na idéia de que a carga tributária global deve manter-se inalterada, ocorrendo tão somente

6. Caso fossem adotados no Brasil, sua aplicação dar-se-ia sob a forma de utilização do princípio da seletividade no IPI e ICMS.

a progressiva substituição do nível de participação dos tributos sobre o esforço humano por tributos ecológicos.

Como se pode notar, esta proposta apresenta significativos aperfeiçoamentos técnicos, possibilitando uma avançada forma de tratamento do problema da sustentabilidade Tais soluções, contudo, não podem ainda ser apontadas como sendo as mais justas, eficientes e neutras.

2.2 Justiça e neutralidade fiscal na tributação ambiental

Podemos afirmar que o sistema tributário é orientado pela busca da realização de dois valores fundamentais: justiça e neutralidade fiscal. O preceito da justiça fiscal encontra-se praticamente consagrado na doutrina, sendo que as controvérsias se dirigem especialmente ao seu sentido, alcance e posição no Direito Tributário. Sua importância e função são, contudo, inquestionáveis.

Tomando como clara a dificuldade em se definir o conceito de justiça fiscal, podemos afirmar que esta se caracteriza como sendo: i) modo de tratamento que respeita; ii) critérios isonômicos; iii) respeitando a diferença e restabelecendo a iv) correta relação entre cidadão e esfera pública.

A tributação ambiental na busca pela justiça fiscal deve representar, nesse sentido, um modelo de tratamento tributário que irá considerar a especificidade e diferença de atividades sustentáveis e atividades poluidoras e, desse modo, irá indicar mecanismos para restabelecer a correta relação entre o agente econômico e a sociedade.

Partindo desse postulado, no mínimo, três *diretrizes* são exigíveis: 1) imputar um tratamento diferenciado às atividades poluidoras, considerando que estas possuem uma diferença substantiva em relação às demais atividades econômica (justiça distributiva); 2) exigir um tratamento adequado ao bem comum, ou seja, em correta correlação entre o interesse privado e a contribuição que este deve realizar para a manutenção de uma sociedade ambientalmente sustentável e 3) imputar uma sanção pelo desequilíbrio gerado pela conduta poluidora.

Não é admissível atualmente, contudo, exigir-se que as empresas poluidoras possuam o mesmo tratamento dado às atividades econômicas sustentáveis, considerando as sua igualdade como partes do todo econômico (justiça comutativa), visto que claramente elas se encontram em posição diversa.

A busca da justiça fiscal, contudo, não permite uma solução legitimamente coerente com o sistema jurídico se não considerar outro princípio de igual estatura: a neutralidade fiscal. Em nosso entender, o princípio da neutralidade fiscal possui posição de igual relevância no sistema jurídico tributário ao princípio da justiça fiscal, inclusive para a análise do Direito Tributário Ambiental. A defesa da neutralidade fiscal como um dos princípios basilares do Direito pode provocar reações apaixonadas, afinal não seria a justiça fiscal o grande e único objetivo do Direito Tributário, acima de todos os demais? Não se poderia afirmar que a busca do Direito não será a busca pela justiça e, no caso do direito tributário, a busca pela justiça fiscal?[7]

Entendemos de modo diverso, para nós a busca das sociedades está tanto na consagração de paz como da prosperidade, visto que inexiste paz sem prosperidade (benefícios individuais e comuns) e nem prosperidade sem justiça, que somente pode ser opressão e submissão com outros nomes.[8]

Partindo desse postulado de dois objetivos máximos da sociedade, existirão dois princípios que irão nortear todo o sistema jurídico tributário: justiça fiscal e neutralidade fiscal.

Estes dois princípios irão garantir ordem (consistência) e unidade (coerência) ao sistema jurídico tributário. A justiça fiscal irá tratar da correta relação do cidadão (parte) com a esfera pública (todo), permitindo identificar a correta forma de contribuição que o indivíduo deve realizar para a manutenção de uma esfera pública de liberdade e igualdade. O princípio da justiça fiscal volta-se aqui à promoção do sentido público da tributação e de seus valores essenciais.

O princípio da neutralidade fiscal volta-se a encontrar a correta correlação entre a tributação e a busca pela prosperidade (eficiência). Trata-se aqui de encontrar a correta relação do contribuinte entendido como agente econômico e a esfera pública econômica (ordem econômica), permitindo identificar em que medida a tributação se insere no contexto econômico e social. O princípio da neutralidade fiscal volta-se aqui à promoção do sentido privado da tributação, como um valor essencial.

7. Esta seria, por exemplo, a posição assumida por Santo Agostinho, que indagava sobre a distinção entre um bando de ladrões e um fiscal de impostos e respondia que a grande distinção estava na busca pelo bem comum, ou seja, pela justiça.

8. Discordamos, portanto, daqueles regimes que afirmam que na escala dos direitos humanos primeiro está a busca do desenvolvimento (prosperidade material) antes da consagração dos direitos e garantias individuais (justiça material).

Parte-se do postulado que povo sem justiça é oprimido pelo poder e um povo sem prosperidade é escravo da miséria.

Cabe notar, contudo, que em certas situações a satisfação da justiça fiscal poderá implicar em soluções ineficientes ao sistema econômicos, bem como a melhor solução do ponto de vista da eficiência econômica, que traga maior prosperidade individual e coletiva, pode estar maculada por ferir a justiça fiscal. A ponderação dos princípios e o seu conflito não diminuem a constatação de sua importância recíproca, sendo necessária a busca de um equilíbrio dinâmico entre os dois momentos *pax* (justiça) e *prosperitas* (eficiência).

O sentido da neutralidade fiscal está na idéia de que a tributação tem essencialmente um sentido cidadão de estabelecer a correta contribuição à manutenção da esfera pública e não um mecanismo de intervenção econômica. A tributação deve ser o mais neutra possível, ou seja, não deve se constituir em um elemento fundamental de decisão do agente econômico nas suas escolhas de investimento. Desse modo, a tributação não pode se constituir em um elemento de distorção do sistema econômico, de diminuição geral da eficiência e obstáculo ao desenvolvimento.

A utilização da função extrafiscal do direito tributário deve ser residual, motivada e, se possível, temporária. O tributo não pode ser entendido como elemento fundamental de direção econômica, mas tão-somente como meio de regulação excepcional, limitado e justificado.

A neutralidade fiscal deve indicar, portanto, que a tributação ecológica deve ao máximo procurar ser um elemento de aumento geral de eficiência do sistema e não um obstáculo ao desenvolvimento. Deve-se procurar, dessa forma, um equilíbrio fino entre desenvolvimento e proteção ambiental, o qual pode ser sintetizada na fórmula "desenvolvimento auto-sustentável".

O objetivo da tributação, nesse sentido, é ser um *instrumento* a mais de política pública na procura pelo desenvolvimento sustentável. Assim, como qualquer outro instrumento, deve ele deve ser utilizado nas condições e situações apropriadas. Nem todo instrumento constitui solução para qualquer problema.

A tributação ecológica deve, portanto, procurar alcançar simultaneamente justiça e neutralidade fiscal em suas ações. Uma solução voltada unicamente para garantir a justiça fiscal será insuficiente se gerar soluções absolutamente distorcidas, do ponto de vista da neutralidade fiscal, e uma solução que tome tão-somente em consideração seus impactos econômicos será uma solução inconsistente com o sistema jurídico. Para ser legitimamente coerente, toda solução deve almejar alcançar uma solução justa e neutra.

Cabe, novamente, ressaltar que justiça e neutralidade possuem características, conteúdos e alcances diversos. Tal situação impõe, necessariamente, considerar que soluções consistentes e coerentes no sistema jurídico exigem um método de interpretação sistemático.

3. Fundamentos do mercado de carbono

O problema do efeito estufa foi objeto de análise da Convenção Quadro da ONU sobre Mudanças Climáticas, em 1992 (*United Nations Framework on Climate Change*),[9] que entrou em vigor em 1994. Em 1997 é realizada a Conferência dos Estados Partes em Kyoto, em que foram definidos critérios e metas de redução do efeito estufa, bem como utilização de mecanismos de mercado.[10] O resultado dessa reunião ficou conhecida como Protocolo de Kyoto. Apesar de ainda não estar em vigor,* este protocolo é um dos mais significativos textos já realizados em matéria de Direito Internacional.

9. Sobre o assunto, veja-se a excelente tese de Doutorado de Marcelo Rocha, *Aquecimento global e o mercado de carbono – Uma aplicação do modelo CERT*, apresentada como requisito parcial obtenção do grau de Doutor perante a Universidade de São Paulo (USP), em janeiro de 2003.

10. Sobre o assunto, veja-se United Nations, "Conference on Trade and Development. Combating Global Warming: study on a global system of tradeable carbon emission entitlements", *UNCTAD/ RDP/DFP/1*; Joseph Kruger e William A. Pizer, *The EU Emissions Trading Directive: Opportunities and Potential Pitfalls*, Discussion Paper 04–24. Resources; Richard L. Sandor, Joseph B. Cole e M. Eileen Kelly, "Model Rules and Regulations for a Global CO2 Emissions Credit Market", in *Possible Rules, Regulations and Administrative Arrangements for a Global Market in CO_2 Emission Entitlements* (UNCTAD/GID/8, Part II); Tom Tietenberg e David Victor, "Administrative Structures and Procedures for Implementing a Tradeable Entitlement Approach to Controlled Global Warming", in *Possible Rules, Regulations and Administrative Arrangements for a Global Market in CO_2 Emission Entitlements* (*UNCTAD/GID/8*, Part I); Peter Bohm, "An Analytical Approach to Evaluating the National Net Costs of a Global System of Tradeable Carbon Emission Entitlements: with special emphasis on the effects on different country categories", *UNCTAD/GID/9*; Scott Barrett, "The Strategy of Joint Implementation in the Framework Convention on Climate Change", *UNCTAD/GID/10*, 1994.

* N. da E.: O Protocolo de Kyoto somente entrou em vigor em 16 de fevereiro de 2005, posteriormente à redação deste trabalho.

A grande contribuição para o Direito Ambiental, decorrente do Protocolo de Kyoto, está na noção de que os mecanismos de mercado podem auxiliar na resolução do problema da emissão de carbono e, conseqüentemente, na redução do efeito estufa (GHG). O Protocolo previa um sistema capaz de permitir a redução das emissões de carbono através de dois instrumentos complementares: i) *iniciativas nacionais*[11] e ii) *iniciativas complementares.* Cada país deve proceder a um sistema nacional para a estimativa das emissões antrópicas por fontes e das remoções antrópicas por sumidouros de todos os gases de efeito estufa, bem como negociar com os principais emissores para que sejam estabelecidas metas de redução das emissões de carbono.

Por outro lado, é autorizado aos países que transferiram ou adquiram de qualquer outra dessas Partes, unidades de redução de emissões resultantes de projetos, visando à redução das emissões antrópicas por fontes ou o aumento das remoções antrópicas por sumidouros de gases de efeito estufa em qualquer setor da economia.[12]

Estas iniciativas poderão igualmente ocorrer sob a forma de mecanismos de flexibilização, tais como o i) *Mecanismo de Desenvolvimento Limpo (MDL)*; ii) *Certificados de Emissões Reduzidas (CER)*; iii) *Comércio de Emissões (Emissions trade)* e *Implementação Conjunta (JI).* O MDL é um mecanismo para que as partes não incluídas no Anexo I do Protocolo de Kyoto[13] auxiliem as partes incluídas no Anexo I a alcançarem os seus objetivos de redução de emissões. Os MDLs devem cumprir

11. Cf. "Artigo 2º. 1. Cada Parte incluída no Anexo I, ao cumprir seus compromissos quantificados de limitação e redução de emissões assumidos sob o Artigo 3, a fim de promover o desenvolvimento sustentável, deve: (a) Implementar e/ou aprimorar políticas e medidas de acordo com suas circunstâncias nacionais, (...)" e "(...) (b) Cooperar com outras Partes incluídas no Anexo I no aumento da eficácia individual e combinada de suas políticas e medidas adotadas segundo este Artigo (...)".

12. Conforme o artigo 6.1 do Protocolo de Kyoto: "A fim de cumprir os compromissos assumidos sob o Artigo 3, qualquer Parte incluída no Anexo I pode transferir para ou adquirir de qualquer outra dessas Partes unidades de redução de emissões resultantes de projetos visando à redução das emissões antrópicas por fontes ou o aumento das remoções antrópicas por sumidouros de gases de efeito estufa em qualquer setor da economia, desde que: (...)".

13. São países integrantes do Anexo I do Protocolo de Kyoto: Alemanha, Austrália, Áustria, Bélgica, Bulgária, Canadá, Dinamarca, Eslováquia, Espanha, Estados Unidos da América, Estônia, Federação Russa, Finlândia, França, Grécia, Hungria, Irlanda, Islândia, Itália, Japão, Letônia, Liechtenstein, Luxemburgo, Mônaco, Noruega, Nova Zelândia, Países Baixos, Polônia, Portugal, Reino Unido da Grã-Bretanha e Irlanda do Norte, República Checa, Romênia, Suécia e Suíça.

três requisitos: (a) participação voluntária aprovada por cada Parte envolvida; (b) benefícios reais, mensuráveis e de longo prazo relacionados com a mitigação da mudança do clima, e (c) reduções de emissões que sejam adicionais às que ocorreriam na ausência da atividade certificada de projeto.

Os MDLs podem ser utilizados em projetos de fontes renováveis ou de alternativas de energia, eficiência e conservação de energia e reflorestamento e estabelecimento de novas florestas.

Prevê o Protocolo que a participação no mecanismo de desenvolvimento limpo, na aquisição de reduções certificadas de emissão, pode envolver entidades privadas e/ou públicas.[14] Assim, permite-se que os países em desenvolvimento negociem, no mercado mundial, cada tonelada de CO^2 retirada ou não emitida na atmosfera.[15]

Os *Certificados de Emissões Reduzidas (CER)* são instrumentos criados para negociar a redução de emissões entre empresas emissoras de países do Anexo I e países em desenvolvimento. Estas empresas poderão, assim, fazer uso desses certificados e os utilizar para cumprir as suas metas assumidas no contexto doméstico.[16]

Esse mecanismo exige inicialmente o estabelecimento de um Conselho Executivo do MDL (*Executive Board*). São atribuições do Conselho Executivo: i) promoção e transparência de mercado; ii) responsabilidade final pela certificação e verificação das reduções e iii) registro e validação das agências de certificação.[17]

Determina, por sua vez, o artigo 12.5 do Protocolo de Kyoto que as reduções de emissões resultantes de cada atividade de projeto devem ser certificadas por entidades operacionais a serem designadas pela Conferência das Partes. A participação nos projetos deve ser voluntária, devendo o país interessado designar, inicialmente, uma autoridade

14. Artigo 12 (9) do Protocolo de Kyoto.

15. Cf. Marcelo Rocha, ob. cit., p. 9.

16. Assim, conforme o protocolo de Kyoto: "12.3 Sob o mecanismo de desenvolvimento limpo: (a) As Partes não incluídas no Anexo I beneficiar-se-ão de atividades de projetos que resultem em reduções *certificadas de emissões*; e (b) As Partes incluídas no Anexo I podem utilizar as *reduções certificadas* de emissões, resultantes de tais atividades de projetos, para contribuir com o cumprimento de parte de seus compromissos quantificados de limitação e redução de emissões, assumidos no Artigo 3, como determinado pela Conferência das Partes na qualidade de reunião das Partes deste Protocolo" (grifos nossos).

17. Cf. Marcelo Rocha, ob. cit., p. 11.

nacional responsável pela aprovação dos projetos de MDL no país hospedeiro.[18]

Os projetos devem obedecer algumas fases: a) *configuração*; b) *registro* e c) *monitoramento*. Na fase de *configuração* será estabelecida a adicionalidade, a linha de base (*baseline*) e a metodologia de monitoramento. A adicionalidade implica em verificar o efeito positivo do projeto, medindo se o seqüestro de carbono seria maior ou as emissões seriam menores do que no caso da ausência do projeto.

A linha de base (*baseline*) apresenta o cenário de emissões na ausência de projeto. Para facilitar o entendimento do projeto, o Comitê Executivo do MDL desenvolveu um roteiro de elaboração de projetos (*Project Design Document* – PDD). Finalmente, o Comitê Executivo deverá afirmar se aceita a linha de base (*baseline*), podendo o mesmo ser registrado. O registro será considerado como condição necessária para verificação, certificação e emissão.

Após a fase de registro segue-se a fase de *monitoramento*. O monitoramento ocorrerá conforme especificações determinadas na fase de configuração e irá medir se os resultados previstos estão sendo alcançados pelo projeto. O monitoramento irá permitir a verificação do projeto. A certificação será a comprovação de que a redução das emissões ou o seqüestro de carbono estará ocorrendo conforme um plano previamente estabelecido. A certificação irá permitir, por outro lado, que ocorra a emissão de CER.[19]

Outros dois mecanismos de flexibilização utilizados são: *Comércio de Emissões* e *Implementação Conjunta*. No primeiro caso, dispõe o Protocolo de Kyoto que as Partes incluídas no Anexo B podem participar do comércio de emissões com o objetivo de cumprir os compromissos assumidos. Assim, cada país pode comercializar parte de suas emissões que excederem as metas.[20]

O mecanismo de Implementação Conjunta (JI) permite a qualquer parte incluída no Anexo I a compensar as suas emissões, participando de projetos em países do Anexo I.[21] Haverá, nesse caso, a transferência de

18. Idem, ibidem, p. 12.
19. Idem, ibidem, p. 13.
20. Cf. artigo 17 do Protocolo de Kyoto.
21. Cf. artigo 6: "Art. 6.1: A fim de cumprir os compromissos assumidos sob o Artigo 3, qualquer Parte incluída no Anexo I pode transferir para ou adquirir de qualquer outra dessas Partes unidades de redução de emissões resultantes de projetos

crédito de emissões do país onde ocorre a implementação do projeto para o país emissor.[22]

Apesar do estabelecimento de diversos pontos de consenso, entre os diversos países envolvidos, sobre a gravidade do problema ambiental, o Protocolo de Kyoto encontrou um sério obstáculo com a posição norte-americana de afastar-se das negociações para sua implantação, informada em 28 de março de 2001.

Em 16 e 17 de julho de 2001 foi realizada nova conferência entre os países membros do acordo com o objetivo claro de preservar o Protocolo de Kyoto, ficando conhecida como COP 6 BIS. Os resultados contraditórios da mesma foram amplamente debatidos, criticados e expostos em diferentes interpretações de seus resultados. Os países em desenvolvimento possuíam exigências diversas dos países desenvolvidos (*Umbrella Group*, composto por Canadá, Austrália, Japão e Rússia).

O acordo político entre essas diversas forças foi alcançado, finalmente, em 29 de outubro de 2001, em Marrakesh. Alegam os estudiosos do acordo que tal situação somente foi possível com a aceitação de diversas condições que enfraqueceram a implementação eficaz do Protocolo de Kyoto.

São definições derivadas do Acordo de Marrakesh:

i) a definição de que o não-cumprimento do acordo não implicará nenhuma conseqüência;

visando à redução das emissões antrópicas por fontes ou o aumento das remoções antrópicas por sumidouros de gases de efeito estufa em qualquer setor da economia, desde que: (a) O projeto tenha a aprovação das Partes envolvidas; (b) O projeto promova uma redução das emissões por fontes ou um aumento das remoções por sumidouros que sejam adicionais aos que ocorreriam na sua ausência; (c) A Parte não adquira nenhuma unidade de redução de emissões se não estiver em conformidade com suas obrigações assumidas sob os Artigos 5 e 7; e (d) A aquisição de unidades de redução de emissões seja suplementar às ações domésticas realizadas com o fim de cumprir os compromissos previstos no Artigo 3. 2. A Conferência das Partes na qualidade de reunião das Partes deste Protocolo pode, em sua primeira sessão ou assim que seja viável a partir de então, aprimorar diretrizes para a implementação deste Artigo, incluindo para verificação e elaboração de relatórios. 3. Uma Parte incluída no Anexo I pode autorizar entidades jurídicas a participarem, sob sua responsabilidade, de ações que promovam a geração, a transferência ou a aquisição, sob este Artigo, de unidades de redução de emissões".

22. Conforme relembra Marcelo Rocha, tal mecanismo foi sugerido pelos EUA, permitindo a negociação bilateral, entre países integrantes do Anexo I.

ii) o estabelecimento de regras operacionais para o "Uso do Solo, Mudança de Uso do Solo e Florestas" (*Land Use, Land Use Change and Forestry – LULUCF*);

iii) definição do sistema nacional para o inventário de emissões;

iv) protocolo de revisão de comunicações nacionais;

v) criação de uma nova unidade de emissão (*Removal Unit – RMU);*

vi) haverá a fungibilidade entre todas as unidades. (RMU, AAU, CER, ERU);

vii) projetos unilaterais de MDL, sem a participação de países do Anexo I, serão permitidos;

viii) criação do Fundo de Adaptação, com o intuito de auxiliar os países menos desenvolvidos a se adaptarem às alterações climáticas;

ix) criação do Comitê Executivo do MDL, com a atribuição de proceder ao registro, acreditamento de entidades operacionais, planos de monitoramento e aprovação de metodologia de linhas de base.

Certificados de Emissões Reduzidas (CER) são decorrentes do Mecanismo de Desenvolvimento Limpo (MDL) e se relacionam às atividades de "Uso do Solo, Mudança de Uso do Solo e Florestas" (*Land Use, Land Use Change and Forestry – LULUCF*). Estes terão a natureza de títulos negociáveis internacionalmente.[23] As possibilidades de negociação são diversas e inovadoras. Inicialmente, procura-se considerá-las como sendo *commodities* ambientais, ou seja, como títulos padronizados capazes de serem negociados em nível nacional ou internacional tal como títulos na bolsa de valores. Esses títulos teriam por referência elementos básicos e essenciais a um meio ambiente saudável e um desenvolvimento sustentável, tal como água, ar, madeira, energia, entre outros.

A possibilidade de criação de bolsas de *commodities* ambientais, com negociação de mercadorias à vista, com entrega física e no mercado futuro, visando ao financiamento de projetos sustentáveis, tem sido desejada e testada na experiência internacional de diferentes formas.

Não há, contudo, na experiência internacional nenhuma exata formatação de projeto de tratamento dos CERs como *commodities* ambientais.[24]

23. Cf. Marcelo Rocha, *Aquecimento global e o mercado de carbono – Uma aplicação do modelo CERT*, p. 33.

24. Cita Marcelo Rocha a experiência da Costa Rica como sendo a única que corretamente tratou dos CERs como *commodities ambientais*. Segundo o autor, este

Tal situação decorre, ainda, da inexistência de regras claras relativas às atividades de reflorestamento e florestamento no âmbito de MDLs.

Pode-se questionar a relevância e interesse na comercialização desses títulos, em face da ausência de sua caracterização como sendo *commodities* ambientais. A principal razão está na presença de diferença nos custos de abatimentos das emissões ou seqüestro de carbono. Torna-se muito mais onerosa a redução de uma tonelada de carbono no Japão do que nos EUA ou na América Latina.[25] Demonstra-se, assim, a existência de um interesse econômico real na busca de soluções de mercado para a redução das emissões de carbono e o seu seqüestro.

4. Experiência nacional e internacional

As experiências internacionais de "Uso do Solo, Mudança de Uso do Solo e Florestas" (*Land Use, Land Use Change and Forestry – LULUCF*)[26] têm sido variadas e controversas na sua conceituação e implementação. Para facilitar o seu entendimento, a COP 7 definiu alguns elementos para a sua compreensão, tais como:[27]

i) tratamento dessas atividades fundado em ciência sólida;

ii) uso de metodologias consistentes, utilizadas ao longo do tempo para a estimativa e o relato dessas atividades;

iii) que a meta estabelecida no Artigo 3, parágrafo 1 do Protocolo de Kyoto não seja alterada com a contabilização das atividades de uso da terra, mudança no uso da terra e florestas;

iv) que a mera presença de estoques de carbono seja excluída da contabilização;

v) que a implementação das atividades de uso da terra, mudança no uso da terra e florestas contribua com a conservação da biodiversidade e o uso sustentável dos recursos naturais;

país lançou Certificados Transacionáveis de Absorção de Carbono (*Certified Tradable Offsets–CTO*) na *Chicago Board of Trade*, em 1997. Esses títulos se referiam à conservação de parques nacionais (ob. cit., p. 33).

25. Conforme Marcelo Rocha, o custo de abatimento de emissões no Japão chega a US$ 584.0 a tonelada, enquanto que nos EUA esse valor atinge US$ 186.0 (ob. cit., p. 35).

26. Denominados de sumidouros (*sinks*).

27. Cf. Decisão 11/CP.7, "Uso da terra, mudança no uso da terra e florestas".

vi) que a contabilização de uso da terra, mudança no uso da terra e florestas não implique uma transferência de compromissos para um futuro período de compromisso;

vii) que a reversão de qualquer remoção devida a atividades de uso da terra, mudança no uso da terra e florestas seja contabilizada no momento adequado no tempo;

viii) que a contabilização exclua remoções decorrentes de: (i) concentrações elevadas de dióxido de carbono acima do nível pré-industrial; (ii) deposição indireta de nitrogênio; e (iii) efeitos dinâmicos da estrutura etária resultantes das atividades e práticas anteriores ao ano de referência;

ix) a elegibilidade das atividades de projeto de uso da terra, mudança no uso da terra e florestas, no âmbito do Artigo 12, está limitada ao florestamento e ao reflorestamento.

x) o primeiro período de compromisso, o total de adições para a quantidade atribuída de uma Parte resultante das atividades elegíveis de projetos de uso da terra, mudança no uso da terra e florestas, no âmbito do Artigo 12, não deve exceder um por cento das emissões do ano de base dessa Parte, multiplicado por cinco.

Prevê a UNCTAD que poderão surgir três formas de negociações: comércio entre países que possuem sistemas domésticos de comércio de emissões; entre países sem sistemas domésticos e entre países que possuem e não possuem.

4.1 Experiências de mercado

A utilização de mecanismos de mercado visando à redução das emissões ambientais já é parte do cenário internacional a alguns anos, existindo uma razoável literatura econômica sobre as suas vantagens e funcionalidades.

As experiências anteriores foram implementadas de duas maneiras: comercialização de créditos ou permissões. O comércio de créditos (*credit trading*) permite a redução de emissões acima e além de requerimentos certificados. De modo geral, o programa de créditos é dirigido a projetos específicos. As permissões definem a um montante agregado de emissões (*aggregate emissions cap*). Conforme Relatório da UNCTAD,[28]

28. UNCTAD, *Greenhouse Emissions Trade – Defining the principles, modalities, rules and guidelines for verification, reporting and accountability*.

em geral os programas fundados em comércio de créditos têm sido menos eficazes do que aqueles baseados em sistema de permissões.

São exemplos de experiências prévias em permissões (*emissions cap and allowance trading systems*):

a) *Programa de combate à chuva ácida (Acid Rain Program – 1990)*: O Programa de combate à chuva ácida nos EUA foi considerado a mais arrojada experiência internacional de solução de mercado, fundado no modelo de controle de agregado de emissões (*emissions cap and allowance-trading*). Ele foi estabelecido em 1990 para reduzir as emissões de SO_2 que causam a chuva ácida. O programa criou um padrão-ouro (*gold standard*) pelo cumprimento dos requisitos estabelecido.

b) *Mercado regional de incentivos para ar limpo* (*Regional Clean Air Incentives Market – RECLAIM*): esse programa foi criado em 1993 visando à redução agregada das emissões de NOx e SOx, na região de Los Angeles, a mais poluída, na época, nos EUA. Através desse sistema, fontes com emissões superiores a 4 toneladas/ano receberam uma alocação anual e uma taxa de redução.

c) *Negociação de licenças de pesca na Nova Zelândia* (*New Zealand Fisheries License Trading*): a Nova Zelândia tem utilizado desde 1986 os "Limites totais permitidos para pesca comercial" (*Total Allowable Commercial Catch limits* – TACCs) e as "Cotas transferíveis individualmente" (*Individual Transferable Quotas – ITQ*) para o gerenciamento da maioria de seus pesqueiros comerciais. Os resultados foram altamente importantes para o alcance de estoques sustentáveis de pesca. O governo determinou o total permitido anualmente para pescaria, tomando em consideração estudos de sustentabilidade.

São exemplos de experiências prévias em programas de comercialização de créditos (*credit trading program*):[29]

a) *Programa norte-americano de comercialização de créditos de emissões* (*U.S. Emissions Credit Trading*): este projeto foi iniciado em 1977 para o manejo de algumas substâncias poluentes, tais como CO, NOx, SO_2, entre outros. Esses projetos permitiam às empresas negociarem a redução de emissões que se demonstrassem serem inferiores ao permitido ou ao seu padrão histórico. Os resultados desse programa foram considerados muito insatisfatórios, tanto em termos de volume negociado, quanto em resultados ambientais. Foram alegados, como cau-

29. Cf. UNCTAD, ob. cit., p. 17.

sas, os elevados custos de transação e a falta de transparência na definição de critérios.

b) *Eliminação de chumbo na gasolina (Lead Phasedown):* o programa para a eliminação do chumbo na gasolina foi parte de um significativo esforço norte-americano iniciado em 1982, sob a forma de mercado de créditos. Em 1987 o mecanismo foi extinto para dar lugar à transição para o sistema de gasolina sem chumbo. Nesse sistema, a refinaria que utilizasse menos chumbo na gasolina iria receber créditos que poderiam ser negociados com outras refinarias. Essa negociação não exigia aprovação prévia pelo governo, mas tão-somente a sua notificação.

4.2 Experiências de mercado de carbono

O mercado de carbono tem por base a negociação de Certificados de Redução de Emissões (CER). Todavia o seu funcionamento depende ainda da entrada em vigor do Protocolo de Kyoto. Diversas empresas, contudo, buscam desde já encontrar um ganho futuro pela aquisição de projetos em andamento (*early credits*), antecipando-se ao mecanismo do Protocolo, de modo a alcançar margens significativas de ganho quando da entrada em vigor do mesmo. Todas essas negociações, contudo, ocorrem por fora do mecanismo do Protocolo de Kyoto, do MDL e do CER.[30]

Existem, contudo, diversas experiências nacionais[31] de mercados de carbono, podendo ser citadas as experiências da Austrália (*Australian Greenhouse Office – AGO*); os EUA[32] (*Chicago Climate Exchange*); Holanda (*Certified Emission Reduction Unit Procurement Tender –* CERUPT/ERUPT); Noruega, e Reino Unido[33] (*Emissions Trade Group – ETG*). Além dessas experiências nacionais podemos citar os projetos

30. Cf. Marcelo Rocha, ob. cit., p. 33.

31. As experiências nacionais de criação de mercado de carbono têm se expandido de modo significativo, anunciou-se recentemente que dez governadores norte-americanos planejam a constituição de um esquema interestadual de controle de emissões (GHG *cap-and-trade*), são eles: Connecticut, Delaware, Maine, Massachusetts, New Hampshire, New Jersey, Pennsylvania, Rhode Island, New York e Vermont. Foi aprovada recentemente a lei alemã sobre a negociação de carbono (*Treibhausgas-Emissionshandelsgesetz – TEHG*).

32. Trata-se de um projeto voluntário entre empresas, que visa a demonstrar a viabilidade econômica e os ganhos ambientais de tal iniciativa.

33. Cf. Marcelo Rocha, o mercado britânico foi iniciado como uma oferta pública de 1.000.000 de toneladas de carbono, que 34 empresas deverão abater, recebendo para isso £ 53,37 por tonelada a ser abatida.

do Banco Mundial (*Prototype Carbon Fund* e *BioCarbon Fund*). A União Européia apresentou recentemente um esboço de Diretiva sobre o comércio de emissão de carbono (*Greenhouse Gas Emissions Trading Scheme – EU ETS*).

4.3 Estrutura de um mercado de carbono

Como se pode verificar, a criação de um mercado de carbono possui referenciais históricos e doutrinários.[34] Este pode ser constituído em três níveis: mercado primário, secundário e futuro. O mercado primário é responsável pela distribuição de permissões (*grandfathering rules*); o secundário pela compra e venda de permissões e o futuro na negociação referenciada a valores dos mercados primário e secundário, possibilitando minimizar os riscos de preços e investimentos.

O primeiro passo é estabelecido pela determinação, por parte do governo, da quantidade de emissão que pode ser negociada. Esses volumes são distribuídos entre agentes de mercado, determinando a quantidade de GEE que poderá ser emitida. Atualmente, nem esse primeiro momento foi concretizado, inexistindo regras claras em nível internacional e nacional, o que gera uma grande incerteza sobre o sistema quanto um todo. Alguns autores denominam a atual etapa de "*mercado cinza*" (*grey market*), ilustrando a sua notória insegurança.

Apesar de tudo, o *mercado cinza* (*grey market*) e as *negociações iniciais* (*early trade*) têm encontrado aceitação de mercado por diversas justificativas, tais como ser: um processo de aprendizagem; de *hedge* parcial; de desenvolvimento de vantagens competitivas e de preparação para o mercado que irá se formar.[35]

34. Dentre as mais diversas contribuições teóricas em defesa de um mercado de carbono podemos citar os estudos de Ronald Coase que propugnou uma análise inovadora sobre o tema, deslocando-o para os direitos de propriedade (*property rights*). Segundo o autor: "If factors of production are thought of as rights, it becomes easier to understand that the right to do something which has a harmful effect (such as the creation of smoke, noise, smell, etc.) is also a factor of production. The cost of exercising a right (of using a factor of production) is always the loss that is suffered elsewhere in consequence of the exercise of that right – the inability to cross land, to park a car, to build a house, to enjoy a view, to have peace and quiet or to breathe clean air"; ver in Coase, "The Problem of Social Cost", *The Journal of Law and Economics*, n. 3, p. 44. Após este estudo inovador de Coase, diversas sugestões foram apresentadas para aplicação à poluição do ar e da água.

35. Cf. Marcelo Rocha, ob. cit., p. 62.

Os autores são unânimes em afirmar que a concretização de um mercado de carbono, seja em nível nacional ou internacional, exigirá o enfrentamento de diversas dificuldades, tais como: mudanças estruturais no estímulo por capitais; definição clara de *commodities ambientais*; instrumentos que garantam o direito de propriedade, criação de mercados à vista e de futuros; criação e proliferação de mercados de balcão, entre outros.[36]

4.4 A experiência brasileira

A Autoridade Nacional designada para o MDL no Brasil, ou seja, a Coordenação Nacional da implementação da Convenção Quadro das Nações Unidas sobre Mudança do Clima foi atribuída ao Ministério da Ciência e Tecnologia, mediante o Decreto n. 1.160, de 21.6.1994, que estabeleceu igualmente a Comissão Interministerial de Desenvolvimento Sustentável – CIDES.

Posteriormente, o Decreto n. 1.160/1994 foi revogado pelo Decreto de 26.2.1997, que criou a Comissão de Políticas de Desenvolvimento Sustentável e da Agenda XXI Nacional. Em 7 de julho de 1999, é criada a Comissão Interministerial de Mudança Global do Clima com a finalidade de articular as ações de governo decorrentes da Convenção Quadro da Nações Unidas sobre Mudança do Clima. Determina esse decreto que o Ministro da Ciência e Tecnologia presidirá a Comissão cabendo ao Ministro do Meio Ambiente a Vice-Presidência.

A Resolução n. 1, de 11.9.2003, da Comissão Interministerial de Mudança Global do Clima, estabeleceu o procedimento de aprovação das atividades de projeto[37] no âmbito do Mecanismo de Desenvolvimento Limpo. Segundo esta, os proponentes do projeto deverão enviar à Secretaria Executiva da Comissão Interministerial de Mudança Global do Clima, em meio eletrônico e impresso:

a) o documento de concepção do projeto na forma determinada pelo Conselho Executivo do Mecanismo de Desenvolvimento Limpo, estabe-

36. Idem, ibidem, p. 63.

37. São exemplos de projetos brasileiros de "Uso do Solo, Mudança de Uso do Solo e Florestas" (*Land Use, Land Use Change and Forestry – LULUCF*): Plantar-MG; Peugeot-MT; CSW-Utilities-PR; AES-Barry-MS; Manejo de Babaçuais-PA; Plantação de Teça-MT; Plantação de Seringueira-MT; Plantação de Dendê-PA; Projeto Floretas para o Meio Ambiente (FLORAM) e Fundo Nacional para o Meio Ambiente (FNMA), para uma análise detalhada veja-se o estudo de Marcelo Rocha, ob. cit., pp. 24 e ss.

lecido no âmbito da Convenção Quadro das Nações Unidas sobre Mudança do Clima;

b) as cópias dos convites de comentários enviados pelos proponentes do projeto aos seguintes agentes envolvidos e afetados pelas atividades de projeto, identificando os destinatários (Prefeitura e câmara dos vereadores; órgãos ambientais estadual e municipal; Ministério Público; Fórum Brasileiro de ONG's e movimentos sociais para o meio ambiente e associações comunitárias);

c) o relatório de Entidade Operacional Designada, autorizada a operar no país a ser submetido ao Conselho Executivo do Mecanismo de Desenvolvimento Limpo;

d) definição do responsável e termo de compromisso do envio de documento de distribuição das unidades de redução certificada de emissões que vierem a ser emitidas a cada verificação das atividades do projeto para certificação;

e) os documentos que assegurem a conformidade da atividade de projeto com a legislação ambiental e trabalhista em vigor, quando for o caso.

Por sua vez, a validação e a verificação/certificação dos projetos no âmbito do Mecanismo de Desenvolvimento Limpo deverão ser feitas por Entidade Operacional Designada que:

a) seja credenciada junto ao Conselho Executivo do Mecanismo de Desenvolvimento Limpo no âmbito da Convenção Quadro das Nações Unidas sobre Mudança do Clima;

b) esteja plenamente estabelecida em território nacional e tenha capacidade de assegurar o cumprimento dos requerimentos pertinentes da legislação brasileira.

5. Tributar ou negociar ("tax or trade")

As propostas de desenvolvimento sustentável exigem a aplicação de um conjunto de políticas públicas diversas, tais como: *regulação* (fiscalização); *tributação* (incentivo) e *comércio* (interesses). A utilização desses instrumentos deve ser ponderada em conformidade com os objetivos a serem alcançados, visto que nem todo instrumento irá produzir um resultado adequado para qualquer finalidade específica.

Existe a tentação de considerar-se um instrumento, por hipótese, como sendo o mais ético, adequado, eficaz e correto, negando validade aos demais. Tal entendimento é um equívoco grave. A busca de um sistema sustentável exige a consideração de que devemos encontrar mecanismos apropriados para cada finalidade específica e que muitas vezes a combinação de mecanismos é a melhor escolha.

No caso da tributação ambiental, o pior erro seria aceitar as suas virtudes e considerá-la como um mecanismo infalível, revolucionário e ético na promoção da proteção ambiental, descartando a existência de outras possibilidades e mesmo de suas exigências quanto à coerência em relação à justiça e à neutralidade fiscal.

Não é possível negar a importância que os mecanismos de mercado na redução das emissões de carbono têm assumido atualmente. Tal situação decorre em muitos fatores de diversas virtudes que esses instrumentos têm assumido, especialmente, quanto à possibilidade de permitirem uma flexibilidade social na determinação dos objetivos e meios a serem alcançados.

Dessa forma, a criação de um mercado de carbono doméstico, com apoio institucional e engajamento empresarial, pode representar um mecanismo relevante na proteção ambiental nacional, além de permitir o ingresso significativo de investimento externo no país. A defesa unilateral de soluções de governo para problemas da sociedade engessa a sociedade civil e sufoca o Estado, incapaz de suprir a todas as demandas sociais.[38]

A defesa de novos tributos, novas incidências, novo tratamento tributário para o parque nacional instalado jogam novamente para o ente

38. Sobre o assunto, veja-se Tietenberg: "The traditional approach for improving air quality so as to bring it into conformance with the ambient standards typically involved picking desirable control technologies, using those technologies to specify permission emission limits, and forcing emitters to live within those limits. The government authority performed all of these roles. In the early 1970's a group of experts from the academic community suggested that it might be possible to improve upon this system by allowing firms to trade control responsibility among themselves by means of a transferable permit system. In this way firms that could control emissions relatively cheaply would voluntarily control more, selling the excess control to those that, for economic reasons, wanted to control less. The initial analysis suggested that the command-and-control policy was very cost-ineffective (Atkinson and Lewis 1974; Tietenberg 1974). Subsequent analyses involving several different pollutants in several different regions found that the initial empirical results were robust; the control costs from command-and-control allocations were estimated to exceed least cost allocations by a substantial margin". Ver in Tom Tietenberg, *Tradable Permit Approaches to Pollution Control: Faustian Bargain or Paradise Regained?*, in www.colby.edu/personal/t/thtieten, p. 2.

estatal a definição do modelo de desenvolvimento nacional que devemos possuir, em que ritmo e em que intensidade. Se é certo que a participação regulatória e indutora do Estado deve estar presente, não é menos verdade que a participação da sociedade, particularmente por meio dos agentes econômicos, mediante a utilização de mecanismos flexíveis, se constitui em um modelo inovador e significativo. Todas essas considerações devem, é claro, sempre estar consistentes com o conceito de justiça e neutralidade fiscal.

Bibliografia

BARRETT, Scott. "The Strategy of Joint Implementation in the Framework Convention on Climate Change", *UNCTAD/GID/10*, 1994.

BOHM, Peter. "An Analytical Approach to Evaluating the National Net Costs of a Global System of Tradeable Carbon Emission Entitlements: with special emphasis on the effects on different country categories", *UNCTAD/GID/9*, 1994.

COASE, R. "The Problem of Social Cost", *The Journal of Law and Economics*, n. 3, outubro de 1960.

KRUGER, Joseph; PIZER, William A. *The EU Emissions Trading Directive: Opportunities and Potential Pitfalls*. Discussion Paper 04–24. Resources, abril de 2004.

OECD, "Environmentally related taxes: Issues and strategies. How to make taxation and environmental policies mutually reinforcing?", *Observer*, 2001.

ROCHA, Marcelo Theoto. *Aquecimento global e o mercado de carbono – Uma aplicação do modelo CERT*. Universidade de São Paulo, 2003, in www.teses.usp.br/teses/disponiveis/11/11132/tde-13052003-163913/ (acesso em 14.7.2004).

SANDOR, Richard L.; COLE, Joseph B.; KELLY, M. Eileen. "Model Rules and Regulations for a Global CO_2 Emissions Credit Market", in *Possible Rules, Regulations and Administrative Arrangements for a Global Market in CO_2 Emission Entitlements, UNCTAD/GID/8*, Parte II, 1994.

TIETENBERG, Tom. *Tradable Permit Approaches to Pollution Control: Faustian Bargain or Paradise Regained?*, in www.colby.edu/personal/t/thtieten/.

TIETENBERG, Tom; VICTOR, David. "Administrative Structures and Procedures for Implementing a Tradeable Entitlement Approach to Controlled Global Warming", in *Possible Rules, Regulations and Administrative Arrangements for a Global Market in CO_2 Emission Entitlements, UNCTAD/GID/8*, Parte I, 1994.

UNCTAD. *Greenhouse Emissions Trade – Defining the principles, modalities, rules and guidelines for verification, reporting and accountability*, agosto de 1998, in www.colby.edu/personal/t/thtieten/ (acesso em 19.7.2004).

UNITED NATIONS. "Conference on Trade and Development. Combating Global Warming: study on a global system of tradeable carbon emission entitlements", *UNCTAD/RDP/DFP/*1, Geneva, 1992.

__________. "Controlling carbon dioxide emissions. The tradeable permit system", *UNCTAD/GID/*11, Geneva, 1995.

PAULUS Gráfica, 2005
Via Raposo Tavares, km 18,5
05576-200 São Paulo, SP